2020

# 보험조사 분석사

## 문제로 끝내기

# ALWAYS WITH YOU

사람이 길에서 우연하게 만나거나 함께 살아가는 것만이 인연은 아니라고 생각합니다.
책을 펴내는 출판사와 그 책을 읽는 독자의 만남도 소중한 인연입니다.
㈜**시대고시기획**은 항상 독자의 마음을 헤아리기 위해 노력하고 있습니다.
늘 독자와 함께하겠습니다.

# 머리말

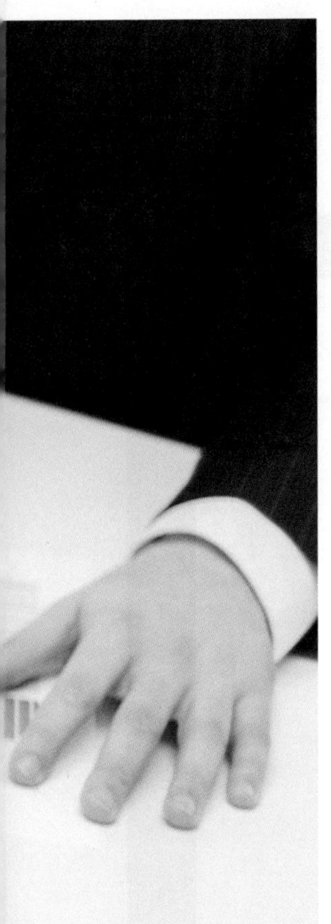

## 보험업계 전문자격증으로 새롭게 태어난 '보험조사분석사 자격시험' 문제로 끝내기!

보험조사분석사(CIFI, Certificate, Insurance Fraud Investigator) 자격시험은 보험연수원에서 주관하는 민간전문자격으로 보험조사 관련 업무를 담당하는 실무자 또는 책임자가 갖추어야 할 최고 수준의 직무능력을 검정함으로써 보험업계 보험조사인력에 대한 전문성 향상과 양질의 신규 전문 인력을 양성하는 데 목적이 있다.

보험조사분석사는 보험조사 분야 전문성을 바탕으로 보험계약 인수심사, 보험사고에 따른 손해액 산정과 보험금 지급 등 보험업무 전 단계에서 보험사고의 조사, 분석 및 보험범죄의 적발, 예방 업무를 담당하는 보험조사 전문가다.

최근 보험관련 범죄는 보험금 누수를 유발, 보험소비자와 보험업계에 직접적인 피해를 일으킬 뿐만 아니라 신뢰를 훼손해 막대한 사회적 폐해의 원인이 되고 있다. 하지만 현재 보험산업은 날로 지능화, 조직화, 전문화되어 가고 있는 보험범죄의 진화 속도를 따라가지 못하고 있기 때문에 보험조사분석사 자격제도의 중요성이 어느 때보다 커 보인다.

최근 보험범죄로 인한 사회적 비용증가와 보험소비자 신뢰저하 등 각종 부작용이 심화되어 보험범죄 근절에 대한 필요성이 확대됨에 따라 보험조사 전문인력에 대한 수요는 꾸준히 증가할 것으로 예상된다.

본서는 보험조사분석사 자격시험 수험생들이 적은 시간에 필요한 내용을 효율적으로 학습할 수 있도록 구성하였다.

- 우선, PART I 과 PART II 로 구성된 기본교재에 맞추어 각 PART별로 출제예상문제들을 엄선하여 충실한 해설과 함께 수록하였다.
- 또한, 각 PART는 과목별·주제별로 세분하여 핵심적인 내용을 토대로 문제들을 구성하여 수험생들이 효율적으로 학습을 할 수 있도록 하였다.
- 마지막으로, 가장 최근에 개정된 보험관계법령을 반영하여 수험생들이 따로 법령을 찾지 않아도 문제를 풀 수 있도록 하였다.

본서가 보험조사분석사를 준비하는 수험생들에게 합격에 이르는 지침서가 되었으면 한다. 지금은 조금 부족하더라도 저희 집필진을 믿고, 수험생들의 노력이 더해진다면 보다 완벽한 교재가 될 수 있다고 확신한다.

마지막으로, 본서를 믿고 선택해준 수험생 여러분에게 합격의 행운이 있기를 기원한다.

**대표 집필진** 일동

# 도서의 구성 및 특징

## ① STEP 기출 키워드 분석

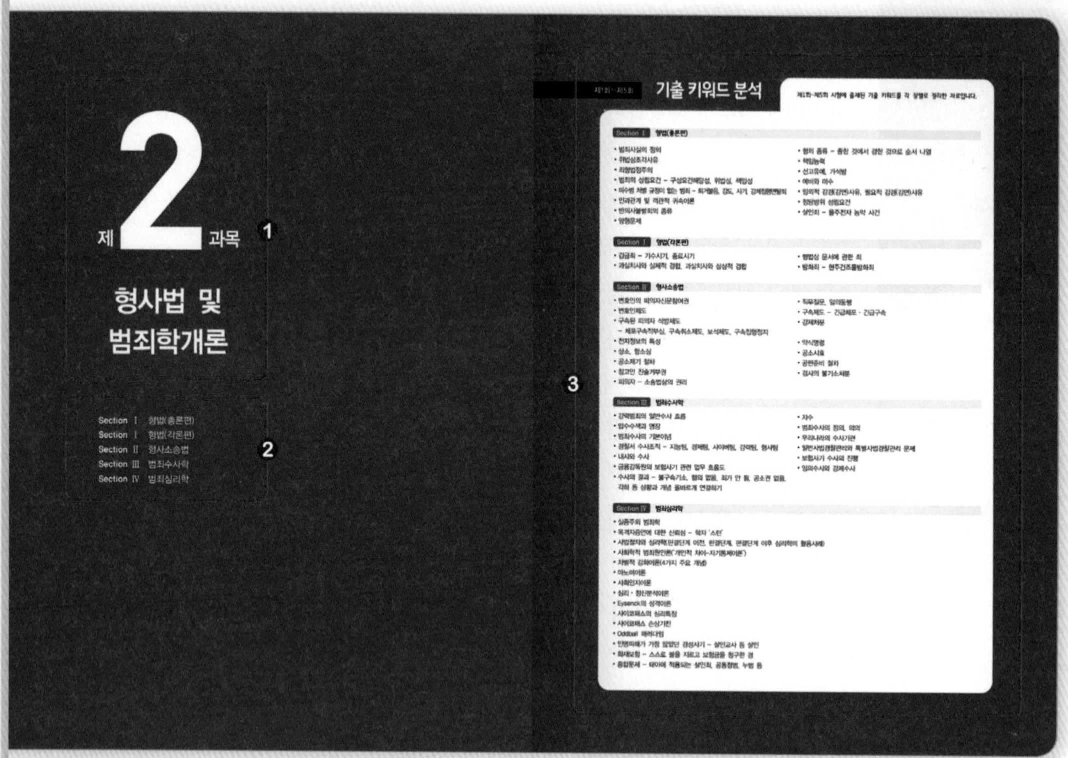


과목 및 SECTION별로 어떤 포인트가 출제되었는지 한 눈에 확인할 수 있는 기출 키워드 분석을 통해 내용의 흐름을 파악하고, 중요도 및 학습방향을 설정할 수 있다.

❶ 보험연수원 표준교재 기준 과목 구성

❷ 과목 내 SECTION 구성

❸ SECTION별 기출 키워드 분석(제1회~제5회)

# ② STEP 핵심예상문제 및 정답 · 상세한 해설

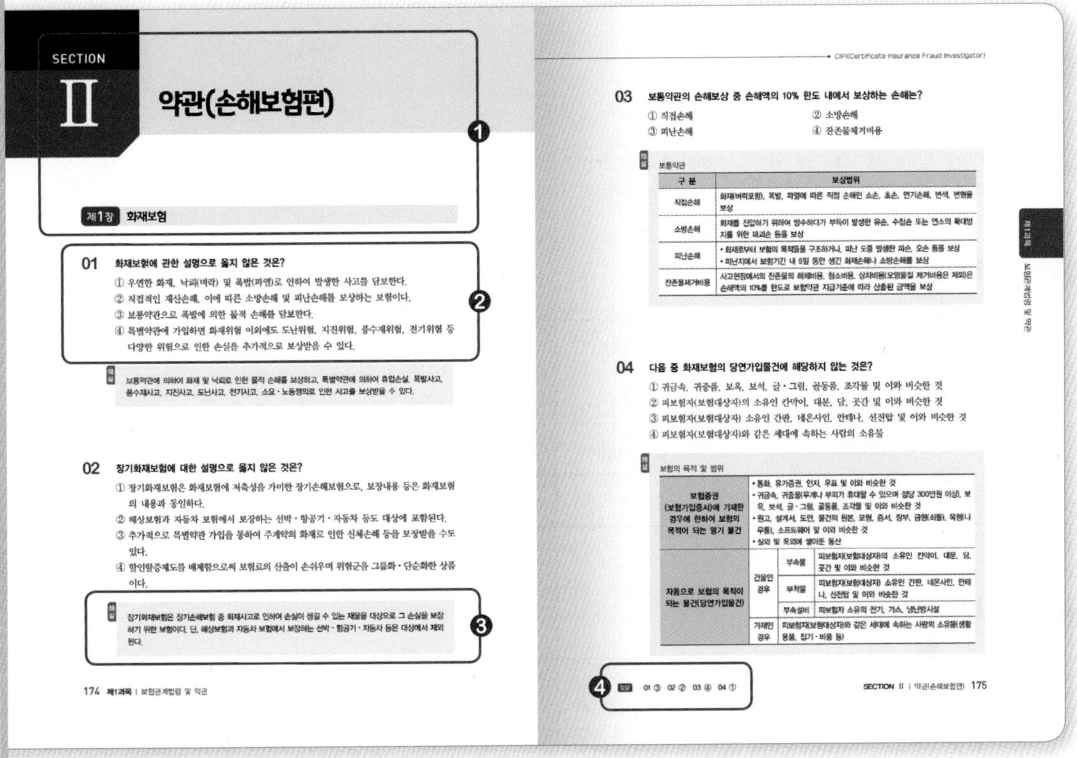

SECTION II 약관(손해보험편)

제1장 화재보험

01 화재보험에 관한 설명으로 옳지 않은 것은?

① 우연한 화재, 낙뢰(벼락) 및 폭발(파열)로 인하여 발생한 사고를 담보한다.
② 직접적인 재산손해, 이에 따른 소방손해 및 피난손해를 보상하는 보험이다.
③ 보통약관으로 폭발에 의한 물적 손해를 담보한다.
④ 특별약관에 가입하면 화재위험 이외에도 도난위험, 지진위험, 풍수재위험, 전기위험 등 다양한 위험으로 인한 손실을 추가적으로 보상받을 수 있다.

해설 보통약관에 의하여 화재 및 낙뢰로 인한 물적 손해를 보상하고, 특별약관에 의하여 휴업손실, 폭발사고, 풍수재사고, 지진사고, 도난사고, 전기사고, 소요·노동쟁의로 인한 사고를 보상받을 수 있다.

02 장기화재보험에 대한 설명으로 옳지 않은 것은?

① 장기화재보험은 화재보험에 저축성을 가미한 장기손해보험으로, 보장내용 등은 화재보험의 내용과 동일하다.
② 해상보험과 자동차 보험에서 보장하는 선박·항공기·자동차 등도 대상에 포함된다.
③ 추가적으로 특별약관 가입을 통하여 주계약의 화재로 인한 신체손해 등을 보장받을 수도 있다.
④ 할인할증제도를 배제함으로써 보험료의 산출이 손쉬우며 위험군을 그룹화·단순화한 상품이다.

해설 장기화재보험은 장기손해보험 중 화재사고로 인하여 손실이 생길 수 있는 재물을 대상으로 그 손실을 보장하기 위한 보험이다. 단, 해상보험과 자동차 보험에서 보장하는 선박·항공기·자동차 등은 대상에서 제외된다.

174 제1과목 | 보험관계법령 및 약관

CIFI(Certificate Insurance Fraud Investigator)

03 보통약관의 손해보상 중 손해액의 10% 한도 내에서 보상하는 손해는?

① 직접손해 ② 소방손해
③ 피난손해 ④ 잔존물제거비용

해설 보통약관

| 구 분 | 보상범위 |
|---|---|
| 직접손해 | 화재(벼락포함), 폭발, 파열에 따른 직접 손해인 소손, 초손, 연기손해, 변색, 변형을 보상 |
| 소방손해 | 화재를 진압하기 위하여 방수하다가 부득이 발생한 유손, 수침손 또는 연소의 확대방지를 위한 파괴손 등을 보상 |
| 피난손해 | • 화재로부터 보험의 목적들을 구조하거나, 피난 도중 발생한 파손, 오손 등을 보상<br>• 피난지에서 보험기간 내 5일 동안 생긴 화재손해나 소방손해를 보상 |
| 잔존물제거비용 | 사고현장에서의 잔존물의 해체비용, 청소비용, 상차비용(오염물질 제거비용은 제외)은 손해액의 10%를 한도로 보험약관 지급기준에 따라 산출된 금액을 보상 |

04 다음 중 화재보험의 당연가입물건에 해당하지 않는 것은?

① 귀금속, 귀중품, 보옥, 보석, 글·그림, 골동품, 조각물 및 이와 비슷한 것
② 피보험자(보험대상자)의 소유인 칸막이, 대문, 담, 곳간 및 이와 비슷한 것
③ 피보험자(보험대상자) 소유인 간판, 네온사인, 안테나, 선전탑 및 이와 비슷한 것
④ 피보험자(보험대상자)와 같은 세대에 속하는 사람의 소유물

해설 보험의 목적 및 범위

| 구 분 | | | 내 용 |
|---|---|---|---|
| 보험증권(보험가입증서)에 기재한 경우에 한하여 보험의 목적이 되는 명기 물건 | | | • 통화, 유가증권, 인지, 우표 및 이와 비슷한 것<br>• 귀금속, 귀중품(무게나 부피가 휴대할 수 있으며 점당 300만원 이상), 보옥, 보석, 글·그림, 골동품, 조각물 및 이와 비슷한 것<br>• 원고, 설계서, 도안, 물건의 원본, 모형, 증서, 장부, 금형(쇠틀), 목형(나무틀), 소프트웨어 및 이와 비슷한 것<br>• 실외 및 옥외에 쌓아둔 동산 |
| 자동으로 보험의 목적이 되는 물건(당연가입물건) | 건물인 경우 | 부속물 | 피보험자(보험대상자)의 소유인 칸막이, 대문, 담, 곳간 및 이와 비슷한 것 |
| | | 부착물 | 피보험자(보험대상자) 소유인 간판, 네온사인, 안테나, 선전탑 및 이와 비슷한 것 |
| | | 부속설비 | 피보험자 소유의 전기, 가스, 냉난방시설 |
| | 가재인 경우 | | 피보험자(보험대상자)와 같은 세대에 속하는 사람의 소유물(생활용품, 집기·비품 등) |

정답 01 ③ 02 ② 03 ④ 04 ①

SECTION II | 약관(손해보험편) 175



보험조사분석사 기출문제 및 보험연수원의 최신 표준교재, 최신 학계 동향을 면밀히 분석하여 시험에 자주 출제되는 중요 포인트를 선별, 꼭 학습해야 할 핵심내용을 중심으로 수록하였다.

❶ SECTION 및 장 구성

❷ 핵심예상문제

❸ 상세한 하단 해설

❹ 간편 확인용 정답

# 보험조사분석사(CIFI) 자격시험 소개

## 보험조사분석사(CIFI)의 정의

'보험조사분석사'란 보험조사 분야의 전문성을 바탕으로 보험업무 全 단계에서 보험사고의 조사, 분석 및 보험범죄의 적발, 예방 업무를 담당하는 보험조사 전문가를 말한다.

## 응시자격

응시자격에는 특별한 제한을 두지 않음

※ 관련 업무분야 : SIU, 언더라이팅, 손해사정, 보상 등(생명보험·손해보험 공통)

※ 응시 결격사유는 「보험연수원 홈페이지–자격시험–보험조사분석사–공지사항」참조

## 시험시행

| | |
|---|---|
| 시험일정 | 2020. 3. 21(토) |
| 접수방법 | 인터넷(보험연수원 홈페이지 : www.in.or.kr) |
| 시험방법 | 선택형 필기시험(4지 선다형) |
| 실시지역 | 서울, 부산, 대구, 대전, 광주 |

## 시험과목 구성

<table>
<tr><th colspan="2">시험과목</th><th>세부 과목</th><th>문 항</th><th>배 점</th><th>시간(분)</th></tr>
<tr><td rowspan="3">파트 Ⅰ</td><td>보험관계법령 및 약관</td><td>•보험관계법(보험업법, 계약법)<br>•약 관</td><td>40</td><td>100</td><td>50</td></tr>
<tr><td>형사법 및 범죄학개론</td><td>•형사법(형법, 형사소송법)<br>•범죄수사학, 범죄심리학</td><td>40</td><td>100</td><td>50</td></tr>
<tr><td colspan="2">소 계</td><td>80</td><td>200</td><td>100</td></tr>
<tr><td rowspan="3">파트 Ⅱ</td><td>보험조사론 Ⅰ(이론)</td><td>•보험조사 개론<br>•보험조사의 법률적 이해<br>•보험조사 관련 판례</td><td>40</td><td>100</td><td rowspan="2">100</td></tr>
<tr><td>보험조사론 Ⅱ(실무)</td><td>•보험조사 실무<br>•과학조사 실무<br>•신용·개인정보보호</td><td>40</td><td>100</td></tr>
<tr><td colspan="2">소 계</td><td>80</td><td>200</td><td>100</td></tr>
<tr><td colspan="3">합 계</td><td>160</td><td>400</td><td>200</td></tr>
</table>

## 과목 면제제도

아래 경력요건 중, 한 가지 이상 충족하고 증빙서류 제출 시 해당과목의 시험 면제 가능

| 면제 대상 과목(택1) | | 경력 요건 |
|---|---|---|
| 파트 I | ① 보험관계법령 및 약관 | •금융감독원, 보험협회, 보험회사, 보험회사의 심사업무 관련 자회사, 손해사정법인 등에서 보험금 지급심사, 보험범죄 조사·예방 및 손해사정 업무에 5년 이상 종사한 경력이 있는 자<br>•손해사정사 시험에 최종 합격한 자 |
| | ② 형사법 및 범죄학개론 | •검찰 수사 또는 경찰 수사업무 경력 5년 이상인 자 |

※ 각 항목의 요건을 복수로 충족하는 경우 면제 희망과목을 선택하여야 함(복수과목의 면제는 불가함)

※ 과목면제 신청방법 : 보험연수원 홈페이지 참조

## 합격기준

합격자는 파트별로 구분함

- 부분합격 : 파트I 또는 파트Ⅱ 합격
- 최종합격 : 파트I 또는 파트Ⅱ 모두 합격

※ 부분합격의 유효기간은 당해 시험 후 연속되는 1회의 시험까지임

(예 : 제1회 시험 부분합격자의 합격 유효기간은 제2회 시험 응시일 까지임)

| 시험과목 | | 배 점 | 과락기준 | 합격기준 |
|---|---|---|---|---|
| 파트 I | 보험관계법령 및 약관 | 100 | 40점 | 평균 60점 |
| | 형사법 및 범죄학개론 | 100 | 40점 | |
| 파트 Ⅱ | 보험조사론 I(이론) | 100 | 40점 | 평균 60점 |
| | 보험조사론 Ⅱ(실무) | 100 | 40점 | |
| 합 계 | | 400 | | |

※ 파트I의 과목면제자의 경우, 나머지 응시과목만으로 60점 이상 득점 시 파트I 합격

(예 : '보험관계법령 및 약관' 과목 면제자의 경우 '형사법 및 범죄학개론' 과목만으로 60점 이상 득점해야 함)

## 합격자 결정

① 합격자는 파트별로 구분하며, 파트I 또는 파트Ⅱ에 합격한 자는 부분합격자, 전 파트에 합격한 자는 최종합격자로 한다.

② 파트별 합격자는 100점 만점을 기준으로 과목별 40점 이상, 각 파트 평균 60점 이상 득점한 자로 한다. 단, 과목 면제자의 경우 응시한 과목에서 60점 이상 득점한 자로 한다.

③ 제1항의 부분합격자와 관련, 부분합격의 유효기간은 당해 시험 후 연속되는 1회의 시험까지로 한다.

# 자격시험 결과

(단위 : 명)

## 제1회 자격시험 결과

| 구 분 | 응시인원 | 최 종 | | 부분 합격자 |
|---|---|---|---|---|
| | | 합격자 | 합격률 | |
| 보험회사 | 2,418 | 376 | 15.6% | 576 |
| 검찰·경찰 등 | 304 | 106 | 34.9% | 76 |
| 손사법인 | 302 | 34 | 11.3% | 79 |
| 기타 | 408 | 103 | 25.2% | 91 |
| 합 계 | 3,432 | 619 | 18.0% | 822 |

## 제2회 자격시험 결과

| 구 분 | 응시인원 | 최 종 | | 부분 합격자 |
|---|---|---|---|---|
| | | 합격자 | 합격률 | |
| 보험회사 | 1,748 | 494 | 28.3% | 242 |
| 검찰·경찰 등 | 144 | 44 | 30.6% | 45 |
| 손사법인 | 202 | 44 | 21.8% | 48 |
| 기타 | 269 | 72 | 26.8% | 70 |
| 합 계 | 2,363 | 654 | 27.7% | 405 |

## 제3회 자격시험 결과

| 구 분 | 응시인원 | 최 종 | | 부분 합격자 |
|---|---|---|---|---|
| | | 합격자 | 합격률 | |
| 보험회사 | 1,282 | 155 | 12.1% | 171 |
| 검찰·경찰 등 | 81 | 21 | 25.9% | 17 |
| 손사법인 | 236 | 24 | 10.2% | 36 |
| 기타 | 335 | 36 | 10.7% | 38 |
| 합 계 | 1,934 | 236 | 12.2% | 262 |

## 제4회 자격시험 결과

| 구 분 | 응시인원 | 최 종 | | 부분 합격자 |
|---|---|---|---|---|
| | | 합격자 | 합격률 | |
| 보험회사 | 488 | 137 | 28.1% | 99 |
| 검찰·경찰 등 | 30 | 11 | 36.7% | 10 |
| 손사법인 | 279 | 61 | 21.9% | 50 |
| 기타 | 190 | 40 | 21.1% | 46 |
| 합 계 | 987 | 249 | 25.2% | 205 |

## 제5회 자격시험 결과

| 구 분 | 응시인원 | 최 종 | | 부분 합격자 |
|---|---|---|---|---|
| | | 합격자 | 합격률 | |
| 보험회사 | 419 | 65 | 15.5% | 83 |
| 검찰·경찰 등 | 23 | 12 | 52.2% | 5 |
| 손사법인 | 258 | 34 | 13.2% | 52 |
| 기타 | 167 | 27 | 16.2% | 40 |
| 합 계 | 867 | 138 | 15.9% | 180 |

## 제6회 자격시험 결과

| 구 분 | 응시인원 | 최 종 | | 부분 합격자 |
|---|---|---|---|---|
| | | 합격자 | 합격률 | |
| 보험회사 | 535 | 72 | 13.5% | 114 |
| 검찰·경찰 등 | 18 | 5 | 27.8% | 6 |
| 손사법인 | 303 | 40 | 13.2% | 75 |
| 기타 | 129 | 19 | 14.7% | 35 |
| 합 계 | 985 | 136 | 13.8% | 230 |

## 제7회 자격시험 결과

| 구 분 | 응시인원 | 최 종 | | 부분 합격자 |
|---|---|---|---|---|
| | | 합격자 | 합격률 | |
| 보험회사 | 382 | 35 | 9.2% | 52 |
| 검찰·경찰 등 | 12 | 7 | 58.3% | 0 |
| 손사법인 | 278 | 21 | 7.6% | 29 |
| 기타 | 384 | 36 | 9.4% | 61 |
| 합 계 | 1,056 | 99 | 9.4% | 142 |

※기타는 우체국, 은행, 학생, 일반인 등

# 과목별 출제기준

| 과 목 | 출제기준 |
|---|---|
| 제1과목<br>보험관계법령 및 약관 | ① **보험관계법**<br>• 보험제도의 이해<br>• 손해보험 · 생명보험 · 제3보험 계약의 이해<br>• 보험업 영위와 관련된 법규의 이해<br>② **약관**<br>• 손해보험 · 생명보험 · 제3보험 약관의 이해 |
| 제2과목<br>형사법 및 범죄학개론 | ① **형법**<br>• 형법의 이해<br>• 범죄 구성요건 및 형벌의 이해<br>• 법익 구분에 따른 범죄 유형에 대한 이해<br>② **형사소송법**<br>• 형사소송법의 이해<br>• 형사소송 절차의 이해<br>③ **범죄수사학**<br>• 범죄수사학의 이해<br>• 범죄수사 절차 및 기법의 이해<br>④ **범죄심리학**<br>• 범죄심리학의 이해<br>• 범죄 원인 및 범죄자 심리의 이해 |
| 제3과목<br>보험조사론 Ⅰ(이론) | ① **보험조사개론**<br>• 보험범죄 및 단속기관의 이해<br>• 보험범죄 조사 전문인 직업윤리의 이해<br>② **보험조사의 법률적 이해**<br>• 보험범죄 조사 전문인의 지위 및 권한에 대한 이해<br>• 보험범죄 구성 요건의 이해<br>③ **보험조사 판례**<br>• 보험범죄 유형별 판례의 이해 |
| 제4과목<br>보험조사론 Ⅱ(실무) | ① **보험조사 실무**<br>• 보험범죄의 특징 및 원인의 이해<br>• 보험범죄 조사 기법 및 활용방법의 이해<br>② **과학조사 실무**<br>• 과학조사 기법 및 활용방법의 이해<br>③ **신용 · 개인정보보호**<br>• 개인정보보호 관련 법률의 이해<br>• 보험범죄 조사 관련 개인정보 보호방안의 이해 |

# 목 차

## Part 1 보험조사분석사

### 제1과목 보험관계법령 및 약관



### 제2과목 형사법 및 범죄수사학

## Section Ⅰ 형법 〈각론편〉



## Section Ⅱ 형사소송법



## Section Ⅲ 범죄수사학



## Section Ⅳ 범죄심리학



# Part 2 보험조사분석사

## 제3과목 보험조사론 Ⅰ(이론)

### Section Ⅰ 보험조사 개론



### Section Ⅱ 보험조사의 법률적 이해

# PART Ⅰ

## 보험조사분석사

**제1과목** 보험관계법령 및 약관

**제2과목** 형사법 및 범죄수사학

# 제 1 과목

# 보험관계법령 및 약관

제1회~제5회

# 기출 키워드 분석

제1회~제5회 시험에 출제된 기출 키워드를 각 장별로 정리한 자료입니다.

## Section Ⅰ 보험관계법(보험계약법편)

- 보험의 특성
- 보험계약의 법적 성질
- 보험약관의 교부 · 설명의무
- 손해방지의무
- 보험계약의 변경 · 소멸
- 타인을 위한 보험계약
- 피보험이익
- 보험자대위(청구권대위)
- 보험계약자, 피보험자, 보험수익자의 관계
- 사기에 의한 계약
- 보험사업주체
- 보험약관의 해석원칙
- 보험계약의 선의계약성
- 보험계약시 고지의무
- 보험계약 해지
- 보험목적의 양도
- 보험료기간과 보험기간
- 초과보험 · 일부보험
- 보험계약의 보조자 – 보험설계사의 권한
- 계약전 알릴 의무
- 보험사고
- 보험금지급 지연에 따른 이자

## Section Ⅰ 보험관계법(보험업법편)

- 보험업법상 용어
- 보험업법상 보험종목 구분
- 보험모집을 할 수 있는 자
- 보험안내자료 기재사항
- 보험사기방지특별법상 '보험사기행위'
- 보험사기방지특별법 제정년도
- 상호회사의 설립
- 보험업 겸영제한 – 생명보험의 재보험, 손해보험의 재보험
- 적합성 원칙이 적용되는 보험상품

## Section Ⅱ 약관(보험상품편)

- 보험약관에 따른 보험금지급

## Section Ⅱ 약관(손해보험편)

- 화재보험 – 보상하는 손해, 보험의 목적, 지급보험금 산출문제, 중대한 화상
- 배상책임보험 – 보험가액, 보험금지급한도에서 의무보험금과의 관계, 종합이론 문제
- 자동차보험 – 책임개시 시기, 피보험자의 범위, 무보험자동차, 무면허 · 음주운전, 자기부담금, 대인배상보험금지급기준
- 운전자보험 – 사고처리지불금, 보험사고 사례
- 교통사고처리지원금의 지급
- 해외여행보험 – 휴대품손해, 보상한도액, 공제금액

## Section Ⅱ 약관(인보험편)

- 질병보험 – 계약전 알릴의무 위반, 보험자가 계약을 해지할 수 없는 경우
- 상해보험 – 보상하지 않는 손해, 후유장애 보험금, 장해산정기준, 장해지급률
- 실손의료보험 – 실손의료비
- 국민건강보험에서 정한 요양급여
- 질병 · 상해보험 표준약관
- 암보험 종합문제

SECTION

# I 보험관계법(보험계약법편)

## 제1장 보험제도

### 1 보험의 정의

**01** 다음 중 보험의 정의에 대한 설명으로 틀린 것은?

① 서로 다른 위험에 대한 다수 경제주체의 결합
② 재해를 입은 사람에게 일정한 급부 제공
③ 우연한 사고에 대한 대비
④ 경제생활의 불안을 제거 또는 경감

해설 보험이 성립하려면 위험이 동질성과 다수성을 갖추어야 한다.

**02** 다음 중 보험의 성격이라고 할 수 없는 것은?

① 우연적 손실의 보상
② 위험단체의 존재
③ 위험의 보유
④ 위험결합을 통한 손실 분산

해설 보험은 위험을 보유하는 것이 아니라, 보험자에게 위험을 전가하는 것이다.

**03** **보험의 특성에 관한 설명 중 틀린 것은?**

① 보험은 동질의 우발적인 위험 하에 다수의 경제주체가 단체적 조직을 이룬 것이다.
② 보험사고는 그 발생 여부가 확정적이지만 그 발생시기가 불확정적인 경우도 있다.
③ 보험사고의 위험이 보험관계자들 사이에서 주관적으로만 불확정적인 경우에는 보험계약이 성립되지 않는다.
④ 보험은 위험에 대비하기 위한 것으로 반드시 위험을 전제로 한다.

보험사고의 불확정성은 반드시 객관적이어야 하는 것은 아니고 당사자 쌍방 및 피보험자에게 주관적으로 불확정한 것이면 된다(상법 제644조 단서).

**04** **공보험과 사보험에 관한 다음의 설명 중 옳은 것은?**

① 공보험의 보험료는 본인만 부담한다.
② 공보험의 계약급부는 계약조건에 의해 결정된다.
③ 공보험의 보험료는 소득에 비례하는 경우가 많다.
④ 사보험은 대체로 가입이 강제적이지만, 공보험은 임의적이다.

① 공보험의 보험료는 본인뿐만 아니라 고용주가 부담하는 경우가 많다.
② 공보험의 계약급부는 법적으로 확정된다.
④ 공보험은 대체로 가입이 강제적이지만, 사보험은 임의적이다.

**05** **다음 설명 중 옳지 않은 것은?**

① 보험사법은 보험계약에 관한 내용으로만 구성되어 있다.
② 보험법은 보험공법과 보험사법을 포함한 것이다.
③ 보험사법은 넓은 의미에서 상법상의 상행위에 속한다.
④ 보험공법은 공보험에 관한 법규와 보험업의 규제·감독에 관한 법규이다.

보험사법은 경영주체 조직에 관한 법(보험업법), 보험계약에 관한 법(상법 제4편 보험계약법)을 의미한다.

정답 01 ① 02 ③ 03 ③ 04 ③ 05 ①

## 06 다음은 보험과 보험유사제도를 비교한 것이다. 틀린 것은?

① 저축은 우발적 위험의 발생으로 인한 금전적 욕구를 충족할 목적으로 정기적으로 소득의 일부를 저축한다는 점에서 보험과 유사하다.
② 투기는 우발적 욕구와 금전적 욕구의 충족을 위하여 행한다는 점에서 보험과 유사하다.
③ 자가보험은 다수의 경제체가 존재하며, 금전적 욕구의 충족을 목적으로 한다는 점에서 보험과 유사하다.
④ 보증은 보험의 요소 중에서 "우발적 욕구"와 "금전적 욕구"의 두 가지의 요소만을 가지고 있다는 점에서 보험과 유사하다.

해설

③은 계에 대한 설명이다. 계는 다수의 구성원이 단체를 형성하여 각자가 정기적으로 일정한 금액을 불입하여 적립된 금액을 추첨 또는 낙찰과 같은 방법에 의하여 그 구성원들에게 일정한 금액을 순서대로 지급하는 경제제도이다.

| 구 분 | 우발적 사고 | 계 량 | 경제적 욕구충족 | 다수의 경제체 | 공평한 비용부담 |
|---|---|---|---|---|---|
| 자가보험 | ○ | ○ | ○ | × | ○ |
| 저 축 | ○ | × | ○ | × | × |
| 보 증 | ○ | ○ | ○ | × | × |
| 투 기 | ○ | × | ○ | × | × |
| 계 | × | × | ○ | ○ | × |

## 07 보험과 공제에 대한 다음 설명 중 옳은 것은?

① 보험과 공제는 명칭만 다를 뿐 기능면에서는 같다.
② 보험과 공제는 법률적 근거가 같다.
③ 농업협동조합 등에서 실시하는 공제회는 실제 목적에서 보험업과 다르다.
④ 공제가 상조라는 명목으로 일정한 금액을 정기적으로 거두어 상조부의금으로 지급하는 것은 보험업이다.

보험과 공제는 경제주체 간의 상호부조를 목적으로 하는 경제제도라는 점에서 같고, 가입대상, 위험률, 규제측면에서 차이를 가지고 있다. 공제는 상호보험과 같이 비영리보험의 한 형태이다.

**08** **보험과 공제에 대한 설명으로 틀린 것은?**

① 공제는 '동일한 직업 또는 사업에 종사하는 다수'를 대상으로 한다.
② 보험과 공제는 둘 다 금융감독원에서 감독을 받는다.
③ 공제의 가입대상 범위는 보험의 가입대상 범위보다 좁다.
④ 보험과 공제는 경제주체 간의 상호부조를 목적으로 하는 경제제도라는 공통점이 있다.

해설 보험의 경우 금융감독기관인 '금융감독원'에서 감독과 규제를 받지만, 공제는 공제가 속한 '관할 주무부처'에서 감독을 받는다.

| 구 분 | 보 험 | 공 제 |
|---|---|---|
| 가입대상 | 동질의 위험에 처한 다수의 경제주체(불특정 다수) | 동일한 직업 또는 사업에 종사하는 다수의 경제주체(특정회원/지역 등에 한정) |
| 비 용 | 일정률의 금액(보험료)을 출연 | 보험료에 상당하는 금전을 납입 |
| 위험의 평균화 | 경제주체 다수의 평균화 | 가입대상 평균화 |
| 감독과 규제 | 금융감독원(전문적인 감독과 규제) | 관할 주무부처 |

## 2 보험의 순기능과 역기능

**09** **보험제도의 장점이라고 볼 수 없는 것은?**

① 불확실성 감소
② 산업자본의 형성
③ 위험의 분산
④ 도덕적 위험의 해소

보험사고시 자기가 지불한 보험료에 비하여 막대한 보험금을 받을 수 있는 점, 보험사고 발생여부가 피보험자의 관리 하에 있다는 점 때문에 도덕적 위험을 피할 수 없다.

정답 06 ③ 07 ① 08 ② 09 ④

## 10 다음 중 손해 발생 가능성을 고의적으로 증가시키는 개인의 특성을 의미하는 것은?

① 도덕적 위태
② 정신적 위태
③ 물리적 위태
④ 기강적 위태

① 도덕적 위태란 법이나 제도의 허점을 악용하여 비도덕적인 만족을 얻으려는 의도적 행위를 말한다. 즉 인간의 정신적, 심리적 요인으로 손해의 발생 가능성을 고의적으로 증가시키려는 개인적 성향을 말한다.
② 정신적 위태는 도덕적 위태와 같은 고의는 없으나 무관심 또는 부주의, 사기저하, 풍기문란 등 손해발생을 방관하는 정신적 태도를 의미한다.
③ 물리적 위태는 인간의 행위와는 직접적인 관계없이 손해의 발생 가능성을 새로이 만들어 내거나 증가시키는 자연적으로 물리적인 조건을 의미한다.
④ 기강적 위태는 사고발생에 영향을 미치는 개인의 무관심 또는 부주의를 말하며, 정신적 위태라고도 한다.

## 11 다음 중 역선택에 대한 설명으로 적절하지 않은 것은?

① 역선택은 보험자에게 불리한 보험사고의 발생 가능성이 높은 위험을 보험계약자가 자진하여 보험의 목적으로 선택하는 것이다.
② 역선택은 정보의 불균형에서 발생하는 잘못된 선택으로 보험계약자 또는 피보험자의 위험구조를 잘 모르는 보험자가 위험률이 높은 위험만을 선택하여 손해를 본다는 개념이다.
③ 역선택은 보험계약 후에 사고발생의 가능성을 높이거나 손해를 확대시킨다.
④ 역선택은 사고발생의 확률이 평균치보다 증가하여 보험자가 수지상등의 원칙을 적용할 수 없게 되어 보험단체의 불이익을 증가시키는 등 보험제도에 악영향을 미친다.

역선택은 보험계약 전에 계산된 위험보다 높은 위험집단이 가입하여 보험단체의 사고발생 가능성을 증가시키는 데 비하여, 도덕적 위험은 보험계약 후에 사고발생의 가능성을 높이거나 손해를 확대시킨다는 점에서 양자의 차이가 있다.

## 12 보험의 도박성을 방지하기 위한 상법상 규정과 거리가 가장 먼 것은?

① 통지의무
② 보험위부
③ 고지의무
④ 보험자의 면책사유

보험위부란 보험사고 발생결과가 현실전손은 아니지만 보험목적이 전손에 아까운 손실을 입었거나 또는 본래의 목적에 사용할 수 없을 경우에 피보험자가 그 보험목적에 대하여 가지고 있는 일체의 권리를 보험자에게 위부하여 보험금액의 전액을 청구할 수 있는 해상보험의 특유한 제도이다.

## 13 보험의 도덕적 위험을 방지하기 위한 상법상 규정과 관계가 없는 것은?

① 고지의무
② 보험계약자 등의 불이익변경금지
③ 보험자의 면책사유
④ 손해보험의 피보험이익이 없는 경우 보험계약의 무효

'보험계약자 등의 불이익변경금지'는 보험계약에 있어서 전문지식이 부족한 상대적 약자를 보호하기 위한 제도이다.

정답 10 ① 11 ③ 12 ② 13 ②

# 제2장 「상법」 보험편 : 보험계약

## 1 서 설

**01** 다음 보험법에 관한 내용 중 그 성격이 다른 것은?

① 보험자와 보험계약자 간의 사법적 법률관계를 말한다.
② 당사자 간의 권리와 의무를 중심으로 규율한다.
③ 산업재해보상보험법, 의료보험법 등이 포함된다.
④ 우리 상법 제4편의 규정이다.

해설
③ 산업재해보상보험법, 의료보험법 등은 광의의 보험의 영역에 해당하는 공법적 규범이다.
①, ②, ④의 내용은 협의의 보험법에 속하는 내용이다.

**02** 우리 상법상 보험편의 입법취지와 거리가 먼 것은?

① 보험회사에 대한 제재강화
② 보험의 선의성 보장
③ 보험거래 현실에 부적합한 규정정비
④ 보험산업의 대중화에 부응한 보험가입자의 보호

해설
상법상 보험편의 입법취지
- 보험의 건전성 확보
- 선량한 보험계약자 보호
- 보험의 윤리성 · 선의성 강조
- 보험의 사회성 · 공공성
- 보험산업의 성장 및 변화된 현실 반영

**03** **보험법의 특성 중 단체성과 가장 관련이 없는 것은?**

① 보험은 여러 사람이 공동으로 불확실한 미래의 경제적 손실에 대비하는 제도이다.
② 이질적인 위험으로 인하여 위험단체의 구성원이 부당한 위험을 전가받지 않도록 하여야 한다.
③ 고지의무와 위험변경증가시의 통지의무 등은 단체성을 유지하는 제도이다.
④ 보험사고 발생의 개연성을 측정하여 지급할 보험금을 예측한 뒤에 보험료를 계산한다.

④는 보험법의 기술성에 관한 설명이다.

**04** **보험법의 특성에 관한 설명으로 옳지 않은 것은?**

① 보험계약은 도덕적 위험과 역선택의 가능성이 내포되어 있기 때문에 당사자의 윤리성과 선의성을 강하게 요구한다.
② 보험제도는 위험에 대비하는 기능을 함으로써 사회안전망 역할을 하고 공공성과 사회성을 가진다.
③ 당사자 간의 특약으로 보험계약자, 피보험자 또는 보험수익자의 불이익으로 변경하지 못한다.
④ 불이익변경금지의 원칙은 가계보험과 기업보험에 적용된다.

불이익변경금지의 원칙은 가계보험에만 적용되므로 상대적 강행규정이다.

**05** **우리나라 보험계약법의 특성이 아닌 것은?**

① 사회성　　② 선의성
③ 기술성　　④ 절대적 강행규정성

보험계약법의 특성
- 사회성 · 공공성
- 상대적 강행법규성
- 기술성
- 단체성
- 윤리성 · 선의성

정답 01 ③ 02 ① 03 ④ 04 ④ 05 ④

## 06 다음 중 보험계약에 적용될 법원에 관한 설명으로 옳지 않은 것은?

① 상법 제4편은 주식회사가 영위하는 영리보험에는 적용되지만 공보험에는 적용되지 않는다.
② 관습법은 재보험에서 일부 인정된다.
③ 보험계약은 그 약관을 통하여 체결되지만 약관 그 자체가 법원은 아니다.
④ 판례는 거래계에 사실상의 영향력을 미치며 법원으로 인정되고 있다.

판례, 조리, 학설은 법원이 아니다.

## 07 다음 중 보험약관에 관한 설명으로 옳지 않은 것은?

① 보통보험약관은 보험계약에 관한 기본적이고 표준적인 계약조항을 정한다.
② 보통약관을 먼저 적용하고 보통약관에 없는 사항은 특별약관을 적용한다.
③ 보험계약은 부합계약이다.
④ 약관은 수용조항, 변경조항, 보충조항으로 구분된다.

먼저 특별약관을 적용하고, 특별약관에 없는 사항에 대하여 보통약관을 적용한다.

## 08 다음 중 보험약관에 관한 설명으로 옳은 것은?

① 보험약관은 보험계약문제에 있어서 그 해결기준이 되므로 법원으로 인정된다.
② 보험약관의 구속력의 근거에 관한 학설로서 자치법설이 가장 유력하다.
③ 의사설은 보험계약을 할 때 당사자들이 약관을 따르기로 합의하였기 때문에 약관의 구속력이 인정된다는 설이다.
④ 당사자 간의 특약으로 보험계약자, 피보험자, 보험수익자의 불이익으로 변경할 수 있다.

① 다수설과 판례에 의하면 보험약관은 법원(法源)이 아니다.
② 의사설과 규범설이 가장 유력하다.
④ 당사자 간의 특약으로 보험계약자 또는 피보험자나 보험수익자의 불이익으로 변경하지 못한다(상법 제663조).

## 09 다음 중 보험약관에 대한 통제로서 행정적 통제에 해당하는 것은?

㉠ 보험업의 허가를 신청하는 자는 제출서류 중 하나로 보험약관을 금융위원회에 제출하여야 한다.
㉡ 공정거래위원회는 약관의 규제에 관한 법률을 위반한 사업자에게 시정조치를 권고할 수 있다.
㉢ 상법은 약관의 교부・설명의무, 보험계약자 등의 불이익변경금지를 규정한다.
㉣ 보험업법은 보험모집에 있어서 보험계약의 계약조항 중 중요사항을 알리지 아니하는 행위를 금지한다.
㉤ 법원의 판단으로 합법적이지 않은 약관은 그 적용이 제한될 수 있다.

① ㉠, ㉡　　② ㉠, ㉢
③ ㉢, ㉣　　④ ㉣, ㉤

해설

㉠・㉡ 행정적 통제
㉢・㉣ 입법적 통제
㉤ 사법적 통제

## 10 다음 중 약관의 해석원칙에 관한 설명으로 옳지 않은 것은?

① 보험약관은 그것을 이해하고 있는 사람의 주관적 이해정도와 상관없이 보험계약자 누구에게나 같은 의미로 해석되어야 한다.
② 약관의 내용이 명확하지 않을 경우에는 보험자에게 유리하게 해석하여야 한다.
③ 약관에서 정하고 있는 사항에 관하여 보험자와 특정 보험계약자 간에 약관과 다른 내용을 약정한 때에는 그 약정이 약관에 앞서 적용된다.
④ 개별약정에서 보험설계사가 보험계약자와 약정한 것은 보험계약 당사자에 대하여 효력이 없다.

해설

약관의 내용이 명확하지 않을 경우에는 보험계약자에게 유리하게 해석하여야 한다. 이는 작성자불이익의 원칙이라고도 한다.

## 11 다음 중 약관의 해석원칙으로 옳지 않은 것은?

① 신의성실의 원칙　　② 주관적 해석의 원칙
③ 작성자불이익의 원칙　　④ 개별약정우선의 원칙

정답 06 ④ 07 ② 08 ③ 09 ① 10 ② 11 ②

제1과목 보험관계법령 및 약관

② 주관적 해석의 원칙(×) → 객관적 해석의 원칙(○)

**12** 다음 중 ㉠에 들어갈 내용으로 옳은 것은?

> 상법 제638조의3에서는 보험자가 보험약관의 교부·설명의무를 위반한 경우 보험계약자는 보험계약이 성립한 날부터 ( ㉠ ) 이내에 그 계약을 취소할 수 있다고 규정한다.

① 1개월　　② 3개월
③ 6개월　　④ 12개월

보험약관의 교부·설명 의무(상법 제638조의3)
① 보험자는 보험계약을 체결할 때에 보험계약자에게 보험약관을 교부하고 그 약관의 중요한 내용을 설명하여야 한다.
② 보험자가 제1항을 위반한 경우 보험계약자는 보험계약이 성립한 날부터 **3개월 이내**에 그 계약을 취소할 수 있다.

## 2 보험계약의 성립

**13** 보험계약의 성질에 속하지 않는 것은?

① 조건부계약　　② 선의계약
③ 부합계약　　④ 사행계약

②, ③, ④ 외에 유상·쌍무계약, 불요식계약, 낙성계약, 계속계약, 독립계약 등이 있다

보험계약의 성질
- 불요식의 낙성계약
- 사행계약성
- 유상·쌍무계약
- 독립계약성
- 개별성과 단체성
- 선의계약성
- 상행위성
- 계속계약성
- 부합계약성

**14** **다음 중 보험계약의 법적 성질에 대한 설명으로 틀린 것은?**

① 보험계약은 보험자의 보험금 지급의무와 보험계약자의 보험료 지급의무가 상호 대립하는 관계에 있는 쌍무계약이다.
② 보험계약은 우연한 사실에 의해서 보험금의 지급이 좌우되는 사행계약이다.
③ 보험계약은 보험회사 일방이 작성한 보통보험약관을 조건으로 이루어지는 부합계약이다.
④ 보험계약이 성립하기 위해서는 일정한 법률상의 요식이 필요하다.

보험계약은 낙성계약(consensual contract)이다. 보험계약은 당사자 쌍방 간의 합의에 의해서 성립한다. 즉, 보험계약자의 신청에 대한 보험자의 승낙에 의해서 성립한다. 여기에는 계약의 형식은 문제되지 않으며, 구두 또는 전화로 하던 보험계약은 성립한다.

**15** **다음 중 보험사고의 우연성에 기인하여 도덕적 위험이 내포될 수밖에 없는 보험계약의 법적 성질은?**

① 불요식계약성　　② 사행계약성
③ 독립계약성　　④ 부합계약성

보험계약은 보험자의 보험금 지급의무가 보험사고의 우연한 발생에 의존하므로 사행계약에 속한다. 사행계약성은 보험에 필수적인 성질이지만, 그 부작용으로 보험제도를 악용하여 경제적 이득을 보려는 도덕적 위험이 존재하게 된다.

**16** **보험계약에 대한 다음 설명 중 옳지 않은 것은?**

① 보험계약은 불요식 낙성계약이다.
② 보험계약은 유상 · 쌍무계약이다.
③ 보험의 선의계약성은 사법의 신의성실성과 관계가 없다.
④ 보험계약은 우연한 사고의 발생으로 인하여 보험금액을 지급하는 계약이다.

신의성실의 원칙은 일반계약뿐만 아니라 보험계약에서도 그 지배원리로 작용한다. 특히 보험계약의 경우 도덕적 위험의 우려가 있으므로 그 계약체결에 관하여 신의성실의 원칙에 기한 선의가 강하게 요청된다.

정답 12 ② 13 ① 14 ④ 15 ② 16 ③

## 17 보험계약의 선의성에 대한 설명 중에서 틀린 것은?

① 보험계약의 선의성은 보험계약자, 피보험자나 보험자 모두에게 요구되고 있다.
② 보험계약의 선의성은 고지의무, 통지의무, 위험유지의무 등에서 찾아볼 수 있다.
③ 보험계약의 선의성은 보험계약의 사행계약성과 밀접한 관련이 있다.
④ 보험계약시 요구되는 선의성은 여타 계약관계에서 요구되는 신의성실의 원칙과 비슷한 수준이다.

해설

보험관계에서는 도덕적 위험이 상존하고, 보험자가 가지는 정보는 보험계약자의 정보보다 훨씬 적고 정보를 획득하는 데에도 한계가 있다. 따라서 보험계약에 따른 권리와 의무는 다른 계약의 경우보다 더 강력하게 최대의 선의에 의하여 행사할 것이 요구되고 있다.

## 18 보험계약에 관한 설명으로 올바른 것은?

① 보험계약은 초회보험료 납입시에 그 효력이 발생한다.
② 우리 상법은 보험계약의 의의를 손해보험과 인보험으로 나누어 정의하고 있다.
③ 보험금의 지급은 보험사고의 발생을 조건으로 하므로 보험계약은 조건부계약이다.
④ 보험계약은 사행계약이고, 최대선의 계약이다.

해설

① 보험계약은 보험계약자의 청약과 보험자의 승낙으로 보험계약은 성립하고, 보험자의 책임은 최초의 보험료를 지급받은 때로부터 개시된다.
② 우리 상법은 보험계약의 의의를 손해보험과 인보험에 대하여 통일적 규정을 두고 있다.
③ 보험금의 지급은 보험사고의 발생을 조건으로 할 수도 있고, 보험사고의 발생 없이 보험기간이 종료하여도 보험금액을 지급한다고 약정할 수도 있다(양로보험).

## 19 보험계약의 직접적 당사자는?

① 보험계약자와 피보험자
② 보험계약자와 보험자
③ 보험계약자와 보험수익자
④ 보험계약자와 보험대리점

보험계약은 당사자(보험계약자) 일방이 약정한 보험료를 지급하고 재산 또는 생명이나 신체에 불확정한 사고가 발생할 경우에 상대방(보험자)이 일정한 보험금이나 그 밖의 급여를 지급할 것을 약정함으로써 효력이 생긴다(상법 제638조).

## 20 다음 중 피보험자에 관한 설명으로 옳은 것은?

① 보험계약의 당사자이다.
② 인보험의 피보험자는 손해보험계약의 보험의 목적에 해당한다.
③ 손해보험계약에서는 자연인만 피보험자가 될 수 있다.
④ 사망보험계약에서 14세의 자는 피보험자가 될 수 있다.

해설
① 보험계약의 관계자이다.
③ 손해보험계약에서는 자연인뿐만 아니라 법인도 피보험자가 될 수 있다.
④ 사망보험계약에서 15세 미만의 자는 피보험자가 될 수 없다.

## 21 보험수익자에 대한 설명으로 적절하지 않은 것은?

① 보험수익자는 생명보험계약에서 보험사고가 발생한 경우에 보험금을 지급받는 자를 말한다.
② 손해보험에서는 보험계약자와 보험수익자가 동일인이면 자기를 위한 보험계약이 된다.
③ 생명보험에서 보험수익자는 행위무능력자라도 가능하다.
④ 손해보험에서 보험금청구권을 갖는 자가 피보험자이므로 보험수익자란 용어를 사용하지 않는다.

해설
보험수익자는 생명보험계약에서 보험사고가 발생한 경우에 보험금을 지급받는 자를 말한다. 손해보험에서는 보험금청구권을 갖는 자가 피보험자이므로 보험수익자란 용어는 사용하지 않는다. 그런데 사망보험에서 피보험자가 사망하면 그 자는 보험금을 수령할 수 없기 때문에 보험수익자를 두고 있다. 행위무능력자도 보험수익자가 될 수 있다. 손해보험에서 **보험계약자와 피보험자가 동일인**이거나 생명보험에서 **보험계약자와 보험수익자가 동일인**이면 자기를 위한 보험계약이 되고 다른 사람이면 타인을 위한 보험계약이 된다.

## 22 손해보험계약에서 보험금청구권을 갖는 자는?

① 보험계약자
② 보험자
③ 피보험자
④ 보험수익자

해설
손해보험(화재보험, 자동차보험 등)의 경우 피보험자는 보험사고가 발생하였을 때에 보험회사에 보험금 지급을 청구할 수 있는 권한을 가진 사람을 말한다.

정답 17 ④ 18 ④ 19 ② 20 ② 21 ② 22 ③

## 23 보험계약자, 피보험자, 보험수익자 간의 관계에 대한 설명으로 옳지 않은 것은?

① 손해보험의 경우 보험계약자와 피보험자 지위를 겸할 수 있다.
② 손해보험계약에서 보험계약자와 피보험자가 동일인인 경우 '자기를 위한 보험계약'이라고 하고 서로 다른 경우를 '타인을 위한 보험계약'이라고 한다.
③ 보험계약자가 파산선고를 받은 경우 손해보험의 피보험자는 보험료를 지급할 책임이 없다.
④ 타인의 생명보험계약의 경우 보험계약 체결시에 그 타인의 서면에 의한 동의를 얻어야 한다.

보험료는 원칙적으로 보험계약자가 지급한다. 만약 보험계약자가 파산선고를 받은 경우에는 손해보험의 피보험자가 그 권리를 포기하지 아니하는 한 보험료를 지급할 책임이 있다.

## 24 다음 〈보기〉에서 옳은 것만 짝지은 것은?

> ㉠ 보험수익자는 보험사고 발생 후에 보험계약자가 지정하거나 변경할 수 있다.
> ㉡ 보험수익자가 상속인으로 지정되어 있어도 상속인 간 상속분이나 유류분은 존재하지 않는다.
> ㉢ 인보험계약에서 피보험자가 중대한 과실로 사고를 일으킨 경우에는 보험금을 지급받을 수 없다.
> ㉣ 인보험계약에서 보험계약자와 보험수익자가 동일인인 경우 '자기를 위한 보험계약'이라고 한다.
> ㉤ 인보험의 경우 보험계약자와 보험수익자의 지위는 겸할 수 없다.

① ㉠, ㉢　　② ㉡, ㉣
③ ㉢, ㉣　　④ ㉣, ㉤

㉡, ㉣이 옳은 지문이다.
㉠ 보험수익자는 보험사고 **발생 전**에 보험계약자가 지정하거나 변경할 수 있다.
㉢ 고의로 보험사고를 일으킨 경우는 보험금을 지급받을 수 없으나, 중대한 과실로 사고를 일으킨 경우에는 보험금을 **지급받을 수 있다**.
㉤ 인보험의 경우 보험계약자, 피보험자, 보험수익자의 지위는 **겸할 수 있다**.

**25** **보험대리점에 관한 설명으로 틀린 것은?**

① 보험대리점은 고지수령권이 없다.
② 보험대리점은 독립된 상인이다.
③ 보험대리점은 특정한 보험자를 위해서만 보험모집을 할 수 있다.
④ 보험대리점도 보험업법에 의한 금융위원회에 등록을 필요로 한다.

보험대리점은 보험계약자로부터 청약, 고지, 통지, 해지, 취소 등 보험계약에 관한 의사표시를 수령할 수 있는 권한을 가진다(상법 제646조의2).



**26** **보험대리상에 대한 설명 중 옳지 않은 것은?**

① 보험계약자로부터 보험료를 수령할 수 있는 권한이 있다.
② 보험자가 작성한 보험증권을 보험계약자에게 교부할 수 있는 권한이 있다.
③ 보험계약자로부터 청약, 고지, 통지, 해지, 취소 등 보험계약에 관한 의사표시를 수령할 수 있는 권한이 있다.
④ 보험자는 보험대리상의 권한 중 일부를 제한할 수 없다.

보험자는 보험대리상의 권한 중 일부를 제한할 수 있다. 다만, 보험자는 그러한 권한 제한을 이유로 선의의 보험계약자에게 대항하지 못한다(상법 제646조의2 제2항).

**27** **보험계약 체결의 대리권이 없는 것은?**

① 보험회사의 대표이사　　② 보험회사의 영업부장
③ 생명보험회사의 지사장　　④ 보험대리점

보험모집 종사자는 보험업자의 임원(대표이사와 감사를 제외) 또는 직원, 보험설계사, 보험대리점 또는 보험중개사(임원이나 사용인으로 법에 의해 신고된 자 포함)라고 규정되어 있다.

정답　23 ③　24 ②　25 ①　26 ④　27 ①

**28** **보험중개상에 대한 내용으로 옳지 않은 것은?**

① 특정 보험자의 사용인이나 대리인이 아니다.
② 보험자와 보험계약자 사이의 보험계약의 체결을 중개한다.
③ 보험계약체결권을 가진다.
④ 고지수령권이 없다.

해설 보험중개상은 보험계약체결을 중개하는 것을 영업으로 하는 독립한 상인으로서 보험계약체결권이 없다.

**29** **보험설계사에 대한 내용으로 적절하지 않은 것은?**

① 보험설계사는 보험자에게 종속되어 보험자를 위하여 보험계약의 체결을 중개하는 자이다.
② 보험설계사는 보험회사의 상업사용인도 아니다.
③ 보험설계사는 보험계약을 체결시 대리권한이 있으며, 고지수령권이 없다.
④ 보험자가 발행한 영수증을 보험설계사가 교부하고 보험료를 받은 경우 보험설계사가 그 보험료를 횡령한 경우에는 이는 보험자가 보험료를 받은 것으로 본다.

해설 보험설계사는 보험계약을 체결시 대리권한이 없으며, 고지내용 수령권도 없다. 보험설계사는 원칙적으로 보험료수령권한도 없다고 보는 것이 통설이고 판례의 입장이다. 다만 생명보험회사의 보험설계사는 초회보험료에 한정하여 보험료수령권한을 인정하는 판례도 있다.

**30** **다음 중 보험의에 관한 설명으로 옳지 않은 것은?**

① 보험의는 보험계약의 보조자에 해당한다.
② 보험의는 고지수령권이 없다.
③ 보험계약자가 보험의에게 고지한 중요사항을 보험의가 고의 또는 중과실로 보험자에게 전달하지 않은 경우 보험자는 보험계약자에 대하여 고지의무위반을 주장할 수 없다.
④ 보험의는 계약체결권이 없다.

해설 보험의는 고지수령권이 있다.

**31** **보험사고에 관한 다음의 설명 중 맞는 것은?**

① 보험사고는 보험계약의 성립당시에만 그 발생여부가 불확실한 것이어도 된다.
② 보험사고는 객관적으로 그 발생여부 또는 발생시기가 불확실한 것이어야 한다.
③ 보험사고의 손해가 보험계약기간 중에 발생하여야 보험자의 보상의무가 인정된다.
④ 보험사고는 손해보험의 경우 피보험이익을 그 발생의 대상 또는 객체로 한다.

② 불확정성은 객관적으로 확정될 필요가 없고, 당사자의 주관에서 불확정하면 된다.
③ 보험사고는 보험기간 안에 발생하였으나 손해가 보험기간 후에 발생하여도 보험자는 책임을 진다.
④ 피보험이익은 보험계약의 목적이다. 즉 보험의 목적은 보험계약의 대상인 객체(재화)를 말하고, 보험계약의 목적은 피보험자가 보험의 목적에 대해 가지는 경제적 이해관계를 의미한다.

**32** **보험사고에 관한 설명으로서 틀린 것은?**

① 보험사고는 보험계약의 불가결의 요소이다.
② 보험사고는 우연한 것이어야 한다.
③ 보험사고의 범위는 특정되어야 한다.
④ 보험사고는 반드시 객관적으로 불확정한 것이어야 한다.

보험사고는 반드시 객관적으로 확정될 필요는 없고, 당사자의 주관에 불확정하면 된다.

**33** **보험의 목적에 관한 설명으로 옳지 않은 것은?**

① 보험사고 발생의 객체가 되는 경제상의 재산이나 물건 또는 사람을 말한다.
② 인보험에서 보험의 목적은 사람의 생명·신체이기 때문에 법인은 인보험의 목적이 될 수 없다.
③ 단체보험에서 단체는 보험계약자, 보험수익자, 피보험자가 될 수 있다.
④ 손해보험계약에서 보험계약의 목적인 피보험이익과는 다르다.

단체보험에서 단체는 보험계약자, 보험수익자가 될 수 있으나, 피보험자는 그 단체의 구성원이다.

정답 28 ③ 29 ③ 30 ② 31 ① 32 ④ 33 ③

## 34 보험의 목적에 대한 내용으로 틀린 것은?

① 보험의 목적이란 보험에 의하여 보호되는 재물 또는 생명을 말한다.
② 손해보험의 목적인 경제상의 재화는 가옥, 자동차, 선박 등과 같은 구체적인 물건에 한한다.
③ 인보험의 목적은 사람의 생명 또는 신체인데, 개인 또는 단체도 보험의 목적이 될 수 있다.
④ 보험의 목적이 구체적으로 지정되어야만 보험사고의 가능성, 피보험이익 및 피보험이익의 귀속주체, 담보범위를 한정할 수 있다.

해설
손해보험의 목적인 경제상의 재화는 가옥, 자동차, 선박 등과 같은 구체적인 물건에 한하지 않고 채권과 같은 무체물 또는 피보험자의 책임도 포함된다.

## 35 보험의 목적과 보험계약의 목적과의 차이점에 대한 내용으로 옳지 않은 것은?

① 손해보험에는 보험의 목적과 보험계약의 목적이 존재하지만 인보험에서는 보험의 목적만 존재할 뿐 보험계약의 목적은 존재하지 아니한다는 것이 우리나라 통설이다.
② 보험의 목적은 보험에 의하여 보호되는 재화를 말하며, 보험계약의 목적은 피보험이익을 말한다.
③ 손해보험에서 보험계약을 체결하는 자는 보험계약자이다. 따라서 보험계약의 목적이 보험계약자에게 있어야 한다.
④ 단일한 보험의 목적에 단일한 보험계약의 목적만 존재하는 것이 아니다.

해설
보험계약의 목적은 피보험이익이다. 보험계약의 목적, 즉 피보험이익은 **피보험자에게 존재**하여야 한다. 따라서 동일한 보험의 목적에 각기 다른 피보험이익을 가진 사람이 복수로 존재할 수 있다. 피보험이익은 손해보험에만 있다는 것이 우리나라 통설이다.

## 36 보험료 산출의 기초가 되는 기간은?

① 보험기간 ② 책임기간
③ 보험계약기간 ④ 보험료기간

해설
보험료기간은 보험료를 산출하는 단위기간을 의미하는데, 인보험의 경우 대체로 1년을 단위로 한다.

## 37 보험료에 대한 설명 중 옳지 않은 것은?

① 보험금액을 기준으로 산출한다.
② 보험료의 지급은 보험계약의 성립요건이다.
③ 피보험자 또는 보험수익자가 보험료를 지급할 경우도 있다.
④ 보험자의 책임은 특별한 약정이 없는 한 최초의 보험료를 받은 때부터 발생한다.

최초의 보험료지급은 보험자의 책임 개시요건이며, 계약의 성립요건은 아니다.



## 38 다음 중 보험료에 대한 내용으로 옳은 것은?

① 제1회 보험료는 언제나 최초보험료가 된다.
② 보험자의 책임은 보험자가 계속보험료의 지급을 받은 때로부터 개시된다.
③ 계약과 동시에 보험자의 책임이 개시되는 것으로 당사자간 약정을 한 경우라도 보험자가 최초의 보험료를 지급받지 못한 경우에는 보험자의 책임은 개시되지 않는다.
④ 개시된 보험자의 보험금지급책임을 이어지게 하는 보험료가 계속보험료이다.

① 보험자가 제1회 보험료가 지급되기 전에 책임을 지기로 약정한 계약에서는 최초보험료가 존재하지 않으므로 제1회 보험료가 항상 최초보험료가 되는 것은 아니다.
② 보험자가 최초보험료의 지급을 받은 때로부터 개시된다.
③ 보험자의 책임은 당사자 간에 다른 약정이 없으면 최초의 보험료의 지급을 받은 때로부터 개시한다(상법 제656조). 즉 당사자 간에 다른 약정이 있다면 그에 따른다.

## 39 보험료에 대한 설명으로 옳지 않은 것은?

① 보험료는 보험계약에서 보험자가 담보책임을 지는 대가로서 보험계약자가 지급하는 금액이다.
② 제1회 보험료란 첫 번째 지급되는 보험료를 말하고, 제2회 보험료란 그 이후에 지급되는 보험료를 말한다.
③ 당사자 간의 특약에 의하여 초회보험료를 받지 아니한 상태에서 보험자의 책임이 개시되고 난 후 제1회 보험료납입이 있게 되는 경우 이때의 제1회 납입은 초회보험료이다.
④ 초회보험료란 보험자의 책임을 시작하게 하는 보험료이고, 계속보험료란 일단 시작된 보험자의 책임을 계속 이어가게 하는 보험료이다.

정답 34 ② 35 ③ 36 ④ 37 ② 38 ④ 39 ③

당사자 간의 특약에 의하여 초회보험료를 받지 아니한 상태에서 보험자의 책임이 개시되고 난 후 제1회 보험료납입이 있게 되는데, 이때의 제1회 납입은 초회보험료가 아니고 계속보험료이다. 따라서 당사자 간의 특약에 의하여 보험자의 담보책임을 개시한 후 제1회 보험료가 약속된 날에 지급되지 아니한 경우 보험자는 최고하고 해지하여야만 담보책임을 면할 수 있다

## 40 초회보험료에 대한 설명으로 옳지 않은 것은?

① 초회보험료란 보험자의 책임개시의 요건이 되는 보험료를 말한다.

② 상법에서 보험자의 책임은 당사자 간의 특약이 없는 한 최초의 보험료의 지급을 받은 때로부터 개시한다고 규정하고 있어 최초보험료의 지급은 보험자의 책임개시의 선행조건이다.

③ 초회보험료는 낙부통지의무, 승낙의제, 승낙전보호제도를 적용받기 위한 조건이 되기도 한다.

④ 보험료가 납입되어야만 보험계약이 성립되므로 보험계약은 요물계약이다.

초회보험료는 보험자의 책임개시와 관련이 있는 것이지, 보험계약의 성립과는 관계가 없다. 즉, 보험료가 납입되어야만 보험계약이 성립되는 것은 아니기 때문에 보험계약은 요물계약이 아니다.

## 41 계속보험료에 관한 내용으로 적절하지 아니한 것은?

① 계속보험료란 보험기간을 일정하게 수개의 보험료기간으로 분할하여 그 기간에 따라 계속적으로 지급되는 보험료를 말한다.

② 당사자 간의 특약에 의하여 보험자의 책임이 개시된 후에 지급된 제1회 보험료는 계속보험료가 아니다.

③ 계속보험료가 약정한 시기에 지급되지 아니한 때에는 보험자는 상당한 기간을 정하여 보험계약자에게 최고하고 그 기간 안에 지급되지 아니한 때에는 그 계약을 해지할 수 있다.

④ 타인을 위한 보험계약에서는 보험자는 그 타인에게도 상당한 기간을 정하여 최고한 후가 아니면 그 계약을 해제 또는 해지하지 못한다.

계속보험료란 보험기간을 일정하게 수개의 보험료기간으로 분할하여 그 기간에 따라 계속적으로 지급되는 보험료이다. 또한 당사자 간의 특약에 의하여 보험자의 책임이 개시된 후에 지급된 제1회 보험료는 초회보험료가 아니라 계속보험료가 된다.

**42** **보험계약상 원칙적으로 보험자의 책임이 개시되는 시기는?**

① 보험계약이 성립한 때
② 보험자가 보험증권을 교부한 때
③ 보험자가 최초의 보험료를 받은 때
④ 보험사고가 생긴 때

보험자의 책임은 당사자 간에 다른 약정이 없으면 최초의 보험료를 받은 때로부터 개시된다(상법 제656조).

**43** **보험금액에 대한 다음 설명 중에서 맞는 것은?**

① 보험목적의 금전적 평가액을 말한다.
② 보험사고 발생시에 피보험자에게 현실적으로 지급하는 금액이다.
③ 손해보험에서 보험자가 지는 책임의 최고한도액이다.
④ 인보험에서는 보험가액과 보험금액 및 보험금은 동일한 것이어야 한다.

① 보험가액
② 보험금
④ 인보험에서는 보험가액이 존재하지 않는다.

**44** **보험기간에 관한 설명으로 올바른 것은?**

① 보험기간과 보험계약기간은 같은 의미이다.
② 위험기간은 보험기간과 같은 뜻으로 쓰인다.
③ 보험기간과 보험료기간은 모두 보험료 산정의 기초가 되는 일정기간을 말한다.
④ 소급보험에 있어서도 보험기간과 보험계약기간은 일치하여야 한다.

①·② 보험기간이란 보험자의 위험부담책임이 시작되어 끝날 때까지의 기간으로 위험기간, 책임기간이라고도 하며, 보험계약이 유효하게 지속하는 기간인 보험계약기간과 구별된다.
③ 보험료기간에 대한 설명이다.
④ 보험기간과 보험계약기간은 일치하는 것이 보통이나, 소급보험의 경우 보험기간이 보험계약기간보다 길다.

정답 40 ④ 41 ② 42 ③ 43 ③ 44 ②

## 45 보험계약이 성립하기 전의 어느 시점에서부터 보험자가 책임을 지기로 하는 보험은?

① 책임보험 ② 이익보험
③ 저당보험 ④ 소급보험

상법 제643조 소급보험에서 보험계약은 그 계약 전 어느 시기를 보험기간의 시기로 할 수 있다고 규정하고 있다.

## 46 보험계약이 성립하는 시기는?

① 보험계약자의 청약과 제1회 보험료를 지급한 때
② 보험계약자의 청약에 대하여 보험자가 승낙한 때
③ 보험자가 보험증권을 교부한 때
④ 보험자가 보험료를 받은 때

보험계약은 낙성·불요식 계약이므로 보험계약자의 청약을 보험자가 승낙함으로써 보험계약이 성립한다.

## 47 보험계약에 관한 설명으로 잘못된 것은?

① 승낙과 청약의 의사표시는 발송주의를 취하고 있으므로 상대방에게 도달할 때 효력이 발생한다.
② 보험설계사는 계약체결권이 없으므로 보험설계사가 승낙한 경우에는 보험계약이 성립되지 아니한다.
③ 보험자가 조건부 승낙을 한 경우 그것은 새로운 청약으로 본다.
④ 승낙은 보험회사가 내부적으로 승낙결정을 한 것만으로는 부족하고 승낙의 의사가 객관적으로 보아 외부적으로 표현되어야 한다.

청약의 의사는 도달할 때 효력이 발생하고, 승낙은 발송할 때 효력이 발생한다.

**48** **다음 중 보험계약에 관한 설명으로 옳지 않은 것은?**

① 보험계약자가 청약시 보험료가 일시납인 때에는 전액, 분할납입인 때에는 첫 회분의 전액의 납부를 한 경우 보험자는 낙부통지의무를 진다.
② 낙부통지를 할 때 보험자는 다른 약정이 없으면 30일 이내에 청약에 대한 승낙여부를 통지하여야 한다.
③ 낙부통지의무를 지는 보험자가 30일 이내에 낙부통지를 하지 아니한 때에는 승낙한 것으로 본다.
④ 보험자가 보험계약자로부터 보험계약의 청약과 함께 보험료 상당액의 전부 또는 일부를 받은 경우에 그 청약을 승낙하기 전에 보험계약에서 정한 보험사고가 생긴 때에는 그 청약을 거절할 사유가 없는 한 보험자는 보험계약상의 책임을 지며, 그 청약거절사유의 입증은 보험계약자가 한다.

④ 청약거절사유의 입증은 **보험자가 한다**는 것이 판례의 입장이다.
①·②·③ 상법 제638조2

**49** **다음 중 약관의 교부·설명의무에 관한 내용으로 옳지 않은 것은?**

① 약관은 교부하지 않은 채 약관의 중요내용만을 설명하는 것은 이 의무에 위반된다.
② 설명해야할 중요내용으로는 보험금액, 보험기간, 보험사고, 보험자의 면책사유, 보험계약의 해지사유 등이 있다.
③ 판례에 따르면 거래상 일반적이고 공통된 사항도 중요사항으로 보며 설명의무를 요한다.
④ 설명의무를 이행하였다는 것에 대한 입증책임은 보험자에게 있다.

판례는 거래상 일반적이고 공통된 것이어서 굳이 설명할 필요가 없는 사항은 중요사항이 아니라고 한다.



정답 45 ④ 46 ② 47 ① 48 ④ 49 ③

## 50 상법상 고지의무를 부담하는 자는?

① 보험계약자
② 보험계약자와 피보험자
③ 보험계약자와 보험수익자
④ 보험계약자와 피보험자 및 보험수익자

보험계약 당시에 보험계약자 또는 피보험자는 사실을 고지할 의무를 진다.

## 51 고지의무에 관한 설명으로서 올바른 것은?

① 고지는 서면으로만 가능하다.
② 고지의무를 위반하면 보험계약자는 손해배상책임을 부담하여야 한다.
③ 고지의무는 보험계약체결로 인하여 부담하는 의무이다.
④ 고지의무에 위반하면 보험자는 보험사고 발생 후에도 계약을 해지할 수 있다.

④ 해지권의 행사시기는 계약성립과 동시이며, 보험사고 발생 전후를 불문하고 계약해지가 가능하다. 즉, 보험계약당시에 보험계약자 또는 피보험자가 고의 또는 중대한 과실로 인하여 중요한 사항을 고지하지 아니하거나 부실의 고지를 한 때에는 보험자는 그 사실을 안 날로부터 1월 내에, 계약을 체결한 날로부터 3년 내에 한하여 계약을 해지할 수 있다(상법 제651조).
① 고지의 방법에는 제한이 없다.
② 고지의무를 위반하더라도 보험자는 보험계약자에게 손해배상을 청구할 수 없다.
③ 보험계약이 성립되기 전에 존재하는 의무이기 때문에 계약의 효과로서 발생한 의무, 즉 계약상의 의무는 아니다.

**52** 고지의무에 대한 다음 설명 중 옳은 것은?

① 고지의무는 직접의무이다.
② 질문표 기재사항은 중요한 기재사항으로 본다.
③ 보험계약의 체결을 대리인이 한 경우 대리인은 고지의무가 없다.
④ 보험자가 중대한 과실로 알지 못한 때에는 계약을 해지할 수 없다.

④ 보험자가 계약당시에 고지의무위반 사실을 알았거나 중대한 과실로 알지 못한 때에는 계약을 해지 할 수 없다.
① 고지의무는 간접의무이다.
② 질문표 기재사항은 중요한 사항으로 추정한다(상법 제651조의2).
③ 대리인도 고지의무를 진다.

**53** 고지의무에 관한 설명이다. 옳지 않은 것은?

① 단체보험의 경우 고지의무자는 단체이다.
② 고지의무는 여러 차례에 걸쳐 이행해도 좋다.
③ 고지의무의 위반은 계약체결시를 기준으로 그 여부를 판단한다.
④ 보험자는 소송을 제기하여 고지의무의 이행을 강제할 수 있다.

고지의무는 간접의무이므로 이행을 강제할 수는 없다.

**54** 상법상 고지의무위반이 있는 경우 보험자의 계약해지에 관한 다음의 설명 중 틀린 것은?

① 보험자는 보험금액의 전액을 지급한 때에도 고지의무위반을 이유로 계약을 해지할 수 있다.
② 보험자는 계약체결일로부터 3년이 경과하면 계약을 해지할 수 없다.
③ 보험자가 계약당시에 고지의무위반 사실을 알았거나 과실로 인하여 알지 못한 때에는 계약을 해지할 수 없다.
④ 보험자는 고지의무위반으로 인한 해지권을 포기할 수 있다.

보험자가 계약당시 고지의무 위반사실을 알았거나 '**중대한 과실**'로 알지 못한 때에는 계약을 해지할 수 없다(상법 제651조 단서).

정답 50 ② 51 ④ 52 ④ 53 ④ 54 ③

## 55 상법상 고지의무에 대한 다음의 설명으로 틀린 것은?

① 고지의무는 보험계약 체결 시에 보험가입자가 지는 일종의 간접의무 또는 자기의무이다.
② 고지의무를 위반하면 보험자는 보험사고의 발생 전후를 묻지 아니하고 그 계약을 해지할 수 있다.
③ 고지의무의 위반에 따른 계약의 해지는 보험자가 그 사실을 안 날로부터 1월 내에 해야 한다.
④ 고지의무는 보험자가 서면으로 질문한 사항에 대해서만 대답하면 되는 의무이다.

해설

보험자가 서면으로 질문한 사항은 중요한 사항으로 추정하고(상법 제651조의2), 질문표에 기재되지 않은 사항이더라도 그것이 중요한 사항이면 고지를 해야 하며, 이를 하지 않으면 고지의무 위반이 된다.

## 56 다음은 고지의무에 관한 설명이다. 맞는 것은?

① 보험자는 고지수령권을 갖는다.
② 고지의 방법은 반드시 서면으로만 하여야 한다.
③ 보험계약자 등의 고지의무 위반사실의 입증은 보험계약자 자신에게 있다.
④ 대리인에 의한 보험계약의 경우에 그 보험계약자의 대리인은 고지의무가 없다.

해설

① 고지수령권은 보험자와 보험대리점, 보험의 등에 있다.
② 고지의 방법은 제한이 없다.
③ 고지의무의 위반에 대한 입증은 보험자에게 있다.
④ 보험계약자의 대리인도 고지의무가 있다.

## 57 보험계약에서 고지수령권이 없는 자는?

① 보험자
② 보험설계사
③ 보험의(保險醫)
④ 보험대리점

해설

보험설계사는 보험자의 사용인으로서 보험자를 위하여 보험계약의 체결을 중개하는 자로서 대리권이 없으므로 고지수령권이 없다.

**58** **고지의무에 관한 다음 설명 중 옳은 것은?**

① 고지의무는 보험계약자와 피보험자 및 보험수익자가 부담하는 의무이다.
② 보험자는 고지의무위반을 이유로 보험계약을 해지한 경우에는 해지 이후 생긴 보험사고에 대해서만 보상책임을 지지 아니한다.
③ 보험자가 서면으로 질문한 사항은 중요사항으로 추정한다.
④ 보험자는 고지의무위반에 대하여 보험계약을 해지하는 것과는 별도로 손해배상 청구를 할 수 있다.

③ 상법 제651조의2
① 고지의무자는 보험계약자, 피보험자 및 이들의 대리인이다.
② 보험자가 고지의무위반을 이유로 보험계약을 해지한 때에는 해지 이후에 생긴 사고는 물론 해지 이전에 생긴 사고라도 고지의무위반과 인과관계가 있는 손해는 보험자의 책임이 없다. 이미 지급한 보험금의 반환을 청구할 수 있다(상법 제655조).
④ 보험자는 보험계약자에 대하여 고지의무의 이행을 강제하거나 손해배상을 청구할 수는 없고, 그 불이행 시에 보험계약을 해지할 수 있을 뿐이다.

**59** **보험계약 당시에 보험계약자가 고지의무를 위반한 경우에 관하여 맞는 것은?**

① 보험자는 일정한 기간 내에 보험계약을 해지할 수 있다.
② 당해 보험계약은 무효가 된다.
③ 보험자가 계약당시에 중요한 사실을 안 때에는 당해 보험계약은 무효가 된다.
④ 보험자가 계약당시에 중대한 과실로 인하여 중요한 사실을 알지 못한 때에도 당해 보험계약을 해지할 수 있다.

고지의무 위반의 경우 보험자는 그 사실을 안 날로부터 1월 내에, 계약을 체결한 날로부터 3년 내에 한하여 계약을 해지할 수 있으며, 보험자가 계약당시에 그 사실을 알았거나 중대한 과실로 인하여 알지 못한 때에는 보험계약을 해지할 수 없다(상법 제651조 단서).



정답 55 ④ 56 ① 57 ② 58 ③ 59 ①

## 60 고지의무의 법적성질에 관한 설명으로 적절하지 아니한 것은?

① 고지의무는 보험자가 그 이행을 강요하거나 불이행시 손해배상을 청구할 수 없는 것이다.
② 고지의무에 대한 상법의 규정은 보험계약자 측에 불이익하게 변경할 수 없기 때문에 절대적 강행규정이다.
③ 위험에 관한 정보를 수집하는 것은 원래 보험자가 해야 할 일인데도 불구하고 보험과 위험의 특성상 보험계약자에게 의무를 부여하고 있다는 점과 고지의무위반의 사실이 알려진 후에는 고지의무의 이행을 강제할 실익이 없다는 이유에서 고지의무를 간접의무로 해석하고 있다.
④ 보험계약이 성립되기 전에 존재하는 의무이기 때문에 계약의 효과로서 발생한 의무, 즉 계약상의 의무는 아니며 보험계약법에 근거한 의무이므로 법정의무이다.

해설 고지의무에 관한 상법의 규정은 보험계약자 측에 불이익하게 변경할 수 없기 때문에 상대적 강행규정이다.

## 61 고지의무의 내용 중 '중요한 사항'과 관련된 내용으로 옳지 않은 것은?

① 보험자가 서면으로 질문한 사항은 중요한 사항으로 추정된다.
② 다른 인보험에 가입하고 있는 사실은 인보험에 있어서는 고지할 중요사항이다.
③ 보험자가 서면으로 질문하지 않은 사항에 대하여 보험계약자가 그것이 중요한 사항임을 알고도 불고지·부실고지 하였다면 고지의무위반이 된다.
④ 질문표에 사실대로 정확하게 표시하였더라도 보험설계사에게 허위진술을 하였다면 고지의무위반이 된다.

해설 질문표에 사실대로 정확하게 표시하였다면 보험설계사에게 허위진술을 하였더라도 보험설계사는 고지수령권이 없기 때문에 고지의무위반이 되지 아니한다.

## 62 보험자의 의무가 아닌 것은?

① 고지의무
② 낙부통지의무
③ 약관의 중요한 내용의 설명의무
④ 보험증권 교부의무

고지의무는 보험계약자 또는 피보험자가 지는 의무이다.
보험자는 보험계약자가 청약과 더불어 보험료를 전부 또는 일부 납입한 경우 낙부통지의무를 지며, 승낙전 사고에 대한 담보의무를 진다. 보험계약의 부활에서도 같은 의무를 진다. 보험약관을 교부할 의무와 약관의 중요한 사항을 설명해야 할 의무도 진다. 보험계약 체결 후 초회보험료가 납입되면 보험자는 담보의무를 지며 보험증권 교부의무, 보험사고가 발생하면 보험금 지급의무를 진다. 그 외에도 보험료의 반환의무, 보험료적립금 반환의무, 해약환급금 반환의무 등이 있다.



## 63 보험계약상 보험자가 지는 의무가 아닌 것은?

① 보험료 반환의무
② 보험증권 교부의무
③ 보험금 지급의무
④ 보험사고 예방의무

보험자의 의무
- 보험금 지급의무
- 보험료 반환의무
- 보험료적립금 반환의무
- 보험증권 대부의무
- 보험증권 교부의무
- 이익배당의무
- 해약환급금 반환의무
- 보험약관 교부 · 명시의무

## 64 보험증권의 작성 · 교부에 관한 설명으로 옳지 않은 것은?

① 보험자의 보험증권의 작성 · 교부의무는 보험계약이 성립한 후에 발생한다.
② 보험계약이 성립 한 때에는 보험자는 지체 없이 보험증권을 작성하여 보험계약자에게 교부하여야 한다.
③ 보험계약자가 보험료의 전부 또는 최초의 보험료를 지급하지 아니한 때에는 보험증권을 작성 · 교부하지 아니한다.
④ 기존의 보험계약을 연장한 경우 보험자는 반드시 새로운 보험증권을 교부하여야 한다.

기존의 보험계약을 연장하거나 변경한 경우에는 보험자는 그 보험증권에 그 사실을 기재함으로써 보험증권의 교부에 갈음할 수 있다(상법 제640조).

정답 60 ② 61 ④ 62 ① 63 ④ 64 ④

## 65 다음 설명 중 옳지 않은 것은?

① 보험자는 계약해지권을 포기할 수 있다.
② 보험료 지급이 없으면 보험자의 책임은 개시하지 않는다.
③ 보험계약을 체결할 때에는 약관에 대해 설명하여야 한다.
④ 보험계약이 성립한 후 보험계약자의 직접 청구에 의해 보험증권을 작성·교부한다.

상법 제640조에서 보험계약자의 청구가 없어도 보험증권은 교부된다. 그러나 보험료 전부 또는 최초의 보험료를 지급하지 아니한 때에는 그러하지 아니한다.

## 66 보험자의 보험금 지급의무와 관련된 내용으로 옳지 않은 것은?

① 당사자 간의 특약이 없는 한 초회보험료 납입 이후 발생한 사고에 대해서만 보험자는 책임을 진다.
② 보험금의 지급은 금전으로 하는 것이 원칙이다.
③ 손해보험의 경우에는 피보험자, 인보험의 경우에는 보험수익자에게 보험금액을 지급하여야 한다.
④ 보험자는 다른 약정이 없으면 보험사고 발생통지를 받은 후 지체 없이 보험자가 지급할 보험금액을 정하고 보험금액이 정해진 날로부터 30일 이내에 보상의무를 이행하여야 한다.

보험자는 다른 약정이 없으면 보험사고 발생통지를 받은 후 지체 없이 보험자가 지급할 보험금액을 정하고 보험금액이 정해진 날로부터 **10일 이내**에 보상의무를 이행하여야 한다(상법 제658조).

## 67 보험자가 보험금 지급책임을 지지 아니하는 경우에 관한 내용으로 옳지 않은 것은?

① 인보험에서 보험계약자 또는 피보험자나 보험수익자의 중대한 과실로 인하여 보험사고가 발생한 때에는 보험자는 보험금액을 지급할 책임이 없다.
② 보험사고가 전쟁 기타의 변란으로 인하여 생긴 때에는 당사자 간에 다른 약정이 없으면 보험자는 보험금액을 지급할 책임이 없다.
③ 보험사고가 송하인 또는 수하인의 고의 또는 중대한 과실로 인하여 발생한 때에는 보험자는 이로 인하여 생긴 손해를 보상할 책임이 없다.
④ 보험의 목적의 성질, 하자 또는 자연소모로 인한 손해는 보험자가 이를 보상할 책임이 없다.

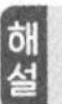

① 사망을 보험사고로 한 보험계약에서는 사고가 보험계약자 또는 피보험자나 보험수익자의 중대한 과실로 인하여 발생한 경우에도 보험자는 보험금을 지급할 책임을 면하지 못한다(상법 제732조의2).
② 상법 제660조
③ 상법 제692조
④ 상법 제678조

## 68 면책사유에 대한 다음 설명 중 옳은 것은?

① 변란은 당사자의 특약으로 면책사유에서 배제할 수 있다.
② 목적물 자체가 위험을 지니고 있는 것이 면책사유는 아니다.
③ 전쟁은 당사자의 특약에 의해서도 배제할 수 없는 당연한 면책사유이다.
④ 보험수익자의 중대한 과실로 보험사고가 발생한 경우 보험자는 면책되지 않는다.

①·③ 전쟁 기타의 변란으로 인하여 생긴 보험사고에 대해서는 당사자 간에 다른 약정이 없으면 보험자의 면책을 규정한 것이 통례이다(상법 제660조). 즉 당사자의 특약으로 면책사유에서 배제할 수 있다.
② 목적물 자체의 성질·하자 또는 자연소모로 인한 손해는 보험자가 이를 보상할 책임이 없다.
④ 보험수익자의 중대한 과실로 보험사고가 발생한 경우 보험자는 면책된다(상법 제659조).

## 69 다음은 면책사유에 대한 설명이다. 옳지 않은 것은?

① 전쟁, 기타 변란은 면책사유이다.
② 보험자의 계약해지는 법정면책사유이다.
③ 보험의 목적에 대하여 고유한 하자는 보험자의 면책사유이다.
④ 선박·적하의 점유상실, 선박의 수선, 적하수선은 면책사유에 해당한다.

선박·적하의 점유상실, 선박의 수선, 적하수선은 면책사유가 아니라, 보상을 해주어야 할 사유에 해당한다.

정답 65 ④ 66 ④ 67 ① 68 ① 69 ④

## 70 다음 중 보험자의 보상책임이 없는 것은?

① 미평가보험의 경우 보험사고 발생시에 보험금액이 보험가액을 초과하게 된 때
② 운송보험의 경우 송하인 또는 수하인의 중대한 과실로 인하여 보험사고가 발생한 때
③ 적하보험(해상화물보험)의 경우 해상운송인의 고의로 인하여 운송물에 손해가 생긴 때
④ 생명보험의 경우 보험계약자 또는 피보험자나 보험수익자의 중대한 과실로 인하여 피보험자가 사망한 때

해설 보험사고가 송하인 또는 수하인의 고의 또는 중대한 과실로 인하여 발생한 때에는 보험자는 이로 인하여 생긴 손해를 배상할 책임이 없다(상법 제692조).

## 71 상법상 피보험자의 중대한 과실로 생긴 사고에 대해서 보험자가 책임을 지는 보험은?

① 사망보험
② 화재보험
③ 생존보험
④ 선박보험

해설 사망을 보험사고로 한 보험계약에는 사고가 보험계약자 또는 피보험자나 보험수익자의 중대한 과실로 인하여 생긴 경우에도 보험자는 보험금액을 지급할 책임을 면하지 못한다(상법 제732조의2 제1항).

## 72 보험계약상 도덕적 위험을 배제하기 위한 것이라고 볼 수 없는 것은?

① 승낙전 보험사고에 대한 보험자의 책임인정
② 피보험이익이 없는 손해보험계약의 효력 부인
③ 사기로 인한 초과보험의 무효
④ 고지의무위반을 이유로 한 계약의 해지

해설 보험자는 청약을 승낙하기 전에 보험계약에서 정한 보험사고가 생긴 때에는 그 청약을 거절할 사유가 없을 때에만 보험계약상의 책임을 지므로, 보험계약자의 도덕적 위험을 배제하기 위한 것이라고 보긴 어렵다(상법 제638조의2 제3항).

## 73 보험자의 면책사유에 관한 설명 중 맞는 것은?

① 피보험자의 고의로 인한 사고를 보험자가 담보하기로 하는 특약은 무조건 효력이 없다.
② 보험계약자의 피용자의 고의로 인한 보험사고는 당연히 보험자의 면책사유가 된다.
③ 보험자는 전쟁위험으로 인한 보험사고를 절대적으로 담보할 수 있다.
④ 보험자의 면책사유로서 보험계약자의 고의·중과실은 보험자가 입증하여야 한다.

④ 보험계약의 약관에서 "보험계약자나 피보험자의 고의 또는 중대한 과실로 발생한 손해에 대하여는 보상하지 아니한다"고 규정하고 있는 경우에 보험자가 보험금 지급책임을 면하기 위해서는 위 면책사유에 해당하는 사실을 증명할 책임이 있다(대판 2009.12.10, 선고, 2009다56603, 56610).
① 보험계약자 등의 고의로 일으킨 사고에 대해서까지도 확장하여 보험계약자 등의 이익을 보호하는 특약은 그 효력을 인정한다.
② 보험사고가 보험계약자 등의 민사상 배상책임을 지는 자(가족이나 사용인)의 고의 또는 중대한 과실로 발생한 때에는 우리나라의 경우 대표자책임이론이 적용되지 않아 보험자의 책임이 인정된다.
③ 보험사고가 전쟁, 기타 변란으로 인하여 생긴 때에는 당사자 사이에 특약이 없는 한 보험금을 지급할 책임이 없다. 따라서 보험자의 담보는 상대적이다.

## 74 다음 중 옳지 않은 것은?

① 보험계약의 전부 또는 일부가 무효인 경우에 보험계약자와 피보험자가 선의이며 중대한 과실이 없는 때에는 보험자에 대하여 보험료의 전부 또는 일부의 반환을 청구할 수 있다.
② 보험자가 약관의 교부·명시의무에 반하여, 보험계약자가 보험계약이 성립 한 후 3월 이내에 그 계약을 취소한 경우에도 보험자는 지급받은 보험료를 모두 반환하여야 한다.
③ 보험사고가 발생하기 전에는 보험계약자는 언제든지 계약의 전부 또는 일부를 해지할 수 있다.
④ 사고발생전 임의해지를 하는 경우 보험계약자는 미경과보험료의 반환을 청구할 수 없다.

보험계약자는 당사자 간에 다른 약정이 없으면 미경과보험료의 반환을 청구할 수 있다(상법 제649조 제3항).

정답 70 ② 71 ① 72 ① 73 ④ 74 ④

**75** **상법상 보험자의 미경과보험료의 반환이 인정되는 경우는?**

① 보험계약이 무효인 경우
② 보험계약자의 고의로 인하여 보험사고가 생긴 경우
③ 보험사고 발생 전의 보험계약자에 의한 보험계약의 해지의 경우
④ 고지의무의 위반으로 인한 보험계약의 해지의 경우

해설

보험사고 발생 전에 보험계약자는 언제든지 계약의 전부 또는 일부를 해지할 수 있으며, 이 경우 당사자 간에 다른 약정이 없으면 보험계약자는 미경과보험료의 반환을 청구할 수 있다(상법 제649조).

**76** **상법상 보험금청구권의 소멸시효와 적립금의 반환청구권의 소멸시효기간은?**

① 보험금청구권 2년, 적립금의 반환청구권 1년
② 보험금청구권 2년, 적립금의 반환청구권 2년
③ 보험금청구권 3년, 적립금의 반환청구권 2년
④ 보험금청구권 3년, 적립금의 반환청구권 3년

해설

보험금청구권은 3년간, 보험료 또는 적립금의 반환청구권은 3년간, 보험료청구권은 2년간 행사하지 아니하면 시효의 완성으로 소멸한다(상법 제662조).

**77** **다음 중 보험료에 관한 내용으로 옳지 않은 것은?**

① 타인을 위한 보험에서 보험계약자는 보험자에 대하여 보험료를 지급할 의무가 있다.
② 타인을 위한 보험에서 보험계약자가 파산선고를 받거나 보험료의 지급을 지체한 때에는 그 타인이 그 권리를 포기하지 아니하는 한 그 타인도 보험료를 지급할 의무가 있다.
③ 보험료는 보험자 또는 그 대리인에게 지급하여야 한다.
④ 보험설계사는 어떤 경우에도 보험계약자로부터 보험료를 수령할 수 없다.

해설

④ 보험설계사는 보험자가 작성한 영수증을 보험계약자에게 교부하는 경우에는 보험계약자로부터 보험료를 수령할 권한이 있다(상법 제646조의2 제3항).
①·② 상법 제639조 제3항

**78** **다음은 보험료 지급지체의 효과에 관한 설명이다. 상법의 규정에 부합하지 않는 것은?**

① 보험계약자는 계약성립 후 지체 없이 최초의 보험료를 지급하여야 한다.
② 계속보험료의 지급이 지체되면 일정한 절차를 거쳐 보험자는 계약을 해지할 수 있다.
③ 특정한 타인을 위한 보험계약에서 보험료 지급의 지체를 이유로 해약하기 위하여 보험계약자 외에 그 타인에 대하여도 보험료지급의 최고절차를 밟아야 한다.
④ 보험계약자가 계약성립 후 두 달이 넘도록 보험료를 지급하지 아니하면 보험계약은 자동적으로 해지된다.

보험계약자는 계약체결 후 지체 없이 보험료의 전부 또는 제1회 보험료를 지급하여야 하며 보험계약자가 이를 지급하지 아니하는 경우에는 다른 약정이 없는 한 계약성립 후 2월이 경과하면 그 계약은 **해제된 것으로 본다**(상법 제650조 제1항).

**79** **다음 중 보험계약자가 보험료 지급의무를 게을리 한 때에 보험자의 보험계약해지 요건이 아닌 것은?**

① 보험계약자가 지정된 지급기일에 보험료의 지급을 하지 아니하였어야 한다.
② 보험자는 보험계약자에게 상당한 기간을 정하여 보험료 지급을 최고하여야 한다.
③ 보험계약자의 보험료 지급의사의 유무를 확인하여야 한다.
④ 보험계약자가 그 최고기간 안에도 보험료의 지급이 없어야 한다.

계속보험료가 약정한 시기에 지급되지 아니한 때에는 보험자는 상당한 기간을 정하여 보험계약자에게 최고하고, 그 기간 안에 지급되지 아니할 때에는 그 계약을 해지할 수 있다(상법 제650조 제2항). 보험자의 보험계약해지의 요건은 ①, ②, ④이다.



정답 75 ③ 76 ④ 77 ④ 78 ④ 79 ③

**80** **다음 중 위험변경의 통지의무에 관한 설명으로 옳지 않은 것은?**

① 보험기간 중에 보험계약자 또는 피보험자가 사회발생의 위험이 현저하게 변경 또는 증가된 사실을 안 때에는 지체 없이 보험자에게 통지하여야 한다.
② 보험자가 위험변경증가의 통지를 받은 때에는 1월 내에 보험료의 증액을 청구할 수 있으나 보험자가 계약을 해지할 수 없다.
③ 위험의 변경증가는 보험계약자 또는 피보험자의 행위로 인한 것이 아니어야 한다.
④ 고지의무와 마찬가지로 간접의무에 해당한다.

보험자가 위험변경증가의 통지를 받은 때에는 1월 내에 보험료의 증액을 청구하거나 계약을 해지할 수 있다(상법 제652조 제2항).

**81** **위험 변경·증가의 통지에 관한 다음의 설명 중 옳은 것은?**

① 보험자가 이미 위험의 변경·증가 사실을 알고 있는 때에는 구태여 이를 통지할 필요가 없다.
② 위험의 변경·증가의 통지를 하지 않은 경우에는 보험자는 그 사실을 안 때로부터 1월 내에 계약을 해지할 수 있다.
③ 위험증가·변경의 통지해태를 이유로 한 보험자의 계약해지권은 보험사고가 발생한 후에는 행사할 수 없다.
④ 위험이 현저하게 변경 또는 증가된 사실을 보험계약자 또는 피보험자가 안 때에는 그 때로부터 1월 내에 보험자에게 그 통지를 하여야 한다.

보험기간 중 보험계약자 또는 피보험자가 사고발생의 위험이 현저하게 변경·증가된 사실을 안 때에는 지체 없이 보험자에게 통지하여야 한다. 이를 해태한 때에는 보험자는 그 사실로 안 날로부터 1월 내에 한하여 계약을 해지할 수 있고, 보험자가 위험변경증가의 통지를 받은 때에는 1월 내에 보험료증액을 청구하거나 계약을 해지할 수 있다(상법 제652조).

**82** **다음 중 보험계약자만이 지는 의무가 아닌 것은?**

① 타인의 위임 고지의무
② 타 보험계약의 통지의무
③ 선박미확정예정보험에서 선박확정 통지의무
④ 위험증가의 통지의무

보험계약자, 피보험자, 보험수익자의 의무
- 보험계약자와 피보험자의 의무 : 보험료 지급의무(타인을 위한 보험에서 피보험자, 보험수익자는 일정 조건하에서 2차적으로 보험료 지급의무를 진다), 고지의무, 위험증가의 통지의무, 위험유지의무, 사고발생 통지의무, 손해방지의무, 책임보험에서 배상청구의 통지의무, 제소통지의무, 채무확정의 통지의무 등이 있다.
- 보험계약자만이 지는 의무 : 타인의 위임 고지의무, 타 보험계약의 통지의무, 선박미확정예정보험에서 선박확정 통지의무이다.



**83** **소멸시효에 관한 다음 설명 중 옳지 않은 것은?**

① 보험료청구권의 소멸시효는 2년이다.
② 보험료환급금청구권의 소멸시효는 3년이다.
③ 보험금청구권의 소멸시효는 3년이다.
④ 불법행위로 인한 손해배상청구권의 소멸시효는 불법행위를 한 날로부터 3년이다.

불법행위로 인한 손해배상청구권의 소멸시효는 불법행위를 한 날로부터 10년, 안 날로부터 3년이다(민법 제750조).

**84** **보험계약의 무효사유가 아닌 것은?**

① 사기에 의한 중복보험계약
② 보험자가 파산선고를 받은 경우
③ 15세 미만자의 사망을 보험사고로 하는 보험계약
④ 피보험자의 동의 없이 체결된 타인의 생명보험(사망)계약

보험자가 파산의 선고를 받은 때에는 보험계약자는 계약을 해지할 수 있다.

정답 80 ② 81 ② 82 ④ 83 ④ 84 ②

## 85 상법상 보험계약이 무효가 되는 경우는?

① 피보험자의 사망
② 고지의무의 위반
③ 사기로 인한 중복보험
④ 위험의 주관적 변경·증가

보험계약의 무효사유
- 보험사고의 객관적 확정의 효과(상법 제644조)
- 초과·중복보험이 보험계약자의 사기로 인한 경우(상법 제669조 제4항, 672조 제3항)
- 타인의 사망을 보험사고로 하는 보험계약에서는 피보험자의 서면에 의한 동의를 얻지 못한 경우(상법 제731조)
- 15세 미만의 자, 심신상실자, 심신박약자의 사망보험계약(상법 제732조)

## 86 보험계약의 무효사유가 아닌 것은?

① 피보험이익이 적법하지 아니한 손해보험계약
② 심신상실자를 피보험자로 한 생사혼합보험계약
③ 피보험자가 고의로 고지의무를 위반하여 체결한 보험계약
④ 보험계약자의 사기로 인하여 체결된 중복보험계약

피보험자가 고의로 고지의무를 위반하여 체결한 보험계약은 해지사유이다.

## 87 보험계약의 무효에 관한 설명으로 옳지 않은 것은?

① 사망을 보험사고로 한 보험계약의 경우 보험계약의 체결당시를 기준하여 피보험자가 미성년자, 심신상실자, 심신박약자를 피보험자로 한 사망보험은 무효이다.
② 타인의 사망보험에서 타인의 동의를 얻어야만 보험계약이 효력을 발생하므로 타인의 동의를 얻지 못한 경우 그 보험계약은 무효이다.
③ 보험계약자가 보험계약의 체결 시부터 아내를 살해하고 보험금을 취득할 목적으로 보험계약을 체결한 경우 선량한 풍속, 기타 사회질서에 반하여 무효이다.
④ 보험계약자, 피보험자, 보험자가 사고발생 사실을 알지 못하고 보험계약이 장래보험인 경우 보험계약체결 전에 전손사고가 발생한 경우 피보험이익이 부존재하기 때문에 보험계약은 무효가 된다.

사망을 보험사고로 한 보험계약, 즉 사망보험에서 피보험자의 자격을 제한하고 있다. 보험계약의 체결당시를 기준하여 피보험자가 **15세 미만자**, 심신상실자, 심신박약자를 피보험자로 한 사망보험은 무효이다.



**88** **보험계약이 언제나 당연히 소멸된다고 볼 수 없는 경우는?**

① 보험사고가 발생한 경우
② 보험기간이 만료한 경우
③ 피보험이익이 전부 소멸한 경우
④ 보험자가 파산선고 후 3월이 경과된 경우

보험사고의 발생에 의하여 전손이 발생한 경우에는 피보험이익이 소멸하고 보험의 대상은 없어지므로 보험계약은 종료하지만, 분손의 경우에는 보험의 대상인 피보험이익이 아직 잔존하기 때문에 그 부분에 대한 보험계약은 의연히 존속하는 것으로 해석하기도 한다. 이에 대하여 대부분의 보통보험약관은 보험의 목적의 일부에 대하여 손해가 발생한 경우에 그 손해를 보상하였을 때는 보험금액에서 이것을 공제하고 남은 잔액을 가지고 나머지 보험기간의 보험금액으로 하고 또 그 잔액이 당초 정한 보험금액의 일정비율 이하가 되었을 때는 계약은 종료한다는 내용의 규정을 두고 있는 것이 통례이다.

**89** **상법상 보험계약의 해지사유가 아닌 것은?**

① 피보험자의 동의 없이 체결된 타인생명의 보험계약
② 보험자의 파산
③ 보험료의 부지급
④ 위험의 변경·증가에 관한 통지의무의 위반

타인의 사망을 보험사고로 하는 보험계약에서는 피보험자의 서면에 의한 동의를 얻지 못하면 무효가 된다는 명문규정은 없으나, 동의를 얻지 못한 보험계약은 효력이 발생하지 않으므로 당연히 무효로 해석함이 타당(상법 제731조)하므로 해지사유와는 관계없다.

정답 85 ③ 86 ③ 87 ① 88 ① 89 ①

## 90 보험계약의 해지에 대한 다음 설명 중 잘못된 것은?

① 보험자는 계속보험료를 지급하지 않은 경우에 보험계약자에게 최고를 한 후 상당한 기간이 경과한 후 해지할 수 있다.
② 타인을 위한 보험의 경우에는 보험자는 타인에게 최고를 한 후 해지할 수 있다.
③ 보험사고가 발생하기 전에 보험계약을 해지할 수 있다.
④ 보험계약의 해지에는 소급효가 있다.

해설 보험계약의 해지는 **장래를 향하여** 효력을 상실한다.

## 91 보험자가 계약을 해지할 수 없는 경우는?

① 고지의무위반
② 보험료 부지급(不支給)
③ 보험계약자의 파산
④ 보험수익자가 보험사고발생을 통지하지 않은 경우

해설 ④는 보험수익자의 보험금청구권과 관계되므로 권리를 행사하지 않는 것에 불과하다.

## 92 다음 중 보험계약의 해지에 대한 설명으로 틀린 것은?

① 보험자가 파산의 선고를 받은 후 보험계약자가 보험계약을 해지하지 아니하면 그 계약은 파산선고 후 3개월이 경과한 때 그 효력을 잃는다.
② 중요한 사항의 고지의무를 위반하였을 때에는 보험자는 그 사실을 안 날로부터 3월 내에, 계약을 체결한 날로부터 1년 내에 한하여 계약을 해지할 수 있다.
③ 위험변경증가의 통지의무를 해태한 때에는 보험자는 그 사실을 안날로부터 1개월 내에 한하여 계약을 해지할 수 있다.
④ 보험계약자 등의 고의나 중과실로 인한 위험이 증가된 때에는 보험자는 그 사실을 안 날로부터 1월내에 한하여 보험료의 증액을 청구하거나 계약을 해지할 수 있다.

보험계약 당시에 보험계약자 또는 피보험자가 고의 또는 중대한 과실로 인하여 중요한 사항을 고지하지 아니하거나 부실의 고지를 한 때, 즉 고지의무를 위반하였을 때에는 보험자는 그 사실을 안 날로부터 1월 내에, 계약을 체결한 날로부터 3년 내에 한하여 계약을 해지할 수 있다. 그러나 보험자가 계약 당시에 고지의무위반 사실을 알았거나 중대한 과실로 알지 못한 때에는 보험계약을 해지할 수 없다.



**93** **보험자가 계약을 해지할 수 있는 경우가 아닌 것은?**

① 보험료의 부지급 ② 고지의무위반

③ 위험변경증가의 불통지 ④ 손해방지의무위반

④ 보험계약자 또는 피보험자가 손해방지의무를 게을리 한 경우에는 의무자의 불이행에 의한 불법행위로 보아 의무위반과 상당인과관계가 있는 손해에 대하여는 당연히 손해배상을 청구할 수 있고, 또 지급할 보상액에서 공제하여 지급할 수 있다.

① 보험료를 최초보험료와 계속보험료로 나눌 때 계속보험료가 약정한 시기에 지급되지 아니한 때에는 보험자는 상당한 기간을 정하여 보험계약자에게 최고하고 그 기간 내에 지급되지 아니한 때에는 그 계약을 해지할 수 있다(상법 제650조).

② 고지의무위반의 경우 보험자는 그 사실을 안 날로부터 1월 내에, 계약을 체결한 날로부터 3년 내에 한하여 계약을 해지할 수 있다(상법 제651조).

③ 보험기간 중 사고발생의 위험이 현저하게 변경 또는 증가된 때에는 지체 없이 보험자에게 통지하여야 하는데, 이를 해태한 때에는 보험자는 그 사실을 안 날로부터 1월 내에 한하여 계약은 해지할 수 있다(상법 제652조).

**94** **보험자에게 보험계약해지권이 인정되지 아니하는 경우는?**

① 보험계약자의 보험료 지급의무불이행

② 보험계약자의 고지의무위반

③ 보험계약자의 보험사고발생 통지의무해태

④ 보험계약자에 의한 위험의 현저한 변경・증가

보험계약자 또는 피보험자나 보험수익자는 보험사고의 발생을 안 때에는 지체 없이 보험자에게 그 통지를 발송하여야 한다. 보험계약자 또는 피보험자나 보험수익자가 통지의무를 해태함으로 인하여 손해가 증가된 때에는 보험자는 그 증가된 손해를 보상할 책임이 없다(상법 제657조).

정답 90 ④ 91 ④ 92 ② 93 ④ 94 ③

## 95 보험계약의 해지에 관한 내용으로 옳지 않은 것은?

① 보험자와 보험계약자는 계약을 언제든지 임의해지 할 수 있다.
② 계속보험료가 부지급된 경우 보험자는 최고하고 최고기간에도 보험료가 납입되지 아니하면 보험자는 계약을 해지할 수 있다.
③ 해지는 장래를 향하여 보험계약의 효력을 상실시킴으로써 해지 전 사고에 대한 보험자의 보상책임에는 영향을 미치지 아니한다는 것이 일반원칙이다.
④ 고지의무위반, 위험유지의무위반, 위험증가의 통지의무위반이 있는 경우 해지 전에 발생한 사고에 대해서도 보험자가 보상책임을 지지 아니한다.

보험자에게는 임의해지권이 없지만 보험계약자는 계약을 언제든지 해지할 수 있다. 다만, 보험사고의 발생 후 해지한 경우에는 미경과보험료를 반환하지 아니할 수도 있다. 타인을 위한 보험에서는 타인의 동의가 있거나 보험증권을 소지한 경우에만 해지할 수 있다.

## 96 보험계약이 종료되는 경우로서 옳지 않은 것은?

① 보험료가 적당한 시기에 지급되지 아니한 때
② 보험자가 파산선고를 받은 후 3월이 경과한 때
③ 보험의 목적물이 상실되었을 때
④ 보험기간이 만료된 때

보험계약의 종료
- 보험사고의 발생으로 보험목적물이 상실된 때
- 보험기간의 만료
- 보험계약의 실효
- 보험계약의 해지

## 97 보험계약의 부활요건에 대한 설명 중 옳지 않은 것은?

① 계속보험료의 부지급으로 해지된 계약이어야 한다.
② 미경과보험료와 해지환급금이 미지급이어야 한다.
③ 일정기간 내에 연체보험료와 지연이자가 납입되어야 한다.
④ 연체보험료는 계속보험료의 성격을 가진다.

연체보험료는 초회보험료의 성격을 갖는다.



## 98 보험계약의 부활에 관한 설명으로 옳지 않은 것은?

① 당사자 간의 약정으로 해지 전의 보험계약을 다시 회복시키는 특수한 계약으로 보는 것이 통설이다.
② 보험계약자가 최초보험료를 지급하지 않아 보험계약이 해제된 경우에 보험의 부활이 허용된다.
③ 보험의 부활을 원하는 보험계약자는 일정한 기간 내에 연체보험료에 약관에서 정한 약정이자를 붙여 보험자에게 청약하여야 한다.
④ 부활계약도 일반보험계약과 마찬가지로 낙성계약이다.

계속보험료를 내지 않아 보험계약이 해지되거나 실효한 경우에 한하여 허용된다.

## 99 타인을 위한 보험계약에 관한 다음 설명 중 틀린 것은?

① 보험수익자인 타인은 어떤 경우에도 보험료의 지급의무를 지지 않는다.
② 보험의 수익자는 자신이 보험자에 대하여 수익의 의사표시를 하지 아니하였더라도 당연히 보험금을 청구할 수 있다.
③ 손해보험의 경우 보험계약자는 피보험자의 위임을 받지 아니한 경우에도 계약을 체결할 수 있다.
④ 제3자, 즉 피보험자 또는 보험수익자는 계약체결 당시에 정하지 않아도 무방하다.

타인을 위한 보험계약에서 보험계약자는 보험자에 대하여 보험료를 지급할 의무가 있다. 그러나 보험계약자가 파산선고를 받거나 보험료의 지급을 지체한 때에는 그 타인이 그 권리를 포기하지 아니하는 한 그 타인도 보험료를 지급할 의무가 있다(상법 제639조 제3항).

정답 95 ① 96 ① 97 ④ 98 ② 99 ①

## 100 타인을 위한 보험계약에 관한 다음 설명 중 옳은 것은?

① 인보험의 경우 보험계약자가 타인을 피보험자로 하여 자기명의로 체결한 계약이다.
② 손해보험의 경우 보험계약자는 타인의 위임을 받은 때에만 계약을 체결할 수 있다.
③ 타인은 보험자에 대하여 수익의 의사표시를 하지 아니하였더라도 당연히 보험금의 지급을 청구할 수 있다.
④ 타인은 어떤 경우에도 보험료 지급의무는 지지 아니한다.

① 타인을 위한 보험계약이란 보험계약자가 타인의 이익을 위하여 자기명의로 체결한 보험계약을 말하고, 여기서 타인이란 손해보험의 경우 피보험자, 인보험의 경우 보험수익자를 말한다.
② 보험계약자는 위임을 받거나 위임을 받지 아니하고 특정 또는 불특정 타인을 위하여 보험계약을 체결할 수 있다. 손해보험계약의 경우 타인의 위임이 없으면 보험계약자는 이를 보험자에게 고지해야 한다.
④ 보험계약자가 보험료 지급을 지체하거나 파산선고를 받는 경우 타인은 그 권리를 포기하지 않는 한 보험료 지급의무가 있다.

## 101 타인을 위한 손해보험계약에 관한 설명으로 틀린 것은?

① 타인의 동의가 없으면 계약의 효력이 없다.
② 보험료는 보험계약자가 지급할 의무가 있다.
③ 피보험자는 보험계약자의 동의 없이 보험금의 지급을 청구할 수 있다.
④ 보험계약자는 사고발생 전에 계약을 해지할 수 있다.

보험계약자는 위임을 받거나 위임을 받지 아니하고 특정 또는 불특정의 타인을 위하여 보험계약을 체결할 수 있다. 그러나 손해보험계약의 경우에 그 타인의 위임이 없는 때에는 보험계약자는 이를 보험자에게 고지하여야 하고, 그 고지가 없는 때에는 타인이 그 보험계약이 체결된 사실을 알지 못하였다는 사유로 보험자에게 대항하지 못한다.

## 102 타인을 위한 보험계약에 관한 다음 설명 중 맞는 것은?

① 타인을 위한 보험계약은 타인의 위임을 받지 않으면 효력이 없다.
② 타인을 위한 보험계약의 경우, 타인은 보험계약자와 연대하여 보험료를 지급할 의무가 있다.
③ 타인을 위한 보험계약은 보험계약자와 피보험자가 다른 손해보험계약 또는 인보험계약을 말한다.
④ 타인을 위한 보험계약의 경우, 타인은 그 수익의 의사표시를 하지 않아도 당연히 계약의 이익을 받는다.

④ 민법 제539조 제2항에서와 같이 제3자(타인)는 수익의 의사표시를 필요로 하지 않고 당연히 보험계약상의 이익을 받게 된다.
① 타인을 위한 보험계약은 타인의 위임을 받았는가 받지 않았는가를 불문한다.
② 보험계약자가 파산선고를 받거나 보험료의 지급을 지체한 때에는 그 타인이 그 권리를 포기하지 아니하는 한 그 타인도 보험료를 지급할 의무가 있다.
③ 손해보험계약에서는 보험계약자와 피보험자가 다른 경우이고, 인보험계약에서는 보험계약자와 보험수익자가 다른 경우이다.



## 103 타인을 위한 보험계약에 관한 다음 설명 중 옳은 것은?

① 보험수익자는 자신이 보험자에 대하여 수익의 의사표시를 하지 아니하였다면 당연히 보험금액을 청구할 수 없다.
② 손해보험의 경우 보험계약자는 피보험자의 위임을 받지 아니한 경우에도 계약을 체결할 수 있다.
③ 보험수익자인 타인은 어떤 경우에도 보험료 지급의무는 지지 않는다.
④ 제3자, 즉 피보험자 또는 보험수익자는 계약체결 당시에 정해져 있어야 한다.

① 보험수익자(타인)는 수익의 의사를 표시하지 않더라도 당연히 보험계약의 이익을 받는다.
③ 보험계약자가 보험금 지급을 지체하거나 파산선고를 받은 경우 피보험자 또는 보험수익자가 그 권리를 포기하지 않는 한 보험료 지급의무가 있다.
④ 타인은 계약체결 당시는 물론 사고발생 전에 정해도 무방하다.

정답 100 ③ 101 ① 102 ④ 103 ②

**104** 甲이 자기 남편인 乙이 사망할 경우 자녀인 丙에게 보험금을 지급하기로 하는 보험계약을 체결하였을 때 다음 중 틀린 것은?

① 甲은 보험계약자이다.
② 乙은 피보험자이다.
③ 丙은 보험수익자이다.
④ 乙과 丙은 피보험자이다.

해설 甲은 보험계약자, 乙은 피보험자, 丙은 보험수익자이다.

**105** 타인을 위한 손해보험계약의 사고발생시 보험금을 청구할 수 있는 자는?

① 피보험자
② 보험계약자
③ 보험수익자
④ 보험계약자의 상속인

해설 손해보험계약의 경우 피보험자가, 인보험계약의 경우 보험수익자가 보험금지급청구권자가 된다.

**106** 다음 중 타인을 위한 손해보험계약에서 피보험자의 권리가 될 수 있는 것은?

① 보험계약해지권
② 보험증권교부청구권
③ 손해보상청구권
④ 보험료감액·반환청구권

해설 ①, ②, ④는 보험계약자의 권리이다.

## 3 손해보험 총론

**107 손해보험에 관한 다음 설명 중 틀린 것은?**

① 보험금액은 보험자가 지급하여야 할 금액의 최고한도를 말한다.
② 타인을 위한 보험에서는 보험계약자 이외의 제3자가 피보험자가 된다.
③ 손해보험의 목적은 피보험이익의 인정되는 한 유체물이든 무체물이든 묻지 않는다.
④ 손해보험에서는 보험자대위가 금지되어 있다.

해설 손해보험계약은 이득금지의 원칙이 지배하고, 이의 이행보장을 위한 법의 후견적 배려와 그 실현수단으로 보험자대위가 인정되고 있다.



**108 손해보험계약에 관한 다음 설명 중 틀린 것은?**

① 보험의 목적은 피보험이익이 인정되는 유체물에 한한다.
② 보험사고가 발생 한 후에 손해액을 알 수 있는 부정액보험이다.
③ 보험기간이 생명보험계약의 경우에 비하여 일반적으로 단기이다.
④ 타인을 위한 손해보험계약의 경우 타인의 위임이 없으면 보험계약자는 이를 보험자에게 고지해야 한다.

해설 보험의 목적은 경제상의 재화로 구체적인 물건에 한하지 않고 채권과 같은 무체물 또는 피보험자의 책임도 포함된다.

**109 손해보험에 관한 다음 설명 중에서 옳은 것은?**

① 손해보험에서는 보험계약자가 피보험자로 되는 것이 특색이다.
② 손해보험에서는 보험기간이 일반적으로 장기이다.
③ 보험금액은 보험자가 지급하여야 할 금액의 최고한도를 말한다.
④ 손해보험의 목적은 피보험이익이 인정되는 유체물에 한한다.

정답 104 ④ 105 ① 106 ③ 107 ④ 108 ① 109 ③

① 손해보험에서 보험계약자와 피보험자가 동일하면 '자기를 위한 손해보험'이라 하며, 다른 경우에는 '타인을 위한 손해보험'이라 한다.
② 손해보험의 보험기간은 일반적으로 단기이다.
④ 손해보험의 목적은 경제상의 재화, 즉 가옥, 선박, 자동차 등 구체적인 물건에 한하지 않고 채권과 같은 무체물, 피보험자의 책임도 포함된다.

## 110 상법상 손해보험의 피보험자에 관한 다음 설명 중 맞는 것은?

① 자연인이어야 한다.
② 피보험이익의 주체이어야 한다.
③ 보험계약자와 동일인이어야 한다.
④ 보험계약의 성립당시에 특정하여야 한다.

손해보험에서 피보험자는 피보험이익의 주체로서 보험사고발생시 손해의 보상을 받을 권리가 있는 자로서, 자연인이든 법인이든 상관이 없고, 보험계약자와 동일인일 수도 있고 양자가 각각 다를 수도 있다. 또한 보험계약 성립 당시에 반드시 특정할 필요가 없고 사고발생 전에 정하여도 무방하다.

## 111 다음 중 피보험이익의 요건에 해당하지 않는 것은?

① 우연성 ② 적법성
③ 확정성 ④ 경제성

피보험이익은 법률이나 금지규정 및 공서약속에 위반되지 않는 적법성, 객관적인 재산의 가치를 가지며 금전적으로 계산·평가할 수 있는 경제성, 피보험 목적물과 피보험자의 이해관계가 보험계약의 한 요소로서 확정되거나 확정될 수 있는 확정성 등의 요건을 갖추어야 한다.

- 적법성 : 보험사고 자체가 적법해야 피보험이익이 법의 보호를 받을 수 있다.
- 확정성 : 확정가능성은 현존할 필요는 없고, 사고발생 시까지 확정되는 것이면 된다.
- 경제성 : 경제성은 객관적인 평가만 해당되며 주관적인 평가는 배제된다.

## 112 피보험이익의 요건으로 옳지 않은 것은?

① 적법성 여부는 객관적인 문제로서 당사자 또는 피보험자의 선의·악의에 따라 영향을 받게 된다.
② 피보험이익은 금전으로 산정할 수 있어야 한다.
③ 피보험이익은 계약체결당시에 확정되어 있어야 하는 것은 아니지만 적어도 보험사고가 발생할 때까지는 확정할 수 있어야 한다.
④ 종교상의 비밀 등은 피보험이익이 될 수 없으나 기업의 신개발에 따른 비밀 등은 피보험이익이 될 수 있다.

적법성 여부는 객관적인 문제로서 당사자 또는 피보험자의 선의·악의를 고려하지 않고 객관적으로 판단한다.

## 113 피보험이익에 관한 다음 설명 중 옳은 것은?

① 피보험이익은 보험계약에 있어서 불가결의 요소이다.
② 피보험이익은 현재의 이익이든 장래의 이익이든 상관없다.
③ 피보험이익은 계약체결당시에 확정되어야 한다.
④ 피보험이익은 곧 보험의 목적이다.

① 손해보험은 손해의 전보를 목적으로 하기 때문에 피보험이익의 존재가 당연히 필요하나, 생명보험은 사람의 생사에 의한 보험이므로 피보험이익의 관념 자체가 없다.
③ 피보험이익은 손해발생시까지 금전적 손해 및 이를 수취할 피보험자가 확정되면 된다.
④ 상법 제668조에서는 피보험이익을 '보험계약의 목적'이라고 하여 금전적으로 산정할 수 있는 이익으로 한정하고 있다.

## 114 손해보험계약에서 피보험이익으로 할 수 없는 것은?

① 경제적 이익
② 기호이익
③ 상실이익
④ 장래이익

피보험이익은 경제적 이익으로 인한 경제적 가치를 가지지 않는 감정적 이익·기호이익은 될 수 없다. 또한 법률상 관계이든 사실상의 이해관계이든, 적극적이든 소극적이든, 현재의 이익이든 장래의 이익이든, 현실적으로 입은 손실이든 상실한 이익이든 묻지 않는다.



정답 110 ② 111 ① 112 ① 113 ② 114 ②

## 115 물건보험에서 피보험이익의 요건에 해당하지 않는 것은?

① 피보험이익은 경제적 이익이어야 한다.
② 피보험이익은 적법한 이익이어야 한다.
③ 피보험이익은 확정적 이익이어야 한다.
④ 피보험이익은 감정적 이익이어야 한다.

피보험이익의 요건
- 경제적 이익 : 금전으로 산정할 수 있는 이익이어야 한다.
- 적법한 이익 : 법률이나 금지규정 및 공서약속에 위반되지 않아야 한다.
- 확정적 이익 : 계약체결 당시 그 존재 및 소속이 확정되어 있거나 적어도 사고발생 시까지는 확정할 수 있는 것이어야 한다.

## 116 피보험이익에 관한 설명으로서 옳은 것은?

① 피보험이익은 상법상 보험의 목적으로 규정되어 있다.
② 피보험이익은 경제적 이익이 있음으로써 충분하며 반드시 적법하여야 하는 것은 아니다.
③ 미등기건물에 대하여도 피보험이익은 인정된다.
④ 동일한 건물의 소유자와 전세권자가 화재보험계약을 체결한 경우에는 피보험이익을 같이 한다.

① 피보험이익은 상법상 보험계약의 목적이라고 규정하고 있다.
② 피보험이익은 경제적 이익, 적법한 이익, 확정적 이익이어야 한다.
④ 피보험이익이 다르면 동일한 보험의 목적에 수개의 보험계약을 체결할 수 있다.

## 117 피보험이익의 기능이라고 할 수 없는 것은?

① 보험계약의 개별화
② 위험측정의 적정화
③ 보험의 도박화 방지
④ 보험자의 보상책임의 최고한도 확정

피보험이익의 기능(효용)은 ①, ③, ④ 외에 인위적 위험방지・초과보험방지도 있다.

**118** **다음은 보험의 목적과 보험계약의 목적과의 차이를 설명한 것이다. 잘못 설명된 것은?**

① 개개의 물건을 보험의 목적으로 붙일 수 있다.
② 물건의 집합체를 보험의 목적으로 붙일 수 있다.
③ 전자는 보험계약의 대상인 경제적 이익을 말하고, 후자는 경제상의 재화를 말한다.
④ 보험계약의 목적이 다르면 동일한 보험의 목적에 대하여도 별개의 계약을 체결할 수 있다.

보험의 목적은 보험계약의 대상인 재화를 말하고, 보험계약의 목적은 경제적 이해관계를 말한다.



**119** **다음은 보험가액에 대한 설명이다. 옳지 않은 것은?**

① 피보험이익을 평가한 가액을 말한다.
② 보험금액과 보험가액은 일치하여야 한다.
③ 보험금액이 보험가액을 초과하는 경우가 있다.
④ 보험가액은 보험사고 발생시에 보험자가 지급할 수 있는 최고한도액이다.

보험가액은 항상 가변성을 띠고 있어서 계약체결 시에 당사자가 정한 금액과 일치하지 않은 경우가 생기는데, 일치하는 경우는 전부보험, 일치하지 않는 경우는 초과보험, 중복보험, 일부보험 등이 있다.

**120** **보험가액에 관한 다음 설명 중 틀린 것은?**

① 당사자 간에 보험가액을 협정하지 않은 경우에는 사고발생시의 가액을 보험가액으로 한다.
② 보험가액은 피보험이익의 가액이다.
③ 협정보험가액은 보험증권에 기재하여야 한다.
④ 협정보험가액이 사고발생시의 가액을 초과할 때에는 언제나 사고발생시의 가액을 보험가액으로 한다.

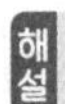

협정보험가액이 사고발생시의 가액을 '<u>**현저하게**</u>' 초과할 때에는 사고발생시의 가액을 보험가액으로 한다(상법 제670조).

정답 115 ④ 116 ③ 117 ② 118 ③ 119 ② 120 ④

## 121 보험가액에 관한 설명으로 틀린 것은?

① 보험가액은 보험계약의 목적의 가액이다.
② 보험가액보다 보험금액이 많은 경우는 일부보험이 된다.
③ 보험가액이 정해진 때에는 그 가액은 사고발생시의 가액으로 정한 것으로 추정한다.
④ 보험가액을 정하지 아니한 때에는 사고발생시의 가액을 보험가액으로 한다.

보험가액보다 보험금액이 많은 때에는 초과보험이 된다.

## 122 보험가액에 관한 다음 설명 중 틀린 것은?

① 보험가액이란 피보험자에게 발생할 수 있는 손해의 최고한도액이다.
② 당사자 간에 보험가액이 확정된 이상 보험가액을 보험증권에 기재하여야 하는 것은 아니다.
③ 협정보험가액이 사고발생시의 가액을 현저하게 초과할 때에는 사고발생시의 가액을 보험가액으로 한다.
④ 미평가보험의 보험가액은 사고발생시의 보험가액으로 한다.

기평가보험에 있어서 보험가액에 대한 합의는 명시적이어야 하고, 이것을 각종 손해보험증권에 기재하여야 하며, 이러한 보험가액의 기재가 있는 보험증권을 기평가보험증권이라 한다(상법 제685조, 제690조, 제695조).

## 123 기평가보험에 대한 설명으로 맞는 것은?

① 보험계약체결시 보험계약 당사자 간에 협정한 협정보험가액에 의하여 체결된 보험을 말한다. 협정보험가액은 사고발생시의 가액으로 확정하기 때문에 일부보험, 초과보험, 중복보험의 판단기준이 되고, 손해액산정의 기준이 된다.
② 협정보험가액이 사고발생시의 가액을 초과한 경우 사고발생시의 가액이 보험가액이 된다.
③ 협정보험가액은 당사자 간의 협의에 의하여 추후평가액을 감액하거나 증액할 수 있다.
④ 협정보험가액이 사고발생시의 가액을 현저하게 초과한 경우 보험금액이 협정보험가액에 미달하지만 사고발생시의 가액을 초과한 경우 일부보험이다.

③ 기평가보험이란 보험계약을 체결함에 있어 당사자 간에 미리 피보험이익의 가액에 관하여 합의한 협정보험가액으로 이루어진 보험을 말한다. 협정보험가액은 당사자 간의 협의에 의하여 추후평가액을 증액하거나 감액할 수 있다.

① 협정보험가액을 전 보험기간을 통하여 사고발생시의 가액으로 추정한다. 보험가액의 평가시기는 보험계약의 체결시로만 한정하지 아니하며 사고발생 전에 보험가액에 대하여 합의한 경우에도 기평가보험이 될 수 있다. 협정보험가액이 사고발생시의 가액으로 추정되기 때문에 일부보험, 초과보험, 중복보험 평가의 기준이 된다.

② 협정보험가액이 사고발생시 가액을 '현저하게' 초과하는 경우에는 사고발생시의 가액을 보험가액으로 하며, '현저하다'는 것은 보험자가 입증하여야 한다.

④ 보험금액이 협정보험가액에 미달하지만 사고발생시의 가액을 초과한 경우 초과보험이 된다.



## 124 미평가보험에 대한 설명으로 옳지 않은 것은?

① 보험가액에 대하여 미리 협정하지 않았기 때문에 보험가액의 평가에 대한 다툼을 방지하기 위하여 보험가액의 평가시기를 법률에서 정하고 있다.

② 당사자 간의 특약에 의하여 보험가액의 평가시기와 장소를 달리 정할 수 있다. 보험가액의 평가시기와 장소를 법률규정과 달리 정하였다고 하여 기평가보험이 되는 것은 아니다.

③ 미평가보험의 경우 화재・운송・적하보험 등에서는 보험가액을 평가하기 용이한 시점의 보험가액을 보험기간 전 기간을 통하여 보험가액으로 하기도 한다.

④ 우리 보험계약법 미평가보험에 관한 조항에서 보험가액 평가시기에 관한 조항만을 두고 있을 뿐 장소에 관한 규정은 없다. 학설은 사고가 발생한 때와 장소에서의 객관적 가치를 보험가액으로 한다.

운송・선박・적하보험은 실무에서 기평가보험으로 사용하지만 미평가보험의 경우 보험기간이 짧고 보험의 목적이 장소적 이동을 하여 사고가 발생한 때와 곳에서 보험가액을 평가하기가 곤란하기 때문에 평가가 용이한 시점에서 평가하도록 하고, 보험가액이 불변경된다고 보고 보험기간 전 기간에 동일한 보험가액을 적용하는 예외를 규정하고 있는데 이를 **보험가액불변경주의**라고 한다.

## 125 다음 〈보기〉에서 설명하는 보험형태는?

보험사고 발생시의 보험가액으로 하지 않고 물건의 사고발생시의 재조달가격을 보험가액으로 하여 보험자가 보험금지급액을 결정하는 손해보험계약이다. 이 경우 보험계약자는 멸실된 기계를 대신하여 새로운 기계를 구입할 수 있다는 장점이 있다.

① 일부보험
② 기평가보험
③ 미평가보험
④ 신가보험

〈보기〉의 내용은 신가보험에 관한 설명이다.

## 126 다음은 보험금액과 보험가액이 일치하지 않는 경우이다. 옳은 설명은?

① 초과보험은 비례주의를 원칙으로 한다.
② 일부보험에서 전손의 경우는 보험금액 전액을 지급한다.
③ 중복보험의 경우 각 보험자는 보험가액의 한도에서 연대하여 책임을 진다.
④ 보험자 1인에 대한 권리의 포기는 다른 권리의무자의 권리의무에 영향을 미친다.

② 일부보험에서 분손의 경우는 보험금액의 보험가액에 대한 비율에 따라 보상한다. 그러나 당사자 간에 다른 약정이 있는 경우 보험금액의 한도 내에서 손해액을 보상한다.
① **중복보험**은 비례주의를 원칙으로 한다.
③ 중복보험의 경우 각 보험자는 자기의 **보험금액의 한도**에서 연대하여 책임을 진다.
④ 보험자 1인에 대한 권리의 포기는 다른 보험자의 권리의무에 **영향을 미치지 아니한다.**

## 127 초과보험에 대한 내용 중 옳지 않은 것은?

① 보험계약자의 사기에 의한 초과보험은 도덕적 위험방지의 취지에서 보험계약의 전부를 무효로 하고 있다.
② 사기의 입증은 보험자가 진다.
③ 보험계약자의 사기에 의한 보험계약은 무효이므로 보험자는 보험금지급책임이 발생하지 아니한다.
④ 사기에 의한 초과보험시 무효이기 때문에 보험자는 보험계약자에 대하여 보험료의 청구를 할 수 없다.

보험자는 보험계약이 무효라는 것을 안 때까지의 보험료를 청구할 수 있다. 보험자가 보험계약이 무효임을 안날까지만 보험료를 청구할 수 있기 때문에 처음부터 보험계약이 무효임을 알고 보험자가 초과보험을 인수하였다면 보험료청구권은 없다고 할 것이다.



## 128 초과보험에 관한 설명으로 틀린 것은?

① 보험자 또는 보험계약자는 보험료와 보험금액의 감액을 청구할 수 있다.
② 보험료와 보험금액의 감액은 장래에 대하여서만 그 효력이 있다.
③ 사기에 의한 초과보험계약은 무효이다.
④ 사기에 의한 초과보험의 경우는 보험자가 보험료의 청구를 하지 못한다.

초과보험이 보험계약자의 사기로 인해 체결된 경우에는 초과부분뿐만 아니라 전부가 무효이고, 보험자는 그 사실을 안 때까지의 보험료를 청구할 수 있다.

## 129 상법상 보험료감액청구권이 인정되는 경우는?

① 공동보험의 경우
② 초과보험의 경우
③ 중복보험의 경우
④ 일부보험의 경우

보험금액이 보험가액을 현저하게 초과한 때에는 보험자 또는 보험계약자는 보험료와 보험금액의 감액을 청구할 수 있다. 그러나 보험료의 감액은 장래에 대하여만 그 효력이 있다(상법 제669조 제1항).

정답 125 ④ 126 ② 127 ④ 128 ④ 129 ②

## 130 초과보험에 관한 다음 설명 중 틀린 것은?

① 초과보험을 결정하는 보험가액의 산정시기는 사고발생시이다.

② 보험계약자의 사기로 인하여 초과보험의 계약이 체결된 경우에는 그 계약은 전체를 무효로 한다.

③ 선의의 보험자 또는 보험계약자는 보험료와 보험금액의 감액을 청구할 수 있다.

④ 초과보험이 성립하기 위해서는 보험금액이 보험가액을 현저하게 초과하여야 한다.

초과보험을 결정하는 보험가액의 산정시기는 **계약당시**이다. 그러나 물가의 변동으로 피보험이익의 가액이 보험기간 중 현저하게 감소한 때에는 그때를 기준으로 한다.

## 131 초과보험에 관한 설명으로 올바른 것은?

① 초과보험의 계약은 언제나 무효이다.

② 초과보험계약은 보험금액이 보험가액을 초과하는 부분만 무효이다.

③ 초과보험에 대한 보험계약자의 보험료감액청구는 장래에 대하여만 그 효력이 있다.

④ 보험기간 중에 물가가 하락하여 피보험이익의 가액이 현저하게 감소한 경우에는 초과보험이 되지 아니한다.

③ 보험료불가분의 원칙에 따라 장래에 향하여 감액할 수 있다(상법 제669조 제1항 단서).
①·② 보험계약자의 사기로 인하여 체결된 때에는 그 계약은 무효로 한다.
④ 보험기간 중에 물가가 하락하여 피보험이익의 가액이 현저하게 감소한 경우에도 초과보험이 된다.

## 132 중복보험에 대한 설명으로 옳지 않은 것은?

① 보험금액의 합이 보험가액을 현저하게 초과하여야 한다.

② 보험사고가 동일하여야 한다.

③ 보험기간이 같거나 일부가 겹쳐야 한다.

④ 피보험이익이 동일하여야 한다.

① '현저하게' 초과하지 않더라도 '조금만' 초과하여도 중복보험에 해당한다.

참고 중복보험의 요건
- 2인 이상의 보험자와 보험계약을 체결해야 한다.
- 피보험이익이 동일하여야 한다.
- 보험사고가 동일하여야 한다.
- 보험기간이 같거나 일부가 겹쳐야 한다.
- 보험금액의 총액이 보험가액을 초과하여야 한다.



## 133 다음 중복보험과 관련된 설명으로 옳지 않은 것은?

① 우리 상법은 손해보험계약에서만 타보험계약 통지의무를 부여하고 있다.
② 수인의 보험자 중 1인의 보험자에 대한 권리의 포기는 다른 보험자의 권리·의무에 영향을 미치게 된다.
③ 상법에서는 중복보험뿐만 아니라 동일한 보험계약의 목적과 동일한 사고에 관하여 수개의 보험계약을 체결한 경우에 보험계약자는 각 보험자에 대하여 각 보험계약의 내용을 통지하여야 한다.
④ 중복보험이 아닌 병존보험에서도 통지의무를 부여하고 있다.

해설 수인의 보험자 중 1인의 보험자에 대한 권리의 포기는 다른 보험자의 권리·의무에 영향을 미치지 아니한다고 상법에 규정하고 있다. 즉, 피보험자가 보험자 1인에게 권리를 포기한 경우 포기한 부분에 해당하는 보험금을 다른 보험자에게 청구할 수 없다는 의미이다. 피보험자가 보험자 1인에게 권리를 포기한 경우 이 사실을 안 보험자는 다른 보험자가 분담하여야 할 부분을 제외한 자기 분담부분에 한하여 피보험자에게 보상책임이 있다.

## 134 중복보험에 관한 다음 설명 중 틀린 것은?

① 중복보험이 되려면 수인(數人)의 보험자와 수개의 보험계약이 동시에 체결되어야 한다.
② 중복보험이 되려면 각 계약의 보험금액의 합계가 보험가액을 초과하여야 한다.
③ 보험자는 각자의 보험금액의 비율에 따라 보험금액의 한도에서 보상하여야 한다.
④ 각 보험자가 지는 보상책임은 연대책임이다.

해설 중복보험이란 동일한 보험계약의 목적과 동일한 사고에 관하여 수개의 보험계약이 수인(數人)의 보험자와 동시 또는 순차로 체결된 경우에 그 보험금액의 총액이 보험가액을 초과한 경우로서 초과보험의 특수한 형태이다. 수인의 보험자와 체결하는 한 동시에 하든, 순차로 체결하든 상관없다.

정답 130 ① 131 ③ 132 ① 133 ② 134 ①

## 135 중복보험에 관한 설명으로 옳지 않은 것은?

① 수개의 보험계약을 수인(數人)의 보험자와 체결하고 보험기간이 동일하거나 중복되어야 한다.

② 보험계약자의 사기로 인한 중복보험은 무효이다.

③ 중복보험에 있어서 보험계약자는 각 보험자에 대하여 보험계약의 내용을 통지하여야 한다.

④ 각 보험자는 보험금액에 대하여 보험자들이 미리 정한 비율에 따라 보상한다.

중복보험의 경우 우리 상법은 동시(同時)·이시(異時)를 불문하고 각 보험자는 각자의 보험금액의 한도에서 연대책임을 지고, 각 보험자의 보상책임은 각자의 보험금액의 비율에 따른다(상법 제672조 제1항)고 규정하여, 연대주의를 원칙으로 하고 비례주의를 첨가하고 있다. 보험자들이 미리 정한 비율에 따라 보상하는 것이 아니다.

## 136 중복보험에 관한 다음 설명 중 옳은 것은?

① 중복보험이 되려면 동일한 보험자와 수개의 보험계약을 체결하여야 한다.

② 중복보험이 되려면 보험금액의 합계가 보험가액과 같아야 한다.

③ 보험자는 특약이 있는 경우에는 각자의 보험금액의 한도 내에서 연대책임을 진다.

④ 보험자는 각자의 보험금액의 비율에 따라 보험금액의 한도에서 보상하여야 한다.

① 수인의 보험자가 보험계약을 체결하여야 한다.
② 보험금액의 합계가 보험가액을 초과하여야 한다.
③ 동시·이시를 불문하고 보험금액의 한도 내에서 연대책임을 진다.

**137** **갑은 보험가액 1,000만원의 소유가옥에 대하여, 먼저 보험금액 900만원으로 하여 A보험회사와 화재보험계약을 체결하고, 그 후에 B보험회사와도 보험금액 600만원으로 한 화재보험계약을 체결하였는데, 이 가옥이 화재로 전손(1,000만원의 손해)을 입었다. 이 경우의 보상관계는?**

① 갑은 A회사에 대하여 600만원만을, 그리고 B회사에 대하여 400만원만을 청구할 수 있다.
② 갑은 A회사와 B회사 중 어느 회사에 대하여도 1,000만원의 보상을 청구할 수 있다.
③ 갑은 A회사에 대하여 900만원의 범위 내에서 그리고 B회사에 대하여 600만원의 범위 내에서 임의로 청구할 수 있되, A・B 양 회사로부터 지급받는 금액은 1,000만원을 넘지 못한다.
④ 갑은 A회사에 대하여 900만원을, 그리고 B회사에 대하여 100만원만을 청구할 수 있다.

보험금액의 총액이 보험가액을 초과하는 중복보험에 해당되므로, 보험자는 각자의 보험금액의 한도에서 연대책임을 진다. 이 경우에는 각 보험자의 보상책임은 각자의 보험금액의 비율에 따른다. 화재보험표준약관에 의하면, 동일한 계약의 목적과 동일한 사고에 관하여 보험금을 지급하는 다른 계약이 있고 이들의 보험금액의 합계액이 보험가액보다 클 경우에 지급보험금 계산은 다음과 같다.

1. 다른 계약이 이 계약과 지급보험금의 계산방법이 같은 경우 :
   손해액×보험금액 / 다른 계약이 없는 것으로 하여 각각 계산한 보험금액의 합계액
2. 다른 계약이 이 계약과 지급보험금의 계산방법이 다른 경우 :
   손해액×보험금 / 다른 계약이 없는 것으로 하여 각각 계산한 보험금의 합계액

**138** **일부보험에 대한 설명 중 옳지 않은 것은?**

① 보험금액이 보험가액에 미달되는 경우를 말한다.
② 상법에서는 일부보험의 효과에 대해서만 규정하고 있고 그 판정시기에 대해서는 언급이 없다.
③ 일부보험의 경우 보험자는 보험금액의 보험가액에 대한 비율에 따라 보상할 책임을 진다.
④ 일부보험의 발생은 보험계약자가 보험료를 절약하기 위하여 의도적으로 가입할 수 있는 경우뿐이다.

일부보험의 발생은 보험계약자가 보험료를 절약하기 위하여 의도적으로 일부보험에 가입할 수 있으며, 사고발생의 위험이 높거나 도덕적 위험이 높다고 판단하여 사고발생시 손해액의 일부를 피보험자에게 부담시킴으로써 피보험자로 하여금 위험관리를 유도할 목적으로서 보험자가 의도적으로 일부보험을 담보하는 경우도 있다. 또한 보험기간 중에 물가의 변동으로 보험가액이 높아져 일부보험이 된 경우도 있다.



정답 135 ④ 136 ④ 137 ③ 138 ④

**139** 손해액 × $\frac{\text{보험금액}}{\text{보험가액}}$ 의 수식이 적용되는 보험은?

① 중복보험 ② 초과보험
③ 일부보험 ④ 소급보험

일부보험 상태에서 보험사고가 발생한 경우 보험금 지급액은 보험금액의 보험가액에 대한 비율에 따라 계산된다(상법 제674조).

**140** 보험가액 2,000만원 및 보험금액 1,000만원의 일부보험에서 70%의 분손이 발생한 경우에 상법상 보험자가 보상하여야 할 금액은?

① 350만원 ② 700만원
③ 1,000만원 ④ 1,400만원

2,000만원(보험가액) × 70% = 1,400만원(손해액)

비례보상하므로 1,400만원 × $\frac{\text{1,000만원}}{\text{2,000만원}}$ = 700만원

만일 일부보험에서 실손보상특약에 가입했다면 1,000만원이다.

**141** 손해보험에서 보험자의 손해보상의무에 관한 설명 중 틀린 것은?

① 보험의 목적에 관하여 보험자가 부담할 손해가 생긴 경우에는, 그 후 그 목적이 보험자가 부담하지 아니하는 보험사고의 발생으로 인하여 멸실된 때에도, 보험자는 이미 생긴 손해를 보상할 책임을 면하지 못한다.
② 보험계약자에게 현실적으로 손해가 생기는 이상, 당사자 간에 다른 약정이 없으면 상실이익도 보상해야 한다.
③ 보험자가 손해를 보상할 경우에 보험료의 지급을 받지 아니한 잔액이 있으면, 그 지급기일이 도래하지 아니한 때라도 보상할 금액에서 이를 공제할 수 있다.
④ 보험의 목적의 성질, 하자 또는 자연소모로 인한 손해는 보험자가 이를 보상할 책임이 없다.

② 보험사고로 인하여 상실된 피보험자가 얻을 이익이나 보수는 당사자 간에 다른 약정이 없으면 보험자가 보상할 손해액에 산입하지 아니한다(상법 제667조).
① 상법 제675조
③ 상법 제677조
④ 상법 제678조

## 142 손해방지의무에 관련된 내용으로 적절하지 아니한 것은?

① 손해방지의무란 손해보험계약에서 보험사고가 발생했을 때 보험계약자와 피보험자가 손해의 방지와 경감을 위하여 노력하여야 할 의무를 말한다.
② 보험계약자 등의 손해방지의무는 보험사고의 우연성과 신의성실의 원칙, 나아가서는 손해방지에 노력하여야 할 공익상의 요청에 의하여 인정되는 것이라는 것이 통설이다.
③ 손해방지의무는 계약당사자인 보험계약자뿐만 아니라 피보험자도 부담하는 것으로 계약에 준거한 의무이다.
④ 보험계약자와 피보험자가 손해방지의무를 진다.

손해방지의무는 계약당사자인 보험계약자뿐만 아니라 피보험자도 부담하는 것이므로 계약에 준거한 의무가 아니고 결국 보험계약의 사행계약성에 비추어 보험의 목적에 대한 관리자이며, 보험계약상의 이익을 향유하는 보험계약자 또는 피보험자에게 형평의 견지에서 법이 특별히 인정하는 **법정의무**이다.

## 143 손해방지의무와 관련된 설명으로 적절하지 아니한 것은?

① 손해방지의무의 정도는 사고의 종류, 상태와 사고발생시에 있어서 보험계약자 등의 상태를 참작하여 결정할 문제이나 보험에 가입되어 있지 아니한 물건에 대한 주의 정도이면 된다.
② 손해의 방지와 감소는 행위의 목적으로서 존재하면 되고 그 효과가 반드시 생겨야 되는 것은 아니다.
③ 손해방지의무는 보험사고 발생의 위험이 있을 때 이를 방지하는 것까지도 포함된다.
④ 손해방지의무는 보험자가 보상책임을 지는 보험사고가 발생한 경우에만 부담한다.



정답 139 ③ 140 ② 141 ② 142 ③ 143 ③

손해방지의무는 보험자가 보상책임을 지는 보험사고가 발생한 경우에만 부담한다. 따라서 보험사고 발생의 위험이 있을 때 이를 방지하는 것은 이 의무의 내용이 되지 못하며, 이러한 비용은 보험자가 부담하지 아니한다. 또한 손해방지의무의 정도는 사고의 종류, 상태와 사고발생 시에 있어서 보험계약자 등의 상태를 참작하여 결정할 문제이나 보험에 가입되어 있지 아니한 물건에 대한 주의 정도이면 된다. 손해의 방지와 감소는 행위의 목적으로서 존재하면 되고 그 효과가 반드시 생겨야 되는 것은 아니다.

## 144 손해방지의무위반의 효과에 대한 설명으로 옳지 않은 것은?

① 손해방지의무위반의 효과에 대하여 상법에서는 규정한 바가 없다.
② 손해방지의무위반과 상당인과관계에 있는 손해는 의무자의 부작위에 의한 손해이므로 보험자가 보상하지 않는다.
③ 늘어난 손해의 입증책임은 보험자에게 있다.
④ 보험자는 그 계약을 해지할 수 있으며 해지 전 사고에 대해서 보상책임을 지지 아니한다.

의무위반과 상당인과관계가 있는 손해에 대해서만 면책될 뿐이며, 그 계약을 해지할 수 없다.

## 145 손해방지비용에 관한 설명으로 옳지 않은 것은?

① 손해방지비용을 보험금액의 한도 내에서 인정한다는 당사자 간의 특약이 있다면 그 특약은 유효하다.
② 배상책임보험에서 방어비용도 손해방지의무와 그 취지나 성격이 동일하다고 보는 것이 통설이다.
③ 일부보험인 경우의 손해방지비용은 보험자가 손해보상액의 비율, 즉 보험가액에 대한 보험금액의 비율에 따라 부담한다.
④ 손해방지비용에 관한 규정에는 공익적 고려가 포함되어 있다.

손해방지비용은 보험자가 부담하지 아니한다는 보험약관조항이나 보험금액의 한도 내에서 인정한다는 보험약관조항은 보험계약자 등의 불이익변경금지의 원칙에 위배되기 때문에 무효가 된다. 그러나 해상보험, 재보험 등 기업보험에서는 그러하지 아니하다.

## 146 손해방지비용의 부담요건으로 적절하지 아니한 것은?

① 손해방지의무가 발생하여야 한다.
② 보험자가 담보하지 아니한 위험으로 보험의 목적에 생길 손해의 방지에 지출한 비용도 포함된다.
③ 계약상의 하자나 면책사유가 없어야 한다.
④ 손해방지 행위가 필요하거나 필요하지 않았더라도 적어도 유익하면 된다.

보험자가 담보하지 아니한 위험으로 보험의 목적에 생길 손해의 방지에 지출한 비용은 보험자가 부담하지 아니한다.

손해방지비용의 부담요건
- **손해방지의무가 발생할 것** : 보험자가 담보한 위험으로 발생한 손해를 방지하거나 경감한 비용이어야 한다. 배상책임보험에서는 담보위험에 의하여 피보험자에게 법률상 손해배상책임이 발생하여야만 보험자에게 보상책임이 발생한다.
- **계약상의 하자나 면책사유가 없을 것** : 계약상의 하자나 면책사유가 있는 것을 알지 못하고 비용의 지급을 승인한 후 그 사실을 보험자가 안 경우라도 그 비용은 보험자가 지급하지 아니한다.
- **손해방지행위의 필요성 · 유익성** : 손해방지행위가 필요하거나 필요하지 않았더라도 적어도 유익하면 되고 반드시 그 효과가 발생하여야 되는 것은 아니다. 따라서 손해방지비용도 필요하거나 유익한 의무의 이행으로 발생한 것이면 된다.
- **비용의 합리성** : 비용은 통상적인 것으로 합리적이고 적절하게 발생한 것이어야 한다.

## 147 손해방지의무에 관한 설명으로서 올바른 것은?

① 손해방지의무는 보험계약에 의하여 부담하는 의무이다.
② 손해방지의무에 위반한 경우에 보험자는 보험금지급의무를 전혀 부담하지 아니한다.
③ 손해방지의무는 피보험자만이 부담한다.
④ 손해방지의무는 보험사고가 발생한 때에 지는 의무이다.

보험계약의 효과로서 생기는 보험계약자 측의 의무 중 보험사고 발생시에 부담하는 손해보험계약의 특수한 의무로서 사고발생시 보험계약자와 피보험자는 손해방지와 경감을 위하여 노력할 의무를 진다. 만약 이 의무를 해태할 때에는 의무위반과 상당인과관계에 있는 손해에 대하여 보험자는 당연히 손해배상을 청구할 수 있고 지급할 보상액에서 공제하여 지급할 수 있다.



정답 144 ④ 145 ① 146 ② 147 ④

**148** 상법상 손해방지의무에 관한 다음 설명 중 틀린 것은?

① 손해방지의무는 보험계약자뿐만 아니라 피보험자도 부담한다.
② 보험계약자와 피보험자는 보험사고가 발생하지 않도록 노력할 의무가 있다.
③ 보험자는 손해방지비용을 부담하여야 하나, 그 비용과 보상액의 합계액이 보험금액을 초과하더라도 보상한다.
④ 일부보험의 경우에 보험자가 부담할 손해방지비용은 보험금액의 보험가액에 대한 비율에 따라 결정된다.

보험계약자와 피보험자는 손해의 방지와 경감을 위하여 노력하여야 할 의무를 지는데(상법 제680조), 보험사고 예방의무까지 지는 것은 아니다. 손해방지의무는 손해방지의무자인 보험계약자 또는 피보험자가 손해의 원인이 된 보험사고의 발생을 안 것을 전제로 한 것이므로 보험사고 자체를 방지하는 것은 포함되지 않는다.

**149** 다음 중 상법상 손해방지비용의 부담에 관하여 맞는 설명은?

① 보험계약자가 부담한다.
② 보험자와 보험계약자가 절반씩 부담한다.
③ 보상액과 합계액이 보험금액을 초과하는 경우에도 보험자가 부담한다.
④ 보상액과 합계액이 보험금액을 초과하지 않는 범위에서 보험자가 부담한다.

보험계약자와 피보험자는 손해의 방지와 경감을 위하여 노력하여야 한다. 그러나 이를 위하여 필요 또는 유익하였던 비용과 보상액이 보험금액을 초과한 경우라도 보험자가 이를 부담한다(상법 제680조 제1항).

**150** 손해방지비용에 관한 설명이다. 잘못된 것은?

① 손해방지비용에 관한 규정에는 공익적 고려가 포함되어 있다.
② 보험자는 약관으로 손해방지비용의 부담을 언제나 면할 수 있다.
③ 손해방지비용은 보험금액을 초과한 경우라도 보험자가 이를 부담한다.
④ 일부보험인 경우의 손해방지비용은 보험자가 손해보상액의 비율에 따라 부담한다.

손해방지비용이란 보험자가 담보하고 있는 보험사고가 발생한 경우에 보험사고로 인한 손해의 발생을 방지하거나 손해의 확대를 방지함은 물론 손해를 경감할 목적으로 행하는 행위에 필요하거나 유익하였던 비용을 말하는 것으로서 "수익자부담원칙"에 따라 보험자가 부담한다. 손해방지의무는 특약으로 면제하지 못한다.

**151** 보험자대위에 관한 설명으로 올바른 것은?

① 일부보험의 경우에는 성질상 잔존물대위가 성립될 수 없다.
② 보험자대위는 모든 보험에 인정되는 보험법상의 제도이다.
③ 제3자에 대한 보험자대위는 보험자가 보험금의 일부라도 지급하면 성립된다.
④ 대위에 의한 보험자의 권리취득은 당사자 간의 의사표시에 의한 것이다.

① 손해보험에서는 잔존물대위와 청구권대위가 모두 인정된다.
② 보험자대위는 손해보험에서 인정되고 있으며, 인보험에서는 상해보험에서만 인정된다.
④ 보험자대위에 의한 보험자의 권리 취득은 법률상 당연히 취득되는 것이다.

**152** 보험자대위에 관한 설명 중 틀린 것은?

① 보험자대위는 보험금을 지급한 보험자가 피보험자가 보험의 목적이나 제3자에 대하여 가지는 권리를 취득하는 것이다.
② 보험자대위는 법률상 당연히 인정되는 것이므로 피보험자의 의사에 따라 그 권리의 범위를 정하는 것은 아니다.
③ 보험자대위는 원칙적으로 상법상 손해보험의 경우에 한하여 인정하고 있다.
④ 피보험자는 보험금의 지급을 받은 이상 보험자의 대위권행사와는 아무런 관계가 없다.

보험자가 대위권행사시에 피보험자는 이에 협조할 의무를 진다.

제1과목 보험관계법령 및 약관

정답 148 ② 149 ③ 150 ② 151 ③ 152 ④

## 153 보험자대위에 대한 설명으로 적절하지 아니한 것은?

① 보험자대위라 함은 보험자가 보험사고로 인한 손실을 피보험자에게 보상해 주고 피보험자 또는 보험계약자가 보험의 목적이나 제3자에게 갖는 권리를 법률상 당연히 취득하는 것을 말한다.

② 보험자대위는 보험자가 보험금을 지급함으로 법률상 당연히 발생한다.

③ 보험자대위는 원칙적으로 손해보험에서만 인정된다.

④ 정액보험 방식을 취하는 보험에서도 보험자대위를 인정한다.

보험자대위는 원칙적으로 손해보험에만 인정된다. 따라서 인보험에서는 인정되지 아니한다. 그러나 예외적으로 상해보험의 경우에는 당사자 간의 특약이 있을 때에는 피보험자의 권리를 해하지 않는 범위 내에서 보험자대위를 인정한다. 인보험 중 사망보험은 정액보험으로만 운영되기 때문에 보험자대위권이 없다. 상해보험의 경우라도 정액보험으로 운영되는 경우 보험자대위가 인정되지 아니한다. 상해보험에서 보험자대위가 인정되려면 실손보험, 즉 부정액보험으로 운영되어야 한다.

## 154 보험자대위에 대한 설명으로 틀린 것은?

① 인보험에서는 원칙적으로 보험자대위가 인정되지 아니한다.

② 보험자대위는 법률에 의하여 인정되는 것이며 보험자의 의사표시를 요건으로 하지 않는다.

③ 보험금의 일부를 지급한 보험자도 제3자에 대한 보험자대위를 할 수 있다.

④ 보험금을 지급한 보험자는 어느 경우에나 보험자대위권을 행사할 수 있다.

잔존물대위는 잔존물의 가치가 있는 경우, 제3자에 대한 청구권대위는 피보험자가 제3자에게 권리를 갖고 있는 경우에 한하여 인정된다.

**155** **보험자대위에 관한 다음 설명 중 틀린 것은?**

① 보험자의 권리취득시기는 보험금 전액을 지급한 때이다.
② 보험자가 보험금액의 일부를 지급한 때에는 지급액에 비례하여 권리를 취득한다.
③ 보험자가 보험의 목적에 관한 권리를 취득하려면 보험목적의 전부 또는 일부가 멸실되어야 한다.
④ 인보험에서는 보험자대위를 인정하지 않는다.

인보험 중 상해보험계약의 경우에 당사자 간에 다른 약정이 있는 때에는 보험자는 피보험자의 권리를 해하지 아니하는 범위 안에서 그 권리를 대위하여 행사할 수 있다(상법 제729조).



**156** **보험자대위에 관한 설명으로서 잘못된 것은?**

① 대위에 의한 보험자의 권리취득에는 당사자 간의 의사표시가 있어야 한다.
② 보험의 목적에 대한 보험자대위는 보험의 목적이 전부멸실 된 때에만 성립된다.
③ 재보험자도 보험금을 지급한 때에는 그 대위권을 취득한다.
④ 제3자에 대한 보험자대위는 보험자가 보험금의 일부만 지급한 경우에도 인정된다.

보험자대위는 당사자의 의사표시에 따른 양도행위의 효과가 아니라 법률상 인정한 당연한 효과이다. 그러므로 대위의 요건이 충족되면 당사자의 의사표시와 상관없이 당연히 권리가 보험자에게 이전되는 것이다.

**157** **잔존물대위와 관련된 내용으로 틀린 것은?**

① 잔존물대위에서는 보험자는 피보험자에게 지급한 보험금액 이상을 대위할 수 없다.
② 보험의 목적이 전부멸실, 즉 전손되어야 한다.
③ 보험금액의 전부를 지급하여야 한다.
④ 잔존물대위는 피보험자의 보험의 목적에 대한 권리로서 보험금을 전부지급하면 당연 보험자에게 권리가 귀속되는 것으로 소멸시효에 걸리는 권리다.

잔존물대위는 소멸시효에 걸리는 권리가 아니다.
보험자대위에 의해 보험자가 행사하는 권리는 본래 피보험자의 권리를 그대로 이전받아 대위 취득하는 것이므로 그 권리의 성격은 본래 피보험자가 가졌던 그 권리의 내용과 성격에 따라 결정된다. 따라서 손해배상청구권을 대위하면 3년, 구상권을 대위하면 10년의 소멸시효가 적용된다.

정답 153 ④ 154 ④ 155 ④ 156 ① 157 ④

**158** **잔존물대위의 효과에 대하여 옳지 않게 설명한 것은?**

① 보험자대위는 사고발생시에 발생한다.

② 잔존물대위에서 전부보험에서 보험금을 전부 지급한 경우 잔존물에 대한 피보험자의 권리는 소멸되고 잔존물에 대한 권리는 보험자에게 이전된다.

③ 잔존물의 제거비용이 잔존물의 가액을 초과하는 경우 보험자는 대위권을 포기할 수 있나.

④ 일부보험의 경우 보험가액에 대한 보험금액의 비율에 따라 보험자가 보험목적에 대하여 갖는 권리를 취득한다.

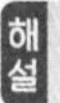

보험자대위는 사고발생시에 발생하는 것이 아니라 보험금을 지급한 때 발생한다.

**159** **보험의 목적에 대한 보험자대위에 관한 설명 중 틀린 것은?**

① 보험의 목적이 전손되어야 한다.

② 만일 피보험자가 보험금을 지급받기 전에 보험목적을 타인에게 처분한 경우 보험자는 보험금에서 이를 공제한 후 지급할 수 있다.

③ 손해액의 일정한 일정금액 이상이면 전손으로 보아 잔존물대위권이 발생한다.

④ 보험금을 지급받은 후 피보험자가 잔존물을 처분한 경우 보험자는 피보험자에게 손해배상을 청구할 수 없다.

보험금을 지급받은 후 피보험자가 잔존물을 처분한 경우 보험자는 피보험자에 대하여 손해배상을 청구할 수 있다.

**160** **보험의 목적에 관한 보험대위와 관련하여 다음 설명 중 옳은 것은?**

① 보험자가 보험의 목적에 관한 권리를 취득하려면 보험목적의 전부 또는 일부가 멸실되어야 한다.

② 보험자가 일부보험에서 보험금액의 전부를 지급한 경우에는 보험금액의 보험가액에 대한 비율에 따라 보험의 목적에, 관한 권리를 취득한다.

③ 보험자가 취득하는 보험의 목적에 관한 권리란 그 잔존물의 소유권이다.

④ 보험자의 보험의 목적에 관한 권리취득의 시기는 보험사고가 발생한 때이다.

① 보험자가 보험의 목적에 관한 권리를 취득하려면 보험의 목적의 전부가 멸실하여야 하고 보험자가 보험금액의 전부를 피보험자에게 지급하여야 한다.
③ 보험자가 취득하는 권리는 피보험자가 보험의 목적에 대하여 가지는 모든 권리로 보험의 목적의 소유권뿐만 아니라 저당보험에서 채권 등도 포함된다.
④ 권리이전의 시기는 보험자가 보험금을 전부지급한 때부터이다.



**161** 다음 중 청구권대위에 관하여 틀린 설명은?

① 보험자가 보험금액을 지급한 경우이어야 한다.
② 손해가 제3자의 행위로 생긴 경우이어야 한다.
③ 보험자는 보험금액을 지급하기 전에 제3자에 대한 피보험자의 권리를 취득한다.
④ 피보험자가 제3자에 대하여 손해배상청구권 등의 권리를 가지는 경우이어야 한다.

보험금액의 일부를 지급하든 전부를 지급하든 관계없으나, 반드시 지급한 후에 권리행사를 할 수 있다.

**162** 청구권대위에 관한 설명으로 틀린 것은?

① 피보험자가 갖는 권리는 제3자의 행위로 인하여 발생한 사고로 인한 권리여야 하며, 사고 전에 갖는 권리나 사고와 관련 없는 권리는 대위의 대상이 되지 아니한다.
② 보험자가 보험금을 지급한 경우이어야 하며, 보험금이 전부 지급되지 아니하더라도 상관없다.
③ 보험계약자나 피보험자가 제3자에게 갖는 권리에서 제3자는 반드시 동일인이 되어야 하는 것은 아니다.
④ 피보험자는 제3자에 대한 권리를 보험자에게 양도한 후 보험금을 청구할 수 있다.

④는 보험위부에 대한 설명이다.

정답 158 ① 159 ④ 160 ② 161 ③ 162 ④

**163** **보험자의 청구권대위에 관한 다음 설명 중 틀린 것은?**

① 보험자가 제3자에 대한 권리를 취득하려면 손해가 제3자의 행위로 인하여 발생하여야 한다.
② 보험자가 제3자에 대한 권리를 행사하려면 보험자가 피보험자에게 보험금액을 지급하여야 한다.
③ 보험자가 취득하는 권리는 제3자에 대한 보험계약자 또는 피보험자의 권리이다.
④ 보험자가 제3자에 대한 권리를 취득하는 시기는 보험자가 보험금의 지급청구를 받은 때이다.

해설 보험자가 제3자에 대한 권리를 취득하는 시기는 보험금을 지급하였을 때이다.

**164** **보험목적의 양도에 관한 다음의 설명 중 틀린 것은?**

① 양도할 수 있는 보험의 목적에는 무체(無體)재산권도 포함될 수 있다.
② 보험의 목적을 양도한 때에는 양수인은 보험계약상의 권리와 의무를 승계한 것으로 추정한다.
③ 보험의 목적을 양도하면 보험계약상의 권리·의무 관계가 포괄적으로 이전한다.
④ 보험목적의 양도로 인하여 위험이 현저하게 변경 또는 증가되더라도 보험자는 보험계약의 실효를 주장할 수는 없다.

해설 상속이나 회사의 합병과 같이 보험계약상의 권리·의무가 포괄적으로 승계되는 경우는 이에 포함되지 않는다.

**165** **보험목적의 양도에 관한 설명으로 잘못된 것은?**

① 보험의 목적이 양도되면 양수인은 보험계약상의 권리와 의무를 승계한 것으로 추정한다.
② 보험의 목적의 양도에는 피보험자의 사망으로 인한 상속도 포함된다.
③ 보험의 목적이 양도되면 양도인은 피보험이익을 잃는다.
④ 보험목적의 양도인 또는 양수인은 보험자에 대하여 지체 없이 양도사실을 통지하여야 한다.

보험목적의 양도란 손해보험계약에서 보험계약의 대상으로 되어 있는 그 목적물을 의사표시에 의하여 타인에게 양도하는 것을 말하고, 보통 매매·증여의 형태로 나타난다. 이는 개별적 양도라는 점에서 보험의 목적과 보험계약상 권리와 의무가 포괄적으로 승계되는 상속이나 합병과 구별되고, 피보험자의 지위를 승계한다는 점에서 단순한 채권양도인 보험금청구권의 양도와 구별된다.

## 166 보험목적의 양도에 대한 다음 설명 중 잘못된 것은?

① 피보험자가 보험의 대상인 목적물을 그 의사표시에 의하여 타인에게 양도하는 것을 말한다.
② 보험의 목적을 양도한 경우에 양수인 또는 양도인은 보험자에 대하여 지체 없이 그 사실을 통지하여야 한다.
③ 보험목적의 양도로 인해 위험이 증가한 경우 보험자는 보험료의 증액을 청구하거나 계약의 해지를 청구할 수 있다.
④ 피보험자가 보험의 목적을 양도한 때에는 동시에 보험계약에 의하여 생긴 권리와 의무가 양수인에게 승계된 것으로 본다.

보험의 목적을 양도한 때에는 양수인은 보험계약상의 권리와 의무를 승계한 것으로 **추정한다**.

## 167 보험목적의 양도에 관한 설명으로서 올바른 것은?

① 보험목적의 양도에는 상속에 의한 보험목적의 승계도 포함한다.
② 보험의 목적이 양도되면 양도인은 피보험이익을 잃어버린다.
③ 보험목적의 양도의 효과로 우리 상법은 당연이전주의에 입각하고 있다.
④ 강제경매의 경우에는 보험목적의 양도의 효과가 발생하지 아니한다.

① 보험목적의 양도는 매매, 증여의 형태로 나타나고 보험계약상 권리와 의무가 포괄적으로 승계되는 상속이나 합병과 구별된다.
③ 우리 상법은 피보험자가 보험의 목적을 양도한 때에는 양수인은 보험계약상 권리와 의무를 승계한 것으로 추정한다고 하여 추정주의를 취하고 있다.
④ 양도는 의사표시에 의한 물권적 양도를 의미하나, 강제경매도 포함하는 것으로 해석하는 것이 일반적이다.

제1과목 보험관계법령 및 약관

정답 163 ④ 164 ③ 165 ② 166 ④ 167 ②

## 168 보험목적의 양도에 대한 설명으로 맞는 것은?

① 피보험자가 보험의 목적을 양도한 때에는 동시에 보험계약에 의하여 생긴 권리와 의무가 양수인에게 승계된 것으로 간주한다.

② 보험목적의 양도통지의무를 지는 자는 양수인과 양도인이며, 보험목적의 양도통지의 무이행으로 보험계약의 승계는 확정된다.

③ 보험목적의 양도란 피보험자가 보험의 대상인 목적물은 그 의사표시에 의하여 타인에게 양도되는 경우에 한정한다.

④ 보험목적의 양도로 인해 위험이 증가한 경우 보험자는 보험료의 증액을 청구하거나 계약의 해지를 청구할 수 있다.

① 피보험자가 보험의 목적을 양도한 때에는 보험계약에 의하여 생긴 권리와 의무가 양수인에게 승계된 것으로 추정된다. 추정은 당사자 간의 반대의 의사표시가 있으면 추정의 효과는 소멸되지만, 간주는 반증을 허락하지 않는다.

② 보험목적의 양도통지의무는 양도사실에 대한 통지일 뿐이므로 양도인 또는 양수인이 할 수 있다. 보험목적의 양도사실을 통지하였다고 하더라도 보험계약의 승계가 확정되는 것은 아니다.

③ 양도조항의 적용은 경매, 법률에 의한 소유권 이전에도 적용된다. 따라서 당사자 간의 의사표시에 의한 양도에만 한정되는 것이 아니다.

### 4 손해보험 각칙

## 169 화재보험계약에 대한 설명 중 틀린 것은?

① 화재보험은 화재로 인한 재산상의 손해를 보상하기 위한 손해보험이다.

② 화재보험자는 화재의 원인을 묻지 아니하고 그로 인한 손해를 보상하는 책임을 진다.

③ 화재보험자는 화재로 직접 입은 손해만을 보상할 책임을 진다.

④ 과열로 기계가 고장 난 것은 화재로 인한 손해로 볼 수 없다.

화재로 인한 직접적인 손해는 물론이고, 소방 또는 손해의 감소에 필요한 조치로 인하여 생긴 손해를 보상할 책임이 있다(상법 제684조).

## 170 화재보험에 관한 설명 중 옳은 것은?

① 화재보험에는 위험보편의 원칙이 적용되지 않는다.
② 집합보험은 화재보험 외의 일반손해보험에는 있을 수 없다.
③ 화재보험계약은 화재를 보험의 목적으로 하는 손해보험계약이다.
④ 보험가액을 정한 경우 그 가액을 화재보험증권에 기재하여야 한다.

① 화재보험자가 화재의 원인을 불문하고 손해보상의 책임이 있는 것을 위험보편의 원칙이라고 한다.
② 집합보험은 집합된 물건을 보험의 목적으로 한 보험으로서 상법은 화재보험에서 이를 규정하고 있으며, 손해보험일반에서 이를 인정할 수 있다.
③ 화재보험은 화재로 인하여 생기는 손해를 전보하는 보험이다.

## 171 화재보험계약에 관한 다음 설명 중 옳은 것은?

① 보험자는 소방 또는 손해의 감소에 필요한 조치로 인하여 생긴 손해도 보상한다.
② 건물이 아닌 교량이나 입목(立木)은 화재보험의 목적이 될 수 없다.
③ 가스폭발사고로 화재가 발생하여 생긴 손해는 보상하지 않는다.
④ 지진이나 벼락으로 입은 손해에 대해서도 보험자는 보상책임이 있다.

② 교량이나 입목, 산림 등의 부동산도 보험의 목적으로 할 수 있으며, 보험의 목적에 관하여 화재로 인하여 손해가 생긴 이상 그 화재의 원인 여하를 불문하고 보험금을 지급하는 것을 원칙으로 한다.
③ 가스폭발사고로 화재가 발생하여 생긴 손해는 보상한다.
④ 지진, 분화 또는 전쟁, 혁명, 내란, 사변, 폭동, 소요, 기타 이들과 유사한 사태로 생긴 화재 및 연소 또는 그 밖의 손해는 보상하지 않는다.

## 172 집합된 물건을 일괄하여 화재보험의 목적으로 한 경우에 맞는 설명은?

① 피보험자의 가족의 물건은 보험의 목적에 포함되지 않는다.
② 피보험자의 사용인의 물건의 보험은 목적에 포함되지 않는다.
③ 피보험자의 가족과 사용인의 물건도 보험의 목적에 포함된 것으로 한다.
④ 이 경우 보험은 그 가족 또는 사용인을 위하여 체결된 것으로 보지 않는다.

정답 168 ④ 169 ③ 170 ④ 171 ① 172 ③

집합된 물건을 일괄하여 보험의 목적으로 한 때에는 피보험자의 가족과 사용인의 물건도 보험의 목적에 포함된 것으로 한다. 이 경우에 그 보험은 그 가족 또는 사용인을 위하여서도 체결한 것으로 본다(상법 제686조).

## 173 집합된 물건을 일괄하여 화재보험의 목적으로 한 때에는 그 목적에 속한 물건이 보험기간 중에 교체된 경우 옳은 설명은?

① 당해 보험계약은 실효가 된다.

② 보험자는 면책이 된다.

③ 보험사고발생시에 현존한 물건은 보험의 목적에 포함된 것으로 한다.

④ 보험계약 성립시에 현존한 물건을 보험의 목적으로 한다.

집합된 물건을 일괄하여 보험의 목적으로 한 때에는 그 목적에 속한 물건이 보험기간 중에 수시로 교체된 경우에도 보험사고의 발생시에 현존한 물건은 보험의 목적에 포함된 것으로 한다(상법 제687조).

## 174 화재보험에 관한 설명으로 틀린 것은?

① 집합보험에 관한 규정은 상법상 화재보험에서 규정하고 있으나, 화재보험에만 집합보험이 있는 것은 아니다.

② 화재보험의 목적으로는 유체물로서 동산 또는 부동산도 포함되며, 도덕적 위험이 높은 유가증권·서화 등은 보험증권에 기재하여야만 보험의 목적이 된다.

③ 화재보험에는 위험보편의 원칙이 적용되지 않는다.

④ 가옥 내 집기 일체 또는 사무실 내 집기 일체를 보험의 목적으로 한 집합보험의 경우 피보험자의 가족이나 사용인의 소유물도 보험의 목적에 포함된다.

화재보험에서 보험의 목적은 화재 그 자체가 아니라 화재의 대상이 되는 재물이며, 화재는 담보위험 또는 보험사고로서 손해의 원인인 손인이다. 화재보험에서는 위험보편의 원칙이 적용된다.

## 175 화재보험에 관한 설명 중 옳은 것은?

① 집에 불이 나서 중요한 물건을 다른 곳으로 대피시켜 놓았는데 그 물건을 도난당했을 때 보험자는 이를 보상한다.
② 동산보험의 경우 통화, 귀금속, 귀중품 등은 보험증권에 기재해야 보험의 목적으로 한다.
③ 부동산보험의 경우 미등기건물은 보험의 목적으로 될 수 있으나, 건축 중인 건물은 보험의 목적으로 될 수 없다.
④ 화재의 소방 또는 손해의 감소에 필요한 조치로 생긴 손해도 보상하는데 이는 손해방지의무자인 보험계약자 또는 피보험자의 조치로 생긴 손해만을 말한다.

① 보험자의 보상범위는 화재와 상당인과관계에 있는 모든 손해이다. 그러나 지문의 상황은 상당인과관계를 인정하지 않는 경우이다.
③ 건축 중인 건물도 피보험이익이 존재하므로 화재보험의 담보대상이 된다. 공사보험의 경우 건축 중인 공사물이 담보대상이 되는 것처럼 건축 중인 건물이라도 화재보험에서 담보 불가능할 이유가 없다.
④ 화재의 소방 또는 손해의 감소를 위하여 필요한 조치로서 생긴 손해에서 이러한 행위가 반드시 보험계약자나 피보험자가 하는 것은 아니다. 오히려 소방관들이 화재의 소방활동을 하는 것이 일반적이다.

제1과목 보험관계법령 및 약관

## 176 운송보험계약에 관하여 바르게 설명한 것은?

① 보험가액불변경주의를 취하지 않는다.
② 운송보험의 목적에는 운송물뿐만 아니라 자동차 등의 운송용구까지도 포함된다.
③ 하천에서 배를 이용하여 운송물이나 사람을 운송 중에 생기는 사고는 운송보험계약이 아니라 해상보험계약이다.
④ 상법상 운송보험계약이란 육상운송에 있어서의 운송물에 관한 사고로 인하여 발생할 손해보상을 목적으로 하는 손해보험계약만을 의미한다.

① 운송물의 보험에 있어서는 발송한 때와 곳의 가액과 도착지까지의 운임 기타의 비용을 보험가액으로 한다(상법 제689조 제1항). 즉 보험가액불변경주의를 취한다.
② 운송보험의 목적은 운송물이므로 운송용구 자체는 운송보험에 포함되지 않는다.
③ 여객의 생명・신체에 대한 대비보험은 인보험(생명・상해)이다.

정답 173 ③ 174 ③ 175 ② 176 ④

## 177 운송보험에 관한 설명으로서 올바른 것은?

① 운송주선인의 중과실로 인한 사고는 운송보험자의 면책사유가 되지 아니한다.
② 운송수단으로서의 화물자동차도 운송보험의 목적이다.
③ 보험기간 중 운송노순(運送路順)의 변경이 있으면 보험계약은 그 효력을 상실한다.
④ 운송보험에서는 보험가액불변경주의가 적용되지 아니한다.

② 운송보험에서의 보험의 목적은 운송물이며, 운송에 이용되는 용구 자체는 해상보험과 달리 운송보험에 포함되지 않는다.
③ 운송의 노순 또는 방법을 변경한 경우에도 그 효력을 잃지 않는다.
④ 운송보험에서는 보험가액불변경주의에 따라 운송물을 발송한 때와 곳의 가액과 도착지까지의 운임 및 기타 비용은 보험가액으로 한다.

## 178 운송보험에 관한 설명으로서 틀린 것은?

① 상법은 운송보험에 관하여 보험가액불변경주의를 규정하고 있다.
② 운송주선인의 중과실로 인한 사고는 운송보험사의 면책사유가 된다.
③ 희망이익은 약정이 있는 때에 한하여 보험가액에 산입할 수 있다.
④ 보험기간은 운송인이 운송물을 수령한 때부터 수하인에게 인도할 때까지로 하는 것이 원칙이다.

운송보험에서는 송하인 또는 수하인의 고의 또는 중대한 과실로 인한 손해를 보험자의 면책으로 하고 있는데(상법 제692조), 이들은 운송계약상 일정한 권리와 의무를 지기 때문이다. 따라서 운송주선인의 중과실로 인한 사고는 면책사유가 되지 아니한다.

## 179 운송보험의 피보험이익이 될 수 없는 것은?

① 운송물 자체에 관하여는 송하인이 운송물의 소유자로서 가지는 이익
② 운송용구 자체나 승객
③ 운송물의 도착으로 얻을 이익
④ 운송인의 운임에 관한 이익

운송보험에서 운송용구, 운송수단, 여객 등은 피보험이익이 될 수 없다.

## 180 운송보험에 관한 내용으로 적절하지 못한 것은?

① 운송보험의 보험사고는 운송물의 운송 중에 생길 수 있는 모든 사고로서 그 종류와 양상에 따라 다르다.
② 차량의 충돌, 추락, 전복 등 운송의 고유한 사고로 인한 운송물의 멸실・훼손에 한정되고 화재・폭발・도난・수해, 기타의 사고 등은 배제된다.
③ 운송보험의 운송물은 보험계약자나 피보험자의 지배를 떠나 운송인의 지배에 있어 보험목적에 대한 관리가 어려울 뿐만 아니라 사고원인의 입증도 곤란하기 때문에 면책위험을 제외한 모든 위험으로 인한 사고를 담보하는 포괄위험담보방식을 취하고 있다.
④ 운송보험에서는 보험계약의 당사자 사이에 그 가액에 대한 합의가 있으면 그에 따르나 합의가 없으면 운송물을 발송할 때와 곳의 그 가액과 도착지까지의 운임, 기타의 비용 등을 보험가액으로 한다.

해설

운송보험은 차량의 충돌, 추락, 전복 등 운송의 고유한 사고로 인한 운송물의 멸실・훼손뿐만 아니라 화재・폭발・도난・수해, 기타의 모든 사고를 포함한다.



## 181 상법상 적하보험에 관한 다음 설명 중 맞는 것은?

① 선적시점의 적하의 가액과 선적비용을 보험가액으로 한다.
② 하물 또는 적하의 선적착수시점에서부터 하물의 양륙종료시점까지를 보험기간으로 한다.
③ 항해변경이 있으면 보험자는 책임을 지지 않는다.
④ 선박이 정당한 사유 없이 항로를 이탈한 때에는 그 계약은 효력을 잃는다.

해설

① 적하의 보험에 있어서는 선적한 때와 곳의 적하의 가액과 선적 및 보험에 관한 비용을 보험가액으로 한다(상법 제697조).
② 적하를 보험에 붙인 경우에는 보험기간은 하물의 선적에 착수한 때 개시하고(상법 제699조 제2항) 양륙항 또는 도착지에서 하물을 인도한 때에 종료한다(상법 제700조).
④ 선박이 정당한 사유 없이 보험계약에서 정하여진 항로를 이탈한 경우 보험자는 그때부터 책임을 지지 아니한다(상법 제701조 제2항).

정답 177 ① 178 ② 179 ② 180 ② 181 ③

**182** **적하보험의 경우 보험자의 책임기간에 대한 설명으로 틀린 것은?**

① 하물이 선적에 착수할 때 보험자의 책임이 개시되며, 보험자의 책임 종료는 하물이 도착항에 양륙할 때이다.

② 출하지를 정한 적하보험에서는 그 곳에서 운송에 착수한 때에 책임이 개시된다.

③ 양륙이 불가항력으로 인하지 아니하고 지연된 때에는 양륙이 보통 종료될 때 그 책임이 끝난다.

④ 하물이 선박에 선적된 후에 보험계약을 체결할 때에는 보험계약이 성립될 때 책임이 개시된다.

해설

하물이 선적에 착수할 때 보험자의 책임이 개시되며, 보험자의 책임 종료는 양륙항 또는 도착지에서 하물을 수하인에게 인도한 때이다.

**183** **다음 해상보험과 관련된 내용으로 옳지 않은 것은?**

① 운임보험은 운송인이 운송의 대가로써 받는 운임에 대하여 갖는 피보험이익에 관한 보험이다.

② 운임보험에서의 운임은 순운임을 기준으로 한다.

③ 선비보험은 선박의 의장, 기타 일반 선박의 운항에 요하는 제비용의 부담자로서 피보험이익에 관한 보험이다.

④ 적하보험은 보험의 목적인 적하의 소유자가 적하에 대하여 지니는 피보험이익에 관한 보험이다.

해설

운임보험에서의 운임은 순운임이 아닌 총운임을 기준으로 한다.

**184** **항해단위로 선박을 보험에 붙인 경우에 보험자의 책임은 다음의 어느 때부터 개시(開始)하는가?**

① 하물 또는 저하의 선적에 착수한 때
② 보험증권을 교부한 때
③ 선박이 출항한 때
④ 선박이 침몰한 때

해설

항해단위로 선박을 보험에 붙인 경우에는 보험기간은 하물 또는 저하(底荷 ; Ballast)의 선적에 착수한 때에 개시한다(상법 제699조 제1항).

**185** **다음 중 보험자가 보상하는 손해액에 관한 내용으로 옳지 않은 것은?**

① 피보험이익이 전부 멸실한 경우에는 보험금액의 한도에서 전액보상한다.
② 선박의 일부가 훼손되어 그 훼손된 부분의 전부를 수선한 경우 보험자는 수선에 따른 비용을 사고 횟수에 상관없이 보상한다.
③ 선박의 일부가 훼손되었으나, 이를 수선하지 아니한 경우에는 보험자는 그로 인한 감가액을 보상할 책임이 있다.
④ 보험의 목적인 적하가 훼손되어 양륙항에 도착한 때에는 보험자는 그 훼손된 상태의 가액과 훼손되지 아니한 상태의 가액과의 비율에 따라 보험가액의 일부에 대한 손해를 보상할 책임이 있다.

선박의 일부가 훼손되어 그 훼손된 부분의 전부를 수선한 경우에는 보험자는 수선에 따른 비용을 1회의 사고에 대하여 보험금액을 한도로 보상할 책임이 있다(상법 제707조의2).

**186** **해상보험에서 공동해손의 경우 보험자의 보상책임 범위에 관한 설명으로 틀린 것은?**

① 공동해손으로 인한 손해의 경우 보험자는 피보험자가 지급한 공동해손의 분담액을 보상할 책임이 있다.
② 보험의 목적의 공동해손분담가액이 보험가액을 초과한 경우 보험자는 이를 보상한다.
③ 일부보험의 경우에는 보험자가 보상할 분담액은 보험금액의 보험가액에 대한 비율에 따라 이를 정한다.
④ 공동해손분담에 따른 손해액을 보상한 보험자는 공동해손분담청구권을 대위취득한다.

공동해손분담가액이 보험가액을 초과할 때에는 그 초과액에 대한 분담액은 보상하지 아니한다(상법 제694조).



정답 182 ① 183 ② 184 ① 185 ② 186 ②

**187** **해상보험에서 보험자의 보상책임 범위와 관련된 설명으로 옳지 않은 것은?**

① 보험자가 공동해손으로 인한 손해를 보상했을 때 피보험자가 이해관계인에 대하여 갖는 공동해손분담청구권을 대위취득한다.

② 공동해손으로 인한 손해의 경우 보험자는 피보험자가 지급한 공동해손의 분담액을 보상할 책임이 있다.

③ 선박충돌로 인하여 다른 선박에 손해가 발생한 경우 보험자는 상법상 그 손해를 보상할 책임이 있다.

④ 보험의 목적인 선박이나 적하가 해난에 부딪혀 구조를 받았을 때에는 피보험자는 해난구조자에게 그 구조료를 지급하여야 한다.

해설

충돌로 인하여 다른 선박에 손해가 발생한 경우는 상법상 규정하는 바가 없으므로 보험자와 보험계약자 간의 특약으로 이루어지는 수밖에 없다.

**188** **상법상 해상보험자가 당연히 그 보상책임을 지는 피보험자의 손해는?**

① 공동해손분담으로 생긴 손해

② 도선료, 입항료, 등대료, 선박 또는 적하에 관한 항해 중 통상비용

③ 선박충돌로 인한 배상책임으로 생긴 손해

④ 적하의 육상운송 중에 생긴 손해

해설

보험자는 피보험자가 지급할 공동해손의 분담액을 보상할 책임이 있다. 그러나 보험의 목적의 공동해손분담액이 보험가액을 초과할 때에는 그 초과액에 대한 분담액을 보상하지 않는다(상법 제694조).

**189** **다음 중 해상보험자에게 보상책임이 있는 손해는?**

① 수하인의 고의·중과실로 인한 손해

② 선박의 감항능력의 흠결로 인한 손해

③ 등대료, 입항료, 검역료

④ 구조료

해설

보험자는 피보험자가 보험사고로 인하여 지급한 구조료를 보상할 책임이 있다(상법 제694조의2).

## 190 보험계약법상 규정된 담보위반의 유형의 내용으로 적당하지 아니한 것은?

① 항해의 변경은 보험계약에서 정한 발항항 또는 도착항을 변경하는 것으로 선박이 보험계약에서 정하여진 발항항이 아닌 다른 항에서 출항한 때 또는 선박이 보험계약에 서 정해진 도착항이 아닌 다른 항을 향하여 출항한 때에는 책임을 지지 아니한다.

② 보험자의 책임이 개시된 후에 보험계약에서 정해진 도착항이 변경된 경우에는 보험자는 그 항해의 변경이 결정된 때부터 책임을 지지 아니한다.

③ 선박이 정당한 이유 없이 보험계약에서 정해진 항로를 이탈한 경우에는 보험자는 그때부터 책임을 지지 아니한다.

④ 선박이 손해발생 전에 원래의 항로로 돌아온 후에 사고가 발생한 경우에는 보험자가 보상책임을 져야 한다.

선박이 정당한 이유 없이 보험계약에서 정해진 항로를 이탈한 경우에는 보험자는 그 때부터 책임을 지지 아니한다. 선박이 손해발생 전에 원래의 항로로 돌아온 후에 사고가 발생하였다 하더라도 보험자는 보상책임을 지지 아니한다.

## 191 해상보험에 대한 다음 설명 중 틀린 것은?

① 선박이 보험계약에서 정해진 발항항이 아닌 다른 항에서 출발한 때에는 보험자는 책임을 지지 않는다.

② 선박이 정당한 사유 없이 보험계약에서 정해진 항로를 이탈한 경우에는 보험자는 그때부터 책임을 지지 아니한다.

③ 피보험자가 정당한 사유 없이 발항 또는 항해를 지체한 때에는 발항 또는 항해를 지체 한 이후의 사고에 대하여 책임을 지지 않는다.

④ 적하를 보험에 붙인 경우 보험계약자 또는 피보험자의 책임 있는 사유로 인하여 선박을 변경한 때에는 보험계약은 효력을 잃는다.

적하를 보험에 붙인 경우에 보험계약자 또는 피보험자의 책임 있는 사유로 인하여 선박을 변경한 때에는 보험자는 그 변경 후의 사고에 대하여 책임을 지지 아니한다(상법 제703조).



정답 187 ③ 188 ① 189 ④ 190 ④ 191 ④

## 192 다음에서 해상보험자의 면책사유가 아닌 것은?

① 도선료, 입항료, 기타 선박 또는 적하에 관한 항해 중의 통상비용
② 적하보험에서의 용선자의 고의·중과실로 인한 손해
③ 선박의 감항능력의 결여로 인한 손해
④ 선원의 악행으로 일어난 해상사입상 손해

해상보험계약의 보험자는 해상사업에 관한 사고로 인하여 생길 손해를 보상할 책임이 있다(상법 제693조). 이에 속하는 사고에 선원의 악행으로 일어난 사고도 포함된다.

해상보험자의 면책사유(상법 제706조)

1. 선박 또는 운임을 보험에 붙인 경우에는 발항 당시 안전하게 항해를 하기에 필요한 준비를 하지 아니하거나 필요한 서류를 비치하지 아니함으로 인하여 생긴 손해
2. 적하를 보험에 붙인 경우에는 용선자, 송하인 또는 수하인의 고의 또는 중대한 과실로 인하여 생긴 손해
3. 도선료, 입항료, 등대료, 검역료, 기타 선박 또는 적하에 관한 항해 중의 통상비용

## 193 예정보험에 관한 설명으로 옳지 않은 것은?

① 예정보험계약은 일종의 보험계약의 예약이라고 할 수 있다.
② 예정보험은 적하보험이나 운송보험에서 많이 이용되고 있다.
③ 보험계약에서 미확정부분이 확정된 때에는 보험자에게 이를 통지하여야 한다.
④ 예정보험에서의 통지의무는 간접의무로 보는 것이 통설이다.

예정보험이란 보험계약의 주요내용의 일부, 즉 보험의 목적, 보험금액, 적하보험의 경우 선적할 선박을 미확정한 채 그 범위를 개괄적으로 정하여 체결한 보험계약을 말한다. 보험계약이 성립되었기 때문에 보험계약의 예약과는 다르며, 또한 보험계약의 성립시 그 내용이 모두 확정되어 있는 확정보험과도 구분된다.

**194** **선박미확정의 적하예정보험에 관한 설명 중 틀린 것은?**

① 보험계약자가 하물의 선적을 안 때에는 보험자에 대하여 선박의 명칭·국적과 하물의 종류, 수량과 가액을 통지하여야 한다.
② 통지의무를 해태한 경우 보험자는 그 사실을 안 날로부터 7일 내에 계약을 해지할 수 있다.
③ 보험자가 보험사고발생의 통지를 받은 후 보험계약자의 선박확정에 관한 통지의무 위반이 있었음을 알게 되어 해지한 때에는 보험금지급의무는 물론 보험료 반환의무도 없다.
④ 보험계약자는 미확정부분이 확정되면 이를 보험자에게 통지하여야 하고, 통지에 따라 보험계약의 내용이 확정된다.

통지를 해태한 때에는 보험자는 그 사실을 안 날부터 **1월 내에** 계약을 해지할 수 있다(상법 제704조).

**195** **상법의 규정상 해상보험의 경우에만 인정되는 것은?**

① 보험자대위
② 보험위부
③ 협정보험가액
④ 예정보험계약

보험위부
보험의 목적이 전부멸실 한 것과 동일시할 수 있는 일정한 사유가 있는 경우 피보험자가 보험목적에 대한 모든 권리를 보험자에게 위부하고 보험자에 대하여 보험금액의 청구할 수 있는 해상보험의 특유의 제도이다.

**196** **다음 중 보험위부의 요건이 아닌 것은?**

① 보험자에 대한 위부의 통지
② 보험의 목적의 추정(해석)전손
③ 위부권의 행사가 무조건적일 것
④ 보험자의 보험금액 전부의 지급

보험자의 보험금액 지급을 요건으로 하는 것은 보험자대위이며, 보험위부는 이를 요하지 않는다.



정답 192 ④ 193 ① 194 ② 195 ② 196 ④

## 197 보험위부의 성질로 틀린 것은?

① 단독행위 ② 형성권
③ 불요식 법률행위 ④ 절대권

보험위부는 불요식 법률헹위이고 보험자의 승낙을 필요로 하지 않는 단독행위로 피보험자의 일방적 의사표시에 의하여 일정한 법적 효력을 발생하게 하는 형성권이다. 피보험자가 위부의 원인을 증명하지 아니하면 보험금액의 지급을 청구하지 못하기 때문에 이를 절대권으로 볼 수는 없다(상법 제717조).

## 198 보험위부에 관한 다음 설명 중 틀린 것은?

① 피보험자는 보험의 목적의 일부에 대해서도 위부할 수 있다.
② 위부의 효력의 발생에는 추정전손 외에 반드시 위부통지가 있어야 한다.
③ 보험의 목적에 관한 다른 보험계약이 있는 경우 그 다른 보험계약의 통지는 위부의 유효요건이 아니다.
④ 보험자가 위부를 승인한 때에는 피보험자는 위부의 원인을 증명하지 아니하고도 보험금액의 지급을 청구할 수 있다.

피보험자가 위부를 함에 있어서는 보험자에 대하여 보험의 목적에 관한 다른 보험계약과 그 부담에 속한 채무의 유무와 그 종류 및 내용을 통지하여야 한다(상법 제715조 제1항).

## 199 보험위부에 관한 설명으로서 올바른 것은?

① 보험위부에는 보험자와 피보험자의 합의가 있어야 한다.
② 선박이 좌초된 것만 가지고는 위부의 원인이 되지 아니한다.
③ 보험위부는 보험의 목적에 대한 대위와 그 성질을 같이한다.
④ 보험의 목적의 일부에 대하여 위부원인이 발생한 경우에도 보험의 목적의 전부를 위부하여야 한다.

② 선박의 경우 선박이 침몰 또는 좌초되어 구조될 가능성이 없거나 다시 운행하게 하는데 필요한 비용이 선박의 가액을 초과하는 경우에 위부의 원인이 되며(상법 제710조 제1호), 선박이 좌초된 것만 가지고는 위부의 원인이 되지 아니한다.
① 보험위부는 불요식의 단독행위이며, 일방적 의사표시에 의하여 법률효력을 발생시키는 형성권이다.

③ 보험자가 보험의 목적에 대한 피보험자의 권리를 취득한다는 점에서 보험위부는 보험의 목적에 대한 보험자대위와 유사하지만 보험자대위는 법률의 규정에 의한 당연한 권리의 취득인 데 반하여 보험위부는 피보험자의 의사표시에 따른 권리의 취득이라는 점에서 구별된다.
④ 위부는 보험의 목적의 전부에 대하여 하여야 한다. 그러나 위부의 원인이 그 일부에 대하여 생긴 때에는 그 부분에 하여서만 위부할 수 있다. 일부보험의 경우 보험금액의 보험가액에 대한 비율에 따라서만 할 수 있다.



**200** 상법상 보험위부의 원인이 아닌 것은?

① 피보험자가 보험사고로 인하여 자기의 선박 또는 적하의 점유를 상실하여 이를 회복할 가능성이 없거나 회복하기 위한 비용이 회복하였을 때의 가액을 초과하리라고 예상될 경우
② 선박이 보험사고로 인하여 심하게 훼손되어 이를 수선하기 위한 비용이 수선하였을 때의 가액을 초과하리라고 예상될 경우
③ 적하가 보험사고로 인하여 심하게 훼손되어서 이를 수선하기 위한 비용과 그 적하를 목적지까지 운송하기 위한 비용과 합계액이 도착하는 때의 적하의 가액을 초과하리라고 예상될 경우
④ 선박의 존부(存否)가 2월간 분명하지 아니한 경우

해설

우리 상법에서는 위부의 원인을 ①, ②, ③으로 하고 있으며, 선박의 존부가 2월간 분명하지 아니할 때에는 그 선박의 행방이 불명한 것으로 하고, 이 경우에는 전손으로 추정한다(상법 제711조).

**201** 보험위부에 관한 설명으로 틀린 것은?

① 보험위부권은 형성권이다.
② 보험위부는 해상보험에서만 인정되는 특수한 제도이다.
③ 보험위부는 보험의 목적에 대한 대위와 같은 성질의 것이다.
④ 피보험자가 위부의 통지를 보험자에게 하여야 보험위부를 실행할 수 있다.

해설

보험위부는 보험의 목적이 전부멸실 한 것과 동일시되는 일정한 경우에 피보험자의 특별한 의사표시를 요한다는 점에서 목적물에 대한 권리이전의 효과가 법률상 당연히 발생하는 보험자대위와 그 성질을 달리한다.

정답 197 ④ 198 ③ 199 ② 200 ④ 201 ③

**202** **다음 사항 중 위부권행사의 요건과 맞지 않는 것은?**

① 위부는 기한 또는 조건을 붙일 수 없다.
② 피보험자가 위부를 하고자 할 때에는 1월 내에 보험자에게 그 통지를 발송하여야 한다.
③ 위부는 보험목적의 전부에 대해서 하여야 한다.
④ 보험가액의 일부를 보험에 붙인 경우에는 위부는 보험금액의 보험가액에 대한 비율에 따라서만 할 수 있다.

피보험자가 위부를 하고자 할 때에는 상당한 기간 내에 보험자에 대하여 그 통지를 발송하여야 한다(상법 제713조).

**203** **보험위부에 대한 설명으로 틀린 것은?**

① 피보험자가 위부를 통지한 경우 보험자는 이를 거절하지 못한다.
② 피보험자가 위부의 원인이 발생한 경우 상당한 기간 내에 위부의 통지를 하여야 한다.
③ 위부의 통지는 무조건적이어야 하기 때문에 조건이나 기한을 붙일 수 없다.
④ 일부보험에서 위부는 보험금액의 보험가액에 대한 비율에 따라 할 수 있다.

보험자는 위부의 승인을 거절할 수 있다. 보험자가 승인하지 않을 경우 피보험자는 위부의 원인을 증명하여야 한다.

**204** **책임보험에 있어서 보험자의 보상책임에 관한 다음 설명 중 틀린 것은?**

① 보험자는 피보험자가 제3자의 청구를 방어하기 위하여 지급한 재판 외의 비용도 보상하여야 한다.
② 보험자는 피보험자가 재판의 집행을 면하기 위하여 필요한 공탁비용을 지급한 경우에는 보험금액의 한도 내에서 보상하면 된다.
③ 보험자는 피보험자의 채무확정의 통지를 받은 때로부터 30일 내에 보험금액을 지급하여야 한다.
④ 보험자는 피보험자가 제3자에 대하여 배상을 하기 전에는 보험금액을 지급하지 못한다.

책임보험계약에서 보험자는 특별한 약정이 없는 한 피보험자의 채무확정통지를 받은 날로부터 **10일 내에** 보험금액을 지급하는 것이 원칙이다(상법 제723조 제2항).

## 205 책임보험계약에 관한 다음 설명 중 맞는 것은?

① 책임보험계약은 오직 피해자를 보호하기 위하여 인정되는 것이다.

② 피보험자의 변제 등으로 제3자에 대한 채무가 확정된 때에는 보험자는 그 통지를 받은 날로부터 1월 내에 보험금을 지급하여야 한다.

③ 제3자는 피보험자가 책임을 질 사고로 입은 손해에 대하여 보험금액 한도 내에서 보험자에게 직접보상을 청구할 수 있다.

④ 상법상 피해자에게는 언제나 보험자에 대한 보험금의 직접청구권이 인정된다.

① 책임보험계약은 피보험자의 자위수단의 기능과 피해자에 대한 사회보장적 기능을 가진다.

② 보험자는 특별한 약정이 없는 한 채무확정통지를 받은 날로부터 10일 내에 보험금액을 지급하는 것이 원칙이다(상법 제723조 제2항).

③·④ 제3자는 피보험자가 책임을 질 사고로 입은 손해에 대하여 보험금액 한도 내에서 보험자에게 직접 청구권을 행사할 수 있다(상법 제724조 제2항).

## 206 상법상 책임보험계약에 관하여 틀린 것은?

① 보험자는 피보험자가 책임을 질 사고로 인하여 생긴 손해에 대하여 피해자인 제3자가 배상을 받기 전에는 보험금액을 지급하지 못하는 것을 원칙으로 한다.

② 보험자는 피보험자에게 통지를 하고 피해자인 제3자에게 보험금액을 직접 지급할 수 있다.

③ 보험자는 피보험자의 청구가 있는 때에는 피해자인 제3자에게 보험금액을 직접 지급할 수 있다.

④ 타인의 물건에 관한 보관자의 책임보험의 경우 그 물건의 소유자는 피보험자의 동의를 얻어 보험자에 대하여 그 손해의 보상을 청구할 수 있다.

임차인, 기타 타인의 물건을 보관하는 자가 그 지급할 손해배상을 위하여 그 물건을 보험에 붙인 경우에는 그 물건의 소유자는 보험자에 대하여 직접 그 손해의 보상을 청구할 수 있다(상법 제725조).

정답 202 ② 203 ① 204 ③ 205 ③ 206 ④

## 207 책임보험에 관하여 잘못 설명한 것은?

① 책임보험에 있어서도 피보험이익이 있다고 보는 것이 일반적이다.
② 영업책임보험의 목적에는 피보험자의 대리인에 대한 책임도 포함된다.
③ 피보험자와 제3자 사이에 손해배상책임이 확정되면 제3자는 피보험자에 대한 손해배상청구권과 함께 보험자에 대한 직접청구권을 갖는다.
④ 피보험자가 제3자의 청구를 방어하기 위하여 지출한 재판상의 필요비용은 선급을 청구할 수 있으나, 재판 외의 필요비용은 그렇지 아니하다.

피보험자가 제3자의 청구를 방어하기 위하여 지출한 재판상 또는 재판 외의 필요비용은 보험의 목적에 포함된 것으로 한다. 피보험자는 보험자에 대하여 그 비용의 선급을 청구할 수 있다(상법 제720조 제1항).

## 208 책임보험에 관한 설명 중 옳은 것은?

① 책임보험은 피보험자가 보험사고로 직접 입은 손해를 보상하는 손해보험이다.
② 책임보험은 보험의 목적이 자동차 등 물건이다.
③ 책임보험은 피보험자뿐만 아니라 피해자의 보호기능을 가지고 있다.
④ 책임보험은 피해자 1인에 대한 책임한도액이 정해진 경우에는 정액보험으로 한다.

③ 책임보험은 피보험자가 제3자에 대해 재산적 급여를 함으로써 입은 손해를 보상함으로써 피보험자를 보호하는 기능뿐만 아니라 제3자(피해자)를 보호하는 기능을 갖고 있다.
① 책임보험은 피보험자가 보험기간 중 사고로 제3자에게 손해를 배상할 책임을 진 경우, 보험자가 이를 보상할 것을 목적으로 하는 손해보험계약이다. 이는 피보험자에게 발생한 직접 손해를 보상하는 것이 아니라 제3자에게 배상책임을 짐으로써 입은 손해를 보상하는 간접손해를 보상한다는 점에서 일반손해보험과 다르다.
② 보험의 목적은 특정 개개의 재화나 물건이 아니고 피보험자가 지는 배상책임이며, 그 배상책임의 담보가 되는 피보험자의 모든 재산이다.
④ 책임보험은 일반적으로 부정액보험으로 한다.

## 209 책임보험계약에 관한 다음 설명 중 틀린 것은?

① 책임보험계약은 손해보험계약의 일종이다.
② 피보험자가 지출한 방어비용은 그 지급에 관한 특약이 없더라도 보험자는 이를 지급하여야 한다.
③ 피보험자의 변제로 제3자에 대한 채무가 확정된 때에는 보험자는 그 통지를 받은 때로부터 10일 내에 보험금을 지급하여야 한다.
④ 보관자의 책임보험의 경우에는 피해자에게 보험자에 대한 보험금의 직접청구권이 인정되지 않는다.

보관자 책임보험의 경우 목적물의 소유자(피해자)는 보험자에게 직접 그 손해의 보상을 청구할 수 있다(상법 제725조).

## 210 책임보험에 관한 설명으로 틀린 것은?

① 제3자는 피보험자가 책임을 질 사고로 입은 손해에 대하여 보험금액의 한도 내에서 보험자에게 직접 보상을 청구할 수 있다.
② 제3자가 직접 청구권을 행사하는 경우 보험자는 피보험자가 그 사고에 관하여 가지는 항변으로서 제3자에게 대항할 수 있다.
③ 보험자는 제3자로부터 직접 청구를 받은 경우 지체 없이 피보험자에게 이를 통지하여야 한다.
④ 보험자는 제3자가 배상을 받기 전에 보험금액의 전부 또는 일부로 피보험자에게 지급할 수 있다.

보험자는 피보험자가 책임을 질 사고로 인하여 생긴 손해에 대하여 제3자가 그 배상을 받기 전에는 보험금액의 전부 또는 일부를 피보험자에게 지급하지 못한다(상법 제724조 제1항).

제1과목 보험관계법령 및 약관

정답 207 ④ 208 ③ 209 ④ 210 ④

## 211 책임보험에 관한 설명으로 잘못된 것은?

① 책임보험은 피보험이익의 평가액이 없으므로 초과보험·일부보험의 개념이 인정되지 아니한다.
② 물건보관자의 책임보험에 있어서는 피해자가 보험자에게 보험금을 직접 청구할 수 있다.
③ 책임보험에 있어서 보험자는 피보험자가 보험사고로 입은 직접손해를 보상한다.
④ 책임보험은 소극보험의 성질을 가진다.

책임보험계약은 피보험자가 보험사고로 인하여 직접 입은 재산상의 손해를 보상하는 것이 아니고, 피보험자의 책임으로 인하여 제3자에게 배상책임을 짐으로써 입은 손해, 즉 간접손해를 보상할 목적으로 한다.

## 212 책임보험에 있어서 보험자의 보상책임에 관한 다음의 설명 중 옳은 것은?

① 보험자는 피보험자가 제3자에 대하여 배상을 하기 전에는 보험금액을 지급하지 못한다.
② 보험자는 피보험자의 채무확정의 통지를 받은 때로부터 30일 내에 보험금액을 지급하여야 한다.
③ 보험자는 피보험자의 제3자의 청구를 방어하기 위하여 지급한 재판 외의 비용까지도 전부 보상할 필요는 없다.
④ 보험자는 피보험자가 재판의 집행을 면하기 위하여 필요한 공탁비용을 지급한 경우에는 그 비용의 전부를 보상하여야 한다.

② 보험자는 피보험자가 채무확정통지를 받은 때로부터 10일 이내에 보험금액을 지급하여야 한다.
③ 피보험자가 제3자의 청구를 방어하기 위하여 지급한 재판상 또는 재판 외의 필요비용은 보험의 목적에 포함하여 보상하여야 하고 피보험자는 보험자에 대하여 그 비용의 선급을 청구할 수 있다.
④ 피보험자가 담보의 제공 또는 공탁으로서 재판의 집행을 면할 수 있는 경우에는 보험자에 대하여 보험금액의 한도 내에서 그 담보의 제공 또는 공탁을 청구할 수 있다.

## 213 책임보험에서 방어비용에 관한 설명 중 옳은 것은?

① 피보험자는 제3자에 대한 배상책임이 없음을 소명해야 보험자에게 방어비용의 선급을 청구할 수 있다.

② 보험자가 방어비용을 부담하는 것은 보험관계와 책임관계를 분리하는 이른바 분리주의와는 일치하지 않는 것이다.

③ 피보험자가 재판의 집행을 면할 필요가 있는 경우에는 보험자에게 보험금액을 초과한 담보의 제공 또는 공탁을 청구할 수 있다.

④ 방어비용의 지출이 보험자의 지시에 의한 것인지를 불문하고 보험자는 그 비용에 손해액을 가산한 금액이 보험금액을 초과하더라도 부담한다.

② 분리주의란 피보험자의 피해자에 대한 책임관계와 보험자와 피보험자의 보험관계를 분리하는 주의로서 피보험자의 손해배상의 방어에 보험자가 개입하지 아니하는 것을 말한다. 방어비용은 이러한 분리주의의 예외이다.

① 보험자에게 방어비용의 선급을 청구할 때 제3자에 대한 배상책임이 없음을 소명할 필요가 없다(상법 제720조 제1항).

③ 피보험자가 담보의 제공 또는 공탁으로써 재판의 집행을 면할 수 있는 경우에는 보험자에 대하여 보험금액의 한도 내에서 그 담보의 제공 또는 공탁을 청구할 수 있다(상법 제720조 제2항).

④ 보험자의 지시에 의한 것인 경우에는 그 금액에 손해액을 가산한 금액이 보험금액을 초과하는 때에도 보험자가 이를 부담하여야 한다(상법 제720조 제3항).

## 214 상법상 책임보험자의 보험책임이 인정되는 손해의 범위에 관한 다음의 사항 중 틀린 것은?

① 피보험자가 제3자에게 배상한 손해액의 전부

② 피보험자가 제3자의 청구를 방어하기 위하여 지급한 소송비용

③ 피보험자가 제3자의 청구를 방어하기 위하여 지급한 재판 외의 비용

④ 재판의 집행을 면하기 위하여 필요한 공탁비용

책임보험은 피보험자의 제3자에 대한 배상책임을 전제로 하여 성립하는 계약이므로 책임보험의 중심을 이루는 것은 손해배상책임이다. 이 책임은 민사상 책임에 한하며 특별한 경우 법률상 손해배상책임도 포함한다. 그러므로 피보험자가 제3자에게 배상한 손해액 전부를 보상하는 것이 아니라 피보험자가 제3자에 대하여 변제·승인·화해 또는 재판으로 확정된 채무를 부담한다.

정답 211 ③ 212 ① 213 ② 214 ①

## 215 책임보험계약의 내용으로 옳지 않은 것은?

① 배상책임보험에서 피해자의 직접청구권은 보험자가 피보험자에게 지급하여야 할 금액을 피해자에게 직접 지급한 것에 불과하기 때문에 피해자 직접청구권은 보험자가 피보험자에게 지급할 보험금 범위 내에서 제한될 수밖에 없다.

② 보험자는 피보험자에게 갖는 항변사유로 피해자의 직접청구권에 대항할 수 있다.

③ 항변사유란 피보험자에게 보험금청구권이 발생하였지만 보험자가 보험금 지급을 거절하거나 감액할 수 있는 사유로서 계약상의 하자, 조건의 미성취, 면책사유 등이다.

④ 자동차보험 대인배상에서는 피보험자의 고의사고인 경우에는 피보험자 및 피해자가 보험금 청구를 할 수 없다.

해설

자동차보험 대인배상에서는 피보험자의 고의사고라도 피해자가 직접 청구하면 보험금을 지급하고 피보험자에게 구상하도록 규정하고 있다.

## 216 책임보험의 직접청구권의 성질에 대한 설명으로 옳지 않은 것은?

① 직접청구권의 성질에 대하여 보험금청구권설과 손해배상청구권설이 대리되고 있는 데, 판례는 보험금청구권설로 보고 있다.

② 보험금청구권설 주장자들은 우리 보험계약법이 직접청구권을 보험금액 한도 내에서 제한하고 있기 때문에 손해배상청구권설이 아닌 보험금청구권설이 타당하다고 한다.

③ 보험금청구권설 주장자들은 직접청구권은 손해배상청구권설로 보면 보험자가 피보험자에게 갖는 항변사유로 피해자에게 대항할 수 없게 되어 불합리하다는 것이다.

④ 직접청구권을 손해배상청구권설로 보면 소멸시효는 3년이고, 보험금청구권설로 보면 소멸시효는 3년이다.

책임보험 직접청구권의 법적 성질

- **손해배상청구권설** : 보험자는 피보험자의 손해배상채권을 중첩적으로 인수한 것으로 보고 보험자와 피보험자는 연대채무에 있고 본질적으로 동일한 것으로 보아 직접청구권도 구체적으로 손해배상청구권으로 이해한다. 피해자는 피보험자에 대한 손해배상청구를 보험자에게 행사한 것으로 보아야 한다는 것이다. 상법 개정 이후 손해배상청구권설을 취하고 있는 것이 다수 판례이며, 현재의 일반적 판례의 경향으로 볼 수 있다.
- **보험금청구권설** : 책임보험계약에서 보험자는 보험계약자로부터 보험료를 받고 피보험자가 제3자에게 배상책임을 질 사고로 입은 손해를 보상할 것을 약속한 것이지 제3자에 대한 채무를 인수한 것이 아니라는 설이다. 보험자와 피보험자 간의 관계는 위법행위로 인한 법률관계가 아니므로 손해배상청구권을 행사할 수 있는 관계가 아니고 피해자는 가해자인 피보험자의 보험금청구권을 대위 행사하는 것으로 볼 수 있다는 견해이다.

## 217 다음 중 재보험계약의 법적 성질에 해당하지 않는 것은?

① 독립계약성　　② 책임보험성
③ 종속성　　④ 기업보험성

재보험계약은 원보험의 계약과는 별개의 독립한 계약이다. 그러므로 원보험계약에 종속되지 않는다.

## 218 자동차보험에 대한 설명 중 틀린 것은?

① 자동차보험계약의 보험자는 피보험자가 자동차를 소유·사용 또는 관리하는 동안에 발생한 사고로 인하여 생긴 손해를 보상할 책임이 있다.
② 피보험자가 보험기간 중에 자동차를 양도한 때에는 양수인은 보험계약으로 인하여 생긴 권리와 의무를 승계한 것으로 추정한다.
③ 보험자가 양수인으로부터 양수사실을 통지받은 때에는 지체 없이 낙부(諾否)의 통지를 하여야 한다.
④ 보험자는 양수사실을 통지받은 날로부터 10일 내에 낙부의 통지가 없을 때에는 승낙한 것으로 본다.

피보험자가 보험기간 중에 자동차를 양도할 때에는 양수인은 **보험자의 승낙을 얻은 경우에 한하여** 보험계약으로 인하여 생긴 권리와 의무를 **승계한다**(상법 제726조의4 제1항).

## 219 자동차보험에 대한 다음 설명 중 옳지 않은 것은?

① 보험자가 양수인으로부터 통지를 받은 때에는 지체 없이 낙부(諾否)를 통지해야 한다.
② 피보험자가 자동차를 양도한 때에는 양수인은 보험자의 승낙을 얻은 경우에 한하여 보험계약으로 인하여 생긴 권리와 의무를 승계한다.
③ 보험자가 피보험자의 자동차의 소유·사용·관리하는 동안에 발생한 사고로 인하여 생긴 손해를 보상할 목적으로 하는 손해보험계약이다.
④ 보험자가 양수인으로부터 통지를 받은 날로부터 1월 내에 낙부의 통지가 없을 때에는 승낙한 것으로 본다.

정답 215 ④ 216 ① 217 ③ 218 ② 219 ④

보험자가 양수인으로부터 양수사실을 통지받은 때에는 지체 없이 낙부를 통보하여야 하고 통지받은 날로부터 **10일 내**에 낙부의 통지가 없을 때에는 승낙한 것으로 본다(상법 제726조의4 제2항).

## 220 다음 중 보증보험에 관한 내용으로 옳지 않은 것은?

① 보증보험계약은 보험자와 채무자인 보험계약자 사이에 계약이 체결되며 채권자는 피보험자이다.

② 주계약상의 채권·채무관계가 소멸되지 아니하는 한 보험계약자는 피보험자의 동의 없이 임의로 보증보험계약을 해지할 수 없다.

③ 타인을 위한 보험계약에서 그 타인의 동의가 있는 경우에 한하여 계약을 해지할 수 있다.

④ 보증보험의 보험기간은 보험계약의 당사자 간에 정한다.

타인을 위한 보험계약에서 그 타인의 동의가 있거나 **보험증권을 소지한 경우**에 한하여 계약을 해지할 수 있다.

## 221 보증보험에 관한 다음 설명 중 옳지 않은 것은?

① 보증보험계약의 보험자는 보험계약자가 피보험자에게 계약상의 채무불이행 또는 법령상의 의무불이행으로 입힌 손해를 보상할 책임이 있다.

② 보증보험계약자가 그 타인에게 보험사고의 발생으로 생긴 손해의 배상을 한 때에는 보험계약자는 그 타인의 권리를 해하지 아니하는 범위 안에서 보험자에게 보험금액의 지급을 청구할 수 있다.

③ 보증보험계약에 관하여는 보험계약자의 사기, 고의 또는 중대한 과실이 있는 경우에도 이에 대하여 피보험자에게 책임이 있는 사유가 없으면 고지의무위반으로 계약해지를 할 수 없다.

④ 보증보험계약에 관하여는 그 성질에 반하지 아니하는 범위에서 보증채무에 관한 「민법」의 규정을 준용한다.

보증보험계약에 관하여는 "그 타인에게 보험사고의 발생으로 생긴 손해의 배상을 한 때에는 보험계약자는 그 타인의 권리를 해하지 아니하는 범위 안에서 보험자에게 보험금액의 지급을 청구할 수 있다"는 상법 제639조 제2항 단서를 적용하지 아니한다(상법 제726조의6 제1항).

## 5 인보험

**222** 다음 중 인보험의 특징으로 옳지 않은 것은?

① 인보험은 정액보험이므로 이득금지원칙의 적용이 없다는 것이 다수설이다.
② 상해보험은 정액보험방식으로 영위되는 것과 손해보험방식으로 영위되는 것이 있는데 이 두가지 경우 모두 보험자대위가 인정되지 않는다.
③ 인보험에서는 보험사고가 제3자의 행위로 인하여 생긴 경우에 보험금액을 지급한 보험자가 제3자에 대하여 대위권을 행사하지 못하는 것이 원칙이다.
④ 인보험에서 잔존물대위는 없다.

해설

상해보험은 정액보험방식으로 영위되는 것과 손해보험방식으로 영위되는 것이 있는데 전자의 경우에는 보험자대위가 필요 없으나, 후자의 경우에는 보험자대위를 인정할 필요성이 있다. 상해보험계약의 경우에 당사자 간에 다른 약정이 있는 때에는 보험자는 피보험자의 권리를 해하지 아니하는 범위 안에서 그 권리를 대위하여 행사할 수 있다(상법 제729조).

**223** 손해보험과 인보험의 비교 중 맞는 것은?

① 양자 모두 유상・편무계약이다.
② 인보험의 경우에 초과보험이 문제되지 않는다.
③ 인보험과 손해보험은 모두 보험자대위가 가능하다.
④ 인보험의 경우 보험의 목적은 자연인에 한하지 않는다.

해설

② 초과보험, 중복보험, 일부보험은 보험가액과 보험금액의 불일치에서 생겨나므로 손해보험에서만 발생한다. 따라서 인보험에는 보험가액의 개념이 없기 때문에 초과보험이 문제되지 않는다.
① 양자 모두 유상・쌍무계약이다.
③ 손해보험에는 잔존물대위와 청구권대위가 모두 인정되는 반면, 인보험에서는 보험자대위가 원칙적으로 금지된다(제729조). 다만, 상해보험계약의 경우 제3자에 대한 보험자대위를 인정할 것을 당사자 간의 약정으로 정할 수는 있다.
④ 인보험의 경우 보험의 목적은 피보험자로서 피보험자는 자연인에 한한다.

정답 220 ③ 221 ② 222 ② 223 ②

## 224 인보험의 특징으로 옳지 않은 것은?

① 인보험은 보험가액의 개념이 없다.
② 인보험은 원칙적으로 실손보상제도를 취하고 있지 않다.
③ 상해보험의 경우에 있어서 정액보험금에 해당하는 부분에 대해서는 보험자대위를 할 수 있다.
④ 인보험에는 일부보험, 초과보험, 중복보험의 개념이 없다.

해설 상해보험이라도 정액보험금에 해당하는 부분에 대해서는 보험자대위를 할 수 없다.

## 225 인보험의 특징으로 옳지 않은 것은?

① 인보험은 언제나 정액보험이다.
② 원칙적으로 보험자대위가 인정되지 아니한다.
③ 상해보험이라도 정액보험금에 해당하는 부분에 대해서는 보험자대위를 할 수 없다.
④ 인보험에는 원칙적으로 실손보상제도를 취하고 있지 않으므로 손해방지의무가 없다. 다만 상해보험 중 실손보상을 취하는 경우에는 손해방지의무를 두기도 한다.

해설 인보험 중 상해보험, 질병보험, 장기간병보험은 생명보험회사와 손해보험회사에서 모두 판매되는 제3영역의 보험이고, 이러한 보험은 부정액보험으로도 판매될 수 있다.

## 226 다음 중 인보험에 관한 설명으로 옳지 않은 것은?

① 보험가액, 피보험이익의 개념이 존재하지 않는다.
② 동일한 보험계약자가 다수의 보험계약을 맺고 있다는 사실만으로 보험계약이 무효가 되지는 않는다.
③ 사망을 보험사고로 한 보험계약에서는 사고가 보험계약자 또는 피보험자나 보험수익자의 중대한 과실로 인하여 발생한 경우 보험자는 보험금 지급책임을 면한다.
④ 실무상 생명보험표준약관에서는 보험계약이 효력을 발생한 후 2년 후에 발생한 자살사고에 대하여는 보험금을 지급하는 것으로 정하고 있다.

사망을 보험사고로 한 보험계약에서는 사고가 보험계약자 또는 피보험자나 보험수익자의 중대한 과실로 인하여 발생한 경우에도 보험자는 보험금을 지급할 책임을 면하지 못한다(상법 제732의2 제1항).

**227** 인보험에서의 피보험자의 자격제한에 대한 설명으로 옳지 않은 것은?

① 인보험에서 피보험자의 생명이나 신체에 생긴 사고를 담보한다.

② 보험사고의 객체인 피보험자의 자격은 자연인에 한한다.

③ 사망사고를 담보로 하는 보험의 경우 20세 미만자, 심신상실자 또는 심신박약자를 피보험자로 한 계약은 무효가 된다.

④ 피보험자의 자격은 보험계약 체결시를 기준으로 한다.

사망사고를 담보하는 보험에서는 자기의 생명보험이든 타인의 생명보험이든 관계없이 15세 미만자, 심신상실자 또는 심신박약자를 피보험자로 한 보험계약은 무효가 된다.

**228** 다음 중 생명보험의 종류에 관한 설명으로 옳지 않은 것은?

① 종신보험은 보험기간이 피보험자의 종신에 걸치는 것으로 피보험자의 사망시기를 묻지 않고 보험금을 지급한다.

② 생존보험은 피보험자가 보험기간 안에 사망하면 보험금을 지급한다.

③ 피보험자는 1인이 될 수도 있고, 2인 또는 단체도 될 수 있다.

④ 유진사계약에서 피보험자가 신체검사를 받지 아니한 때에는 적격피보험체로서 보호받을 수 없다.

생존보험은 피보험자가 일정한 시점까지 살아있는 경우에 보험금을 지급하며, 보험기간 안에 사망하면 보험금을 지급하지 않는다.



정답 224 ③ 225 ① 226 ③ 227 ③ 228 ②

**229** **우리 상법상 타인의 사망을 보험사고로 하는 보험계약에 대하여 제한하는 이유에 대한 입법주의는?**

① 피보험이익주의　　② 혈연주의
③ 지연주의　　④ 동의주의

타인의 사망보험
보험계약자가 타인의 사망을 보험사고로 하는 보험계약에는 계약체결 시에 그 타인의 서면에 의한 동의를 얻어야 한다(상법 제731조 제1항). 또한 보험계약으로 인하여 생긴 권리를 피보험자가 아닌 자에게 양도하는 경우에도 동일하다(상법 제731조 제2항). 단체보험의 경우에는 단체의 대표자가 보통 취업규칙이나 단체협약에 의하여 일괄하여 구성원을 피보험자로 하여 전부 또는 일부를 생명보험계약을 체결하는 경우에는 개별적인 피보험자의 동의를 얻을 필요는 없다(상법 제735조의3 제1항).

**230** **타인의 생명보험에서 피보험자의 동의와 관련된 내용으로 옳지 않은 것은?**

① 타인의 사망보험계약으로 인하여 생긴 권리를 피보험자가 아닌 자에게 양도하는 경우 피보험자의 동의가 필요하다.
② 피보험자의 동의는 보험계약의 성립요건이 아니다.
③ 동의방식은 서면으로 한정하며 서면에 의한 동의는 본인이 피보험자로 되는 것을 인식하고 이에 대하여 기명날인이나 서명하는 것을 의미한다.
④ 보험계약체결을 위한 동의는 계약체결 전·후를 불문한다.

보험계약체결을 위한 동의는 계약체결시에 하여야 하며, 계약체결 후 추인할 수 없다.

**231** **다음 중 타인의 생명보험에 관한 내용으로 옳지 않은 것은?**

① 타인의 생명을 보험사고로 하는 사망보험 또는 생사혼합보험계약을 체결하는 경우 피보험자의 동의가 필요하다.
② 서면동의를 얻지 않고 보험계약이 체결된 경우라도 매월 보험료를 지불한 상태이면 보험사고 발생시 보험금을 지급받을 수 있다.
③ 보험자가 서면동의가 필요하다는 사실을 보험계약자에게 설명하지 않아서 보험계약자가 피보험자의 동의를 얻지 아니한 경우 보험계약자는 손해배상을 청구할 수 있다.
④ 동의요건을 갖추지 못한 채 체결된 타인의 생명보험계약은 보험계약으로서 효력이 발생하지 아니한다.

서면동의를 얻지 않고 보험계약이 체결된 경우 보험수익자는 보험사고 발생시에도 보험금을 지급받지 못함은 물론 보험료의 반환도 청구할 수 없다.

**232** 보험수익자에 대한 설명으로 옳은 것은?

① 보험수익자는 1인으로 한정하여야 한다.
② 보험수익자는 사망보험에서만 있다.
③ 보험수익자는 보험계약의 임의해지권을 가진다.
④ 보험수익자를 지정하지 않더라도 보험계약이 성립되고 효력이 발생한다.

④ 보험수익자의 지정이유는 사고로 피보험수익자를 지정하지 않더라도 보험계약이 성립되어 그 효력을 발생시키기 위함이다.
① 보험수익자는 1인으로 한정하지 않고 복수가 가능하다.
② 보험수익자라는 개념은 사망보험에서 뿐만이 아니라 상해보험에도 존재한다.
③ 보험수익자는 보험계약의 임의해지권을 가지지 못하며, 임의해지권은 계약자만이 할 수 있는 권한이다.

**233** 생명보험계약에 관한 다음의 설명 중 맞는 것은?

① 보험계약의 성립시기는 청약에 대한 승낙이 있고 제1회 보험료를 지급한 때이다.
② 보험수익자의 동의를 얻지 아니한 타인을 위한 보험계약은 무효이다.
③ 15세 미만자나 심신상실자 또는 심신박약자의 사망을 보험사고로 한 보험계약은 무효로 한다.
④ 피보험자는 보험수익자를 지정 또는 변경할 권리가 있다.

③ 15세미만자, 심신상실자 또는 심신박약자의 사망을 보험사고로 한 보험계약은 무효로 한다. 다만, 심신박약자가 보험계약을 체결하거나 단체보험의 피보험자가 될 때에 의사능력이 있는 경우에는 그러하지 아니하다(상법 제732조).
① 보험계약의 성립시기는 보험자의 승낙시점이 된다.
② 보험수익자의 동의가 없는 경우라도 보험수익자는 보험금청구권이 발생한다.
④ 보험수익자를 지정 또는 변경할 권리는 보험계약자가 가진다.



정답 229 ④ 230 ④ 231 ② 232 ④ 233 ③

**234** **상법상 생명보험계약에 관한 다음 설명 중 맞는 것은?**

① 생명보험계약의 성립에는 보험계약청약서의 작성과 보험증권의 교부가 있어야 한다.
② 피보험자의 동의를 얻지 아니한 타인을 위한 보험계약은 무효이다.
③ 15세 미만자나 심신상실자 또는 심신박약자도 보험수익자가 될 수 있다.
④ 생존보험의 경우에는 보험자대위가 인정되지만, 사망보험의 경우에는 보험자대위가 인정되지 아니한다.

① 보험계약은 보험계약자의 청약이 있고 이를 보험자가 승낙하면 계약이 성립된다. 우리 상법에는 계약이 성립된 후 보험계약자의 청구가 있을 경우에 보험증권을 교부한다고 되어 있다.
② 보험계약자는 위임을 받거나 위임을 받지 아니하고 타인을 위하여 보험계약을 체결할 수 있게 하고 있다(상법 제639조 제1항 전단). 그러나 타인의 사망을 사고로 하는 보험계약에는 피보험자의 서면에 의한 동의를 얻어야 한다(상법 제731조). 이를 위반하면 보험계약이 무효가 된다는 명문규정은 없으나 동의를 얻지 못한 보험계약은 효력이 발생하지 않으므로 당연히 무효로 해석함이 타당하다.
④ 보험자는 보험사고로 인하여 생긴 보험계약자 또는 보험수익자의 제3자에 대한 권리를 대위하여 행사하지 못한다. 그러나 상해보험의 경우에 당사자 간에 다른 약정이 있는 때에는 보험자는 피보험자의 권리를 해하지 아니하는 범위 안에서 그 권리를 대위하여 행사할 수 있다.

**235** **생명보험에서 보험수익자의 지정 · 변경권이 유보되어 있을 때, 피보험자가 보험수익자로 확정되는 경우는?**

① 보험계약자가 보험수익자의 변경권을 행사하기 전에 보험사고가 생긴 경우
② 보험계약자가 보험수익자의 지정권을 행사하기 전에 사망하고, 보험계약자의 승계인이 그 지정권을 행사할 수 있다는 약정이 없는 경우
③ 보험수익자가 보험존속 중에 사망하고 이어서 보험계약자도 다시 보험수익자의 지정권을 행사하지 아니하고 사망한 한 경우
④ 보험수익자가 보험존속 중에 사망한 후 보험계약자가 다시 보험수익자의 지정권을 행사하기 전에 보험사고가 생긴 경우

보험계약자가 보험수익자의 지정권을 행사하기 전에 사망한 경우 피보험자를 보험수익자로 한다. 다만, 보험계약자가 사망한 경우 그 승계인이 지정권을 행사할 수 있다는 약정이 있는 경우에는 그러하지 아니하다(상법 제733조 제2항).

**236** **보험수익자의 지정·변경에 관한 설명 중 틀린 것은?**

① 보험수익자를 지정하거나 변경할 수 있는 권리는 보험계약자에게 있다.
② 보험수익자의 지정·변경은 보험사고가 발생한 후에는 할 수 없다.
③ 보험수익자의 변경을 보험자에게 통지하지 않으면 그 변경은 무효가 된다.
④ 타인의 사망보험에서 피보험자가 아닌 자를 보험수익자로 지정하거나 변경하는 경우 피보험자의 동의를 얻지 않으면 그 지정·변경은 무효가 된다.

보험수익자의 지정은 보험계약의 성립요건도 아니고 효력발생요건도 아니다. 보험수익자를 지정함에 있어 보험수익자의 동의는 불필요하다. 그러므로 보험수익자의 변경을 보험자에게 통지하지 않는다고 하여 그 변경이 무효가 되는 것은 아니다.



**237** **타인을 위한 생명보험계약에서 보험존속 중에 보험수익자가 사망한 때에 보험계약자가 다시 보험수익자를 지정하기 전에 보험사고가 발생했다면 보험수익자는 누가 되는가?**

① 피보험자의 상속인
② 보험수익자의 상속인
③ 보험계약자의 상속인
④ 피보험자 또는 보험수익자의 상속인

보험계약자가 지정권을 행사하기 전에 보험사고가 생긴 경우는 피보험자 또는 보험수익자의 상속인을 보험수익자로 한다(상법 제733조 제4항).

**238** **보험수익자가 보험존속 중 사망한 경우에 관한 다음 설명으로 맞는 것은?**

① 피보험자가 보험수익자가 된다.
② 보험계약자가 보험수익자가 된다.
③ 보험계약자가 다시 보험수익자를 지정할 수 있다.
④ 사망한 보험수익자의 상속인이 보험수익자가 된다.

보험수익자가 보험존속 중에 사망한 경우 보험계약자는 다시 보험수익자를 지정할 수 있다. 이 경우 보험계약자가 지정권을 행사하지 아니하고 사망한 때에는 보험수익자의 상속인을 보험수익자로 한다(상법 제733조 제3항).

정답 234 ③ 235 ② 236 ③ 237 ④ 238 ③

## 239 상법상 보험수익자의 지정과 변경에 관한 다음 설명 중 맞는 것은?

① 보험수익자의 지정변경권은 보험계약자의 일신전속권이다.

② 보험수익자의 지정변경권은 보험계약자의 형성권이며, 보험자 및 보험수익자의 승낙 또는 동의를 요하지 아니한다.

③ 타인을 위한 보험계약의 경우 보험계약자의 보험수익자의 지정・변경에는 피보험자의 동의를 요한다.

④ 보험수익자의 지정・변경은 서면으로 하지 아니하면 그 효력이 없다.

해설

② 보험수익자의 지정변경권은 보험자 및 보험수익자의 승낙 또는 동의를 요하지 않고 보험계약자의 일방적 의사표시만 있으면 되므로 형성권의 일종이며 단독행위이다.

① 보험수익자 지정변경권을 보험계약자의 일신전속적 권리 혹은 인격권적 권리로 해석하여 그 양도가능성을 부정하고, 보험계약자의 채권자는 이 권리에 대하여 어떠한 간섭도 할 수 없다는 해석이 있을 수 있지만, 이것은 보험계약자나 보험수익자의 보호를 목적으로 하는 입법론적 고찰로서는 가능할 지도 모른다. 그러나 특별한 규정이 없는 한 해석상으로는 부정되어야 한다.

(출처 : 타인을 위한 생명보험계약자의 채권자에 대한 보험수익자의 보호 – 이병호)

③ 타인의 생명보험계약의 경우이다. 즉 타인의 사망보험에서는 보험계약자가 그 타인의 서면에 의한 동의를 얻어야만 지정변경권을 행사할 수 있다(상법 제731조 제1항).

④ 보험수익자의 지정 또는 변경권을 행사하는 자체는 별다른 방식을 필요로 하지 않지만, 이것을 보험자에게 대항하기 위하여는 보험자에게 통지를 하여야 하고(상법 제734조 제1항), 이 통지시에는 보험수익자의 서면에 의한 동의를 얻어야 한다.

## 240 상법상 보험수익자에 관한 다음 설명 중 틀린 것은?

① 보험수익자는 손해보험의 피보험자에 해당하는 자이다.

② 보험수익자는 자연인이어야 하며, 자연인인 한 15세 미만자나 심신상실자도 보험수익자가 될 수 있다.

③ 보험수익자는 보험계약의 성립당시에 지정하여야 하는 것이 아니다.

④ 보험수익자는 항상 그 지정에 동의를 하지 아니하여도 당연히 보험금지급청구권을 취득한다.

보험수익자는 인보험에만 있는 개념으로서 보험자로부터 보험금액을 받을 수 있도록 지정된 자이다. 결국 보험의 수익을 누리는 자로서 손해보험의 피보험자와 유사하다.

보험수익자가 당연히 보험계약상의 권리를 취득하는 관계는 상법 제639조 제1항에 규정되어 있으나, 생명보험계약에 있어서는 보험수익자의 지정・변경권을 인정하고 있고(상법 제733조), 이것을 보험자에게 대항하기 위하여는 보험자에게 통지를 하여야 하며(상법 제734조 제1항), 이 통지시에는 보험수익자의 서면에 의한 동의를 얻어야 한다(상법 제734조 제2항, 동법 제731조 제1항).

**241** **타인의 생명보험과 타인을 위한 생명보험이란?**

① 전자는 타인을 피보험자로 하는 사망보험이고, 후자는 타인을 보험수익자로 하는 생명보험이다.
② 전자는 타인을 보험수익자로 하고, 후자는 타인을 피보험자로 하는 생명보험이다.
③ 양자는 다 같이 타인을 보험수익자로 하는 생명보험이다.
④ 전자는 자기를 보험수익자로 하고, 후자는 타인을 보험수익자로 하는 생명보험이다.

- 타인의 생명보험 : 보험계약의 당사자인 보험계약자가 자기 이외의 제3자를 피보험자로 하는 보험
- 타인을 위한 생명보험 : 타인을 보험수익자로 하여 보험자와 보험계약을 맺는 보험



**242** **단체생명보험에 관한 설명 중 틀린 것은?**

① 타인의 생명보험계약이다.
② 보험계약이 체결된 때에는 보험자는 보험계약자에 대하여서만 보험증권을 교부한다.
③ 타인의 서면동의를 요하지 아니한다.
④ 대법원 판례에 의하면 보험계약자는 보험수익자가 되지 못한다.

대법원 판례에 의하면 보험계약자가 보험수익자가 될 수 있고 타인을 보험수익자로 할 수도 있다.

**243** **상해보험에 관한 설명 중 틀린 것은?**

① 피보험자가 고혈압으로 졸도하여 넘어지다가 부상당한 경우는 상해보험의 보험사고가 되지 못한다.
② 피보험자가 수술을 받던 중 사망한 경우는 의료과실이 없더라도 상해보험의 보험사고가 된다.
③ 타인의 상해보험에서는 보험증권에 피보험자의 직무 또는 직위만을 기재할 수 있다.
④ 15세 미만자, 심신상실자 또는 심신박약자의 상해를 보험사고로 하는 상해보험계약은 유효하다.

해설

수술 중 사고나 형집행으로 인한 사망 등은 보험사고로 보지 아니한다.

정답 239 ② 240 ④ 241 ① 242 ④ 243 ②

## 244 다음 보험 중 보험자대위를 인정하는 인보험은?

① 생명보험 ② 사망보험
③ 상해보험 ④ 연금보험

상해보험계약의 경우에 당사자 간에 다른 약정이 있는 때에는 보험자는 피보험자의 권리를 해하지 아니하는 범위 안에서 그 권리를 대립하여 행사할 수 있다(상법 제729조 단서).

## 245 정액보험과 손해보험의 2가지 성질을 지니고 있는 보험은?

① 상해보험 ② 양로보험
③ 책임보험 ④ 제1차 위험보험

우리 상법 제739조는 "상해보험에 관하여 제732조를 제외하고 생명보험에 관한 규정을 준용한다"라고 규정하고 있다. 즉, 상해보험을 생명보험과 같이 정액보험으로 다루고 있다. 하지만 상해보험은 피보험자의 상해의 결과에 따라 보험금액 급여에 차이를 두지 않을 수 없으므로 생명보험과 같이 언제나 정액보험으로 다룰 수도 없다. 또한 상해로 인하여 피보험자가 상해의 결과로 일정한 기간치료 또는 입원 등을 필요로 하는 경우에 그 치료비 또는 입원비 등을 부담하는 것으로, 즉 보험자가 손해보상 및 비용지급책임을 지는 일종의 손해보험의 성질을 띠고 있다.

## 246 다음 중 상해보험에서 보험사고의 개념과 거리가 먼 것은?

① 급격성 ② 외래성
③ 조건성 ④ 우연성

상해보험에서 보험사고, 즉 상해사고는 **급격하고도 우연한 외래의 사고**로 피보험자의 신체상해를 말한다.

**247** **다음 내용 중 상해보험에 관한 설명으로 틀린 것은?**

① 보험자는 우연한 외래의 사고와 상당 인과관계가 있는 피보험자의 상해에만 보상책임을 진다.
② 15세 미만자, 심신상실자 또는 심신박약자도 상해보험에서 피보험자가 될 수 있다.
③ 상해보험은 정액보험과 손해보험의 이중적(二重的) 성질을 가지고 있다.
④ 손해보험자의 상해보험 겸영은 금지된다.

인보험과 손해보험의 겸영을 금지하면서도 상해보험의 성질상 손해보험자의 상해보험 겸영을 인정하고 있다(보험업법 제10조).

**248** **다음 중 상해보험의 보험사고라고 볼 수 없는 것은?**

① 개에게 물렸을 경우
② 악성종양을 제거하기 위해 피부를 도려냈을 경우
③ 미끄러운 빙판에서 미끄러져 팔이 부러졌을 경우
④ 도로의 무단횡단으로 인하여 자동차에 치어 부상당한 경우

상해보험의 보험사고는 급격하고도 우연한 외래의 사고이어야 한다.
②는 질병보험에 해당한다.

**249** **상해보험계약의 보험사고로 인한 피보험자의 신체손상이라고 볼 수 없는 것은?**

① 빌딩에서 떨어진 물건에 맞아 신체의 손상을 입었다.
② 개가 물어 허벅지에 상처가 났다.
③ 말에서 떨어져 척추를 다쳤다.
④ 고혈압으로 쓰러져 머리를 다쳤다.

상해란 피보험자가 급격하고도 우연한 외래의 사고로 말미암아 입은 신체의 상해를 말한다. 그러므로 피보험자가 고혈압으로 갑자기 쓰러져 머리를 다친 경우에는 피보험자의 체질적 요인에 의한 것이므로 '외래의 사고'로 인한 상해의 직접적인 결과라고 볼 수 없다.

정답 244 ③ 245 ① 246 ③ 247 ④ 248 ② 249 ④

## 250 질병보험에 관한 설명으로 옳지 않은 것은?

① 질병보험계약의 보험자는 피보험자의 질병에 관한 보험사고가 발생할 경우 보험금이나 그 밖의 급여를 지급할 책임이 있다.

② 질병보험에 관하여는 그 성질에 반하지 아니하는 범위에서 생명보험 및 상해보험에 관한 규정을 준용한다.

③ 사고의 원인이 피보험자의 신체의 내재적 요인으로부터 야기된다는 점에서 외래성을 특질로 하는 상해보험과 다르다.

④ 질병보험은 질병에 걸리거나 질병으로 인한 사망, 입원 등을 담보하는 보험이다.

질병보험은 각종 질병으로 인한 입원, 수술, 치료비 등을 보장하며, **질병으로 의한 사망**을 담보하는 보험은 생명보험의 고유영역이라고 할 수 있다.



250 ④ 정답

SECTION I

# 보험관계법(보험업법편)

## 제1장 보험업법 개관

제1과목 보험관계법령 및 약관

**01** 보험업법의 목적과 거리가 가장 먼 것은?

① 보험업의 건전한 운영
② 보험계약자 등의 권익보호
③ 근로자의 인권보호
④ 국민경제의 균형 있는 발전

근로자의 인권보호는 보험업법의 목적과 관계가 없다.
보험업법은 보험업을 경영하는 자의 건전한 경영을 도모하고 보험계약자, 피보험자, 그 밖의 이해관계인의 권익을 보호함으로써 보험업의 건전한 육성과 국민경제의 균형 있는 발전에 기여함을 목적으로 한다(법 제1조).

**02** 보험업의 필요성에 관한 내용으로 옳지 않은 것은?

① 국민경제 생활의 안정 보장
② 공적 보장 및 사회적 안전망 보완
③ 금융중개기관의 역할
④ 비영리성 추구

보험업은 공공성을 띠기도 하지만 보험업을 경영하는 기업의 본래 목적은 영리성 추구에 있다.

정답 01 ③ 02 ④

## 03 보험업법상 정의에 관한 설명 중 옳지 않은 것은?

① "보험업"이란 보험상품의 취급과 관련하여 발생하는 보험의 인수, 보험료 수수 및 보험금 지급 등을 영업으로 하는 것으로서 생명보험업·손해보험업 및 제3보험업을 말한다.
② "제3보험업"이란 제3보험상품의 취급과 관련하여 발생하는 보험의 인수, 보험료 수수 및 보험금 지급 등을 영업으로 하는 것을 말한다.
③ "보험설계사"란 보험회사를 위하여 보험계약의 체결을 대리하는 자(법인이 아닌 사단과 재단을 포함한다)로서 제87조에 따라 등록된 자를 말한다.
④ "모집"이란 보험계약의 체결을 중개하거나 대리하는 것을 말한다.

③은 보험대리점에 관한 설명이다(법 제2조 제10호).

- 보험설계사 : 보험회사·보험대리점 또는 보험중개사에 소속되어 보험계약의 체결을 중개하는 자(법인이 아닌 사단과 재단을 포함한다)로서 제84조에 따라 등록된 자를 말한다.
- 보험대리점 : 보험회사를 위하여 보험계약의 체결을 대리하는 자(법인이 아닌 사단과 재단을 포함한다)로서 제87조에 따라 등록된 자를 말한다.

## 04 보험업법상 정의에 관한 설명으로 옳은 것으로만 짝지은 것은?

㉠ 상호회사란 보험업을 경영할 목적으로 이 법에 따라 설립된 회사로서 보험계약자를 사원으로 하는 회사를 말한다.
㉡ 외국보험회사란 대한민국의 법령에 따라 설립되어 대한민국 이외의 국가에서 보험업을 경영하는 자를 말한다.
㉢ 신용공여란 대출 또는 유가증권의 매입(자금 지원적 성격인 것만 해당한다)이나 그 밖에 금융거래상의 신용위험이 따르는 보험회사의 직접적·간접적 거래로서 대통령령으로 정하는 바에 따라 금융위원회가 정하는 거래를 말한다.
㉣ 전문보험계약자란 보험계약에 관한 전문성, 자산규모 등에 비추어 보험계약의 내용을 이해하고 이행할 능력이 있는 자를 말하며, 이들은 일반보험계약자가 될 수 없다.

① ㉠, ㉢　　② ㉡, ㉢
③ ㉠, ㉣　　④ ㉢, ㉣

㉠, ㉢은 옳은 내용이다.

㉠ "상호회사"란 보험업을 경영할 목적으로 이 법에 따라 설립된 회사로서 보험계약자를 사원(社員)으로 하는 회사를 말한다(법 제2조 제7호).
㉢ "신용공여"란 대출 또는 유가증권의 매입(자금 지원적 성격인 것만 해당한다)이나 그 밖에 금융거래상의 신용위험이 따르는 보험회사의 직접적·간접적 거래로서 대통령령으로 정하는 바에 따라 금융위원회가 정하는 거래를 말한다(법 제2조 제13호).

ⓒ "외국보험회사"란 **대한민국 이외의 국가의 법령**에 따라 설립되어 대한민국 이외의 국가에서 보험업을 경영하는 자를 말한다(법 제2조 제8호).

ⓓ "전문보험계약자"란 보험계약에 관한 전문성, 자산규모 등에 비추어 보험계약의 내용을 이해하고 이행할 능력이 있는 자로서 국가, 한국은행, 대통령령으로 정하는 금융기관, 주권상장법인, 그 밖에 대통령령으로 정하는 자를 말한다. 다만, 전문보험계약자 중 대통령령으로 정하는 자가 일반보험계약자와 같은 대우를 받겠다는 의사를 보험회사에 서면으로 통지하는 경우 보험회사는 정당한 사유가 없으면 이에 동의하여야 하며, 보험회사가 동의한 경우에는 해당 보험계약자는 **일반보험계약자로 본다**(법 제2조 제19호).



**05** **보험업법상의 자회사는 보험회사가 다른 회사(「민법」 또는 특별법에 따른 조합을 포함한다)의 의결권 있는 발행주식(출자지분을 포함한다) 총수의 (   )를(을) 초과하여 소유하는 경우의 그 다른 회사를 말한다. (   ) 안에 들어갈 내용으로 맞는 것은?**

① 100분의 10
② 100분의 15
③ 100분의 40
④ 100분의 50

해설

"자회사"란 보험회사가 다른 회사(「민법」 또는 특별법에 따른 조합을 포함한다)의 의결권 있는 발행주식(출자지분을 포함한다) 총수의 **100분의 15**를 초과하여 소유하는 경우의 그 다른 회사를 말한다(법 제2조 제18호).

**06** **다음 중 제3보험업의 보험종목에 해당하지 않는 것은?**

① 연금보험
② 상해보험
③ 질병보험
④ 간병보험

해설

연금보험은 생명보험업의 보험종목에 해당한다(법 제4조 제1항 제1호).

참고

제3보험업의 보험종목(법 제4조 제1항 제3호)

가. 상해보험
나. 질병보험
다. 간병보험
라. 그 밖에 대통령령으로 정하는 보험종목

- 책임보험
- 기술보험
- 권리보험
- 도난 · 유리 · 동물 · 원자력 보험
- 비용보험
- 날씨보험

정답 03 ③ 04 ① 05 ② 06 ①

## 07 다음 중 보험업법상 신용공여에 해당하는 것을 모두 고른 것은?

가. 대 출
나. 어음 및 채권의 매입
다. 거래상대방의 지급불능시 이로 인하여 보험회사에 손실을 초래할 수 있는 거래
라. 보험회사가 직접 대출을 한 것은 아니나 대출을 한 것과 같은 결과를 가져올 수 있는 거래

① 가, 나
② 가, 나, 다
③ 가, 나, 라
④ 가, 나, 다, 라

신용공여의 범위(영 제2조 제1항)
신용공여의 범위는 다음의 것으로서 그 구체적인 내용은 금융위원회가 정하여 고시한다.
1. 대출
2. 어음 및 채권의 매입
3. 그 밖에 거래 상대방의 지급불능시 이로 인하여 보험회사에 손실을 초래할 수 있는 거래
4. 보험회사가 직접적으로 제1호부터 제3호까지에 해당하는 거래를 한 것은 아니나 실질적으로 제1호부터 제3호까지에 해당하는 거래를 한 것과 같은 결과를 가져올 수 있는 거래

## 08 보험업법상 자기자본을 산출할 때 합산하여야 할 항목이 아닌 것은?

① 납입자본금
② 자본잉여금
③ 영업권
④ 이익잉여금

자기자본의 범위(영 제4조)

| 합산하여야 할 항목 | 납입자본금, 자본잉여금 및 이익잉여금 등 보험회사의 자본 충실에 기여하거나 영업활동에서 발생하는 손실을 보전할 수 있는 것 |
|---|---|
| 빼야 할 항목 | 영업권 등 실질적으로 자본 충실에 기여하지 아니하는 것 |

**09** **보험계약에 관한 전문성, 자산규모 등에 비추어 보험계약의 내용을 이해하고 이행할 능력이 있는 자로서 보험업법이 규정하는 전문보험계약자에 해당하나, 일반보험계약자와 같은 대우를 받겠다는 의사를 보험회사에 통지하고 보험회사의 동의를 얻어 일반보험계약자가 될 수 있는 자는?**

① 국 가　　② 한국은행
③ 금융감독원　　④ 지방자치단체

전문보험계약자에 해당하나 보험회사의 동의를 얻어 일반보험계약자가 될 수 있는 자(법 제2조 제19호, 영 제6조의2 제1항)

1. 지방자치단체
2. 주권상장법인
3. 금융기관에 준하는 외국금융기관에 해당하는 자
4. 법률에 따라 설립된 기금(기술신용보증기금과 신용보증기금에 따른 기금은 제외한다) 및 그 기금을 관리·운용하는 법인에 해당하는 자
5. 해외 증권시장에 상장된 주권을 발행한 국내법인에 해당하는 자
6. 그 밖에 보험계약에 관한 전문성, 자산규모 등에 비추어 보험계약의 내용을 이해하고 이행할 능력이 있는 자로서 금융위원회가 정하여 고시하는 자



**10** **전문보험계약자에 관한 설명으로 옳지 않은 것은?**

① 전문보험계약자란 보험계약에 관한 전문성, 자산규모 등에 비추어 보험계약의 내용을 이해하고 이행할 능력이 있는 자로서 보험업법이 정하는 일정한 자를 말한다.
② 보험업법에 따르면 전문보험계약자가 아닌 보험계약자는 일반보험계약자이다.
③ 전문보험계약자 중 대통령령으로 정하는 자가 일반보험계약자와 같은 대우를 받겠다는 의사를 보험회사에 서면으로 통지하는 경우 보험회사는 정당한 사유가 없으면 이에 동의하여야 한다.
④ 전문보험계약자가 일반보험계약자와 같은 대우를 받는 것에 대해 보험회사가 동의한 경우라 하더라도 해당 보험계약자에 대하여는 적합성의 원칙을 적용하지 않는다.

전문보험계약자 중 대통령령으로 정하는 자가 일반보험계약자와 같은 대우를 받겠다는 의사를 보험회사에 서면으로 통지하는 경우 보험회사는 정당한 사유가 없으면 이에 동의하여야 하며, 보험회사가 동의한 경우에는 해당 보험계약자는 일반보험계약자로 보며, 이 경우에는 해당 보험계약자에 대하여는 적합성의 원칙을 적용한다(법 제2조 제19호).

정답 07 ④ 08 ③ 09 ④ 10 ④

## 11 보험업에 관한 설명으로 옳은 것은?

① 보험업의 허가를 받을 수 있는 자는 주식회사 및 상호회사에 한한다.
② 보험회사는 그 상호 또는 명칭 중에 주로 경영하는 보험업의 종류를 표시하여야 한다.
③ 보험업을 경영하려는 자는 금융위원회의 허가를 받아야 하며, 해당 보험종목의 재보험에 대한 허가는 별도로 받아야 한다.
④ 생명보험업과 보증보험업을 겸영하고자 하는 경우에는 그 합계액인 500억원의 자본금 또는 기금을 납입하여야 한다.

② 보험업법 제8조
① 보험업의 허가를 받을 수 있는 자는 주식회사, 상호회사 및 외국보험회사로 제한한다(법 제4조 제6항).
③ 보험업을 경영하려는 자는 금융위원회의 허가를 받아야 하며, 허가를 받은 자는 해당 보험종목의 재보험에 대한 허가를 받은 것으로 본다(법 제4조 제1항, 제2항).
④ 보험종목 중 둘 이상의 보험종목을 취급하려는 경우에는 보험종목별 구분에 따른 금액의 합계액을 자본금 또는 기금으로 한다. 다만, 그 합계액이 300억원 이상인 경우에는 300억원으로 한다(영 제12조 제3항).

## 12 다음 중 보험업을 경영하려는 자가 보험종목별로 금융위원회의 허가를 받기 위해 제출하여야 하는 신청서에 적어야 할 사항에 해당하는 것으로 옳은 것은?

가. 상 호
나. 임원의 주민등록번호
다. 설비에 관한 사항
라. 기금에 관한 사항

① 가　　② 가, 나
③ 가, 나, 다　　④ 가, 나, 다, 라

신청서 기재사항(영 제9조 제1항)
1. 상호
2. 주된 사무소의 소재지
3. 대표자 및 임원의 성명·주민등록번호 및 주소
4. 자본금 또는 기금에 관한 사항
5. 시설, 설비 및 인력에 관한 사항
6. 허가를 받으려는 보험종목

**13** **보험회사는 생명보험업과 손해보험업을 겸영하지 못한다. 다만, 질병을 원인으로 하는 사망을 제3보험의 특약 형식으로 담보하는 보험으로서 다음의 요건을 충족하는 보험은 겸영할 수 있다. 그 요건에 해당되지 않은 것은?**

① 보험의 만기가 80세 이하일 것
② 보험금액의 한도는 개인당 2억원 이내일 것
③ 만기시에 지급하는 환급금은 납입보험료의 합계액의 범위 내일 것
④ 납입보험료가 100만원 이내일 것

손해보험에서 질병을 원인으로 하는 사망을 담보하는 보험의 겸영 제한 요건 중 보험료의 상한 규정은 없다(영 제15조 제2항).



**14** **다음 (　　) 안에 들어갈 수 없는 것은?**

> 보험업의 허가를 받을 수 있는 자는 (　)로 제한된다.

① 합자회사　　② 주식회사
③ 상호회사　　④ 외국보험회사

보험업의 허가를 받을 수 있는 자는 주식회사, 상호회사, 외국보험회사로 제한하며, 허가를 받은 외국보험회사의 국내지점은 보험업법에 따라 보험회사로 본다(법 제4조 제6항).

**15** **보험업법령상 보험회사가 보험업의 허가를 받기 위하여 제출하지 않아도 되는 서류는?**

① 정 관
② 업무 시작 후 3년 간의 사업계획서(추정재무제표를 포함)
③ 보험종목별 사업방법서
④ 보험료 및 책임준비금의 산출방법서

보험업법 시행령에서는 경영하려는 보험업의 보험종목별 사업방법서, 보험약관, 보험료 및 책임준비금의 산출방법서(이하 "기초서류"라 함) 중 보험종목별 사업방법서만을 제출하도록 하고 있다(법 제5조 및 영 제9조 제2항).

정답　11 ②　12 ④　13 ④　14 ①　15 ④

**16** **보험업 예비허가에 관한 설명으로 옳지 않은 것은?**

① 본허가를 신청하려는 자는 미리 금융위원회에 예비허가를 신청하여야 한다.
② 금융위원회는 신청 후 원칙적으로 2개월 이내에 심사하여 예비허가 여부를 통지하여야 한다.
③ 금융위원회는 예비허가에 조건을 붙일 수 있다.
④ 금융위원회는 예비허가를 받은 자가 예비허가의 조건을 이행한 후 본허가를 신청하면 허가하여야 한다.

① 반드시 예비허가를 신청하여야 하는 것은 아니므로 법 제7조 제1항에서는 "~신청하여야 한다"가 아닌 "~신청할 수 있다"로 규정되어 있다.

**17** **통신판매전문보험회사에 관한 설명으로 옳지 않은 것은?**

① 통신판매전문보험회사란 총보험계약건수 및 수입보험료의 100분의 90 이상을 전화, 우편, 컴퓨터통신 등 통신수단을 이용하여 모집하는 보험회사를 말한다.
② 모집비율의 산정기준 등 통신수단을 이용한 모집에 필요한 사항은 금융위원회가 정하여 고시한다.
③ 전화·우편·컴퓨터통신 등 통신수단을 이용하여 모집하는 통신판매전문보험회사가 대통령령으로 정하는 모집비율에 미달하는 경우에는 부득이 통신수단 이외의 방법으로 모집할 수 있다.
④ 통신판매전문보험회사는 대통령령으로 정한 금액의 3분의 2에 상당하는 금액 이상을 자본금 또는 기금으로 납입함으로써 보험업을 시작할 수 있다.

③ 통신판매전문보험회사가 모집비율을 위반한 경우에는 그 비율을 충족할 때까지 통신수단 외의 방법으로 모집할 수 없다(영 제13조 제2항).
① 영 제13조 제1항
② 영 제13조 제3항
④ 법 제9조 제2항

**18** 다음 (  ) 안에 들어갈 내용으로 옳은 것은?

> 보험업의 겸영 제한에 해당되지 않는 "제3보험의 보험종목에 부가되는 보험"이란 질병을 원인으로 하는 사망을 제3보험의 특약 형식으로 담보하는 보험으로서 다음 각 호의 요건을 충족하는 보험을 말한다.
> 1. 보험만기는 ( ㉠ )세 이하일 것
> 2. 보험금액의 한도는 개인당 ( ㉡ )억원 이내일 것
> 3. 만기시에 지급하는 환급금은 ( ㉢ ) 합계액의 범위 내일 것

| | ㉠ | ㉡ | ㉢ |
|---|---|---|---|
| ① | 60 | 2 | 납입보험료 |
| ② | 60 | 3 | 순보험료 |
| ③ | 80 | 2 | 납입보험료 |
| ④ | 80 | 3 | 순보험료 |

해설

보험업의 겸영 제한에 해당되지 않는 "제3보험의 보험종목에 부가되는 보험"이란 질병을 원인으로 하는 사망을 제3보험의 특약 형식으로 담보하는 보험으로서 다음 각 호의 요건을 충족하는 보험을 말한다(영 제15조 제2항).

1. 보험만기는 **80세** 이하일 것
2. 보험금액의 한도는 개인당 **2억원** 이내일 것
3. 만기시에 지급하는 환급금은 **납입보험료** 합계액의 범위 내일 것

**19** 보험업의 허가에 관한 다음 설명 중 옳은 것은?

① 보험업 허가의 주체는 금융감독원이다.

② 생명보험업의 보험종목에 허가를 받은 자는 해당 보험종목의 재보험에 대한 허가를 받은 것으로 본다.

③ 자본금으로 120억원을 납입했다면 생명보험을 영위하는 통신판매전문보험회사의 자본금에 관한 허가요건을 충족한다.

④ 생명보험업에 속하는 보험종목의 전부에 대하여 허가를 받은 회사가 상해보험을 영위하기 위해서는 별도의 허가를 받아야 한다.

정답 16 ① 17 ③ 18 ③ 19 ②

② 보험업법 제4조 제2항

① 보험업 허가의 주체는 금융위원회이다(법 제4조 제1항).

③ 전화 · 우편 · 컴퓨터통신 등 통신수단을 이용하여 모집하는 보험회사는 해당종목이 보유할 자본금 또는 기금의 3분의 2에 상당하는 금액 이상을 납입해야 한다(법 제9조 제2항). 그런데 생명보험의 납입 자본금 200억에 대하여 3분의 2에 상당하는 금액(약 133억)보다 덜 납입하였으므로 허가요건을 충족하지 못한다.

④ 생명(손해)보험업에 해당하는 보험종목의 전부에 관하여 허가를 받은 자는 제3(상해, 질병, 간병)보험업에 허가를 받은 것으로 본다(법 제4조 제3항).

## 20 보험업법상 외국보험회사 국내사무소에 관한 사항으로서 타당한 것은?

① 외국보험회사 국내사무소는 그 명칭 중에 보험회사라는 글자를 포함하여야 한다.

② 외국보험회사 국내사무소를 설치하는 경우 그 설치한 날부터 30일 이내에 금융위원회의 인가를 받아야 한다.

③ 외국보험회사 국내사무소는 보험계약의 체결을 중개하거나 대리하는 행위를 할 수 없다.

④ 금융위원회는 외국보험회사 국내사무소가 보험업법을 위반한 경우 업무의 정지를 명할 수 있지만, 국내사무소의 폐쇄는 명할 수 없다.

③ 법 제12조 제3항 제2호

① 국내사무소는 그 명칭 중에 사무소라는 글자를 포함하여야 한다(법 제12조 제4항).

② 외국보험회사 등이 국내사무소를 설치하는 경우에는 그 설치한 날부터 30일 이내에 금융위원회에 신고하여야 한다(법 제12조 제2항).

④ 금융위원회는 국내사무소가 보험업법 또는 보험업법에 따른 명령 또는 처분을 위반한 경우에는 6개월 이내의 기간을 정하여 업무의 정지를 명하거나 국내사무소의 폐쇄를 명할 수 있다(법 제12조 제5항).

# 제2장 보험사업의 주체

## 01 다음 ( )에 들어갈 내용으로 알맞은 것은?

> 보험회사인 주식회사가 자본감소를 결의한 경우에는 그 결의를 한 날부터 ( ) 이내에 결의의 요지와 대차대조표를 공고하여야 한다.

① 1주 ② 2주
③ 3주 ④ 4주

보험회사인 주식회사가 자본감소를 결의한 경우에는 그 결의를 한 날부터 2주 이내에 결의의 요지와 대차대조표를 공고하여야 한다(법 제18조 제1항).



## 02 보험회사의 조직변경에 관한 설명으로 옳지 않은 것은?

① 주식회사는 그 조직을 변경하여 상호회사로 할 수 있다.
② 출석한 주주의 의결권의 4분의 3 이상의 수와 발행주식총수의 3분의 2 이상의 수로써 하여야 한다.
③ 주식회사가 조직 변경을 결의한 경우 그 결의를 한 날부터 2주 이내에 결의의 요지와 대차대조표를 공고하고 주주명부에 적힌 질권자에게는 개별적으로 알려야 한다.
④ 주식회사는 조직변경결의 공고를 한 날 이후에 보험계약을 체결하려면 보험계약자가 될 자에게 조직 변경 절차가 진행 중임을 알리고 그 승낙을 받아야 한다.

② 출석한 주주의 의결권의 3분의 2 이상의 수와 발행주식총수의 3분의 1 이상의 수로써 하여야 한다(법 제21조 제2항, 상법 제434조).
① 법 제20조 제1항
③ 법 제22조 제1항
④ 법 제23조 제1항

정답 20 ③ / 01 ② 02 ②

## 03 보험회사의 조직변경 절차에 대한 설명 중 옳지 않은 것은?

① 조직변경 절차가 진행 중임을 알고 승낙을 한 보험계약자는 조직변경 절차를 진행하는 중에도 보험계약자로 본다.

② 조직변경 결의의 공고에 대하여 일정한 기간에 이의를 제출한 보험계약자의 수와 그 보험금이 보험계약자 총수 또는 보험금총액의 1/10을 초과하지 아니하는 경우에 이사는 「상법」 제232조에 따른 이의신청 절차가 끝나면 7일 이내에 보험계약자 총회를 소집하여야 한다.

③ 총회의 소집에 대한 통지는 보험계약자 명부에 기재된 보험계약자의 주소 또는 보험계약자가 회사에 통지한 주소에 하면 된다.

④ 통지 또는 최고는 보통 그 도달할 시기에 도달한 것으로 본다.

① 조직변경 절차가 진행 중임을 알고 승낙을 한 보험계약자는 조직변경 절차를 진행하는 중에도 보험계약자가 아닌 자로 본다(법 제23조 제2항).
② 법 제24조 제1항
③ 법 제24조 제2항, 상법 제353조
④ 상법 제304조 제2항

## 04 조직변경의 등기에 관한 설명이다. (    ) 속에 들어 갈 용어가 순서대로 옳은 것은?

> 주식회사가 그 조직을 변경한 경우에는 변경한 날부터 본점과 주된 사무소의 소재지에서는 (    ) 이내에, 지점과 종(從)된 사무소의 소재지에서는 (    ) 이내에 주식회사는 해산의 등기를 하고 상호회사는 설립등기를 하여야 한다.

① 7일, 2주
② 2주, 3주
③ 2주, 4주
④ 3주, 4주

주식회사가 그 조직을 변경한 경우에는 변경한 날부터 본점과 주된 사무소의 소재지에서는 ( 2주 ) 이내에, 지점과 종(從)된 사무소의 소재지에서는 ( 3주 ) 이내에 주식회사는 해산의 등기를 하고 상호회사는 설립등기를 하여야 한다(법 제29조 제1항).

## 05 보험회사 중 주식회사에 대한 설명으로 옳지 않은 것은?

① 주식회사의 보험계약자는 조직변경에 따라 해당 상호회사의 사원이 된다.
② 보험계약자나 보험금을 취득할 자는 피보험자를 위하여 적립한 금액을 주식회사의 자산에서 우선하여 취득한다.
③ 보험계약자의 우선취득권은 특별계정과 그 밖의 계정을 구분하여 각각 적용한다.
④ 보험계약자나 보험금을 취득할 자는 피보험자를 위하여 적립한 금액을 주식회사가 보험업법에 따른 금융감독원의 명령에 따라 예탁한 자산에서 다른 채권자보다 우선하여 변제받을 권리를 가진다.

④ 보험계약자나 보험금을 취득할 자는 피보험자를 위하여 적립한 금액을 주식회사가 보험업법에 따른 **금융위원회**의 명령에 따라 예탁한 자산에서 다른 채권자보다 우선하여 변제를 받을 권리를 가진다(법 제33조 제1항).
① 법 제30조
② 법 제32조 제1항
③ 법 제32조 제2항



## 06 상호회사의 설립에 관한 다음 설명 중 옳지 않은 것은?

① 발기인이 아닌 자가 상호회사의 사원이 되려면 입사청약서 2부에 보험의 목적과 보험금액을 적고 기명날인하여야 한다.
② 상호회사의 발기인은 상호회사의 기금의 납입이 끝나고 사원의 수가 예정된 수가 되면 그날부터 7일 이내에 창립총회를 소집하여야 한다.
③ 창립총회는 사원 과반수의 출석과 그 의결권의 3분의 2 이상의 찬성으로 결의한다.
④ 상호회사의 설립등기는 창립총회가 끝난 날부터 2주 이내에 하여야 한다.

③ 창립총회는 사원 과반수의 출석과 그 의결권의 **4분의 3 이상**의 찬성으로 결의한다(법 제39조 제2항).
① 법 제38조 제1항
② 법 제39조 제1항
④ 법 제40조 제1항

정답 03 ① 04 ② 05 ④ 06 ③

## 07 상호회사의 설립등기에 포함되지 않는 사항은?

① 이사와 감사의 이름 및 주소
② 대표이사의 이름
③ 분쟁발생 시의 관할 법원
④ 여러 명의 대표이사가 공동으로 회사를 대표할 것을 정한 경우에는 그 규정

분생발생 시의 관할 법원은 설립등기사항에 포함되지 않는다(법 제40조 제2항).

## 08 상호회사에 관한 설명으로 옳지 않은 것은?

① 설립등기는 이사가 단독으로 신청한다.
② 관할 등기소에 상호회사 등기부를 비치하여야 한다.
③ 상호회사의 사원은 회사의 채권자에 대하여 직접적인 의무를 지지 아니한다.
④ 상호회사의 채무에 관한 사원의 책임은 보험료를 한도로 한다.

① 설립등기는 이사 및 감사의 공동신청으로 하여야 한다(법 제40조 제3항).
② 법 제41조
③ 법 제46조
④ 법 제47조

## 09 보험업법상 상호회사의 사원이 부담하는 책임에 관하여 규정한 것으로 옳은 것은?

① 무한책임　② 연대책임
③ 보상책임　④ 간접책임

상호회사의 사원은 회사의 채권자에 대하여 직접적인 의무를 지지 아니한다(법 제46조).

## 10 상호회사 사원의 권리와 의무에 대한 다음 설명 중 옳지 않은 것은?

① 상호회사의 사원은 보험료의 납입에 관하여 상계(相計)로써 회사에 대항하지 못한다.
② 상호회사는 정관으로 보험금액의 삭감에 관한 사항을 정하여야 한다.
③ 생명보험 및 제3보험을 목적으로 하는 상호회사의 사원은 정관의 규정에 의하여 타인으로 하여금 그 권리와 의무를 승계하게 할 수 있다.
④ 손해보험을 목적으로 하는 상호회사의 사원이 보험의 목적을 양도한 경우에는 양수인은 회사의 승낙을 받아 양도인의 권리와 의무를 승계할 수 있다.

생명보험 및 제3보험을 목적으로 하는 상호회사의 사원은 **회사의 승낙**을 받아 타인으로 하여금 그 권리와 의무를 승계하게 할 수 있다(법 제50조).



## 11 상호회사의 사원명부에 기재되지 않는 것은?

① 사무소의 소재지
② 사원의 이름과 주소
③ 각 사원의 보험계약의 종류
④ 보험금액 및 보험료

사원명부 기재사항(법 제52조)
1. 사원의 이름과 주소
2. 각 사원의 보험계약의 종류, 보험금액 및 보험료

## 12 상호회사의 기관에 대한 다음 설명 중 옳지 않은 것은?

① 상호회사는 사원총회를 갈음할 기관을 정관으로 정할 수 있다.
② 상호회사의 사원은 사원총회에서 각각 1개의 의결권을 가진다.
③ 상호회사의 이사는 사원명부와 사원총회 및 이사회의 의사록을 각 사무소에, 정관을 주된 사무소에 비치하여야 한다.
④ 상호회사의 100분의 5 이상의 사원은 회의의 목적과 그 소집의 이유를 적은 서면을 이사에게 제출하여 사원총회의 소집을 청구할 수 있다.

정답 07 ③ 08 ① 09 ④ 10 ③ 11 ① 12 ③

③ 상호회사의 이사는 정관과 사원총회 및 이사회의 의사록을 각 사무소에, 사원명부를 주된 사무소에 비치하여야 한다(법 제57조 제1항).
① 법 제54조 제1항
② 법 제55조
④ 법 제56조 제1항

**13** **상호회사의 계산에 대한 설명으로 옳지 않은 것은?**

① 상호회사는 손실을 보전하기 위하여 각 사업연도의 잉여금 중에서 준비금을 적립하여야 한다.
② 상호회사는 손실을 보전하기 전에는 기금이자를 지급하지 못한다.
③ 상호회사는 설립비용과 사업비의 전액을 상각하고 손실보전준비금을 공제하기 전에는 기금의 상각 또는 잉여금의 분배를 하지 못한다.
④ 상호회사의 잉여금은 다음 사업연도 초에 사원에게 분배한다.

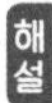

④ 상호회사의 잉여금은 정관에 특별한 규정이 없으면 각 사업연도 말 당시 사원에게 분배한다(법 제63조).
① 법 제60조 제1항
② 법 제61조 제1항
③ 법 제61조 제2항

**14** **보험업법상 상호회사의 기금 납입 방법으로 옳은 것은?**

① 금전만 가능
② 금전 및 유가증권 가능
③ 금전 및 자본증권 가능
④ 금전 및 기타 자산 가능

상호회사의 기금은 금전 이외의 자산으로 납입하지 못한다(법 제36조 제1항).

**15** **상호회사의 퇴사에 관한 설명으로 옳지 않은 것은?**

① 보험관계의 소멸에 의하여 상호회사의 사원은 퇴사한다.
② 사원이 사망한 경우에는 그 지분은 남아있는 사원에게 귀속한다.
③ 상호회사에서 퇴사한 사원은 정관이나 보험약관으로 정하는 바에 따라 그 권리에 따른 금액의 환급을 청구할 수 있다.
④ 퇴사한 사원이 회사에 대하여 부담한 채무가 있는 경우에는 회사는 환급 금액에서 그 채무액을 공제할 수 있다.

사원이 사망한 경우에는 상법의 규정을 준용하여 그 상속인이 사원의 권리의무를 승계한다(법 제66조 제2항, 상법 제283조 제1항).



**16** **상호회사의 해산에 대한 설명으로 옳지 않은 것은?**

① 상호회사의 해산은 사원총회의 특별결의에 의하며, 그 결의 후에 금융위원회의 인가를 받고, 인가를 받은 날부터 7일 이내에 결의의 요지와 대차대조표를 공고하여야 한다.
② 해산을 결의한 때에는 공고 후 이전될 보험계약의 보험계약자로서 이의가 있는 자는 일정한 기간 동안 이의를 제출할 수 있다는 뜻을 덧붙여야 한다.
③ 이의제출기간 내에 이의제출사원의 수가 사원총수의 1/10을 초과하거나, 그 보험금액이 보험금총액의 1/10을 초과한 때에는 해산하지 못한다.
④ 이의제출의 절차가 종료된 후에 해산하게 되면 7일 이내에 그 취지를 공고하여야 한다.

① 상호회사가 해산을 결의한 경우에는 그 결의가 인가를 받은 날부터 2주 이내에 결의의 요지와 대차대조표를 공고하여야 한다(법 제69조 제1항).
② 법 제141조 제2항
③ 법 제141조 제3항
④ 법 제145조

정답 13 ④ 14 ① 15 ② 16 ①

## 17 보험업법상 상호회사의 청산인이 회사자산을 처분하는 순위로서 옳은 것은?

㉠ 일반채무의 변제
㉡ 사원의 보험금액
㉢ 기금의 상각

① ㉠ - ㉡ - ㉢
② ㉢ - ㉡ - ㉠
③ ㉡ - ㉢ - ㉠
④ ㉠ - ㉢ - ㉡

자산 처분의 순위(법 제72조)
1. 일반채무의 변제
2. 사원의 보험금액과 사원에게 환급할 금액의 지급
3. 기금의 상각

## 18 외국보험회사 국내지점에 관한 설명으로 옳지 않은 것은?

① 외국보험회사 국내지점의 대표자는 보험업법에 따른 보험회사의 임원으로 본다.
② 외국보험회사 국내지점은 그 외국보험회사의 본점이 합병으로 인하여 소멸한 경우에는 그 사유가 발생한 날부터 7일 이내에 그 사실을 금융위원회에 알려야 한다.
③ 금융위원회는 외국보험회사의 본점이 휴업하거나 영업을 중지한 경우에는 청문을 거쳐 보험업의 허가를 취소할 수 있다.
④ 외국보험회사 국내지점은 대한민국에서 체결한 보험계약에 관하여 적립한 책임준비금 및 비상위험준비금에 상당하는 자산을 대한민국 또는 그 본점 소재지 국가에서 보유하여야 한다.

④ 외국보험회사 국내지점은 대한민국에서 체결한 보험계약에 관하여 적립한 책임준비금 및 비상위험준비금에 상당하는 자산을 대한민국에서 보유하여야 한다(법 제75조).
① 법 제76조 제3항
② 법 제74조 제3항
③ 법 제74조 제2항

# 제3장 보험모집

**01** 다음 중 보험계약을 모집할 수 있는 자를 모두 고른 것은?

가. 보험중개사
나. 보험설계사
다. 보험대리점
라. 보험회사의 대표이사

① 가
② 가, 나
③ 가, 나, 다
④ 가, 나, 다, 라

모집에 종사할 수 있는 자는 보험설계사, 보험대리점, 보험중개사, 보험회사의 임원(대표이사・사외이사・감사 및 감사위원은 제외한다) 또는 직원에 해당하는 자이어야 한다(법 제83조 제1항).



**02** 보험설계사의 결격요건으로서 틀린 것은?

① 파산선고를 받은 자로서 복권되지 아니한 자
② 보험업법에 따라 벌금 이상의 형을 선고받고 그 집행이 끝나거나 집행이 면제된 날부터 2년이 지나지 아니한 자
③ 보험업법에 따라 금고 이상의 형의 집행유예를 선고받고 그 유예기간 중에 있는 자
④ 보험업법에 따라 보험설계사・보험대리점 또는 보험중개사 등록취소 처분을 2회 이상 받은 경우 최종 등록취소 처분을 받은 날부터 5년이 지나지 아니한 자

보험업법에 따라 보험설계사・보험대리점 또는 보험중개사 등록취소 처분을 2회 이상 받은 경우 최종 등록취소 처분을 받은 날부터 <u>3년이 지나지 아니한 자</u>는 보험설계사로 등록할 수 없다(법 제84조 제2항 제6호).

**03** 보험회사 등이 보험설계사에게 보험계약의 모집을 위탁할 때 금지되는 행위가 아닌 것은?

① 위탁계약서에서 정한 해지요건 외의 사유로 위탁계약을 해지하는 행위
② 위탁계약서상 계약사항을 이행하지 아니하는 행위
③ 보험설계사에게 과다지급 된 수수료를 환수하는 행위
④ 보험설계사에게 보험료 대납을 강요하는 행위

정답 17 ① 18 ④ / 01 ③ 02 ④ 03 ③

보험설계사에 대한 불공정 행위 금지(법 제85조의3)

보험회사 등은 보험설계사에게 보험계약의 모집을 위탁할 때 다음 각 호의 행위를 하여서는 아니 된다.

1. 보험모집 위탁계약서를 교부하지 아니하는 행위
2. 위탁계약서상 계약사항을 이행하지 아니하는 행위
3. 위탁계약서에서 정한 해지요건 외의 사유로 위탁계약을 해지하는 행위
4. 정당한 사유 없이 보험설계사가 요청한 위탁계약 해지를 거부하는 행위
5. 위탁계약서에서 정한 위탁업무 외의 업무를 강요하는 행위
6. 정당한 사유 없이 보험설계사에게 지급되어야 할 수수료의 일부 또는 전부를 지급하지 아니하거나 지연하여 지급하는 행위
7. 정당한 사유 없이 보험설계사에게 지급한 수수료를 환수하는 행위
8. 보험설계사에게 보험료 대납(代納)을 강요하는 행위
9. 그 밖에 대통령령으로 정하는 불공정한 행위

## 04 보험설계사의 등록을 반드시 취소하여야 하는 경우에 해당하지 않는 것은?

① 보험업법에 따라 보험설계사·보험대리점 또는 보험중개사 등록취소 처분을 2회 이상 받은 경우 최종 등록취소 처분을 받은 날부터 3년이 지나지 아니한 경우

② 보험설계사가 보험계약자 등으로서 보험사기행위를 한 경우

③ 이전에 모집과 관련하여 받은 보험료를 다른 용도에 유용한 후 등록 당시 1년이 지나지 아니한 경우

④ 보험업법에 따라 업무정지 처분을 2회 이상 받은 경우

보험설계사가 보험계약자 등으로서 보험사기행위를 한 경우에는 6개월 이내의 기간을 정하여 그 업무의 정지를 명하거나 그 등록을 취소할 수 있다(법 제86조 제2항 제2호).

등록의 취소(법 제86조 제1항)

1. 보험설계사의 결격사유에 해당하게 된 경우
2. 등록 당시 보험설계사의 결격사유의 어느 하나에 해당하는 자이었음이 밝혀진 경우
3. 거짓이나 그 밖의 부정한 방법으로 등록을 한 경우
4. 보험업법에 따라 업무정지 처분을 2회 이상 받은 경우

보험설계사의 결격사유(법 제84조 제2항)

1. 피성년후견인 또는 피한정후견인
2. 파산선고를 받은 자로서 복권되지 아니한 자
3. 이 법에 따라 벌금 이상의 형을 선고받고 그 집행이 끝나거나(집행이 끝난 것으로 보는 경우를 포함한다) 집행이 면제된 날부터 2년이 지나지 아니한 자
4. 이 법에 따라 금고 이상의 형의 집행유예를 선고받고 그 유예기간 중에 있는 자
5. 이 법에 따라 보험설계사·보험대리점 또는 보험중개사의 등록이 취소(제1호 또는 제2호에 해당하여 등록이 취소된 경우는 제외한다)된 후 2년이 지나지 아니한 자

6. 제5호에도 불구하고 이 법에 따라 보험설계사·보험대리점 또는 보험중개사 등록취소 처분을 2회 이상 받은 경우 최종 등록취소 처분을 받은 날부터 3년이 지나지 아니한 자
7. 이 법에 따라 과태료 또는 과징금 처분을 받고 이를 납부하지 아니하거나 업무정지 및 등록취소 처분을 받은 보험대리점·보험중개사 소속의 임직원이었던 자(처분사유의 발생에 관하여 직접 또는 이에 상응하는 책임이 있는 자로서 대통령령으로 정하는 자만 해당한다)로서 과태료·과징금·업무정지 및 등록취소 처분이 있었던 날부터 2년이 지나지 아니한 자
8. 영업에 관하여 성년자와 같은 능력을 가지지 아니한 미성년자로서 그 법정대리인이 제1호부터 제7호까지의 규정 중 어느 하나에 해당하는 자
9. 법인 또는 법인이 아닌 사단이나 재단으로서 그 임원이나 관리인 중에 제1호부터 제7호까지의 규정 중 어느 하나에 해당하는 자가 있는 자
10. 이전에 모집과 관련하여 받은 보험료, 대출금 또는 보험금을 다른 용도에 유용(流用)한 후 3년이 지나지 아니한 자



## 05 교차모집 보험설계사의 소속 보험회사가 하여서는 아니되는 행위에 속하지 않는 것은?

① 교차모집 보험설계사에게 자사 소속의 보험설계사로 전환하도록 권유하는 행위
② 보험계약을 체결하려는 자의 의사에 반하여 다른 보험회사와의 보험계약 체결을 권유하는 등 모집을 위탁한 보험회사 중 어느 한 쪽의 보험회사만을 위하여 모집하는 행위
③ 교차모집 보험설계사가 다른 보험회사를 위하여 모집한 보험계약을 자사의 보험계약으로 처리하도록 유도하는 행위
④ 교차모집 보험설계사에게 정당한 사유 없이 위탁계약 해지, 위탁범위 제한 등 불이익을 주는 행위

② 교차모집 <u>보험설계사가 하여서는 아니되는 행위</u>에 해당한다(영 제29조 제4항 제2호).
①, ③, ④ 영 제29조 제3항 제1호, 제3호, 제4호

## 06 보험업법상 보험대리점 또는 보험중개사로 등록할 수 없는 기관은?

① 「자본시장과 금융투자업에 관한 법률」에 따른 신탁업자
② 「상호저축은행법」에 따른 상호저축은행
③ 「한국산업은행법」에 따라 설립된 한국산업은행
④ 「농업협동조합법」에 따라 설립된 조합

정답 04 ② 05 ② 06 ①

보험대리점 또는 보험중개사로 등록할 수 있는 금융기관(법 제91조 제1항 및 영 제40조)
1. 「은행법」에 따라 설립된 은행
2. 「자본시장과 금융투자업에 관한 법률」에 따른 투자매매업자 또는 투자중개업자
3. 「상호저축은행법」에 따른 상호저축은행
4. 「한국산업은행법」에 따라 설립된 한국산업은행
5. 「중소기업은행법」에 따라 설립된 중소기업은행
6. 「여신전문금융업법」에 따라 허가를 받은 신용카드업자(겸영여신업자는 제외한다)
7. 「농업협동조합법」에 따라 설립된 조합 및 농협은행

## 07 금융기관보험대리점 등에 관한 설명으로 옳지 않은 것은?

① 「은행법」에 따라 설립된 은행으로서 금융기관보험대리점인 자가 모집할 수 있는 보험상품의 범위에 개인장기보장성 보험 중 제3보험은 포함되지 않는다.

② 해당 금융기관보험대리점 등의 점포 내의 지정된 장소에서 보험계약자와 직접 대면하여 모집하는 방법으로만 모집하여야 하는 것은 아니다.

③ 「여신전문금융업법」에 따라 허가를 받은 신용카드업자(겸영여신업자 제외)로서 금융기관보험대리점인 자는 전화 등의 통신수단을 이용하여 보험을 모집할 수 있다.

④ 금융기관보험대리점 등은 해당 금융기관에 적용되는 모집수수료율을 모집을 하는 점포의 창구 및 인터넷 홈페이지에 공시하여야 한다.

개인보장성 보험 중 제3보험은 2005년 4월 1일 이후(보험기간 만료시 환급금이 지급되는 상품은 2006년 10월 1일 이후) 포함되었다(영 별표 5).
② 영 제40조 제3항 제1호, 제2호
③ 영 제40조 제3항 제3호
④ 영 제40조 제8항

금융기관보험대리점 등이 모집할 수 있는 보험상품의 범위(영 별표 5)

| 생명보험 | 손해보험 |
|---|---|
| 가. 개인저축성 보험<br>1) 개인연금<br>2) 일반연금<br>3) 교육보험<br>4) 생사혼합보험<br>5) 그 밖의 개인저축성 보험<br>나. 신용생명보험<br>다. 개인보장성 보험 중 제3보험(주계약으로 한정하고, 저축성보험 특별약관 및 질병사망 특별약관을 부가한 상품은 제외한다) | 가. 개인연금<br>나. 장기저축성 보험<br>다. 화재보험(주택)<br>라. 상해보험(단체상해보험은 제외한다)<br>마. 종합보험<br>바. 신용손해보험<br>사. 개인장기보장성 보험 중 제3보험(주계약으로 한정하고, 저축성보험 특별약관 및 질병사망 특별약관을 부가한 상품은 제외한다) |

## 08 보험업법상 보험중개사의 중개에 관한 사항으로 타당하지 않은 것은?

① 보험중개사는 보험계약의 체결을 중개할 때 그 중개와 관련된 내용을 장부에 적어야 한다.
② 보험중개사는 보험계약의 체결을 중개할 때 그 수수료에 관한 사항을 비치하고 보험계약자에게 서면으로 교부하여야 한다.
③ 보험중개사는 보험회사의 임직원이 될 수 없으며, 보험계약의 체결을 중개하면서 보험회사·보험설계사·보험대리점·보험계리사 및 손해사정사의 업무를 겸할 수 없다.
④ 보험대리점 또는 보험중개사가 소속 보험설계사와 보험모집에 관한 위탁을 해지한 경우에는 지체없이 그 사실을 금융위원회에 신고하여야 한다.

보험중개사는 보험계약의 체결을 중개할 때 그 중개와 관련된 내용을 대통령령으로 정하는 바에 따라 장부에 적고 보험계약자에게 알려야 하며, 그 수수료에 관한 사항을 비치하여 보험계약자가 열람할 수 있도록 하여야 한다(법 제92조 제1항).



## 09 보험중개사에 관한 설명으로 옳지 않은 것은?

① 다른 보험회사 등의 임직원은 보험중개사가 되지 못한다.
② 보험중개사는 보험계약의 체결을 중개하면서 보험회사·보험설계사·보험대리점·보험계리사의 업무를 겸할 수 없으나, 손해사정사의 업무를 겸할 수는 있다.
③ 보험업법에 따라 벌금 이상의 형을 선고받고 그 집행이 끝나거나 집행이 면제된 날부터 3년이 지나지 아니한 자는 법인보험중개사의 임원이 되지 못한다.
④ 부채가 자산을 초과하는 법인은 보험중개사가 되지 못한다.

② 보험중개사는 보험회사의 임직원이 될 수 없으며, 보험계약의 체결을 중개하면서 보험회사·보험설계사·보험대리점·보험계리사 및 손해사정사의 업무를 겸할 수 없다(법 제92조 제2항).
① 법 제89조 제2항 제3호
③ 법 제89조의2 제1항 제4호
④ 법 제89조 제2항 제5호

정답 07 ① 08 ② 09 ②

## 10 보험중개사의 손해배상책임에 관한 설명으로 옳지 않은 것은?

① 보험중개사의 보험계약 체결의 중개행위와 관련하여 손해를 입은 보험계약자는 그 보험중개사의 영업보증금의 한도에서 영업보증금예탁기관에 손해배상금의 지급을 신청할 수 있다.
② 손해배상금의 지급신청을 받은 영업보증금예탁기관의 장은 그 사실을 해당 보험중개사에게 7일 이내에 통지하고 사실관계에 대한 조사를 하여야 한다.
③ 보험중개사는 영업보증금 예탁기관의 장으로부터 손해배상금의 전부 또는 일부를 지급받은 보험계약자에 대하여 그 금액만큼 손해배상책임을 면한다.
④ 보험계약자가 보험중개사의 보험계약체결 중개행위와 관련하여 손해를 입은 경우에는 그 손해액을 보험중개사의 영업보증금에서 다른 채권자보다 우선하여 변제받을 권리를 가진다.

② 영업보증금예탁기관의 장은 보험계약자 등으로부터 손해배상금의 지급신청을 받은 경우에는 그 사실을 해당 보험중개사에게 **지체 없이** 통지하고 사실관계에 대한 조사를 하여야 한다(규칙 제22조 제1항).
① 영 제38조 제1항
③ 영 제38조 제3항
④ 법 제103조

## 11 다음 설명 중 옳지 않은 것은?

① 해약환급금에 관한 사항도 모집을 위하여 사용하는 보험안내자료에 기재하여야 한다.
② 보험회사의 잉여금 분배에 대한 예상에 관한 사항도 보험안내자료에 기재하여야 한다.
③ 보험금이 금리에 연동되는 보험상품의 경우 적용금리 및 보험금 변동에 관한 사항도 보험안내자료에 기재하여야 한다.
④ 보험 상담 및 분쟁의 해결에 관한 사항도 보험안내자료에 기재하여야 한다.

② 보험안내자료에는 보험회사의 장래의 이익 배당 또는 잉여금 분배에 대한 예상에 관한 사항을 적지 못한다(법 제95조 제3항).
① 법 제95조 제1항 제4호
③ 영 제42조 제3항 제1호
④ 영 제42조 제3항 제4호

## 12 보험업법상 설명의무에 관한 설명으로 옳은 것은?

① 보험회사 또는 보험의 모집에 종사하는 자는 일반보험계약자에게 보험계약 체결을 권유하는 경우에는 보험료, 보장범위, 보험금 지급제한 사유 등 대통령령으로 정하는 보험계약의 중요사항을 일반보험계약자가 이해할 수 있도록 설명하여야 한다.

② 보험회사는 보험계약의 체결시부터 보험금 지급시까지의 주요 과정을 모든 보험계약자에게 설명하여야 한다.

③ 보험회사는 모든 보험계약자가 보험금 지급을 요청한 경우에는 보험금의 지급절차 및 지급내역 등을 설명하여야 하며, 보험금을 감액하여 지급하거나 지급하지 아니하는 경우에는 그 사유를 설명하여야 한다.

④ 보험회사 또는 보험의 모집에 종사하는 자는 일반보험계약자에 대해서는 설명 내용을 이해하였음을 서명 등의 방법을 통하여 확인을 받지 않아도 된다.

해설

① 법 제95조의2 제1항
②·③ 모든 보험계약자(×) → 일반보험계약자(○) (법 제95조의2 제3항, 제4항)
④ 보험회사 또는 보험의 모집에 종사하는 자는 설명한 내용을 일반보험계약자가 이해하였음을 서명, 기명날인, 녹취, 그 밖에 대통령령으로 정하는 방법으로 확인을 받아야 한다(법 제95조의2 제2항).

## 13 다음 중 보험회사 또는 보험의 모집에 종사하는 자가 일반보험계약자가 이해할 수 있도록 설명하여야 하는 보험계약의 중요사항이 아닌 것은?

① 주계약 및 특약별 보험료
② 분쟁조정절차에 관한 사항
③ 보험료 납입기간 및 보험기간
④ 보험회사의 본점 소재지

해설

설명의무의 중요사항 등(법 제95조의2 제1항 및 영 제42조의2 제1항)
1. 주계약 및 특약별 보험료
2. 주계약 및 특약별로 보장하는 사망, 질병, 상해 등 주요 위험 및 보험금
3. 보험료 납입기간 및 보험기간
4. 보험회사의 명칭, 보험상품의 종목 및 명칭
5. 청약의 철회에 관한 사항
6. 지급한도, 면책사항, 감액지급 사항 등 보험금 지급제한 사항
7. 고지의무 위반의 효과
8. 계약의 취소 및 무효에 관한 사항



정답 10 ② 11 ② 12 ① 13 ④

9. 해약환급금에 관한 사항
10. 분쟁조정절차에 관한 사항
11. 간단손해보험대리점의 경우 소비자에게 보장되는 기회에 관한 사항
12. 그 밖에 보험계약자 보호를 위하여 금융위원회가 정하여 고시하는 사항

## 14 적합성의 원칙에 관한 다음 설명 중 옳은 것은?

① 보험업법은 적합성의 원칙 위반의 효과는 보험계약의 해지로 규정하고 있다.
② 이 원칙은 전문보험계약자에 대하여도 적용된다.
③ 현재 보험업법상의 적합성의 원칙을 적용받는 보험상품은 변액보험계약으로 한다.
④ 보험회사 또는 보험의 모집에 종사하는 자가 보험계약을 체결하기 전에 면담 또는 질문을 통하여 파악하여야 할 사항에 월 소득과 월 소득에서 보험료 지출이 차지하는 비중은 포함되지 않는다.

③ 영 제42조의3 제2항
① 변액보험 가입 시에 적합성 무시 등 부당권유가 있었던 경우, 보험계약자가 입은 피해는 법 제102조에 의거, 손해배상을 청구할 수 있다.
② 전문보험계약자에 대하여는 적용되지 않는다(영 제42조의3 제2항).
④ 파악하여야 할 사항에는 월 소득 및 월 소득에서 보험료 지출이 차지하는 비중이 포함된다(영 제42조의3 제1항 제2호).

## 15 보험업법상 보험회사가 계약체결 단계에서 일반보험계약자에게 설명해야만 하는 것이 아닌 것은?

① 보험의 모집에 종사하는 자의 성명, 연락처 및 소속
② 보험의 모집에 종사하는 자가 보험회사를 위하여 보험계약의 체결을 대리할 수 있는지 여부
③ 보험금 심사 절차, 예상 심사기간 및 예상 지급일
④ 보험계약 승낙거절시 거절 사유

③은 보험금 청구단계에서 설명해야 할 사항에 해당한다.

**참고** 설명의무 등 중요사항(영 제42조의2 제3항)

| | |
|---|---|
| **보험계약 체결단계** | 가. 보험의 모집에 종사하는 자의 성명, 연락처 및 소속<br>나. 보험의 모집에 종사하는 자가 보험회사를 위하여 보험계약의 체결을 대리할 수 있는지 여부<br>다. 보험의 모집에 종사하는 자가 보험료나 고지의무사항을 보험회사를 대신하여 수령할 수 있는지 여부<br>라. 보험계약의 승낙절차<br>마. 보험계약 승낙거절시 거절 사유<br>바. 「상법」 제638조의3 제2항에 따라 3개월 이내에 해당 보험계약을 취소할 수 있다는 사실 및 그 취소 절차·방법<br>사. 그 밖에 일반보험계약자가 보험계약 체결단계에서 설명받아야 하는 사항으로서 금융위원회가 정하여 고시하는 사항 |
| **보험금 청구단계** | 가. 담당 부서, 연락처 및 보험금 청구에 필요한 서류<br>나. 보험금 심사 절차, 예상 심사기간 및 예상 지급일<br>다. 일반보험계약자가 보험사고 조사 및 손해사정에 관하여 설명받아야 하는 사항으로서 금융위원회가 정하여 고시하는 사항 |
| **보험금 심사·지급단계** | 가. 보험금 지급일 등 지급절차<br>나. 보험금 지급 내역<br>다. 보험금 심사 지연 시 지연 사유 및 예상 지급일<br>라. 보험금을 감액하여 지급하거나 지급하지 아니하는 경우에는 그 사유<br>마. 그 밖에 일반보험계약자가 보험금 심사·지급 단계에서 설명받아야 하는 사항으로서 금융위원회가 정하여 고시하는 사항 |

**16** **보험회사가 보험상품에 대해 광고하는 경우에 대한 규정으로서 옳지 않은 것은?**

① 보험계약자가 보험상품의 내용을 오해하지 아니하도록 명확하고 공정하게 전달하여야 하며, 보험계약 체결 전에 상품설명서 및 약관을 읽어볼 것을 권유하는 내용이 광고에 포함되어야 한다.

② 보험상품에 대하여 광고를 하는 경우 보장금액이 큰 특정 내용만을 강조하거나 고액 보험금 수령 사례 등을 소개하여 보험금을 많이 지급하는 것으로 오인하게 하는 행위를 하여서는 아니된다.

③ 보험상품에 대하여 광고를 하는 경우 만기시 자동갱신되는 보험상품의 경우 갱신시 보험료가 인상될 수 있음을 보험계약자가 인지할 수 있도록 충분히 고지하지 아니하는 행위를 하여서는 아니된다.

④ 금융위원회는 필요하면 보험회사 또는 보험의 모집에 종사하는 자로부터 광고물을 미리 제출받아 보험회사 등의 광고가 보험업법이 정한 광고기준을 지키는지를 확인할 수 있다.

정답 14 ③ 15 ③ 16 ④

④ **보험협회**는 필요하면 보험회사 또는 보험의 모집에 종사하는 자로부터 광고물을 미리 제출받아 보험회사 등의 광고가 보험업법이 정한 광고기준을 지키는지를 확인할 수 있다(법 제95조의4 제6항).
① 법 제95조의4 제1항, 제2항
② 법 제95조의4 제3항 제2호
③ 법 제95조의4 제3항 제4호

## 17 다음 중 보험회사가 통신수단을 이용할 수 있도록 한 경우에 해당하지 않는 것은?

① 보험계약을 청약한 자가 청약의 내용을 확인·정정 요청하거나 청약을 철회하고자 하는 경우
② 보험계약자가 체결한 계약의 내용을 확인하고자 하는 경우
③ 보험계약자가 체결한 계약을 해지하고자 하는 경우
④ 보험계약자가 보험료를 지불하고자 하는 경우

보험회사는 다음 각 호의 어느 하나에 해당하는 경우 통신수단을 이용할 수 있도록 하여야 한다(법 제96조 제2항).

1. 보험계약을 청약한 자가 청약의 내용을 확인·정정 요청하거나 청약을 철회하고자 하는 경우
2. 보험계약자가 체결한 계약의 내용을 확인하고자 하는 경우
3. 보험계약자가 체결한 계약을 해지하고자 하는 경우(보험계약자가 계약을 체결하기 전에 통신수단을 이용한 계약해지에 동의한 경우에 한한다)

## 18 보험업법상 보험계약의 체결 또는 모집에 종사하는 자의 행위 중에서 정당한 이유가 있는 경우에만 할 수 있는 것은?

① 실제 명의인이 아닌 자의 보험계약을 모집하는 행위
② 실제 명의인의 동의가 없는 보험계약을 모집하는 행위
③ 다른 모집 종사자의 명의를 이용하여 보험계약을 모집하는 행위
④ 장애인의 보험가입을 거부하는 행위

정당한 이유 없이 「장애인차별금지 및 권리구제 등에 관한 법률」 제2조에 따른 장애인의 보험가입을 거부하는 행위가 금지행위에 해당(법 제97조 제1항 제10호)하므로, 정당한 이유가 있는 경우에는 가입을 거부할 수 있다.

**19** **다음 중 청약철회의 대상이 되지 아니하는 보험계약은?**

① 보험계약을 체결하기 위하여 피보험자가 건강진단을 받아야 하는 보험계약
② 보험기간이 1년 이상인 보험계약
③ 「자동차손해배상 보장법」에 따라 가입할 의무가 있는 보험계약
④ 타인을 위한 보증보험계약

해설 ② 1년 이상 → 1년 미만

참고 청약철회의 대상이 되는 보험계약(영 제48조의2 제1항)

1. 보험계약을 체결하기 위하여 피보험자가 건강진단을 받아야 하는 보험계약
2. 보험기간이 1년 미만인 보험계약
3. 「자동차손해배상 보장법」 제5조에 따라 가입할 의무가 있는 보험계약
4. 타인을 위한 보증보험계약(일반보험계약자가 청약철회에 관하여 타인의 동의를 얻은 경우는 제외한다)
5. 그 밖에 일반보험계약자의 보호에 지장을 주지 아니하는 경우로서 금융위원회가 정하여 고시하는 보험계약



**20** **보험회사는 청약의 철회를 접수한 경우 납입 받은 보험료를 언제까지 반환하여야 하는가?**

① 철회를 접수한 날로부터 3일 이내
② 철회를 접수한 날로부터 5일 이내
③ 철회를 접수한 날로부터 7일 이내
④ 철회를 접수한 날로부터 10일 이내

해설 보험회사는 청약의 철회를 접수한 날로부터 **3일 이내**에 이미 납입 받은 보험료를 반환하여야 하며, 보험료 반환이 늦어진 기간에 대하여는 대통령령으로 정하는 바에 따라 계산한 금액을 더하여 지급하여야 한다(법 제102조의5 제1항).

정답 17 ④ 18 ④ 19 ② 20 ①

## 21 보험업법은 아래의 행위를 기존보험계약을 부당하게 소멸시키거나 소멸하게 하는 행위로 본다. ( ) 안에 들어갈 것을 순서대로 나열한 것은?

> 기존보험계약이 소멸된 날부터 ( ) 이내에 새로운 보험계약을 청약하게 하거나 새로운 보험계약을 청약하게 한 날부터 ( ) 이내에 기존보험계약을 소멸하게 하는 경우로서 해당 보험계약자 또는 피보험자에게 기존보험계약과 새로운 보험계약의 보험기간 및 ( ) 등 대통령령으로 정하는 중요한 사항을 비교하여 알리지 아니하는 행위

① 1개월, 1개월, 보험금액

② 2개월, 2개월, 보험목적

③ 3개월, 3개월, 보험회사의 면책사유

④ 6개월, 6개월, 예정이자율

**해설**

보험계약의 체결 또는 모집에 종사하는 자가 다음 각 호의 어느 하나에 해당하는 행위를 한 경우에는 기존보험계약을 부당하게 소멸시키거나 소멸하게 하는 행위를 한 것으로 본다(법 제97조 제3항).

1. 기존보험계약이 소멸된 날부터 1개월 이내에 새로운 보험계약을 청약하게 하거나 새로운 보험계약을 청약하게 한 날부터 1개월 이내에 기존보험계약을 소멸하게 하는 행위. 다만, 보험계약자가 기존 보험계약 소멸 후 새로운 보험계약 체결 시 손해가 발생할 가능성이 있다는 사실을 알고 있음을 자필로 서명하는 등 대통령령으로 정하는 바에 따라 본인의 의사에 따른 행위임이 명백히 증명되는 경우에는 그러하지 아니하다.
2. 기존보험계약이 소멸된 날부터 (**6개월**) 이내에 새로운 보험계약을 청약하게 하거나 새로운 보험계약을 청약하게 한 날부터 (**6개월**) 이내에 기존보험계약을 소멸하게 하는 경우로서 해당 보험계약자 또는 피보험자에게 기존보험계약과 새로운 보험계약의 보험기간 및 (**예정이자율**) 등 대통령령으로 정하는 중요한 사항을 비교하여 알리지 아니하는 행위

## 22 보험업법상 금융기관보험대리점 또는 금융기관보험중개사가 모집을 할 때 지켜야 할 사항이 아닌 것은?

① 보험계약의 이행에 따른 지급책임은 금융기관에 있음을 보험계약을 청약하는 자에게 알릴 것

② 해당 금융기관이 보험회사가 아니라 보험대리점 또는 보험중개사라는 사실을 보험계약을 청약하는 자에게 알릴 것

③ 보험을 모집하는 장소와 대출 등 해당 금융기관이 제공하는 용역을 취급하는 장소를 보험계약을 청약하는 자가 쉽게 알 수 있을 정도로 분리할 것

④ 보험계약자 등의 보험민원을 접수하여 처리할 전담창구를 해당 금융기관의 본점에 설치・운영하는 것

보험계약의 이행에 따른 지급책임은 **보험회사에 있음**을 보험계약을 청약하는 자에게 알릴 것(법 제100조 제2항 제2호)

## 23 다음 중 청약철회에 관한 내용으로 옳지 않은 것은?

① 보험회사는 일반보험계약자로서 보험회사에 대하여 대통령령으로 정하는 보험계약을 청약한 자가 보험증권을 받은 날로부터 15일 이내에 대통령령으로 정하는 바에 따라 청약철회의 의사를 표시하는 경우에는 특별한 사정이 없는 한 이를 거부할 수 없다.

② 보험회사는 청약의 철회를 접수한 날로부터 7일 이내에 이미 납입 받은 보험료를 반환하여야 하며, 보험료 반환이 늦어진 기간에 대하여는 대통령령으로 정하는 바에 따라 계산한 금액을 더하여 지급하여야 한다.

③ 보험회사는 청약자에 대하여 그 청약의 철회에 따른 손해배상 또는 위약금 등 금전의 지급을 청구할 수 없다.

④ 보험계약 청약의 철회 당시 이미 보험금의 지급사유가 발생한 경우에는 그 청약 철회의 효력은 발생하지 아니한다.

② 보험회사는 청약의 철회를 접수한 날로부터 **3일** 이내에 이미 납입 받은 보험료를 반환하여야 하며, 보험료 반환이 늦어진 기간에 대하여는 대통령령으로 정하는 바에 따라 계산한 금액을 더하여 지급하여야 한다(법 제102조의5 제1항).
① 법 제102조의4 제1항
③ 법 제102조의5 제2항
④ 법 제102조의5 제3항

# 제4장 보험업법 제102조의2와 보험사기방지특별법

## 01 보험사기방지특별법에서 규정하고 있는 사항이 아닌 것은?

① 보험사기행위의 조사
② 보험사기행위의 방지
③ 보험사기행위의 보상
④ 보험사기행위의 처벌

보험사기방지특별법은 보험사기행위의 조사·방지·처벌에 관한 사항을 정함으로써 보험계약자, 피보험자, 그 밖의 이해관계인의 권익을 보호하고 보험업의 건전한 육성과 국민의 복리증진에 이바지함을 목적으로 한다(보험사기방지특별법 제1조).

## 02 다음 〈보기〉에서 보험사기행위를 해서는 안 되는 자를 모두 고르시오.

㉠ 보험계약자
㉡ 피보험자
㉢ 보험금을 취득할 자
㉣ 그 밖에 보험계약에 관하여 이해관계가 있는 자

① ㉠, ㉡　　② ㉡, ㉢
③ ㉠, ㉡, ㉢　　④ ㉠, ㉡, ㉢, ㉣

보험계약자, 피보험자, 보험금을 취득할 자, 그 밖에 보험계약에 관하여 이해관계가 있는 자는 보험사기행위를 하여서는 아니 된다(보험업법 제102조의2).

**03** **보험사기방지특별법상에 규정된 내용으로 옳지 않은 것은?**

① 보험사기행위란 보험사고의 발생, 원인 또는 내용에 관하여 보험계약자를 기망하여 보험료를 청구하는 행위를 말한다.
② 보험회사란 보험업법 제4조에 따른 허가를 받아 보험업을 경영하는 자를 말한다.
③ 보험사기행위의 조사·방지 및 보험사기행위자의 처벌에 관하여는 다른 법률에 우선하여 적용한다.
④ 보험계약자 등의 보호규정으로 개인정보를 침해하지 아니하도록 노력하여야 한다.

해설

보험사기행위란 보험사고의 발생, 원인 또는 내용에 관하여 **보험자를 기망하여** 보험금을 청구하는 행위를 말한다(보험사기방지특별법 제2조 제1호).



**04** **보험계약자 등의 행위가 보험사기행위로 의심할 만한 합당한 근거가 있는 경우에 보험회사가 보고해야 하는 기관은?**

① 금융감독원
② 금융위원회
③ 보험협회
④ 보험관계 단체의 장

해설

보험회사는 보험계약의 보험계약자, 피보험자, 보험금을 취득할 자, 그 밖에 보험계약 또는 보험금 지급에 관하여 이해관계가 있는 자의 행위가 보험사기행위로 의심할 만한 합당한 근거가 있는 경우에는 **금융위원회**에 보고할 수 있다(보험사기방지특별법 제4조).

**05** **보험사기방지특별법상에 규정된 내용으로 옳지 않은 것은?**

① 보험회사는 보험사고 조사 과정에서 보험계약자 등의 개인정보를 침해하지 아니하도록 노력하여야 한다.
② 보험회사는 보험사고 조사를 이유로 보험금의 지급을 지체 또는 거절하거나 삭감하여 지급할 수 있다.
③ 금융위원회, 금융감독원, 보험회사는 보험계약자 등의 행위가 보험사기행위로 의심할 만한 합당한 근거가 있는 경우에는 관할 수사기관에 고발 또는 수사의뢰하거나 그 밖에 필요한 조치를 취하여야 한다.
④ 관할 수사기관에 고발 또는 수사의뢰를 한 경우에는 해당 보험사고와 관련된 자료를 수사기관에 송부하여야 한다.

정답 01 ③ 02 ④ 03 ① 04 ② 05 ②

보험회사는 대통령령으로 정하는 사유 없이 보험사고 조사를 이유로 보험금의 지급을 지체 또는 거절하거나 삭감하여 지급하여서는 아니 된다(보험사기방지특별법 제5조 제2항).

## 06 보험사기행위 수사를 담당하는 수사기관의 보험계약자 등에 대한 입원적정성 심사가 필요하다고 판단될 경우 그 심사를 의뢰하는 기관은?

① 관할 경찰청
② 국민건강보험공단
③ 건강보험심사평가원
④ 금융위원회

수사기관은 보험사기행위 수사를 위하여 보험계약자 등의 입원이 적정한 것인지 여부에 대한 심사가 필요하다고 판단되는 경우 「국민건강보험법」 제62조에 따른 **건강보험심사평가원**에 그 심사를 의뢰할 수 있다(보험사기방지특별법 제7조 제1항).

## 07 보험사기행위로 보험금을 취득하거나 제3자에게 보험금을 취득하게 한 자에 대한 벌칙은?

① 2년 이하의 징역 또는 2천만원 이하의 벌금
② 3년 이하의 징역 또는 3천만원 이하의 벌금
③ 5년 이하의 징역 또는 5천만원 이하의 벌금
④ 10년 이하의 징역 또는 5천만원 이하의 벌금

보험사기행위로 보험금을 취득하거나 제3자에게 보험금을 취득하게 한 자는 10년 이하의 징역 또는 5천만원 이하의 벌금에 처한다(보험사기방지특별법 제8조).

## 08 보험사기방지특별법상 보험사기행위의 처벌에 대한 설명으로 옳지 않은 것은?

① 상습으로 보험사기죄를 범한 자는 그 죄에 정한 형의 2분의 1까지 가중한다.
② 보험사기죄의 미수범은 처벌한다.
③ 상습범의 미수범도 처벌한다.
④ 보험사기죄의 가중처벌을 받은 사람에 대하여는 「특정경제범죄 가중처벌 등에 관한 법률」을 적용하지 않는다.

보험사기죄의 가중처벌을 받은 사람에 대하여는 「특정경제범죄 가중처벌 등에 관한 법률」 제14조를 준용한다.

## 09 보험사기죄를 범한 사람이 가중처벌을 받게 되는 경우 기준이 되는 보험금의 가액은 얼마인가?

① 1억원 이상
② 3억원 이상
③ 5억원 이상
④ 10억원 이상

해설

보험사기죄 및 상습범의 죄를 범한 사람은 그 범죄행위로 인하여 취득하거나 제3자로 하여금 취득하게 한 보험금의 가액("보험사기이득액"이라 한다)이 5억원 이상일 때에는 가중처벌한다(보험사기방지특별법 제11조).

## 10 보험사기이득액이 50억원 이상일 때 가중처벌되는 벌칙은?

① 무기 또는 10년 이상의 징역
② 무기 또는 5년 이상의 징역
③ 5년 이상의 유기징역
④ 3년 이상의 유기징역

보험사기죄 가중처벌의 보험사기이득액이 5억원 이상일 때에는 다음 각 호의 구분에 따라 가중처벌한다(보험사기방지특별법 제11조).
1. 보험사기이득액이 50억원 이상일 때 : 무기 또는 5년 이상의 징역
2. 보험사기이득액이 5억원 이상 50억원 미만일 때 : 3년 이상의 유기징역

정답 06 ③ 07 ④ 08 ④ 09 ③ 10 ②

**11** **보험사기행위 조사업무에 종사하는 자 또는 해당 업무에 종사하였던 자는 직무수행 중 취득한 정보나 자료를 타인에게 제공 또는 누설하거나 직무상 목적 외의 용도로 사용하여서는 아니 된다. 비밀유지의무를 위반하여 직무수행 중 취득한 정보나 자료를 타인에게 제공 또는 누설하거나 목적 외의 용도로 사용한 자에 대한 벌칙은?**

① 1년 이하의 징역 또는 1천만원 이하의 벌금
② 2년 이하의 징역 또는 2천만원 이하의 벌금
③ 3년 이하의 징역 또는 3천만원 이하의 벌금
④ 5년 이하의 징역 또는 5천만원 이하의 벌금

비밀유지의무를 위반하여 직무수행 중 취득한 정보나 자료를 타인에게 제공 또는 누설하거나 목적 외의 용도로 사용한 자는 **3년 이하의 징역 또는 3천만원 이하의 벌금**에 처한다(보험사기방지특별법 제14조).

**12** **금융위원회가 필요한 경우에 보험사기방지특별법에 따른 권한의 일부를 대통령령으로 정하는 바에 따라 위탁할 수 있는 자는?**

① 보험협회의 장
② 금융감독원의 원장
③ 보험관계 단체의 장
④ 관할 지방자치단체장

금융위원회는 필요한 경우에는 보험사기방지특별법에 따른 권한의 일부를 대통령령으로 정하는 바에 따라 **금융감독원의 원장**에게 위탁할 수 있다(보험사기방지특별법 제13조).

**13** **보험금의 지급을 지체 또는 거절하거나 보험금을 삭감하여 지급한 보험회사에게 부과되는 과태료는 얼마인가?**

① 1천만원 이하
② 2천만원 이하
③ 3천만원 이하
④ 5천만원 이하

보험금의 지급을 지체 또는 거절하거나 보험금을 삭감하여 지급한 보험회사에게는 **1천만원 이하의 과태료**를 부과한다(보험사기방지특별법 제15조).



11 ③ 12 ② 13 ① 정답

SECTION

# II 약관(보험상품편)

## 제1장 보험상품의 구분



### 1 보험업과 보험상품

**01** 보험업법상 보험업을 정의할 때 업무영역으로 가장 관련이 없는 것은?

① 보험의 인수 ② 보험료 수수
③ 보험금 지급 ④ 보험금 대출

해설 보험업이란 보험상품의 취급과 관련하여 발생하는 보험의 인수, 보험료 수수 및 보험금 지급 등을 영업으로 하는 것으로 정의 할 수 있다(법 제2조 제2호).

**02** 보험업법상 보험업을 구분할 때 해당되지 않는 것은?

① 생명보험업 ② 손해보험업
③ 제3보험업 ④ 질병보험

해설 보험업은 생명보험업 · 손해보험업 및 제3보험업으로 구분한다(법 제2조 제2호).

**03** 보험업법상 생명보험업의 보험종목이 아닌 것은?

① 간병보험 ② 생명보험
③ 퇴직보험 ④ 연금보험

정답 01 ④ 02 ④ 03 ①

보험업의 보험종목(법 제4조 제1항)

| | |
|---|---|
| **생명보험업** | 가. 생명보험<br>나. 연금보험(퇴직보험을 포함한다)<br>다. 그 밖에 대통령령으로 정하는 보험종목 |
| **손해보험업** | 가. 화재보험<br>나. 해상보험(항공 · 운송보험을 포함한다)<br>다. 자동차보험<br>라. 보증보험<br>마. 재보험(再保險)<br>바. 그 밖에 대통령령으로 정하는 보험종목 |
| **제3보험업** | 가. 상해보험<br>나. 질병보험<br>다. 간병보험<br>라. 그 밖에 대통령령으로 정하는 보험종목 |

## 04 보험업법상 손해보험업의 보험종목이 아닌 것은?

① 화재보험
② 자동차보험
③ 해상보험
④ 연금보험

연금보험은 생명보험업에 속한다(법 제4조 제1항 제1호).

## 05 보험업법상 제3보험업의 보험종목이 아닌 것은?

① 상해보험
② 질병보험
③ 재보험
④ 간병보험

재보험은 손해보험업에 속한다(법 제4조 제1항 제3호).

## 06 보험업법상의 보험상품에 포함되는 것은?

① 「국민건강보험법」에 따른 건강보험
② 「노인장기요양보험법」에 따른 장기요양보험
③ 「원자력손해배상법」에 따른 원자력손해배상책임보험
④ 「산업재해보상보험법」에 따른 산업재해보상보험

보험업법상의 보험상품에 제외되는 것(영 제1조의2)
1. 「고용보험법」에 따른 고용보험
2. 「국민건강보험법」에 따른 건강보험
3. 「국민연금법」에 따른 국민연금
4. 「노인장기요양보험법」에 따른 장기요양보험
5. 「산업재해보상보험법」에 따른 산업재해보상보험
6. 「할부거래에 관한 법률」 제2조 제2호에 따른 선불식 할부계약



## 07 다음은 보험업법상 손해보험상품에 대한 기술이다. (    ) 안에 들어가야 할 내용이 아닌 것은?

> 손해보험상품은 위험보장을 목적으로 우연한 사건[제3보험상품에 따른 (    )·(    ) 및 (    )은 제외한다]으로 발생하는 손해에 관하여 금전 및 그 밖의 급여를 지급할 것을 약속하고 대가를 수수하는 계약으로서 대통령령으로 정하는 계약을 말한다.

① 질 병　　② 상 해
③ 간 병　　④ 사 망

손해보험상품(법 제2조 제1호 나목)
위험보장을 목적으로 우연한 사건(제3보험상품에 따른 **질병 · 상해 및 간병**은 제외한다)으로 발생하는 손해(계약상 채무불이행 또는 법령상 의무불이행으로 발생하는 손해를 포함한다)에 관하여 금전 및 그 밖의 급여를 지급할 것을 약속하고 대가를 수수하는 계약으로서 대통령령으로 정하는 계약

정답 04 ④ 05 ③ 06 ③ 07 ④

## 08 보험업법 및 동법 시행령에서 손해보험상품으로서 대통령령으로 정하는 계약이 아닌 것은?

① 날씨보험계약 ② 비용보험계약
③ 기술보험계약 ④ 수출입보험계약

손해보험상품으로서 대통령령으로 정하는 계약(영 제1조의2 제3항)

- 화재보험계약
- 해상보험계약(항공 · 운송보험계약 포함)
- 자동차보험계약
- 보증보험계약
- 재보험계약
- 책임보험계약
- 기술보험계약
- 권리보험계약
- 도난보험계약
- 유리보험계약
- 동물보험계약
- 원자력보험계약
- 비용보험계약
- 날씨보험계약

## 09 보험업법 및 동법 시행령에서 생명보험상품으로서 대통령령으로 정하는 계약에 해당하는 것은?

① 책임보험계약 ② 항공 · 운송보험계약
③ 퇴직보험계약 ④ 원자력보험계약

생명보험상품으로서 대통령령으로 정하는 계약(영 제1조의2 제2항)
1. 생명보험계약
2. 연금보험계약(퇴직보험계약을 포함한다)

## 10 보험업법상 보험상품에 대한 설명으로 옳지 않은 것은?

① 위험보장을 목적으로 한다.
② 우연한 사건 발생에 관하여 금전 및 그 밖의 급여를 지급할 것을 약정한다.
③ 「국민건강보험법」에 따른 건강보험을 포함한다.
④ 생명보험상품 · 손해보험상품 및 제3보험상품으로 구분한다.

보험상품이란 위험보장을 목적으로 우연한 사건 발생에 관하여 금전 및 그 밖의 급여를 지급할 것을 약정하고 대가를 수수하는 계약(「국민건강보험법」에 따른 건강보험, 「고용보험법」에 따른 고용보험 등 보험계약자의 보호 필요성 및 금융거래 관행 등을 고려하여 대통령령으로 정하는 것은 제외한다)으로서 생명보험상품 · 손해보험상품 및 제3보험상품을 말한다.

## 2 보험증권과 보험약관

**11** **보험증권의 성질 중 해상적하보험 등 일부에만 인정되는 성질은?**

① 요식증권성
② 유가증권성
③ 증거증권성
④ 면책증권성

해설

보험증권은 구(舊) 상법에서 보험자에게 보험계약자의 청구가 있는 때에만 보험증권을 작성·교부의무를 지웠지만, 개정 상법은 보험계약이 성립한 때 지체 없이 보험증권을 작성·교부토록 하고 있다(상법 제640조 제1항). 보험증권은 요식증권성, 면책증권성, 증거증권성이 있다. 또한 **유가증권성에 관하여 긍정설, 부정설, 일부긍정설이 있는데, 해상보험·적하보험에서 인정하는 일부긍정설이 통설**이다.

**12** **보험증권에 관한 설명으로 옳지 않은 것은?**

① 보험자는 보험계약이 성립한 때에 지체 없이 보험증권을 작성하여 보험계약자에게 교부하여야 한다.
② 보험계약자가 보험료의 전부 또는 최초의 보험료를 지급하지 아니한 때에는 보험증권을 교부할 필요가 없다.
③ 보험증권은 면책증권이기는 하나 증거증권은 아니다.
④ 기존의 보험계약을 연장하거나 변경한 경우에 보험자는 그 보험증권에 그 사실을 기재함으로써 보험증권의 교부에 갈음할 수 있다.

해설

③ 보험증권은 보험계약이 성립한 때 보험자가 발행하는 일종의 증거증권이다. 그러므로 보험계약자가 이의 없이 이를 받은 때에는 사실상 추정력을 가지고 있으므로 이것이 진실과 다르다고 주장하는 자가 반증을 들기까지는 증거력을 가진다.
①·② 상법 제640조 제1항
④ 상법 제640조 제2항

## 13 보험증권의 성질에 대한 설명이다. 가장 거리가 먼 것은?

① 모든 보험증권은 유가증권이다.
② 모든 보험증권은 면책증권이다.
③ 모든 보험증권은 증거증권이다.
④ 보험증권은 어음·선하증권처럼 유인성이 있으므로 상환증권이다.

보험증권은 보험금청구권자가 보험증권이 아닌 다른 방법으로 피보험자임을 입증하면 보험금을 청구할 수 있기 때문에 상환증권성을 인정하지 않는 것이 통설이다.

## 14 상법상 보험증권에 관한 다음 설명 중 잘못된 것은?

① 보험계약자의 청구가 없어도 보험자는 보험계약이 성립한 때에 보험증권을 교부하여야 한다.
② 보험계약이 성립하였을 때 보험계약자가 보험료의 전부 또는 최초보험료를 지급하지 아니하더라도 보험증권을 교부하여야 한다.
③ 기존의 보험계약을 연장하거나 변경한 경우에는 보험자는 보험증권에 그 사실을 기재함으로써 보험증권의 교부에 갈음을 할 수 있다.
④ 보험계약자는 보험증권을 멸실하거나 훼손한 경우에도 보험금을 청구할 수 있으며, 또 자기의 비용으로 증권의 재교부를 청구할 수 있다.

보험자는 보험계약이 성립한 때에는 지체 없이 보험증권을 작성하여 보험계약자에게 교부하여야 하나 보험계약자가 보험료의 전부 또는 최초의 보험료를 지급하지 아니한 때에는 그러하지 아니하다(상법 제640조 제1항).

## 15 보험증권에 관한 다음의 설명 중에서 맞는 것은?

① 지시식 또는 무기명식의 증권도 인정된다.
② 증권이 작성·교부될 때까지는 보험계약이 성립되지 아니한다.
③ 보험금은 증권과의 상환으로 지급하여야 한다.
④ 보험증권은 증거증권이고 엄격한 요식증권이다.

② 보험계약은 낙성계약으로 청약과 승낙에 의해 성립한다.
③ 증권을 멸실·훼손하였다 하더라도 다른 방법으로 증명하고 보험금을 청구할 수 있다.
④ 보험증권은 어음, 수표와 같이 엄격한 요식성은 필요하지 않다.

**16** **보험증권의 교부의무에 관한 설명으로 적절하지 아니한 것은?**

① 보험자는 보험계약이 성립된 때에는 지체 없이 보험증권을 작성하여 보험계약자에게 교부하여야 한다.
② 보험증권의 발행의무는 성립시 발생하며 보험계약자의 청구여부에 관계없이 교부하여야 하며 교부의 상대방은 피보험자가 아니라 보험계약자이다.
③ 상법 제640조는 보험증권의 발부의무에 대한 거부권을 부여한 것이며, 이는 보험자로 하여금 보험료의 납부 없이는 보험증권을 발행·교부하는 것을 금지하는 규정이다.
④ 기존의 보험계약을 연장하거나 변경하는 경우에 보험증권의 교부 대신에 보험자는 기존의 보험증권에 그 사실을 기재함으로써 보험증권의 교부에 갈음할 수 있다.

③ 상법 제640조는 보험증권의 발부의무에 대한 거부권을 부여한 것에 불과하며, 보험자로 하여금 보험료의 납부 없이 보험증권을 발행·교부하는 것을 금지하는 규정은 아니다.
①·②·④ 상법 제640조 제1항, 제2항

**17** **다음 사항 중 손해보험증권의 기재사항이 아닌 것은?**

① 보험의 목적
② 보험수익자의 주소와 성명
③ 보험사고의 성질
④ 보험증권의 작성지와 그 작성연월일

손해보험증권의 기재사항(상법 제666조)
- 보험의 목적
- 보험금액
- 보험기간을 정한 때에는 그 시기와 종기
- 보험계약자의 주소, 성명 또는 상호
- 보험계약의 연월일
- 보험사고의 성질
- 보험료와 그 지급방법
- 무효와 실권의 사유
- 피보험자의 주소, 성명 또는 상호
- 보험증권의 작성자와 그 작성연월일

정답 13 ④ 14 ② 15 ① 16 ③ 17 ②

## 18 다음 중 보험약관에 대한 설명으로 올바른 것은?

① 보험약관은 보험회사와 보험계약자가 미리 작성한 보험계약의 내용을 설명하는 표준적인 계약조항을 말한다.

② 보통보험약관 중 특별히 중요한 부분만 요약한 것이 특별약관이다.

③ 특별약관은 보통보험약관에 우선하여 적용한다.

④ 특별약관은 보험회사가 일방적으로 미리 작성하는 약관이다.

③ 특별약관이란 보험회사가 일방적으로 작성하는 보통약관과는 대조적인 것으로 보통약관에 부가하여 부족한 부분을 특별약관으로 합의하여 정한 약관이므로 보통약관에 우선하여 적용된다.
① 보험약관은 **보험회사가 미리 작성한** 보험계약의 내용을 설명하는 표준적인 계약조항을 말한다.
② 특별약관은 보통보험약관에 의하지 아니하고 **당사자의 개별적인 합의**에 의해 계약내용을 정한다.
④ 보험회사가 일방적으로 미리 작성하는 약관은 **보통약관**이다.

## 19 다음 중 보험약관의 해석 원칙으로 올바르지 않은 것은?

① 유효해석의 원칙
② 보험회사 우선의 원칙
③ 작성자 불이익의 원칙
④ 수기우선의 원칙

약관해석의 원칙
- 계약당사자 의사 우선의 원칙
- 동종제한의 원칙
- 수기우선의 원칙
- 보통의미의 해석원칙
- 작성자 불이익의 원칙
- 유효해석의 원칙

## 20 보통보험약관의 해석원칙에 관한 설명 중 틀린 것은?

① 의미가 애매할 때에는 작성자에게 불리하게 해석할 것

② 보통의 가입자를 기준으로 객관적으로 해석할 것

③ 약관의 조항과 개별약정이 충돌할 때에는 약관을 우선 해석할 것

④ 각 조항이나 문구는 일관된 약관의 일부라는 관점에서 통일적으로 해석할 것

보통보험약관보다 특별약관(개별약정)이 우선한다.

## 21 보험약관에 관한 다음 설명 중 맞는 것은?

① 보험계약의 경우 보험약관이 널리 이용되는 이유는 보험계약의 사행계약성 때문이다.
② 보험약관은 그 해석을 통하여 사법적(司法的)인 규제의 대상이 된다.
③ 금융위원회의 인가를 받지 아니한 보험약관에 의한 해상보험계약, 기타의 기업보험에 관한 계약은 효력이 없다.
④ 부동문자로 인쇄된 약관은 고무도장이나 타자에 의한 약관에 우선한다.

① 보험계약의 경우 보험계약이 성질상 다수가입자를 상대로 대량적으로 처리되어야 할 필요에서 그 내용을 정형화해야 된다는 기술적 요청과 보험단체 구성원을 동일하게 취급하기 위한 합리적 조치로 보험약관이 사용된다.
③ 금융위원회의 인가를 받지 아니한 보험약관을 사용한 경우 보험자가 보험업법상 제재를 받는 것은 당연하지만 인가를 받지 않은 약관의 사법상 효력은 강행규정 및 공익에 반하지 않는 한 계약의 효력은 인정하는 것이 선의의 계약자에게도 유리하고 타당하다.
④ 고무도장이나 타자에 의한 보험약관은 부동문자로 인쇄된 약관에 우선한다.

제1과목 보험관계법령 및 약관

## 22 다음 중 보험약관의 기본요건으로 바르지 않은 것은?

① 보험계약 당사자 간의 공평성 확보
② 명확성을 높이기 위해 전문적인 용어를 주로 사용
③ 거래 실태와 약관규정을 일치
④ 특별약관 우선의 원칙

보험약관의 기본요건
- 보험계약의 당사자 간의 공평성 확보
- 해석의 폭이 생기지 않도록 명확한 내용으로 규정
- 거래의 실태와 약관규정을 일치
- 이해하기 쉽도록 전문적인 법률용어를 피하고 약관 전체를 간결하게, 조항의 중요도에 따라 배열
- 소비자에게 약관내용에 대한 적합한 명시

정답 18 ③ 19 ② 20 ③ 21 ② 22 ②

## 23 보통보험약관에 관한 설명으로서 틀린 것은?

① 보험자가 일방적으로 작성한 보험계약조항이다.
② 보통보험약관과 수기문언이 상치되는 경우에는 후자가 우선한다.
③ 금융위원회의 인가가 없는 보통약관은 무조건 효력이 없다.
④ 보험자는 보험계약을 체결할 때에 보험계약자에게 보험약관을 교부하고 그 약관의 중요한 내용을 알려주어야 한다.

금융위원회의 인가를 받지 아니한 보통보험약관은 강행규정 및 공익에 반하지 않는 한 계약의 효력은 인정되며, 그것이 선의의 계약자에게도 유리하고 타당하다.

## 24 보험약관의 구속력의 근거와 관련하여 다음의 설명 중에서 틀린 것은?

① 보험약관의 구속력을 인정하는 근거는 의사추정이론을 취하고 있다.
② 보험약관은 상법에 규정되어 있지 아니한 사항에 관한 조항도 설정할 수 있다.
③ 보험약관은 그 뜻이 명백하지 아니한 경우에는 보험자에게 유리하게 해석해야 한다.
④ 금융위원회의 인가를 받지 아니한 보험약관에 의한 보험계약도 반드시 무효가 되는 것이 아니다.

상법 제663조 보험계약자 등의 불이익변경금지에 따라 보험약관의 뜻이 명백하지 아니한 경우에는 **보험계약자**에게 유리하게 해석해야 한다.

## 25 보통보험약관에 대한 다음의 설명 중 옳지 않은 것은?

① 보험계약에 관하여 분쟁이 생기면 먼저 보험약관이 적용되고, 약관의 규정이 없는 경우에만 상법 등이 적용된다.
② 보통보험약관이란 보험자가 미리 서면으로 정해 둔 보험계약의 내용을 이루는 정형적인 계약조항이다.
③ 보통보험약관에는 보험회사가 부담할 의무의 한계나 그 의무를 이행하여야 할 시기는 규정할 수 있으나 해약환급금은 규정하지 못한다.
④ 보험자는 약관의 교부·설명의무를 부담한다.

③의 경우 약관상 해약환급금을 규정하고 있다.

## 26 보통보험약관에 관한 설명 중 잘못된 것은?

① 보통보험약관은 보험계약 당사자를 구속하는 힘이 있다.
② 보통보험약관은 금융위원회의 인가를 받을 것이 요구된다.
③ 보통보험약관은 인가를 받지 아니하여도 그 효력이 인정된다.
④ 보통보험약관은 보험자와 보험계약자의 합의로 이루어진 계약조항이다.

보통보험약관이란 보험자가 미리 정한 보험계약의 내용을 이루는 정형적인 일반적 · 보편적 · 표준적인 조항이다.



## 27 보험약관에 대한 설명으로 올바른 것은?

① 보험계약자에게 유리한 보험약관조항은 상법의 보험통칙에 규정이 있는 경우에도 우선적으로 적용될 수 있다.
② 보통보험약관과 특별보험약관이 저촉되는 경우에는 전자가 우선한다.
③ 약관을 개정하려면 개정 전의 보험계약에 소급하여 적용하는 것이 일반적이다.
④ 보험자에게 유리한 약관조항이라도 금융위원회의 인가를 받지 않으면 효력이 없다.

② 특별보험약관은 특별보통보험약관에 우선하며, 특별보통보험약관은 보통보험약관에 우선한다.
③ 약관이 개정되었다면 개정 전의 보험계약에 소급적용되지 아니하나 금융위원회가 보험계약자를 위하여 필요하다고 인정해 소급적용 명령을 한 경우에는 소급될 수 있다.
④ 계약은 사적자유의 원칙이 적용되므로 그 약관의 보험계약법이나 약관의 규제에 관한 법률에 비추어 불이익하지 않으면 그 사법적 효력은 인정되어 보험계약자나 보험자에게 권리나 의무가 발생한다. 다만 보험자가 인가받지 아니한 약관을 사용하였기 때문에 보험업법상 징계를 받을 뿐이다.

정답 23 ③ 24 ③ 25 ③ 26 ④ 27 ①

## 28 다음은 보험약관의 교부 · 설명의무에 대해 설명한 것이다. 옳지 않은 것은?

① 보험자의 의무이다.
② 보험약관에 대해 설명할 경우 보험약관을 교부할 필요가 없다.
③ 보험계약체결시 보험약관의 주요한 내용을 설명하여야 한다.
④ 보험설계사가 대신 보험약관에 대해 설명할 수 있다.

보험약관의 교부 · 설명의무

- 보험회사는 보험계약체결시 계약자에게 약관을 교부하고 그 약관의 중요한 내용을 설명하여야 한다.
- 보험약관의 교부 · 설명의무자는 보험회사이나 현실적으로 보험설계사, 보험대리점 등이 회사를 대신하여 그 의무를 진다.
- 보험계약이 성립되었다고 하더라도 약관의 교부 · 설명이 없었던 경우 계약자는 청약일로부터 3월 내에 그 계약을 취소할 수 있다.
- 계약이 취소된 경우 회사는 계약자에게 이미 납입한 보험료를 반환하며 보험료를 받은 기간에 대하여 약관대출이율을 연 단위 복리로 계산한 금액을 더하여 지급한다.
- 보험계약에 있어 거래상 일반적이고 공통된 것이라서 보험계약자가 충분히 알 수 있는 내용은 설명의무가 면제되나 보험약관 **교부의무는 면제되지 아니한다**.

## 29 보험약관의 교부 · 설명의무에 관한 설명으로 옳지 않은 것은?

① 보험약관은 계약의 상대방이 계약내용을 선택할 수 있는 자유를 제약하는 측면이 있다.
② 보험약관은 보험자가 일방적으로 작성한다는 측면 등을 고려하여 입법적, 행정적, 사법적 통제가 가해진다.
③ 보험계약이 체결되고 나서 보험약관의 개정이 이루어진 경우 그 변경된 약관의 규정이 당해 보험계약에 적용되는 것이 당연한 원칙이다.
④ 상법에 의하면 보험자가 보험약관의 교부 · 설명의무를 위반한 경우에는 보험계약자는 보험계약이 성립한 날부터 3개월 이내에 그 계약을 취소할 수 있다.

보험계약이 일단 그 계약 당시의 보통보험약관에 의하여 유효하게 체결된 이상 그 보험계약관계에는 계약 당시의 약관이 적용되는 것이고, 그 후 보험자가 그 보통보험약관을 개정하여 그 약관의 내용이 상대방에게 불리하게 변경된 경우는 물론 유리하게 변경된 경우라고 하더라도, 당사자가 그 개정 약관에 의하여 보험계약의 내용을 변경하기로 하는 취지로 합의하거나 보험자가 구 약관에 의한 권리를 주장할 이익을 포기하는 취지의 의사를 표시하는 등의 특별한 사정이 없는 한 개정 약관의 효력이 개정 전에 체결된 보험계약에 미친다고 할 수 없다(대판 2010. 1. 14. 선고 2008다89514,89521). 이 판례를 보면, 보험계약이 유효하게 체결된 이상 그 보험계약 관계에는 계약 당시의 약관이 적용되고(불소급의 원칙), 보험계약체결 후 약관이 개정된 경우, 개정약관의 효력은 개정된 약관 내용의 유 · 불리를 불문하고 기존계약에 소급적용 되지 않는다는 사실을 알 수 있다.

**30** **보통보험약관의 본질에 관한 다음 설명 중 우리나라 판례의 입장과 일치하는 것은?**

① 보험약관은 상관습이기 때문에 당사자를 구속한다.
② 보험약관은 합의를 통하여 계약의 내용으로 편입될 때 비로소 당사자를 구속한다.
③ 보험약관은 회사의 정관과 마찬가지로 자치법규이기 때문에 보험계약자와 보험회사에 대하여 적용된다.
④ 보험업법의 수권(授權)에 의하여 보험회사가 작성한 약관은 법규범이 된다.

약관이 구속력을 갖는 근거는 그 자체가 법규범 또는 법규범적 성질을 갖기 때문이 아니고 계약당사자가 이를 계약의 내용으로 하기로 하는 명시적 또는 묵시적 합의를 하였기 때문이라고 판시하였다(대판 86.10.14.선고 84다카122).

# 제2장 질병 · 상해보험 표준약관 해설

## 1 보험의 목적 및 용어의 정의

**01** **질병 · 상해보험 표준약관상의 용어설명으로 잘못된 것은?**

① 계약자 – 회사와 계약을 체결하고 보험료를 납입할 의무를 지는 사람을 말한다.
② 피보험자 – 보험금 지급사유가 발생하는 때에 회사에 보험금을 청구하여 받을 수 있는 사람을 말한다.
③ 보험증권 – 계약의 성립과 그 내용을 증명하기 위하여 회사가 계약자에게 발급하는 증서를 말한다.
④ 진단계약 – 계약을 체결하기 위하여 피보험자가 건강진단을 받아야 하는 계약을 말한다.

②는 보험수익자에 대한 설명이다. 피보험자란 보험사고의 대상이 되는 사람을 말한다.

**02** **질병 · 상해보험 표준약관상의 용어설명으로 잘못된 것은?**

① 상해 – 보험기간 중에 발생한 급격하고도 우연한 외래의 사고로 신체(의수, 의족, 의안, 의치 등 신체보조장구를 포함한다)에 입은 상해를 말한다.
② 중요한 사항 – 계약전 알릴 의무와 관련하여 회사가 그 사실을 알았더라면 계약의 청약을 거절하거나 보험가입금액 한도 제한, 일부 보장 제외, 보험금 삭감, 보험료 할증과 같이 조건부로 승낙하는 등 계약 승낙에 영향을 미칠 수 있는 사항을 말한다.
③ 연단위 복리 – 회사가 지급할 금전에 이자를 줄 때 1년마다 마지막 날에 그 이자를 원금에 더한 금액을 다음 1년의 원금으로 하는 이자 계산방법을 말한다.
④ 보험기간 – 계약에 따라 보장을 받는 기간을 말한다.

상 해
보험기간 중에 발생한 급격하고도 우연한 외래의 사고로 신체(의수, 의족, 의안, 의치 등 신체보조장구는 제외하나, 인공장기나 부분 의치 등 신체에 이식되어 그 기능을 대신할 경우는 포함한다)에 입은 상해를 말한다.

## 2 보험금의 지급 등

**03** **질병 · 상해보험 표준약관상 보험금 지급사유로 옳지 않은 것은?**

① 사망보험금 – 보험기간 중에 질병 또는 상해의 직접결과로써 사망한 경우
② 후유장해보험금 – 보험기간 중 진단확정된 질병 또는 상해로 장해분류표에서 정한 각 장해지급률에 해당하는 장해상태가 되었을 때
③ 입원보험금 – 보험기간 중 진단확정된 질병 또는 상해로 입원이 필요한 상태가 되었을 때
④ 간병보험금 – 보험기간 중 진단확정된 질병 또는 상해로 수발이 필요한 상태가 되었을 때

해설 사망보험금 : 보험기간 중에 **상해**의 직접결과로써 사망한 경우(**질병으로 인한 사망은 제외**한다)

**04** **다음 보기의 (　　) 안에 공통적으로 들어갈 숫자는?**

> 장해지급률이 상해 발생일 또는 질병의 진단확정일부터 (　　)일 이내에 확정되지 않는 경우에는 상해 발생일 또는 질병의 진단확정일부터 (　　)일이 되는 날의 의사 진단에 기초하여 고정될 것으로 인정되는 상태를 장해지급률로 결정한다.

① 60　　② 90
③ 180　　④ 365

해설 장해지급률이 상해 발생일 또는 질병의 진단확정일부터 **180일** 이내에 확정되지 않는 경우에는 상해 발생일 또는 질병의 진단확정일부터 **180일**이 되는 날의 의사 진단에 기초하여 고정될 것으로 인정되는 상태를 장해지급률로 결정한다.

정답 01 ② 02 ① 03 ① 04 ③

## 05 질병 · 상해보험 표준약관상의 내용과 일치하지 않는 것은?

① 같은 질병 또는 상해로 두 가지 이상의 후유장해가 생긴 경우에는 후유장해 지급률을 합산하여 지급한다. 다만, 장해분류표의 각 신체부위별 판정기준에 별도로 정한 경우에는 그 기준에 따른다.

② 회사가 지급하여야 할 하나의 진단확정된 질병 또는 상해로 인한 후유장해보험금은 보험가입금액을 한도로 한다.

③ 다른 질병 또는 상해로 인하여 후유장해가 3회 이상 발생하였을 경우에는 그 때마다 이에 해당하는 후유장해지급률을 결정한다.

④ 장해분류표에 해당되지 않는 후유장해는 피보험자의 직업, 연령, 신분 또는 성별 등에 관계없이 신체의 장해정도에 따라 장해분류표의 구분에 준하여 지급액을 결정한다.

다른 질병 또는 상해로 인하여 후유장해가 2회 이상 발생하였을 경우에는 그 때마다 이에 해당하는 후유장해지급률을 결정한다. 그러나 그 후유장해가 이미 후유장해보험금을 지급받은 동일한 부위에 가중된 때에는 최종 장해상태에 해당하는 후유장해보험금에서 이미 지급받은 후유장해보험금을 차감하여 지급한다. 다만, 장해분류표의 각 신체부위별 판정기준에서 별도로 정한 경우에는 그 기준에 따른다.

## 06 질병 · 상해보험 표준약관상 보험금을 지급하지 않는 사유에 해당하지 않는 경우는?

① 계약자가 고의로 피보험자를 해친 경우

② 보험수익자가 고의로 피보험자를 해친 경우

③ 피보험자가 심신상실 등으로 자유로운 의사결정을 할 수 없는 상태에서 자신을 해친 경우

④ 피보험자의 임신, 출산(제왕절개를 포함한다), 산후기

피보험자가 심신상실 등으로 자유로운 의사결정을 할 수 없는 상태에서 자신을 해친 경우에는 보험금을 지급한다.

## 07 다음 중 상해보험 보통약관에서 별도의 약정이 있는 경우에만 보상이 되는 경우는?

① 축구 동호회에서 축구시합 중 발생한 손해
② 전문등반 동호회에서 히말라야 등반 중 발생한 손해
③ 야구 동호회에서 야구시합 중 발생한 손해
④ 인라인 스케이트 동호회에서 행사 중 발생한 사고

다른 약정이 없는 경우 피보험자가 직업, 직무 또는 동호회 활동을 목적으로 아래의 행위를 하는 동안에 생긴 손해는 보상하지 아니한다.

- 전문등반(전문적인 등산용구를 사용하여 암벽 또는 빙벽을 오르내리거나 특수한 기술, 경험, 사전훈련을 필요로 하는 등반), 글라이더 조종, 스카이다이빙, 스쿠버다이빙, 행글라이딩
- 모터보트, 자동차 또는 오토바이에 의한 경기, 시범, 흥행(이를 위한 연습 포함) 또는 시운전(다만, 공용도로상에서 시운전을 하는 동안 보험금 지급사유가 발생한 경우에는 보장)
- 선박승무원, 어부, 사공 그 밖에 직무상 선박에 탑승하는 것을 직무로 하는 자가 직무상 선박에 탑승한 경우



## 08 질병 · 상해보험 표준약관상 보험금지급기일에 대한 설명으로 가장 올바른 것은?

① 보험금 청구서류를 접수한 날부터 3영업일 이내에 지급하되, 손해조사가 필요한 경우에는 별도의 통지를 하여야 한다.
② 보험금 청구서류를 접수한 날부터 10영업일 이내에 지급하되, 손해조사가 필요한 경우에는 별도의 통지를 하여야 한다.
③ 접수증 교부일로부터 1개월 이내에 지급하되, 손해조사가 필요한 경우에는 별도의 통지를 하여야 한다.
④ 접수증 교부일로부터 3개월 이내에 지급하되, 손해조사가 필요한 경우에는 별도의 통지를 하여야 한다.

회사는 보험금 청구서류를 접수한 때에는 접수증을 교부하고 휴대전화 문자메시지 또는 전자우편 등으로도 송부하며, 그 서류를 접수한 날부터 3영업일 이내에 보험금을 지급한다. 그러나 회사가 보험금 지급사유를 조사 · 확인하기 위하여 지급기일 이내에 보험금을 지급하지 못할 것으로 명백히 예상되는 경우에는 그 구체적인 사유와 지급예정일 및 보험금 가지급제도(회사가 추정하는 보험금의 50% 이내를 지급)에 대하여 피보험자 또는 보험수익자에게 즉시 통지하여야 한다.

정답 05 ③ 06 ③ 07 ② 08 ①

## 09 질병 · 상해보험 표준약관상 보험금 지급에 조사가 필요한 경우 피보험자의 요청에 의해 추정하는 보험금의 50% 이내의 금액 미리 지급하는 보험금은?

① 가지급보험금
② 선급보험금
③ 지체보상금
④ 상해위로금

회사가 보험금 지급을 위한 조사가 필요한 경우에는 조사 필요의 구체적 사유 및 보험금 지급예정일을 피보험자 또는 보험수익자에게 통보하여야 한다. 또한 회사는 보험금 지급을 위한 조사가 필요한 경우 피보험자 또는 수익자의 청구에 따라 추정보험금의 50% 상당액을 **가지급보험금**으로 지급할 수 있다.

## 10 질병 · 상해보험 표준약관상 보험금의 지급 및 청구에 관한 설명으로 옳지 않은 것은?

① 회사가 보험금 지급사유를 조사 · 확인하기 위해 필요한 기간이 청구서류를 접수한 날부터 3영업일을 초과할 것이 명백히 예상되는 경우에는 지급예정일은 서류를 접수한 날부터 30영업일 이내에서 정한다.
② 장해지급률의 판정 및 지급할 보험금의 결정과 관련하여 확정된 장해지급률에 따른 보험금을 초과한 부분에 대한 분쟁으로 보험금 지급이 늦어지는 경우에는 보험수익자의 청구에 따라 이미 확정된 보험금을 먼저 가지급한다.
③ 계약자, 피보험자 또는 보험수익자는 알릴 의무 위반의 효과 및 보험금 지급사유조사와 관련하여 의료기관 또는 국민건강보험공단, 경찰서 등 관공서에 대한 회사의 서면에 의한 조사요청에 동의하여야 한다.
④ 회사는 만기환급금의 지급시기가 되면 지급시기 14일 이전에 그 사유와 지급할 금액을 계약자 또는 보험수익자에게 알려주어야 한다.

회사는 만기환급금의 지급시기가 되면 지급시기 **7일** 이전에 그 사유와 지급할 금액을 계약자 또는 보험수익자에게 알려 주어야 한다.

**11** **다음은 계약자가 보험수익자를 지정하지 않은 상태에서 보험금 지급사유가 발생한 경우이다. 이 중 보험수익자에 대한 설명으로 옳지 않은 것은?**

① 만기환급금은 피보험자가 받는다.
② 사망보험금은 피보험자의 상속인이 받는다.
③ 후유장해보험금은 피보험자가 받는다.
④ 간병보험금은 피보험자가 받는다.

보험수익자를 지정하지 아니한 때에는 보험수익자를 만기환급금의 지급의 경우는 계약자로 하고, 사망보험금의 경우는 피보험자의 법정상속인으로 하며, 후유장해보험금 및 입원보험금, 간병보험금의 경우는 피보험자로 한다.

## 3 계약자의 계약전 알릴 의무 등

**12** **계약전 알릴의무 위반에도 불구하고 회사가 계약을 해지할 수 있는 경우에 해당하는 것은?**

① 회사가 그 사실을 안 날부터 1개월 이상 지났을 때
② 회사가 계약당시에 그 사실을 알았거나 과실로 인하여 알지 못하였을 때
③ 계약을 체결한 날부터 3년이 지났을 때
④ 보험설계사 등이 계약자가 사실대로 고지하는 것을 방해한 사실이 있거나 이러한 행위가 없었더라도 계약자가 부실한 고지를 했다고 인정되는 경우

보험설계사 등이 계약자 또는 피보험자에게 고지할 기회를 주지 않았거나 계약자 또는 피보험자가 사실대로 고지하는 것을 방해한 경우, 계약자 또는 피보험자에게 사실대로 고지하지 않게 하였거나 부실한 고지를 권유했을 때 회사는 계약을 해지할 수 없다. 다만, 보험설계사 등의 행위가 없었다 하더라도 계약자 또는 피보험자가 사실대로 고지하지 않거나 부실한 고지를 했다고 인정되는 경우에는 계약을 해지할 수 있다.

정답 09 ① 10 ④ 11 ① 12 ④

## 13 상해보험계약 후 알릴 의무에 대한 설명으로 옳지 않은 것은?

① 계약자 또는 보험수익자는 보험기간 중에 보험수익자가 현재의 직업 또는 직무를 변경하거나 이륜자동차 또는 원동기장치 자전거를 계속적으로 사용하게 된 경우에는 지체 없이 회사에 알려야 한다.

② 회사는 계약내용을 변경할 때 위험이 감소된 경우에는 보험료를 감액하고, 이후 기간 보장을 위한 재원인 책임준비금 등의 차이로 인하여 발생한 정산금액을 환급하여 준다.

③ 알릴 의무의 통지에 따라 위험의 증가로 보험료를 더 내야 할 경우 회사가 청구한 추가보험료(정산금액을 포함)를 계약자가 납입하지 않았을 때, 회사는 위험이 증가되기 전에 적용된 보험요율의 위험이 증가된 후에 적용해야 할 보험요율에 대한 비율에 따라 보험금을 삭감하여 지급한다.

④ 계약자 또는 피보험자가 고의 또는 중대한 과실로 현재의 직업 또는 직무의 변경사실을 회사에 알리지 않았을 경우 변경후 요율이 변경전 요율보다 높을 때에는 회사는 그 변경사실을 안 날부터 1개월 이내에 계약자 또는 피보험자에게 변경전 요율의 변경후 요율의 비율에 따라 보장됨을 통보하고 이에 따라 보험금을 지급한다.

해설

계약자 또는 **피보험자**는 보험기간 중에 피보험자에게 현재의 직업 또는 직무가 변경(자가용 운전자가 영업용 운전자로 직업 또는 직무를 변경하는 등의 경우를 포함한다)되거나 이륜자동차 또는 원동기장치 자전거를 계속적으로 사용하게 된 경우에는 우편, 전화, 방문 등의 방법으로 지체 없이 회사에 알려야 한다.

## 14 사기에 의하여 계약이 성립되었음을 회사가 증명하는 경우에는 계약일부터 몇 년 이내에 계약을 취소할 수 있는가?

① 2년 ② 3년

③ 4년 ④ 5년

계약자 또는 피보험자가 대리진단, 약물사용을 수단으로 진단절차를 통과하거나 진단서 위・변조 또는 청약일 이전에 암 또는 인간면역결핍바이러스(HIV) 감염의 진단 확정을 받은 후 이를 숨기고 가입하는 등 사기에 의하여 계약이 성립되었음을 회사가 증명하는 경우에는 계약일부터 **5년 이내**(사기사실을 안 날부터 1개월 이내)에 계약을 취소할 수 있다.

## 4 보험계약의 성립과 유지

**15** **제3보험의 보험계약의 성립에 관한 설명이다. 이 중 옳지 않은 것은?**

① 보험계약의 청약은 구두이든 서면에 의한 것이든 상관이 없다.
② 진단계약의 경우 보험회사가 청약일로부터 30일 이내에 승낙 또는 거절하여야 한다.
③ 계약자가 제1회 보험료를 신용카드로 납입한 계약의 승낙을 거절하는 경우에는 회사는 신용카드의 매출을 취소하며 이자를 더하여 지급하지 아니한다.
④ 제1회 보험료를 영수하고 청약을 거절할 사유가 없는 한 보험회사는 승낙전의 사고에 대하여 책임을 진다.

해설 진단계약은 **진단일**(재진단의 경우에는 최종 진단일)부터 30일 이내에 승낙 또는 거절하여야 하며, 30일 이내에 승낙 또는 거절의 통지가 없으면 승낙된 것으로 본다.

**16** **질병 · 상해보험 표준약관상 청약의 철회에 관한 설명으로 옳지 않은 것은?**

① 청약한 날부터 30일이 초과된 계약은 청약을 철회할 수 없다.
② 청약 철회의 경우 이미 납입한 보험료를 반환한다.
③ 청약 철회시 보험료반환이 지체된 경우에는 지체된 기간에 대하여 해당 계약의 표준이율 +1%로 부리적립한 금액을 더하여 지급한다.
④ 계약자는 청약서의 청약철회란을 작성하여 회사에 제출하거나 통신수단을 이용하여 청약철회를 신청할 수 있다.

해설 계약자가 청약을 철회한 때에는 회사는 청약의 철회를 접수한 날부터 3일 이내에 납입한 보험료를 돌려주며, 보험료 반환이 늦어진 기간에 대하여는 이 계약의 보험계약대출 이율을 연단위 복리로 계산한 금액을 더하여 지급한다. 다만, 계약자가 제1회 보험료를 신용카드로 납입한 계약의 청약을 철회하는 경우에 회사는 신용카드의 매출을 취소하며 이자를 더하여 지급하지 않는다.



정답 13 ① 14 ④ 15 ② 16 ③

**17** **제3보험의 보험약관의 교부 및 설명의무에 관한 내용이다. 이 중 옳지 않은 것은?**

① 계약자가 동의하는 경우 약관 및 계약자 보관용 청약서 등을 광기록매체, 전자우편 등 전자적 방법으로 송부할 수 있다.

② 회사가 약관의 교부 및 설명의무 위반시나 계약자가 청약서에 자필서명을 하지 아니한 질병보험은 청약일로부터 3개월 이내에 계약을 취소할 수 있다.

③ 회사는 계약자가 청약할 때에 계약자에게 약관의 중요한 내용을 설명하여야 하며, 청약 후에 3일 이내에 약관 및 계약자 보관용 청약서를 준다.

④ 약관 교부 및 설명의무는 계약자의 요구여부와 무관하게 보험자에게 주어진 의무이다.

회사는 계약자가 청약할 때에 계약자에게 약관의 중요한 내용을 설명하여야 하며, 청약 후에 **지체 없이** 약관 및 계약자 보관용 청약서를 준다.

**18** **다음 중 보험계약의 무효에 관한 설명으로 옳지 않은 것은?**

① 타인의 사망을 보험금 지급사유로 하는 계약에서 계약을 체결할 때까지 피보험자의 서면에 의한 동의를 얻지 않은 경우 그 보험계약은 무효이다.

② 만 15세 미만자를 피보험자로 하여 사망을 보험금 지급사유로 한 경우 해당 보험계약은 무효이다.

③ 계약에서 정한 피보험자의 나이 기준에 미달된 나이로 보험계약을 하였으나 회사가 나이의 착오를 발견하였을 때 이미 계약나이에 도달한 경우에도 해당 보험계약은 무효이다.

④ 계약이 무효인 경우에는 보험회사는 이미 납입한 보험료를 반환한다.

계약에서 정한 피보험자의 나이 기준에 미달된 나이로 보험계약을 하였으나 회사가 나이의 착오를 발견하였을 때 이미 계약나이에 도달한 경우에는 유효한 계약으로 본다.

## 19 다음 중 상해보험에서 보험회사의 승낙을 얻지 않아도 보험계약의 변경이 가능한 항목은?

① 보험종목
② 보험가입금액
③ 보험기간
④ 보험수익자

계약자는 회사의 승낙 없이 보험수익자를 변경할 수 있다.

계약내용의 변경 등
계약자는 회사의 승낙을 얻어 다음의 사항을 변경할 수 있다. 이 경우 승낙을 서면 등으로 알리거나 보험증권의 뒷면에 기재하여 준다.

1. 보험종목
2. 보험기간
3. 보험료 납입주기, 납입방법 및 납입기간
4. 계약자, 피보험자
5. 보험가입금액, 보험료 등 기타 계약의 내용



## 20 다음 〈보기〉의 경우 보험나이는 몇 살인가?

| 생년월일 : 1988년 10월 2일<br>현재(계약일) : 2018년 4월 13일 |
|---|

① 27세
② 28세
③ 29세
④ 30세

2018년 4월 13일 − 1988년 10월 2일 = 29년 6월 11일 = 30세

정답 17 ③ 18 ③ 19 ④ 20 ④

## 5 보험료의 납입

**21** **질병 · 상해보험 표준약관상 보험료의 납입 및 회사의 보장개시에 대한 설명으로 옳지 않은 것은?**

① 회사는 계약의 청약을 승낙하고 제1회 보험료를 받은 때부터 이 약관이 정한 바에 따라 보장을 한다.

② 회사가 청약과 함께 제1회 보험료를 받은 후 승낙한 경우에도 제1회 보험료를 받은 때부터 보장이 개시된다.

③ 자동이체 또는 신용카드로 납입하는 경우에는 자동이체신청 또는 신용카드 매출승인이 이루어진 때를 제1회 보험료를 받은 때로 한다.

④ 회사가 청약과 함께 제1회 보험료를 받고 청약을 승낙하기 전에 보험금 지급사유가 발생하였을 때에도 보장개시일부터 이 약관이 정하는 바에 따라 보장을 한다.

해설

자동이체 또는 신용카드로 납입하는 경우에는 자동이체신청 또는 신용카드 매출승인에 필요한 정보를 제공한 때를 제1회 보험료를 받은 때로 하며, 계약자의 책임 있는 사유로 자동이체 또는 매출승인이 불가능한 경우에는 보험료가 납입되지 않은 것으로 본다.

**22** **다음은 제3보험 질병 · 상해보험 표준약관상 보험료의 납입연체시 납입최고에 대한 설명이다. ( ) 안에 들어갈 내용으로 알맞은 것은?**

> 계약자가 제2회 이후의 보험료를 납입기일까지 납입하지 아니하여 보험료 납입이 연체 중인 경우에 회사는 ( )일[보험기간이 1년 미만인 경우에는 ( )일] 이상의 기간을 납입최고기간으로 정하여 계약자 등에게 서면, 전화 또는 전자문서 등으로 납입최고 내용을 알려야 한다.

① 14, 7
② 15, 7
③ 30, 15
④ 30, 10

**보험료의 납입연체시 납입최고(독촉)와 계약의 해지**

계약자가 제2회 이후의 보험료를 납입기일까지 납입하지 않아 보험료 납입이 연체 중인 경우에 회사는 **14일**(보험기간이 1년 미만인 경우에는 **7일**) 이상의 기간을 납입최고기간(납입최고기간의 마지막 날이 영업일이 아닌 때에는 최고기간은 그 다음 날까지로 한다)으로 정하여 일정한 사항에 대하여 서면, 전화 또는 전자문서 등으로 알려준다.

**23** **질병 · 상해보험 표준약관상 회사는 계약자의 해지환급금 청구권에 대한 강제집행, 담보권 실행, 국세 및 지방세 체납처분절차에 따라 계약이 해지된 경우 해지 당시의 보험수익자가 계약자의 동의를 얻어 계약 해지로 회사가 채권자에게 지급한 금액을 회사에 지급하고, 계약자 명의를 보험수익자로 변경하여 계약의 특별부활(효력회복)을 청약할 수 있음을 보험수익자에게 통지하여야 하는데 그 기간으로 옳은 것은?**

① 해지된 날부터 7일 이내
② 해지된 날부터 10일 이내
③ 해지된 날부터 14일 이내
④ 해지된 날부터 15일 이내

해설 회사는 계약이 해지된 날부터 7일 이내에 통지를 하여야 한다.



## 6 계약의 해지 및 해지환급금 등

**24** **다음 중 보험회사가 중대사유가 있음을 안날부터 1개월 이내에 계약을 해지할 수 있는 경우에 해당하지 않는 사유는?**

① 계약자, 피보험자 또는 보험수익자가 고의로 보험금 지급사유를 발생시킨 경우
② 계약자, 피보험자 또는 보험수익자가 중대한 과실로 보험금 지급사유를 발생시킨 경우
③ 계약자, 피보험자 또는 보험수익자가 보험금 청구에 그 서류 또는 증거를 위조 또는 변조한 경우
④ 계약자, 피보험자 또는 보험수익자가 보험금 청구에 관한 서류에 고의로 사실과 다른 것을 기재한 경우

해설 중대사유로 인한 해지
회사는 아래와 같은 사실이 있을 경우에는 안 날부터 1개월 이내에 계약을 해지할 수 있다.
1. 계약자, 피보험자 또는 보험수익자가 고의로 보험금 지급사유를 발생시킨 경우
2. 계약자, 피보험자 또는 보험수익자가 보험금 청구에 관한 서류에 고의로 사실과 다른 것을 기재하였거나 그 서류 또는 증거를 위조 또는 변조한 경우. 다만, 이미 보험금 지급사유가 발생한 경우에는 보험금 지급에 영향을 미치지 않는다.

정답 21 ③ 22 ① 23 ① 24 ②

## 25 질병 · 상해보험 표준약관상 회사의 파산선고를 받고 해지하지 않은 경우, 그 효력이 자동으로 잃게 되는 때는?

① 파산선고 후 1개월이 지난 때
② 파산선고 후 2개월이 지난 때
③ 파산선고 후 3개월이 지난 때
④ 파산선고 후 4개월이 지난 때

회사가 파산의 선고를 받은 때에는 계약자는 계약을 해지할 수 있다. 해지하지 않은 계약은 파산선고 후 **3개월이 지난 때**에는 그 효력을 잃는다.

## 26 질병 · 상해보험 표준약관상 보험계약대출에 대한 설명으로 옳지 않은 것은?

① 계약자는 이 계약의 해지환급금 범위 내에서 회사가 정한 방법에 따라 대출을 받을 수 있다.
② 계약자는 보험계약대출금과 그 이자를 언제든지 상환할 수 있으며, 상환하지 않은 때에는 회사는 보험금, 해지환급금 등의 지급사유가 발생한 날에 지급금에서 보험계약대출의 원금과 이자를 차감할 수 있다.
③ 회사는 제28조[보험료 납입이 연체되는 경우 납입최고(독촉)와 계약의 해지]에 따라 계약이 해지되는 때에는 즉시 해지환급금에서 보험계약대출의 원금과 이자를 차감한다.
④ 회사는 보험수익자에게 보험계약대출 사실을 통지해야 한다.

회사는 보험수익자에게 보험계약대출 사실을 통지할 수 있으며, 반드시 통지해야 하는 것은 아니다.

## 7 분쟁의 조정 등

**27 질병 · 상해보험 표준약관상 보험금청구권, 만기환급금청구권, 보험료 반환청구권, 해지환급금청구권, 책임준비금 반환청구권 및 배당금청구권의 소멸시효기간은?**

① 1년 ② 2년
③ 3년 ④ 4년

보험금청구권, 만기환급금청구권, 보험료 반환청구권, 해지환급금청구권, 책임준비금 반환청구권 및 배당금청구권은 **3년간** 행사하지 않으면 소멸시효가 완성된다.



**28 다음 중 분쟁의 조정 등에 관한 설명으로 옳지 않은 것은?**

① 계약에 관한 소송 및 민사조정은 보험회사의 주소지를 관할하는 법원으로 한다.
② 약관의 해석은 신의성실의 원칙, 작성자 불이익의 원칙, 동종제한의 원칙을 따른다.
③ 보험설계사 등이 모집과정에서 사용한 회사 제작의 보험안내자료의 내용이 약관의 내용과 다른 경우에는 계약자에게 유리한 내용으로 계약이 성립된 것으로 본다.
④ 회사는 보험금 지급 거절 사유가 없음을 알았는데도 소(訴)를 제기하여 계약자에게 손해를 가한 경우에는 그에 따른 손해를 배상할 책임을 진다.

보험회사의 주소지가 아니라 **계약자의 주소지**를 관할하는 법원으로 한다.

# SECTION II 약관(손해보험편)

## 제1장 화재보험

**01** **화재보험에 관한 설명으로 옳지 않은 것은?**

① 우연한 화재, 낙뢰(벼락) 및 폭발(파열)로 인하여 발생한 사고를 담보한다.
② 직접적인 재산손해, 이에 따른 소방손해 및 피난손해를 보상하는 보험이다.
③ 보통약관으로 폭발에 의한 물적 손해를 담보한다.
④ 특별약관에 가입하면 화재위험 이외에도 도난위험, 지진위험, 풍수재위험, 전기위험 등 다양한 위험으로 인한 손실을 추가적으로 보상받을 수 있다.

보통약관에 의하여 화재 및 낙뢰로 인한 물적 손해를 보상하고, 특별약관에 의하여 휴업손실, 폭발사고, 풍수재사고, 지진사고, 도난사고, 전기사고, 소요・노동쟁의로 인한 사고를 보상받을 수 있다.

**02** **장기화재보험에 대한 설명으로 옳지 않은 것은?**

① 장기화재보험은 화재보험에 저축성을 가미한 장기손해보험으로, 보장내용 등은 화재보험의 내용과 동일하다.
② 해상보험과 자동차 보험에서 보장하는 선박・항공기・자동차 등도 대상에 포함된다.
③ 추가적으로 특별약관 가입을 통하여 주계약의 화재로 인한 신체손해 등을 보장받을 수도 있다.
④ 할인할증제도를 배제함으로써 보험료의 산출이 손쉬우며 위험군을 그룹화・단순화한 상품이다.

장기화재보험은 장기손해보험 중 화재사고로 인하여 손실이 생길 수 있는 재물을 대상으로 그 손실을 보장하기 위한 보험이다. 단, 해상보험과 자동차 보험에서 보장하는 선박・항공기・자동차 등은 대상에서 제외된다.

## 03 보통약관의 손해보상 중 손해액의 10% 한도 내에서 보상하는 손해는?

① 직접손해　　② 소방손해
③ 피난손해　　④ 잔존물제거비용

보통약관

| 구 분 | 보상범위 |
|---|---|
| 직접손해 | 화재(벼락포함), 폭발, 파열에 따른 직접 손해인 소손, 초손, 연기손해, 변색, 변형을 보상 |
| 소방손해 | 화재를 진압하기 위하여 방수하다가 부득이 발생한 유손, 수침손 또는 연소의 확대방지를 위한 파괴손 등을 보상 |
| 피난손해 | • 화재로부터 보험의 목적들을 구조하거나, 피난 도중 발생한 파손, 오손 등을 보상<br>• 피난지에서 보험기간 내 5일 동안 생긴 화재손해나 소방손해를 보상 |
| 잔존물제거비용 | 사고현장에서의 잔존물의 해체비용, 청소비용, 상차비용(오염물질 제거비용은 제외)은 손해액의 10%를 한도로 보험약관 지급기준에 따라 산출된 금액을 보상 |

## 04 다음 중 화재보험의 당연가입물건에 해당하지 않는 것은?

① 귀금속, 귀중품, 보옥, 보석, 글·그림, 골동품, 조각물 및 이와 비슷한 것
② 피보험자(보험대상자)의 소유인 칸막이, 대문, 담, 곳간 및 이와 비슷한 것
③ 피보험자(보험대상자) 소유인 간판, 네온사인, 안테나, 선전탑 및 이와 비슷한 것
④ 피보험자(보험대상자)와 같은 세대에 속하는 사람의 소유물

보험의 목적 및 범위

<table>
<tr><td>보험증권<br>(보험가입증서)에 기재한 경우에 한하여 보험의 목적이 되는 명기 물건</td><td colspan="3">• 통화, 유가증권, 인지, 우표 및 이와 비슷한 것<br>• 귀금속, 귀중품(무게나 부피가 휴대할 수 있으며 점당 300만원 이상), 보옥, 보석, 글·그림, 골동품, 조각물 및 이와 비슷한 것<br>• 원고, 설계서, 도안, 물건의 원본, 모형, 증서, 장부, 금형(쇠틀), 목형(나무틀), 소프트웨어 및 이와 비슷한 것<br>• 실외 및 옥외에 쌓아둔 동산</td></tr>
<tr><td rowspan="4">자동으로 보험의 목적이 되는 물건(당연가입물건)</td><td rowspan="3">건물인 경우</td><td>부속물</td><td>피보험자(보험대상자)의 소유인 칸막이, 대문, 담, 곳간 및 이와 비슷한 것</td></tr>
<tr><td>부착물</td><td>피보험자(보험대상자) 소유인 간판, 네온사인, 안테나, 선전탑 및 이와 비슷한 것</td></tr>
<tr><td>부속설비</td><td>피보험자 소유의 전기, 가스, 냉난방시설</td></tr>
<tr><td>가재인 경우</td><td colspan="2">피보험자(보험대상자)와 같은 세대에 속하는 사람의 소유물(생활용품, 집기·비품 등)</td></tr>
</table>



정답 01 ③ 02 ② 03 ④ 04 ①

## 05 다음 중 보험가입증권에 기재한 경우에 한하여 보험의 목적이 되는 물건이 아닌 것은?

① 귀금속
② 귀중품(무게나 부피가 휴대할 수 있으며 점당 300만원 이상)
③ 피보험자 소유인 칸막이
④ 설계서

건물의 부속물인 피보험자(보험대상자)의 소유인 칸막이, 대문, 담, 곳간 및 이와 비슷한 것은 자동으로 보험의 목적이 되는 물건에 해당한다.

## 06 약관상 인수제한 물건에 해당하지 않는 것은?

① 통 화
② 유가증권
③ 창고물건 요율적용물건
④ 자동차

인수제한 물건

| 약관상 인수제한 물건 | • 통화, 유가증권, 인지, 우표 및 이와 비슷한 것<br>• 자동차(전시용 자동차는 인수) |
|---|---|
| 사업방법서상 인수제한 물건 | 창고물건 요율적용 물건 |

## 07 일반화재보험에서 보상하지 아니하는 손해는?

① 화재손해
② 소방손해
③ 피난손해
④ 폭발손해

보상하는 사고의 범위

| 구 분 | 보상 여부 | | |
|---|---|---|---|
| | 화재(벼락포함) | 폭발 · 파열 | 소방손해 · 피난손해 |
| 주택화재보험 | O | O | O |
| 일반화재보험 | O | × | O |
| 특수건물화재보험 | O | × | O |
| FOC 영문약관 | O | × | 실무상 보상 |

## 08 다음 중 화재보험에서 보상하는 손해의 범위를 설명한 것 중 옳지 않은 것은?

① 손해방지비용은 일부보험시 비례보상한다.

② 대위권 보전비용은 제3자로부터 손해의 배상을 받을 수 있는 경우에는 그 권리를 지키거나 행사하기 위하여 지출한 필요 또는 유익한 비용이다.

③ 잔존물보전비용은 사고로 손해를 입은 보험의 목적의 잔존물제거에 필요한 비용을 손해액의 10% 한도에서 보상한다.

④ 기타 협력비용은 회사의 요구에 따르기 위하여 지출한 필요 또는 유익한 비용이다.

해설

보상하는 손해의 범위

| 구 분 | 내 용 | 보상한도 | |
|---|---|---|---|
| 잔존물보전비용 | 잔존물을 보전하기 위하여 지출한 필요 또는 유익한 비용. 다만, 회사가 잔존물을 취득한 경우에 한한다. | 일부보험시 비례보상 | 보험가입금액의 한도 내에서 보상 |
| 잔존물제거비용 | 사고로 손해를 입은 보험의 목적의 잔존물 제거에 필요한 비용을 손해액의 10% 한도에서 보상한다. | | |

## 09 화재보험 계약인수시 고려사항으로 옳지 않은 것은?

① 인수대상물건의 타 보험사의 과거 거래내역

② 해당 계약이 최근 3년 이내에 인수심사가 진행되었던 계약 여부

③ 과거의 손해력 및 유사사고 다발 여부

④ 각 목적물별 가입금액 중 동산이 차지하는 비율이 50% 이상으로 비정상적으로 높은지 여부

해설

해당 계약이 최근 **1년 이내**에 인수심사가 진행되었던 계약인지의 여부를 고려해야 한다.

## 10 화재보험 인수시의 확인해야 하는 사항으로 해당하지 않는 것은?

① 보험가액의 적정 여부
② 특히 위험도가 높은 물건인지 여부
③ 보험계약자와 피보험자가 상이한지 여부
④ 중복보험유무 여부

① '보험가액'이 아니라 '보험가입금액'의 적정 여부를 확인해야 한다.

## 11 화재발생시 보상하지 않는 손해는?

① 화재진압과정에서 발생하는 손해
② 화재가 발생했을 때 생긴 도난 또는 분실로 생긴 손해
③ 사고에 따른 피난손해
④ 전용 주택 및 이에 수용된 가재가 폭발 파열로 입은 손해

회사는 아래의 사유로 인한 손해는 보상하지 않는다.

- 계약자, 피보험자 또는 이들의 법정대리인의 고의 또는 중대한 과실
- 화재가 발생했을 때 생긴 도난 또는 분실로 생긴 손해
- 보험의 목적의 발효, 자연발열, 자연발화로 생긴 손해. 그러나 자연발열 또는 자연발화로 연소된 다른 보험의 목적에 생긴 손해는 보상한다.

## 12 화재손해의 보상하는 사고내용으로 옳지 않은 것은?

① 불자리에서 발생한 불이어야 한다.
② 우발적이어야 한다.
③ 불에 의한 연소작용이 있어야 한다.
④ 연소에 의해 보험의 목적에 경제적 손해가 초래되어야 한다.

화재손해는 **불자리가 아닌 장소**에서 발생하거나 이를 벗어나서 발생한 불이어야 한다.

## 13 다음 중 화재보험에서 보상하는 손해는?

① 계약자, 피보험자 또는 이들의 법정대리인의 고의 또는 중대한 과실로 생긴 손해
② 피보험자에게 보험금을 받도록 하기 위하여 피보험자와 세대를 같이 하는 친족이나 고용인이 고의로 일으킨 손해
③ 화재가 발생했을 때 도난 또는 분실로 생긴 손해
④ 자연발화로 연소되어 다른 보험의 목적에 생긴 화재

보험의 목적이 발효, 자연발열 또는 자연발화로 생긴 손해는 보상하지 않지만 그 결과로 생긴 화재 손해는 보상한다.



## 14 화재보험의 보상하지 아니하는 손해에 대한 설명으로 옳지 않은 것은?

① 사고유발자에는 법정대리인도 포함된다.
② 피보험자의 고의에는 반드시 보험금을 취득할 목적이 요건이 되어야 한다.
③ 중과실이란 일반적으로 상식이 있는 사람의 주의력에 비하여 현저하게 결여된 경우로서 그와 같은 업무와 직무에 종사하는 사람으로서는 그러한 일을 하지 않으리라고 생각되는 상식 밖의 행동을 말한다.
④ 화재가 발생했을 때 도난 또는 분실로 생긴 손해는 절대적으로 면책사유에 해당한다.

고의라 함은 '자신의 행위에 의하여 일정한 결과가 발생하리라는 것을 알면서 이를 행하는 심리상태'를 말하는데, 여기에는 확정적 고의는 물론 미필적 고의도 포함되고, 이러한 행위를 한 자에게 책임능력이 있어야 한다. 또한 고의는 원인행위에 존재하면 족하고 그 결과의 발생에 대해서까지 인식하여야 하는 것은 아니며, **반드시 보험금을 취득할 목적이 있어야 하는 것도 아니다.**

## 15 화재보험의 파열 또는 폭발로 인한 손해에 대한 설명으로 옳지 않은 것은?

① 발전기, 여과기(정류기 포함), 변류기, 변압기, 전압조정기, 축전기, 개폐기, 차단기, 피뢰기, 배전반 및 그 밖의 전기기기 또는 장치의 전기적 사고로 생긴 손해를 보상하지 아니한다.
② 단순폭발로 인한 손해는 보상되지 않는다.
③ 폭발로 인한 화재손해의 경우에는 화재손해부분에 한하여 보상된다.
④ 주택화재보험의 경우 물리적 폭발로 인한 손해를 보상한다.

정답 10 ① 11 ② 12 ① 13 ④ 14 ② 15 ④

주택화재보험의 경우 물리적 폭발로 인한 손해를 보상하지 않는다.

주택화재보험과 폭발

| 구 분 | 내 용 | 담보여부 |
|---|---|---|
| 화학적 폭발 | • 급격한 산화반응을 포함하는 화학반응으로 용적의 급격한 팽창과 연소작용을 일으키는 현상<br>• 거의 반드시 화재를 수반(예 가연성 가스폭발 등) | 담 보 |
| 물리적 폭발 | • 화학반응 없이 용적의 급격한 팽창<br>• 부피팽창에 의한 폭발 : 보일러내의 물이 수증기로 일제히 변화, 폭발<br>• 용기의 내부압력 증가 : 콤프레셔 압축공기 탱크의 폭발<br>• 원심력에 의한 폭발 : 고속회전체의 균열, 비산 | 부담보 |

## 16 보험가입금액(TSI)과 보험가액에 대한 설명으로 옳지 않은 것은?

① 보험가입금액(보상한도액)은 화재사고발생시 손해액에 대한 보험자의 보상책임한도액(LOL)을 말한다.
② 추정최대손해액(PML)은 화재사고 발생시 추정가능한 최대손해액을 말한다.
③ 보험가액은 기평가보험을 원칙으로 한다.
④ 손해가 발생한 때라 함은 보험사고의 직전을 말한다.

화재보험의 보험가액은 보험사고로 손해가 발생한 때와 장소에서의 시가로 결정하는 **미평가보험**이다.

## 17 회사는 보험금청구서류를 접수한 때에는 접수증을 교부하고, 그 서류를 접수받은 후 지체 없이 지급할 보험금을 결정하고 지급할 보험금이 결정되면 언제까지 지급하여야 하는가?

① 3일 이내　　② 7일 이내
③ 14일 이내　　④ 30일 이내

회사는 보험금청구서류를 접수한 때에는 접수증을 교부하고, 그 서류를 접수받은 후 지체 없이 지급할 보험금을 결정하고 지급할 보험금이 결정되면 **7일** 이내에 이를 지급한다.

**18** **보험가액의 평가방법에서 재조달가액에서 감가공제액을 제하여 보험가액을 구하는 항목이 아닌 것은?**

① 건 물
② 영업용 집기비품
③ 기 계
④ 재고자산

해설

보험가액의 평가

<table>
<tr><th colspan="2">구 분</th><th>비 고</th></tr>
<tr><td colspan="2">건물, 영업용 집기비품, 기계</td><td>보험가액(시가액) = 재조달가액 − 감가공제액</td></tr>
<tr><td rowspan="3">재고자산</td><td>외부로부터 매입한 경우</td><td>보험가액 = 재매입가액 = 재조달가액</td></tr>
<tr><td>자가제조한 경우</td><td>보험가액 = 제조원가 = 재조달가액</td></tr>
<tr><td colspan="2">재고자산의 보험가액에는 판매이익은 포함하지 않음</td></tr>
</table>



**19** **보험가입금액이 800만원, 보험가액이 1,000만원일 경우, 회사가 지급할 보험금은 얼마인가?**

① 보험가액
② 보험가입금액
③ 손해액 $\times \dfrac{\text{보험가입금액}}{\text{보험가액의 80\% 해당액}}$
④ 보험가액금액을 한도로 손해액 전부

해설

회사가 지급할 보험금은 아래에 따라 계산한다.

| 보험가입금액이 보험가액의 80% 해당액과 같거나 클 때 | 보험가입금액을 한도로 손해액 전액. 그러나 보험가입금액이 보험가액보다 클 때에는 보험가액을 한도로 한다. |
|---|---|
| 보험가입금액이 보험가액의 80% 해당액보다 작을 때 | 보험가입금액을 한도로 아래의 금액<br>손해액 $\times \dfrac{\text{보험가입금액}}{\text{보험가액의 80\% 해당액}}$ |

참고

Co-insurance(공동보험)

Co-insurance(공동보험)조항이란 화재보험에서 정형화된 조항으로 가입자로 하여금 일정금액 이상의 보험에 가입하도록 요구하기 위한 것으로 부보율을 보험종목별로 정하여 그 이상이면 손해액 전액을 실손보상하고, 그 미만이면 Co-insurance 비율을 적용하여 손해금액의 일부분을 비례보상하는 것을 말한다. 화재보험의 경우 80%, 주택생활보험의 경우 60%, 자동차종합보험차량손해의 경우 60% 등과 같이 Co-insurance 비율을 설정해 놓고 있다.

정답 16 ③ 17 ② 18 ④ 19 ④

**20** 하나의 보험가입금액으로 둘 이상의 보험목적물을 계약한 경우, 보기와 같은 조건일 때 기계의 보험가입금액은 얼마인가?

- 건물의 보험가액 : 6,000만원
- 기계의 보험가액 : 4,000만원
- 건물의 보험가입금액 : 3,000만원

① 1,000만원
② 2,000만원
③ 3,000만원
④ 4,000만원

$$\frac{\text{건물 및 기계의 보험가입금액} \times \text{건물의 보험가액}}{\text{건물 및 기계의 전체 보험가액}} = \text{건물의 보험가입금액}$$

$$\frac{\text{건물 및 기계의 보험가입금액} \times \text{건물의 보험가액}}{\text{건물 및 기계의 전체 보험가액}} = \text{3,000만원}$$

건물 및 기계의 보험가입금액 = 5,000만원
∴ 기계의 보험가입금액 = 5,000만원 − 3000만원 = 2,000만원

**21** 화재보험의 산정방법이 잘못된 것은?

① 계속사용재는 건물, 기계, 장치, 영업용 집기비품류, 가재를 말한다.
② 계속사용재의 보험가액은 재조달가액에서 감가상각액을 제외한 것이다.
③ 계속사용재의 감가상각액은 '재조달가액×경년감가율×경과년수'로 구한다.
④ 교환재의 경우 재고자산의 보험가액에는 판매이익이 포함된다.

교환재의 경우 재고자산의 보험가액에는 판매이익이 포함되지 않고, 또한 제조, 가공 등이 미완료된 때에는 이 때문에 지출이 면제된 비용을 제외한다.

## 22 화재보험의 일부보험에 대한 설명으로 옳지 않은 것은?

① 보험가액이 보험가입금액보다 큰 경우에 해당한다.
② 보험료가 증가되고 비례보상의 불이익이 발생할 수 있는 보험이다.
③ 보험사고 발생시 보험계약자와 보험자사이에 분쟁의 소지가 남게 된다.
④ 보험가액 10억원인 주택을 보험가입금액 6억원에 가입시 5억원의 손해가 발생한 경우에는 보험가입금액의 60%인 3억원만을 보험금으로 지급받게 된다.

보험료는 절감될 수 있으나, 비례보상의 불이익이 발생할 수 있는 보험이다.

## 23 화재보험의 초과보험에 대한 설명으로 옳지 않은 것은?

① 초과보험은 보험가입금액이 보험가액보다 큰 보험이다.
② 보험계약자나 보험판매자의 무지나 보험계약체결이후 가치의 급락 등으로 발생하게 된다.
③ 보험가액을 초과하는 부분은 무효이며, 현저한 초과보험의 경우에는 초과된 보험료의 환급도 가능하다.
④ 보험가액 10억원인 건물에 보험가입금액이 12억원이고, 손해액이 4억원인 경우 4억 8천만원을 보상받을 수 있는 장점이 있다.

보험가액 10억원인 건물에 보험가입금액이 12억원이고, 손해액이 4억원인 경우 계산된 보험금은 4억 8천만원($4억 \times \frac{12억}{10억}$)이지만, 부당이득 금지의 원칙에 의하여 손해액인 4억원만 보상받게 된다.

## 24 화재보험의 중복보험에 대한 설명으로 옳지 않은 것은?

① 동일한 보험의 목적이 동일한 위험에 대하여 다수의 보험계약에 가입되어 있는 경우이다.
② 총보험가액이 보험가입금액을 초과하여야 한다.
③ 동일한 피보험이익과 동일한 사고에 관하여 수개의 보험계약이 동시에 또는 순차로 체결되어야 한다.
④ 각 보험자는 손해액에 대한 보험금을 보험가입금액의 비율로 안분하여 보상하게 된다.

보험가입금액의 총합이 **보험가액**을 초과하여야 한다.

정답 20 ② 21 ④ 22 ② 23 ④ 24 ②

## 25 화재보험에 대한 다음의 설명 중 옳지 않은 것은?

① 회사는 손해의 일부 또는 전부에 대하여 재건축, 수리 또는 현물의 보상으로서 보험금의 지급에 대신할 수 있다.

② 회사가 보험금을 지급하고 잔존물을 취득할 의사표시를 하는 경우에는 그 잔존물은 회사의 소유가 된다.

③ 회사가 보험금을 지급한 때(현물보상한 경우를 포함)에는 회사는 지급한 보험금 한도 내에서 계약자 또는 피보험자가 제3자에 대하여 가지는 손해배상청구권을 취득한다.

④ 손해가 그 가족의 고의로 인하여 발생한 경우에도 화재발생으로 인한 대위권이 계약자 또는 피보험자와 생계를 같이 하는 가족에 대한 것인 경우에는 그 권리를 취득하지 못한다.

해설

회사가 보험금을 지급하고 취득하는 대위권이 계약자 또는 피보험자와 생계를 같이 하는 가족에 대한 것인 경우에는 그 권리를 취득하지 못한다. 다만, 손해가 그 가족의 고의로 인하여 발생한 경우에는 그 권리를 취득한다.

## 26 화재보험에 관한 다음 설명 중 옳지 않은 것은?

① 회사는 보험목적에 대한 위험상태를 조사하기 위하여 보험기간 중 언제든지 보험의 목적 또는 이들이 들어 있는 건물이나 구내를 조사할 수 있다.

② 계약자는 타인을 위한 계약을 체결하는 경우에는 항상 이를 회사에 알려야 한다.

③ 회사는 손해의 일부 또는 전부에 대하여 재건축, 수리 또는 현물의 보상으로서 보험금의 지급에 대신할 수 있다.

④ 타인을 위한 계약에서 보험사고가 발생한 경우에 계약자가 그 타인에게 보험사고의 발생으로 생긴 손해를 배상한 때에는 계약자는 그 타인의 권리를 해하지 않는 범위 안에서 회사에 보험금의 지급을 청구할 수 있다

해설

계약자는 타인을 위한 계약을 체결하는 경우에 그 **타인의 위임이 없는 때에는** 반드시 이를 회사에 알려야 하며, 이를 알리지 않았을 때에는 그 타인은 이 계약이 체결된 사실을 알지 못하였다는 사유로 회사에 이의를 제기할 수 없다.

## 27 다음 중 화재보험의 특별약관에 해당하지 않는 것은?

① 전기위험 특별약관 ② 구내폭발위험 특별약관
③ 테러행위면책 특별약관 ④ 풍수재위험 특별약관

테러행위면책은 추가약관의 형식으로 존재한다.



## 28 화재보험 특별약관에 대한 설명으로 옳지 않은 것은?

① 전기위험 특별약관은 손해액에서 1사고당 10만원을 빼고 보상한다.
② 풍수재위험 특별약관에서 태풍이 빈발하는 7월부터 9월 동안만 특약을 첨부하는 것은 금지된다.
③ 구내폭발위험 특별약관은 기관, 기기, 증기기관 등의 물리적인 폭발, 파열로 인해 생긴 손해를 보상한다.
④ 확장위험 특별약관(I)은 보험의 목적에 폭발, 폭풍, 우박, 항공기, 차량 및 연기로 생긴 손해를 보상한다.

기관, 기기, 증기기관, 내연기관, 수도관, 수관, 유압기, 수압기 등의 물리적인 폭발, 파열이나 기계의 운동부분 또는 회전부분이 분해되어 날아 흩어짐으로 인해 생긴 손해는 기계보험의 담보위험이기 때문에 구내폭발위험 특별약관에서 제외된다.

## 29 화재보험의 재조달가액담보 특약에 대한 설명으로 옳지 않은 것은?

① 적용대상은 원부재료를 포함하여 원료, 반제품, 완제품 등의 재고품 또는 상품, 교본, 글・그림, 골동품, 조각물, 예술품, 희귀품 등 기타 이와 비슷한 것이다.
② 회사는 이 증권에서 부담하는 위험으로 보험의 목적에 손해가 생긴 때에는 이 특별약관에 따라 재조달가액을 보상한다.
③ 재조달가액이라 함은 보험의 목적과 동형, 동질의 신품을 재조달하는데 소요되는 금액을 말한다.
④ 보험가입금액은 보험의 목적의 재조달가액의 80%를 상회하여야 한다.

정답 25 ④ 26 ② 27 ③ 28 ③ 29 ①

적용대상은 건물, 시설 및 기계장치, 집기비품, 가재 및 공기구에 한한다. 따라서 원부재료를 포함하여 원료, 반제품, 완제품 등의 재고품 또는 상품, 교본, 글・그림, 골동품, 조각물, 예술품, 희귀품 등 기타 이와 비슷한 것은 제외한다.

참고

재조달가액담보 특별약관

손해보상을 손상된 재물의 재조달가액으로 보상받고자 할 때 첨부하는 특별약관이다. 이 특약을 첨부하면 손해액과 보험가액을 재조딜가액을 기준으로 산정하게 되므로 감가상각을 적용하지 않는다. 건물, 시설, 기계설비, 집기, 공구에 대해서만 이 특약을 첨부할 수 있고 재고동산에는 적용이 불가하다.

보험가입금액은 목적의 재조달가액의 80% 이상 가입해야 한다. 보험가입금액이 재조달가액의 80% 이상의 경우 가입금액 한도 내에서 전액 실손보상하지만, 80% 미만인 경우 재조달가액 대비 보험가입금액의 비율로 비례보상한다.

## 30 재조달가액담보 특별약관을 첨부한 경우에 대한 설명으로 옳지 않은 것은?

① 특별약관의 적용 대상은 건물, 시설 및 기계장치, 집기비품 및 공기구이다.

② 원부재료를 포함하여 원료, 반제품, 완제품 등의 재고품 또는 상품, 교본, 글・그림, 골동품, 조각물, 예술품, 희귀품 등 기타 이와 비슷한 것은 제외된다.

③ 감가상각률이 높은 물건에 한정하여 취급하고 있다.

④ 보험사는 담보하는 위험으로 보험의 목적에 손해가 생긴 때에는 이 특별약관에 따라 재조달가액을 보상한다.

도덕적 위험을 차단하기 위하여 **감가상각률이 낮은 물건에 한정**하고 있으며, 피보험자에게 사고후 일정기간내 복구의무를 지우고 있다.

# 제2장 배상책임보험

## 1 배상책임보험의 개요

**01** **배상책임보험의 특징으로 볼 수 없는 것은?**

① 일부보험 및 초과보험의 문제가 발생한다.
② 피보험자의 과실자체를 담보한다.
③ 제3자인 피해자가 존재한다.
④ 피보험자가 불의의 사고로 제3자에게 지는 법률상 손해배상책임을 진다.

해설 보험가액이 없으므로 초과보험 및 일부보험의 문제가 발생하지 않는다.

**02** **일반배상책임보험사업방법서에서 규정하는 배상책임보험 종목에 해당하지 않는 것은?**

① 영업배상책임보험
② 근로자재해보장책임보험
③ 유도선사업자배상책임보험
④ 적재물배상책임보험

해설 사업방법서상의 분류

| 일반배상책임보험사업방법서에서 규정하는 배상책임보험 | 별도의 독립된 사업방법서를 사용하고 있는 배상책임보험 | 종합보험 사업방법서에서 담보하는 배상책임보험 |
|---|---|---|
| • 영업배상책임보험<br>• 선주배상책임보험<br>• 유도선사업자배상책임보험<br>• 적재물배상책임보험<br>• 가스사고배상책임보험<br>• 체육시설업자배상책임보험<br>• 임원배상책임보험<br>• 의사 및 병원배상책임보험 등 | • 자동차보험<br>• 항공보험<br>• 원자력보험<br>• 근로자재해보장책임보험<br>• 선주상호공제조합(Protection & Indemnity) 등 | • Package Insurance Policy<br>• 레저종합보험(골프보험, 스키보험 등)<br>• 건설공사보험<br>• 유아교육기관종합보험<br>• 해외여행보험<br>• 중장비안전보험 등 |

정답 30 ③ / 01 ① 02 ②

## 03 배상책임보험에 대한 설명으로 옳지 않은 것은?

① 피보험자가 보험사고로 타인에게 피해를 입힘으로써 민사상 배상하여야 할 책임있는 손해를 담보하는 보험제도를 말한다.
② 계약자와 보험자로 구성되는 보험이다.
③ 배상책임보험의 피보험이익은 적극적 · 소극적 전재산관계이다.
④ 타인의 피해액을 법률상 배상책임한도 내에서 보상한다.

해설 배상책임보험은 피보험자(보험계약자)와 보험자 및 피해자로 구성되는 보험이다.

## 04 배상책임보험의 피보험이익 및 목적에 대한 설명으로 옳지 않은 것은?

① 제3자배상책임보험의 피보험이익은 피보험자의 적극적, 소극적 전재산관계이다.
② 제3자배상책임보험의 보험의 목적은 불특정 제3자의 생명, 신체 또는 재산이다.
③ 보관자책임보험의 보험의 목적은 특정 제3자의 생명, 신체 또는 재산이다.
④ 소극적 재산은 부채의 증가를 말한다.

보관자책임보험의 보험의 목적은 **피보험자가 보호, 관리, 통제하고 있는 특정 제3자의 특정재산**이다.

## 05 배상책임보험의 보험사고에 대한 설명으로 옳은 것은?

① 피보험자의 재산이나 신체에 직접적으로 발생한 사고로 입은 손해를 보상하는 보험이다.
② 배상책임보험은 실무적으로 손해사고설을 원칙으로 하고 있다.
③ 손해배상책임부담이 확정된 시점을 사고발생시점으로 보는 학설이 배상청구설이다.
④ 손해사고 발생시점을 특정하기 어려운 경우에 책임부담기준을 사용하고 있다.

① 배상책임보험은 피보험자의 재산이나 신체에 직접적으로 발생한 사고로 입은 손해를 보상하는 보험이 아니라, 피보험자가 사고로 타인의 재산이나 신체에 손해를 입히고, 그 손해에 대해서 법률상 손해배상 책임을 부담하는 보험이다.
③ 손해배상책임부담이 확정된 시점을 사고발생시점으로 보는 학설은 책임부담설이다.
④ 손해사고 발생시점을 특정하기 어려운 경우에 배상청구기준을 사용하고 있다.

참고 배상책임보험의 사고발생시점에 관한 학설

| 구 분 | 사고발생시점 |
|---|---|
| 손해사고설 | 특정사고가 발생한 시점(원칙적으로 채택) |
| 배상청구설 | 피해자 측에서 손해배상청구를 한 시점 |
| 책임부담설 | 손해배상책임부담이 확정된 시점 |
| 채무확정설 | 손해배상금액이 확정된 시점 |
| 배상의무이행설 | 손해배상금을 피해자에게 지급한 시점 |



## 06 손해사고기준약관에 대한 설명 중 옳지 않은 것은?

① 보험사고가 보험기간에 발생하면 보험기간이 종료한 후에 피해자가 피보험자에게 손해배상청구를 하였더라도 보험금 청구권이 소멸되지 않는 한 보험자가 보험금 지급 책임을 지게 되는 배상책임보험 약관이다.

② 보험기간 이전에 사고원인에 접촉하거나 증상이 나타나더라도 손해가 보험기간 중에 발생하면 보험자는 책임을 진다.

③ 보험기간 이전에 사고원인에 접촉하거나 증상이 나타나더라도 보험기간 종료 후에 발생한 손해는 보상한다.

④ 배상청구기준과 비교하면 보험자의 책임범위가 넓어서 피보험자에게 유리하다고 할 수 있다.

해설 보험기간 이전에 사고원인에 접촉하거나 증상이 나타나더라도 손해가 보험기간 중에 발생하기만 하면 보험자는 책임을 지지만, 보험기간 종료후에 발생하면 보상하지 않는다.

## 07 손해사고기준증권의 문제점에 관한 설명으로 옳지 않은 것은?

① 보험자는 책임준비금의 적립이 곤란해 질수도 있다.

② 손해사고일자를 특정하기 어려운 경우에 적용이 어렵다.

③ 손해액을 과다하게 보상받게 되는 문제점이 있다.

④ 피보험자는 불합리한 요율을 산정받게 된다.

해설 손해사고가 발생한 이후 배상청구소송의 장기화로 실제 보험금이 확정된 시점에서 보면 수년 전 손해사고기준증권의 보상한도액으로는 손해액을 보상하기 충분하지 못한 경우가 발생할 수 있다.

정답 03 ② 04 ③ 05 ② 06 ③ 07 ③

## 08 배상청구기준약관에 대한 설명으로 옳지 않은 것은?

① 책임개시일 이후 보험기간의 종료 전에 보험사고가 발생하여야 한다.

② 보험기간 경과 후에 피해자가 피보험자나 보험자에게 배상청구가 있을 경우 보험자가 보상책임을 지는 약관이다.

③ Long-tail claim 및 의료인의 의료과실 배상책임, 설계사, 회계사 등의 전문직업배상책임 및 임원배상책임보험에서 사용하는 담보기준 증권이다.

④ 배상청구기준약관도 소급담보일자와 보고기간연장으로 보험자의 책임기간을 확장할 수 있다.

책임개시일 이후 보험기간의 종료 전에 보험사고가 발생하여야 하고, 또한 **보험기간 중에** 피해자가 피보험자나 보험자에게 배상청구가 있을 경우 보험자가 보상책임을 지는 약관이다.

## 09 배상책임보험의 보험가액 및 보상한도액에 대한 설명으로 옳지 않은 것은?

① 보관자배상책임보험의 보험가액은 존재하지 않는다.

② 보험가입금액 대신에 보상한도액을 설정하여 보험자의 지급책임을 제한하고 있다.

③ 국문약관의 보상한도액의 유형은 대인 1인당, 1사고당 및 연간총한도액, 대물 1사고당 및 연간 총한도액, 단일보상한도액 등이 있다.

④ 영문약관의 생산물(완성작업)위험에 대한 총보상한도액은 1사고당 한도액 및 총보상한도액을 설정할 수 있다.

제3자 배상책임보험에서 보험가액의 개념은 존재하지 않지만, 보관자배상책임보험은 원칙적으로 보험가액이 존재한다.

## 10 배상책임보험에 대한 설명으로 잘못된 것은?

① 배상책임보험은 Long-tail보험이다.

② 배상책임보험은 가해자와 피해자 간에 합의 또는 소송의 확정시점에 손해액이 결정된다.

③ 배상책임보험의 손해액은 피보험자가 실제로 피해를 입은 금액이 된다.

④ 배상책임보험의 담보대상은 불특정 제3자의 모든 재산과 생명, 신체이다.

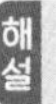

배상책임보험의 손해액은 **피해자가 입은 재산손해** 또는 인명피해손해에 관하여 피보험자(가해자)와 피해자 간에 합의 또는 소송상의 변론과정에서 끊임없이 변화되어 가다가 합의 또는 판결확정시점에 비로소 확정되는 것이다.

## 11 배상책임보험의 주요 담보조건에 대한 설명으로 옳지 않은 것은?

① 담보지역의 단위는 국가이나 북미지역, 중남미 또는 중동아시아 등 국가 이상의 단위로 표시하는 것도 무방하다.

② 배상책임보험국문약관은 보험계약자의 주소지의 표준시를 기준으로 한다.

③ 급격한 사고는 물론 서서히, 반복적, 누적적으로 진행되어 발생하는 사고도 포함한다.

④ 사고발생 후 피보험자에게 손해배상청구가 처음 제기된 시점을 사고로 보는 배상청구설과 배상책임사고가 발생한 시점을 사고로 보는 손해사고설이 있으나 손해사고설이 가장 보편적 이론으로 보험실무에서도 모두 취하고 있다.

배상책임보험국문약관은 보험증권 발행지의 표준시를 기준으로 하며, C.G.L. Policy는 보험계약자의 주소지의 표준시를 기준으로 한다.

## 12 배상책임보험에서 손해에 대한 설명으로 잘못된 것은?

① 신체장해는 보험사고로 인한 신체의 부상, 질병 및 그로 인한 사망을 말한다.

② 인격침해는 신체의 자유나 인격을 침해하는 행위를 말한다.

③ 재물손해에는 무체물도 포함된다.

④ 물리적으로 손괴되지 아니한 유체물의 사용손실도 재물손해에 해당한다.

재물은 유체물과 무체물로 구분할 수 있는데, 재물손해라 함은 유체물 손해만을 말한다.

정답 08 ② 09 ① 10 ③ 11 ② 12 ③

## 13 배상책임보험약관의 특징으로 잘못 설명된 것은?

① 국문약관의 보통약관은 일반적인 보험조건을 규정하고 있다.
② 시설소유관리자배상책임을 담보하기 위하여 국문약관을 사용할 경우에는 특별약관을 첨부하여야 한다.
③ 영문약관의 경우에는 보통약관에서 열거식으로 배상책임위험을 담보하고 있다.
④ 영문약관 특별약관에서는 필요없는 위험을 배제하는 면책특약 또는 추가위험특약을 첨부하는 방식을 채택하고 있다.

영문약관의 경우에는 보통약관에서 포괄적으로 배상책임위험을 담보하고 있다.

## 14 다음 중 배상책임보험에서 전액 보상하는 금액은?

① 보험사가 산정한 손해배상금에 따라 피보험자 및 배상청구인이 합의한 민사합의금
② 민사합의가 결렬되어 보험회사의 동의를 받아 법원의 재판을 거치는 경우 판결금액 중 보험에서 담보하는 손해
③ 사망사고의 경우 상속권이 있는 유족 또는 이들로부터 법률상 정당한 권리를 위임 받은 자와 합의한 금액
④ 사고 발생 후 손해를 경감하거나 방지하기 위하여 필요, 유익했던 비용

①, ②, ③은 보상한도액 내에서 지급한다.

## 15 보험금 지급기한에 대한 설명으로 옳지 않은 것은?

① 손해액은 법률상 손해배상액이 되고 법률상 손해배상액은 통상 당사자 간의 합의나 법원의 판결에 의하여 결정된다.
② 손해배상금이 결정되면 보험자가 부담하는 지급보험금은 보험증권상의 보상한도액과 보상범위, 자기부담액 등 보험약관상의 제반조건과 규정에 의하여 결정된다.
③ 피보험자가 보험금 청구서를 보험자에게 제출하면 보험자는 청구서를 접수한 날로부터 3일 이내에 보험금을 지급한다.
④ 지급보험금이 결정되기 전이라도 피보험자 청구가 있을 때는 보험사가 추정한 금액의 50%를 가지급금을 지급한다.

배상책임보험에서 피보험자가 보험금 청구서를 보험자에게 제출하면 보험자는 청구서를 접수한 날로부터 **7일 이내**에 보험금을 지급한다.

**16** **배상책임보험의 보험금의 분담에 대한 다음 설명 중 옳지 않은 것은?**

① 국문약관은 균등액 분담방식을 채택하고 있다.

② 국문약관의 경우 각자가 다른 보험회사가 없는 것으로 간주하여 책임져야 할 지급보험금을 계산하여 각자의 책임액을 각자 책임액의 합계의 비율로 나눈 값을 손해액에 곱하는 방법을 취한다.

③ 영문약관의 경우 균등액분담방식과 보상한도액 비례분담방식의 2가지 방법을 택하고 있다.

④ 보상한도액 비례분담방식은 중복하여 가입한 보험의 보상한도액 총액에 대한 각 보험계약의 보상한도액 비율에 따라 비례 분담하는 방식이다.

국문약관은 독립책임액 분담방식을 채택하고 있다.

**17** **배상책임보험의 보험료에 대한 설명으로 옳지 않은 것은?**

① 확정보험료는 보험계약 당시 한번 결정한 보험료를 보험기간 중에는 조정 없이 보험기간이 끝날 때까지 적용한다.

② 확정보험료는 계약을 갱신할 때 다시 고지된 요율기초수를 근거로 보험료를 산정하는 방식이다.

③ 정산보험료는 보험계약 당시에는 예상요율기초수와 정산요율에 근거한 잠정보험료 또는 최대 및 예치보험료를 납입하고 보험기간이 종료된 후 실제 요율기초수를 정산요율에 적용하여 확정보험료를 산출한 다음 선납한 예치보험료와 차액을 정산하는 방식이다.

④ 생산물배상책임보험의 경우 주로 정산보험료방식을 채택하고 있다.

정산보험료는 잠정보험료 또는 **최소** 및 예치보험료를 납입한다.



정답 13 ③ 14 ④ 15 ③ 16 ① 17 ③

**18** **영업배상책임보험약관에서 담보하는 손해는?**

① 계약자, 피보험자 또는 이들의 법정대리인의 고의로 생긴 손해에 대한 배상책임
② 전쟁, 혁명, 내란, 사변, 테러, 폭동, 소요, 노동쟁의 기타 이들과 유사한 사태로 생긴 손해에 대한 배상책임
③ 지진, 분화, 홍수, 해일 또는 이와 비슷한 천재지변으로 생긴 손해에 대한 배상책임
④ 지하케이블 절단사고로 인한 통화료 손실

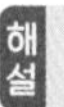

지하케이블 절단사고로 인한 통화료 손실은 유체물 사용손실로 재물손해에 해당하므로 보상대상이 된다.

**19** **일반영업배상책임보험에 대한 설명으로 옳지 않은 것은?**

① 계약상의 가중책임은 면책으로 하고 있다.
② 벌과금 및 징벌적 손해에 대하여는 면책이다.
③ 의무보험의 법정한도액을 초과하는 손해는 면책이다.
④ 전문직업배상책임은 면책이다.

일반배상책임보험에서는 의무보험과의 영역조정 측면에서 이를 면책으로 하며, 의무보험의 법정한도액을 초과하는 손해를 담보하는 형식을 취하게 된다.

## 2 주요 배상책임보험

**20** **시설소유자관리자 특별약관의 대상이 되는 시설로 볼 수 없는 것은?**

① 피보험자가 소유하는 시설
② 피보험자가 사용하는 시설
③ 피보험자가 관리하는 시설
④ 피보험자가 임차한 시설

시설소유자관리자 특별약관은 보험기간 중에 피보험자가 소유, 사용, 관리하는 시설 및 그 시설의 용도에 따른 업무수행을 하던 중 생긴 우연한 사고로 타인의 신체나 재산에 입힌 손해로 인하여 법률상 배상책임을 담보함으로써 생긴 손해를 보상하는 보험이다. 피보험자가 임차한 시설은 임차자배상 특별약관에서 보상한다.

**21** **시설소유관리자배상책임보험이 담보하는 업무활동에 해당하지 않는 것은?**

① 영업시설 본래의 용도에 따라 이용하는 행위
② 사무에 필수적인 행위와 이에 수반하는 활동
③ 시설 내에서 수행되는 주된 업무활동
④ 전문직업업무활동

일반업무만을 담보하고, 전문직업업무는 전문직업배상책임보험에서 담보한다.

**22** **시설소유관리자특별약관에서 보상하는 손해에 해당하는 것은?**

① 계약자 또는 피보험자가 소유, 점유, 임차, 사용하거나 보호, 관리, 통제하는 재물이 손해를 입었을 경우에 그 재물에 대하여 정당한 권리를 가진 사람에게 부담하는 손해에 대한 배상책임
② 통상적인 유지, 보수작업으로 생긴 손해에 대한 배상책임
③ 피보험자가 양도한 시설로 생긴 손해에 대한 배상책임과 시설자체의 손해에 대한 배상책임
④ 작업의 종료 또는 폐기 후 작업의 결과로 부담하는 손해에 대한 배상책임

시설의 수리, 개조, 신축 또는 철거공사로 생긴 손해에 대한 배상책임은 면책이지만 통상적인 유지, 보수작업으로 생긴 손해에 대한 배상책임은 보상한다.

**23** **시설소유관리자특별약관에 추가할 수 있는 특약이 아닌 것은?**

① 구내치료비담보 추가특약
② 내용물손실담보 추가특약
③ 물적손해확장 추가특약
④ 비행담보 추가특약

시설소유관리자특별약관에 추가할 수 있는 특약
• 구내치료비담보 추가특약
• 비행담보 추가특약
• 물적손해확장담보 추가특약
• 운송위험담보 추가특약
• 부동산임대업자 추가특약
• 선박보상 추가특약

정답 18 ④ 19 ③ 20 ④ 21 ④ 22 ② 23 ②

## 24 시설소유관리자특약에 추가되는 특약의 내용에 대한 설명으로 옳지 않은 것은?

① 물적손해확장담보 추가특약은 피보험자가 소유, 사용 또는 관리하는 시설 및 그 시설의 용도에 따른 업무의 수행으로 생긴 우연한 사고로 그 재물에 대해 정당한 권리를 가지는 사람에 대하여 배상책임을 부담함으로 인해 입은 손해를 보상한다.
② 운송위험담보 추가특약은 자동차로 인해 발생한 사고로 제3자에게 입힌 신체장해나 재물손해에 대한 배상책임을 부담하지 않는다.
③ 부동산임대업자 추가특약은 임대건물이 화재, 폭발 및 붕괴되어 임대인이 임차인의 재물에 손해를 입히는 우연한 사고로 임차인에게 배상하여야 할 책임있는 손해를 보상한다.
④ 구내치료비담보 추가특약의 경우 적정한 공제금액을 설정한다.

해설

구내치료비담보 추가특약은 영업장의 이미지관리를 위한 치료비담보이므로 공제금액을 설정하지 않는 것이 일반적이다.

## 25 보관자배상책임제도에 대한 설명으로 옳지 않은 것은?

① 피보험자가 보호, 관리, 통제하는 특정의 재산에 입힌 손해를 담보대상으로 한다.
② 피해자는 피보험자에게 재물을 위탁한 특정인이다.
③ 최대 추정손해액을 고려한 보상한도액을 설정한다.
④ 재물의 사용손실은 담보하지 않는다.

해설

보상한도액은 보험가액에 기초한 보상한도액을 설정한다.

## 26 보관자배상책임제도의 채무불이행책임에 대한 설명으로 옳지 않은 것은?

① 피해자가 가해자의 고의·과실을 입증해야 한다.
② 소멸시효는 10년이다.
③ 반대채권으로 상계가 가능하다.
④ 성립요건으로 가해자의 고의과실만 필요하다.

해설

채무불이행책임의 경우 채무자가 고의·과실 없음을 입증해야 한다.

**27** **보관자배상책임제도에 대한 설명으로 옳지 않은 것은?**

① 보험사고가 발생하고, 피보험자에게 과실이 있어야 한다.
② 손해배상책임은 불법행위책임에 기초한다.
③ 피해에 대한 인과관계의 입증책임은 피해자에게 있다
④ 보관자는 반대채권으로 상계가 가능하다.

손해배상책임은 채무불이행책임에 기초한다.



**28** **채무불이행책임에 대하여 잘못 설명된 것은?**

① 이행불능책임은 계약에 의해 성립된 채권이 채무자에게 책임있는 사유로 그 이행이 불가능하게 된 것을 말한다.
② 불완전이행은 채무자가 계약으로 정한 채무에 대하여 이행을 하긴 하였으나, 그 내용이 불완전하여 채권자에게 손해가 발생한 것을 말한다.
③ 소멸시효는 3년이다.
④ 불법행위책임과 병합이 가능하며, 피해자는 둘 중하나를 선택하여 배상을 청구할 수 있다.

불법행위책임이나 채무불이행책임이나 소멸시효는 **10년**이다. 단, 불법행위책임의 경우, 피해자가 가해자를 안날로부터 3년간 손해배상청구권을 행사하지 않으면 시효로 소멸한다.

**29** **보관자배상책임의 약관에 대한 설명으로 옳지 않은 것은?**

① 보관자배상책임만을 담보하는 국문약관이 있다.
② 보관자배상책임과 제3자배상책임과 혼합하여 담보하는 국문약관이 있다.
③ 보관자배상책임만을 담보하는 영문약관이 있다.
④ 창고업자특별약관은 보관자위험만을 담보한다.

보관자배상책임만을 담보하는 영문약관은 따로 없고, 영문 C.G.L. Policy에 물적손해확장담보 특약을 첨부하여 보관자배상책임위험을 부수적으로 담보하는 형식을 취하고 있다.

정답 24 ④ 25 ③ 26 ① 27 ② 28 ③ 29 ③

## 30 창고업자특약에 대한 설명으로 옳지 않은 것은?

① 특별약관(Ⅰ)은 수탁받은 창고보관 물품에 대한 배상손해를 열거하여 담보하고 있다.
② 특별약관(Ⅱ)는 일부보험이 성립하고 그에 따라 비례보상을 명시하고 있다.
③ 특별약관(Ⅱ)는 우연한 사고로 수탁화물에 입힌 손해를 담보하는 포괄담보형식을 취하고 있다.
④ 특별약관(Ⅰ)은 보상한도액이 수탁화물가액의 80% 이상일 때 손해액 전액을 보상한다.

해설 특별약관(Ⅱ)는 비례보상 여부를 명시하지 않음으로써 실손보상이 가능하다.

## 31 창고업자특별약관에 대한 설명으로 옳지 않은 것은?

① 특별약관(Ⅰ)은 보상한도액이 수탁화물가액의 80% 미만일 때 수탁화물가액의 80% 해당액에 대한 보상한도액의 비율로 보상한다.
② 특별약관(Ⅱ)는 보상한도액내에서 실제손해액 전액을 보상한다.
③ 특별약관(Ⅱ)는 화재위험보상제외 추가특별약관, 냉동・냉장장치 추가특별약관이 있다.
④ 특별약관(Ⅰ)은 일부보험이 성립하고, 그에 따라 비례보상을 명시하고 있다.

③은 특별약관(Ⅰ)에 대한 설명이다.

## 32 주차장특약에 대한 설명으로 옳지 않은 것은?

① 수탁자동차에 대한 보관자배상책임과 제3자의 인명 및 재산에 입힌 손해를 담보하는 제3자 배상책임을 같이 담보하는 특약이다.
② 수탁자동차에 대한 보관자배상책임은 채무불이행에 따른 손해배상책임과 불법행위책임이 경합한다.
③ 제3자 배상책임손해는 채무불이행에 따른 손해배상책임이다.
④ 타이어나 튜브에만 생긴 손해 또는 일부 부분품, 부속품이나 부속기계장치만의 도난으로 생긴 손해에 대한 배상책임은 면책한다.

해설 제3자 배상책임손해는 불법행위책임이 적용된다.

**33** **차량정비업자특별약관(Ⅰ, Ⅱ)에 대한 설명으로 옳지 않은 것은?**

① 수탁차량에 입힌 손해를 보상하는 보관자배상책임만을 담보하는 특약이다.
② 차량정비업자특별약관(Ⅰ)은 피보험자가 소유, 사용, 관리하는 차량정비시설 및 그 시설의 용도에 따른 차량정비업무의 수행으로 생긴 우연한 사고를 담보하는 약관이다.
③ 차량정비업자특별약관(Ⅱ)은 정비목적 차량의 수탁, 시험운전, 인도과정의 사고를 추가로 담보하는 약관이다.
④ 특약Ⅱ의 경우 무면허 운전 또는 음주운전으로 인한 손해에 대하여 면책한다.

해설 수탁차량에 입힌 손해를 보상하는 보관자배상책임과 함께 제3자 배상책임위험을 같이 담보하는 특약이다.



**34** **임차자배상특약 및 화재배상특약에 대한 설명으로 옳지 않은 것은?**

① 임차자배상특약은 우연한 사고로 임차부동산에 손해가 생겨 그 부동산에 대하여 정당한 권리를 가진 자에게 법률상의 배상책임을 부담함으로써 피보험자가 입은 손해를 보상한다.
② 화재배상특약은 피보험자가 임차한 시설에 발생한 각종 사고 중 피보험자에게 귀책사유가 있는 화재사고로 인한 배상책임손해를 보상한다.
③ 임차자배상특약은 보관자책임보험형식의 특약이다.
④ 화재배상특약은 보관자배상책임과 함께 제3자 배상책임위험을 같이 담보하는 특약이다.

해설 화재배상특약은 보관자책임보험특약이다.

**35** **도급업자배상책임보험에 대한 설명으로 옳지 않은 것은?**

① 빌딩건설, 도로건설, 등을 대상으로 한 도급업자가 업무수행 중 또는 업무의 수행을 위해 설치한 시설의 결함, 관리부실로 인해 발생한 우연한 사고로 제3자에게 손해를 끼친 경우에 입은 배상책임에 대해 보상하는 보험상품이다.
② 공작물의 이동해체 공사, 가스설비공사, 광고판설치 공사, 상하수도 공사, 파이프라인 공사, 원예 및 조경공사, 도로건설공사 등의 모든 도급업자들이 가입 가능하다.
③ 국문약관에서는 시설소유관리자배상책임과 별도로 구분하지 않고 담보하고 있다.
④ 시설소유관리자배상책임처럼 시설에 기인된 손해와 업무활동에 따르는 위험을 담보한다.

정답 30 ② 31 ③ 32 ③ 33 ① 34 ④ 35 ③

국문약관에서는 시설소유관리자배상책임과 분리되어 있지만, 영문약관인 C.G.L. Policy에서는 별도로 구분하지 않고 담보하고 있다.

## 36 도급업자특약과 시설소유자특약을 비교한 설명으로 잘못된 것은?

① 도급업자특약의 시설은 일이 완성된 이후의 시설이 본래의 용도에 맞게 이용되는 시설인데 반하여 시설소유자특약은 신축, 증개축, 수리 또는 철거와 같이 공사가 진행 중인 시설과 그러한 공사에 이용되는 사무소, 가설물, 자재보관장 등의 시설을 말한다.

② 도급업자특약의 주된 업무는 성질상 대체로 피보험자의 시설 밖에서 이루어지는데 반하여 시설소유자특약은 주된 업무가 주로 시설 내에서 이루어진다.

③ 도급업자특약에서 포괄계약의 경우와 시설소유자특약의 보험기간은 1년 기준이다.

④ 도급업자특약에서 포괄계약의 경우와 시설소유자특약의 보험료는 보험기간에 비례한다.

해설

도급업자특약과 시설소유자특약의 비교

| 구 분 | 도급업자특약 | | 시설소유자특약 |
|---|---|---|---|
| 시 설 | 신축, 증개축, 수리 또는 철거와 같이 공사가 진행 중인 시설과 그러한 공사에 이용되는 사무소, 가설물, 자재보관장 등의 시설 | | 일이 완성된 이후의 시설이 본래의 용도에 맞게 이용되는 시설 |
| 주된 업무 | 주된 업무는 성질상 대체로 피보험자의 시설 밖에서 이루어짐 | | 주된 업무가 주로 시설 내에서 이루어짐 |
| 보험기간 | 포괄계약 | 1년 기준 | 1년 |
| | 개별계약 | 당해 도급공사기간 | |
| 보험료 | 포괄계약 | 보험기간에 비례 | 보험기간에 비례 |
| | 개별계약 | 보험기간에 관계없이 도급공사 금액에 의하여 결정 | |

**37** **도급업자배상책임의 보상하지 않는 손해에 대한 설명으로 옳지 않은 것은?**

① 피보험자의 수급업자가 수행하는 작업으로 발생하는 손해배상책임은 면책한다.
② 공사의 종료 또는 폐기 후 공사의 결과로 부담하는 손해배상은 완성작업 배상책임보험에서 담보하는 위험이므로 면책이다.
③ 티끌, 먼지, 분진 또는 소음으로 생긴 손해에 대한 배상책임은 면책이며, 소음 또는 분진은 특약으로도 담보할 수 없다.
④ 피보험자가 수행하는 공사가 전체공사의 일부일 경우 그 전체공사에 참여하고 있는 모든 근로자에게 입힌 신체장해에 대한 배상책임은 근로자재해보장보험의 담보영역이므로 면책이다.

티끌, 먼지, 분진 또는 소음으로 생긴 손해에 대한 배상책임은 면책이나, 소음 또는 분진으로 인한 손해는 특약으로 담보할 수 있다.



**38** **도급업자의 추가특약에 대한 설명으로 옳지 않은 것은?**

① 운송위험 추가특약은 피보험자가 소유, 점유, 임차, 사용 또는 관리하는 자동차로 화물을 운송하는 도중 적재된 화물로 인한 법률상 배상책임을 부담함으로써 입은 손해를 보상한다.
② 폭발, 붕괴 및 지하매설물손해 추가특약은 폭발로 생긴 재물손해에 대한 배상책임, 토지의 붕괴로 생긴 배상책임, 지하매설물 자체에 입힌 물적 손해에 대한 배상책임 손해를 보상한다.
③ 일부공사 추가특약은 피보험자가 수행하는 공사가 전체공사의 일부일 경우, 피보험자의 근로자를 포함한 모든 근로자에게 입힌 신체장해에 대한 배상책임손해를 보상한다.
④ 주위재산 추가특약은 피보험자의 공사현장 주위에 있는 피보험자가 직접적으로 작업하고 있지 않는 타인의 재물이 입은 피해로 법률상 배상책임을 부담함으로써 입은 손해를 보상한다.

일부공사추가특약은 피보험자가 수행하는 공사가 전체공사의 일부일 경우, <u>피보험자의 근로자를 제외한</u> 모든 근로자에게 입힌 신체장해에 대한 배상책임손해를 보상한다.

정답 36 ① 37 ③ 38 ③

## 39 도급업자관련 특약에 대한 설명 중 옳지 않은 것은?

① 계약상 가중책임특약은 증권에 기재된 계약에 따라 피보험자가 책임을 부담하는 우연한 사고를 담보한다.

② 교차배상책임특약은 공동피보험자에게 계약이 각각 체결된 것으로 간주하여 공동피보험자 상호 간에 입힌 손해를 보상한다.

③ 대위권포기특약은 증권에 기재된 사람에 대한 대위권을 포기하는 특약이다.

④ 사용자배상책임담보특약은 근로기준법, 산업재해보상보험법 또는 이와 유사한 법률에 의하여 부담하는 손해배상책임을 담보한다.

사용자배상책임담보특약은 근로기준법, 산업재해보상보험법 또는 이와 유사한 법률에 의하여 부담하는 손해배상책임을 제외하고, 피보험자의 근로자에 대한 신체장해 손해에 대한 사용자의 배상책임을 담보한다.

## 40 생산물배상책임에 대한 설명으로 옳지 않은 것은?

① 생산물 또는 완성작업위험을 담보하며 피보험자가 제조, 판매, 공급 또는 시공한 생산물이 타인에게 양도된 뒤 우연한 사고로 타인에게 입힌 신체장해 또는 재물손해에 대하여 피보험자가 법률상의 배상책임을 부담함으로써 입은 손해를 보상하는 보험이다.

② 손해사고기준약관(I)과 배상청구기준약관(II)이 있다.

③ 영업배상책임보험의 특약으로 가입되는 보험이다.

④ 피보험자가 제조, 가공, 공급한 생산물 및 시공한 제품, 완성작업으로서 1차 농수산물 및 부동산까지도 보험 가입이 가능하다.

기존에는 영업배상책임보험의 특약으로 가입했으나, 제조물책임법 시행과 더불어 별도의 상품으로 판매되기 시작한 임의보험이다.

**41** **제조물의 배상책임에서 보험가입주체가 제조업자인 경우 부담하는 책임이 아닌 것은?**

① 설계상의 결함
② 제조상의 결함
③ 사용방법에 대한 불완전 설명
④ 지시・경고상의 결함

보험가입주체의 담보책임

| 제조업자 | 유통 및 판매업자 | 도급업자 |
|---|---|---|
| • 설계상의 결함<br>• 제조상의 결함<br>• 지시・경고상의 결함 | • 사용방법에 대한 불완전 설명<br>• 상품인도상의 하자 | • 완성작업에 대한 위험 |

**42** **생산물배상책임보험의 담보약관에 대한 설명으로 옳지 않은 것은?**

① 국문약관과 영문약관을 같이 사용하고 있다.
② 담보하는 제품의 특성에 따라 보험사고의 기준을 달리 적용하는 약관을 사용할 수 있는데 손해사고기준과 배상청구기준으로 구분한다.
③ 실제사고일자를 명확히 파악하기 어려운 제품의 경우에 피보험자와 보험자간 담보여부에 대한 분쟁을 사전에 방지하기 위하여 손해사고기준을 적용하는 것이 바람직하다.
④ 손해사고기준 약관은 보상한도액의 현실성이 결여되는 문제점이 있다.

실제사고일자를 명확히 파악하기 어려운 제품의 경우에 피보험자와 보험자간 담보여부에 대한 분쟁을 사전에 방지하기 위하여 **배상청구기준**을 적용하는 것이 바람직하다.

**43** **생산물배상책임보험에서 보상하는 손해는?**

① 계약자 또는 피보험자의 고의나 법령을 위반하여 제조, 판매, 공급 또는 시공한 생산물로 생긴 손해에 대한 배상청구
② 피보험자와 타인 간에 손해배상에 관한 약정이 있는 경우 그 약정에 의하여 가중된 손해배상책임
③ 계약자 또는 피보험자가 소유, 점유, 임차, 사용하거나 보호, 관리, 통제하는 재물이 손해를 입음으로써 그 재물에 대하여 정당한 권리를 가지는 사람이 제기하는 배상청구
④ 제품이나 작업을 원래 의도한 용도로 사용하다가 제품이나 작업에 급격하고 우연한 사고로 인하여 다른 재물을 사용하지 못하여 입은 사용손실손해

정답 39 ④ 40 ③ 41 ③ 42 ③ 43 ④

피보험자의 제품이 물리적으로 파손되지 않은 상태에서 제품의 성능 또는 품질결함으로 인해 발생한 다른 유체물의 사용손실은 면책이나 제품이나 작업을 원래 의도한 용도로 사용하다가 제품이나 작업에 급격하고 우연한 사고로 인하여 다른 재물을 사용하지 못하여 입은 사용손실손해는 담보한다.

## 44 전문직업배상책임보험에 대한 설명으로 옳지 않은 것은?

① 의사, 변호사, 공인회계사, 건축사 등 전문직업인이 그 업무의 특수성으로 말미암아 지게 되는 배상책임을 보장하는 보험상품을 말한다.
② 피보험자의 업무상 실수 자체를 전제로 한다.
③ 손해사고기준으로 보상한다.
④ 전문직업인은 그 전문직을 행함에 있어 동일한 직위와 전공을 통하여 적절한 능력을 가진 그 전문직의 종사자들이 통상적으로 행사하는 기술과 주의 수준으로 행할 의무가 있다.

일반배상책임보험의 경우 일반적으로 손해사고기준으로 보상하는 데 반해 전문직업배상책임보험은 일반적으로 배상청구기준이기 때문에 사고와 보상청구가 모두 보험기간 안에 이루어져야 한다.

## 45 전문직업배상책임의 특징으로 볼 수 없는 것은?

① 전문인의 업무수행 중 주의의무위반이다.
② 제3자의 손해가 발생하여야 한다.
③ 주의의무위반과 손해의 발생 사이에 상당인과관계의 존재하여야 한다.
④ 고의, 과실에 의한 업무행위로 타인에게 손해를 입힌 경우 채무불이행책임을 진다.

전문적인 서비스 제공 실패가 전문인의 고의 또는 과실에 의한 것인 경우 불법행위에 따른 배상책임이 성립한다.

## 46 전문직업배상책임의 특성으로 잘못 설명된 것은?

① 의사(비행)배상책임보험은 사람의 신체에 관한 전문직업위험을 담보한다.
② 손해사정사, 보험중개인 전문배상책임보험 및 임원배상책임보험 등은 신체 이외의 경제적 손해를 담보한다.
③ 변호사비용, 소송비용 등 부대비용을 보상한도액과 별도로 보상한다.
④ 1사고당 한도액과 함께 연간 총보상한도액을 설정한다.

일반배상책임보험에서는 변호사비용, 소송비용 등 부대비용을 보상한도액과 별도로 보상하지만, 전문직업배상책임보험에서는 부대비용도 보상한도액에 포함하여 보험자의 지급액을 제한한다.



## 47 건축사 및 기술사배상책임보험에 대한 설명으로 옳지 않은 것은?

① 시공 중이거나 시공이 끝난 각종 구축물이 설계결함에 기인된 사고로 구축물이 입은 손해 및 그로 인하여 타인이 입은 손해에 대하여 건축사나 기술사가 배상하여야 할 책임있는 손해를 보상한다.
② 현재 우리나라에서 인가되어 있는 약관은 독일식 영문약관을 원문 그대로 도입한 것이다.
③ 보험기간 중 처음으로 제기된 손해배상청구를 담보의 기준으로 하는 배상청구기준증권이다.
④ 보험회사가 동의한 부대비용을 보상하지만, 보상한도액을 초과하는 경우에는 보상하지 않는다.

보상한도액을 초과하는 경우에는 보상한도액에 해당하는 비율만 지급한다.

## 48 건축사 및 기술사배상책임보험의 주요 면책사항에 해당하지 않는 것은?

① 피보험자의 법적 전문업무 권한을 벗어난 행위에 기인한 사고
② 피보험자의 생산물배상책임 영역에 속하는 사고
③ 발주고객에게 담보하는 손해사고와 관련한 재설계비용
④ 예산 초과 및 공기지연으로 인한 경제적 손실

해설
<u>발주고객을 제외</u>하고 담보하는 손해사고와 관련한 재설계비용이 주요 면책사항에 해당한다.

정답 44 ③ 45 ④ 46 ③ 47 ④ 48 ③

## 49 건축사 및 기술사배상책임보험의 담보조건으로 옳지 않은 것은?

① 보험사고가 발생한 경우 즉시 보험회사에 알려야 하며, 보험만기일 이후 30일 이내에 통지한 사고 또는 상황으로 기인한 배상청구가 3년 이내 이루어진 경우는 보상한다.
② 피보험자는 보험회사의 동의없이 책임을 인정하거나 비용을 지급할 수 없으며, 보험회사도 피보험자의 동의없이 임의로 클레임을 합의종결할 수 없다.
③ 소급담보일자 이전에 실행되거나 발생한 과실, 부주의, 태만으로 인해 보험기간 중에 제기된 배상청구도 담보한다.
④ 피보험자는 수행한 전문서비스에 대한 기록을 유지보관해야 하고, 보험회사가 요구시 제공해야 한다.

해설

소급담보일자 이전에 실행되거나 발생한 과실, 부주의, 태만으로 인해 보험기간 중에 제기된 배상청구는 담보하지 않는다.

## 50 의료과실배상책임보험에 대한 설명으로 옳지 않은 것은?

① 의사 및 병원의 의료행위와 관련된 과실, 부주의로 인한 손해배상책임과 병원시설 및 일반업무수행에 따른 손해배상책임을 담보함으로써 진료활동을 보장하고 경영상의 안정성을 제고하는 보험상품이다.
② 의료과실은 의사가 의료행위를 함에 있어서 당시의 의료수준에 비추어 일반적인 의사에게 요구되는 주의의무를 위반한 것이다.
③ 의료수준은 규범적으로 요구되는 수준으로 파악되어야 하고, 해당 의사나 의료기관의 구체적 상황을 고려해야 한다.
④ 진료환경 및 조건이나 의료행위의 특수성 등은 고려해야 한다.

해설

의료수준은 규범적으로 요구되는 수준으로 파악되어야 하고, 해당 의사나 의료기관의 구체적 상황을 고려해서는 안 된다.

**51** **의료사고의 손해배상 청구요건으로 잘못 설명된 것은?**

① 주의의무위반(과실)이 있어야 한다.
② 위법성이 있어야 한다.
③ 손해의 발생이 있어야 한다.
④ 의사가 과실없음을 입증하여야 한다.

해설 의료과오소송은 청구원인을 어떻게 구성하든 원칙적으로 입증책임이 **환자 측**에게 있다.



**52** **의료과실배상책임보험약관에 대한 설명으로 옳지 않은 것은?**

① 구미각국에서는 병원배상책임보험과 의사배상책임보험을 구분하고 있다.
② 우리나라에서도 구미의 약관을 따라 병원배상책임보험과 의사배상책임보험을 구분하고 있다.
③ 보험증권상의 담보지역 내에서 소급담보일자로부터 보험기간 만료일 사이에 의료사고가 발생하여 보험기간 중에 최초로 손해배상이 청구된 경우에 한해서만 보상한다.
④ 보상하는 손해는 민사합의금, 법정판결금액, 소송비용 등 제반비용이 포함된다.

해설 우리나라는 의사 및 병원배상책임보험국문약관을 사용하고 있다. 기본담보는 의료과실배상책임부문이며, 선택적으로 일반배상책임부문도 담보할 수 있다.

**53** **의료배상책임보험약관의 보상하는 손해에 대한 설명으로 옳지 않은 것은?**

① 민사합의금은 당사자 간에 합의하여 해당 의료사고에 대하여 더 이상의 민형사상의 책임을 요구하지 않기로 상호합의한 금액이다.
② 법원의 판결금액은 항소하지 않는 한 보상한도액 범위 내에서 지급한다.
③ 소송비용 등 제반비용은 보험회사가 피보험자를 대신하여 처리한 경우에만 보상한다.
④ 의료행위의 결과에 대한 피보험자와 수진자측 간의 손해배상에 관한 약정에 의해 가중된 배상책임은 보상하지 않는다.

해설 소송비용 등 제반비용은 보험회사가 피보험자를 대신하여 처리한 경우뿐만 아니라, 보험회사의 동의를 얻어 계약자가 직접 변호사를 선임하고 그 비용을 보험회사에 청구할 수도 있다.

정답 49 ③ 50 ③ 51 ④ 52 ② 53 ③

**54** **임원배상책임보험에 대한 설명으로 옳지 않은 것은?**

① 회사의 이사 또는 직위 여부를 불문하고 경영에 참가하고 있는 간부직원이 그 업무를 수행하는 도중 저지른 과실, 태만, 의무위반, 신의 위반 등의 행위로 인하여 지게 되는 개인적 배상책임을 담보하는 보험이다.
② 현재 우리나라는 영국 로이즈 보험시장에서 개발된 영문약관을 사용하고 있다.
③ D&O Liability Coverage(임원배상책임담보)는 회사가 임원의 배상책임을 보상해 줄 수 없는 경우 임원 각자가 개별적으로 주주 또는 제3자에 대하여 부담하는 배상책임을 담보한다.
④ Company Reimbursement Coverage(회사보상담보)는 임원에 대한 배상청구에 대하여 임원이 승소하였을 때 회사가 해당 임원에게 동 손해배상금(방어비용 포함)을 적법하게 보상하는 경우에 그 금액을 담보한다.

해설 우리나라는 AIG약관을 도입하여 사용하다가 이후 국문약관을 개발하여 같이 사용하고 있다.

**55** **임원배상책임보험의 담보기준에 대한 설명으로 옳지 않은 것은?**

① 회사보상조항은 임원이 승소하였을 때 회사가 부담하는 소송비용을 담보한다.
② 임원배상책임조항은 임원이 패소하였을 경우 임원의 개인책임인 손해배상금과 방어비용을 담보한다.
③ 우리나라의 경우 회사보상조항과 임원배상책임조항이 구분되어 명시되어 있다.
④ 법인담보조항은 임원개인의 배상책임과 법인의 배상책임을 동시에 담보한다.

해설 우리나라의 경우에는 회사보상조항이 없기 때문에 보완이 필요한 실정이다.

**56** **임원배상책임보험의 담보조건에 대한 설명으로 잘못된 것은?**

① 배상청구기준약관으로 소급담보일자를 설정하여 특정일자 이후에 발생된 사고로 보험기간 중에 처음으로 제기된 배상청구를 담보한다.
② 부당행위란 직무수행 중의 직무상의무불이행, 부정확한 진술, 선관의무위반, 허위진술, 부작위 등을 말한다.

③ 임원이 사망하였을 경우에는 그 임원과 그 임원 상속인 또는 상속재산 법인을 동일한 피보험자로 간주한다.

④ 상업상 이사가 아닌 경우 임원에 준하는 직무를 행하고 피보험자로 기재한 경우에도 담보하지 않는다.

상업상 이사가 아닌 경우 임원에 준하는 직무를 행하고 피보험자로 기재한 경우에는 담보가 가능하다.



**57** **다음 중 임원배상책임보험의 특별약관에 해당하지 않는 것은?**

① 법인보상담보특별약관

② 주주대표소송담보특별약관

③ 종업원퇴직소득보장법담보특별약관

④ 유가증권관련 법인담보특별약관

추가특별약관

| 담보특별약관 | 부담보특별약관 |
|---|---|
| • 법인보상담보특별약관<br>• 주주대표소송담보특별약관<br>• 유가증권관련 법인담보특별약관 | • 종업원퇴직소득보장법부담보특별약관<br>• 정부관련기관부담보특별약관<br>• 금융기관위험부담보특별약관<br>• 보험계약해지특별약관<br>• 증권거래법 및 유사법률부담보특별약관 |

**58** **생산물회수비용보험(리콜)의 특징으로 옳지 않은 것은?**

① 생산물회수비용보험은 제조업체의 회수로 인하여 소요되는 비용과 그 이익손실을 담보하는 보험이다.

② 피보험자가 보험회사에 제품결함사고를 서면으로 통지한 날부터 90일 동안 판매량 회복을 위하여 지출한 임시비용을 보상한다.

③ 결함으로 인해 회수한 제품을 제대로 판매하였더라면 얻을 수 있었던 이익은 면책한다.

④ 회수한 제품의 원가, 일반관리비 및 여기에 소요된 제세공과금을 보상한다.

결함으로 인해 회수한 제품을 제대로 판매하였더라면 얻을 수 있었던 이익을 담보한다.

정답 54 ② 55 ③ 56 ④ 57 ③ 58 ③

**59** **환경오염배상책임에서 담보하는 유형에 해당하지 않는 것은?**

① 피보험자가 소유, 사용, 관리하는 시설에서 발생하는 오염사고
② 보험개시일 이전에 새롭게 발생한 오염사고
③ 보험개시일 이전에 이미 내재한 오염물질로 인한 오염사고
④ 시설 밖에서 발생한 오염사고

환경오염배상책임보험은 사업자와 보험자가 환경오염피해가 발생한 경우 환경오염피해 배상책임 및 구제에 관한 법률에 따른 환경오염피해 배상책임을 보장하는 내용을 약정하는 보험을 말한다. **보험개시일 이후에 새롭게 발생한 오염사고**가 보상대상이 된다.

**60** **환경오염배상책임보험의 보험사고기준으로 잘못 설명된 것은?**

① 보험기간 중 보험사고(환경오염사고)가 발생해야 보험회사로부터 보험금을 받을 수 있다.
② '연장보고기간'을 규정하여 보험기간이 종료한 이후에도 보험기간 중에 발생한 사고에 대한 클레임의 제기를 일정기간 동안 인정해 주고 있다.
③ 자동연장보고기간은 통상 60일로 정하나 30일로 제한하는 경우도 있다.
④ 선택연장보고기간은 통상 3년으로 제한된다.

환경오염배상책임보험은 보험사고에 대한 보험금지급기준이 종합배상책임보험(CGL)의 사고발생기준방식과 달리 배상청구기준방식으로 되어 있다. 따라서 보험기간 중 보험사고(환경오염사고)가 발생해야 보험회사로부터 보험금을 받을 수 있는 것이 아니라 보험기간 중 피해자의 피보험자에 대한 손해배상청구가 있어야 보험회사로부터 보험금을 받을 수 있다.

**61** **환경오염배상책임보험의 보상하지 않는 손해에 해당하지 않는 것은?**

① 계약상의 가중책임
② 피보험자의 소유, 보호, 관리, 통제하는 재물
③ 정부기관 명령 등에 대한 고의적인 불응
④ 피보험자의 중과실 위법행위

피보험자의 **고의적 위법행위**가 보상하지 않는 손해에 해당한다.

## 62 전자상거래배상책임보험에 대한 설명으로 옳지 않은 것은?

① 기업의 보안, 바이러스, 스토리지(Storage), 데이터센터의 운영 등을 비롯하여 기타 네트워크의 서비스 중단 또는 웹사이트상의 콘텐츠 및 광고 등 모든 인터넷과 네트워크 활동으로 기인하는 고객 및 제3자에 대한 법률상 배상책임 위험을 담보한다.
② 전자상거래 업체의 기업의 직접손해, 기업휴지손해 및 컴퓨터범죄로 인한 손해 등 다양한 위험을 담보한다.
③ 손해사고기준증권이다.
④ 기명피보험자의 자회사도 피보험자가 될 수 있다.

해설

**배상청구기준약관**으로 보험기간 중 피해자의 피보험자에 대한 손해배상청구가 있어야 보험회사로부터 보험금을 받을 수 있다.

## 63 전자상거래배상책임에서 담보하는 손해는?

① 신체장해 또는 재물손해에 대한 배상청구
② 피보험자간 배상청구
③ 국가가 피보험자의 고객으로서 제기하는 배상청구
④ 계약상 가중책임

해설

국가 무역관련 기관 또는 국가 통신관련 기관 및 기타 국가 또는 지방자치단체의 기관이 제기하는 배상청구는 면책하지만, 이러한 기관이 피보험자의 고객으로서 제기하는 배상청구는 담보한다.

정답 59 ② 60 ① 61 ④ 62 ③ 63 ③

# 제3장 자동차보험

## 1 교통사고와 책임

**01** **다음 중 자동차보험의 행정상 책임과 관련이 있는 것은?**

① 자동차사고의 가해자가 피해자에게 손해배상책임을 부담한다.
② 민법, 자동차손해배상보상법, 국가배상법이 주로 적용된다.
③ 자동차사고의 가해자에게 금고 또는 벌금 등을 부과한다.
④ 교통법규 위반자에게 범칙금 등을 부과하거나 면허정지 또는 면허취소처분을 부과한다.

해설

자동차사고의 3대 법적 책임

| 구 분 | 담보 여부 |
|---|---|
| 민사책임 | • 자동차사고의 가해자가 피해자에게 지는 손해배상책임을 말한다.<br>• 민법, 자동차손해배상보장법, 국가배상법이 주로 적용된다. |
| 형사책임 | • 자동차사고의 운전자에게 금고 또는 벌금 등을 부과하는 책임을 말한다.<br>• 형법, 도로교통법, 교통사고처리특례법 등이 주로 적용된다. |
| 행정상 책임 | 교통법규 위반자에게 도로교통법상의 범칙금 등을 부과하거나 면허정지 또는 면허취소처분을 부과하는 책임을 말한다. |

**02** **자동차보험의 담보에 대한 다음 설명 중 옳지 않은 것은?**

① 면허정지 및 면허취소도 보험담보의 대상이 될 수 있다.
② 대인배상은 대인사고로 인한 피보험자의 손해배상책임을 담보한다.
③ 대물배상은 대물사고로 인한 피보험자의 손해배상책임을 담보한다.
④ 금고형은 일신전속적이므로 보험담보의 대상이 되지 못한다.

해설

면허정지 및 면허취소는 보험담보의 대상이 되지 못한다.

참고

자동차보험에서 담보되는 법적 책임

| 구 분 | 담보 여부 |
|---|---|
| 민사책임 | • 대인배상 : 대인사고로 인한 피보험자의 손해배상책임을 담보한다.<br>• 대물배상 : 대물사고로 인한 피보험자의 손해배상책임을 담보한다. |
| 형사책임 | • 금고형 : 일신전속적이므로 보험담보의 대상이 되지 못한다.<br>• 벌금형 : 운전자보험에서 담보하고 있다. |
| 행정상 책임 | • 행정상 책임은 보험담보의 목적이 되지 못한다.<br>• 면허정지나 면허취소 : 보험담보의 대상이 되지 못한다. |

## 03 민법상 일반불법행위의 성립요건으로 옳지 않은 것은?

① 가해자의 무과실
② 가해자의 책임능력
③ 가해행위의 위법성
④ 가해행위에 의한 손해발생

민법상 불법행위책임의 일반적 성립요건(4가지)
- 가해자의 고의 또는 과실(주관적 요건)
- 가해자의 책임능력(주관적 요건)
- 가해행위의 위법성(객관적 요건)
- 가해행위에 의한 손해발생(객관적 요건)



## 04 민법상 일반불법행위의 성립요건으로 옳지 않은 것은?

① 가해자에게 책임능력이 있어야 한다.
② 가해자에게 고의 또는 중과실이 있어야 한다.
③ 가해행위에 위법성이 있어야 한다.
④ 가해행위와 손해사이에 상당인과관계가 있어야 한다.

가해자에게 고의 또는 과실이 있어야 하며, **중과실**을 요구하는 것은 아니다.

## 05 다음 중 자동차사고의 책임에 대한 설명으로 옳지 않은 것은?

① 고용운전자가 고의나 과실로 사고를 낸 경우 고용운전자와 고용주는 연대책임을 부담한다.
② 지입차주가 고의나 과실로 사고를 낸 경우 지입회사는 책임이 없다.
③ 아버지의 허락을 받아 면허증이 있는 성년의 아들이 자동차를 운전 중 대물사고를 낸 경우 사고운전자인 아들은 민법 제750조의 일반불법행위책임을 부담한다.
④ 택시운전자가 근무시간에 놀러가기 위해 운전하다가 사고를 낸 경우 회사는 사용자책임을 부담한다.

정답 01 ④ 02 ① 03 ① 04 ② 05 ②

고용운전자, 직원, 지입차주 등이 사고를 낸 경우, 고용운전자, 직원, 지입차주 등은 민법 제750조의 일반불법행위책임, 사용자는 민법 제756조의 사용자책임을 지므로 피해자는 누구에게라도 손해배상청구가 가능하다.

판례

지입차량의 차주 또는 그가 고용한 운전자의 과실로 타인에게 손해를 가한 경우에는 지입회사는 명의대여자로서 제3자에 대하여 지입차량이 자기의 사업에 속하는 것을 표시하였을 뿐 아니라, 객관적으로 지입차주를 지휘·감독하는 사용자의 지위에 있다 할 것이므로 이러한 불법행위에 대하여는 그 사용자책임을 부담한다(대판 2000. 10. 13. 선고 2000다20069).

**06** **정비공장 정비원이 도급인의 차량을 수리한 후, 정비상태를 살펴보기 위해 공장주변을 운전하다 사고를 냈다. 다음 중 책임으로 옳지 않은 것은?**

① 정비원은 민법상 일반불법행위책임을 진다.
② 정비회사는 민법상 사용자 책임을 진다.
③ 도급인은 도급인으로 책임을 진다.
④ 주차장에 맡긴 경우에 주차요원이 사고를 낸 경우 소유자는 책임이 없다.

정비공장 정비원이 자동차수리과정에서 사고를 낸 경우에 도급인인 차량소유자는 배상책임이 없다.

**07** **자동차사고와 점유자의 책임관계에 대한 설명으로 옳지 못한 것은?**

① 공작물의 설치 또는 보존의 하자로 인하여 타인에게 손해를 가한 때에는 공작물점유자가 손해를 배상할 책임이 있다.
② 점유자가 손해의 방지에 필요한 주의를 해태하지 아니한 때에는 그 소유자도 손해를 배상할 책임이 없다.
③ 비탈길에 세워둔 차량이 미끌어져 낸 사고에서 운전자는 배상책임이 있다.
④ 겨울철에 다리에만 결빙되어 교통사고가 난 경우 도로관리책임 담당기관에게 책임이 있다.

공작물의 설치 또는 보존의 하자로 인하여 타인에게 손해를 가한 때에는 공작물점유자가 손해를 배상할 책임이 있다. 그러나 점유자가 손해의 방지에 필요한 주의를 해태하지 아니한 때에는 그 소유자가 손해를 배상할 책임이 있다.

**08** **甲회사소속 고속버스와 乙의 승용차가 충돌하는 사고로 인하여 버스승객 丙이 상해를 입었을 경우의 설명으로 옳지 않은 것은?**

① 甲과 乙은 공동불법행위의 책임을 진다.
② 甲과 乙의 책임은 진정연대채무이다.
③ 甲과 乙은 과실비율에 따라 책임을 진다.
④ 甲과 乙의 구상채무는 분할채무이다.

甲과 乙의 책임은 부진정연대채무이다. 부진정연대채무는 채무자의 한사람에 관해 생긴 사유가 다른 채무자에게 영향을 미치지 아니한다는 점에서 진정연대채무와 차이가 있다.



**09** **운행자의 3면책요건에 해당하지 않는 것은?**

① 운행자 및 운전자의 무과실일 것
② 피해자에게 고의 또는 과실이 있거나 또는 제3자의 고의 또는 과실이 존재할 것
③ 자동차에 구조상 결함이나 기능상 장애가 없을 것
④ 자동차의무보험에 가입할 것

운행자의 3면책요건
피해자가 승객 이외인 경우, 운행자가 다음의 3면책요건을 입증하면 운행자책임을 면한다.
- 운행자 및 운전자의 무과실일 것
- 피해자에게 고의 또는 과실이 있거나 또는 제3자의 고의 또는 과실이 존재할 것
- 자동차에 구조상 결함이나 기능상 장애가 없다는 것

정답 06 ③ 07 ② 08 ② 09 ④

## 10 다음 중 소유자의 운행자 책임이 발생하지 않는 경우는?

① 소유자 경영의 판매점 종업원이 주인이 없는 틈을 타 운전면허 없이 점포사무실 책상 서랍 속에 넣어 둔 자동차 열쇠를 꺼내어 소유자 트럭을 운전하다가 사고를 낸 경우
② 소유자가 자동차 문을 잠그지 않고 키를 꽂아놓은 채 도로상에 일시 정차해 놓다가 절취당해 절취자가 운행 중 사고를 낸 경우
③ 동네 빈터에 장기간 자동차를 방치해 놓은 상태에서 동네불량배들이 무단 운전을 하다 사고를 낸 경우
④ 주차장에 주차해놓은 차를 절취자가 강제로 문을 따고 운전을 하다 사고를 낸 경우

집안의 주차장에 문을 잠그지 않고 주차했는데 절취자가 집으로 들어와 차를 훔쳐 달아나다 사고를 낸 경우 등은 운행자 책임이 발생하지 않는다.

## 2 자동차보험 관련 법률

## 11 민법과 자동차손해배상보장법(자배법)의 관계를 가장 바르게 설명한 것은?

① 자배법은 민법의 특별법으로서 우선 적용한다.
② 민법의 배상책임의 주체는 운행자이다.
③ 자배법의 배상책임의 입증책임은 피해자이다.
④ 과실책임주의를 취하고 있다.

① 자배법은 민법의 특별법으로서 우선 적용한다. 이는 운행자의 책임과 관련하여 자배법과 민법의 내용이 서로 다를 경우에는 자배법을 우선 적용한다는 것을 의미한다.
② 민법의 배상책임의 주체는 운전자, 사용자 등이다(자배법 제3조).
③ 자배법의 배상책임의 입증책임은 운행자이다(자배법 제3조 제1호).
④ 조건부무과실책임주의를 취하고 있다(자배법 제3조).

## 12 자동차손해배상보장법상 주요 용어에 대한 설명이다. 바르지 않은 설명은?

① '운행'이란 사람 또는 물건을 운송하는 자동차를 그 용법에 따라 사용하거나 관리하는 것을 말한다.
② '자동차'는 자동차관리법의 적용을 받는 자동차와 건설기계관리법의 적용을 받는 건설기계 중 대통령령으로 정하는 것을 말한다.

③ 자동차의 소유자 또는 자동차를 사용할 권리가 있는 자로서 자기를 위하여 운행하는 자는 '자동차보유자'이다.

④ 다른 사람을 위하여 자동차의 운전이나 운전의 보조에 종사하는 자를 '운전자'라고 한다.

① '운행'이란 사람 또는 물건의 **운송 여부와 관계없이** 자동차를 그 용법에 따라 사용하거나 관리하는 것을 말한다(자배법 제2조 제2호).
② 자배법 제2조 제1호
③ 자배법 제2조 제3호
④ 자배법 제2조 제4호



**13** **다음 중 자동차손해배상보장법에서 의무보험가입이 강제되어 있는 자동차에 해당하는 것은?**

① 국토교통부장관이 지정한 외국인 차량
② 대한민국에 체류하는 국제연합군대가 보유하는 자동차
③ 피견인자동차(트레일러)
④ 덤프트럭 등 9종 건설기계

의무보험의 강제가입대상은 자동차관리법에 의하여 등록된 자동차, 9종 건설기계이다.

**14** **자동차손해배상법상의 직접청구권이 적용되는 것은?**

① 대인배상Ⅰ
② 대인배상Ⅱ 및 대물배상
③ 대인배상Ⅰ과 대인배상Ⅱ
④ 대인배상Ⅰ과 대인배상Ⅱ 및 대물배상

대인배상Ⅰ과 대인배상Ⅱ 및 대물배상의 직접청구권(자배법 제10조)

| 구 분 | 대인배상Ⅰ | 대인배상Ⅱ 및 대물배상 |
|---|---|---|
| 근 거 | 자동차손해배상보장법 | 상 법 |
| 압류 및 양도 | 금 지 | 가 능 |

## 15 자동차손해배상보장법상 가불금 청구권에 대한 설명으로 옳지 않은 것은?

① 피해자 1인당 대인배상Ⅰ 한도액의 100분의 25에 상당하는 금액을 보험금 등을 지급하기 위한 가불금으로 지급할 것을 청구할 수 있다.
② 대인배상Ⅰ에만 적용된다.
③ 소멸시효는 3년이다.
④ 압류 및 양도가 불가능하다.

보험가입자 등이 자동차의 운행으로 다른 사람을 사망하게 하거나 부상하게 한 경우에는 피해자는 보험회사 등에게 자동차보험진료수가에 대하여는 그 전액을, 그 외의 보험금 등에 대하여는 대통령령(영 제10조)으로 정한 금액(피해자 1인당 대인배상Ⅰ 한도액의 100분의 50에 상당하는 금액)을 보험금 등을 지급하기 위한 가불금으로 지급할 것을 청구할 수 있다.

## 16 자동차손해배상 보장사업의 보상을 받을 수 있는 피해대상자에 해당하지 않는 자는?

① 자동차보유자를 알 수 없는 자동차(뺑소니차량)의 운행으로 부상한 경우
② 무보험자동차의 피해자인 경우
③ 대인배상Ⅰ 면책사고의 피해자인 경우
④ 대인배상Ⅱ 면책사고의 피해자인 경우

자동차손해배상 보장사업의 피해대상자
- 자동차보유자를 알 수 없는 자동차(뺑소니차량)의 운행으로 사망하거나 부상한 피해자
- 무보험자동차의 피해자
- 대인배상Ⅰ 면책사고의 피해자

## 17 교통사고처리특례법의 주요 내용으로 옳지 않은 것은?

① 반의사불벌죄
② 보험가입의 특례
③ 사망사고, 뺑소니, 12대 중과실 사고는 보험가입의 특례 미적용
④ 12대 중대법규 위반사고에 반의사불벌죄가 적용

교통사고처리특례법의 주요 내용

| | |
|---|---|
| 반의사불벌 | 피해자 간의 형사합의가 되면 처벌받지 않음 |
| 보험가입의 특례 | 종합보험에 가입된 차량의 경우에는 가해자·피해자 간의 형사합의가 없더라도 공소를 제기할 수 없음 |
| 반의사불벌·보험가입의 특례가 적용되지 않는 경우 | • 사망사고<br>• 사고 후 도주(뺑소니)<br>• 12대 중대법규 위반사고 |



**18** 다음 중 자동차의 운전자가 교통사고로 인하여 「형법」 제268조에 정한 업무상과실치상죄 또는 중과실치상죄를 범한 때에는 ( ) 이하의 금고 또는 ( ) 이하의 벌금에 처하도록 하고 있다. ( ) 안에 들어갈 내용으로 올바른 것은?

① 1년, 1천만원
② 2년, 2천만원
③ 3년, 2천만원
④ 5년, 2천만원

자동차의 운전자가 교통사고로 인하여 「형법」 제268조에 정한 업무상과실치상죄 또는 중과실치상죄를 범한 때에는 (5년) 이하의 금고 또는 (2천만원) 이하의 벌금에 처하도록 하고 있다(교통사고처리특례법 제3조 제1항).

**19** 다음 중 12대 중대법규 위반사고가 아닌 것은?

① 신호 또는 지시 위반
② 속도 위반(제한속도 시속 10km/h 이상 초과시)
③ 추월방법 위반
④ 건널목 통과방법 위반

12대 중대법규 위반사고(교통사고처리특례법 제3조 제2항)
- 신호 또는 지시 위반
- 중앙선 침범, 횡단·유턴 또는 후진할 경우
- 속도위반 : 제한속도를 시속 20km/h 이상 초과시
- 추월방법 위반
- 철길건널목 통과방법 위반

정답 15 ① 16 ④ 17 ④ 18 ④ 19 ②

- 횡단보도에서 보행자보호 의무위반
- 무면허운전
- 주취운전
- 보도침범, 보도횡단방법 위반
- 승객의 추락방지의무 위반
- 어린이보호구역 안전운전의무 위반
- 자동차화물 고정의무 위반

**20** **「교통사고처리특례법」상 반의사불벌죄의 특례를 적용하지 않고 형사처벌되는 경우가 아닌 것은?**

① 차의 운전자가 업무상과실치상죄 또는 중과실치상죄를 범하고도 피해자를 구호하는 등의 「도로교통법」 제54조 제1항에 따른 조치를 하지 아니하고 도주한 경우

② 차의 운전자가 업무상과실치상죄 또는 중과실치상죄를 범하고도 피해자를 사고 장소로부터 옮겨 유기(遺棄)하고 도주한 경우

③ 차의 운전자가 업무상 필요한 주의를 게을리하거나 중대한 과실로 다른 사람의 건조물이나 그 밖의 재물을 손괴한 경우

④ 교통사고 피해자가 사망한 경우

차의 운전자가 업무상 필요한 주의를 게을리하거나 중대한 과실로 다른 사람의 건조물이나 그 밖의 재물을 손괴한 경우는 반의사불벌죄의 특례에 해당된다(도로교통법 제151조).

반의사불벌죄의 특례 적용

「형법」 제268조의 업무상과실치상죄 또는 중과실치상죄와 「도로교통법」 제151조의 죄를 범한 운전자에 대하여는 피해자의 명시적인 의사에 반하여 공소(公訴)를 제기할 수 없다. 다만, 차의 운전자가 업무상과실치상죄 또는 중과실치상죄를 범하고도 피해자를 구호하는 등 「도로교통법」 제54조 제1항에 따른 조치를 하지 아니하고 도주하거나 피해자를 사고 장소로부터 옮겨 유기(遺棄)하고 도주한 경우, 같은 죄를 범하고 「도로교통법」 제44조 제2항을 위반하여 음주측정 요구에 따르지 아니한 경우(운전자가 채혈 측정을 요청하거나 동의한 경우는 제외)와 12대 중대 법규를 위반하여 사고를 일으킨 때에는 이 특례를 적용하지 아니한다.

## 3 자동차보험의 종류와 주요 용어

**21** **자동차보험의 종목 및 가입대상에 대한 설명으로 옳지 않은 것은?**

① 법정 정원이 10인승인 법인소유 자가용 승용차는 개인용 자동차보험 가입대상이다.
② 개인소유 자가용 화물차는 업무용 자동차보험 가입대상이다.
③ 개인소유 12인승 자가용 승합차는 업무용 자동차보험 가입대상이다.
④ 원동기장치 자전거는 이륜자동차보험 가입대상이다.

해설

① 법인소유(×) → 개인소유(○)

참고

자동차보험 종목 및 가입대상

| 보험종목 | 가입대상 |
|---|---|
| 개인용 자동차보험 | 법정 정원 10인승 이하의 개인소유 자가용 승용차. 다만, 인가된 자동차학원 또는 자동차학원 대표자가 소유하는 자동차로서 운전교습, 도로주행교육 및 시험에 사용되는 승용자동차는 제외 |
| 업무용 자동차보험 | 개인용 자동차를 제외한 모든 비사업용 자동차 |
| 영업용 자동차보험 | 사업용 자동차(법인소유 승용차 등) |
| 이륜자동차보험 | 이륜자동차 및 원동기장치 자전거 |
| 농기계보험 | 동력경운기, 농용트랙터 및 콤바인 등 농기계 |

**22** **다음 중 농기계보험에 대한 설명으로 바른 것은?**

① 가입대상은 동력경운기, 농용트랙터, 콤바인 등이다.
② 무보험 상해담보가 있다.
③ 대인배상은 대인배상Ⅰ과 대인배상Ⅱ로 구분된다.
④ 담보종목은 대인배상Ⅰ·Ⅱ, 대물배상, 자기신체사고, 농기계손해가 있다.

해설

농기계보험
- 가입대상 : 동력경운기, 농용트랙터, 콤바인 등 농기계
- 담보종목 : 대인배상, 대물배상, 자기신체사고, 농기계손해
- 대인배상은 대인배상Ⅰ, Ⅱ로 구분되지 않음
- 무보험차 상해담보 없음

제1과목 보험관계법령 및 약관

정답 20 ③ 21 ① 22 ①

## 23 다음 설명에 해당하는 배상책임 보장종목은?

자동차사고로 다른 사람을 죽게 하거나 다치게 한 경우에 자동차손해배상보장법에서 정한 한도에서 보상한다.

① 대인배상 I
② 대인배상 II
③ 대물배상
④ 자기신체사고

대인배상 I 에 해당하는 설명이다.

## 24 다음 중 무보험자동차에 해당하지 않는 것은?

① 자동차보험 대인배상 I 이 없는 자동차
② 자동차보험 대인배상 II 이 없는 자동차
③ 공제계약이 없는 자동차
④ 피보험자를 죽게 한 자동차가 명확히 밝혀지지 않은 경우 그 자동차

자동차보험 대인배상 II 나 공제계약이 없는 자동차는 무보험자동차에 속하나, 대인배상 I 이 없는 자동차는 이에 해당하지 않는다.

## 25 다음 설명 중 자동차보험에서 피보험자의 범위에 대한 설명으로 옳지 않은 것은?

① 친족피보험자 – 기명피보험자와 같이 살거나 살림을 같이하는 친족으로 피보험자동차를 사용 또는 관리 중인 자
② 사용피보험자 – 기명피보험자의 사용자로서 피보험자동차를 사용자 업무에 사용하는 경우
③ 운전피보험자 – 기명피보험자의 승낙을 얻어 피보험자동차를 사용 또는 관리 중인 자
④ 기명피보험자 – 보험증권에 기재된 피보험자

③은 승낙피보험자에 대한 설명이다.

**참고** 종합보험의 피보험자의 범위(대인배상Ⅱ, 대물배상)
- 기명피보험자 : 보험증권에 기재된 피보험자(자동차소유자 본인)
- 친족피보험자 : 기명피보험자와 같이 살거나 살림을 같이 하는 친족으로 피보험자동차를 사용 또는 관리 중인 자
- 승낙피보험자 : 기명피보험자의 승낙을 얻어 피보험자동차를 사용 또는 관리중인 자
- 사용피보험자 : 기명피보험자의 사용자(단, 기명피보험자가 피보험자동차를 사용자 업무에 사용하고 있는 때에 한함)
- 운전피보험자 : 위의 피보험자를 위하여 피보험자동차를 운전 중인 자(운전보조자 포함)



## 26 승낙피보험자에 대한 설명으로 옳지 않은 것은?

① 기명피보험자가 아닌 피보험자로부터 다시 승낙받은 자도 승낙피보험자에 해당한다.
② 승낙은 자동차의 사용 또는 관리에 대한 승낙이 있으면 족하다.
③ 명시적 승낙뿐만 아니라 묵시적 승낙도 승낙에 해당한다.
④ 자동차취급업자는 대인배상Ⅰ에서는 승낙피보험자가 되지만, 나머지 담보종목에서는 승낙피보험자가 되지 못한다.

**해설** 기명피보험자가 아닌 피보험자로부터 다시 승낙받은 자는 승낙피보험자에 해당하지 않는다.

## 27 피보험자에 대한 다음 설명 중 옳지 못한 것은?

① 운전피보험자란 다른 피보험자를 위하여 피보험자동차를 운전하다가 사고를 일으킨 경우에 피보험자로서 보험금청구권을 행사할 수 있는 자이다.
② 기명피보험자는 보험증권에 기재된 피보험자를 말한다.
③ 친족피보험자는 기명피보험자의 허락을 요하지 아니하므로 무단운전을 하더라도 피보험자로서 보험금청구권을 갖는다.
④ 사용피보험자는 승낙피보험자의 사용자도 될 수 있다.

**해설** 사용피보험자는 기명피보험자의 사용자만을 뜻하며, 승낙피보험자의 사용자는 사용피보험자가 될 수 없다.

**정답** 23 ① 24 ① 25 ③ 26 ① 27 ④

**28** 다음 중 자동차보험에 처음으로 가입하는 자동차의 보험기간으로 옳은 것은?

① 보험료 영수일시~보험기간 마지막 날 12:00
② 보험기간 첫날 12:00~보험기간 마지막 날 24:00
③ 보험료 영수일시~보험기간 마지막 날 24:00
④ 보험기간 첫날 24:00~보험기간 마지막 날 12:00

보험기간
- 일반 적용 : 보험증권에 기재된 보험기간의 첫날 24시부터 마지막 날 24시까지이다. 다만, 의무보험의 경우 전 계약의 보험기간과 중복되는 경우에는 전계약의 보험기간이 끝나는 시점부터 시작한다.
- 예외 적용(자동차보험에 처음으로 가입하는 자동차 및 의무보험) : 보험료를 받은 때부터 마지막 날 24시까지이다. 다만, 보험증권에 기재된 보험기간 이전에 보험료를 받았을 경우에는 그 보험기간의 첫날 0시부터 시작한다.

## 4 자동차보험의 배상책임 보장종목

**29** 다음 설명 중 자동차사고로 인한 손해 중에서 타인을 죽게 하거나 다치게 하여 법률상 손해배상책임을 짐으로써 입은 손해에 해당하는 것은?

① 자기신체손해
② 자기차량손해
③ 대물배상책임손해
④ 대인배상책임손해

자동차사고로 인한 손해
- 대인배상책임손해 : 자동차사고로 타인을 사망케 하거나 다치게 하여 법률상 손해배상책임을 짐으로써 입은 손해
- 대물배상책임손해 : 자동차사고로 타인의 재물에 입힌 손해에 대하여 법률상 손해배상책임을 짐으로써 입은 손해
- 자기신체손해 : 차주와 운전자 및 그 가족 등이 자동차사고로 죽거나 다친 손해
- 자기차량손해 : 자동차를 소유・사용・관리하는 동안에 자동차가 파손되거나 도난당하여 입은 손해

**30** **자동차보험약관에 관한 설명으로 옳은 것은?**

① 대인배상Ⅰ과 대인배상Ⅱ에서의 피보험자의 범위는 모두 같다.
② 배상책임에서 약관에서 정한 비용은 보험가입금액과 관계없이 보상한다.
③ 자기차량손해에서 피보험자의 범위는 보험증권에 기재된 기명피보험자와 승낙피보험자이다.
④ 자기차량손해에서 태풍, 홍수, 해일 등에 의한 손해는 보상하지 않는다.

① 대인배상Ⅱ의 피보험자들 중 승낙피보험자와 운전피보험자의 경우 자동차취급업자가 업무상 위탁받은 피보험자동차를 사용하거나 관리하는 경우에는 피보험자로 보지 않는다.
③ 피보험자는 기명피보험자뿐이다.
④ 천재지변 중 태풍, 홍수, 해일에 의한 손해는 보상한다.



**31** **대인배상Ⅰ과 대인배상Ⅱ 및 대물보상의 보상책임에 대한 설명으로 옳지 않은 것은?**

① 운전보조자도 대인배상Ⅰ의 피해자로 보상받을 수 있다.
② 운전보조자가 피해자일 때 대인배상Ⅱ에서 보상하지 않는다.
③ 대물사고의 손해배상책임은 자배법이 적용되지 않는다.
④ 대인배상Ⅱ 및 대물보상의 보상책임이 발생하려면 피보험자동차를 소유, 사용, 관리하는 동안 생긴 피보험자동차의 사고이어야 한다.

① 대인배상Ⅰ에서는 자배법상 타인이 사상된 경우에 보상대상이 되는데, 운전보조가가 피해자일 때 자배법상 손해배상청구를 할 수 없으므로, 운전보조자는 대인배상Ⅰ의 피해자로 보상받을 수 없다.
③의 경우 대물사고의 손해배상책임은 자배법이 적용되지 않고 민법이 적용되므로, 타인의 재물이란 민법 불법행위상의 타인이면 된다.

**32** **다음 중 담보별로 보상하지 않는 손해를 올바르게 기술하지 않은 것은?**

① 대인배상Ⅰ : 보험계약자 또는 피보험자의 고의로 인한 손해
② 자기신체사고 : 피보험자가 음주운전 중 생긴 사고로 그 본인이 상해를 입은 때
③ 대인배상Ⅱ : 피보험자 본인이 무면허 운전을 하였을 때 생긴 사고로 인한 손해
④ 자기차량손해 : 피보험자동차 타이어의 도난

자기신체사고는 상해보험적 성격을 갖고 있기 때문에 피보험자의 중과실을 면책사항으로 할 수 없다(상법 제732조의2). 따라서 피보험자의 음주운전 중에 생긴 사고로 상해를 입은 때는 보상하는 손해에 해당된다.

정답 28 ③ 29 ④ 30 ② 31 ① 32 ②

**33** **자동차보험 대물배상책임 담보에 가입한 피보험자동차가 국보 제70호인 '훈민정음'을 운송 중인 상대차량을 충격하여 동 국보가 훼손되는 사고를 야기하였다. 이 경우 보험자의 보상책임에 대한 설명 중 옳은 것은?**

① 위의 손해에 대하여 보험회사는 보상하지 않는다.

② 법원의 확정판결에 의해 손해배상액이 확정될 경우에는 그 확정판결액을 보험자가 보상하여야 한다.

③ 법원에 의한 확정판결액이 보험가입금액을 초과할 경우에는 보험가입금액을 지급한다.

④ 운송중인 물품에 생긴 손해라고 하더라도 피보험자동차가 아닌 다른 차의 운송중인 물품에 생긴 손해이므로 보상하여야 한다.

해설

대물배상에서 남의 서화, 골동품, 조각물, 기타 미술품 등은 보상하지 아니한다.

**34** **다음 중 대인배상Ⅱ 담보에서 보상하지 않는 경우에 해당하지 않는 것은?**

① 피보험자 또는 그 부모, 배우자 및 자녀가 죽거나 다친 경우

② 피보험자 본인이 무면허운전을 하던 중 생긴 사고로 인한 손해

③ 피보험자의 고의 또는 중대한 과실로 인한 사고

④ 지진, 분화, 태풍, 홍수, 해일 등의 천재지변에 의한 손해

해설

피보험자의 고의로 인한 사고시 손해는 보상하지 않으나, 중대한 과실로 인한 사고는 보상해야 한다. 즉 대인배상Ⅱ에서 중대한 과실을 면책한다면 피해자에 대한 피해구제가 불가능해지는 문제가 발생하므로 중대한 과실로 인한 사고는 보상해야 한다.

**35** **다음 중 대인배상Ⅱ에서 면책되는 경우에 해당하지 않는 것은?**

① 피보험자가 운전 중 피보험자의 배우자가 사상한 경우

② 피보험자가 운전 중 피보험자의 조부모가 사상한 경우

③ 피보험자동차를 시험용, 경기용 또는 경기를 위해 연습용으로 사용하던 중 생긴 손해

④ 배상책임이 있는 피보험자의 피용자로서 「산업재해보상보험법」에 의한 재해보상을 받을 수 있는 사람

피보험자의 배우자, 부모, 자녀가 아니므로 대인배상 Ⅱ에서 보상한다.

## 36 자동차보험에서 책임보험(대인배상Ⅰ)의 보상한도로 옳은 것은?

① 1인당 최고 사망 1억 5천만원, 부상(1급) 3,000만원, 후유장해(1급) 1억 5천만원
② 1인당 최고 사망 1억원, 부상(1급) 2,000만원, 후유장해(1급) 1억원
③ 1인당 최고 사망 1억원, 부상(1급) 3,000만원, 후유장해(1급) 1억원
④ 1인당 최고 사망 1억 5천만원, 부상(1급) 2,000만원, 후유장해(1급) 1억 5천만원

2016.4.1부터 보상한도는 피해자 1인당 사망 1억 5천만원, 부상 1급 3,000만원, 후유장해 1급 1억 5천만원 등으로 바뀌었다.



## 37 다음 중 자동차보험에 대한 설명으로 틀린 것은?

① 무보험자동차에 의한 1사고당 한도액은 없다.
② 자기차량손해에서 자기부담금은 자기차량 손해액의 20% 또는 30%로 한다.
③ 대인배상Ⅰ의 1사고당 보상한도는 1억원이다.
④ 대인배상Ⅱ는 대인배상Ⅰ초과분을 보상한다.

대인배상Ⅰ의 보상한도는 피해자 1인당 한도이며 1사고당 한도는 없다.

## 38 담보종목 중 유일하게 보상한도를 무한으로 가입할 수 있는 보험은?

① 대인배상Ⅰ
② 대인배상Ⅱ
③ 자동차상해
④ 자기신체사고

정답 33 ① 34 ③ 35 ② 36 ① 37 ③ 38 ②

② 피해자 1인당 기준은 5천만원/1억원/2억원/3억원/무한으로 구분되며, 1사고당 한도는 없다.
① 피해자 1인당 보상한도는 사망 1억5천만원(최저 3,000만원), 부상은 부상급별에 따라 최고(1급) 3,000만원, 최저(14급) 50만원, 후유장해는 장해급 별에 따라 최고(1급) 1억5천만원, 최저(14급) 1,000만원이다.
③ 보험가입금액 한도 내에서 대인배상의 지급기준에 따라 위자료, 상실수익액 등을 지급한다.
④ 1인당 사망기준 보험가입금액은 1천5백만/3천만/5천만/1억 등이며, 부상한도액은 3,000만원이며, 1사고당 한도액은 없다.

**39** **다음 자동차보험 중 대물배상에서 보상하는 경우에 해당하는 것은?**

① 탑승자와 통행인의 훼손된 소지품
② 피보험자 또는 그 부모, 배우자나 자녀가 소유・사용・관리하는 재물에 생긴 손해
③ 피보험자동차에 싣고 있거나 운송중인 물품에 생긴 손해
④ 피보험자가 사용자의 업무에 종사하고 있을 때 피보험자의 사용자가 소유・사용・관리하는 재물에 생긴 손해

탑승자와 통행인의 분실 또는 도난으로 인한 소지품에 생긴 손해는 보상하지 않는다. 그러나 훼손된 소지품에 한하여 피해자 1인당 200만원의 한도에서 실제 손해를 보상한다.

**40** **현행 자동차보험 배상책임에서 피보험자 본인이 '음주운전 또는 무면허운전'을 하는 동안에 생긴 사고의 경우 피보험자가 부담해야 할 사고부담금으로 옳은 것은?**

① 음주운전 사고부담금은 1사고당 「대인배상Ⅰ・Ⅱ」는 300만원, 대물배상은 100만원이다.
② 무면허운전 사고부담금은 1사고당 「대인배상Ⅰ・Ⅱ」는 300만원, 대물배상은 100만원이다.
③ 음주운전 사고부담금은 1사고당 「대인배상Ⅰ・Ⅱ」는 200만원, 대물배상은 50만원이다.
④ 무면허운전 사고부담금은 1사고당 「대인배상Ⅱ」는 200만원, 대물배상은 50만원이다.

음주운전 또는 무면허운전 관련 사고부담금

| 구 분 | 대인배상 | 대물배상 |
|---|---|---|
| 음주운전 사고부담금(1 사고당) | 「대인배상Ⅰ・Ⅱ」는 300만원 | 100만원 |
| 무면허운전 사고부담금(1 사고당) | 「대인배상Ⅰ」는 300만원 | 100만원 |

**41** **자기부담금에 대한 다음 설명 중 옳지 않은 것은?**

① 음주운전 또는 무면허운전을 한 피보험자는 자기부담금을 부담한다.
② 피보험자동차 운전자의 음주운전 또는 무면허운전을 명시적 또는 묵시적으로 승인한 피보험자도 자기부담금을 부담한다.
③ 피보험자는 지체 없이 음주운전 또는 무면허운전 사고 부담금을 보험회사에 납입하여야 한다.
④ 대인배상Ⅱ에서 피보험자의 무면허운전 중 사고도 자기부담금을 부담한다.

해설 대인배상Ⅱ에서 피보험자의 무면허운전 중 사고는 면책에 해당하므로 자기부담금이 존재하지 않는다.



## 5 자동차보험의 배상책임 이외의 보장종목

**42** **피보험자 본인이 무면허운전을 하였을 때에 생긴 손해를 보상하는 담보는?**

① 대인배상Ⅱ
② 무보험자동차에 의한 상해
③ 자기신체사고
④ 자기차량손해

해설 자기신체사고는 무면허운전도 보상한다.

**43** **다음 중 자기신체사고 담보에서 보상하지 않는 손해에 해당하지 않는 것은?**

① 지진, 분화 등 천재지변에 의한 손해
② 핵연료물질의 직접 또는 간접적 영향에 기인한 손해
③ 피보험자동차를 경기용 또는 경기를 위해 연습용으로 사용하던 중 생긴 손해
④ 피보험자의 중과실로 인한 사고

해설 피보험자의 중과실로 인한 사고는 보상한다. 피보험자의 고의로 그 본인이 상해를 입은 때에는 보상하지 않는다. 이 경우 피보험자에 대한 보험금만 지급하지 아니한다.

정답 39 ① 40 ① 41 ④ 42 ③ 43 ④

## 44 자기신체사고의 피보험자에 대한 설명으로 옳지 않은 것은?

① 대인배상Ⅱ에 해당하는 피보험자는 자기신체사고의 피보험자가 될 수 있다.
② 대인배상Ⅱ에 해당하는 피보험자의 자녀는 자기신체사고의 피보험자가 될 수 있다.
③ 피보험자동차의 무보험차 상해에서 보상받을 수 있는 자는 자기신체사고의 피보험자가 될 수 없다.
④ 기명피보험자의 부모가 허락 없이 무면허상태에서 운전을 하다가 갓길에 충돌하여 부상을 입은 경우 자기신체사고에서 보상받을 수 있다.

해설

피보험자동차의 무보험차 상해에서 보상받을 수 있는 자는 자기신체사고의 피보험자가 될 수 있다. 예를 들어 기명피보험자 A가 운전하던 중 무보험자동차와의 쌍방과실로 부상당한 경우 다음과 같이 보상받을 수 있다.

- A는 가해자동차의 대인배상Ⅰ이나 정부보장사업에서 우선 보상받은 후, 그 초과손해에 대하여는 무보험차 상해에서 보상받는다.
- 총손해액에서 위에서 보상받은 금액을 공제한 후에도 손해액이 남아있을 경우 자기신체사고에서 나머지 손해액을 보상받을 수 있다.

## 45 다음 중 무보험자동차에 해당하지 않는 자동차는?

① 자동차보험 「대인배상Ⅱ」나 공제계약이 없는 자동차
② 자동차보험 「대인배상Ⅱ」나 공제계약에서 보상하지 않는 경우에 해당하는 자동차
③ 약관에서 보상될 수 있는 금액보다 보상한도가 높은 자동차보험의 「대인배상Ⅱ」나 공제계약이 적용되는 자동차
④ 피보험자를 죽게 하거나 다치게 한 자동차가 명확히 밝혀지지 않은 경우 그 자동차

해설

**무보험자동차**

피보험자동차가 아니면서 피보험자를 죽게 하거나 다치게 한 자동차로서 다음 중 어느 하나에 해당하는 것을 말한다. 이 경우 자동차라 함은 「자동차관리법」에 의한 자동차, 「건설기계관리법」에 의한 건설기계, 「군수품관리법」에 의한 차량, 「도로교통법」에 의한 원동기장치자전거 및 「농업기계화촉진법」에 의한 농업기계를 말하며, 피보험자가 소유한 자동차를 제외한다.

- 자동차보험 「대인배상Ⅱ」나 공제계약이 없는 자동차
- 자동차보험 「대인배상Ⅱ」나 공제계약에서 보상하지 않는 경우에 해당하는 자동차
- **이 약관에서 보상될 수 있는 금액보다 보상한도가 낮은 자동차보험의 「대인배상Ⅱ」나 공제계약이 적용되는 자동차.** 다만, 피보험자를 죽게 하거나 다치게 한 자동차가 2대 이상이고 각각의 자동차에 적용되는 자동차보험의 「대인배상Ⅱ」 또는 공제계약에서 보상되는 금액의 합계액이 이 약관에서 보상될 수 있는 금액보다 낮은 경우에 한하는 그 각각의 자동차
- 피보험자를 죽게 하거나 다치게 한 자동차가 명확히 밝혀지지 않은 경우 그 자동차

**46** **무보험자동차에 의한 상해에서 보험자의 보상책임의 발생요건으로서 가장 적당하지 않은 것은?**

① 피보험자가 무보험자동차에 의하여 생긴 사고로 죽거나 다쳤을 것
② 피보험자에게 입힌 손해에 대하여 배상의무자가 존재할 것
③ 피보험자가 피보험자동차에 탑승 중일 것
④ 면책사유가 존재하지 않을 것

기명피보험자 및 기명피보험자의 배우자, 이들(기명피보험자와 배우자)의 부모 및 자녀는 피보험자동차에 탑승 중이였는지 여부를 불문하고 보험회사에 보상을 청구할 수 있다.



**47** **무보험자동차에 의한 상해에 관한 설명으로 옳지 않은 것은?**

① 대인배상Ⅰ, 대인배상Ⅱ, 대물배상, 자기신체사고 담보에 모두 가입하는 경우에 한하여 가입할 수 있다.
② 지급보험금은 피보험자 1인당 보험가입금액을 한도로 한다.
③ 기명피보험자의 부모는 피보험자동차에 탑승 중이었는지를 불문하고 피보험자의 범위에 포함된다.
④ 비용(손해방지경감비용, 권리보전행사비용)은 보상하지 않는다.

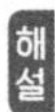

비용(손해방지경감비용, 권리보전행사비용)은 보상한다.

**48** **무보험자동차에 의한 상해 담보의 지급보험금은 보험금지급기준에 의해 산출한 금액에서 공제액을 공제하여 산출한다. 다음 중 공제액에 해당하지 않는 것은?**

① 정부보장사업에 의하여 지급될 수 있는 금액. 단, 정부보장사업 지급금액의 청구를 포기한 경우에는 공제하지 아니한다.
② 배상의무자가 가입한 대인배상Ⅱ 또는 공제계약에 의하여 지급될 수 있는 금액
③ 피보험자가 배상의무자로부터 이미 지급받은 금액
④ 피보험자가 탑승 중이었던 자동차가 가입한 대인배상Ⅱ 또는 공제계약에 의하여 지급될 수 있는 금액

정답 44 ③ 45 ③ 46 ③ 47 ④ 48 ①

정부보장사업에 의한 금액뿐만 아니라 대인배상 I (책임공제를 포함한다)에 의하여 지급될 수 있는 금액을 공제할 수 있다. 약관에서는 정부보장사업 지급금액의 청구를 포기하는 경우 공제하지 아니한다는 조항이 없다.

**49** **무보험자동차에 의한 상해 담보에 대한 설명 중 타당하지 않는 것은?**

① 자동차보험 대인배상Ⅱ나 공제계약에서 보상하지 아니하는 경우에 해당하는 자동차에 의하여 피보험자가 죽거나 다친 때 약관에서 정한 바에 따라 보상한다.

② 보험회사는 보험금지급기준에 의해 산출한 금액에 손해방지경감을 위해 지출한 비용을 더하여 지급한다.

③ 보험회사는 보험금지급기준에 의해 산출한 금액에도 불구하고 남으로부터 손해배상을 받을 수 있는 권리의 보전과 행사를 위해 지출한 비용까지 더하여 지급한다.

④ 무보험자동차에 의한 상해는 대인배상Ⅰ·Ⅱ, 대물배상, 자기신체사고, 자기차량손해에 모두 가입한 경우에 한하여 가입할 수 있다.

무보험자동차에 의한 상해는 대인배상Ⅰ·Ⅱ, 대물배상, 자기신체사고에 모두 가입하는 경우에 한하여 가입할 수 있다.

**50** **무보험자동차에 의한 상해에서 지급보험금은 보험금지급기준에 의해 산출한 금액에 비용을 더하고 공제액을 차감하여 결정하는데, 다음 중 공제액에 포함되지 않는 항목은?**

① 손해의 방지와 경감을 위하여 지출한 금액

② 대인배상Ⅰ에 의해 지급될 수 있는 금액

③ 자기신체사고 보험금 청구를 포기하지 않는 경우 자기신체사고에 의하여 지급될 수 있는 금액

④ 피보험자가 탑승 중이었던 자동차가 가입한 대인배상Ⅱ에 의하여 지급될 수 있는 금액

손해의 방지와 경감을 위하여 지출한 금액은 '비용' 항목이다.

**51** **대인배상Ⅱ, 대물배상, 자기신체사고, 자기차량손해 면책사항(보상하지 않는 경우) 중에서 자기차량손해에만 해당되는 면책사항은?**

① 무면허운전
② 음주운전
③ 자가용 자동차의 유상운송행위
④ 피보험자의 고의

자기차량손해 담보에서 음주운전 사고는 면책한다.

**52** **다음 중 자동차보험의 자기차량손해에서 보상하지 않는 손해에 해당하는 것은?**

① 타차, 타물체와의 충돌, 접촉, 추락, 전복 또는 차량 침수로 생긴 손해
② 화재, 폭발, 낙뢰, 날아온 물체, 떨어진 물체에 의한 손해 또는 풍력에 의한 차체에 생긴 손해
③ 태풍, 홍수, 해일 등의 자연재해로 인한 손해
④ 피보험자동차의 일부 부속품의 도난

피보험자동차의 일부 부분품, 부속품, 부속기계장치만의 도난으로 인한 손해는 보상하지 않는다.

**53** **다음 중 자동차보험의 자기차량손해에서 보험증권에 기재하지 않아도 보상하는 것은?**

① 무선전화기　　② 스테레오
③ 특수장비　　④ 운임미터기

자기차량손해
- 보험증권에 기재하지 않아도 보상하는 것 : 라디오, 스페어타이어, 표준공구, 소화기, 운임미터기, 오일류 등(통상적으로 차량출고시 부착된 것)
- 보험증권에 기재하여야 보상하는 것 : 무선전화기, 텔레비전, 스테레오, 방송장비, 특수장비 등(통상적으로 차량출고 후 옵션으로 추가 부착한 것)

정답 49 ④ 50 ① 51 ② 52 ④ 53 ④

## 54 개인용자동차보험의 자기차량손해에서 보상하는 사고로서 옳은 것은?

① 아파트 주차장에 주차된 피보험자동차의 타이어 도난 손해
② 피보험자동차를 운전면허시험을 위한 도로주행시험용으로 사용하던 중 생긴 손해
③ 추운 겨울 피보험자동차의 동파로 인한 손해
④ 피보험자동차를 운송하는 도중 피보험자동차에 생긴 손해

피보험자동차를 시험용, 경기용 또는 경기를 위해 연습용으로 사용하던 중 생긴 손해는 보상하지 않지만 운전면허시험을 위한 도로주행시험용으로 사용하던 중 생긴 손해는 보상한다.

## 55 자기차량손해의 보상내용에 관한 설명 중 옳지 않은 것은?

① 피보험자동차에 전부손해가 생긴 경우에는 자기부담금을 공제하지 않는다.
② 보험회사가 보상한 금액이 보험가입금액 전액 이상인 경우 자기차량손해의 보험계약은 사고발생 시에 종료된다.
③ 피보험자동차의 전부손해에 대하여 보험금 전액을 지급한 경우 보험회사는 피해물을 인수한다.
④ 보험가입금액과 보험가액을 비교하여 큰 금액을 한도로 보상한다.

자기차량손해의 보상은 보험가액의 범위 내에서 보상한다.

## 56 개인용자동차보험 자기차량손해에서 보상해야 하는 손해는?

① 사기 또는 횡령으로 인한 손해
② 소방이나 피난에 필요한 조치로 발생한 손해
③ 피보험자동차를 운송 또는 싣고 내릴 때에 생긴 손해
④ 피보험자동차에 생긴 흠, 마멸, 부식 등으로 인한 손해

국가나 공공단체의 공권력 행사에 의한 압류, 징발, 몰수, 파괴 등으로 인한 손해는 보상하지 않는다. 그러나 소방이나 피난에 필요한 조치로 손해가 발생한 경우에 그 손해를 보상한다.

**57** **자기차량손해에서 피보험자동차에 생긴 손해액 및 비용에 대한 설명 중 가장 올바르지 않은 것은?**

① 피보험자동차가 제힘으로 움직일 수 없는 경우 가까운 정비공장까지의 운반비용
② 피보험자동차를 고칠 때 부득이 엔진, 미션 등 중요한 부분을 새 부분품으로 교환한 경우는 그 부분품의 값과 그 부착비용을 합한 금액
③ 피보험자동차를 고칠 수 있는 경우 사고발생 전의 상태로 만드는 데 드는 수리비(단, 잔존물이 있는 경우 그 값을 공제)
④ 손해방지경감 및 권리보전행사를 위하여 지출한 비용은 보험가입금액과 관계없이 보상

엔진, 미션 등 중요한 부분을 새 부분품으로 교환한 경우 교환된 기존 부분품의 감가상각에 해당하는 금액을 공제한다.

## 6 보험금 또는 손해보상의 청구

**58** **피보험자의 보험금 청구에 관한 내용으로 옳지 않은 것은?**

① 보험회사는 보험금 청구에 관한 서류를 받았을 때에는 지체 없이 지급할 보험금액을 정하고 그 정하여진 날부터 7일 이내에 지급한다.
② 보험회사가 보험금 청구에 관한 서류를 받은 때부터 30일 이내에 피보험자에게 보험금을 지급하는 것을 거절하는 이유 또는 그 지급을 연기하는 이유를 서면으로 통지하지 않는 경우 정당한 사유없이 보험금액을 정하는 것을 지연한 것으로 본다.
③ 보험회사는 손해배상청구권자가 손해배상을 받기 전에 보험금의 일부를 피보험자에게 지급할 수 있다.
④ 피보험자의 보험금 청구가 손해배상청구권자의 직접청구와 경합할 때에는 보험회사가 손해배상청구권자에게 우선하여 보험금을 지급한다.

보험회사는 손해배상청구권자가 손해배상을 받기 전에는 보험금의 전부 또는 일부를 피보험자에게 지급하지 않는다.



정답 54 ② 55 ④ 56 ② 57 ② 58 ③

**59** **다음 중 피보험자의 가지급금 청구에 관한 설명으로 옳지 않은 것은?**

① 피보험자가 가지급금을 청구한 경우 보험회사는 약관에 따라 지급할 금액의 한도에서 가지급금을 지급한다.

② 피보험자에게 지급한 가지급금은 장래 지급될 보험금에서 공제되고 최종적인 보험금 결정에 영향을 미친다.

③ 보험회사는 가지급금 청구에 관한 서류 등을 받았을 때에는 지체 없이 지급할 가지급액을 정하고 그 정하여진 날부터 7일 이내에 지급한다.

④ 약관상 보험회사의 지급책임이 발생하지 않는 것이 객관적으로 명백할 경우에는 가지급금을 지급하지 않을 수 있다.

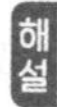

피보험자에게 지급한 가지급금은 장래 지급될 보험금에서 공제되나 최종적인 보험금 결정에는 영향을 미치지 않는다.

**60** **손해배상청구권자의 손해배상청구시 유의해야할 사항으로 올바르지 않은 것은?**

① 보험회사가 손해배상청구권자의 청구를 받았을 때에는 지체없이 피보험자에게 통지한다.

② 손해배상금은 약관에 의하여 보험회사가 피보험자에게 지급책임을 지는 금액을 초과하여 지급할 수 있다.

③ 보험회사는 손해배상청구권자의 요청이 있을 때에는 손해배상액을 일정기간으로 정하여 정기금으로 지급할 수 있다.

④ 손해배상청구권자의 책임있는 사유로 손해배상금 지급이 지연될 때에는 그 해당기간에 대한 이자를 더하여 지급하지 않는다.

손해배상금은 약관에 의하여 보험회사가 피보험자에게 지급책임을 지는 금액을 한도로 한다.

## 7 보험금의 분담 등

**61** **개인용 자동차보험에서 보험금의 분담 및 보험회사의 대위에 관한 설명 중 옳지 않은 것은?**

① 보험회사가 피보험자에게 보험금을 지급한 경우 대인배상, 대물배상, 자기신체사고 모두 그 보험금 한도 내에서 제3자에 대한 피보험자의 권리를 취득한다.

② 보상책임이 중복되는 다른 보험계약이 있고 각 보험계약의 보상책임액의 합계액이 손해액보다 많은 경우에 각 보험계약별로 보험금을 안분비례 방식으로 분담한다.

③ 자동차취급업자가 가입한 보험계약에서 보험금이 지급될 수 있는 경우에는 그 보험금을 초과하는 손해를 보상한다.

④ 피보험자는 보험회사가 대위권에 의하여 취득한 권리의 행사 및 보전에 관하여 필요한 조치를 취하고 보험회사가 요구하는 서류를 제출하여야 한다.

자기신체사고에 대해서는 제3자에 대한 피보험자의 권리를 대위하지 아니한다.



**62** **보험자의 보험대위권에 관한 다음 설명 중 옳은 것은?**

① 보험자의 대위권은 피보험자가 보험자에게 채권양도절차를 취함으로써 생긴다.

② 피보험자의 부당이득을 방지하기 위한 것이다.

③ 보험자대위는 배상책임보험에 한하여 인정된다.

④ 자동차손해배상책임보험은 의무보험이므로 보험자대위가 인정되지 아니한다.

① 보험자의 대위권은 채권양도절차 없이 법률에 의해 발생한다(상법 제682조).
③ 배상책임보험 뿐만 아니라 무보험자동차에 의한 상해에서도 대위권을 인정하고 있다.
④ 고의사고의 경우 피해자가 직접청구하면 보험자는 보상하고 피보험자에게 구상한다. 그러므로 의무보험에서도 보험자대위가 인정되고 있다.

정답 59 ② 60 ② 61 ① 62 ②

## 63 다음 중 보험회사가 보험계약법 및 자동차보험약관상 대위권 행사를 할 수 없는 경우는?

① 기명피보험자가 차량키를 꽂은 채로 잠시 자리를 비운 사이 절취범이 차량을 절취하여 도주하다 발생한 물적 사고에 대해 대물보험금을 지급한 경우
② 기명피보험자의 차량을 기명피보험자로부터 허락 받은 친구가 운전하다가 중앙선을 침범하여 발생한 사고로 자차보험금을 지급한 경우
③ 기명피보험자의 종업원이 기명피보험자의 화물차량을 몰래 운전하다가 물적 사고를 야기하여 대물보험금을 지급한 경우
④ 기명피보험자가 차량수리를 위해 정비공장에 넘겨주었고 정비공장직원이 차량수리 후 점검차원에서 운전하다가 단독사고로 인하여 자차보험금을 지급한 경우

② 「자기차량손해」의 경우 피보험자동차를 정당한 권리에 따라 사용하거나 관리하던 자에 대한 피보험자의 권리를 취득하지 못한다(표준약관 제34조 제2항 제2호).
① 보험회사는 절취범에 대하여 대위권을 행사할 수 있다(표준약관 제34조 제1항).
③ 보험회사는 종업원에 대하여 대위권을 행사할 수 있다(표준약관 제34조 제1항).
④ 보험회사는 정비공장에 대하여 대위권을 행사할 수 있다(표준약관 제34조 제2항 제2호 나목).

## 64 개인용자동차보험의 보험자대위에 대한 설명 중 옳지 않은 것은?

① 보험회사는 대위권을 행사하기 전에 피보험자에게 보험금을 지급하여야 한다.
② 보험회사는 피보험자에게 지급한 보험금의 한도 내에서 제3자에 대한 피보험자의 권리를 취득한다.
③ 자기신체사고의 경우 대위권이 인정되지 않는다.
④ 보험회사가 피보험자의 손해의 일부를 보상한 경우에도 피보험자의 권리침해 여부에 관계없이 우선적으로 그 권리를 취득한다.

보험회사가 피보험자 또는 손해배상청구권자에게 보험금 또는 손해배상금을 지급한 경우에는 지급한 보험금 또는 손해배상금의 범위에서 제3자에 대한 피보험자의 권리를 취득한다. 다만, 보험회사가 보상한 금액이 피보험자의 손해의 일부를 보상한 경우에는 피보험자의 권리를 침해하지 않는 범위에서 그 권리를 취득한다.

**65** **다음 중 합의 등의 협조·대행에 관한 설명으로 옳지 않은 것은?**

① 보험회사는 피보험자의 협조요청이 있는 경우 피보험자의 법률상 손해배상책임을 확정하기 위하여 피보험자가 손해배상청구권자와 행하는 합의·절충·중재 또는 소송에 대하여 협조한다.
② 보험회사는 피보험자에 대하여 보상책임을 지는 한도 내에서 협조하거나 대행한다.
③ 피보험자가 정당한 이유 없이 협력하지 않는 경우 그로 인하여 늘어난 손해에 대하여는 보상하지 않는다.
④ 피보험자가 손해배상청구권자에 대하여 부담하는 법률상의 손해배상책임액이 보험증권에 기재된 보험가입금액을 명백히 초과하더라도 보험회사는 대행할 의무가 있다.

보험회사는 법률상의 손해배상책임액이 보험증권에 기재된 보험가입금액을 명백하게 초과하는 때에는 대행하지 않는다.



## 8 대인배상보험금의 지급기준

**66** **자동차보험 대인배상보험금의 지급기준에 대한 설명이다. 옳지 않은 것은?**

① 사망시 위자료의 경우, 사망자의 연령에 관계없이 위자료는 동일하다.
② 유족위자료 청구권자의 범위는 피해자의 부모, 배우자, 자녀, 형제자매, 시부모, 장인장모이다.
③ 부상 및 후유장해 지급기준상 위자료 청구권자는 피해자 본인이다.
④ 사망시 장례비는 5,000,000원으로 한다.

사망보험금 중 위자료는 사망자의 연령을 기준으로 차등 지급된다. 사망 당시 피해자의 나이가 60세 미만인 자는 8,000만원, 60세 이상인자는 5,000만원을 지급한다.

**67** **대인배상보험금의 지급기준상 상실수익액에 관한 설명 중 옳지 않은 것은?**

① 사망한 본인의 월평균 현실소득액에서 본인의 생활비를 공제한 금액에 취업가능월수에 해당하는 라이프니츠 계수를 곱하여 산정한다.
② 급여소득자의 현실소득액 산정기간은 사고발생직전 또는 사망직전 과거 3개월을 원칙으로 한다.
③ 상실수익액 산정시 공제하는 생활비는 그 비율을 1/3로 한다.
④ 취업시기는 23세로 한다.

정답 63 ② 64 ④ 65 ④ 66 ① 67 ④

해설 취업시기는 19세로 하되 군복무 해당자는 그 기간을 감안하여 취업가능월수를 산정한다(군복무 중인 경우에는 잔여 복무기간을 감안하여 적용).

**68** **현실소득액의 입증이 가능한 사업소득자의 현실소득액 산정방법에 관한 설명 중 옳지 않은 것은?**

① 세법에 따른 관계증빙서에 따라 증명된 수입액에서 그 수입을 위하여 필요한 제경비 및 제세액을 공제하고 본인의 기여율을 감안하여 산정한다.
② 투자비율은 입증이 불가능할 때에는 1/동업자수로 한다.
③ 노무기여율은 80/100을 한도로 타당한 율을 적용한다.
④ 본인이 없더라도 사업의 계속성이 유지될 수 있는 경우에는 일용근로자 임금을 인정한다.

해설 노무기여율은 <u>85/100</u>를 한도로 타당한 율을 적용한다.

**69** **자동차보험 대인배상, 무보험자동차에 의한 상해지급기준에서 휴업손해에 관한 설명으로 틀린 것은?**

① 부상으로 인하여 휴업함으로써 수입의 감소가 있었음을 관계 서류를 통해 증명할 수 있는 경우에 한하여 휴업기간 중 피해자의 실제 수입감소액의 90% 해당액을 지급한다.
② 가사종사자는 일용근로자 임금을 수입감소액으로 한다.
③ 유아, 학생, 연금생활자, 임대료에 의한 생활자는 수입의 감소가 없는 것으로 한다.
④ 무직자는 수입의 감소가 없는 것으로 한다.

해설 부상으로 인하여 휴업함으로써 수입의 감소가 있었음을 관계 서류를 통해 증명할 수 있는 경우에 한하여 휴업기간 중 피해자의 실제 <u>수입감소액의 85%</u> 해당액을 지급한다.

**70** 손해의 유형 중 적극적 손해에 해당하지 않는 것은?

① 장례비 ② 구조수색비
③ 휴업손해 ④ 개호비

적극적 손해와 소극적 손해

| 적극적 손해 | 재산의 멸실, 훼손 또는 신체의 상해와 같은 기존 법익이 없어지거나 줄어드는 등 침해당한 경우의 손해를 말한다. 장례비, 구조수색비, 치료관계비, 개호비가 이에 해당된다. |
|---|---|
| 소극적 손해 | 장래에 얻을 수 있었던 이익을 얻지 못하고 일실하는데 따른 손해를 말한다. 휴업손해와 상실수익액이 있다. |



**71** 대인배상보험금의 지급기준에서 치료관계비에 대한 설명이다. 옳지 않은 것은?

① 입원료는 대중적인 일반병실의 입원료를 지급한다.
② 외국에서 치료를 받은 경우에는 그에 소요되는 타당한 비용으로 지급한다.
③ 치아보철물이 외상으로 인해 손상 또는 파괴되어 사용할 수 없게 된 경우 원상회복에 소요되는 비용은 지급한다.
④ 피보험자나 피해자의 희망으로 상급병실에 입원하였을 때는 기준병실의 입원료와 상급병실의 입원료와의 차액은 지급하지 아니한다.

외국에서 치료를 받은 경우에는 **국내의료기관에서 소요되는 비용상당액**으로 지급한다. 단, 국내의료기관에서 치료가 불가능하여 외국에서 치료를 받는 경우에는 그에 소요되는 타당한 비용으로 한다.

**72** 대인배상보험금의 지급기준에서 치료관계비에 대한 설명 중 옳지 않은 것은?

① 의사가 치료상 부득이 기준병실보다 입원료가 비싼 병실에 입원하여야 한다고 판단하여 상급병실에 입원하였을 때에는 기준병실 입원료를 지급한다.
② 피해자의 희망으로 상급병실에 입원한 경우 기준병실 입원료를 지급한다.
③ 병실사정으로 부득이 상급병실에 입원하였을 때에는 7일까지 상급병실 입원료를 지급한다.
④ 응급치료, 호송, 진찰, 전원, 퇴원, 투약, 수술(성형수술 포함) 등에 소요되는 필요타당한 실비를 지급한다.

정답 68 ③ 69 ① 70 ③ 71 ② 72 ①

의사가 치료상 부득이 기준병실보다 입원료가 비싼 병실(상급병실이라 함)에 입원하여야 한다고 판단하여 상급병실에 입원하였을 때에는 **상급병실의 입원료**를 지급한다.

## 73 다음 조건의 경우 대인배상보험금의 지급기준에 따른 부상 휴업손해액은 얼마인가?

1일 수입감소액 : 20만원, 휴업일수 10일

① 150만원
② 160만원
③ 170만원
④ 180만원

휴업손해 = 1일 수입감소액 × 휴업일수 × 85%
= 20만원 × 10일 × 85% = 170만원

## 74 대인배상보험금의 지급기준에서 간병비에 대한 다음 설명 중 옳지 않은 것은?

① 청구권자는 피해자 본인이다.
② 책임보험 상해구분상 1~5급에 해당하는 자 중 객관적인 증빙자료를 제출한 경우 인정한다.
③ 인정대상에 해당하는 자는 최대 30일을 한도로 하여 실제 입원기간을 인정한다.
④ 간병인원은 1일 1인 이내에 한하며, 1일 일용근로자 임금을 기준으로 지급한다.

인정대상에 해당하는 자는 **최대 60일**을 한도로 하여 실제 입원기간을 인정한다.

## 75 대인배상의 후유장애 보험금 지급기준으로 옳은 것은?

① 위자료 지급기준은 노동능력상실률 70%를 분기점으로 각기 다른 산식을 적용한다.
② 부상위자료와 후유장애위자료가 중복될 때에는 양자 중 적은 금액을 지급한다.
③ 노동능력상실률은 맥브라이드식 후유장애 평가방법에 따른다.
④ 가정간호비는 일용근로자 임금을 기준으로 퇴원일부터 향후 생존기간에 한하여 매월 정기금으로만 지급한다.

① 위자료 지급기준은 노동능력상실률 **50%**를 분기점으로 각기 다른 산식을 적용한다.
② 부상위자료와 후유장애위자료가 중복될 때에는 양자 중 **많은 금액**을 지급한다.
④ 가정간호비는 일용근로자 임금을 기준으로 보험금수령권자의 선택에 따라 **일시금** 또는 퇴원일부터 향후 생존기간에 한하여 **매월 정기금**으로 지급한다.

## 76 대인배상의 부상보험금 지급기준으로 옳은 것은?

① 부상 위자료의 지급기준은 책임보험 상해구분에 따라 1급~14급까지 14등급별로 인정한다.
② 가사종사자는 수입의 감소가 없는 것으로 한다.
③ 휴업손해 산정시 취업가능연한은 65세를 기준으로 한다.
④ 그 밖의 손해배상금으로 통원의 경우 실제 통원한 일수에 대하여 1일 6,000원을 지급한다.

② 가사종사자는 일용근로자 임금을 수입감소액으로 한다.
③ 휴업손해 산정시 취업가능연한은 60세를 기준으로 한다.
④ 통원의 경우 실제 통원한 일수에 대하여 1일 8,000원을 지급한다.

## 77 자동차보험약관상 대인배상보험금의 지급기준으로 옳은 것은?

① 세법상 관계증빙서에 의하여 입증된 소득과 입증 곤란한 소득이 두 가지 이상 있는 경우에는 이를 모두 합산한 소득을 현실소득액으로 한다.
② 상실수익액 산정에 사용하는 중간이자공제방식은 라이프니츠 방식이다.
③ 가정간호비의 인정 대상은 치료가 종결되지 않아서 1인 이상의 해당 전문의로부터 노동능력상실률 85%의 후유장애 판정을 받은 자이다.
④ 병실사정으로 부득이 상급병실에 입원한 경우 10일의 범위 내에서 상급병실 입원료를 지급한다.

정답 73 ③ 74 ③ 75 ③ 76 ① 77 ②

① 세법상 관계증빙서에 의하여 입증된 소득과 입증 곤란한 소득이 두 가지 이상 있는 경우에는 약관 기준에 의하여 각각 인정하는 소득 중 **많은 금액**을 인정한다.

③ 가정간호비의 인정 대상은 **치료가 종결**되어 더 이상의 치료효과를 기대할 수 없게 된 때에 1인 이상의 해당 전문의로부터 노동능력상실률 **100%**의 후유장애 판정을 받은 자이다.

④ 병실사정으로 부득이 상급병실에 입원한 경우 **7일**의 범위 내에서 상급병실 입원료를 지급한다.

## 78 대인배상보험금의 지급기준에서 사망보험금의 상실수익액에 관한 설명으로 올바른 것은?

① 현실소득액을 증명할 수 있는 급여소득자는 피해자가 근로의 대가로서 받은 보수액에서 제세액을 공제한 금액을 현실소득액으로 산정한다.

② 급여소득자 이외의 유직자는 사고발생 직전 또는 사망 직전 3개월을 현실소득액 산정대상기간으로 한다.

③ 중간이자 공제시 적용되는 법정이율은 연 10%이다.

④ 피해자가 사망 당시 56세부터 59세 미만인 경우에 취업가능월수는 36개월이다.

② 급여소득자 이외의 유직자는 사고발생 직전 과거 1년간으로 하며, 기간이 1년 미만인 경우에는 계절적인 요인을 감안하여 타당한 기간을 현실소득액 산정대상기간으로 한다.

③ 중간이자 공제시 적용되는 법정이율은 연 5%이다.

④ 피해자가 사망 당시 56세부터 59세 미만인 경우에 취업가능월수는 48개월이다.

## 79 월 300만원의 급여소득자의 정년이 60세라고 가정했을 때 보험회사는 사망일로부터 60세까지 매월 피해자에게 지급해야 할 사망보험금의 상실수익액은 얼마인가?(단, 대물배상보험금의 지급기준에 따름)

① 100만원　　② 150만원

③ 200만원　　④ 300만원

사망 상실수익액을 산정함에 있어서 1/3의 생활비를 공제한다. 따라서 보험회사는 사망일로부터 1개월이 끝날 때마다 60세까지 매월 200만원(= 300만원 × 2/3)을 피해자에게 지급해야 한다.

**80** **마주오던 차량이 중앙선을 침범한 자동차사고로 인하여 옆좌석에 타고 있던 18세의 아들이 사망하였다. 생활비율을 모두 공제하고 과실이 없는 경우 사망 상실수익액이 1억 5천만원으로 계산되었다. 다음 중 자동차보험표준약관의 대인배상보험금 지급기준에 의하여 산정한 사망보험금은 얼마인가?**

① 1억 5천 5백만원
② 2억 5백만원
③ 2억 3천 5백만원
④ 2억 5천 5백만원

해설

- 장례비 : 5백만원
- 위자료 : 사망 당시 피해자의 나이가 60세 미만인 경우 : 8천만원
- 상실수익액 : 1억 5천만원
- 합계 : 2억 3천 5백만원



**81** **대인배상, 무보험자동차에 의한 상해지급기준에서 상실수익액 산정시 '취업가능월수'에 관한 설명이다. 틀린 것은?**

① 취업가능연한을 60세로 하여 취업가능월수를 산정함을 원칙으로 한다.
② 피해자가 「농어업·농어촌 및 식품산업기본법」 제3조 제2호에서 규정하는 농어업인일 경우(피해자가 객관적 자료를 통해 증명한 경우에 한함)에는 취업가능연한을 65세로 하여 취업가능월수를 산정한다.
③ 피해자가 사망 당시(후유장애를 입은 경우에는 노동능력상실일) 70세 이상인 경우 취업가능월수는 12개월을 인정한다.
④ 취업가능연한이 사회통념상 60세 미만인 직종에 종사하는 자인 경우 해당 직종에 타당한 취업가능연한 이후 60세에 이르기까지의 현실소득액은 사망 또는 노동능력 상실 당시의 일용근로자 임금을 인정한다.

해설

피해자가 사망 당시 76세 이상인 경우 취업가능월수는 12개월을 인정한다.

**[56세 이상 피해자의 취업가능월수]**

| 피해자의 나이 | 취업가능월수 |
|---|---|
| 56세부터 59세 미만 | 48월 |
| 59세부터 67세 미만 | 36월 |
| 67세부터 76세 미만 | 24월 |
| 76세 이상 | 12월 |

정답 78 ① 79 ③ 80 ③ 81 ③

## 9 대물배상보험금의 지급기준

**82** 자동차보험에서 피해물의 수리비용이 사고 직전 가액을 초과하거나 원상회복이 불가능한 경우에 지급하는 비용을 무엇이라고 하는가?

① 교환가액 ② 대차료
③ 영업손실 ④ 수리비용

교환가액

| 구 분 | 내 용 |
|---|---|
| 지급대상 | 피해물이 다음 중 어느 하나에 해당하는 경우<br>• 수리비용이 피해물의 사고 직전 가액을 초과하여 수리하지 않고 폐차하는 경우<br>• 원상회복이 불가능한 경우 |
| 인정기준액 | • 사고 직전 피해물의 가액 상당액<br>• 사고 직전 피해물의 가액에 상당하는 동종의 대용품을 취득할 때 실제로 소요된 필요 타당한 비용 |

**83** 대물배상 대차료 인정기준에 대한 설명 중 옳은 것은?

① 대차를 하는 경우 대여자동차 중 최저요금의 대여자동차를 빌리는데 소요되는 통상의 요금
② 대차를 하는 경우 대여자동차가 없는 차종은 보험개발원이 산정한 사업용 해당 차종 휴차료 일람표 범위에서 실임차료의 80%
③ 대차를 하지 아니하는 경우(동급의 대여자동차가 있는 경우) 해당 차량과 동급의 최저요금 대여자동차 대여시 소요되는 통상의 요금의 50% 상당액
④ 대차를 하지 아니하는 경우(대여자동차가 없는 경우) 사업용 해당 차종 휴차료 일람표 금액의 50% 상당액

② 대차를 하는 경우 대여자동차가 없는 차종은 보험개발원이 산정한 사업용 해당 차종 휴차료 일람표 범위에서 실임차료
③ 대차를 하지 아니하는 경우(동급의 대여자동차가 있는 경우) 해당 차량과 동급의 최저요금 대여자동차 대여시 소요되는 통상의 요금의 30% 상당액
④ 대차를 하지 아니하는 경우(대여자동차가 없는 경우) 사업용 해당 차종 휴차료 일람표 금액의 30% 상당액

**84** **대물배상보험금의 지급기준으로 옳은 것은?**

① 대차료 인정기간은 수리가능한 경우 수리가 완료될 때까지의 기간으로 하되 15일 한도로 한다.
② 수리시 열처리 도장을 하는 경우에는 차령에 관계없이 열처리 도장료의 90%를 지급한다.
③ 수리비 및 열처리 도장료의 합계액은 피해물의 사고직전 가액의 120%를 한도로 한다.
④ 수리비용이 사고 직전 자동차가액의 20%를 초과하는 경우 출고 후 1년 이하인 자동차는 수리비용의 20%를 자동차시세하락손해로 지급한다.

① 대차료 인정기간은 수리가능한 경우 수리가 완료될 때까지의 기간으로 하되 30일 한도이다.
② 수리시 열처리 도장을 하는 경우에는 차령에 관계없이 열처리 도장료 전액을 지급한다.
④ 수리비용이 사고 직전 자동차가액의 20%를 초과하는 경우 출고 후 1년 이하인 자동차는 수리비용의 15%를 자동차시세하락손해로 지급한다.

**85** **대물배상보험금의 지급기준에 관한 규정이다. 다음 설명 중 옳지 않은 것은?**

① 영업손실의 지급대상은 소득세법령에 정한 사업자의 사업장 또는 그 시설물을 파괴하여 휴업함으로써 상실된 이익이다.
② 영업손실의 입증자료가 없는 경우 영업손실의 인정기간은 60일이다.
③ 자동차시세하락손해는 출고 후 2년 이하인 자동차에 한한다.
④ 사고로 인한 자동차의 수리비용이 사고 직전 자동차가액의 20%를 초과하는 경우 출고 후 1년 초과 2년 이하인 자동차는 수리비용의 10%를 자동차시세하락손해로 지급한다.

영업손실 및 자동차시세하락손해의 지급기준

| 구 분 | 내 용 |
|---|---|
| 영업손실 | • 원상복구에 소요되는 기간으로 한다. 그러나 합의지연 또는 부당한 복구지연으로 연장되는 기간은 휴업기간에 넣지 아니한다.<br>• 영업손실의 인정기간은 30일을 한도로 한다. |
| 자동차시세하락손해 | 사고로 인한 자동차(출고 후 2년 이하인 자동차에 한함)의 수리비용이 사고 직전 자동차가액의 20%를 초과하는 경우 출고 후 1년 이하인 자동차는 수리비용의 15%를 지급하고, 출고 후 1년 초과 2년 이하인 자동차는 수리비용의 10%를 지급한다. |

정답 82 ① 83 ① 84 ③ 85 ②

**86** **대물배상보험금의 지급기준으로 옳지 않은 것은?**

① 내용연수가 지난 경우, 수리비 및 열처리 도장료의 합계액은 피해물의 사고 직전 가액의 130%를 한도로 지급한다.

② 대차료의 인정기간은 수리가능한 경우 자동차정비업자에게 인도하여 수리가 완료될 때까지 소요된 기간으로 하되, 30일 한도로 한다.

③ 자동차시세하락손해는 사고로 인한 자동차의 수리비용이 사고직전 자동차가액의 20%를 초과하고, 출고 후 3년 이하인 자동차에 한하여 지급한다.

④ 휴차료는 사업용자동차(건설기계 포함)가 파손 또는 오손되어 사용하지 못하는 기간 동안에 발생하는 타당한 영업손해를 지급대상으로 한다.

③ 자동차시세하락손해는 출고 후 2년 이하인 자동차에 적용한다.

**87** **다음 중 휴차료에 대한 설명으로 옳지 않은 것은?**

① 인정기준액은 증명자료가 있는 경우 1일 영업수입에서 운행경비를 더한 금액에 휴차기간을 곱한 금액이다.

② 인정기준액은 증명자료가 없는 경우 보험개발원이 산정한 사업용 해당 차종 휴차료 일람표 금액에 휴차기간을 곱한 금액이다.

③ 개인택시운송사업 면허를 받은 자가 부상으로 자동차의 수리가 완료된 후에도 자동차를 운행할 수 없는 경우에는 사고일부터 30일을 초과하지 않는 범위에서 운행하지 못한 기간을 인정기간으로 한다.

④ 수리가 불가능한 경우 인정기간은 10일로 한다.

인정기준액은 증명자료가 있는 경우 1일 영업수입에서 운행경비를 **공제한** 금액에 휴차 기간을 곱한 금액이다.

## 10 과실상계 등

**88** **자동차보험에서 보험사고로 인해 서로의 과실비중을 따져 이를 차감하여 보험금을 지급하는 것을 무엇이라 하는가?**

① 손익상계
② 과실상계
③ 휴업손해
④ 동승자감액

과실상계란 자동차사고로 인한 손해에 대하여 피해자의 과실 정도에 따라 상계하는 것을 말한다.

**89** **다음 중 손익상계의 대상이 되는 금액에 해당하는 것은?**

① 「산재보험법」에 의한 급여
② 생명보험금
③ 상해보험금
④ 사회부조 등 손해전보성 금액이 아닌 것

① 「산재보험법」에 의한 급여는 손익상계의 대상이 되는 금액이다.
②·③·④는 모두 손익상계의 대상이 되지 않는 금액이다.

**90** **다음은 동승자 유형별 감액비율을 연결한 것이다. 감액비율이 옳게 연결된 것은?**

| | 동승의 유형 및 운행목적 | 감액비율 |
|---|---|---|
| ① | 동승자의 강요 및 무단 동승 | 90% |
| ② | 음주운전자의 차량 동승 | 50% |
| ③ | 동승자의 요청 동승 | 30% |
| ④ | 운전자의 권유 동승 | 20% |

제1과목 보험관계법령 및 약관

정답 86 ③ 87 ① 88 ② 89 ① 90 ③

동승자 유형별 감액비율

| 동승의 유형 및 운행목적 | 감액비율 |
|---|---|
| 동승자의 강요 및 무단 동승 | 100% |
| 음주운전자의 차량 동승 | 40% |
| 동승자의 요청 동승 | 30% |
| 상호 의논합의 동승 | 20% |
| 운전자의 권유 동승 | 10% |
| 운전자의 강요 동승 | 0% |

**91** **다음 중 과실상계에 관하여 설명한 것으로 옳지 않은 것은?**

① 과실상계는 손해배상의 대원칙인 손해의 공평분담의 원칙과 신의성실의 원칙에 입각한 이론이다.

② 과실상계는 손해배상책임의 발생과 이에 기인한 손해의 발생·확대에 피해자의 과실이 가담된 경우 가해자의 책임을 제한하고 배상액을 감경하는 제도이며 민법은 별도의 규정을 두고 있다.

③ 자동차보험 지급기준에서는 과실비율 적용기준에 대해 별도의 규정을 두고 있지만 소송이 제기된 때에는 확정판결에 의한 과실비율을 적용하여야 한다.

④ 과실상계에 의해 피해자의 손해액이 합리적으로 제한되므로 과실상계에서의 '과실'의 개념은 일반 불법행위의 성립요건으로서의 '과실'의 개념보다 엄격한 의미이다.

과실상계에서 피해자의 '과실'은 사회통념상, 신의성실의 원칙상, 공동생활상 요구되는 약한 의미의 부주의를 의미하므로 일반 불법행위의 성립요건으로서의 '과실'의 개념과 다르다. 또한 가해자의 과실의 전제가 되는 주의의무보다 가벼워서 가해자의 '과실'과도 다르다.

## 92 자동차보험약관상 과실상계 방법에 대한 설명으로 잘못된 것은?

① 대인배상Ⅰ·Ⅱ, 대물배상, 무보험자동차에 의한 상해의 지급보험금 계산시 피해자 측의 과실비율에 따라 상계한다.

② 대인배상Ⅰ에서 사망보험금은 상계한 후의 금액이 2,000만원에 미달하면 2,000만원을 보상한다.

③ 대인배상Ⅰ에서 부상보험금은 상계한 후의 금액이 치료관계비와 간병비의 합산액에 미달하면 치료관계비(입원환자 식대를 포함)와 간병비를 보상한다.

④ 과실비율의 적용기준은 별도로 정한 자동차사고 과실비율의 인정기준을 참고하여 산정한다.

대인배상Ⅰ·Ⅱ, 대물배상의 경우에는 피해자 측의 과실비율에 따라 상계하며, 무보험자동차에 의한 상해의 경우에는 피보험자의 과실비율에 따라 상계한다.

## 93 개인용 자동차보험약관상 과실상계 등에 관한 설명 중 옳지 않은 것은?

① 과실상계, 손익상계 및 호의동승감액은 모두 피해자의 손해배상액을 감액하고자 하는 이론이다.

② 손익상계의 근거는 손해의 공평한 분담이 아니라 피해자의 이중이득금지에 있다.

③ 기왕증이 있을 경우 보상하지 않는 약관규정은 대인배상Ⅰ, 대인배상Ⅱ, 자기신체사고(자동차상해)에 한하여 적용한다.

④ 과실비율 적용시 소송이 제기되었을 경우에는 확정판결에 의한 과실비율을 적용한다.

당해 자동차사고가 있기 전에 이미 가지고 있던 증상(기왕증)에 대해서는 보상하지 아니한다. 다만, 당해 자동차사고로 인하여 기왕증이 악화된 경우에는 기왕증이 손해에 관여한 정도(기왕증 관여도)를 반영하여 보상한다.



정답 91 ④ 92 ① 93 ③

## 11 상해등급과 후유장애등급

**94** 대인배상Ⅰ의 상해등급별 한도 금액을 올바르게 연결한 것은?(단, 2016년 4월 이후 사고기준)

① 1급 - 2,000만원
② 2급 - 1,500만원
③ 3급 - 1,000만원
④ 4급 - 900만원

해설

① 1급 - 3,000만원
③ 3급 - 1,200만원
④ 4급 - 1,000만원

**95** 자동차보험의 상해등급에 관한 설명으로 옳지 않은 것은?(단, 2016년 4월 이후 사고기준)

① 대인배상Ⅰ의 부상보험금 한도액은 상해등급 1급~14급으로 구분되어 있다.
② 상해등급 1급의 한도금액은 3,000만원, 14급의 한도금액은 100만원이다.
③ 무보험차상해의 부상 위자료는 상해등급에 따라 14단계로 구분되어 있다.
④ 자기신체사고의 부상보험금 한도액은 14등급으로 구분되어 있다.

해설

상해등급 1급의 한도금액은 3,000만원, 14급의 한도금액은 50만원이다.

**96** 자동차상해 및 무보험차상해의 부상보험금 중 위자료 산정시 상해등급별에 따른 인정액을 올바르게 연결한 것은?

① 1급 - 300만원
② 2급 - 200만원
③ 3급 - 152만원
④ 4급 - 125만원

해설

① 1급 - 200만원
② 2급 - 176만원
④ 4급 - 128만원

참고 부상 위자료 산정기준

(단위 : 만원)

| 급별 | 인정액 | 급별 | 인정액 | 급별 | 인정액 | 급별 | 인정액 |
|---|---|---|---|---|---|---|---|
| 1 | 200 | 5 | 75 | 9 | 25 | 13 | 15 |
| 2 | 176 | 6 | 50 | 10 | 20 | 14 | 15 |
| 3 | 152 | 7 | 40 | 11 | 20 | | |
| 4 | 128 | 8 | 30 | 12 | 15 | | |



**97** 다음은 자기신체사고의 상해등급에 따른 부상보험금 한도액을 나타낸 표이다. 빈칸에 들어갈 내용이 옳지 않은 것은?

| 상해등급 | 보험가입금액 | 상해등급 | 보험가입금액 |
|---|---|---|---|
| 1급 | ( ㉠ ) | 8급 | ( ㉢ ) |
| 2급 | 800만원 | 9급 | 140만원 |
| 3급 | 750만원 | 10급 | 120만원 |
| 4급 | ( ㉡ ) | 11급 | 100만원 |
| 5급 | 500만원 | 12급 | 60만원 |
| 6급 | 400만원 | 13급 | 40만원 |
| 7급 | 250만원 | 14급 | ( ㉣ ) |

① ㉠ – 1,500만원
② ㉡ – 700만원
③ ㉢ – 200만원
④ ㉣ – 20만원

해설 ㉢ – 180만원

정답 94 ② 95 ② 96 ③ 97 ③

## 98 상해등급의 적용 요령으로 옳지 않은 것은?

① 2급부터 11급까지의 상해 내용 중 2가지 이상의 상해가 중복된 경우에는 가장 높은 등급에 해당하는 상해부터 하위 3등급 사이의 상해가 중복된 경우에만 가장 높은 상해 내용의 등급보다 한 등급 높은 금액으로 배상한다.

② 일반 외상과 치과보철을 필요로 하는 상해가 중복된 경우에는 각각의 상해 등급별 금액을 배상하되, 그 합산액이 1급의 금액을 초과하지 않는 범위에서 배상한다.

③ 1개의 상해에서 2개 이상의 상향 또는 하향 조정의 요인이 있을 때 등급 상향 또는 하향 조정은 1회만 큰 폭의 조정을 적용한다.

④ 연부 조직에 손상이 심하여 유리 피판술, 유경 피판술, 원거리 피판술, 국소 피판술이나 피부 이식술을 시행할 경우 안면부는 한 등급 아래의 등급을 적용한다.

해설

연부 조직에 손상이 심하여 유리 피판술, 유경 피판술, 원거리 피판술, 국소 피판술이나 피부 이식술을 시행할 경우 안면부는 **1등급 상위등급을 적용**하고, 수부, 족부에 국한된 손상에 대해서는 한 등급 아래의 등급을 적용한다

## 99 자동차보험의 후유장애등급에 관한 설명으로 옳지 않은 것은?(단, 2016년 4월 이후 사고 기준)

① 대인배상 I 의 후유부상보험금 한도액은 장애등급 1급~14급으로 구분되어 있다.

② 장애등급 1급의 한도금액은 1억 5천만원, 14급의 한도금액은 천만원이다.

③ 무보험차상해에서 후유장애보험금 중 위자료는 장애등급에 따라 14단계로 구분되어 있다.

④ 자기신체사고의 후유장애보험금 한도액은 장애등급 14단계로 구분되어 있다.

후유장애위자료 산정은 노동능력상실률에 따라 계산된다. 따라서 대인배상 I · II, 자기신체사고, 자동차상해 및 무보험차상해 등에서 후유장애보험금 중 위자료 산정시 장애등급이 적용되지 않는다.

**100** 대인배상Ⅰ의 후유장애등급별 한도 금액을 올바르게 연결한 것은?(단, 2016년 4월 이후 사고기준)

① 2급 - 1억 2,000만원
② 5급 - 1억원
③ 7급 - 6,000만원
④ 10급 - 2,500만원

① 2급 - 1억 3,500만원
② 5급 - 9,000만원
④ 10급 - 2,700만원

후유장애등급별 한도금액(2016년 4월 이후 사고기준)

| 장애등급 | 보험가입금액 | 장애등급 | 보험가입금액 |
|---|---|---|---|
| 1급 | 1억 5,000만원 | 8급 | 4,500만원 |
| 2급 | 1억 3,500만원 | 9급 | 3,800만원 |
| 3급 | 1억 2,000만원 | 10급 | 2,700만원 |
| 4급 | 1억 500만원 | 11급 | 2,300만원 |
| 5급 | 9,000만원 | 12급 | 1,900만원 |
| 6급 | 7,500만원 | 13급 | 1,500만원 |
| 7급 | 6,000만원 | 14급 | 1,000만원 |

**101** 후유장애등급의 결정방법으로 옳지 않은 것은?

① 신체장애가 둘 이상 있는 경우에는 중한 신체장애에 해당하는 장애등급보다 한 등급 높은 금액으로 배상한다.
② 시력의 측정은 국제식 시력표로 하며, 굴절 이상이 있는 사람에 대해서는 원칙적으로 교정시력을 측정한다.
③ "손가락을 잃은 것"이란 손가락의 전부를 잃은 경우를 말한다.
④ "흉터가 남은 것"이란 성형수술을 한 후에도 육안으로 식별이 가능한 흔적이 있는 상태를 말한다.

"손가락을 잃은 것"이란 엄지손가락은 지관절, 그 밖의 손가락은 제1지관절 이상을 잃은 경우를 말한다.

정답 98 ④ 99 ③ 100 ③ 101 ③

## 102 후유장애등급의 결정방법에 관한 설명으로 옳은 것은?

① "항상 보호를 받아야 하는 것"이란 일상생활에서 기본적인 음식섭취, 배뇨 등을 다른 사람에게 의존해야 하는 것을 말한다.

② "수시로 보호를 받아야 하는 것"이란 일상생활에서 기본적인 음식섭취, 배뇨 뿐만아니라 그 외의 일은 다른 사람에게 의존해야 하는 것을 말한다.

③ "제대로 못 쓰게 된 것"이란 정상기능의 5분의 4 이상을 상실한 경우를 말한다.

④ "뚜렷한 장애가 남은 것"이란 정상기능의 4분의 3 이상을 상실한 경우를 말한다.

해설

② "수시로 보호를 받아야 하는 것"이란 일상생활에서 기본적인 음식섭취, 배뇨는 가능하나, 그 외의 일은 다른 사람에게 의존해야 하는 것을 말한다.

③ "제대로 못 쓰게 된 것"이란 정상기능의 4분의 3 이상을 상실한 경우를 말한다.

④ "뚜렷한 장애가 남은 것"이란 정상기능의 2분의 1 이상을 상실한 경우를 말한다.

# 제4장 운전자보험

**01** 다음 중 운전자보험에서 보장하는 항목에 해당하는 것은?

① 대인・대물배상
② 변호사선임비용
③ 자기신체사고
④ 자기차량손해

② 운전자보험은 피보험자가 자동차를 운전하던 중 급격하고 우연한 자동차사고로 발생하는 형사상・행정상 책임 등 비용손해를 보장하는 보험상품이다(벌금, 교통사고처리지원금, 변호사선임비용 등).
①・③・④ 자동차보험에서 보장하는 항목



**02** 자동차보험과 비교할 때 운전자보험의 특징으로 옳지 않은 것은?

① 자동차사고로 인한 민사적 책임을 보상한다.
② 자동차사고로 인한 형사적 책임을 보상한다.
③ 자동차사고로 인한 행정적 책임을 보상한다.
④ 자동차사고로 인한 기타 손해비용을 보상한다.

자동차사고로 인한 민사적 책임을 보상하지 않는다.

**03** 중대법규 위반 교통사고 등으로 인한 형사상 책임을 보장하는 운전자보험의 특약은?

① 면허정지 위로금
② 긴급견인비용
③ 교통사고처리지원금
④ 자동차보험료 할증 지원금

정답 102 ① / 01 ② 02 ① 03 ③

운전자보험의 주요 특약 내용

| 구 분 | 보장특약 |
|---|---|
| 피해자 사망 · 중상해 및 중대법규 위반 교통사고 등으로 인한 형사상 책임 | 벌금, 방어비용(변호사 선임비용 등), 형사합의금(교통사고처리지원금), 구속 일당 등 |
| 자동차사고로 인한 행정상 책임 | 면허정지 위로금, 면허취소 위로금 |
| 자동차사고 인한 비용손해 | 긴급견인비용, 자동차보험료 할증 지원금, 렌트비 지원금, 차량손해 위로금 등 |

**04** **운전자가 중대법규 위반 교통사고를 일으켜 벌금을 처분받은 경우 운전자보험에서 보상하지 않는 사고는?**

① 신호위반
② 중앙선침범
③ 무면허 · 음주운전
④ 속도위반

중대법규 위반 중 사고 후 도주(뺑소니), 무면허 · 음주운전 교통사고는 운전자보험에서 보상하지 않는다. 참고로 자동차보험은 무면허 · 음주운전 시에도 대인 · 대물피해를 보상한다.

**05** **운전자보험에서 적용되는 '운전 중 사고'에 해당하는 것은?**

① 자동차의 시동을 끄고 운전석에 탑승하여 핸들을 조작하다 발생한 사고
② 운전석을 이탈하여 하차하던 중 발생한 사고
③ 운전석에 탑승하려는 중 발생한 사고
④ 자동차의 시동을 끄지 않고 정차시킨 후 차량에 적재된 물건을 내리다가 쓰러지면서 차량 뒷부분에 부딪친 사고

운전자보험에서 '운전'이란 도로여부, 주정차 여부, 엔진의 시동 여부를 불문하고 피보험자가 자동차 운전석에 탑승하여 핸들을 조작하거나 조작가능한 상태에 있는 것을 말한다.

**06** **자동차운전자 보험의 한시적 장해의 경우에 그 기간이 5년 이상일 때 지급되는 보험금액은?**

① 장해지급률 × 보험가입금액
② 보험가입금액 전액
③ (장해지급률 × 10%) × 보험가입금액
④ (장해지급률 × 20%) × 보험가입금액

치료 종결 후 한시적으로 나타나는 장해에 대하여는 그 기간이 5년 이상인 경우 해당 장해지급률의 20%를 장해지급률로 한다.
• 보험금액 = (장해지급률 × 20%) × 보험가입금액



**07** **운전자보험의 면책사항에 해당하지 않는 것은?**

① 피보험자(보험대상자)가 자동차를 업무목적으로 운전하던 중 사고를 일으킨 때
② 피보험자(보험대상자)가 사고를 내고 도주하였을 때
③ 피보험자(보험대상자)가 자동차를 경기용이나 경기를 위한 연습용 또는 시험용으로 운전하던 중 사고를 일으킨 때
④ 피보험자(보험대상자)가 도로교통법에 정한 음주·무면허 상태에서 운전하던 중 발생한 사고

피보험자(보험대상자)가 자동차를 영업목적으로 운전하던 중 사고를 일으킨 때는 면책사항이지만, 영업목적이 아닌 업무목적인 경우에는 면책되지 않는다.

**08** **자동차의 운전자가 업무상 필요한 주의를 게을리 하거나 중대한 과실로 다른 사람의 건조물이나 그 밖의 재물을 손괴한 때의 벌칙은?**

① 1년 이하의 금고나 300만원 이하의 벌금
② 2년 이하의 금고나 500만원 이하의 벌금
③ 1년 이하의 징역이나 500만원 이하의 벌금
④ 2년 이하의 징역이나 1,000만원 이하의 벌금

차의 운전자가 업무상 필요한 주의를 게을리하거나 중대한 과실로 다른 사람의 건조물이나 그 밖의 재물을 손괴한 경우에는 **2년 이하의 금고나 500만원 이하의 벌금**에 처한다(도로교통법 제151조).

정답 04 ③ 05 ① 06 ④ 07 ① 08 ②

## 09 다음 중 벌금담보 특별약관에 대한 설명으로 옳지 않은 것은?

① 1사고당 보험증권에 기재된 운전 중 사고벌금 담보의 보험가입금액(2,000만원)을 한도로 보험수익자에게 보상한다.

② 확정판결에 의하여 피보험자가 부담하는 벌금액을 말하며, 보험기간 중에 발생한 사고의 벌금확정판결이 보험기간 종료 후에 이루어진 경우를 포함한다.

③ '운전'이라 함은 엔진이 시동된 상태에서 피보험자가 자동차 운전석에 탑승하여 핸들을 조작하거나 조작 가능한 상태에 있는 것을 말한다.

④ 피보험자가 벌금을 보상하는 다수의 보험계약이 체결되어 오던 중 사고로 타인의 신체에 손상을 입혀 벌금이 부과된 경우에는 각 계약의 보상책임액을 비례분담한다.

해설

'운전'이라 함은 도로여부, 주정차여부, 엔진의 시동여부를 불문하고 피보험자(보험대상자)가 자동차 운전석에 탑승하여 핸들을 조작하거나 조작 가능한 상태에 있는 것을 말한다.

## 10 다음 보기의 (　　) 안에 들어갈 알맞은 내용은?

> 운전자보험의 벌금담보 특별약관은 피보험자가 보험기간 중 자동차를 운전하던 중에 급격하고도 우연한 자동차사고로 타인의 신체에 상해를 입힘으로써 신체상해와 관련하여 법원의 확정판결에 의하여 벌금을 부과 받은 경우에는 1사고당 (　　)을 한도로 실손해액 만큼을 보상한다.

① 1,000만원　　② 2,000만원

③ 3,000만원　　④ 4,000만원

운전자보험의 벌금담보 특별약관은 피보험자가 보험기간 중 자동차를 운전하던 중에 급격하고도 우연한 자동차사고로 타인의 신체에 상해를 입힘으로써 신체상해와 관련하여 법원의 확정판결에 의하여 벌금을 부과 받은 경우에는 1사고당 **2,000만원**을 한도로 실손해액 만큼을 보상한다.

**11** **운전자보험에 가입한 홍길동씨가 벌금담보 특약(2천만원 한도)으로 각각 A 및 B보험사에 중복 가입한 후에, 보험사고가 발생하여 벌금(900만원)을 확정판결 받은 경우, A보험사에서 지급해야 할 보험금은?**

① 300만원　② 450만원
③ 600만원　④ 900만원

A 및 B보험사에 중복 가입한 경우, 보험사고시 실제 벌금액(9백만원)을 비례분담한 금액(450만원)을 각 보험사에서 보험금으로 받는다.



**12** **교통사고처리지원금 담보 특별약관에 관한 설명으로 옳지 않은 것은?**

① 교통사고처리지원금은 교통사고를 야기한 운전자가 형사처벌을 면하거나 감경 받을 목적으로 피해자와 형사합의를 할 때 발생하는 비용을 보상하는 담보항목이다.
② 매 사고마다 피해자 각각에 대하여 피보험자가 형사합의금으로 실제 지급한 금액을 교통사고처리지원금으로 지급한다.
③ 교통사고처리지원금이 지급되는 '중대법규위반 교통사고'에는 무면허운전사고 및 음주운전사고도 포함된다.
④ 교통사고처리지원금이 지급되는 '일반교통사고'에는 무면허운전사고 및 음주운전사고는 제외된다.

무면허운전사고 및 음주운전사고는 교통사고처리지원금이 지급되는 '중대법규위반 교통사고'에 해당하지 않는다.

**13** **다음 중 교통사고처리지원금이 지급되는 경우가 아닌 것은?**

① 피해자를 사망하게 한 경우
② 중대법규위반 교통사고로 피해자가 30일 이상의 치료를 요하는 진단을 받을 경우
③ 일반 교통사고로 피해자에게 「형법」 제258조 제1항 또는 제2항의 중상해를 입혀 검찰에 의해 공소제기 된 경우
④ 「자동차손해배상보장법 시행령」 제3조에서 정한 상해급수 1급, 2급 또는 3급에 해당하는 부상을 입힌 경우

정답 09 ③ 10 ② 11 ② 12 ③ 13 ②

교통사고처리지원금을 지급하는 경우
- 피해자를 사망하게 한 경우
- 중대법규위반 교통사고로 피해자가 **42일 이상**의 치료를 요하는 진단을 받을 경우
- 일반 교통사고로 피해자에게 「형법」 제258조 제1항 또는 제2항의 중상해를 입혀 검찰에 의해 공소제기되거나 「자동차손해배상보장법 시행령」 제3조에서 정한 상해급수 1급, 2급 또는 3급에 해당하는 부상을 입힌 경우

## 14 교통사고처리지원금 담보 특별약관에서 '타인'의 범위에 해당하는 자는?

① 피보험자의 부모
② 피보험자의 배우자
③ 피보험자의 자녀
④ 피보험자의 며느리

피보험자의 부모, 배우자, 자녀인 경우에는 타인의 범위에서 제외된다.

## 15 교통사고처리지원금 담보 특별약관에 관한 설명으로 옳지 않은 것은??

① 보험약관에 정한 지급요건을 충족하면 정액으로 지급한다.
② 타인의 개념은 자동차보험에서의 타인의 개념과 다르다.
③ 피해자 사망시 교통사고처리지원금의 보상한도는 3천만원이다.
④ 다수 계약이 체결되어 있는 경우 각각의 계약에 대하여 다른 계약이 없는 것으로 하여 산출한 보상책임액의 합계액이 형사합의금을 초과하는 때에는 각 계약의 보상책임액을 비례분담하여 지급한다.

기존에는 '형사합의금'이라는 담보명칭으로 보험약관에 정한 지급요건을 충족하면 정액으로 지급했지만 보험금을 지급받은 후 피해자와 실제로 형사합의를 하지 않거나 지급받은 보험금보다 훨씬 적은 금액으로 형사합의를 하는 등 부작용이 발생하면서 약관에서 정한 '형사합의금'을 실손보상 형태로 변경하였다.

## 16 자동차사고변호사선임비용 특별약관에서 보상하지 않는 사고는?

① 타인의 신체에 상해를 입힘으로써 구속영장에 의해 구속된 경우
② 검사에 의해 약식기소 되었으나, 피보험자가 법원의 약식명령에 불복하여 정식재판을 청구한 경우
③ 검사에 의해 약식기소 되었으나, 법원에 의해 보통의 심판절차인 공판절차에 의해 재판이 진행하게 된 경우
④ 검사에 의해 공소제기된 경우

검사에 의해 약식기소 되었으나 피보험자가 법원의 약식명령에 불복하여 정식재판을 청구한 경우에는 보상하지 아니한다.

## 17 자동차사고변호사선임비용 특별약관에 관한 설명으로 옳지 않은 것은?

① 자동차사고변호사선임비용은 피보험자가 자동차를 운전하던 중 급격하고도 우연한 자동차사고로 타인에게 상해를 입힘으로써 구속 또는 공소제기되어 재판이 진행하게 된 경우에 보험가입금액을 수익자에게 지급한다.
② 자동차사고변호사선임비용은 기존의 방어비용과 동일하다.
③ '1사고'라 함은 자동차 운전 중 교통사고를 말하며, 1사고로 항소심, 상고심을 포함하여 다수의 소송을 하였을 경우 그 소송동안 피보험자가 실제로 부담한 전체 변호사선임비용을 합쳐서 보험가입금액을 한도로 보험수익자에게 지급한다.
④ 다수 계약이 체결되어 있는 경우 다른 계약이 없는 것으로 하여 산출한 보상책임액의 합계액이 피보험자가 부담하는 금액을 초과하였을 때에는 각 계약에 따른 보상책임액의 상기 합계액에 대한 비율로 지급한다.

자동차사고변호사선임비용은 기존의 방어비용과 동일하지만 실제 부담한 금액을 지급한다는 점에서 다르다.

제1과목 보험관계법령 및 약관

정답 14 ④ 15 ① 16 ② 17 ②

## 18 면허정지위로금 특별약관에 대한 설명으로 옳지 않은 것은?

① 면허정지 행정처분 사유는 교통사고 여부를 불문한다.
② 면허정지위로금은 매사고시마다 면허정지기간 동안 최고 60일을 한도로 지급한다.
③ '면허정기기간'이라 함은 행정기관의 교정교육을 이수하여 전체 면허정지기간에서 감경 받았거나 감경 받을 수 있는 기간을 차감한 기간을 말한다.
④ 자동차 운전 중 교통사고로 타인의 신체에 상해를 입히거나 재물을 손상하여 '운전면허정지' 행정처분을 받은 경우에 면허정지위로금을 지급한다.

면허정지 행정처분 사유가 교통사고가 아닌 경우에는 면허정지위로금을 지급하지 아니한다.

## 19 면허취소위로금 특별약관에 대한 설명으로 옳지 않은 것은?

① 피보험자가 보험기간 중에 자동차운전 중 급격하고 우연한 교통사고로 타인의 신체에 상해를 입히거나 재물을 손상함으로써 피보험자의 운전면허가 행정처분에 의해 취소되었을 경우에 면허취소위로금을 지급한다.
② 매사고시마다 보험증권에 기재된 금액을 수익자에게 지급한다.
③ 음주, 무면허 상태에서 운전하던 중 발생한 사고는 보상하지 아니한다.
④ 자동차사고로 인한 형사적 처벌에 따른 비용손해를 보상한다.

자동차사고로 인한 행정적 처벌에 따른 기회비용 등을 보상한다.

## 20 운전자보험의 특별약관에 대한 설명으로 옳지 않은 것은?

① 벌금 담보 – 자동차 운전 중 교통사고로 타인의 신체에 상해를 입혀 확정판결로 벌금을 부과받은 경우 1사고당 2천만원 한도로 보상

② 교통사고처리지원금 – 일반교통사고로 피해자에게 중상해를 입혀 상해급수 1급, 2급, 3급에 해당하는 부상을 입힌 경우 1사고당 3천만원 한도로 보상

③ 자동차사고변호사선임비용 – 자동차 운전 중 교통사고로 타인의 신체에 상해를 입혀 검사에 의해 공소제기된 경우 실제 부담한 비용을 가입금액 한도로 보상

④ 면허정지 · 취소위로금 – 영업용 운전자가 자동차운전 중 교통사고로 타인의 신체에 상해를 입히거나 재물을 손상하여 운전면허정지 · 운전면허취소의 행정처분을 받은 경우 최고 60일을 한도로 일당을 지급

**면허정지위로금**은 1사고마다 보험증권에 기재된 **일당액을 최고 60일 한도로 지급**되지만, **면허취소위로금**은 1사고당 보험증권에 기재된 가입금액 한도로 지급된다.



정답 18 ① 19 ④ 20 ④

# 제5장 여행보험

## 01 국내여행보험의 보험금의 지급사유에 해당하는 '국내여행 도중'의 개념을 가장 잘 표현한 것은?

① 국내거주자가 여행을 목적으로 주거지를 출발하여 여행을 마칠 때까지
② 국내거주자가 여행을 목적으로 주거지를 출발하여 여행을 마치고 주거지에 도착할 때까지
③ 국외거주자가 여행을 목적으로 국내의 공항이나 부두에 도착하여 여행을 마치고 출국할 때까지
④ 국외거주자가 여행을 목적으로 국내의 공항이나 부두에 도착하여 여행을 마치고 주거지에 도착할 때까지

'국내여행 도중'의 개념
- 국내거주자가 여행을 목적으로 주거지를 출발하여 여행을 마치고 주거지에 도착할 때까지
- 국외거주자가 여행을 목적으로 국내의 공항이나 부두에 도착하여 여행을 마치고 출국을 위해 항공기나 선박에 탑승하기 직전까지

## 02 국내여행보험의 기본계약에 해당하는 것은?

① 상해사망・후유장해
② 질병사망・후유장해
③ 실손의료비
④ 배상책임손해

국내여행보험의 보험상품

| 구 분 | 보장 항목 | 보장 내용 |
|---|---|---|
| 기본계약 | 상해사망・후유장해 | 여행 도중에 급격하고도 우연한 외래의 사고로 신체를 다쳐 사망 또는 후유장해가 발생한 경우 보상 |
| 특별약관 | 질병사망・후유장해 | 여행도중 발생한 상해・질병으로 인하여 사망 또는 후유장해가 발생한 경우 보상 |
| | 실손의료비 | 여행도중 발생한 상해・질병으로 인하여 치료한 경우 입원과 통원입원비를 보상 |
| | 배상책임손해 | 여행도중 우연한 사고로 타인의 신체나 재산에 피해를 끼쳐 법률상 손해배상을 해주게 될 경우 보상 |
| | 휴대품손해 | 여행도중 우연한 사고로 휴대품에 도난 또는 파손의 손해가 발생한 경우 보상 |

## 03 국내여행보험의 상해사망 · 후유장해 보상에 대한 설명이다. ( ) 안에 들어갈 알맞은 내용은?

> 여행 도중에 급격하고도 우연한 외래의 사고로 신체를 다쳐 사망한 경우에는 보험가입금액의 ( ㉠ )을(를) 정액으로 지급하고, 후유장해가 발생한 경우에는 후유장해지급률에 따라 ( ㉡ )에 곱하여 산출한 금액을 지급한다.

① ㉠ 전액, ㉡ 보험가입금액
② ㉠ 전액, ㉡ 보험가액
③ ㉠ 80%, ㉡ 보험가입금액
④ ㉠ 90%, ㉡ 보험가액

여행 도중에 급격하고도 우연한 외래의 사고로 신체를 다쳐 사망한 경우에는 보험가입금액의 **전액**을 정액으로 지급하고, 후유장해가 발생한 경우에는 후유장해지급률에 따라 **보험가입금액**에 곱하여 산출한 금액을 지급한다.

## 04 국내여행보험의 질병사망 · 후유장해 보상에 대한 설명으로 옳지 않은 것은?

① 여행 도중 발생한 질병으로 인하여 사망한 경우에는 질병사망보험금을 지급한다.
② 보험기간 중 진단확정된 질병으로 인하여 장해지급률이 80% 이상에 해당되는 장해상태가 되었을 경우 질병고도후유장해보험금을 지급한다.
③ 여행 도중 발생한 질병을 직접원인으로 하여 보험기간 마지막 날로부터 30일 이내에 사망한 경우에는 보상한다.
④ 여행 도중 발생한 질병을 직접원인으로 하여 보험기간 마지막 날로부터 30일 이내에 후유장해가 남았을 경우에는 보상하지 않는다.

여행 도중 발생한 질병을 직접원인으로 하여 보험기간 마지막 날로부터 30일 이내에 사망하거나 80% 이상의 후유장해가 남았을 경우에는 보상한다.



정답 01 ② 02 ① 03 ① 04 ④

## 05 국내여행보험의 실손의료비 보상에 대한 설명으로 옳지 않은 것은?

① 여행 도중 발생한 상해・질병으로 인하여 발생한 치료비 중 일정 공제비율이나 공제금액을 제외하고 지급한다.

② '입원비'는 여행 도중 발생한 상해・질병으로 인하여 발생한 치료비 중 국내의료기관에서 입원치료로 발생한 금액이다.

③ '통원치료비'는 여행 도중 발생한 상해・질병으로 인하여 발생한 치료비 중 국내의료기관에서 통원(외래)치료로 발생한 금액이다.

④ 입원비(표준형)는 「국민건강보험법」에서 정한 요양급여 중 본인부담금과 비급여부분의 합계액 중 90% 해당액을 보상한다.

입원비(표준형)는 「국민건강보험법」에서 정한 요양급여 중 본인부담금과 비급여부분의 합계액 중 80% 해당액을 보상한다(단, 20% 해당액이 연간 200만원 초과시 초과금액은 보상).

## 06 국내여행보험의 배상책임손해에서 보상하는 손해가 아닌 것은?

① 사망・후유장해

② 상해・질병

③ 재물의 손상

④ 피보험자의 직무수행을 직접적인 원인으로 하는 배상책임

배상책임손해는 여행 도중에 생긴 우연한 사고로 피해자의 신체의 손해(사망, 후유장해, 상해, 질병 포함) 또는 재물의 손해에 대한 법률상 손해배상책임을 부담함으로써 입은 손해를 보상한다. 피보험자의 직무수행을 직접적인 원인으로 하는 배상책임은 보상하지 않는다.

## 07 다음 중 국내여행보험의 배상책임손해에서 보상하는 손해가 아닌 것은?

① 피보험자가 피해자에게 지급할 책임을 지는 법률상의 손해배상금

② 피보험자가 손해의 방지 또는 경감을 위하여 지출한 필요 또는 유익하였던 비용

③ 피보험자가 지급한 소송비용

④ 피보험자가 소유, 사용 또는 관리하는 재물이 손해를 입었을 경우에 그 재물에 대하여 정당한 권리를 가진 사람에게 부담하는 배상책임

피보험자가 소유, 사용 또는 관리하는 재물이 손해를 입었을 경우에 그 재물에 대하여 정당한 권리를 가진 사람에게 부담하는 손해에 대한 배상책임은 보상하지 않는다. 단, 호텔의 객실이나 객실내의 동산에 끼치는 손해에 대해서는 보상한다.

보상하는 손해

1. 피보험자가 피해자에게 지급할 책임을 지는 법률상의 손해배상금
2. 계약자 또는 피보험자가 지출한 아래의 비용
   가. 피보험자가 손해의 방지 또는 경감을 위하여 지출한 필요 또는 유익하였던 비용
   나. 피보험자가 제3자로부터 손해의 배상을 받을 수 있는 그 권리를 지키거나 행사하기 위하여 지출한 필요 또는 유익하였던 비용
   다. 피보험자가 지급한 소송비용, 변호사비용, 중재, 화해 또는 조정에 관한 비용
   라. 보험증권상의 보상한도액내의 금액에 대한 공탁보증보험료(단, 회사는 그러한 보증을 제공할 책임은 부담하지 않는다)
   마. 피보험자가 손해배상청구에 대한 회사의 해결에 따라 회사의 요구에 따르기 위하여 지출한 비용



## 08 다음 중 국내여행보험의 보험금을 지급하는 경우에 해당하는 것은?

① 피보험자가 심신상실 등으로 자유로운 의사결정을 할 수 없는 상태에서 자신을 해친 경우
② 보험수익자의 고의로 피보험자를 해친 경우
③ 계약자가 고의로 피보험자를 해친 경우
④ 전쟁, 내란, 사변, 폭동

보험금을 지급하지 않는 사유

- 피보험자가 고의로 자신을 해친 경우(단, 피보험자가 심신상실 등으로 자유로운 의사결정을 할 수 없는 상태에서 자신을 해친 경우에는 보험금을 지급한다)
- 보험수익자의 고의로 피보험자를 해친 경우(단, 그 보험수익자가 보험금의 일부 보험수익자인 경우에는 다른 보험수익자에 대한 보험금은 지급한다)
- 계약자가 고의로 피보험자를 해친 경우
- 피보험자의 임신, 출산(제왕절개 포함), 산후기. 다만, 회사가 보장하는 보험금 지급사유로 인한 경우에는 보험금을 지급한다.
- 전쟁, 외국의 무력행사, 혁명, 내란, 사변, 폭동

정답 05 ④ 06 ④ 07 ④ 08 ①

## 09 국내여행보험의 휴대품손해 보상에 대한 설명이다. ( ) 안에 들어갈 알맞은 내용은?

> 휴대품손해는 여행 도중 우연한 사고로 휴대품에 도난 또는 파손의 손해가 발생한 경우 보상한다. 휴대품은 점당 또는 조(1쌍, 1개)당 ( ㉠ )을 한도로 1사고당 ( ㉡ )을 공제한 후 실제발생한 손해를 보험가입금액 한도로 보상한다.

① ㉠ 10만원, ㉡ 1만원
② ㉠ 20만원, ㉡ 1만원
③ ㉠ 20만원, ㉡ 2만원
④ ㉠ 30만원, ㉡ 3만원

휴대품손해는 여행 도중 우연한 사고로 휴대품에 도난 또는 파손의 손해가 발생한 경우 보상한다. 휴대품은 점당 또는 조(1쌍, 1개)당 **20만원**을 한도로 1사고당 **1만원**을 공제한 후 실제발생한 손해를 보험가입금액 한도로 보상한다.

## 10 국내여행보험의 휴대품손해 보상에 대한 설명으로 옳지 않은 것은?

① 휴대품손해는 여행보험에서 가장 손해율이 높은 보장항목으로서 보험소비자의 모럴해저드의 가능성이 높다.
② 1사고당 본인부담금 1만원을 공제한다.
③ 통화, 유가증권, 인지, 우표, 신용카드, 쿠폰, 항공권, 여권 등 이와 비슷한 것은 보상한다.
④ 원고, 설계서, 도안, 물건의 원본, 모형, 증서, 장부 등은 보상하지 않는다.

통화, 유가증권, 인지, 우표, 신용카드, 쿠폰, 항공권, 여권 등 이와 비슷한 것은 보상하지 않는다.

## 11 해외여행보험의 보장 내용에 대한 설명으로 옳지 않은 것은?

① 피보험자에게 보험증권에 기재된 해외여행 도중에 신체에 상해로 생긴 손해를 보상한다.
② 사망 및 후유장해 보장을 기본계약으로 하고 질병사망・후유장해, 해외실손의료비, 배상책임손해, 특별비용, 항공기납치, 휴대품손해, 전쟁위험 등을 특별약관으로 한다.
③ 보장기간은 보험기간의 첫날 오전 0시에 시작하여 마지막 날 오후 24시에 끝난다.
④ 피보험자가 주거지를 출발하기 전과 주거지에 도착한 이후에 발생한 사고에 대하여는 보상하지 않는다.

보장기간은 보험기간의 첫날 오후 4시에 시작하여 마지막 날 오후 4시에 끝난다. 다만, 보험증권에 이와 다른 시각이 기재되어 있을 때에는 그 시각으로 하며, 시각은 보험증권 발행지의 표준시를 따른다.

## 12 해외여행보험 중 특별비용담보 특별약관에 대한 설명으로 옳지 않은 것은?

① 피보험자가 탑승한 항공기나 선박이 행방불명된 경우 보상한다.
② 상해나 질병을 직접원인으로 30일 이상 계속 입원한 경우 보상한다.
③ 해외여행 도중 급격하고도 우연한 사고에 따라 긴급수색구조 등이 필요한 상태로 된 것이 경찰 등의 공공기관에 의해 확인된 경우 보상한다.
④ 수색구조비용, 항공운임 등 교통비 및 숙박비, 이송비용, 제잡비 등 피보험자의 법적상속인이 부담하는 비용을 보상한다.

상해나 질병으로 사망한 경우 또는 상해나 질병을 직접원인으로 14일 이상 계속 입원한 경우 보상한다.

특별비용담보 특별약관에서 보상하는 비용의 범위

| 비 용 | 범 위 |
|---|---|
| 수색구조비용 | 조난당한 피보험자를 수색, 구조 또는 이송하는 활동에 필요한 비용중 이들의 활동에 종사한 사람으로부터의 청구에 의하여 지급한 비용 |
| 항공운임 등 교통비 | 피보험자의 수색, 간호 또는 사고처리를 위하여 사고 발생지 또는 피보험자의 법정상속인(그 대리인을 포함한다)의 현지 왕복교통비를 말하며 2명분을 한도로 함 |
| 숙박비 | 현지에서의 구원자의 숙박비를 말하며, 구원자 2명분을 한도로 하여 1명당 14일분을 한도로 함 |
| 이송비용 | 피보험자가 사망한 경우 그 유해를 현지로부터 보험증권에 기재된 피보험자의 주소지에 이송하는데 필요한 비용 및 치료를 계속 중인 피보험자를 보험증권에 기재된 피보험자의 주소지에 이송하는데 드는 비용으로서 통상액을 넘는 피보험자의 운임 및 수행하는 의사, 간호사의 호송비 |
| 제잡비 | 구원자의 출입국 절차에 필요한 비용(여권인지대, 사증료, 예방접종료 등) 및 구원자 또는 피보험자가 현지에서 지출한 교통비, 통신비, 피보험자 유해처리비 등을 말하고 10만원을 한도로 함 |

정답 09 ② 10 ③ 11 ③ 12 ②

## 13 해외여행보험의 항공기납치 특별약관에서 보상하는 손해이다. 괄호 안에 알맞은 내용을 올바르게 나타낸 것은?

> • 여행 도중에 피보험자가 승객으로서 탑승한 항공기가 납치(이하 "사고"라 한다)됨에 따라 예정 목적지에 도착할 수 없게 된 동안에 대하여 매일 ( ㉠ )씩 지급한다.
> • 당해 항공기의 목적지 도착예정시간에서 ( ㉡ )이 경과된 이후부터 시작되는 24시간을 1일로 보아 ( ㉢ )을 한도로 보험금을 지급한다.

① ㉠ 5만원, ㉡ 12시간, ㉢ 20일
② ㉠ 7만원, ㉡ 12시간, ㉢ 20일
③ ㉠ 7만원, ㉡ 24시간, ㉢ 30일
④ ㉠ 10만원, ㉡ 24시간, ㉢ 20일

• 여행 도중에 피보험자가 승객으로서 탑승한 항공기가 납치(이하 "사고"라 한다)됨에 따라 예정목적지에 도착할 수 없게 된 동안에 대하여 매일 (**7만원**)씩 지급한다.
• 당해 항공기의 목적지 도착예정시간에서 (**12시간**)이 경과된 이후부터 시작되는 24시간을 1일로 보아 (**20일**)을 한도로 보험금을 지급한다.

## 14 다음은 해외여행보험의 인질위험담보 추가특별약관에 대한 설명이다. ( ) 안에 들어갈 내용은?

> 해외여행보험 보통약관 및 외교관특별약관의 규정에도 불구하고 피보험자가 인질상태에 놓여 있을 때, 해당 피보험자의 사망후유장해 보험가입금액의 ( ) 범위 내에서 실제로 소요된 구조비용을 지급한다.

① 10% ② 20%
③ 30% ④ 50%

해외여행보험 보통약관 및 외교관특별약관의 규정에도 불구하고 피보험자가 인질상태에 놓여 있을 때, 해당 피보험자의 사망후유장해 보험가입금액의 **10%** 범위 내에서 실제로 소요된 구조비용(구조대 파견비용, 정보수집비, 정보제공자 사례비 등을 포함)을 지급한다.



13 ② 14 ① 정답

SECTION

# Ⅱ 약관(인보험편)

## 제1장 상해보험



**01 다음 중 상해보험에서 보상하는 보험사고의 3요소에 해당하지 않는 것은?**

① 급격한 사고
② 우연한 사고
③ 외래의 사고
④ 내부의 사고

해설 상해보험은 피보험자가 보험기간 중에 '급격 · 우연 · 외래'의 세 가지 요건을 모두 충족시키는 사고로 신체에 입은 상해를 보상하는 보험이다.

**02 상해보험에 대한 설명으로 가장 옳은 것은?**

① 외래의 사고로 인한 기업휴지 손해를 보상
② 외래의 사고로 인한 신체상해 손해를 보상
③ 외래의 사고로 인한 잔존물제거비용 손해를 보상
④ 외래의 사고로 인한 재물 손해를 보상

해설 상해보험은 우연하고도 급격한 외래의 사고로 사람의 **신체에 입은 상해**에 대하여 치료에 소요되는 비용 및 상해의 결과에 기인한 사망 등의 위험을 보상하는 보험이다.

정답 01 ④ 02 ②

## 03 다음은 상해보험에서 상해사고의 요건과 관련된 설명이다. 가장 옳지 않은 것은?

① 우연성은 원인 또는 결과의 발생이 예견되지 않는 상태를 말한다.
② 정당방위, 긴급피난, 정당행위는 비록 고의 사고이지만 우연성을 인정한다.
③ 급격성은 피보험자가 주관적으로 판단하였을 때 결과의 발생을 피할 수 없을 정도로 급박한 상태를 말한다.
④ 외래성은 신체상해의 발생원인이 피보험자 자신의 신체에 내재되어 있는 것이 아니라 외부적 요인에 기인한 것임을 의미한다.

급격성은 원인이나 결과의 발생을 피할 수 없을 정도로 비교적 단시간 내에 일어나는 것을 의미하는 개념이다. 여기에서 시간에 대한 제한은 없으며, 상해보험의 특성상 불가피성, 예견불가능성이 개제된 것을 말하며, 상해와 질병을 구별하기 위하여 필요한 개념이다. 이때의 판단은 피보험자의 주관을 묻지 않으며 **객관적으로 파악**된 것이라야 한다.

## 04 다음 중 상해의 개념에 대해 ( ) 안에 들어갈 말을 순서대로 나열한 것은?

> 생명보험에서는 ( )로 표현하며, 보장하지 않는 사고로 명시되지 않는 한 모두 인정하는 ( ) 방식을 적용하고 있다.

① 재해, 포괄주의
② 장해, 공시주의
③ 재해, 선택주의
④ 장해, 포지티브

생명보험에서는 **재해**로 표현하며, 보장하지 않는 사고로 명시되지 않는 한 모두 인정하는 **포괄주의**방식을 적용하고 있다.

**05** **다음 중 상해보험에 대한 설명으로 옳지 않은 것은?**

① 일반적으로 단일률을 사용하기 때문에 연령에 관계없이 보험료가 동일하다.
② 주보험에서 일반사망을 보장하지 않는다.
③ 질병사망 특약을 부가할 수 없다.
④ 일부 위험직의 경우 가입이 제한될 수 있다.

상해보험은 특약으로 질병사망, 일반사망을 보장할 수 있다.



**06** **다음 중 상해보험의 일반적인 보장내용에 해당되지 않는 것은?**

① 사망보험금
② 응급치료비
③ 진단급여금
④ 기타 특약에 의한 소득보상

진단급여금은 질병보험의 일반적 보장내용이다.

**07** **다음 중 '급격한' 상해에 해당하지 않는 것은?**

① 자전거를 타고 가다 넘어져서 손목이 골절된 경우
② 고압전선을 만지다가 순간적인 고압으로 사지가 절단된 경우
③ 추운 겨울에 추위에 장시간 노출되어 동상에 걸려 발가락을 절단한 경우
④ 에스컬레이터에서 발을 헛디뎌 굴러 떨어져 발목이 부러진 경우

'급격성'이란 원인이나 결과의 발생을 피할 수 없을 정도로 비교적 단시간 내에 돌발적으로 일어나는 것을 의미한다. 즉, 상해보험의 특성상 불가피성, 예견 불가능성이 전제된 것을 말한다. 그러므로 추운 겨울에 추위에 장시간 노출되어 동상에 걸려 발가락을 절단한 경우처럼 상해를 발생시키는 사고가 완만하거나 연속적으로 발생한다면 이를 사전에 예측하여 피할 수 있게 되므로 보험사고가 될 수 없다.

정답 03 ③ 04 ① 05 ③ 06 ③ 07 ③

## 08 다음 중 보험사고의 '우연성'에 대한 설명으로 옳지 않은 것은?

① 개에게 물리거나 빙판에 미끄러진 경우는 원인의 발생이 우연한 경우이다.
② 운동을 하다 손목이 골절되거나, 수영을 하다 익사한 경우는 결과의 발생이 우연한 경우이다.
③ 운전 중 타이어의 펑크로 차가 뒤집혀 허리를 다친 경우는 원인과 결과가 모두 우연한 경우에 해당하며 우연성이 인정된다.
④ 약관에서는 정당방위, 정당행위, 긴급피난 등에 의한 행위는 고의가 수반된 행위이므로 우연성을 인정하지 않는다.

정당방위, 정당행위, 긴급피난 등은 고의나 의식행위이지만, 행위의 원인이 우연한 경우이므로, 예외적으로 우연성을 인정하는 것이 사회통념이며, 보험의 목적에 맞기 때문에 약관에서 우연성을 인정하고 있다.

## 09 상해보험에서 '우연성'을 인정하는 기준으로 옳지 않은 것은?

① 피보험자의 주관성을 기준으로 판단한다.
② 객관적 기준에 따르면 피보험자가 특정 행위에 대한 결과를 충분히 예견할 수 있는 사고는 우연성을 인정한다.
③ 객관적 기준은 합리적인 사람의 판단을 기준으로 한다.
④ 객관적인 기준에 의할 경우 대부분의 상해사고는 고의에 가까운 중과실로 분류된다.

객관적 기준에 따르면 합리적인 피보험자가 특정 행위에 대한 결과를 충분히 예견할 수 있는 사고는 우연성을 인정한다. 그러나 주관적 기준에 따르면 피보험자가 특정 행위에 대한 결과를 충분히 예견할 수 없는 사고는 우연성을 인정한다.

**객관적 기준과 주관적 기준**

| 구 분 | 내 용 |
|---|---|
| 객관적 기준 | • 합리적인 피보험자가 특정 행위에 대한 일정한 결과를 충분히 예견할 수 있는 경우에는 우연성이 결여되었다고 본다.<br>• 대부분의 상해사고는 고의에 가까운 중과실로 분류된다.<br>• 대다수 보험가입자에게 합리적인 사람일 것을 요구하는 불합리가 생긴다.<br>• 피보험자가 겪게 되는 모든 상황을 객관적인 기준에 맞추어 판단하는 것이 불가능하다. |
| 주관적 기준 | 피보험자가 특정 행위를 하고도 실제 그 결과까지는 예견하지 않았다면, 설사 합리적인 피보험자라면 예견할 수 있었던 경우에도 우연성을 인정한다. |

## 10 상해보험의 '외래성'에 대한 다음 설명 중 옳지 않은 것은?

① 사고의 원인에서부터 결과에 이르기까지의 과정에서 어떠한 외부적 요인이 신체에 미치는 것을 말한다.
② 외래성은 신체 내부의 신체적 결함과는 구별되는 개념이다.
③ 상해의 원인이 외래적이고 상해 자체가 몸 밖에서 나야 한다.
④ 무거운 짐을 들어 올리다가 허리를 다친 경우는 외래성이 인정된다.

외래의 사고

- 외래의 사고란 사고의 원인에서부터 결과에 이르기까지의 과정에서 어떠한 외부적 요인이 신체에 미치는 것을 말한다.
- 이러한 외래성은 신체 내부의 신체적 결함과는 구별되는 개념으로 **상해의 원인이 외래적인 것이면 충분하고 상해 자체가 몸 밖에서 나야 하는 것은 아니다.**
- 무거운 짐을 들어 올리다가 허리를 다친 경우는 피보험자가 무거운 물건에 스스로 힘을 주다가 일어난 사고로서 무거운 물건의 물리적 외력이 신체에 작용하여 발생한 사고이기 때문에 외래의 사고에 해당한다.

## 11 상해사고의 인과관계에 대한 다음 설명 중 옳지 않은 것은?

① 상해보험에서 신체의 손상은 '급격하고도 우연한 외래의 사고'와 인과관계가 있어야 한다.
② 우리나라는 상당인과관계설의 입장을 취하고 있다.
③ 상당인과관계설은 일상경험에서 판단하여 다른 일반적인 경우에도 동일한 결과를 발생시킬 것으로 인정되는 조건을 상당조건으로 간주하여, 그 상당조건만을 결과의 원인으로 한다.
④ 건설노동자가 간질로 인하여 고층에서 작업 중 추락하였고 추락으로 인하여 두개골함몰골절 등의 상해가 직접적인 원인이 되어 사망하였을 경우, 사망의 원인은 추락으로 인한 두개골함몰골절이므로 상해사고로 인정한다.

건설노동자가 간질로 인하여 고층에서 작업 중 추락하였고 추락으로 인하여 두개골함몰골절 등의 상해가 직접적인 원인이 되어 사망하였을 경우, 사망의 원인은 추락으로 인한 두개골함몰골절이지만 추락의 원인이 간질발작이므로 상해사고로 사망하였다고 볼 수 없다.

정답 08 ④ 09 ② 10 ③ 11 ④

**12** **상해사고의 신체손상에 대한 다음 설명 중 옳지 않은 것은?**

① 상해보험에서 신체의 손상은 내·외부를 모두 포함한다.
② 신체의 직접적인 물리적인 손상을 수반해야 한다.
③ 유독가스 또는 유독물질을 우연하게 일시에 흡입하는 경우도 포함한다.
④ 질병에 의한 것이나 자연발생적인 것은 제외한다.

신제의 직접적인 물리적인 손상을 수반해야 하는 것은 아니고, 강이나 바다에서의 익수사고, 화재시 연기에 의한 질식, 유독가스 또는 유독물질을 우연하게 일시에 흡입하는 경우 또는 이로 인한 중독증상도 포함된다.

**13** **다음 중 중독에 의한 상해사고로 인해 보상을 받는 경우에 해당하는 것은?**

① 유독가스 또는 유독물질을 상습적으로 흡입하여 생긴 중독증상
② 살모넬라균, 연쇄상구균 등에 의한 상해사고
③ 복어독이나 독버섯의 우연한 섭취로 인한 상해사고
④ 병원성대장균에 의한 상해사고

세균성(살모넬라균, 연쇄상구균, 병원성대장균, 포도상구균 등) 음식물 중독은 상해사고로 보지 않으나, 복어독이나 독버섯을 우연하게 섭취한 경우에는 상해사고로 보아 보상한다.

**14** **상해사고의 입증책임에 대한 다음 설명 중 옳지 않은 것은?**

① 고지의무위반, 통지의무위반에 대한 입증책임은 보험자가 부담한다.
② 고지의무위반이라는 보험자의 입증에 대한 반증책임은 보험계약자 측이 부담한다.
③ 보상책임을 부정하기 위해 보험약관에 열거된 면책위험으로 인해 손해가 발생하였다는 사실은 보험자가 입증해야 한다.
④ 급격하고도 우연한 외래의 사고로 신체에 상해를 입은 사실에 대한 입증책임은 보험자가 부담한다.

급격하고도 우연한 외래의 사고로 신체에 상해를 입은 사실에 대한 입증책임은 권리의 주장으로 인해 수혜를 입는 보험금수익자가 부담한다.

**15** **생명보험의 '재해'에 대한 설명으로 옳지 않은 것은?**

① 생명보험에서는 손해보험의 '상해'와 구별하여 '재해'라는 개념을 활용하고 있다.
② '재해'란 '우발적인 외래의 사고'로서 재해분류표에 해당하는 사고를 말한다.
③ '우발적 사고'란 피보험자가 예측할 수 없는 원인에 의하여 발생하는 사고로서 고의에 의한 것이 아니다.
④ '외래의 사고'란 사고의 원인이 피보험자의 신체적 결함, 즉 질병이나 체질적 요인 등에 기인한 것이 아닌 외부적 요인에 의해 초래된 것을 의미하며, 피보험자에게 가해지는 스트레스, 과로와 같은 요인 등을 포함한다.

해설

피보험자에게 가해지는 스트레스, 과로와 같은 요인 등은 포함되지 않는다. 예를 들어 고혈압으로 치료받던 사람이 직장에서의 스트레스와 과로로 인해 자발성 뇌출혈이 발생한 경우에는 외래의 사고로 볼 수 없다.



**16** **다음 중 생명보험에서 보장대상이 되는 재해가 아닌 것은?**

① 한국표준질병·사인분류(S00~Y84)에 해당하는 우발적인 외래의 사고
② 질병 또는 체질적 요인이 있는 자로서 경미한 외부 요인에 의하여 발병하거나 또는 그 증상이 더욱 악화된 경우
③ 「감염병의 예방 및 관리에 관한 법률」 제2조 제2호에서 규정한 제1군 감염병
④ 보험기간 중 진단 확정된 질병 또는 재해로 장해분류표에서 정한 각 장해지급률에 해당하는 장해상태가 된 경우

해설

질병 또는 체질적 요인이 있는 자로서 경미한 외부 요인에 의하여 발병하거나 또는 그 증상이 더욱 악화된 경우는 우발적인 외래의 사고가 아니므로 보장에서 제외된다.

참고

「감염병의 예방 및 관리에 관한 법률」 제2조 제2호에서 규정한 제1군 감염병
콜레라, 장티푸스, 파라티푸스, 세균성이질, 장출혈성대장균감염증, A형간염

정답 12 ② 13 ③ 14 ④ 15 ④ 16 ②

## 17 다음 중 생명보험표준약관에서 보상하는 재해는?

① 사고의 원인이 과로 및 격심한 또는 반복적 운동(X50)인 경우
② 사고의 원인이 식량부족(X53) 또는 물 부족(X54)인 경우
③ 한국표준질병・사인분류상의 (U00~U99)에 해당하는 질병
④ 처치 당시에는 재난의 언급이 없었으나, 환자에게 이상반응이나 후에 합병증을 일으키게 한 외과적 및 기타 내과적 처치(Y83~Y84)

**보험금을 지급하지 아니하는 재해**

- 질병 또는 체질적 요인이 있는 자로서 경미한 외부 요인에 의하여 발병하거나 또는 그 증상이 더욱 악화된 경우
- 사고의 원인이 다음과 같은 경우
  - 과로 및 격심한 또는 반복적 운동(X50)
  - 무중력 환경에서의 장시간 체류(X52)
  - 식량 부족(X53)
  - 물 부족(X54)
  - 상세불명의 결핍(X57)
  - 고의적 자해(X60~X84)
  - 법적 개입 중 법적처형(Y35.5)
- '외과적 및 내과적 치료 중 환자의 재난(Y60~Y69)' 중 진료기관의 고의 또는 과실이 없는 사고[단, 처치 당시에는 재난의 언급이 없었으나, 환자에게 이상반응이나 후에 합병증을 일으키게 한 외과적 및 기타 내과적 처치(Y83~Y84)는 보장]
- '자연의 힘에 노출(X30~X39)' 중 급격한 액체손실로 인한 탈수
- '우발적 익사 및 익수(W65~W74), 기타 호흡과 관련된 불의의 위협(W75~W84), 눈 또는 인체의 개구부를 통하여 들어온 이물질(W44)' 중 질병에 의한 호흡장해 및 삼킴 장해
- 한국표준질병・사인분류상의 (U00~U99)에 해당하는 질병

**18** **다음은 상해보험 및 생명보험에서 상해와 질병이 경합하는 사고의 경우 보험자의 보상책임에 관한 약관 및 판례에 대한 설명이다. 이 중 가장 거리가 먼 것은?**

① 질병과 상해가 서로 영향을 미치지 않는 경우 그 상해는 담보된다.
② 상해와 질병이 서로 영향을 미친 경우 기왕 질병이 상해의 결과에 영향을 미친 만큼을 공제하고 보험금을 산정한다.
③ 우연한 사고가 질병에 선행하고 그 질병이 상해에 영향을 미치지 않는 경우에는 그 상해는 전액 담보된다.
④ 질병이 보험사고의 원인이 된 경우 손해보험의 상해보험에서는 그 원인의 직·간접을 묻지 아니하고 질병으로 인한 손해는 원칙적으로 보상하지 않는다.

해설 상해보험은 피보험자가 보험기간 중에 급격하고 우연한 외래의 사고로 인하여 신체에 손상을 입은 것을 보험사고로 하는 인보험으로서 일반적으로 외래의 사고 이외에 피보험자의 질병 기타 기왕증이 공동원인이 되어 상해에 영향을 미친 경우에도 사고로 인한 상해와 그 결과인 사망이나 후유장해 사이에 인과관계가 인정되면 보험계약체결시 약정한 대로 보험금을 지급할 의무가 발생하고, 다만, 보험약관에 계약체결 전에 이미 존재한 신체장해, 질병의 영향에 따라 상해가 중하게 된 때에는 그 영향이 없었을 때에 상당하는 금액을 결정하여 지급하기로 하는 내용이 있는 경우에는 지급될 보험금액을 산정함에 있어서 그 약관조항에 따라 피보험자의 체질 또는 소인 등이 보험사고의 발생 또는 확대에 기여하였다는 사유를 들어 보험금을 감액할 수 있다(대판 2005.10.27, 2004다52033).



정답 17 ④ 18 ④

## 제2장 교통상해보험

**01** **다음 중 교통상해보험에서 보상하는 '교통상해'에 해당하지 않는 것은?**

① 자동차를 운전하던 중에 급격하고도 우연한 자동차사고

② 운행 중인 자동차에 운전하고 있지 않는 상태로 탑승 중이거나 운행 중인 기타 교통수단에 탑승하고 있을 때에 발생한 급격하고도 우연한 외래의 사고

③ 운행 중인 자동차 및 기타 교통수단에 탑승하지 아니한 상태에서 자동차 및 기타 교통수단(적재물 제외)과 충돌, 접촉한 경우

④ 이들 자동차 및 기타 교통수단의 충돌, 접촉, 화재 또는 폭발 등의 사고를 당한 경우

자동차 및 기타 교통수단과 충돌, 접촉한 경우 적재물도 포함된다.

**02** **다음 중 교통상해보험에서 '자동차'에 포함되지 않는 것은?**

① 덤프트럭 ② 전동차

③ 이륜자동차 ④ 타이어식 굴삭기

전동차는 기타 교통수단에 포함된다.

**교통상해보험에서 보상하는 자동차 및 기타 교통수단 구분**

| 구분 | 내용 |
|---|---|
| 자동차 | •「자동차관리법 시행규칙」 제2조에 정한 승용자동차, 승합자동차, 화물자동차, 특수자동차, 이륜자동차<br>•「자동차손해배상보장법 시행령」 제2조에서 정한 9종 건설기계(다만, 9종 건설기계가 작업기계로 사용되는 동안은 자동차로 보지 아니함)<br>•9종 건설기계 : 덤프트럭, 타이어식 기중기, 콘크리트 믹서트럭, 트럭적재식 콘크리트 펌프, 트럭적재식 아스팔트살포기, 타이어식 굴삭기, 트럭지게차, 도로보수트럭, 노면측정장비 |
| 기타 교통수단 | •기차, 전동차, 기동차, 케이블카(공중케이블카 포함), 리프트, 엘리베이터, 에스컬레이터, 모노레일<br>•스쿠터, 자전거, 원동기를 붙인 자전거<br>•항공기, 선박(요트, 모터보트, 보트 포함)<br>•9종 건설기계를 제외한 건설기계 및 농업기계(다만, 작업기계로 사용되는 동안은 기타 교통수단이 아님) |

**03** **다음 중 대중교통상해보험에서 보상하지 않는 경우는?**

① 여객비행기 탑승 중 사고
② 고속버스 탑승 중 사고
③ 마을버스 탑승 중 사고
④ 렌터카 탑승 중 사고

렌터카는 대중교통이 아니므로 담보범위에서 제외된다.

대중교통
- 여객수송용 항공기
- 여객수송용 지하철, 전철, 기차
- 시내버스, 농어촌버스, 마을버스, 시외버스, 고속버스(전세버스 제외)
- 일반택시, 개인택시(렌터카 제외)

**04** **다음 중 교통상해사고에 해당되지 아니하는 것은?**

① 타이어식 굴삭기에 탑승하여 건설작업 중 다친 경우
② 엘리베이터 탑승 중에 엘리베이터 추락으로 다친 경우
③ 항공기 탑승 중에 엔진고장으로 비상착륙 중에 다친 경우
④ 스키장에서 리프트로 이동 중 추락하여 다친 경우

9종 건설기계(타이어식 굴삭기)가 작업기계로 사용되는 동안은 교통수단으로 보지 않으므로 교통상해에 해당되지 않는다.

**05** **다음 중 교통상해보험에서 보상하는 경우에 해당하는 것은?**

① 포크레인으로 건설작업 중 사고로 다친 경우
② 백화점에서 에스컬레이터 탑승 중 넘어져 다친 경우
③ 시운전용 도로에서 자동차 시운전 중 사고로 다친 경우
④ 자동차 정비 중 사고로 다친 경우

정답 01 ③ 02 ② 03 ④ 04 ① 05 ②

교통상해보험의 보상하지 아니하는 손해
- 상해보험에서 보상하지 아니하는 손해
- 시운전, 경기 또는 흥행을 위한 자동차 또는 기타 교통수단에 탑승하고 있는 동안의 발생한 손해
- 하역작업을 하는 동안 발생된 손해
- 자동차 및 기타 교통수단의 설치, 수선, 점검, 정비나 청소작업을 하는 동안 발생된 손해
- 건설기계 및 농업기계가 작업기계로 사용되는 동안 발생된 손해

## 06 다음 중 교통상해보험에서 보상하지 않는 경우는?

① 자동차 시운전 중 사고로 인해 다친 경우
② 백화점 에스컬레이터 탑승 중에 다친 경우
③ 자동차 운전시 신호대기 중에 날아온 돌에 의해 다친 경우
④ 버스 탑승 중 버스 문에 손이나 옷이 끼어 상해를 입은 경우

자동차 시운전 중 발생한 손해는 교통상해보험에서 보상하지 않는다.

## 07 다음 중 교통상해보험에서 보상하는 손해에 해당하는 것은?

① 시운전, 경기 또는 흥행을 위하여 운행 중인 자동차 및 기타 교통수단에 탑승하고 있는 동안 발생된 손해
② 하역작업을 하는 동안 발생된 손해
③ 운행 중인 교통기관의 충돌, 접촉, 화재, 폭발, 도주 등으로 인하여 그 운행 중인 교통기관에 탑승하고 있지 아니한 피보험자가 입은 불의의 손해
④ 건설기계 및 농업기계가 작업기계로 사용되는 동안 발생된 손해

③은 생명보험의 '교통재해'에 해당하므로 보상한다.
보상하지 아니하는 손해는 ①, ②, ④ 및 자동차 및 기타 교통승용구의 설치, 수선, 점검, 정비나 청소작업을 하는 동안에 발생된 손해 등이다.

**08** 다음 중 생명보험의 '교통재해'에 해당하는 것은?

① 피보험자가 자동차를 운전하던 중에 급격하고 우연한 자동차 사고
② 피보험자가 운행 중인 자동차에 운전하고 있지 않은 상태로 탑승 중이거나 운행 중인 기타 교통수단에 탑승 중 급격하고 우연한 외래의 사고
③ 피보험자가 운행 중인 자동차 및 기타 교통수단에 탑승하지 아니하고 있는 동안 운행 중인 자동차 및 기타 교통수단과의 충돌, 접촉 또는 이들 자동차 및 기타 교통수단의 충돌, 접촉, 화재 또는 폭발 등의 교통사고
④ 도로 통행 중 건조물, 공작물의 도괴 또는 건조물, 공작물 등으로 부터의 낙하물로 인하여 피보험자가 입은 불의의 사고

①·②·③은 모두 손해보험의 '교통상해'에 해당한다.

**교통상해와 교통재해**

| 교통상해 | 교통재해 |
|---|---|
| • 피보험자가 자동차를 운전하던 중에 급격하고 우연한 자동차 사고<br>• 피보험자가 운행 중인 자동차에 운전하고 있지 않은 상태로 탑승 중이거나 운행 중인 기타 교통수단에 탑승 중 급격하고 우연한 외래의 사고<br>• 피보험자가 운행 중인 자동차 및 기타 교통수단에 탑승하지 아니하고 있는 동안, 운행 중인 자동차 및 기타 교통수단과의 충돌, 접촉 또는 이들 자동차 및 기타 교통수단의 충돌, 접촉, 화재 또는 폭발 등의 교통사고 | • 운행 중의 교통기관(이에 적재되어 있는 것을 포함)의 충돌, 접촉, 화재, 폭발, 도주 등으로 인하여 그 운행 중의 교통기관에 탑승하고 있지 아니한 피보험자가 입은 불의의 사고<br>• 운행 중인 교통기관에 탑승하고 있는 동안 또는 승객으로서 개찰구를 갖는 교통기관의 승강장 구내(개찰구의 안쪽을 말함)에 있는 동안 피보험자가 입은 불의의 사고<br>• 도로 통행 중 건조물, 공작물 등의 도괴 또는 건조물, 공작물 등으로부터의 낙하물로 인하여 피보험자가 입은 불의의 사고 |



정답 06 ① 07 ③ 08 ④

## 09 교통재해분류표상의 교통재해에 해당하지 않는 것은?

① 운행 중인 교통기관에 탑승하고 있는 동안 또는 승객으로서 개찰구를 갖는 교통기관의 승강장 구내에 있는 동안 피보험자가 입은 불의의 사고
② 공장, 토목작업장, 채석장, 탄광 또는 광산의 구내에서 사용되는 교통기관에 직무상 관계하는 피보험자의 그 교통기관으로 인한 직무상의 사고
③ 교통기관과 유사한 기관으로 인한 불의의 사고일지라도 도로상에서 사람 또는 물건의 운반에 사용되고 있는 동안이나 도로상을 주행 중에 발생한 사고
④ 운행 중의 교통기관의 충돌, 접촉, 화재, 폭발, 도주 등으로 인하여 그 운행 중의 교통기관에 탑승하고 있지 아니한 피보험자가 입은 불의의 사고

해설
공장, 토목작업장, 채석장, 탄광 또는 광산의 구내에서 사용되는 교통기관에 직무상 관계하는 피보험자의 그 교통기관으로 인한 직무상의 사고는 교통재해로 보지 아니한다.

## 10 다음 중 생명보험의 '교통기관'에 대한 설명으로 옳지 않은 것은?

① "운행"이란 사람 또는 물건의 운송 여부와 관계없이 자동차를 그 용법에 따라 사용하거나 관리하는 것을 말한다.
② "탑승하고 있는 동안"이란 교통기관에 오르내리거나 탑승 중을 말하는 것으로서 교통기관과 직접 관련없는 사고도 포함한다.
③ 오토바이, 스쿠터, 자전거, 경운기 등은 교통기관에 포함된다.
④ 엘리베이터, 에스컬레이터, 케이블카(공중케이블카 포함) 등은 교통기관에 포함된다.

해설
"탑승하고 있는 동안"이란 교통기관에 오르내리거나 탑승 중을 말하는 것으로서 교통기관과 직접 관련없는 사고는 제외된다.

**11** **대중교통이용 중 상해 특별약관에서 담보하지 않는 사고는?**

① 대중교통수단과의 충돌, 접촉, 화재 또는 폭발 등의 교통사고
② 대중교통수단에 피보험자가 탑승목적으로 승·하차 하던 중 일어난 교통사고
③ 대중교통수단의 이용을 위해 피보험자가 승강장내 대기 중 일어난 교통사고
④ 운행 중 대중교통수단에 피보험자가 탑승 중 일어난 교통사고

대중교통이용 중 교통사고란 ②, ③, ④를 말한다.



**12** **뺑소니·무보험자동차 상해 특별약관에 대한 설명으로 옳지 않은 것은?**

① 보험기간 중에 뺑소니사고 또는 무보험자동차에 의한 사고로 신체에 상해를 입었을 때 그 상해로 인한 손해를 보상한다.
② "뺑소니사고"란 피보험자가 자동차보유자를 알 수 없는 자동차에 의한 사고로 상해를 입고 경찰관서에 뺑소니사고로 신고되어 「자동차손해배상보장법」상의 자동차보유자를 알 수 없는 자동차에 의한 사고로 손해배상금을 받을 수 있는 경우를 말한다.
③ "무보험차에 의한 사고"란 피보험자가 「자동차손해배상보장법」상의 대인배상Ⅰ을 포함한 자동차보험에서 보상받지 못하는 상해를 입음으로써 손해배상청구권이 발생되는 경우를 말한다.
④ 무보험자동차에 의한 사고의 경우에는 가해 자동차가 2대 이상인 경우에는 그 전부가 무보험자동차일 때에 한한다.

피보험자가 「자동차손해배상보장법」상의 **대인배상Ⅰ을 제외**한 자동차보험에서 보상받지 못하는 상해를 입음으로써 손해배상청구권이 발생되는 경우를 말한다.

## 제3장 사망보험금과 후유장해

**01 사망의 의미에 대한 설명으로 옳지 않은 것은?**

① 사망으로 인해 모든 법률상의 권리와 의무도 함께 소멸한다.
② 사망은 호흡의 정지, 심장박동의 정지, 뇌기능의 상실, 폐기능의 상실, 세포의 파괴 등이 상당한 시간적 간격을 두고 이루어지는 것이다.
③ 뇌사는 뇌간을 포함한 전반적인 뇌기능이 일부 정지된 상태로 회복이 가능한 상태를 말한다.
④ 인보험 영역에서는 의사의 진단에 의하여 '사망진단서'가 발급되고 제적등본, 가족관계등록부 등에 의해 확인된 경우만 사망으로 인정한다.

해설 뇌사는 뇌간을 포함한 전반적인 뇌기능이 <u>완전히 정지</u>된 상태로 회복이 <u>불가능한 상태</u>를 말한다.

**02 보험계약에서의 사망에 대한 설명으로 옳지 않은 것은?**

① 보험계약에서의 사망은 의사의 진단에 따라 사망진단서 또는 시체검안서를 발급받은 경우를 말한다.
② 실종선고를 받은 경우에는 법원에서 인정한 실종기간이 끝나는 때에 사망한 것으로 본다.
③ 관공서에서 수해, 화재나 그 밖의 재난을 조사하고 사망한 것으로 통보하는 경우에는 가족관계등록부에 기재된 사망연월일을 기준으로 한다.
④ 「호스피스・완화의료 및 임종과정에 있는 환자의 연명의료 결정에 관한 법률」에 따른 연명의료 중단 등 결정 및 그 이행으로 피보험자가 사망하는 경우 연명의료 중단 등 결정 및 그 이행은 '사망'의 원인 및 '사망보험금' 지급에 영향을 미친다.

「호스피스・완화의료 및 임종과정에 있는 환자의 연명의료 결정에 관한 법률」에 따른 연명의료 중단 등 결정 및 그 이행으로 피보험자가 사망하는 경우 연명의료 중단 등 결정 및 그 이행은 '사망'의 원인 및 '사망보험금' 지급에 <u>영향을 미치지 않는다</u>.

## 03 사망진단서와 시체검안서에 대한 설명으로 옳지 않은 것은?

① 사망진단서와 시체검안서는 개인의 사망을 증명하거나 사망원인의 통계관리를 위해 보건정책 수립을 위한 기초자료로서 활용된다.
② 사망진단서는 의사가 사망원인을 알 수 없거나 사망원인이 외인사로서 의학외적 요인에 의해 사망한 경우 작성하는 증명서이고, 시체검안서는 환자를 진료한 의사가 자신이 알고 있는 질병 때문에 사망한 경우 작성한 것이다.
③ 사망진단서와 시체검안서는 환자를 직접 진찰하거나 검안한 의사가 아니면 작성할 수 없다.
④ 진료 중이던 환자가 최종 진료 시부터 48시간 이내에 사망한 경우에는 다시 진료하지 아니하더라도 진단서나 증명서를 발급할 수 있다.

사망진단서는 환자를 진료한 의사가 자신이 알고 있는 질병 때문에 사망한 경우 작성한 것이고, 시체검안서는 의사가 사망원인을 알 수 없거나 사망원인이 외인사로서 의학외적 요인에 의해 사망한 경우 작성하는 증명서이다.

## 04 다음 〈보기〉 중 사망진단서에 기재해야 할 사망자의 인적사항을 올바로 묶은 것은?

| | |
|---|---|
| 가. 사망자의 성명 | 나. 성 별 |
| 다. 주민등록번호 | 라. 직 업 |
| 마. 실제 생년월일 | 바. 주 소 |

① 가, 나, 다, 라
② 가, 나, 다, 라, 바
③ 가, 나, 라, 마, 바
④ 가, 나, 다, 라, 마, 바

사망진단서에는 사망자의 성명, 성별, 주민등록번호, 직업, 실제 생년월일, 주소, 사망일시, 사망장소, 사망의 원인, 사망의 종류 등을 기재한다.

정답 01 ③ 02 ④ 03 ② 04 ④

## 05 사망진단서의 기재사항 중 '발병일시와 사망일시'에 대한 설명으로 옳지 않은 것은?

① '발병일시'는 사망의 원인이 된 질병의 발병시기를 기재하되, 환자나 유족의 진술에 의해서는 안된다.
② '발병'은 원래 상병이 발생한 시점을 의미하며, 대부분의 만성질환은 발병 시점을 명확히 확정짓기 어렵다.
③ '사망일시'는 의사가 확정한 정확한 일시를 기재한다.
④ 이미 사망한 상태로 병원에 도착했다면 최초 발견자나 119 구급대원의 진술에 따라 사망시각을 판단하여 작성할 수 있다.

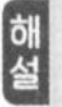

'발병일시'는 사망의 원인이 된 질병의 발병시기를 기재하되, 불명확할 경우 환자나 유족의 진술에 의할 수 있다.

## 06 사망진단서(시체검안서)에 대한 설명으로 옳지 않은 것은?

① 변사체와 같이 달리 확인할 수 없는 사망자의 경우에는 "불상" 또는 "알 수 없음" 등으로 기재한다.
② 사망장소는 실제 사망이 이루어진 장소를 기재하여야 한다.
③ 사망의 종류는 한 가지만 선택하여야 하며, 사망의 종류를 결정할 때 손상보다는 질병이 우선한다.
④ 사망의 종류는 병사, 외인사, 기타 및 불상으로 구분된다.

사망의 종류는 한 가지만 선택하여야 하며, 사망의 종류를 결정할 때 질병보다는 손상이 우선한다.

## 07 사망진단서에 기재하는 '사망의 원인'에 대한 설명으로 옳지 않은 것은?

① 사망의 원인은 결국 사망의 결과를 초래하였거나 사망에 관여한 질병, 병적상태, 손상, 손상을 일으킨 사고나 폭력의 상황을 말한다.
② 직접사인은 생명유지를 직접적으로 불가능하게 한 원인으로서 가장 먼저 사망을 초래한 상태를 말한다.

③ 사망의 원인을 기재할 때에는 인과관계가 적절해야 하며, 인과관계의 선후관계가 바뀌지 않아야 한다.

④ '그 밖의 신체상황'에는 '주된 사망원인'을 직접 일으키거나 관련되지 않았지만 사망에 나쁜 영향을 준 사인들, 즉 간접사인을 기재한다.

직접사인은 생명유지를 직접적으로 불가능하게 한 원인으로서 가장 **나중에** 사망을 초래한 상태를 말한다.



**08** **사망진단서의 '외인사의 추가사항'에 기재하는 사항이 아닌 것은?**

① 사고종류
② 사고발생일시
③ 사고발생장소
④ 사망의 종류

'외인사의 추가사항'에는 사고종류, 사고발생일시, 사고발생장소를 기재하도록 하고 있는데 이는 공무원의 순직이나 산재보험 처리와 관련이 있다.

**09** **생명보험의 주계약(기본계약)에 해당하지 않는 것은?**

① 생존보험
② 사망보험
③ 생사혼합보험
④ 실손의료보험

실손의료보험은 특약으로 추가 보장된다.

정답 05 ① 06 ③ 07 ② 08 ④ 09 ④

**10** **생명보험의 주계약(기본계약)에 대한 설명으로 옳지 않은 것은?**

① 생존보험은 해당 보험기간이 끝날 때까지 피보험자가 생존해 있는 경우 약정한 보험금을 지급한다.
② 사망보험은 해당 보험기간 중에 피보험자가 사망한 경우 약정한 보험금을 지급한다.
③ 사망보험은 보험기간 만기시까지 피보험자가 사망하지 않고 생존해 있는 경우에도 약정한 보험금을 지급한다.
④ 생사혼합보험은 보험기간 중에 피보험자가 사망하면 사망보험금을 지급하고, 만기시까지 피보험자가 생존해 있으면 생존보험금을 지급한다.

사망보험은 보험기간 만기시까지 피보험자가 사망하지 않고 생존해 있는 경우 사망보험금을 지급하지 않는다.

**11** **다음 〈보기〉의 설명에 해당하는 생명보험의 보장내용은 무엇인가?**

> 보험기간 중에 피보험자가 사망하면 사망원인이 질병인지 재해인지의 여부를 묻지 않고 지급하는 보험금이다.

① 입원보험금 ② 사망보험금
③ 장해보험금 ④ 중도보험금

보험금의 지급사유
1. 보험기간 중의 특정시점에 살아 있을 경우 : 중도보험금
2. 보험기간이 끝날 때까지 살아 있을 경우 : 만기보험금
3. 보험기간 중 사망한 경우 : **사망보험금**
4. 보험기간 중 진단 확정된 질병 또는 재해로 장해분류표에서 정한 각 장해지급률에 해당하는 장해상태가 되었을 때 : 장해보험금
5. 보험기간 중 질병이 진단 확정되거나 입원, 통원, 요양, 수술 또는 수발이 필요한 상태가 되었을 때 : 입원보험금 등

**12** **다음 중 생명보험에서 사망보험금이 지급하지 않는 경우는?**

① 피보험자가 심신상실 등으로 자유로운 의사결정을 할 수 없는 상태에서 자신을 해쳐 사망한 경우
② 계약자 또는 보험수익자가 고의로 피보험자를 해친 경우
③ 계약의 보장개시일[부활(효력회복)계약의 경우는 부활(효력회복)청약일]부터 2년이 지난 후에 자살한 경우
④ 피보험자가 항공기 추락으로 인한 사망으로 정부기관이 인정하고, 관공서의 사망보고에 따라 가족관계등록부에 사망이 기재된 경우

계약자, 피보험자 또는 보험수익자가 고의로 피보험자를 해친 경우 보험금을 지급하지 않는다.

**13** **생명보험에서 항공기 또는 선박의 조난으로 피보험자가 행방불명이 된 경우 사망보험금을 지급하는 경우는?**

① 행방불명일로부터 1개월 경과시
② 행방불명일로부터 3개월 경과시
③ 행방불명일로부터 6개월 경과시
④ 관공서의 사망보고에 따라 가족관계등록부에 사망으로 기재된 경우

피보험자가 탑승한 항공기 또는 선박이 조난 또는 행방불명된 경우는 정부기관이 피보험자의 사망을 인정하여 관공서의 사망보고에 따라 가족관계등록부에 사망이 기재된 경우에는 그 사고가 발생한 때에 피보험자가 사망한 것으로 간주한다. 그러나 사망보험금을 지급한 후에 피보험자의 생존이 확인된 경우 지급한 보험금을 회수한다.

제1과목 보험관계법령 및 약관

정답 10 ③ 11 ② 12 ② 13 ④

## 14 생명보험에서 사망보험금 지급에 대한 다음 설명 중 옳지 않은 것은?

① 보험기간 중에 재해로 인하여 사망한 경우에 재해사망보험금을 지급한다.

② 계약의 보장개시일부터 2년이 지난 후에 자살한 경우에는 재해 이외의 원인에 해당하는 사망보험금, 즉 일반사망보험금을 지급한다.

③ 일반사망보험금과 재해사망 특약 보험금에 대하여 각각 보험료를 납입한 경우 재해로 인한 사망시 일반사망보험금과 재해사망 특약 보험금을 중복하여 지급할 수 없다.

④ 피보험자가 보험기간 중에 교통재해로 인하여 사망한 경우에 교통재해 사망보험금을 지급한다.

일반사망보험금과 재해사망 특약 보험금에 대하여 각각 보험료를 납입한 경우 재해로 인한 사망시 일반사망보험금과 재해사망 특약 보험금을 중복하여 지급할 수 있다.

## 15 다음은 생명보험 표준약관상 자살에 대한 내용이다. 괄호 안에 들어갈 내용으로 옳은 것은?

> 생명보험 표준약관상 계약의 보장개시일[부활(효력회복)계약의 경우는 부활(효력회복)청약일]부터 (    )이 지난 후에 자살한 경우에는 재해 이외의 원인에 해당하는 사망보험금을 지급한다.

① 1년　　② 2년

③ 3년　　④ 5년

생명보험 표준약관상 계약의 보장개시일[부활(효력회복)계약의 경우는 부활(효력회복)청약일]부터 2년이 지난 후에 자살한 경우에는 재해 이외의 원인에 해당하는 사망보험금을 지급한다.

## 16 손해보험 상품구조에 대한 설명으로 옳지 않은 것은?

① '일반손해보험'이란 보험료 산출시 할인율을 적용하지 않고 저축보험료와 위험보험료로 구성된 손해보험이다.

② '장기손해보험'이란 보험기간 3년 이상의 장기기간 동안 위험보험료와 저축보험료 외에 예정이율을 적용하는 보험상품이다.

③ 손해보험 보험상품은 피보험자의 사망을 크게 상해사망과 질병사망으로 구분하고 있다.

④ 대부분의 인보험 상품은 '상해사망' 또는 '상해사망 후유장해'를 기본계약으로 하고, 질병사망을 특약으로 보상하는 구조이다.

'일반손해보험'이란 보험료 산출시 할인율을 적용하지 않고 순보험료가 위험보험료만으로 구성된 손해보험을 말한다.

**17** **사망보험금의 상속에 관한 다음 설명 중 옳지 않은 것은?**

① 동시사망으로 인한 경우에는 사망자상호 간에는 상호상속이 이루어지지 않는다.
② 직계존비속이 없을 경우에는 배우자가 단독상속인이 된다.
③ 사실혼의 배우자도 상속권이 인정된다.
④ 사실혼 관계자와의 사이에서 태어난 자녀는 상속권이 인정된다.

사실혼 관계의 배우자는 상속권이 없지만 사실혼 관계자와의 사이에서 태어난 자녀는 상속권이 인정된다.



**18** **다음 중 사망보험금 지급시 '상속의 순위'에 관한 설명으로 옳지 않은 것은?**

① 피보험자의 아들이 3명일 때, 상속개시 전에 그 중 1명이 사망한 경우에는 그의 아들 즉, 피보험자의 손자가 다른 2명의 아들과 동일 순위가 된다.
② 동시사망으로 추정(민법 제30조)되는 사망자 상호 간에는 상속이 개시되지 아니한다.
③ 배우자가 직계비속과 공동으로 상속하는 때에는 공동상속인 상속분의 5할을 가산한다.
④ 법률상 보호되는 사실혼 관계는 장기보험에서 배우자로서의 상속권이 인정된다.

**사망보험금 지급시 우리 민법에서 상속 순위**
1. 피상속인의 직계비속과 배우자
2. 피상속인의 직계존속과 배우자
3. 피상속인의 형제, 자매
4. 피상속인의 4촌 이내의 방계혈족

여기에서 배우자는 혼인신고를 한 법률상의 배우자를 말하며, 사실혼 배우자는 그 상속권이 인정되지 않는다.

정답 14 ③ 15 ② 16 ① 17 ③ 18 ④

**19** **다음은 제3보험의 사망보험금의 수익자가 상속인으로 지정된 경우에 관한 설명이다. 이 중 옳지 않은 것은?**

① 상속에 관한 태아의 권리는 출생한 것으로 본다.
② 배우자의 경우 직계비속이 없고 직계존속만 있는 경우에는 직계존속과 공동 수익자가 된다.
③ 법정 상속인의 상속순위는 직계비속 → 직계존속 → 형제, 자매 → 4촌 이내 방계혈족 순이다.
④ 양부모와 생부모가 모두 생존하고 있는 경우에는 생부모가 우선한다.

양부모와 생부모가 모두 생존하고 있는 경우에 순위는 동일하다.

**20** **상속인의 유류분으로 옳지 않은 것은?**

① 피상속인의 직계비속은 그 법정상속분의 2분의 1
② 피상속인의 배우자는 그 법정상속분의 2분의 1
③ 피상속인의 직계존속은 그 법정상속분의 2분의 1
④ 피상속인의 형제, 자매는 그 법정상속분의 3분의 1

피상속인의 직계존속은 그 법정상속분의 3분의 1이다.

**21** **큰아들이 아버지를 태우고 운전 중 사고로 둘 다 사망한 경우, 둘째아들과 어머니 및 큰아들의 배우자가 유족일 경우, 아버지의 재산은 누가 상속하는가?**

① 어머니
② 어머니와 큰아들의 배우자
③ 어머니와 둘째아들
④ 어머니와 큰아들의 배우자 및 둘째아들

동시사망의 경우에는 큰아들의 배우자는 상속권이 없으므로 어머니와 둘째아들이 아버지의 재산을 상속한다. 큰아들의 재산은 어머니와 큰아들의 배우자가 상속하게 된다.

**22** 다음 중 유족으로 부모, 아들 1명, 딸 1명, 배우자가 있을 경우 상속순위에 따른 상속비율은?

① 부 : 모 : 아들 : 딸 : 배우자 = 1 : 1 : 1 : 1 : 1.5
② 부 : 모 : 배우자 = 1 : 1 : 1.5
③ 아들 : 딸 : 배우자 = 1 : 1 : 1.5
④ 부 : 모 : 아들 : 딸 : 배우자 = 1 : 1 : 1.5 : 1.5 : 1.5

해설
상속권자는 아들, 딸, 배우자가 되며 상속비율은 아들 : 딸 : 배우자 = 1 : 1 : 1.5가 된다.



**23** 사망보험금을 1억원으로 가입한 피보험자가 사망하였는데 보험금 수익자가 법정상속인으로 되어 있다. 배우자와 성인자녀 1명이 상속을 받는 경우, 각 상속인의 보험금 수령액은?

① 배우자 : 5,000만원, 자녀 : 5,000만원
② 배우자 : 6,000만원, 자녀 : 4,000만원
③ 배우자 : 4,000만원, 자녀 : 6,000만원
④ 배우자 : 1억원, 자녀 : 0원

법정상속인으로 배우자와 성인자녀 1명이 상속을 받는 경우 배우자 1.5 대 자녀 1의 비율로 상속된다. 즉
- 배우자 : (1.5 / 2.5) × 1억원 = 6천만원
- 자녀 : (1 / 2.5) × 1억원 = 4천만원

**24** 피보험자가 1억 8천만원의 재산을 남기고 사망하였다. 상속인으로 배우자, 큰아들, 혼인한 딸, 피보험자가 사망하기 전에 사망한 작은아들의 배우자와 딸이 있다. 작은아들의 딸은 얼마나 상속받게 되는가?

① 1,000만원　② 1,600만원
③ 2,200만원　④ 3,400만원

해설

작은아들의 사망으로 작은아들의 배우자와 딸은 작은아들의 상속분을 대습상속하게 된다.
작은아들의 상속분을 계산하면 다음과 같다.
배우자 : 큰아들 : 혼인한 딸 : 작은아들 = 1.5 : 1 : 1 : 1
= 6,000만원 : 4,000만원 : 4,000만원 : 4,000만원
작은아들의 상속분 4,000만원은 다시 작은아들의 배우자와 딸이 1.5 : 1의 비율로 대습상속하게 된다. 따라서 작은아들의 딸의 상속분은 1,600만원이 된다.

## 25 다음 사례에서 갑의 재산에 대한 상속인 및 상속액으로 옳은 것은?

> 갑은 A와 혼인하여 딸 B와 아들 C를 두고 있었다. B는 아직 미혼이고 C는 D와 혼인하여 딸 E를 두고 있었다. 그러던 어느 날 갑과 A, C는 함께 여행을 하던 중 비행기 사고로 모두 사망하였다. 갑의 상속재산은 총 20억원이며, 상속을 포기한 사람은 없고 유언을 한 사람도 없다.

① B : 20억원
② B : 10억원, D : 10억원
③ B : 10억원, D : 5억원, E : 5억원
④ B : 10억원, D : 6억원, E : 4억원

해설

갑의 재산에 대한 상속 1순위는 직계비속인 B와 대습상속인(C는 갑과 동시사망 하였으므로 대습상속이 개시되어 D와 E가 그 순위와 상속분을 대신 상속함)으로 D와 E가 상속한다. 상속분은 모두 균등분할이므로 B가 10억원이며, C가 받아야 할 상속분 10억원은 대습상속이 되어 다시 D가 배우자로 5할이 가산되어 6억원을, E는 4억원을 상속받게 된다.

## 26 친권과 후견에 관한 다음 설명 중 옳지 않은 것은?

① 친권은 부모가 공동으로 행사하는 것이 원칙이며, 부모의 한쪽이 친권을 행사할 수 없을 때에는 다른 한쪽이 이를 행사한다.
② 부모가 이혼한 경우에는 부모의 협의로 친권을 행사할 자를 정하며, 협의가 안 될 경우에는 가정법원이 정한다.
③ 친권은 친권자 또는 자녀의 사망, 자녀의 성년 도달로 소멸한다.
④ 미성년자의 후견인 순위는 1순위 법정후견인, 2순위 지정후견인, 3순위 선임후견인 순이다.

후견인은 제1순위 지정후견인, 제2순위 법정후견인, 제3순위 선임후견인 순으로 상속 우선순위를 정한다.

**27** **친권의 행사에 대한 다음 설명 중 옳지 않은 것은?**

① 친권이란 부모가 미성년 자녀에게 가지는 권리와 의무를 총칭한다.
② 부모의 이혼으로 친권자가 지정되고 그 지정된 친권자의 유고 등으로 친권을 행사할 수 없는 경우에는 가정법원은 즉시 후견인을 지정한다.
③ 친권은 자녀가 사망하거나, 성년이 되는 때, 혼인한 때에 소멸한다.
④ 미성년 자녀에 대하여 원칙적으로 부모가 동등하게 친권을 행사한다.

부모의 이혼으로 친권자가 지정되고 그 지정된 친권자의 유고 등으로 친권을 행사할 수 없는 경우에는 가정법원의 심리를 거쳐 다른 친권자를 지정하거나 후견인을 지정한다.



**28** **후유장해에서 '장해'의 정의를 잘못 설명한 것은?**

① '장해'라 함은 상해 또는 질병에 대하여 치유된 후 신체에 남아 있는 영구적인 정신 또는 육체의 훼손상태를 말한다.
② 질병과 부상의 주증상과 합병증상 및 이에 대한 치료를 받는 과정에서 일시적으로 나타나는 증상도 장해에 포함된다.
③ '치유된 후'라 함은 상해 또는 질병에 대한 치료의 효과를 기대할 수 없게 되고 또한 그 증상이 고정된 상태를 말한다.
④ 영구히 고정된 증상은 아니지만 치료 종결 후 한시적으로 나타나는 장해에 대하여는 그 기간이 5년 이상인 경우 해당 장해지급률의 20%를 보험가입금액에 곱하여 산출한 금액을 지급한다.

질병과 부상의 주증상과 합병증상 및 이에 대한 치료를 받는 과정에서 일시적으로 나타나는 증상은 장해에 포함되지 않는다.

정답 25 ④ 26 ④ 27 ② 28 ②

## 29 후유장해의 산정기준의 내용과 일치하지 않는 것은?

① 하나의 장해가 관찰 방법에 따라서 장해분류표상 2가지 이상의 신체부위에서 장해로 평가되는 경우에는 그 중 높은 지급률을 적용한다.

② 동일한 신체부위에 2가지 이상의 장해가 발생한 경우에는 합산함을 원칙으로 한다.

③ 의학적으로 뇌사판정을 받고 호흡기능과 심장박동기능을 상실하여 인공심박동기 등 장치에 의존하여 생명을 연장하고 있는 뇌사상태는 장해의 판정대상에 포함되지 않는다.

④ 장해진단서에는 장해진단명 및 발생시기, 장해의 내용과 그 정도, 사고와의 인과관계 및 사고의 관여도, 향후 치료의 문제 및 호전도를 필수적으로 기재해야 한다.

동일한 신체부위에 2가지 이상의 장해가 발생한 경우에는 합산하지 않고 그 중 높은 지급률을 적용함을 원칙으로 한다. 그러나 각 신체부위별 판정기준에서 별도로 정한 경우에는 그 기준에 따른다.

## 30 장해분류표의 '신체부위'에 대한 설명으로 옳지 않은 것은?

① 13개의 부위가 있다.

② 흉・복부장기와 신경계는 동일한 신체부위에 해당한다.

③ 좌・우의 눈과 귀는 각각 다른 신체부위로 본다.

④ 좌・우의 팔과 다리는 각각 다른 신체부위로 본다.

'신체부위'라 함은 ① 눈 ② 귀 ③ 코 ④ 씹어먹거나 말하는 기능 ⑤ 외모 ⑥ 척추(등뼈) ⑦ 체간골 ⑧ 팔 ⑨ 다리 ⑩ 손가락 ⑪ 발가락 ⑫ 흉・복부장기 및 비뇨생식기 ⑬ 신경계・정신행동의 13개 부위를 말하며, 이를 각각 동일한 신체부위라 한다.

## 31 다음의 경우 장해지급률은 몇 %인가?

> 동일한 재해사고로 오른쪽 눈의 교정시력이 0.02 이하가 되고(지급률 35%), 왼쪽 눈의 교정시력이 0.06 이하가 되었으며(지급률 25%), 한 다리의 발목이상을 잃었을 때(지급률 60%)

① 60%　　② 95%

③ 100%　　④ 120%

동일한 재해(하나의 사고로 인한 재해)로 인한 장해지급률은 100%를 한도로 한다.

**32** **장해진단서에 필수적으로 기재해야 하는 내용이 아닌 것은?**

① 개호 여부
② 장해의 내용과 그 정도
③ 사고와의 인과관계 및 사고의 관여도
④ 향후 치료의 문제 및 호전도

장해진단서에는 ① 장해진단명 및 발생시기 ② 장해의 내용과 그 정도 ③ 사고와의 인과관계 및 사고의 관여도 ④ 향후 치료의 문제 및 호전도를 필수적으로 기재해야 한다. 다만, 신경계·정신행동 장해의 경우 ① 개호(장해로 혼자서 활동이 어려운 사람을 곁에서 돌보는 것) 여부 ② 객관적 이유 및 개호의 내용을 추가로 기재하여야 한다.

**33** **다음 중 후유장해 지급률이 가장 낮은 장해는?**

① 씹어먹는 기능과 말하는 기능 모두에 심한 장해를 남긴 때
② 코의 기능을 완전히 잃었을 때
③ 두 귀의 청력을 완전히 잃었을 때
④ 한 눈이 멀었을 때

① 100% 지급, ② 15% 지급, ③ 80% 지급, ④ 50% 지급

**34** **다음 중 외모(얼굴)의 '뚜렷한 추상'에 해당하지 않는 것은?**

① 손바닥 크기 1/2 이상의 추상
② 길이 5cm 이상의 추상 반흔
③ 지름 5cm 이상의 조직함몰
④ 코의 1/2 이상 결손



정답 29 ② 30 ② 31 ③ 32 ① 33 ② 34 ②

뚜렷한 추상(추한 모습)과 약간의 추상

| 구 분 | 뚜렷한 추상(추한 모습) | 약간의 추상 |
|---|---|---|
| 얼 굴 | • 손바닥 크기 1/2 이상의 추상(추한 모습)<br>• 길이 10cm 이상의 추상 반흔(추한 모습의 흉터)<br>• 지름 5cm 이상의 조직함몰<br>• 코의 1/2 이상 결손 | • 손바닥 크기 1/4 이상의 추상(추한 모습)<br>• **길이 5cm 이상의 추상 반흔(추한 모습의 흉터)**<br>• 지름 2cm 이상의 조직함몰<br>• 코의 1/4 이상 결손 |
| 머 리 | • 손바닥 크기 이상의 반흔(흉터) 및 모발결손<br>• 머리뼈의 손바닥 크기 이상의 손상 및 결손 | • 손바닥 1/2 크기 이상의 반흔(흉터), 모발결손<br>• 머리뼈의 손바닥 1/2 크기 이상의 손상 및 결손 |
| 목 | 손바닥 크기 이상의 추상(추한 모습) | 손바닥 크기 1/2 이상의 추상(추한 모습) |

**35** 다음 중 척추(등뼈)의 장해 지급률이 가장 높은 경우는?

① 척추(등뼈)에 심한 운동장해를 남긴 때
② 심한 추간판탈출증(속칭 디스크)
③ 척추(등뼈)에 심한 기형을 남긴 때
④ 척추(등뼈)에 뚜렷한 운동장해를 남긴 때

척추(등뼈) 장해의 분류

| 장해의 분류 | 지급률 |
|---|---|
| • 척추(등뼈)에 심한 운동장해를 남긴 때<br>• 척추(등뼈)에 뚜렷한 운동장해를 남긴 때<br>• 척추(등뼈)에 약간의 운동장해를 남긴 때 | 40<br>30<br>10 |
| • 척추(등뼈)에 심한 기형을 남긴 때<br>• 척추(등뼈)에 뚜렷한 기형을 남긴 때<br>• 척추(등뼈)에 약간의 기형을 남긴 때 | 50<br>30<br>15 |
| • 심한 추간판탈출증(속칭 디스크)<br>• 뚜렷한 추간판탈출증(속칭 디스크)<br>• 약간의 추간판탈출증(속칭 디스크) | 20<br>15<br>10 |

**36** **장해분류표상 팔의 장해판정기준에 대한 설명으로 옳지 않은 것은?**

① 골절부에 금속내고정물 등을 사용하였기 때문에 그것이 기능장해의 원인이 되는 때에는 그 내고정물 등이 제거된 후 장해를 판정한다.

② 관절을 사용하지 않아 발생한 기능장해와 일시적인 장해는 장해보상을 하지 않는다.

③ '한 팔의 손목 이상을 잃었을 때'라 함은 손목관절부터 심장에 가까운 쪽에서 절단된 때를 말하며, 팔꿈치 관절 상부에서 절단된 경우도 포함된다.

④ 1상지(팔과 손가락)의 후유장해지급률은 원칙적으로 각각 합산하되, 지급률은 100% 한도로 한다.

1상지(팔과 손가락)의 후유장해지급률은 원칙적으로 각각 합산하되, 지급률은 60% 한도로 한다.



**37** **다리의 기능장해를 판정하는 기준에 대한 설명으로 잘못된 것은?**

① '다리의 3대 관절'이라 함은 고관절, 무릎관절 및 발목관절을 말한다.

② 다리의 관절기능장해 평가는 다리의 3대 관절의 관절운동범위 제한 및 무릎관절(슬관절)의 동요성 등으로 평가한다.

③ 한 다리의 3대 관절 중 관절 하나에 기능장해가 생기고 다른 관절 하나에 기능장해가 발생한 경우 지급률은 각각 적용하여 합산한다.

④ '관절 하나의 기능에 뚜렷한 장해를 남긴 때'라 함은 완전 강직(관절굳음) 또는 인공관절이나 인공골두를 삽입한 경우를 말한다.

완전 강직(관절굳음)의 경우는 '관절 하나의 기능을 완전히 잃었을 때'이고, 인공관절이나 인공골두를 삽입한 경우는 '관절 하나의 기능에 심한 장해를 남긴 때'에 해당한다.

정답 35 ③ 36 ④ 37 ④

참고 기능장해에 대한 판정기준

| 장해구분 | 내 용 |
|---|---|
| 기능을 완전히 잃었을 때 | • 완전 강직(관절굳음)<br>• 근전도 검사상 완전손상 소견이 있으면서 도수근력검사(MMT)에서 근력이 '0등급(Zero)'인 경우 |
| 심한 장해 | • 해당 관절의 운동범위 합계가 정상 운동범위의 1/4 이하로 제한된 경우<br>• 인공관절이나 인공골두를 삽입한 경우<br>• 객관적 검사(스트레스 엑스선)상 15mm 이상의 동요관절(관절이 흔들리거나 움직이는 것)이 있는 경우<br>• 근전도 검사상 완전손상 소견이 있으면서 도수근력검사(MMT)에서 근력이 '1등급(Trace)'인 경우 |
| 뚜렷한 장해 | • 해당 관절의 운동범위 합계가 정상 운동범위의 1/2 이하로 제한된 경우<br>• 객관적 검사(스트레스 엑스선)상 10mm 이상의 동요관절(관절이 흔들리거나 움직이는 것)이 있는 경우<br>• 근전도 검사상 불완전손상 소견이 있으면서 도수근력검사(MMT)에서 근력이 '2등급(poor)'인 경우 |
| 약간의 장해 | • 해당 관절의 운동범위 합계가 정상 운동범위의 3/4 이하로 제한된 경우<br>• 객관적 검사(스트레스 엑스선)상 5mm 이상의 동요관절(관절이 흔들리거나 움직이는 것)이 있는 경우<br>• 근전도 검사상 불완전손상 소견이 있으면서 도수근력검사(MMT)에서 근력이 '3등급(fair)'인 경우 |

**38** 다음 중 신경계 장해의 판정기준으로 옳지 않은 것은?

① '신경계에 장해를 남긴 때'라 함은 뇌, 척수 및 말초신경계 손상으로 '일상생활 기본동작(ADLs) 제한 장해평가표'의 5가지 기본동작 중 하나 이상의 동작이 제한되었을 때를 말한다.

② 신경계의 장해로 발생하는 다른 신체부위의 장해(눈, 귀, 코, 팔, 다리 등)는 해당 장해로도 평가하고 그 중 높은 지급률을 적용한다.

③ 뇌졸중, 뇌손상, 척수 및 신경계의 질환 등은 발병 또는 외상 후 6개월 동안 지속적으로 치료한 후에 장해를 평가한다.

④ 장해진단 전문의는 재활의학과, 신경외과 또는 신경과 전문의로 한다.

해설

뇌졸중, 뇌손상, 척수 및 신경계의 질환 등은 발병 또는 외상 후 **12개월 동안** 지속적으로 치료한 후에 장해를 평가한다. 그러나 12개월이 지났다고 하더라도 뚜렷하게 기능 향상이 진행되고 있는 경우 또는 단기간 내에 사망이 예상되는 경우는 6개월의 범위에서 장해 평가를 유보한다.

## 39 장해판정기준 중 정신행동 장해의 판정기준으로 옳지 않은 것은?

① 일반적으로 상해를 입고 나서 12개월이 지난 후에 판정함을 원칙으로 한다.
② '지속적인 정신건강의학과의 치료'란 3개월 이상 약물치료가 중단되지 않았음을 의미한다.
③ 정신행동장해는 뇌의 기능 및 결손을 입증할 수 있는 뇌자기공명촬영, 뇌전산화촬영, 뇌파 등을 기초로 판정한다.
④ 외상후 스트레스장애, 우울증 등의 질환, 정신분열증, 편집증, 공포장애, 강박장애 등 각종 신경증 및 각종 인격장애는 보상의 대상이 되지 않는다.

일반적으로 상해를 입고 나서 **18개월**이 지난 후에 판정함을 원칙으로 한다. 다만, 상해를 입은 후 의식상실이 1개월 이상 지속된 경우에는 상해를 입고 나서 12개월이 지난 후에 판정할 수 있다.



## 40 일상생활 기본동작(ADLs) 제한 장해평가표에서 제한정도에 따른 지급률이 가장 높은 상태는?

① 식사를 전혀 할 수 없어 계속적으로 튜브나 경정맥 수액을 통해 부분 혹은 전적인 영양공급을 받는 상태
② 특별한 보조기구를 사용함에도 불구하고 다른 사람의 계속적인 도움이 없이는 방 밖을 나올 수 없는 상태
③ 배설을 돕기 위해 설치한 의료장치나 외과적 시술물을 사용함에 있어 타인의 계속적인 도움이 필요한 상태
④ 다른 사람의 계속적인 도움 없이는 샤워 또는 목욕을 할 수 없는 상태

일상생활 기본동작(ADLs) 제한 장해평가표

| 유 형 | 제한 정도에 따른 지급률 |
|---|---|
| 이동동작 | • 특별한 보조기구를 사용함에도 불구하고 다른 사람의 계속적인 도움이 없이는 방 밖을 나올 수 없는 상태 또는 침대에서 휠체어로 옮기기를 포함하여 휠체어 이동시 다른 사람의 계속적인 도움이 필요한 상태(지급률 40%)<br>• 휠체어 또는 다른 사람의 도움 없이는 방 밖을 나올 수 없는 상태 또는 보행이 불가능하나 스스로 휠체어를 밀어 이동이 가능한 상태(30%)<br>• 목발 또는 보행기(walker)를 사용하지 않으면 독립적인 보행이 불가능한 상태(20%)<br>• 보조기구 없이 독립적인 보행은 가능하나 보행시 파행(절뚝거림)이 있으며, 난간을 잡지 않고는 계단을 오르내리기가 불가능한 상태 또는 평지에서 100m 이상을 걷지 못하는 상태(10%) |

| | |
|---|---|
| 음식물 섭취 | • 입으로 식사를 전혀 할 수 없어 계속적으로 튜브(비위관 또는 위루관)나 경정맥 수액을 통해 부분 혹은 전적인 영양공급을 받는 상태(20%)<br>• 수저 사용이 불가능하여 다른 사람의 계속적인 도움이 없이는 식사를 전혀 할 수 없는 상태(15%)<br>• 숟가락 사용은 가능하나 젓가락 사용이 불가능하여 음식물 섭취에 있어 부분적으로 다른 사람의 도움이 필요한 상태(10%)<br>• 독립적인 음식물 섭취는 가능하나 젓가락을 이용하여 생선을 바르거나 음식물을 자르지는 못하는 상태(5%) |
| 배변 · 배뇨 | • 배설을 돕기 위해 설치한 의료장치나 외과적 시술물을 사용함에 있어 타인의 계속적인 도움이 필요한 상태, 또는 지속적인 유치도뇨관 삽입상태, 방광루, 요도루, 장루상태(20%)<br>• 화장실에 가서 변기위에 앉는 일(요강을 사용하는 일 포함)과 대소변 후에 뒤처리시 다른 사람의 계속적인 도움이 필요한 상태, 또는 간헐적으로 자가 인공도뇨가 가능한 상태(CIC), 기저귀를 이용한 배뇨, 배변 상태(15%)<br>• 화장실에 가는 일, 배변, 배뇨는 독립적으로 가능하나 대소변 후 뒤처리에 있어 다른 사람의 도움이 필요한 상태(10%)<br>• 빈번하고 불규칙한 배변으로 인해 2시간 이상 계속되는 업무를 수행하는 것이 어려운 상태, 또는 배변, 배뇨는 독립적으로 가능하나 요실금, 변실금이 있는 때(5%) |
| 목 욕 | • 세안, 양치, 샤워, 목욕 등 모든 개인위생 관리시 타인의 지속적인 도움이 필요한 상태(10%)<br>• 세안, 양치시 부분적인 도움 하에 혼자서 가능하나 목욕이나 샤워시 타인의 도움이 필요한 상태(5%)<br>• 세안, 양치와 같은 개인위생관리를 독립적으로 시행가능하나 목욕이나 샤워시 부분적으로 타인의 도움이 필요한 상태(3%) |
| 옷 입고 벗기 | • 상 · 하의 의복 착탈시 다른 사람의 계속적인 도움이 필요한 상태(10%)<br>• 상 · 하의 의복 착탈시 부분적으로 다른 사람의 도움이 필요한 상태 또는 상의 또는 하의중 하나만 혼자서 착탈의가 가능한 상태(5%)<br>• 상 · 하의 의복착탈시 혼자서 가능하나 미세동작(단추 잠그고 풀기, 지퍼 올리고 내리기, 끈 묶고 풀기 등)이 필요한 마무리는 타인의 도움이 필요한 상태(3%) |

## 제4장 질병보험과 특별약관

**01** **다음 중 질병보험에 대한 설명으로 가장 관련이 없는 것은?**

① 청약일 이전에 보험사고인 질병이 발생된 경우에도 보험금을 지급한다.
② 일반사망 급부가 없어 생명보험보다 보험료가 저렴하다.
③ 의료처치의 결과로 발생하는 경제적 위험을 보장한다.
④ 암 보험은 대표적인 질병보험이다.

청약일 이전에 보험사고인 질병이 발생된 경우에도 보험금을 지급하지 않는다.

**02** **다음 중 질병보험에 해당하지 않는 것은?**

① 치명적 질병보험(CI보험)　② 소득보상보험
③ 실손의료보험　④ 생사혼합보험

생사혼합보험은 생명보험의 기본계약에 속한다.

**03** **질병보험에 대한 설명으로 옳은 것은?**

① 질병치료비는 암 또는 7대 질병 등 특정질병에 대한 치료비만 지급이 가능하다.
② 모든 질병담보는 계약일로부터 일정기간의 대기기간을 설정하여야 한다.
③ 계약연령의 계산은 만기시 계약자의 연령으로 계산한다.
④ 질병사망은 특약으로만 가능하다.

④ 질병사망(암사망, 특정질병사망 포함)은 특약으로만 가입이 가능하다.
① 질병보험은 피보험자가 **보험기간 중에 발생한 질병**으로 인하여 보험기간 중에 치료를 받은 경우 보상하는 보험이다.
② 보험계약자의 역선택이 가능한 **특정질병에 한하여** 제1회 보험료 납입일 이후 일정기간 동안 보장하지 아니하는 대기기간을 설정할 수 있다(암의 경우 90일).
③ 피보험자의 계약연령은 계약일 **현재 만 연령**으로 계산하고, 1년 미만의 단수가 있을 경우에는 6개월 미만은 버리고, 6개월 이상은 1년으로 계산한다.

정답　01 ①　02 ④　03 ④

## 04 질병보험의 대기기간(면책기간)으로 잘못된 것은?

① 건강보험 : 제1회 보험료 납입일부터 보상
② CI보험 : 보험계약일부터 90일
③ 일상생활장해보장개시일 : 보험계약일부터 그 날을 포함하여 90일이 지난날
④ 중증치매보장개시일 : 보험계약일부터 그 날을 포함하여 만 2년이 지난날의 다음날

대기기간(면책기간)의 설정

| 구 분 | 대기기간(면책기간) |
|---|---|
| 질병보험(건강보험) | 제1회 보험료 납입일부터 보상 |
| 암 · CI보험 | 보험계약일부터 90일 |
| 간병보험(생명보험) | • 일상생활장해보장개시일 : 보험계약일[부활(효력회복)일]부터 그 날을 포함하여 90일이 지난날의 다음날<br>• 중증치매보장개시일 : 보험계약일[부활(효력회복)일]부터 그 날을 포함하여 만 2년이 지난날의 다음날 |

## 05 질병상해보험표준약관의 계약전 알릴의무에 대한 다음 설명 중 옳지 않은 것은?

① 청약서상 '계약전 알릴의무(중요한 사항에 한한다)'에 해당하는 질병으로 과거에 진단 또는 치료를 받은 경우에는 해당 질병과 관련한 보험금을 지급하지 않는다.
② 청약일 이전에 진단확정된 질병이라 하더라도 청약일 이후 5년이 지나는 동안 그 질병으로 추가 진단 또는 치료사실이 없을 경우, 청약일부터 5년이 지난 이후에는 약관에 따라 보장한다.
③ '청약일 이후 5년이 지나는 동안'이라 함은 보험료의 납입연체에 의한 계약의 해지가 발생하지 않은 경우를 말한다.
④ 청약일을 기준으로 최근 1년 이내에 의사로부터 진찰 또는 검사를 통하여 의료행위를 받은 경우에는 이를 알려야 한다.

청약일을 기준으로 3개월 이내에 의사로부터 진찰 또는 검사를 통하여 의료행위를 받은 경우에는 이를 알려야 한다.

## 06 질병보험에서 계약자가 「중요한 사항」을 알릴 경우 보험사의 인수 방법에 해당하지 않는 것은?

① 청약의 거절
② 보험료 할인
③ 보험금 삭감
④ 일부 보장 제외 인수

「중요한 사항」이란 회사가 그 사실을 알았더라면 보험계약의 청약을 거절하거나 보험가입금액 한도 제한, 일부 보장 제외, 보험금 삭감, 보험료 할증과 같이 조건부로 인수하는 등 계약인수에 영향을 미치는 사항을 말한다. 보험료 할인에 영향을 주는 사항은 중요한 사항에 포함되지 않는다.



## 07 질병상해보험표준약관상 현재 및 과거의 질병관련 질문사항에 대한 다음 설명 중 잘못된 것은?

① 진찰 또는 검사란 직장 등에서 시행하는 건강검진을 포함한다.
② 질병의심소견이란 의사로부터 진단서 또는 소견서를 발급받은 경우를 말한다.
③ 수술에는 제왕절개수술을 포함한다.
④ 투약은 환자가 약국에서 일반의약품을 처방전 없이 자유의사에 의하여 구입하여 복용한 경우를 포함한다.

투약의 의의

- 실제 투약이 이루어진 것을 말하므로 감기 등의 사소한 질환이라 하더라도 투약사실이 있는 경우에는 알려야 한다.
- 환자가 약국에서 일반의약품을 처방전 없이 자유의사에 의하여 구입하여 복용한 경우는 제외한다.

## 08 다음 중 계약전 알릴의무 사항(고지대상)에 해당하지 않는 경우는?

① '진찰 또는 검사를 통하여 추가검사를 받은 경우'에 있어서 의사가 문진이나 가족력, 증상발현 시기나 경과 등을 물은 경우
② 3월 1일부터 3월 7일까지 7일 동안 5일간 통원치료를 받은 경우
③ 동일한 질병으로 2개월 동안 8회의 통원치료를 받은 경우
④ 치료의 시작부터 치료의 종료까지 총투약일수가 30일 이상인 경우

정답 04 ③ 05 ④ 06 ② 07 ④ 08 ②

② '계속하여 7일 이상 치료'란 같은 원인으로 치료시작 후 완료일까지 실제 치료받은 날을 의미하며, 기간을 의미하지 않으므로 3월 1일부터 3월 7일까지 7일 동안 5일간 통원치료를 받은 경우는 고지대상이 아니다.

① '진찰 또는 검사를 통하여 추가검사를 받은 경우'란 의사로부터 문진 등을 받고 질병의심 소견 등에 의해 추가적인 검사나 재검사를 받은 경우를 말하는 것으로, 의사가 여러가지 방법에 의해 환자의 병을 살피는 모든 것으로 문진이나 가족력, 증상발현 시기나 경과 등을 묻는 경우도 포함된다.

③ 동일한 질병으로 2개월 동안 8회의 통원치료를 받은 경우에는 '계속하여 7일 이상 치료'에 해당하므로 고지대상에 해당한다.

④ '계속하여 30일 이상 투약'이란 상해 또는 질병을 원인으로 하여 실제 투약일수의 합이 30일 이상인 경우를 의미한다. 따라서 치료의 시작부터 치료의 종료까지 총투약일수가 30일 이상인 경우에는 고지대상이 된다.

## 09 질병보험에서 계약전 알릴의무 사항(표준사업방법서)의 '10대 질병'에 해당하지 않는 것은?

① 암
② 백혈병
③ 고혈압
④ 직장 또는 항문 관련 질환

'직장 또는 항문 관련 질환'은 실손의료보험에 10대 질병 외에 추가되는 질병이다.

10대 질병

① 암
② 백혈병
③ 고혈압
④ 협심증
⑤ 심근경색
⑥ 심장판막증
⑦ 간경화증
⑧ 뇌졸중증(뇌출혈, 뇌경색)
⑨ 당뇨병
⑩ 에이즈(AIDS) 및 HIV 보균

## 10 입원일당 관련 질병보험의 특별약관에 대한 설명으로 옳지 않은 것은?

① 입원일당 특별약관은 손해보험회사만 판매하고 있는 특별약관이다.
② 피보험자가 상해(재해) 또는 질병으로 인하여 의료기관에 입원 치료한 경우 보험금을 지급한다.
③ 보험금을 노리고 고액의 입원일당 특약에 가입하고 불필요하게 장기 입원하는 등의 보험사기에 악용되기도 한다.
④ 보험사기에 활용되는 것을 방지하기 위해 업계의 통합 전산망을 구축함으로써 일정 한도 이상의 입원일당 가입을 제한하고 있다.

입원일당 특별약관은 생명보험회사와 손해보험회사가 공통적으로 판매하고 있는 특별약관이다.

**11** **입원일당 특별약관에서 입원일당의 종류에 대한 설명으로 옳지 않은 것은?**

① 기존 손해보험상품은 대부분 입원 첫날부터 입원일당을 지급하는 유형으로 판매되고 있다.
② 3일을 초과한 경우에 입원일당을 지급하는 유형은 3일을 공제한 나머지 입원일수에 대한 입원일당을 지급하는 유형이다.
③ 보험약관에 정한 입원기간을 충족하는 경우에 지급하는 유형은 의도적으로 입원기간을 연장하는 부작용이 있다.
④ 암직접치료 입원일당은 암의 종류에 상관없이 1일당 금액을 동일하게 지급한다.

암직접치료 입원일당은 암의 종류별로 소액암, 일반암, 고액암의 구분에 따라 1일당 금액을 차등화시키는 것이 일반적이다.

**12** **입원일당 특별약관에서 입원급여금의 보상에 대한 설명으로 옳지 않은 것은?**

① 최초 보험청약일부터 과거 5년 이내 그 질병으로 인하여 진단 또는 치료를 받은 경우에는 보상하지 않는다.
② 손해보험 상품의 경우 입원급여금의 지급일수는 1회 입원당 120일을 한도로 한다.
③ 피보험자가 동일한 질병의 치료를 직접목적으로 2회 이상 입원한 경우 이를 계속입원으로 보아 각 입원일수를 더한다.
④ 피보험자가 질병에 대한 보장개시일 이후에 입원하여 치료를 받던 중 보험기간이 만료되었을 때에도 퇴원하기 전까지의 계속 중인 입원기간에 대해서는 계속 보상한다.

손해보험 상품의 경우 입원급여금의 지급일수는 1회 입원당 180일을 한도로 한다. 단, 생명보험상품의 경우 120일을 한도로 한다.

정답 09 ④ 10 ① 11 ④ 12 ②

## 13 질병보험에서 정한 다음 용어에 대한 설명으로 옳지 않은 것은?

① '수술'이라 함은 의사에 의하여 치료가 필요하다고 인정된 경우로서 '입원의 정의와 장소'에서 정한 장소에서 의사의 관리 하에 질병치료를 직접적인 목적으로 기구를 사용하여 생체에 절단, 절제 등의 조작을 가하는 것을 말하며, 흡인, 천자 등의 조치 및 신경차단을 포함한다.

② '입원'이라 함은 의사, 치과의사, 한의사의 자격을 가진 자에 의하여 암 등의 질병의 치료가 필요하다고 인정된 경우로서 자택 등에서 치료가 곤란하여 의료법에서 정한 병원, 의원, 또는 이와 동등하다고 회사가 인정하는 의료기관에 입실하여 의사의 관리 하에 치료에 전념하는 것을 말한다.

③ '암 등의 질병의 치료를 직접적인 목적으로 한 입원'이라 함은 의사에 의해 질병으로 진단이 된 질병의 치료 중에 발병된 합병증 또는 새로이 발견된 질병의 치료가 병행되는 때에는 의사의 소견에 따라 질병을 입원치료의 주된 목적으로 하는 경우에만 질병의 치료를 목적으로 한 입원으로 본다.

④ '계속입원'이라 함은 입원치료의 목적으로 진단되었던 동일한 질병으로 계속하여 입원하는 것을 말한다.

'수술'이라 함은 의사에 의하여 치료가 필요하다고 인정된 경우로서 '입원의 정의와 장소'에서 정한 장소에서 의사의 관리 하에 질병치료를 직접적인 목적으로 기구를 사용하여 생체에 절단, 절제 등의 조작을 가하는 것을 말하며, 흡인, 천자 등의 조치 및 신경차단은 제외한다.

## 14 질병보험약관에서 정한 수술의 정의에 대한 다음 설명 중 옳지 않은 것은?

① 절단 – 특정부위를 잘라내는 것

② 절제 – 특정부위를 잘라서 없애는 것

③ 흡인 – 바늘 또는 관을 꽂아 체액을 뽑아내는 것

④ 신경차단 – 통증을 일으키는 신경절이나 해당 신경에 국소마취제를 주입하는 것

• 흡인 : 주사기 등으로 빨아들이는 것
• 천자 : 바늘 또는 관을 꽂아 체액을 뽑아내거나 주입하는 것

**15** **치료목적의 수술에 대하여 잘못 설명한 것은?**

① 아버지의 치료를 위한 자식의 간이식수술은 치료목적의 수술이므로 담보한다.
② 담보질병의 단순합병증의 치료목적의 수술은 담보하지 아니한다.
③ 성형이나 미용을 위한 수술은 치료목적의 수술이 아니므로 담보하지 않는다.
④ 진단을 위한 수술, 피임수술 등은 수술보험금이 지급되지 않는다.

치료목적의 수술은 피보험자 본인의 질병치료를 위한 수술이므로, 예컨대 아버지를 위한 간이식수술의 경우에는 적용되지 않는다.



**16** **다음 중 수술보험금의 지급에 대한 설명으로 옳지 않은 것은?**

① 동시수술은 동일한 질병 또는 상해로 2종류 이상의 수술을 동시에 받는 경우에도 각각의 수술에 대한 수술급여금을 지급한다.
② 동일한 수술을 2회 이상 받았을 경우에는 그 때마다 해당 수술급여금을 지급한다.
③ 수술 후 부작용이나 합병증에 의한 재수술의 경우에는 제1회의 수술에 한하여 보험금을 지급한다.
④ 수술의 시기가 각각 다른 경우에는 수술의 원인이 한 가지인지의 여부에 상관없이 수술시마다 보험금을 지급한다.

수술 후 부작용이나 합병증에 의한 재수술의 경우에도 수술 시마다 보험금을 지급한다.

**17** **다음 중 수술비 특별약관에 대한 설명으로 옳지 않은 것은?**

① 여성만성질병이란 골다공증이나 관절염 등의 보험약관에 정한 질병의 수술에 한한다.
② 보험기간 중에 부인과질병으로 진단이 확정되고 질병치료를 직접적인 목적으로 수술받은 경우에 수술 1회당 보험약관에 정한 보험가입금액을 정액으로 지급한다.
③ 보험기간 중에 7대 질병으로 진단이 확정되고 7대 질병치료를 직접적인 목적으로 수술받은 경우에 수술 1회당 보험약관에 정한 보험가입금액을 정액으로 지급한다.
④ 보험증권에 기재된 15세 이하의 피보험자가 보험기간 중에 약관에 정한 선천성 기형으로 진단이 확정되고 그 치료를 직접적인 목적으로 수술을 받은 경우에 수술 1회당 보험약관에 정한 보험가입금액을 정액으로 지급한다.

정답 13 ① 14 ③ 15 ① 16 ③ 17 ④

보험증권에 기재된 <u>20세 이하</u>의 피보험자가 보험기간 중에 약관에 정한 선천성 기형으로 진단이 확정되고 그 치료를 직접적인 목적으로 수술을 받은 경우에 <u>매 수술 시마다</u> 보험가입금액을 정액으로 지급한다.

## 18 다음 중 7대 질병수술비 특별약관에 해당하지 않는 질병은?

① 갑상선질환
② 심장질환
③ 뇌혈관질환
④ 당뇨병

특정질병 수술비 특별약관

| 구 분 | 담보질병 |
|---|---|
| 여성만성질병 수술비 | 골다공증, 관절염 |
| 7대 질병수술비특별약관 | 심장질환, 뇌혈관질환, 간질환, 고혈압, 당뇨병, 만성하기도질환, 위궤양 및 십이지장궤양 |
| 16대 질병수술비특별약관 | 심장질환, 뇌혈관질환, 간질환, 고혈압, 당뇨병, 만성호흡기질환, 위·십이지장궤양, 동맥경화증, 폐렴, 갑상선질환, 관절염, 백내장, 녹내장, 결핵, 신부전, 생식기질환 |

## 19 다음 중 뇌졸중진단비 특별약관에서 보장받는 뇌출혈에 해당하지 않는 것은?

① 뇌전동맥의 폐색 및 협착
② 뇌내출혈
③ 거미막밑 출혈
④ 기타 비외상성 두개내 출혈

뇌혈관질환의 분류

| 구 분 | | 대상 질병명 |
|---|---|---|
| 뇌졸증 | 뇌출혈 | (I60) 거미막밑 출혈<br>(I61) 뇌내출혈<br>(I62) 기타 비외상성 두개내 출혈 |
| | 뇌경색 | (I63) 뇌경색증(뇌졸중)<br>(I65) 대뇌경색(증)을 유발하지 않는 뇌전동맥의 폐색 및 협착<br>(I66) 대뇌경색(증)을 유발하지 않는 대뇌동맥의 폐색 및 협착 |
| 기 타 | (I67) 기타 뇌혈관질환<br>(I68) 달리 분류된 질환에서의 대내혈관장애<br>(I69) 대내혈관 질환의 후유증 | |

**20** **급성심근경색증진단비 특별약관에서 보장하는 '급성심근경색증'에 해당하지 않는 것은?**

① 급성심근경색증
② 속발성심근경색증
③ 급성심근경색증에 의한 특정 현재 합병증
④ 기타 급성 허혈성 심장질환

급성심근경색증의 종류
- 급성심근경색증
- 속발성심근경색증
- 급성심근경색증에 의한 특정 현존 합병증



**21** **과로사담보 특별약관에서 보장하는 '과중한 업무부담의 지속' 상태에 해당하지 않는 것은?**

① 월 40시간 이상의 잔업
② 직전 1개월 내의 10일 이상의 지방출장
③ 직전 1주일 이내의 근무환경의 급격한 변화로 인정되는 전환배치
④ 직전 3일 이상 연속적으로 일상 업무보다 30% 이상 업무량과 시간 증가

"과중한 업무부담의 지속" 이란 다음의 하나 이상의 상태가 사망일 직전에 지속된 것을 말한다.
1. 직전 3일 이상 연속적으로 일상 업무보다 30% 이상 업무량과 시간 증가
2. **월 50시간 이상의 잔업**
3. 직전 1개월 내의 소정 휴일의 반 이상의 출근 근무
4. 직전 1개월 내의 10일 이상의 지방출장
5. 직전 1주일 이내의 근무환경의 급격한 변화로 인정되는 전환배치
6. 직전 24시간 이내의 일반인이 적응하기 어렵다고 여겨지는 근로의 수행

정답 18 ① 19 ① 20 ④ 21 ①

## 22 과로사담보 특별약관에서 '업무 중' 또는 '돌연한 사망'에 해당하지 않는 것은?

① '업무 중'이란 피보험자의 통상적인 근무장소(출장지를 포함)에서 근무 중일 때를 말한다.
② '업무 중'에는 통상적인 거주지(출장지에서의 숙박장소 포함)에서의 수면 중인 경우는 제외한다.
③ '돌연한 사망'이란 피보험자가 뇌혈관질환 내지 심질환에 의한 병변의 발증 내지 악화로 의식불명상태가 되고 그것을 직접원인으로 하여 그날로부터 4주 이내 사망한 것을 말한다.
④ '돌연한 사망'에는 뇌사상테를 포함한다.

해설

'업무중'이란 피보험자의 통상적인 근무장소(출장지를 포함)에서 근무 중일 때와 그 근무장소로의 이동중인 교통수단 안에서 이동 중일 때 및 **통상적인 거주지(출장지에서의 숙박장소 포함)에서의 수면 중인 경우**를 말한다.

## 23 과로사담보 특별약관에서 보상하는 손해에 해당하는 것은?

① 기왕의 질환이 자연발생적으로 악화되었음에 대한 의학적 소견이 있을 때
② 과도, 격렬한 운동 중 사망한 때
③ 과도한 언쟁 등 업무와 관계있는 사건으로 사망한 때
④ 통상적인 주량을 초과하는 음주로 인하여 사망한 때

해설

③ 싸움, 폭행, 과도한 언쟁 등 **업무와 관계없는 사건**으로 사망한 때 보상하지 않는다.

## 24 태아보험의 출생전 자녀가입 특별약관에 대한 설명으로 옳지 않은 것은?

① 태아는 출생시 피보험자가 되며, 보상하는 손해의 보장개시일은 출생일로 한다.
② 계약자는 태아가 출생한 경우 3일 이내에 관련서류를 제출하여 출생을 통지해야 한다.
③ 태아가 유산 또는 사산 등으로 출생하지 못한 경우에는 계약을 무효로 한다.
④ 태아가 복수로 출생한 경우에는 가족관계등록상 선순위로 기재된 자를 피보험자로 한다.

해설

계약자는 태아가 출생한 경우 지체 없이 관련서류를 제출하여 출생을 통지해야 한다.

**25** **태아보험의 저체중아 입원일당담보 특별약관에 대한 설명으로 옳지 않은 것은?**

① 피보험자는 임신 20주 이내인 임산부에 의해 태어날 자녀로 하되, 인공수정에 의한 임신을 포함한다.

② 보험기간 중 임산부가 미숙아를 출산하여 인큐베이터를 3일 이상 사용했을 때 최고 60일을 한도로 인큐베이터 사용일 2일 초과 1일당 보험가입금액을 지급한다.

③ 특약 가입시 태아의 이상상태를 이미 알고 있던 경우에는 보험금 지급사유가 발생해도 주산기질환 입원일당을 지급하지 않는다.

④ 특약 가입시 임산부가 임신 23주 이상으로 피보험자에 해당하지 아니한 경우 보험금 지급사유가 발생해도 주산기질환 입원일당을 지급하지 않는다.

해설 피보험자는 임신 22주 이내인 임산부에 의해 태어날 자녀로 하되, 인공수정에 의한 임신을 제외한다.

**26** **태아보험의 주산기질환담보 특별약관에 대한 설명으로 옳지 않은 것은?**

① '출생전후기'라 함은 임신 28주부터 생후 1주 사이의 기간을 말한다.

② 주산기질환 입원일당은 1회 입원당 180일 한도로 한다.

③ 피보험자가 약관에 정한 '출생전후기에 발생한 주요병태 분류표'에서 정한 질병을 원인으로 그 치료를 직접 목적으로 하여 4일 이상 계속 입원하였을 경우에 지급한다.

④ 피보험자가 출생전후기 질병의 치료를 직접 목적으로 2회 이상 입원한 경우 이를 계속입원으로 보아 각 입원일수를 더한다.

해설 주산기질환 입원일당은 1회 입원당 120일 한도로 한다.



정답 22 ② 23 ③ 24 ② 25 ① 26 ②

**27** **다음 중 제도성 특별약관에 해당하는 것으로 올바르게 묶은 것은?**

가. 특정부위·특정질병 부담보 특별약관
나. 특별조건부 특별약관
다. 이륜자동차 운전 및 탐승 중 상해 부담보 특별약관
라. 선지급서비스 특별약관

① 가, 나
② 가, 나, 다
③ 가, 나, 라
④ 가, 나, 다, 라

제도성 특별약관은 보험료, 즉 위험률과 관계없이 보험계약의 조건이나 담보범위, 적용대상, 제도 등을 설정하기 위하여 부가하는 특별약관이다. 가, 나, 다, 라 모두 제도성 특별약관에 속한다.

**28** **특정부위·특정질병 보장제한인수 특별약관에 대한 설명으로 옳지 않은 것은?**

① 보험계약 체결 당시 피보험자의 건강상태가 보험회사가 정한 기준에 적합하지 않은 경우 특정부위에 발생한 질병이나 특정 질병에 대하여 면책을 조건으로 체결할 수 있도록 한 특별약관이다.
② 특별약관에서 정한 면책기간 중에 특정부위 질병분류표 중에서 회사가 지정한 질병을 직접적인 원인으로 보험계약에서 정한 보험금 지급사유가 발생한 경우에는 보험금을 지급하지 않는다.
③ 면책기간은 특정부위 또는 특정질병의 상태에 따라 '1년부터 3년'으로 하며, 그 판단기준은 회사에서 정한 계약사정기준에 따른다.
④ 면책사항에도 불구하고 특정부위에 발생한 질병의 합병증으로 인하여 특정부위 이외의 부위에 발생한 질병으로 보험계약에서 정한 보험금의 지급사유가 발생한 경우 보험금을 지급한다.

면책기간은 특정부위 또는 특정질병의 상태에 따라 '1년부터 5년' 또는 '보험계약의 보험기간 전체'로 하며, 그 판단기준은 회사에서 정한 계약사정기준에 따른다.

## 29 특별조건부 특별약관에 대한 설명으로 옳지 않은 것은?

① 피보험자의 건강상태가 보험회사가 정한 기준에 적합하지 않은 경우 보험계약자의 청약과 보험회사의 승낙으로 보장받을 수 있는 특별약관이다.

② 피보험자의 건강상태, 위험의 종류 및 정도에 따라 특별약관에 계약조건을 부가한다.

③ 할증보험료법은 계약을 체결할 때 위험의 정도에 따라 표준체 보험료에서 회사에서 정한 특약보험료를 차감한 납입보험료를 납입하는 방식이다.

④ 보험금감액법은 회사가 정하는 삭감기간 내에 해당계약의 규정에 정하는 상해 이외의 원인으로 해당계약의 보험금 지급사유가 발생하였을 경우에는 해당계약 규정에도 불구하고 계약시 정한 삭감기간에 따라 보험금을 지급하는 방식이다.

할증보험료법은 계약을 체결할 때 위험의 정도에 따라 표준체 보험료에서 회사에서 정한 특약보험료를 <u>더한</u> 납입보험료를 납입하는 방식이다.



## 30 선지급서비스 특별약관에 대한 설명으로 옳은 것은?

① 계약자와 피보험자가 동일한 보험계약으로서 사망보험금이 부가된 계약에 한하여 적용한다.

② 선지급서비스 특별약관의 보험기간은 보통약관의 보험기간이 끝나는 날의 6개월 이전까지로 한다.

③ 피보험자가 보험기간 중에 「의료법」 제3조(의료기관)에 규정한 국내의 종합병원 또는 회사가 인정한 의료기관에서 전문의 자격을 가진 자가 실시한 진단결과 피보험자의 남은 생존기간이 6개월 이내라고 판단한 경우에 회사의 신청서에 정한 바에 따라 사망보험금의 전부를 선지급 사망보험금으로 지급한다.

④ 특별약관에 따라 보험금을 지급하였을 때에는 지급한 보험금액에 해당하는 계약의 보험가입금액이 지급일에 감액된 것으로 본다. 다만, 그 감액부분에 해당하는 해지환급금이 있는 경우에는 이를 지급한다.

② 선지급서비스 특별약관의 보험기간은 보통약관의 보험기간이 끝나는 날의 **<u>12개월</u>** 이전까지로 한다.
③ 피보험자가 보험기간 중에 「의료법」 제3조(의료기관)에 규정한 국내의 종합병원 또는 회사가 인정한 의료기관에서 전문의 자격을 가진 자가 실시한 진단결과 피보험자의 남은 생존기간이 6개월 이내라고 판단한 경우에 회사의 신청서에 정한 바에 따라 사망보험금의 **<u>일부 또는 전부</u>**를 선지급 사망보험금으로 지급한다.
④ 특별약관에 따라 보험금을 지급하였을 때에는 지급한 보험금액에 해당하는 계약의 보험가입금액이 지급일에 감액된 것으로 본다. 다만, 그 감액부분에 해당하는 **<u>해지환급금이 있어도 이를 지급하지 않는다</u>**. 이 경우 이 특별약관의 보험금 지급일 이후 계약 약관에 정한 사망보험금의 청구를 받아도 이 특별약관에 의하여 지급된 보험금액에 해당하는 사망보험금은 지급하지 않는다.

정답 27 ④ 28 ③ 29 ③ 30 ①

# 제5장 암보험과 CI보험

## 1 암보험

**01** **다음 중 암보험의 주요 보장내용으로 옳지 않은 것은?**

① 암진단비는 암보장개시일 이후 암으로 진단이 확정되었을 때 최초 1회 지급한다.
② 암수술비는 암보장개시일 이후 암으로 진단이 확정되고, 그 암의 치료를 직접 목적으로 수술받았을 때 최초 수술 1회 지급한다.
③ 암입원비는 3일 초과 입원일수를 기준으로 하여 총 120일 한도로 지급한다.
④ 암으로 인한 사망보험금은 특별약관으로 보장된다.

해설

암수술비는 암보장개시일 이후 암으로 진단이 확정되고, 그 암의 치료를 직접 목적으로 수술받았을 때 수술 1회당 지급한다.

**02** **다음 중 암보험의 보장개시일이 제1회 보험료를 받은 날로부터 시작하는 암보험을 모두 고르시오.**

| | |
|---|---|
| 가. 구강암 | 나. 유방암 |
| 다. 갑상선암 | 라. 제자리암 |

① 가, 나
② 다, 라
③ 나, 다
④ 나, 다, 라

기타피부암, 갑상선암, 제자리암 및 경계성 종양에 대한 보장개시일은 보험계약일(제1회 보험료를 받은 날)로 한다.

**03** **다음 중 암을 담보하는 계약에서 일정기간 대기기간을 설정하는 가장 큰 이유는?**

① 민원발생 예방을 위하여
② 계약자의 도덕적 위험 방지를 통한 다수계약자 보호를 위하여
③ 위험보험료 및 사업비 절감을 통한 배당재원의 확보를 위하여
④ 질병을 담보하는 계약은 대기기간을 반드시 설정해야 하므로

대기기간의 설정목적은 도덕적 위험 억제를 통하여 역선택을 방지하기 위함이다.

**04** **암보험의 보장개시일에 대한 설명으로 옳지 않은 것은?**

① 암의 보장개시일은 보험계약일로부터 그 날을 포함하여 90일이 지난날의 다음날부터 시작된다.
② 보험나이 15세 미만자의 암보험의 보장개시일은 보험계약일로 한다.
③ 갱신계약의 경우 갱신일 보장개시일로 한다.
④ 계약자 또는 피보험자가 청약일 이전에 암으로 진단 확정을 받은 후 이를 숨기고 가입하는 등 사기에 의하여 계약이 성립되었음을 회사가 증명하는 경우에는 계약일부터 3년 이내에 계약을 취소할 수 있다.

계약자 또는 피보험자가 청약일 이전에 암으로 진단 확정을 받은 후 이를 숨기고 가입하는 등 사기에 의하여 계약이 성립되었음을 회사가 증명하는 경우에는 계약일부터 **5년 이내**(사기사실을 안 날부터 1개월 이내)에 계약을 취소할 수 있다.

**05** **암 보험에서 보장개시일 전일 이전에 "기타피부암 및 갑상선암 이외의 암"으로 진단확정된 경우 다음 설명 중 가장 올바른 것은?**

① 약정한 보험금의 50%를 지급한다.
② 보정개시일 이전이라도 보험금은 전액 지급한다.
③ 계약은 무효이며, 이미 납입한 보험료를 환급한다.
④ 고지의무위반으로 보험금 미지급 및 계약이 해지된다.

암 보험에서 보장개시일 전일 이전에 "기타피부암 및 갑상선암 이외의 암"으로 진단확정된 경우에는 계약을 무효로 하며, 이미 납입한 해당 보험료를 환급한다.

정답 01 ② 02 ② 03 ② 04 ④ 05 ③

**06** **암보험의 보장에 대한 다음 설명 중 옳지 않은 것은?**

① 피보험자가 "기타피부암 및 갑상선암 이외의 암" 으로 암진단비를 지급받은 이후에 진단받은 "기타피부암", "갑상선암", "제자리암" 또는 "경계성종양"은 암진단비를 지급해야 한다.

② 청약서상 "계약 전 알릴의무(중요한 사항에 한함)"에 해당하는 암으로 과거(청약서상 해당 암의 고지대상기간)에 진단 또는 치료를 받은 경우에는 암진단비를 지급하지 않는다.

③ 보험계약 청약일 이전에 진단 확정된 암이라 하더라도 청약일 이후 5년이 지나는 동안 그 암으로 추가 진단(단순건강검진 제외) 또는 치료사실이 없을 경우, 보험계약 청약일로부터 5년이 지난 이후에는 보상한다.

④ 보험료 납입연체로 인한 해지계약의 부활이 발생한 경우 부활(효력회복)일 보험계약의 청약일로 본다.

해설

피보험자가 "기타피부암 및 갑상선암 이외의 암" 으로 암진단비를 지급받은 이후에 진단받은 "기타피부암", "갑상선암", "제자리암"또는 "경계성종양"은 암진단비를 지급하지 않는다.

**07** **암보험 보통약관에서 정하고 있는 암의 진단확정에 대한 설명으로 옳지 않은 것은?**

① 보장개시일 이후의 전암(前癌)상태(premalignant condition)는 암으로 인정한다.

② 병리 또는 진단검사의학 전문의 자격증을 가진 의사에 의하여 내려져야 한다.

③ 조직(fixed tissue)검사, 미세침흡인검사(fine needle aspiration biopsy) 또는 혈액(hemic system)검사에 대한 현미경 소견을 기초로 한다.

④ 병리학적 진단이 가능하지 않을 때에는 피보험자가 "암 등의 질병"으로 진단 또는 치료를 받고 있음을 증명할 만한 문서화된 기록 또는 증거가 있어야 한다.

해설

전암(前癌)상태(암으로 변하기 이전 상태 ; Premalignant condition)는 암에서 제외한다.

## 08 암진단급여금의 지급에 대한 설명으로 옳지 않은 것은?

① "기타 피부암, 갑상선암, 제자리암 및 경계선 종양"으로 진단받고 그 후 일반암진단을 받은 경우에는 "기타 피부암, 갑상선암, 제자리암 및 경계선 종양"으로 진단받은 때 각 해당 암진단급여금을 지급하고, 다시 일반암을 진단받은 경우 일반암진단급여급을 다시 지급한다.

② 일반암을 진단받은 후에 다시 "기타 피부암, 갑상선암, 제자리암 및 경계선 종양"으로 진단받은 경우에는 일반암을 진단받은 경우 일반암진단급여급만 지급하고 "기타 피부암, 갑상선암, 제자리암 및 경계선 종양"에 대한 진단금을 지급하지 않는다.

③ 최초로 암이 발생하여 전이된 경우, 원발암이 확인되는 경우에는 원발부위를 기준으로 분류한다.

④ 암 보험상품 중 일반암과 특정암을 구분하는 경우 특정암을 진단받은 후 일반암을 진단받는 경우에는 일반암보험금을 지급한다.

암 보험상품 중 일반암과 특정암을 구분하는 경우

| 구 분 | 보 상 |
|---|---|
| 일반암을 진단받은 후 특정암을 진단받은 경우 | 특정암보험금에서 일반암보험금을 차감한 나머지 잔액을 지급한다. |
| 특정암을 진단받은 후 일반암을 진단받은 경우 | 특정암보험금만을 지급하고 일반암보험금은 지급하지 않는다. |

## 09 암수술급여금에 대한 설명으로 옳지 않은 것은?

① "기타피부암 및 갑상선암 이외의 암", "기타 피부암", "갑상선암", "제자리암", "경계성종양"으로 진단 확정되고, 그 질병의 치료를 직접적인 목적으로 수술을 받은 경우 각각의 질병에 대하여 수술 1회당 암수술보험금을 지급한다.

② 항암방사선 및 항암약물치료에는 암수술보험금이 지급된다.

③ 암수술보험금은 수술을 시행할 때마다 반복적으로 보험약관에 정해진 금액을 정액으로 지급한다.

④ "기타피부암 및 갑상선암 이외의 암" 수술비는 보험증권에 기재된 암수술비 보험가입금액의 100% 해당액을 지급한다.

항암방사선 및 항암약물치료는 암수술보험금이 지급되지 않는다.

정답 06 ① 07 ① 08 ④ 09 ②

**10** **암입원일당에 대한 설명으로 옳지 않은 것은?**

① 보험기간 중 암보장개시일 이후에 암을 직접 치료하기 위한 목적으로 4일 이상 입원하였을 때 지급된다.

② 3일 초과 입원일수 1일당(1회 입원당 180일 한도) 지급한다.

③ 피보험자가 암치료를 직접목적으로 입원을 2회 이상 한 경우에는 1회 입원으로 보아 각 입원일수를 합산한다.

④ 동일한 목적에 의한 입원이라도 암입원급여금이 지급된 최종입원의 퇴원일로부터 180일을 경과하여 개시한 입원은 새로운 입원으로 본다.

해설

암입원일당은 3일 초과 입원일수 1일당 보험증권에 기재된 금액을 120일 한도로 지급한다.

## 2 CI(치명적 질병)보험

**11** **다음 중 CI(치명적 질병)보험에 대한 설명으로 틀린 것은?**

① 장기간병보험의 일종으로 소득보상보험이라고도 한다.

② CI란 치명적 중병상태를 의미한다.

③ 치명적 질병 발병시 사망보험금의 일부 또는 전액을 선지급한다.

④ 고액의 치료비, 신체장애에 대한 간병비 등을 지급하는 보험이다.

해설

**치명적 질병보험(CI보험)**

암, 뇌졸중, 심근경색 등 치명적 질병은 치료비용 부담이 커서 본인뿐만 아니라 가족들에게 경제적 부담이 가중되어 이를 경감하기 위하여 고액의 치료비, 생활비 및 간병비 등을 지급하는 보험상품이다.

**12** **CI(치명적 질병)보험의 상품유형에 대한 설명으로 옳지 않은 것은?**

① 중대한 질병상태가 되었을 경우에 CI보험금은 최초 1회에 한하여 지급된다.

② 선지급형은 사망보험금이 있는 보험에서 중대한 질병 발병시 사망보험금의 일부를 선지급하는 형태로서 중복지급이 발생하지 않는다.

③ 추가지급형은 사망보험금이 있는 보험에서 중대한 질병 발병후 일정기간 생존시에 CI보험금을 지급하며, 이후 사망시 CI보험금을 차감한 사망보험금을 지급한다.

④ 독립급부형은 중대한 질병 상태만을 보장하는 보험이다.

CI보험의 상품유형

| 상품유형 | 지급방법 |
|---|---|
| 선지급형 | • 사망보험금이 있는 보험에서 중대한 질병 발병시 사망보험금의 일부(50% 또는 80%)를 선지급하는 형태이다.<br>• 중복지급이 발생하지 않는다. |
| 추가지급형 | • 사망보험금이 있는 보험에서 특약형태로 CI보장이 추가되는 형태이다.<br>• 중대한 질병 발병후 일정기간 생존시에 CI보험금이 지급되며, 이후 사망시 사망보험금이 추가 지급된다.<br>• **CI보험금이 지급되더라도 사망보험금은 감소하지 않는다.** |
| 독립급부형 | • 중대한 질병 상태만을 독립적으로 보장하는 보험이다. |



**13** **CI(치명적 질병)보험에 대한 설명으로 옳지 않은 것은?**

① 사망보험에 CI보장을 결합한 보험으로 사망보험의 일부를 선지급하여 다양한 용도의 자금으로 활용할 수 있는 장점이 있다.

② '중대한 질병'이란 중대한 암, 중대한 뇌졸중, 중대한 급성심근경색증, 말기신부전증, 말기간질환, 말기폐질환 등을 말한다.

③ '중대한 수술'이란 관상동맥우회술, 대동맥류인조혈관치환수술, 심장판막수술, 5대장기(간장, 신장, 심장, 췌장, 폐장) 이식수술을 말한다.

④ '중대한 화상 및 부식'이란 신체표면의 최소 30% 이상의 3도 화상 또는 부식을 입은 경우를 말한다.

CI보험의 보험금 지급대상

| 구 분 | 보 장 질 병 |
|---|---|
| 중대한 질병 | 중대한 암, 중대한 뇌졸중, 중대한 급성심근경색증, 말기신부전증, 말기간질환, 말기폐질환 등 |
| 중대한 수술 | 관상동맥우회술, 대동맥류인조혈관치환수술, 심장판막수술, 5대장기(간장, 신장, 심장, 췌장, 폐장) 이식수술 |
| 중대한 화상 및 부식 | 신체표면의 **최소 20% 이상**의 **3도 화상 또는 부식**을 입은 경우 |

정답 10 ② 11 ① 12 ③ 13 ④

**14** **다음은 CI(Critical Illness)보험에서 보장의 대상이 되는 질병과 그 질병에서 제외되는 질병을 짝지은 것이다. 옳지 않은 것은?**

① 중대한 암(Critical Cancer) – 피부의 악성흑색종 중에서 침범정도가 높은 경우
② 중대한 급성심근경색증(Critical Acute Myocardial Infarction) – 안정협심증
③ 중대한 뇌졸중(Critical Stroke) – 일과성허혈발작
④ 말기신부전증(End Stage Renal Failure) – 일시적으로 투석치료를 필요로 하는 신부전증

중대한 암(Critical Cancer)에서 제외되는 악성종양
- 피부의 악성흑색종 중에서 침범정도가 낮은 경우
- 기타피부암
- 전립선암
- 갑상선암
- 「중대한 암 보장개시일」 전일 이전에 발생한 암이 「중대한 암 보장개시일」 이후에 재발되거나 전이된 경우
- 대장점막내암

**15** **CI보험 약관상 "중대한 급성심근경색증"에 대한 설명으로 옳지 않은 것은?**

① 관상동맥의 폐색으로 말미암아 심근으로의 혈액공급이 급격히 감소되어 해당 심근조직의 비가역적인 괴사를 가져오는 질병이다.
② 급성 심근경색의 전형적인 심전도 변화(ST분절, T파, Q파)가 새롭게 출현해야 한다.
③ CK-MB를 포함한 심근효소가 발병당시 새롭게 상승해야 한다.
④ 안정협심증, 불안정협심증, 이형협심증 등을 포함한 모든 협심증을 보상한다.

안정협심증, 불안정협심증, 이형협심증을 포함한 모든 종류의 협심증은 보장에서 제외한다.

**16** **CI보험 약관상 "중대한 뇌졸중"에 해당하는 것은?**

① 거미막하출혈에 의한 경우
② 외상에 의한 뇌출혈의 경우
③ 뇌종양으로 인한 뇌경색의 경우
④ 일과성 허혈발작의 경우

"중대한 뇌졸중"이라 함은 지주막하출혈, 뇌내출혈, 기타 비외상성 두개내 출혈, 뇌경색증이 발생하여 뇌혈액 순환의 급격한 차단이 생겨 그 결과 영구적인 신경학적 결손(언어 장애, 운동실조, 마비 등)이 나타나는 질병을 말한다.

참고 "중대한 뇌졸중"에서 제외되는 항목
일과성 허혈발작, 가역적 허혈성 신경학적 결손은 보장에서 제외한다. 또한, 다음과 같은 뇌출혈, 뇌경색은 보장에서 제외한다.
- 외상에 의한 경우
- 뇌종양으로 인한 경우
- 뇌수술 합병증으로 인한 경우
- 신경학적 결손을 가져오는 안동맥(ophthalmic artery)의 폐색으로 인한 경우



**17** **CI보험 약관의 "중대한 질병" 중 말기폐질환의 특징에 해당하는 것은?**

① 영구적인 황달, 복수, 간성뇌병증의 3가지 특징을 모두 보인다.
② 양쪽 신장 모두가 만성적으로 비가역적 기능부전을 보인다.
③ 저산소증으로 인하여 영구적인 산소공급 치료가 요구되는 상태이다.
④ 뇌와 척수의 운동신경세포들이 선택적으로 파괴되어 그 결과 비가역적이고 진행성인 심한 근력 약화 및 근육 위축을 일으킨다.

해설
① 말기간질환
② 말기신부전증
④ 루게릭병

참고 중대한 질병

| 구 분 | 특 징 |
|---|---|
| 중대한 암 | 악성종양세포가 존재하고 또한 주위 조직으로 악성종양세포의 침윤파괴적 증식으로 특징지을 수 있는 악성종양 |
| 중대한 뇌졸중 | 지주막하출혈, 뇌내출혈, 기타 비외상성 두개내출혈, 뇌경색증이 발생하여 뇌혈액순환의 급격한 차단이 생겨서 그 결과 영구적인 신경학적 결손이 나타나는 질병 |
| 중대한 급성심근경색증 | 관상동맥의 폐색으로 말미암아 심근으로의 혈액공급이 급격히 감소되어 해당 심근조직의 비가역적인 괴사를 가져오는 질병<br>• 전형적인 급성심근경색 심전도 변화(ST분절, T파, Q파)가 새롭게 출현<br>• CK-MB를 포함한 심근효소의 발병당시 새롭게 상승 |
| 말기신부전증 | 양쪽 신장 모두가 만성적으로 비가역적인 기능부전을 보이는 말기신질환 |
| 말기간질환 | 간경변증을 일으키는 말기의 간질환을 말하며, 영구적인 황달, 복수, 간성뇌병증의 3가지 특징을 모두 보여야 함. |
| 말기폐질환 | 폐질환 중 만성호흡부전을 일으키는 폐질환의 악화된 상태로서 다음의 두 가지 특징을 모두 보여야 함<br>• 저산소증으로 인하여 영구적인 산소공급 치료가 요구되는 상태<br>• 폐기능 검사에서 1초간 노력성 호기량(FEV 1.0)이 정상예측치의 25% 이하 |

정답 14 ① 15 ④ 16 ① 17 ③

**18** **CI보험 약관상 "중대한 수술"에서 보장되지 않는 것은?**

① 관상동맥(심장동맥)우회술
② 심장판막수술
③ 대동맥류인조혈관치환수술
④ 스텐트삽입술

CI보험 약관에서 "중대한 수술"이라 함은 "관상동맥(심장동맥)우회술", "대동맥류인조혈관치환수술", "심장판막수술", "5대장기 이식수술"을 말한다.

**관상동맥(심장동맥)우회술에서 제외되는 것**
관상동맥(심장동맥)성형술, 스텐트삽입술, 회전죽상반절제술 등과 같은 카테터를 이용한 수술이나 개흉술을 동반하지 않은 수술은 모두 보장에서 제외한다.

**19** **CI(Critical Illness)보험의 "중대한 수술" 중의 하나인 "5대장기 이식수술"에 대한 설명으로 옳지 않은 것은?**

① 5대장기는 간장, 신장, 심장, 위장, 폐장을 말한다.
② 5대장기의 만성부전상태로부터 근본적인 회복과 치료를 목적으로 한다.
③ 랑게르한스 소도세포 이식수술은 5대장기 이식수술에 포함된다.
④ 관련법령에 따라 정부에서 인정한 장기이식의료기관에서 타인의 내부 장기를 적출하여 장기부전 상태에 있는 수혜자에게 이식하는 수술을 말한다.

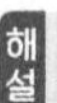

랑게르한스 소도세포 이식수술은 5대장기 이식수술에 포함되지 않는다.

**20** **CI보험 약관상 "중대한 화상 및 부식"에 관한 설명으로 옳지 않은 것은?**

① "중대한 화상 및 부식"이라 함은 전신피부의 20% 이상이 3도 화상 및 부식(화학약품 등에 의한 피부 손상)을 입은 경우를 말한다.

② 체표면적은 '9의 법칙(Rule of 9's)' 또는 '룬드와 브라우더 신체 표면적 차트(Lund & Browder body surface chart)'에 의해 측정되어야 한다.

③ '9의 법칙' 또는 '룬드와 브라우더 신체 표면적 차트' 측정법처럼 표준화되고 임상학적으로 받아들여지는 다른 신체표면적 차트를 사용하여 유사한 결과가 나오더라도 인정되지 않는다.

④ "중대한 화상 및 부식(화학약품 등에 의한 피부 손상)"의 진단확정은 「의료법」 제3조 및 제5조의 규정에 의한 국내의 병원 또는 국외의 의료관련법에서 정한 의료기관의 의사(치과의사 제외) 면허를 가진 자가 작성한 문서화된 기록 또는 검사결과를 기초로 하여 내려져야 한다.

'9의 법칙' 또는 '룬드와 브라우더 신체 표면적 차트' 측정법처럼 표준화되고 임상학적으로 받아들여지는 다른 신체표면적 차트를 사용하여 유사한 결과가 나온 경우에는 이를 인정한다.



정답 18 ④ 19 ③ 20 ③

## 제6장 실손의료보험

**01** **다음 중 실손의료보험의 보험사기 사례에 해당하지 않는 것은?**

① 실손의료보험에 가입한 환자들을 유치한 후 고액의 시술 또는 약물치료 횟수나 금액 등을 실제보다 과다하게 부풀려 시행한 것처럼 허위의 진료비영수증을 환자에게 발급하는 경우
② 실손의료보험의 보장대상이 아닌 미용·건강증진 또는 외모개선 목적의 치료를 보상받을 수 있도록 상해·질병으로 진단병명을 조작하는 경우
③ 건강보험에서 보장하지 않는 도수치료, 증식치료, 체외충격파치료(EWST), 초음파치료, 고주파치료 등을 시술하여 진료비를 청구한 경우
④ 환자에게 실손의료보험에서 보장되지 않는 신의료기술을 이용한 치료행위를 시행하였음에도 보장하는 치료를 한 것처럼 진료기록부를 조작하여 실손보험금을 편법 청구하는 경우

해설 실손의료보험에서는 국민건강보험의 요양급여 본인부담금과 법정비급여 치료에 해당하는 치료비를 보상는데, 도수치료, 증식치료, 체외충격파치료(EWST), 초음파치료, 고주파치료 등은 법정비급여 항목으로 실손의료보험에서 보장한다.

**02** **기본형 실손의료보험 입원의료비(표준형)의 보상에 대한 설명으로 옳지 않은 것은?**

① 피보험자가 상해로 인하여 병원에 입원하여 치료를 받은 경우에 입원의료비는 상해당 5천만원 이내의 한도 내에서 보상한다.
② 「국민건강보험법」에서 정한 요양급여 또는 「의료급여법」에서 정한 의료급여 중 '본인부담금'과 '비급여(상급병실료 차액은 제외)'를 합한 금액(본인이 실제로 부담한 금액)의 80%에 해당하는 금액을 보상한다. 다만, 나머지 20%가 계약일 또는 매년 계약해당일부터 기산하여 연간 200만원을 초과하는 경우 그 초과금액은 보상한다.
③ 입원 시 실제로 사용한 병실과 기준병실의 병실료 차액에서 50%를 뺀 상급병실료 차액을 보상한다. 다만, 1일 평균금액 10만원을 한도로 한다.
④ 피보험자가 「국민건강보험법」 또는 「의료급여법」을 적용받지 못하는 경우에는 입원의료비 중 본인이 실제로 부담한 금액의 30%를 하나의 상해당 보험가입금액의 한도 내에서 보상한다.

피보험자가 「국민건강보험법」 또는 「의료급여법」을 적용받지 못하는 경우에는 입원의료비(「국민건강보험 요양급여의 기준에 관한 규칙」에 따라 보건복지부장관이 정한 급여 및 비급여의료비 항목만 해당) 중 본인이 실제로 부담한 금액의 40%를 하나의 상해당 보험가입금액(5천만원 이내에서 계약 시 계약자가 정한 금액)의 한도 내에서 보상한다.

## 03 실손의료보험에 관한 설명이다. ( ) 안에 들어갈 알맞은 내용을 순서대로 나열된 것은?

> 회사는 하나의 상해(같은 상해로 2회 이상 치료를 받는 경우에도 이를 하나의 상해로 본다)로 인한 입원의료비를 보험가입금액까지 보상한 경우에는 보상한도종료일부터 ( )일이 경과한 날부터 최초 입원한 것과 동일한 기준으로 다시 보상한다(계속입원을 포함한다). 다만, 최초 입원일부터 ( )일 이내에 보상한도종료일이 있는 경우에는 최초 입원일부터 ( )일이 경과되는 날부터 최초 입원한 것과 동일한 기준으로 다시 보상한다.

① 90, 275, 365
② 90, 365, 180
③ 180, 275, 180
④ 180, 365, 275

회사는 하나의 상해(같은 상해로 2회 이상 치료를 받는 경우에도 이를 하나의 상해로 본다)로 인한 입원의료비를 보험가입금액까지 보상한 경우에는 보상한도종료일부터 90일이 경과한 날부터 최초 입원한 것과 동일한 기준으로 다시 보상한다(계속입원을 포함한다). 다만, 최초 입원일부터 275일(365일 – 90일) 이내에 보상한도종료일이 있는 경우에는 최초 입원일부터 365일이 경과되는 날부터 최초 입원한 것과 동일한 기준으로 다시 보상한다.



정답 01 ③ 02 ④ 03 ①

## 04 다음은 실손의료보험 표준약관에 대한 설명이다. 옳은 내용으로 묶여진 것은?

A. 상해입원형, 상해통원형, 질병입원형, 질병통원형으로 구성된다.
B. 통원형은 외래(외래제비용, 외래수술비)와 처방조제비를 각각 보상한다.
C. 상해에는 유독가스 또는 유독물질을 우연히 일시에 흡입, 흡수 또는 섭취한 결과로 생긴 중독증상이 포함되지 않는다.
D. 피보험자가 통원하여 치료를 받던 중 보험기간이 끝나더라도 그 계속 중인 통원치료에 대해서는 보험기간 종료일부터 90일 이내에 외래는 방문 90회, 처방조제비는 처방전 90건의 한도 내에서 보상한다.
E. 청약일 이전에 진단확정된 질병이라 하더라도 청약일 이후 5년이 지나는 동안(계약이 자동갱신되어 5년이 지나는 경우를 포함한다) 그 질병으로 인하여 추가적인 진단(단순 건강검진은 제외한다) 또는 치료사실이 없을 경우 청약일부터 5년이 지난 이후에는 이 약관에 따라 보상한다.

① A, B, C ② B, C, E
③ A, B, E ④ C, D, E

A, B, E는 옳은 내용이다.
C. 상해에는 유독가스 또는 유독물질을 우연히 일시에 흡입, 흡수 또는 섭취한 결과로 생긴 중독증상이 **포함된다**. 다만, 유독가스 또는 유독물질을 상습적으로 흡입, 흡수 또는 섭취한 결과로 생긴 중독증상과 세균성 음식물 중독증상은 포함되지 않는다.
D. 피보험자가 통원하여 치료를 받던 중 보험기간이 끝나더라도 그 계속 중인 통원치료에 대해서는 보험기간 종료일부터 **180일 이내**에 외래는 방문 90회, 처방조제비는 처방전 90건의 한도 내에서 보상한다.

## 05 실손의료보험 표준약관의 상해입원의료비에 대한 설명 중 옳지 않은 것은?

① 「국민건강보험법」에서 정한 요양급여 또는 「의료급여법」에서 정한 의료급여 중 '본인부담금'과 '비급여(상급병실료 차액은 제외)'를 합한 금액(본인이 실제로 부담한 금액)의 80%에 해당하는 금액을 보험가입금액 한도로 보상한다.
② 피보험자가 입원하여 치료를 받던 중 보험기간이 끝나더라도 그 계속 중인 입원에 대해서는 보험기간 종료일부터 180일까지(보험기간 종료일은 제외) 보상한다.
③ 하나의 상해(같은 상해로 2회 이상 치료를 받는 경우에도 이를 하나의 상해로 본다)로 인한 입원의료비를 보험가입금액까지 보상한 경우에는 보상한도종료일부터 90일이 경과한 날부터 최초 입원한 것과 동일한 기준으로 다시 보상한다(계속입원을 포함한다).
④ 피보험자가 상해로 인하여 병원에 입원하여 본인의 장기 등의 기능회복을 위하여 장기 등의 적출 및 이식에 드는 비용은 보상에서 제외한다.

회사는 피보험자가 상해로 인하여 병원에 입원하여 본인의 장기등(「장기등 이식에 관한 법률」 제4조에 의한 "장기등"을 의미한다)의 기능회복을 위하여 「장기등 이식에 관한 법률」 제42조 및 관련 고시에 따라 장기 등의 적출 및 이식에 드는 비용(공여적합성 여부를 확인하기 위한 검사비, 뇌사장기기증자 관리료 및 이에 속하는 비용항목 포함)은 보상한다.

**06** **실손의료보험 표준약관의 상해입원의료비에 대한 다음 설명 중 옳지 않은 것은?**

① 상해입원형의 경우 회사는 피보험자가 상해로 인하여 병원에 입원하여 치료를 받은 경우에는 입원의료비를 하나의 상해당 보험가입금액(5천만원 이내에서 계약시 계약자가 정한 금액을 말한다)의 한도 내에서 보상한다.

② 상해입원의료비의 선택형의 경우에도 「국민건강보험법」에서 정한 요양급여 또는 「의료급여법」에서 정한 의료급여 중 '본인부담금'과 '비급여(상급병실료 차액은 제외)'를 합한 금액(본인이 실제로 부담한 금액)의 80%에 해당하는 금액을 보험가입금액 한도로 보상한다.

③ 상급병실료 차액은 입원 시 실제로 사용한 병실과 기준병실의 병실료 차액에서 50%를 뺀 금액을 보상한다.

④ 상해에는 유독가스 또는 유독물질을 상습적으로 흡입, 흡수 또는 섭취한 결과로 생긴 중독증상과 세균성 음식물 중독증상은 포함되지 않는다.

상해입원의료비의 선택형의 경우에는 「국민건강보험법」에서 정한 요양급여 또는 「의료급여법」에서 정한 의료급여 중 '본인부담금'과 '비급여(상급병실료 차액은 제외)'를 합한 금액(본인이 실제로 부담한 금액)의 90%에 해당하는 금액을 보험가입금액 한도로 보상한다.

**07** **실손의료보험 표준약관의 상해입원의료비 보상에서 최초입원일~보상한도종료일이 2018. 3. 1~2018 7.31(153일)인 경우 보상이 재개되는 시작일은?**

① 2018. 6. 1

② 2018. 7. 1

③ 2018. 8. 1

④ 2019. 3. 1

제1과목 보험관계법령 및 약관

해설

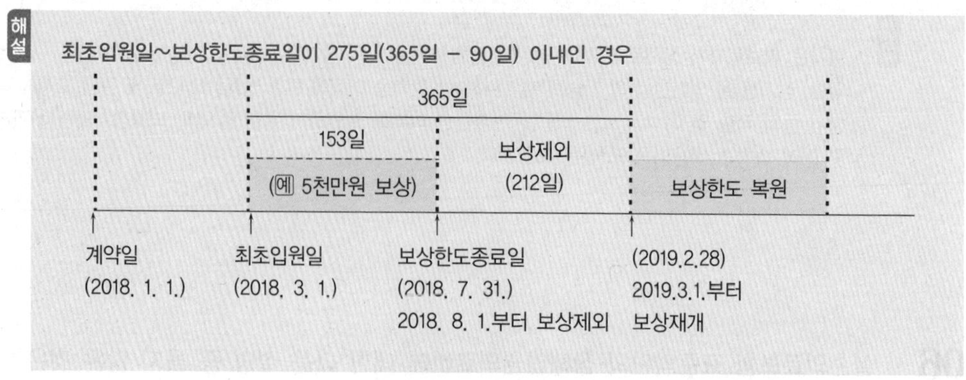


## 08 실손의료보험 표준약관에서 상해입원의료비에 대한 설명으로 옳지 않은 것은?

① 하나의 상해로 인한 입원의료비를 보험가입금액까지 보상한 경우에는 보상한도종료일부터 90일이 경과한 날부터 최초 입원한 것과 동일한 기준으로 다시 보상한다.

② 최초입원일~보상한도종료일이 275일(365일 – 90일) 이상인 경우에는 최초입원일부터 365일이 경과되는 날부터 최초 입원한 것과 동일한 기준으로 다시 보상한다.

③ 종전 계약을 자동갱신하거나 같은 회사의 보험상품에 재가입하는 경우에는 종전 계약의 보험기간을 연장하는 것으로 본다.

④ 피보험자가 직원복리후생제도에 의해 의료비를 감면받고 그 감면받은 의료비가 근로소득에 포함되는 경우에는 그 감면 전 의료비를 기준으로 입원의료비를 계산한다.

해설

회사는 하나의 상해(같은 상해로 2회 이상 치료를 받는 경우에도 이를 하나의 상해로 본다)로 인한 입원의료비를 보험가입금액까지 보상한 경우에는 보상한도종료일부터 **90일이 경과한 날부터** 최초 입원한 것과 동일한 기준으로 다시 보상한다(계속입원을 포함한다). 다만, 최초입원일부터 **275일(365일 – 90일) 이내**에 보상한도종료일이 있는 경우에는 최초입원일부터 365일이 경과되는 날부터 최초 입원한 것과 동일한 기준으로 다시 보상한다.

참고 보상기간 예시

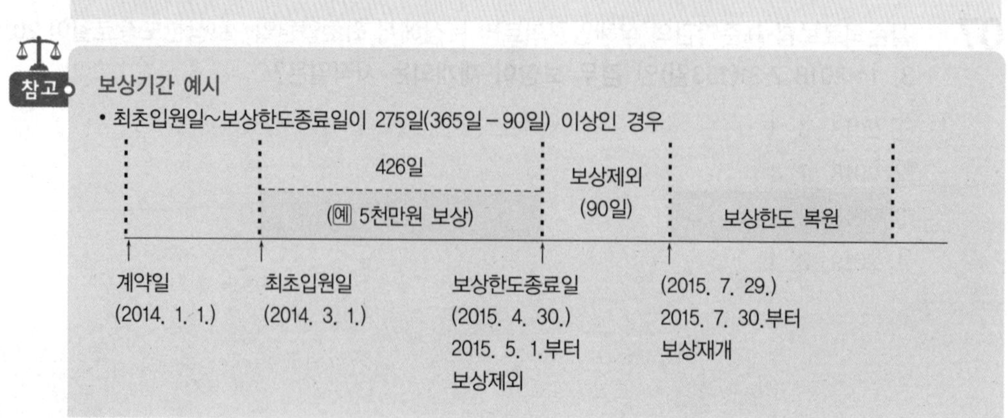

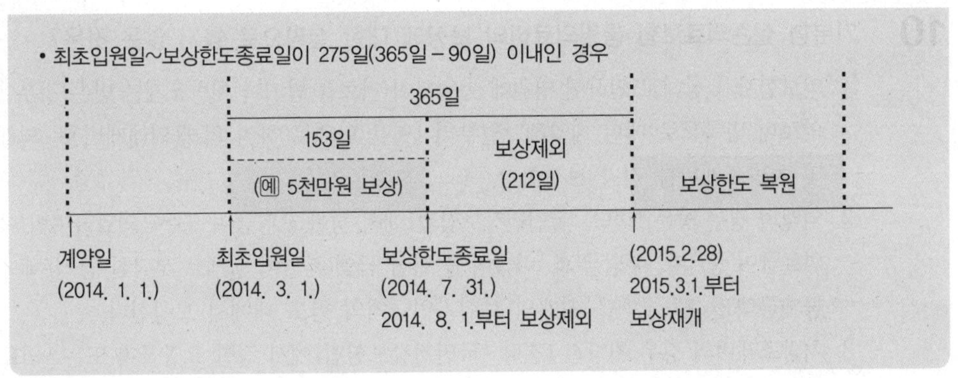




## 09 실손의료보험 표준약관에서 상해입원의료비를 보상하는 경우는?

① 영양제, 비타민제, 호르몬 투여, 보신용 투약, 친자 확인을 위한 진단, 불임검사, 불임수술, 불임복원술, 보조생식술(체내, 체외 인공수정을 포함한다), 성장촉진, 의약외품과 관련하여 소요된 비용

② 국민건강보험 비급여 대상으로 신체의 필수 기능개선 목적이 아닌 외모개선 목적의 치료로 인하여 발생한 의료비

③ 의치, 의수족, 의안, 안경, 콘택트렌즈, 보청기, 목발, 팔걸이(Arm Sling), 보조기 등 진료재료의 구입 및 대체 비용

④ 「국민건강보험법」 및 관련 고시에 따라 요양급여에 해당하는 '여성형 유방증'을 수술하면서 그 일련의 과정으로 시행한 지방흡입술에 따른 의료비

해설

국민건강보험 비급여 대상으로 신체의 필수 기능개선 목적이 아닌 외모개선 목적으로 하는 지방흡입술은 보상하지 않는다. 다만, 「국민건강보험법」 및 관련 고시에 따라 요양급여에 해당하는 '여성형 유방증'을 수술하면서 그 일련의 과정으로 시행한 지방흡입술에 따른 의료비는 보상한다.

정답 08 ② 09 ④

## 10 기본형 실손의료보험 통원의료비의 보상에 대한 설명으로 옳지 않은 것은?

① 피보험자가 상해로 인하여 병원에 통원하여 치료를 받거나 처방조제를 받은 경우에는 통원의료비 명목으로 매년 계약해당일부터 1년을 단위로 하여 외래(외래제비용, 외래수술비) 및 처방조제비를 각각 보상한다.

② 외래의 경우 방문 1회당 「국민건강보험법」에서 정한 요양급여 또는 「의료급여법」에서 정한 의료급여 중 '본인부담금'과 '비급여'를 합한 금액(본인이 실제로 부담한 금액)에서 '항목별 공제금액'을 뺀 금액을 외래의 보험가입금액의 한도 내에서 보상한다.

③ 처방조제비의 경우 처방전 1건당 「국민건강보험법」에서 정한 요양급여 또는 「의료급여법」에서 정한 의료급여 중 '본인부담금'과 '비급여'를 합한 금액(본인이 실제로 부담한 금액)에서 '항목별 공제금액'을 뺀 금액을 처벙조제비의 보험가입금액의 한도 내에서 보상한다.

④ 외래(또는 처방조제비)의 경우 매년 계약해당일부터 1년간 방문 120회(또는 처방전 120건)를(을) 한도로 한다.

해설 외래(또는 처방조제비)의 경우 매년 계약해당일부터 1년간 방문 180회(또는 처방전 180건)을 한도로 한다.

## 11 다음 중 표준실손의료보험에서 설계할 수 없는 보험가입금액 유형은?

① 입원의료비 5천만원, 통원의료비 40만원(외래 20만원, 처방조제비 20만원)

② 입원의료비 3천만원, 통원의료비 30만원(외래 20만원, 처방조제비 10만원)

③ 입원의료비 2천만원, 통원의료비 25만원(외래 15만원, 처방조제비 10만원)

④ 입원의료비 1천만원, 통원의료비 10만원(외래 5만원, 처방조제비 5만원)

입원의료비는 하나의 상해당 보험가입금액 **5천만원을 최고한도**로 계약자가 정하는 금액으로 하고, 통원의료비로서 외래 및 처방조제비는 회(건)당 합산하여 **30만원을 최고한도**로 계약자가 정하는 금액으로 한다.

## 12 실손의료보험 통원의료비의 항목별 공제금액(선택형)이 잘못 연결된 것은?

① 외래 - 「의료법」 제3조 제2항에 의한 의원, 치과의원, 한의원 : 1만원
② 외래 - 「의료법」 제3조 제2항에 의한 종합병원, 병원, 치과병원 : 1만 5천원
③ 외래 - 「국민건강보험법」 제40조 제2항에 의한 종합전문요양기관 : 1만 5천원
④ 처방조제비 - 「국민건강보험법」 제40조 제1항 제2호에 의한 약국 : 8천원

「국민건강보험법」 제40조 제2항에 의한 종합전문요양기관 또는 「의료법」 제3조의4에 의한 상급종합병원 : **2만원**



## 13 실손의료보험 통원의료비의 보상에 대한 설명으로 옳지 않은 것은?

① 피보험자가 통원하여 치료를 받던 중 보험기간이 끝나더라도 그 계속 중인 통원치료에 대해서는 보험기간 종료일부터 180일 이내에 외래는 방문 180회, 처방조제비는 처방전 180건의 한도 내에서 보상한다.
② 하나의 상해로 인해 하루에 같은 치료를 목적으로 의료기관에서 2회 이상 통원치료를 받거나 하나의 상해로 약국에서 2회 이상의 처방조제를 받은 경우 각각 1회의 외래 및 1건의 처방으로 본다.
③ 외래 및 처방조제비는 회(건)당 합산하여 30만원 이내에서 계약 시 계약자가 각각 정한 금액으로 한다.
④ 피보험자가 「국민건강보험법」 또는 「의료급여법」을 적용받지 못하는 경우에는 통원의료비 중 본인이 실제로 부담한 금액에서 '항목별 공제금액'을 뺀 금액의 40%를 외래 및 처방조제비로 보험가입금액의 한도 내에서 보상한다.

피보험자가 통원하여 치료를 받던 중 보험기간이 끝나더라도 그 계속 중인 통원치료에 대해서는 보험기간 종료일부터 **180일 이내**에 외래는 **방문 90회**, 처방조제비는 **처방전 90건**의 한도 내에서 보상한다.

정답 10 ④ 11 ① 12 ③ 13 ①

**14** **다음은 실손의료보험 표준약관 중 질병입원형에서 보상하지 않는 사항이다. 해당하지 않는 것은?**

① 피보험자가 고의로 자신을 해친 경우
② 피보험자가 심신상실 등으로 자유로운 의사결정을 할 수 없는 상태에서 자신을 해친 사실이 증명된 경우
③ 계약자가 고의로 피보험자를 해친 경우
④ 의사가 통원치료가 가능하다고 인정함에도 피보험자 본인이 자의적으로 입원하여 발생한 입원의료비

회피보험자가 심신상실 등으로 자유로운 의사결정을 할 수 없는 상태에서 자신을 해친 사실이 증명된 경우에는 보상한다.

**15** **다음은 실손의료보험 표준약관 중 질병입원형에서 보상하지 않는 질병이다. 해당하지 않는 것은?**

① 선천성 뇌질환(Q00~Q04)
② 치매(F00~F03)
③ 요실금(N39.3, N39.4, R32)
④ 비만(E66)

회사는 '한국표준질병사인분류'에 따른 다음의 입원의료비에 대해서는 보상하지 않는다. 치매(F00~F03)는 보상가능하다.

1. 정신 및 행동장애(F04~F99)(다만, F04~F09, F20~F29, F30~F39, F40~F48, F51, F90~F98과 관련한 치료에서 발생한 「국민건강보험법」에 따른 요양급여에 해당하는 의료비는 보상한다)
2. 여성생식기의 비염증성 장애로 인한 습관성 유산, 불임 및 인공수정관련 합병증(N96~N98)
3. 피보험자가 임신, 출산(제왕절개를 포함), 산후기로 입원한 경우(O00~O99)
4. 선천성 뇌질환(Q00~Q04)
5. 비만(E66)
6. 요실금(N39.3, N39.4, R32)
7. 직장 또는 항문 질환 중 「국민건강보험법」에 따른 요양급여에 해당하지 않는 부분(I84, K60~K62, K64)

**16** **실손의료보험 표준약관에서 보상하는 입원 및 통원의료비에 해당하는 경우는?**

① 건강검진 검사결과 이상 소견에 따라 건강검진센터 등에서 발생한 추가 의료비용
② 단순한 피로 또는 권태 치료로 인하여 발생한 의료비
③ 산재보험에서 보상받는 의료비
④ 치과치료(K00～K08) 및 한방치료에서 발생한 「국민건강보험법」에 따른 요양급여에 해당하지 않는 비급여의료비

건강검진(단, 검사결과 이상 소견에 따라 **건강검진센터 등에서 발생한 추가 의료비용은 보상**한다), 예방접종, 인공유산에 든 비용은 보상하지 않는다. 다만, 회사가 보상하는 질병 치료를 목적으로 하는 경우에는 보상한다.



**17** **다음은 실손의료보험 표준약관에서 보상하지 않고, 특별약관에서 보상하는 의료비이다. 해당하지 않는 것은?**

① 도수치료・체외충격파치료・증식치료로 인하여 발생한 비급여의료비
② 자기공명영상진단(MRI/MRA)으로 인하여 발생한 비급여의료비
③ 자동차보험(공제를 포함) 또는 산재보험에서 발생한 본인부담의료비
④ 항암제, 항생제(항진균제 포함), 희귀의약품 등의 비급여주사료

항암제, 항생제(항진균제 포함), 희귀의약품 등의 비급여주사료는 기본형 실손의료보험에서 보상한다.

**특별약관에서 보상하는 사항**

다음 각 호에 해당하는 의료비는 기본형 실손의료보험에서 보상하지 않는다.

1. 도수치료・체외충격파치료・증식치료로 인하여 발생한 비급여의료비
2. 비급여 주사료[다만, 항암제, 항생제(항진균제 포함), 희귀의약품은 보상한다]
3. 자기공명영상진단(MRI/MRA)으로 인하여 발생한 비급여의료비(조영제, 판독료를 포함)
4. 제1호, 제2호, 제3호와 관련하여 자동차보험(공제를 포함) 또는 산재보험에서 발생한 본인부담의료비

정답 14 ② 15 ② 16 ① 17 ④

**18** **다음은 실손의료보험 표준약관에서 사용되는 용어의 정의이다. 옳지 않은 것은?**

① 입원제비용 - 입원치료 중 발생한 진찰료, 검사료, 방사선료, 투약 및 처방료, 주사료, 이학요법료, 정신요법료, 처치료, 치료재료, 석고붕대료(cast), 지정진료비 등

② 입원의료비 - 입원치료 중 발생한 수술료, 마취료, 수술재료비 등

③ 통원의료비 - 외래제비용, 외래수술비, 처방조제비

④ 처방조제비 - 병원 의사의 처방전에 따라 조제되는 약국의 처방조제비 및 약사의 직접 조제비

- 입원의료비 : 입원실료, 입원제비용, 입원수술비, 상급병실료 차액
- 입원수술비 : 입원치료 중 발생한 수술료, 마취료, 수술재료비 등

**19** **다음은 도수치료 · 체외충격파치료 · 증식치료 실손의료보험 특별약관에서 보상하는 내용이다. 옳지 않은 것은?**

① 보상대상의료비 - '도수치료 • 체외충격파치료 • 증식치료'로 인하여 본인이 실제로 부담한 비급여의료비(행위료, 약제비, 치료재료대 포함)

② 도수치료 - 치료자가 손을 이용해서 환자의 근골격계통(관절, 근육, 연부조직, 림프절 등)의 기능 개선 및 통증감소를 위하여 실시하는 치료행위

③ 체외충격파치료 - 체외에서 충격파를 병변에 가해 혈관 재형성을 돕고 건(힘줄) 및 뼈의 치유 과정을 자극하거나 재활성화 시켜 기능개선 및 통증감소를 위하여 실시하는 치료행위(체외충격파쇄석술 포함)

④ 증식치료 - 근골격계 통증이 있는 부위의 인대나 건(힘줄), 관절, 연골 등에 증식물질을 주사하여 통증이 소실되거나 완화되는 것을 유도하는 치료행위

체외충격파치료에서 체외충격파쇄석술은 제외한다.

**20** **도수치료 · 체외충격파치료 · 증식치료 실손의료보험 특별약관의 보상내용에 대한 설명으로 옳지 않은 것은?**

① 공제금액은 1회당 2만원과 보상대상의료비의 30% 중 작은 금액으로 한다.
② 보상한도는 계약일 또는 매년 계약 해당일부터 1년 단위로 350만원 이내에서 50회까지 보상한다.
③ 병원을 1회 통원(또는 1회 입원)하여 특별약관에서 정한 도수치료, 체외충격파치료, 증식치료 중 2종류 이상의 치료를 받거나 동일한 치료를 2회 이상 받는 경우 각 치료행위를 1회로 보고 각각 1회당 공제금액 및 보상한도를 적용한다.
④ 보상하는 비급여의료비와 다른 의료비가 함께 청구되고 각 행위별 의료비가 구분되지 않는 경우 회사는 보험금 지급금액 결정을 위해 계약자, 피보험자 또는 보험수익자에게 보상하는 의료비의 확인을 요청할 수 있다.

공제금액은 1회당 2만원과 보상대상의료비의 30% 중 **큰 금액**으로 한다.

제1과목 보험관계법령 및 약관

**21** **다음은 비급여주사료 실손의료보험 특별약관에서 사용하는 용어의 정의이다. 옳지 않은 것은?**

① 주사료 – 주사치료시 사용된 행위, 약제 및 치료재료대
② 항암제 – 식품의약품안전처가 「의약품등 분류번호에 관한 규정」에 따라 지정하는 '조직세포의 기능용 의약품' 중 '종양용약'과 '조직세포의 치료 및 진단 목적제제'
③ 항생제 – 식품의약품안전처가 「의약품등 분류번호에 관한 규정」에 따라 지정하는 '항병원생물성 의약품' 중 '항생물질제제', '화학요법제' 및 '기생동물에 대한 의약품 중 항원충제'(항진균제 포함)
④ 희귀의약품 – 식품의약품안전처장이 「의약품등 분류번호에 관한 규정」에 따라 지정하는 의약품

희귀의약품
식품의약품안전처장이 **「희귀의약품 지정에 관한 규정」에 따라 지정하는 의약품**을 말한다. 「희귀의약품 지정에 관한 규정」에 따른 희귀의약품 지정 항목이 변경되는 경우 치료시점의 희귀의약품 지정 항목에 따른다.

## 22 비급여주사료 실손의료보험 특별약관의 보상내용에 대한 설명으로 옳지 않은 것은?

① 공제금액은 1회당 2만원과 보상대상의료비의 30% 중 큰 금액으로 한다.

② 보상한도는 계약일 또는 매년 계약 해당일부터 1년 단위로 350만원 이내에서 입원과 통원을 합산하여 50회까지 보상한다.

③ 주사료에서 항암제, 항생제(항진균제 포함), 희귀의약품을 위해 사용된 비급여주사료는 기본형 실손의료보험에서 보상한다.

④ 병원을 1회 통원(또는 1회 입원)하여 치료목적으로 2회 이상 주사치료를 받더라도 1회로 보고 공제금액 및 보상한도를 적용한다.

해설 보상한도는 계약일 또는 매년 계약해당일부터 1년 단위로 **250만원 이내**에서 입원과 통원을 합산하여 50회까지 보상한다.

## 23 비급여자기공명영상진단(MRI/MRA) 실손의료보험 특별약관의 보상내용에 대한 설명으로 옳지 않은 것은?

① 피보험자가 상해 또는 질병의 치료목적으로 병원에 입원 또는 통원하여 비급여자기공명영상진단을 받은 경우에 보상한다.

② 공제금액은 1회당 2만원과 보상대상의료비의 30% 중 큰 금액으로 한다.

③ 보상한도는 계약일 또는 매년 계약 해당일부터 1년 단위로 연간 300만원 한도 내에서 보상한다.

④ 진료와 무관한 각종 비용(TV시청료, 전화료, 각종 증명료 등), 의사의 임상적 소견과 관련이 없는 검사비용은 보상한다.

해설 진료와 무관한 각종 비용(TV시청료, 전화료, 각종 증명료 등), 의사의 임상적 소견과 관련이 없는 검사비용, 간병비는 보상하지 않는다.

**24** **해외여행 실손의료보험 표준약관에서 상해의료비의 보상에 관한 설명으로 옳지 않은 것은?**

① 해외 상해의료비의 경우 피보험자가 보험증권에 기재된 해외여행 중에 상해를 입고, 이로 인해 해외의료기관에서 의사(치료받는 국가의 법에서 정한 병원 및 의사의 자격을 가진 자에 한함)의 치료를 받은 때에는 보험가입금액을 한도로 피보험자가 실제 부담한 의료비 전액을 보상한다.

② 해외 상해의료비의 경우 해외여행 중에 피보험자가 입은 상해로 인해 치료를 받던 중 보험기간이 끝났을 경우에는 보험기간 종료일부터 180일까지(보험기간 종료일은 제외) 보상한다.

③ 국내 상해의료비의 경우 피보험자가 보험증권에 기재된 해외여행 중에 상해를 입고, 이로 인해 국내 의료기관·약국에서 치료를 받은 때에 보상한다.

④ 국내 상해의료비의 경우 보험기간이 1년 미만인 경우에는 해외여행 중에 피보험자가 입은 상해로 보험기간 종료후 20일 이내에 의사의 치료를 받기 시작했을 때에는 의사의 치료를 받기 시작한 날부터 180일까지만 보상한다.

보험기간이 1년 미만인 경우에는 해외여행 중에 피보험자가 입은 상해로 보험기간 종료 후 **30일**(보험기간 종료일은 제외) 이내에 의사의 치료를 받기 시작했을 때에는 의사의 치료를 받기 시작한 날부터 180일(통원은 180일 동안 외래는 방문 90회, 처방조제비는 처방전 90건)까지만(보험기간 종료일은 제외) 보상한다.

**25** **해외여행 실손의료보험에서 보상하는 질병의료비에 대한 설명이다. (　　) 안에 들어갈 내용은?**

> 해외여행 중에 피보험자가 질병으로 인해 치료를 받던 중 보험기간이 끝났을 경우에는 보험기간 종료일부터 (　　)까지 보상한다.

① 30일　　② 90일

③ 120일　　④ 180일

해외여행 중에 피보험자가 질병으로 인해 치료를 받던 중 보험기간이 끝났을 경우에는 보험기간 종료일부터 **180일**까지(보험기간 종료일은 제외) 보상한다.

제1과목 보험관계법령 및 약관

정답 22 ② 23 ④ 24 ④ 25 ④

## 26 다음은 해외여행 실손의료보험 표준약관에서 사용하는 용어의 정의이다. 옳지 않은 것은?

① '해외여행 중' – 피보험자가 보험증권에 기재된 여행을 목적으로 주거지를 출발하여 여행을 마치고 주거지에 도착할 때까지의 기간을 말한다.
② 의료기관 –「의료법」 제3조(의료기관) 제2항에서 정하는 의료기관을 말하며, 종합병원 · 병원 · 치과병원 · 한방병원 · 요양병원 · 의원 · 치과의원 · 한의원 및 조산원으로 구분한다.
③ 약국 –「약사법」 제2조 제3호에 따른 장소로서, 약사가 수여(授與)할 목적으로 의약품 조제업무를 하는 장소를 말하며, 의료기관의 조제실을 포함한다.
④ 보상책임액 – (보상대상의료비 – 피보험자부담 공제금액)과 보험가입금액 중 작은 금액을 말한다.

약국
「약사법」 제2조 제3호에 따른 장소로서, 약사가 수여(授與)할 목적으로 의약품 조제업무를 하는 장소를 말하며, 의료기관의 조제실은 제외한다.

## 27 노후실손의료보험에 대한 설명으로 옳지 않은 것은?

① 75세까지 가입이 가능한 노인전용보험이다.
② 공제방식은 일반적인 실손의료보험과 같다.
③ 연간 1억원을 한도로 하며, 통원은 회수 제한 없이 회당 100만원 한도로 보상한다.
④ 보험기간은 1년으로 하되 3년간은 자동 갱신되도록 하였다.

공제방식은 일반적인 실손의료보험과 다르며, 입원의 경우 정액공제후 정률공제하는 2단계 공제방식을 적용한다. 공제금액은 입원당 30만원과 통원당 3만원을 일괄 공제하되, 비급여부분부터 우선 공제한 후 나머지 금액은 급여 본인부담금에서 공제한다.



26 ③ 27 ② 정답

# 형사법 및 범죄학개론

제1회~제5회

# 기출 키워드 분석

제1회~제5회 시험에 출제된 기출 키워드를 각 장별로 정리한 자료입니다.

## Section I 형법(총론편)

- 범죄사실의 정의
- 위법성조각사유
- 죄형법정주의
- 범죄의 성립요건 – 구성요건해당성, 위법성, 책임성
- 미수범 처벌 규정이 없는 범죄 – 퇴거불응, 강도, 사기, 강제집행면탈죄
- 인과관계 및 객관적 귀속이론
- 반의사불벌죄의 종류
- 양형문제
- 형의 종류 – 중한 것에서 경한 것으로 순서 나열
- 책임능력
- 선고유예, 가석방
- 예비와 미수
- 임의적 감경(감면)사유, 필요적 감경(감면)사유
- 정당방위 성립요건
- 살인죄 – 물주전자 농약 사건

## Section I 형법(각론편)

- 감금죄 – 기수시기, 종료시기
- 과실치사와 실체적 경합, 과실치사와 상상적 경합
- 형법상 문서에 관한 죄
- 방화죄 – 현주건조물방화죄

## Section II 형사소송법

- 변호인의 피의자신문참여권
- 변호인제도
- 구속된 피의자 석방제도
  – 체포구속적부심, 구속취소제도, 보석제도, 구속집행정지
- 전자정보의 특성
- 상소, 항소심
- 공소제기 절차
- 참고인 진술거부권
- 피의자 – 소송법상의 권리
- 직무질문, 임의동행
- 구속제도 – 긴급체포 · 긴급구속
- 강제처분
- 약식명령
- 공소시효
- 공판준비 절차
- 검사의 불기소처분

## Section III 범죄수사학

- 강력범죄의 일반수사 흐름
- 압수수색과 영장
- 범죄수사의 기본이념
- 경찰서 수사조직 – 지능팀, 경제팀, 사이버팀, 강력팀, 형사팀
- 내사와 수사
- 금융감독원의 보험사기 관련 업무 흐름도
- 수사의 결과 – 불구속기소, 혐의 없음, 죄가 안 됨, 공소권 없음, 각하 등 상황과 개념 올바르게 연결하기
- 자수
- 범죄수사의 정의, 의의
- 우리나라의 수사기관
- 일반사법경찰관리와 특별사법경찰관리 문제
- 보험사기 수사의 진행
- 임의수사와 강제수사

## Section IV 범죄심리학

- 실증주의 범죄학
- 목격자증언에 대한 신뢰성 – 학자 '스턴'
- 사법절차와 심리학(판결단계 이전, 판결단계, 판결단계 이후 심리학의 활용사례)
- 사회학적 범죄원인론('개인적 차이–자기통제이론')
- 차별적 강화이론(4가지 주요 개념)
- 아노미이론
- 사회인지이론
- 심리 · 정신분석이론
- Eysenck의 성격이론
- 사이코패스의 심리특징
- 사이코패스 손상기전
- Oddball 패러다임
- 인명피해가 가장 많았던 경성사기 – 살인교사 등 살인
- 화재보험 – 스스로 불을 지르고 보험금을 청구한 경
- 종합문제 – 태아에 적용되는 살인죄, 공동정범, 누범 등

SECTION

# I 형법<총론편>

## 제1장 형법의 기본개념

### 1 형법의 의의와 성격 · 기능

**01** **다음 중 형법에 관한 내용으로 잘못 기술된 것은?**

① 형법은 국가가 어떤 행위를 범죄로 규정할 것인지 그리고 그 행위에 대하여 어떤 종류의 형사제재, 즉 형벌 또는 보안처분을 어느 정도로 부과할 것인지를 규정하는 법규범을 말한다.

② 형법은 형식적 의미의 형법과 실질적 의미의 형법으로 나눌 수 있다. 형식적 의미의 형법은 형법으로 이름 붙여진 법, 즉 1953년 법률 제293호 '형법'이라는 이름으로 제정된 법률을 말하는데 '형법전'이라고도 부른다.

③ 실질적 의미의 형법은 그 명칭과 관계없이 형벌과 보안처분을 제재효과로 규정한 모든 법규범을 포함하는 개념이다. 형법전 외에 범죄와 처벌에 대한 규정을 두고 있는 많은 법들이 있으며, 이를 형사특별법 또는 특별형법이라 부른다.

④ 형법과 비슷하게 사용되는 형사법은 형법보다 좁은 의미로 사용되는 용어로 국가형벌권의 내용과 그 집행방법 등을 규정한 법률을 의미한다.

해설

형사법은 형법보다 넓은 의미로 사용되는 용어로 국가형벌권의 내용과 집행방법 등을 규정한 법률 전체를 의미한다.

**02** **다음 형법의 규범적 성격에 관한 설명 중 가설적 규범에 해당하는 내용으로 옳은 것은?**

① 형법의 규범체계는 '사람을 살해하면 사형, 무기 또는 6년 이상의 징역에 처한다'라는 형식을 취한다.

② 형법은 일반 국민에게 일정한 행위를 금지 또는 명령함으로써 행위의 준칙을 제시한다.

③ 형법은 법관 등 사법관계자들의 사법활동에 대하여 일정한 기준을 제시한다.
④ 형법은 인간의 공동생활에 대한 외적 규율을 제공하며, 의사결정에 있어 하나의 기준을 제공하여 준다.

② 행위규범
③ 재판규범
④ 평가규범 및 의사결정규범

**03** **다음 중 형법의 각 기능과 내용이 올바르게 연결된 것은?**

㉠ 사회보호적 기능(규제적 기능)
㉡ 보호적 기능
㉢ 보장적 기능

ⓐ 국가가 행사하는 형벌권의 한계를 명확하게 규정하여 자의적인 형벌로부터 국민의 인권을 보장하는 기능을 말한다.
ⓑ 사회의 질서유지 내지 사회방위 기능을 말한다.
ⓒ 법익 및 사회·윤리적 행위가치의 보호 기능을 말한다.

① ㉠ – ⓑ, ㉡ – ⓒ, ㉢ – ⓐ
② ㉠ – ⓐ, ㉡ – ⓒ, ㉢ – ⓑ
③ ㉠ – ⓑ, ㉡ – ⓐ, ㉢ – ⓒ
④ ㉠ – ⓐ, ㉡ – ⓑ, ㉢ – ⓒ

형법의 기능

| 구분 | 내용 |
|---|---|
| 보호적 기능 | 법익 및 사회·윤리적 행위가치(생명, 재산권 등)의 보호 기능을 말한다. |
| 보장적 기능 | 국가가 행사하는 형벌권의 한계를 명확하게 규정하여 자의적인 형벌로부터 국민의 인권을 보장하는 기능을 말한다(죄형법정주의와 직결됨). |
| 사회보호적 기능<br>(규제적 기능) | 사회의 질서유지 내지 사회방위 기능을 말한다. |

정답 01 ④ 02 ① 03 ①

## 04 형벌수단을 통하여 범죄행위를 방지함으로써 범죄자로부터 사회공동질서를 유지 · 보호하는 것과 관계되는 것은?

① 보장적 기능
② 보호적 기능
③ 강제적 기능
④ 사회보호적 기능

④ 형법은 형벌수단을 통하여 범죄행위를 방지함으로써 범죄자로부터 사회공동질서를 유지 · 보호하는 기능을 갖는다.
① 형법은 국가형벌권의 발동한계를 명확히 하여 국가형벌권의 자의적인 행사로부터 국민의 자유와 권리를 보장하는 기능을 한다.
② 사회질서의 근본적 가치, 즉 법익과 사회윤리적 행위가치를 보호하는 형법의 기능을 말한다.
③ 형법은 행위규범 내지 재판규범으로서 일반국민과 사법관계자들을 규제하는 기능을 갖는다.

# 2 죄형법정주의

## 05 다음 중 죄형법정주의의 내용이 아닌 것은?

① 소급효금지의 원칙
② 관습형법금지의 원칙
③ 유추해석금지의 원칙
④ 상대적 부정기형금지의 원칙

④ 절대적 부정기형금지의 원칙이다.

## 06 죄형법정주의에 대한 설명으로 옳은 것은?

① 관습법은 형법해석의 자료로 사용될 수 없다.
② 소급효금지의 원칙은 피고인에게 유리한 경우 적용되지 않는다.
③ 유추해석은 절대적으로 금지된다.
④ 상대적 부정기형은 명확성의 원칙에 반한다.

② 소급효금지의 원칙은 피고인에게 불리한 사후입법의 소급금지를 의미하므로, 사후입법이 피고인에게 유리한 경우에는 소급효금지의 원칙이 배제된다.
① 관습형법금지의 원칙은 관습법은 직접 형법의 법원으로 할 수 없다는 의미일 뿐이고, 관습법이 성문의 법률법규에 내재하는 의미를 해석하는 경우에는 그 자료로 사용될 수 있다.

③ 유추해석금지의 원칙은 법관에 의한 법 창조를 방지하여 법관의 자의로부터 개인을 보호하기 위한 것이기 때문에 피고인에게 불리한 유추해석은 금지되나 유리한 유추해석은 허용된다.
④ 절대적 부정기형은 명확성의 원칙에 위배되어 허용되지 않는다. 단, 상대적 부정기형은 인정된다(소년법 제60조).

## 07 범죄의 성립과 처벌은 어느 때의 법률을 기준으로 하는가?

① 재판시 ② 행위시
③ 실효시 ④ 기소시

소급효금지의 원칙은 "범죄와 처벌은 **행위시**의 법률에 의해야 하며, 행위후의 법률에 의하여 그 이전의 행위를 처벌할 수 없다"는 원칙이다. 우리 형법 제1조 제1항에서 "범죄의 성립과 처벌은 행위시의 법률에 의한다"라고 규정하고 있다.



## 08 다음 〈보기〉에서 설명하는 죄형법정주의의 내용으로 옳은 것은?

> 일정한 사항을 규정하는 법률이 없는 경우 유사한 사항을 규정한 법률을 적용하는 것을 금지한다.

① 소급효금지의 원칙
② 유추해석금지의 원칙
③ 명확성의 원칙
④ 적정성의 원칙

〈보기〉의 내용은 유추해석금지의 원칙에 해당한다.
① 소급효금지의 원칙 : 범죄와 처벌은 행위시의 법률에 의해야 하며, 행위후의 법률에 의하여 그 이전의 행위를 처벌할 수 없다.
③ 명확성의 원칙 : 범죄와 형벌의 내용은 명확하게 규정되어야 한다.
④ 적정성의 원칙 : 형법의 내용은 적정해야 하며, 적정성의 원칙에 반하는 규정은 헌법상의 과잉금지원칙이나 비례성원칙에 반하여 무효가 된다.

정답 04 ④ 05 ④ 06 ② 07 ② 08 ②

## 09 죄형법정주의에 관한 다음 설명 중 가장 옳은 것은?(다툼이 있는 경우 판례에 의함)

① 특정경제범죄 가중처벌 등에 관한 법률 제9조 제1항에 정해진 '저축을 하는 자'에 사법상 법률효과가 귀속되는 '저축의 주체'가 아니라고 하더라도 '저축과 관련된 행위를 한 자'도 포함된다고 해석하는 것은 죄형법정주의에 위반된다.

② '풍기를 문란하게 하는 영업행위를 하거나 그를 목적으로 장소를 제공하는 행위'라고 규정한 청소년보호법 제26조의2 제8호는 명확성의 원칙에 반하여 실질적 죄형법정주의에 위배된다.

③ 자신의 뇌물수수 혐의에 대한 결백을 주장하기 위하여 제3자로부터 사건 관련자들이 주고받은 이메일 출력물을 교부받아 징계위원회에 제출한 행위를 '정보통신망에 의하여 처리・보관 또는 전송되는 타인의 비밀'인 이메일의 내용을 '누설하는 행위'에 해당한다고 보는 것은 죄형법정주의 원칙에 반하는 확장해석이라고 할 수 없다.

④ '약국 개설자가 아니면 의약품을 판매하거나 판매 목적으로 취득할 수 없다'고 규정한 구 약사법 제44조 제1항의 '판매'에 무상으로 의약품을 양도하는 '수여'도 포함된다고 해석하는 것은 죄형법정주의에 위배된다.

해설

③ 자신의 뇌물수수 혐의에 대한 결백을 주장하기 위하여 제3자로부터 사건 관련자들이 주고받은 이메일 출력물을 교부받아 징계위원회에 제출한 사안에서 이메일 출력물 그 자체는 정보통신망 이용촉진 및 정보보호 등에 관한 법률에서 말하는 '정보통신망에 의하여 처리・보관 또는 전송되는 타인의 비밀'에 해당하지 않지만, 이를 징계위원회에 제출하는 행위는 '정보통신망에 의하여 처리・보관 또는 전송되는 타인의 비밀'인 이메일의 내용을 누설하는 행위에 해당한다(대판 2008.4.24, 2006도8644).

①・②・④ 모두 죄형법정주의에 위배되지 않는다.

## 10 죄형법정주의에 관한 다음 설명 중 적절하지 않은 것을 모두 고른 것은?(다툼이 있는 경우 판례에 의함)

㉠ 화물자동차로 형식승인을 받고 등록된 밴형 자동차를 구 자동차관리법시행규칙에서 정한 승용 또는 승합자동차에 해당한다고 보는 것은 죄형법정주의에 반한다.

㉡ 형사소송법 제307조(사실의 인정은 증거에 의하여야 한다), 제308조(증거의 증명력은 법관의 자유판단에 의한다)에 규정된 '증거' 또는 '자유심증' 이라는 용어는 명확성의 원칙에 반하지 않는다.

㉢ 향토예비군설치법 제15조 제9항 후문이 '소집통지서를 수령할 의무가 있는 자'의 범위를 별도로 정하지 않은 경우는 명확성의 원칙에 반한다.

㉣ 총포・도검・화약류 등 단속법 시행령 제23조 제2항에서 정한 '쏘아 올리는 꽃불류의 사용'에 '설치행위'도 포함된다고 해석하는 것은 유추해석금지원칙에 어긋난다.

① ㉠, ㉡ ② ㉡, ㉢
③ ㉢, ㉣ ④ ㉠, ㉣

옳지 않는 지문은 ㉢, ㉣이다.

㉢ 향토예비군설치법 제15조 제9항 후문에서 규정한 '소집통지서를 수령할 의무가 있는 자'란 향토예비군설치법에 따른 향토예비군 대원으로서 국방부장관의 예비군훈련의 소집대상이 된 자임을 용이하게 파악할 수 있다고 할 것이고, 건전한 상식과 통상적인 법 감정을 가진 사람이라면 향토예비군설치법 소정의 훈련소집 대상 예비군대원이 위 통지서의 수령의무자가 된다는 점을 충분히 알 수 있다고 할 것이므로, 이 사건 법률조항은 죄형법정주의에서 요구하는 명확성의 원칙에 위배되지 아니한다(헌재결 2003.3.27, 2002헌바35).

㉣ 총포・도검・화약류 등 단속법(현재는 총포・도검・화약류 등의 안전관리에 관한 법률) 제72조 제6호, 제18조 제4항 및 같은 법 시행령 제23조의 입법목적이 꽃불류의 설치 및 사용과정에서의 안전관리상의 주의의무 위반으로 인한 위험과 재해를 방지하고자 하는 것으로, 다른 꽃불류에 비하여 위험성의 정도가 높은 쏘아 올리는 꽃불류의 경우에는 같은 법 시행령 제23조 제1항 각 호에서 정한 기준을 준수하는 것만으로는 위와 같은 입법목적을 달성하기 어렵다고 보아 제2항에서 그 사용을 화약류관리보안책임자의 책임 하에 하여야 한다고 별도로 규정하고 있는 것으로 보이는 점 등에 비추어, 위 법 시행령 제23조 제2항에서의 '사용'에는 쏘아 올리는 꽃불류의 '설치행위'도 포함되는 것으로 해석되고, 이러한 해석이 형벌법규의 명확성의 원칙에 반하는 것이거나 죄형법정주의에 의하여 금지되는 확장해석이나 유추해석에 해당하는 것으로 볼 수는 없다(대판 2010.5.13. 2009도13332).

㉠ 대판 2004.11.18, 2004도1228

㉡ 대판 2006.5.26, 2006초기92



**11** **다음은 죄형법정주의에 관한 설명이다. ○, × 표기가 올바른 것은? (다툼이 있는 경우 판례에 의함)**

㉠ 게임산업진흥에 관한 법률과 동법 시행령의 개정으로 게임머니의 환전, 환전 알선, 재매입 영업행위를 처벌하게 되었던 바, 그 시행일 이전의 행해졌던 환전, 환전알선, 재매입한 영업행위를 처벌하는 것은 형벌법규의 소급효금지원칙에 위배된다.

㉡ 가정폭력범죄의 처벌 등에 관한 특례법이 정한 보호처분 중 하나인 사회봉사명령은 가정폭력범죄행위에 대하여 형사처벌 대신 부과되는 것으로서 실질적으로는 신체적 자유를 제한하는 것이지만, 형벌 그 자체가 아니라 보안처분의 성격을 가지는 것이기 때문에 원칙적으로 소급적용이 허용된다.

① ㉠ ○, ㉡ ○ ② ㉠ ×, ㉡ ○
③ ㉠ ×, ㉡ × ④ ㉠ ○, ㉡ ×

㉠ (O) 대판 2009.4.23, 2008도11017
㉡ (×) 가정폭력범죄행위에 대하여 형사처벌 대신 부과되는 것으로서, 가정폭력범죄를 범한 자에게 의무적 노동을 부과하고 여가시간을 박탈하여 실질적으로는 신체적 자유를 제한하게 되므로, 이에 대하여는 원칙적으로 형벌불소급의 원칙에 따라 행위시법을 적용함이 상당하다. 가정폭력범죄의 처벌 등에 관한 특례법상 사회봉사명령을 부과하면서, 행위시법상 사회봉사명령 부과시간의 상한인 100시간을 초과하여 상한을 200시간으로 올린 신법을 적용한 것은 위법하다고 한 사례가 있다(대판 2008.07.24. 자 2008어4).

## 12 죄형법정주의와 관련된 설명 중 옳은 것은 모두 몇 개인가?(다툼이 있는 경우 판례에 의함)

㉠ 행정상의 단속을 주안으로 하는 법규라 하더라도 명문규정이 있거나 해석상 과실범도 벌할 뜻이 명확한 경우를 제외하고는 형법의 원칙에 따라 '고의'가 있어야 벌할 수 있다.
㉡ 건설공사의 수주 및 시공과 관련하여 발주자, 수급인, 하수급인 또는 이해관계인이 부정한 청탁에 의한 금품을 수수하는 것을 금지하고 형사처벌하는 건설산업기본법 제38조의2와 제95조의2 규정에서 '이해관계인'이라는 표현은 명확성의 원칙에 위배된다.
㉢ 상관에게 전화를 통하여 모욕하는 경우를 군형법 제64조 제1항의 상관면전모욕죄의 구성요건인 '상관을 그 면전에서 모욕하는 것'에 포함된다고 해석하는 것은 허용되지 않는다.
㉣ 약사법 제5조 제3항에서 면허증의 대여를 금지한 취지는 약사자격이 없는 자가 타인의 면허증을 빌려 영업을 하게 되는 경우 국민의 건강에 위험이 초래된다는 데에 있다 할 것이므로, 약사자격이 있는 자에게 빌려주는 행위까지 금지되는 것으로 보는 것은 유추적용에 해당한다.

① 1개
② 2개
③ 3개
④ 4개

옳은 지문은 ㉠, ㉢ 2개이다.
㉠ 대판 2010.2.11, 2009도9807
㉢ 대판 2002.12.27, 2002도2539
㉡ 건설공사의 수주 및 시공과 관련하여 발주자, 수급인, 하수급인 또는 이해관계인이 부정한 청탁에 의한 금품을 수수하는 것을 금지하고 형사처벌하는 건설산업기본법 제38조의2와 제95조의2의 입법 목적, 같은 법 제38조의2의 문언, 규정체계 등을 종합하여 볼 때, 같은 법 제38조의2의 '이해관계인'이란 건설공사를 도급 또는 하도급을 받을 목적으로 도급계약을 체결하기 위하여 경쟁하는 자로서 도급계약의 체결 여부에 직접적이고 법률적인 이해관계를 가진 자를 의미하고, 이러한 의미를 가진 이해관계인 규정이 죄형법정주의의 명확성의 원칙에 위배된다고 할 수 없다(대판 2009.9.24, 2007도6185).
㉣ 약사법의 입법 취지와 약사면허증에 관한 규정 내용을 종합하여 보면, 약사법 제5조 제3항에서 금지하는 '면허증의 대여'라 함은 다른 사람이 그 면허증을 이용하여 그 면허증의 명의자인 약사(藥師)인 것처럼 행세하면서 약사에 관한 업무를 하려는 것을 알면서도 면허증 그 자체를 빌려 주는 것을 의미한다고 해석함이 상당하다. 면허증 대여의 상대방, 즉 차용인이 무자격자인 경우는 물론, 자격 있는 약사인 경우에도 그 대여 이후 면허증 차용인에 의하여 대여인 명의로 개설된 약국 등 업소에서 대여인이 직접 약사로서의 업무를 행하지 아니한 채 차용인에게 약국의 운영을 일임하였다면 약사 면허증을 대여한 데에 해당한다(대판 2003.6.24, 2002도6829).

## 3 형법의 적용범위

**13** **형법의 시간적 적용범위와 관련된 내용으로 가장 적절하지 않은 것은?(다툼이 있는 경우 판례에 의함)**

① 대법원은 한시법의 추급효를 부정하고 있다.
② 소급효금지원칙은 행위자를 위한 보호규범이다.
③ 한시법의 추급효에 관하여 우리 형법에서는 명문 규정을 두고 있지 않다.
④ 법률의 변경에 따른 형의 비교 기준은 법정형이며, 가중·감경할 형이 있을 때에는 가중·감경한 형을 비교하여야 한다.

해설
① 법률변경의 동기가 법적견해의 변경에 의한 경우 추급효를 부정하고, 사실관계의 변경에 의한 경우 추급효를 인정한다(대판 1988.3.22, 87도2678).
② 형법도 행위자에게 유리한 법률의 소급효는 인정하고 있다(형법 제1조 제2항, 제3항).
③ 우리 형법에는 한시법 추급효에 관한 명문 규정이 없다. 따라서 한시법의 추급효에 관하여 학설과 판례의 견해 대립이 있다.
④ 형의 경중의 비교는 원칙적으로 법정형을 표준으로 할 것이고, 처단형이나 선고형에 의할 것이 아니다(대판 1992.11.13, 92도2194). 신·구형법의 형의 경중을 비교함에 있어 형을 가중·감경할 때는 형의 가중 또는 감경을 한 후에 비교하여야 한다.



**14** **일본인이 독일내 공원에서 대한민국 국민을 살해한 경우, 대한민국 형법을 적용할 수 있는 근거는?**

① 속인주의 ② 속지주의
③ 보호주의 ④ 기국주의

해설
형법의 장소적 효력 중 **보호주의**에 관한 설명이다.

**15** **미국 항구에 정박 중이던 우리나라 선박에서 선적작업을 하던 일본인 선원이 미국인을 살해한 경우에 다음 중 맞는 것은?**

① 세계주의 원칙에 따라 우리 형법으로 처벌이 가능하다.
② 일본인이 범한 범죄이므로 우리 형법으로 처벌이 불가능하다.
③ 속지주의 원칙에 따라 우리 형법으로 처벌이 가능하다.
④ 미국 내에서 범한 범죄이므로 미국 형법으로만 처벌이 가능하다.

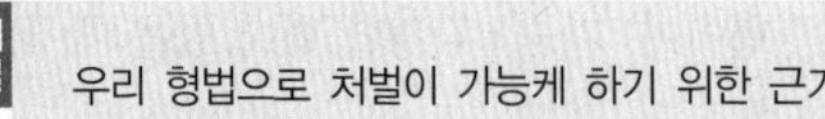

해설 우리 형법으로 처벌이 가능케 하기 위한 근거는 속지주의 원칙이다.

**16** **다음 형법의 장소적 적용범위에 대한 내용으로 옳지 않은 것은?**

① 속지주의, 속인주의, 보호주의는 형법에 규정되어 있지만 세계주의는 아직 우리 형법에 규정되어 있지 않다.
② 속지주의에서 규정하는 영역의 범위에는 영토, 영해, 영공이 포함된다.
③ 속인주의는 자국민이 행한 범죄에 대하여는 자국의 형법을 적용한다는 원칙으로, 국적주의라고도 한다.
④ 대한민국 영역 밖에서 외국인이 외환죄를 범했을 경우 우리 형법을 적용하도록 하고 있으며, 이는 보호주의의 입장이다.

해설 우리 형법은 2013년 개정 형법에서 세계주의를 규정하였다.

**17** **다음 형법의 장소적 적용범위에 관한 원칙 중 '속지주의'와 가장 관련이 있는 판례는?**

① 외국인이 대한민국 공무원에게 알선한다는 명목으로 금품을 수수하는 행위가 대한민국 영역 내에서 이루어진 이상 비록 금품수수의 명목이 된 알선행위를 하는 장소가 대한민국 영역 외라 하더라도 형법 제2조에 의하여 대한민국의 형벌법규인 변호사법 제90조 제1호(개정법 제111조 제1항)가 적용되어야 한다.

② 캐나다 시민권자인 피고인이 캐나다에서 위조사문서를 행사하였다는 내용으로 기소된 경우, 위조사문서행사죄는 형법 제5조 제1호 내지 제7호에 열거된 죄에 해당하지 않고, 위조사문서행사를 형법 제6조의 대한민국 또는 대한민국 국민의 법익을 직접적으로 침해하는 행위라고 볼 수도 없으므로 피고인의 행위에 대하여는 우리나라에 재판권이 없다.

③ 필리핀에서 카지노의 외국인 출입이 허용되어 있다 하여도 형법 제3조에 따라 (내국인인) 피고인에게 우리나라 형법이 당연히 적용된다.

④ 형법 제239조 제1항의 사인위조죄는 형법 제6조의 대한민국 또는 대한민국국민에 대하여 범한 죄에 해당하지 아니하므로 중국 국적자가 중국에서 대한민국 국적 주식회사의 인장을 위조한 경우에는 외국인의 국외범으로서 그에 대하여 재판권이 없다.

형법의 장소적 적용범위란 형법이 어떠한 장소에서 발생한 범죄에 대하여 적용되는가 하는 문제이다. 이론적으로는 속지주의, 속인주의, 보호주의, 세계주의의 4가지 원칙이 존재한다. 속지주의란 범죄인의 국적 여부를 불문하고 한 나라의 영역 내에서 일어난 범죄에 대하여는 영역국의 형법을 적용한다는 원칙으로 이와 가장 관련이 깊은 판례는 ①이다.
나머지 ②·③·④는 속인주의와 관련이 있다.



정답 15 ③ 16 ① 17 ①

# 제2장 범죄론

## 1 범죄의 개념

**01** **다음은 범죄의 개념에 대한 설명이다. 옳지 않은 것은?**

① 실질적 범죄개념은 범죄가 범죄 아닌 행위와 구별되는 범죄의 실체, 성격, 범위 등이 무엇인가에 대하여 답하기 위한 개념이다.
② 타인의 권리를 침해하는 것으로 단순히 의무위반행위나 이익을 침해하는 행위만으로는 범죄가 되지 않는다는 주장은 법익침해설이다.
③ 형식적 범죄란 구성요건에 해당하고, 위법하고, 책임있는 행위를 말한다.
④ 형식적 범죄개념은 '왜 어떤 행위를 처벌해야 하는지'에 대해서는 설명하지 못한다.

②의 내용은 법익침해설이 아닌 권리침해설의 내용이다.
- 권리침해설 : 범죄의 본질은 타인의 권리를 침해하는 것으로 단순히 의무위반행위나 이익을 침해하는 행위만으로는 범죄가 되지 않는다.
- 법익침해설 : 범죄는 법익의 침해 또는 위태화가 있을 때 범죄가 된다는 것으로 통설의 입장이다.
- 의무위반설 : 범죄의 본질은 권리침해나 법익침해가 아니라 의무위반에 있다.

**02** **범죄의 성립조건에 대한 설명으로 옳은 것은?**

① 범죄의 성립은 구성요건해당성, 위법성, 책임성 중 어느 한 가지라도 충족되면 성립한다.
② 위법성의 조각사유로 정당행위, 정당방위, 긴급피난, 자구행위, 피해자의 승낙 등이 있다.
③ 미성년자는 형사책임무능력자이다.
④ 강요된 행위(형법 제12조)는 위법성의 조각사유에 해당한다.

② 옳은 지문이다. 위법성은 구성요건에 해당하는 행위가 법이 금지하는 성질을 가지는 것을 말한다. 구성요건에 해당하는 행위라도 위법성의 조각사유에 해당하면 위법성이 없어지게 된다.
① 범죄가 성립하기 위해서는 구성요건해당성, 위법성, 책임성이 모두 충족되어야 한다.
③ 모든 미성년자가 형사책임무능력자가 되는 것은 아니다. 형사책임무능력자는 만 14세 미만의 자를 말한다. 형법 제9조는 "14세 되지 아니한 자의 행위는 벌하지 아니 한다"라고 규정하고 있다.
④ 강요된 행위(형법 제12조)는 책임이 조각되는 사유에 해당한다.

## 03 범죄의 종류과 그 구분기준이 올바르게 짝지어진 것은?

㉠ 침해범과 위험법
㉡ 일반범과 신분범
㉢ 고의범과 과실범

ⓐ 보호법익에 대한 침해 정도
ⓑ 범죄를 범하는 것에 대한 인식 유무
ⓒ 범죄의 주체가 될 수 있는 제한의 유무

① ㉠ – ⓒ, ㉡ – ⓐ, ㉢ – ⓑ
② ㉠ – ⓑ, ㉡ – ⓐ, ㉢ – ⓒ
③ ㉠ – ⓐ, ㉡ – ⓑ, ㉢ – ⓒ
④ ㉠ – ⓐ, ㉡ – ⓒ, ㉢ – ⓑ

㉠ 침해범과 위험법 – ⓐ 보호법익에 대한 침해 정도
㉡ 일반범과 신분범 – ⓒ 범죄의 주체가 될 수 있는 제한의 유무
㉢ 고의범과 과실범 – ⓑ 범죄를 범하는 것에 대한 인식 유무

## 04 범죄의 종류에 대한 설명으로 옳지 않은 것은?

① 자기소유일반건조물방화, 일반물건방화죄는 구체적 위험범에 해당한다.
② 위증, 무고, 위기, 낙태, 명예훼손, 신용훼손 등은 추상적 위험범에 해당한다.
③ 수뢰죄, 횡령죄, 배임죄, 위증죄는 진정신분범에 해당한다.
④ 폭행죄, 명예훼손죄는 결과범에 해당한다.

④ 폭행죄, 명예훼손죄는 형식범에 해당한다. 살인죄, 상해죄 등과 같은 범죄가 결과범에 해당한다.
① 구체적 위험범 : 자기소유일반건조물방화, 일반물건방화죄 등
② 추상적 위험범 : 위증, 무고, 위기, 낙태, 명예훼손, 신용훼손, 업무방해, 통화위조 등
③ 진정신분범 : 수뢰죄, 횡령죄, 배임죄, 위증죄, 업무상비밀누설죄, 직무유기죄, 허위진단서 작성죄 등

## 05 다음 중 결과범이 아닌 것은?

① 살인범 ② 무고범
③ 상해범 ④ 강도범

무고죄는 주거침입죄, 위증죄 등과 함께 형식범(거동범)이다.

## 06 행위론에 대한 설명으로 옳은 것은?

① "행위론은 범죄론의 바탕이며 출발점이다"라는 명제는 우리나라에서는 아직 받아들여지지 않았다.
② 인과적 행위론에서 객관적 요소는 구성요건과 위법성에 속하고, 주관적 요소는 책임요소에 속하는 것으로 파악하고 있다.
③ 목적적 행위론에서 고의·과실을 주관적 구성요건 요소로 보고 있다는 점이 인과적 행위론과 같다.
④ 사회적 행위론은 과실과 부작위의 설명이 불가능하다.

① 이 명제는 독일에서 시작되어 우리나라에서도 받아들여지고 있는 명제이다.
③ 목적적 행위론에서 고의·과실을 주관적 구성요건요소로 보고 있다는 점은 인과적 행위론과의 차이점이다.
④ 사회적 행위론은 과실과 부작위의 설명이 가능하다.

## 07 다음 중 형법에서의 행위의 주체와 객체에 대한 내용으로 옳지 않은 것은?

① 형법에서 행위의 주체는 범죄의 주체이며, 범죄행위의 주체는 사람이다.
② 범죄행위의 주체는 보통 자연인을 지칭하며, 우리나라 판례는 법인의 범죄능력과 형벌능력을 인정하지 않고 있다.
③ 경우에 따라 행위객체가 결여된 범죄구성요건도 있다.
④ 살인죄에서 행위의 객체는 '사람'이고, 보호의 객체는 '사람의 생명'이다.

우리나라 판례는 법인의 범죄능력을 인정하지 않고 있다. 그러나 법인의 형벌능력은 인정하여 법인에 대하여 처벌할 수 있도록 하고 있다.

## 2 구성요건의 해당성론

**08 구성요건의 요소에 관한 설명으로 옳지 않은 것은?**

① 서술적 구성요건의 요소와 규범적 구성요건의 요소의 구분기준은 가치판단 필요성의 유무이다.
② '살인죄의 사람', '방화죄의 건조물' 등은 가치판단을 요하지 않는 요소에 해당한다.
③ 규범적 구성요건의 요소는 법률적 평가뿐만 아니라 사회적·경제적·문화적 규범에 의한 평가를 요한다.
④ 객관적 구성요건 요소는 객관적으로 관찰 가능한 주체, 객체, 수단, 목적 등을 말한다.

④ 목적은 주관적 구성요건 요소에 해당한다. 이외에도 주관적 구성요건 요소에는 고의, 과실, 불법영득의사 등이 해당된다.
① 서술적 구성요건의 요소는 가치판단을 요하지 않지만 규범적 구성요건의 요소는 가치판단을 요한다.
② '살인죄의 사람', '방화죄의 건조물' 등은 가치판단을 요하지 않는 서술적 구성요건의 요소에 해당한다.
③ 규범적 구성요건의 요소는 가치판단이 필요하기 때문에 법률적, 사회적, 경제적, 문화적 규범에 의한 평가를 요한다.

**09 소극적 구성요건요소 이론에 관한 설명이 옳은 것으로 묶인 것은?**

> 소극적 구성요건요소 이론에 의하면 구성요건해당성이 인정되기 위해서는 객관적·주관적 구성요건요소가 모두 구비되어야 한다는 적극적 요건과 그러한 행위가 위법성조각사유에 해당되지 않아야 한다는 소극적 요건이 모두 충족되어야 한다. 이 견해는 이러한 구성요건 개념을 '(총체적) 불법구성요건'이라는 개념으로 설명한다. 이에 따르면 ㉠ 불법구성요건에 해당한다는 것은 행위에 대한 잠정적 반가치 판단을 의미하며, ㉡ 구성요건 해당성은 위법성의 인식근거가 아니라 존재근거가 된다. 소극적 구성요건요소 이론은 ㉢ 처음부터 구성요건에 해당하지 않는 행위와 구성요건에 해당하지만 허용되는 행위를 명백히 구별하기 어렵게 된다는 단점을 가지지만, ㉣ 구성요건의 경고적 기능을 충분히 고려하고 있으며, ㉤ 위법성조각사유의 전제사실에 대한 착오를 과실범으로 처벌하는 근거를 용이하게 설명할 수 있다는 평가를 받는다.

① ㉠, ㉢, ㉤　　② ㉠, ㉡, ㉤
③ ㉡, ㉢, ㉣　　④ ㉡, ㉢, ㉤



정답 05 ② 06 ② 07 ② 08 ④ 09 ④

옳은 지문은 ㉡, ㉢, ㉤이다.

㉡·㉢·㉣ 소극적 구성요건요소 이론에 의하면 구성요건에 해당하는 행위는 언제나 위법하므로, 구성요건은 위법성의 존재근거가 된다. 따라서 처음부터 구성요건에 해당하지 않는 행위와 구성요건에 해당하지만 위법성이 조각되는 행위의 가치 차이를 무시했다는 비판을 받는다.

㉠ (총체적)불법구성요건에 해당한다는 것은 행위에 대한 잠정적 반가치 판단이 아니라 확정적인 반가치 판단에 해당된다.

㉤ 소극적 구성요건요소 이론은 위법성조각사유의 부존재를 고의의 인식대상에 포함시킨다. 따라서 위법성조각사유의 전제사실에 대한 착오는 구성요건적 착오로서 과실범으로 처벌된다.

## 10 법률상 요구되는 의무 있는 행위를 하지 않음으로써 처벌되는 것은?

① 부작위범
② 교사범
③ 미수범
④ 미필적 고의범

부작위범에 관한 설명이다.

## 11 다음 〈보기〉에서 의사 甲이 범한 범죄에 해당하는 것은?(다툼이 있는 경우 판례에 의함)

> 의사 甲이 특정시술을 받으면 아들을 낳을 수 있을 것이라는 착오에 빠져 있는 피해자들에게 그 시술의 효과와 원리에 관하여 사실대로 고지하지 아니한 채 아들을 낳을 수 있는 시술인 것처럼 가장하여 일련의 시술과 처방을 행한 경우

① 종범
② 부작위범
③ 교사범
④ 간접정범

〈보기〉의 내용은 부작위범에 해당한다. 법률상 고지의무 있는 자가 일정한 사실에 관하여 상대방이 착오에 빠져 있음을 알면서도 이를 고지하지 아니함은 부작위에 의한 기망이라고 볼 수 있다(대판 2000.01.28. 선고 99도2884).

① 종범이란 타인의 범죄를 도와주는 것을 말한다.

③ 교사범은 타인으로 하여금 범죄실행을 결의하고 이 결의에 의하여 범죄를 실행하도록 하는 죄를 말한다.

④ 간접정범은 타인을 생명 있는 도구로 이용하여 범죄를 저지르는 자를 말한다.

## 12 다음 부작위범에 관한 설명 중 옳은 것은 모두 몇 개인가?(다툼이 있는 경우 판례에 의함)

㉠ 甲은 모텔 방에 투숙하여 자신의 과실로 화재가 발생하였음에도 불구하고, 화재 발생 사실을 안 상태에서 모텔을 빠져나오면서도 모텔 주인이나 다른 투숙객들에게 이를 알리지 않았다. 이 화재로 인하여 투숙객들이 사망한 경우에 甲에 대하여 부작위에 의한 현주건조물방화치사죄는 성립하지 않는다.
㉡ 인터넷 포털 사이트 내 오락채널 총괄팀장 甲과 위 오락채널 내 만화사업의 운영 직원 乙은 콘텐츠 제공업체들의 음란만화 게재를 알면서도 방치한 경우, 甲과 乙은 부작위에 의한 구 전기통신기본법 제48조의2 위반죄의 공동정범이 성립한다.
㉢ 노동쟁의로서의 파업은 근로자들이 집단적으로 근로의 제공을 거부하여 사용자의 정상적인 업무운영을 저해하고 손해를 발생하게 한 행위로서 부작위에 의한 위력에 해당하므로, 파업이 노동관계 법령에 따른 정당한 쟁의행위에 해당하여 위법성이 조각되는 경우가 아닌 한 업무방해죄를 구성한다.

① 1개 ② 2개
③ 3개 ④ 4개

옳은 지문은 1개(㉠)이다.
㉠ 대판 2009.12.09, 2009감도38
㉡ 인터넷 포털 사이트 내 오락채널 총괄팀장과 위 오락채널 내 만화사업의 운영직원인 피고인들에게 콘텐츠제공업체들이 게재하는 음란 만화의 삭제를 요구할 조리상의 의무가 있으므로 구 전기통신기본법 제48조의2 위반 방조죄의 성립이 인정된다(대판 2006.4.28, 2003도4128).
㉢ 파업은 그 자체로 부작위가 아니라 작위적 행위라고 보아야 한다(대판 2011.3.17, 2007도482 전원합체).

## 13 다음 중 진정부작위범에 해당하지 않는 것은?

① 퇴거불응죄 ② 집합명령위반죄
③ 다중불해산죄 ④ 강제집행면탈죄

④ 강제집행면탈죄(형법 제327조)는 진정부작위범에 해당하지 않는다.
①・②・③ 퇴거불응죄, 집합명령위반죄, 다중불해산죄, 전시공수계약불이행죄, 전시군수계약불이행죄 등이 진정부작위범에 해당한다.

제2과목 형사법 및 범죄학개론

정답 10 ① 11 ② 12 ① 13 ④

## 14 다음은 부작위범에 관한 설명이다. 옳은 것은?

① 부진정부작위범은 작위범으로 규정되어 있는 범죄를 부작위에 의해 실현하는 범죄이다.
② 부진정부작위범은 형법에 규정되어 있다.
③ 부진정부작위범은 원칙상 미수와 인과관계가 인정되지 않는다.
④ 부작위는 작위에 대비되는 개념으로 '아무 것도 하지 않는 것'을 뜻한다.

② 부진정부작위범은 형법에 규정이 없다.
③ 부진정부작위범은 미수와 인과관계가 인정된다.
④ 부작위는 단순히 '아무 것도 하지 않는 것'이 아니라 명령, 요구규범을 위반하는 행위이다.

## 15 부작위범에 관한 설명 중 틀린 것은 모두 몇 개인가?(다툼이 있는 경우 판례에 의함)

㉠ 부작위범 사이의 공동정범은 다수의 부작위범에게 공통된 의무가 부여되어 있고 그 의무를 공통으로 이행할 수 있을 때에만 성립한다.
㉡ 하나의 행위가 부작위범인 직무유기죄와 작위범인 허위공문서작성·행사죄의 구성요건을 동시에 충족하는 경우, 공소제기권자는 재량에 의하여 작위범인 허위공문서 작성·행사죄로 공소를 제기하지 않고 부작위범인 직무유기죄로만 공소를 제기할 수 있다.
㉢ 부작위범에 대한 교사·방조가 가능하다. 이 때 교사 또는 방조는 작위에 의한 것이므로 공범은 보증인 지위에 있을 필요가 없다.
㉣ 퇴거불응죄와 같이 구성요건행위가 부작위로 규정되어 있는 범죄를 '부작위에 의한 부작위범' 혹은 '진정부작위범'이라고 한다.

① 1개
② 2개
③ 3개
④ 없음

㉠~㉣ 모두 옳은 지문이다.
㉠ 대판 2008.3.27, 2008도89
㉡ 대판 2008.2.14, 2005도4202
㉢ 교사란 부작위범에게 구성요건적 상황을 인식하면서 부작위에 나갈 결의를 일으키게 하는 것을 말하는 것으로 부작위범에 대하여도 적극적인 작위에 의한 교사는 성립할 수 있다. 부작위범에 대한 교사와 방조, 공동정범, 간접정범은 가능하나 부작위에 의한 교사는 불가능하다.
㉣ 진정부작위범이란 부작위로 명령규범을 내용으로 하는 부작위범의 구성요건을 실현하는 범죄이다(퇴거불응죄, 집합명령위반죄, 다중불해산죄, 전시군수계약불이행죄, 전시공수계약불이행죄). 즉, 부작위에 의한 부작위범이다.

**16** **다음은 인과관계에 관한 설명이다. (ㄱ)~(ㄹ)에 들어갈 내용으로 가장 적절하게 구성된 것은?**

> 형법에서 인과관계는 행위와 결과 간의 관계로서 (ㄱ) 구성요건요소에 해당한다. 그리고 행위가 있고 결과가 발생하였다고 해서 결과에 대한 책임을 행위자에게 모두 귀속시킬 수는 없으며, 행위와 결과 사이에 인과관계가 인정되어야 한다. 만일 인과관계가 입증되지 않으면 미수범으로 처벌하여야 하는 것이 원칙이다. 그런데 인과관계에 관한 학설로는 조건설, 원인설, 판례가 지지하는 (ㄴ) 등이 있다. 한편 인과관계를 인정하는 문제와 형사책임의 범위를 정하는 문제를 분리하여 판단하는 입장이 있는데 이것이 (ㄷ) 이론이다. 이 이론은 (ㄹ)에 의해 인과관계를 확정하고 형사책임의 귀속범위는 이 이론에 의해 결정한다.

① (ㄱ) 주관적 (ㄴ) 상당인과관계설 (ㄷ) 주관적 귀속 (ㄹ) 중요설
② (ㄱ) 객관적 (ㄴ) 상당인과관계설 (ㄷ) 객관적 귀속 (ㄹ) 합법칙적 조건설
③ (ㄱ) 객관적 (ㄴ) 중요설 (ㄷ) 객관적 귀속 (ㄹ) 합법칙적 조건설
④ (ㄱ) 객관적 (ㄴ) 중요설 (ㄷ) 주관적 귀속 (ㄹ) 합법칙적 조건설

(ㄱ)~(ㄹ)에 들어갈 내용으로 가장 적절하게 구성된 것은 ②이다.
(ㄱ) 인과관계는 기술되지 아니한 **객관적 구성요건요소**에 해당한다.
(ㄴ) 판례는 **상당인과관계설**을 취하고 있다(대판 1996.5.10,96도529 등).
(ㄷ)·(ㄹ) **합법칙적 조건설**은 인과관계의 존부만을 확정하는 이론이다. 따라서 발생한 결과에 대하여 행위자에게 책임을 지우는 것이 타당한가의 문제는 **객관적 귀속이론**에 의하여 법적·규범적 측면에서 다시 검토하게 된다.

**17** **산에서 사슴을 쏘려고 총을 겨누었을 때 부근에 사람이 있는 것을 알고도 '설마 맞지 않겠지.' 하고 발사하여 사람이 맞은 경우, 결과의 발생 그 자체는 불명확하나 행위자가 결과발생의 가능성을 인식하는 고의를 무엇이라고 하는가?**

① 미필적 고의
② 택일적 고의
③ 선택적 고의
④ 확정적 고의

결과의 발생 그 자체는 불명확하나 행위자가 결과발생의 가능성을 인식하는 고의는 미필적 고의이다.

제2과목 형사법 및 범죄학개론

정답 14 ① 15 ④ 16 ② 17 ①

## 18 甲 · 乙 양인을 향해 발포하여 그들 중 누구에 대해서 명중될지 불확실한 경우는?

① 택일적 고의
② 개괄적 고의
③ 미필적 고의
④ 사후 고의

택일적 고의란 결과의 발생은 확실하나 객체가 불확정한 경우를 의미한다. 개괄적 고의란 행위자가 행위객체를 오인하지 않았지만 결과를 오인한 경우를 의미한다.

## 19 다음 〈사례〉에 해당하는 고의의 종류로 옳은 것은?

〈사 례〉
A가 B를 살해할 목적으로 B를 자동차로 치고 난 후, B가 기절한 것을 사망한 것으로 오인하여 B를 강에 던져 그 결과 B가 익사하여 사망하게 한 경우

① 개괄적 고의
② 미필적 고의
③ 택일적 고의
④ 확정적 고의

① 개괄적 고의는 인과관계의 착오의 경우에 기수를 인정하기 위하여 고안된 개념으로 B가 사망했다고 오인하여 B를 강에 던져 익사로 사망하게 한 경우 개괄적으로 살인의 고의가 있다고 판단하여 살인죄를 인정하려는 것이다.
② 미필적 고의란 범죄결과발생을 의욕하지는 않지만, 그 행위로 인해 범죄결과가 발생할 수 있음을 알면서도 용인하는 상태를 말한다.
③ 택일적 고의란 결과발생을 의욕하였으나, 그 대상이 정해지지 않은 경우를 말한다.
④ 확정적 고의는 범죄결과발생을 인식하면서 행동을 하는 상태를 말한다.

## 20 착오에 관한 내용으로 '환각범'을 가장 알맞게 설명한 것은?

① 구성요건 해당성이 있는데 해당성이 없다고 착오한 경우
② 구성요건 해당성이 없는데 해당성이 있다고 착오한 경우
③ 범죄를 완수하였다고 생각했는데 완수하지 못한 경우
④ 기본범죄만 실현했다고 생각하였으나 중한 결과가 발생한 경우

② 환각범에 관한 설명이다.
① 과실범에 관한 설명이다.
③ 미수범에 관한 설명이다.
④ 결과적 가중범에 관한 설명이다.

**21** **다음은 사실의 착오에 관한 설명이다. 옳은 것은?**

① 지나가는 사람이 B라고 생각하고 칼로 찔렀으나 실제 C인 경우는 방법의 착오에 해당한다.
② 지나가는 사람이 B라고 생각하고 총을 쏘았으나 총알이 빗나가 옆 사람인 D를 쏜 경우 객체의 착오에 해당한다.
③ 지나가는 사람이 B라고 생각하고 총을 쏘았으나 실제로는 마네킹을 쏜 경우 추상적 사실의 착오에 해당한다.
④ 정상의 주의를 태만함으로 인하여 죄의 성립요소인 사실을 인식하지 못한 행위는 사실의 착오에 해당한다.

① 객체의 착오에 해당한다.
② 방법의 착오에 해당한다.
④ 과실에 대한 설명이다.

**22** **형법상 착오문제에 대한 설명으로서 틀린 것은?(다툼이 있는 경우 판례에 의함)**

① 불능미수의 문제는 사실의 착오문제가 반전된 경우이지만 환각범 문제는 법률의 착오가 반전된 경우이다.
② 甲은 乙과 싸우다가 힘이 달리자 옆 포장마차로 달려가 길이 30cm의 식칼을 가지고 나와 乙에게 휘두르다가 이를 말리면서 식칼을 뺏으려던 丙의 귀를 찔러 상해를 입힌 경우 甲은 과실치상죄에 해당하지 아니한다.
③ 공무원이 그 직무에 관하여 실시한 봉인 등의 표시를 손상 또는 은닉 기타의 방법으로 그 효용을 해함에 있어서 그 봉인 등의 표시가 법률상 효력이 없다고 믿은 경우 그와 같이 믿은 데에 정당한 이유가 없는 이상 공무상 표시무효죄의 죄책을 면할 수 없다.
④ 자기의 아들이 물에 빠져 허우적거리고 있음을 알고도 망나니 같은 아들에 대해서는 구조의무가 없다고 생각하고 구조하지 않은 경우를 환각범이라 한다.



정답 18 ① 19 ① 20 ② 21 ③ 22 ④

보증인지위와 보증인의무와의 관계에 대하여 통설은 이분설의 입장에 있다. 이분설에 따르면 보증인지위에 대한 착오는 구성요건적 착오에 해당하고 보증인의무에 대한 착오는 금지착오에 해당한다. 환각범이란 사실상 허용되고 있는 행위를 금지되거나 처벌된다고 오인한 경우를 말한다. 반전된 금지의 착오라고 할 수 있다.

## 23 과실의 요건이 아닌 것은?

① 부주의(주의 태만)
② 결과의 발생
③ 범죄사실의 불인식
④ 위법성 인식의 가능성

과실이란 부주의로 인하여 범죄사실을 인식하지 못한 경우를 말한다. 즉, 과실의 성립요건은 범죄사실의 불인식과 부주의이다. → 위법성 인식의 가능성과는 거리가 멀다.

## 24 다음은 과실범과 신뢰의 원칙에 대한 설명이다. 옳지 않은 것은?(다툼이 있는 경우 판례에 의함)

① 도로교통 부문에서 신뢰의 원칙은 차 대 차, 차 대 자전거에 적용하고 있으며, 차 대 보행자의 경우는 제한적으로 허용되고 있다.
② 고속도로를 시속 100km로 달리던 승용차가 도로를 무단횡단하던 甲을 발견 후 급제동을 걸었으나 결국 甲을 피하지 못하고 들이받아 사망하게 한 경우 운전자의 과실이 없다.
③ 야간에 도로를 운전하던 중 후미등을 달지 않은 자전거가 무단횡단하는 것을 보지 못하여 자전거를 차로 친 경우 운전자의 과실을 인정한다.
④ 상대방이 교통규칙을 알 수 없거나 규칙준수를 따를 가능성이 없는 때에는 신뢰의 원칙을 적용하지 않는다.

③ 운전자에게 야간에 무등화인 자전거를 타고 차도를 무단횡단하는 경우까지 예상하여 제한속력을 감속하고, 잘 보이지 않는 반대차선상의 동태까지 살피면서 서행운행할 주의의무가 있다고 할 수 없다(대판 1984.9.25. 선고 84도1695).
① 신뢰의 원칙은 차 대 보행자의 경우 적용하지 않는 것이 원칙이나, 예외적으로 고속도로, 육교 밑, 자동차 전용도로, 횡단보도에서는 신뢰의 원칙이 적용된다.
② 고속도로를 운행하는 자동차의 운전자로서는 일반적인 경우에 고속도로를 횡단하는 보행자가 있을 것까지 예견하여 보행자와의 충돌사고를 예방하기 위하여 급정차 등의 조치를 취할 수 있도록 대비하면서 운전할 주의의무가 없다(대판 2000.09.05. 선고 2000도2671).
④ 상대방의 규칙준수를 신뢰할 수 없는 경우(유아, 노인 등) 신뢰의 원칙을 적용하지 않는다.

**25** **다음은 결과적가중범의 성립요건으로 옳지 않은 것은?**

① 진정결과적가중범은 기본범죄에 대한 고의가 있을 때에만 해당한다.
② 실행의 착수가 있어야 한다.
③ 중한 결과의 발생·실행·결과 사이의 인과관계가 있어야 한다.
④ 중한 결과의 발생에 대한 예견가능성이 있어야 한다.

해설 진정결과적가중범은 기본범죄에 대한 고의와 중한 결과 발생의 과실이 있을 때 해당한다.

## 3 위법성

**26** **형법상 범죄의 성립요건이 아닌 것은?**

① 구성요건 해당성
② 위법성
③ 책임성
④ 객관적 처벌조건

해설 범죄의 성립요건에는 구성요건 해당성, 위법성, 책임성이 있다.

**27** **죄의 성립요건에 관한 다음 설명 중 옳지 않은 것은?**

① 당해 행위를 한 주체인 행위자에 대한 비난가능성, 즉 책임능력자의 고의 또는 과실이 있어야 한다.
② 행위자가 자신의 행위에 대한 사실의 인식과 위법성의 인식이 있어야 한다.
③ 법률이 정하는 구성요건에 해당하는 행위를 하여야 한다.
④ 일개의 행위가 원칙적으로 법률이 규정한 수개의 죄에 해당하는 경우여야 한다.

해설 ④는 죄수론의 상상적 경합에 대한 설명이다. 성립요건에서는 1개의 행위가 1개의 죄이냐 수개의 죄이냐는 문제가 되지 않는다.



정답 23 ④ 24 ③ 25 ① 26 ④ 27 ④

## 28 다음 중 위법성 조각사유와 그 형법의 내용이 올바르게 연결되지 않은 것은?

| | | |
|---|---|---|
| ① | 정당행위 | 법령에 의한 행위 또는 업무로 인한 행위 기타 사회상규에 위배되지 아니하는 행위는 벌하지 아니한다. |
| ② | 정당방위 | 자기 또는 타인의 법익에 대한 현재의 위난을 피하기 위한 행위는 상당한 이유가 있는 때에는 벌하지 아니한다. |
| ③ | 사구행위 | 법정절차에 의하여 청구권을 보전하기 불능한 경우에 그 청구권의 실행불능 또는 현저한 실행곤란을 피하기 위한 행위는 상당한 이유가 있는 때에는 벌하지 아니한다 |
| ④ | 피해자의 승낙 | 처분할 수 있는 자의 승낙에 의하여 그 법익을 훼손한 행위는 법률에 특별한 규정이 없는 한 벌하지◦아니한다. |

② 형법 제21조(정당방위) 자기 또는 타인의 법익에 대한 현재의 부당한 침해를 방위하기 위한 행위는 상당한 이유가 있는 때에는 벌하지 아니한다. 위의 내용은 형법 제22조 긴급피난의 내용이다.
① 형법 제20조
③ 형법 제23조
④ 형법 제24조

## 29 다음 중 위법성조각사유가 아닌 것은?

① 사실의 착오　② 정당방위
③ 긴급피난　④ 피해자의 승낙

위법성조각사유란 어떤 행위가 구성요건에 해당하나 특별한 사정에 의해 위법성을 배제시켜 주는 사유로서 정당행위, 정당방위, 긴급피난, 자구행위, 피해자의 승낙 등이 있다.

## 30 다음 괄호 안에 알맞은 것은?

> 형법상 법령에 의한 행위 또는 업무로 인한 행위 기타 사회상규에 위배되지 아니하는 행위는 벌하지 아니한다. 여기서 법령에 의한 행위 또는 업무로 인한 행위 기타 사회상규에 위배되지 아니하는 행위를 (　　)라 부른다.

① 업무상 정당행위　② 피해자의 승낙
③ 자구행위　④ 법령상 정당행위

위법성조각사유 중 하나인 정당행위를 묻고 있다.

**31** **다음의 사례에서 정당행위가 아닌 것은?**

① 남편의 부인에 대한 징계행위
② 교도관의 사형집행
③ 귀금속을 훔쳐 달아나는 A를 민간인 B가 체포한 경우
④ 정당한 권투시합 중 C가 D에게 상해를 입힌 경우

① 징계행위에 대해서는 법률에 규정이 없으나, 판례에 의해 일정범위의 징계행위가 인정되어 있다. 그러나 남편의 부인에 대한 징계행위는 위법성이 조각되지 않는다.
② 공무원의 직무집행행위에 해당하는 교도관의 사형집행은 살인죄의 구성요건에는 해당하지만 법령에 의한 행위로 위법성이 조각된다.
③ 귀금속을 훔쳐 달아나는 A는 현행범이므로, 사인인 B가 체포하더라도 법령에 의한 행위로 위법성이 조각된다. 현행범인은 누구든지 영장 없이 체포할 수 있다(형사소송법 제212조).
④ 업무로 인한 행위인 권투시합 중의 상해행위는 위법성이 조각되는 사유이다.



**32** **다음의 사례 중에서 甲의 행위가 정당행위에 해당하는 것을 모두 고른 것은?(다툼이 있는 경우 판례에 의함)**

㉠ 신문기자인 甲이 고소인에게 2회에 걸쳐 증여세 포탈에 대한 취재를 요구하면서 이에 응하지 않으면 자신이 취재한 내용대로 보도하겠다고 말하면서 협박하였다.
㉡ A주식회사 임원인 甲이 회사직원들 및 그 가족들에게 수여할 목적으로 전문의약품인 타미플루 39,600정 등을 제약회사로부터 매수하여 취득하였다.
㉢ 회사 간부인 甲이 회사의 이익을 빼돌린다는 소문을 확인할 목적으로 피해자가 사용하면서 비밀번호를 설정하여 비밀장치를 한 전자기록인 개인용 컴퓨터의 하드디스크를 검색하였다.
㉣ 근로자 甲 등이 사용자가 제3자와 공동으로 관리・사용하는 공간을 사용자에 대한 정당한 쟁의행위를 이유로 관리자의 의사에 반하여 침입・점거하였다.

① ㉠, ㉡　　② ㉠, ㉢
③ ㉡, ㉣　　④ ㉢, ㉣

정답 28 ② 29 ① 30 ① 31 ① 32 ②

정당행위에 해당하는 경우는 ㉠, ㉢이다.
㉡ 약사법 위반행위에 해당한다(대판 2011.10.13, 2011도6287).
㉣ 제3자에 대하여까지 위법성이 조각된다고 볼 수 없다(대판 2010.3.11, 2009도5008).

## 33 다음 중 정당방위에 대한 설명으로 옳은 것은?

① 부정(不正) 대 정(正)의 관계라는 점에서 자구행위와 같다.
② 침해의 현재성에 대한 판단시기는 침해시가 아니라 방위행위시이다.
③ 정당방위는 자기의 법익만을 방어하기 위한 행위만 가능하다.
④ 책임능력이 결여된 자로부터 공격을 받을 경우에는 정당방위가 허용되지 않는다.

② 침해의 현재성에 대한 판단시기는 방위행위시가 아니라 침해시이다.
③ 정당방위는 자기 또는 타인의 법익을 방위하기 위한 행위이다.
④ 책임능력이 결여된 자로부터 공격을 받을 경우에는 더 이상 피할 수 없는 불가피한 경우에만 정당방위가 허용되며, 공격방위가 아닌 보호방위일 것이 요청된다.

## 34 다음 〈보기〉의 내용에 대한 알맞은 법적 판단으로 옳은 것은?

> A가 자동차를 타고 차로를 달리던 중 도로 옆에 있던 암벽에서 낙석이 떨어져 이를 피하려고 급하게 방향을 트는 바람에 B소유의 집을 들이받아 집의 벽이 무너진 경우

① 정당방위에 해당한다.
② 책임이 조각되는 사례에 해당한다.
③ 구성요건에 해당한다.
④ 위법성이 조각되지 않는다.

A가 B소유의 집을 일부분 파괴했으므로 구성요건에 해당한다.
① 긴급피난에 해당한다.
② 책임이 조각되는 것이 아니라 위법성이 조각되는 사례에 해당한다.
④ 긴급피난의 사례이므로 위법성이 조각된다.

## 35 다음 중 자구행위에 관한 내용으로 옳지 않은 것은?

① 법정절차에 의하여 청구권을 보전하기 불가능한 경우에 자구행위가 성립할 수 있다.
② 자구행위가 성립하기 위해서는 원상회복가능성이 필요하다.
③ 자구행위의 귀속주체는 원칙적으로 자기의 청구권이어야 한다.
④ 자구행위는 정(正) 대 정(正)의 관계이다.

자구행위는 부정(不正) 대 정(正)의 관계이다.

## 36 다음 중 피해자의 승낙에 관한 내용으로 옳지 않은 것은?

① 피해자의 동의가 있어서 구성요건해당성이 부정되는 경우를 양해라고 부르고, 피해자의 동의가 있어서 구성요건에는 해당하나 위법성이 조각되는 경우를 피해자의 승낙이라 부른다.
② A가 자신을 죽여 달라고 간곡히 부탁하여 B가 A를 살인한 경우 피해자의 승낙에 해당하여 위법성이 조각된다.
③ 비어있는 이웃집에서 연기가 올라와 이웃집 창문을 깨고 침입하여 불을 끈 경우 이는 승낙이 있을 것이라고 추정한다.
④ 승낙의 시기는 법익침해 이전에 하여야 하고 사후승낙은 인정되지 않는다.

② 생명은 승낙의 대상이 되지 않는다. 그러므로 A의 승낙이 있었다고 하더라도 살인은 위법성이 조각되지 않는다.
① 양해와 피해자 승낙의 차이점이다.
③ 추정적 승낙에 관한 내용이다.
④ 승낙시기에 관한 올바른 내용이다.

제2과목 형사법 및 범죄학개론

정답 33 ① 34 ③ 35 ④ 36 ②

## 37 다음 두 가지 위법성조각사유에 관한 내용으로 옳지 않은 것은?

| ㉠ 정당방위 | ㉡ 긴급피난 |
|---|---|

① 정당방위의 성립요건으로 '현재의 부당한 침해가 있을 것'을 요한다.
② 긴급피난의 성립요건으로 '자기 또는 타인의 법익에 대한 현재의 위난이 있을 것'을 요한다.
③ 정당방위와 긴급피난은 개인적 법익은 물론 국가적 · 사회적 법익도 포함한다.
④ 정당방위에서 침해는 사람에 의한 침해이어야 하지만 긴급피난에서 위난은 사람의 행위, 자연현상, 동물에 의한 침해를 모두 인정한다.

해설

긴급피난의 경우 개인적 법익은 물론 국가적 · 사회적 법익도 포함하지만, 정당방위의 경우 원칙적으로 개인적 법익은 제한하고 국가적 · 사회적 법익의 경우에는 예외적으로 인정한다.

## 38 다음 중 위법성이 조각되는 경우와 가장 관련이 없는 것은?(다툼이 있는 경우 판례에 의함)

① 갑이 경찰관의 불심검문을 받아 운전면허증을 교부한 후 경찰관에게 불심검문에 항의하면서 큰 소리로 욕설을 하였는데, 경찰관이 갑을 모욕죄의 현행범으로 체포하려고 갑의 오른쪽 어깨를 붙잡자 반항하면서 경찰관에게 상해를 가한 경우
② 차량통행 문제로 자신의 아버지와 피해자가 다툴시 피해자의 차량 전진으로 아버지가 위험에 처하자 피해자의 머리털을 잡아당겨 상처를 입힌 경우
③ 피해자로부터 지갑을 잠시 건네받아 임의로 지갑에서 현금카드를 꺼내어 현금자동인출기에서 현금을 인출하고 곧바로 피해자에게 현금카드를 반환한 경우
④ 전국교직원노동조합 소속 교사가 작성 · 배포한 보도 자료의 일부에 사실과 다른 기재가 있으나 전체적으로 그 기재 내용이 진실하고 공공의 이익을 위한 것이라고 볼 수 있는 경우

피해자로부터 지갑을 잠시 건네받아 임의로 지갑에서 현금카드를 꺼내어 현금자동인출기에서 현금을 인출하고 곧바로 피해자에게 현금카드를 반환한 경우 현금카드에 대한 불법영득의사가 없다(대판 1998.11.10, 98도2642). 불법영득의사가 없는 것이기 때문에 위법성조각이 아니라 주관적 구성요건요소 조각사유이다.

**39** **다음 중 A 건물에서 대형화재가 난 후, B 건물로 그 불이 옮겨 붙고 다시 C 건물로 불이 옮겨 붙으려고 하여, C 건물 주인이 B 건물을 손괴하여 C 건물로 불이 옮겨 붙지 않게 했다면, 이때의 위법성조각사유는 어느 것인가?**

① 자구행위 ② 긴급피난
③ 정당방위 ④ 과잉방위

긴급피난 : 현재의 위난에 처한 자가 그 위난을 피하기 위하여 부득이 정당한 제3자의 법익을 침해한 경우 이를 벌하지 아니한다.

## 4 책임론

**40** **형법상 책임이 조각되는 사유가 아닌 것은?**

① 심신상실자의 행위
② 14세 미만자의 행위
③ 피해자의 승낙에 의한 행위
④ 강요된 행위

정당행위, 정당방위, 긴급피난, 자구행위, 피해자의 승낙에 의한 행위는 위법성이 조각되는 사유이다.

**41** **책임능력에 관한 설명 중 가장 적절하지 않은 것은?(다툼이 있는 경우 판례에 의함)**

① 평소 간질병 증세가 있었더라도 범행 당시에는 간질병이 발작하지 않았다면 심신상실 내지 심신미약의 경우에 해당한다고 볼 수 없다.
② 충동조절장애와 같은 성격적 결함은 정신병질이 아니기 때문에 그 정도를 불문하고 심신장애에 해당되지 않는다.
③ 피고인이 정신분열증으로 인하여 피해자를 사탄이라고 생각하여 그를 죽여야만 천당에 갈 수 있다고 믿어 살해한 경우 심신상실 상태에 있었다고 볼 수 있다.
④ 심신장애의 유무판단에 있어서 전문감정인의 정신감정 결과가 중요한 참고자료가 되기는 하나 법원은 그 판단에 기속받지 않고 독자적으로 심신장애 유무를 판단할 수 있다.



정답 37 ③ 38 ③ 39 ② 40 ③ 41 ②

② 원칙적으로는 충동조절장애와 같은 성격적 결함은 형의 감면사유인 심신장애에 해당하지 않는다고 봄이 상당하고, 다만 그러한 성격적 결함이 매우 심각하여 원래의 의미의 정신병을 가진 사람과 동등하다고 평가할 수 있다든지 또는 다른 심신장애사유와 경합된 경우에는 심신장애를 인정할 여지가 있다(대판 1995.2.24, 94도3163).

① 대판 1983.10.11, 83도1897

③ 대판 1990.8.14, 90도1328

④ 대판 1999.1.26, 98도3812

## 42 다음 중 형법상 책임무능력자는 몇 살인가?

① 17세 미만의 미성년자

② 18세 미만의 미성년자

③ 19세 미만의 미성년자

④ 14세 미만의 미성년자

14세 미만의 미성년자(형법 제9조)와 심신장애인(형법 제10조)은 형사무능력자로 규정하여 처벌하지 아니한다.

## 43 다음의 책임무능력자에 관한 설명 중 가장 적절하지 않은 것은?

① 형사미성년자로 인정되기 위하여는 생물학적 요인과 심리학적 요인을 모두 구비하여야 한다.

② 심신장애에 대한 판단은 의사가 아닌 법관이 시행한다.

③ 심신장애로 인해 사물변별능력이 없거나 의사결정능력이 없는 자를 심신상실자라 한다.

④ 농아자는 청각과 발음기능이 둘 다 결여될 것을 요구한다.

형법 제9조는 "14세 되지 아니한 자의 행위는 벌하지 아니한다"고 하여 생물학적 방법에 의해 형사미성년자를 규정하고 있다.

**44** **책임능력에 관한 다음 설명 중 옳지 않은 것은 모두 몇 개인가?(다툼이 있는 경우 판례에 의함)**

> ㉠ 도의적 책임론은 책임능력을 형벌능력으로 파악하나, 사회적 책임론은 책임능력을 범죄능력이라고 한다.
> ㉡ 책임무능력자로 하기 위해서는 심신상실로 인하여 사물을 변별할 능력이 없으며, 의사를 결정할 능력이 없어야 한다.
> ㉢ 심신장애로 인하여 사물을 변별할 능력이나 의사를 결정할 능력이 미약한 자의 행위는 형을 감면한다.
> ㉣ 법원이 심신장애 여부를 판단함에 있어서는 반드시 전문가의 감정을 거쳐야 한다.
> ㉤ 행위시 책임능력이 없는 자의 행위는 어떠한 경우에도 형벌을 부과할 수 없다.

① 2개 ② 3개
③ 4개 ④ 5개

모두 옳지 않은 지문이다.
㉠ 도의적 책임론은 책임능력을 범죄능력으로 파악하지만, 사회적 책임론은 책임능력을 형벌능력으로 파악한다.
㉡ 심신장애로 인하여 사물을 변별할 능력이 없거나 의사를 결정할 능력이 없는 자의 행위는 벌하지 아니한다(형법 제10조 제1항). 이는 사물을 변별할 능력이 없음과 더불어 의사를 결정할 능력이 없을 것을 요건으로 하지 않는다.
㉢ 심신장애로 인하여 사물을 변별할 능력이 미약하거나 의사를 결정할 능력이 미약한 자의 행위는 형을 감경한다(형법 제10조 제2항).
㉣ 피고인이 범행 당시 심신장애의 상태에 있었는지 여부를 판단함에는 반드시 전문가의 감정을 거쳐야 하는 것이 아니고, 법원이 범행의 경위와 수단, 범행 전후의 피고인의 행동 등 기록에 나타난 제반 자료와 공판정에서의 피고인의 태도 등을 종합하여 피고인이 심신장애의 상태에 있지 아니하였다고 판단하더라도 위법이라고 할 수 없다(대판 1993.12.7, 93도2701).
㉤ 위험의 발생을 예견하고 자의로 심신장애를 야기한 자의 행위에는 처벌을 면제 또는 감경 규정을 적용하지 아니한다(동법 제10조 제3항). 즉 원인에 있어서 자유로운 행위인 경우에는 형벌을 부과할 수 있다.

정답 42 ④ 43 ① 44 ④

## 45 다음은 법률의 착오에 관한 설명이다. 옳은 것을 모두 고른 것은?

> ㉠ 적극적 착오란 적법하고 허용되는 행위를 위법하고 금지되는 것으로 착오하는 것으로 '환각범'에 해당한다.
> ㉡ 소극적 착오의 경우 정당한 이유가 있는 경우 고의는 인정하나 책임이 조각된다.
> ㉢ 법원의 판결을 신뢰하여 그 판결대로 행위한 경우는 법률의 착오가 처벌되지 않는 정당한 이유에 속한다.
> ㉣ 직접적 착오에는 효력의 착오, 포섭의 착오, 위법성조각사유의 존재에 대한 착오가 해당된다.

① ㉠　　　② ㉠, ㉡
③ ㉠, ㉡, ㉢　　　④ ㉠, ㉡, ㉢, ㉣

㉠, ㉡, ㉢만 옳은 설명이다.
㉣ **직접적 착오와 간접적 착오**
- 직접적 착오 : 법률의 부지, 효력의 착오, 포섭의 착오
- 간접적 착오 : 위법성조각사유의 허용 한계・존재・요건에 대한 착오

## 46 다음 강요된 행위에 대한 설명으로 옳은 것은?

> 형법 제12조(강요된 행위)
> 저항할 수 없는 폭력이나 자기 또는 친족의 생명, 신체에 대한 위해를 방어할 방법이 없는 협박에 의하여 강요된 행위는 벌하지 아니한다.

① 폭력은 절대적 폭력과 강제적(심리적) 폭력이 모두 해당된다.
② 자기 또는 친족의 범위에는 내연관계에 있는 사람도 포함된다.
③ 위해의 대상에는 생명과 신체뿐만 아니라 재산도 포함된다.
④ 강요된 행위는 위법성이 조각되는 사유이다.

② 내연관계에 있는 사람뿐만 아니라 사실혼관계자, 사생아 등도 포함된다.
① 강요된 행위의 성립요건으로서 강제적(심리적) 폭력만 해당된다.
③ 강요된 행위에서 위해는 '자기 또는 친족의 생명・신체에 대한 위해'를 명시하고 있으므로 재산은 해당되지 않는다.
④ 강요된 행위는 책임이 조각되는 사유이다.

## 5 미수론

**47** **미수범에 관한 설명 중 틀린 것은?**

① 예비·음모는 실행의 착수 이전의 행위다.
② 미수는 범죄의 실행에 착수하였으나 그 범죄의 완성에 이르지 못한 경우이다.
③ 미수는 형법 각 본조에 처벌규정이 있을 때에만 처벌된다.
④ 미수범을 처벌하는 것은 객관주의 입장이라고 할 수 있다.

주관주의(신파)는 행위자의 반사회적 성격에 중점을 둔다. 따라서 미수의 처벌은 주관주의의 입장이라고 할 수 있으며, 다만 임의적 감경사유로 한 것은 객관주의의 색채가 가미된 것이라고 할 수 있다.



**48** **범죄실현의 단계에 관한 설명 중 옳지 않은 것은?**

① 편의점에서 물건을 훔치겠다고 결심을 하였더라도 처벌의 대상이 되지 않는다.
② 예비는 2인 이상이 범죄실현을 위해 의사소통을 하는 것을 말한다.
③ 범죄의 실행에 착수하였으나 행위를 종료하지 못한 경우를 착수미수라 한다.
④ 결과범에서는 행위의 종료만으로는 기수가 되지 않는다.

② 예비가 아니라 음모에 관한 내용이다.
① 범죄의 결심이나 범죄의사의 표시는 처벌의 대상이 아니다.
④ 결과범에서는 행위의 종료만으로는 기수가 되지 않고, 결과가 발생하고 양자 사이에 인과관계가 인정되어야 기수가 된다.

**49** **예비·음모에 관한 다음 설명 중 가장 적절하지 않은 것은?(다툼이 있는 경우 판례에 의함)**

① 예비·음모 후 자의로 실행의 착수를 포기하였더라도 중지범 규정을 유추적용할 수 없다.
② 폭발물사용죄와 간수자도주원조죄는 예비·음모를 처벌한다.
③ 정범이 실행착수에 이르지 아니한 예비단계에 그친 경우 이에 가공하는 행위가 예비의 공동정범이 되는 경우를 제외하고는 종범으로 처벌할 수 없다.
④ 甲은 A의 경매입찰 참여를 포기하게 할 목적으로 A의 외동딸인 대학생 B를 인질로 삼기 위해 B를 약취·유인하기로 乙과 모의하였으나, A가 스스로 입찰을 포기한 경우 甲과 乙에게는 인질강요죄의 예비·음모죄가 성립한다.

정답 45 ③ 46 ② 47 ④ 48 ② 49 ④

인질강요죄의 경우 예비・음모 규정이 없다. 개인적 법익에 대한 죄 중 살인죄, 존속살해죄, 위계・위력에 의한 살인죄, 국외이송목적 약취・유인죄, 강도죄 5개만이 예비・음모 처벌규정이 있다.

## 50 다음 중 미수에 관한 설명 중 옳은 것은?

㉠ 범죄의 실행행위에 착수하였으나 장애에 의해 비자발적으로 행위를 종료하지 못하였거나 결과가 발생하지 않은 형태의 미수
㉡ 행위자가 범죄에 착수한 이후 자의로 실행행위를 중지하거나 실행행위를 종료하여 결과발생을 방지한 형태의 미수
㉢ 실행의 수단 또는 대상의 착오로 인하여 결과의 발생이 불가능하더라도 위험성이 있는 형태의 미수

① ㉠의 효과는 임의적 감경을 규정하고 있다.
② ㉡의 사례로 사람을 살해 하려고 칼로 수회 찔렀으나 많은 양의 피가 나와 겁을 먹고 행위를 그만둔 경우가 해당된다.
③ ㉢과 불능범은 자의성의 유무에 의해 구별된다.
④ ㉠・㉡・㉢은 범죄실행에 착수하였다는 점에서 예비・음모와 같다.

① 옳은 내용이다. ㉠은 장애미수에 해당한다. 미수범의 형은 기수범보다 감경할 수 있다(형법 제25조).
② ㉡은 중지미수이다. 지문의 사례는 중지의 자의성을 인정하지 않고 있기 때문에 중지미수의 사례에 해당하지 않는다.
③ ㉢은 불능미수이다. 불능미수와 불능범은 위험성의 유무에 의해 구별된다. 범죄결과발생의 위험성이 있는 경우는 불능미수이며, 없는 경우는 불능범이다.
④ 미수는 범죄실행에 착수하였다는 점에서 예비・음모와 구별된다.

**51** **중지미수에 대한 다음 설명 중 가장 적절하지 않은 것은?(다툼이 있는 경우 판례에 의함)**

① 범죄의 실행행위에 착수하고 그 범죄가 완수되기 전에 자기의 자유로운 의사에 따라 범죄의 실행행위를 중지한 경우에 그 중지가 일반 사회통념상 범죄를 완수함에 장애가 되는 사정에 의한 것이 아니라면 이는 중지미수에 해당한다.

② 결과의 불발생과 중지행위 사이에는 원칙적으로 인과관계가 있어야 중지미수가 인정된다. 따라서 결과발생을 방지하기 위한 진지한 노력이 있었으나 결과가 발생한 경우에는 이미 기수에 이른 것이므로 중지미수의 관념을 인정할 수 없다.

③ 공범의 경우 중지미수는 자신의 중지만으로는 성립할 수 없고 다른 가담자의 범행까지도 중지시켜야 중지미수가 성립한다. 이 경우 자의에 의한 중지자만 중지미수가 되고, 다른 가담자는 장애미수에 해당한다.

④ 예비의 중지에 중지미수의 규정을 준용하지 않은 경우에는 예비행위 이후에 자의로 중지한 경우에는 처벌되지만, 실행착수 이후에 중지한 경우에는 불처벌까지 될 수 있어 처벌상의 불합리가 나타날 수도 있다. 따라서 이 경우에는 예비죄에 중지미수의 규정을 준용한다.

해설

④ 판례는 예비의 중지의 경우 중지미수 규정의 준용을 부정한다. 반면에 다수설은 예비죄의 경우도 중지미수를 인정한다.
① 대판 1993.10.12, 93도1851
② 결과가 발생하면 기수이지 미수의 문제가 아니다.
③ 중지미수의 효과는 자의로 중지한 자에게만 미친다(일신전속성).

판례

중지범은 범죄의 실행에 착수한 후 자의로 그 행위를 중지한 때를 말하는 것이고 실행의 착수가 있기 전인 예비음모의 행위를 처벌하는 경우에 있어서 중지범의 관념은 이를 인정할 수 없다(대판 1999.4.9, 99도424).

**52** **다음 중 실행의 수단 또는 대상의 착오로 인하여 결과의 발생이 불가능하여 위험성이 없는 경우는?**

① 미수범
② 불능범
③ 교사범
④ 종 범

해설

② 불능범 : 실행의 수단 또는 대상의 착오로 결과의 발생이 불가능하여 위험성이 없는 범죄
① 미수범 : 범죄의 실행에 착수하여 행위를 종료하지 못하였거나 결과가 발생하지 아니한 범죄
③ 교사범 : 범죄의사가 없는 타인에게 범죄를 결의하고 실행하게 하는 범죄
④ 종범 : 정범을 도와서 그 실행행위를 용이하게 하는 범죄

정답 50 ① 51 ④ 52 ②

**53** **불능미수에 대한 설명이다. 가장 옳은 것은?(다툼이 있는 경우 판례에 의함)**

① 불능미수와 불능범을 구별하는 기준은 결과발생의 가능성이다.
② 불능미수의 경우 형을 감경 또는 면제하여야 한다.
③ 불능미수의 위험성 판단에 관한 학설 중 객관설은 주관설보다 미수범 인정의 범위가 좁다.
④ 히로뽕 제조를 시도하였으나 그 약품배합 미숙으로 완제품을 만들지 못한 경우에는 불가벌적 불능범이 성립한다.

③ 불능미수의 위험성을 판단하는 기준에 대해 구 객관설에 따르면 결과발생의 불가능성을 절대적 불능과 상대적 불능으로 구별하여 절대적 불능의 경우는 위험성이 없어 불능범이고 상대적 불능의 경우는 위험성이 있어 불능미수가 인정된다. 주관설은 범죄 실현의사를 표현하는 행위만 있으면 객관적 위험성을 불문하고 불능미수를 인정하므로 미신범을 제외하고 전부 불능미수가 성립한다. 따라서 객관설을 취할 경우 주관설보다 불능미수범 인정의 범위가 좁다.
① 불능미수와 불능범을 구별하는 기준은 위험성 유무이다.
② 불능미수의 경우 형을 감경 또는 면제할 수 있다.
④ 그 약품배합 미숙으로 그 완제품을 제조하지 못하였다면 위 소위는 그 성질상 결과발생의 위험성이 있다고 할 것이므로 이를 습관성 의약품제조 미수범으로 처단한 것은 정당하다(대판 1985. 3.26, 85도206).

## 6 공범론

**54** **공범에 관한 설명으로 틀린 것은?**

① 공동정범은 각자를 그 죄의 정범자로서 처벌한다.
② 교사범은 정범과 동일한 형으로 처벌한다.
③ 의사연락은 수인 간에 직접 공모함을 요하지 않고, 상호의사 연락이 없는 편면적 공동정범을 인정치 않는다.
④ 합동범은 임의적 공범의 일종이다.

합동범(특수도주, 특수절도, 특수강도)은 필요적 공범의 일종이다.

## 55 형법상 공범에 관한 설명 중 틀린 것은?

① 어느 행위로 인하여 처벌되지 아니하는 자를 교사하여 범죄행위의 결과를 발생하게 한 자도 처벌한다.

② 교사를 받은 자가 범죄의 실행을 승낙하고 실행의 착수에 이르지 아니한 때에는 교사자와 피교사자를 음모 또는 예비에 준하여 처벌한다.

③ 2인 이상의 공동으로 죄를 범한 때에는 각자를 그 죄의 정범으로 처벌한다.

④ 종범은 정범과 동일한 형으로 처벌한다.

종범의 형은 정범의 형보다 감경한다. 즉, 종범은 필요적 감경사유이다. 그러나 여기서 감경하는 형은 법정형이므로 구체적인 선고형에 있어서는 종범의 형량이 정범보다 무거울 수도 있다.



## 56 다음 공범론에 관한 설명 중 (ㄱ)과 (ㄴ)에 들어갈 내용으로 가장 적절하게 구성된 것은?(다툼이 있는 경우 판례에 의함)

> 가. 대법원은 공동정범의 본질을 분업적 역할 분담에 의한 (ㄱ)에 있다고 보아 이를 기준으로 공동정범 여부를 판단하고 있다.
> 나. 2인 이상의 자가 공모하여 그 중 일부가 그 공모에 따라 범죄 실행에 나아간 때 그 실행행위를 담당하지 아니한 다른 일부의 공모자에게도 정범의 책임을 묻는 법리를 (ㄴ)이라 한다.

① (ㄱ) 공동의 실행지배, (ㄴ) 승계적 공동정범

② (ㄱ) 기능적 행위지배, (ㄴ) 공모공동정범

③ (ㄱ) 기능적 행위지배, (ㄴ) 승계적 공동정범

④ (ㄱ) 공동의 실행지배, (ㄴ) 공모공동정범

(ㄱ) 공동정범의 본질은 분업적 역할분담에 의한 기능적 행위지배에 있으므로 공동정범은 공동의사에 의한 '기능적 행위지배'가 있음에 반하여 종범은 그 행위지배가 없는 점에서 양자가 구별된다(대판 1989.4.11, 88도1247).

(ㄴ) 2인 이상이 사전에 범죄를 모의하였으나 그 중 일부만이 범죄실행에 참여하고 나머지는 참여하지 않는 경우에 참여하지 않는 자까지 공동정범으로 처벌할 수 있다는 것을 공모공동정범이라 한다. 판례는 처음에는 사기죄, 공갈죄 등의 지능범에 국한하여 공모공동정범을 인정하였으나 차츰 범위를 확대하여 오늘날에는 방화, 살인, 절도, 강도 등에까지 '공모공동정범'을 인정한다.

정답 53 ③ 54 ④ 55 ④ 56 ②

## 57 공동정범에 대한 설명으로 옳지 않은 것은?

① 형법상 책임능력이 있는 2인 이상이 공동으로 죄를 범하는 것이다.
② 범인 각자를 그 죄의 정범으로 처벌한다.
③ 우리나라 판례는 공모공동정범을 부인한다.
④ 각자 역할을 분담하여 범행을 하는 기능적 행위지배가 인정된다.

③ 우리나라 판례는 공동의사주체설에 의하여 공모공동정범을 인정하고 있다. 공모공동정범의 경우에 공모는 법률상 어떤 정형을 요구하는 것은 아니고 2인 이상이 공모하여 범죄에 공동가공하여 범죄를 실현하려는 의사의 결합만 있으면 되는 것으로서, (중략) 이러한 공모가 이루어진 이상 실행행위에 직접 관여하지 아니한 자라도 다른 공범자의 행위에 대하여 공동정범으로서 형사책임을 지는 것이다(대판 1997. 10. 10. 선고 97도1720).
①·② 2인 이상이 공동하여 죄를 범한 때에는 각자를 그 죄의 정범으로 처벌한다(형법 제30조).
④ 공동정범의 정범성은 기능적 행위지배에 있다.

## 58 형법상 여럿이 함께 모여 거액의 도박을 한 경우는 다음 중 어디에 해당하는가?

① 공동정범
② 간접정범
③ 공모공동정범
④ 필요적 공범

필요적 공범은 구성요건의 실현에 반드시 2인 이상의 참가가 요구되는 범죄유형을 말한다. 필요적 공범은 집합범(내란죄, 소요죄, 도박죄 등)과 대향범(뇌물죄, 아동혹사죄 등)으로 나누어진다. 필요적 공범은 그 자체가 독립된 범죄인 까닭에 총칙상의 공범규정이 적용되지 않는다.

## 59 수인이 공모하고 그 중 1인의 실행행위가 있는 때에는 공모자 전원이 그 범죄의 공동정범으로서 책임을 지는 경우는?

① 공모공동정범
② 편면적 공동정범
③ 승계적 공동정범
④ 우연적 공동정범

수인이 범죄를 직접 모의하고 그 공모자 중 일부인으로 하여금 실행행위를 담당하게 한 경우 직접 실행행위에 가담하지 않은 자도 공동정범이 성립하여 공모공동정범으로 처벌된다.

**60** **공범과 신분에 관한 다음 설명 중 가장 적절하지 않은 것은?(다툼이 있는 경우 판례에 의함)**

① 의사 甲이 의사가 아닌 乙의 병원 개설행위에 공모하여 가공한 경우 의료법위반죄의 공동정범에 해당된다.

② 각 기부행위의 주체로 인정되지 아니하는 자가 기부행위의 주체자 등과 공모하여 기부행위를 한 경우 기부행위 주체자에 해당하는 법조 위반의 공동정범으로 처벌할 수 있다.

③ 비신분자가 신분자와 공동으로 업무상 배임행위를 한 경우, 비신분자에게도 업무상배임죄가 성립하고 처벌에 있어 단순배임죄로 처벌한다는 것이 판례의 입장이다.

④ 신분관계라 함은 남녀의 성별, 내·외국인의 구별, 친족관계, 공무원인 자격과 같은 관계뿐만 아니라 널리 일정한 범죄행위에 관련된 범인의 인적관계인 특수한 지위 또는 상태를 지칭하는 것이다.

② 공직선거법 제257조 제1항 제1호에서 규정하는 각 기부행위제한위반의 죄는 공직선거법 제113조(후보자 등의 기부행위 제한), 제114조(정당 및 후보자의 가족 등의 기부행위 제한), 제115조(제3자의 기부행위 제한)에 각기 한정적으로 열거되어 규정하고 있는 신분관계가 있어야만 성립하는 범죄이고, 죄형법정주의의 원칙상 유추해석은 할 수 없으므로 위 각 해당 신분관계가 없는 자의 기부행위는 위 각 해당 법조항 위반의 범죄로는 되지 않는다. 또한 각 법조항을 구분하여 기부행위의 주체 및 그 주체에 따라 기부행위 제한의 요건을 각기 달리 규정한 취지는 각 기부행위의 주체자에 대하여 그 신분에 따라 각 해당 법조로 처벌하려는 것이므로 각 기부행위의 주체로 인정되지 아니하는 자가 기부행위의 주체자 등과 공모하여 기부행위를 하였다 하더라도 그 신분에 따라 각 해당 법조로 처벌하여야지 기부행위 주체자에 해당하는 법조 위반의 **공동정범으로 처벌할 수는 없다**(대판 2008.3.13, 2007도9507).

① 대판 2001.11.30, 2001도2015

③ 대판 1999.4.27, 99도883

④ 대판 1999.12.23, 93도1002

**61** **다음 중 간접정범에 대한 설명으로 옳지 않은 것은?**

① 타인을 생명 있는 도구로 이용하여 범죄를 저지르는 자를 말한다.

② 우월한 지위에서 피이용자의 의사를 지배한다는 점이다.

③ 부작위에 의한 간접정범도 인정된다.

④ 간접정범에 대하여 교사 또는 방조의 예에 의하여 처벌한다.

③ 부작위에 의한 간접정범은 인정되지 않는다.

④ 형법 제34조 제1항

## 62 간접정범에 관한 다음 설명 중 옳은 것은?(다툼이 있는 경우 판례에 의함)

① 출판물에 의한 명예훼손죄는 간접정범에 의하여 범하여질 수가 없기에 타인을 비방할 목적으로 허위의 기사자료를 그 정을 모르는 기자에게 제공하여 신문 등에 보도되게 한 경우에는 출판물에 의한 명예훼손죄의 간접정범이 성립할 수 없다.

② 공무원이 아닌 甲이 관공서에 허위내용의 증명원을 제출하여 그 내용이 허위인 정은 모르지만 그 문서의 기재사항을 인식한 담당공무원으로부터 그 증명원 내용과 같은 증명서를 발급받은 경우에는 공문서위조죄의 간접정범이 성립한다.

③ 정유회사의 경영자가 회사 소재지 지역구 국회의원에게 그 지역구 지방자치단체장과의 사이에 정유공장의 지역구 유치와 관련한 간담회 주선을 청탁하고, 자세한 내막을 알지 못하는 정유회사 소속 직원들로 하여금 그 청탁과 관련하여 위 국회의원이 사실상 지배·장악하고 있던 후원회에 후원금을 기부하게 하였더라도, 그 경영자에게는 정치자금법위반죄의 간접정범이 성립하지 않는다.

④ 사법경찰관 甲이 乙을 구속하기 위하여 진술조서 등을 허위로 작성한 후 이를 기록에 첨부하여 구속영장을 신청하고, 진술조서 등이 허위로 작성된 정을 모르는 검사와 영장전담판사를 기망하여 구속영장을 받은 후 그 영장에 의하여 乙을 구금하였다면 甲에게는 직권남용감금죄의 간접정범이 성립한다.

④ 대판 2006.5.25, 2003도3945
① 명예훼손 불성립 판례(대판 2002.6.28, 2000도3045)
② 공무원 아닌 자가 관공서에 허위 내용의 증명원을 제출하여 그 내용이 허위인 정을 모르는 담당공무원으로부터 그 증명원 내용과 같은 증명서를 발급받은 경우 공문서위조죄의 간접정범으로 의율할 수는 없다(대판 2001.3.9, 2000도938).
③ 경영자에게는 정치자금법 위반죄의 간접정범이 성립한다(대판 2008.9.11, 2007도7204).

## 63 다음 중 교사범의 성립요건으로 옳지 않은 것은?

① 교사자의 교사행위가 있어야 한다.
② 피교사자는 책임능력자이어야 한다.
③ 교사자의 고의가 있어야 한다.
④ 피교사자의 실행행위가 있어야 한다.

교사의 상대방이 특정된 타인일 것이 요구되나 피교사자가 반드시 책임능력자일 필요는 없다.

**64** **교사범에 관한 설명 중 틀린 것은?**

① 특정된 타인이 교사자의 지휘·감독을 받는 자인 경우에는 특수교사로 된다.
② 교사자에게 교사의 고의가 있고, 피교사자의 범죄결의가 있어야 한다.
③ 범죄를 교사했으나 실패한 교사범은 당해 범죄의 예비와 음모에 준하여 처벌한다.
④ 절도를 교사 받고 강도를 한 경우 교사자는 교사의 책임을 지지 않는다.

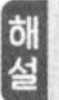

④의 경우 교사한 범위 내에서 책임을 진다는 것이 학설·판례이다(법정적 부합설).

**65** **교사범에 관한 다음 설명 중 가장 적절하지 않은 것은?(다툼이 있는 경우 판례에 의함)**

① 교사자의 교사행위에도 불구하고 피교사자가 범행을 승낙하지 아니하거나 피교사자의 범행결의가 교사자의 교사행위에 의하여 생긴 것으로 보기 어려운 경우에는 이른바 실패한 교사로서 교사자를 음모 또는 예비에 준하여 처벌할 수 있을 뿐이다.
② 교사범이 공범관계로부터 이탈하기 위해서는 피교사자가 범죄의 실행행위에 나아가기 전에 교사범에 의하여 형성된 피교사자의 범죄실행의 결의를 해소하는 것이 필요하다.
③ 당초의 교사행위에 의하여 형성된 피교사자의 범죄실행의 결의가 더 이상 유지되지 않는 것으로 평가할 수 있다면, 설사 그 후 피교사자가 범죄를 저지르더라도 이는 당초의 교사행위에 의한 것이 아니라 새로운 범죄실행의 결의에 따른 것이므로 교사자는 죄책을 부담함은 별론으로 하고 교사범으로서의 죄책을 부담하지는 않는다.
④ 교사범이 성립하기 위해서는 교사자가 피교사자에게 범행의 일시, 장소, 방법 등의 세부적인 사항까지를 특정하여 교사하여야 한다.

④ 막연히 범죄를 하라거나 절도를 하라고 하는 등의 행위만으로는 교사행위가 되기에 부족하다 하겠으나, 타인으로 하여금 일정한 범죄를 실행할 결의를 생기게 하는 행위를 하면 되는 것으로서 교사의 수단방법에 제한이 없다 할 것이므로 교사범이 성립하기 위해서는 범행의 일시, 장소, 방법 등의 세부적인 사항까지를 특정하여 교사할 필요는 없는 것이고 정범으로 하여금 일정한 범죄의 실행을 결의할 정도에 이르게 하면 교사범이 성립된다(대판 1991.5.14, 91도542).
① 대판 2013.9.12, 2012도2744
②·③ 대판 2012.11.15, 2012도7407



정답 62 ④ 63 ② 64 ④ 65 ④

**66** **다음 중 방조행위 자체가 정범의 실행행위에 해당하는 것은?**

① 자살을 방조한 행위
② 범죄에 필요한 자금을 대어주는 행위
③ 범죄 실행을 격려하는 행위
④ 범죄에 필요한 총을 빌려주는 행위

자살을 방조한 경우 그 방조행위 자체가 정범의 실행행위에 해당한다. 그러므로 형법 제32조를 적용하지 않는다. 나머지의 경우 종범에 해당하는 방조행위이다.

**67** **다음 공범에 관한 판례의 입장과 일치하는 것(○)과 일치하지 않는 것(×)을 올바르게 표시한 것은?(다툼이 있는 경우 판례에 의함)**

> ㉠ 종범이 처벌되기 위하여는 정범의 실행의 착수가 있는 경우에만 가능하고 정범이 예비의 단계에 그친 경우에는 이를 종범으로 처벌할 수 없다.
> ㉡ 다른 3명의 공모자들과 강도 모의를 주도한 피고인이, 다른 공모자들이 피해자를 뒤쫓아 가자 단지 "어?"라고만 하고 더 이상 만류하지 아니하여 공모자들이 강도상해를 했다면 피고인은 실행의 착수 전에 그 공모관계에서 이탈하였기 때문에 강도상해죄가 성립하지 않는다.

① ㉠ (○), ㉡ (○)
② ㉠ (×), ㉡ (×)
③ ㉠ (×), ㉡ (○)
④ ㉠ (○), ㉡ (×)

㉠ (○) 대판 1976.5.25, 75도1549
㉡ (×) 다른 3명의 공모자들과 강도 모의를 하면서 삽을 들고 사람을 때리는 시늉을 하는 등 그 모의를 주도한 피고인이 함께 범행 대상을 물색하다가 다른 공모자들이 강도의 대상을 지목하고 뒤쫓아 가자 단지 "어?"라고만 하고 비대한 체격 때문에 뒤따라가지 못한 채 범행현장에서 200m 정도 떨어진 곳에 앉아 있었으나 위 공모자들이 피해자를 쫓아가 강도상해의 범행을 한 사안에서, 피고인에게 공동가공의 의사와 공동의사에 기한 기능적 행위지배를 통한 범죄의 실행사실이 인정되므로 강도상해죄의 공모관계에 있고, 다른 공모자가 강도상해죄의 실행에 착수하기까지 범행을 만류하는 등으로 그 공모관계에서 이탈하였다고 볼 수 없으므로 강도상해죄의 공동정범으로서의 죄책을 진다(대판 2008.4.10, 2008도1274).

## 68 다음 중 형법상 부진정신분범에 해당하는 것은 모두 몇 개인가?

| | |
|---|---|
| ㉠ 업무상 비밀누설죄 | ㉡ 영아살해죄 |
| ㉢ 위증죄 | ㉣ 존속폭행죄 |
| ㉤ 허위진단서작성죄 | |

① 2개 ② 3개
③ 4개 ④ 5개

해설 부진정신분범에 해당하는 것은 ㉡, ㉣ 2개이다.

참고 진정신분범과 부진정신분범
불법체포 · 감금죄의 성격과 관련, 진정신분범으로 보는 학설도 있다.

| 진정신분범 | 부진정신분범 |
|---|---|
| • 단순수뢰죄(제129조 제1항)<br>• 업무상 비밀누설죄(제317조)<br>• 허위진단서작성죄(제355조 제1항)<br>• 단순배임죄(제355조 제2항)<br>• 위증죄(제52조 제1항) | • 존속살해죄(제250조 제2항)<br>• 영아살해죄(제251조)<br>• 존속상해죄(제257조 제2항)<br>• 존속폭행죄(제260조 제2항)<br>• 존속유기죄(제271조)<br>• 존속학대죄(제273조 제2항)<br>• 불법체포 · 감금죄(제124조 제1항, 학설대립) |

## 7 죄수론

**69** **일죄와 수죄에 관한 다음 설명 중 가장 적절하지 않은 것은?**

① 포괄일죄란 구성요건을 충족하는 수개의 행위가 있으나 포괄하여 하나의 범죄가 성립하는 경우를 말한다.

② 결합범은 수죄에 해당한다.

③ 실체적 경합범은 수개의 행위로 수개의 죄를 범하는 경우를 말한다.

④ 상상적 경합은 1개의 행위가 실질적으로 수개의 구성요건을 충족하는 경우를 말하고 법조경합은 1개의 행위가 외관상 수개의 죄의 구성요건에 해당하는 것처럼 보이나 실질적으로 일죄만을 구성하는 경우를 말한다.

해설 결합범은 여러 개의 범죄행위가 결합되어 있는 형태의 범죄로 일죄 중 포괄일죄에 해당한다.

**70** **다음은 대법원 판결문의 일부를 발췌한 것이다. 괄호 안에 들어갈 내용으로 가장 적절하게 구성된 것은?(다툼이 있는 경우 판례에 의함)**

> 동일 죄명에 해당하는 수 개의 행위를 단일하고 계속된 범의 하에 일정기간 계속하여 행하고 그 피해법익도 동일한 경우에는 이들 각 행위를 통틀어 ( ㉠ )로 처단하여야 할 것이나, 범의의 단일성과 계속성이 인정되지 아니하거나 범행방법이 동일하지 않은 경우에는 각 범행은 ( ㉡ )에 해당한다.

① ㉠ 포괄일죄, ㉡ 실체적 경합범

② ㉠ 단순일죄, ㉡ 실체적 경합범

③ ㉠ 단순일죄, ㉡ 상상적 경합범

④ ㉠ 포괄일죄, ㉡ 상상적 경합범

해설
㉠ 단일하고 계속된 범의하에 동종의 범행을 동일하거나 유사한 방법으로 일정 기간 반복하여 행하고 그 피해법익도 동일한 경우에는 각 범행을 통틀어 **포괄일죄**로 볼 것이다(대판 1996.7.12, 96도1181).

㉡ 단일한 범의의 발동에 의하여 상대방을 기망하고 그 결과 착오에 빠져 있는 동일인으로부터 일정 기간 동안 동일한 방법에 의하여 금원을 편취한 경우에는 이를 포괄적으로 관찰하여 일죄로 처단하는 것이 가능할 것이나, 범의의 단일성과 계속성이 인정되지 아니하거나 범행방법이 동일하지 않은 경우에는 각 범행은 **실체적 경합범**에 해당한다(대판 2004.6.25, 2004도1751).

## 71 포괄일죄의 종류에 대응하는 사례로 옳지 않은 것은?(다툼이 있는 경우 판례에 의함)

① 결합범 – 술집에 피고인과 술집 주인 두 사람밖에 없는 상황에서 술값의 지급을 요구하는 술집 주인을 살해하고 곧바로 피해자가 소지하던 현금을 탈취한 경우
② 계속범 – 집주인이 휴가를 간 틈을 노려 그 집에 무단으로 침입한 경우
③ 접속범 – 하나의 문서에 한 동료에 대한 수 개의 명예훼손 사실을 적어 놓은 경우
④ 집합범 – 범인이 피해자 A로부터 금품을 빼앗고, 이어서 피해자 B를 강간한 경우

④ 사례는 강도강간죄(대판 1991.11.12. 선고 91도2241)에 해당하므로 결합범에 속한다. 집합범은 동종의 행위가 반복하여 행해지지만 동일한 의사경향에 의한 행위이다.
① 결합범에 해당하는 강도살인죄가 성립한다(대판 1999.03.09. 선고 99도242).
② 계속범에 해당하는 주거침입죄이다.
③ 접속범에 해당하는 사례이다.



## 72 상상적 경합에 관하여 틀린 것은?

① 1개의 행위가 수개의 죄에 해당하는 경우로 고의범이건 과실범이건 불문한다.
② 1발의 탄환으로 수인을 살해한 경우를 동종류의 상상적 경합이라고 한다.
③ 1개의 행위로 A를 살해하고 B의 물건을 손괴한 경우를 이종류의 상상적 경합이라고 한다.
④ 상상적 경합은 사실상으로나 처분상으로나 일죄이다.

한 개의 행위가 수개의 죄명에 해당하면서 처벌상 일죄로 취급되는 경우에 성립하는 범죄를 상상적 경합범이라고 한다. 이것은 수개의 범죄 중 가장 중한 형으로 처벌한다.

## 73 甲은 사제폭탄을 제조, 丁소유의 가옥에 투척하여 乙을 살해하고 丙에게 상해를 입혔다. 그리고 丁소유의 가옥은 파손되었다. 이러한 경우 살인죄, 상해죄, 손괴죄의 관계는?

① 누 범
② 포괄적 일죄
③ 상상적 경합범
④ 경합범

1개의 행위(폭탄투척)가 수개의 죄(살인죄, 상해죄, 재물손괴죄)에 해당하는 것, 즉 한 개의 행위가 수개의 구성요건에 해당하는 상상적 경합범의 관계이다.

정답 69 ② 70 ① 71 ④ 72 ④ 73 ③

**74** **다음 중 상상적 경합범관계에 있지 않은 것은?(다툼이 있는 경우 판례에 의함)**

① 금융회사 등의 임직원의 직무에 속하는 사항에 관하여 알선할 의사와 능력이 없음에도 알선을 한다고 기망하고 금품 등을 수수한 경우
② 사기의 수단으로 발행한 수표가 지급거절 된 경우
③ 재물을 강취한 후 그 집에 불을 질러 피해자들을 사망에 이르게 한 경우
④ 공무집행 중인 공무원에게 공무집행을 방해하기 위하여 상해를 입힌 경우

② 단일한 범의의 발동에 의하여 상대방을 기망하고 그 결과 착오에 빠져 있는 동일인으로부터 일정 기간 동안 동일한 방법에 의하여 금원을 편취한 경우에는 이를 포괄적으로 관찰하여 일죄로 처단하는 것이 가능할 것이나, 범의의 단일성과 계속성이 인정되지 아니하거나 범행방법이 동일하지 않은 경우에는 각 범행은 실체적 경합범에 해당한다. 사기의 수단으로 발행한 수표가 지급 거절된 경우 부정수표단속법위반죄와 사기죄는 그 행위의 태양과 보호법익을 달리하므로 실체적 경합범의 관계에 있다(대판 2004.6.25, 2004도1751).
① 대판 2012.6.28, 2012도3927
③ 대판 1998.12.8, 98도3626
④ 공무집행 중인 공무원에게 공무집행을 방해하기 위하여 상해를 입힌 경우에는 공무집행방해죄와 상해죄가 따로 성립하고 이들 간의 관계는 상상적 경합이 된다.

**75** **甲은 살인죄를 범한 후 다시 6개월 뒤에 강도죄를 범하였다. 강도죄에 대해서 기소되어 확정판결을 받은 경우 살인죄와 강도죄의 관계를 무엇이라고 하는가?**

① 누 범
② 경합범
③ 포괄적 일죄
④ 상상적 경합범

경합범이란 판결이 확정되지 아니한 수 개의 죄 또는 판결이 확정된 죄와 그 판결확정 전에 범한 죄를 말한다. 즉, 확정판결 전후의 수죄를 한꺼번에 재판하는 경우이다.

## 8 형벌론

**76** **다음 〈보기〉에서 설명하는 형벌의 목적으로 알맞은 것은?**

> 범죄자의 교화를 목적으로 한다. 범죄자가 다시 범죄를 저지르지 않도록 개선하여 정상적인 사회인으로 사회에 복귀시키는 것이 목적이다.

① 응 보
② 일반예방
③ 특별예방
④ 일벌백계

 〈보기〉의 지문은 특별예방의 설명에 해당한다.



**77** **다음 중 자유형에 대한 설명으로 옳지 않은 것은?**

① 자유형의 종류로는 징역, 금고, 구류가 있다.
② 징역, 금고, 구류는 유기와 무기로 나눈다.
③ 유기징역에 대하여 형을 가중하는 때에는 50년까지로 한다.
④ 무기징역은 기한을 두지 않는다.

 징역, 금고만 유기와 무기로 나눈다.

**78** **재산형에 관한 설명으로 옳지 않은 것은?**

① 벌금을 납부하지 않을 경우에는 미납자의 재산에 대한 강제집행 또는 노역장에 유치할 수 있다.
② 벌금은 5만원 이상으로 하되 5만원 미만으로는 감경할 수 없다.
③ 벌금과 과료는 형벌이나 과태료는 형벌이 아니다.
④ 몰수는 원칙적으로 부가형이나 행위자에게 유죄의 재판을 아니할 때에도 몰수의 요건이 있는 때에는 몰수만을 선고할 수 있다.

 벌금은 5만원 이상으로 하되 감경하는 경우에는 5만원 미만으로 할 수 있다(형법 제45조).

정답 74 ② 75 ② 76 ③ 77 ② 78 ②

## 79 형벌에 관한 설명 중 가장 적절하지 않은 것은?

① 사형, 무기징역 또는 무기금고의 형을 선고받으면 공법상의 선거권과 피선거권이 상실된다.
② 상대적 법정형으로서 사형을 규정하고 있는 범죄로는 내란죄, 외환유치죄 등이 있다.
③ 형의 경중은 사형 → 징역 → 금고 → 자격상실 → 자격정지 → 벌금 → 구류 → 과료 → 몰수의 순서에 의한다.
④ 소년법 제59조는 판결 당시 18세 미만인 소년에 대하여 사형 또는 무기형으로 처할 경우에는 15년의 유기징역으로 한다고 규정하고 있다.

④ '판결 당시'가 아니고 '범행(행위) 당시' 18세 미만인 소년에 대하여 사형 또는 무기형으로 처할 경우에는 15년의 유기징역으로 한다고 규정하고 있다.
① 형법 제43조 제1항
③ 형법 제41조

## 80 다음 형법상 형의 법률상 감경 중 임의적 감경사유는 모두 몇 개인가?

> ㉠ 미수범(제25조 제2항)
> ㉡ 농아자(제11조)
> ㉢ 외국에서 받은 형의 집행(제7조)
> ㉣ 중지범(제26조)
> ㉤ 심신미약자(제10조 제2항)
> ㉥ 과잉자구행위(제23조 제2항)

① 1개
② 2개
③ 3개
④ 4개

임의적 감경사유에 해당하는 것은 ㉠, ㉢, ㉥로 3개이다. 나머지 ㉡, ㉣, ㉤은 필요적 감경사유에 해당한다.

## 81 다음 중 형의 필요적 감면사유에 해당하는 것은?(다툼이 있는 경우 판례에 의함)

① 강간하려고 피해자를 폭행하였으나 피해자가 다음에 친해지면 응해주겠다고 설득하여 그만 둔 경우
② 장롱 안에 있는 옷가지에 불을 놓아 건물을 소훼하려 했으나 불길이 치솟자 발각이 두려워서 불을 끈 경우
③ 요구르트에 농약을 섞어 마시게 했지만 그 농약이 치사량에 달하지 않아서 살해하지 못한 경우
④ 살인범이 자수한 경우

① 중지미수로 필요적 감면사유가 된다.
② 장애미수로 임의적 감면사유에 해당한다.
③ 불능미수로 임의적 감면사유에 해당한다.
④ 자수는 임의적 감면사유이다.



## 82 다음 중 양형의 조건으로 옳지 않은 것으로만 묶여진 것은?

① 범인의 연령, 범인의 지능
② 범인의 환경, 범인과 피해자의 관계
③ 범행의 동기, 범행의 수단
④ 범인의 성별, 범인의 국적

범인의 성별, 범인의 국적은 양형의 조건이 아니다.

## 83 다음 중 집행유예의 요건으로 틀린 것은?

① 개전의 정이 있어야 한다.
② 금고 이상의 형을 선고한 판결이 확정된 때부터 그 집행을 종료하거나 면제된 후 3년이 지난 범죄에 대하여 형을 선고하는 경우에 적용된다.
③ 집행유예기간은 1~5년이다.
④ 3년 이하의 징역형 또는 금고형의 대상자에 한한다.

개전의 정의 유무는 집행유예의 요건에 해당하지 않는다.

정답 79 ④ 80 ③ 81 ① 82 ④ 83 ①

**집행유예**

- 형의 선고는 하되 집행을 보류하는 제도이다.
- 요건 : 3년 이하의 징역 또는 금고의 형을 선고할 경우에 그 정상을 참작하여 1년 이상 5년 이하의 기간 동안 집행을 유예한다. 다만, 금고 이상의 형을 선고한 판결이 확정된 때부터 그 집행을 종료하거나 면제된 후 3년까지의 기간에 범한 죄에 대하여 형을 선고하는 경우에는 그러하지 아니하다.
- 효과 : 선고가 실효 또는 취소됨이 없이 유예기간을 경과한 때에는 형의 선고는 효력을 잃는다.

## 84 형법상 선고유예의 규정 내용이 아닌 것은?

① 선고유예기간 중 벌금형 이상의 판결이 확정된 때에는 유예한 형을 선고한다.
② 형을 병과할 경우에도 형의 전부 또는 일부에 대하여 그 선고를 유예할 수 있다.
③ 형의 선고를 유예하는 경우에 보호관찰을 명할 수 있다.
④ 형의 선고유예를 받은 날로부터 2년을 경과한 때에는 면소된 것으로 간주한다.

형의 선고유예를 받은 자가 유예기간 중 자격정지 이상의 형에 처한 판결이 확정되거나 자격정지 이상의 형에 처한 전과가 발견된 때에는 유예한 형을 선고한다(형법 제61조 제1항).

## 85 다음 설명 중 가장 옳은 것은?

① 선고유예는 2년 이하의 징역이나 금고, 자격정지 또는 벌금의 형을 선고할 경우에 할 수 있다.
② 형의 선고유예를 받은 날로부터 3년을 경과한 때에는 면소된 것으로 간주한다.
③ 2016년 1월 6일 집행유예가 확대되어 500만원 이하의 벌금형에도 집행유예를 적용할 수 있도록 개정되었다.
④ 집행유예의 선고를 받은 자가 유예기간 중 고의로 범한 죄로 벌금 이상의 실형을 선고받아 그 판결이 확정된 때에는 집행유예의 선고는 효력을 잃는다.

③ 3년 이하의 징역이나 금고 또는 500만원 이하의 벌금의 형을 선고할 경우에 제51조의 사항을 참작하여 그 정상에 참작할 만한 사유가 있는 때에는 1년 이상 5년 이하의 기간 형의 집행을 유예할 수 있다[형법 제62조 제1항(2016년 1월 6일 개정, 2018년 1월 7일 시행)].
① 1년 이하의 징역이나 금고, 자격정지 또는 벌금의 형을 선고할 경우에 양형의 조건을 참작하여 개전의 정상이 현저한 때에는 그 선고를 유예할 수 있다(형법 제59조 제1항).
② 형의 선고유예를 받은 날로부터 2년을 경과한 때에는 면소된 것으로 간주한다(형법 제60조).
④ 집행유예의 선고를 받은 자가 유예기간 중 고의로 범한 죄로 금고 이상의 실형을 선고받아 그 판결이 확정된 때에는 집행유예의 선고는 효력을 잃는다(형법 제63조).

**86** **다음 설명 중 가장 적절한 것은?(다툼이 있는 경우 판례에 의함)**

① 집행유예의 선고를 받고 그 유예기간을 무사히 경과한 자에 대하여는 선고유예가 가능하다.
② 사회봉사명령으로 일정한 금원을 출연할 것을 명하는 것은 위법하지만 자신의 범죄행위를 공개하는 취지의 말이나 글을 발표하도록 명하는 것은 허용된다.
③ 보호관찰명령 없이 사회봉사, 수강명령만 선고하는 경우에도 보호관찰대상자에 대한 특별준수사항을 사회봉사, 수강명령 대상자에게 그대로 적용할 수 있다.
④ 벌금형에 대한 선고유예는 인정되지만 벌금형에 대한 집행유예는 인정되지 않는다.

④ 형법 제59조 제1항, 제62조 제1항에 따르면 벌금에 대한 선고유예는 인정되나 집행유예는 인정되지 않는다.
① 대판 2003.12.26, 2003도3768
② 대판 2008.4.11, 2007도8373
③ 대판 2009.3.30, 2008모1116

**87** **형의 집행유예에 관한 다음 설명 중 가장 옳은 것은?**

① 집행유예의 선고를 받은 후 그 선고의 실효 또는 취소됨이 없이 유예기간을 경과한 때에는 형의 집행이 면제된다.
② 형의 집행을 유예하면서 보호관찰이나 사회봉사명령, 수강명령 또는 원상회복을 명할 수 있다.
③ 형을 병과할 경우에 그 형의 일부에 대해서도 집행을 유예할 수 있다.
④ 집행유예 선고를 받은 자가 유예기간 중 고의로 범한 죄로 금고 이상의 실형을 선고받아 그 판결이 확정된 때에는 집행유예의 선고를 취소할 수 있다.

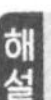

③ 하나의 형의 일부에 대한 집행유예는 허용되지 않으나(판례), 형을 병과 하는 경우에는 그 형의 일부에 대해서만 집행유예를 선고하는 것도 가능하다(형법 제62조 제2항).
[1] 확정판결 이전 및 이후의 두 개의 범죄에 대하여 하나의 판결로 두 개의 징역형을 선고하는 경우 그 중 하나의 징역형에 대해서만 집행유예를 선고할 수도 있다.
[2] 제37조 후단의 경합범(사후적 경합범)관계에 있는 죄에 대하여 하나의 판결로 두 개의 자유형을 선고하는 경우에 그 두 개의 자유형 중 하나의 자유형에 대하여 실형을 선고하면서 다른 자유형에 대해서는 집행유예를 선고하는 것도 허용된다(대판 2001.10.12, 2001도3579).
① 집행유예의 선고를 받은 후 그 선고의 실효 또는 취소됨이 없이 유예기간을 경과한 때에는 형의 선고는 효력을 잃는다(형법 제65조).
② 형의 집행을 유예하는 경우에는 보호관찰을 받을 것을 명하거나 사회봉사 또는 수강을 명할 수 있다(형법 제62조의2).
④ 집행유예의 선고를 받은 자가 유예기간 중 고의로 범한 죄로 금고 이상의 실형을 선고받아 그 판결이 확정된 때에는 집행유예의 선고는 효력을 잃는다(형법 제63조).

정답 84 ① 85 ③ 86 ④ 87 ③

## 88 집행유예에 관한 다음 설명 중 가장 적절하지 않은 것은?(다툼이 있는 경우 판례에 의함)

① 집행유예시 받은 사회봉사명령 또는 수강명령은 집행유예기간 내에 집행한다.

② 형의 집행유예를 선고받은 사람이 그 선고가 실효 또는 취소됨이 없이 정해진 유예기간을 무사히 경과하여 형의 선고가 효력을 잃게 되었더라도 이는 형의 선고의 법률적 효과가 없어진다는 것일 뿐 형의 선고가 있었다는 기왕의 사실 자체까지 없어지는 것은 아니므로 형법 제59조 제1항 단행에서 정한 선고유예 결격사유인 '자격정지 이상의 형을 받은 전과가 있는 자'에 해당한다고 보아야 한다.

③ 집행유예 선고를 받은 자가 유예기간 중 고의로 범한 죄로 금고 이상의 실형을 선고받아 그 판결이 확정된 때에는 집행유예의 선고를 취소할 수 있다.

④ 하나의 자유형 중 일부에 대해서는 실형을, 그리고 나머지에 대해서는 집행유예를 선고하는 것은 허용되지 않는다.

③ 집행유예의 선고를 받은 자가 유예기간 중 고의로 범한 죄로 금고 이상의 실형을 선고받아 그 판결이 확정된 때에는 집행유예의 선고는 효력을 잃는다(형법 제63조).
① 형법 제62조의2 제3항
② 대판 2003.12.26, 2003도3768
④ 대판 2007.2.22, 2006도8555

## 89 다음 중 ( )에 들어갈 말로 알맞은 것은?

징역 또는 금고의 집행 중에 있는 자가 그 행상이 양호하여 개전의 정이 현저한 때에는 무기에 있어서는 ( ㉠ ), 유기에 있어서는 형기의 ( ㉡ )을 경과한 후 행정처분으로 가석방을 할 수 있다.

① ㉠ 10년, ㉡ 3분의 1
② ㉠ 20년, ㉡ 3분의 1
③ ㉠ 10년, ㉡ 2분의 1
④ ㉠ 20년, ㉡ 2분의 1

징역 또는 금고의 집행 중에 있는 자가 그 행상이 양호하여 개전의 정이 현저한 때에는 무기에 있어서는 **20년**, 유기에 있어서는 형기의 **3분의 1**을 경과한 후 행정처분으로 가석방을 할 수 있다(형법 제72조 제1항).

**90** **가석방에 관한 설명으로 옳지 않은 것은?**

① 수형자가 무기인 경우 20년, 유기인 경우는 형기의 1/3을 경과해야 한다.
② 가석방 중 금고 이상의 형의 선고를 받아 그 판결이 확정된 때에는 가석방은 그 효력을 잃는다.
③ 가석방의 처분을 받은 자가 감시에 관한 규칙에 위배된 때에는 가석방처분을 취소할 수 있다.
④ 가석방은 법원의 판결에 의하여 그 효력이 발생한다.

가석방은 법무부장관이 행하는 행정처분이다.

**91** **형의 소멸사유가 아닌 것은?**

① 형집행의 종료
② 형의 시효의 완성
③ 형집행의 면제
④ 가석방처분

가석방은 행정처분으로 형의 집행을 만기 전에 종료하여 사회로 귀속시키는 것이지 형을 소멸시키는 것은 아니다.

**92** **형의 시효와 소멸에 관한 내용으로 옳지 않은 것은?**

① 시효는 형이 확정된 후 그 형의 집행을 받지 아니한 자가 형의 집행을 면할 목적으로 국외에 있는 기간 동안은 진행되지 않는다.
② 3년 이상의 징역이나 금고 또는 10년 이상의 자격정지의 시효기간은 10년이다.
③ 금고의 집행을 종료한 자가 피해자의 손해를 보상하고 자격정지 이상의 형을 받음이 없이 7년을 경과한 때에는 본인의 신청에 의해서만 그 재판의 실효를 선고할 수 있다.
④ 복권이란 자격정지의 선고를 받은 사람에 대해 법원의 재판에 의해 자격을 회복시키는 것을 말한다.

③ 본인 또는 검사의 신청에 의하여 가능하다. 징역 또는 금고의 집행을 종료하거나 집행이 면제된 자가 피해자의 손해를 보상하고 자격정지 이상의 형을 받음이 없이 7년을 경과한 때에는 본인 또는 검사의 신청에 의하여 그 재판의 실효를 선고할 수 있다(형법 제81조).
① 형법 제79조 제2항
② 3년 이상의 징역이나 금고 또는 10년 이상의 자격정지는 10년이다(형법 제78조).
④ 복권에 대한 옳은 설명이다.



정답 88 ③ 89 ② 90 ④ 91 ④ 92 ③

SECTION

# I 형법<각론편>

## 제1장 개인적 법익에 대한 죄

### 1 생명과 신체에 대한 죄

**01** **형법상 개인적 법익에 대한 죄가 아닌 것은?**

① 협박죄 ② 범인은닉죄
③ 명예훼손죄 ④ 주거침입죄

해설 범인은닉죄는 국가적 법익에 관한 죄에 해당한다.

**02** **다음 중 개인적 법익에 대한 죄가 아닌 것은?**

① 공중위생에 대한 죄 ② 재산에 대한 죄
③ 명예 · 신용 및 업무에 대한 죄 ④ 사생활의 평온에 대한 죄

개인적 법익에 대한 죄에는 ② · ③ · ④ 외에 생명 · 신체에 대한 죄, 자유에 대한 죄의 5가지가 있다. ①은 사회적 법익에 대한 죄이다.

**03** **다음 중 살인에 관한 내용으로 옳지 않은 것은?**

① 우리나라 형법은 태아가 사람이 되는 시기를 판단할 때 전부노출설을 따른다.
② 존속살해의 객체는 자기 또는 배우자의 직계존속이다.
③ 계자가 계부모를 살해한 경우는 존속살해죄가 아니라 보통살인죄가 성립한다.
④ 우리 판례는 영아살해죄의 주체를 법률상의 직계존속으로 제한하고 있다.

우리나라 형법의 통설은 진통설(분만개시설)이다. 전부노출설은 우리나라 민법상의 통설이다.

**04** **다음 중 살인에 관한 내용으로 옳은 것은?**

① 살인은 부작위에 의해서는 성립되지 않는다.

② 살인 행위를 했더라도 정당행위, 정당방위, 긴급피난의 경우 위법성이 조각될 수 있다.

③ 사람의 촉탁 또는 승낙을 받아 그를 살해한 자는 1년 이상 10년 이하의 징역에 처한다.

④ 정신병자, 유아 등도 자살교사·방조죄의 객체가 될 수 있다.

③ 형법 제252조 제1항

① 살인은 작위뿐만 아니라 부작위에 의해서도 성립된다.

② 살인행위의 위법성조각사유로 정당행위와 정당방위는 해당되나 긴급피난은 해당되지 않는다.

④ 자살의 의미와 내용을 모르는 정신병자, 유아는 이 죄의 객체가 될 수 없다.



**05** **다음의 위계·위력에 의한 살인죄에 대한 설명으로 올바르지 않은 것은?**

① 위계·위력에 의해 자살하도록 하는 경우 자살관여죄가 된다.

② 위계는 상대방에게 착각, 오인 등을 일으켜 그러한 상태를 이용하여 범죄를 행하는 것이다.

③ 위력은 사람의 의사를 제압할 수 있는 폭력·협박 같은 유형적인 것뿐만 아니라 무형적인 힘도 포함된다.

④ 이 죄를 지은 자는 사형, 무기 또는 5년 이상의 징역에 처한다.

위계·위력에 의해 자살하도록 하는 경우 자살관여죄가 아니라 살인죄가 된다(형법 제253조). 그러므로 처벌규정이 살인죄(사형, 무기 또는 5년 이상의 징역)와 같다.

정답 01 ② 02 ① 03 ① 04 ③ 05 ①

**06** **살인의 죄와 관련한 다음 설명 중 가장 옳지 않은 것은?(다툼이 있는 경우 판례에 의함)**

① 사람을 살해한 후에 그 사체를 다른 장소로 옮겨 유기하였다면 살인죄 외에도 사체유기죄가 성립한다.

② 조산원이 분만이 개시된 후 분만 중인 태아를 질식사에 이르게 한 경우에는 업무상 과실치사죄가 성립한다.

③ 채무의 존재가 명백할 뿐만 아니라 채권자의 상속인이 존재하고 그 상속인에게 채권의 존재를 확인할 방법이 확보되어 있는 경우라도 그 채무를 면탈할 의사로 채권자를 살해하면 강도살인죄가 성립한다.

④ 교사자가 피교사자에 대하여 상해 또는 중상해를 교사하였는데 피교사자가 이를 넘어 살인을 실행한 경우에, 교사자에게 피해자의 사망이라는 결과에 대하여 과실 내지 예견가능성이 있는 때에는 상해치사죄의 죄책을 지울 수 있다.

채무의 존재가 명백할 뿐만 아니라 채권자의 상속인이 존재하고 그 상속인에게 채권의 존재를 확인할 방법이 확보되어 있는 경우에는 비록 그 채무를 면탈할 의사로 채권자를 살해하더라도 일시적으로 채권자 측의 추급을 면한 것에 불과하여 재산상 이익의 지배가 채권자 측으로부터 범인 앞으로 이전되었다고 보기는 어려우므로 이러한 경우에는 강도살인죄가 성립할 수 없다(대판 2004. 6.24, 2004도1098).

**07** **다음은 상해에 대한 설명이다. 옳은 것은?**

① 상해의 보호법익은 신체의 건강 또는 생리적 기능이다.

② 모발을 가위로 절단한 행위는 상해에 해당한다.

③ 권투 경기 중에 상대 선수에게 상해를 입힌 경우 위법성이 조각되지 않는다.

④ 자기 또는 배우자 직계존속의 신체를 상해한 경우는 진정신분범에 해당한다.

② 모발을 가위로 절단한 행위는 신체의 건강 또는 생리적 기능을 훼손하지 않았으므로 상해에 해당하지 않고, 신체의 온전성을 해치므로 폭행에 해당한다.
③ 정당행위로 위법성조각사유에 해당한다.
④ 존속상해죄는 부진정신분범에 해당한다.

## 08 상해죄에 관한 설명 중 옳지 않은 것은?

① 상해죄의 미수범도 처벌된다.
② 침해죄(결과죄)이다.
③ 자상행위도 상해죄가 된다.
④ 과실상해죄는 반의사불벌죄이다.

상해죄는 고의로 타인의 신체를 침해하는 범죄로 생리적 기능의 훼손, 신체의 외관에 현저한 장애를 일으키는 경우도 포함되나 자기의 신체를 상해하는 행위는 상해죄를 구성하지 아니한다.

## 09 다음 중 중상해죄에 관한 설명으로 옳지 않은 것은?

① 사람의 신체를 상해하여 생명에 대한 위험을 발생하게 하다.
② 사람의 신체를 상해하여 불구 또는 불치나 난치의 질병에 이르게 하다.
③ 중상해는 미수범을 처벌하지 않는다.
④ 존속에 대하여 중상해를 입힌 경우 가중처벌하지 않는다.

④의 경우 존속중상해죄로 가중처벌한다.

**중상해, 존속중상해(형법 제258조 제1항, 제3항)**
① 사람의 신체를 상해하여 생명에 대한 위험을 발생하게 한 자는 1년 이상 10년 이하의 징역에 처한다.
③ 자기 또는 배우자의 직계존속에 대하여 전2항의 죄를 범한 때에는 2년 이상 15년 이하의 징역에 처한다.



정답 06 ③ 07 ① 08 ③ 09 ④

## 10 다음 중 특수상해죄의 구성요건으로 옳은 것을 모두 고른 것은?

㉠ 단체 또는 다중의 위력을 보이는 경우
㉡ 위험한 물건을 휴대한 경우
㉢ 직계 존속을 대상으로 한 경우
㉣ 상습으로 범죄행위를 한 경우

① ㉠, ㉡
② ㉠, ㉢
③ ㉡, ㉢
④ ㉢, ㉣

㉠, ㉡이 특수상해죄의 구성요건에 해당한다(형법 제258조의2 제1항).

## 11 상해의 개념과 관련된 다음의 설명 중 가장 옳지 않은 것은?(다툼이 있는 경우 판례에 의함)

① 태아를 사망에 이르게 하는 행위가 임산부 신체의 일부를 훼손하는 것이라거나 태아의 사망으로 인하여 그 태아를 양육, 출산하는 임산부의 생리적 기능이 침해되어 임산부에 대한 상해가 된다고 볼 수는 없다.
② 오랜 시간 동안의 협박과 폭행을 이기지 못하고 실신하여 범인들이 불러온 구급차 안에서야 정신을 차리게 되었다면, 외부적으로 어떤 상처가 발생하지 않았다고 하더라도 생리적 기능에 훼손을 입어 신체에 대한 상해가 있었다고 봄이 상당하다.
③ 난소를 이미 제거하여 임신불능 상태에 있는 피해자의 자궁을 적출했다 하더라도 그 경우 자궁을 제거한 것이 신체의 완전성을 해한 것이거나 생활기능에 아무런 장애를 주는 것이 아니고 건강상태를 불량하게 변경한 것도 아니라고 할 것이므로 상해에 해당한다고 볼 수 없다.
④ 피고인이 피해자를 강제로 눕혀 옷을 벗긴 뒤 1회용 면도기로 피해자의 음모를 반 정도 깎은 사실로 인하여 신체의 완전성이 손상되고 생활기능에 장애가 왔다거나 건강상태가 불량하게 변경되었다고 보기 어려우므로 이를 강제추행치상죄의 상해에 해당한다고 할 수 없다.

③ 난소의 제거로 이미 임신불능 상태에 있는 피해자의 자궁을 적출했다 하더라도 그 경우 자궁을 제거한 것이 신체의 완전성을 해한 것이 아니라거나 생활기능에 아무런 장애를 주는 것이 아니라거나 건강상태를 불량하게 변경한 것이 아니라고 할 수 없고, 이는 업무상 과실치상죄에 있어서의 상해에 해당한다(대판 1993.7.27, 92도2345).
① 대판 2007.6.29, 2005도3832
② 대판 1996.12.10, 96도2529
④ 대판 2000.3.23, 99도3099

## 12 상해와 폭행의 죄에 관한 설명 중 폭행죄에만 해당되는 것은 모두 몇 개인가?

> ㉠ 존속에 대하여 가중처벌한다.
> ㉡ 상습범인 경우에 형을 가중처벌한다.
> ㉢ 피해자의 명시한 의사에 반하여 공소를 제기할 수 없다.
> ㉣ 미수범을 처벌하는 규정이 있다.

① 1개 ② 2개
③ 3개 ④ 없음

폭행죄에만 해당하는 지문은 ㉢ 1개이다.
㉢ 폭행죄는 반의사불벌죄이나 상해죄는 반의사불벌죄가 아니다.
㉠ 존속폭행죄와 존속상해죄 모두 폭행죄와 상해죄보다 가중처벌한다.
㉡ 상습폭행죄와 상습상해죄 모두 가중처벌한다.
㉣ 상해죄는 미수범을 처벌하나 폭행죄는 미수가 없다.



## 13 폭행죄에 관한 설명 중 가장 적절한 것은?(다툼이 있는 경우 판례에 의함)

① 피해자의 신체에 공간적으로 근접하여 손발이나 물건을 휘두르거나 던지는 행위는 직접 피해자의 신체에 접촉하지 아니하였으므로 폭행죄에 해당하지 않는다.
② 폭행죄는 피해자의 명시한 의사에 반하여 공소를 제기할 수 없는 반의사불벌죄로서 피해자가 사망한 후에는 그 상속인이 피해자를 대신하여 처벌불원의 의사표시를 할 수 없다.
③ 거리상 멀리 떨어져 있는 사람에게 전화기를 이용하여 전화하면서 고성을 내거나 그 전화대화를 녹음 후 듣게 하는 경우에는 폭행죄에 해당한다.
④ 폭행죄의 미수범은 처벌하며, 상습범은 가중처벌한다.

폭행죄는 피해자의 명시한 의사에 반하여 공소를 제기할 수 없는 반의사불벌죄로서 처벌불원의 의사표시는 의사능력이 있는 피해자가 단독으로 할 수 있는 것이고, 피해자가 사망한 후 그 상속인이 피해자를 대신하여 처벌불원의 의사표시를 할 수는 없다고 보아야 한다(대판 2010.5.27, 2010도2680).
① 폭행죄에 해당한다(대판 2003. 1. 10. 선고 2000도5716).
③ 폭행죄에 해당하지 않는다(대판 2003. 1. 10. 선고 2000도5716).
④ 폭행죄는 미수가 없다.

## 14 다음 중 과실치사상의 죄에 관한 설명으로 옳지 않은 것은?

① 주의를 태만히 하여 사람을 사망에 이르게 하거나 사람의 신체를 상해하는 범죄이다.
② 업무상 과실치사상죄는 가중처벌된다.
③ 업무상 과실치사상죄에서 '업무'란 사회생활의 지위에 기하여 계속 반복하여 행하는 사무이다.
④ 과실치상죄는 반의사불벌죄가 아니나 과실치사죄는 반의사불벌죄이다.

해설
④ 과실치상죄는 반의사불벌죄이나, 과실치사죄는 반의사불벌죄가 아니다.
① 형법 제226조, 제227조
②·③ 형법 제268조

### 2 자유에 대한 죄

## 15 협박죄에 관한 다음 설명 중 가장 적절하지 않은 것은?(다툼이 있는 경우 판례에 의함)

① 법인은 협박죄의 객체가 될 수 없다.
② 해악의 고지가 상대방에게 도달하였다면 상대방이 지각하지 못하거나 고지된 해악의 의미를 인식하지 못한 경우에도 협박죄의 기수를 인정할 수 있다.
③ 협박의 목적과 수단이 정당하여 사회상규에 반하지 않을 때에는 위법성이 조각된다.
④ 제3자에 대한 법익 침해를 내용으로 하는 해악을 고지하더라도 피해자 본인과 제3자가 밀접한 관계에 있어 그 해악의 내용이 피해자 본인에게 공포심을 일으킬 만한 정도의 것이라면 협박죄가 성립할 수 있는데, 이때 제3자에는 자연인뿐만 아니라 법인도 포함된다 할 것이다.

해설
② 협박죄가 성립하려면 행위 전후의 여러 사정을 종합하여 볼 때에 일반적으로 사람으로 하여금 공포심을 일으키게 하기에 충분한 것이어야 하지만, 상대방이 그에 의하여 현실적으로 공포심을 일으킬 것까지 요구하는 것은 아니며, 그와 같은 정도의 해악을 고지함으로써 **상대방이 그 의미를 인식**한 이상, 상대방이 현실적으로 공포심을 일으켰는지 여부와 관계없이 그로써 구성요건은 충족되어 협박죄의 기수에 이르는 것으로 해석하여야 한다(대판2007.9.28, 2007도606 전원합의체).
① 대판 2010.7.15, 2010도1017
③ 정당한 권리행사를 위한 목적을 달성하기 위해서 정당한 수단으로 협박을 한 경우는 위법성이 조각된다.
④ 대판 2008.7.10, 2008도1433

## 16 다음 중 강요죄에 대한 설명으로 옳지 않은 것은?

> 제324조(강요) 제1항
> 폭행 또는 협박으로 사람의 권리행사를 방해하거나 의무없는 일을 하게 한 자는 5년 이하의 징역 또는 3천만원 이하의 벌금에 처한다.

① 폭행이란 사람의 신체에 대한 유형력의 행사뿐만 아니라 심리적 강압을 가하는 폭력도 포함된다.

② 협박은 객관적으로 사람의 의사결정 자유를 제한하거나 의사실행의 자유를 방해할 정도로 공포심을 느끼게 할 만한 해악을 고지하는 것을 말한다.

③ 권리행사를 방해한다는 것은 피강요자가 행사할 수 있는 권리를 행사하지 못하도록 하는 것을 말한다.

④ '의무없는 일을 하게 하는 것'은 해야 할 의무가 없는 일 또는 해야 할 의무가 있는 일을 강요하여 하도록 하는 것을 말한다.

'의무없는 일을 하게 하는 것'은 **해야 할 의무가 없는 일**을 강요하여 하도록 하는 것을 말한다.



## 17 강요의 죄에 관한 설명으로 가장 옳지 않은 것은?(다툼이 있는 경우 판례에 의함)

① 강요죄는 폭행 또는 협박으로 사람의 권리 행사를 방해하거나 의무 없는 일을 하게 하는 것을 말하고, 여기에서 '의무없는 일'이란 법령, 계약 등에 기하여 발생하는 법률상 의무 없는 일을 말하므로, 폭행 또는 협박으로 법률상 의무있는 일을 하게 한 경우에는 폭행 또는 협박죄만 성립할 뿐 강요죄는 성립하지 아니한다.

② 투자금의 회수를 위해 피해자를 강요하여 물품대금을 횡령하였다는 자인서를 받아낸 뒤 이를 근거로 돈을 갈취한 경우, 주된 범의가 피해자로부터 돈을 갈취하는 데에 있었던 것이라도 위 행위는 공갈죄 외에 강요죄도 성립한다.

③ 강요죄의 수단인 협박은 일반적으로 사람으로 하여금 공포심을 일으키게 하는 정도의 해악을 고지하는 것으로 그 방법은 통상 언어에 의하는 것이나 경우에 따라서 한마디 말도 없이 거동에 의하여서도 할 수 있다.

④ 군대의 상급자가 그의 잦은 폭력으로 신체에 위해를 느끼고 겁을 먹은 상태에 있던 부대원들에게 양손을 깍지 낀 상태에서 약 2시간 동안 팔굽혀펴기를 50~60회 정도 하게 한 행위는 강요죄에 해당한다.

정답 14 ④ 15 ② 16 ④ 17 ②

피고인이 투자금의 회수를 위해 피해자를 강요하여 물품대금을 횡령하였다는 자인서를 받아낸 뒤 이를 근거로 돈을 갈취한 경우, 피고인의 주된 범의가 피해자로부터 돈을 갈취하는 데에 있었던 것이라면 피고인은 단일한 공갈의 범의 하에 갈취의 방법으로 일단 자인서를 작성케 한 후 이를 근거로 계속하여 갈취행위를 한 것으로 보아야 할 것이므로 위 행위는 포함하여 공갈죄 일죄만을 구성한다고 보아야 한다(대판 1985.6.25, 84도2083).

## 18 다음 중 형법상 자유에 대한 죄가 아닌 것은?

① 체포·감금죄
② 비밀침해죄
③ 협박과 강요죄
④ 정조에 관한 죄

형법이 보호하고 있는 자유에 대한 죄에는 ①·③·④ 외에 약취와 유인죄 등이 있다. 비밀침해죄는 사생활의 평온에 대한 죄에 해당한다.

## 19 인질강요죄에 관한 설명으로 옳지 않은 것은?

① 인질강요죄의 보호법익은 인질의 생명·신체의 안전과 피강요자의 의사결정의 자유 및 행동의 자유이다.
② 인질상해죄는 인질강요죄와 상해죄의 결합범이다.
③ 인질치상죄는 인질강요죄의 부진정결과적 가중범이다.
④ 인질강요죄의 실행착수시기는 강요행위를 개시한 때이다.

인질치상죄는 인질강요죄의 진정결과적 가중범이다.

**20** **다음은 자유에 대한 죄를 설명한 것이다. 옳지 않은 것은 모두 몇 개인가?(다툼이 있는 경우 판례에 의함)**

> ㉠ 협박죄가 성립하기 위해서는 행위자가 해악의 내용을 실현할 수 있는 위치에 있어야 하고, 고지한 해악을 실제로 실현할 의도나 욕구가 필요하다.
> ㉡ "앞으로 수박이 없어지면 네 책임으로 한다"고 말한 것은 해악의 고지라고 보기 어렵고, 가사 다소 간의 해악의 고지에 해당한다고 가정하더라도 위법성이 없다.
> ㉢ 투자금의 회수를 위해 피해자를 강요하여 물품대금을 횡령하였다는 자인서를 받아낸 뒤 이를 근거로 돈을 갈취한 경우, 공갈죄 외에 강요죄도 성립한다.
> ㉣ 감금죄는 사람의 행동의 자유를 그 보호법익으로 하여 사람이 특정한 구역에서 나가는 것을 불가능하게 하거나 또는 심히 곤란하게 하는 죄로서 이와 같이 사람이 특정한 구역에서 나가는 것을 불가능하게 하거나 심히 곤란하게 하는 그 장해는 물리적·유형적 장해뿐만 아니라 심리적·무형적 장해에 의하여서도 가능하다.

① 1개　　② 2개
③ 3개　　④ 4개

옳지 않은 지문은 ㉠, ㉢ 2개이다.

㉠ 협박죄에 있어서의 협박이라 함은 일반적으로 보아 사람으로 하여금 공포심을 일으킬 수 있는 정도의 해악을 고지하는 것을 의미하므로 그 주관적 구성요건으로서의 고의는 행위자가 그러한 정도의 해악을 고지한다는 것을 인식, 인용하는 것을 그 내용으로 하고 고지한 해악을 실제로 실현할 의도나 욕구는 필요로 하지 아니한다고 할 것이다(대판 2006.8.25, 2006도 546).

㉢ 피고인이 투자금의 회수를 위해 피해자를 강요하여 물품대금을 횡령하였다는 자인서를 받아낸 뒤 이를 근거로 돈을 갈취한 경우, 피고인의 주된 범의가 피해자로부터 돈을 갈취하는 데에 있었던 것이라면 피고인은 단일한 공갈의 범의 하에 갈취의 방법으로 일단 자인서를 작성케 한 후 이를 근거로 계속하여 갈취행위를 한 것으로 보아야 할 것이므로 위 행위는 포함하여 공갈죄 일죄만을 구성한다고 보아야 한다(대판 1985.6.25, 84도2083).

㉡ 대판 1995.9.29, 94도2187

㉣ 대판 1984.5.15, 84도655

## 3 사생활의 평온에 대한 죄

**21** **비밀침해의 죄와 관련된 내용으로 옳지 않은 것은?**

① 비밀침해의 죄의 객체에는 봉함 기타 비밀장치한 타인의 편지, 문서, 도화 또는 전자기록 등 특수매체기록 등이 해당된다.
② 투시기를 이용하거나 약물을 사용하여 내용을 알아낸 경우 본 죄가 성립한다.
③ 친권자가 친권의 행사로서 자녀에게 온 편지를 개봉한 경우 위법성이 조각된다.
④ 교도관이 수용자의 편지를 개봉한 경우 위법성이 조각된다.

원칙적으로 교도관은 수용자의 편지를 개봉할 수 없다(형의 집행 및 수용자의 처우에 관한 법률 제43조 제4항).

**22** **다음 중 업무상비밀누설죄의 주체가 되지 않는 사람은?**

① 의 사
② 약제사
③ 조산사
④ 간호사

간호사는 업무상비밀누설죄의 주체가 될 수 없다.

업무상비밀누설(형법 제317조)
① 의사, 한의사, 치과의사, 약제사, 약종상, 조산사, 변호사, 변리사, 공인회계사, 공증인, 대서업자나 그 직무상 보조자 또는 차등의 직에 있던 자가 그 직무처리 중 지득한 타인의 비밀을 누설한 때에는 3년 이하의 징역이나 금고, 10년 이하의 자격정지 또는 700만원 이하의 벌금에 처한다.
② 종교의 직에 있는 자 또는 있던 자가 그 직무상 지득한 사람의 비밀을 누설한 때에도 전항의 형과 같다.

**23** **업무상비밀누설죄에 관한 내용 중 옳은 것은?**

① 공인회계사는 이 법의 주체가 될 수 없다.
② 행위의 객체는 행위자 자신의 비밀이며 알려지지 않는 것이 본인에게 이익되는 사실이다.
③ 비밀을 누설할 때는 구두뿐만 아니라 서면이나 동작 등에 의해서도 가능하다.
④ 비밀누설은 공연성을 요한다.

① 공인회계사는 이 법의 주체가 될 수 있다(형법 제317조 제1항).
② 행위의 객체는 업무처리 중 알게 된 타인의 비밀이다.
④ 비밀누설은 공연성을 요하지 않는다.

## 24 주거에 침입한 강도죄에 있어서 실행에 착수한 시기로 옳은 것은?

① 타인의 주거에 침입한 때
② 재물을 강취한 때
③ 폭행, 협박을 가한 때
④ 도주한 때

주거에 침입한 강도죄에 있어서 실행에 착수한 시기는 타인의 주거에 침입한 때가 아니라 **폭행 또는 협박이 개시된 때**이며, 주거침입죄와 강도죄의 경합범에 해당된다. 만약 여기에 야간이라는 시간적 상황이 제시된다면 특수강도죄가 성립하며, 이에 대해서는 학설 및 판례의 대립이 있다.



## 25 주거침입죄에 관한 다음 설명 중 가장 적절하지 않은 것은?(다툼이 있는 경우 판례에 의함)

① 다가구용 단독주택이나 다세대주택 · 연립주택 · 아파트 등 공동주택의 내부에 있는 엘리베이터, 공용계단과 복도는 특별한 사정이 없는 한 주거침입죄의 객체인 '사람의 주거'에 해당하지 않는다.
② 경비원을 둔 창고의 경우 관리하고 있는 건조물에 해당하므로 주거침입죄의 객체에 해당한다.
③ 건조물의 이용에 기여하는 인접의 부속 토지라고 하더라도 인적 또는 물적 설비 등에 의한 구획 내지 통제가 없어 통상의 보행으로 그 경계를 쉽사리 넘을 수 있는 정도라고 한다면 일반적으로 외부인의 출입이 제한된다는 사정이 객관적으로 명확하게 드러났다고 보기 어려우므로 이는 다른 특별한 사정이 없는 한 주거침입죄의 객체에 속하지 않는다.
④ 출입문이 열려 있으면 안으로 들어가겠다는 의사 아래 출입문을 당겨보는 행위는 바로 주거의 사실상의 평온을 침해할 객관적인 위험성을 포함하는 행위를 한 것으로 볼 수 있어 주거침입의 실행에 착수한 것으로 보아야 한다.

정답 21 ④ 22 ④ 23 ③ 24 ③ 25 ①

주거침입죄에 있어서 주거란 단순히 가옥 자체만을 말하는 것이 아니라 그 정원 등 위 요지를 포함한다. 따라서 다가구용 단독주택이나 다세대주택·연립주택·아파트 등 공동주택 안에서 공용으로 사용하는 엘리베이터, 계단과 복도는 주거로 사용하는 각 가구 또는 세대의 전용 부분에 필수적으로 부속하는 부분으로서 그 거주자들에 의하여 일상생활에서 감시·관리가 예정되어 있고 사실상의 주거의 평온을 보호할 필요성이 있는 부분이므로, 다가구용 단독주택이나 다세대주택·연립주택·아파트 등 공동주택의 내부에 있는 엘리베이터, 공용 계단과 복도는 특별한 사정이 없는 한 주거침입죄의 객체인 '사람의 주거'에 해당하고, 위 장소에 거주자의 명시적·묵시적 의사에 반하여 침입하는 행위는 주거침입죄를 구성한다(대판 2009.9.10, 2009도4335).

**26** **다음 중 경비원이 자기 근무지 안으로부터의 퇴거를 요구했을 경우 이에 불복하였을 때 해당하는 죄는?**

① 상해죄
② 절도죄
③ 퇴거불응죄
④ 주거침입죄

퇴거불응죄란 적법하게 또는 과실로 타인의 주거에 들어간 자가 퇴거 요구를 받고도 이에 불응하여 퇴거하지 않는 경우에 성립하는 진정부작위범이다(형법 제319조).

**27** **다음 중 퇴거불응죄에 대한 설명으로 옳은 것은?**

① 퇴거불응죄는 적법하게 주거에 들어왔더라도 거주자의 퇴거요구가 있은 후 이에 응하지 않았다면 범죄가 성립된다.
② 퇴거요구의 방법으로는 명시적인 방법만 인정된다.
③ 퇴거요구를 할 때는 상대방이 인식한 후에도 반복하여 요구하여야 한다.
④ 범죄가 성립하려면 퇴거불응이라는 거동으로 인한 별도의 결과가 발생해야 한다.

① 형법 제319조 제2항
② 퇴거요구는 명시와 묵시를 불문한다.
③ 퇴거요구는 단 1회로도 족하다.
④ 별도의 결과발생이 필요 없다.

**28** **다음은 주거침입죄 및 퇴거불응죄에 관한 판례의 내용이다. 옳지 않은 것은?**

① 타인의 처와 간통할 목적으로 그 처의 동의를 얻어 타인의 주거에 들어가면 주거침입죄가 성립한다.

② 점유할 권리 없는 자가 점유하는 주거라 할지라도 권리자가 그 권리를 실현함에 있어 법적 절차에 의하지 아니하고 그 주거에 침입하면 본죄가 성립한다.

③ 비록 출입이 허용된 자라 할지라도 그 침입이 주거권자의 의사에 반하는 경우에는 주거침입죄가 성립한다.

④ 5층 아파트 201호실에 침입하기 위해 그 아파트 1층의 공용계단 부분에 들어간 행위만으로는 주거침입죄가 성립하지 않는다.

해설

주거침입죄에 있어서 주거라 함은 단순히 가옥자체만을 말하는 것이 아니라 그 정원 등 위 요지를 포함하는 것인 바, 다가구용 단독주택이나 다세대주택·연립주택·아파트 등 공동주택 안에서 공용으로 사용하는 계단과 복도는 주거로 사용하는 각 가구 또는 세대의 전용 부분에 필수적으로 부속하는 부분으로서 그 거주자들에 의하여 일상생활에서 감시·관리가 예정되어 있고 사실상의 주거의 평온을 보호할 필요성이 있는 부분이므로, 다가구용 단독주택이나 공동주택의 내부에 있는 공용 계단과 복도는 특별한 사정이 없는 한 주거침입죄의 객체인 '사람의 주거'에 해당한다고 보아야 한다. 다가구용 단독주택인 빌라의 잠기지 않은 대문을 열고 들어가 공용 계단으로 빌라 3층까지 올라갔다가 1층으로 내려온 사안에서 주거인 공용계단에 들어간 행위가 거주자의 의사에 반한 것이라면 **주거에 침입한 것**이라고 보아야 한다(대판 2009.8.20, 2009도3452).



## 4 재산에 대한 죄

**29** **다음은 재산범죄의 내용과 분류에 관한 내용이다. 옳지 않은 것은?**

① 영득죄는 타인의 재물을 자기의 재물처럼 사용·수익·처분하는 행위이고, 손괴죄는 권리자에게 손해를 가하는 것을 내용으로 한다.

② 재물은 유체물이고, 재산상의 이익은 재물 이외의 무체물이다.

③ 재물죄와 이득죄는 '행위의 객체'에 따라 구분된다.

④ 편취죄는 타인의 하자있는 의사표시에 의하여 재물의 점유를 취득하거나 재산상의 이익을 취득하는 범죄이다.

해설

형법상의 재물에는 유체물뿐만 아니라 전기, 기타 관리할 수 있는 동력(무체물)도 포함된다(형법 제346조). 재산상의 이익은 재물 외에 일체의 재산적 가치가 있는 이익이다.

정답 26 ③ 27 ① 28 ④ 29 ②

## 30 형법상 재산에 대한 죄가 아닌 것은?

① 절도죄 ② 뇌물죄
③ 사기죄 ④ 손괴죄

뇌물죄는 국가적 법익에 관한 죄 중 공무에 관한 죄이다.

## 31 다음은 절도의 죄에 관한 설명이다. 옳지 않은 것은?

① 절도의 죄는 재물과 재산상의 이익을 객체로 하는 범죄이다.
② 절도죄에서 공동소유·공동점유의 재물은 절도의 객체가 된다.
③ 자동차를 살 의사도 없이 시운전을 빙자하여 교부받은 자동차를 타고 도망간 경우 판례는 사기죄로 보지만 통설은 절도죄로 본다.
④ 절도죄의 착수시기는 밀접행위설이 통설이다.

절도죄는 재물만을 객체로 한다.

## 32 절도죄에 관한 설명 중 가장 적절한 것은?(다툼이 있는 경우 판례에 의함)

① 형법 제330조는 야간에 이루어지는 주거침입행위의 위험성에 주목하여 그러한 행위를 수반한 절도를 야간주거침입절도죄로 중하게 처벌하고 있는 것으로 보아야 하므로 주간에 타인의 주거에 침입하여 야간에 절취행위를 한 경우에는 야간주거침입절도죄가 성립한다.
② 야간에 다세대 주택에 침입하여 물건을 절취하기 위하여 가스배관을 타고 오르다가 경찰관에게 발각되자 그냥 뛰어내려 도주한 경우, 야간주거침입절도미수가 성립한다.
③ 단 한 번의 절도행위는 행위의 원인을 불문하고 상습절도죄를 적용하지 아니한다.
④ 2인 이상이 합동하여 주간에 절도의 목적으로 아파트 출입문 잠금장치를 손괴하다가 발각되어 도주한 경우라면 특수절도죄의 실행의 착수로 볼 수 없다.

④ 형법 제331조 제2항의 특수절도에 있어서 주거침입은 그 구성요건이 아니므로, 절도범인이 그 범행수단으로 주거침입을 한 경우에 그 주거침입행위는 절도죄에 흡수되지 아니하고 별개로 주거침입죄를 구성하여 절도죄와는 실체적 경합의 관계에 있게 되고, 2인 이상이 합동하여 야간이 아닌 주간에 절도의 목적으로 타인의 주거에 침입하였다 하여도 아직 절취할 물건의 물색행위를 시작하기 전 이라면 특수절도죄의 실행에는 착수한 것으로 볼 수 없어서 그 미수죄가 성립하지 않는다.

① 주간에 타인의 주거에 침입하여 야간에 절취행위를 한 경우에는 야간주거침입절도죄가 성립하지 않는다(형법 제330조 참고).
② 야간에 다세대주택에 침입하여 물건을 절취하기 위하여 가스배관을 타고 오르다가 순찰 중이던 경찰관에게 발각되어 그냥 뛰어내렸다면, 야간주거침입절도죄의 실행의 착수에 이르지 못했으므로 그 미수죄가 성립하지 않는다(대판 2008.03.27. 선고 2008도917).
③ 단 한 번의 절도행위라도 그 행위가 절도습벽에 의한 것이라면 상습절도죄가 성립할 수 있다.

**33** **다음 중 甲에게 절도죄 또는 특수절도죄가 인정되는 것은 모두 몇 개인가?(다툼이 있는 경우 판례에 의함)**

㉠ 갑이 자신의 모(母)인 A명의로 구입·등록하여 A에게 명의신탁한 자동차를 B에게 담보로 제공한 후 B 몰래 가져간 경우
㉡ 쇄석장비들에 관하여 점유개정의 방법에 의한 양도담보부 금전소비대차계약을 체결한 후 채무자가 변제기일이 지나도 채무를 변제하지 아니하다 채권자 甲이 채무자의 의사에 반하여 쇄석장비들을 임의로 분해하여 가지고 간 경우
㉢ 갑이 타인의 예금통장을 무단사용하여 예금을 인출한 후 바로 예금통장을 반환하였다 하더라도 그 사용으로 인한 경제적 가치의 소모가 무시할 수 있을 정도로 경미하지 않는 경우
㉣ 갑이 타인의 신용카드를 이용하여 현금지급기에서 자신의 예금계좌로 돈을 이체시킨 후 현금을 인출한 경우

① 1개　　② 2개
③ 3개　　④ 4개

해설

특수절도가 인정되는 것은 ㉠, ㉡, ㉢ 3개이다.
㉠ 피고인이 자신의 모 A 명의로 구입·등록하여 A에게 명의신탁한 자동차를 B에게 담보로 제공한 후 B 몰래 가져가 절취하였다는 내용으로 기소된 사안에서, B에 대한 관계에서 자동차의 소유자는 A이고 피고인은 소유자가 아니므로 B가 점유하고 있는 자동차를 임의로 가져간 이상 절도죄가 성립한다(대판 2012.4.26, 2010도11771).
㉡ 형법상 절취란 타인이 점유하고 있는 자기 이외의 자의 소유물을 점유자의 의사에 반하여 그 점유를 배제하고 자기 또는 제3자의 점유로 옮기는 것을 말하는 것으로, 비록 약정에 기한 인도 등의 청구권이 인정된다고 하더라도, 취거당시에 점유 이전에 관한 점유자의 명시적·묵시적인 동의가 있었던 것으로 인정되지 않는 한, 점유자의 의사에 반하여 점유를 배제하는 행위를 함으로써 절도죄는 성립하는 것이고, 그러한 경우에 특별한 사정이 없는 한 불법영득의 의사가 있다고 할 것이다(대판 2005.6.24, 2005도2861).

ⓒ 예금통장은 예금채권을 표창하는 유가증권이 아니고 그 자체에 예금액 상당의 경제적 가치가 화체되어 있는 것도 아니지만, 이를 소지함으로써 예금채권의 행사자격을 증명할 수 있는 자격증권으로서 예금계약사실 뿐 아니라 예금액에 대한 증명기능이 있고 이러한 증명기능은 예금통장 자체가 가지는 경제적 가치라고 보아야 하므로, 예금통장을 사용하여 예금을 인출하게 되면 그 인출된 예금액에 대하여는 예금통장 자체의 예금액 증명기능이 상실되고 이에 따라 그 상실된 기능에 상응한 경제적 가치도 소모된다. 그렇다면 타인의 예금통장을 무단사용하여 예금을 인출한 후 바로 예금통장을 반환하였다 하더라도 그 사용으로 인한 위와 같은 경제적 가치의 소모가 무시할 수 있을 정도로 경미한 경우가 아닌 이상, 예금통장 자체가 가지는 예금액 증명기능의 경제적 가치에 대한 불법영득의 의사를 인정할 수 있으므로 절도죄가 성립한다(대판 2010.5.27, 2009도9008).

## 34 다음 중 강도죄에 관한 설명으로 옳지 않은 것은?

① 폭행 또는 협박으로 재물 또는 재산상의 이익을 강취하는 범죄이다.
② 강도죄의 착수시기는 폭행·협박을 개시한 때이다.
③ 강도죄는 미수뿐만 아니라 예비와 음모도 처벌한다.
④ 의식 없는 사람에 대하여 강도가 불가능하다.

의식 없는 사람에 대하여도 강도가 가능하다.

## 35 다음 중 강도죄에 관한 설명으로 옳지 않은 것은?

① 강도죄가 성립하기 위해서는 폭행·협박과 재물강취 사이에 시간적·장소적 관련성이 필요하다.
② 특수강도죄에는 야간주거침입강도죄, 흉기휴대강도죄, 합동강도죄의 세 가지 유형이 있다.
③ 준강도죄의 주체는 절도이며, 객체는 재물 또는 재산상의 이익이다.
④ 폭행·협박의 강도는 강도죄와 같이 상대방의 항거를 불가능하게 할 정도의 유형력의 행사가 있거나 해악의 고지가 있어야 한다.

준강도죄의 주체는 절도이며, 객체는 재물에 한한다.

**36** **강도죄에 관한 다음 설명 중 가장 적절한 것은?(다툼이 있는 경우 판례에 의함)**

① 날치기 수법의 점유탈취 과정에서 이를 알아채고 재물을 빼기지 않으려는 상대방의 반항에 부딪혔음에도 계속하여 피해자를 끌고 가면서 억지로 재물을 빼앗은 행위는 피해자의 반항을 억압하지 못한 경우이므로 강도에 해당하지 않는다.

② 준강도죄의 기수 여부는 절도행위의 기수 여부를 기준으로 하여 판단할 것이 아니라 폭행 또는 협박이 종료되었는가 하는 점에 따라 결정되어야 한다.

③ 피고인이 술집 운영자 甲으로부터 술값의 지급을 요구받자 甲을 유인·폭행하고 도주하였다면, 甲에게 지급해야 할 술값의 지급을 면하여 재산상 이익을 취득하였으므로 준강도죄가 성립한다.

④ 절도범인이 처음에는 흉기를 휴대하지 아니하였으나, 체포를 면탈할 목적으로 폭행 또는 협박을 가할 때에 비로소 흉기를 휴대·사용하게 된 경우에는 준강도(특수강도의 준강도)가 된다.

④ 대판 1973.11.13, 73도1553 전원합의체

① 날치기 수법의 점유탈취 과정에서 이를 알아채고 재물을 빼기지 않으려는 상대방의 반항에 부딪혔음에도 계속하여 피해자를 끌고 가면서 억지로 재물을 빼앗은 행위는 피해자의 반항을 억압한 후 재물을 강취한 것으로서 강도에 해당한다(대판 2007.12.13, 2007도7601).

② 형법 제335조에서 절도가 재물의 탈환을 항거하거나 체포를 면탈하거나 죄적을 인멸할 목적으로 폭행 또는 협박을 가한 때에 준강도로서 강도죄의 예에 따라 처벌하는 취지는 강도죄와 준강도죄의 구성요건인 재물탈취와 폭행·협박 사이에 시간적 순서상 전후의 차이가 있을 뿐 실질적으로 위법성이 같다고 보기 때문이다. 따라서 준강도죄의 기수 여부는 절도행위의 기수 여부를 기준으로 하여 판단하여야 한다(대판 2004.11.18, 2004도5074 전원합의체). → 다수의견

③ 형법 제335조는 '절도'가 재물의 탈환을 항거하거나 체포를 면탈 또는 죄적을 인멸할 목적으로 폭행·협박을 가한 때에 준강도가 성립한다고 규정하고 있으므로 준강도죄의 주체는 절도(범인)이고 절도죄의 객체는 재물이다. 따라서 피고인이 술값의 지급을 면하여 재산상 이익을 취득하고 피해자를 폭행한 행위는 그 절도의 실행에 착수하였다는 내용이 포함되어 있지 않으므로 준강도죄가 성립하지 않는다(대판 2014.5.16, 2014도2521).

제2과목 형사법 및 범죄학개론

정답 34 ④ 35 ③ 36 ④

**37** 다음 〈보기〉에서 알 수 있는 사기죄의 특성으로 옳지 않은 것은?(다툼이 있는 경우 판례에 의함)

> 피고인이 피해자에게서 매수한 재개발아파트 수분양권을 이미 매도하였는데도 마치 자신이 피해자의 입주권을 정당하게 보유하고 있는 것처럼 피해자의 딸과 사위에게 거짓말하여 피해자명의의 인감증명서를 교부받은 경우

① '인감증명서'는 사기죄의 객체인 재물에 속한다.
② 사기죄에서 기망을 당하는 사람은 반드시 피해자이어야 한다.
③ 기망의 상대방은 사실상의 재산적 처분능력이 있어야 한다.
④ 사기죄의 보호법익은 개인의 재산권이다.

②·③ 사기죄에서 기망의 상대는 피해자가 아니라도 될 수 있다. 그러나 사실상의 재산적 처분능력이 있어야 한다. 즉 피해자의 딸과 사위가 기망의 상대가 되었다.
① 인감증명서는 다른 특별한 사정이 없는 한 재산적 가치를 가지는 것이어서 형법상의 '재물'에 해당한다고 할 것이다. 따라서 위 용도로 발급되어 그 소지인에게 재산적 가치가 있는 것으로 인정되는 인감증명서를 그 소지인(측)을 기망하여 편취하는 것은 그 소지인에 대한 관계에서 사기죄가 성립한다 할 것이다 (대판 2011.11.10. 선고 2011도9919).
④ 형법 제347조

**38** 다음 〈보기〉의 ㉠을 참고할 때 사례 ㉡에 대한 설명 중 옳지 않은 것은?(다툼이 있는 경우 판례에 의함)

> ㉠ **제347조의2(컴퓨터 등 사용사기)** 컴퓨터 등 정보처리장치에 허위의 정보 또는 부정한 명령을 입력하거나 권한 없이 정보를 입력·변경하여 정보처리를 하게 함으로써 재산상의 이익을 취득하거나 제3자로 하여금 취득하게 한 자는 10년 이하의 징역 또는 2천만원 이하의 벌금에 처한다.
> ㉡ 甲이 乙로부터 20,000원을 인출해오라는 부탁을 받으면서 乙소유의 현금카드를 받은 것을 기화로 현금자동지급기에서 50,000원을 인출하여 20,000원만 甲에게 건네주고 나머지 30,000원을 취득한 경우

① ㉡의 사례는 컴퓨터 등 사용사기죄에 해당한다.
② 현금자동지급기도 컴퓨터 등 정보처리장치에 해당한다.
③ 기수의 시점은 甲이 재산상의 이익을 얻은 때이다.
④ 만약 甲의 행위가 미수로 그쳤다면 처벌하지 아니한다.

④ 컴퓨터 등 사용사기죄는 미수범을 처벌한다.

판례

예금주인 현금카드 소유자로부터 일정한 금액의 현금을 인출해 오라는 부탁을 받으면서 이와 함께 현금카드를 건네받은 것을 기회로 그 위임을 받은 금액을 초과하여 현금을 인출하는 방법으로 그 차액 상당을 위법하게 이득할 의사로 현금자동지급기에 그 초과된 금액이 인출되도록 입력하여 그 초과된 금액의 현금을 인출한 경우에는 그 인출된 현금에 대한 점유를 취득함으로써 이때에 그 인출한 현금 총액 중 인출을 위임받은 금액을 넘는 부분의 비율에 상당하는 재산상 이익을 취득한 것으로 볼 수 있으므로 이러한 행위는 그 차액 상당액에 관하여 형법 제347조의2(컴퓨터 등 사용사기)에 규정된 '컴퓨터 등 정보처리장치에 권한 없이 정보를 입력하여 정보처리를 하게 함으로써 재산상의 이익을 취득'하는 행위로서 컴퓨터 등 사용사기죄에 해당된다(대판 2006.3.24, 2005도3516).

**39** **甲은 자신의 아버지 소유 농업협동조합 예금통장을 절취하여 이를 현금자동지급기에 넣고 조작하는 방법으로 예금 잔고를 자신의 거래 은행 계좌로 이체하였다. 甲을 어떻게 처벌하여야 하는가?(다툼이 있는 경우 판례에 의함)**

① 절도죄　　② 사기죄
③ 컴퓨터사용사기죄　　④ 형을 면제함

해설

컴퓨터사용사기죄가 성립한다(대판 2007.3.15, 2006도2704).



**40** **다음 설명 중 가장 적절하지 않은 것은?(다툼이 있는 경우 판례에 의함)**

① 훔친 신용카드를 용도대로 사용한 다음 바로 이를 다시 권리자에게 반환한 경우에 불법영득의사가 없다는 이유로 신용카드에 대한 절도죄는 성립하지 않는다.
② 손자가 할아버지 소유 은행 예금통장을 훔쳐서 이를 현금자동지급기에 넣고 57만원을 자신의 예금계좌로 이체한 경우 할아버지와 손자 간의 사건이므로 친족 간의 범행특례규정(친족상도례)이 적용된다.
③ 자기가 강취한 신용카드를 자신의 것처럼 카드가맹점에 제시하여 100만원 상당의 등산용품을 구입한 경우 신용카드에 대한 강도죄 이외에 사기죄가 성립하며, 양 죄는 경합범에 해당한다.
④ 2만원을 인출하여 오라는 부탁과 함께 현금카드를 건네받은 甲이 5만원을 인출하여 3만원을 자기가 가진 경우 컴퓨터 등 사용사기죄에 해당한다.

정답　37 ②　38 ④　39 ③　40 ②

② 손자가 할아버지 소유 농업협동조합 예금통장을 절취하여 이를 현금자동지급기에 넣고 조작하는 방법으로 예금 잔고를 자신의 거래 은행계좌로 이체한 사안에서, 위 농업협동조합이 컴퓨터 등 사용사기 범행 부분의 피해자라는 이유로 친족상도례를 적용할 수 없다(대판 2007.3.15,2006도2704).

① 대판 1999.7.9, 99도857

③ 대판 2007.5.10, 2007도1375

④ 대판 2006.3.24, 2005도3516

## 41 사기죄에 관한 설명 중 옳은 것은 모두 몇 개인가?(다툼이 있는 경우 판례에 의함)

㉠ 양도증서 등 특허 관련 명의변경 서류를 위조하여 일본국 특허청 공무원에게 제출함으로써 특허의 출원자를 자신의 명의로 변경한 경우 사기죄가 성립한다.

㉡ 허위 채권으로 본안소송을 제기하지 아니한 채가압류만 한 경우에는 실행의 착수가 인정되지 않는다.

㉢ 토지 소유자로 등기된 자가 자신이 진정한 소유자가 아님을 알고 있었다고 할지라도 당해 토지의 수용보상금을 출급·수령한 것에 불과하다면 기망행위가 없어 사기죄는 성립하지 아니한다.

㉣ 실재하고 있지 아니한 자에 대하여 허위의 권원에 의한 소송을 제기하여 승소판결이 확정된 경우에는 사기죄가 성립한다.

㉤ 법원을 기망하여 승소판결을 받고 그 확정판결에 의하여 소유권이전등기를 경료한 경우에는 사기죄와 공정증서원본부실기재죄의 실체적 경합범이 된다.

① 1개　　② 2개
③ 3개　　④ 4개

옳은 지문은 2개(㉡, ㉤)이다.

㉠ 양도증서 등 특허 관련 명의변경 서류를 위조하여 일본국 특허청 공무원에게 제출함으로써 특허의 출원자를 자신의 명의로 변경한 사안에서, 특허권에 관한 처분행위가 있었다고 볼 수 없으므로 사기죄를 구성하지 않는다(대판2007.11.16, 2007도3475).

㉢ 비록 토지의 소유자로 등기되어 있다고 하더라도 자신이 진정한 소유자가 아닌 사실을 알게 된 이상, 당해 토지의 수용보상금을 수령함에 있어서 당해 토지를 수용한 기업자나 공탁공무원에게 그러한 사실을 고지하여야 할 의무가 있다고 보아야 할 것이고, 이러한 사실을 고지하지 아니한 채 수용보상금으로 공탁된 공탁금의 출급을 신청하여 이를 수령한 이상 기망행위가 없다고 할 수 없다. 사기죄의 본질은 기망에 의한 재물이나 재산상의 이득의 취득에 있고 상대방에게 현실적으로 재산상의 손해가 발생함을 그 요건으로 하지 않는다(대판 1994.10.14, 94도1911).

㉣ 소송사기에 있어서 피기망자인 법원의 재판은 피해자의 처분행위에 갈음하는 내용과 효력이 있는 것이어야 하는 바, 실재하고 있지 아니한 자에 대하여 판결이 선고되더라도 그 판결은 피해자의 처분행위에 갈음하는 내용과 효력을 인정할 수 없고, 따라서 착오에 의한 재물의 교부행위를 상정할 수 없는 것이므로 사기죄의 성립을 시인할 수 없다(대판 1992.12.11, 92도743).

㉡ 대판 1982.10.26, 82도1529

㉤ 대판 1983.4.26, 83도188

## 42 다음 중 준사기죄에 대한 설명으로 옳은 것은?

① 기망행위, 착오, 처분행위 사이의 인과관계가 인정되어야 한다.
② 상대방의 하자 있는 처분행위를 이용한다.
③ 행위의 대상자는 14세 미만의 미성년자 가운데 지려천박자 또는 심신장애가 있는 자이다.
④ 이 죄는 타인의 궁박한 상태를 이용하여 현저하게 부당한 이익을 취득하는 죄이다.

② 미성년자의 또는 심신장애자의 하자 있는 처분행위를 이용한다.
① 사기죄에 대한 설명이다. 준사기죄는 기망행위를 요하지 않는다.
③ 14세 미만이 아니라 19세 미만의 미성년자이다.
④ 부당이득죄(형법 제349조)에 대한 설명이다.



## 43 공갈죄에 관한 다음 설명 중 가장 옳은 것은?(다툼이 있는 경우 판례에 의함)

① 공갈죄에 있어서 공갈의 상대방은 재산상의 피해자와 동일함을 요하지 아니하며, 공갈의 목적이 된 재물 및 기타 재산상의 이익을 처분할 수 있는 사실상 또는 법률상의 권한을 갖거나 그러한 지위에 있음을 요하는 것도 아니다.
② 토지매도인이 그 매매대금을 지급받기 위하여 매수인을 상대로 하여 당해 토지에 관한 소유권이전등기말소청구소송을 제기하고 위 대금을 변제받지 못하면 위 소송을 취하하지 아니하고 예고등기도 말소하지 않겠다는 취지를 알린 경우, 공갈행위에 해당한다고 단정할 수 있다.
③ 공갈죄는 폭행 또는 협박과 같은 공갈행위로 인하여 피공갈자가 재산상 이익을 공여하는 처분행위가 있어야 성립하며, 처분행위는 반드시 작위에 한하지 아니하고, 피공갈자가 외포심을 일으켜 묵인하고 있는 동안에 공갈자가 직접 재산상의 이익을 탈취하는 부작위로도 가능하다.
④ 부동산에 대한 공갈죄는 그 부동산의 소유권이전등기에 필요한 서류를 교부받은 때에 기수가 된다.

③ 재산상 이익의 취득으로 인한 공갈죄가 성립하려면 폭행 또는 협박과 같은 공갈행위로 인하여 피공갈자가 재산상 이익을 공여하는 처분행위가 있어야 한다. 물론 그러한 처분행위는 반드시 작위에 한하지 아니하고 부작위로도 족하여서, 피공갈자가 외포심을 일으켜 묵인하고 있는 동안에 공갈자가 직접 재산상의 이익을 탈취한 경우에도 공갈죄가 성립할 수 있다(대판 2012.1.27, 2011도16044).
① 공갈죄에 있어서 공갈의 상대방은 재산상의 피해자와 동일함을 요하지는 아니하나, 공갈의 목적이 된 재물 기타 재산상의 이익을 처분할 수 있는 사실상 또는 법률상의 권한을 갖거나 그러한 지위에 있음을 요한다(대판 2005.9.29, 2005도4738).

정답 41 ② 42 ② 43 ③

② 토지매도인이 그 매매대금을 지급받기 위하여 매수인을 상대로 하여 당해 토지에 관한 소유권이전등기 말소청구소송을 제기하고 위 대금을 변제받지 못하면 위 소송을 취하하지 아니하고 예고등기도 말소하지 않겠다는 취지를 알렸다고 하여 이를 지목하여 공갈행위라고 단정할 수는 없다(대판 1989.2.28, 87도690).

④ 부동산에 대한 공갈죄는 그 부동산에 관하여 소유권이전 등기를 경료받거나 또는 인도를 받은 때에 기수로 되는 것이고, 소유권이전등기에 필요한 서류를 교부 받은 때에 기수로 되어 그 범행이 완료되는 것은 아니다(대판 1992.9.14, 92도1506).

## 44 횡령죄에 관한 다음 설명 중 가장 적절하지 않은 것은?

① 부동산의 명의수탁자가 신탁자의 승낙 없이 甲앞으로 근저당권설정등기를 경료했다가 후에 그 말소등기를 신청함과 동시에 乙앞으로 소유권이전등기를 신청함에 따라 甲명의의 근저당권말소등기와 乙명의의 소유권이전등기가 순차 경료된 경우, 乙명의의 소유권이전등기를 경료해 준 행위는 별도의 횡령죄를 구성하지 않는다.

② 횡령죄에서 말하는 보관자의 지위는 부동산의 경우, 점유를 기준으로 할 것이 아니라 그 부동산을 제3자에게 유효하게 처분할 수 있는 권능의 유무를 기준으로 결정한다.

③ 부동산의 보관은 원칙으로 등기부상의 소유명의인에 대하여 인정되지만 등기부상의 명의인이 아니라도 소유자의 위임에 의거해서 실제로 타인의 부동산을 관리, 지배하면 부동산의 보관자라 할 수 있다.

④ 포주가 윤락녀와 사이에 윤락녀가 받은 화대를 포주가 보관하였다가 분배하기로 약정하고도 보관중인 화대를 임의로 소비한 경우 횡령죄가 성립한다.

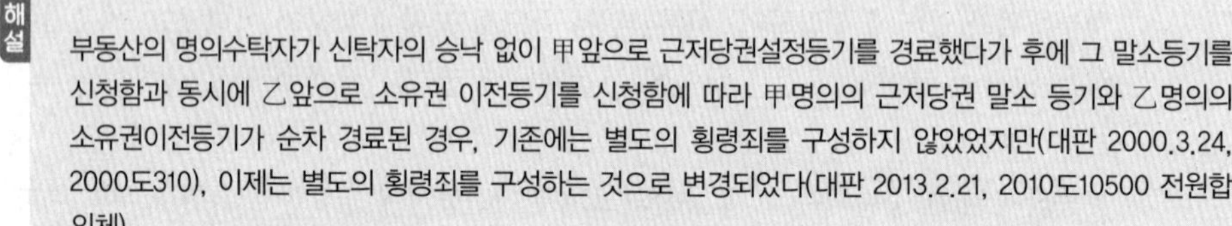

해설

부동산의 명의수탁자가 신탁자의 승낙 없이 甲앞으로 근저당권설정등기를 경료했다가 후에 그 말소등기를 신청함과 동시에 乙앞으로 소유권 이전등기를 신청함에 따라 甲명의의 근저당권 말소 등기와 乙명의의 소유권이전등기가 순차 경료된 경우, 기존에는 별도의 횡령죄를 구성하지 않았었지만(대판 2000.3.24, 2000도310), 이제는 별도의 횡령죄를 구성하는 것으로 변경되었다(대판 2013.2.21, 2010도10500 전원합의체).

## 45 다음 중 횡령죄에 대한 설명으로 옳지 않은 것은?

① 근로자는 운송회사로부터 일정액의 급여를 받으면서 당일 운송수입금을 전부 운송회사에 납입하고, 운송회사는 이를 월 단위로 정산하기로 하는 약정이 체결된 경우, 근로자가 운송수입금을 임의로 소비한 행위는 근로자가 사납금을 초과하는 수입금 일부를 배분받을 권리가 있더라도 횡령죄를 구성한다.

② 업무상횡령죄는 횡령죄와는 다르게 부진정신분범이다.

③ 점유이탈물횡령죄는 점유이탈물을 영득하는 것이므로 신뢰에 대한 배신이 없다.

④ 착오로 송금되어 입금된 돈을 임의로 인출하여 소비한 행위가 송금인과 피고인 사이에 별다른 거래관계가 없는 경우는 횡령죄에 해당하지 않는다.

해설

④ 어떤 예금계좌에 돈이 착오로 잘못 송금되어 입금된 경우에는 그 예금주와 송금인 사이에 신의칙상 보관관계가 성립한다고 할 것이므로, 피고인이 송금 절차의 착오로 인하여 피고인 명의의 은행 계좌에 입금된 돈을 임의로 인출하여 소비한 행위는 횡령죄에 해당하고, 이는 송금인과 피고인 사이에 별다른 거래관계가 없다고 하더라도 마찬가지이다[대판 2010.12.09. 선고 2010도891(인정된 죄명 : 점유이탈물횡령)].

① 대판 2014.04.30. 선고 2013도8799

② 횡령죄는 그 행위주체가 '타인의 재물을 보관하는 자'에 한정되는 진정신분범이고, 업무상 횡령죄는 횡령죄에 대하여 책임이 가중되는 범죄유형으로서 부진정신분범에 속한다. 그러므로 업무상 횡령죄는 진정신분범의 성격과 부진정신분범의 성격을 동시에 가지고 있다고 보아야 한다.

③ 횡령죄는 위탁관계를 배신하고 타인의 재물을 영득하는 것임에 비하여 점유이탈물횡령죄는 신뢰에 대한 배신이 없다는 점에서 구별된다.



## 46 횡령죄가 성립하지 않는 경우는?(다툼이 있는 경우 판례에 의함)

① 자기 명의의 계좌에 추가로 송금된 3억 2,000만원이 피해자 측에서 착오로 송금한 것이라는 사실을 알면서도 그 금액을 다른 계좌로 이체하는 등 임의로 사용하였다.

② 부동산에 관하여 신탁자가 수탁자와 명의신탁약정을 맺고 신탁자가 매매계약의 당자자가 되어 매도인과 매매계약을 체결하되 다만 등기를 매도인으로부터 수탁자 앞으로 직접 이전하는 방법으로 명의신탁을 하였는데, 명의수탁자가 그 부동산을 임의로 처분하였다.

③ 종중의 회장으로부터 담보 대출을 받아달라는 부탁과 함께 종중 소유의 임야를 이전받은 자가 임야를 담보로 금원을 대출받아 임의로 사용하고 자신의 개인적인 대출금 채무를 담보하기 위하여 임야에 근저당권을 설정하였다.(단, 임야를 이전받는 과정에서 적법한 종중총회의 결의는 없었음)

④ 임야의 진정한 소유자와는 전혀 무관하게 신탁자로부터 임야 지분을 명의신탁받아 지분이전등기를 경료한 수탁자가 신탁받은 지분을 임의로 처분하였다.

정답 44 ① 45 ④ 46 ④

④의 경우 횡령죄가 성립하지 않는다.

[1] 횡령죄의 주체는 타인의 재물을 보관하는 자이어야 하고, 여기서 보관이라 함은 위탁관계에 의하여 재물을 점유하는 것을 의미하므로, 결국 횡령죄가 성립하기 위하여서는 그 재물의 보관자가 재물의 소유자(또는 기타의 본권자)와 사이에 법률상 또는 사실상의 위탁신임관계가 존재하여야 하고, 또한 부동산의 경우 보관자의 지위는 점유를 기준으로 할 것이 아니라 그 부동산을 제3자에게 유효하게 처분할 수 있는 권능의 유무를 기준으로 결정하여야 하므로, 원인무효인 소유권이전등기의 명의자는 횡령죄의 주체인 타인의 재물을 보관하는 자에 해당한다고 할 수 없다.

[2] 임야의 진정한 소유자와는 전혀 무관하게 신탁자로부터 임야 지분을 명의신탁받아 지분이전등기를 경료한 수탁자가 신탁받은 지분을 임의로 처분한 사안에서, 소유자와 수탁자 사이에 위 임야 지분에 관한 법률상 또는 사실상의 위탁신임관계가 성립하였다고 할 수 없고, 또한 어차피 원인무효인 소유권이전등기의 명의자에 불과하여 위 임야지분을 제3자에게 유효하게 처분할 수 있는 권능을 갖지 아니한 수탁자로서는 위 임야 지분을 보관하는 자의 지위에 있다고도 할 수 없으므로, 그 처분행위가 신탁자에 대해서나 또는 소유자에 대하여 위 임야지분을 횡령한 것으로 된다고 할 수 없다(대판 20078.5.31. 선고 2007도1082).

## 47 다음 중 배임죄의 성립에 해당하지 않는 것은?

① 열차 차장이 운송 중인 석탄을 매각처분한 경우
② 재산관리인이 재산을 소비한 경우
③ 창고업자가 화물상환증 없이 보관품을 반환한 경우
④ 조합이사가 사적 목적을 위하여 조합채권을 양도한 경우

배임죄는 타인의 사무를 처리하는 자가 그 임무에 위배하는 행위로서 재산상의 이익을 취득하거나 또는 제3자로 하여금 이를 취득하게 하여 본인에게 손해를 가함으로써 성립하는 범죄이다. ①의 경우에는 횡령죄가 성립한다.

## 48 다음 중 배임죄와 횡령죄의 공통점이 아닌 것은?

① 불법영득의사를 요한다.
② 타인에 대한 신임관계를 배반한다.
③ 객체는 재물이다.
④ 진정신분범이다.

배임죄의 객체는 재산상의 이익만을 말하며, 횡령죄의 객체는 재물만을 말한다.

**49** **형법상 배임수재죄 및 배임증재죄에 관한 다음 설명 중 옳은 것(○)과 옳지 않은 것(×)을 올바르게 조합한 것은?(다툼이 있는 경우 판례에 의함)**

> ㉠ 배임수증재죄에 있어서 '부정한 청탁'이라 함은 청탁이 사회상규와 신의성실의 원칙에 반하는 것을 말하고 이를 판단함에 있어서는 청탁의 내용과 이와 관련되어 교부받거나 공여한 재물의 액수, 형식, 보호법익인 사무처리자의 청렴성 등을 종합적으로 고찰하여야 하며 그 청탁이 반드시 명시적임을 요하는 것은 아니다.
> ㉡ 배임수재죄에서 말하는 '재산상 이익의 취득'이라 함은 현실적인 취득만을 의미하므로 단순한 요구 또는 약속만을 한 경우에는 배임수재죄의 기수로 처벌하지 못한다.
> ㉢ 배임수재죄는 타인의 사무를 처리하는 자가 그 임무에 관하여 부정한 청탁을 받고 재물 또는 재산상의 이익을 취득함으로써 성립되고 청탁에 따른 일정한 행위가 현실적으로 행하여질 것을 요하지 않는다.
> ㉣ 규정이 허용하는 범위 내에서 최대한의 선처를 바란다는 청탁을 받고 그 사례로 금품을 수수한 경우 배임수재죄의 '부정한 청탁'에 해당된다.

① ㉠ (○), ㉡ (○), ㉢ (○), ㉣ (○)
② ㉠ (○), ㉡ (×), ㉢ (○), ㉣ (×)
③ ㉠ (×), ㉡ (○), ㉢ (○), ㉣ (○)
④ ㉠ (○), ㉡ (○), ㉢ (○), ㉣ (×)

㉠ (O) 대판 2007.10.2, 2007도4702
㉡ (O) 대판 1999.1.29, 98도4182
㉢ (O) 대판 1987.11.24, 87도1560
㉣ (×) 형법 제357조 제1항 소정의 배임수재죄는 뇌물수수죄와 달리 재물 또는 이익을 공여하는 사람과 취득하는 사람 사이에 부정한 청탁이 개재되지 않는 한 성립하지 않는다고 할 것인데, 여기서 '부정한 청탁'이라 함은 사회상규 또는 신의성실의 원칙에 반하는 것을 내용으로 하는 청탁을 의미하고, 그 청탁이 반드시 명시적임을 요하는 것은 아니지만, 청탁한 내용이 단순히 규정이 허용하는 범위 내에서 최대한의 선처를 바란다는 내용에 불과하다면 사회상규에 어긋난 부정한 청탁이라고 볼 수 없고, 따라서 이러한 청탁의 사례로 금품을 수수한 것은 배임수재에 해당하지 않는다(대판 2006.3.24, 2005도6433)



정답 47 ① 48 ③ 49 ④

**50** 다음 중 장물에 속하지 않는 것을 모두 고른 것은?

> ㉠ 장물인 돈으로 매입한 다이아몬드
> ㉡ 장물의 복사물
> ㉢ 타인의 현금카드로 현금지급기에서 인출한 현금
> ㉣ 집에서 훔친 엄마의 목걸이
> ㉤ 장물인 귀금속을 녹여 만든 금괴

① ㉠, ㉡
② ㉡, ㉣
③ ㉠, ㉤
④ ㉢, ㉤

장물인 돈으로 매입한 재물이나 장물의 복사물은 재물의 동일성을 충족하지 못하여 장물이 아니다.

**51** 甲은 10만원짜리 자기앞수표 10장을 훔친 후 이를 은행에 예금하였다가 다음날 현금 50만원을 찾았다. 이 경우 현금 50만원의 장물성 여부에 대한 판례의 입장을 설명한 것으로 가장 적절한 것은?

① 수표와 현금의 물리적 동일성이 없으므로 현금은 장물이 아니다.
② 수표와 현금의 물리적 동일성이 유지되므로 현금은 장물이다.
③ 수표와 현금의 가치적 동일성이 인정되므로 현금은 장물이다.
④ 수표와 현금의 가치적 동일성이 없으므로 현금은 장물이 아니다.

장물인 현금을 금융기관에 예금의 형태로 보관하였다가 이를 반환받기 위하여 동일한 액수의 현금을 인출한 경우에 예금계약의 성질상 인출된 현금은 당초의 현금과 물리적인 동일성은 상실되었지만 액수에 의하여 표시되는 금전적 가치에는 아무런 변동이 없으므로 장물로서의 성질은 그대로 유지된다(대판 2000.3.10, 98도2579).

**52** 장물죄에 대한 필요적 감면사유가 되는 장물범과 피해자 사이의 관계로 옳지 않은 것은?

① 직계혈족
② 배우자
③ 동거하지 않는 친족
④ 호 주

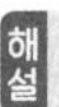
동거하지 않는 친족이 아닌 동거친족은 필요적 감면사유에 해당된다.

## 53 다음 〈보기〉의 밑줄 친 부분에 해당하는 내용으로 옳지 않은 것은?

> 제366조(재물손괴 등) 타인의 ㉠ 재물, ㉡ 문서 또는 전자기록 등 특수매체기록을 ㉢ 손괴 또는 은닉 ㉣ 기타 방법으로 기 효용을 해한 자는 3년 이하의 징역 또는 700만원 이하의 벌금에 처한다.

① ㉠은 유체물뿐만 아니라 관리가능한 동력도 포함된다.
② ㉡은 사문서만 해당된다.
③ ㉢의 사례로 우물에 오물을 넣어 물을 오염시킨 행위를 들 수 있다.
④ ㉣의 사례로 앵무새에게 욕을 가르치는 행위를 들 수 있다.

문서는 사문서와 공문서 모두 해당된다.

## 54 다음 중 경계침범죄에 관한 설명으로 가장 옳지 않은 것은?(다툼이 있는 경우 판례에 의함)

① 형법 제370조 경계침범죄에서 말하는 경계는 법률상의 정당한 경계임을 요한다.
② 경계표는 토지의 경계를 확정하기 위해 토지에 설치한 공작물, 입목, 표지 등을 말한다.
③ 경계침범죄의 경계는 당사자의 명시적 혹은 묵시적 합의에 의하여 정하여진 것이면 족하다.
④ 경계표를 손괴, 이동 또는 제거하는 등의 방법으로 토지의 경계를 인식할 수 없게 하는 행위이다.

형법 제370조에서 말하는 경계는 반드시 법률상의 정당한 경계를 말하는 것이 아니고 비록 법률상의 정당한 경계에 부합되지 아니하는 경계라고 하더라도 이해관계인들의 명시적 또는 묵시적 합의에 의하여 정하여진 것이면 이는 이 법조에서 말하는 경계라고 할 것이다. 형법 제370조에서 말하는 경계표는 그것이 어느 정도 객관적으로 통용되는 사실상의 경계를 표시하는 것이라면 영속적인 것이 아니고 일시적인 것이라도 이 죄의 객체에 해당한다(대판 1999.4.9, 99도480).



정답 50 ① 51 ③ 52 ③ 53 ② 54 ①

## 55 다음 경계침범죄에 관한 설명으로 가장 옳지 않은 것은?(다툼이 있는 경우 판례에 의함)

① 경계침범죄는 토지의 경계에 관한 권리관계의 안정을 확보하여 사권을 보호하고 사회질서를 유지하려는 데 그 목적이 있다.

② 토지의 경계는 토지에 관한 사법상의 권리(소유권・지상권 등)의 범위를 표시하는 경계뿐 아니라 공법상의 관계에 기하는 토지의 경계도 포함한다.

③ 법률상의 정당한 경계에 부합되지 아니하는 경계라고 하더라도 이해관계인들의 명시적 또는 묵시적 합의에 의하여 정하여진 것이면 족하다.

④ 경계를 침범하고자 하는 행위는 있었지만 그 행위로 인하여 토지경계 인식불능의 결과가 발생하지 않은 경우에도 경계침범죄가 성립될 수 있다.

해설

경계침범죄는 어떠한 행위에 의하여 토지의 경계가 인식불능하게 됨으로써 비로소 성립되는 것이어서, 경계를 침범하고자 하는 행위가 있었다 하더라도 그 행위로 인하여 토지경계 인식불능의 결과가 발생하지 않는 한 경계침범죄가 성립될 수 없다(대판 1992. 12. 8. 92도1682).

## 56 다음 설명 중 옳지 않은 것은?(다툼이 있는 경우 판례에 의함)

① 주식회사의 대표이사가 그 지위에 기하여 그 직무집행행위로서 타인이 점유하는 위 회사의 물건을 취거한 경우 위 회사의 물건은 권리행사방해죄에 있어서의 '자기의 물건'에 해당한다.

② 권리행사방해죄에 있어서 '물건'은 경제적 가치를 요한다.

③ 점유강취죄는 폭행 또는 협박으로 타인의 점유에 속하는 자기의 물건을 강취하는 죄이다.

④ 강제집행면탈죄는 강제집행을 면할 목적으로 재산을 은닉, 손괴, 허위양도 또는 허위의 채무를 부담하여 채권자를 해하는 행위이다.

해설

권리행사방해죄에 있어서 '물건'은 경제적 가치를 요하지 않는다.

# 제2장 사회적 법익에 대한 죄

## 1 공공의 안전과 평온에 대한 죄

**01** **다음 중 폭발물사용죄에 관한 설명으로 옳은 것은?**

① 폭발물을 사용하여 사람의 생명, 신체 또는 재산을 해하거나 폭발물을 협박의 수단으로 사용한 행위를 처벌한다.

② 폭발물은 화약, 화염병, 다이너마이트, 폭탄 등이다.

③ 미수범을 처벌한다.

④ 선동은 처벌하나 예비·음모는 처벌하지 않는다.

해설

① 폭발물을 사용하여 사람의 생명, 신체 또는 재산을 해하거나 기타 공안을 문란하게 한 행위를 말한다. 폭발물을 협박의 수단으로 사용한 행위는 이 죄에 속하지 않는다.

② 화염병은 폭발물에 해당하지 않는다.

④ 예비, 음모, 선동 모두 처벌한다.

**02** **다음 중 방화의 죄에 관한 설명으로 옳지 않은 것은?**

① 방화범이 자기 가족과 살고 있는 집에 방화한 경우에는 현주건조물 등 방화죄가 성립된다.

② 방화범이 혼자 살고 있는 집에 방화한 경우에는 일반건조물 방화죄가 성립된다.

③ 국가 또는 공공단체 등이 사용하는 건물을 소훼한 경우는 공용건조물 방화죄가 성립된다.

④ 집 안의 가구에 불이 붙은 경우 방화죄의 기수가 된다.

해설

목적물로부터 분리할 수 있는 가구에 불이 붙은 것만으로는 연소라고 할 수 없다. 건조물의 지붕, 천장, 벽 등 목적물 자체에 불이 붙어야 기수가 된다.



정답 55 ④ 56 ② / 01 ③ 02 ④

## 03 방화와 실화의 죄에 대한 설명으로 가장 옳지 않은 것은?(다툼이 있는 경우 판례에 의함)

① 방화죄의 주된 보호법익은 공공의 안전으로서 방화죄의 기본적 성격은 공공위험죄이지만 부차적으로는 개인의 재산도 보호법익에 포함된다.

② 현주건조물방화죄 · 공용건조물방화죄는 추상적 위험범이고, 타인소유 일반건조물방화죄 · 일반물건방화죄는 구체적 위험범이다.

③ 매개물에 발화된 때에는 아직 목적물인 건조물에 불이 옮겨 붙지 아니하였더라도 방화죄의 미수범이 성립한다.

④ 불이 매개물을 떠나 목적물에 옮겨 붙어 독립하여 연소할 수 있는 상태에 이르렀을 때 방화죄는 기수가 된다.

② 현주건조물방화죄 · 공용건조물방화죄 · 타인소유 일반건조물방화죄는 추상적 위험범이다.
① 대판 1983.1.18, 82도2341
③ 대판 2002.3.26, 2001도6641
④ 대판 1970.3.24, 70도330

## 04 다음 방화죄에 관한 설명으로서 가장 옳지 않은 것은?(다툼이 있는 경우 판례에 의함)

① 방화죄 중 구체적 위험범과 추상적 위험범을 구별하는 실익은 구체적 위험범에 있어서는 '구체적 위험의 인식과 발생'이 없으면 당해 범죄가 기수가 될 수 없다는 점에 있다.

② 한 번의 방화로 수개의 현주건조물을 소훼한 경우 하나의 현주건조물방화죄가 된다.

③ 방화죄는 공공 위험범이면서도 재산죄의 속성을 가지므로 목적물의 경제적 효용이 상실된 때에 기수가 된다는 것이 판례의 입장이다.

④ 방화죄는 공공의 안전을 보호법익으로 하므로 행위객체의 수가 아니라 보호법익을 기준으로 죄수가 결정된다.

방화죄는 화력이 매개물을 떠나 스스로 연소할 수 있는 상태에 이르렀을 때에 기수가 되고 반드시 목적물의 중요 부분이 소실하여 그 본래의 효용을 상실한 때라야만 기수가 되는 것이 아니라고 할 것이다(대판 1970.3.24, 70도330).

**05** **일반교통방해죄에 대한 내용으로 옳지 않은 것은?**

① 불특정 다수인의 통행로로 이용되어 오던 도로의 토지 일부의 소유자라고 하더라도 그 도로의 중간에 바위를 놓아두거나 이를 파헤침으로써 통행을 못하게 한 행위는 일반교통방해죄에 해당한다.

② 소수인이 통행에 사용하던 도로라도 교통방해죄의 성립에는 영향이 없으므로, 주민들에 의하여 공로로 통하는 유일한 통행로로 오랫동안 이용되어 온 폭 2m의 골목길을 자신의 소유라는 이유로 폭 50 내지 75cm 가량만 남겨두고 담장을 설치하여 주민들의 통행을 현저히 곤란하게 하였다면 일반교통방해죄를 구성한다.

③ 이 죄의 교통방해라 함은 기차, 전차, 자동차의 교통을 방해하는 행위이다.

④ 일반교통방해죄의 객체는 육로, 수로, 교량이며 육로에는 터널이 포함된다.

해설 기차, 전차, 자동차, 선박 또는 항공기의 교통방해죄에 해당하는 교통방해이다(형법 제186조).



## 2 공공의 신용에 대한 죄

**06** **사회적 법익에 관한 죄 중에서 공공의 신용에 관한 죄는?**

① 공안을 해하는 죄 ② 폭발물에 관한 죄

③ 실화죄 ④ 사문서위조죄

공공의 신용에 관한 죄는 통화, 유가증권, 문서, 인장 등을 위조·변조하거나 위조·변조한 것을 행사하는 범죄 등이 있다.

**07** **다음 중 문서위조죄의 문서에 해당하지 않는 것은?**

① 의사의 진단서

② 주민등록증

③ 실재하지 않는 공무소 명의의 문서

④ 명의인은 없으나 법률상 중요한 문서

해설 문서는 의견표시이므로 작성명의인이 있어야 하며 명의인이 없는 문서는 문서에 관한 죄의 객체가 될 수 없다.

정답 03 ② 04 ③ 05 ③ 06 ④ 07 ④

## 08 문서에 관한 죄에 대한 다음 설명 중 가장 적절하지 않은 것은?(다툼이 있는 경우 판례에 의함)

① 甲은 A구청장에서 B구청장으로 전보되었다는 내용의 인사발령을 전화로 통보받은 후에 A구청장의 권한에 속하는 건축허가에 관한 기안용지의 결재란에 서명을 한 경우, 甲에게는 허위공문서작성죄가 성립한다.

② 피고인들이 A 등과 공모하여 부동산등기법에 의해 법무사가 주민등록증 등에 의하여 등기의무자가 본인인지 여부를 확인하고 작성하는 확인서면의 등기의무자란에 등기의무자 B 대신 A가 우무인을 날인하는 방법으로 확인서면을 작성한 다음 법무사를 통해 이를 교부받은 경우, 이를 피고인 등이 위조하였다고는 볼 수 없다.

③ 사문서위조나 공정증서원본 부실기재죄가 성립한 후, 사후 피해자의 동의 또는 추인 등의 사정으로 문서에 기재된 대로 효과의 승인을 받거나 등기가 실체적 권리관계에 부합하게 되었다 하더라도 이미 성립한 범죄에는 아무런 영향이 없다.

④ 종량제 쓰레기봉투에 인쇄할 부천시장 명의의 문안이 새겨진 필름을 제조하는 행위에 그친 경우에는 아직 위 시장 명의의 공문서인 종량제 쓰레기봉투를 위조하는 범행의 실행의 착수에 이르지 아니한 것으로서 공문서위조죄가 성립하지 않는다.

해설

A구청장이 B구청장으로 전보된 후 A구청장의 권한에 속하는 건축허가에 관한 기안용지의 결재란에 서명을 한 것은 **자격모용에 의한 공문서작성죄**를 구성한다(대판1993.4.27, 92도2688).

## 09 다음 설명 중 가장 적절한 것은?(다툼이 있는 경우 판례에 의함)

① 위조문서행사죄에서 행사라 함은 위조된 문서를 진정한 문서인 것처럼 그 문서의 효용방법에 따라 사용하는 것을 말하는데, 소송사기에서 위조된 문서를 법원에 제출하는 것은 이에 포함되지 않는다.

② 위조된 문서의 작성명의인은 위조문서행사죄의 상대방이 될 수 없다.

③ 위조사문서의 행사는 상대방으로 하여금 위조된 문서를 인식할 수 있는 상태에 둠으로써 기수가 되고, 상대방이 실제로 그 내용을 인식하여야 하는 것은 아니므로 위조된 문서를 우송한 경우에는 그 문서가 상대방에게 도달한 때에 기수가 된다.

④ 위조된 문서를 컴퓨터에 연결된 스캐너로 읽어 들여 파일로 이미지화한 다음 이를 전송한 사안에서, 타인에게 이메일로 보낸 파일은 문서에 해당하며 컴퓨터 화면상에서 이를 보게 하는 것은 위조문서의 행사에 해당한다.

③ 대판 2005.1.28, 2004도4663

① 위조문서행사죄에 있어서의 행사는 위조된 문서를 진정한 문서인 것처럼 타인에게 제시함으로써 성립하는 것이므로 위조된 매매계약서를 피고인으로부터 교부받은 변호사가 복사본을 작성하여 원본과 동일한 문서임을 인증한 다음 소장에 첨부하여 법원에 제출함으로써 위조문서행사죄는 성립된다(대판 1988.1.19, 87도1217).

② 위조문서행사죄에 있어서의 행사는 위조된 문서를 진정한 것으로 사용함으로써 문서에 대한 공공의 신용을 해칠 우려가 있는 행위를 말하므로, 행사의 상대방에는 아무런 제한이 없고 위조된 문서의 작성 명의인이라고 하여 행사의 상대방이 될 수 없는 것은 아니다(대판 2005.1.28, 2004도4663).

④ 휴대전화 신규 가입신청서를 위조한 후 이를 스캔한 이미지 파일을 제3자에게 이메일로 전송한 사안에서, 이미지 파일 자체는 문서에 관한 죄의 '문서'에 해당하지 않으나, 이를 전송하여 컴퓨터 화면상으로 보게 한 행위는 이미 위조한 가입신청서를 행사한 것에 해당하므로 위조사문서행사죄가 성립한다(대판 2008.10.23, 2008도5200).



**10** **문서위조죄의 죄수와 관련된 설명으로 옳은 것은?(다툼이 있는 경우 판례에 의함)**

① 타인이 소유한 자기 명의의 사문서를 권한 없이 변경한 때에는 문서손괴죄가 성립할 뿐이다.

② 문서를 위조한 범인이 당해 문서를 행사한 경우에는 문서위조죄와 위조문서행사죄의 상상적 경합에 해당한다.

③ 문서위조죄의 죄수는 침해된 보호법익의 수를 기준으로 결정해야 한다.

④ 결재된 원안문서에 새로운 사항을 첨가하여 기재한 행위는 위조에 해당한다.

① 대판 1987.4.14, 87도177

② 피고인이 예금통장을 강취하고 예금자 명의의 예금청구서를 위조한 다음 이를 은행원에게 제출행사하여 예금인출금 명목의 금원을 교부받았다면 강도, 사문서위조, 동행사, 사기의 각 범죄가 성립하고 이들은 실체적 경합관계에 있다 할 것이다(대판 1991.9.10, 91도1722).

③ 문서에 2인 이상의 작성명의인이 있을 때에는 각 명의자마다 1개의 문서가 성립되므로 2인 이상의 연명으로 된 문서를 위조한 때에는 작성명의인의 수대로 수개의 문서위조죄가 성립하고 또 그 연명문서를 위조하는 행위는 자연적 관찰이나 사회통념상 하나의 행위라 할 것이어서 위 수개의 문서위조죄는 형법 제40조가 규정하는 상상적 경합범에 해당한다(대판 1987.7.21, 87도564).

④ 결재된 원안문서에 이미 기재되어 있음에도 이를 자세히 인정치 않고 단순히 결재 때 빠진 것으로 생각하고 가필 변경 할 권한이 없는 공무원이 원안에 없는 새로운 항을 만들어 중복되게 기재해 넣었다면 그 공문서를 변조한다는 인식이 있었다고 하지 않을 수 없다(대판 1970.12.29,70도116).

정답 08 ① 09 ③ 10 ①

**11** **사문서위조 · 변조죄에 대한 설명으로 가장 옳지 않은 것은?(다툼이 있는 경우 판례에 의함)**

① 대리권 · 대표권이 있는 자가 권한의 범위 내에서 단순히 권한을 남용하는 문서를 작성함에 불과한 경우에는 문서위조죄가 성립하지 않는다.

② 문서의 작성에는 작성자가 자필로 작성할 필요는 없고, 명의인의 착각을 이용하여 명의인으로 하여금 진의에 반하는 문서를 작성 · 서명하도록 하는 것과 같이 간접정범에 의한 위조도 가능하다.

③ 문서죄에 있어서 죄수는 문서의 수를 기준으로 정한다.

④ 위임인 명의의 백지문서에 위임의 취지에 반하여 백지를 보충하는 것은 위조에 해당한다.

해설

③ 문서에 2인 이상의 작성명의인이 있을 때에는 각 명의자마다 1개의 문서가 성립되므로 2인 이상의 연명으로 된 문서를 위조한 때에는 작성명의인의 수대로 수개의 문서위조죄가 성립하고 그 연명문서를 위조하는 행위는 자연적 관찰이나 사회통념상 하나의 행위라 할 것이므로 위 수개의 문서위조죄는 형법 제40조가 규정하는 상상적 경합범에 해당한다고 볼 것이다(대판 1987.7.21, 87도564).

① 대판 1983.4.12, 83도332

② 대판 2000.6.13, 2000도778

④ 대판 1984.6.12, 83도2408

**12** **공문서의 기안을 담당하는 공무원이 내용이 거짓인 문서를 만들어 그 사정을 모르는 상관의 결재를 받았다면 그 죄책은?**

① 허위공문서작성죄의 교사범

② 허위공문서작성죄의 간접정범

③ 공문서위조죄

④ 공정증서원본불실기재죄

해설

허위공문서작성죄는 공문서를 작성할 권한이 있는 공무원만이 정범이 될 수 있는 것이지만, 권한 있는 공무원을 보좌하는 공무원이 권한 있는 공무원을 기망하여 허위공문서를 작성토록 했다면 허위공문서작성죄의 간접정범을 인정하는 것이 판례이다(대판 1990.10.30, 90도1912).

**13** **사문서위조 · 변조죄에 관한 다음 설명 중 옳지 않은 것은 모두 몇 개인가?(다툼이 있는 경우 판례에 의함)**

> ㉠ 타인 명의의 문서를 위조하여 행사하였다고 하더라도 그 명의인이 실재하지 않는 허무인이거나 또는 문서의 작성일자 전에 이미 사망한 경우에는 사문서위조죄 및 동행사죄가 성립하지 않는다.
> ㉡ 사문서변조에 있어서 그 변조 당시 명의인의 명시적 · 묵시적 승낙 없이 한 것이면 변조된 문서가 명의인에게 유리하여 결과적으로 그 의사에 합치한다 하더라도 사문서변조죄의 구성요건을 충족한다.
> ㉢ 명의인을 기망하여 문서를 작성하게 하는 경우는 서명 · 날인이 정당히 성립된 경우에도 기망자는 명의인을 이용하여 서명 · 날인자의 의사에 반하는 문서를 작성하게 하는 것이므로 사문서위조죄가 성립한다.
> ㉣ 문서를 작성할 권한을 위임받지 아니한 문서기안자가 문서 작성권한을 가진 사람의 결재를 받은 바 없이 권한을 초과하여 문서를 작성하였다면 이는 사문서위조죄가 된다.

① 1개　　② 2개
③ 3개　　④ 4개

옳지 않은 지문은 ㉠ 1개이다.
㉠ 문서위조죄는 문서의 진정에 대한 공공의 신용을 그 보호법익으로 하는 것이므로 행사할 목적으로 작성된 문서가 일반인으로 하여금 당해 명의인의 권한 내에서 작성된 문서라고 믿게 할 수 있는 정도의 형식과 외관을 갖추고 있으면 문서위조죄가 성립하는 것이고, 위와 같은 요건을 구비한 이상 그 명의인이 실재하지 않는 허무인이거나 또는 문서의 작성일자 전에 이미 사망하였다고 하더라도 그러한 문서 역시 공공의 신용을 해할 위험성이 있으므로 문서위조죄가 성립한다고 봄이 상당하며, 이는 공문서뿐만 아니라 사문서의 경우에도 마찬가지라고 보아야 한다(대판 2005. 2.24, 2002도18 전원합의체).
㉡ 대판 1985.1.22, 84도2422
㉢ 대판 2000.6.13, 2000도778
㉣ 대판 1997.2.14, 96도2234

**14** **다음 중 공인등 위조 · 부정사용죄에 대한 설명으로 옳지 않은 것은?**

① 공무원 또는 공무소의 인장, 서명, 기명 또는 기호를 위조 또는 부정사용하는 죄이다.
② 공무원 또는 공무소에서 직무상 사용되는 모든 인장이 이 죄에 해당한다.
③ 위조란 권한 없이 타인의 인장, 서명, 기명, 기호를 작성 또는 기재하는 행위를 말한다.
④ 부정사용이란 진정한 인장, 서명 등을 권한 없이 사용하거나 권한 내의 사항에 사용하는 것을 말한다.

부정사용이란 진정한 인장, 서명 등을 권한 없이 사용하거나 권한 **외의** 사항에 사용하는 것을 말한다.

정답　11 ③　12 ②　13 ①　14 ④

# 제3장 국가적 법익에 대한 죄

## 1 위증과 증거인멸의 죄

**01** 다음 설명 중 적절하지 않은 것으로 묶인 것은?(다툼이 있는 경우 판례에 의함)

㉠ '선서'는 법률에 의하여 권한 있는 기관에 대한 선서이어야 한다.
㉡ 위증죄와 무고죄에서의 '허위'의 개념은 동일하다.
㉢ 증인이 허위진술을 하였더라도 그 신문이 끝나기 전에 그 진술을 철회한 경우는 위증이 되지 않는다.
㉣ 피고인이 선서무능력자로서 범죄현장을 목격하지도 못한 사람으로 하여금 범죄현장을 목격한 것처럼 허위의 증언을 하도록 한 경우에는 증거위조죄가 성립한다.

① ㉠, ㉡　　② ㉠, ㉢
③ ㉡, ㉢　　④ ㉡, ㉣

옳지 않은 지문은 ㉡, ㉣이다.
㉡ '무고죄의 허위'는 객관적 진실에 반하는 사실이며, '위증죄의 허위'는 자신의 기억에 반하는 사실로 본다.
㉣ 형법 제155조 제1항에서 타인의 형사사건에 관하여 증거를 위조한다는 것은 증거 자체를 위조하는 것을 말하는 것으로서, 선서무능력자로서 범죄현장을 목격하지도 못한 사람으로 하여금 형사법정에서 범죄현장을 목격한 양 허위의 증언을 하도록 하는 것은 위 조항이 규정하는 증거위조죄를 구성하지 않는다(대판 1998.2.10, 97도2961).

**02** 위증죄에 관한 설명 중 가장 적절하지 않은 것은?(다툼이 있는 경우 판례에 의함)

① 타인으로부터 전해들은 금품전달사실을 마치 증인 자신이 전달한 것처럼 진술한 경우 위증죄가 성립한다.
② 전 남편에 대한 음주운전사건의 증인으로 법정에 출석한 전처가 증언거부권을 고지받지 않은 채 적극적으로 허위진술을 한 경우, 증언거부권을 고지받지 못했다 하더라도 이로 인하여 증언거부권이 사실상 침해당한 것으로 평가할 수 없다면 위증죄가 성립된다.
③ 위증죄에 있어서의 허위의 진술이란 증인이 자기의 기억에 반하는 사실을 진술하는 것을 말하는 것이므로 그 내용이 객관적 사실과 부합한다고 하여도 위증죄는 성립한다.
④ 제3자가 심문절차로 진행되는 가처분신청 사건에서 증인으로 출석하여 선서를 하고 허위의 진술을 한 경우 위증죄가 성립한다.

④ 가처분 사건이 변론절차에 의하여 진행될 때에는 제3자를 증인으로 선서하게 하고 증언을 하게 할 수 있으나 심문절차에 의할 경우에는 법률상 명문의 규정도 없고, 또 구 민사소송법의 증인신문에 관한 규정이 준용되지도 아니하므로 선서를 하게하고 증언을 시킬 수 없다고 할 것이고, 따라서 제3자가 심문절차로 진행되는 가처분신청 사건에서 증인으로 출석하여 선서를 하고 진술함에 있어서 허위의 공술을 하였다고 하더라도 그 선서는 법률상 근거가 없어 무효라고 할 것이므로 위증죄는 성립하지 않는다(대판 2003.7.25, 2003도180).

① 대판 1990.5.8, 90도448

② 대판 2010.2.25, 2007도6273

③ 대판 1989.1.17, 88도580

## 03 국가적 법익에 대한 죄에 관한 설명으로 옳지 않은 것은?

① 위증죄와 모해위증죄는 친족 간의 특례규정이 적용되지 않는데 반하여 증거인멸죄와 증인은닉・도피죄는 친족 간의 특례가 적용된다.

② 허위감정・통역・번역죄의 주체는 법률에 의하여 선서한 감정인, 통역인, 번역인이다.

③ 증거인멸죄의 객체는 타인의 형사・민사 사건과 징계에 관한 증거이다.

④ 증거인멸죄에서 '인멸'이란 증거 자체를 없애는 것뿐만 아니라 증거의 가치를 멸실시키거나 감소시키는 행위를 포함한다.

증거인멸죄의 객체는 타인의 형사사건과 징계에 관한 증거만 해당하며, 민사・행정・선거사건 증거는 이에 해당하지 않는다.

## 04 위증과 증거인멸의 죄에 관한 설명으로 옳지 않은 것은?

① 위증죄는 주체가 법률에 의하여 선서한 증인으로 진정신분범이다.

② 모해위증죄는 형사사건 또는 징계사건에 대하여 피고인, 피의자 또는 징계혐의자를 모해할 목적으로 위증의 죄를 범하는 것이다.

③ 위증죄와 모해위증죄 모두 미수범처벌 규정이 있으며, 자수・자백의 특례규정이 적용되지 않는다.

④ 증거인멸죄의 실행행위는 증거를 인멸, 은닉, 위조, 변조 또는 사용하는 것이다.

위증죄와 모해위증죄 모두 미수범처벌 규정이 없으며, 친족 간의 특례규정도 적용되지 않는다. 다만, 자수・자백의 특례규정은 적용된다.

정답 01 ④ 02 ④ 03 ③ 04 ③

## 05 위증과 증거인멸의 죄에 관한 설명으로 옳지 않은 것은?

① 증인은닉・도피죄는 형사사건 또는 징계사건에 관한 증인을 은닉 또는 도피하게 함으로써 성립하는 범죄이다.

② 위증죄에서 선서가 유효하기 위해서는 법률에 의하여 권한있는 기관에 대한 선서여야 하므로 검사, 사법경찰관에 대한 선서는 유효하다.

③ 허위감정・통역・번역죄는 진정신분범으로 법률에 의하여 선서한 감정인, 통역인 또는 번역인이 주체가 된다.

④ 타인을 교사하여 자기의 형사사건 또는 징계사건에 관한 증거를 인멸하는 등의 행위를 할 경우 증거인멸죄의 교사범이 성립한다.

해설

선서가 유효하기 위해서는 법률에 의하여 권한있는 기관에 대한 선서여야 하므로 검사, 사법경찰관에 대한 선서는 무효이다.

### 2 무고의 죄

## 06 무고죄에 관한 다음 설명 중 가장 적절하지 않은 것은?(다툼이 있는 경우 판례에 의함)

① 고소당한 범죄가 유죄로 인정되는 경우에, 고소를 당한 사람이 자신을 고소한 사람에 대하여 '고소당한 죄의 혐의가 없는 것으로 인정된다면 고소인이 자신을 무고한 것에 해당하므로 고소인을 처벌해 달라'는 내용의 고소장을 수사기관에 제출하였다면 자신의 결백을 주장하기 위한 것이므로 무고죄의 범의를 인정하기 어렵다.

② 피고인이 위조수표에 대한 부정수표단속법 제7조의 고발의무가 있는 은행원을 도구로 이용하여 수사기관에 고발하게 하고, 이어 수사기관에 대하여 특정인을 위조자로 지목한 경우, 이는 사법경찰관의 질문에 답변으로 한 것이라 할지라도 자발성이 인정되어 무고죄가 성립한다.

③ 피고인이 허위사실을 신고하였지만 신고된 범죄사실에 대한 공소시효가 완성되었음이 신고내용 자체에 의하여 분명한 경우 무고죄가 성립하지 않는다.

④ 신고사실의 진실성을 인정할 수 없다는 소극적 증명만으로 곧 그 신고사실이 객관적 진실에 반하는 허위사실이라고 단정하여 무고죄의 성립을 인정할 수는 없다.

무고죄의 허위신고에 있어서 다른 사람이 그로 인하여 형사처분 또는 징계처분을 받게 될 것이라는 인식이 있으면 족하므로, 고소당한 범죄가 유죄로 인정되는 경우에, 고소를 당한 사람이 고소인에 대하여 '고소당한 죄의 혐의가 없는 것으로 인정된다면 고소인이 자신을 무고한 것에 해당하므로 고소인을 처벌해 달라'는 내용의 고소장을 제출하였다면 설사 그것이 자신의 결백을 주장하기 위한 것이라고 하더라도 방어권의 행사를 벗어난 것으로서 고소인을 무고한다는 범의를 인정할 수 있다(대판 2007.3.15, 2006도9453).

**07** **다음 무고죄에 관한 설명 중 가장 적절하지 않은 것은?(다툼이 있는 경우 판례에 의함)**

① 금원을 대여한 甲은 차용금을 갚지 않은 乙을 '乙이 변제의사와 능력도 없이 차용금 명목으로 돈을 편취하였으니 사기죄로 처벌하여 달라'는 내용으로 고소하면서, 대여금의 용도에 관하여 '도박자금'으로 빌려준 사실을 감추고 '내비게이션 구입에 필요한 자금'이라고 허위 기재하였다. 甲이 차용금의 '용도'를 사실과 달리 기재한 사정만으로는 무고죄의 '허위사실 신고'에 해당하지 않는다.

② 甲이 변호사 乙로 하여금 징계처분을 받게 할 목적으로 서울지방변호사회에 허위내용의 진정서를 제출한 경우 甲에 대하여는 무고죄가 성립한다.

③ 甲이 허위내용의 고소장을 경찰관에게 제출한 후 나중에 그 고소장을 되돌려 받았다 하더라도 무고죄의 성립에 아무런 영향이 없다.

④ 고소인 자신이 상대방의 범행에 공범으로 가담했음에도 불구하고 이를 숨긴 채 상대방만을 고소한 경우에는 무고죄가 성립한다.

**해설**

피고인 자신이 상대방의 범행에 공범으로 가담하였음에도 자신의 가담 사실을 숨기고 상대방만을 고소한 경우, 피고인의 고소 내용이 상대방의 범행 부분에 관한 한 진실에 부합하므로 이를 허위의 사실로 볼 수 없고, 상대방의 범행에 피고인이 공범으로 가담한 사실을 숨겼다고 하여도 그것이 상대방에 대한 관계에서 독립하여 형사처분 등의 대상이 되지 아니할뿐더러 전체적으로 보아 상대방의 범죄사실의 성립 여부에 직접 영향을 줄 정도에 이르지 아니하는 내용에 관계되는 것이므로 무고죄가 성립하지 않는다(대판 2008.8.21, 2008도3754).



정답 05 ② 06 ① 07 ④

SECTION

# II 형사소송법

## 제1장 형사소송법의 의의

### 1 형사소송법의 의의와 법원

**01** 다음 중 형사절차법에 해당하는 것은?

① 형 법
② 형사소송법
③ 행정쟁송법
④ 특정범죄가중처벌 등에 관한 법률

해설 형사소송법은 실체법인 형법의 적용, 실현을 목적으로 하는 절차에 관한 법이다.

**02** 다음 형사소송법에 관한 설명으로 옳지 않은 것은?

① 형사소송법은 형법을 구체적인 사건에 적용하여 실현하기 위한 형사소송절차를 규율하는 법률을 의미한다.
② 형사소송법도 형법과 마찬가지로 형사사법의 정의(正義)를 지향한다.
③ 형사소송법은 국가형벌권의 발생조건과 그 내용 및 법적효과에 관한 법률이다.
④ 민사분쟁의 해결은 반드시 민사소송법이 정한 절차에 따를 것을 요하지 않는데 반하여 형법은 형사절차에 의하지 않고는 실현될 수 없다.

해설 ③은 형법에 관한 설명이다. 형사소송법은 형사법에 있어서의 정의를 실현하기 위한 법률을 의미하는 것으로 형사절차 법정주의를 따른다.

**03** **다음 형사소송법의 성격에 관한 설명으로 옳지 않은 것은?**

① 형사소송법은 국가의 사법작용의 행사방법을 규정하는 법규로서 사법법에 속한다.
② 수사절차에서는 법적 안정성의 원리가, 공판절차에서는 합목적성의 원리가 특히 강조된다.
③ 형사소송법은 형법과 함께 형사법에 속한다.
④ 형사소송법은 형법을 적용・실현시키는 절차법이다.

해설 형사소송법은 사법법의 이념인 법적 안정성의 원리에 지배를 받으며, 수사절차・형집행절차에 있어서는 합목적성이 특히 강조된다.

**04** **다음 형사소송법에 관한 설명으로 옳은 것은?**

① 절차법으로 윤리적・도덕적 성격이 강하다.
② 평균적 정의가 지배한다.
③ 기본적으로 합목적성의 원리가 지배한다.
④ 전체와 부분사이의 배분적 정의의 실현을 목적으로 한다.

해설
④ 형사소송법은 공법이므로 배분적 정의와 법적 안정성이 강하게 작용한다.
① 형사소송법이 법적 절차를 규정하고 있는 것은 맞으나 윤리적・도덕적 성격을 내포하고 있다는 것은 옳지 않은 설명에 해당한다. 이는 형법이 내포하는 성격이라 볼 수 있다.
② 평균적 정의는 사적자치원칙이나 당사자 처분권주의를 원칙으로 삼는 민법의 지배원리이다.
③ 형법에 대한 설명이다. 형사소송법은 이러한 합목적 성격이 형법과는 달리 엄격하게 적용되지는 않는다.

**05** **형사소송법에 관한 설명으로서 가장 옳지 않은 것은?**

① 형법이 범죄자의 개선을 위한 형벌의 개별화를 추구하는 경우에 형사소송법에는 범죄자의 인격에 대한 조사절차가 마련될 필요가 있다.
② 형사소송법도 형법과 마찬가지로 형사사법의 정의(正義)를 지향한다.
③ 형법은 형사절차에 의하지 않고는 실현될 수 없다.
④ 형사소송법의 자율성과 독자성에 따라 형사소송법이 헌법의 기본원칙을 형사절차에 실현할 것이 요구되지는 않는다.



정답 01 ② 02 ③ 03 ② 04 ④ 05 ④

헌법에는 형사절차에 관한 제반사항 등을 규정하고 있는데 이는 당연히 형사절차에서 실현이 되어야만 하는 것들이다.

**06** **다음 중 형사소송법에 관한 설명으로 바르지 못한 것은?**

① 형사소송법은 형사소송절차를 규율하는 법률로 수사절차, 공판절차, 형집행절차로 구성된다.

② 형사절차 법정주의는 단순히 형식적 법정을 의미하는 것이다.

③ 형사소송법은 국가와 개인 간의 불평등 관계를 규율하는 공법이다.

④ 형사절차 법정주의란 형사절차는 국회에서 제정한 법률로써 규정하여야 한다는 원칙이다.

형사절차 법정주의는 단순히 형식적 법정을 의미하는 것이 아닌 법률에 규정된 형사절차가 실질적으로 공정한 재판의 이념에 일치하는 적정한 절차일 것을 요구하는 것이다.

**07** **우리나라의 형사소송법에 관한 설명으로 옳은 것은?**

① 형법의 적용 및 실현을 목적으로 하는 실체법이다.

② 공판절차뿐만 아니라 수사절차도 규정하고 있다.

③ 순수한 직권주의를 기본구조로 하고 있다.

④ 형식적 진실발견, 적정절차의 원칙, 신속한 재판의 원칙을 지도이념으로 한다.

① 형사소송법은 형법의 적용 및 실현을 목적으로 하는 절차법이다.
③ 우리나라 형사소송법은 당사자주의를 기본적인 소송구조로 삼고 형벌권의 적정 · 신속을 위하여 직권주의도 아울러 채택하여 당사자주의의 결함을 보충하고 있다(이견 있음).
④ 형식적 진실발견(×) → 실체적 진실주의(○)

**08** **다음 중 헌법에 명시된 규정으로 옳은 것은?**

① 증거보전청구권 ② 무죄추정의 원칙
③ 위법수집증거 배제법칙 ④ 불이익변경금지원칙

② 무죄추정의 원칙(헌법 제27조 제4항)
① 형사소송법 제184조
③ 형사소송법 제308조의2
④ 형사소송법 제368조

**09** **다음 중 헌법에 명시적으로 규정되어 있지 않은 것은?**

① 적법한 절차에 따르지 아니하고 수집한 증거는 증거로 할 수 없다.
② 모든 국민은 고문을 받지 아니하며 형사상 자기에게 불리한 진술을 강요당하지 아니한다.
③ 피고인의 자백이 고문·폭행·협박·구속의 부당한 장기화 또는 기망 기타의 방법에 의하여 자의로 진술된 것이 아니라고 인정될 때 또는 정식재판에 있어서 피고인의 자백이 그에게 불리한 유일한 증거일 때에는 이를 유죄의 증거로 삼거나 이를 이유로 처벌할 수 없다.
④ 형사피해자는 법률이 정하는 바에 의하여 당해 사건의 재판절차에서 진술할 수 있다.

①은 위법수집증거 배제법칙으로 형사소송법 제308조의2에 규정되어 있고, 나머지 ②·③·④는 모두 헌법에 규정된 형사절차에 해당한다.

## 2 형사사건의 처리절차

**10** **다음 형사사건 처리절차에 관한 설명으로 가장 옳지 않은 것은?**

① 형사절차는 크게 수사절차와 공판절차로 나뉘며, 수사절차는 검사가 주재하고 공판절차는 법원이 각각 주재한다.
② 수사절차에서는 공개주의·직접주의 등이 강조되며, 공판절차에서는 밀행성과 신속성이 강조된다.
③ 수사는 수사기관이 범죄의 혐의가 있다고 사료하는 때에 개시된다.
④ 수사는 공소절차의 전(前) 절차라는 점에서 소송조건의 결여로 공소제기의 가능성이 없을 때는 수사의 필요성도 부인된다.

수사절차에서는 밀행성과 신속성이 강조되며, 공판절차에서는 공개주의·직접주의 등이 강조된다.

정답 06 ② 07 ② 08 ② 09 ① 10 ②

**11** **다음 형사사건 처리절차에 관한 내용으로 가장 옳지 않은 것은?**

① 수사기관은 범죄의 혐의가 있다고 인식하는 때에는 범인, 범죄사실과 증거에 관하여 수사를 개시・진행하여야 한다.
② 사법경찰관은 모든 범죄의 수사에 있어서 검사의 지휘를 받아야 함이 타당하다.
③ 수사는 기본적으로 임의수사, 불구속수사를 원칙으로 하고 있다.
④ 수사기관은 법원의 영장에 의하지 아니하더라도 강제수사를 할 수 있다.

수사는 기본적으로 임의수사, 불구속수사를 원칙으로 하고 있으나 수사기관은 법원의 영장을 전제로 강제할 수 있다.

**12** **다음 수사에 관한 설명으로 옳지 않은 것은?**

① 수사는 기본적으로 임의수사, 불구속수사를 원칙으로 한다.
② 법원 또는 수사관의 형사절차에서 강제처분을 함에는 법원 또는 법관이 발부한 영장에 의하여야 하는데 이를 영장주의 원칙이라 한다.
③ 수사는 범죄혐의가 확인되지 않은 단계에서 수사기관이 범죄혐의를 확인하기 위하여 입건 전의 단계에서 수행하는 조사활동을 말한다.
④ 수사는 공소제기의 전(前)의 절차라는 점에서 소송조건의 결여로 공소제기의 가능성이 없을 때에는 수사의 필요성도 부인된다.

③은 내사에 관한 설명이다.

**13** **다음 중 수사에 관한 설명으로 가장 옳지 않은 것은?**

① 현행법에서는 사법경찰관이 범죄혐의가 있다고 인식하는 때에는 범인, 범죄사실과 증거에 관하여 수사를 개시・진행하도록 의무화하고 있다.
② 수사는 기본적으로 임의수사, 불구속수사를 원칙으로 하고 있으나, 수사기관은 법원의 영장을 전제로 강제수사를 할 수 있다.
③ 강제수사에는 대인적 강제처분으로 체포와 구속이 있고, 대물적 강제처분으로 압수, 수색, 검증 등이 있다.
④ 과학수사의 일종인 통신감청, 예금계좌추적 수사는 법원의 영장을 필요로 하지 않는다.

예외적인 경우를 제외하고는 강제수사시 법원 또는 법관이 발부한 영장을 반드시 필요로 한다. 다만, 일정한 경우에는 사후에라도 영장을 받도록 하고 있다.

**14** **다음 중 수사 절차에 관한 설명으로 가장 옳은 것은?**

① 대다수 형사사건은 사법경찰관이 수사개시 및 유지하고 있는 점을 감안하여 현행 형사소송법은 사법경찰관도 범죄의 혐의가 있다고 인식하는 때에는 범인, 범죄사실과 증거에 관하여 수사를 개시·진행하도록 의무화하였다.

② 수사는 기본적으로 임의수사, 불구속수사를 원칙으로 하고 있으나, 수사기관은 법원의 영장에 의하지 않고서도 강제수사를 할 수 있다. 강제수사에는 대인적 강제처분과 대물적 강제처분으로 나뉜다.

③ 수사가 종결되면 검사는 공소권 없음, 혐의 없음, 기소유예 등의 기소처분을 내릴 수 있다.

④ 검사가 공소를 제기하면 공판절차가 진행된다. 이때 국가를 대표하는 법원과 검사만이 소추를 전담하고 이를 국가소추주의라고 한다.

② 강제수사시 수사기관은 일정한 경우를 제외하고 반드시 법원의 영장에 의하여야 한다.
③ 공소권 없음, 혐의 없음, 기소유예 등은 불기소처분에 해당한다. 기소처분에는 구약식 처분과 구공판 처분이 있다.
④ 공소의 제기는 국가의 대표기관에 해당하는 검사만이 독점권을 행사한다. 이를 국가기소주의 또는 기소독점주의라고 한다.



정답 11 ④ 12 ③ 13 ④ 14 ①

# 제2장 소송의 주체와 관계자

## 1 소송의 주체

**01** 형사소송법상 소송주체가 아닌 것은?

① 검 사 ② 피고인
③ 변호인 ④ 법 원

소송의 주체란 검사, 법원, 피고인을 말하며 증인, 감정인, 수사기관(검사 제외), 피해자, 고소인, 고발인, 변호인 등은 소송관계인이라고 한다.

**02** 다음 소송의 주체에 관한 설명으로 옳은 것은?

① 소송주체에는 법원, 검사, 피고인, 변호인이 있다.
② 소송관계인은 소송당사자와 보조자를 포함한다.
③ 법원, 증인, 고소인도 소송관계인에 해당한다.
④ 소송관여자는 변호인, 증인, 고소인을 말한다.

해설

① 소송주체란 소송절차를 진행하는데 있어 주체적 지위를 가지고 이에 적극 관여하는 자로서 소송법적 권리와 의무의 귀속주체가 되는 자, 즉 법원, 검사, 피고인을 말한다.
③ 소송관계인이라 함은 소송당사자와 보조자를 합하여 일컫는데 소송당사자란 소송주체 가운데 재판을 받는 주체인 검사와 피고인을 말하며, 보조자는 소송주체의 행위를 보조하는 자로서 검사의 보조자인 사법경찰관리와 피고인의 보조자인 변호인, 보조인, 대리인을 가리킨다.
④ 소송관여자는 소송에 대한 적극적 형성력이 없는 증인, 감정인, 고소인, 고발인을 말한다.

**03** 다음 소송의 주체에 관한 설명으로 옳지 않은 것은?

① 재판권의 주체는 법원이다.
② 공소권의 주체는 검사이다.
③ 방어권의 주체는 피고인이다.
④ 소송주체에는 변호인도 포함된다.

해설

변호인은 소송주체의 소송행위를 보조하는 자로서 소송관계인의 보조자로 분류되며, 소송의 주체가 아니다.

**04** **다음 중 소송관계인이라 볼 수 없는 자는?**

① 검사와 피고인
② 사법경찰관리
③ 증인, 감정인, 고소인, 고발인
④ 보조인, 대리인, 변호인

해설 증인, 감정인, 고소인, 고발인은 소송에 대하여 적극적인 형성력이 없는 자들로 소송관여자에 해당한다.

## 2 법 원

**05** **다음 중 우리나라의 법원에 대한 설명으로 가장 적절하지 않은 것은?**

① 사법적 권한과 집행의 권한을 행사하는 국가기관을 말한다.
② 국법상 의미의 법원과 소송법상 의미의 법원이라는 두 가지 의미로 사용된다.
③ 최고법원인 대법원과 하급법원인 고등법원, 특허법원, 지방법원 등이 있다.
④ 단독제 법원은 1인의 법관으로 구성되며, 합의제 법원은 수인의 법관으로 구성된다.

해설 법원은 사법권을 행사하는 국가기관을 말한다. 집행권은 국가기관인 검사에 귀속된 권한을 말한다.

**06** **다음 중 법원의 종류 중 '소송법상 의미의 법원'에 대한 내용으로 가장 올바르지 않은 것은?**

① 구체적 사건에 대한 재판기관으로서의 법원을 의미하는 것으로서 형사소송법상 법원인 단독제와 합의제가 있다.
② 대법원장과 법원장의 지휘감독을 받으며, 독립하여 재판권을 행사할 수 없다.
③ 단독제 법원이란 1인의 법관으로 구성되는 법원을 의미하는 것으로 소송절차를 신속하게 진행하는 장점이 있다.
④ 합의제 법원이란 수인의 법관으로 구성되며, 사건심리를 신중, 공정하게 할 수 있는 장점이 있다.

해설 ②는 국법상 의미에서의 법원에 관한 설명으로 '소송법상 의미의 법원'에 대한 내용과는 거리가 멀다.

정답 01 ③ 02 ② 03 ④ 04 ③ 05 ① 06 ②

## 07 소송행위에 대한 다음 설명 중 옳지 않은 것은?

① 소송행위는 소송절차를 조성하는 행위이기 때문에 법관에게 사건을 배분하는 행위는 소송행위에 해당하지 않는다.
② 법원의 소송행위에는 피고사건에 대한 심리와 재판뿐만 아니라 재판장·수명법관·수탁판사의 소송행위나 법원사무관이 공판절차에서 조서를 작성하는 행위도 포함된다.
③ 법률행위적 소송행위는 의사표시를 내용으로 하면서도 그 내용대로 효과가 발생하지 아니하고 소송법이 예정하고 있는 정형적 효과가 발생한다는 점에서 사법상의 법률행위와 구별된다.
④ 공소의 제기, 기피신청, 증거조사, 상소의 제기 등의 행위는 절차형성행위에 속한다.

**해설** 실체형성행위란 범죄의 실체적인 면을 구성하는 형성행위를 말한다. 공소의 제기, 기피신청, 상소의 제기는 절차형성행위에 속하지만, 증거조사행위는 실체형성행위에 속한다.

## 08 법원의 관할에 관한 설명 중 틀린 것은?

① 관할위반의 소송행위는 효력이 없다.
② 관할위반은 법원이 직권으로 조사하여야 한다.
③ 제1심의 관할은 토지관할과 사물관할로 구분할 수 있다.
④ 관할이 없는 경우에는 관할위반의 판결을 하여야 한다.

**해설** 관할위반의 판명이 있는 경우 법원의 결정으로 사건을 재판권이 있는 심급의 법원으로 이송한다. 그러나 이때에도 이송 전에 행한 소송행위는 이송 후에도 그 효력에 영향이 없다.

## 09 다음 재판권과 관할에 대한 설명으로 가장 적절하지 않은 것은?

① 재판권은 원칙적으로 한국 영토에 있는 모든 자에게 미치나 예외적으로 외국의 원수, 승인받고 주둔하는 군인 등에게는 국제법상 치외법권이 인정된다.
② 재판권이 미치지 않는 자가 기소될 경우 공소권 없음을 이유로 공소기각판결의 대상이 된다.
③ 각 법원에 분배된 재판권을 관할권이라고 한다.
④ 사건관할은 법률에 의해 정해지는 재정관할과 법원의 재판에 의해 결정되는 법정관할이 있다.

법원의 재판에 의해 결정되는 관할을 재정관할이라고 하며, 법률에 의해 정해지는 관할은 법정관할이라고 한다.

**10** **다음 관할권과 관련한 설명으로 가장 옳지 않은 것은?**

① 사건관할은 법률에 의해 정해지는 법정관할과 법원의 재판에 의하여 결정되는 재정관할이 있다.

② 관할권이 없는 경우엔 관할위반의 판결을 하여야 한다.

③ 법원은 공소가 제기된 사건에 대하여 군사법원이 재판권을 가지게 되었거나 재판권을 가졌음이 판명된 때에는 판결로 사건을 재판권이 있는 같은 심급의 군사법원으로 이송한다.

④ ③의 경우 이송 전에 행한 소송행위는 이송 후에도 그 효력에 영향이 없다.

③에 해당하는 경우 법원은 판결이 아닌 결정으로 사건을 재판권이 있는 같은 심급의 군사법원으로 이송한다.



**11** **관할권에 관한 설명으로 가장 적절한 것은?**

① 관할권은 특정법원이 특정사건에 대하여 재판권을 행사할 수 있는 구체적·현실적 권리로서 소송법상의 개념이다. 관할권이 없는 때에는 관할위반의 결정을 선고해야 한다.

② 토지관할이란 동등법원 사이에 있어 지역적·장소적 관계에 의한 제1심 관할의 분배를 의미하며, 이러한 토지관할의 결정은 범죄지, 피고인의 주소·거소·현재지가 기준이 되나 선박·항공기에 있어서 선적지·기적지 또는 선착지·기착지는 기준이 될 수 없다.

③ 사물관할이란 사건의 경중이나 성질에 의한 제1심 관할의 분배를 뜻하며, 제1심은 원칙적으로 합의부 관할 사건이 된다.

④ 심급관할이란 상소관계에 있어서의 관할 즉 상소심법원의 심판권에 관한 것으로, 상고나 재항고는 언제나 대법원 관할이 된다.

① 관할권이 없는 때 법원은 관할위반의 결정이 아닌 판결을 선고해야 한다.
② 선박·항공기에 있어서의 선적지·기적지 또는 선착지·기착지도 토지관할 결정 기준이 된다. 출항지가 아님에 주의해야 한다.
③ 제1심은 원칙적으로 합의부가 아닌 단독판사 관할이 된다.

정답 07 ④ 08 ① 09 ④ 10 ③ 11 ④

## 12 다음 사물관할 중 합의부 사건관할에 해당하지 않은 것은?

① 합의부에서 심판할 것으로 합의부가 결정한 사건
② 사형 · 무기 또는 장기 1년 이상의 징역 또는 금고에 해당하는 사건(다만 특수절도죄, 병역법 위반, 도로교통법위반 등 일정한 사건은 제외된다)
③ 지방법원판사에 대한 제척 · 기피사건
④ 다른 법률에 의하여 지방법원합의부의 권한에 속하는 사건

해설

합의부 관할의 사건은 장기 1년이 아닌 단기 1년 이상의 징역 또는 금고에 해당하는 사건을 말한다.

## 13 형사소송의 사물관할에 관한 설명 중 옳지 않은 것은?

① 법원조직법은 지방법원 및 그 지원의 심판권을 원칙적으로 단독판사가 행사하도록 하면서, 예외적으로 합의부가 심판할 사건에 대해 규정하고 있다.
② 시 · 군법원 판사의 심판권은 20만원 이하의 벌금 또는 구류나 과료에 처할 범죄사건, 즉 즉결심판 사건에만 미친다.
③ 사형, 무기 또는 단기 1년 이상의 징역이나 금고에 해당하는 사건은 원칙적으로 합의부의 사물관할에 속한다.
④ 지방법원판사에 대한 제척 · 기피사건과 법원사무관에 대한 기피사건은 합의부 심판이 원칙이다.

④ 법원사무관 등에 대한 기피재판은 그 소속법원이 결정으로 하여야 한다. 단, 형사소송법 제20조 제1항의 결정은 기피당한 자의 소속법관이 한다(형사소송법 제25조 제2항). '소속법원'은 단독판사일 수도 있고, 합의부일 수도 있다. 또한 소속법원이 아니고 소속법관이 하는 경우도 있다.
① · ③ 법원조직법 제7조 제4항, 제32조 제1항
② 법원조직법 제34조 제1항

**14** **다음 중 재정관할에 대한 설명으로 옳지 않은 것은?**

① 법원이 재판으로 정하는 관할을 의미하는 것으로, 관할의 지정과 이전이 이에 해당한다.
② 관할의 지정이란 관할법원이 없거나 명확하지 아니한 경우에 상급법원이 사건을 심판할 법원을 지정하는 제도를 말한다.
③ 검사 또는 피고인은 법원의 관할이 명확하지 아니한 때에는 관할지정을 신청하여야 하나 피고인의 의무는 아니다.
④ 신청시에는 그 사유를 기재한 신청서를 직근 상급법원에 제출하여야 한다.

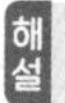
피고인에게는 관할지정신청의 권한이 없다.



**15** **다음 중 재정관할에 대한 설명으로 옳지 않은 것은?**

① 관할의 지정이란 관할법원이 없거나 명확하지 아니한 경우 상급법원이 사건을 심판할 법원을 지정하는 제도를 말한다.
② 관할의 이전이란 관할법원이 재판권을 행사할 수 없거나 재판의 공평을 유지하기 어려운 경우에 관할권 없는 다른 법원으로 옮기는 제도를 말한다.
③ 관할지정이나 관할이전의 신청이 있으면 급속을 요하는 경우 이외에는 신청에 대한 결정이 있을 때까지 소송절차가 정지된다.
④ 관할법원이 법률상의 이유 또는 특별한 사정으로 인하여 재판권을 행사할 수 없을 때에는 검사 또는 피고인은 직근 상급법원에 관할이전을 신청할 수 있다.

검사는 이전 사유가 있으면 반드시 관할이전을 신청하여야 하나, 피고인은 의무가 아니다.

**16** **다음 중 검사가 제1심 법원에 공통되는 직근 상급법원에 관할 지정을 신청해야 하는 사유에 해당하는 것은?**

① 관할구역을 정한 행정구역이 불명확한 경우
② 범죄의 성질이나 지방의 민심상 재판의 공평을 유지하기 어려운 염려가 있는 때
③ 제척, 기피, 회피 등 법률상의 이유로 재판권을 행할 수 없는 때
④ 천재지변, 법관의 사망이나 질병 등 특별한 사정으로 재판권을 행할 수 없는 때

정답 12 ② 13 ④ 14 ③ 15 ④ 16 ①

①은 관할지정 신청 사유에 해당하고, 나머지 ②·③·④는 관할이전 신청 사유들이다.

**17** 단독사건의 심급제로서 맞는 것은?

① 지방법원 단독판사 → 지방법원 본원 합의부 → 대법원
② 지방법원 → 고등법원 → 대법원
③ 지방법원 본원 합의부 → 고등법원 → 대법원
④ 지방법원 합의부 → 지방법원 본원 합의부 → 대법원

우리 재판제도의 3심제(심급제) 원칙

- 민·형사사건 중 단독사건 : 지방법원(지원) 단독판사 → 지방법원 본원 합의부(항소부) → 대법원
- 합의사건 : 지방법원(지원) 합의부 → 고등법원 → 대법원
- 군사재판 : 보통군사법원 → 고등군사법원 → 대법원
- 행정소송 : 행정법원 → 고등법원 → 대법원

**18** 다음 〈보기〉의 내용으로 미루어 괄호 안에 들어갈 말로 적절한 것은?

> 법원은 피고인이 그 관할구역 내에 현재하지 아니하는 경우, 특별한 사정이 있으면 결정으로 사건을 피고인의 현재지를 관할하는 동급 법원에 (  )할 수 있다(제8조 ①). 이외 단독판사의 관할사건이 공소장변경에 의하여 합의부 관할사건으로 변경된 경우, 법원은 결정으로 관할권이 있는 법원에 (  )하여야 한다(동 ②).

① 지 정　　② 이 전
③ 이 송　　④ 송 치

〈보기〉에 들어갈 적당한 말은 '이송'이다. 이송은 수소법원이 계속 중인 사건을 다른 법원에서 심판하도록 소송계속을 이전하는 것을 말하는 것으로서 사건 이송시 소송기록과 증거물을 다른 법원으로 송부하며, 주로 결정형식으로 이루어진다. 당해 법원에서는 소송의 절차가 종결된다는 점에서 종국재판의 일종이라 볼 수 있으며, 이송 전의 소송행위는 이송 후에도 그 효력에는 영향이 없이 여전히 유효하다.

## 19 다음 괄호 안에 들어갈 말을 차례대로 나열한 것 중 옳은 것은?

- (　　)은/는 법관이 편파적인 재판을 할 우려가 있는 일정한 유형의 사유가 있는 경우 법률상 당연히 그 법관을 직무로부터 배제하는 제도이다.
- (　　)은/는 위의 사유 이외에 법관이 불공정한 재판을 할 우려가 있는 경우 당사자의 신청에 의하여 배제하는 것을 말한다.
- (　　)은/는 법관 스스로의 신청에 의한 것으로 위 모두는 사전에 사건과 관련성이 있는 경우 공평성을 담보하기 위하여 배제하는 것을 말한다.

① 제척 – 회피 – 기피
② 제척 – 기피 – 회피
③ 기피 – 회피 – 제척
④ 기피 – 제척 – 회피

차례대로 들어갈 말로는 각각 제척 – 기피 – 회피가 되어야 한다.

## 20 다음 중 제척사유가 아닌 것은?

① 제1심의 심리에 관여하고 항소심에서 배석판사가 된 경우
② 피해자와 친족관계가 있었던 자인 때
③ 수탁판사로서 증거조사를 한 경우
④ 파기환송 전의 원심판결에 관여한 법관이 환송 후의 재판에 관여한 경우

대법원의 환송판결 전의 원심에 관여한 재판관의 환송 후의 원심 재판관으로 관여하였다고 하여도 형사소송법 제17조 제7호에 해당되지 않는다(대판 1971.12.28. 71도1208).
① 제척사유가 된다(대판 1999.10.22. 99도3534).
② 형사소송법 제17조 제2호
③ 통설의 입장이다.

## 21 법관의 제척에 대한 설명 중 옳은 것은?

① 공소제기 전에 검사의 청구에 의하여 증거보전절차상의 증인신문을 한 법관은 전심재판 또는 그 기초되는 조사·심리에 관여한 법관으로 보아야 하며, 이는 제척사유에 해당한다.

② 약식명령을 발부한 법관이 그 정식재판절차의 항소심판결에 관여한 경우에는 법관이 사건에 관하여 전심재판 또는 그 기초되는 조사·심리에 관여한 때에 해당하지 않으며, 제척사유가 되지 않는다.

③ 재심청구대상인 확정판결에 관여한 법관이 재심개시결정에 의한 재심공판절차에 관여한 때에는 제척사유에 해당하지 않는다.

④ 파기환송 전의 원심에 관여한 법관이 환송 후의 재판에 관여한 경우에는 제척사유에 해당한다.

③ 원심 재판장 판사 甲이 재심대상 판결의 제1심에 관여했다 하더라도 재심청구사건에서 제척 또는 기피의 원인이 되는 것이 아니다(대판 1982.11.15. 82모11).

① 공소제기 전에 검사의 증거보전청구에 의하여 증인신문을 한 법관은 전심재판 또는 기초되는 조사, 심리에 관여한 법관이라고 할 수 없다(대판 1971.7.6. 71도974).

② 약식명령을 한 판사가 그 정식재판 절차의 항소심판결에 관여함은 '법관이 사건에 관하여 전심재판 또는 그 기초되는 조사, 심리에 관여한 때'에 해당하여 제척의 원인이 된다(대판 2011.4.28. 2011도17).

④ 대법원의 환송판결전의 원심에 관여한 재판관의 환송 후의 원심 재판관으로 관여하였다고 하여도 형사소송법 제17조 제7호에 해당되지 않는다(대판 1971.12.28. 71도1208).

## 22 기피제도에 관한 설명으로 옳지 않은 것은?

① 제척과 달리 기피는 당사자의 신청에 의하여 절차가 진행된다.

② 피고인이 소송지연만을 목적으로 당해 재판의 단독판사에 대한 기피신청을 한 경우, 소속법원 합의부가 기피신청 기각결정을 한다.

③ 법관이 심리 중에 유죄를 예단하는 발언을 하거나 피고인에게 매우 모욕적인 발언을 하는 것은 기피사유에 해당한다.

④ 법관이 피고인의 소송기록열람신청에 대하여 국선변호인이 선임되었다는 이유로 국선변호인을 통하여 소송기록의 열람 및 등사신청을 하도록 한 것은 기피사유에 해당하지 않는다.

② 기피신청이 소송의 지연을 목적으로 함이 명백한 때에는 신청을 받은 법원 또는 법관은 결정으로 이를 기각한다(형사소송법 제20조 제1항).

① 형사소송법 제18조

③ 대판 1974.10.16. 74모68

④ 대판 1996.2.9. 95모93

**23** **기피신청에 관한 설명 중 가장 적절하지 않은 것은?**

① 변호인은 피고인의 명시한 의사에 반하지 아니하는 때에 한하여 법관에 대한 기피를 신청할 수 있다.

② 기피사유는 신청한 날로부터 3일 이내에 서면으로 소명하여야 하고, 기피의 원인되는 사실을 구체적으로 명시하여야 한다.

③ 기피신청이 소송의 지연을 목적으로 함이 명백한 때에는 신청을 받은 법원 또는 법관은 결정으로 이를 기각한다. 위 기각결정에 대한 즉시항고는 재판의 집행을 정지하는 효력이 있다.

④ 기피신청에 대한 재판은 기피당한 법관의 소속법원 합의부에서 결정으로 하여야 한다.

③ 간이기각결정에 대한 즉시항고는 재판의 집행을 정지하는 효력이 없다(형사소송법 제23조 제2항).
① 형사소송법 제18조 제2항
② 형사소송법 제19조 제2항, 형사소송규칙 제9조 제1항
④ 형사소송법 제21조 제1항



**24** **공소장일본주의에 관한 다음 설명 중 가장 옳지 않은 것은?(다툼이 있는 경우 판례에 의함)**

① 공소장일본주의에 위배된 공소제기라고 인정되는 때에는 그 절차가 법률의 규정에 위반하여 무효인 때에 해당하는 것으로 보아 공소기각의 판결을 선고하는 것이 원칙이다.

② 공소장 기재의 방식에 관하여 피고인 측으로부터 아무런 이의가 제기되지 아니하였고, 법원 역시 범죄사실의 실체를 파악하는 데 지장이 없다고 판단하여 그대로 공판절차를 진행한 결과 증거조사절차가 마무리되어 법관의 심증 형성이 이루어진 단계에서는 더 이상 공소장일본주의 위배를 주장하여 이미 진행된 소송절차의 효력을 다툴 수는 없다.

③ 공소장의 공소사실 첫머리에 피고인이 전에 받은 소년부송치처분과 직업 없음을 기재하였다 하더라도 이는 피고인을 특정할 수 있는 사항에 속하는 것이어서 그와 같은 내용의 기재가 있다 하여 공소제기의 절차가 법률의 규정에 위반된 것이라고 할 수 없다.

④ 살인, 방화 등의 경우에 있어 범죄의 직접적인 동기 또는 공소범죄사실과 밀접불가분의 관계에 있는 동기라도 이를 공소사실에 기재하는 것은 공소장일본주의 위반에 해당한다.

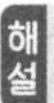

공소장에는 법령이 요구하는 사항만 기재할 것이지만, 살인, 방화 등의 경우 범죄의 직접적인 동기 또는 공소범죄사실과 밀접불가분의 관계에 있는 동기를 공소사실에 기재하는 것이 공소장일본주의 위반이 아님은 명백하고, 설사 범죄의 직접적인 동기가 아닌 경우에도 동기의 기재는 공소장의 효력에 영향을 미치지 아니한다(대판 2007.5.11, 2007도748).

정답 21 ③ 22 ② 23 ③ 24 ④

**25** **다음 공소장일본주의 및 당사자주의에 관한 설명으로 바르지 못한 것은?**

① 공소장일본주의는 소극적인 의미에서 판사로 하여금 예단을 배제하자는 취지에서 도입되었다.
② 당사자주의는 적극적인 측면에서 실체적 진실을 가장 잘 알고 있는 당사자에게 주장과 입증책임의 부담을 지우는 것을 의미한다.
③ 공소장일본주의에 따를 경우 검사는 기소시 공소장만을 제출하여야 하고, 법원에게 예단을 갖게 할 우려가 있는 서면이나 물건을 첨부해서는 안 된다.
④ 공소장일본주의에 반할 경우 법원은 공소기각결정을 하여야 한다.

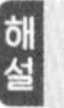

법원은 공소기각결정이 아닌 공소기각판결을 하여야 한다.

**26** **다음 형사소송법 규정 중 당사자주의적 요소와 거리가 가장 먼 것은?**

① 검사는 법원의 허가를 얻어 공소장에 기재한 공소사실 또는 적용법조의 추가, 철회 또는 변경을 할 수 있다. 이 경우에 법원은 공소사실의 동일성을 해하지 아니하는 한도에서 허가하여야 한다.
② 피고인이 공판기일에 출석하지 아니한 때에는 특별한 규정이 없으면 개정하지 못한다.
③ 법원은 공소의 제기가 있는 때에는 지체 없이 공소장의 부본을 피고인 또는 변호인에게 송달하여야 한다.
④ 법원은 심리의 경과에 비추어 상당하다고 인정할 때에는 검사에게 공소사실 또는 적용법조의 추가 또는 변경을 요구하여야 한다.

①·②·③ 모두 당사자주의적 요소이다.
④ 공소장변경요구제도는 가장 대표적인 직권주의적 요소라는 것이 통설의 입장이다.

**27** **공소장일본주의에 관한 설명으로 옳지 않은 것은?**

① 피고인을 특정하기 위한 경우라도 공소장의 공소사실에 과거에 소년부송치처분을 받은 사실과 직업이 없다는 사실을 기재하였다면 공소장일본주의에 위반된다.
② 공판절차 갱신 후의 절차나 파기환송 후의 절차에는 공소장일본주의가 적용되기 어렵다.

③ 약식명령의 청구와 동시에 증거서류 및 증거물을 법원에 제출하더라도 공소장일본주의에 위반되지 않는다.
④ 살인, 방화 등의 경우 범죄의 직접적인 동기가 아닌 동기를 공소사실에 기재하더라도 그것이 공소범죄사실과 밀접불가분의 관계에 있는 것이면 공소장일본주의에 위반되지 않는다.

① 공소장의 공소사실 첫머리에 피고인이 전에 받은 소년부송치처분과 직업 없음을 기재하였다 하더라도 피고인에 대한 무죄추정 조항이나 평등조항에 위배되는 것도 아니다(대판 1990.10.16. 90도1813).
② 공판절차 갱신이나 파기환송은 공소제기가 아니므로 공소장일본주의가 적용되지 아니한다.
③ 대판 2007.7.26. 2007도3906
④ 대판 2007.5.11. 2007도748



## 28 공소장일본주의에 관한 설명 중 가장 옳은 것은?

① 살인, 방화 등의 경우 범죄의 직접적인 동기 또는 공소범죄사실과 밀접불가분의 관계에 있는 동기를 공소사실에 기재하는 것이 공소장일본주의 위반이 아님은 명백하고 설사 범죄의 직접적인 동기가 아닌 경우에도 동기의 기재는 공소장의 효력에 영향을 미치지 아니한다.
② 체포 또는 구속된 후 석방된 피고인에 대한 공소제기시 공소장에 기존의 구속영장 기타 구속에 관한 서류를 첨부하는 것은 공소장일본주의의 위반이다.
③ 검사가 약식명령을 청구하는 때에는 약식명령의 청구와 동시에 약식명령을 하는 데 필요한 증거서류 및 증거물을 법원에 제출하여야 하지만, 그 후 약식명령에 대한 정식재판청구가 제기된 경우, 법원이 증거서류 및 증거물을 검사에게 반환하지 않고 보관하고 있다면 이는 공소장일본주의에 위배되는 것이다.
④ 공소장에 누범이나 상습범을 구성하지 않는 전과사실을 기재하였다면 공소장일본주의에 위배된다.

① 대판 2007.5.11. 2007도748
② 공소제기 당시 피고인이 구속되어 있거나 체포 또는 구속된 후 석방된 경우 체포영장, 긴급체포서, 구속영장 기타 구속에 관한 서류를 각 첨부하여야 한다(형사소송규칙 제118조 제1항).
③ 약식명령에 대한 정식재판청구가 제기되었음에도 법원이 증거서류 및 증거물을 검사에게 반환하지 않고 보관하고 있다고 하여 그 이전에 이미 적법하게 제기된 공소제기의 절차가 위법하게 된다고 할 수도 없다(대판 2007.7.26. 2007도3906).
④ 공소장에 누범이나 상습범을 구성하지 않는 전과사실을 기재하였다 하더라도 이는 피고인을 특정할 수 있는 사항에 속한다 할 것으로서 그 공소장기재는 적법하다(대판 1966.7.19. 66도793).

정답 25 ④ 26 ④ 27 ① 28 ①

## 3 검 사

**29** **검사의 권한 내지 지위에 대한 설명으로 옳지 않은 것은?**

① 검사는 공익의 대표자로서 실체적 진실에 입각한 국가 형벌권의 실현을 위하여 공소제기와 유지를 할 의무뿐만 아니라 그 과정에서 피고인의 정당한 이익을 옹호하여야 할 의무를 진다.

② 공소제기 전에 피고인을 피의자로 조사하였던 검사의 법정 증언이 피고인의 진술을 그 내용으로 하는 것일 때에는 그 진술이 특히 신빙할 수 있는 상태하에서 행하여졌음이 증명된 때에 한하여 이를 증거로 할 수 있다.

③ 검사의 공소권 남용으로 보아 공소제기의 효력을 부인하기 위해서는 단순히 직무상 과실에 의한 것만으로는 부족하고 적어도 미필적이나마 어떤 의도가 있는 자의적인 공소권의 행사라야 한다.

④ 공판개정 후 공소유지를 담당하는 검사가 교체된 때에는 공판절차를 갱신하여야 한다.

해설

④ 판사와는 달리 공소유지 담당 검사가 교체되더라도 공판절차를 갱신할 필요가 없다.
① 대판 2012.11.15. 2011다48452
② 형사소송법 제316조 제1항
③ 대판 2012.7.12. 2010도9349

**30** **다음 중 소송의 주체로서의 검사에 관한 설명으로 옳지 않은 것은?**

① 검사는 검찰권을 행사하는 국가기관으로 법무부 장관의 제청으로 대통령이 임명한다.

② 현행법상 검사는 범죄수사에서부터 재판의 집행에 이르기까지 형사절차 전반에 걸쳐 광범위한 권한을 가진다.

③ 검사는 법무부에 소속된 행정기관이자 동시에 형사사법의 운용에 중대한 영향을 미치는 준사법기관이다.

④ 개개의 검사는 자기 책임 하에 검찰권을 행사하는 독임제 관청으로서 검찰총장이나 검사장의 보조기관이 아니다. 그러나 단독의 의사표시가 대외적으로 효력을 갖기 위해서는 내부적인 결재가 필요하다.

해설

검사는 독임제(獨任制) 관청이기 때문에 내부적인 결재 없는 검사 단독의 의사표시도 대외적으로 효력을 갖는다.

**31** **검사의 직무와 권한에 대한 내용으로 옳지 않은 것은?**

① 검사는 모든 범죄에 대하여 수사할 권리와 의무를 가지고 있다.
② 사법경찰관도 수사를 개시, 진행할 권리를 가지나 모든 범죄의 수사에 있어서 검사의 지휘를 받아야 하는 것은 아니다.
③ 공소제기의 주체는 검사이다.
④ 현대에 와서 경찰수사에 대한 법적통제의 중요성이 부각되고 있다.

② 수사관, 경무관, 총경, 경정, 경감, 경위는 사법경찰관으로서 모든 수사에 관하여 검사의 지휘를 받는다(형사소송법 제196조 제1항).
① 형사소송법 제195조
③ 우리나라는 검사만이 공소를 제기하고 수행할 권리는 갖는다.
④ 현대에 와서 모든 범죄의 수사는 경찰단계에서 이루어지고 있기 때문에 경찰수사에 대한 법적통제의 중요성이 부각되고 있다.



## 4 피의자 · 피고인

**32** **피의자 · 피고인의 소송법상의 지위에 관한 설명으로 가장 적절하지 못한 것은?**

① 형사절차의 대상이기도 하지만 소송절차의 당사자로서의 지위를 가진다.
② 방어권 행사를 위해 소극적 측면에서 응소권을 가지며, 적극적 측면에서는 진술거부권이 보장된다.
③ 무죄추정의 원칙에 의해 유죄의 확정판결이 있기까지는 무죄로 추정된다.
④ 인적, 물적 증거의 대상이기도 하며, 일정한 절차에 대상인 동시에 절차에 참여할 권리를 가진다.

소송주체로서의 피의자 · 피고인은 방어권행사를 위해 적극적인 측면에서 응소권을 가지며, 소극적인 측면에서는 진술거부권이 보장된다.

정답 29 ④ 30 ④ 31 ② 32 ②

**33** **다음 소송의 주체 중 피고인이라고 볼 수 없는 것은?**

① 경찰서장에 의하여 즉결심판이 청구된 자
② 피해자에 의해 고소가 제기된 자
③ 검사에 의해 약식명령이 청구된 자
④ 성명모용에서 공판정에 출석한 피모용자

피고인은 검사에 의해 공소제기 되거나 공소제기된 것으로 취급되고 있는 자를 말한다. 따라서 공소가 제기된 자이면 족하고 진범 여부, 당사자능력과 소송능력의 유무, 공소제기의 유효성 여부는 불문한다.

**34** **형사소송법상 피고인이 할 수 없는 것은?**

① 관할이전의 신청(제15조)
② 압수·수색영장의 집행 참여(제121조)
③ 증거보전의 청구(제184조 제1항)
④ 공소장 변경 요구(제298조 제2항)

공소장 변경을 요구할 수 있는 주체는 검사 또는 법원이다.

**35** **다음 중 현행 형사소송법상 인정하고 있는 피고인의 권리가 아닌 것은 모두 몇 개인가?**

| | |
|---|---|
| ㉠ 진술거부권 | ㉡ 증인신문권 |
| ㉢ 관할이전의 신청권 | ㉣ 증거보전의 청구권 |
| ㉤ 구속적부심사청구권 | ㉥ 재정신청권 |

① 1개　　② 2개
③ 3개　　④ 4개

㉤은 피의자, ㉥은 고소인의 권리로 현행 형사소송법상 피고인의 권리로 옳지 않은 것은 모두 2개이다.

**36** **피의자 · 피고인의 증거방법으로서의 지위에 대한 설명으로 옳지 않은 것은?**

① 피의자신문에서 피의자는 신문에 대하여 일체의 진술을 거부할 수 있다.
② 법정에서의 피고인에 대한 신문은 증거조사가 끝난 다음에 하도록 한다.
③ 피고인은 자신의 사건에 대해 증인이 될 수 없다.
④ 피고인은 공범인 공동피고인의 증인이 될 수 있다.

피고인은 공범인 공동피고인에 대하여 증인이 될 수 없다.

## 5 변호인

**37** **현행 형사소송법상 변호인 제도에 관한 설명 중 옳지 않은 것은?**

① 피고인이 사형, 무기 또는 단기 3년 이상의 징역이나 금고에 해당하는 사건으로 기소된 경우에 변호인이 없는 때에는 법원은 직권으로 변호인을 선정하여야 한다.
② 피고인이 구속된 때에는 법원은 직권으로 변호인을 선정하여야 한다.
③ 사선변호인과 달리 국선변호인은 변호사 중에서 선임하여야 한다.
④ 필요적 변호사건에 해당하는 사건에서 제1심의 공판절차가 변호인 없이 이루어진 경우에 항소심으로서는 변호인 있는 상태에서 소송행위를 새로이 한 후 위법한 공판절차에 따른 제1심 판결을 파기하고, 항소심에서의 심리결과에 기하여 다시 판결하여야 한다.

③ 법원은 변호사 · 공익법무관 · 사법연수생이 없거나 기타 부득이한 때에는 법원의 관할구역 안에서 거주하는 변호사 아닌 자 중에서 이를 선정할 수 있다(형사소송규칙 제14조 제3항).
① 형사소송법 제33조 제1항 제6호
② 형사소송법 제33조 제1항 제1호
④ 대판 2011. 9. 8. 선고 2011도6325

제2과목 형사법 및 범죄학개론

## 38 변호인에 관한 다음 설명 중 가장 적절하지 않은 것은?(다툼이 있는 경우 판례에 의함)

① 필요적 변호사건의 공판절차가 사선변호인과 국선변호인이 모두 불출석한 채 개정되어 국선변호인 선정 취소 결정이 고지된 후 변호인 없이 피해자에 대한 증인신문 등 심리가 이루어진 경우, 그와 같은 위법한 공판절차에서 이루어진 피해자에 대한 증인신문 등 일체의 소송행위가 모두 무효라고 볼 수는 없다.

② 필요적 변호사건에서 피고인이 재판 거부의 의사표시 후 재판장의 허가 없이 퇴정하고, 변호인마저 이에 동조하여 퇴정해 버린 것은 피고인 측의 방어권 남용 내지 변호권의 포기이므로 수소법원은 피고인이나 변호인 없이 심리·판결할 수 있다.

③ 형사소송에 있어서 변호인을 선임할 수 있는 자는 피고인 및 피의자와 형사소송법 제30조 제2항에 규정된 자에 한정되는 것이고, 피고인 및 피의자로부터 그 선임권을 위임받은 자가 피고인이나 피의자를 대리하여 변호인을 선임할 수는 없는 것이다.

④ 항소법원이 국선변호인 선정 이후 병합된 사건에 관하여 국선변호인에게 소송기록 접수통지를 하지 아니함으로써 항소이유서 제출 기회를 주지 않은 채 판결을 선고한 것은 위법이다.

해설

필요적 변호사건의 공판절차가 사선변호인과 국선변호인이 모두 불출석 한 채 개정되어 국선 변호인 선정 취소결정이 고지된 후 변호인 없이 피해자에 대한 증인 신문 등 심리가 이루어진 경우 그와 같은 위법한 공판절차에서 이루어진 피해자에 대한 증인신문 등 일체의 소송행위는 모두 무효라고 할 것이다(대판 1999.4.23, 99도915).

## 39 형사소송법상 국선변호인의 선정에 대한 설명으로 옳지 않은 것은?

① 지방법원판사는 구속영장실질심사에서 심문할 피의자에게 변호인이 없는 때에는 직권으로 국선변호인을 선정해야 하며, 이 경우 변호인의 선정은 원칙적으로 제1심까지 효력이 있다.

② 법원은 공판준비기일이 지정된 사건에 관하여 변호인이 없는 때에는 직권으로 국선변호인을 선정해야 한다.

③ 법원은 피고인이 빈곤 그 밖의 사유로 인하여 변호인을 선정할 수 없는 경우에는 직권으로 국선변호인을 선정해야 한다.

④ 법원은 피고인의 연령·지능 및 교육정도 등을 참작하여 권리보호를 위하여 필요하다고 인정하는 때에는 피고인의 명시적 의사에 반하지 아니하는 범위 내에서 직권으로 국선변호인을 선정해야 한다.

③ 법원은 피고인이 빈곤 그 밖의 사유로 변호인을 선임할 수 없는 경우에 피고인의 청구가 있는 때에 변호인을 선정하여야 한다(형사소송법 제33조 제2항).
① 형사소송법 제201조의2 제8항
② 형사소송법 제266조의8 제4항
④ 형사소송법 제33조 제3항

## 40 다음 중 피고인의 청구가 있어야 국선변호인을 선임하는 경우는?

① 피고인이 미성년자일 때
② 피고인이 70세 이상인 때
③ 피고인이 농아자인 때
④ 빈곤 그 밖의 사유로 변호사를 선임할 수 없는 때

사선변호인이 선임되어 있지 않거나 선임되어 있더라도 출석하지 않은 경우, 피고인에게 위의 ①·②·③의 사유가 있는 때에 법원은 직권으로 국선변호인을 선정하여야 한다. ④의 경우에는 예외적으로 피고인의 선임청구가 있을 때에 한하여 국선변호인을 선임한다.

## 41 다음 중 피고인의 청구가 없어도 국선변호인을 선임할 수 있는 경우가 아닌 것은?

① 농아자
② 미성년자
③ 60세 이상인 자
④ 심신장애의 의심이 있는 자

피고인이 구속된 때, 미성년자인 때, **70세 이상인 때**, 농아자인 때, 심신장애의 의심이 있는 자일 때, 사형, 무기 또는 단기 3년 이상의 징역이나 금고에 해당하는 사건으로 기소된 때에는 법원이 직권으로 국선변호인을 선임하여야 한다.



정답 38 ① 39 ③ 40 ④ 41 ③

## 42 다음 설명 중 가장 옳지 않은 것은?

① 피고인 또는 피의자는 변호인을 선임할 수 있고, 피고인 또는 피의자의 법정대리인, 배우자, 직계친족과 형제자매는 독립하여 변호인을 선임할 수 있다.

② 변호인의 선임은 심급마다 변호인과 연명날인한 서면으로 제출하여야 하고, 공소제기전의 변호인 선임은 제1심에도 그 효력이 있다.

③ 필요적 변호사건의 공판절차가 사선변호인과 국선변호인이 모두 불출석한 채 개정되어 국선변호인 선정취소결정이 고지된 후 변호인 없이 피해자에 대한 증인신문 등 심리가 이루어진 경우, 그와 같은 위법한 공판절차에서 이루어진 피해자에 대한 증인신문 등 일체의 소송행위는 모두 무효이다.

④ 필요적 변호사건에서 변호인이 없거나 출석하지 아니한 채 공판절차가 진행되었다면 그 절차에서의 소송행위 외에 다른 절차에서 적법하게 이루어진 소송행위까지 모두 무효로 된다.

해설

④ 필요적 변호사건에서 변호인이 없거나 출석하지 아니한 채 공판절차가 진행되었기 때문에 그 공판절차가 위법한 것이라 하더라도 그 절차에서의 소송행위 외에 다른 절차에서 적법하게 이루어진 소송행위까지 모두 무효로 된다고 볼 수는 없다(대판 1999.4.23. 99도915).

① 형사소송법 제30조

② 형사소송법 제32조

③ 대판 1999.4.23. 99도915

## 43 국선변호인에 관한 다음 기술 중 옳지 않은 것은?

① 피고인이 3급 청각(청력)장애인으로서 공판기일에서의 구술로 진행되는 변론과정이나 증거서류의 낭독 등 증거조사과정에서 방어권을 행사함에 있어 상당한 곤란을 겪는 정도인 경우, 법원으로서는 피고인의 명시적 의사에 반하지 아니하는 범위 안에서 국선변호인을 선정하여 방어권을 보장해 주어야 한다.

② 필요적 국선변호사건의 항소심에서 국선변호인이 선정된 이후 변호인이 없는 다른 사건이 병합된 경우에는 지체 없이 국선변호인에게 병합된 사건에 관한 소송기록 접수통지를 하여야 한다.

③ 국선변호인 선정사유인 형사소송법 제33조 제1항 제1호 소정의 '피고인이 구속된 때'라고 함은 피고인이 당해 형사사건에서 이미 구속되어 재판을 받고 있는 경우를 의미하는 것이므로 불구속 피고인에 대하여 판결을 선고한 다음 법정구속을 하더라도 구속되기 이전까지는 위 규정이 적용된다고 볼 수 없다.

④ 피고인이 필요적 변호사건인 A죄(폭력행위처벌법 위반)로 기소된 후 B죄(사기죄)의 약식명령에 대해 정식재판을 청구하여 제1심에서 모두 유죄판결을 받고 항소하였는데, 항소심이 국선변호인을 선정하지 아니한 채 두 사건을 병합・심리하여 항소기각 판결을 선고한 경우, 변호인의 관여 없이 공판절차를 진행한 위법은 필요적 변호사건이 아닌 사기죄 부분에는 미치지 아니한다.

④ 항소심 국선변호인을 선정하지 아니한 채 두 사건을 병합・심리하여 항소기각 판결을 선고한 경우, 변호인의 관여 없이 공판절차를 진행한 위법은 필요적 변호사건이 아닌 사기죄 부분에도 미치며 이는 사기죄 부분에 대해 별개의 벌금형을 선고하였더라도 마찬가지이다(대판 2011.4.28. 2011도2279).
① 대판 2010.6.10. 2010도4629
② 대판 2010.5.27. 2010도3377
③ 대판 2011.3.10. 2010도17353



## 44 국선변호인에 관한 설명 중 가장 적절하지 않은 것은?

① 법원은 피고인 수인 간에 이해가 상반되는 경우, 그 수인의 피고인을 위하여 동일한 국선변호인을 선정할 수 있다.
② 「형사소송법」 제33조는 변호인이 없는 때에 법원이 직권으로 변호인을 선정하여야 하는 경우로 피고인이 사형, 무기 또는 단기 3년 이상의 징역이나 금고에 해당하는 사건으로 기소된 때를 들고 있다.
③ 법원은 피고인이 빈곤 그 밖의 사유로 변호인을 선임할 수 없는 경우에 피고인의 청구가 있는 때에는 변호인을 선정하여야 한다.
④ 법원은 피고인의 연령・지능 및 교육 정도 등을 참작하여 권리보호를 위하여 필요하다고 인정하는 때에는 피고인의 명시적 의사에 반하지 아니하는 범위 안에서 변호인을 선정하여야 한다.

피고인 또는 피의자 수인 간에 이해가 상반되지 아니할 때에는 그 수인의 피고인 또는 피의자를 위하여 동일한 국선 변호인을 선정할 수 있다(형사소송규칙 제15조 제2항).

**45** **변호인의 대리권 중에 본인의 명시한 의사에 반하여 행사할 수 있는 대리권이 아닌 것은?**

① 상소제기권
② 보석청구권
③ 증거조사에 대한 이의신청권
④ 구속취소청구권

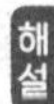

① 변호인은 피고인의 명시한 의사에 반하여 상소하지 못한다(형사소송법 제341조).
②·③·④ 피고인에게 유리한 소송행위이므로 변호인은 피고인의 명시한 의사에 반해서도 할 수 있다.

**46** **변호인의 고유권한에 관한 설명으로 옳지 않은 것은?**

① 변호인은 신체구속을 당한 피고인 또는 피의자와 접견하고 서류 또는 물건을 수수할 수 있으며 의사로 하여금 진료하게 할 수 있다.
② 기록열람·등사권은 변호인뿐만 아니라 피고인에게도 인정되며, 공소가 제기된 사건에 관한 서류 또는 물건의 목록까지 공개하도록 하는 것은 아니다.
③ 검사 또는 사법경찰관은 피의자 또는 그 변호인, 법정대리인, 배우자, 직계친족, 형제자매의 신청에 따라 변호인을 피의자와 접견하게 하여야 한다.
④ 변호사 또는 그 직에 있던 자가 업무상 위탁을 받은 관계로 알게 된 사실로서 타인의 비밀에 관한 것은 증언을 거부할 수 있다.

② 피고인 또는 변호인은 검사에게 공소제기된 사건에 관한 서류 또는 물건의 목록과 공소사실의 인정 또는 양형에 영향을 미칠 수 있는 관계 서류 등의 열람·등사 또는 서면의 교부를 신청할 수 있다. 다만, 피고인에게 변호인이 있는 경우에는 피고인은 열람만을 신청할 수 있다(형사소송법 제266조의3 제1항).
① 변호인 접견교통권에 대한 설명이다.
③ 변호인의 피의자신문참여권에 대한 설명이다(형사소송법 제243조의2 제1항).
④ 형사소송법 제149조

**47** **변호인에 관한 다음 설명 중 가장 적절하지 않은 것은?(다툼이 있는 경우 판례에 의함)**

① 피고인 또는 피의자 수인 간에 이해가 상반되지 아니할 때에는 그 수인의 피고인 또는 피의자를 위하여 동일한 국선변호인을 선정할 수 있다.

② 법원이 정당한 이유 없이 국선변호인을 선정하지 않고 있는 사이에 피고인 스스로 변호인을 선임하였으나 이미 피고인에 대한 항소이유서 제출기간이 도과해버린 경우에 법원은 사선변호인에게도 소송기록 접수통지를 함으로써 그 사선변호인이 통지를 받은 날로부터 기산하여 소정의 기간 내에 피고인을 위하여 항소이유서를 제출할 수 있는 기회를 주어야 한다.

③ 변호인의 구속된 피고인 또는 피의자와의 접견교통권은 신체구속을 당한 피고인 또는 피의자의 인권보장과 방어준비를 위하여 필수불가결한 권리이므로, 사법경찰관이 경찰서 유치장에 구금되어 있던 피의자에 대하여 의사의 진료를 받게 할 것을 신청한 변호인에게 국가정보원이 추천하는 의사의 참여를 요구한 것은 변호인의 수진권을 침해하는 위법한 처분이다.

④ 피의자신문에 참여한 변호인은 신문 후 의견을 진술할 수 있다. 다만, 신문 중이라도 부당한 신문방법에 대하여 이의를 제기할 수 있고, 검사 또는 사법경찰관의 승인을 얻어 의견을 진술할 수 있다.

**해설**

국가정보원 사법경찰관이 경찰서 유치장에 구금되어 있던 피의자에 대하여 의사의 진료를 받게 할 것을 신청한 변호인에게 국가정보원이 추천하는 의사의 참여를 요구한 것은 행형법 시행령 제176조의 규정에 근거한 것으로서 적법하고 이를 가리켜 변호인의 수진권을 침해하는 위법한 처분이라고 할 수는 없다(대판 2002.5.6, 2000모112).

## 6 피해자

**48** **형사절차상 범죄피해자의 지위에 관한 설명으로 옳은 것은?(다툼이 있는 경우 판례에 의함)**

① 법원은 범죄피해자의 신청이 있는 때에는 당해 사건의 공소제기여부, 공판의 일시장소, 재판결과 등을 신속하게 통지하여야 한다.

② 재판장은 범죄피해자가 소송기록의 열람 또는 등사를 신청하면 이를 허가하여야 한다.

③ 피해자의 법정대리인이 피의자인 경우 피해자의 친족은 독립하여 고소할 수 있다.

④ 피해자는 법정에 증인으로 출석하여 선서 후 진술할 의무가 있다.

**해설**

③ 대판 2010.04.29. 선고 2009도12446
① 피해자 등에 대한 통지는 법원이 아니고 검사가 한다(형사소송법 제259조의2).
② 재판장은 상당하다고 인정하는 때에 열람 또는 등사를 허가할 수 있다(형사소송법 제294조의4 제3항).
④ 피해자는 법률이 정하는 바에 의하여 당해 사건의 재판절차에서 진술할 수 있다(헌법 제27조 제5항).

정답 45 ① 46 ② 47 ③ 48 ③

## 49 형사소송법상 피해자의 지위에 관한 설명 중 가장 적절하지 않은 것은?(다툼이 있는 경우 판례에 의함)

① 법원은 범죄로 인한 피해자 또는 그 법정대리인(피해자가 사망한 경우에는 배우자·직계친족·형제자매를 포함한다)의 신청이 있는 때에는 특별한 사유가 없는 한 그 피해자 등을 증인으로 신문하여야 한다.
② 피해자는 재판장의 소송기록의 열람 또는 등사의 허가 결정에 관하여 불복할 수 있다.
③ 법원은 범죄로 인한 피해자를 증인으로 신문하는 경우 당해 피해자·법정대리인 또는 검사의 신청에 따라 피해자의 사생활의 비밀이나 신변보호를 위하여 필요하다고 인정하는 때에는 결정으로 심리를 공개하지 아니할 수 있다.
④ 소송계속 중인 사건의 피해자는 소송기록의 열람 또는 등사를 재판장에게 신청할 수 있다.

해설

② 피해자는 재판장의 소송기록의 열람 또는 등사의 허가 결정에 관하여 불복할 수 없다(형사소송법 제294조의4 제6항).
① 형사소송법 제294조의2 제1항
③ 형사소송법 제294조의3 제1항
④ 형사소송법 제294조의4 제1항

## 50 피해자의 진술권에 관한 설명으로 가장 적절한 것은?

① 형사피해자의 진술권은 헌법과 형사소송법에 명문으로 규정되어 있는 것은 아니다.
② 법원은 범죄로 인한 피해자 또는 그 법정대리인의 신청이 있는 때에는 그 피해자 등을 증인으로 신문하여야 한다. 다만, 피해자 등 이미 당해 사건에 관하여 공판절차에서 충분히 진술하여 다시 진술할 필요가 없다고 인정되는 경우 또는 피해자 등의 진술로 인하여 공판절차가 현저하게 지연될 우려가 있는 경우에는 그러하지 아니하다.
③ 피해자의 정보권을 보호하기 위하여 피해자 또는 그 법정대리인의 신청이 있는 때에는 당해 사건의 공소제기여부 등을 통지하여야 하나, 피해자에게 공판기록 열람·등사권은 인정되지 않는다.
④ 피해자의 진술권을 보장하기 위해 필요한 변호인의 도움을 받을 권리나 공판절차와 수사절차에서 신뢰관계자의 동석은 현행법상 인정되지 않는다.

② 형사소송법 제294조의2 제1항
① 형사피해자의 진술권은 헌법과 형사소송법에 명문으로 규정되어 있다(헌법 제27조 제5항, 형사소송법 제294조의2).
③ 소송계속 중인 사건의 피해자(피해자가 사망하거나 그 심신에 중대한 장애가 있는 경우 그 배우자 · 직계친족 및 형제자매 포함), 피해자 본인의 법정대리인 또는 이들로부터 위임을 받은 피해자 본인의 배우자 · 직계친족 · 형제자매 · 변호사는 소송기록의 열람 또는 등사를 재판장에게 신청할 수 있다(형사소송법 제294조의4 제1항).
④ '피해자를 위한 신뢰관계자 동석'은 성폭력범죄의 처벌 등에 관한 특례법, 아동 · 청소년의 성보호에 관한 법률 등에 규정되어 있다.

**51** **다음은 공판절차에서 피해자 진술권에 대한 설명이다. 적절하지 않은 것은?(다툼이 있는 경우 판례에 의함)**

① 법원은 범죄로 인한 피해자 등의 신청이 있는 경우에는 원칙적으로 그 피해자 등을 증인으로 신문하여야 하고 피해의 정도 및 결과, 피고인의 처벌에 관한 의견, 그 밖에 당해 사건에 관한 의견을 진술할 기회를 주어야 한다.
② 교통사고로 사망한 사람의 부모는 「교통사고처리특례법」의 보호법익인 생명의 주체가 아니므로 헌법상 재판절차 진술권이 보장되는 형사피해자의 범주에 속하지 아니한다.
③ 법원은 당해 피해자 · 법정대리인 또는 검사의 신청에 따라 피해자의 사생활의 비밀이나 신변보호를 위해 필요하다고 인정하는 때에는 결정으로 심리를 공개하지 않을 수 있다.
④ 신청인이 출석통지를 받고도 정당한 이유 없이 출석하지 아니한 때에는 그 신청을 철회한 것으로 본다.

② 교통사고로 사망한 사람의 부모는 형사소송법상 고소권자의 지위에 있을 뿐만 아니라, 비록 「교통사고처리특례법」의 보호법익인 생명의 주체는 아니라고 하더라도, 그 교통사고로 자녀가 사망함으로 인하여 극심한 정신적 고통을 받은 법률상 불이익을 입게 된 자임이 명백하므로 헌법상 재판절차진술권이 보장되는 형사피해자의 범주에 속한다(헌재결 1993.3.11, 92헌마48).
① 형사소송법 제294조의2 제1항 · 제2항
③ 형사소송법 제294조의3 제1항
④ 형사소송법 제294조의2 제4항

정답 49 ② 50 ② 51 ②

# 제3장 수 사

## 1 수사의 단서

**01** 다음 수사의 단서 중 나머지와 성격이 다른 것은?

① 고소 · 고발
② 현행범 체포
③ 불심검문
④ 변사자의 검시

해설 고소 · 고발만 타인의 체험에 의한 단서이고, 나머지는 수사기관의 체험에 의한 단서에 해당한다.

| 수사기관의 체험에 의한 단서 | 타인의 체험에 의한 단서 |
|---|---|
| ① 현행범 체포<br>② 변사자의 검시<br>③ 불심검문<br>④ 신문, 출판물, 풍설 등 | ① 고소 · 고발<br>② 자수<br>③ 피해신고<br>④ 투서 |

**02** 다음 수사의 단서 중 형사소송법에서 규정하는 단서가 아닌 것은?

① 변사자의 검시
② 고소 · 고발
③ 피해신고
④ 현행범 체포

해설 수사의 단서로서 형사소송법은 변사자의 검시, 현행범 체포, 고소 · 고발, 자수 등을 규정하고 있으나 범죄수사규칙에서는 이에 한하지 않고 피해신고, 불심검문, 밀고, 투서, 소문, 언론의 보도 등도 모두 수사의 단서가 된다.

**03** 피해자가 수사기관에 대하여 범죄사실을 신고하여 수사 및 소추를 요구하는 의사표시는?

① 기 소
② 상 소
③ 고 소
④ 고 발

해설 고소는 범죄사실을 수사기관에 신고하는 것이다. 고발은 범인 또는 고소권자 이외의 자가 수사기관에 범죄사실을 신고하는 것이다.

**04** **고소권자에 대한 설명으로 옳은 것은?**

① 고소권은 일신적인 권리로서 몇 가지 예외를 제외하고는 상속되지 않는다.
② 오직 피해자만이 고소가 가능하다.
③ 친고죄에 대하여 고소할 자가 없는 경우에 검사는 10일 이내에 고소권자를 지정할 수 있다.
④ 피해자가 사망한 경우에는 피해자의 명시한 의사에 반하여 고소할 수 있다.

① 고소권은 일신적인 권리로서 상속·양도의 대상이 되지 않는다. 그러나 특허권·저작권은 인정이 되므로 특허권·저작권이 이전된 이후 범죄로 인한 침해가 계속되는 경우에는 그 권리의 이전에 따라 이전 전에 이루어진 침해에 대한 고소권도 이전된다.
② 피해자, 피해자의 법정대리인의 고소가 가능하다. 피해자의 법정대리인이 피의자이거나 법정대리인의 친족이 피의자인 때에는 피해자의 친족이 독립하여 고소가능하다.
③ 친고죄에 대하여 고소할 자가 없는 경우에 이해관계인의 신청이 있으면 검사는 10일 이내에 고소권자를 지정하여야 한다.
④ 피해자가 사망한 경우에는 그 배우자, 직계친족, 형제자매는 고소할 수 있다. 단, 피해자의 명시한 의사에 반하여 고소하지 못한다.

**05** **고소권자에 대한 설명으로 옳지 않은 것은?(다툼이 있는 경우 판례에 의함)**

① 범죄피해자의 고소권이 소멸된 경우에도 피해자의 법정대리인은 고소할 수 있다.
② 피해자의 법정대리인이 피의자인 경우에는 피해자의 친족이 고소할 수 있다.
③ 명예를 훼손당한 피해자가 사망한 경우에는 그 친족 또는 자손이 고소할 수 있다.
④ 친고죄에 고소권자가 없는 경우에는 이해관계인의 신청이 있으면 검사는 10일 이내에 고소권자를 지정하여야 한다.

③ 명예를 훼손당한 피해자가 사망한 경우는 반의사불벌죄인 명예훼손죄이지 친고죄인 사자명예훼손죄가 아니다. 반의사불벌죄인 명예훼손죄에 있어 피해자의 친족은 피해자도 아니고 고소권자도 아니다.
① 대판 1999.12.24. 99도3784
② 형사소송법 제226조
④ 형사소송법 제228조

제2과목 형사법 및 범죄학개론

## 06 친고죄에 대한 설명으로 옳지 않은 것은?

① 친고죄에서 고소는 소송조건이 되므로 범죄의 성부와는 관련이 없다.
② 고소가 없더라고 즉시 수사하지 않으면 후에 증거수집에 있어서의 수사가 곤란하게 될 우려가 있다고 인정될 경우 수사할 수 있다.
③ 고소의 가능성이 없더라도 수사는 해두어야 한다.
④ 사건수사 중 친고죄임을 알게 된 경우 고소권자의 의사를 확인해야 한다.

해설 고소의 가능성이 없는 때에는 수사는 제한되거나 허용되지 아니한다.

## 07 친고죄의 고소권자에 대한 설명으로 옳지 않은 것은 몇 개인가?

> 가. 피해자가 사망한 때 형제 · 자매는 피해자의 명시한 의사에 반하여 고소할 수 있다.
> 나. 피해자의 법정대리인을 독립하여 고소할 수 없다.
> 다. 피해자의 법정대리인의 친족이 피의자인 때 피해자의 친족은 독립하여 고소할 수 없다.
> 라. 사자의 명예훼손에 대하여는 자손이 고소할 수 있다.
> 마. 고소할 자가 없는 경우 이해관계인의 신청으로 검사가 지정하는 자는 고소할 수 있다.

① 2개 ② 3개
③ 4개 ④ 5개

틀린 설명은 모두 3개이다.
가. 피해자가 사망한 때 형제 · 자매는 피해자의 명시한 의사에 반하여 고소할 수 없다.
나. 피해자의 법정대리인을 독립하여 고소할 수 있다.
다. 피해자의 법정대리인의 친족이 피의자인 때 피해자의 친족은 독립하여 고소할 수 있다.

## 08 다음 중 고소에 관한 설명 중 틀린 것은?

① 1개 범죄의 일부에 대하여 고소가 있을 때에는 그 전부에 대하여 효력이 발생한다.
② 고소는 제1심 판결선고 전까지 취소할 수 있다.
③ 판례는 반의사불벌죄의 경우 공범자 사이에 고소불가분의 원칙이 적용된다고 본다.
④ 친고죄의 공범 중 그 1인에 대한 고소는 다른 공범자에게 효력이 있다.

반의사불벌죄는 고소불가분의 원칙이 적용되지 않는다.

## 09 다음 중 고소에 관한 설명으로 옳지 않은 것은?

① 고소는 서면뿐만 아니라 구술에 의해서도 가능하고, 다만 구술에 의한 고소를 받은 검사 또는 사법경찰관은 조서를 작성하여야 한다.

② 피해자가 범행을 당할 때에는 나이가 어려 고소능력이 없었다가 그 후에 비로소 고소능력이 생겼다면 그 고소기간은 고소능력이 생긴 때로부터 기산되어야 한다.

③ 친고죄의 공범 중 그 1인 또는 수인에 대한 고소 또는 그 취소는 다른 공범자에 대하여도 효력이 있다.

④ 고소를 취소한 자는 다시 고소할 수 있다.

④ 고소를 취소한 자는 다시 고소하지 못한다(형사소송법 제232조 제2항).
① 형사소송법 제237조
② 대판 1987.09.22 선고 87도1707
③ 형사소송법 제223조



## 10 고소에 관한 다음 설명 중 틀린 것은?

① 법원에 진정서를 제출하거나 범인의 처벌을 희망하는 것은 고소가 아니다.

② 범죄사실의 특정은 고소인의 의사가 구체적으로 어떤 범죄사실을 지정하여 범인의 처벌을 구하고 있는 것인가를 확정할 수 있으면 된다.

③ 주관적 불가분 원칙상 친족상도례의 경우에도 비신분자에 대한 고소의 효력은 신분관계에 있는 공범자에 대해서도 미친다.

④ 반의사불벌죄인 경우 고소불가분의 원칙이 적용되지 않는다.

고소란 범죄 피해자 또는 그와 일정한 관계가 있는 고소권자가 수사기관에 대해 범죄사실을 신고하여 범인의 처벌을 구하는 의사표시를 의미한다. 따라서 법원에 진정서의 제출, 도난신고와 같은 범인의 처벌을 구하는 의사표시가 없는 피해사실의 신고는 고소가 아니다. 수인의 공범 중 1인 또는 수인에 대한 고소 또는 취소는 다른 공범자에게도 효력이 있다는 원칙을 주관적 불가분의 원칙이라고 한다. 주관적 불가분의 원칙은 절대적 친고죄의 경우에는 예외 없이 적용되지만 친족상도례와 같은 상대적 친고죄의 경우 비신고자에 대한 고소의 효력은 신분관계에 있는 공범자에 대해서는 미치지 않는다.

정답 06 ③ 07 ② 08 ③ 09 ④ 10 ③

**11** **다음 중 고소·고발 사건 처리요령에 대한 설명으로 틀린 것은?**

① 고소·고발 사건의 처리기간은 수리한 날로부터 2월 이내에 수사를 완료해야 하고, 그 기간 내에 수사를 완료하지 못했을 때에는 그 이유를 경찰서장에게 보고하고 지방검찰청 또는 지청의 검사의 지휘를 받아야 한다.
② 동일한 사안에 대하여 이미 혐의 없음을 이유로 내사종결되어 다시 수사할 가치가 없다고 인정되는 경우 불기소의견으로 송치해야 한다.
③ 고소·고발인이 고소·고발사실에 대하여 1회 이상 진술을 하였다가 출석을 회피하거나 소재불명이 된 경우에도 각하의견 송치할 수 있다.
④ 각하사유에 해당하는 경우에는 피의자 또는 참고인을 조사하지 않고 종결할 수 있다.

동일한 사실에 대하여 이미 혐의 없음을 이유로 내사종결되어 다시 수사할 가치가 없다고 인정되는 경우 각하의견으로 송치한다.

**12** **다음 중 고발에 대한 설명으로 틀린 것은?**

① 누구든지 범죄사실이 있다고 사료하는 때는 고발할 수 있다.
② 공무원은 직무를 행함에 있어 범죄가 있다고 사료하는 때는 고발의무가 있다.
③ 수사개시의 단서에 불과하고 소송조건이 되는 경우는 없다.
④ 대리권자가 대리로 고발할 수 없다.

일반적으로 수사개시의 단서에 불과하나 소송조건이 되는 경우도 있다.

**13** **고소와 고발에 대한 비교로서 틀린 것은?**

① 고소와 고발은 취소하면 다시 할 수 없다는 점에서 같다.
② 현행법상 고소권자로는 피해자, 피해자의 법정대리인, 피해자의 배우자·친족, 지정고소권자가 있으나 고발권자는 제한이 없다.
③ 고소와 고발은 수사의 단서이면서 고소의 경우는 소송조건이 되기도 한다.
④ 자수는 범인이 하는 행위라는 점에서 고소·고발과 다르다.

고소는 1심 판결선고 후에는 취소할 수 없고, 1심 판결선고 전에 취소하였더라도 다시 고소할 수 없다는 점에서 고발과 다르다.

## 14 자수에 대한 설명으로 옳지 않은 것은?

① 자수는 범인이 자발적으로 수사기관에 자신의 범죄사실을 신고하여 소추를 구하는 의사표시이다.
② 제3자에게 자수의사를 전달하여 달라고 한 것 또한 자수이다.
③ 범죄사실의 발각이나 지명수배 여부와 관계없이 체포 전에만 자수하면 자수에 해당한다.
④ 수사기관의 조사에 대하여 자백하는 것은 자수에 해당하지 않는다.

제3자에게 자수의사를 전달하여 달라고 한 것만으로는 자수라고 할 수 없다.

## 15 다음 중 자수의 설명으로 틀린 것은?(다툼이 있는 경우 판례에 의함)

① 수사기관의 직무상의 질문, 조사에 응하여 범죄사실을 진술하는 것은 자수가 아니다.
② 자수를 하였더라도 그 후 법정에서 범행을 일부 부인하였다면 일단 발생한 자수의 효력은 소멸된다.
③ 범죄사실을 부인하거나 죄의 뉘우침이 없는 자수는 진정한 자수로 볼 수 없다.
④ 세관 금속 탐지기에 의해 대마 휴대사실이 발각된 상황에서 세관 검색원의 추궁에 의해 대마 수입 범행을 인정한 경우 자발성이 결여되어 자수에 해당되지 아니한다.

자수가 성립된 이상 자수의 효력은 확정적으로 발생하고 그 후에 범인이 번복하여 수사기관이나 법정에서 범행을 부인하다고 하더라도 발생한 자수의 효력이 소멸하는 것은 아니다(대판 1994. 12.27, 99도1695).



정답 11 ② 12 ③ 13 ① 14 ② 15 ②

## 16 다음은 경찰관이 직무질문을 할 수 있는 자이다. 해당되지 않는 자는?

① 어떠한 죄를 범하였다고 의심할 만한 상당한 이유가 있는 자
② 어떠한 죄를 범하려하고 있다고 의심할 만한 상당한 이유가 있는 자
③ 이미 행하여진 범죄나 행하여지려고 하는 범죄행위에 관하여 그 사실을 안다고 인정되는 자
④ 주위사정에 밝지 않은 자

④ 불심검문의 대상에 포함되지 않는다.
① 어떠한 죄를 범하였다고 의심할 만한 상당한 이유가 있는 자 – 피의자
② 어떠한 죄를 범하려하고 있다고 의심할 만한 상당한 이유가 있는 자 – 우범자
③ 이미 행하여진 범죄나 행하여지려고 하는 범죄행위에 관하여 그 사실을 안다고 인정되는 자 – 참고인

## 17 다음 중 불심검문에 관한 설명으로 틀린 것은?

① 경찰관은 질문을 하거나 동행을 요구할 경우 자신의 신분을 표시하는 증표를 제시하면서 소속과 성명을 밝히고 질문이나 동행의 목적과 이유를 설명하여야 하며, 동행을 요구하는 경우에는 동행장소를 밝혀야 한다.
② 경찰관은 동행한 사람의 가족이나 친지 등에게 동행한 경찰관의 신분, 동행장소, 동행 목적과 이유를 알리거나 본인으로 하여금 즉시 연락할 수 있는 기회를 주어야 하며, 변호인의 도움을 받을 권리가 있음을 알려야 한다.
③ 경찰관은 정지시킨 장소에서 질문을 하는 것이 그 사람에게 불리하거나 교통에 방해가 된다고 인정될 때에는 질문을 하기 위하여 가까운 경찰서・지구대・파출소 또는 출장소로 동행할 것을 요구할 수 있다.
④ 임의동행시 12시간을 초과하여 경찰관서에 머물게 할 수 없다.

④ 경찰관은 동행한 사람을 6시간을 초과하여 경찰관서에 머물게 할 수 없다(경찰관직무집행법 제3조 제6항).
① 경찰관직무집행법 제3조 제4항
② 경찰관직무집행법 제3조 제5항
③ 경찰관직무집행법 제3조 제2항

**18** **경찰관 S가 거동수상자 A에게 임의동행을 요구한 시간이 12:00이면, 직무집행법상 A를 경찰관서에 머물게 할 수 있는 시간은?**

① 15;00　　② 16:00
③ 17:00　　④ 18:00

임의동행시 임의동행을 한 때부터 6시간을 초과하여 경찰관서에 머물게 해서는 안 된다. 따라서 요구시간 12:00에 6시간을 산입한 18:00까지 머물게 할 수 있다.

## 2 임의수사

**19** **수사의 조건에 관한 설명 중 옳지 않은 것은?**

① 수사의 조건이란 수사권의 발동(개시)과 행사(실행)의 조건을 의미한다.
② 수사는 수사의 목적을 달성함에 따라 필요한 경우에 한하여 허용된다.
③ 수사의 필요성은 강제수사뿐만 아니라 임의수사의 경우에도 그 조건으로 되며, 수사의 필요성이 없음에도 불구하고 행하는 수사처분은 위법한 수사처분이다.
④ 기회제공형 함정수사는 수사의 필요성에 반하기 때문에 허용되지 않는다고 보는 것이 대법원의 견해이다.

수사의 신의칙은 수사의 조건 중에서 수사의 상당성과 관련되는 문제로서 범의유발형 함정수사는 수사의 신의칙에 반하기 때문에 불허된다. 다만, 기회제공형 함정수사는 수사의 상당성을 충족하여 허용된다.

**20** **다음 중 수사에 관한 내용으로 옳은 것은?**

① 임의수사가 원칙이며, 강제수사법정주의를 채택하고 있다.
② 임의수사와 강제수사의 경계가 현대에 와서 더욱 뚜렷해지고 있다.
③ 강제처분은 반비례의 원칙에 따라 행해져야 한다.
④ 수사의 필요성이 없더라도 일단 행한 수사처분은 적법하다.



정답　16 ④　17 ④　18 ④　19 ④　20 ①

① 수사에 관하여는 그 목적을 달성하기 위하여 필요한 조사를 할 수 있다. 다만, 강제처분은 이 법률에 특별한 규정이 있는 경우에 한하며, 필요한 최소한도의 범위 안에서만 하여야 한다(형사소송법 제199조 제1항).
② 임의수사와 강제수사의 경계는 점차 모호해지고 있다.
③ 필요한 최소한도의 범위 안에서만 하여야 한다(형사소송법 제199조 제1항)고 하여 비례성의 원칙을 선언한다.
④ 수사의 필요성이 없음에도 불구하고 행하는 수사처분은 위법한 수사처분이다.

## 21 다음 중 임의수사에 대한 설명으로 옳지 않은 것은?

① 임의동행이란 수사기관이 피의자의 동의를 얻어 피의자와 수사기관까지 동행하는 것을 말한다.
② 수사관이 동행에 앞서 피의자에게 동행을 거부할 수 있음을 알려 주었거나 동행한 피의자가 언제든지 자유로이 동행과정에서 이탈 또는 동행장소로부터 퇴거할 수 있었음이 인정되는 등 오로지 피의자의 자발적인 의사에 의하여 수사관서 등에의 동행이 이루어졌음이 객관적인 사정에 의하여 명백하게 입증된 경우에 한하여, 그 적법성이 인정되는 것으로 봄이 상당하다.
③ 수사기관이 수사의 필요상 피의자를 임의동행한 경우에도 조사 후 귀가시키지 아니하고 그의 의사에 반하여 경찰서 보호실 등에 계속 유치함으로써 신체의 자유를 속박하였다면 이는 구금에 해당한다.
④ 함정수사에 있어서 임의수사를 긍정한 사례는 없다.

함정수사에 있어서 임의수사를 **긍정한 사례가 있다.** 유인자가 수사기관과 직접적인 관련 없이 피유인자를 상대로 수차례 범행을 부탁한 끝에 피유인자가 범행에 나아간 경우 등이 임의수사의 형태로 인정된다.

## 22 형사소송법상 임의수사에 해당하는 경우를 모두 고른 것은?

| | |
|---|---|
| ㄱ. 검증 | ㄴ. 피의자신문 |
| ㄷ. 사실조회 | ㄹ. 수색 |

① ㄱ, ㄴ
② ㄱ, ㄷ
③ ㄴ, ㄷ
④ ㄴ, ㄹ

임의수사란 강제력을 행사하지 않고 당사자의 승낙을 얻어서 하는 수사를 말하며, 피의자신문, 사실조회, 출석요구, 참고인진술 청취 등의 방법이 있다.

**23** **수사기관이 피고인의 범죄사실을 인지하고도 피고인을 바로 체포하지 않고 추가 범행을 지켜보고 있다가 범죄사실이 많이 늘어난 뒤에야 피고인을 체포한 사례와 관련하여 가장 적절하지 않은 내용은?(다툼이 있는 경우 판례에 의함)**

① 이러한 수사는 그 상당성 또는 합리성에 기초한 제약이 요구된다.
② 임의수사의 한 형태로 인정될 수 있다.
③ 피고인에 대한 수사와 공소제기가 위법하다.
④ 판례는 함정수사에 해당하지 않는다고 보았다.

수사기관에서 공범이나 장물범의 체포 등을 위하여 범인의 체포시기를 조절하는 등 여러 가지 수사기법을 사용한다는 점을 고려하면, 수사기관이 피고인의 범죄사실을 인지하고도 피고인을 바로 체포하지 않고 추가 범행을 지켜보고 있다가 범죄사실이 많이 늘어난 뒤에야 피고인을 체포하였다는 사정만으로는 피고인에 대한 수사와 공소제기가 위법하다거나 함정수사에 해당한다고 할 수 없다(대판 2007.06.29. 선고 2007도3164).

**24** **피의자신문에 관한 내용으로 옳지 않은 것은?**

① 검사 또는 사법경찰관은 피의자에 대해 신문하는 경우에는 반드시 신문조서를 작성하여야 한다.
② 검사가 피의자를 신문할 때는 단독조사가 가능하다.
③ 사법경찰관의 경우에는 사법경찰관리를 참여하게 하여야 한다.
④ 피고인에 대해서도 임의적 조사를 할 수 있다.

검사가 피의자를 신문할 때에는 검찰청 수사관 또는 서기관이나 서기를 참여하게 하여야 한다(형사소송법 제243조).

제2과목 형사법 및 범죄학개론

정답 21 ④ 22 ③ 23 ③ 24 ②

## 25 다음 〈보기〉에서 검사 또는 사법경찰관이 피의자·피고인에게 고지하여야 하는 진술거부권의 내용으로 옳은 내용으로만 묶여진 것은?

> ㉠ 일체의 진술을 하지 아니 할 수 있다.
> ㉡ 개개의 질문에 대하여 진술하지 아니 할 수 있다.
> ㉢ 진술을 하지 않더라도 불이익이 없다.
> ㉣ 피의자·피고인이 행한 진술은 유죄의 증거로 사용되지 않는다.

① ㉠ ② ㉠, ㉡
③ ㉠, ㉡, ㉢ ④ ㉠, ㉡, ㉢, ㉣

해설

㉠, ㉡, ㉢은 옳은 내용이다.
㉣ 진술을 거부할 권리를 포기하고 행한 진술은 법정에서 유죄의 증거로 사용될 수 있다는 것을 고지하여야 한다.

## 26 다음 설명 중 옳은 것은?

① 참고인 조사시에는 진술거부권을 고지하여야 한다.
② 범죄의 수사에 없어서는 아니 될 사실을 안다고 명백히 인정되는 자가 출석 또는 진술을 거부한 경우에 검사는 참고인을 구인할 수 있다.
③ 참고인을 소환하여 언제부터 언제까지 조사하였는지 등의 수사과정을 기록하여야 한다.
④ 검사 또는 사법경찰관은 피의자가 아닌 자의 출석을 요구할 수 없다.

해설

① 참고인에게 진술거부권을 고지할 필요는 없다.
② 범죄의 수사에 없어서는 아니 될 사실을 안다고 명백히 인정되는 자가 출석 또는 진술을 거부한 경우에 검사는 참고인을 구인할 수 없다.
④ 검사 또는 사법경찰관은 수사에 필요한 때에는 피의자가 아닌 자의 출석을 요구하여 진술을 들을 수 있다(형사소송법 제221조 제1항).

## 3 대인적 강제수사

**27** **형사절차에 관한 설명으로 틀린 것은?**

① 수사기관은 피의자가 출석요구에 응하지 않으면 체포영장을 청구할 수 있다.
② 수사기관은 피의자의 죄질이 무겁고 도주의 우려가 있는 경우 구속영장을 청구할 수 있다.
③ 현행범은 누구든지 영장 없이 체포할 수 있다.
④ 수사기관은 24시간 이내에 구속영장을 청구하지 않은 경우 피의자를 즉시 석방해야 한다.

수사기관이 피의자를 영장 없이 긴급체포한 경우 체포한 때로부터 48시간 이내에 관할지방법원판사에게 구속영장을 청구하여야 하며, 구속영장을 청구하지 아니하거나 발부받지 못한 때에는 피의자를 즉시 석방하여야 한다.



**28** **다음 중 체포에 대한 설명으로 맞는 것은 모두 몇 개인가?**

㉠ 피의자를 비교적 장기간에 걸쳐 구금하는 제도이다.
㉡ 수사 초기에 피의자의 신병확보를 위한 구속의 다음 단계 처분이다.
㉢ 체포영장에 의한 체포를 하는 영장주의가 원칙이다.
㉣ 영장주의의 예외로 긴급체포와 현행범인에 대한 체포가 허용되고 있다.

① 1개 ② 2개
③ 3개 ④ 없음

㉢, ㉣이 옳다.
㉠ 장기간 → 단기간(48시간)
㉡ 다음 단계 → 전 단계

**29** **다음 중 통상체포에 대한 설명으로 알맞은 것은?**

① 체포란 피고인의 신체의 자유를 구속하고 단시간에 걸쳐 구속상태를 계속하는 것을 말한다.
② 반드시 집행 전에 피의자에게 체포영장을 제시하여야 한다.
③ 체포의 이유와 범죄사실의 요지, 변호인 선임권을 고지하여야 한다.
④ 긴급체포된 피의자를 구속하고자 하는 경우에는 체포한 때로부터 24시간 이내에 구속영장을 청구하여야 한다.

③ 체포와 피의사실 등의 고지에 관한 옳은 설명이다. 현행법에서는 "검사 또는 사법경찰관은 피의자를 체포하는 경우에는 피의사실의 요지, 체포의 이유와 변호인을 선임할 수 있음을 말하고 변명할 기회를 주어야 한다(형사소송법 제200조의5)"고 규정하고 있다.
① 피고인 → 피의자
② 긴급체포와 현행범체포는 집행 전 체포영장을 제시하지 않는다.
④ 24시간 → 48시간

**30** **체포영장에 의한 체포에 관한 설명으로 틀린 것은?**

① 체포영장을 발부받아 피의자를 체포하기 위하여는 피의자가 수사기관의 출석요구에 응하지 아니하거나 응하지 아니할 우려가 있어야 한다.
② 검사가 동일한 범죄사실에 관하여 그 피의자에 대하여 전에 체포영장을 청구하였거나 발부받은 사실이 있는 때에는 다시 체포영장을 청구하는 취지 및 이유를 기재하여야 한다.
③ 다액 50만원 이하의 벌금, 구류 또는 과료에 해당하는 사건에 관하여는 범인의 주거가 분명하지 아니한 때에 한하여 체포할 수 있다.
④ 체포한 피의자를 구속하고자 할 때에는 체포한 때부터 48시간 이내에 구속영장을 청구하여야 한다.

③ 다액 50만원 이하의 벌금・구류・과료에 해당하는 사건에 관하여는 피의자가 일정한 주거가 없는 경우 또는 출석요구에 불응한 경우에 한하여 체포할 수 있다(형사소송법 제200조의2 제1항 단서).
①・②・④ 형사소송법 제200조의2 참고

**31** **다음 〈보기〉에서 현행범인에 해당하거나 현행범인으로 간주하는 자에 해당하는 것은 모두 몇 개인가?**

> ㉠ 범죄의 실행 중이거나 실행의 즉후인 자
> ㉡ 장물이나 범죄에 사용되었다고 인정함에 충분한 흉기 기타의 물건을 소지하고 있는 자
> ㉢ 누구임을 물음에 대하여 도망하려 하는 자
> ㉣ 신체 또는 의복류에 현저한 증적이 있는 자

① 1개 ② 2개
③ 3개 ④ 4개

㉠은 현행범이라고 하고, ㉡, ㉢, ㉣은 준현행범인에 해당한다.

**32** **다음은 현행범인에 대한 설명이다. 가장 적절하지 않은 것은?**

① 검사 또는 사법경찰관리 아닌 자가 현행범인을 체포한 때에는 즉시 검사 또는 사법경찰관리에게 인도하여야 한다.
② 다액 50만원 이하의 벌금, 구류 또는 과료에 해당하는 죄의 현행범인에 대하여는 범인의 주거가 분명하지 아니한 때에 한하여 현행범인으로 체포할 수 있다.
③ 현행범인으로 체포하기 위하여는 행위의 가벌성, 범죄의 현행성・시간적 접착성, 범인・범죄의 명백성 이외에 체포의 필요성이 요구된다.
④ 형사소송법 제211조가 현행범인으로 규정한 '범죄의 실행의 즉후인 자'라고 함은, 범죄의 실행행위를 종료한 직후의 범인이라는 것이 제3자의 입장에서 볼 때 명백한 경우를 일컫는 것이다.

④ 형사소송법 제211조가 현행범인으로 규정한 '범죄의 실행의 즉후인 자'라고 함은, 범죄의 실행행위를 종료한 직후의 범인이라는 것이 '체포하는 자의 입장'에서 볼 때 명백한 경우를 일컫는 것이다(대판 2007.4.13. 2007도1249).
① 형사소송법 제213조
② 형사소송법 제214조
③ 대판 2011.5.26. 2011도3682

제2과목 형사법 및 범죄학개론

정답 29 ③ 30 ③ 31 ④ 32 ④

## 33 다음 중 현행범인 또는 준현행범인 체포로 가장 적절하지 않은 것은?

① 순찰 중이던 경찰관이 교통사고를 낸 차량이 도주하였다는 무전연락을 받고 주변을 수색하다가 범퍼 등의 파손상태로 보아 사고차량으로 인정되는 차량에서 내리는 사람을 발견하여 체포한 경우

② 교사가 교장실에 들어가 불과 약 5분 동안 식칼을 휘두르며 교장을 협박하는 등의 소란을 피운 후 40여분 정도가 지나 경찰관들이 출동하여 교장실이 아닌 서무실에서 위 교사를 연행하려 한 경우

③ 경찰관들이 112 신고를 받고 출동하여 피의자를 체포하려고 할 때, 피의자가 서울 성동구 사근동에 있는 여고 앞길에서 피해자의 자동차를 발로 걷어차고 그와 싸우는 범행을 한 지 겨우 10분밖에 지나지 않았고, 그 장소도 범행 현장에 인접한 위 학교의 운동장이며, 위 피해자의 친구가 112 신고를 하고 나서 피의자가 도주하는지 여부를 계속 감시하고 있던 중 위 신고를 받고 출동한 경찰관들에게 피의자를 지적하여 체포하도록 한 경우

④ 누구임을 물음에 대하여 도망하려는 자를 체포한 경우

해설

체포 당시 서무실에 앉아 있던 교사가 방금 범죄를 실행한 범인이라는 죄증이 경찰관들에게 명백히 인식될 만한 상황이었다고 단정할 수 없는데도 이와 달리 그를 '범죄의 실행의 즉후인 자'로서 현행범인이라고 단정한 원심판결에는 현행범인에 관한 법리오해의 위법이 있다(대판 1991.9. 24. 91도1314).
① 적법한 준현행범체포에 해당한다(대판 2000.7.4. 99도4341).
③ 적법한 현행범체포에 해당한다(대판 1993.8.13. 93도926).
④ 준현행범인으로 영장 없이 체포할 수 있다(형사소송법 제211조 제2항 제4호).

## 34 긴급체포와 관련하여 가장 적절한 것은?(다툼이 있는 경우 판례에 의함)

① 피고인이 수사 당시 긴급체포되었다가 수사기관의 조치로 석방된 후 법원이 발부한 구속영장에 의하여 구속이 이루어진 경우에는 위법한 구속에 해당한다.

② 긴급체포 후 구속영장을 청구하지 않고 피의자를 석방하는 것은 피의자에게 유리하므로 사법경찰관은 즉시 검사에게 보고하지 않고 석방 후 30일 이내에 보고하면 충분하다.

③ 긴급체포의 요건을 갖추었는지 여부는 체포 당시의 상황을 토대로 판단하는 것이 아니라, 사후에 밝혀진 사정을 기초로 법원이 객관적으로 엄격하게 판단하여야 한다.

④ 긴급체포가 그 요건을 갖추지 못한 경우, 단순히 체포가 위법함에 그치는 것이 아니라 그 체포에 의한 유치 중에 작성된 피의자신문조서도 특별한 사정이 없는 한 증거능력이 부정된다.

④ 대판 2008.3.27. 2007도11400
① 피고인이 수사 당시 긴급체포되었다가 수사기관의 조치로 석방된 후 법원이 발부한 구속영장에 의하여 구속이 이루어진 경우 위법한 구속이라고 볼 수 없다(대판 2001.9.28. 2001도4291).
② 사법경찰관은 긴급체포한 피의자에 대하여 구속영장을 신청하지 아니하고 석방한 경우에는 즉시 검사에게 보고하여야 한다(형사소송법 제200조의4 제6항).
③ 긴급체포의 요건을 갖추었는지 여부는 사후에 밝혀진 사정을 기초로 판단하는 것이 아니라 체포 당시의 상황을 기초로 판단하여야 한다(대판 2008.3.27. 2007도11400).

**35** **긴급체포에 대한 설명 중 가장 적절하지 않은 것은?(다툼이 있는 경우 판례에 의함)**

① 사법경찰관에 의한 동행요구가 이를 거절할 수 없는 심리적 압박 아래 행하여진 사실상의 강제연행에 해당하는 경우 그로부터 6시간 상당이 경과한 이후에 긴급체포의 절차를 밟았다고 하더라도 긴급체포는 위법하다.
② 피의자가 임의출석의 형식에 의하여 수사기관에 자진 출석한 후 조사를 받았고 그 과정에서 피의자가 장기 3년 이상의 범죄를 범하였다고 볼 상당한 이유가 드러나고, 도주하거나 증거를 인멸할 우려가 생긴다고 객관적으로 판단되는 경우에는 자진출석한 피의자에 대해서도 긴급체포가 가능하다.
③ 참고인조사를 받는 줄 알고 검찰청에 자진출석한 참고인에 대하여 피의자신문을 행하려는 수사기관의 시도를 참고인이 거부하고 바로 퇴거하려고 시도하자 수사기관이 긴급체포한 행위는 위법하며, 이에 참고인의 저항행위는 정당하다.
④ 사법경찰관이 검사에게 긴급체포된 피의자에 대한 긴급체포 승인 건의와 함께 구속영장을 신청한 경우, 검사에 의한 구속영장 청구 전 피의자 대면조사는 긴급체포의 합당성이나 구속영장 청구에 필요한 사유를 보강하기 위한 목적으로 실시될 수 있다.

④ 검사의 구속영장 청구 전 피의자 대면조사는 긴급체포의 적법성을 의심할 만한 사유가 기록 기타 객관적 자료에 나타나고 피의자의 대면조사를 통해 그 여부의 판단이 가능할 것으로 보이는 예외적인 경우에 한하여 허용될 뿐, 긴급체포의 합당성이나 구속영장 청구에 필요한 사유를 보강하기 위한 목적으로 실시되어서는 아니 된다(대판 2010.10.28. 2008도11999).
① 대판 2006.7.6. 2005도6810
② 대판 1998.7.6. 98도785
③ 대판 2006.9.8. 2006도148



정답 33 ② 34 ④ 35 ④

## 36 다음 중 피의자에 대한 구속과 피고인에 대한 구속의 차이점으로 옳지 않은 것은?

| | 구 분 | 피의자에 대한 구속 | 피고인에 대한 구속 |
|---|---|---|---|
| ① | 영장발부 주체 | 지방법원 판사 | 재판장 또는 수명법관 |
| ② | 구속 기간 | 10일 | 2개월 |
| ③ | 연장・갱신 | 불가능 | 가능 |
| ④ | 기 타 | 피의자 영장기각에 대하여 이의 신청제도가 없음 | 구속을 취소하는 결정에 대하여 검사는 즉시항고를 할 수 있음 |

피의자・피고인에 대한 구속기간은 모두 연장 또는 갱신이 가능하다.

- **피의자의 구속기간 연장** : 지방법원판사는 검사의 신청에 의하여 수사를 계속함에 상당한 이유가 있다고 인정한 때에는 10일을 초과하지 아니하는 한도에서 구속기간의 연장을 1차에 한하여 허가할 수 있다(형사소송법 제205조).
- **피고인의 구속기간 갱신** : 구속기간은 2개월로 한다. 특히 구속을 계속할 필요가 있는 경우에는 심급마다 2개월 단위로 2차에 한하여 결정으로 갱신할 수 있다(형사소송법 제92조).

## 37 다음 중 사법경찰관의 법적 허용 구속기간은 얼마인가?

① 15일　　② 10일
③ 20일　　④ 2개월

형사소송법 제202조에 의하면 사법경찰관의 구속기간은 10일이다.

## 38 다음 ( )에 들어갈 숫자로 옳은 것은?

> 형사소송법상 검사 또는 사법경찰관이 피의자를 긴급 체포한 경우 피의자를 구속하고자 할 때에는 체포한 때부터 ( )시간 이내에 구속영장을 청구해야 한다.

① 12　　② 24
③ 48　　④ 72

검사 또는 사법경찰관이 긴급체포 규정에 의하여 피의자를 체포한 경우 피의자를 구속하고자 할 때에는 지체 없이 검사는 관할지방법원판사에게 구속영장을 청구하여야 하고, 사법경찰관은 검사에게 신청하여 검사의 청구로 관할지방법원판사에게 구속영장을 청구하여야 한다. 이 경우 구속영장은 피의자를 체포한 때부터 (48)시간 이내에 청구하여야 하며, 긴급체포서를 첨부하여야 한다(형사소송법 제200조의4 제1항).

**39** 다음 중 피의자 구속의 요건을 모두 고른 것은?

> ㉠ 피의자가 죄를 범하였다고 의심할 만한 상당한 이유가 있을 경우
> ㉡ 피의자가 일정한 주거를 갖고 있지 않을 경우
> ㉢ 피의자가 검사 또는 사법경찰관의 출석요구에 응하지 않을 경우
> ㉣ 피의자가 죄증을 인멸할 우려가 있다고 믿을 만한 상당한 이유가 있을 경우
> ㉤ 피의자가 도망하거나 도망할 염려가 있을 경우

① ㉠, ㉡, ㉣
② ㉠, ㉣, ㉤
③ ㉠, ㉡, ㉢, ㉣
④ ㉠, ㉡, ㉣, ㉤

피의자 구속의 요건으로 ㉠, ㉡, ㉣, ㉤의 내용이 요구된다.

**40** 다음 중 구속에 대한 설명으로 옳지 않은 것은?

① 구속전피의자심문제도는 피의자에게 변명의 기회를 주고 직접 심문하여 구속사유를 판단함으로써 인신구속의 남용을 방지함에 그 목적이 있다.
② 구속영장은 검사와 검찰사무관의 지휘에 의하여 사법경찰관리가 집행한다.
③ 검사의 신청에 의하여 10일을 초과하지 아니하는 한도에서 1차에 한하여 연장할 수 있다.
④ 검사 또는 사법경찰관에 의하여 구속되었다가 석방된 자는 다른 중요한 증거를 발견한 경우를 제외하고는 동일한 범죄사실에 관하여 재차 구속하지 못한다.

② 구속영장은 검사의 지휘에 의하여 검찰사무관 또는 사법경찰관리가 집행한다(형사소송법 제81조).
③ 지방법원 판사는 검사의 신청에 의하여 수사를 계속함에 상당한 이유가 있다고 인정한 때에는 10일을 초과하지 아니하는 한도에서 구속기간의 연장을 1차에 한하여 허가할 수 있다(형사소송법 제205조 제1항).
④ 형사소송법 제208조 제1항

제2과목 형사법 및 범죄학개론

정답 36 ③ 37 ② 38 ③ 39 ④ 40 ②

**41** **구속전 피의자심문제도와 관련된 다음 설명 중 가장 적절하지 않은 것은?**

① 피의자에 대한 심문절차는 원칙적으로 공개하나 국가의 안전보장 또는 안녕질서를 방해하거나 선량한 풍속을 해할 염려가 있을 때에는 법원의 결정으로 공개하지 아니할 수 있다.
② 검사와 변호인은 판사의 심문이 끝난 후에 의견을 진술할 수 있다. 다만, 필요한 경우에는 심문 도중에도 판사의 허가를 얻어 의견을 진술할 수 있다.
③ 변호인은 구속영장이 청구된 피의자에 대한 심문 시작 전에 피의자와 접견할 수 있고, 피의자는 판사의 심문 도중에도 변호인에게 조력을 구할 수 있다.
④ 피의자를 심문하는 경우에 법원사무관 등은 심문의 요지 등을 조서로 작성하여야 한다.

① 피의자에 대한 심문절차는 공개하지 아니한다. 다만, 판사는 상당하다고 인정하는 경우에는 피의자의 친족, 피해자 등 이해관계인의 방청을 허가할 수 있다(형사소송규칙 제96조의14).
② 형사소송규칙 제96조의16 제3항
③ 형사소송규칙 제96조의20 제1항, 제96조의16 제4항
④ 형사소송법 제201조의2 제6항

**42** **다음 사건 중 피의자 신문시 변호인의 참여 제한 사유로 해당되는 것은 모두 몇 개인가?**

㉠ 국가보안법위반사건
㉡ 조직폭력, 마약, 테러사건
㉢ 공범 등의 증거인멸 또는 도주를 용이하게 하거나 관련사건의 수사 및 재판에 중대한 영향을 초래할 우려가 있다고 판단되는 사건
㉣ 수사에 중대한 지장을 초래한다고 판단되는 사건

① 1개　　② 2개
③ 3개　　④ 모두

변호인의 참여 제한 사유로 모두 맞는 내용이다.

**43** **다음 중 피의자 조사시 유의사항으로 옳은 것은?**

① 전문적인 용어를 사용한다.
② 조사의 중점을 피조사자에게 알리고 조사를 해야 한다.
③ 생각나는 순서대로 질문을 한다.
④ 범죄혐의에 대한 직접적인 언급을 피하고 간접적으로 접근한다.

① 전문용어는 삼간다.
② 조사의 중점이 피조사자에게 감지되지 않도록 해야 한다.
③ 피조사자의 기억을 환기시키기 쉬운 순서로 질문해야 한다.



**44** **다음 중 피의자의 구속기간에 관한 설명으로 틀린 것은?**

① 사법경찰관이 피의자를 구속한 때에는 10일 이내에 피의자를 검사에게 인치하지 아니하면 석방하여야 한다.
② 검사가 피의자를 구속한 때 또는 사법경찰관으로부터 피의자의 인치를 받은 때에는 10일 이내에 공소를 제기하지 아니하면 석방하여야 한다.
③ 지방법원 판사는 검사의 신청에 의하여 수사를 계속함이 상당한 이유가 있다고 인정한 때에는 10일을 초과하지 아니하는 한도에서 구속기간의 연장을 2차에 한해 허가할 수 있다.
④ 구속영장청구시 피의자심문을 하는 경우 법원이 구속영장청구서 등을 접수한 날부터 구속영장을 발부하여 검찰청에 반환한 날까지의 기간은 수사기관의 구속기간 적용에 있어 산입하지 아니한다.

③ 10일을 초과하지 아니하는 한도에서 구속기간의 연장을 1차에 한하여 허가할 수 있다(형사소송법 제205조 제1항).
① 형사소송법 제202조
② 형사소송법 제203조
④ 형사소송법 제201조의2 제7항

정답 41 ① 42 ④ 43 ④ 44 ③

## 45 체포 · 구속적부심사에 대한 설명으로 옳지 않은 것은?

① 체포영장에 의해 체포된 피의자뿐만 아니라 긴급체포 또는 현행범체포로 체포된 피의자도 체포적부심사의 청구권자에 해당한다.

② 체포 · 구속적부심사를 청구한 피의자에 대하여 검사가 공소를 제기한 경우에 법원은 당해 피고인을 심문하는 등 적부심사를 행하여 석방을 명할 수 있다.

③ 구속된 피의자는 법원에 구속적부심사를 청구할 수 있을 뿐만 아니라 보증금 납입조건부 피의자 석방을 청구할 수 있다.

④ 체포 · 구속적부심사를 청구한 피의자에게 변호인이 없는 때에는 법원은 직권으로 국선변호인을 선정하여야 한다.

③ 구속된 피의자는 법원에 구속적부심사를 청구할 수 있을 뿐이다. 보증금 납입조건부 피의자 석방 결정은 구속적부심사를 청구받은 법원이 직권으로 하므로 피의자는 이를 청구할 수 없다(형사소송법 제214조의2 제5항).
① 형사소송법 제214조의2 제1항
② 형사소송법 제214조의2 제4항
④ 형사소송법 제214조의2 제10항, 형사소송규칙 제16조 제1항

## 46 체포 · 구속적부심에 관한 다음 기술 중 가장 옳지 않은 것은?

① 구속적부심문조서는 특히 신용할 만한 정황에 의하여 작성된 문서라고 할 것이므로, 특별한 사정이 없는 한 피고인이 증거로 함에 부동의하더라도 당연히 그 증거능력이 인정된다.

② 청구를 받은 법원은 청구서가 접수된 때부터 48시간 이내에 체포 또는 구속된 피의자를 심문하고 수사관계서류와 증거물을 조사하여 그 청구가 이유 있다고 인정한 때에는 결정으로 체포 또는 구속된 피의자의 석방을 명하여야 하며, 석방결정은 그 결정서의 등본이 검찰청에 송달된 때에 효력을 발생한다. 심사청구 후 피의자에 대하여 공소제기가 있는 경우에도 또한 같다.

③ 체포 · 구속적부심사청구에 대한 법원의 석방결정에 대해서는 항고가 허용되지 않으나, 기각결정에 대해서는 항고가 허용된다.

④ 보증금 납입조건부 피의자 석방제도는 구속적부심사의 청구가 있을 때에만 허용되며, 법원의 직권에 의하여 석방을 명할 수 있을 뿐인 직권보석이다.

③ 법원의 석방결정은 물론 기각결정에 대해서도 불복하지 못한다(형사소송법 제214조의2 제8항).
① 대판 2004.1.16. 2003도5693
② 형사소송법 제214조의2 제4항
④ 형사소송법 제214조의2 제5항

**47** **보석에 관한 설명 중 가장 적절하지 않은 것은?**

① 피고인, 피고인의 변호인, 법정대리인, 배우자, 직계친족, 형제자매, 가족, 동거인 또는 고용주는 법원에 구속된 피고인의 보석을 청구할 수 있다.
② 구속영장의 효력이 소멸한 때에는 보석조건은 즉시 그 효력을 상실한다.
③ 법원은 보석을 취소하는 때에는 직권 또는 검사의 청구에 따라 결정으로 보증금 또는 담보의 전부 또는 일부를 몰취하여야 한다.
④ 구속 또는 보석을 취소하거나 구속영장의 효력이 소멸된 때에는 몰취하지 아니한 보증금 또는 담보를 청구한 날로부터 7일 이내에 환부하여야 한다.

해설

③ 법원은 보석을 취소하는 때에는 직권 또는 검사의 청구에 따라 결정으로 보증금 또는 담보의 전부 또는 일부를 몰취할 수 있다(형사소송법 제103조 제1항).
① 형사소송법 제94조
② 형사소송법 제104조의2 제1항
④ 형사소송법 제104조



## 4 대물적 강제수사

**48** **압수·수색에 관한 다음 설명 중 가장 적절하지 않은 것은?**

① 압수·수색 영장의 유효기간이 남아있는 이상 수사기관이 압수·수색 영장을 제시하고 집행에 착수하여 압수·수색을 실시하고 그 집행을 종료한 경우에도 다시 이를 제시하고 압수·수색을 할 수 있다.
② 압수·수색 영장에 압수할 물건을 '압수장소에 보관 중인 물건'이라고 기재한 경우 '압수장소에 현존하는 물건'으로 해석할 수 없다.
③ 피압수자 등 환부를 받을 자가 압수 후 그 소유권을 포기하는 등에 의하여 실체법상 권리를 상실하더라도 그 때문에 압수물을 환부하여야 하는 수사기관의 의무에 어떠한 영향을 미칠 수 없다.
④ 체포현장에서 영장 없이 압수하였으나 사후 압수·수색 영장을 청구하여 이를 발부받지 아니하고도 즉시 반환하지 아니한 압수물은 이를 유죄인정의 증거로 사용할 수 없는 것이고, 피고인이나 변호인이 증거로 함에 동의하였다고 하더라도 달리 볼 것은 아니다.

해설

압수·수색 영장의 유효기간이 남아있다고 하여 이를 제시하고 다시 압수·수색을 할 수는 없다(대판 1999.12.1. 99모161).

## 49 대물적 강제처분에 관한 다음 설명 중 옳은 것은?

① 피해품인 압수물을 피고인에 대한 범죄의 증명이 없게 된 경우에도 압수물의 존재만으로 그 유죄의 증거가 될 수 있다.

② 압수·수색 영장을 발부하면서 '압수할 물건'을 특정하기 위하여 기재한 문언의 해석에 있어서 압수·수색 영장에서 압수할 물건을 '압수장소에 보관중인 물건'이라고 기재하고 있는 것을 '압수장소에 현존하는 물건'으로 해석할 수 있다.

③ 범죄의 피해자인 검사가 그 사건의 수사에 관여하거나 압수·수색 영장의 집행에 참여한 검사가 다시 수사에 관여하였다면 그 수사가 위법하고 그에 따른 참고인이나 피의자의 진술도 임의성이 없다.

④ 수사기관이 압수·수색에 착수하면서 그 장소의 관리책임자에게 영장을 제시하였다고 하더라도, 물건을 소지하고 있는 다른 사람으로부터 이를 압수하고자 하는 때에는 그 사람에게 따로 영장을 제시하여야 한다.

④ 대판 2009.3.12. 2008도763

① 압수물(피해품)은 피고인에 대한 범죄의 증명이 없게 된 경우에는 압수물의 존재만으로 그 유죄의 증거가 될 수 없다(대판 1984.3.27. 83도3067).

② 압수·수색 영장에서 압수할 물건을 '압수장소에 보관 중인 물건'이라고 기재하고 있는 것을 '압수장소에 현존하는 물건'으로 해석할 수 없다(대판 2009.3.12. 2008도763).

③ 범죄의 피해자인 검사가 그 사건의 수사에 관여하거나 압수·수색영장의 집행에 참여한 검사가 다시 수사에 관여하였다는 이유만으로 바로 그 수사가 위법하다거나 그에 따른 참고인이나 피의자의 진술에 임의성이 없다고 볼 수는 없다(대판 2013.9.12. 2011도12918).

## 50 다음 중 전자적 증거의 압수·수색에 관한 내용으로 옳지 않은 것은?

① 압수의 목적물이 정보저장매체 등인 경우에는 기억된 정보의 범위를 정하여 출력하거나 복제하여 제출하여야 한다.

② 범위를 정하여 출력 또는 복제하는 방법이 불가능하거나 압수의 목적을 달성하기에 현저히 곤란하다고 인정되는 때에는 정보저장매체 등을 압수할 수 있다.

③ 디지털 포렌식(Digital Forensic)이란 컴퓨터 증거를 수집하고 분석하여 법정에 제출하는 일련의 절차를 말한다.

④ 원칙적으로 전자적 정보에 대해 전체적 압수를 한다.

④ 원칙적으로 전자적 정보에 대해 선별적 압수를 한다.

①·② 형사소송법 제106조 제3항

## 51 다음 중 압수에 관한 설명으로 옳지 않은 것은?

① 수사기관이 피의자 갑의 공직선거법 위반 범행을 영장 범죄사실로 하여 발부받은 압수·수색 영장의 집행 과정에서 을과 병 사이의 대화가 녹음된 녹음파일을 압수하여 을, 병의 공직선거법 위반 혐의사실을 발견한 경우, 별도의 압수·수색 영장을 발부받지 않고 압수한 위 녹음파일은 위법수집증거로서 증거능력이 없다.
② 압수·수색의 영장은 검사의 지휘에 따라 사법경찰관리가 집행한다.
③ 피고인는 압수·수색 영장의 집행에 참여할 수 없다.
④ 원칙적으로 일출 전, 일몰 후에는 영장집행이 제한된다.

③ 검사, 피고인 또는 변호인은 압수·수색 영장의 집행에 참여할 수 있다(형사소송법 제121조).
① 대판 2014.01.16. 선고 2013도7101
② 형사소송법 제115조
④ 일출 전, 일몰 후에는 압수·수색 영장에 야간집행을 할 수 있는 기재가 없으면 그 영장을 집행하기 위하여 타인의 주거, 간수자 있는 가옥, 건조물, 항공기 또는 선차 내에 들어가지 못한다(형사소송법 제125조).

## 52 다음 설명 중 옳지 않은 것은?

① 현장에서 압수·수색 당하는 사람이 여러 명일 경우에는 그 사람들 모두에게 개별적으로 영장을 제시하는 것이 원칙이다.
② 검사 또는 사법경찰관은 긴급체포 규정에 의하여 체포된 자가 소유·소지 또는 보관하는 물건에 대해 긴급히 압수할 필요가 있는 경우에는 체포한 때로부터 24시간 이내에 한하여 영장 없이 압수·수색 또는 검증을 할 수 있다.
③ 압수물을 환부받을 자가 압수 후 그 소유권을 포기하여 실체법상 권리를 상실하였다면 수사기관의 압수물 환부의무는 면제된다.
④ 압수한 장물은 피해자에게 환부할 이유가 명백한 때에는 피고사건의 종결 전이라도 피해자에게 환부할 수 있다.

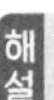

③ 피압수자 등 환부를 받을 자가 압수 후 그 소유권을 포기하는 등에 의하여 실체법상의 권리를 상실하더라도 그 때문에 압수물을 환부하여야 하는 수사기관의 의무에 어떠한 영향을 미칠 수 없고 또한 수사기관에 대하여 형사소송법상의 환부청구권을 포기한다는 의사표시를 하더라도 그 효력이 없다(대법원 1996.8.16. 94모51 숲合).
① 대판 2009.3.12. 2008도763
② 형사소송법 제217조 제1항
④ 형사소송법 제134조

**53** **다음은 압수물의 가환부 · 환부에 대한 내용이다. 옳은 것은?**

① 압수를 계속할 필요가 없다고 인정되는 압수물은 피고사건 종결 전이라도 소유자의 신청에 의하여 환부하여야 한다.

② 증거에만 공할 목적으로 압수한 물건으로서 소유자 또는 소지자가 계속 사용하여야 할 물건이라고 하더라도 가환부하지 않는다.

③ 증거에 사용할 압수물에 대하여 공소제기 전이라도 소유자, 소지자, 보관자 또는 제출인의 청구가 있는 때에는 환부 또는 가환부하여야 한다.

④ 소유권포기각서를 작성 · 제출하면 환부청구권은 소멸한다.

③ 형사소송법 제218조의2 제1항

① 압수를 계속할 필요가 없다고 인정되는 압수물은 피고사건 종결 전이라도 결정으로 환부하여야 한다(형사소송법 제133조 제1항).

② 증거에만 공할 목적으로 압수한 물건으로서 그 소유자 또는 소지자가 계속 사용하여야 할 물건은 사진촬영 기타 원형보존의 조치를 취하고 신속히 가환부하여야 한다(형사소송법 제133조 제2항).

④ 소유권포기각서를 작성 · 제출하더라도 환부청구권은 소멸하지 않는다(대판 1996.08.16 자 94모51).

**54** **압수물 처리에 관한 다음 설명 중 가장 적절하지 않은 것은?**

① 몰수하여야 할 압수물로서 멸실 · 파손 · 부패의 위험이 있거나 또는 보관하기 어려운 압수물은 소유자 등 권한 있는 자의 동의를 받아 폐기하여야 한다.

② 몰수하여야 할 압수물로서 현저한 가치 감소의 염려가 있는 압수물은 매각하여 대가를 보관할 수 있다.

③ 환부하여야 할 압수물 중 환부를 받을 자가 누구인지 알 수 없거나 그 소재가 불명한 경우로서 그 압수물의 멸실 · 파손 · 부패 또는 현저한 가치 감소의 염려가 있거나 보관하기 어려운 압수물은 매각하여 대가를 보관할 수 있다.

④ 압수한 장물은 피해자에게 환부할 이유가 명백한 때에는 피고사건의 종결전이라도 결정으로 피해자에게 환부할 수 있다.

법령상 생산 · 제조 · 소지 · 소유 또는 유통이 금지된 압수물로서 부패의 염려가 있거나 보관하기 어려운 압수물은 소유자 등 권한 있는 자의 동의를 받아 폐기할 수 있다(형사소송법 제130조 제3항).

**55** **다음 설명 중 옳지 않은 것은?**

① 압수물을 환부 받을 자가 압수 후 그 소유권을 포기한 경우에는 수사기관의 압수물 환부의무는 소멸한다.

② 면소의 판결이 선고된 때에는 구속영장은 효력을 잃는다.

③ 즉결심판에 대하여 피고인만이 정식재판을 청구한 사건에도 불이익변경금지의 원칙이 적용된다.

④ 공소시효는 공소의 제기로 진행이 정지되며, 공범 중 1인에 대한 공소제기로 인한 공소시효 정지는 다른 공범자에게 대하여 효력이 미친다.

① 피압수자 등 환부를 받을 자가 압수 후 그 소유권을 포기하는 등에 의하여 실체법상의 권리를 상실하더라도 그 때문에 압수물을 환부하여야 하는 수사기관의 의무에 어떠한 영향을 미칠 수 없고 또한 수사기관에 대하여 형사소송법상의 환부청구권을 포기한다는 의사표시를 하더라도 그 효력이 없다(대법원 1996.8.16. 94모51 全合).
② 형사소송법 제331조
③ 대판 1999.1.15. 98도2550
④ 형사소송법 제253조



**56** **압수 · 수색에 관한 영장주의의 예외에 관한 설명으로 옳지 않은 것은?**

① 현행범인을 체포하는 경우에도 일반사인에게는 체포현장에서의 압수 · 수색 · 검증이 허용되지 않는다.

② 검사 또는 사법경찰관은 피고인에 대한 구속영장을 집행하는 경우에도 필요한 때에는 영장 없이 타인의 주거나 타인이 간수하는 가옥, 건조물, 항공기, 선차 내에서 피고인을 수사할 수 있다.

③ 긴급체포된 자가 소유, 소지 또는 보관하는 물건에 대하여 긴급히 압수할 필요가 있는 때에는 영장청구시까지 영장 없이 압수 · 수색할 수 있고, 이 경우 압수한 물건을 계속 압수할 필요가 있는 때에는 체포한 때로부터 48시간 이내에 압수 · 수색 영장을 청구하여야 한다.

④ 범행 중 또는 범행직후의 범죄장소에서 긴급을 요하여 법원판사의 영장을 받을 수 없는 때에는 영장 없이 압수, 수색 또는 검증을 할 수 있고, 이 경우에는 사후에 지체 없이 영장을 받아야 한다.

정답 53 ③ 54 ① 55 ① 56 ③

③ 검사 또는 사법경찰관은 긴급체포된 자가 소유・소지 또는 보관하는 물건에 대하여 긴급히 압수할 필요가 있는 경우에는 체포한 때부터 24시간 이내에 한하여 영장 없이 압수・수색 또는 검증을 할 수 있다(형사소송법 제217조 제1항). 이 경우 압수한 물건을 계속 압수할 필요가 있는 경우에는 지체 없이(늦어도 체포한 때로부터 48시간 이내에) 압수・수색 영장을 청구하여야 한다(동조 제2항).

① 형사소송법 제216조 제1항 제2호 반대해석

② 형사소송법 제137조

④ 형사소송법 제216조 제3항

## 57 다음 중 실황조사와 비교한 검증의 특성으로 옳은 것은?

① 실황조사와 같이 임의수사이다.

② 실황조사는 장소・사람의 신체・물건에 대하여 행하여 지고, 검증은 장소・물건에 행해진다.

③ 실황조사와 검증은 사람의 오감을 통하여 대상을 감지한다는 것이 공통적 특징이다.

④ 실황조사는 영장을 요하고, 검증은 승낙을 요한다.

① 실황조사는 임의수사이고, 검증은 강제처분이다.

② 검증은 장소・물건・사람의 인체에 행하여 진다.

④ 실황조사는 거주자, 관리자, 소유자, 점유자 등의 승낙을 요하고, 검증은 영장에 의하여야 한다.

## 58 검증에 대한 설명으로 가장 적절한 것은?

① 사법경찰관이 긴급을 요할 때에는 죄를 범하였다고 의심할만한 상당한 이유만으로도 영장 없이 검증할 수 있다.

② 검증의 결과는 검증조서에 기재되어 공판에서 중요한 증거가 된다.

③ 여자의 신체를 검사하는 경우에는 반드시 성년의 여자를 참여하게 하여야 한다.

④ 피의자 아닌 자에 대해서는 신체검사를 할 수 없다.

② 형사소송법 제311조, 제312조

① 형사소송법 제216조 또는 제217조의 요건을 구비하지 않는 한 단순히 긴급을 요하고 죄를 범하였다고 의심할만한 상당한 이유가 있다는 것만으로는 영장 없이 검증할 수 없다.

③ 여자의 신체를 검사하는 경우에는 의사나 성년의 여자를 참여하게 하여야 한다(형사소송법 제141조 제3항, 제219조).

④ 피의자 아닌 자의 신체검사는 증적의 존재를 확인할 수 있는 현저한 사유가 있는 경우에 한하여 할 수 있다(형사소송법 제141조 제2항, 제219조).

## 59 다음 중 감정에 관한 내용으로 옳지 않은 것은?

① 법원은 학식 경험 있는 자에게 감정을 명할 수 있다.
② 피의자의 심신 또는 신체에 관한 감정에 필요한 때에는 법원은 기간을 정하여 병원 기타 상당한 장소에 피고인을 유치하게 할 수 있고, 감정이 완료되면 즉시 유치를 해제하여야 한다.
③ 유치처분이 취소되거나 유치기간이 만료된 때에는 구속의 집행정지가 취소된 것으로 간주한다.
④ 감정서는 판단의 참고자료로 활용될 뿐 증거능력은 인정될 수 없다.

해설
④ 일정한 요건이 충족되면 감정서는 증거능력이 인정된다.
① 형사소송법 제169조
② 형사소송법 제172조 제3항
③ 형사소송법 제172조의2 제2항



## 60 증거보전에 대한 설명으로 옳지 않은 것은?

① 검사는 제1회 공판기일 전이라도 판사에게 증인신문뿐만 아니라 압수・수색・검증을 내용으로 하는 증거보전을 청구할 수 있다.
② 검사가 증거보전을 청구할 때에는 구술 또는 서면으로 그 사유를 소명하여야 한다.
③ 검사가 증거보전절차에서 피의자의 신문을 청구할 수 없으나, 공범자를 증인으로 신문하는 것은 허용된다.
④ 피고인뿐만 아니라 피의자도 제1회 공판기일 전이라도 판사에게 증거보전을 청구할 수 있고, 청구기각의 결정에 대하여는 3일 이내에 항고할 수 있다.

해설
② 증거보전의 청구를 함에는 서면으로 그 사유를 소명하여야 한다(형사소송법 제184조 제3항).
①・④ 형사소송법 제184조 참고
③ 대판 1979.6.12. 79도792, 대판 1988.11.8. 86도1646

정답 57 ③ 58 ② 59 ④ 60 ②

## 5 수사의 종결

**61** **다음 중 수사종결에 대한 설명으로 옳지 않은 것은?**

① 검사는 고소 또는 고발 있는 사건에 관하여 공소를 제기하거나 제기하지 아니하는 처분을 한 때에는 그 처분한 날로부터 7일 이내에 서면으로 고소인 또는 고발인에게 그 취지를 통지하여 한다.
② 수사 종결권자는 원칙적으로 검사이다.
③ 검사는 불기소한 때에는 피의자에게 7일 이내에 그 취지를 통지하도록 하고 있다.
④ 불기소처분은 일사부재리의 원칙이 적용되지 않는다.

해설 ③ 7일 이내 → 즉시(형사소송법 제258조 제2항)

**62** **A경찰서 수사과장은 불기소의견으로 송치하는 서류를 검토하고 있다. 다음의 불기소의견 중 수사과장이 정정해 주어야 하는 것은?**

① 폭행을 하였으나 처벌을 희망하지 않는 경우 "죄가 안 됨"으로 송치
② 강간죄의 피해자가 고소를 취소한 경우 "공소권 없음"으로 송치
③ 명예훼손의 죄를 인정할 자료가 없을 경우 "혐의 없음"으로 송치
④ 폭행죄에 있어서 정당방위로 인정되는 경우 "죄가 안 됨"으로 송치

해설 반의사불벌죄에 있어서 피해자가 처벌을 희망하지 않은 경우 "공소권 없음"으로 송치하여야 한다.

**63** **수사의 종결에서 협의의 불기소처분에 대한 설명이다. "공소권 없음"에 해당하는 것은 몇 개인가?**

| | |
|---|---|
| ㉠ 정당행위 | ㉡ 형 면제 |
| ㉢ 소송조건이 결여 | ㉣ 공소시효완성 |
| ㉤ 피의자 사망 | ㉥ 형사미성년자 |
| ㉦ 심신상실자 | ㉧ 강요된 행위 |
| ㉨ 증거 불충분 | |

① 3개 ② 4개
③ 5개 ④ 6개

"공소권 없음"에 해당하는 것은 ㉡·㉢·㉣·㉤ 모두 4개이다.
㉠ 정당행위 — 죄가 안 됨
㉥ 형사미성년자 — 죄가 안 됨
㉦ 심신상실자 — 죄가 안 됨
㉧ 강요된 행위 — 죄가 안 됨
㉨ 증거 불충분 — 혐의 없음

## 64 다음 중 수사종결시 검사의 처분에 관한 내용으로 옳지 않은 것은?

① 공소권 없음 – 법원에 재판을 청구하지 않는 불기소처분의 한 유형이다.
② 혐의 없음 – 증거가 없거나 범죄사실이 인정되지 않을 경우 피의자에 대한 범죄혐의가 없음을 인정하는 처분이다.
③ 죄가 안 됨 – 행위 자체는 범죄행위에 해당할지라도 법률의 규정에 의하여 죄가 성립되지 않는 경우에 내리는 처분이다.
④ 기소유예 – 피의자나 참고인의 행방을 알 수 없는 경우 등 실질적으로 수사를 할 수 없거나 재판을 위한 여건을 구비할 수 없을 때 수사를 일시적으로 중지하는 것을 말한다.

④는 기소중지처분에 관한 내용이다. 기소유예처분은 기소할 수 있는 여건은 구비되어 있으나 범행의 동기나 수단, 범행의 결과, 피의자의 연령이나 지능, 피해자와의 관계 등을 고려해 기소하지 않는 것이 좋다고 판단될 경우 검사가 기소를 하지 않는 것을 말한다.

## 65 다음 중 '공소권 없음'을 주문으로 불기소처분하는 경우에 해당하는 것을 모두 모아놓은 것은?

㉠ 통고처분의 이행된 경우
㉡ 고소사건에서 동일사건에 관하여 이미 검사의 불기소처분이 있는 경우
㉢ 고소가 형사소송법 제224조 소정의 '고소의 제한'에 위반한 경우
㉣ 소년법에 의한 보호처분이 확정된 경우
㉤ 친고죄의 경우에 고소가 없거나 무효인 경우
㉥ 고소권자가 아닌 자가 고소한 경우

① ㉠, ㉣ ② ㉡, ㉢, ㉥
③ ㉠, ㉣, ㉤ ④ ㉡, ㉤, ㉥

정답 61 ③ 62 ① 63 ② 64 ④ 65 ③

㉠·㉣·㉤ '공소권 없음' 주문의 불기소처분을 하여야 한다(검찰사건사무규칙 제69조 제3항 제4호).
㉡·㉢·㉥ '각하' 주문의 불기소처분을 하여야 한다(검찰사건사무규칙 제69조 제3항 제5호).

## 66 다음 중 수사종결시 처분으로 옳은 것은?

① 유죄 판결을 받기에는 증거가 불충분한 경우 '죄가 안 됨'으로 불기소처분한다.
② 피의사건에 관하여 소송조건이 결여된 경우 '혐의 없음'으로 불기소처분한다.
③ 피의자의 자백에 대하여 보강증거가 없는 경우 '죄가 안 됨'으로 불기소처분한다.
④ 피의사건에 관하여 형 면제의 사유가 있는 경우 '공소권 없음'으로 불기소처분한다.

해설
① 혐의 없음, ② 공소권 없음, ③ 혐의 없음

## 67 재정신청제도에 대한 설명으로 옳은 것은?

① 고소인이나 고발인은 검사의 불기소처분에 대하여 재정신청을 할 수 있다.
② 재정신청사건 관할법원은 불기소처분을 한 검사 소속의 지방검찰청 소재지를 관할하는 지방법원 합의부이다.
③ 재정결정서를 송부 받은 관할 지방검찰청 검사장 또는 지청장은 지체 없이 담당 검사를 지정하고 지정받은 검사는 공소를 제기하여야 한다.
④ 고등법원의 재정신청 기각결정 또는 공소제기 결정에 대하여는 불복할 수 없다.

③ 형사소송법 제262조 제6항
① 재정신청은 고소권자로서 고소를 한 자가 할 수 있다. 다만, 형법 제123조부터 제126조까지의 죄에 대하여는 고발을 한 자도 할 수 있다(형사소송법 제260조 제1항).
② 재정신청의 관할법원은 불기소처분을 한 검사 소속의 지방검찰청 소재지를 관할하는 고등법원이다(형사소송법 제260조 제1항).
④ 고등법원의 공소제기결정에 대하여는 불복할 수 없다(형사소송법 제262조 제4항). 그러나 재정신청 기각결정에 대하여는 법령위반이 있음을 이유로 하여 대법원에 불복할 수 있다(헌법재판소 2011.11.24. 2008헌마578, 대판 2011.2.1. 2009모407).

**68** **재정신청에 관한 설명 중 옳지 않은 것은?**

① 검사의 불기소처분에 불복이 있는 고소인 또는 고발인은 그 검사가 속하는 지방검찰청 또는 지청을 거쳐 서면으로 관할 고등검찰청 검사장에게 항고할 수 있는데, 이 경우 지방검찰청 또는 지청의 검사는 항고가 이유있다고 인정하는 때에는 그 처분을 경정하여야 한다.

② 구금 중인 고소인이 재정신청서를 그 기간 안에 교도소장이나 그 직무를 대리하는 사람에게 제출하면 이는 적법한 재정신청서의 제출로 볼 수 있다.

③ 재정신청은 취소할 수 있는데 관할 고등법원에 서면으로 하여야 하며 다만, 기록이 관할 고등법원에 송부되기 전에는 그 기록이 있는 검찰청 검사장 또는 지청장에게 하여야 한다.

④ 재정신청사건의 심리 중에는 관련 서류 및 증거물을 열람 또는 등사할 수 없다. 다만, 법원은 형사소송법 제262조 제2항 후단의 증거조사과정에서 작성된 서류의 전부 또는 일부의 열람 또는 등사를 허가할 수 있다.

② 재정신청서에 대하여는 형사소송법에 제344조 제1항과 같은 특례규정이 없으므로 재소자 특칙이 적용되지 아니한다(대판 1998.12.14. 98모127).
① 검찰청법 제10조 제1항
③ 형사소송규칙 제121조
④ 형사소송법 제262조의2



정답 66 ④ 67 ③ 68 ②

# 제4장 공소제기 및 공판절차

## 1 공소제기 및 공판절차 개요

**01 다음 중 공소제기절차에 관한 설명으로 옳지 않은 것은?**

① 공소를 제기함에는 공소장을 관할법원에 제출하여야 한다.
② 공소장에는 피고인 수와 상관없이 한 통의 부본만을 첨부하여야 한다.
③ 법원은 공소장의 부본을 1회 공판기일 전 5일까지 송달하여야 한다.
④ 피고인 또는 변호인은 공소장 부본을 송달받은 날부터 7일 이내에 공소사실에 대한 인정 여부 등에 관한 의견서를 제출할 수 있다.

해설 공소를 제기할 때 공소장에는 피고인의 수에 상응하는 부본을 첨부하여야 한다(형사소송법 제254조 제2항).

**02 공판준비절차에 관한 다음 설명 중 가장 적절하지 않은 것은?**

① 재판장은 효율적이고 집중적인 심리를 위하여 사건을 공판준비절차에 부칠 수 있다.
② 공판준비기일에는 검사 및 변호인이 출석하여야 하고, 법원은 공판준비기일이 지정된 사건에 관하여 변호인이 없는 때에는 직권으로 변호인을 선정하여야 한다.
③ 공판준비기일은 공개한다. 다만, 공개하면 절차의 진행이 방해될 우려가 있는 때에는 공개하지 아니할 수 있다.
④ 검사, 피고인 또는 변호인은 법원에 대하여 공판준비기일의 지정을 신청할 수 있다. 이 경우 당해 신청에 관한 법원의 결정에 대하여 즉시항고를 할 수 있다.

해설 공판준비기일 지정신청에 관한 법원의 결정에 대하여는 불복할 수 없다(형사소송법 제266조의7 제2항).

## 03 공판준비절차에 관한 내용으로 가장 옳지 않은 것은?

① 재판장은 효율적이고 집중적인 심리를 위하여 사건을 공판준비절차에 부칠 수 있고, 공판준비절차는 주장 및 입증계획 등을 서면으로 준비하게 하거나 공판준비기일을 열어 진행한다.

② 공판준비기일은 공개한다. 다만, 공개하면 절차의 진행이 방해될 우려가 있는 때에는 공개하지 아니할 수 있다.

③ 공판준비기일에는 검사 및 변호인이 출석하여야 하고, 법원은 검사 및 변호인에게 공판준비기일을 통지하여야 하며, 필요하다고 인정하는 때에는 피고인에게도 공판준비기일을 통지할 수 있다.

④ 법원은 공판준비기일을 종료하는 때에는 검사, 피고인 또는 변호인에게 쟁점 및 증거에 관한 정리결과를 고지하고, 이에 대한 이의의 유무를 확인하여야 하며, 쟁점 및 증거에 관한 정리결과를 공판준비기일조서에 기재하여야 한다.

법원은 검사, 피고인 및 변호인에게 공판준비기일을 통지하여야 한다(형사소송법 제266조의8 제3항).



## 04 다음 공판준비절차에 관한 사항으로 가장 적절하지 않은 것은?

① 공판준비절차는 공판기일 전에 주요쟁점을 정리하고 증거조사의 채부, 증거개시에 관한 결정을 하는 절차이다.

② 공판준비절차는 제1회 공판기일 전에 하는 것으로 공판기일 중간에는 불가능하다.

③ 공판준비기일에서 행하는 주요 사항들에는 주장과 쟁점의 정리에 관한 사항, 증거의 정리에 관한 사항, 증거개시에 관한 사항, 심리일정과 기타진행에 관한 사항으로 나누어 볼 수 있다.

④ 공판준비절차의 신속한 진행을 위해 검사・피고인 또는 변호인은 증거를 미리 수집하여 정리하는 방법 등을 통해 공판준비절차의 원활한 진행에 협력할 의무가 있다.

공판준비절차는 제1회 공판기일 전에 하는 것이 일반적이지만 공판기일 중간에도 가능하다(형사소송법 제266조의15).

정답 01 ② 02 ④ 03 ③ 04 ②

**05** 다음 중 공판준비절차를 종결하여야 하는 사항에 해당하지 않는 것은?

① 쟁점 및 증거의 정리가 완료됨
② 사건을 공판준비절차에 부친 뒤 2개월이 지난 때
③ 검사 또는 변호인이 출석하지 아니한 때
④ 소환 받은 피고인이 출석하지 아니한 때

해설
② 사건을 공판준비절차에 부친 뒤 **3개월**이 지난 때

## 2 공소제기와 공판준비

**06** 공소의 제기에 관한 다음 설명 중 틀린 것은?

① 공소제기가 없는 한 법원이 심판할 수 없다는 원칙을 불고불리의 원칙이라 한다.
② 범죄혐의가 있는 자라도 기소 여부는 검사의 재량으로 결정할 수 있다는 원칙을 기소독점주의라 한다.
③ 범죄혐의가 없거나, 혐의가 있더라도 처벌할 수 없는 경우에는 불기소처분을 한다.
④ 국가기관인 검사의 소추에 의하여 형사소송이 개시되는 원칙을 국가소추주의라 한다.

해설
검사의 기소・불기소에 관한 재량권을 인정하는 것은 기소독점주의가 아닌 기소편의주의에 관한 설명이다.

**07** 다음 〈보기〉의 ㉠과 ㉡에 들어갈 말로 알맞은 것은?

( ㉠ )은/는 공소는 검사가 제기하여 수행한다는 제도이다.
( ㉡ )은/는 범죄의 혐의가 충분하고 소송조건을 갖추고 있음에도 검사가 기소유예 처분을 할 수 있는 제도를 말하며, 우리나라 형사소송법에서 인정하고 있는 제도이다.

① ㉠ 기소독점주의, ㉡ 기소편의주의
② ㉠ 기소법정주의, ㉡ 기소편의주의
③ ㉠ 기소편의주의, ㉡ 기소법정주의
④ ㉠ 기소편의주의, ㉢ 기소독점주의

㉠ 기소독점주의란 범죄를 기소하여 소추(訴追)하는 권리를 국가기관인 검사만이 가지고 있는 것을 말한다(형사소송법 제246조).
㉡ 기소편의주의란 형사소송법상 공소의 제기에 관하여 검사의 재량을 허락하고 기소유예를 인정하는 제도를 말한다.

**08** 다음 중 공소장에 대한 설명으로 가장 옳지 않은 것은?

① 공소장의 필요적 기재사항으로 피고인의 성명 기타 피고인을 특정할 수 있는 사항, 죄명, 공소사실, 적용법조를 기재하여야 한다.
② 공소사실의 특정성을 결하게 되면 그 기소는 무효가 되고 공소기각 판결된다.
③ 택일적 기재란 수개의 범죄사실 또는 적용 법조의 순위를 정하여 기재하는 방식이다.
④ 수개의 범죄사실과 적용법조를 예비적 또는 택일적으로 기재할 수 있다.

③ 예비적 기재에 관한 설명이다. 택일적 기재란 수개의 범죄사실이나 법조를 순위를 정함이 없이 택일적으로 기재하는 방식을 말한다.
① 형사소송법 제254조 제3항
② 형사소송법 제327조 제2호
④ 형사소송법 제254조 제5항

**09** 다음 공소장 변경에 대한 설명으로 가장 옳지 않은 것은?

① 공소장 변경은 검사가 공소사실의 동일성을 해하지 않는 범위 내에서 법원의 허가를 얻어 공소장에 기재된 공소사실 또는 적용법조를 추가・철회・변경・정정하는 것을 말한다.
② 피고인의 방어권에 실질적으로 불이익이 없는 경우는 공소장의 변경을 요하지 않는다.
③ 공소사실의 동일성이 인정되지 아니한 범죄사실을 추가하려는 경우 법원은 그 변경신청을 기각한다.
④ 판례는 기본적 사실 동일성에 대하여 규범적 요소도 기본적 사실관계 동일성의 실질적 내용의 일부를 이루는 것이라고 하여 강도상해죄와 장물취득죄의 동일성을 부인하고 있다.

공소장 변경의 내용은 공소장에 기재된 공소사실 또는 적용법조에 대한 추가・철회・변경을 말하고, 명백한 오기・누락을 정정 또는 보정하는 공소장 정정과는 구별된다.

제2과목 형사법 및 범죄학개론

정답 05 ② 06 ② 07 ① 08 ③ 09 ①

**10** 공소장의 변경에 관한 다음 설명 중 옳은 것은 모두 몇 개인가?(다툼이 있는 경우 판례에 의함)

> ㉠ 검사는 법원의 허가를 얻어 공소장에 기재한 공소사실 또는 적용법조의 추가, 철회 또는 변경을 할 수 있다.
> ㉡ 법원은 검사의 공소장 변경신청이 공소사실의 동일성을 해하지 않는 범위라고 하더라도 공소장의 변경을 허가하지 않을 수 있다.
> ㉢ 법원이 검사에게 공소장의 변경을 요구할 것인지의 여부는 법원의 재량에 속하는 것이므로, 법원이 검사에게 공소장의 변경을 요구하지 아니하였다 하여 위법하다고 할 수 없다.
> ㉣ 공소장의 변경은 항소심에서도 할 수 있다.
> ㉤ 검사가 공소장의 변경을 하고자 하는 때에는 그 취지를 기재한 공소장변경허가신청서를 법원에 제출하여야 한다.

① 1개　　② 2개
③ 3개　　④ 4개

옳은 지문은 ㉠, ㉢, ㉣, ㉤ 4개이다.
㉡ 형사소송법 제298조 제1항은 '검사는 법원의 허가를 얻어 공소장에 기재한 공소사실 또는 적용법조의 추가·철회 또는 변경을 할 수 있다. 이 경우에 법원은 공소사실의 동일성을 해하지 아니하는 한도에서 허가하여야 한다'고 규정하고 있다. 따라서 검사의 공소장변경신청이 공소사실의 동일성을 해하지 아니하는 한 법원의 허가는 의무이다(대판 2013.9.12, 2012도14097).

**11** 공소장 변경에 관한 설명 중 가장 옳지 않은 것은?(다툼이 있는 경우 판례에 의함)

① 공소장 변경은 공소사실의 동일성을 해하지 않는 범위에서 허용된다.
② 법원의 공소장 변경 요구는 형성적 효력을 갖는다.
③ 우리 판례는 현실적 심판대상과 잠재적 심판대상으로 나누는 이원설의 입장을 취하고 있다.
④ 사기죄의 경우 피해자가 변경되더라도 피고인의 방어권 행사에 실질적 불이익을 주는 바가 없다면 공소장 변경이 필요하지 않다.

'법원은 심리의 경과에 비추어 상당하다고 인정할 때에는 공소사실 또는 적용법조의 추가 또는 변경을 요구하여야 한다(형사소송법 제298조 제2항)'고 규정하고 있으나, 법원의 공소장 변경 요구는 권고적 효력에 그친다.

**12** **다음 중 공소시효에 관한 설명으로 옳은 것은?**

① 공소시효는 범죄행위가 시작한 때로부터 진행한다.
② 공소시효는 공소의 제기로 진행이 정지되고 공소기각 또는 관할위반의 재판이 확정된 때로부터 다시 진행한다.
③ 범인이 국외에 있는 경우에도 공소시효는 진행된다.
④ 사람을 살해한 범죄로 사형에 해당하는 범죄는 그 공소시효가 25년이다.

① 공소시효는 범죄행위가 종료한 때로부터 진행한다(형사소송법 제252조 제1항).
③ 범인이 형사처분을 면할 목적으로 국외에 있는 경우 그 기간 동안 공소시효는 정지된다(형사소송법 제253조 제3항).
④ 사람을 살해한 범죄(종범은 제외한다)로 사형에 해당하는 범죄에 대하여는 공소시효를 적용하지 아니한다(형사소송법 제253조의2).

**13** **증거의 개시에 대한 설명 중 가장 적절하지 않은 것은?**

① 공소제기 후 검사가 보관하고 있는 서류 등의 열람·등사, 즉 증거개시는 원칙적으로 모든 증거에 대한 전면적 개시인데 반하여 피고인 또는 변호인의 증거개시는 현장부재, 심신상실 또는 심신미약 등 일정한 사유를 전제로 하는 제한적 개시라는 점에서 구별된다.
② 변호인은 공소제기 후 검사가 보관하고 있는 증거서류 등에 대한 열람·등사 또는 서면의 교부를 신청할 수 있으며, 변호인을 선임한 피고인도 검사에 대해 증거서류 등의 열람·등사 및 서면의 교부를 신청할 수 있다.
③ 검사가 증거서류 등의 열람·등사 또는 서면의 교부를 거부하거나 그 범위를 제한할 때에는 피고인 또는 변호인은 법원에 그 서류 등의 열람·등사 또는 서면의 교부를 허용하도록 할 것을 신청할 수 있다.
④ 검사는 증거서류 등의 열람·등사 또는 서면의 교부에 관한 법원의 결정을 지체 없이 이행하지 아니하는 때에는 해당 증인 및 서류 등에 대한 증거신청을 할 수 없다.

피고인 또는 변호인은 검사에게 공소제기 된 사건에 관한 서류 또는 물건(이하 "서류 등"이라 한다)의 목록과 공소사실의 인정 또는 양형에 영향을 미칠 수 있는 서류 등의 열람·등사 또는 서면의 교부를 신청할 수 있다. 다만, 피고인에게 변호인이 있는 경우에는 피고인은 열람만을 신청할 수 있다(형사소송법 제266조의3).

정답 10 ④ 11 ② 12 ② 13 ②

## 3 공판절차

**14** **다음 공판절차 중 가장 먼저 이루어지는 것은?**

① 인정신문 ② 진술거부권의 고지
③ 피고인 신문 ④ 판결의 선고

해설 공판절차 : 진술거부권고지 – 인정신문 – 검사의 모두진술 – 피고인의 모두진술 – 승거조사 – 피고인 신문

**15** **다음 중 공판절차에 관한 설명으로 가장 올바르지 않은 것은?**

① 검사가 공소를 제기하면 공판절차가 진행되며, 공판절차에는 검사가 벌금을 청구하는 구약식 절차와 정식재판을 청구하는 구공판 절차가 있다.
② 공판절차는 검사의 공소제기로 개시되며, 국가를 대표하는 검사만이 소추를 전담하고 있는데, 이를 '국가소추주의' 또는 '검사독점주의'라고 한다.
③ 공소제기는 검사가 법원에 공소장을 제출하면 법원은 부본을 피해자에게 송달하고 피해자를 법정에 출석하게 함으로써 개시된다.
④ 공판절차는 인정신문절차, 사실심리절차, 변론절차로 구성된다.

해설 공소제기는 검사의 공소장이 법원에 제출되면 법원은 부본을 피해자가 아닌 피고인에게 송달하고 피고인을 법정에 출석하게 함으로써 개시된다.

**16** **다음 공판절차에 관한 설명으로 옳지 않은 것은?**

① 공판중심주의란 사건의 실체에 대하여 법원이 갖는 유·무죄의 심증 형성은 공판기일의 심리를 통해서 이루어져야 한다는 원칙을 말한다.
② 수사단계에서 작성된 서류는 공판기일의 증거조사에 의하여 그 성립의 진정이 증명되어야만 증거능력이 인정된다.
③ 법원은 재판의 심리가 국가의 안전보장·안녕질서 또는 선량한 풍속을 해할 우려가 있는 때에는 결정으로 판결을 공개하지 아니할 수 있다.
④ 재판장은 법정의 존엄과 질서를 해할 우려가 있는 자의 입정금지, 퇴정을 명하거나 법정 질서유지에 필요한 명령을 발할 수 있다.

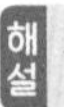

재판의 심리와 판결은 공개한다. 다만, 심리는 국가의 안전보장 · 안녕질서 또는 선량한 풍속을 해할 우려가 있는 때에는 결정으로 이를 공개하지 아니할 수 있다(법원조직법 제57조 제1항).

**17** **다음 중 공판절차의 기본원칙에 대한 설명으로 가장 옳지 않은 것은?**

① 공판중심주의 – 사건의 실체에 대하여 법원이 갖는 유 · 무죄의 심증 형성은 공판기일의 심리를 통해서 이루어져야 한다는 원칙을 말하며, 직접심리주의와 구두변론주의를 전제로 한다.

② 집중심리주의 – 공판기일의 심리는 집중되어야 하고 심리에 2일 이상을 요하는 사건은 중간에 시간적 간격을 두지 않고 연일 계속해서 심리해야 한다는 원칙으로 특정강력범죄의 심리와 판결에 한하여 집중심리주의가 적용된다.

③ 공개주의 – 일반국민에게 법원의 심리 및 판결에 대한 방청을 허용하는 원칙이다.

④ 구두변론주의 – 법원은 당사자의 구두에 의한 주장과 입장을 근거로 하여 심판을 해야 한다는 원칙이다.

법원의 집중심리는 모든 사건심리에 해당하는 것으로 특정강력범죄의 심리와 판결에 한하지 않는다.

**18** **공판절차의 기본원칙에 관한 다음 설명 중 가장 적절하지 않은 것은?**

① 증인신문에서의 교호신문제도는 형사소송법에 규정된 구두변론주의의 제도적 표현의 하나이다.

② 공개주의에 따라 재판의 심리와 판결은 공개해야 하나, 국가의 안전보장 · 안녕질서 또는 선량한 풍속을 해할 우려가 있는 때에는 결정으로 재판의 심리와 판결을 공개하지 아니할 수 있다.

③ 집중심리주의에 따라 심리에 2일 이상이 필요한 경우에는 부득이한 사정이 없는 한 매일 계속 개정하여야 한다.

④ 실질적 직접심리주의에 따라 법관의 면전에서 직접 조사한 증거만을 재판의 기초로 삼을 수 있고, 증명 대상이 되는 사실과 가장 가까운 원본증거를 재판의 기초로 삼아야 하며, 원본증거의 대체물 사용은 원칙적으로 허용되어서는 안 된다.



정답 14 ② 15 ③ 16 ③ 17 ② 18 ②

재판의 심리는 국가의 안전보장·안녕질서 또는 선량한 풍속을 해할 우려가 있는 때에는 법원의 결정으로 이를 공개하지 아니할 수 있다(헌법 제109조, 법원조직법 제57조 제1항). 판결의 선고는 어떠한 경우에도 비공개로 할 수 없다.

## 19 공판절차의 기본원칙 중 공개주의에 대한 설명으로 옳지 않은 것은?

① 공개주의는 검사의 공소제기절차에는 적용되지 않으므로 공소제기 전까지 피고인이 공소제기의 여부나 그 내용을 알 수 없었다고 하더라도 공개주의에 위반되지 않는다.

② 공개주의란 모든 국민이 참관하는 것을 의미하는 것이 아니므로 재판장은 법정질서를 유지하기 위해 필요하다고 판단될 때 방청인의 수를 제한할 수도 있고, 특정인에 대하여 퇴정을 명할 수도 있다.

③ 공판의 공개에 관한 규정에 위반한 때에는 항소이유 또는 상고이유가 된다.

④ 재판장은 공공의 이익을 위하여 상당한 이유가 있는 경우라도 피고인의 동의가 있는 경우에 한하여 법정 안에서 녹화, 촬영, 중계방송 등의 행위를 허가할 수 있다.

④ 재판장은 피고인의 동의가 있는 때에 한하여 녹화, 촬영, 중계방송 등의 신청에 대한 허가를 할 수 있다. 다만, 피고인의 동의 여부에 불구하고 촬영 등 행위를 허가함이 공공의 이익을 위하여 상당하다고 인정되는 경우에는 그러하지 아니하다(법정방청 및 촬영 등에 관한 규칙 제4조 제2항).

① 대판 2008.12.24. 2006도1427

② 법원조직법 제58조 제2항, 법정방청 및 촬영 등에 관한 규칙 제2조

③ 형사소송법 제361조의5 제9호, 제383조 제1호

## 20 공판기일의 진행에 관한 설명 중 가장 옳지 않은 것은?

① 피고인의 출석 없이 개정한 경우에는 검사의 모두진술을 생략할 수 있다.

② 검사의 모두진술이 끝난 뒤에는 재판장은 피고인에게 공소사실을 인정하는지 여부를 물어야 한다.

③ 공판기일의 심리는 집중되어야 하고, 심리에 2일 이상이 필요한 경우에는 부득이한 사정이 없는 한 매일 계속 개정하여야 한다.

④ 제1회 공판기일은 소환장의 송달 후 5일 이상의 유예기간을 두어야 하나, 피고인이 이의 없는 때에는 위 유예기간을 두지 아니할 수 있다.

피고인의 출석 없이 개정한 경우에도 검사의 모두진술은 생략할 수 없다(형사소송법 제285조).

## 21 공판기일의 절차에 관한 설명으로 가장 적절한 것은?

① 공판준비절차가 끝나면 수소법원은 지정된 공판기일을 열어 피고사건에 대한 실체 심리를 하게 되며, 제1심 공판절차는 모두절차, 사실심리절차, 판결선고절차, 집행절차로 나눌 수 있다.

② 모두절차에서 재판장은 인정신문에 들어간 후 피고인에게 진술하지 아니하거나 개개의 질문에 대하여 진술을 거부할 수 있고, 이익 되는 사실을 진술할 수 있음을 고지하여야 한다.

③ 재판장은 검사의 모두진술 절차를 마친 뒤에 피고인에게 공소사실을 인정하는지 여부에 관하여 물을 수 있다.

④ 검사의 출석은 개정요건으로 검사의 출석 없이 개정하는 것은 소송절차에 관한 법령을 위반한 경우에 해당한다.

④ 형사소송법 제275조 제2항
① 집행절차는 포함되지 아니한다. 제1심 공판절차는 모두절차, 사실심리절차, 판결선고절차로 나눌 수 있다.
② 개정법은 진술거부권의 규정 위치를 인정신문 앞으로 옮겨 인정신문에 들어가기 전에 피고인에게 진술거부권을 고지하도록 하고 있다.
③ 재판장은 검사의 모두진술 절차를 마친 뒤에 피고인에게 공소사실을 인정하는지 여부에 관하여 물어야 한다(형사소송규칙 제127조의2 제1항).



## 22 공판기일의 절차에 관한 내용으로 옳지 않은 것은?

① 공판정은 판사와 서기관 또는 서기가 열석하고 검사가 출석하여 개정한다.

② 피고인이 재판장의 허가 없이 퇴정한 경우 피고인의 출석 없이 심리와 판결을 할 수 있다.

③ 재판장은 피고인이 진술하지 아니하거나 개개의 질문에 대하여 진술을 거부할 수 있음을 고지하여야 한다.

④ 재판장은 검사의 모두진술 후에 피고인의 성명, 연령, 등록기준지, 주거와 직업을 물어 그 사람이 맞는지를 확인하여야 한다.

④ 인정신문은 검사의 모두진술 전에 하여야 한다(형사소송법 제284조).
① 형사소송법 제275조 제2항
② 형사소송법 제330조
③ 형사소송법 제283조의2

정답 19 ④ 20 ① 21 ④ 22 ④

## 23 증거신청 및 증거조사에 관한 설명 중 가장 적절하지 않은 것은?

① 증거신청이란 검사가 범죄성립과 소추조건, 양형자료 등에 관한 증거서류를 증거로 신청하면서 증거목록을 제출하는 것을 말한다.

② 검사·피고인 또는 변호인은 특별한 사정이 없는 한 필요한 증거를 일괄하여 신청하여야 한다.

③ 증거신청은 검사가 먼저 이를 한 후 다음에 피고인 또는 변호인이 이를 한다.

④ 증거조사는 검사·피고인 또는 변호인의 신청에 의해서만 할 수 있을 뿐 법원이 직권으로 할 수는 없다.

해설

증거조사는 검사·피고인 또는 변호인의 신청에 의해서는 물론 법원의 직권으로도 할 수 있다(형사소송법 제295조).

## 24 증거조사에 관한 설명 중 옳은 것은?

① 법원은 증거결정을 함에 있어서 검사, 피고인 또는 변호인의 의견을 들어야 한다.

② 당사자의 증거신청에 대한 채택 여부는 법원의 재량사항이 아니므로 법원은 피고인이나 변호인이 신청한 증거에 대하여 불필요하다고 인정할 때에도 조사하여야 한다.

③ 법원의 증거결정에 대한 이의신청은 법령의 위반이 있거나 상당하지 아니함을 이유로 하여 이를 할 수 있다.

④ 이의신청에 대한 법원의 결정에 즉시항고를 할 수 있다는 취지의 규정은 없다.

해설

④ 형사소송규칙 제140조

① 법원은 증거결정을 함에 있어서 필요하다고 인정할 때에는 그 증거에 대한 검사, 피고인 또는 변호인의 의견을 들을 수 있다(형사소송규칙 제134조 제1항).

② 증거신청의 채택 여부는 법원의 재량으로서 법원이 필요하지 아니하다고 인정할 때에는 이를 조사하지 아니할 수 있다(대판 2008.9.25. 2008도6985).

③ 이의신청은 증거결정이 법령의 위반이 있음을 이유로 하여서만 이를 할 수 있다(형사소송규칙 제135조의2).

## 25 다음 중 증거조사에 대한 설명으로 옳지 않은 것은?

① 검사 청구의 증거를 먼저 조사하고, 다음에 피고인 및 변호인이 청구한 증거를 조사하는 것을 원칙으로 한다.
② 증거서류를 조사하는 때에는 신청인이 이를 낭독한다.
③ 컴퓨터용디스크, 그 밖의 정보저장매체에 기억된 문자정보를 증거자료로 하는 경우에는 그 정보저장매체를 그대로 제출한다.
④ 녹음·녹화매체 등에 대한 증거조사는 녹음·녹화매체 등을 재생하여 청취 또는 시청한다.

컴퓨터용디스크, 그 밖의 정보저장매체에 기억된 문자정보를 증거자료로 하는 경우에는 읽을 수 있도록 출력하여 인증한 등본을 낼 수 있다(형사소송규칙 제134조의7).



## 26 공판절차에서의 증인신문에 대한 설명으로 옳지 않은 것은?

① 공범인 공동피고인은 당해 소송절차에서 피고인의 지위에 있으므로 소송절차가 분리되지 않으면 다른 공동피고인에 대한 공소사실에 대하여 증인이 될 수 없다.
② 공소제기 전에 피고인을 피의자로 조사했던 사법경찰관의 진술이 피고인의 진술을 내용으로 하는 경우에도 그 사법경찰관을 공판기일에 증인으로 신문할 수 있다.
③ 선서의 취지를 이해하지 못하는 선서무능력자에게 선서를 시키고 증언하게 한 때에는 선서의 효력이 없으므로 의사판단 능력의 유무와 관계없이 증언 자체의 효력도 없게 된다.
④ 피고인이 미리 증인신문에 참여하게 해 달라고 신청하였음에도 이를 허가하지 않고 변호인만을 참여시켜 실시한 증인신문은 위법하다.

③ 선서무능력자에 대하여 선서케 하고 신문한 경우라 할지라도 그 선서만이 무효가 되고 그 증언의 효력에 관하여는 영향이 없고 유효하다(대판 1957.3.8. 57도23).
① 대판 2012.12.13. 2010도10028
② 헌법재판소 2001.11.29. 2001헌바41
④ 대판 1969.7.25. 68도1481

정답 23 ④ 24 ④ 25 ③ 26 ③

## 27 증인신문에 관한 다음 설명 중 가장 옳지 않은 것은?

① 주신문에서는 원칙적으로 유도신문이 허용되지 않고, 반대신문에서는 필요한 때 유도신문을 할 수 있다.

② 재주신문은 주신문의 예에 의하므로 재판장의 허가 없이 반대신문에 나타나지 아니한 새로운 사항을 신문할 수 있다.

③ 증인의 기억을 환기할 필요가 있는 경우에는 재판장의 허가를 얻어 서류 또는 물건을 제시하면서 신문할 수 있다.

④ 위 ③항의 경우 증거조사를 마치지 않은 서류 또는 물건을 제시할 때에는 원칙적으로 상대방에게 열람시켜야 한다.

**해설**

② 재주신문의 기회에 주신문 또는 반대신문에 나타나지 아니한 새로운 사항에 관하여 신문하고자 할 때에는 재판장의 허가를 받아야 한다(형사소송규칙 제78조 제3항, 제76조 제4항).

① 형사소송규칙 제75조 제2항, 제76조 제2항

③ 형사소송규칙 제83조 제1항

④ 형사소송규칙 제83조 제3항, 제82조 제2항

## 28 증인신문절차에 관한 설명 중 옳지 않은 것은?

① 법원은 범죄로 인한 피해자의 신청이 있는 경우에는 신청인의 진술로 인하여 공판절차가 현저하게 지연될 우려가 있다는 등의 특별한 사정이 없는 한 그 피해자를 증인으로 신문하여야 한다.

② 선서무능력자가 선서를 하고 증언을 한 경우 그 선서는 효력이 없어 위증죄가 성립하지 않을 뿐 아니라 증언능력이 있다 하더라도 그 증언 자체가 효력이 없다.

③ 피고인과는 별개의 범죄사실로 기소되고, 병합심리된 것일 뿐인 공동피고인은 피고인과의 관계에서는 증인의 지위에 있으므로 선서 없이 한 공동피고인의 진술은 설사 피고인의 지위에서 행한 것이더라도 다른 피고인의 범죄사실을 인정하는 증거로 사용할 수 없다.

④ 법원이 공판기일에 증인을 채택하여 다음 공판기일에 증인신문을 하기로 피고인에게 고지하였는데 그 공판기일에 피고인이 정당한 사유 없이 출석하지 아니한 경우, 이미 출석한 증인에 대하여 공판기일 외의 신문으로 증인신문을 하고 다음 공판기일에 그 증인신문조서에 대한 서증조사를 할 수 있다.

② 선서무능력자에 대하여 선서케 하고 신문한 경우라 할지라도 그 선서만이 무효가 되고 그 증언의 효력에 관하여는 영향이 없고 유효하다(대판 1957.3.8. 57도23).
① 형사소송법 제294조의2
③ 대판 1982.6.22. 82도898
④ 대판 2000.10.13. 2000도3265

## 29 증언거부권에 관한 설명 중 틀린 것은?

① 자기가 형사소추 또는 공소제기를 당하거나 유죄판결을 받을 사실이 드러날 염려가 있는 때에는 증언을 거부할 권리가 있다.
② 자기의 친족 또는 친족관계에 있었던 자나 후견감독인이 형사소추, 공소제기, 유죄판결을 받을 사실이 드러날 염려가 있는 때에는 증언을 거부할 권리가 있다.
③ 변호사는 업무상 위탁을 받아 알게 된 사실로서 타인의 비밀에 관한 것일 때에는 중대한 공익상의 필요가 있는 때에도 증언을 거부할 권리가 있다.
④ 증언거부권이 없는 자가 증언을 거부하면 결정으로 50만원 이하의 과태료에 처할 수 있고, 이 결정에 대하여는 즉시항고할 수 있다.

③ 변호사가 그 업무상 위탁을 받은 관계로 알게 된 사실로서 타인의 비밀에 관한 것은 증언을 거부할 수 있다. 단, 본인의 승낙이 있거나 중대한 공익상 필요 있는 때에는 예외로 한다(형사소송법 제149조).
①·② 형사소송법 제148조
④ 형사소송법 제161조



정답 27 ② 28 ② 29 ③

## 4 간이공판절차

**30** **간이공판절차에 관한 설명 중 가장 옳은 것은?**

① 간이공판절차는 지방법원 또는 지원의 단독판사사건의 제1심 관할사건에 한한다.

② 피고인이 공소장에 기재된 사실을 전부 인정하고 위법성조각사유를 주장하는 경우에는 간이공판절차의 개시요건으로서의 자백에 해당하지 않는다.

③ 피고인이 공판정에서 자백한 것뿐 아니라 검사 면전의 피의자신문에서 자백한 경우에도 간이공판절차를 개시할 수 있다.

④ 위법수집증거 배제법칙이나 자백배제법칙에 의한 증거능력의 제한은 간이공판절차에서는 적용되지 않는다.

해설

② 대판 1987.8.18. 87도1269

① 제1심인 이상 단독판사 관할사건은 물론 합의부 관할사건도 간이공판절차에 의하여 심판할 수 있다(형사소송법 제286조의2).

③ 피고인이 공판정에서 공소사실에 대하여 자백한 때에 간이공판절차에 의하여 심판할 수 있으므로, 검사 면전의 피의자신문에서 자백한 경우에는 간이공판절차에 의하여 심판할 수 없다(형사소송법 제286조의2).

④ 간이공판절차에서는 전문법칙이 적용되지 않을 뿐, 위법수집증거 배제법칙이나 자백배제법칙은 여전히 적용된다(형사소송법 제318조의3).

**31** **간이공판절차에 관한 다음 설명 중 옳지 않은 것은?**

① 간이공판절차에 의하여 심판할 것을 결정한 사건에서는 증거조사를 마쳤을 때 재판장이 각 증거조사의 결과에 대한 의견을 묻고 권리를 보호함에 필요한 증거조사를 신청할 수 있음을 고지할 필요가 없다.

② 피고인이 1심 법원에서 공소사실에 대하여 자백하여 제1심 법원이 간이공판절차에 회부하여 상당하다고 인정하는 방법으로 증거조사 한 이상, 항소심에 이르러 피고인이 범행을 부인하였더라도 제1심 법원에서 이미 증거능력이 있었던 증거는 항소심에서도 증거능력이 그대로 유지된다.

③ 피고인이 법정에서 공소사실은 모두 사실과 다름없다고 하면서 술에 만취되어 기억이 없다는 취지로 진술한 경우에 피고인은 공소사실을 부인하거나 심신상실의 책임 사유를 주장하고 있는 것으로 볼 여지가 충분하므로 간이공판절차에 의하여 심판할 대상이 아니다.

④ 간이공판절차에 의하여서는 단독사건만 심판할 수 있으므로 합의부가 제1심으로 심판할 사건에 대하여는 간이공판절차에 의하여 심판할 수 없다.

간이공판절차에 의하여 심판할 수 있는 범죄에는 제한이 없다. 즉 단독판사 관할사건은 물론 합의부 관할사건도 간이공판절차에 의하여 심판할 수 있다(형사소송법 제286조의2, 대판 2007.7.12. 2007도2191).

**32** **간이공판절차에 관한 다음 설명 중 가장 적절하지 않은 것은?**

① 간이공판절차의 개시결정에 대하여 항고할 수 있다.

② 피고인이 공판정에서 공소사실에 대하여 자백한 때에는 법원은 그 공소사실에 한하여 간이공판절차에 의하여 심판할 것을 결정할 수 있다.

③ 간이공판절차는 증거능력의 제한이 완화되고, 증거조사방식이 간이화된다.

④ 간이공판절차의 결정이 취소된 때에는 공판절차를 갱신하여야 한다. 단, 검사, 피고인 또는 변호인이 이의가 없는 때에는 그러하지 아니한다.

간이공판절차의 개시결정에 대하여 항고할 수 없다. 법원의 관할 또는 판결전의 소송절차에 관한 결정에 대하여는 특히 즉시항고를 할 수 있는 경우 외에는 항고하지 못한다(형사소송법 제403조).



정답 30 ② 31 ④ 32 ①

# 제5장 증 거

## 1 증거일반

**01** **간접증거에 대한 설명으로 옳은 것은?(다툼이 있는 경우 판례에 의함)**

① 유죄의 심증은 반드시 직접증거에 의하여 형성되어야만 하는 것은 아니고 경험칙, 과학법칙에 위반되지 아니하는 한 간접증거에 의하여 형성되어도 되는 것이다.

② 간접증거가 개별적으로 완전한 증명력을 가지지 못한다면 종합적으로 고찰하여 증명력이 있는 것으로 판단되더라도 그에 의하여 범죄사실을 인정할 수 없다.

③ 범행에 관한 간접증거는 존재하고 있으나, 범인으로 지목되고 있는 자에게 범행을 저지를 만한 동기가 발견되지 않는다면 만연히 무엇인가 동기가 분명히 있는데도 이를 범인이 숨기고 있다고 단정할 것이다.

④ 간접증거와 직접증거의 구분은 증거법정주의보다는 자유심증주의에서 더욱 의미를 갖는다.

①·② 심증이 반드시 직접증거에 의하여 형성되어야만 하는 것은 아니고 경험칙, 과학법칙에 위반되지 아니하는 한 간접증거에 의하여 형성되어도 무방하며, 간접증거가 개별적으로는 범죄사실에 대한 완전한 증명력을 가지지 못하더라도 전체 증거를 상호 관련 하에 종합적으로 고찰할 경우 그 단독으로는 가지지 못하는 종합적 증명력이 있는 것으로 판단되면 그에 의하여도 범죄사실을 인정 할 수 있는 것이다(대판 2017.5.30, 2017도1549).

③ 단정해서는 안되고, 간접증거의 증명력이 그만큼 떨어진다고 보는 것이 형사증거법의 이념에 부합한다.

④ 자유심증주의하에서 간접증거와 직접증거의 구분은 큰 의미가 없다.

**02** **다음 중 증거의 종류에 관한 설명으로 옳지 않은 것은?**

① 증거조사시 증거서류는 제시 및 낭독이 요구되는 반면에 서면은 낭독만 요구된다.

② 원칙적으로 검사는 거증책임이 있으므로 검사가 제출하는 증거를 본증, 피고인이 제출하는 증거를 반증이라고 할 수 있다.

③ 사람의 진술을 내용으로 하지 않는 증거는 비진술증거이다.

④ 보조증거에는 증강증거와 탄핵증거가 있으며, 전자는 증명력을 증강하기 위한 증거이고, 후자는 증명력을 감쇄하기 위한 증거이다.

증거조사시 증거서류는 낭독을 통해 증거조사하는 반면에 서면은 제시 및 낭독이 요구된다.

## 03 증거에 관한 설명으로 옳은 것은 모두 몇 개인가?

㉠ 탄핵증거란 실질증거의 증명력을 증강하기 위한 증거를 말한다.
㉡ 직접증거와 간접증거의 분류는 요증사실과의 관계에 따른 분류이다.
㉢ 피고인의 옷에 묻은 혈흔과 상해진단서 등은 간접증거에 해당한다.
㉣ 범죄현장을 목격한 목격자의 진술은 직접증거이면서 본래의 증거이다.

① 1개　② 2개
③ 3개　④ 4개

옳은 지문은 ㉡, ㉢, ㉣ 3개이다. ㉠을 제외한 모든 보기는 통설의 입장으로서 옳은 지문이다.
㉠ 형사소송법 제312조부터 제316조까지의 규정에 따라 증거로 할 수 없는 서류나 진술이라도 공판준비 또는 공판기일에서의 피고인 또는 피고인이 아닌 자의 진술의 증명력을 다투기 위하여 증거로 할 수 있다(형사소송법 318조의2 제1항). 즉 증명력을 다툰다는 것은 증명력을 증강한다는 의미가 아니라 증명력을 감소시킨다는 의미이다.



## 04 다음 중 엄격한 증명의 대상이 되는 것을 모두 고른 것은?

㉠ 구 도로법 제54조 제2항에 의한 적재량측정 요구
㉡ 검사 작성의 피의자신문조서에 기재된 피의자 진술의 임의성 유무
㉢ 알선수재죄에서의 범의
㉣ 교사범에 있어서의 교사사실
㉤ 증거의 증명력을 감쇄시키는 증거

① ㉠, ㉡, ㉢　② ㉠, ㉢, ㉣
③ ㉡, ㉢, ㉣　④ ㉢, ㉣, ㉤

엄격한 증명의 대상이 되는 것은 ㉠·㉢·㉣이다.

정답 01 ① 02 ① 03 ③ 04 ②

## 05 엄격한 증명의 대상과 자유로운 증명의 대상 개수로 옳은 것은?

㉠ 교사범에 있어 '교사의 사실' 인정
㉡ 공모공동정범에 있어서 '공모나 모의의 사실' 인정
㉢ 친고죄에서 '고소 유무에 대한 사실' 인정
㉣ 몰수·추징의 대상이 되는지 여부나 추징액의 인정
㉤ 폭력행위등 처벌에 관한 법률 제4조 제1항 소정의 범죄단체의 구성·가입행위 인정
㉥ 피고인의 자필로 작성된 진술서의 경우 형사소송법 제313조 제1항 단서의 특신상태
㉦ 음주운전에 있어서 위드마크 공식의 적용을 위한 전제 사실인 섭취한 알코올의 양, 음주시각, 체중 등의 전제사실
㉧ 형법 제6조 단서의 '행위지의 법률에 의하여 범죄를 구성' 하는가 여부

① 엄격한 증명의 대상 - 5개, 자유로운 증명의 대상 - 3개
② 엄격한 증명의 대상 - 4개, 자유로운 증명의 대상 - 4개
③ 엄격한 증명의 대상 - 3개, 자유로운 증명의 대상 - 5개
④ 엄격한 증명의 대상 - 2개, 자유로운 증명의 대상 - 6개

해설 ㉠·㉡·㉤·㉦·㉧은 엄격한 증명의 대상이 되고, ㉢·㉣·㉥은 자유로운 증명의 대상이 된다.

## 06 다음 중 엄격한 증명의 대상은 모두 몇 개인가?

㉠ 공모공동정범의 공모
㉡ 외국법규의 존재
㉢ 진술의 임의성
㉣ 몰수, 추징의 대상이 되는지 여부나 추징액의 인정
㉤ 증거의 증명력을 탄핵하는 보조사실
㉥ 친고죄에 있어서 고소의 유무
㉦ 뇌물죄에서의 수뢰액
㉧ 피고인 자필 작성 진술서의 특신상태

① 2개　② 3개
③ 4개　④ 5개

㉠, ㉡, ㉦이 엄격한 증명의 대상이 된다.

**07** **형사소송에서 원칙적으로 거증책임을 지는 것은 누구인가?**

① 검 사 ② 판 사
③ 변호사 ④ 피고인

원칙적으로 형사소송에서 거증책임은 검사가 진다.

**08** **다음은 형사재판에 있어서 거증책임과 관련된 내용이다. 타당하지 않은 것은?**

① 법관의 자유심증주의 원칙이 적용된다.
② 의심이 가는 피고인의 자백은 증거능력이 없다.
③ 피고인이 행한 행위의 사실인정은 증거에 의해야 한다.
④ 형사재판에 있어서의 거증책임은 피고인에게 있다.

거증책임의 원칙
증명불능으로 인한 불이익을 누구에게 부담시킬 것인가를 정하는 문제로 무죄추정은 형사소송법의 기본원칙이며, 의심스러울 때는 피고인의 이익으로 판단하여야 하므로 거증책임은 원칙적으로 검사가 부담한다.



**09** **거증책임에 대한 설명으로 옳지 않은 것은?**

① 형사재판에 있어서 공소가 제기된 범죄사실에 대한 입증책임은 검사에게 있고, 유죄의 인정은 법관으로 하여금 합리적인 의심을 할 여지가 없을 정도로 공소사실이 진실한 것이라는 확신을 가지게 하는 증명력을 가진 증거에 의하여야 한다.
② 횡령죄에 있어서 불법영득의 의사에 관한 입증책임은 검사에게 있으므로 불법영득의 의사를 인정할 수 있는 사정은 검사가 입증하여야 한다.
③ 명예훼손죄의 위법성조각사유인 적시한 사실의 진실성과 공익성에 대하여도 그 부존재를 검사가 엄격한 증명의 방식으로 입증하여야 한다.
④ 검사 작성의 피의자신문조서에 기재된 진술의 임의성에 다툼이 있을 때에는 그 임의성을 의심할 만한 합리적이고 구체적인 사실을 피고인이 증명할 것이 아니라 검사가 그 임의성의 의문점을 없애는 증명을 하여야 한다.

형법 제310조에 의해 명예훼손으로 처벌되지 않기 위해서는 피고인이 공익성이나 진실성에 대하여 증명하여야 한다(대판 1996.10.25. 95도1473).

정답 05 ① 06 ② 07 ① 08 ④ 09 ③

## 10 형사소송법상 증거의 일반원칙에 관한 설명으로 옳지 않은 것은?

① 사실의 인정은 증거에 의하여야 한다.

② 피고인의 자백이 그 피고인에게 불이익한 유일의 증거인 때에는 이를 유죄의 증거로 하지 못한다.

③ 피고인의 자백이 임의로 진술한 것이 아니라고 의심할만한 이유가 있을 때에는 유죄의 증거로 할 수 없다.

④ 피의자에 대하여 진술거부권을 고지하지 않은 상태에서 수집한 증거의 증거능력은 인정된다.

형사소송법이 보장하는 피의자의 진술거부권은 헌법이 보장하는 형사상 자기에 불리한 진술을 강요당하지 않는 자기부죄거부의 권리에 터 잡은 것이므로 수사기관이 피의자를 신문함에 있어서 피의자에게 미리 진술거부권을 고지하지 않은 때에는 그 피의자의 진술은 위법하게 수집된 증거로서 진술의 임의성이 인정되는 경우라도 증거능력이 부인되어야 한다(대판 2011.11.10, 2010도8294).

## 11 자유심증주의에 대한 설명으로 옳지 않은 것은?

① 증거보전절차에서의 진술에 대하여 법원이 사유가 있어 그것을 믿지 않더라도 자유심증주의의 남용이라고 할 수 없다.

② 간접증거는 개별적으로는 범죄사실에 대한 완전한 증명력을 가지지 못하더라도 전체 증거를 상호관련 하에 종합적으로 고찰한 경우, 종합적 증명력이 있는 것으로 판단되면 그에 의하여 범죄사실을 인정할 수 있다.

③ 동일인의 검찰에서의 진술과 법정에서의 증언이 다를 경우 법원은 검찰에서의 진술이 위법하게 이루어진 것이 아닌 한 이를 믿고 범죄사실을 인정할 수 있다.

④ 항소심 법원이 제1심에서 채용된 증거의 신빙성에 의문을 가지면 심리 없이 그 증거를 곧바로 배척할 수 있다.

항소심은 의문점에 관하여 입증을 촉구하는 등의 방법으로 그 증거의 신빙성에 대하여 더 심리하여 본 후 그 채부를 판단하여야 하고, 그 증거의 신빙성에 의문이 간다는 사유만으로 더 이상 아무런 심리를 함이 없이 그 증거를 곧바로 배척하여서는 아니 된다(대판 1996.12.6, 96도2461).

## 12 자유심증주의에 관한 설명으로 가장 적절하지 않은 것은?

① 동일인의 검찰에서의 진술과 법정에서의 증언이 다를 경우 법원은 검찰에서의 진술이 위법하게 이루어진 것이 아닌 한 이를 믿고 범죄사실을 인정할 수 있다.

② 일정 기간 동안에 발생한 피해자의 일련의 강간 피해 주장 중 그에 부합하는 진술의 신빙성을 대부분 부정할 경우, 일부 사실에 대하여만 피해자의 진술을 믿어 유죄를 인정하려면 그와 같이 피해자 진술의 신빙성을 달리 볼 수 있는 특별한 사정이 인정되어야 할 것이다.

③ 항소심 법원이 제1심에서 채용된 증거의 신빙성에 의문을 가지면 심리 없이 그 증거를 곧바로 배척할 수 있다.

④ 자백의 증명력 제한을 규정한 형사소송법 제310조는 자유심증주의의 예외가 된다.

해설 항소심은 의문점에 관하여 입증을 촉구하는 등의 방법으로 그 증거의 신빙성에 대하여 더 심리하여 본 후 그 채부를 판단하여야 하고, 그 증거의 신빙성에 의문이 간다는 사유만으로 더 이상 아무런 심리를 함이 없이 그 증거를 곧바로 배척하여서는 아니 된다(대판 1996.12.6. 96도2461).



## 13 자유심증주의에 대한 판례의 태도로 옳은 것을 모두 고른 것은?

> ㉠ 형사재판에 있어 심증형성은 간접증거에 의할 수도 있으며, 간접증거는 이를 개별적·고립적으로 평가하고, 치밀하고 모순 없는 논증을 거쳐야 한다.
> ㉡ 형사재판에 있어 유죄로 인정하기 위한 심증형성의 정도는 합리적인 의심을 할 여지가 없을 정도여야 하나, 이는 모든 가능한 의심을 배제할 정도에 이를 것까지 요구하는 것은 아니다.
> ㉢ 증명력이 있는 것으로 인정되는 증거를 합리적인 근거가 없는 의심을 일으켜 이를 배척하는 것은 자유심증주의의 한계를 벗어나는 것으로 허용되지 않는다.
> ㉣ 합리적 의심이라 함은 피고인에게 불리한 정황을 사실 인정과 관련하여 파악한 이성적 추론에 그 근거를 두어야 하는 것이므로 단순히 관념적인 의심이나 추상적인 가능성에 기초한 의심은 합리적 의심에 포함된다고 할 수 없다.

① ㉠, ㉡　　② ㉠, ㉣
③ ㉡, ㉢　　④ ㉢, ㉣

해설 옳은 지문은 ㉡·㉢이다.
㉠ 간접증거는 이를 개별적·고립적으로 평가하여서는 안 된다.
㉡·㉢·㉣ 피고인에게 유리한 정황을 사실인정과 관련하여 파악한 이성적 추론에 그 근거를 두어야 한다(대판 2009.3.12. 2008도8486).

정답 10 ④ 11 ④ 12 ③ 13 ③

## 2 위법수집증거 배제법칙

**14** **위법수집증거 배제법칙에 관한 다음 설명 중 가장 적절하지 않은 것은?**

① 검사가 공소제기 후 수소법원 이외의 지방법원판사에게 청구하여 발부받은 영장에 의하여 압수·수색을 하였다고 하면, 그에 따라 수집된 증거는 원칙적으로 유죄의 증거로 삼을 수 없다.

② 형사소송법상 영장주의 원칙을 위반하여 수집되거나 그에 기초한 증거로서 그 절차 위반행위가 적법절차의 실질적인 내용을 침해하는 정도에 해당하는 경우에도, 이러한 증거를 피고인이나 변호인의 증거동의가 있다면 증거로 사용할 수 있다.

③ 현장에서 압수·수색을 당하는 사람이 여러 명일 경우에는 그 사람들 모두에게 개별적으로 영장을 제시해야 하는 것이 원칙이고, 수사기관이 압수·수색에 착수하면서 물건을 소지하고 있는 다른 사람으로부터 이를 압수하고자 하는 때에는 그 사람에게 따로 영장을 제시하여야 한다.

④ 수사기관이 피의자를 신문함에 있어서 피의자에게 미리 진술거부권을 고지하지 않은 때에는 그 피의자의 진술은 위법하게 수집된 증거로서 진술의 임의성이 인정되는 경우라도 증거능력이 부인되어야 한다.

해설

② 영장주의 원칙을 위반하여 수집되거나 그에 기초한 증거로서 그 절차 위반행위가 적법절차의 실질적인 내용을 침해하는 경우라면 피고인이나 변호인의 증거동의가 있었다고 하더라도 증거로 사용할 수 없다 (대판 2011.7.14. 2010도12604).

① 대판 2011.4.28. 2009도10412

③ 대판 2009.3.12. 2008도763

④ 대판 2011.11.10. 2010도8294

**15** **위법수집증거 배제법칙에 대한 설명으로 옳지 않은 것은?**

① 甲의 공직선거법 위반 범행을 영장사실로 하여 발부받은 압수·수색영장을 집행하는 과정에서 발견된 甲과 무관한 乙과 丙 사이의 공직선거법 위반 혐의사실이 담겨 있는 녹음파일은 임의로 제출받거나 별도의 압수·수색영장을 발부받지 않았다면 乙과 丙에 대한 유죄의 증거로 사용할 수 없다.

② 참고인에 대한 검찰 진술조서가 강압상태 또는 강압수사로 인한 정신적 강압상태가 계속된 상태에서 작성된 것으로 의심되어 그 임의성을 의심할 만한 사정이 있는데도 검사가 그 임의성의 의문점을 없애는 증명을 하지 못하였다면 유죄의 증거로 사용할 수 없다.

③ 수사기관이 압수영장 또는 감정처분허가장을 발부받지 아니한 채 피의자의 동의 없이 피의자의 신체로부터 혈액을 채취하고 사후에도 지체 없이 영장을 발부받지 않았다면, 그 혈액 중 알코올농도에 관한 감정의뢰회보는 유죄의 증거로 사용할 수 없다.

④ 제3자가 공갈목적을 숨기고 피고인의 동의하에 찍은 나체사진은 피고인의 사생활의 비밀을 침해하므로 형사소추상 반드시 필요한 증거라고 하더라도 피고인에 대한 간통죄의 유죄의 증거로 사용할 수는 없다.

④ 피고인의 동의하에 촬영된 나체사진은 공익의 실현을 위하여는 그 사진을 범죄의 증거로 제출하는 것이 허용되어야 하고, 이로 말미암아 피고인의 사생활의 비밀을 침해하는 결과를 초래한다 하더라도 이는 피고인이 수인하여야 할 기본권의 제한에 해당된다(대판 1997.9.30. 97도1230).

① 대판 2014.1.16. 2013도7101

② 대판 2006.11.23. 2004도7900

③ 대판 2012.11.15. 2011도15258

**16** **위법수집증거에 관한 다음 설명 중 가장 적절하지 않은 것은?**

① 검찰관이 피고인을 뇌물수수 혐의로 기소한 후 형사사법공조절차를 거치지 않은 채 외국에 현지출장하여 그곳에서 뇌물공여자를 상대로 작성한 참고인 진술조서는 위법수집증거에 해당하지 않는다.

② 수사기관이 적법절차를 위반하여 지문채취 대상물을 압수한 경우 그 전에 이미 범행 현장에서 위 대상물에서 채취한 지문은 독수독과의 원칙에 따라 위법수집증거에 해당한다.

③ 제3자가 공갈목적을 숨기고 피고인의 동의하에 나체사진을 찍은 경우, 이 사진의 존재만으로 피고인의 인격권과 초상권이 침해된다고 볼 수 없고, 이 사진이 범죄현장의 사진으로 피고인에 대한 간통죄의 형사소추를 위해 반드시 필요한 증거라고 인정될 경우 위법수집증거로 볼 수 없다.

④ 강도 현행범으로 체포된 피고인에게 진술거부권 고지 없이 강도 범행에 대한 자백을 받은 후 40여일이 지난 후에 피고인이 변호인의 충분한 조력을 받으면서 법정에서 임의로 자백한 경우, 법정에서의 자백은 위법수집증거라 할 수 없다.

② 채취된 지문은 위법하게 압수한 지문채취 대상물로부터 획득한 2차적 증거에 해당하지 아니함이 분명하여 이를 가리켜 위법수집증거라고 할 수 없다(대판 2008.10.23. 2008도7471).

① 대판 2011.7.14. 2011도3809

③ 대판 1997.9.30. 97도1230

④ 대판 2009.3.12. 2008도11437

제2과목 형사법 및 범죄학개론

정답 14 ② 15 ④ 16 ②

**17** **위법수집증거에 관한 다음 설명 중 가장 적절하지 않은 것은?**

① 피해자의 신고를 받고 현장에 출동한 경찰서 과학수사팀 소속 경찰관이 피해자가 범인과 함께 술을 마신 테이블 위에 놓여 있던 맥주컵에서 지문 6점을, 맥주병에서 지문 2점을 각각 현장에서 직접 채취하고 난 후 지문채취 대상물을 적법한 절차에 의하지 아니한 채 압수한 경우에 채취된 지문은 위법하게 압수한 지문채취 대상물로부터 획득한 2차적 증거에 해당하므로 위법수집증거에 해당한다.

② 제3자가 공갈 목적을 숨기고 피고인의 동의하에 나체사진을 찍었다면 그 사진은 피고인에 대한 간통죄에 있어 위법수집증거가 아니다.

③ 수사기관이 피의자의 동의나 법관에 의한 사전·사후영장도 없이 피의자로부터 혈액을 채취하고 이러한 강제채혈로 얻은 혈액에 대한 감정의뢰회보는 위법수집증거로서 증거능력이 없다.

④ 검사가 실시한 압수수색이 압수수색영장의 효력이 미치는 범위, 영장의 제시 및 집행에 관한 사전통지와 참여 등에 관하여 법이 정한 절차 조항을 따르지 않은 위법한 것이어서 이를 통하여 수집된 압수물은 설사 그 압수절차가 위법이라 하더라도 물건 자체의 성질, 형상에 변경을 가져오는 것은 아니지만 그 증거능력은 부정된다.

① 채취된 지문은 위법하게 압수한 지문채취 대상물로부터 획득한 2차적 증거에 해당하지 아니함이 분명하여 이를 가리켜 위법수집증거라고 할 수 없다(대판 2008.10.23. 2008도7471).
② 대판 1997.9.30. 97도1230
③ 대판 2012.11.15. 2011도15258
④ 대법원 2007.11.15. 2007도3061 全合

## 18 위법수집증거에 대한 다음 설명 중 옳은 것을 모두 고른 것은?

> ㉠ 음주운전의 의심이 있는 자가 운전 중 교통사고를 내고 의식을 잃은 채 병원 응급실로 후송되자 출동한 경찰관이 영장 없이 의사로 하여금 채혈 후 작성하게 한 혈액 중 알코올농도에 관한 감정서는 증거능력이 없다.
> ㉡ 검사가 피의자를 소환하여 신문하면서 피의자신문조서가 아닌 일반적인 진술조서의 형식으로 조서를 작성한 경우, 그 진술조서의 내용이 피의자신문조서와 실질적으로 같고, 진술의 임의성이 인정된다면 미리 피의자에게 진술거부권을 고지하지 않았더라도 위법수집증거에 해당하지 아니한다.
> ㉢ 수사기관이 피의자 지위에 있지 아니한 조사대상자에게 진술거부권을 고지하지 않고 얻은 진술은 위법수집증거에 해당하여 증거능력이 부정된다.
> ㉣ 수사기관이 피고인 아닌 자를 상대로 수집한 증거가 위법수집증거에 해당하면 원칙적으로 이를 피고인에 대한 유죄 인정을 증거로 삼을 수 없다.

① ㉠, ㉣
② ㉡, ㉣
③ ㉠, ㉡, ㉢
④ ㉠, ㉢, ㉣

옳은 항목은 ㉠·㉣이다.
㉠ 대판 2012.11.15. 2011도15258
㉣ 대판 2011.6.30. 2009도6717
㉡ 검사가 구속 기소한 후 다시 피의자를 소환하여 공범들과의 조직구성 및 활동 등에 관한 신문을 하면서 피의자신문조서가 아닌 일반적인 진술조서의 형식으로 조서를 작성한 경우, 미리 피의자에게 진술거부권을 고지하지 않았다면 위법수집증거에 해당하므로 유죄 인정의 증거로 사용할 수 없다(대판 2009.8.20. 2008도8213).
㉢ 피의자 지위에 있지 아니한 자에 대하여는 진술거부권이 고지되지 아니하였더라도 진술의 증거능력을 부정할 것은 아니다(대판 2011.11.10. 2011도8125).

# 제6장 재 판

## 1 재판의 의의와 종류

**01** 다음 중 형식재판이 아닌 것은?

① 유죄판결 ② 관할위반판결
③ 면소판결 ④ 공소기각판결

심판의 대상인 사실이 존재하는가 여부에 대하여 유·무죄의 실체판단을 행하는 것은 실체재판이다. 그러므로 유죄판결은 실체재판이다.

**02** 재판에 대한 설명으로 옳은 것은?

① 항고는 판결에 대한 상소방법이고, 항소는 결정 및 명령에 대한 상소방법이다.
② 결정과 명령은 법률에 다른 규정이 없으면 구두변론에 의거하여야 한다.
③ 종국전 재판에는 법적 안정성의 원리가 적용되므로 원칙적으로 상소가 허용된다.
④ 상소가 허용되는 결정, 명령에는 이유를 명시하여야 하지만 그 이외의 결정, 명령에는 이유를 명시하지 않아도 된다.

④ 형사소송법 제39조 단서
① 항고는 결정에 대한 상소이고, 항소는 제1심 판결에 대한 상소이다(형사소송법 제402조, 제357조).
② 결정 또는 명령은 구두변론에 의거하지 아니할 수 있다(형사소송법 제307조 제2항).
③ 종국전 재판인 결정에 대하여는 상소가 허용되지 않는 경우도 있고(형사소송법 제403조 제1항), 또 하나의 종국전 재판인 명령에 대해서는 상소가 허용되지 않는다.

**03** 결정과 명령의 차이점으로 옳지 않은 것은?

① 법원에 의한 재판은 결정이고, 법관에 의한 재판은 명령이다.
② 불복방법으로 결정은 항고 또는 즉시항고가 있고, 명령은 준항고제도가 있다.
③ 결정은 구두변론 절차를 요하지만, 명령은 요하지 않는다.
④ 종국재판 중에는 공소기각 결정이 가능한 반면에 명령에는 종국재판이 없다.

결정과 명령 모두 구두변론 절차를 요하지 않는다(형사소송법 제37조 제2항).

## 2 상 소

**04 형사소송법상 상소(上訴)에 관한 설명으로 옳지 않은 것은?**

① 상고심은 원칙적으로 법률심이다.
② 법원의 결정에 불복하는 상소는 '항고'이다.
③ 피고인을 위하여 항소한 사건에는 불이익변경금지의 원칙이 적용된다.
④ 항소의 제기기간은 14일로 한다.

해설 항소의 제기기간은 **7일**로 한다(형사소송법 제358조). 반면 민사소송법상 항소는 판결서가 송달된 날부터 2주 이내에 하여야 한다(민사소송법 제396조 제1항).

**05 형사소송법상 상소에 관한 설명으로 옳지 않은 것은?**

① 항소장은 항소법원에 제출하여야 한다.
② 상소는 재판의 일부에 대하여 할 수 있다.
③ 항소의 제기기간은 7일로 한다.
④ 피고인의 법정대리인은 피고인을 위하여 상소할 수 있다.

해설 항소를 함에는 항소장을 원심법원에 제출하여야 한다(형사소송법 제359조).

**06 다음은 상소에 관한 일반적인 사항들에 대한 설명이다. 옳지 않은 것은?**

① 상소는 재판상 불이익을 받은 당사자가 재판의 확정 전에 상급법원에 불복하는 절차이다.
② 상소에는 항소, 상고, 항고가 있고, 항고에는 일반항고와 특별항고가 있으며, 일반항고에는 보통항고와 즉시항고가 있다.
③ 상소의 제기는 그 기간 내에 상소장을 상소법원에 제출함으로써 이루어진다.
④ 상소의 제기기간은 재판의 선고 또는 고지한 날로부터 진행된다.

해설 상소장을 **원심법원에 제출**함으로써 상소제기는 이루어진다.



정답 01 ① 02 ④ 03 ③ 04 ④ 05 ① 06 ③

## 07 상소에 관한 다음 설명 중 가장 적절하지 않은 것은?(다툼이 있는 경우 판례에 의함)

① 피고인의 법정대리인은 피고인의 동의를 얻어 상소를 취하 할 수 있다.
② 상소는 재판의 일부에 대하여 할 수 있으며, 일부에 대한 상소는 그 일부와 불가분의 관계에 있는 부분에 대하여도 효력이 미친다.
③ 변호인은 독립한 상소권자로서 피고인의 상소권이 소멸한 후에도 상소를 제기할 수 있다.
④ 상소제기기간은 항소 및 상고의 경우에는 7일이며, 즉시항고의 경우에는 원칙적으로 3일이다.

③ 변호인은 독립한 상소권자가 아니고, 다만 피고인의 상소권을 대리행사 할 수 있을 따름이므로 피고인의 상소권이 소멸한 후에는 상소를 제기할 수 없다(대판 1991.4.23, 91도456).
① 형사소송법 제351조
② 형사소송법 제342조
④ 형사소송법 제358조, 제374조, 제405조

## 08 상소제기기간에 대한 다음 설명 중 가장 적절하지 않은 것은?

① 상소제기기간은 항소 및 상고의 경우에는 7일이며, 즉시항고의 경우에는 원칙적으로 3일이다.
② 상소제기기간을 재판서 송달일이 아닌 재판선고일로부터 계산하는 것은 과잉으로 국민의 재판청구권을 침해한다.
③ 상소제기기간은 기간계산의 일반원칙에 따라 초일을 산입하지 않고 익일부터 계산하여야 한다.
④ 상소제기기간의 말일이 공휴일 또는 토요일에 해당하는 날은 상소기간에 산입하지 아니한다.

② 형사소송법 제343조 제2항이 상소기간을 재판서 송달일이 아닌 재판선고일로부터 계산하는 것이 과잉으로 국민의 재판청구권을 제한한다고 할 수 없다(헌법재판소 1995.3.23. 92헌바1).
① 형사소송법 제358조, 제374조, 제405조
③ · ④ 형사소송법 제66조

## 09 상소의 이익에 관한 설명으로 옳은 것은?

① 검사가 양형부당으로 항소한 사건에 대한 항소기각판결에 대하여 피고인은 상고를 제기할 수 없다.

② 무죄판결에 따른 기판력을 확보하기 위하여 피고인은 공소기각판결에 대하여 무죄를 주장하여 상소할 수 있다.

③ 양형부당을 이유로 상고할 수 없는 원심판결에 대하여 피고인은 누범가중을 하지 않은 위법을 주장하여 상고할 수 있다.

④ 검사는 법령의 정당한 적용을 청구할 임무를 가지므로 위법을 시정하기 위하여 재판의 이유만을 다투기 위하여 상소할 수 있다.

① 대판 1987.8.31. 87도1702
② 공소기각의 판결이 있으면 피고인은 유죄판결의 위험으로부터 벗어나는 것이므로 그 판결은 피고인에게 불이익한 재판이라고 할 수 없다(대판 1997.8.22. 97도1211).
③ 피고인이 이와 같은 위법을 주장하는 것은 자기에게 불이익을 주장하는 것이 되므로 이는 적법한 상고이유가 될 수 없다(대판 1994.8.12. 94도1591).
④ 불복은 재판의 주문에 관한 것이어야 하고 재판의 이유만을 다투기 위하여 상소하는 것은 허용되지 않는다(대판 1993.3.4. 92모21).



## 10 일부상소에 관한 다음 설명 중 가장 옳지 않은 것은?

① 피고인이 몰수 또는 추징에 관한 부분만을 불복 대상으로 삼아 상소를 제기하였다 하더라도 상소심으로서는 이를 적법한 상소제기로 다루어야 하므로 상소의 효력은 그 불복범위인 몰수 또는 추징에 관한 부분에 한정된다.

② 경합범으로 공소제기된 사실에 대하여 일부무죄, 일부유죄의 판결이 선고되었는데 검사만이 무죄 부분에 대하여 항소를 한 경우, 피고인과 검사가 항소하지 아니한 유죄 부분은 항소기간이 지남으로써 확정되고, 무죄 부분만 항소심의 심판 대상이 된다.

③ 단순일죄 또는 과형상 일죄의 일부상소는 허용되지 않는다.

④ 포괄일죄 중 유죄 부분에 대하여 피고인만이 상소하였을 뿐 무죄 부분에 대하여 검사가 상소를 하지 않은 경우 상소심은 무죄 부분에 대하여 심리, 판단할 수 없다.

① 피고사건의 재판 가운데 몰수 또는 추징에 관한 부분만을 불복 대상으로 삼아 상소가 제기되었다 하더라도 그 부분에 대한 상소의 효력은 그 부분과 불가분의 관계에 있는 본안에 관한 판단 부분에까지 미쳐 그 전부가 상소심으로 이심되는 것이다(대법원 2008.11.20. 2008도5596 全合).
② 대판 2010.11.25. 2010도10985
③ 대판 2001.2.9. 2000도5000, 대판 2008.10.23. 2008도4852
④ 대판 2010.1.14. 2009도12934

## 11 일부상소에 관한 설명 중 틀린 것은?

① 단순일죄, 과형상 일죄의 일부에 대한 상소는 허용되지 않는다.

② 피고인은 유죄판결에 대하여 상소를 제기하지 아니하고, 배상명령에 대하여만 상소 제기기간에 형사소송법에 따른 즉시항고를 할 수 있다.

③ 항소장에 경합범으로서 2개의 형이 선고된 죄 중 일죄에 대한 형만을 기재하고 나머지 일죄에 대한 형을 기재하지 아니하였다 하더라도 항소이유서에서 그 나머지 일죄에 대하여도 항소이유를 개진한 경우 판결 전부에 대한 항소로 볼 수는 없다.

④ 불가분의 관계에 있는 재판의 일부만을 불복 대상으로 삼은 경우 그 상소의 효력은 상소불가분의 원칙상 피고사건 전부에 미쳐 그 전부가 상소심에 이심되고, 이러한 경우로는 일부상소가 피고사건의 주위적 주문과 불가분적 관계에 있는 주문에 대한 것, 일죄의 일부에 대한 것, 경합범에 대하여 1개의 형이 선고된 경우 경합범의 일부 죄에 대한 것 등에 해당하는 경우를 들 수 있다.

③ 비록 항소장에 경합범으로서 2개의 형이 선고된 죄 중 일죄에 대한 형만을 기재하고 나머지 일죄에 대한 형을 기재하지 아니하였다 하더라도 항소이유서에서 그 나머지 일죄에 대하여도 항소이유를 개진한 경우에는 판결 전부에 대한 항소로 봄이 상당하다(대판 2004.12.10. 2004도3515).

①·④ 대법원 2008.11.20. 2008도5596 全合

② 소송촉진법 제33조 제5항

## 12 불이익변경금지의 원칙에 관한 설명 중 가장 옳지 않은 것은?

① 검사가 피고인에게 더 불이익한 재판을 구하기 위하여 상소한 사건에서는 적용되지 않는다.

② 재심에는 원판결을 형보다 중한 형을 선고하지 못한다.

③ 피고인이 정식재판을 청구한 사건에 대하여는 약식명령의 형보다 중한 형을 선고하지 못한다.

④ 피고인만의 상고에 의하여 상고심에서 원심판결을 파기하고, 사건을 항소심에 환송한 경우에는 환송 전 원심판결과의 관계에서까지 불이익변경금지의 원칙이 적용되는 것은 아니므로, 그 파기된 항소심 판결보다 중한 형을 선고할 수 있다.

④ 피고인의 상고에 의하여 상고심에서 원심판결을 파기하고, 사건을 항소심에 환송한 경우에는 환송 전 원심판결과의 관계에서도 불이익변경금지의 원칙이 적용되어 그 파기된 항소심판결보다 중한 형을 선고할 수 없다(대판 2006.5.26. 2005도8607).

① 대판 2006.6.15. 2006도1718

② 형사소송법 제439조

③ 형사소송법 제457조의2

**13** **불이익변경금지에 대한 설명 중 옳지 않은 것은?**

① 검사만이 양형부당을 이유로 항소한 경우에도 항소법원은 직권으로 심판하여 제1심의 양형보다 가벼운 형을 선고할 수 있다.
② 검사와 피고인 쌍방이 항소한 사건에 대하여는 불이익변경금지의 원칙이 적용되지 않는다.
③ 경합범에 대하여 일부 무죄, 일부 유죄를 선고한 제1심 판결에 대하여 검사만이 무죄 부분에 대해 항소한 경우, 항소심은 유죄 부분도 다시 심리하여 무죄 부분과 함께 형을 선고할 수 있다.
④ 벌금 150만원의 약식명령을 고지받고 정식재판을 청구한 '당해 사건'과 정식 기소된 '다른 사건'을 병합・심리한 후 두 사건을 경합범으로 처단하여 벌금 900만원을 선고한 제1심 판결에 대해, 피고인만이 항소한 원심에서 다른 사건의 공소사실 전부와 당해 사건의 공소사실의 일부에 대하여 무죄를 선고하고 '당해 사건'의 나머지 공소사실은 유죄로 인정하면서 그에 대하여 벌금 300만원을 선고한 경우 불이익변경금지의 원칙을 위반한 위법이 있다.

해설

③ 피고인과 검사가 항소하지 아니한 유죄판결 부분은 항소기간이 지남으로써 확정되어 항소심에 계속된 사건은 무죄판결 부분에 대한 공소뿐이며, 그에 따라 항소심에서 이를 파기할 때에는 무죄 부분만을 파기하여야 한다(대판 2010.11.25. 2010도10985).
① 대판 2010.12.9. 2008도1092
② 대판 2006.6.15. 2006도1718
④ 대판 2009.12.24. 2009도10754

**14** **불이익변경금지원칙에 대한 설명으로 옳지 않은 것은?**

① 약식명령에 대하여 피고인만이 정식재판을 청구한 사건에서 약식명령의 형보다 무거운 형을 선고하지 못한다.
② 피고인과 검사 쌍방이 항소했으나 법원이 피고인의 항소만을 받아들여 원심판결 전부를 파기하고 피고인의 형량을 다시 정해야 하는 경우에도 이 원칙이 적용된다.
③ 부정기형과 정기형 사이에 그 경중을 가리는 경우에는 부정기형 중 최단기형과 정기형을 비교하여야 한다.
④ 벌금형이 감경되었어도 그 벌금형에 대한 노역장유치기간이 더 길어졌다면 형이 불이익하게 변경되었다고 보아야 한다.

정답 11 ③ 12 ④ 13 ③ 14 ④

④ 벌금형이 감경되었다면 그 벌금형에 대한 환형유치기간이 더 길어졌다 하더라도 전체적으로 비교하여 보면 형이 불이익하게 변경되었다고 할 수는 없다(대판 1981.10.24. 80도2325).
① 형사소송법 제457조의2
② 대판 1998.9.25. 98도2111
③ 대판 2006.4.14. 2006도734

## 15 제1심에 불복하여 제2심에 이의를 제기하는 것을 무엇이라 하는가?

① 항 고
② 항 소
③ 상 고
④ 준항고

① 항고 : 법원의 결정에 대한 상소
③ 상고 : 제2심 판결에 불복하여 대법원에 제기하는 상소
④ 준항고 : 법관의 재판이나 수사기관의 처분에 대해 불복이 있는 때 그 소속법원 또는 관할법원에 취소 또는 변경을 청구하는 불복신청 방법

## 16 항소심 공판절차에 관한 다음 설명 중 옳지 않은 것은?

① 피고인이 항소심 제1회 공판기일에 정당한 사유 없이 출정하지 아니한 때에는 피고인의 진술 없이 판결을 할 수 있다.
② 항소제기기간은 7일이다.
③ 항소권소멸 후인 것이 명백하여 원심법원이 결정으로 항소를 기각한 때에도 즉시항고를 할 수 있고, 즉시항고의 제기기간은 3일이다.
④ 항소인 또는 변호인은 소송기록접수통지를 받은 날로부터 20일 이내에 항소이유서를 항소법원에 제출하여야 한다.

① 피고인이 공판기일에 출정하지 아니한 때에는 다시 기일을 정하여야 한다. 피고인이 정당한 사유 없이 다시 정한 기일에 출정하지 아니한 때에는 피고인의 진술 없이 판결을 할 수 있다(형사소송법 제365조).
② 형사소송법 제358조
③ 형사소송법 제360조
④ 형사소송법 제361조의3 제1항

## 17 항소심의 절차에 관한 설명 중 가장 옳지 않은 것은?

① 항소를 함에는 항소장을 원심법원에 제출하여야 하나 원심법원의 허가를 받아 원심법원을 경유하지 아니하고 곧바로 항소법원에 제출할 수 있다.

② 항소인 또는 변호인은 소송기록접수의 통지를 받은 날로부터 20일 이내에 항소이유서를 항소법원에 제출하여야 하는데, 구치소에 있는 피고인이 그 항소이유서의 제출기간 내에 항소이유서를 구치소장 또는 그 직무를 대리하는 자에게 제출한 때에는 항소이유서의 제출기간 내에 제출한 것으로 간주한다.

③ 피고인이 사망한 때에는 항소법원은 공판절차를 거칠 필요 없이 결정으로 공소를 기각하여야 한다.

④ 항소법원은 항소이유에 포함된 사유에 관하여 심판하되, 판결에 영향을 미친 사유에 관하여는 항소이유서에 포함되지 아니한 경우에도 직권으로 심판할 수 있다.

① 항소를 함에는 항소장을 원심법원에 제출하여야 한다(형사소송법 제359조).
② 형사소송법 제361조의3 제1항
③ 형사소송법 제363조 제1항
④ 형사소송법 제364조 제1항 · 제2항



## 18 항소와 관련한 설명 중 가장 옳지 않은 것은?

① 항소제기기간은 7일이고, 항소장은 원심법원에 제출되어야 하며, 원심법원은 항소장을 받은 날부터 14일 이내에 소송기록과 증거물을 항소법원에 송부하여야 한다.

② 항소이유서는 적법한 기간 내에 항소법원에 도달하면 되는 것으로 그 도달은 항소법원의 지배권 안에 들어가 사회통념상 일반적으로 알 수 있는 상태에 있으면 되고 나아가 항소법원의 내부적인 업무처리에 따른 문서의 접수, 결재과정 등을 필요로 하는 것은 아니다.

③ 피고인이 항소이유서에 '위 사건에 대한 원심판결은 도저히 납득할 수 없는 억울한 판결이므로 항소를 한 것입니다'라고 기재한 경우 항소심으로서는 이를 제1심 판결에 사실의 오인이 있거나 양형부당의 위법이 있다는 항소이유를 기재한 것으로 선해하여 그 항소이유에 대하여 심리를 하여야 한다.

④ 피고인이 항소이유서 제출기간 내에 수감 중인 구치소장 등에게 항소이유서를 제출하였더라도 항소이유서 제출기간 도과된 후에 항소이유서가 법원에 전달되었다면, 항소이유서 제출기간이 준수된 것으로 볼 수 없다.

정답 15 ② 16 ① 17 ① 18 ④

④ 항소이유서에 대하여도 재소자의 특칙이 적용되므로 항소이유서 제출기간 내에 구치소장 등에게 항소이유서를 제출하였다면 항소이유서 제출기간이 준수된 것으로 볼 수 있다(형사소송법 제344조 제1항, 제361조의3 제1항).

① 형사소송법 제358조, 제359조, 제361조

② 대판 1997.4.25. 96도3325

③ 대판 2002.12.3. 2002모265

## 19 다음 설명 중 옳지 않은 것은?

① 항고를 함에는 항고장을 원심법원에 제출하여야 한다.

② 구속영장 청구에 대한 재판에 대하여는 준항고를 할 수 있다.

③ 국민참여재판으로 진행하기로 하는 제1심 법원의 결정에 대하여 항고할 수 없다.

④ 검사가 수사과정에서 압수·수색영장의 청구 등 강제처분을 위한 조치를 취하지 아니한 것 자체를 준항고로써 불복할 수 없다.

② 검사의 체포 또는 구속영장 청구에 대한 지방법원판사의 재판은 항고의 대상이 되는 '법원의 결정'에 해당되지 아니하고 준항고의 대상이 되는 '재판장 또는 수명법관의 구금 등에 관한 재판'에도 해당되지 아니한다(대판 2006.12.18. 2006모646).

① 형사소송법 제406조

③ 대판 2009.10.23. 2009모1032

④ 대판 2007.5.25. 2007모82

## 20 상고심의 절차에 관한 다음 설명 중 가장 옳지 않은 것은?

① 상고인 또는 변호인은 상고기록접수 통지를 받은 날로부터 20일 이내에 상고이유서를 상고법원에 제출하여야 한다.

② 항소심판결 선고 당시 미성년이었던 피고인이 상고 이후에 성년이 되었다면 항소심의 부정기형의 선고는 위법하게 되는 것이고, 이는 판결에 영향을 미친 법률위반이 있는 때에 해당하므로 상고인 또는 변호인이 이를 상고이유로 삼지 않았다 하더라도 상고법원은 직권으로 심판할 수 있다.

③ 원심법원은 원심법원이 상고기각결정을 하는 경우를 제외하고는 상고장을 받은 날부터 14일 이내에 소송기록과 증거물을 상고법원에 송부하여야 한다.

④ 상고심에서 양형부당을 다툴 수 있는 경우는 사형, 무기 또는 10년 이상의 징역이나 금고가 선고된 사건에 한한다.

② 항소심판결 선고 당시 미성년이었던 피고인이 상고 이후에 성년이 되었다고 하여 항소심의 부정기형의 선고가 위법이 되는 것은 아니다(대판 1998.2.27. 97도3421).
① 형사소송법 제379조 제1항
③ 형사소송법 제377조
④ 형사소송법 제383조 제4호

**21** **상소권회복청구에 관한 설명 중 틀린 것은?**

① 상소권회복의 청구는 상소할 수 있는 자가 자기 또는 대리인이 책임질 수 없는 사유로 인하여 상소의 제기기간 내에 상소를 하지 못한 때에 할 수 있다.
② 상소권회복의 청구가 있는 때에는 법원은 청구의 허부에 관한 결정을 할 때까지 재판의 집행을 정지하는 결정을 할 수 있다.
③ 상소권회복의 청구는 반드시 서면으로 원심법원에 제출하여야 하고, 회복결정을 받은 후 7일 이내에 상소를 제기할 수 있다.
④ 재판의 집행을 정지하는 결정을 한 경우에 피고인의 구금을 요하는 때에는 구속영장을 발부하여야 한다.

상소권의 회복을 청구한 자는 그 청구와 동시에 상소를 제기하여야 한다(형사소송법 제346조 제3항).

**22** **다음 중 상고의 제기와 법원의 조치에 관한 설명으로 옳지 않은 것은?**

① 상고를 함에는 상고장을 원심법원에 제출하여야 한다.
② 상고심의 공판기일에는 피고인의 소환을 요한다.
③ 상고심에는 변호인 아니면 피고인을 위하여 변론하지 못한다.
④ 상고의 제기가 법률상의 방식에 위반하거나 상고권소멸 후인 것이 명백한 때에는 원심법원은 결정으로 상고를 기각하여야 한다.

상고심의 공판기일에는 피고인의 소환을 요하지 아니한다.

정답 19 ② 20 ② 21 ③ 22 ②

## 23 파기환송에 관한 다음 기술 중 가장 옳지 않은 것은?(다툼이 있는 경우 판례에 의함)

① 파기환송 전의 원심에 관여한 법관이 환송 후의 재판에 관여한 경우 법관이 사건에 관하여 전심재판에 관여한 때에 해당하지 않는다.

② 상고심의 환송전 원심에서 선임된 변호인의 변호권은 사건이 환송된 뒤에는 항소심에서 다시 생긴다.

③ 파기환송을 받은 법원은 그 파기이유로 한 사실상 및 법률상 판단에 기속되는 것이지만, 그에 따라 판단한 판결에 대하여 다시 상고를 한 경우에 그 상고사건을 재판하는 상고법원은 앞서의 파기이유로 한 판단에 기속되지 않는다.

④ 대법원의 파기환송 판결에 의하여 사건을 환송받은 법원은 형사소송법 제92조 제1항에 따라 구속기간이 만료되면 특히 계속할 필요가 있는 경우에는 2차(대법원이 형사소송규칙 제57조 제2항에 의하여 구속기간을 갱신한 경우에는 1차)에 한하여 결정으로 구속기간을 갱신할 수 있다.

해설

③ 파기환송을 받은 법원은 그 파기이유로 한 사실상 및 법률상의 판단에 기속되는 것이고 그에 따라 판단한 판결에 대하여 다시 상고를 한 경우에 그 상고사건을 재판하는 상고법원도 앞서의 파기이유로 한 판단에 기속되므로 이를 변경하지 못한다(대판 2008.2.28. 2007도5987).
① 대판 1979.2.27. 78도3204
② 대판 1968.2.27. 68도64
④ 대판 2001.11.30. 2001도5225

## 24 파기판결의 기속력(구속력)에 관한 다음 설명 중 가장 적절하지 않은 것은?(다툼이 있는 경우 판례에 의함)

① 파기판결의 기속력은 하급심뿐 아니라 파기판결을 한 상급심에도 미친다고 해석된다.

② 상고심으로부터 사건을 환송받은 법원은 그 사건을 재판함에 있어서 상고법원이 파기이유로 한 사실상 및 법률상의 판단에 대하여 환송 후의 심리과정에서 새로운 증거가 제시되어 기속적 판단의 기초가 된 증거관계에 변동이 생기지 않는 한 이에 기속된다.

③ 몰수형 부분의 위법을 이유로 원심판결 전부가 파기환송되었다면 환송 후 원심이 주형을 변경하는 것은 환송판결의 기속력에 저촉된다.

④ 파기판결의 구속력은 파기의 직접적 이유가 된 원심판결에 대한 소극적인 부정판단에 한하여 생긴다.

해설

몰수형 부분의 위법을 이유로 원심판결 전부가 파기환송된 후, 환송 후 원심이 주형을 변경한 조치가 환송판결의 기속력에 저촉된다고 볼 수는 없다(대판 2004.9.24. 2003도4781).

## 3 재판의 확정

**25** **형사상 유죄의 확정판결에 중대한 사실오인이 있는 경우 판결을 받은 자의 이익을 위하여 판결의 부당함을 시정하는 비상구제절차는?**

① 상 소　　② 재 심
③ 항 고　　④ 비상상고

① 상소 : 미확정 재판에 대하여 상급법원에 구체적 재판을 구하는 불복신청제도로, 상소의 종류에는 항소·상고·항고가 있다.
③ 항고 : 법원의 결정에 대한 상소
④ 비상상고 : 확정판결에 대하여 그 심판의 법령위반을 이유로 하여 인정되는 비상구제절차



**26** **재판의 확정에 관한 설명으로 옳지 않은 것은?**

① 판결이 확정되면 확정된 형을 집행할 수 있다.
② 기판력이 있으므로 동일한 사건에 대해서는 다시 심판하는 것이 허용되지 않는다.
③ 헌법에서도 이중처벌금지의 원칙 내지 일사부재리의 원칙을 규정하고 있다.
④ '처벌'에는 국가가 행하는 일체의 제재나 불이익처분이 모두 포함된다.

'처벌'이란 원칙적으로 범죄에 대한 국가의 형벌권 실행으로서의 과벌을 의미하고, 국가가 행하는 일체의 제재나 불이익처분이 모두 여기에 포함되는 것은 아니다.

## 4 특별소송절차

**27** **다음 〈보기〉의 ㉠과 ㉡에 들어갈 내용으로 옳은 것은?**

> ⓐ 법원은 약식명령의 청구가 있는 날로부터 ( ㉠ ) 이내에 약식명령을 하여야 한다.
> ⓑ 검사 또는 피고인은 약식명령에 불복이 있는 경우 약식명령의 고지를 받은 날로부터 ( ㉡ ) 이내에 정식재판을 청구할 수 있다.

① ㉠ 14일, ㉡ 7일　　② ㉠ 14일, ㉡ 14일
③ ㉠ 7일, ㉡ 14일　　④ ㉠ 7일, ㉡ 7일

정답 23 ③ 24 ③ 25 ② 26 ④ 27 ①

ⓐ 법원은 약식명령의 청구가 있는 날로부터 (**14일**) 이내에 약식명령을 하여야 한다(형사소송규칙 제171조).
ⓑ 검사 또는 피고인은 약식명령에 불복이 있는 경우 약식명령의 고지를 받은 날로부터 (**7일**) 이내에 정식재판을 청구할 수 있다(형사소송법 제453조).

## 28 약식명령에 관한 다음 설명 중 가장 적절하지 않은 것은?

① 지방법원은 그 관할에 속한 사건에 대하여 검사의 청구가 있는 때에는 공판절차 없이 약식명령으로 피고인을 벌금, 구류, 과료 또는 몰수에 처할 수 있다.
② 약식명령에 대한 정식재판의 청구는 제1심 판결선고전까지 취하할 수 있다.
③ 약식명령은 정식재판의 청구기간이 경과하거나 그 청구의 취하 또는 청구기각의 결정이 확정한 때에는 확정판결과 동일한 효력이 있다.
④ 약식명령은 정식재판의 청구에 의한 판결이 있는 때에는 그 효력을 잃는다.

① 약식명령에 의하여 과할 수 있는 형은 벌금・과료・몰수에 한정되므로 자유형인 구류를 과할 수 없다(형사소송법 제448조).
② 형사소송법 제454조
③ 형사소송법 제457조
④ 형사소송법 제456조

## 29 약식절차와 관련된 설명으로 옳은 것을 모든 고른 것은?

㉠ 검사가 약식명령을 청구할 때에도 공소장일본주의가 적용된다.
㉡ 법원의 약식명령에 대해 정식재판청구가 제기된 경우 법원이 증거서류 및 증거물을 검사에게 반환하지 않고 보관하고 있어도 상관없다.
㉢ 검사의 약식명령 청구는 공소의 제기와 동시에 이루어지면 족하고 반드시 서면으로 할 필요가 없다.
㉣ 약식절차에서는 전문법칙에 관한 규정은 물론이고 자백에 관한 법칙도 적용되지 않는다.

① ㉠, ㉡
② ㉡, ㉢, ㉣
③ ㉡
④ ㉢, ㉣

ⓛ 대판 2007.7.26. 2007도3906
㉠ 검사는 약식명령의 청구와 동시에 약식명령을 하는데 필요한 증거서류 및 증거물을 법원에 제출해야 하므로 공소장일본주의가 적용되지 아니한다(형사소송규칙 제170조).
㉢ 약식명령의 청구는 공소의 제기와 동시에 서면으로 하여야 한다(형사소송법 제449조).
㉣ 약식절차에서는 전문법칙이 적용되지 않지만 자백배제법칙이나 자백의 보강법칙은 여전히 적용된다(형사소송법 제309조, 제310조).

## 30 즉결심판절차에 관한 다음 설명 중 잘못된 것은?

① 경범죄처벌법위반이나 도로교통법위반 사건 등 경미한 범죄를 그 대상으로 하고 형법상의 범죄는 그 대상이 아니다.
② 벌금 또는 과료를 선고하는 경우에는 피고인이 출석하지 아니하더라도 심판할 수 있다.
③ 즉결심판도 확정되면 기판력이 발생한다.
④ 즉결심판에 불복하여 정식재판을 청구하고자 하는 피고인은 즉결심판의 선고·고지를 받은 날로부터 7일 이내에 정식재판청구서를 경찰서장에게 제출하여야 한다.

① 즉결심판은 선고형을 기준으로 20만원 이하의 벌금·구류·과료에 처할 사건을 대상으로 한다. 형법상 범죄도 경미한 사건이라면(예를 들어 경미한 폭행, 주거침입 등) 얼마든지 즉결심판의 대상이 될 수 있다.
② 즉결심판법 제8조의2 제1항
③ 즉결심판법 제16조
④ 즉결심판법 제14조 제1항

## 31 즉결심판절차에 관한 설명 중 가장 적절하지 않은 것은?

① 즉결심판에 있어서도 피고인의 출석은 개정요건이나 벌금 또는 과료를 선고하는 경우에는 피고인이 출석하지 아니하더라도 심판할 수 있다.
② 판사는 개정 없이 피고인의 진술서와 경찰서장이 제출한 서류 또는 증거물에 의하여 심판할 수 있으나 이 경우 벌금 또는 과료는 선고할 수 있지만 구류는 선고할 수 없다.
③ 즉결심판절차에 있어서는 자백배제법칙은 적용되나 자백보강법칙은 적용되지 아니한다.
④ 판사가 사건이 즉결심판을 할 수 없다고 인정하여 즉결심판청구 기각결정을 한 경우 경찰서장은 검사의 승인을 얻어 정식재판을 청구할 수 있다.



정답 28 ① 29 ③ 30 ① 31 ④

④ 판사가 즉결심판청구 기각결정을 한 때에는 경찰서장은 지체 없이 사건을 관할 지방검찰청 또는 지청의 장에게 송치하여야 한다(즉결심판법 제5조 제2항).
① 즉결심판법 제8조의2 제1항
② 즉결심판법 제7조 제3항
③ 즉결심판법 제10조

## 32 즉결심판절차와 관련된 설명이다. 옳지 않은 것을 모두 고른 것은?

가. 20만원 미만의 벌금, 구류 또는 과료에 처하는 경미한 범죄에 대하여 공판절차에 의하지 아니하고 즉결하는 심판절차를 즉결심판절차라 한다.
나. 약식절차는 원칙적으로 재산형의 부과만이 가능하지만 즉결심판절차에서는 30일 미만의 구류형 선고가 가능하다는 점에서 차이가 있다.
다. 즉결심판절차는 형사소송법상 공판절차가 아니라 공판 전의 절차라고 해야 한다는 견해가 있다.
라. 즉결심판의 대상이 되는 사건은 법정형을 기준으로 결정한다.
마. 즉결심판청구권자는 경찰서장인데, 경찰서장은 관할경찰서장을 말하고 관할 해양경찰서장은 포함되지 않는다.

① 가, 라, 마
② 가, 나, 마
③ 나, 마
④ 가, 다, 마

옳지 않은 지문은 가, 라, 마이다.
가. 지방법원, 지원 또는 시・군법원의 판사는 즉결심판절차에 의하여 피고인에게 20만원 이하의 벌금, 구류 또는 과료에 처할 수 있다(즉결심판법 제2조).
라. 법정형이 아닌 선고형을 기준으로 결정한다.
마. 즉결심판은 관할 경찰서장 또는 관할 해양경찰서장이 관할법원에 이를 청구한다(즉결심판법 제3조 제1항).

## 33 즉결심판절차에 관한 설명으로 가장 옳지 않은 것은?(다툼이 있는 경우 판례에 의함)

① 즉결심판에 의하여 처리할 수 있는 사건은 선고형을 기준으로 결정된다.
② 경찰서장이 판사의 즉결심판에 불복하는 경우에는 검사와 독립하여 법원에 대하여 정식재판을 청구할 수 있다.
③ 즉결심판청구서에는 약식절차의 경우와는 달리 즉결심판에 의하여 선고할 형량은 기재 대상이 되지 않는다.
④ 즉결심판절차는 기소독점주의에 대한 예외에 해당한다.

경찰서장은 검사와 독립하여 법원에 대해 정식재판을 청구할 수 있는 것이 아니라, 검사의 승인을 얻어야만 한다(즉결심판법 제14조 제2항).

**34** **배상명령에 관한 설명 중 옳지 않은 것은?**

① 배상명령제도는 범죄행위로 인하여 발생한 직·간접적인 물적 피해와 치료비손해 및 위자료의 배상에 제한되어 있고, 기대이익의 상실(일실손해)은 배상명령의 범위에 포함되지 않는다.

② 피해자는 제1심 또는 제2심 공판의 변론종결시까지 사건이 계속된 법원에 배상을 신청할 수 있다.

③ 배상신청은 민사소송에서의 소의 제기와 동일한 효력이 있다.

④ 배상명령신청은 서면으로 함이 원칙이나, 피해자가 당해 형사사건의 증인으로 출석한 경우에는 구술로 신청을 할 수도 있다.

① 배상명령의 범위는 피고사건의 범죄행위로 인하여 발생한 직접적인 물적 피해, 치료비손해 및 위자료이다(소송촉진법 제25조 제1항 후단).
② 소송촉진법 제26조 제1항
③ 소송촉진법 제26조 제8항
④ 소송촉진법 제26조 제2항 내지 제5항

**35** **법원이 배상명령을 하여서는 아니 되는 경우에 해당하지 않는 것은?**

① 피해자의 성명·주소가 분명하지 아니한 경우

② 피해금액이 기준금액보다 큰 경우

③ 피고인의 배상책임의 유무 또는 그 범위가 명백하지 아니한 경우

④ 배상명령으로 인하여 공판절차가 현저히 지연될 우려가 있거나 형사소송절차에서 배상명령을 하는 것이 타당하지 아니하다고 인정되는 경우

② 옳지 않은 설명이다. '피해금액이 특정되지 아니한 경우'가 해당된다.



정답 32 ① 33 ② 34 ① 35 ②

**36** **배상명령과 관련하여 가장 옳지 않은 것은?**

① 약식명령절차, 즉결심판절차, 소년보호사건에 대하여는 배상신청을 할 수 없다.
② 배상명령은 피해자나 그 상속인의 신청이 없어도 법원이 직권으로 할 수 있다.
③ 피해자는 피고사건의 범죄행위로 인하여 발생한 피해에 관하여 다른 절차에 의한 손해배상청구가 법원에 계속 중인 때에는 배상명령을 신청할 수 없지만, 신청 전에 이미 다른 손해배상청구가 받아들여져 집행권원이 생긴 경우에는 별도로 배상명령을 신청할 수 있다.
④ 배상명령은 유죄판결의 선고와 동시에 하여야 한다.

③ 배상명령제도는 범죄행위로 인하여 재산상 이익을 침해당한 피해자로 하여금 당해 형사소송절차 내에서 신속히 그 피해를 회복하게 하려는데 그 주된 목적이 있으므로 피해자가 이미 그 재산상 피해의 회복에 관한 채무명의를 가지고 있는 경우에는 이와 별도로 배상명령 신청을 할 이익이 없다(대판 1982.7.27. 82도1217).
①・② 소송촉진법 제25조 제1항
④ 소송촉진법 제31조 제1항

**37** **배상명령에 대한 다음 설명 중 옳은 것은 모두 몇 개인가?(다툼이 있는 경우 판례에 의함)**

> ㉠ 배상명령은 제1심 또는 제2심의 형사사건으로 유죄판결을 선고하는 경우 및 면소판결을 선고하는 경우에 가능하다.
> ㉡ 배상신청이 적법하지 아니한 때 또는 그 신청이 이유 없거나 배상명령을 함이 타당하지 아니하다고 인정될 때에는 결정으로 이를 각하하여야 한다.
> ㉢ 배상명령은 유죄판결의 선고와 동시에 하여야 한다.
> ㉣ 법원은 직권에 의하여 또는 피해자나 그 상속인의 신청에 의하여 피고사건의 범죄행위로 인하여 발생한 직접적인 물적 피해와 치료비손해 및 위자료의 배상을 명할 수 있다.

① 1개 ② 2개
③ 3개 ④ 4개

옳은 지문은 ㉡, ㉢, ㉣ 3개이다.
㉠ 배상명령은 면소판결의 선고가 아니라 유죄판결을 선고 할 경우에 한하여 할 수 있다(소송촉진법 제25조 제1항).
㉡ 소송촉진법 제32조 제1항
㉢ 소송촉진법 제31조 제1항
㉣ 소송촉진법 제25조 제1항

## 38 다음 중 배상명령에 대한 설명으로 옳지 않은 것만 묶은 것은?

> ㉠ 신청을 각하하거나 그 일부를 인용한 재판에 대하여 신청인은 불복을 신청하지 못하며, 다시 동일한 배상신청을 할 수 없으며, 같은 이유로 민사소송에 의한 청구도 할 수 없다.
> ㉡ 피고인은 배상명령에 대해서만 즉시항고할 수 없다.
> ㉢ 배상명령의 신청인은 공판절차를 현저히 지연시키지 아니하는 범위에서 재판장의 허가를 받아 소송기록을 열람할 수 있다. 이 때 법원의 허가를 받지 못한 때에는 불복신청이 가능하다.
> ㉣ 배상명령의 절차비용은 특별히 그 비용을 부담할 자를 정한 경우를 제외하고는 국고의 부담으로 한다.

① ㉠, ㉡　　　② ㉠, ㉢
③ ㉠, ㉡, ㉢　　　④ ㉡, ㉢, ㉣

㉠, ㉡, ㉢이 옳지 않다.
㉠ 배상신청을 각하하거나 그 일부를 인용한 재판에 대하여 신청인은 불복을 신청하지 못하며, 다시 동일한 배상신청을 할 수 없다(소송촉진법 제32조 제4항). 그러나 민사소송에 의한 청구는 가능하다.
㉡ 피고인은 유죄판결에 대하여 상소를 제기하지 아니하고 배상명령에 대하여만 상소제기 기간에 형사소송법에 따른 즉시항고를 할 수 있다. 다만, 즉시항고 제기 후 상소권자의 적법한 상소가 있는 경우에는 즉시항고는 취하된 것으로 본다(소송촉진법 제33조 제5항).
㉢ 신청인 및 그 대리인은 공판절차를 현저히 지연시키지 아니하는 범위에서 재판장의 허가를 받아 소송기록을 열람할 수 있고, 공판기일에 피고인이나 증인을 신문(訊問)할 수 있으며, 그 밖에 필요한 증거를 제출할 수 있다. 허가를 하지 아니한 재판에 대하여는 불복을 신청하지 못한다(소송촉진법 제30조).
㉣ 소송촉진법 제35조



정답 36 ③ 37 ③ 38 ③

# SECTION III 범죄수사학

## 제1장 수사의 기초이론

### 1 범죄수사의 의의와 기본이념

**01** 범죄수사의 개념에 대한 설명으로 옳은 것은?

① 검사가 소송당사자로서 하는 증인신문은 수사활동이다.
② 사인의 현행범인 체포는 수사활동이다.
③ 경찰관의 불심검문은 수사활동이 아니다.
④ 공소제기 후 공소유지를 위한 피고인조사는 수사활동이 아니다.

해설

③ 경찰관의 불심검문은 수사활동이 아니라 수사의 단서활동이다.
① 검사가 소송당사자로서 하는 증인신문은 수사활동이 아니다.
② 사인의 현행범인 체포는 수사활동이 아니다.
④ 공소제기 후 공소유지를 위한 피고인조사는 수사활동이다.

**02** 다음은 수사 개념에 대한 설명이다. 옳은 것은 몇 개인가?

㉠ 검사가 소송당사자로서 하는 피고인 신문, 증인 신문이나 사인의 현행범인 체포는 수사가 아니다.
㉡ 내사, 불심검문, 변사자 검시는 수사이다.
㉢ 수사는 반드시 공소제기 전에만 행하여져야 한다.
㉣ 피의사건에 대해 공소제기 여부를 결정함을 목적으로 한다.
㉤ 양형·소송조건의 존부에 대한 조사는 수사이다.
㉥ 고소·고발 사건에 관하여 범죄혐의 유무를 밝히는 수사기관의 활동은 수사이다.

① 1개　　② 2개
③ 3개　　④ 4개

㉠, ㉣, ㉤, ㉥은 옳은 설명이다.
수사는 수사기관의 활동이며, 수사기관이 범죄의 혐의가 있다고 인정한 때에 개시된다.
㉡ 내사, 불심검문, 변사자 검시는 수사가 아니며, 수사의 단서일 뿐이다.
㉢ 수사는 주로 공소제기 전에 행하여지지만 공소제기 후 공소의 유지를 위한 준비로서 행하여지는 수사기관의 활동도 수사의 일종이다. 반드시 수사는 공소제기 전에 행하여지는 것은 아니다.

## 03 수사의 개념에 대한 설명으로 옳지 않은 것은?

① 수사는 수사기관의 활동이다.
② 불기소처분에 의하여 종결되는 경우도 수사이다.
③ 수사는 주로 공소제기 전에 행하여진다.
④ 불심검문과 변사자 검시도 수사이다.

수사개시 이전의 활동인 내사·수사의 단서인 불심검문과 변사자 검시는 수사가 아니다.

## 04 다음 〈보기〉 중 수사에 해당하는 것은 몇 개인가?

| | |
|---|---|
| ㉠ 피고인신문 | ㉡ 임의제출물의 압수 |
| ㉢ 증인신문 | ㉣ 불심검문 |
| ㉤ 내 사 | ㉥ 양형 또는 소송조건의 존부에 관한 조사 |

① 1개　② 2개
③ 3개　④ 4개

㉠ 피고인신문, ㉢ 증인신문, ㉣ 불심검문, ㉤ 내사는 수사의 단서이다.
㉡ 임의제출물의 압수, ㉥ 양형 또는 소송조건의 존부에 관한 조사는 수사이다.

제2과목 형사법 및 범죄학개론

정답 01 ③ 02 ④ 03 ④ 04 ②

## 05 다음 중 범죄수사의 개념에 포함되지 않는 것은?

ⓐ 형사의 범죄 유류품 수거
ⓑ 형사의 피의자 소환 조사
ⓒ 기획예산처 공무원의 현행범 체포 행위
ⓓ 사설탐정의 조사 행위
ⓔ 지구대 순경의 주택가 순찰

① ⓐ, ⓑ
② ⓒ, ⓓ
③ ⓓ, ⓔ
④ ⓐ, ⓒ

ⓓ, ⓔ는 범죄수사에 포함되지 않는다. 범죄수사는 수사기관의 행위라는 점에서 사인의 현행범 체포행위, 사설탐정의 조사 행위 등과 구별되며, 사후 범죄 진압을 목적으로 한다는 점에서 사전 범죄 예방활동을 전개하는 방범활동과도 구별된다.

## 06 다음 중 범죄수사의 실질적 의의를 설명한 내용끼리 짝지어진 것은?

㉠ 수사과정에 수사의 수단과 방법의 선택문제
㉡ 절차적인 측면에서의 수사
㉢ 합리성을 요함
㉣ 인권보장, 공공복리의 조화추구
㉤ 수사의 목적 또는 내용에 관한 수사
㉥ 실체적 진실발견 추구

① ㉠, ㉡, ㉣
② ㉢, ㉣, ㉤
③ ㉢, ㉤, ㉥
④ ㉠, ㉢, ㉥

㉠, ㉡, ㉣은 형식적 의의의 수사, ㉢, ㉤, ㉥은 실질적 의의의 수사에 대한 설명이다.

## 07 형식적 의의의 수사와 실질적 의의의 수사를 비교한 내용으로 옳은 것은?

| | 형식적 의의의 수사 | 실질적 의의의 수사 |
|---|---|---|
| ① | 범행 동기는 무엇인가? | 범인은 누구인가? |
| ② | 수사의 수단과 방법<br>(실체적 측면의 수사) | 범행의 수단과 방법<br>(절차적 측면의 수사) |
| ③ | 합법성 요구 | 합리성 요구 |
| ④ | 실체적 진실발견 | 인권보장과 공공복리의 조화 추구 |

③ 형식적 의의의 수사는 수사과정에서 어떤 수단과 방법을 선택할 것인가 하는 절차적 측면에서의 수사이다. 또 법에 합치할 것을 요구하는 합법성을 요구하며, 형사소송법의 절차적 이념인 인권보장과 공공복리의 조화를 추구한다. 실질적 의의의 수사는 범죄현장을 관찰하고 범행동기, 수법 등을 밝혀내 범인을 발견하는 실체적 측면에서의 수사이고 논리적으로 합치 할 것을 요구하는 합리성을 요구하며, 형사소송법의 실질적 이념인 실체적 진실발견을 추구한다.
① "범행 동기는 무엇인가?"는 실질적 의의의 수사이다.
② 형식적 의의의 수사는 절차적 측면의 수사, 실질적 의의의 수사는 실체적 측면의 수사이다.
④ 형식적 의의의 수사는 형사소송법의 절차적 이념인 인권보장과 공공복리의 조화를 추구하고, 실질적 의의의 수사는 형사소송법의 실질적 이념인 실체적 진실발견을 추구한다.

제2과목 형사법 및 범죄학개론

## 08 다음 범죄수사의 성질에 대하여 기술한 것 중 타당하지 않은 것은 몇 개인가?

㉠ 사실의 진상을 탐지하는 활동이다.
㉡ 범죄수사는 단순히 공소제기·수행을 위한 준비활동일 뿐만 아니라, 국가가 행하는 형벌권 행사, 즉 형사절차의 일환이다.
㉢ 심증형성을 지향하는 활동이다.
㉣ 획득한 판단을 증명하는 활동이다.
㉤ 공소제기를 지향하는 활동이다.

① 1개 ② 2개
③ 3개 ④ 4개

㉤ 범죄수사는 공소제기를 지향하는 활동이 아닌 유죄판결을 지향하는 활동이다.

## 09 수사의 기본 원칙 중 헌법상 원칙이 아닌 것은?

① 강제수사법정주의 ② 영장주의
③ 자기부죄강요금지의 원칙 ④ 수사비례의 원칙

헌법에 규정된 수사의 기본원칙
- 강제수사법정주의(헌법 제12조 제1항)
- 영장주의(헌법 제12조 제3항)
- 자기부죄강요금지의 원칙(헌법 제12조 제2항)

## 10 범죄수사학에 대한 다음의 설명 중 옳지 않은 것은?

① 범죄수사학의 탐구대상은 언제나 실제 사건이다.
② 범죄수사란 실제 일어난 범죄현상을 근원적으로 규명하고 밝혀진 현상을 수사관이 객관적으로 재구성하는 작업이다.
③ 범죄수사학이란 수사관의 인식과정을 통하여 행위결과로부터 행위원인을 역추론하는 해석학이다.
④ 범죄현상은 범죄행위가 객관적으로 투영되어 나타난 결과이다.

범죄수사란 실제 일어난 범죄현상을 근원적으로 규명하여, 밝혀진 현상을 수사관의 주관적 사고를 통해 해석하고 상호간의 연관성을 밝힘으로써 사건을 재구성하는 작업을 말한다.

## 11 범죄수사학에 대한 설명으로 옳지 않은 것은?

① 범죄수사학의 이론과 연구결과물의 활용은 수사기관에만 한정된다.
② 범죄수사학은 중세 규문주의 시대의 형사절차에서 요구되던 조사관적 사고를 구체화한 것에서 유래하였다.
③ 범죄수사학이란 수사관의 인식과정을 통하여 행위결과로부터 행위원인을 역추론하는 해석학이다.
④ 근대 이후 수사와 피의자에 대한 조사 업무가 수사기관으로 이관됨에 따라 범죄수사학은 주로 수사기관이 활용해야 할 분야가 되었다.

범죄수사학의 이론과 연구결과물의 활용은 수사기관에만 한정되지 않는다. 공소관(검사)과 법관 등도 범죄현상의 실체적 진실발견의 의무를 수행하기 위해 얼마든지 활용이 가능하다.

**12 다음 범죄수사학의 인접학문에 대한 설명으로 옳지 않은 것은?**

① 범죄학은 범죄현상의 발생과 그 원인 등을 탐구하는 학문이다.
② 범죄학은 경험적 사실학의 총체이다.
③ 형사법은 범죄의 개념과 한계를 규정하는 학문이다.
④ 형사법은 범죄결과분석에 따른 사회적인 통제에 연구중점을 둔다.

해설 범죄결과분석에 따른 사회적인 통제에 연구중점을 둔 학문은 범죄학이다.

**13 다음 범죄수사시 기본자세에 해당하지 않는 것은?**

① 개인의 자유와 권리를 부당하게 침해하는 일이 없도록 주의하여야 한다.
② 상사의 지시·명령을 성실히 실행하여야 한다.
③ 유능한 수사관은 직감과 육감에 의존한다.
④ 공명심에 치우치지 말아야 한다.

해설 선입관에 사로잡혀 육감에 의한 추측만으로 행하는 일이 없어야 한다.

**14 다음 중 수사에 대한 설명으로 가장 적절하지 않은 것은?**

① 수사란 국가의 형벌권을 실현하는 형사절차의 첫 단계로서 수사기관이 진행하는 일련의 활동을 말한다.
② 현행법상 수사기관은 검사와 사법경찰관리에 한정되므로 이 외의 자에 의한 행위는 수사에 해당하지 않는다.
③ 수사는 이미 발생한 범죄를 대상으로 이루어지는 사법경찰작용이며, 사전적인 위험방지를 목적으로 하는 행정경찰작용이다.
④ 경찰관 직무집행법상의 위험방지를 목적으로 한 다양한 경찰활동 등은 범죄수사로 보지 않는다.

해설 수사는 이미 발생한 범죄를 대상으로 이루어지는 사법경찰작용으로, 사전적인 위험방지를 목적으로 하는 행정경찰작용과 구별된다.



정답 09 ④ 10 ② 11 ① 12 ④ 13 ③ 14 ③

**15** **다음 중 범죄수사에 해당하지 않는 것은?**

① 범죄의 실행계획을 파악하기 위한 감청
② 특별사법경찰관리의 참고인 조사
③ 경찰관직무집행법 상의 위험방지를 위한 경찰활동
④ 범죄 현장에서의 증거물 수집・보전활동

경찰관직무집행법 상이 위험방지를 위한 경찰활동은 행정경찰작용으로 수사기관이 행하는 일련의 활동과 구별해 범죄수사로 보지 않는다.

**16** **다음 중 범죄수사에 포함되지 않는 것은?**

① 검사의 소송당사자로서 하는 증인신문
② 특별사법경찰관리의 참고인조사
③ 범죄 현장에서의 증거물 수집・보전활동
④ 공소제기 후 공소의 유지를 위한 수사기관의 활동

수사는 수사기관의 활동으로 검사가 소송당사자로서 하는 피고인신문, 증인신문이나 사인(私人)의 현행범인 체포, 사설탐정의 조사행위, 행정기관의 조사행위는 수사가 아니다. 그러나 특별사법경찰관리의 참고인조사는 수사에 해당한다.

**17** **다음 범죄수사의 개념에 대한 설명으로 가장 적절하지 않은 것은?**

① 사인의 현행범인 체포는 수사활동이 아니다.
② 변사자의 검시는 수사활동에 포함된다.
③ 불기소처분에 의하여 종결되는 경우도 수사활동에 포함된다.
④ 궁극적으로 국가형벌권의 유효・적절한 행사를 위한 것이다.

수사는 수사기관이 범죄의 혐의가 있다고 인정한 때에 비로소 개시되는 것이다. 따라서 변사자의 검시는 그 이전 행해지는 활동으로 수사의 단서만 제공할 뿐 범죄수사가 아니다.

**18** **다음 수사에 대한 설명으로 가장 적절하지 않은 것은?**

① 수사는 수사기관의 활동으로, 수사관은 수집된 수사요소를 연관성에 따라 질서정연하게 정리하여 범죄의 진행과정을 밝혀 범죄를 재구성하는 작업을 진행한다.
② 수사는 과거에 발생한 범죄현상을 재구성하는 작업임과 동시에 형사법상 처벌 가능한 법률적 사실에 대한 증명을 말한다.
③ 수사관에 의한 "합리적인 의심이 없을 정도의 확신(beyond reasonable doubt)"이란 과거의 사실에 대해 그 진상을 완전히 파악하는 것을 의미한다.
④ 궁극적으로 수사는 국가형벌권의 유효·적절한 행사를 위한 것이다.

사실상 수사관이 과거의 사실에 대하여 완전한 진상을 파악한다는 것은 불가능하다. 따라서 누구에게도 의심을 불러일으키지 않고 수긍할 만한 정도, 즉 "합리적인 의심이 없을 정도의 확신(beyond reasonable doubt)"에 만족할 수밖에 없는 것이다.



**19** **다음 중 수사활동에 대한 설명으로 옳은 것은?**

① 검사가 소송주체로서 증거를 조사하는 수사활동이다.
② 사인의 현행범체포나 사설탐정의 조사행위 등도 수사활동에 포함된다.
③ 범죄혐의 그 자체에 대한 존부 여부를 파악하기 위한 사전적인 조사활동도 수사활동이다.
④ 경찰관이 행하는 불심검문은 수사활동이 아니다.

④ 변사자 검시, 현행범체포, 고소, 고발, 자수, 불심검문, 밀고, 투서, 풍문 등은 수사의 단서에 불과할 뿐 수사활동이 아니다.
① 소송주체로서의 검사는 더 이상 수사기관이 아닌 소추기관에 해당하므로 이후의 활동은 수사활동에 해당되지 않는다.
② 사인의 현행범체포나 사설탐정의 조사행위 등은 수사활동이 아니다.
③ 범죄혐의 그 자체에 대한 존부 여부를 파악하기 위한 사전적인 조사활동은 내사에 해당하며, 내사는 수사활동에 포함되지 않는다.

정답 15 ③ 16 ① 17 ② 18 ③ 19 ④

## 20 다음 중 수사의 조건에 대한 설명으로 틀린 것은?

① 수사개시를 위한 범죄혐의는 주관적인 혐의로는 부족하여 객관적 혐의를 필요로 한다.
② 수사의 일반적 조건으로는 상당성과 필요성을 들 수 있다.
③ 수사개시의 조건과 수사실행의 조건을 수사의 조건이라고 한다.
④ 수사는 수사의 목적을 달성함에 필요한 경우에 한해서 허용된다.

수사기관이 범죄수사를 개시함에 있어서는 주관적인 혐의로도 족하다. 이때의 주관적 범죄혐의는 구체적인 사실에 근거하여 주위의 사정을 합리적으로 판단하여 그 유무를 결정해야 한다.

## 21 다음 중 수사의 조건에 해당하지 않는 것은?

① 수사의 상당성
② 범죄혐의
③ 수사의 필요성
④ 수사의 합목적성

수사의 합목적성은 수사절차상 인권보장을 위한 이론으로서 요구되는 절차이긴 하나 제시된 '수사의 조건'에는 포함되지 않는다.

### 2 우리나라의 수사기관

## 22 다음 중 검사에 관한 설명으로 옳지 않은 것은?

① 범죄수사, 공소의 제기 및 유지, 재판 집행지휘·감독 등 검찰권을 행사한다.
② 범죄수사에 관해 사법경찰관리의 지휘 및 감독권을 가지고 있다.
③ 검사는 법무부 산하 검찰청에 소속되어 있다.
④ 검사는 독립된 행정관청이 아니다.

검사는 각자 검찰권을 행사하는 권한을 가진 독립행정관청이다.

**23** 다음 중 특별사법경찰관리가 아닌 자는?

① 제주도 자치경찰공무원
② 산림청소속 산림단속원
③ 검찰청 소속 수사관
④ 근로감독관

현행법상 검찰청 소속 수사관은 일반사법경찰관리로 지정하고 있다(검찰청법 제47조).

**24** 다음 중 일반사법경찰관리와 특별사법경찰관리에 대한 설명 중 옳지 않은 것은?

① 특별사법경찰에는 산림 · 해사 · 전매 · 세무 · 군수사기관 · 기타 특별한 사항에 관하여 수사를 담당하는 자를 말한다.
② 일반사법경찰은 권한이 일반적 · 포괄적임에 반하여 특별사법경찰은 사항적 · 지역적 제한을 받는다.
③ 특별사법경찰은 통상 일반행정기관 소속이다.
④ 일반사법경찰관리는 특별사법경찰 직무에 속하는 범죄를 먼저 알았을 경우 특별사법경찰에게 먼저 인계해야 한다.

경찰관(일반사법경찰관리)은 특별사법경찰관리의 직무범위에 속하는 범죄를 특별사법경찰관리에 앞서서 알았을 경우에 그 수사를 특별사법경찰 관리에게 인계하지 아니하고 직접 수사하는 것이 적당하다고 인정할 때에는 경찰서장에게 보고하여 그 지휘를 받아 수사하여야 한다. 그 전문적 지식에 의한 조언 등을 받았을 때에는 이를 존중해서 수사한다.

**25** 다음 중 수사기관에 대한 설명 중 옳지 않은 것은?

① 경찰청에 근무하는 경무관은 검사의 지휘를 받지 않는다.
② 검찰청 소속 검찰주사는 특별사법경찰관에 해당한다.
③ 특별사법경찰관은 권한범위에 속하는 범죄수사에 있어서는 일반사법경찰관리와 동일한 지위와 권한을 지닌다.
④ 사법경찰관은 스스로 수사를 개시 · 진행할 수 있는 명시적인 수사주체이다.

검찰청 소속 검찰주사는 일반사법경찰관에 해당한다.



정답 20 ① 21 ④ 22 ④ 23 ③ 24 ④ 25 ②

## 26 다음 설명 중 옳지 않은 것은?

① 검사는 수사상 필요한 때에는 관할구역 외에서도 그 직무를 수행할 수 있다.
② 일반사법경찰관리는 관할구역 내의 사건과 관련성이 있는 사실을 발견하기 위하여 필요한 경우에는 관할구역 밖에서도 그 직무를 행할 수 있다.
③ 일반사법경찰관리가 관할구역 외에서 수사할 때에는 관할 지방검찰청의 검사장과 지청장 각각에 그 사실을 보고하여야 한다.
④ 특별사법경찰관리는 수사상 필요한 때에는 관할구역 밖에서의 직무수행이 허용된다.

③ 일반사법경찰관리가 관할구역 외에서 수사할 때에는 관할 지방검찰청의 검사장 또는 지청장에게 그 사실을 보고하여야 한다. 모두에게 할 필요는 없다.
①「검찰청법」 제5조
②「검사의 사법경찰관리에 대한 수사지휘 및 사법경찰관리의 수사준칙에 관한 규정」 제11조
④ 특별사법경찰관리는 그 성격상 법률에 별도로 지정된 구역 또는 직무의 범위 내에서만 제한적으로 수사할 수 있도록 되어 있다. 그러나 일반사법경찰관리와 마찬가지로 관할구역 내의 사건과 관련성이 있는 사실을 발견하기 위해 필요한 때라 한다면 관할구역 외에서도 그 직무를 행할 수 있다.

## 27 형사소송법상 검사의 수사지휘권에 해당하지 않는 것은?

① 체포・구속 장소에 대한 감찰권
② 긴급체포에 대한 사후승인권
③ 압수물의 처분에 관한 지휘권
④ 현행범체포에 대한 사후승인권

현행 형사소송법은 사법경찰관의 현행범체포에 대한 검사의 사후승인권을 규정하고 있지 않다.

## 28 다음 중 특별사법경찰관리에 해당하는 것은?

① 경 위
② 경 사
③ 경찰청소속 경무관
④ 관세법상의 세관공무원

④ 특별사법경찰은 산림・해사・전매・세무・군수사기관・기타 특별한 사항에 관하여 수사를 담당하는 자를 말한다.
①・②・③은 일반사법경찰관리에 해당한다.

**29** **다음 중 경찰의 독자적 수사권 현실화를 긍정하는 견해가 지적하는 수사체계의 문제점이 아닌 것은?**

① 권한과 책임의 불일치　　② 경찰업무의 과중화
③ 수사요원의 사기저하　　④ 적정절차와 인권존중

독자적 수사권을 긍정하는 근거에는 국민의 편익저해, 현실과 법규범과의 괴리, 행정조직원리인 명령통일의 원리에 위배, **권한과 책임의 불일치**, **경찰업무의 과중화**, **수사요원의 사기저하**, 검찰의 권력독점이 있고, 독자적 수사권 반대론에는 적정절차와 인권존중, 법집행의 왜곡방지, 경찰로의 권력집중의 방지, 범죄에 대한 효율적 대처 등이 있다.

**30** **다음 중 수사 경찰이 수사를 함에 있어서 검사의 지휘를 받지 않아도 되는 것은?**

① 압수물 환부 또는 가환부
② 송치 후 수사속행 또는 여죄 발견시
③ 체포한 현행범의 석방
④ 사정변경에 의해 구속영장을 집행하지 않고 반환한 때

체포한 현행범의 석방, 압수물의 타인에의 보관, 내사종결, 행정검시, 실황조사, 사건 이송 등의 경우에는 검사의 지휘를 받지 않아도 된다.

## 3 경찰의 수사조직

**31** **우리나라 경찰청의 수사조직을 올바르지 연결하지 않은 것은?**

① 수사과 – 수사1계, 수사2계, 수사이의 조사팀
② 형사과 – 강력계, 폭력계
③ 광역수사대 – 수사지원팀, 마약수사계
④ 지능범죄수사대 – 사이버안전계, 사이버수사대, 디지털포렌식계

• 사이버안전과 : 사이버안전계, 사이버수사대, 디지털포렌식계
• 지능범죄수사대 : 수사지원팀, 지능1계, 지능2계, 지능3계



정답 26 ③ 27 ④ 28 ④ 29 ④ 30 ③ 31 ④

## 32 경찰의 수사조직에 관한 설명으로 옳지 않은 것은?

① 우리나라 국가경찰에는 행정안전부장관 소속의 경찰청과 경찰청의 사무를 지역적으로 분담하여 수행하는 지방경찰청 및 지방경찰청 소속의 경찰서가 있다.
② 경찰청의 경우 주로 지방경찰청과 경찰서의 실질적 수사업무를 총괄, 기획 및 지도하는 업무를 하고 있다.
③ 대부분의 범죄수사는 광역수사대의 공조로 이루어지고 있다.
④ 수사과 수사2계는 경찰서의 지능범죄수사팀, 경제범죄수사팀과 대응하는 범죄를, 형사과 강력계는 경찰서의 강력팀과 대응하는 범죄를 주로 수사한다.

대부분의 범죄수사는 경찰조직의 수사과와 형사과에서 이루어지고 있다.

## 33 다음 〈보기〉에 해당하는 업무를 담당하는 국내 경찰 부서는?

> 사기, 횡령, 배임 등 재산범죄, 각종 기관고발사건 등 주로 고소·고발 사건 및 기타 다른 팀에서 관할하지 않는 사건을 담당한다.

① 지능팀
② 사이버팀
③ 경제팀
④ 강력팀

〈보기〉는 국내 경찰 수사과의 경제팀에 할당된 업무 내용에 해당한다.
① 지능팀 : 공무원범죄, 선거범죄, 특별법위반 사건 및 각종 인지사건을 담당한다. 보험사기 관련 사건은 대부분 지능팀에서 처리한다.
② 사이버팀 : 인터넷을 통해 이루어지는 사건을 담당하는데, 주로 인터넷을 이용한 사기사건이나 저작권법 위반 사건 등을 처리한다.
④ 강력팀 : 살인, 강도, 강간, 방화, 절도, 마약, 조직폭력 사건 등을 담당한다.

**34** **수사과의 지능팀에서 처리하는 범죄는?**

① 선거범죄 ② 횡령・배임
③ 강 간 ④ 상 해

선거범죄는 수사과의 지능팀에서 담당한다. 이외에도 공무원범죄, 특별법위반 사건 및 각종 인지사건을 담당한다. 횡령・배임은 경제팀에서, 강간은 강력팀에서, 상해는 형사팀에서 담당한다.

**35** **상해, 폭행, 공갈, 협박, 손괴, 도박 사건 등을 담당하는 국내 경찰 부서는?**

① 사이버팀 ② 강력팀
③ 형사팀 ④ 경제팀

상해, 폭행, 공갈, 협박, 손괴, 도박 사건 등은 국내 경찰서 형사과의 형사팀이 담당한다.



정답 32 ③ 33 ③ 34 ① 35 ③

# 제2장 수사의 개시

## 1 범죄의 혐의와 수사의 단서

**01 다음 중 범죄혐의에 관한 설명으로 옳은 것은?**

① 수사절차는 범죄혐의 없이도 개시될 수 있다.
② 불심검문은 범죄혐의를 인정함에 있어 범죄의 특정을 요건으로 한다.
③ 수사개시를 위한 범죄혐의는 수사기관의 객관적 혐의를 의미한다.
④ 불심검문은 범죄혐의와 관련해 가장 강도가 낮은 규정이다.

해설
① 수사절차는 범죄혐의 없이는 개시될 수 없고, 또한 범죄혐의 없이는 어떠한 수사수단도 행사될 수 없다.
②·④ 범죄혐의와 관련하여 가장 낮은 강도의 규정은 불심검문 규정으로서 불심검문은 범죄혐의를 인정함에 있어 범죄를 특정하는 것을 요건으로 하지 않는다. 즉 수사관의 주관적 인식이 더 크게 작용하며 범죄가 범해졌다는 상당한 이유만 있으면 족하다.
③ 수사개시를 위한 범죄혐의는 수사기관의 주관적 혐의를 의미한다.

**02 범죄혐의와 그 요건이 올바르게 연결된 것은?**

① 불심검문 – 확신에 이르는 혐의
② 수사개시 – 아주 경미한 개연성
③ 체포 및 구속 – 충분한 범죄혐의
④ 기소조건 – 상당한 혐의

해설
② 수사개시를 위한 범죄혐의는 '최초범죄혐의'라 하며, 통설은 '아주 경미한 개연성'이 있는 것으로 충분하다고 보고 있다.
① 불심검문 – 어떤 죄를 범하였거나 범했다고 의심할 만한 상당한 이유
③ 체포 및 구속 – 상당한 혐의
④ 기소조건 – 충분한 범죄혐의

**03** **다음 중 사건을 접수 또는 수리하여 범죄사건부에 기록하는 단계로 피의자의 지위가 발생하는 단계는?**

① 수사의 착수
② 수사의 개시
③ 사건의 송치
④ 내 사

수사의 개시(입건)
수사기관이 사건을 수리하여 수사를 개시하는 것을 입건이라 한다. 사건을 접수 또는 수리하여 범죄사건부에 기록하는 단계로서 입건된 때부터 피의자의 지위가 발생한다.

**04** **수사첩보의 개념으로 바르지 않은 것은?**

① 형사정책에 관한 자료이다.
② 수사제도와 운영에 대한 자료이다.
③ 범죄예방과 검거대책에 대한 자료이다.
④ 범죄를 인지하여 수사를 개시하게 되는 자료이다.

범죄를 인지하여 수사를 개시하게 되는 자료는 **수사 단서**의 개념이다.
수사첩보의 개념에는 ①, ②, ③ 외에도 수사의 단서가 될 수 있는 일체의 범죄첩보가 있다.

## 2 내 사

**05** **다음 중 수사의 전개과정에 관한 설명으로 옳은 것은?**

① 내사는 수사개시단계이다.
② 고소・고발, 자수는 내사절차 없이 곧바로 입건이 된다.
③ 범죄피해신고서를 접수하면 곧바로 수사에 착수한다.
④ 사건을 접수하면 인지보고서를 작성한다.

① 내사는 수사개시 이전의 단계로서 수사개시가 아니다. 신문기사 또는 풍문, 진정, 익명의 신고, 또는 풍설 등의 내용이 범죄의 혐의 유무를 조사할 만한 가치가 있다고 판단될 때 그 진상을 규명하기 위하여 입건하지 않고 조사하는 단계이다.
③ 범죄피해신고서를 접수하면 수사가 개시 되는 것이 아니라 인지, 고소・고발의 접수, 자수, 검사의 수사 지휘 등이 있을 때에 한다.
④ 사건을 접수하면 범죄사건부에 기록한다. 수사를 착수・인지한 때에 인지보고서를 작성한다.



정답 01 ④ 02 ② 03 ② 04 ④ 05 ②

## 06 내사에 관한 다음 설명 중 옳지 않은 것은?

① 수사이전 단계를 내사라고 하며, 내사를 받는 자를 피내사자라고 부른다.
② 형사소송법은 피의자의 권리를 피내사자에게도 준용하는 명문의 규정을 두고 있다.
③ 내사는 범죄혐의의 존재유무에 관한 구체적 단서를 조사하는 활동이라는 점에서 수사와 구별된다.
④ 경찰에서 분류하고 있는 내사의 종류로는 첩보내사, 진정내사, 신고내사, 비신고내사가 있다.

내사는 범죄혐의가 확인되지 않은 단계에서 수사기관이 범죄혐의를 확인하기 위하여 입건 전의 단계에서 수행하는 조사활동을 말하며, 수사가 아닌 수사의 이전 단계에 해당한다. 내사를 받는 자는 피내사자라고 하며, 이러한 피내사자는 입건(수사개시)에 의하여 피의자로 된다.

## 07 내사에 대한 설명으로 가장 올바른 것은?

① 압수・수색・검증 등 대물적 강제수사가 필요한 경우 내사단계에서는 가능하므로 입건 후 실시한다.
② 익명, 존재하지 않는 사람 명의의 신고 등 그 내용상 수사단서로서의 가치가 없다고 인정될 때에도 내사를 하여야 한다.
③ 관할이 없는 경우 내사착수 후에 관할 관서로 이첩하여야 한다.
④ 첩보내사는 해당 범죄첩보의 사본을 첨부, 경찰청장에게 서면 보고한 뒤 지휘를 받아 내사에 착수한다.

② 익명 또는 존재하지 않는 사람 명의의 신고・제보, 진정・탄원 및 투서로 그 내용상 수사단서로서의 가치가 없다고 인정될 때에는 내사하지 아니할 수 있다(경찰내사처리규칙 제5조).
③ 관할이 없거나 범죄특성 등을 고려하여 소속 관서에서 내사하는 것이 적당하지 않은 경우에는 관할있는 경찰관서에 이첩하거나 해당기관에 통보하여야 한다(경찰내사처리규칙 제5조의2).
④ 첩보내사는 경찰청장이 아닌 수사부서의 장에게 서면 보고한 뒤 지휘를 받아 내사에 착수한다(경찰내사처리규칙 제4조 제3항)

**08** **다음 중 경찰에서 분류하고 있는 내사의 종류에 해당하는 것은?**

① 자수내사 ② 진정내사
③ 고소내사 ④ 고발내사

경찰내사처리규칙에서의 분류하고 있는 내사의 종류로는 첩보내사, 진정내사, 신고내사, 비신고내사가 있다. 고소·고발, 자수는 내사를 거치지 않고 곧바로 입건된다.

**09** **진정내사 사건이 공람종결할 수 있는 경우에 해당하는 것은?**

① '혐의 없음', '죄가 안 됨', '공소권 없음' 등에 해당하여 입건의 필요가 없는 경우
② 피혐의자 또는 참고인 등의 소재불명으로 사유 해소시까지 내사를 계속할 수 없는 경우
③ 2회 이상 반복 진정하여 그 처리결과를 통지한 진정과 같은 내용인 경우
④ 완결된 사건 또는 재판에 불복하는 내용인 경우

공람종결할 수 있는 경우
- 3회 이상 반복 진정하여 2회 이상 그 처리결과를 통지한 진정과 같은 내용인 경우
- 무기명 또는 가명으로 한 경우
- 단순한 풍문이나 인신공격적인 내용인 경우
- **완결된 사건 또는 재판에 불복하는 내용인 경우**
- 민사소송 또는 행정소송에 관한 사항인 경우

**10** **다음 중 내사결과 수사절차로 전환하지 않는 처분에 해당하지 않는 것은?**

① 내사이첩 ② 내사중지
③ 내사취소 ④ 내사종결

내사결과 수사절차로 전환하지 않는 처분에는 내사종결, 내사중지, 내사병합, 내사이첩 등이 있다.
- 내사종결 : 혐의 없음, 죄가 안 됨, 공소권 없음 등에 해당하여 입건의 필요가 없는 경우
- 내사중지 : 피혐의자 또는 참고인 등의 소재불명으로 사유 해소 시까지 내사를 계속할 수 없는 경우
- 내사병합 : 동일 또는 유사한 내용의 내사사건이나 경합범으로 다른 사건과 병합 처리할 필요가 있는 경우
- 내사이첩 : 관할이 없거나 범죄특성 및 병합처리 등을 고려하여 다른 경찰관서 및 수사기관에서 내사할 필요가 있는 경우

제2과목 형사법 및 범죄학개론

정답 06 ② 07 ① 08 ② 09 ④ 10 ③

## 11 다음 중 내사에 대한 설명으로 옳지 않은 것은?

① 범죄첩보 및 진정, 탄원과 범죄에 관한 언론, 출판물, 인터넷 등의 정보, 신고 또는 풍문 등은 내사의 단서가 된다.

② 진정내사는 접수된 서면에 대하여 소속 경찰관서 수사부서의 장의 지휘를 받아 내사에 착수한다.

③ 내사는 임의적인 방법으로 함을 원칙으로 하므로 모든 강제처분은 불가능하다.

④ 사법경찰관은 내사과정에서 범죄혐의가 있다고 판단될 때에는 내시를 종결하고 범죄인지시를 작성하여 수사를 개시하여야 한다. .

내사는 임의적인 방법을 원칙으로 하므로 체포·구속 등의 대인적 강제처분은 불가능하지만 대물적 강제처분은 가능하다고 보고 있다.

## 12 진정내사 사건처리시 공람종결 할 수 있는 경우에 해당하는 것은?

㉠ 민사소송 또는 행정소송에 관한 사항
㉡ 무기명 또는 가명으로 한 경우
㉢ 단순한 풍문이나 인신공격적인 내용인 경우
㉣ 미완결된 사건 또는 재판에 불복하는 내용인 경우

① ㉠, ㉡, ㉣
② ㉠, ㉡, ㉢
③ ㉡, ㉢, ㉣
④ ㉠, ㉡, ㉢, ㉣

㉠, ㉡, ㉢의 경우가 해당한다.
㉣ 미완결된 사건이 아닌 **완결된 사건** 또는 재판에 불복하는 내용인 경우이어야 한다. 이외에 민사소송 또는 행정소송에 관한 사항인 경우 공람종결 할 수 있다.

# 제3장 수사의 진행

## 1 강력범죄 수사의 진행

**01 다음은 강력범죄 수사상 유의사항을 열거한 것이다. 옳지 않은 것은?**

① 강력범죄의 경우 타범죄와 달리 동기가 단순한 경우가 많으므로 수사방향을 최대한 한 곳으로 집중하여 수사한다.
② 강력범죄 발생시에는 범인이 불명하므로 범인 특정에 주력한다.
③ 강력범죄는 범인특정을 위해 현장파악을 위한 현장조사가 중심이 되어야 한다.
④ 범인특정 후에는 범인검거뿐만 아니라, 증거수집 등 증거보강에 중점을 두어야 한다.

해설 강력사건은 다양한 상황에서 극히 불합리한 심리상태에서 이루어지는 경우가 많다는 사실을 고려하여 다각적인 수사방향을 세워야 한다.

**02 강력범죄 수사에 관한 내용으로 옳지 않은 것은?**

① 일반적으로 살인, 강도, 강간, 방화, 절도, 마약, 조직폭력 사건 등을 강력범죄라고 한다.
② 초동수사, 사건분석, 수사방침설정, 본격적인 수사, 사건해결 및 수사종결 순서로 이루어진다.
③ 피의자가 누구인지 특정하기가 쉽지 않고 피해내용도 명확하지 않을 가능성이 크다.
④ 피해자의 구호활동도 중요하지만 범죄의 특성상 현장보존이 우선시 된다.

해설 피해자에 대한 구호조치가 우선시 되어야 한다.

**03 다음 중 강력범죄 수사의 순서를 바르게 연결한 것은?**

① 사건분석 → 초동수사 → 수사방침설정 → 본격적인 수사 → 사건해결 및 수사종결
② 초동수사 → 사건분석 → 수사방침설정 → 본격적인 수사 → 사건해결 및 수사종결
③ 수사방침설정 → 초동수사 → 사건분석 → 본격적인 수사 → 사건해결 및 수사종결
④ 사건분석 → 수사방침설정 → 초동수사 → 본격적인 수사 → 사건해결 및 수사종결



정답 11 ③ 12 ② / 01 ① 02 ④ 03 ②

강력범죄 수사의 순서
초동수사 → 사건분석 → 수사방침설정 → 본격적인 수사 → 사건해결 및 수사종결

**04** **강력범죄 수사의 사건분석 단계에서 이루어지는 사항으로 올바른 것은?**

① 범죄흔적 증거수집
② 용의자추적
③ 임의수사 · 강제수사
④ 피의자신문

① 초동수사(현장감식) 단계
③ 본격적인 수사 단계
④ 진범여부 확인 단계

**05** **다음 중 강력범죄 수사의 순서를 올바르게 연결한 것은?**

① 현장감식 → 초동조치 → 사건분석 → 수사방침설정 → 본격적인 수사실행 → 용의자특정/검거 → 진범확인 여부 → 사건해결
② 초동조치 → 현장감식 → 수사방침설정 → 사건분석 → 본격적인 수사실행 → 용의자특정/검거 → 진범확인 여부 → 사건해결
③ 초동조치 → 현장감식 → 사건분석 → 수사방침설정 → 본격적인 수사실행 → 진범확인 여부 → 용의자특정/검거 → 사건해결
④ 초동조치 → 현장감식 → 사건분석 → 수사방침설정 → 본격적인 수사실행 → 용의자특정/검거 → 진범확인 여부 → 사건해결

강력범죄 수사의 흐름도
초동조치 → 현장감식 → 사건분석 → 수사방침설정 → 본격적인 수사실행 → 용의자특정/검거 → 진범확인 여부 → 사건해결

**06** **강력범죄 수사에 관한 내용으로 옳지 않은 것은?**

① 현장에 범죄의 흔적과 증거가 남아있을 가능성이 적다.
② 범죄흔적 증거수집은 과학수사를 통해 확보할 수 있다.
③ 사건의 분석과 사건내용에 대한 가설설정을 통한 수사방침 설정이 중요하다.
④ 피의자가 특정되었다 할지라도 현장에서 체포하지 않는 이상 체포에 어려움이 크다.

현장은 '증거의 보고'이므로, 현장에 범죄의 흔적과 증거가 남아있을 가능성이 크다.

## 2 보험사기 수사의 진행

**07** **다음 보험사기 수사에 관한 일반적인 기술로 옳지 않은 것은?**

① 보험사기 범죄는 범죄발생 후 시일이 경과한 후 신고되는 경우가 많아 현장수사는 전혀 중요하지 않다.
② 사건분석을 통한 수사계획의 수립이나 피의자 신문 등의 심리수사 또는 방대한 금융자료 등의 분석을 통한 범죄입증에 집중해야 할 경우가 많다.
③ 보험사기를 비롯한 사기죄, 횡령죄, 배임죄 등의 재산범죄를 지능범죄라고 칭한다.
④ 보험사기의 수사는 주로 금융감독원이나 보험사의 수사협조의뢰 또는 진정서의 접수로 시작된다.

보험사기 범죄는 강력범죄와 달리 초동조치나 현장감식, 용의자의 특정이 문제되는 경우가 드물다. 하지만 현장수사가 전혀 중요하지 않은 것은 아니다.



정답 04 ② 05 ④ 06 ① 07 ①

## 08 금융감독원의 보험사기 관련 업무절차에 관한 설명으로 가장 옳지 않은 것은?

① 금융감독원은 보험사로부터의 인지보고나 보험범죄센터를 통한 제보 등의 단서를 입수하면 금융감독원이 운영하는 보험사기인지시스템 조회 등을 통해 본 조사를 착수할지 여부를 판단한다.

② 본 조사에 착수하면 보험사로부터 보험계약관련 자료를 제공받아 이를 분석하고 그 결과 보험사기의 혐의점이 있다고 판단되면 수사기관에 수사협조를 의뢰한다.

③ 수사협조를 의뢰받은 수사기관은 내사를 진행하고, 수사를 할 필요가 없는 경우 내사종결한다.

④ 수사기관은 내사종결한 경우나 수사를 종결한 경우 금융감독원에 그 결과를 통보하고 재판결과 등에 대한 사후관리는 금융감독원에서 하게 된다.

해설

수사기관은 내사종결한 경우나 수사를 종결한 경우 금융감독원에 그 결과를 통보하고 재판결과 등에 대한 사후관리는 피해보험사에서 하게 된다.

## 09 보험사기의 혐의가 있다고 판단할 경우 보험사의 업무에 관한 내용으로 가장 옳지 않은 것은?

① 보험사는 보험계약이나 보험금지급단계에서 보험사기의 혐의가 있다고 판단되면 금융감독원에 인지보고를 하거나 수사기관에 수사협조의뢰 또는 진정서를 제출한다.

② 보험사 보험사기특별조사팀(SIU) 소속 보험조사원은 보험사기 사건 조사의 사전단계부터 사후관리까지 다양한 역할을 한다.

③ 보험조사원은 보험사기 혐의사건을 인식하고 내부 조사결과 혐의점이 발견되면 경찰서에 직접 보고하고 수사를 진행하며, 경찰수사의 원활한 진행을 위해 관련 수사자료의 제공 및 분석을 지원한다.

④ 보험조사원의 역할은 금융감독원이 수사의뢰를 하는 경우와 큰 차이가 없다.

해설

보험조사원은 보험사기 혐의사건을 인식하고 내부 조사결과 혐의점이 발견되면 보험사에 보고하고 경찰에 수사협조가 이루어지도록 하고, 사건이 접수된 이후에는 경찰수사의 원활한 진행을 위해 관련 수사자료의 제공 및 분석을 지원한다.

**10** **경찰의 보험범죄 사건 처리의 진행순서를 올바르게 연결한 것은?**

① 수사협조의뢰(진정서)의 접수 → 인지여부의 판단 → 피해진술 확보 → 피혐의자 또는 피의자 출석요구 → 피혐의자 또는 피의자 조사 → 신병판단 → 소재수사 → 체포영장 신청여부 판단 → 송치

② 수사협조의뢰(진정서)의 접수 → 피해진술 확보 → 인지여부의 판단 → 피혐의자 또는 피의자 출석요구 → 피혐의자 또는 피의자 조사 → 신병판단 → 소재수사 → 체포영장 신청여부 판단 → 송치

③ 수사협조의뢰(진정서)의 접수 → 피해진술 확보 → 인지여부의 판단 → 피혐의자 또는 피의자 출석요구 → 피혐의자 또는 피의자 조사 → 소재수사 → 신병판단 → 체포영장 신청여부 판단 → 송치

④ 수사협조의뢰(진정서)의 접수 → 인지여부의 판단 → 피해진술 확보 → 신병판단 → 소재수사 → 피혐의자 또는 피의자 출석요구 → 피혐의자 또는 피의자 조사 → 체포영장 신청여부 판단 → 송치

경찰의 보험범죄 사건 처리의 진행순서
수사협조의뢰(진정서)의 접수 → 피해진술 확보 → 인지여부의 판단 → 피혐의자 또는 피의자 출석요구 → 피혐의자 또는 피의자 조사 → 신병판단 → 소재수사 → 체포영장 신청여부 판단 → 송치

**11** **다음은 경찰서에 수사협조의뢰나 진정서가 접수된 이후 보험범죄 사건 처리의 진행에 관한 설명이다. 옳지 않은 것은?**

① 금융감독원 또는 보험사는 보험사기의 혐의점이 있다고 판단할 경우 수사협조의뢰 또는 진정서를 경찰에 제출한다.

② 보험사기는 수사과 경제팀에서 처리하는 것이 일반적이고 사건의 규모에 따라 수사관 1명 또는 경제팀 전체가 처리하기도 한다.

③ 피해 보험사의 보험조사관은 수사를 의뢰한 보험상품의 계약내용, 보험금 지급의 원인이 되는 사실, 피보험자의 보험금 청구과정 및 이를 보험사에서 사기라고 판단한 이유 등을 진술하고 그 근거가 되는 자료를 제출한다.

④ 경찰은 피해내용을 확인하는 과정에서 사건의 인지여부를 결정하게 된다.

보험사기는 수사과 경제팀이 아닌 지능팀에서 처리하는 것이 일반적이다.

제2과목 형사법 및 범죄학개론

정답 08 ④ 09 ③ 10 ② 11 ②

**12** **다음 중 보험사기의 수사진행에 관한 설명으로 옳지 않은 것은?**

① 경찰이 피혐의자에게 사기죄 등의 죄책을 물을 수 있다고 판단하여 인지를 하게 되면 이때부터 피혐의자는 피의자 신분이 된다.

② 피의자 등에게 출석을 요구할 때는 우편으로만 한다.

③ 피의자 등이 출석에 응할 경우 경찰은 피혐의자에 대해서는 참고인 진술조서를, 피의자에 대해서는 피의자 신문조서를 작성한다.

④ 신병판단의 단계에서는 피의자에 대하여 구속을 할 필요가 있는지 여부를 판단한다.

피의자 등에게 출석을 요구할 때는 우편으로 하는 것이 원칙이나, 피의자 등이 동의할 경우에는 전화나 이메일 등 다른 방법으로도 할 수 있다.

**13** **경찰의 보험사기 수사에 관한 설명으로 옳지 않은 것은?**

① 피혐의자의 조사도중 혐의점이 인정되면 즉시 피의자로 인지하고 그에 대해 피의자신문조서를 작성하는 방법으로 조사를 해야 한다.

② 소재수사란 사건담당 경찰수사관이 피의자 등의 주소지, 주거지 또는 연고지에 임장하여 피의자 본인, 가족, 동거인 또는 이웃을 통해 피의자 등의 실제 거주여부를 확인하는 것이다.

③ 피의자에 대해 체포영장 없이 송치할 수 없다.

④ 경찰은 수사를 종결하면 검찰에 사건을 송치하여야 한다.

피의자에 대해 체포영장을 발부받아 추적 및 체포에 주력할 것인지, 체포영장에 의한 지명수배 의견으로 송치할 것인지, 체포영장 없이 지명통보 의견으로 송치할 것인지 여부를 판단해야 한다.

## 3 임의수사와 강제수사

**14** **다음 중 임의수사에 대한 설명으로 옳은 것은?**

① 수사기관은 공무소 기타 공사단체에 조회하여 필요한 사항의 보고를 요구할 수 있으나, 상대방에게 의무를 부과하는 것은 아니다.
② 수사기관의 강요에 상대방이 어쩔 수 없이 동의를 했더라도 위법하지 않다.
③ 거래내역 등 금융정보 등의 자료를 임의로 요구할 수 있다.
④ 임의수사에서 사법경찰관은 피의자의 출석을 요구하여 진술을 들을 수 없다.

① 수사기관이 상대방에게 수사에 협조해 줄 것을 요구할 수 있는 권한을 부여하고 있음에 그친다.
② 임의수사에 대하여 상대방이 거절할 경우에는 적법절차를 준수하여 강제수사의 방법에 의하여야 한다. 그러므로 강요에 의한 동의는 적법하지 않다.
③ 거래내역 등 금융정보 등과 같이 제3자가 타인의 민감한 내용의 개인정보를 보관하고 있는 경우 법원이 발부한 영장 등이 없이는 자료를 제공받을 수 없다(금융실명거래 및 비밀보장에 관한 법률 제4조 제1항 참고).
④ 검사 또는 사법경찰관은 수사에 필요한 때에는 피의자의 출석을 요구하여 진술을 들을 수 있다(형사소송법 제200조).

**15** **다음 중 강제수사에 대한 설명으로 옳지 않은 것은?**

① 대물적 강제수사는 압수수색 영장에 의해 이루어지는 것이 원칙이다.
② 압수의 대상물이 특정된 영장을 발부받아야 하지만 그 수색의 장소까지 특정하는 것은 아니다.
③ 처분을 받는 자의 참여권이 보장된 상태에서 영장을 집행하여야 한다.
④ 처분을 받는 자에게 영장을 제시해야 하며, 압수물이 있는 경우 그 목록을 소유자에게 교부하여야 한다.

수색의 장소와 압수의 대상물이 특정된 영장을 발부받아야 한다.

제2과목 형사법 및 범죄학개론

## 16 경찰이 작성하는 금융계좌추적용 압수수색영장 신청서에 대한 설명이다. 옳지 않은 것은?

① '피의자'란은 '성명', '주민번호', '직업', '주거'란으로 분화되어 있다.
② '대상계좌'란은 '계좌명의인', '개설은행 · 계좌번호', '거래기간', '거래정보 등의 내용'란으로 분화되어 있다.
③ 압수수색영장을 집행할 장소 또는 물건을 기재한다.
④ 강제수사가 필요한 이유에 대해 구체적으로 명시할 필요는 없다.

강제수사가 필요한 이유에 대해 적극적인 설명이 이루어져야 한다. 법원으로부터 영장을 발부받기 위한 논리적인 설득을 위해 범죄사실과 이를 소명할 수 있는 자료를 제시하고, 범죄사실에 대한 수사를 진행하기 위해 압수수색이 필요한 이유 및 그 당위성을 구체적으로 명시해야 한다.

## 17 다음 중 긴급압수수색에 관한 내용으로 옳지 않은 것만을 짝지어 놓은 것은?

㉠ 검사 또는 사법경찰관은 피의자가 사형 · 무기 또는 장기 3년 이상의 징역이나 금고에 해당하는 죄를 범하였다고 의심할 만한 상당한 이유가 있고, 피의자가 증거를 인멸할 염려가 있는 때에 지방법원판사의 체포영장을 받을 수 없는 때에는 그 사유를 알리고 영장 없이 피의자를 체포할 수 있다.
㉡ 검사 또는 사법경찰관은 제200조의3(긴급체포)에 따라 체포된 자가 소유 · 소지 또는 보관하는 물건에 대하여 긴급히 압수할 필요가 있는 경우에는 체포한 때부터 48시간 이내에 한하여 영장 없이 압수 · 수색 또는 검증을 할 수 있다.
㉢ 검사 또는 사법경찰관은 압수한 물건을 계속 압수할 필요가 있는 경우에는 지체 없이 압수수색영장을 청구하여야 한다. 이 경우 압수수색영장의 청구는 체포한 때부터 48시간 이내에 하여야 한다.
㉣ 검사, 사법경찰관은 피의자 기타인의 유류한 물건이나 소유자, 소지자 또는 보관자가 임의로 제출한 물건을 압수할 때는 영장이 필요하다.

① ㉠, ㉡ ② ㉠, ㉢
③ ㉡, ㉢ ④ ㉡, ㉣

㉡과 ㉣이 옳지 않은 내용이다.
㉡ 검사 또는 사법경찰관은 제200조의3에 따라 체포된 자가 소유 · 소지 또는 보관하는 물건에 대하여 긴급히 압수할 필요가 있는 경우에는 체포한 때부터 **24시간 이내**에 한하여 영장 없이 압수 · 수색 또는 검증을 할 수 있다(형사소송법 제217조 제1항).
㉣ 검사, 사법경찰관은 피의자 기타인의 유류한 물건이나 소유자, 소지자 또는 보관자가 임의로 제출한 물건을 **영장 없이 압수**할 수 있다(형사소송법 제218조).
㉠ 형사소송법 제200조의3
㉢ 형사소송법 제217조 제2항

**18** **다음 〈보기〉의 경우에 발부하는 영장의 종류로 옳은 것은?**

> ㉠ 피의자가 죄를 범하였다고 의심할 만한 상당한 이유가 있고, 정당한 이유 없이 출석요구에 응하지 아니하거나 응하지 아니할 우려가 있는 때
> ㉡ 법원은 피고인이 죄를 범하였다고 의심할 만한 상당한 이유가 있고, 피고인이 일정한 주거가 없는 때, 피고인이 증거를 인멸할 염려가 있는 때, 피고인이 도망하거나 도망할 염려가 있는 때

① ㉠ 체포영장, ㉡ 구속영장
② ㉠ 구속영장, ㉡ 압수수색영장
③ ㉠ 체포영장, ㉡ 압수수색영장
④ ㉠ 구속영장, ㉡ 체포영장

해설 ㉠ 체포영장(형사소송법 제200조의2), ㉡ 구속영장(형사소송법 제70조 제1항)

**19** **경찰이 작성하는 체포영장 신청서의 작성 방법으로 가장 적절하지 않은 것은?**

① 영장의 유효기간은 7일을 넘지 않도록 작성하여야 하며, 그 이상을 넘으면 취지와 사유를 반드시 기재해야 한다.
② 대부분 피의자를 특정하기 어려운 경우이기 때문에 불상으로 기재한다.
③ 체포영장을 집행할 장소가 두 곳 이상인 경우에는 그 취지와 사유를 기재하여 신청할 수 있다.
④ '범죄사실 및 체포를 필요로 하는 사유'란은 체포영장의 발부여부를 결정하는 중요한 란이다.

해설 압수수색영장의 신청과 달리 체포영장의 신청은 수사가 상당부분 진행된 후에 이루어지므로, 피의자 특정을 통해 피의자를 명확히 기재하는 경우가 대부분이다.

정답 16 ④ 17 ④ 18 ① 19 ②

## 20 구속영장 신청서의 작성 방법으로 가장 옳지 않은 것은?

① 영장의 유효기간은 7일을 넘지 않도록 작성하여야 한다.
② 체포, 인치, 구금한 일시장소는 구체적이고 명확하게 기재한다.
③ '범죄사실 및 구속 필요로 하는 사유'란은 「형사소송법」상 구속의 요건을 갖추고 있다는 점에 대해 설명해야 한다.
④ 경찰은 '필요적 고려사항'란에서 판사의 구속영장 발부시 고려요건에 대한 적극적인 의견을 제시해야 한다.

해설 영장의 유효기간은 10일을 넘지 않도록 작성하여야 한다.

## 21 다음 중 '범죄사실'에 관한 설명으로 가장 적절하지 않은 것은?

① '범죄사실'이란 이미 발생한 사실로서 수사기관이 범죄의 혐의가 있다고 판단하여 수사를 진행하고자 하는 사실을 말한다.
② 범죄사실의 작성은 수사진행 방향을 설정한다.
③ 범죄사실의 작성은 강제수사를 위한 기초가 된다.
④ 범죄사실은 수사진행 초기부터 수사의 종결시까지 지속적으로 유지되어야 한다.

해설 범죄사실은 수사진행 초기에 작성하는 것이 원칙이지만, 수사의 종결시까지 지속적으로 유지되어야 하는 것은 아니다. 즉 범죄사실은 사실적·법적 측면에서 가변적이다.

## 22 다음 중 범죄사실의 작성 방법으로 가장 적절하지 않은 것은?

① 범행일시와 범행 장소를 구체적으로 명시하고, 6하 또는 8하 원칙에 의거하여 작성한다.
② 해당 법조문의 구성요건에 해당하는 사실을 모두 기재해야 한다.
③ 범죄사실에 대하여 가급적 시간 순서에 의해 작성하는 것이 바람직하다.
④ 범죄사실은 하나의 문장으로 작성하여야 한다.

해설 범죄사실은 짧고 간결한 여러 개의 문장으로 작성하는 것이 바람직하다.

**23** 다음 중 범죄사실의 작성 방법으로 가장 적절하지 않은 것은?

① 범죄사실을 작성할 때는 사건의 동일성이 확보될 수 있도록 구성요건에 해당하는 사실과 이를 실현한 일시와 장소를 구체적으로 표시해야 한다.
② 피해를 입은 재물의 종류와 수량 및 가액을 기재해야 한다.
③ 범죄사실의 각 문장마다 주어(피의자)를 명기해야 하며, 생략해서는 안 된다.
④ 범죄사실은 그 내용을 일목요연하고 쉽게 파악할 수 있도록 항목을 구별하여 작성한다.

범죄사실은 짧고 간결한 여러 개의 문장으로 작성하므로 각 문장마다 주어(피의자)를 명기해야 한다. 다만 각 문장마다 주어인 피의자가 바뀌지 않고 주어를 생략해도 전체 문맥을 이해하는데 지장이 없는 경우에는 피의자를 중복해서 기재하지 않을 수 있다.

## 4 수사기법

**24** 다음은 경찰의 증거수집 처리과정이다. 괄호 안에 들어갈 내용으로 옳은 것은?

시료채취 – 변질방지 – (　　) – 증거물표기 – 증거물포장 – 증거물송부

① 약품처리　　② 증거물분석
③ 증거물분할　　④ 증거물밀봉

시료채취 – 변질방지 – (<u>증거물밀봉</u>) – 증거물표기 – 증거물포장 – 증거물송부

**25** 과학수사요원이 범죄현장에서 채취한 지문을 해당 시스템에 입력하고 데이터베이스 검색 및 대조를 통해 동일 지문을 찾는다. 여기서 말하는 해당 시스템이란?

① AFIS　　② FTIS
③ SFIS　　④ GTIS

지문자동검색시스템(AFIS ; Automated Fingerprint Identification Systems)은 컴퓨터에 저장되어 있는 지문을 이용하여 신원을 알 수 없는 변사자의 신원 확인, 주민등록번호 등 타인의 인적을 도용한 자의 신원 확인, 범죄현장에서 용의자가 남긴 지문의 신원을 확인하는 시스템이다.

제2과목 형사법 및 범죄학개론

정답 20 ① 21 ④ 22 ④ 23 ③ 24 ④ 25 ①

**26** **다음 중 경찰이 담당하고 있는 과학수사 분야와 관련이 없는 것은?**

① 지문감정 ② 거짓말탐지

③ 화재감식 ④ 유전자감정

유전자감정 업무는 국립과학수사연구원에서 담당하고 있다.

**27** **다음 중 지문감식으로 활용하여 알아낼 수 없는 것은?**

① 특정인의 신원 및 범죄경력의 확인

② 피의자의 신원확인

③ 변사자의 신원확인

④ 지문 자체의 특성에 의한 범죄수법 식별

증거 인멸을 위해 지문을 훼손하는 등 예외적인 경우를 제외하고는 지문 자체의 특성만으로 범죄수법에 대한 식별은 곤란하다.

**28** **다음 중 거짓말탐지기 수사의 대상이 될 수 없는 자는?**

① 피의자

② 중요참고인

③ 24시간 전에 향정신성의약품 복용자

④ 수사사항에 대하여 알고 있거나 관련되어 있다고 믿을 만한 상당한 이유가 있는 자

①, ②, ④는 모두 거짓말탐지기 수사의 대상이 되는 자에 해당한다.

**29** **경찰의 화재감식 수사에 대한 설명으로 틀린 것은?**

① 각 지방청별로 전문 화재감식요원이 진행한다.
② 경찰서 담당형사가 공문으로 화재감식을 의뢰하면 화재감식팀이 현장에 진출하여 발굴과 증거수집, 발화부 판단 등 화재감식을 진행한다.
③ 현장에서 수거한 증거물까지 감정한 후 화재원인을 적시한 화재감식보고서를 공문으로 회시한다.
④ 부피가 큰 가전제품의 정밀감정이나 인화성물질의 성분분석은 국립과학수사연구원의 디지털분석과에 감정 의뢰한다.

부피가 큰 가전제품의 정밀감정이나 인화성물질의 성분분석은 각각 국립과학수사연구원의 화재연구실과 휘발성물질연구실에 감정 의뢰한다.



**30** **경찰의 디지털포렌식 수사에 대한 설명으로 틀린 것은?**

① 경철청 사이버안전국, 각 지방청 사이버수사대에 디지털포렌식 전담요원이 배치되어 있다.
② 사이버사건에 한정하여 수사를 진행한다.
③ 디지털증거 분석을 위해 사이버수사대에 CCTV, 블랙박스, 스마트폰 등 다양한 매체의 분석을 의뢰한다.
④ 최근 법원에서 디지털증거의 증거능력과 관련하여 동일성과 무결성을 강조함에 따라 증거수집단계에서부터 해쉬값 산출 등 증거능력을 확보하기 위한 노력이 이루어지고 있다.

디지털포렌식이란 범죄수사에서 각종 범죄의 단서를 디지털 기술을 이용하여 분석하는 기법을 말한다. 사이버사건뿐만 아니라 강력사건, 교통사고, 성폭력범죄 등 다수의 기능에서 디지털증거 분석을 위해 사이버수사대에 CCTV, 블랙박스, 스마트폰 등 다양한 매체의 분석을 의뢰한다.

정답 26 ④ 27 ④ 28 ③ 29 ④ 30 ②

## 31 국립과학수사연구원의 기관 중 〈보기〉의 업무를 다루는 곳은?

> 혈흔, 타액 등의 인체분비물을 검출하고 DNA를 분석

① 법공학부 ② 법생화학부
③ 디지털분석과 ④ 중앙법의학센터

법생화학부의 법유전과에서 유전자감정 업무를 수행하고 있다.

## 32 증거물을 채취 하였을 경우 감정의뢰하여야 하는 국립과학수사연구원 담당기관을 연결 한 것으로 옳은 것은?

① 변사사건, 약독물 이용 범죄사건 등의 약독물 감정 – 법유전자과
② 교통사고, 음주단속 혈액에서 혈중 알코올농도 감정 – 법화학과
③ 목격자 기억 관련 감정 – 법안전과
④ CCTV, 사진 등 각종 영상물 및 디지털 증거에 대한 분석 – 교통사고분석과

① 변사사건, 약독물 이용 범죄사건 등의 약독물 감정 – 법독성학과
③ 목격자 기억 관련 감정 – 법심리과
④ CCTV, 사진 등 각종 영상물 및 디지털 증거에 대한 분석 – 디지털분석과

## 33 국립과학수사연구원의 기능별 역할이 잘못 연결된 것은?

① 중앙법의학센터 – 부검을 실시한 후 사망에 이르게 된 기전과 치명상, 사망의 종류 등을 적시한 부검감정서를 회시하여 사망의 원인을 규명
② 법생화학부 – 법유전자과, 법독성학과, 법화학과로 구성
③ 법안전과 – 총기·화재·폭발을 담당
④ 법심리과 – 안전사고 감정 및 연구

법심리과 : 거짓말탐지·법최면·진술분석을 담당한다.

**34** **주요 감정기관의 감정업무처리 절차에 대한 설명으로 옳지 않은 것은?**

① 서울지방경찰청 과학수사계 행동과학팀에서는 SCAN(Scientific Contents Analysis) 기법으로 자술서를 진술분석한다.
② 변사조사관이 작성하는 변사자 검시결과보고서는 의사의 검안서와 같은 법적 효력이 있다.
③ 국립과학수사연구원은 경찰 등 수사기관의 감정의뢰가 있으면 그에 대한 감정을 실시한 후 그 결과를 회시함으로써 수사의 보조적인 역할을 한다.
④ 검찰은 대검찰청에 과학수사본부를 두고 디지털포렌식, DNA 자료관리, 문서・영상분석을 하고 있다.

변사조사관이 작성하는 변사자 검시결과보고서는 의사의 검안서와 같은 법적 효력은 없고, 수사기록에 첨부하여 수사 참고자료로만 활용되고 있다.



**35** **심리수사의 분야로 가장 적합하지 않은 것은?**

① 수사면담
② 행동분석
③ 디지털분석
④ 폴리그래프검사

심리수사는 "대인적 수사 <u>**수사면담**</u>, 진술분석, <u>**행동분석**</u>, 범죄분석, <u>**폴리그래프검사**</u>, 최면수사 등 심리학적 지식을 적용하는 수사의 한 분야"로 정의할 수 있다.

**36** **심리수사에서 '라뽀'의 의미와 형성방법에 대한 설명으로 옳지 않은 것은?**

① 수사기관 관점에서 라뽀란 피면담자가 면담자를 전문가로 인식하며 가지는 신뢰로서 진술인의 긴장을 감소시키고 의사소통의 장벽을 제거한다.
② 면담자는 의사소통을 원활히 하기 위해 진술인에게 과도한 칭찬을 해줄 필요가 있다.
③ 면담자는 진술인과의 첫 만남에서 상호간의 호칭을 정하여야 한다.
④ 면담자는 혈연, 학연, 지연 등에서 진술인 간의 공통점을 찾는다.

진술인에게 과도한 칭찬은 면담자에 대한 진실성에 대한 불신 등의 역효과를 일으킬 수 있으므로 주의해야 한다. 가벼운 칭찬은 해도 무방하다.

정답 31 ② 32 ② 33 ④ 34 ② 35 ③ 36 ②

## 37 심리수사에서 '라뽀'의 형성방법으로 가장 옳지 않은 것은?

① 종교나 정치사상 등에서 공통점 찾기
② 가벼운 호의를 베풀어 주기
③ 상대방의 동작을 따라 하기
④ 면담의 전체적인 절차를 설명하기

진술인과의 공통점을 찾는 것은 의사소통의 장벽을 제거하는 데 큰 역할을 한다. 스포츠, 뉴스, 날씨 등 누구나 관심을 가지면서도 민감한 내용은 포함되지 않는 것을 화두로 심는 것이 좋으며, 종교나 정치사상 등을 묻는 것은 적절하지 않다.

## 38 심리수사에서 질문기법과 청취기법에 대한 설명으로 옳지 않은 것은?

① 개방형 질문이란 질문의 형태라기보다는 징술 자체를 요구하는 형식의 질문을 말한다.
② 구체적 질문이란 육하원칙에 의한 질문을 말한다.
③ 폐쇄형 질문이란 예 또는 아니오 질문 등 주어진 선택 중 하나만 선택하여 대답하도록 하는 질문을 말한다.
④ 청취기법으로 면담자는 진술인의 이야기를 수동적인 자세로 청취해야 한다.

청취기법으로 면담자는 수동적으로 진술인의 이야기를 듣고 있는 것이 아니라 적극적인 자세로 청취해야 한다.

## 39 신문기법 중 리드 테크닉(Reid Technique)에 대한 설명으로 옳지 않은 것은?

① 면담과 신문을 완전히 분리하고, 면담시 행동분석과 진술분석을 병행하여 용의자를 선정한 후 용의자에게 9단계에 걸친 기술적인 질문기법을 사용하여 자백을 얻는 기법이다.
② '긍정적 대면' 단계에서 수사관은 면담을 마친 후 잠시 시간을 둔다. 수사관이 다시 면담장소에 돌아올 때 수사관련 기록물을 들고 와서 용의자에게 직접적이고 분명하게 용의자가 범인이라고 말한다.
③ '반론 극복' 단계에서 용의자는 논리적인 이유를 통해 범행을 부인하여 하기 때문에 수사관은 논리적인 이유에 대해 용의자와 적극적으로 다투어야 한다.
④ '용의자의 관심유지' 단계에서 용의자는 부인이나 반론의 효과가 전혀 없으면 심리적 공황상태에 빠지게 되고 바닥을 쳐다보거나 다른 곳을 응시하는 등의 태도를 보이며, 수사관과의 대화를 하지 않으려 한다.

'반론 극복' 단계에서 용의자는 수사관이 단순한 부인을 전혀 수용하지 않는다는 사실을 알게 되고, 논리적인 이유를 통해 범행을 부인하여 한다. 수사관은 논리적인 이유에 대해 다투어서는 안되고, 가설적 내용의 독백을 계속한다.

**40** 신문기법 중 수 테크닉(Sue Technique)에 대한 설명으로 옳지 않은 것은?

① 리드 테크닉(Reid Technique)을 사용한 자백의 확보는 증거로서의 가치를 보장하기 어렵기 때문에 최근에 수 테크닉(Sue Technique)을 도입하여 신문기법으로 활용하고 있다.
② 수 테크닉은 단순한 참고인과 용의자를 분리하지 않고, 신문을 면담에서 따로 떼어 내지 않는다.
③ 수 테크닉을 활용하기 위해서는 면담에 앞서 확인할 수 있는 물증을 확보한다.
④ 질문기법과 청취기법을 통해 진술을 확보하며, 첫 번째 질문은 반드시 폐쇄형 질문을 한다.

질문기법과 청취기법을 통해 진술을 확보하며, 첫 번째 질문은 반드시 **개방형 질문**을 한다. 이때 사실을 진술하는 자는 자신의 기억대로 진술할 것이지만 거짓을 진술하는 자는 자신에게 불리한 내용을 진술하지 않거나 이미 확보한 증거를 설명할 수 없는 내용의 거짓 진술을 할 것이다. 불리한 내용을 진술하지 않는 자에 대해서는 구체적이고, 이미 확보된 증거와 관련된 질문을 통해 진술을 하도록 요구한다.



정답 37 ① 38 ④ 39 ③ 40 ④

## 제4장 수사의 종결

**01** **다음 중 수사결과보고서 작성과 관련하여 옳지 않은 것은?**

① 피의자의 범죄경력과 수사경력을 기재할 때는 처분을 받은 날짜, 죄명, 처분을 한 관청, 선고형 순서로 기재한다.
② 증거관계에는 인적증거와 물적증거를 기재한다.
③ 증거관계는 실무적으로 기소・불기소 의견을 불문하고 기재하는 것이 바람직하다.
④ 경찰의견의 종류는 크게 기소의견과 불기소의견으로 나눌 수 있다.

증거관계는 실무상 기소의견으로 송치하는 사건에만 기재하는 것이 바람직하다.

**02** **수사결과보고서를 작성할 때 피의자 인적사항에 기재해야 할 내용으로 옳지 않은 것은?**

① 성 명
② 주민등록번호
③ 직 업
④ 가족관계

가족관계는 피의자 인적사항의 기재사항에 해당하지 않는다.

피의자 인적사항 기재사항
- 성 명
- 주민등록번호
- 직 업
- 주거와 등록기준지

**03** **다음 중 수사결과보고서 작성시 구성항목에 해당하지 않는 것은?**

① 범죄사실
② 죄 명
③ 적용법조
④ 수사결과 및 의견

죄명은 수사를 개시할 때 작성해야 하는 범죄인지서에 포함되어야 할 구성항목이다.
수사결과보고서는 수사의 모든 과정과 공소제기의 상당성 등에 대한 의견을 기재하는 문서로 <u>피의자 인적사항, 범죄경력자료 및 수사경력자료, 범죄사실, 적용법조, 증거관계, 수사사항, 수사결과 및 의견, 수사참여경찰관</u> 순으로 구성된다.

**04** **다음 중 '범죄경력자료'에 해당하지 않는 것은?**

① 벌금 이상의 형의 선고, 면제 및 선고유예
② 보호감호, 치료감호, 보호관찰
③ 집행유예의 취소
④ 수사자료표 중 벌금 미만의 형의 선고 및 검사의 불기소처분에 관한 자료

④는 수사경력자료에 대한 설명이다. 즉 수사자료표 중 벌금 미만의 형의 선고 및 검사의 불기소처분에 관한 자료 등 범죄경력자료를 제외한 나머지 자료를 말한다.

범죄경력자료
- 벌금 이상의 형의 선고, 면제 및 선고유예
- 보호감호, 치료감호, 보호관찰
- 선고유예의 실효
- 집행유예의 취소
- 벌금 이상의 형과 함께 부과된 몰수, 추징, 사회봉사명령, 수강명령 등의 선고 또는 처분

**05** **다음 중 '범죄경력자료 및 수사경력자료'에 대한 설명으로 옳지 않은 것은?**

① 수사자료표란 수사기관이 피의자의 지문을 채취하고 피의자의 인적사항과 죄명 등을 기재한 표로서 경찰청에서 관리하는 것을 말한다.
② 사법경찰관은 즉결심판 대상자에 대한 수사자료표를 작성하여 경찰청에 송부하여야 한다.
③ 범죄경력자료에는 벌금 이상의 형과 함께 부과된 몰수, 추징, 사회봉사명령, 수강명령 등의 선고 또는 처분 사항에 관한 자료를 포함한다.
④ 일반적으로 수사자료표 중 유죄로 인정된 사실에 관한 자료는 범죄경력자료이고, 범죄경자료 외의 자료로서 수사를 받았다는 사실에 관한 자료는 수사경력자료라 할 수 있다.

제2과목 형사법 및 범죄학개론

정답 01 ③ 02 ④ 03 ② 04 ④ 05 ②

사법경찰관은 피의자에 대한 수사자료표를 작성하여 경찰청에 송부하여야 한다. 다만, 다음 각 호의 자에 대하여는 그러하지 아니하다.
1. 즉결심판 대상자
2. 사법경찰관이 수리한 고소 또는 고발 사건 중 불기소처분 사유에 해당하는 사건의 피의자

## 06 수사를 종결한 경우에 불기소의견의 종류와 그 내용이 올바르게 연결되지 않은 것은?

㉠ 범죄사실이 범죄를 구성하지 아니하거나 인정되지 아니하는 경우 또는 범죄사실을 인정할 만한 충분한 증거가 없는 경우의 의견
㉡ 범죄사실이 범죄구성요건에 해당하나 법률상 범죄의 성립을 조각하는 사유가 있어 범죄를 구성하지 아니하는 경우의 의견
㉢ 수사결과 검찰에 공소권이 없는 경우의 의견
㉣ 고소 또는 고발사건 중 고소·고발인의 진술이나 고소장 또는 고발장의 내용으로 보아 혐의 없음, 죄가 안됨, 공소권 없음이 명백한 경우의 의견

① ㉠ - 혐의 없음
② ㉡ - 죄가 안 됨
③ ㉢ - 공소권 없음
④ ㉣ - 기각

㉣은 각하에 대한 설명이다.

## 07 다음 〈보기〉의 경우에 알맞은 경찰의 의견으로 옳은 것은?

甲은 행인의 가방을 훔쳐서 도망가는 乙을 발견하고, 乙을 추격하여 붙잡은 상태로 경찰이 올 때까지 강제로 잡아 두었다.

① 기 소
② 혐의 없음
③ 죄가 안 됨
④ 공소권 없음

사인의 현행범체포는 정당행위로서 위법성조각사유에 해당하므로 '죄가 안 됨'의 의견에 해당한다.

**08** **수사의 종결에 관한 설명 중 옳지 않은 것은?**

① 공소의 제기 또는 불기소의 형태로 나타난다.
② 사법경찰관이 수사를 마쳤을 때에는 관계서류와 증거를 검사에게 송부하여야 한다.
③ 검사의 불기소처분에는 일사부재리 효력이 미친다.
④ 위법성조각사유 또는 책임조각사유가 있으면 검사는 '죄가 안 됨'의 불기소처분을 한다.

일사부재리의 효력은 확정판결이 있을 때에 발생하는 것이다. 따라서 검사가 일차무혐의 결정을 하였다가 다시 공소를 제기하였다 하더라도 이를 일사부재리의 원칙에 위배된 것이라고는 할 수 없다.



**09** **수사의 종결형식에 대한 설명 중 옳지 않은 것은?**

① 피의사실이 인정되지 아니하거나 피의사실을 인정할 만한 증거가 없는 경우 '혐의 없음' 처분을 한다.
② 피의사실이 범죄를 구성하지 아니하는 경우 '죄가 안 됨' 처분을 한다.
③ 소송조건이 결여된 경우 '공소권 없음' 처분을 한다.
④ 피의자가 소재불명인 경우 '기소중지' 처분을 한다.

피의사실이 범죄를 구성하지 아니하는 경우에는 '혐의 없음' 처분을 한다. '죄가 안 됨'은 위법성조각사유가 있는 경우, 책임조각사유가 존재하는 경우, 처벌조건이 갖추어지지 않은 경우이다.

**10** **위법성조각사유에 해당되어 '죄가 안 됨'의 의견으로 수사가 종결되었다. 다음 중 위법성조각사유에 해당하지 않는 것은?**

① 정당방위
② 자구행위
③ 강요된 행위
④ 피해자의 승낙

'강요된 행위'는 책임조각사유에 해당된다. 위법성조각사유로는 정당방위, 긴급피난, 자구행위, 피해자의 승낙, 정당행위가 있다.

정답 06 ④ 07 ③ 08 ③ 09 ② 10 ③

## 11 수사의 종결에 관한 사항으로 옳은 것은?

① 수사의 종결이란 공소제기 여부를 결정할 수 있을 정도로 피의사건이 규명되었을 때 수사관이 수사절차를 종료하는 처분을 말한다.
② 기소의견은 검찰이 공소를 제기하는 것이 상당하다고 판단한 경우의 경찰 의견이다.
③ 공소제기 이후에도 공소의 유지여부를 결정하기 위해 수사를 할 수 있으나 불기소처분 후에는 수사를 재개할 수 없다.
④ 불기소처분시에도 일사부재리의 원칙이 당연 적용된다.

① 수사의 개시는 검사 또는 사법경찰관 모두 행할 수 있으나, 현행법상 수사의 종결권은 원칙적으로 검사에게만 인정된다. 따라서 사법경찰관리는 수사의 종결권이 없다.
③ 불기소처분 후에도 수사를 재개할 수 있다.
④ 불기소처분에는 일사부재리의 원칙이 적용되지 않는다.

## 12 다음 중 수사결과 검찰에 공소권이 없는 경우에 해당하는 경우가 아닌 것은?

① 범죄사실과 사건의 동일성이 인정되는 사실에 대해 확정판결이 있는 경우
② 통고처분이 이행된 경우
③ 보호처분이 확정된 경우
④ 친족상도례에 있어서 형 면제의 경우

친족상도례에 있어서 형 면제의 경우는 '죄가 안 됨'의 처벌조각사유에 해당한다.

## 13 수사결과 '각하' 의견으로 검찰에 송치하는 경우가 아닌 것은?

① 동일사건에 대해 검사의 불기소처분이 있는 경우
② 피의자가 사망한 경우
③ 고소인의 소재불명 등으로 인해 진술을 청취할 수 없는 경우
④ 진위여부가 불분명한 풍문 또는 고발인의 추측만을 근거로 고발한 경우

피의자가 사망한 경우 '공소권 없음' 의견으로 검찰에 송치한다.

**14** **수사를 종결하지 못한 경우 경찰의 불기소 의견에 관한 설명으로 옳지 않은 것은?**

① 수사를 종결하지 못하였기 때문에 경찰수사가 더 이상 진행되지 못하여 검찰청에 사건을 송치할 수 없다.
② 경찰 의견으로는 피의자에 대한 조사를 할 수 없는 경우인 '기소중지' 의견과 중요한 참고인에 대한 조사를 할 수 없는 경우인 '참고인 중지' 의견이 있다.
③ 피의자의 소재를 알 수 없다는 사유로 '기소중지' 의견으로 송치하고자 할 때에는 피의자를 발견할 수 있는 조치를 취해야 하는데 이러한 수사행정조치를 수배제도라고 한다.
④ '참고인 중지'는 '기소중지'와 달리 참고인이 발견되더라도 경찰이 출석을 강제할 방법이 없다.

수사를 종결하지 못하였기 때문에 경찰수사가 더 이상 진행될 수 없는 특정한 사정이 있으면 검찰청에 사건을 송치할 수 있다.



**15** **수사를 종결하지 못한 경우 '기소중지' 의견으로 검찰에 송치하는 경우가 아닌 것은?**

① 피의자가 도피한 경우
② 고소인이나 고발인의 소재가 불명인 경우
③ 피의자가 누구인지 알 수 없는 경우
④ 질병 등으로 장기간 조사를 받기 어려운 경우

중요참고인, 고소인, 고발인 등의 소재가 불명인 경우 '참고인 중지' 의견으로 검찰에 송치한다.

정답 11 ② 12 ④ 13 ② 14 ① 15 ②

## 16 수사결과에 대한 경찰 의견의 작성요령으로 옳지 않은 것은?

① 피의자가 혐의사실을 인정하면 다른 증거와 부합여부를 확인하고, 그 결과 혐의가 인정되는지 여부를 확인하면 된다.

② 피의자가 혐의사실을 인정하는 경우에도 피의자가 거짓으로 혐의를 인정하는 경우나 위법성, 책임, 처벌조건 등이 조각되는 경우, 공소권이 없는 경우 등에 대해 유의해야 한다.

③ 피의자가 혐의사실을 부인하는 경우 일부라도 인정하는 부분이 있거나 객관적으로 보아 사실로 인정할 수 있는 부분이 있다면 그 부분부터 먼저 정리하여 쟁점을 줄인다.

④ 피의자가 혐의사실을 부인하는 부분에 대해서는 쟁점별로 피해자의 주장, 피해자가 제출한 증거, 피의자의 주장, 피의자가 제출한 증거, 기타 수사과정에서 확보한 증거 등을 토대로 혐의사실의 인정여부와 관계없이 '기소' 의견으로 작성하면 된다.

피의자가 혐의사실을 부인하는 부분에 대해서는 쟁점별로 피해자의 주장, 피해자가 제출한 증거, 피의자의 주장, 피의자가 제출한 증거, 기타 수사과정에서 확보한 증거 등을 토대로 <u>혐의사실의 인정여부를 판단하여 '기소' 의견 또는 '불기소' 의견으로 작성</u>하면 된다.

16 ④ 정답

SECTION

# Ⅳ 범죄심리학

## 제1장 범죄심리학의 정의

### 1 범죄심리학에 대한 이해



**01** **다음 중 범죄심리학에 관한 기술로 옳지 않은 것은?**

① 범죄에 관하여 특히 범죄인의 심리적 측면, 즉 범죄적인 행동 또는 범죄행동 기저의 심리특성에 관한 학문이다.

② 범죄심리학은 범죄원인론 외에도 범죄 수사, 판결과정, 범죄 예측, 범죄 교정 등 다양한 분야와 연계되어 연구되고 응용되고 있다.

③ 협의의 범죄심리학은 범죄의 원인에 대한 심리학적 이론이지만, 광의의 범죄심리학은 형사사법체계 전반에 걸쳐 범죄자와 관련된 주제를 다루는 심리학의 영역이다.

④ 범죄심리학은 도입 초기부터 독자적 학문분야를 구축하고 연구가 수행되어 왔다.

해설

범죄심리학이 초기부터 독자적 학문분야를 구축하였던 것은 아니다. 범죄심리학은 범죄학의 한 분야로서 범죄사회학자나 정신의학자들에 의해 연구가 수행되어 왔다. 그러나 최근에는 법의 적용 과정에서 심리학의 활용도가 급증하면서 범죄심리학은 심리학자들의 고유한 연구영역이 되고 있다.

**02** **다음은 범죄심리학에 대한 설명이다. 가장 올바르지 않은 것은?**

① 범죄심리학의 초기 역사는 범죄의 원인을 '환경'에서 찾고자 했던 초기 실증주의 범죄학에서 그 기원을 찾아볼 수 있다.

② 범죄심리학과 밀접한 분야로 법정심리학, 법심리학, 경찰심리학 등이 있다.

③ 우리나라의 경우 프로파일링이 가장 일반적으로 받아들여지고 있는 범죄심리학적 수사기법 중 하나이다.

④ 범죄예방 분야에 있어서는 범죄심리학을 범죄에 대한 예측 및 범죄자 교정 분야에까지 확대하여 적용하고 있다.

정답 01 ④ 02 ①

해설

범죄심리학의 초기 역사는 범죄의 원인을 '환경'이 아닌 '**개인**'에서 찾고자 했던 초기 실증주의 범죄학에서 그 기원을 찾아볼 수 있다.

## 2 범죄심리학 탄생의 배경

**03** **다음 〈보기〉에서 설명하는 범죄학은?**

> 인간을 자유의지(free will)를 가진 합리적인 존재로 보고, 모든 인간은 일탈할 잠재성을 가지고 있다고 가정하였다. 즉, 합리적인 선택에 기초하여 자신의 의지대로 범죄를 저지르는 것이다.

① 고전주의 범죄학　　② 실증주의 범죄학
③ 제도주의 범죄학　　④ 진화론적 범죄학

〈보기〉 지문은 고전주의 학파가 주장하는 내용으로 고전주의 범죄학에 대한 설명이다.

**04** **고전주의 범죄학에 관한 설명으로 옳은 것을 모두 고른 것은?**

> ㄱ. 인간의 자유의지를 인정한다.
> ㄴ. 범죄를 일으키는 개인의 생물학적 특질에 많은 관심을 둔다.
> ㄷ. 형벌을 통한 억제에 많은 관심을 둔다.
> ㄹ. 인간은 합리적 존재임을 가정한다.
> ㅁ. 롬브로소(Lombroso)의 '생래적 범죄자론'이 대표적 이론이다.

① ㄱ, ㄴ　　② ㄷ, ㄹ
③ ㄱ, ㄴ, ㅁ　　④ ㄱ, ㄷ, ㄹ

- 고전주의 범죄학 : ㄱ, ㄷ, ㄹ
- 실증주의 범죄학 : ㄴ
- 진화론적 범죄학 : ㅁ

## 05 다음 중 범죄에 대한 고전주의적 태도와 관련이 있는 것은?

① 생애지속범죄　② 생래적 범죄인
③ 잠재적 범죄인　④ 자유의지론

고전학파에서 인간은 **자유의지**를 가지고 있는 것으로 본다. 다만, 범죄는 합리적인 인간이 자유의지를 남용하여 피해를 준 것으로 이해한다.

## 06 합리적 선택이론(rational choice theory)과 가장 거리가 먼 것은?

① 고전주의 범죄학　② 자유의지
③ 치료와 갱생　④ 합리적 인간상

합리적 선택이론에 따르면 범죄자는 주어진 조건에서 자신의 이익에 가장 유리한 것을 선택하게 되므로 그 합리적 선택에 따라 범죄의 실행 여부를 결정한다. 따라서 이는 인간의 자유의지를 강조하는 고전주의 범죄학과 밀접한 연관이 있다.



## 07 초기 범죄학에 관한 설명으로 옳지 않은 것은?

① 현대 범죄학 이론은 18세기 중반 프랑스 계몽사상에서 유래되었다.
② 실증주의 범죄학은 실증주의 전제를 바탕으로 범죄인에 대해 경험적인 연구를 시도하였다.
③ 1820년대 프랑스와 벨기에의 제도학파인 골상학자들은 범죄현상에 초점을 두고 실증적인 연구를 수행하였다.
④ Quetelet은 범죄 통계를 이용하면 범죄현상의 일정한 규칙성을 발견할 수 있다고 주장하였다.

범죄현상에 초점을 두고 실증적인 연구를 수행한 학자들은 1820년대 프랑스와 벨기에의 **통계학자들**이다.

정답 03 ① 04 ④ 05 ④ 06 ③ 07 ③

## 08 실증주의 범죄학이론에 관한 설명으로 옳지 않은 것은?

① 범죄발생의 원인을 과학적으로 연구하였다.
② 범죄를 저지른 범죄인의 특성과 범죄의 원인에 대해 관심을 가졌다.
③ 범죄의 심각성에 비례한 처벌을 강조하였다.
④ 실증주의는 인간의 행동을 결정론적 관점에서 파악한다.

범죄의 심각성에 비례한 처벌을 강조한 것은 고전주의 범죄학 이론이다. 즉 고전주의 범죄학이 인간의 자유의지와 법률적 측면에서 형사사법 절차의 개혁을 강조하였다면 실증주의 범죄학은 범죄에 대한 법률적 접근보다는 범죄를 저지른 범죄인의 특성과 범죄의 원인에 대한 연구를 강조하였다.

## 09 범죄학 연구에 있어서 처음으로 계량적 기술을 도입한 학자는?

① Bentham
② Quetelet
③ Lombroso
④ Garofalo

벨기에의 수학자이자 사회학자였던 Quetelet는 통계학적 방법이 범죄의 연구에 적용될 수 있음을 알고 처음으로 범죄학 연구에 있어서 계량적 기술을 도입하였다.

## 10 다음 중 범죄학의 발전과 관련하여 당시 학자들에 대한 설명으로 옳지 않은 것은?

① Lombroso는 범죄자에 대한 진화론적 설명을 주장하였다.
② Hans Gross는 범죄수사 기법을 위한 범죄심리학에 초점을 두어 연구하였다.
③ Quetelet는 범죄율에 대한 실증적 연구를 중시하였다.
④ Stern은 목격자 증언에 대한 신뢰성 연구에서 회상된 기억은 일반적으로 정확하다고 주장하였다.

Stern은 목격자 증언에 대한 신뢰성 연구에서 회상된 기억은 일반적으로 부정확하며, 목격한 시간과 그것을 회상하는 때의 시간간격이 크면 클수록 오류가 증가한다고 주장하였다.

**11** **다음 〈보기〉에서 설명하는 학자는?**

> 범죄인을 뇌의 구조 및 행동의 원시적인 형태인 격세유전으로 설명하면서 인간의 특성과 행동의 생물학적 요인에 대한 가설을 처음으로 제시하였다. 이후 연구를 수행함에 따라 퇴화 및 정신적 결함을 포함하였고, 점차 다양한 사회적 · 경제적 · 환경적 요인들을 포함하여 자신의 이론을 수정하였다.

① Quetelet ② Guerry
③ Hans Gross ④ Lombroso

Dawin의 「종의 기원」이 출판되고 인간 행동의 진화에 대한 관심이 고조되면서 이탈리아의 범죄학자이자 외과의사였던 Lombroso(1835 ~ 1909)는 범죄자에 대한 진화론적 설명을 주장하였다.

## 3 범죄심리학의 연구주제 및 연구영역

**12** **범죄심리학의 연구주제에 관한 설명으로 옳지 않은 것은?**

① 과거 범죄심리학의 연구주제는 범죄의 원인에 대한 연구로 한정되었다.
② 범죄의 실증적 연구 중 주로 범죄행동에 대한 심리적 원인, 범행동기 등을 밝히는 연구가 활발하게 이루어지고 있다.
③ 범죄에 대한 심리학적 이론의 적용이나 살인, 강간, 성범죄, 아동학대 등 특정 문제행동에 대한 심리학적 분석도 주요 연구주제가 되고 있다.
④ 우리나라에서 범죄심리학의 학문영역은 아직까지 활용되지 못하고 있는 실정이다.

우리나라에서 범죄심리학의 학문영역은 아직 불모지에 가깝지만 오래전부터 살인 등의 강력범죄, 청소년비행, 성범죄, 가정폭력, 아동학대 등에 관련해서는 연구가 수행되어 왔다. 최근에는 형사사법 관련 분야에서 매우 활발하게 활용되고 있다

제2과목 형사법 및 범죄학개론

정답 08 ③ 09 ② 10 ④ 11 ④ 12 ④

## 13 범죄심리학의 연구영역에 관한 설명으로 옳지 않은 것은?

① 특정범죄인의 심리기제를 연구하는 미시적인 연구영역 뿐만아니라 형사사법 절차에 포함되는 경찰·법원·교정단계에서 활용되는 광의의 심리학적 연구영역까지 포함한다.

② 범죄심리학은 궁극적으로 범죄를 예방하고자 하는 목적을 위한 광범위한 연구를 수행하는 영역이라고 할 수 있다.

③ Burgess와 Akers는 사법판단의 대상이 되는 인간행동을 연구하는 것을 범죄심리학이라고 보고 형사 및 민사 분야를 포함한 사법시스템 전반에 걸친 심리학의 전문적인 실무적용을 법정심리학으로 구분하였다.

④ 범죄심리학은 범죄행위에 대한 이해 부분에 보다 중점을 두는 연구영역이고, 법정심리학은 사법단계마다 심리학이 활용되는 측면에 중점을 두는 연구영역이다.

해설

③은 Curt R. Bartol과 Anne M. Bartol(2004)이 주장하였다.
Burgess와 Akers(1966)는 차별적 강화이론을 주장하였는데 범죄행동은 직접적인 조작적 조건화와 모방을 통해 학습된다고 하였다.

## 14 Howitt(2002)는 범죄심리학 및 법정심리학의 하위 연구영역이 심리학의 기존 연구영역과 어떤 연관성이 있는지 제시하였다. 연구주제별 심리학의 관련분야가 잘못 연결된 것은?

① 생물 및 신경심리학 – 범죄성향 유전, 피해효과 연구

② 사회심리학 – 공격성 및 청소년비행

③ 수사심리학 – 프로파일링 기법

④ 인지심리학 – 목격자증언과 인지면담 등 인터뷰 기법

해설

• 발달심리학 : 공격성 및 청소년비행
• 사회심리학 : 배심원들의 의사결정과정에 관한 연구, 미디어의 효과성에 관한 연구

참고 범죄심리 및 법정심리 연구주제별 관련 분야(Howitt, 2002)
• 생물 및 신경심리학 : 범죄성향 유전, 피해효과 연구
• 발달심리학 : 공격성 및 청소년비행
• 인지심리학 : 목격자증언과 인지면담 등 인터뷰 기법
• 사회심리학 : 배심원들의 의사결정과정에 관한 연구, 미디어의 효과성에 관한 연구
• 경찰심리학 : 선발, 업무스트레스
• 수사심리학 : 프로파일링 기법
• 법정임상심리학 : 판결 전·후 피고의 평가와 예측
• 교정심리학 : 교정교화 및 치료, 가석방 심사 및 형 정지 결정

## 4 심리학과 법

**15** **다음 중 심리학과 법의 차이점에 관한 설명으로 옳지 않은 것은?**

① 법은 개인이 자신의 행위와 그에 뒤따르는 거의 모든 결과에 대하여 전적인 책임을 진다는 가정에 기초한 규범체계로 이루어져 있는 반면에, 심리학은 인간행동에 대하여 상당히 결정론적 시각을 지닌다.

② 불확실성에 대한 대응방식으로 법은 규범과 원칙에 기초하여 판단하는 반면에, 심리학은 검증 가능한 절차에 의하여 자료를 수집하고 그것에 기초하여 결론을 도출한다.

③ 법적 분석수준은 집단인 반면에, 심리학적 분석수준은 개인이다.

④ 법은 특정한 개인에 대한 판단을 요구하고, 심리학은 불특정 다수의 일반적인 심리상태를 연구한다.

법적 분석수준은 개인인 반면에, 심리학적 분석수준은 집단이다.



**16** **법 체제에 따른 범죄심리 연구영역에 관한 설명으로 옳지 않은 것은?**

① 독일과 프랑스를 중심으로 한 대륙법의 경우 훈련된 법률전문가에 의하여 거의 모든 재판절차가 진행되기 때문에 수사과정이나 판결과정에 실증과학이 이바지할 부분이 상대적으로 적다.

② 영국을 중심으로 한 보통법은 배심제를 통해 보통사람들이 재판에 참여하게 되면서 수사, 재판, 교정 전반에 걸쳐 인간 행위에 대한 기본지식, 즉 심리학적 지식이 요구되었다.

③ 미국의 대법관 Holmes(1881)는 저서 「The Common Law」에서 법은 고착된 논리가 아니라 경험이라고 하였다.

④ 성문법 위주의 대륙법 국가에서는 수사 및 판결단계에서 심리학이 상대적으로 더 많이 활용되는 반면, 판례 중심의 보통법을 적용하는 국가에서는 판결과정보다는 판결 후 교정단계에서 매우 활발하게 활용되고 있다.

성문법 위주의 대륙법 국가에서는 판결과정보다는 판결 후 교정단계에서 심리학이 상대적으로 더 많이 활용되는 반면, 판례 중심의 보통법을 적용하는 국가에서는 수사 및 판결단계에서 매우 활발하게 활용되고 있다.

정답 13 ③ 14 ② 15 ③ 16 ④

## 5 사법절차와 심리학

**17 다음은 형사사법 제도 내 심리학 적용의 역사를 기술한 내용이다. 옳지 않은 것은?**

① 독일의 Ebbinghaus(1872)는 '범죄심리학'이라는 용어를 처음 사용한 학자로 알려져 있다.
② Hans Gross(1897)는 범죄의 과학적 접근법으로 범죄현상학, 경찰학, 범죄심리학을 포함시켰다.
③ Hugo Münsterberg(1908)는 기억에 관한 심리학이 목격자 증언과 관련이 크다는 것을 주장하였다.
④ Sykes와 Matza(1957)의 중화이론은 심리학적 개념을 차용한 사회학적 이론이다.

해설

기억에 관한 심리학이 목격자 증언과 관련이 크다는 주장은 Stern(1903)의 연구와 관련이 있다. Hugo Münsterberg(1908)는 심리학적 지식이 형사사법 분야에 적용될 가능성이 충분하다는 것을 주장하였다.

**18 다음 〈보기〉에서 설명하는 학자는?**

「On the witness Stand」라는 저서를 통해 심리학적 지식을 법원단계에 적용하여 법정심리학의 선구자라 불린다. 또한 혈압, 호흡, 피부전기반응 등 일련의 생리적 변화가 정서에 미치는 효과를 언급하면서 이러한 생리적 변화를 거짓말탐지에 적용할 수 있다는 가능성을 제시하여 오늘날 거짓말탐지 이론의 생리학적 배경을 제공하기도 하였다.

① Ebbinghaus
② Guerry
③ Hugo Münsterberg
④ Burgess와 Akers

Hugo Münsterberg에 관한 설명이다.

**19 다음 중 1960년대 이후 범죄에 대한 심리학적 원인론과 사회학적 원인론에 대한 연구와 관련이 없는 것은?**

① Lombroso의 범죄인론
② Burgess와 Akers의 차별적 강화이론
③ Glaser의 차별적 동일시
④ Sutherland의 차별적 접촉이론

Lombroso의 범죄인론은 18세기 중·후반에 대두한 이론이다.

## 20 다음 중 1980년대 이후 범죄심리학의 연구에 관한 내용으로 옳은 것은?

① 범죄심리학 연구가 수행되기는 하였으나, 과학적인 응용이 쇠약해진 시기여서 그 수가 매우 적었다.
② 범죄에 대한 심리학적 원인론과 사회학적 원인론에 대한 연구가 활발하던 시기였다.
③ Burgess와 Akers의 차별적 강화이론이 등장하였다.
④ 범죄행동에 대한 심리학적 접근뿐만 아니라, 이를 형사사법 분야에 적용하려는 노력이 활발하게 이루어지던 시기였다.

④ 1980년대 이후에 범죄심리학의 연구는 순수 이론영역과 법정심리학의 두 영역으로 구분할 수 있다. 특히 실험심리학자들과 사회심리학자들에 의해 범죄 및 사법시스템에 대한 많은 연구가 이 시기에 이루어지기 시작하였다. 또한 결과를 실제 현실에 적용하고자 하는 노력이 매우 활발해지던 시기이기도 하였다.
① 1930~1960년대
②·③ 1960년대 이후



## 21 다음 중 판결단계 이전 심리학의 활용분야로만 짝지어진 것은?

| | |
|---|---|
| ㉠ 목격자 진술 | ㉡ 책임능력의 판단 |
| ㉢ 범죄의 동기와 원인 연구 | ㉣ 범죄자 프로파일링 |
| ㉤ 교정교화 | |

① ㉠, ㉢ ② ㉠, ㉣
③ ㉢, ㉤ ④ ㉣, ㉤

㉠ 목격자 진술과 ㉣ 범죄자 프로파일링은 판결단계 이전 심리학의 활용분야에 속한다.
㉡·㉢ 판결단계에서의 심리학 활용 분야
㉤ 판결단계 이후 심리학의 활용 분야

**22** **다음은 판결단계 이전 심리학의 활용에 관한 내용이다. 옳지 않은 것은?**

① 기억에 관한 심리학 연구는 목격자 진술의 정확성을 저해하는 요인을 발견하고, 정확성을 높이는 방법을 모색한다.
② 신문과 자백에 대한 심리학 연구는 용의자들의 허위자백의 특징과 허위자백을 하게 되는 상황의 특성을 파악하는 데 목적을 둔다.
③ 거짓말의 할 때 나타나는 언어적 혹은 비언어적 행동을 관찰하여 거짓말 여부를 판정하는 데에 도움을 주는 기법을 연구한다.
④ 심리학은 유전, 지능, 성격, 가정환경, 친구 등 범죄의 원인이 되는 것에 대하여 연구한다.

해설 ④의 설명은 판결단계에서의 심리학 활용분야인 '범죄의 동기와 원인 연구'의 내용에 해당한다.

**23** **판결단계 이전 심리학의 활용에 관한 설명으로 옳지 않은 것은?**

① 경찰이 목격자나 용의자에게서 보다 정확한 정보를 이끌어 낼 수 있는 면담기법을 개발하는 데 심리학이 활용될 수 있다.
② 아동이 증인이거나 범죄의 피해자인 경우 아동의 경험에 대한 진술을 얻기 위하여 객관적이고, 신중하며, 합법적인 방식을 취해야 한다.
③ 범죄자 프로파일링은 범죄자의 유형에 관한 정보를 수사기관에 제공하여 용의자의 범위를 축소하거나 범죄행동의 진위여부를 판단하는데 도움을 줄 수 있다.
④ 심리학자는 범행자와 경찰 간의 대치상황에서 범행자가 사건을 더욱 극단적으로 처리하는 것을 예방하고 사건을 평화적으로 해결하는 협상전문가이다.

해설 범행자와 경찰 간의 대치상황에서 범행자가 사건을 더욱 극단적으로 처리하는 것을 예방하고 사건을 평화적으로 해결하는 **경찰을 협상전문가**(negotiator)라고 한다. 심리학자는 인질범을 평가하거나 협상전략에 사용될 수 있는 행동과학적 정보를 수집하고, 협상가 훈련 프로그램을 개발하는데 참여하기도 한다.

**24** **판결단계에서의 심리학의 활용에 관한 설명으로 옳지 않은 것은?**

① 책임능력에 관한 최초의 법적 기준인 McNaughton 원칙(1843)은 사물변별 능력, 즉 행위통제능력을 기준으로 설정하였다.
② 범죄심리학이론들은 범죄행동의 종류와 정도를 결정하는 요인을 규명하는 동시에 범죄행동을 제어하는 요인을 파악하고, 범죄자가 범죄를 실행에 옮기게 되는 사고과정을 밝힌다.
③ 심리학자의 '전문증인'으로서의 역할은 전통적으로 법정심리학에서 다루어져 왔지만, 범행 당시 피고인의 정신상태를 설명하는 것은 범죄심리학의 응용영역이다.
④ 영미법을 따르는 국가에서는 배심원에 대한 심리학적 연구가 많이 이루어지고 있다.

책임능력에 관한 최초의 법적 기준인 McNaughton 원칙(1843)은 사물변별 능력, 즉 인지능력을 기준으로 설정하였다. 그 후 1954년 새로 제정된 생성원칙은 사물변별 능력과 동시에 행위통제 능력을 기준으로 설정하였고, 뒤이어 1962년 ALI원칙에서는 '충분한 역량의 결여'라는 개념이 포함되었다.



**25** **다음 〈보기〉에서 설명하는 역할을 담당하는 자는 누구인가?**

> 실제 재판에서 배심원들이 어떤 태도를 보일 것인가를 예측하기 위해서 배심원의 태도와 역할을 연구 및 평가하고, 배심원 선택에 있어서 변호사 측을 지원하며 증인이 증언하는 과정에서 심리학적으로 지원해 주는 역할을 한다.

① 중재자 ② 재판상담가
③ 교정상담사 ④ 전문증인

재판상담가의 역할이다.

정답 22 ④ 23 ④ 24 ① 25 ②

**26** **다음 중 판결단계 이후 심리학의 활용에 대한 설명으로 옳은 것은?**

① 교정현장에서는 심리치료 원리를 응용한 교화 프로그램들이 적용되고 있다.
② 수형자를 분류할 때는 주관적 분류모델을 채택하고 있다.
③ 재범 위험성을 평가할 때 재범 가능성이 높다고 판단된 사람들이 사실상 재범을 하지 않는 오류 부정률(false negative)이 많이 발생한다.
④ 교정상담은 치료목적이 아니고 교정에 있어서 보조적 역할에 그친다.

② 수형자를 분류할 때는 주관적 분류모델이 아닌 객관적 분류모델을 채택하고 있다.
③ 재범 가능성이 높다고 판단된 사람들이 사실상 재범을 하지 않는 경우는 오류 긍정률(false positive)이다.
④ 교정상담은 단순히 교정에 있어서 보조적 역할에 그치는 것이 아니라 치료의 목적을 가진다. 즉 수형자가 겪는 다양한 부적응과 문제점에 대하여 치료적으로 개입한다.

**27** **다음 중 판결단계 이후 심리학의 활용에 대한 설명으로 옳지 않은 것은?**

① 외국 교정시설의 경우 심리학자를 고용하여 구체적인 교화방안을 개발하고 작용하며, 이들 교화 프로그램을 통한 죄질개선 여부에 따라 가석방 시기를 조절한다.
② 수형자 분류심사에도 다양한 심리평가 방법이 활용되고 있다.
③ 재범 가능성을 평가하는 것은 인간의 행동을 예측한다는 것으로, 이는 양형결정에 중요한 요인으로 작용한다.
④ 정신과의사, 상담전문가, 심리학자, 사회학자 및 사회사업가가 교정상담에 참여하면서 주로 개별상담만을 수행하고 있다.

교정상담자는 수형자의 개별사항을 숙지하고 치료계획을 수립하여야 한다. 또한 수형자의 생활을 관찰하고 계획안에 따라서 상담을 진행해 나간다. 상담절차에 따라서 **개별상담과 집단상담**을 수행할 수 있다.

# 제2장 범죄원인론

## 1 사회학적 범죄원인론

**01 다음 중 합리적 선택이론에 대한 설명으로 가장 옳지 않은 것은?**

① 합리적 선택이론은 고전주의 범죄학에 기반을 둔 이론이다.
② 합리적 선택이론은 인간을 자유의지와 합리성을 지닌 존재라고 인식한다.
③ 합리적 선택이론은 심리학적 접근의 성격이 강하게 작용한다.
④ 합리적 선택이론은 범죄행위가 합리적으로 계산한 결과에 기인한 것이라 간주한다.

해설 합리적 선택이론은 심리학적 접근의 성격이 아니라 경제학적 접근의 성격이 강하게 작용한다.



**02 다음 중 자기통제이론에 관한 설명으로 옳지 않은 것은?**

① 자기통제이론은 Gottfredson과 Hirschi가 제시한 이론이다.
② 범죄적 성향의 차이를 개인의 자기통제력의 차이로 보았다.
③ 선척적인 원인에 의해 낮은 자기통제력이 형성된다.
④ 자기통제력은 지속적이며 안정적으로 존재하기 때문에 개인의 자기통제력을 다른 시기에 측정하더라도 평균 차이가 크지 않고 안정적이라는 연구결과가 있다.

낮은 자기통제력은 후천적 원인에 의해 형성된다.

**03 다음 중 “왜 사람들은 범죄를 하지 않는가?”라는 문제제기와 가장 관계가 깊은 이론은?**

① 허쉬의 사회통제이론
② 고링의 생물학적 이론
③ 샘슨과 라웁의 전환점이론
④ 볼드의 통합이론

허쉬(Hirschi)의 사회통제이론은 “어떠한 요인들이 작용하면 범죄를 하지 않도록 만드는가?”에 관심을 갖는다.

정답 26 ① 27 ④ / 01 ③ 02 ③ 03 ①

## 04 허쉬(Hirschi)가 제시한 네 가지 유대요소 중에서 "부모님께서 실망하실까봐 비행을 망설이게 된다"는 것과 관련된 것은?

① 애착(attachment)
② 관여(commitment)
③ 참여(involvement)
④ 신념(belief)

① 타인에 대한 심리적 혹은 정서적 친근 정도를 말한다. 이 관계에서는 자신이 존경하고 모방하기를 원하는 대상들에 대한 존경·애정 등이 감정을 통하여 큰 영향력을 갖는다.
② 전통적인 활동 혹은 합법적인 경력, 일종의 생활양식이라고 할 수 있다. 따라서 모범학생은 자신의 미래에 대한 생활보장 등을 위해 투자하지만 불량학생은 진통적인 활동에 거의 투자를 하지 않으며, 이에 범죄행위에 가까워질 가능성이 높다.
③ 개입의 직접적인 결과로서 개입에 투자된 시간이나 에너지, 즉 전통적 활동에 합리적으로 투자한 시간을 의미한다.
④ 행위에 대한 사회의 규칙이나 금지율을 받아들이는 태세로 공적인 권위의 정당성을 믿는 것이다. 즉, 법을 어기는 것이 나쁘다고 생각하는 사람은 그 법을 어기지 않을 것이다.

## 05 허쉬(T. Hirschi)의 자기통제이론에 대한 내용이 아닌 것은?

① '왜 사람들은 범죄를 저지르지 않는가?'에 관심을 가졌다.
② 높은 자기통제력을 지닌 사람은 범죄를 저지를 가능성이 낮은 사람으로 보았다.
③ 가정환경과 어린 시절 부모의 부적절한 양육방법에 의하여 낮은 자기통제력이 형성될 수 있다고 주장한다.
④ 낮은 자기통제력은 어릴 때 형성되고 성년 이후에는 지속적으로 변화한다고 주장한다.

해설

어릴 때 형성된 낮은 자기통제력은 성인이 되어서도 지속되고 안정적으로 존재한다.

## 06 갓프레드슨과 허쉬(Gottfredson & Hirschi)가 일반이론에서 범죄의 유일하면서도 중요한 원인이라고 주장하는 것은?

① 긴 장
② 자기통제력
③ 애 착
④ 재통합적 수치

갓프레드슨과 허쉬(Gottfredson & Hirschi)는 모든 범죄를 설명할 수 있다는 의미에서 자신들의 이론을 일반이론이라 주장하였다. 이러한 일반이론에서는 범죄의 원인을 어릴 때 가정에서 형성된 '자기통제력'이라 보았다. 즉 어린 시절 형성된 낮은 통제력이 성인이 될 때까지 쉽게 변하지 않고 지속되어 범죄의 원인이 된다는 것이다.

## 07 다음 중 Merton의 긴장이론에 대한 설명으로 옳지 않은 것은?

① 머튼은 아노미 개념을 범죄학에 응용하여 긴장이론을 제시하였다.
② 머튼은 아노미를 사회적 목표와 수단 사이의 불균형으로 정의했다.
③ 합법적·정상적인 수단으로는 원하는 목표를 이룰 수 없기 때문에 불법적·비정상적인 수단으로 얻고자 할 때 범죄가 발생한다.
④ IMF사태 이후 급격하게 증가한 보험사기 범죄의 경우 '반역(rebellion)' 유형으로 설명이 가능하다.

해설 보험사기 범죄는 원하는 성공 목표는 유지하되 불법적인 수단을 사용하는 경우이므로 '혁신' 유형으로 설명이 가능하다.

## 08 머튼(R. Merton)의 긴장(아노미)이론에 관한 설명으로 옳지 않은 것은?

① 혁신형은 목표는 받아들이지만 불법적인 수단을 사용한다.
② 반역형은 기존의 목표와 수단을 거부하고 새로운 목표와 수단을 주장한다.
③ 도피형은 합법적인 수단을 거부하고 대체수단을 사용한다.
④ 의례형은 목표달성 의지가 약하지만 합법적 수단을 사용한다.

해설 도피(은둔)형은 합법적인 수단과 대체수단을 모두 거부하고 도피적인 생활을 하는 유형이다.

참고 머튼의 아노미이론

| 적응유형 | 목표에 대한 태도 | 수단에 대한 태도 | 특 징 |
|---|---|---|---|
| 동조형 (순응형) | + | + | 주어진 상황을 수용하여 자신의 목표를 바꾸거나 사회적으로 허용되는 수단을 사용하여 성공하고자 하는 유형 |
| 혁신형 | + | − | 원하는 성공 목표는 유지하되 이를 성취하기 위해 부정한 수단을 사용하는 유형(범죄형) |
| 의례형 | − | + | 사회적 성공 목표를 포기하고 규범을 엄격히 지키는 행동유형(소시민형) |
| 도피형 (은둔형) | − | − | 사회적 성공 목표와 승인된 수단이나 일탈적 수단 모두를 거부하는 유형(폐인형) |
| 반역형 (반동형) | ± | ± | 기존사회의 목표, 수단을 모두 거부하며 새로운 목표, 수단을 제시하여 사회변혁을 꾀하는 유형(혁명형) |

정답 04 ① 05 ④ 06 ② 07 ④ 08 ③

**09** 머튼(Merton)의 아노미이론에서 사회적 성공목표를 포기하고 규범은 엄격하게 지키는 적응 형태는?

① 동조(conformity) ② 혁신(innovation)
③ 의례(ritualism) ④ 도피(retreatism)

머튼은 인간의 행동양식을 목표에 대한 태도와 수단에 대한 태도로 나누어 5가지 적응형식으로 설명하였다. 문제 지문은 '의례형(ritualism)'에 대한 설명이다.

**10** 다음 중 재산범죄 또는 보험사기 범죄와 관련하여 가장 관련성이 깊은 적응유형은?

① 혁신형 ② 의례형
③ 도피형 ④ 반역형

재산범죄 또는 보험사기 범죄와 가장 관련성이 큰 적응유형은 '혁신형'이다. 자신의 상황에서 합법적 수단으로는 원하는 목표를 성취할 수 없기 때문에 일탈적이고 부당한 수단을 이용하여 원하는 목표를 이루고자 하는 적응유형이다.

**11** 다음 중 뒤르켐(Emile Durkheim)의 아노미(Anomie)이론에 대한 설명으로 틀린 것은?

① 사회와 관계되는 인간의 속성이 아니라 사회구조적 속성에 관계되는 것이다.
② 아노미 상황은 현재의 사회구조가 구성원 개인의 욕구와 욕망에 대한 통제력을 유지할 수 없을 때 일어난다.
③ 머튼의 아노미이론의 영향을 받았다.
④ 집단이나 사회의 무규범성 상태나 조건이다.

뒤르켐(Emile Durkheim)의 '아노미' 개념을 기초로 미국사회의 조건에 부합되도록 한 사람이 머튼(R. Merton)이다.

**12** **다음 중 차별적 교제이론을 주장한 학자는?**

① 서덜랜드 ② 애그뉴
③ 사이크스 ④ 머튼

차별적 교제이론을 주장한 학자는 서덜랜드(Sutherland)이다.

**13** **서덜랜드(Surtherland)의 차별적 교제이론의 명제로 옳지 않은 것은?**

① 범죄행위는 의사소통을 통한 타인과의 상호작용을 통하여 학습된다.
② 차별적 교제 양상은 빈도나 강도의 측면에서 동일하다.
③ 학습은 친밀한 집단 속에서 이루어진다.
④ 법 위반에 대한 우호적 정의가 비우호적 정의보다 클 때 범죄행위를 하게 된다.

차별적 교제이론에 따르면 범죄도 일반적인 행위와 마찬가지로 학습을 통해서 배우게 되고 범죄자 역시 일반인과 마찬가지로 학습과정을 가진다고 본다. 따라서 차별적 교제양상은 접촉의 빈도, 우선성, 지속성, 강도에 따라 다르다. 즉, 접촉의 빈도가 많고 기간이 길수록 학습의 영향은 더 커지고, 시기가 빠를수록, 접촉의 강도가 클수록 더 강하게 학습을 하게 된다.

**14** **차별적 교제이론(Differential Association Theory)에서 주장하는 범죄의 원인과 가장 관련되는 주장은?**

① 주변의 비행친구들과 어울리다 보니 나도 모르게 나쁜 물이 들었다.
② 성공하고 싶은 마음에 수단과 방법을 가리지 않았다.
③ 사소한 잘못에 대한 주변의 부정적인 반응 때문에 다시 사고를 쳤다.
④ 부모와 선생님의 간섭을 벗어나 내 마음대로 살다보니 문제가 생겼다.

서덜랜드(Sutherland)는 차별적 교제이론(Differential Association Theory)을 제시하면서 청소년들이 주위사람들로부터 법 위반에 호의적인 가치나 태도를 학습하게 되면 비행의 가능성이 높다고 주장하였다. 즉, 비행은 학습되는 것이고, 그것은 친밀한 관계에 있는 주위사람들과의 상호작용과 의사소통에 의해서 학습된다고 하였다.



정답 09 ③ 10 ① 11 ③ 12 ① 13 ② 14 ①

**15** **서덜랜드(E. Sutherland)의 차별적 교제이론에 관한 설명으로 옳지 않은 것은?**

① 범죄행위의 학습기제는 일상생활의 학습기제와 다르다.
② 범죄행위의 학습은 친밀한 집단을 통해 이루어진다.
③ 법규범을 우호적 또는 비우호적으로 인식하는 태도를 학습한다.
④ 사회구조이론보다 중류계층의 범죄행위를 설명하는데 유용하다.

범죄행위의 학습기제는 일상생활의 학습기제와 동일하다. 범죄도 일반적인 행위와 마찬가지로 학습을 통해서 배우게 되고 범죄자 역시 일반인과 마찬가지로 학습과정을 가진다.

**16** **서덜랜드(E. Sutherland)의 차별적 교제이론에서 접촉효과에 영향을 주는 요소가 아닌 것은?**

① 강 도　　② 지속성
③ 모 방　　④ 빈 도

서덜랜드(E. Sutherland)의 차별적 교제이론에서 접촉효과에 영향을 주는 요소는 접촉의 빈도, 기간(지속성), 접촉의 우선성, 강도 등으로 이에 따라 학습의 효과가 달라진다고 하였다.

**17** **다음 중 차별적 강화이론에 대한 내용으로 옳지 않은 것은?**

① Sutherland의 차별교제이론의 내용을 수정・보완한 이론이다.
② 타인과의 직접적인 관계없이 환경과의 접촉을 통해서도 범죄를 학습할 수 있다고 주장하였다.
③ 차별적 강화이론에서는 현실적 접촉이 없는 인터넷, TV, 영화 등을 통하여 형성된 가상의 집단이 개인의 범죄성향에 영향을 미칠 수 있다고 한다.
④ 실질적・가시적 보상만이 범죄를 강화시킨다.

실질적・가시적 보상뿐만 아니라 눈에 보이지 않는 상징적 보상 모두 범죄를 강화시킬 수 있다. 보복감, 정의감, 종교적・정치적 신념 등이 상징적 보상으로서 범죄를 강화시킬 수 있는 요인에 해당한다.

**18** **다음 중 차별적 강화이론에 등장하는 주요 개념에 속하지 않는 것은?**

① 차별적 교제　　② 자기통제력
③ 정의(definition)　　④ 모방

자기통제력은 자기통제이론의 주요 개념에 해당된다.

차별적 강화이론의 주요 개념
- 차별적 교제
- 차별적 강화
- 정의(definition)
- 모방

**19** **다음 중 범죄에 대한 사회학적 원인론에 해당하지 않는 것은?**

① 버제스와 에이커스의 차별적 강화이론
② 머튼의 아노미이론
③ 갓프레드슨과 허쉬의 자기통제이론
④ 아이젠크의 성격이론

아이젠크(Eysenck)의 성격이론은 인성이론으로 분류되는 심리학적 원인론에 해당한다.

## 2 생물학적 범죄원인론

**20** **다음 중 범죄생물학이론에 대한 설명으로 틀린 것은?**

① 범죄의 원인을 범죄자의 생물학적 특징에서 찾는다.
② 20세기 초반 실증주의 사조의 영향을 받았다고 볼 수 있다.
③ 범죄원인에 대한 설명과 더불어 대응방안을 제시해주는 실천학문으로서 가치가 있다.
④ 가계연구와 양자연구 등을 통하여 범죄와의 상관관계를 입증하고자 하였다.

범죄생물학이론은 생물학적 이유에서 범죄가 발생하였다는 현상의 설명 외에 어떠한 대응방안도 제시해주지 못하며, 범죄현상을 일관성 있게 설명하지 못하기 때문에 실천학문이라고 보기에는 이론적 한계가 있다.



정답 15 ① 16 ③ 17 ④ 18 ② 19 ④ 20 ③

**21** **생물학적 범죄원인론에 대한 설명으로 틀린 것은?**

① 행위자 개인의 기본적 특성인 소질을 강조한다.
② 다윈의 진화론으로부터 영향을 받았다.
③ 크레츠머와 셀던은 체형과 정신적인 기질의 일치정도를 연구함으로써 생물학적 범죄원인론을 발전시켰다.
④ 롬브로소는 생물학적 실증적인 인간관과 범죄관념에 따라 비결정론을 전제로 하여 범죄연구를 하였다.

실증주의 범죄학이란 19세기의 자연과학의 발전을 배경으로 태동한 과학적 연구방법론을 말한다. 범죄행위 내지 범죄인에 초점을 맞춘 결정론적 범죄원인 연구로서 실증주의의 주된 특징은 인간의 권리와 범죄자 처벌을 통한 범죄예방과 같은 법적 혹은 제도적인 문제 대신에 범죄행위와 범죄인에 초점을 맞춘 과학주의적 결정론적인 범죄원인의 탐구이다. 이들 실증주의 학자들은 생물학적, 심리학적 그리고 사회학적 조건의 연구에 대한 과학적인 방법을 적용하여 인간행위는 주로 자유의지 외부에 존재하는 경제, 사회, 물리적 환경에 의해 통제되고 결정된다고 보았으며(결정론적 인간관), 범죄인은 비범죄인과 본질적으로 다르므로 그 각각의 상태에 맞추어 처벌이 아니라 처우(처우의 개별화)에 의하여 사회를 보호해야 한다(사회방위사상)고 주장했다. 대표적인 학자는 롬브로소, 페리, 가로팔로가 있다.

**22** **롬브로소의 이론에서 선천적으로 타고난 범죄적 유전자에 의해 범죄를 하게 되는 유형은?**

① 간질성 범죄자
② 정신이상 범죄자
③ 생래적 범죄자
④ 기회적 범죄자

롬브로소(Lombroso)의 이론에서 범죄자는 인류학상의 한 유형에 해당된다는 것으로서 범죄자 중에는 기회범이나 격정범과는 달리 생래적으로 범죄의 운명에 빠질 수밖에 없는 진화가 덜 된 격세유전인(atavistic)이 있다고 하고 이것을 '**생래적 범죄인(born criminal)**'이라고 한다.

**23** **격세유전설과 생래적 범죄인론을 주장한 학자는?**

① 가로팔로(Garofalo)
② 페리(Ferri)
③ 베카리아(Beccaria)
④ 롬브로소(Lombroso)

롬브로소(Lombroso)는 격세유전설과 생래적 범죄인론을 주장하였다.

## 24 다음 〈보기〉의 지문과 관련이 있는 학자는?

> 범죄자들은 비범죄자들과 구별되는 유별난 신체적 차이점을 가지고 있다. 일반적으로 범죄자들은 생물학적으로 덜 진화된 퇴행적 특징들을 보인다.

① 서덜랜드(Sutherland)
② 롬브로소(Lomboroso)
③ 갓프레이드슨과 허쉬(Gottfredson & Hirshi)
④ 맛짜(Matza)

범죄학의 아버지 롬브로소(Cesare Lombroso, 1835~1909)는 그의 저서 「범죄인론」을 통해 "범죄적 성향은 격세유전되며, 필연적으로 신체구조와 연관되고 일반적으로 범죄자들은 생물학적으로 덜 진화된 퇴행적 특징을 보인다"라고 주장하였다.



## 25 셀던(Sheldon)은 범죄자는 특정 체형을 가지고 있다고 주장하는 체형학파이다. 셀던에 의하면 어떠한 체형이 범죄성향과 밀접한 관련이 있다고 결론을 내리고 있는가?

① 비만형
② 근육형
③ 두뇌형
④ 평균형

셀던(Sheldon)은 근육형이 범죄성향과 관련이 있다는 결론을 내렸다.

## 26 셀던(Sheldon)의 체형이론에 대한 설명으로 틀린 것은?

① 내배엽형은 전신이 둥글고 부드러운 편이다.
② 중배엽형 몸이 건장하며, 몸집이 크다.
③ 외배엽형은 예민하고 내향적인 기질을 갖고 있다.
④ 내배엽은 피부, 신경체계가 발달하였다.

내배엽은 소화기관, 중배엽은 근육·뼈, 외배엽은 피부·신경체계가 발달하므로 이들의 구성형태에 따라 신체유형을 알 수 있다.

정답 21 ④ 22 ③ 23 ④ 24 ② 25 ② 26 ④

## 27 생물학적 범죄원인론에 관한 연구가 아닌 것은?

① 가계 연구　　② 쌍생아 연구
③ 편집증 연구　　④ 신체유형 연구

생물학적 범죄원인론에는 체형이론(Sheldon), 유전적 결함에 대한 연구, 범죄인의 가계 연구, 쌍생아 연구, 양자 연구, 성염색체 연구 등이 있다.

## 28 다음 중 생물학적 범죄원인론 중 유전에 관한 내용으로 옳지 않은 것은?

① 유전과 범죄의 관계에 관한 연구로는 범죄자의 가계 연구, 쌍생아 연구, 입양아 연구 등이 있다.
② Dugdale(1888)은 Jukes家에 많은 범죄자와 창녀가 있는 원인을 유전에 의한 것이라고 결론지었으나, 이는 사회적 상호작용이나 학습을 통해서도 그 원인이 설명될 수 있다는 점을 간과한 주장이었다.
③ 쌍생아 연구에서는 일란성 쌍생아와 이란성 쌍생아의 분류가 불확실하다는 문제가 있다.
④ 오늘날 생물학적 범죄원인론은 실증적인 검증을 통해 이론이 명확해지면서 독립된 이론으로 자리매김하였다.

생물학적 범죄원인론의 이론은 실증적인 검증이 상당히 어렵기 때문에 독립된 이론을 형성하지 못하였다.

## 29 "범죄친화적 성향은 유전된다"라는 명제를 뒷받침하는 연구결과가 아닌 것은?

① 누범자 집단과 초범자 집단을 대상으로 그들 부모의 범죄성을 조사하였는데, 누범자 집단의 부모 쪽이 더 높은 범죄성을 나타냈다.
② 일란성 쌍생아의 행위일치율이 이란성 쌍생아의 행위일치율보다 더 높았다.
③ 범죄자 중에 입양된 자들을 대상으로 생부모와 양자 간의 행위일치율과 양부모와 양자 간의 행위일치율을 조사하였는데, 전자가 더 높았다.
④ 결손가정의 청소년이 일반가정의 청소년보다 범죄를 저지르는 비율이 더 높았다.

범죄의 선천성을 입증하기 위하여 범죄인 가계 연구, 쌍생아 연구, 양자 연구 등이 행하여졌다. 그러나 결손가정의 청소년의 범죄율이 높다는 것은 후천적 측면을 강조하는 입장의 논거이다.

**30** **폭력적 범죄와 관련이 높다고 주장되는 염색체는?**

① XXY ② XYY
③ XYX ④ XXX

XYY형은 신장이 크고 공격적・폭력적이며, 지능이 낮고 살인과 성범죄를 상습적으로 저지른다. 또한 전과자들이 많고 감정이 없으며, 여성과 정상적인 관계를 맺지 못한다. 정신적인 결함이나 정신착란을 일으키는 경향이 있으며, 어린 나이에 범죄를 저지르는 경향이 있다. 이들은 교정효과가 거의 없다.

**31** **범죄이론에서 염색체연구에 관한 설명 중 틀린 것은?**

① 성염색체의 이상이 범죄성향과 관련된다는 가정을 증명하려는 연구가 그 시초라고 할 수 있다.
② 성염색체 중 Y염색체가 증가된 경우는 일반적으로 클라인펠터 증후군이라고 불리며, 범죄성향이 높다고 한다.
③ 클라인펠터 증후군보다 더욱 범죄성향을 띠기 쉬운 염색체이상으로는 이른바 XYY형을 가진 경우가 있다.
④ 터너 증후군은 성염색체가 X하나밖에 없으며, 작은 키, 짧은 목, 낮은 지능지수, 청각장애 등을 특징으로 한다.

클라인펠터 증후군은 X염색체가 증가된 경우(XXX, XXY, XXXY)이다.

**32** **범죄에 관한 생물학적 또는 심리학적 설명 중 옳은 것은?**

① 테스토스테론 수준이 낮을수록 폭력범죄 가능성이 높다.
② 아동기의 ADHD(Attention Deficit Hyperactivity Disorder)는 반사회적 행동의 가능성을 낮춘다.
③ 지능이 높은 사람이 강력범죄를 많이 저지른다.
④ 각성수준이 낮은 사람은 범죄행동을 할 가능성이 높다.

① 중요한 남성호르몬의 하나인 테스토스테론이 남성의 범죄적 폭력성과 관계가 있다고 한다.
② 반사회적 행동을 하는 부류는 아동기에 ADHD(Attention Deficit Hyperactivity Disorder, 주의력 결핍 및 과잉 행동 장애) 환자가 많은 편이다.
③ 지능이 낮은 사람일수록 강력범죄를 많이 저지를 수 있다.

정답 27 ③ 28 ④ 29 ④ 30 ② 31 ② 32 ④

**33** **범죄의 생물학적 원인이 아닌 것은?**

① 테스토스테론
② 중배엽형
③ 노르에피네프린
④ 오이디푸스 콤플렉스

해설
오이디푸스 콤플렉스는 성별과 무관하게 본능적 욕구, 목표, 대상관계, 공포 등으로 구성된 심리적 집합체를 지칭하는 단어이다. 이는 주로 2세~6세 동안 나타났다가 해소된다.
①·②·③은 범죄의 생물학적 원인에 관련이 있다.

## 3 심리학적 범죄원인론

**34** **다음 중 지능이론에 관한 내용으로 옳은 것은?**

① 범죄자의 지능이 일반인보다 열등할 것이라는 가정은 Hirschi의 연구에서 비롯되었다.
② Goring은 범죄자들의 두개골의 크기 등 외관상 특징을 찾아내고자 시도하였다.
③ Hirschi와 Hindelang은 많은 수의 비행연구에서 비행소년들의 지능수준이 일반소년에 비하여 높은 것으로 보고되는 사실에 주목하였다.
④ Hirschi와 Hindelang은 지능이 직접적으로 비행이나 범죄를 야기하는 요인이라고 설명하였다.

해설
① 허쉬(Hirschi)가 아니라 롬브로소(Lombroso)의 연구에서 비롯되었다.
③ 많은 수의 비행연구에서 비행소년들의 지능수준은 일반소년에 비하여 낮은 것으로 보고되었다.
④ Hirschi와 Hindelang은 지능이 간접적으로 범죄행위를 함에 영향을 끼친다고 설명하였다.

**35** **프로이드(Freud)는 인간의 퍼스낼러티를 구성하는 3가지의 상호작용하는 힘이 있다고 하였다. 그 중 원시적 충동 또는 욕구를 무엇이라 하는가?**

① 이드(id) ② 자아(ego)
③ 초자아(superego) ④ 실 존

프로이드(Freud)는 의식과 무의식의 개념을 의식은 자아(ego)로, 그리고 무의식은 본능(id)과 초자아(superego)로 나누어 설명하였다. **이드(id)**는 성이나 음식과 같이 모든 행동의 기초를 이루는 생물학적·심리학적 욕구·충동·자극을 대표하는 것으로서 태어날 때부터 존재하는 무의식적 개념이고, 타인의 권리를 배려치 않는 즉각적인 만족을 요하는 쾌락만족의 원칙을 따른다. **자아(ego)**는 이드(id)가 잠재적으로 해를 끼치는 자극을 규제하는 역할로서 유아가 욕구는 즉각적으로 만족될 수 없다는 것을 배우기 시작할 때인 생의 초기에 발전된다. **초자아(superego)**는 자기비판과 양심이며, 사회적 경험에서 생성되는 요구를 반영하는 것이다.

## 36 다음 중 프로이드(Freud)의 정신분석적 입장에서 범죄에 대한 개념과 관련이 없는 것은?

① 이 드
② 초자아
③ 오이디푸스 콤플렉스
④ 사회적 갈등

사회적 갈등은 갈등이론과 관련이 있다.



## 37 다음 〈보기〉의 내용에서 프로이드(S. Freud)가 제시한 인성의 요소는?

- 도덕의 원리에 의하여 지배된다.
- 대부분 무의식적이다.
- 나쁜 행동을 하였을 경우 죄책감을 불러일으킨다.

① id(원초아)
② ego(자아)
③ super ego(초자아)
④ libido(성적 에너지)

〈보기〉의 내용은 초자아(superego)에 관한 설명이다.

정답 33 ④ 34 ② 35 ① 36 ④ 37 ③

**38** **Alexander는 이 시기에 즉각적인 욕구충족을 지연하는 능력과 현실원칙에 따라 행동하는 능력을 터득하지 못한 사람이 범죄를 저지르게 된다고 하였다. 이 시기는?**

① 구순기 ② 항문기
③ 남근기 ④ 잠복기

Alexander는 항문기(anal stage)에 즉각적인 욕구충족을 지연하는 능력과 현실원칙에 따라 행동하는 능력을 제대로 터득하지 못한 사람이 범죄를 저지른다고 하였다.

**39** **다음 중 범죄에 대한 심리학적 원인론을 주장한 범죄심리학자는?**

① 서덜랜드(Sutherland)
② 롬브로소(Lombroso)
③ 갓프레드슨과 허쉬(Gottfredson & Hirshi)
④ 아이젠크(Eysenck)

해설

아이젠크(Eysenck)는 실험심리학을 연구하였고, 태도구조론을 사회심리와 정치심리에 적용하려 했던 범죄심리학자이다.

**40** **아이젠크(Eysenck)가 제시한 성격 차원이 아닌 것은?**

① 정신증 ② 영악성
③ 외향성 ④ 신경증

아이젠크(Eysenck)는 인간 성격의 생물학적 영향력을 강조한 대표적인 성격이론학자로, 성격 차원들을 3개의 기본적인 성격 요인(정신증적 성향, 내・외향성, 신경증적 성향)을 제안하였다.

## 41 아이젠크(Eysenck)의 성격이론에 대한 설명으로 틀린 것은?

① 외향성은 개인의 대뇌피질의 자극수용(cortical arousal) 정도에 관련이 있다.
② 외향적인 사람은 대뇌피질이 자극을 덜 받아들이기 때문에 자극을 덜 느낀다.
③ 내성적인 사람은 외향적인 사람에 비해서 조건화를 통하여 특정 행위에 대한 억제력이 보다 잘 발달된다.
④ 외향적인 사람은 내성적인 사람처럼 효과적으로 비범죄행위에 대한 학습을 한다.

외향적인 사람은 내성적인 사람처럼 효과적으로 비범죄행위에 대한 학습을 하지 못한다. 따라서 외향성이 높은 사람일수록 더 빈번하게 범죄행위를 할 것이라고 기대한다.

## 42 아이젠크(Eysenck)의 성격이론에 대한 설명으로 옳지 않은 것은?

① 아이젠크는 성격의 기본요소로서 내·외향성, 신경증, 정신증을 제시하였다.
② 외향성을 가진 사람은 내부적으로 충분한 자극이 있기 때문에 외적으로 부가적인 자극을 추구하지 않아도 된다.
③ 신경증이 높은 사람은 정서적으로 불안정하며, 규범의 학습에 있어서 어려움을 겪는다.
④ 정신증이 높은 사람은 타인에 대한 이해도가 낮고, 우발적인 공격성이 높다.

외향성을 가진 사람은 내적 각성수준이 낮기 때문에 외적으로 부가적인 자극을 추구하게 된다.

## 43 반사회적 인성의 특성에 해당하지 않는 것은?

① 사회적 부적응에 대한 불안한 고민이 결여되어 있다.
② 자극의 강도와 그것에 대한 행동적 반응이 일치한다.
③ 하찮은 일에도 변명한다.
④ 깊숙한 대인관계를 유지할 수 없다.

자극의 강도와 그것에 대한 행동적 반응이 일치하지 않는다.



정답 38 ② 39 ④ 40 ② 41 ④ 42 ② 43 ②

반사회적 인성의 특성
- 미래에 대한 목표보다는 현실의 목표를 과대평가한다.
- 충동적 행동을 취한다.
- 자극의 강도와 그것에 대한 행동적 반응이 일치하지 않는다.
- 타인과 깊고 영속성 있는 애정관계를 형성할 수 없다.
- 깊숙한 대인관계를 유지할 수 없다.
- 자기가 정한 목표에 도달할 때까지의 사고와 계획성이 결여되어 있다.
- 사회적 부적응에 대한 불안과 고민이 결여되어 있다.
- 자기 잘못을 타인에게 돌리며 실패에 대한 책임을 지지 않는다.
- 하찮은 일에도 변명한다.
- 전혀 신뢰할 수 없으며 책임도 지지 않는다.
- 감정이 결핍되어 있다.

**44** **다음 중 범죄와 관련한 학습이론에 관한 내용으로 옳지 않은 것은?**

① Pavlov의 고전적 조건화에 기반을 둔 학습과정에 대한 연구는 Watson에 의해 보다 세분화되었다.
② Miller와 Dollard는 관찰학습에 대리학습이라는 개념을 도입하였다.
③ 대리학습은 모델을 무조건 따라한다는 점에서 모방과 같다.
④ 사회학습이론은 다른 사람의 행동이나 상황을 관찰하고 모방하며 습득한다는 이론이다.

대리학습이 모방과 다른 점은 모델의 실패한 사례까지도 무조건 따라하지 않는다는 것이다.

**45** **다음 중 학습이론의 기본개념과 그 설명이 올바르게 연결되지 않은 것은?**

① 적극적 강화 – 바람직한 행동에 대하여 칭찬·보상 등을 제공함으로써 행동의 빈도를 높인다.
② 회피 – 바람직한 행동을 하였을 때 부정적 상황을 제거해줌으로써 행동의 빈도를 높인다.
③ 부정적 강화 – 바람직하지 않은 행동에 대하여 보상을 제거함으로써 행동의 빈도를 줄인다.
④ 처벌 – 바람직하지 않은 행동을 하였을 때 부정적 결과를 줌으로써 행동의 빈도를 줄인다.

③의 내용은 '소거'에 해당한다. 부정적 강화는 회피와 같은 개념이다.

## 46 다음 〈보기〉의 상황은 어떤 강화요인에 해당하는가?

> 고등학생인 영주가 매일 저녁 늦게 귀가하여, 화가 난 부모님이 통금시간을 7시로 정하고 한달간 통금시간을 잘 지킨다면 통금시간을 없애주겠다고 약속하였다.

① 적극적 강화　② 부정적 강화
③ 소 거　④ 처 벌

〈보기〉의 내용은 바람직한 행동을 하였을 때 부정적인 상황을 제거해주는 **부정적 강화**의 사례에 해당한다.

## 47 다음 중 사회인지이론에 관한 설명으로 옳지 않은 것은?

① 사회인지이론에서는 개인간 인지과정보다 개인 내적 인지과정을 중시한다.
② Ross와 Fabiano는 충동성과 행동 사이의 상황에 대한 인지적 분석이라는 단계가 부재할 때 범죄가 발생한다고 말한다.
③ 범죄자의 경우 자신의 행동의 통제소재가 외부에 있다고 생각한다.
④ 성범죄자의 경우 타인에 대한 공감능력이 매우 낮다.

사회인지이론에서는 개인 내적 인지과정보다는 개인간 인지과정을 더 중시한다.

## 48 심리학적 범죄이론 중 인지이론과 관련이 가장 적은 것은?

① 도덕발달　② 행동학습
③ 정보처리능력　④ 지 능

행동학습은 학습을 경험이나 관찰의 결과로 유기체에게서 일어나는 비교적 영속적인 행동의 변화 또는 행동잠재력의 변화로 정의내리며, 유기체를 자극에 대해 수동적으로 반응하는 존재라고 보는 **행동주의 학습이론**과 관련된다.

제2과목 형사법 및 범죄학개론

정답 44 ③ 45 ③ 46 ② 47 ① 48 ②

## 49 사회정보처리 과정의 순서를 올바르게 나열한 것은?

| | |
|---|---|
| ⓐ 사회적 단서의 인식 | ⓑ 반응양식 결정 |
| ⓒ 목표의 설정 | ⓓ 사회적 단서의 해석 |
| ⓔ 적절한 반응 선택 | ⓕ 행 동 |

① ⓐ – ⓑ – ⓔ – ⓓ – ⓒ – ⓕ
② ⓐ – ⓓ – ⓑ – ⓔ – ⓒ – ⓕ
③ ⓐ – ⓒ – ⓔ – ⓓ – ⓑ – ⓕ
④ ⓐ – ⓓ – ⓒ – ⓔ – ⓑ – ⓕ

사회정보처리 과정(Bandura, 1986)
사회적 단서의 인식 – 사회적 단서의 해석 – 목표의 설정 – 적절한 반응 선택 – 반응양식 결정 – 행동

# 제3장 범죄자들의 심리특성 : 사이코패시

## 1 사이코패스의 개념과 특징

**01** Cleckley에 의해 정리된 사이코패스들의 특성에 부합하지 않은 것은?

① 지능이 보통 수준 이상이다.
② 타인을 목적달성의 도구로 이용한다.
③ 무책임하고 냉담하며 거짓말을 쉽게 한다.
④ 외관상 수상해보이고 보통사람들보다 인상이 험상궂다.

사이코패스들은 외관상 상당히 정상으로 보인다.



**02** 다음 중 사이코패스의 특성으로 옳지 않은 것은?

① 정신병질자들은 다른 사람들이 자신과 다르게 생각할 수 있다는 사실을 상상하지 못한다.
② 사이코패스들은 '가사(word)는 알지만 음악(music)은 이해하지 못한다'라는 말처럼 단어의 진정한 의미는 알지 못한다.
③ Dolan의 보고에 따르면 정신병질자들은 유독 '행복'과 관련된 정보를 처리하는 데 어려움을 겪는다.
④ 일반인들은 정서정보를 정확하고 빠르게 처리하는 데 비하여 사이코패스들은 그 효율성이 떨어진다.

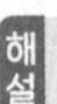

③ '행복'이 아니라 '슬픔'에 대한 정보를 처리하는 데 어려움을 겪는다.
① 매우 자기중심적인 사고를 가지고 있기 때문이다.
② 이런 정서적 결함을 semantic aphasia(의미 실어증)이라고 한다.
④ 정서 관련 정보의 처리과정에서 기능이 저하되어 있기 때문이다.

정답 49 ④ / 01 ④ 02 ③

## 03 사이코패스(Psychopath)에 대한 설명으로 옳지 않은 것은?

① 사이코패스는 자신의 감정과 고통에는 매우 예민하나 타인의 고통에 무감각하므로 자신이 저지른 죄의 대가로 받게 될 처벌을 두려워하지 않는다.

② 사이코패스 범죄는 재범률도 높을 뿐만 아니라 연쇄 범죄를 저지를 가능성도 일반 범죄자들보다 높다.

③ 사이코패스는 반드시 범죄자들에게만 국한되는 것은 아니며, 직장생활에서와 같은 일상에서도 얼마든지 만날 수 있다는 견해도 있다.

④ 사이코패스는 사회환경적인 요인이 강하게 작용하여 나타나는 반사회적 인격장애로 유전적·생물학적 요인과는 관련성이 적다.

사이코패스는 유전적·생물학적 요인에 사회환경적 요인이 결합되어 나타나는 반사회적이고 전인격적인 병리현상이다.

## 04 사이코패스의 주요특징으로 옳지 않은 것은?

① 타인에 대한 이타심 부족

② 정신분열 등의 임상적 증상

③ 극단적 이기주의

④ 죄책감이나 양심의 가책 결여

사이코패스들은 정신분열 등의 정신질환군으로 분류할 어떤 임상적 증상도 찾아볼 수 없는 특징을 가지고 있다.

## 05 다음 중 사이코패스에 관한 설명으로 옳지 않은 것은?

① 사이코패스는 실제로는 진실한 마음은 없지만 깊은 정서상태인 척 가장을 잘 할 수 있다.

② 반사회적이면서도 도구적인 공격행동을 주로 보인다.

③ 사이코패스는 특정한 정서표정(슬픔, 공초, 역겨움)의 처리에 기능상승을 보인다.

④ 사이코패스는 회피학습 능력이 부족하다.

사이코패스는 특정한 정서표정(슬픔, 공초, 역겨움)의 처리에 기능저하를 보인다.

## 2 정신병질의 발달 및 측정

**06 다음 중 정신병질 발달의 요인으로 옳지 않은 것은?**

① 유전적 소양
② 부모 결핍
③ 동료와의 불화
④ 공격행동 표출에 대한 문화의 차이

정신병질 발달의 요인
- 기질(주의력결핍 과잉행동장애, 반항장애/품행장애)
- 유전적 소양
- 부모 결핍
- 학습으로 인한 행동습관
- 문화의 차이

**07 정신병질 발달의 요인에 대한 설명으로 옳지 않은 것은?**

① 정신병질은 주의력결핍 과잉행동장애(ADHD), 반항장애/품행장애(ODD/CD)와 높은 상관관계를 나타낸다.
② 반사회적 행동의 경우 환경적 영향보다는 유전적 영향이 훨씬 크다.
③ 부모 상실은 남자 정신병질자보다 여자 정신병질자에게 더 의미 있게 나타났다.
④ 부모의 잘못된 양육방식으로 인해 반사회적 행동습관이 형성된다고 한다.

반사회적 행동의 경우 유전과 환경의 영향을 동시에 받는다. 15세 이하의 품행장애에 대한 연구를 보면 15세 이하의 경우에는 유전보다는 공통환경의 영향이 더 큰 것으로 나타났다.

**08 다음 중 PCL-R에 관한 설명으로 옳지 않은 것은?**

① 정신병질을 측정하기 위한 도구로 Hare(1991)가 제시하였다.
② 22문항으로 이루어져 있다.
③ 각 항목에 대하여 0점부터 2점까지 점수를 주도록 고안되어 있다.
④ Hare는 점수가 30점 이상이면 사이코패스집단으로 분류하였다.

PCL(Psychopathy Checklist)은 22문항이고, PCL-R은 20문항으로 문항수를 줄여서 이전보다 단축된 도구를 만들었다.



정답 03 ④ 04 ② 05 ③ 06 ③ 07 ② 08 ②

## 09 다음 중 정신병질의 측정에 관한 설명으로 옳지 않은 것은?

① MMPI는 자기보고식 검사로서 그 해석에 신중을 기한다고 할지라도 피검자의 반응왜곡 경향을 원천적으로 막기 힘들다는 한계가 있다.

② 캐나다의 심리학자 Hare는 PCL-R(Psychopathy Checklist-Revised)라고 부르는 사이코패스 진단방법을 개발하였는데, 40점을 최고점으로 하여 여기서 멀어질수록 사이코패스 성향이 높다고 판단하였다.

③ 우리나라의 경우 PCL-R의 점수가 25점 이상일 때 사이코패스집단으로 분류한다.

④ 평가를 할 때는 피검자와의 면담결과뿐만 아니라 객관적 정보를 최대한 수집・확보 한 후 평가할 수 있도록 하여야 한다.

해설

캐나다의 심리학자 Hare는 PCL-R(Psychopathy Checklist-Revised)라고 부르는 사이코패스 진단방법을 개발하였는데, 40점을 최고점으로 하여 이에 가까워질수록 사이코패스 성향이 높다고 판단하였다. 즉 30점 이상은 사이코패스집단, 20점~30점 사이는 중간집단, 20점 이하는 사이코패스가 아닌 집단으로 평가하였다. 우리나라의 경우 PCL-R의 점수가 25점 이상일 때 사이코패스집단으로 결정하였다.

## 10 Petherick는 범죄현장의 특성을 통해서 범죄자의 유형을 정신병질적 유형과 정신증적 유형으로 구분할 수 있다고 하였다. 다음 중 정신증적 유형에 해당하는 것은?

① 사건현장이 매우 계획적이고 잘 정돈되어 있다.

② 피해자로 면식이 없는 자를 선택하여 범행을 저지른다.

③ 범행 후 시체를 사건현장에 그대로 남겨둔다.

④ 살인 후 시체를 교묘하게 유기한다.

해설

③은 정신증적 유형에 관한 내용이고, 나머지 ①, ②, ④는 정신병질적 유형에 해당한다.

## 3 화이트칼라(White-collar) 사이코패스

**11** **'사회적으로 높은 지위를 가지고 있는 사람이 직업활동의 과정에서 저지르는 범죄'라고 서덜랜드(Sutherland)가 주장한 범죄유형은?**

① 사이버범죄　　② 화이트칼라범죄
③ 정치범죄　　④ 피해자 없는 범죄

화이트칼라범죄는 서덜랜드가 부유한 사람과 권력 있는 사람들의 범죄활동을 기술하기 위해 처음 사용한 용어이다. 그는 화이트칼라범죄가 하류계층보다 사회적 지위가 높으며, 비교적 존경받는 사람이 자신의 직업수행 과정에서 수행되는 직업적 범죄라고 정의하였다.



**12** **화이트칼라범죄에 관한 설명으로 옳지 않은 것은?**

① 서덜랜드(Sutherland)가 최초로 사용한 용어이다.
② 자신의 직무상의 권한과 영향력을 악용하여 저지르는 불법행위이다.
③ 일반적 범죄자에 비해 자신을 범죄자로 생각하지 않는 경향이 있다.
④ 개인의 신용카드범죄, 마약범죄, 성폭력범죄 등이 포함된다.

화이트칼라범죄는 하류계층보다 사회적 지위가 높고 비교적 존경받는 사람들이 자신의 직업수행 과정에서 행하는 직업적 범죄이다. 화이트칼라범죄는 조직체범죄와 직업범죄로 크게 나뉘는데, **신용카드범죄, 마약범죄, 성폭력범죄**는 특별히 화이트칼라범죄에 포함되는 범죄유형이라고 할 수는 없다.

**13** **화이트칼라범죄(White-collar crime)에 관한 설명 중 옳지 않은 것은?**

① 서덜랜드(E. H. Sutherland)는 부유한 사람과 권력 있는 사람들이 자신의 직업수행과정에서 수행되는 범죄라고 정의하였다.
② 화이트칼라범죄자의 범죄의식은 낮은 편이다.
③ 공무원의 뇌물수수, 회사원의 금융사기나 횡령 등을 예로 들 수 있다.
④ 피해자뿐만 아니라 일반인도 피해의식이 높다.

범죄자는 물론 일반인들도 화이트칼라범죄를 중대한 범죄로 보지 않는 경향이 있다.

정답 09 ② 10 ③ 11 ② 12 ④ 13 ④

## 14 화이트칼라범죄에 속하지 않는 것은?

① 은행원의 고객예금 횡령 ② 공인회계사의 탈세
③ 증권사직원의 주식 내부거래 ④ 공무원의 성범죄

공무원의 뇌물수수는 직업수행과정에서 발생되는 것이므로 화이트칼라범죄에 해당되지만 성범죄는 해당되지 않는다.

## 15 다음 중 화이트칼라범죄가 아닌 것은?

① 공무원의 뇌물수수 ② 회계담당자의 공금횡령
③ 증권회사직원의 고객폭행 ④ 은행지점장의 불법대출

화이트칼라범죄는 사회적 지위가 높고 비교적 존경받는 사람들이 자신의 직업수행 과정에서 행하는 직업적 범죄이다. 따라서 증권회사직원의 고객폭행은 폭행의 주체가 누구나 될 수 있기 때문에 화이트칼라범죄라 볼 수 없다.

## 16 화이트칼라범죄에 대한 설명으로 올바르지 않은 것은?

① 서덜랜드(Sutherland)는 사회경제적 지위가 높은 사람들이 그 직업상 저지르는 범죄를 화이트칼라범죄라고 정의하였다.
② 화이트칼라범죄는 지능성・계획성・은밀성을 특징으로 한다.
③ 화이트칼라범죄에 대한 일반인들의 피해감정은 대체로 높게 나타난다.
④ 화이트칼라범죄는 규범의식이 없는 경우가 대부분이다.

화이트칼라범죄는 일반인들의 피해감정이 희박하다는 것이 특징이다.

**17** **화이트칼라범죄가 다른 범죄와 구별되는 특징은?**

① 범행의 적발이 용이하다.
② 전문직업적 성격을 가진다.
③ 피해자의 피해인식이 명확하다.
④ 범행이 일회성의 성격을 지닌다.

화이트칼라범죄는 사회적으로 높은 지위를 가지고 있는 사람이 직업활동의 과정에서 저지르는 범죄로, 전문직업적 성격을 가진다. 따라서 범죄자가 범죄에 이용하는 지식은 대개 전문성이 강한 것으로 과학적·공학적이거나 회계적·법률적인 것이 특징이다.



**18** **다음 중 화이트칼라 사이코패스에 관한 설명으로 옳지 않은 것은?**

① 화이트칼라 사이코패스란 정상적으로 직장생활을 하는 화이트칼라들 속에서도 반사회적인 행위를 반복적으로 하는 자들을 일컫는 용어이다.
② 화이트칼라 사이코패스 범죄로는 살인, 방화, 폭행, 성폭력 등 강력범죄들이 있다.
③ 화이트칼라 사이코패스는 직장 동료들을 비웃고 모욕을 주는 문제행동을 한다.
④ 화이트칼라 사이코패스의 문제행동에는 자신들의 높은 지위를 이용하여 사악한 의도의 거짓말을 고의적으로 퍼트리거나, 자신의 입장에 대해 빈번하게 거짓말을 하는 등과 같은 행동이 포함된다.

화이트칼라 사이코패스 범죄로는 주로 사기, 횡령, 뇌물 등 부패 범죄들이 있다.

**19** **화이트칼라 사이코패스의 문제행동에 속하지 않는 행위는?**

① 기업의 탈세
② 기업 사무실 침입절도
③ 기업의 공정거래 관련 법규 위반
④ 증권사 직원의 주식 내부자 거래

화이트칼라 사이코패스 범죄는 경제적으로 높은 지위에 있는 자가 그 직업상 범하는 죄라는 의미를 내포하므로 기업 사무실의 단순 침입절도는 이에 해당하지 않는다.

정답 14 ④ 15 ③ 16 ③ 17 ② 18 ② 19 ②

참고

화이트칼라 사이코패스의 문제행동
- 직장 동료들을 비웃고 모욕을 줌
- 사악한 의도의 거짓말을 고의적으로 퍼뜨림
- 죄의식이나 후회가 없음
- 자신의 입장에 대해 거짓말을 함
- 감정을 자주 바꾸어 동료나 부하직원을 조종하고자 함
- 사람들을 고의적으로 따돌림
- 자신의 잘못에 대하여 남 탓을 함
- 부하직원들이 동료를 괴롭히도록 촉진함
- 타인의 성과물을 낚아 챔
- 타인의 업무를 훔쳐 오고 방해함
- 실수에 대한 책임을 거부함
- 부하직원을 해고할 것이라 위협하여 괴롭힘
- 비현실적인 목표를 세워 부하직원을 위기로 몸
- 여러 명과의 회의를 기피함
- 부하직원에게 적절한 훈련을 제공하지 않고 따돌림
- 타인의 사생활을 침해함
- 직장 내에서 복잡한 이성관계를 가짐
- 현실적이지 않은 목표를 갖게 함
- 매우 자기중심적이고 이기적임(대화를 자기중심으로 이끎)
- 자주 돈이나 물건을 빌리고 갚지 않음
- 수단방법을 가리지 않고 불법적이더라도 거래를 성사시킴

**20** 다음 중 화이트칼라 사이코패스의 문제행동에 속하지 않는 행위는?

① 죄의식이나 후회가 없음
② 부하직원을 해고할 것이라 위협하며 괴롭힘
③ 자주 돈이나 물건을 빌리고 갚지 않음
④ 현실적인 목표를 갖게 함

해설 화이트칼라 사이코패스는 현실적이지 않은 목표를 갖게 한다.

## 제4장 보험과 관련된 사기범죄

**01** **다음 중 보험사기에 관한 내용으로 옳지 않은 것은?**

① 보험사기는 IMF이후로 급증했다고 보는 시각이 일반적이다.
② 보험의 대중화와 1990년대의 IMF로 인한 경제적 빈곤으로 생계형 보험사기가 증가했다.
③ 최근에는 생명보험, 상해보험, 화재보험 등 다양한 분야에서 보험사기가 일어나고 있다.
④ 보험사기는 연성사기와 경성사기로 나눌 수 있는데 경성사기의 발생률이 훨씬 높다.

실제 발생빈도를 보면 연성사기가 경성사기보다 빈번하게 발생한다.



**02** **다음 중 보험사기에 관한 내용으로 옳은 것은?**

① 보험사기는 나날이 늘어나는 데 비하여 국내에서는 보험사기에 대한 대응책이 전혀 없다.
② 보험범죄자들은 범행을 실행하기 앞서 범행의 발각을 두려워하여 보험가입을 최대한 하지 않는다.
③ 합리적 선택이론에서는 범행으로 인한 손실보다 이익이 크다고 판단하면 범행을 선택한다고 한다.
④ 보험사기는 그 처벌의 수위가 높게 책정되어 있어 보험사기방지에 기여한다.

① 보험회사 내에 수사팀을 꾸리거나 「보험사기방지특별법」을 제정하여 2016.9.30.부터 시행하고 있다.
② 보험범죄자들은 범행을 실행하기에 앞서 최대한 많은 보험료를 편취하고자 다수의 보험계약을 체결하는 경향이 있다.
④ 보험사기는 상대적으로 법적 처벌수위가 낮아 보험사기를 견제하기에 부족한 현실이다.

**03** **보험사기의 개념에 관한 설명으로 옳지 않은 것은?**

① 보험사기는 연성사기(soft fraud)와 경성사기(hard fraud)로 나뉜다.
② 연성사기는 우발적이며, 기회주의적이다.
③ 경성사기는 계획적이며 고의적이지만 피해액이 낮다.
④ 연성사기는 입증 및 적발이 어렵다.

정답 20 ④ / 01 ④ 02 ③ 03 ③

경성사기는 보험금 청구를 목적으로 하므로 건당 피해액이 높고, 계획적이며 고의적이다.

## 04 다음 〈보기〉 지문은 '어떤 이론'을 바탕으로 보험사기에 관하여 서술한 것이다. 이 이론에 해당하는 것은?

> 보험사기는 IMF사태 이후 급격하게 증가하였다. IMF이후 실업률이 증가하고 생활고를 겪는 사람들도 늘어났다. IMF라는 급격한 사회변동으로 인하여 성공이라는 목표를 승인된 수단으로는 얻기가 힘들어 지면서 다수의 사람들은 그 사회에 적응하는 방법으로 혁신유형의 한 형태로서 보험사기를 선택하였다.

① 성격이론
② 학습이론
③ 지능이론
④ 긴장이론

해설

〈보기〉 지문은 머튼의 긴장(아노미)이론에 대한 내용이다.

## 05 다음은 전체 보험사기의 실태에 관한 내용이다. 옳지 않은 것은?

① 보험사기는 적발금액과 적발인원 모두 꾸준히 증가하는 추세를 보이고 있다.
② 고의사고의 경우 자동차사고, 병원과장청구, 정비공장 과장청구 등 연성범죄 위주로 이루어져 있다.
③ 보험사기의 유형별 적발금액은 허위 및 과다사고 범주에서 가장 높은 비율을 차지하고 있다.
④ 보험사기의 유형별 적발인원은 고의사고의 경우 큰 변화없이 유지되고 있다.

해설

고의사고의 경우 **자살, 자해, 살인, 상해 등 경성범죄의 위주**로 이루어져 있고, 피해과장사고의 경우 자동차사고, 병원과장청구, 정비공장 과장청구 등 연성범죄 위주로 이루어져 있다.

**06** **다음 중 연성사기에 관한 내용으로 옳지 않은 것은?**

① 자신의 병력을 숨긴 채 보험에 가입하는 행위는 연성사기의 일종이다.
② 경성사기에 비하여 피해액이 적기 때문에 사건이 경미하게 다뤄지는 경향이 있다.
③ 연성사기는 행위의 입증 및 적발이 어렵고 선의의 피해자와 구별이 어렵다.
④ 연성사기에는 고의성 혹은 계획성이 존재한다.

해설 연성사기의 경우 고의성 혹은 계획성이 존재하기 보다는 우연적인 기회로 인해 저지를 확률이 높다.

**07** **다음 중 연성사기와 경성사기의 차이점으로 옳지 않은 것은?**

① 경성사기에는 피해자가 있지만 연성사기에는 피해자가 없다.
② 연성사기는 우연적인 기회로 인해 범죄를 저지를 경우가 많지만, 경성사기는 고의적・계획적으로 범죄를 행하는 경우가 많다.
③ 경성사기는 주로 건당 피해액이 높지만 연성사기는 상대적으로 피해액이 적다.
④ 경성사기는 비교적 가벼운 범죄로 여겨지는데 반하여 실제 발생빈도를 보면 연성사기가 경성사기보다 더욱 빈번하다.

해설 모두 피해자가 존재한다. 연성사기로 인하여 피보험자의 손실을 야기할 뿐만 아니라 이러한 손실이 보험료 인상을 초래하기 때문에 다수의 선의의 보험계약자가 피해를 입는다.

**08** **다음 중 경성사기에 관한 설명으로 옳지 않은 것은?**

① 경성사기는 적극적 보험사기에 해당한다.
② 경성사기는 가해자의 낮은 죄책감, 경미한 처벌, 보험사기에 대한 태도로 인해 재범 가능성이 높다.
③ 경성사기는 보험금 청구를 목적으로 사건을 계획적으로 저지르는 고의성이 뚜렷하다.
④ 보험금을 노린 배우자 살해 혹은 허위사고 유발 등이 이에 속한다.

해설 가해자의 낮은 죄책감, 경미한 처벌, 보험사기에 대한 태도로 인해 재범 가능성이 높은 것은 '**연성사기**'이다.

제2과목 형사법 및 범죄학개론

정답 04 ④ 05 ② 06 ④ 07 ① 08 ②

**09** **다음 중 금융감독원에서 분류한 인명피해 관련 경성사기의 유형으로 가장 큰 비율을 차지하고 있는 것은?**

① 살인교사 등 살인
② 고의 교통사고
③ 살인 후 교통사고로 위장
④ 허위사망

살인교사 등 살인이 가장 큰 비율을 차지하고 있다.

# 제5장 범죄조사절차에서의 심리학의 활용

## 1 형사책임능력 판정과 관련된 심리평가의 활용

**01** **형사책임능력 판정과 관련한 설명으로 가장 옳지 않은 것은?**

① 형사책임능력이란 행위자가 법규범의 의미를 이해하고 그에 따라 행위할 수 있는 능력을 말한다.

② 「형법」에는 형사책임능력의 감정에 관한 조항을 두고 있다.

③ 「형법」 제10조 제1항에는 심신장애로 인하여 사물을 변별할 능력이 없거나 의사를 결정할 능력이 없는 자의 행위는 벌하지 않는다는 규정을 두고 있다.

④ 형사 정신감정에서는 정신장애가 있거나 장애가 의심되는 자가 범죄를 저질렀을 경우 정신건강분야의 전문가에게 감정을 의뢰한다.

「형사소송법」에는 「형법」 제10조에서 다루는 형사책임능력의 감정에 관한 조항을 두고 있다.

- 법원은 학식 경험있는 자에게 감정을 명할 수 있다(「형사소송법」 제169조).
- 감정의 결과에는 그 판단의 이유를 명시하여야 한다(「형사소송법」 제171조 제3항).
- 피고인의 정신 또는 신체에 관한 감정에 필요한 때에는 법원은 기간을 정하여 병원 기타 적당한 장소에 피고인을 유치하게 할 수 있다(「형사소송법」 제172조 제3항).

**02** **다음 R-CRAS에 대한 설명으로 가장 옳지 않은 것은?**

① 형사책임 평가의 척도로 총 20개의 변인으로 구성되어 있다.

② 척도의 Part Ⅰ은 정신장애를 측정하는데 유의미한 심리학적 변인들의 장애 정도를 측정하여 사물을 변별할 능력 또는 의사를 결정할 능력이 없다는 심리적 요소를 뒷받침해준다.

③ 척도의 Part Ⅱ는 Part Ⅰ에서 매겨진 척도점수를 가지고 ALI와 McNaughten 원칙 그리고 GBMI판결 기준에 맞게 제시된 위계적 결정모델을 통해 해석한다.

④ R-CRAS의 변인들은 크게 피고인의 자가보고서 신뢰성 측정, 기질적 결함의 여부, 정신병리, 인지적 통제능력, 행동 통제능력의 다섯 가지 영역으로 구성된다.

R-CRAS는 형사책임 평가의 척도로 총 25개의 변인으로 구성되어 있다.

정답 09 ① / 01 ② 02 ①

## 03 다음 R-CRAS의 판단절차에 대한 내용으로 가장 적절한 것은?

① 정신장애의 위장 여부에 관한 판단에서 위장된 것이라면 평가는 다음 단계로 넘어가게 된다.
② 세 번째 단계에서는 기질성 결함의 여부를 판단하게 된다.
③ 다섯 번째 단계에서 행동 통제능력 여부를 결정하며, 이때 부정적인 판단이 나오게 되면 평가는 다음 단계로 넘어간다.
④ 여섯 번째 단계에서 긍정적인 판단이 나오면 범행 당시 정신장애가 존재했었던 것으로 판단한다.

④ 여섯 번째 단계는 인지통제능력 혹은 행동 통제능력의 부재가 정신질환에 의한 결과인지를 판단하는 단계로, 만약 정신장애가 위장된 것이라는 판단이 나오면 평가는 중단된다. 최종적으로 이 단계에서 긍정적인 판단이 나오면 범행 당시 정신장애가 존재했었던 것으로 판단하게 된다.
① 정신장애의 위장 여부에 관한 판단에서 부정적인 판단이 나오면 평가는 중단된다.
② 세 번째 단계는 정신질환을 판단하는 단계에 해당하고, 이에 앞선 두 번째 단계에서 기질성 결함의 여부를 판단하게 된다.
③ 행동 통제능력 여부의 결정에서 부정적인 판단이 나오면 평가는 중단된다.

## 04 Rogers 형사책임 평가척도에 대한 설명으로 가장 적절하지 않은 것은?

① 총 25개의 변인으로 구성되어 있고, 이 변인들은 다시 피고의 자가 보고서 신뢰성 측정, 기질적 결함의 여부, 정신병리, 인지적 통제능력, 행동 통제능력의 다섯 가지 영역으로 구성된다.
② 범행 당시와 관련된 심리학적 변인들을 수량화하여 정신장애 항변을 위한 결정 모델을 제시한 체계적이고 타당한 도구이다.
③ 뇌 손상의 가능성을 토대로 위장된 정신장애를 평가할 수 있다.
④ 한국의 수사기관은 일찍부터 R-CRAS 한국판을 도입하여 운용 중에 있다.

R-CRAS 한국판에 대한 필요성은 제기되고 있으나, 아직은 도입하고 있지 않다.

## 05 다음 중 위장된 정신장애의 감별을 위한 검사가 아닌 것은?

① DSM-IV-TR
② CQT
③ SIRS-2
④ M-FAST

CQT(Controlled Question Test)는 거짓말탐지 검사의 한 종류이다.

**06** 다음 중 SIRS-2에 관한 설명으로 옳지 않은 것은?

① 8개의 주요 척도와 총 156문항으로 구성되어 있다.
② 희귀 증상(RS)은 특정 정신장애와 관련된 증상으로 매우 희귀하여 자주 나타나지 않는 증상을 호소하고 있는지를 평가한다.
③ 개연성이 낮거나 모순된 증상(IA)은 실제로는 동시 발병이 불가능한 증상을 호소하고 있는지를 평가한다.
④ 극심한 증상(SEV)은 실제 정신장애 환자들에게 있어서는 대부분 견딜만한 증상이지만 지나치게 견디기 어렵다고 호소하는 증상이 있는지를 평가한다.

해설

개연성이 낮거나 모순된 증상(IA)은 비상식적이고 전혀 있을 수 없는 증상을 호소하고 있는지를 평가한다. 실제로는 동시 발병이 불가능한 증상을 호소하는 것은 **증상 혼합(SC)**의 내용이다.



**07** 다음 중 M-FAST에 대한 설명으로 옳지 않은 것은?

① M-FAST 검사는 개인이 정신 병리를 위장할 가능성을 평가하도록 고안된 구조화된 면담방식의 검사도구이다.
② 25항목으로 이루어져 있으며, 비교적 짧은 시간 내에 실시할 수 있다.
③ 문항에 대한 대답은 단답형이 아닌 서술형으로 답을 해야 한다.
④ 각 문항에 0점 또는 1점을 부여할 수 있으며 만점은 25점이다.

해설

문항에 대한 대답은 대부분 '네' 또는 '아니오'로 답하도록 되어 있으며, 일부문항에서는 '항상–때때로–전혀'와 같은 대답을 해야 한다.

## 2 폴리그래프를 이용한 거짓말의 탐지

**08** 폴리그래프(거짓말탐지기)가 측정하는 것으로 가장 적절하지 않은 것은?

① 맥 박 ② 혈 압
③ 동공확장 ④ 피부전도 반응

해설

폴리그래프에 의해 측정되는 것은 맥박(심장 박동수), 혈압, 호흡의 길이, 피부전도 반응 등이며, 동공확장 여부는 측정하지 않는다.

정답 03 ④ 04 ④ 05 ② 06 ③ 07 ③ 08 ③

## 09 폴리그래프(거짓말탐지기)에 관한 설명으로 가장 적절한 것은?

① 수사기관들은 증거가 명확하지 않은 사건에서 용의자가 범인인지 여부에 대해 확인하는 수단으로 폴리그래프를 활용하고 있다.
② 모든 폴리그래프 검사는 반드시 피검사자의 동의를 얻어야만 행해질 수 있는 것은 아니다.
③ 판례는 폴리그래프 검사결과의 증거능력을 인정하지 않고 있으나, 피검사자의 동의를 얻어 행해진 검사결과라면 증거능력을 인정하고 있다.
④ 폴리그래프는 정서의 변화를 탐지하기보다는 거짓말을 탐지한다.

② 모든 폴리그래프 검사는 반드시 피검사자의 동의를 얻어 행해져야 한다.
③ 우리나라 판례는 폴리그래프 검사결과에 대한 증거능력을 인정하지 않고 있다.
④ 폴리그래프는 거짓말을 탐지한다기보다는 정서의 변화를 탐지한다고 볼 수 있다.

## 10 폴리그래프(거짓말탐지기)에 관한 다음 설명 중 가장 적절하지 않은 것은?

① 폴리그래프 사용에 대해 피검사자의 동의를 받으면 그 결과는 법정에서 유죄의 증거로 인정된다.
② 폴리그래프는 혈압, 맥박, 전기피부반응 등과 같은 자율신경계의 생리적 반응을 측정한다.
③ 많은 심리학자들이 폴리그래프 사용은 자백을 하도록 유도하는 또 다른 심리적 억압방법이라고 비판하고 있다.
④ 폴리그래프 검사 방법으로는 통제질문기법과 유죄지식검사 등이 있다.

판례상 우리나라에서는 폴리그래프(거짓말탐지기)의 검사결과가 법정에서 유죄의 증거로 된 경우는 없다.

## 11 다음 중 통제질문기법을 이용한 폴리그래프의 활용에 관한 설명으로 옳지 않은 것은?

① 관련질문(RQ)은 범죄에 대한 특정질문을 말한다.
② 자신의 명예나 자존심 때문에 "아니오"라고 대답하게 되는 질문을 통제질문(CQ)이라고 한다.
③ 무고한 용의자는 관련질문(RQ)에 대한 대답에서 강한 흥분반응을 보이게 된다.
④ 미국에서 CQT 거짓말탐지기 결과는 매우 제한적으로 증거로 인정되고 있다.

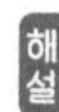

무고한 용의자는 통제질문(CQ)에 대한 대답을 더욱 걱정하므로 관련질문(RQ)보다 통제질문(CQ)에 더 강한 흥분반응을 보인다.

**12** **다음 중 유죄지식검사에 관한 설명으로 옳지 않은 것은?**

① 유죄지식검사는 1959년 Lykken에 의해 처음 시도되었다.
② 폴리그래프검사의 문제점과 정확성을 보완하기 위하여 뇌파를 이용한 검사를 함께 조사한다.
③ 범죄사건에 대한 의심을 받는 사람과 검사자가 모두가 숨기려는 내용을 알고 있는 경우 혹은 구체적인 혐의가 있는 피검사자가 알고 있는 내용을 탐색하고자 할 때 검사를 시행한다.
④ 유죄지식검사 패러다임에서 피검사자에게 목표자극, 탐침자극, 관련자극으로 구성되어 제시된다.

해설 유죄지식검사 패러다임에서 피검사자에게 목표자극(미리 학습되어 인식된 자극), 탐침자극(탐지자와 범인만 알고 있는 정보), **무관련자극(범죄사건과 무관한 자극)**으로 구성되어 제시된다.

## 3 진술분석을 이용한 진술신빙성 판단

**13** **다음은 무엇에 관한 설명인가?**

> 피조사자가 말로 진술한 것 또는 자필로 작성한 진술서를 분석하여 거짓으로 진술한 곳을 찾아내는 것

① 진술분석 ② 표정분석
③ 행동분석 ④ 거짓말탐지기

해설 진술분석을 하게 되면 피조사자의 진술 전체 행적 중 특정 부분들로 확인할 범위를 좁혀주어 보다 효율적인 수사를 가능케 해준다.

**14** **다음 중 진술 타당성 평가(SVA)기법의 내용으로 옳지 않은 것은?**

① SVA는 일반적으로 반표준화된 방법으로 간주된다.
② 북미에서는 SVA를 하나의 독립된 증거로서 인정한다.
③ SVA의 목적은 개인 스스로의 신빙성보다 진술 내용의 신빙성을 평가하기 위한 것이다.
④ 전 세계에서 빈번하게 사용되는 언어적 평가도구이다.

해설 독일과 네덜란드 등 유럽법정에서는 독립된 증거로서 인정하고 있지만, 북미의 견해는 이와 대립된다.



정답 09 ① 10 ① 11 ③ 12 ④ 13 ① 14 ②

**15** **다음 〈보기〉에서 설명하는 분석기법은?**

> 이 분석은 19개의 내용 준거로 구성되어 있으며, 아동 진술의 진실성을 평가한다. 주로 성폭력 피해 아동 진술의 신빙성을 평가하기 위해 사용되는 진술분석 방법이다.

① CBCA ② RM
③ GKT ④ M-FAST

〈보기〉는 준거기반 내용분석(CBCA ; Criteria-Based Content Analysis)에 대한 설명이다.

**16** **다음 중 사실성 평가(RM ; Reality Monitoring)의 내용으로 옳지 않은 것은?**

① RM은 구두 진술 가운데 허위 진술과 진실된 진술을 구별하는 것에 초점을 두고 있는 기법이다.
② 진실한 사건에 대한 기억은 지각 정보, 맥락적 정보, 정서적 정보를 내포할 가능성이 큰 반면에, 상상 또는 환상에 근거한 기억은 인지적 추론을 내포할 가능성이 크다.
③ Sporer(1997)가 RM의 구체적 기준으로 제시한 준거는 명료성, 감각 정보, 공간 정보, 시간 정보, 진술의 일관성, 정동, 사실성, 인지적 추론 등 8가지이다.
④ RM의 장점은 CBCA의 기준보다 많은 준거로 구성되어 있다는 점이다.

RM의 장점은 CBCA의 기준보다 적은 준거로 구성되어 있어 쉽게 배울 수 있다는 점이다.

**17** **다음 진술분석에 대한 설명 중 가장 적절하지 않은 것은?**

① 진술분석은 피조사자가 말로 진술한 내용 또는 자필로 작성한 진술서를 분석하여 거짓진술을 한 부분을 찾아내는 것이다.
② 진술분석은 진술의 의미보다는 외형적인 진술의 형식과 구조 뒤에 숨겨진 작성자의 무의식적인 심리상태를 분석하는 것이다.
③ 수사기관에 의해 작성된 피의자신문조서나 목격자 면담을 통해 작성된 진술조서는 정확하고 신뢰할만한 결과를 얻을 수 있다.
④ 진술분석은 수사의 시간을 단축시켜 주고 노력을 절약할 수 있게 한다.

진술분석의 대상인 진술서는 피조사자 스스로가 자필로 적은 것이어야 한다. 따라서 수사기관에 의해 작성된 조서는 분석의 대상으로는 적절하지 않다.

## 4 범죄자 프로파일링

**18** 다음 중 수사관에 의한 일반적 사건분석의 요소에 해당되지 않는 것은?

① 범죄현장분석
② 범죄자 프로파일링
③ 증거분석
④ 범죄행태분석

범죄자 프로파일링은 주로 훈련된 전문가에 의해 이루어지는 수사기법으로 범죄 현장에서 범죄자가 나타낸 다양한 행동의 분석을 통하여 범죄의 특징을 파악해 범인의 유형을 추정하는 기법이다.

**19** 다음 중 프로파일링의 방법과 그 설명이 잘못 짝지어진 것은?

① FBI의 이분법적 방법론 - 범죄자를 체계적 또는 비체계적 유형으로 나누었다.
② 동기론적 접근론 - 연쇄 살인범들에 대한 인터뷰를 토대로 수집된 자료를 분류하여 범죄분류매뉴얼을 제작하였다.
③ 수사심리학적 접근론 - 범죄를 세부적으로 분류할 수 있다는 것이 장점인 분석방법이다.
④ 지리적 프로파일링 - 환경범죄학과 환경심리학에서 유래한 개념으로서 범죄자의 생활공간과 범행 장소 사이의 관계성에 초점을 둔다.

범죄를 세부적으로 분류할 수 있다는 것이 장점인 분석방법은 동기론적 접근론이다.

수사심리학적 접근론

Canter(1994)는 경찰 수사, 수사 자료의 효율적 활용, 신문기법 등 경찰 분야에 광범위하게 적용되어 오던 응용심리학의 분야를 수사심리학이라고 명명하였다. 이 분야는 행동과학이 범죄자의 수사 및 검거에 어떻게 도움이 될 수 있는가에 초점을 둔다. 수사심리학적 접근은 범죄현장의 범죄자 행동 특징과 피해자와의 상호관계에서 나타난 특징들을 변인화하여 경험적 연구를 수행함으로써 기존의 유형론들이 통계적으로 타당한가를 검증하는 방식을 취한다.



정답 15 ① 16 ④ 17 ③ 18 ② 19 ③

**20** **범죄현장분석의 한 방법으로 '이 방법'에서는 범죄현상을 철저히 분석하고 범죄현장에 유류되어 있는 증거를 통하여 알 수 없는 범죄자의 정신적 상태를 분석한다. 이 방법은?**

① 동기론적 접근론
② FBI의 이분법적 방법론
③ 행동증거분석
④ 지리적 프로파일링

해설 행동증거분석에 관한 내용이다.

**21** **프로파일링을 가능하게 하는 기본가정에 대한 설명으로 옳지 않은 것은?**

① 모든 범인은 각자의 독특한 개인성향을 가지고 있다.
② 모든 범죄 현장에는 범죄자의 성향이 반영된다.
③ 범인은 동일한 수법에 의해 범행하는 경향이 있다.
④ 범인의 성격은 사건마다 다르게 발현된다.

해설 프로파일링은 범인의 성격이 변하지 않는다는 것을 전제로 이루어진다. 일반적으로 성격을 단기간 내에 바꾸는 것이 쉽지 않기 때문이다. 따라서 범인의 성격은 범죄에 반영되어 유사한 행동패턴이 되어 나타나게 된다.

**22** **다음 프로파일링 유형 중 '범인이 남긴 메시지나 음성 등을 분석하여 범인을 특정하는 기법'은 어느 유형에 대한 설명인가?**

① 언어적 프로파일링
② 범죄자 프로파일링
③ 연관성 프로파일링
④ 지리적 프로파일링

해설 언어적 프로파일링에 대한 설명이다. 프로파일링의 유형 중 언어적 프로파일링은 범인이 남긴 음성이나 메시지의 내용과 양식을 통해 범인을 특정하는 기법을 사용한다.

## 23 다음 〈보기〉의 설명에 해당하는 '지리적 프로파일링'의 단계는?

> 이 단계에서 수사관은 사건들 간의 유사성 정도, 현장분석자료, 목격자의 면담자료 그리고 범죄가 발생한 지역의 인구통계를 분석한 결과를 계량화한다.

① 1단계 : 정보입력
② 2단계 : 범죄지도 작성
③ 3단계 : 보조자료활용
④ 4단계 : 우범지역 설정

지리적 프로파일링은 다음 4가지 단계를 거쳐서 작성된다.
- 1단계 : 수사관이 사건과 관련된 정보를 계량화하여 컴퓨터에 입력하는 단계이다.
- 2단계 : 범죄지도를 작성하는 단계이다.
- 3단계 : 다른 보조자료를 활용하여 범죄지도의 완성도를 높이는 단계이다.
- 4단계 : 범인이 거주하거나 재차 범죄가 발생할 가능성이 높은 위험지역을 생성하는 단계이다.

## 24 다음 프로파일링의 유형 중 "범죄자는 항상 최소의 노력으로 범행을 저지른다"는 전제를 기본으로 하고 있는 것은?

① 심리학적 프로파일링(Psychological profiling)
② 범죄자 프로파일링(Criminal profiling)
③ 연관성 프로파일링(Linkage profiling)
④ 지리적 프로파일링(Geographic profiling)

지리적 프로파일링(Geographic profiling)은 특히 범죄자의 나태하고 게으른 심리 즉, "범죄자는 항상 최소의 노력으로 범행을 저지른다"는 전제에서 출발한다.



정답 20 ③ 21 ④ 22 ① 23 ① 24 ④

## 5 범인식별절차

**25 범인식별절차에 관한 내용으로 가장 적절하지 않은 것은?**

① 사람 묘사를 얻기 위하여 조사자가 사용하는 가장 일반적인 방법은 자유회상이다.
② '예-아니오' 형식의 질문은 조사자가 정보 내용을 포함하여 질문하고, 진술자는 그에 대해 '예' 또는 '아니오'라는 대답을 하도록 하는 형식의 질문이다.
③ '육하원칙' 형식의 질문은 조사자가 정보 내용을 미리 언급한 상태에서 진술자에게 정보를 탐색하여 특정한 세부사항을 보고하도록 요구하는 형식의 질문이다.
④ 범인식별진술은 피의자가 자신이 범죄현장에서 목격한 사람과 일치하는가의 여부에 대한 진술을 말한다.

해설
'육하원칙' 형식의 질문은 조사자가 **정보 내용을 미리 언급하지 않은 상태**에서 진술자에게 정보를 탐색하여 특정한 세부사항을 보고하도록 요구하는 형식의 질문이다.

**26 범인식별의 방법 중 여러 명의 사람들 중에서 한 명의 용의자를 지목하는 방법을 라인업(Line-up)이라고 한다. 라인업(Line-up)에 관한 학자들의 주장으로 옳지 않은 것은?**

① Wells(1984)는 동시 라인업을 하게 되면 목격자가 상대적 판단을 하게 된다고 주장하였다.
② Lindsay와 Wells(1985)는 순차적 라인업을 하게 되면 상대적 판단의 사용을 줄일 수 있다고 주장하였다.
③ Steblay(2001)는 성인의 범인 식별에서 범인이 있을 경우 동시 라인업이 순차적 라인업보다 식별 정확률을 높인다고 하였다.
④ Ebbesen과 Flowe(2002)는 목격자가 기억 수준에 따라 절대적 판단에 의해 식별이 이루어진다고 하였다.

해설
Ebbesen과 Flowe(2002)는 동시 라인업과 순차적 라인업을 비교해 보면 **절대적 판단이 아니라 목격자가 기억 수준에 따라 단순한 방법에 의해** 식별이 이루어진다고 하였다.

**27** **대법원이 판례로 제시한 범인식별절차에 관한 내용으로 가장 적절하지 않은 것은?**

① 범인의 인상착의 등에 관한 목격자의 진술 내지 묘사를 사전에 상세히 기록한다.
② 용의자를 포함하여 그와 인상착의가 비슷한 여러 사람을 동시에 목격자와 대면시켜 범인을 지목하도록 한다.
③ 용의자와 목격자 및 비교대상자들이 상호 사전에 접촉하지 못하도록 한다.
④ 전문적으로 식별절차를 전담하는 담당자를 사전에 지정하여 식별과정과 결과의 정확성을 높인다.

해설

현재 우리나라 범인식별에 관한 지침이나 판례들은 범인식별절차를 위해 필요한 최소한의 규칙만을 제시할 뿐 담당자 지정에 관해서는 언급하고 있지 않다.

참고

범인식별 절차에 있어 목격자 진술의 신빙성을 높이기 위한 절차적 요건(대판 2004. 2. 27., 선고, 2003도7033)

범인식별 절차에 있어 목격자의 진술의 신빙성을 높게 평가할 수 있게 하려면, ① 범인의 인상착의 등에 관한 목격자의 진술 내지 묘사를 사전에 상세히 기록화한 다음, ② 용의자를 포함하여 그와 인상착의가 비슷한 여러 사람을 동시에 목격자와 대면시켜 범인을 지목하도록 하여야 하고, ③ 용의자와 목격자 및 비교대상자들이 상호 사전에 접촉하지 못하도록 하여야 하며, ④ 사후에 증거가치를 평가할 수 있도록 대질 과정과 결과를 문자와 사진 등으로 서면화하는 등의 조치를 취하여야 할 것이고, 사진제시에 의한 범인식별 절차에 있어서도 기본적으로 이러한 원칙에 따라야 한다.



정답 25 ③ 26 ④ 27 ④

# 보험조사분석사

**제3과목** 보험조사론 Ⅰ(이론)

**제4과목** 보험조사론 Ⅱ(실무)

제  과목

# 보험조사론 Ⅰ (이론)

제1회~제5회

# 기출 키워드 분석

제1회~제5회 시험에 출제된 기출 키워드를 각 장별로 정리한 자료입니다.

## Section Ⅰ 보험조사개론

- 보험조사의 개념
- 국가별 민간조사업의 관리 · 감독 – 영, 프, 일, 미
- 보험조사분석사의 요구능력과 의무
- 보험사기의 개념
- 보험사기범죄의 특성
- 보험사기 혐의 입증활동
- 스코어링(scoring) 시스템
- 경성사기의 유형(단독사기 징후)
- 보험사기범죄 증가원인
- 보험사기범죄 대응 유관기관에 대한 설명
  – 경찰, 검찰, 건강보험심사평가원, 국민건강보험공단
- 건강보험심사평가원
- 보험제도 성립의 전제조건
- 민간조사업에 대한 종합문제
- 보험조사분석사의 권한
- 보험조사분석에 관한 무자격자근절 조치
- 보험사기범죄의 원인
- 보험사기범죄 해당하는 상황 고르기
- 고지의무위반과 보험사기와의 관계
- 링크분석(link analysis) 기법
- 연성사기와 경성사기의 구별기준
- 도덕적 해이, 역선택
- 금융감독원의 역할
- 금융감독원의 보험사기 조사업무 중 '조사실시'단계
- 입원적정성 분석 – 조사 포인트

## Section Ⅱ 보험조사의 법률적 이해

- 보험조사분석사의 업무상 유의사항
- 수사 과정에서 전문수사자문위원의 지위
- 보험사기범죄 – 객관적 구성요건, 주관적 구성요건
- 보험사기범죄 처분행위
- 보험사기범죄 친족간 범행(친족상도례)
- 수사서류열람에 관한 명문규정
- 보험금을 노린 살인의 입증
- 입원환자의 외출
- 전문수사자문위원으로 지정된 보험조사분석사의 업무
- 주요 국가의 보험조사분석사 업무범위, 권한
- 보험사기범죄의 기망행위
- 보험사기범죄관련 형법(미수범처벌, 착수시기 등)
- 소송사기
- 행위양태에 따른 분류 – 보험사고 위장 · 날조
- 자동차관련 보험사기범죄
- 보험업법 102조의2 신설 조항

  ※ 제102조의2(보험계약자 등의 의무) 보험계약자, 피보험자, 보험금을 취득할 자, 그 밖에 보험계약에 관하여 이해관계가 있는 자는 보험사기행위를 하여서는 아니 된다.

## Section Ⅲ 보험조사 판례

- 보험사기범죄와 관련된 법규
- 보험사기범죄의 유형 – 고의사고, 허위사고, 고지의무위반, 피해과장
- 보험사기관련 부수범죄
- 허위입원의 특성, 대법원 판시, 사례
- 허위입원의 입원시 정황
- 병원관계자의 보험사기 근거
- 외제차와 이륜차의 보험사기 중 가장 많은 행태
- 보험사기방지관리업무사항
- 금융감독원의 보험사기범죄 대응 제반운영사항
- 금융감독원의 허위 · 과다입원 실태 분석결과 – 교통사고위장 多
- 보험사기를 인지하기 위한 시스템 종류 – 보험사기인지시스템(IFAS), 보험사고정보시스템(ICPS), 형사사법정보시스템(KICS), 손해보험협회 유의자검색시스템
  ※ 틀린 답 – 경찰교통시스템(TCS)
- 사무장병원 법리 관계

SECTION

# I 보험조사 개론

## 제1장 보험조사분석사

### 1 보험조사분석사의 자격요건

**01** 보험조사분석사의 업무영역으로 볼 수 없는 것은?

① 보험사고의 조사
② 보험사고의 분석
③ 보험범죄의 예방
④ 보험가입의 심사

"보험조사분석사"란 보험조사 분야의 전문성을 바탕으로 보험인수심사, 손해액 산정, 보험금 지급 등 보험업무 전 단계에서 보험사고의 조사, 분석 및 보험범죄의 적발, 예방 업무를 담당하는 보험조사 전문가를 말한다.

**02** 보험조사분석사 자격제도에 대한 설명으로 옳지 않은 것은?

① 영문으로는 Certificate Insurance Fraud Investigator, 약어로 CIFI라 한다.
② 보험범죄 조사 인력의 전문성을 평가하기 위해 보험연수원이 운영하는 민간자격제도이다.
③ 보험조사업무의 수행을 위해서는 자격취득이 필수요건이다.
④ 자격취득자가 공식적인 수사권한 등을 위임 받는 것은 아니다.

보험조사업무의 수행을 위해서는 자격취득이 필수요건이 되거나 자격취득자가 공식적인 수사권한 등을 위임 받는 것은 아니다.

**03** **보험조사분석사 자격제도의 도입으로 인한 기대효과가 아닌 것은?**

① 보험사기의 전문적 조사
② 보험사기 특별조사팀(SIU) 조사인력의 역량 강화
③ 손해사정사제도의 대체
④ 보험산업 전체의 전문성 향상

보험조사분석사 자격제도는 보험사기 특별조사팀(SIU), 언더라이팅, 손해사정, 보상업무 등 보험업무 전반과 관련되어 있기 때문에 손해사정사의 업무협조가 필수적이다.

**04** **보험조사분석사의 응시자격으로 가장 올바른 것은?**

① 응시자격의 제한은 없다.
② 보험범죄 조사·예방 및 손해사정업무에 3년 이상 종사한 경력이 있는 자
③ 손해사정사 자격시험에 최종 합격한 자
④ 검찰 수사 또는 경찰 수사경과 경력 3년 이상인 자

응시자격에는 특별한 제한을 두지 않는다.

**05** **보험조사분석사 자격시험의 응시 결격사유에 해당하지 않는 것은?**

① 금치산자 또는 한정치산자
② 파산자로서 복권되지 아니한 자
③ 보험사기 등 보험관련 불법행위를 하여 금융당국 및 사법당국으로부터 처벌을 받은 후 3년이 경과하지 아니한 자
④ 금융관계법령을 위반하여 벌금형 이상의 실형을 선고받고 집행이 종료되거나 집행이 면제된 후 2년이 경과하지 아니한 자

응시 결격사유
다음에 해당하는 자는 응시신청을 할 수 없다.
1. 금치산자 또는 한정치산자
2. 파산자로서 복권되지 아니한 자
3. 보험사기 등 보험관련 불법행위를 하여 금융당국 및 사법당국으로부터 처벌을 받은 후 **2년**이 경과하지 아니한 자
4. 금융관계법령을 위반하여 벌금형 이상의 실형을 선고받고 집행이 종료되거나 집행이 면제된 후 2년이 경과하지 아니한 자



정답 01 ④ 02 ③ 03 ③ 04 ① 05 ③

## 06 보험조사분석사가 갖추어야 할 기본적인 자격요건과 거리가 먼 것은?

① 전문가로서의 자질　　② 경제능력
③ 일반적인 적성　　④ 윤리성

보험조사 과정에서 발생할 수 있는 위법행위와 소비자피해 등의 문제를 최소화 하기 위해 전문가로서의 자질, 책임, 적성, 윤리성 등의 기본적인 자격요건을 갖추어야 한다.

## 07 보험조사분석사가 갖추어야 할 일반적인 적성 및 책임과 관련이 없는 것은?

① 사명감
② 주관적 · 논리적 분별력
③ 다양한 정보수집 기술
④ 관찰력과 호기심

해설

객관적이고 논리적인 분별력이 요구된다.

## 08 보험조사분석사가 갖추어야 할 일반적인 능력과 관련이 없는 것은?

① 보험사고 발생에 따른 손해액 및 보험금 산정능력
② 상세한 정보수집을 위한 사진촬영능력
③ 피해자의 면담을 통한 정보수집 능력
④ 합리적이고 논리적으로 자신의 주장을 펼 수 있는 능력

보험사고 발생에 따른 손해액 및 보험금 산정은 손해사정사의 업무영역에 해당된다.

## 09 보험조사분석사에 요구되는 윤리성에 대한 설명으로 옳지 않은 것은?

① 다른 직업보다 사명감·책임감·윤리성이 더욱 요구된다.
② 각종 부정과 유혹에 노출될 위험성이 높아서 지속적으로 교육을 통한 윤리의식을 배양해야 한다.
③ 도덕적 감수성 개발을 통해 다양한 관점에서도 올바른 업무방향을 설정해야 한다.
④ 당사자간 충돌이 일어날 경우에는 반드시 규정된 규칙에 따라 처리해야 한다.

해설 당사자간 충돌이 일어날 경우에는 인간관계의 규범을 바탕으로 도덕적으로 중재할 수 있어야 한다.

## 10 보험조사분석사의 자격요건에 대한 설명으로 가장 옳지 않은 것은?

① 수집된 정보 출처에 대한 비밀을 준수해야 한다.
② 정보수집을 위한 보고서 작성능력이 있어야 한다.
③ 완벽한 보험조사를 위한 통계지식, 즉 전문적인 수치계산능력이 필요하다.
④ 타인의 정보를 다루므로 고도의 도덕성과 사회공공성이 요구된다.

해설 보험조사 분야에 대한 연구와 노력이 필요하지만 조사를 위한 통계지식, 즉 전문적인 수치계산능력은 '사회조사분석사'와 관련이 있다.

## 11 다음 〈보기〉 내용의 (  ) 안에 들어갈 내용으로 가장 옳지 않은 것은?

> 보험조사분석사 자격제도의 도입 목적은 갈수록 (  ), (  ), (  )되어 가는 보험사기를 선진 외국처럼 전문적으로 조사하는 데 있다.

① 지능화　　② 조직화
③ 개별화　　④ 국제화

해설 보험조사분석사 자격제도의 도입 목적은 갈수록 **지능화, 국제화, 조직화, 일반화, 집단화**되어 가는 보험사기를 선진 외국처럼 전문적으로 조사하는 데 있다.

정답 06 ② 07 ② 08 ① 09 ④ 10 ③ 11 ③

**12** **보험조사분석사의 자격제도에 대한 설명으로 가장 옳지 않은 것은?**

① 보험사기 특별조사팀(SIU) 조사인력의 역량을 강화하여 보험산업 전체의 전문성을 높일 수 있다.

② 보험조사분석사는 조사 대상에 영향을 미치는 위치에 있으므로 여러 요소들을 고려해서는 안 된다.

③ 보험조사분석사는 각종 부정과 유혹에 노출될 가능성이 많기 때문에 지속적인 교육을 통해 윤리의식을 배양해야 한다.

④ 무자격자의 활동을 금지하기 위해서는 무자격자가 수집한 자료의 증거능력을 배제하는 조치가 있어야 한다.

해설 보험조사분석사는 조사 대상에 영향을 미치는 위치에 있으므로 업무수행 중 여러 요소들을 고려하고, 사건의 결과물들을 이해할 수 있어야 한다.

## 2 보험조사분석사의 권한과 의무

**13** **보험조사분석사의 권한을 손해사정사와 비교할 때 가장 올바르게 설명한 것은?**

① 국가 공인 자격이다.

② 보험조사업무를 수행함에 있어서 다양한 정보를 수집 · 관리한다.

③ 보험 사고 현장을 조사하고 보험료를 산정한다.

④ 보험약관 및 관계법규의 적정성을 판단한다.

해설 ①·③·④는 모두 손해사정사의 업무와 관련된다.

**14** **다음은 보험조사분석사의 역할에 대한 설명이다. 괄호 안에 들어갈 내용으로 가장 적절한 것을 순서대로 나열한 것은?**

> 보험조사분석사는 보험사고의 조사 · 분석과 보험범죄의 적발 · 예방 업무를 담당하는 전문 인력으로서 ( ㉠ ) 방지와 ( ㉡ ) 강화를 위한 보험업계 자구노력에 적극 동참하고자 도입되었다.

① ㉠ 보험사기, ㉡ 소비자보호

② ㉠ 보험사고, ㉡ 보험산업의 경쟁력

③ ㉠ 보험사기, ㉡ 보험산업의 권한
④ ㉠ 보험사고, ㉡ 소비자보호

해설 보험조사분석사는 보험사고의 조사・분석과 보험범죄의 적발・예방 업무를 담당하는 전문 인력으로서 **보험사기** 방지와 **소비자보호** 강화를 위한 보험업계 자구노력에 적극 동참하고자 도입되었다.

**15** **다음 중 보험조사분석사의 의무사항으로 볼 수 없는 것은?**

① 수집・조사의 확대
② 공무집행방해 금지
③ 업무범위 초과행위금지
④ 비밀누설금지

해설 수집・조사의 '확대'가 아니라 '제한' 의무이다.

**16** **보험조사분석사의 의무사항에 대한 설명으로 옳지 않은 것은?**

① 부정한 방법으로 자격증을 취득해서는 안 된다.
② 보험조사 업무와 무관한 개인의 사생활 정보를 수집・조사해서는 안 된다.
③ 보험업무를 확대하여 조사업무를 행할 수 있다.
④ 자격증을 다른 사람에게 대여할 수 없다.

해설 보험조사분석사는 그 업무를 '초과'하여 조사업무를 행할 수 없다.

**17** **보험조사분석사의 의무와 관련이 없는 것은?**

① 타인의 기본권보호
② 법률상 허용된 행위
③ 직업적 절차상의 의무
④ 국민의 법익과 권리보호

해설 보험조사분석사의 의무란 법률상의 구속력, 즉 자기 의사와 상관없이 일정한 행위를 하여야 할지 또는 하지 말아야 할지를 규정하는 법률상의 구속력을 말한다.

정답 12 ② 13 ② 14 ① 15 ① 16 ③ 17 ②

## 18 보험조사분석사의 조사업무 중 정보수집에 제한을 받는 경우가 아닌 것은?

① 국가의 안보 및 기밀에 관한 정보
② 기업의 영업비밀 정보
③ 개인의 정치적 사상
④ 조사업무에 관련된 사생활 정보

보험조사분석사는 국가의 안보 및 기밀에 관한 정보, 기업의 영업비밀 또는 독창적인 연구개발, 개인의 정치적 사상, 종교적 신념, 기타 조사업무와 무관한 사생활에 관한 정보를 수집・조사해서는 안 된다.

## 19 보험조사분석사의 의무사항에 대한 설명으로 옳지 않은 것은?

① 조사업무를 수행하면서 폭행이나 협박을 가해서는 안 된다.
② 조사대상자에게 조사자료의 제공과 답변을 강요해서는 안 된다.
③ 업무상 알게 된 비밀을 정당한 사유 없이 누설해서는 안 된다.
④ 업무완료시에는 구두 또는 문서상으로 조사내용을 보고하여야 한다.

업무완료시에는 문서상으로 조사내용을 제출하여야 한다.

## 20 보험조사분석사의 의무사항에 대한 설명으로 옳지 않은 것은?

① 보험조사분석사는 경찰, 검찰 등 공무원의 직무집행을 방해하여서는 안 된다.
② 보험조사분석사는 업무를 수행하면서 폭행 또는 협박을 가하거나 위계 또는 위력을 사용하여서는 안 된다.
③ 보험조사분석사는 특별한 규정이 있는 경우 자격증을 다른 사람에게 대여할 수 있다.
④ 보험조사분석사는 그 업무를 초과하여 조사업무를 행할 수 없다.

보험조사분석사는 자격증을 다른 사람에게 대여하지 못한다.

# 제2장 보험사기범죄

## 1 보험사기범죄의 개요

**01** **다음 중 보험사기의 개념과 관련이 없는 내용은?**

① 현행 보험업법상 규정되어 있지 않다.
② 형법상 사기죄로 처벌되는 범죄행위이다.
③ 보험자로부터 보험계약상 지급받을 수 없는 보험금을 취득하는 행위이다.
④ 보험계약을 이용하여 보험자의 부담으로 자기 또는 제3자에게 보험금의 형식으로 위법적인 이익을 보게 하는 행위이다.

해설 2010년 7월 개정된 보험업법 제102조의2(보험계약자 등의 의무)에서 "보험계약자, 피보험자, 보험금을 취득할 자, 그 밖에 보험계약에 관하여 이해관계가 있는 자는 **보험사기행위**를 하여서는 아니 된다"고 규정함으로써 '보험사기' 개념을 명시하였다.

**02** **보험사기의 개념을 '광의의 보험사기'와 '협의의 보험사기'로 구분할 때 '협의의 보험사기'를 정의한 것으로 옳은 것은?**

① 보험과 관련된 일체의 사기적 행위
② 보험계약자가 받을 수 없는 보험급부를 받은 행위
③ 보험계약자가 부당하게 낮은 보험료를 지불한 뒤 보험급부를 받은 행위
④ 재산상의 이익을 얻을 목적으로 보험회사를 기망하여 보험급부를 청구하고 이를 교부받은 행위

해설 ①·②·③은 '광의의 보험사기'에 해당하고, ④는 '협의의 보험사기'에 해당한다.



정답 18 ④ 19 ④ 20 ③ / 01 ① 02 ④

## 03 다음 중 보험사기행위와 관련이 없는 내용은?

① 이미 발생한 보험사고의 원인, 시기 또는 내용 등을 거짓으로 조작하거나 피해정도를 과장하여 보험금을 청구하는 행위
② 고의로 보험사고를 발생시켜 보험금을 청구하는 행위
③ 발생하지 아니한 보험사고를 발생한 것으로 조작하여 보험금을 청구하는 행위
④ 보험업무와 관련하여 보험회사의 재산적 이득을 위한 일체의 행위

보험사기란 보험업무와 관련하여 본인 또는 제3자의 재산적 이득을 위하여 보험회사에 대해 행하는 일체의 범법행위를 말한다.

## 04 다음 중 보험사기행위에 개입하는 '제3자'에 해당되지 않는 자는?

① 의료기관
② 자동차 정비업체
③ 피보험자
④ 손해사정업체

의료기관, 자동차 정비업체, 부품업체, 손해사정업체 등 제3자가 보험사기행위를 알면서 개입한 경우에는 공범 또는 방조범으로 처벌된다.

## 05 다음 중 보험사기에 대한 설명으로 틀린 것은?

① 보험사기란 보험계약자 또는 보험금청구권자가 보험자를 기만하여 부당한 보험계약을 체결하거나 또는 허위로 보험금 지급을 청구하는 경우 및 그 보험금을 수령한 것을 말한다.
② 광의의 보험사기에는 진실된 사실을 은폐하여 보험자를 기만하거나 착오에 빠뜨리는 위법행위로서 미필적 고의도 포함된다.
③ 고의성은 없지만 손실에 관하여 무관심하거나 부주의하여 손실의 규모나 가능성을 증가시키는 위험상태인 방관적 위험으로 인한 손해발생도 광의의 보험사기에 해당된다.
④ 현행 약관에서는 보험계약자가 사기적인 행위로 보험금을 청구하는 경우 보험자는 당해 사기적 청구에 대한 책임에 한하여 효력을 부인하고 있다.

현행 약관에서는 보험계약자가 사기적인 행위로 보험금을 청구하는 경우 공서양속이나 신의성실의 원칙에 반하기 때문에 보험자는 당해 사기적 청구에 대한 책임뿐만 아니라 계약의 전부 또는 일부의 효력을 부인하여 보험자의 면책을 인정하고 있다.

**06** **다음 중 보험사기에 대한 설명으로 적절하지 않은 것은?**

① 보험계약자의 고의로 보험사고를 일으킨 경우에는 보험자는 원칙상 급부의무를 지지 않는다.
② 상법은 초과보험과 중복보험이 발생한 경우 보험가액을 초과하는 부분에 대해서는 무효처리하고 있다.
③ 보험사기는 보험회사에게 피해를 주는 것일 뿐, 피보험자는 별다른 피해가 없으므로 보험사기에 대해 관대해진다.
④ 보험사기의 피해는 많은 사람에게 적은 액수로 전가되기 때문에 인식하지 못하거나 크게 문제 삼지 않는 경향이 있다.

해설
보험사기는 외견상 보험회사에게 직접적인 피해를 주는 것으로 보이지만 궁극적으로는 보험료 인상을 통해 보험계약자에게 피해가 전가된다.

**07** **다음 중 광의의 보험사기, 즉 보험범죄와 가장 관계있는 보험계약의 성질은?**

① 사행계약　　② 계속계약
③ 단체계약　　④ 독립계약

해설
보험범죄는 적은 보험료를 내고 우연한 사고로 인하여 거액의 보험금을 받을 수 있는 '보험계약의 사행성' 때문에 일어난다.
사행계약이란 우연에 의한 불로이득을 취할 목적으로 이루어지는 행위를 말한다. 보험계약도 우연한 사실에 의해서 보험금의 지급이 좌우되는 계약이므로 사행계약성을 가진다고 할 수 있다. 사행계약성은 보험의 필수적인 성질이지만, 그 부작용으로 인해 보험제도를 악용하려는 도덕적 위험이 존재하게 된다.

**08** **보험범죄에 대한 설명으로 가장 적절하지 않은 것은?**

① 우연한 사고를 전제로 한다.
② 사회전반적인 관용적 태도가 한 가지 원인이다.
③ 적발시 처벌을 강화하면 줄일 수 있다.
④ 조사활동을 강화하면 줄일 수 있다.

해설
보험범죄(광의의 보험사기)란 보험계약자 등(보험계약자, 피보험자 또는 보험수익자)이나 제3자(피해자, 의료기관 또는 자동차정비업자 등)가 부당한 보험금(보험자가 지급하지 말아야 하거나 그 지급한도를 초과하는 보험금)을 받아낼 목적으로 보험자를 기망하는 행위를 말한다. 이러한 보험범죄의 유형에는 보험계약자 등이나 제3자가 고의로 보험사고를 내고 그 사고가 **우연하게 일어난 것으로 가장하는 행위**도 포함된다.



정답 03 ④ 04 ③ 05 ④ 06 ③ 07 ① 08 ①

## 09 다음 중 보험범죄에 대한 설명으로 틀린 것은?

① 일반적으로 보험범죄의 개념은 넓은 의미의 보험사기로 이해되고 있다.
② 보험범죄는 보험자를 기만하여 부당하게 높은 보험금의 지급을 요구할 목적으로 고의적이며 악의적으로 행동하는 행위를 의미한다.
③ 보험계약자가 보험금을 수령할 목적으로 인위적으로 보험사고를 발생시키는 것도 포함된다.
④ 보험계약을 체결함에 있어서 보험자가 보험계약자를 기망하여 불법행위를 하는 것은 보험범죄에서 제외된다.

보험계약을 체결함에 있어서 보험자가 보험계약자를 기망하여 불법행위를 하는 것도 보험범죄에 포함시키는 견해도 있다.

## 10 보험범죄의 개념에 포함되는 행위로 볼 수 없는 것은?

① 우연히 발생한 보험사고에 대해 보험급여를 청구하여 수령하는 행위
② 고의에 의해 위험을 실현시키고 보험급여를 청구하여 수령하는 행위
③ 현실화된 위험을 조작하는 행위
④ 보험계약 산정의 기초가 되는 위험성을 의도적으로 조작하는 행위

우연한 사고를 가장한 목적으로 보험급여를 청구하여 수령하는 행위가 보험범죄에 해당한다.

## 11 도덕적 해이의 개념에 대한 설명으로 옳지 않은 것은?

① 보험계약전 계산된 위험보다 높은 집단이 가입하여 피보험단체의 사고발생 확률을 증가시키는 현상이다.
② 보험계약 후 고의나 과실로 사고발생 확률이 높이거나 손해액을 확대하려는 성향이다.
③ 보험가입자가 보험에 가입했기 때문에 안심이 되어 부주의, 태만, 과실 등과 같이 인간성격의 위약성에 의하여 나타나는 위험까지도 포함한다.
④ 도덕적 해이의 결과로써 나타나게 되는 보험사기행위를 보험범죄와 동일한 개념으로 이해할 수 있다.

①은 역선택에 대한 설명이다.

**12** **보험산업의 도덕적 해이에 대한 설명으로 옳지 않은 것은?**

① 보험계약에서 정보의 주체가 자기의 역할에 최선을 다하지 않으려는 마음가짐이나 행동, 즉 다른 사람들의 이익을 희생한 대가로 자신만의 이익을 추구하는 기회주의적 행위를 말한다.
② 보험계약으로 인하여 보험계약자가 손실발생 방지노력을 지속적으로 기울이는 경향이라고 할 수 있다.
③ 보험 주체들을 윤리적, 정신적으로 긴장시키지 못함으로써 정상적 시장질서를 해치는 위협요소가 된다.
④ 보험인수시 담보위험 혹은 손해의 원인(peril) 결정에 중요한 요소이다.

보험계약으로 인하여 보험계약자가 손실발생 방지노력을 '덜' 하는 경향이라고 할 수 있다.

**13** **도덕적 해이를 '내적 도덕적 해이'와 '외적 도덕적 해이'로 나눌 때 '내적 도덕적 해이'에 해당하는 것은?**

① 피보험자가 직접적으로 보험제도를 악용하거나 남용하는 행위
② 의사가 간접적으로 보험제도를 악용하거나 남용하는 행위
③ 변호사가 간접적으로 보험제도를 악용하거나 남용하는 행위
④ 자동차수리업자가 간접적으로 보험제도를 악용하거나 남용하는 행위

도덕적 해이는 위험행동을 누가 유발하였는가에 따라 '내적 도덕적 해이'와 '외적 도덕적 해이'로 나눈다.
②·③·④ '외적 도덕적 해이'에 해당한다.

**14** **보험의 역선택(adverse selection)에 대한 설명으로 옳지 않은 것은?**

① 피보험집단의 위험을 높이는 현상과 관련이 있다.
② 화재보험을 대체비용 보상으로 가입한 사람이 보험에 가입하기 이전처럼 화재방지에 신경을 안 쓰는 경우를 말한다.
③ 자동차보험 시장에서 보험사와 운전자 사이에 운전자 개개인의 위험정도에 관한 정보비대칭이 존재함으로 인하여 위험정도가 높은 운전자가 위험정도가 낮은 운전자보다 상대적으로 보험가입률이 높아지는 형태로 나타난다.
④ 역선택이 발생하면 시장 규모가 축소되고, 사회적으로 바람직한 유형의 거래자가 거래를 성사시키지 못하여 손해를 보는 등 자원 배분의 비효율성이 발생한다.



정답 09 ④ 10 ① 11 ① 12 ② 13 ① 14 ②

②는 도덕적 해이의 사례이다.
역선택은 평균적인 위험 발생 가능성보다 더 높은 위험 발생 가능성을 갖고 있는 사람이 평균적인 위험 발생 가능성을 갖고 있는 것처럼 평균 보험요율에 따라 보험에 가입하는 상황을 말한다.

**15** 다음 중 역선택(adverse selection)을 감소시키는 효과가 가장 큰 것은?

① 고지의무 ② 경험요율
③ 공동보험 ④ 보험자대위

역선택은 보험자와 보험계약자 간의 정보의 불균형으로 인해 불리한 의사결정을 하는 상황을 말한다. 즉, 보험계약 체결시 위험은 보험자가 선택하게 되어 있으나 보험계약자가 보험자에게 불리한 보험사고의 발생 가능성이 높은 위험을 자진하여 선택, 보험에 가입하는 것을 의미한다. 따라서, 역선택을 방지하기 위해 법률상 보험계약자, 피보험자에게 **고지의무 등을 부여**하고 있다.

**16** 역선택과 도덕적 해이의 공통점으로 가장 올바른 것은?

① 정보의 불균형 ② 위험발생 가능성
③ 고지위무 위반 ④ 고의 또는 불성실한 행동

역선택과 도덕적 해이의 공통점은 **정보의 불균형**에서 비롯된다는 점이다.
역선택과 도덕적 해이의 차이점은 정보의 불균형 효과가 보험계약 체결전이냐 보험계약 체결 후에 나타나느냐에 있다.

**17** 역선택을 방지하기 위한 상법상 방어대책을 다음 〈보기〉에서 모두 고르면?

| | |
|---|---|
| ㉠ 고지의무제도 | ㉡ 위험변경증가의 통지의무제도 |
| ㉢ 고의나 중과실 면책 | ㉣ 초과보험의 제한 |

① ㉠, ㉡ ② ㉢, ㉣
③ ㉠, ㉡, ㉢ ④ ㉠, ㉡, ㉢, ㉣

역선택의 방어대책

- 고지의무제도(상법 제651조)
- 위험변경증가의 통지의무제도(상법 제652조)
- 고의나 중과실 면책(상법 제657조)
- 초과보험의 제한(상법 제669조)
- 중복보험의 제한(상법 제672조)

**18** **다음 중 보험사기범죄에 대한 사후적 제재방법에 해당하는 것은?**

① 손해배상청구권 ② 중복보험의 무효

③ 공동보험제도 ④ 실손보상의 원칙

②, ③, ④는 보험사기의 사전적 예방대책이다.

보험사기 청구건에 대한 사후적인 장치

- 지급책임면책
- 특별해지권의 부여 여부
- 손해배상청구권
- 청구권 상실

**19** **「형법」 제347조 제1항에 의해 사람을 기망하여 재물의 교부를 받거나 재산상의 이익을 취득한 자에 대한 벌칙은?**

① 3년 이하의 징역 또는 1천만원 이하의 벌금

② 10년 이하의 징역 또는 2천만원 이하의 벌금

③ 10년 이하의 징역 또는 3천만원 이하의 벌금

④ 10년 이하의 징역 또는 5천만원 이하의 벌금

사람을 기망하여 재물의 교부를 받거나 재산상의 이익을 취득한 자는 10년 이하의 징역 또는 2천만원 이하의 벌금에 처한다(형법 제347조 제1항).

정답 15 ① 16 ① 17 ④ 18 ① 19 ②

## 20 우리나라 최초의 보험사기사건과 관련있는 내용은?

① '보험외교원(보험모집인)의 협잡'사건
② 박분례사건
③ 대리건강진단 보험금 사취 미수사건
④ 태백 사건

해설 '보험외교원(보험모집인)의 협잡'사건은 1924년 4월 2일자 매일신보에 난 기사로 우리나라 최초의 보험사기사건을 소개하고 있다. 참고로, 우리나라 최초의 보험살인사건은 1975년 발생한 '박분례사건'이다.

참고 '보험외교원(보험모집인)의 협잡' 기사
1924년 4월 2일자 매일신보에는 '보험외교원(보험모집인)의 협잡'이라는 기사로 우리나라 최초의 보험사기사건을 소개하고 있다. 보험외교원 조씨는 송씨 등과 공모하여 1923년 8월경에 수원군 마도면에 사는 이씨의 처가 병이 중하여 위독한 것을 알고 다른 여자를 이씨의 처인 것처럼 속여 양로보험 5천원에 계약한 후 몇 개월을 지나도록 이씨의 처가 사망치 아니하자 1923년 10월경에 살아있는 이씨의 처가 사망하였다고 허위의 사망 신고를 당국에 제출하고 보험금 5천원을 편취하였다가 발각되어 법정에서 징역형을 받은 사건이다.

### 2 보험범죄자의 특성 및 보험사기의 발생원인

## 21 보험범죄자의 특성으로 옳지 않은 것은?

① 지능적이고 죄의식이 결여되어 있다.
② 소비지출이 높고 뚜렷한 소득원이 없다.
③ 기업형 범죄에서 생계형 범죄로 변하는 경향이 있다.
④ 사회적으로 부적응한 자가 많다.

해설 생계형 범죄에서 기업형 범죄로 발전하는 경향이 있다.

## 22 보험범죄자의 특성으로 옳지 않은 것은?

① 범행이 반복적이다.
② 금전소유욕이 약하다.
③ 소득에 비해 다수의 보험에 가입하고 있다.
④ 최근에는 부유층에서도 고액의 보장성 보험에 가입하여 고액의 보험료를 편취하는 경우도 있다.

금전소유욕이 강하고 경제적으로 궁핍하다.

## 23 보험사기의 발생원인으로 볼 수 없는 것은?

① 보험사기에 대한 사회적 경각심 결여
② 보험계약의 사행성
③ 보험사기의 단순성
④ 보험사기에 대한 경미한 처벌

보험사기는 보험금을 편취하기 위해 살인, 방화와 같은 범죄를 저지르는 등 복합적인 성격을 가지고 있을 뿐만 아니라 그 수법도 매우 다양하다.

## 24 보험사기의 발생원인과 관련이 없는 것은?

① 컨트롤시스템의 부재
② 보험사기에 대한 경미한 처벌
③ 경제적 궁핍
④ 보험회사의 적극적 대응능력

보험사기의 의심자에 대하여 보험회사의 한정된 보험금 지급심사능력 및 조사능력 한계로 인해 적극적인 조사가 이뤄지지 못하고 있고, 또한 민원발생의 회피 및 보험회사의 이미지에 손상을 줄 염려가 있기 때문에 **보험사기에 대해 소극적으로 대처**하는 요소도 무시할 수 없다.



정답 20 ① 21 ③ 22 ② 23 ③ 24 ④

## 25 보험사기의 발생원인에 대한 설명으로 옳지 않은 것은?

① 보험사기는 타인에게 직접적인 피해를 주지 않는다고 인식하고 있다.
② 보험계약은 계약상 담보되는 우연한 사고가 발생하면 적은 보험료에 거액의 보험금을 받게 되는 사행성을 띠고 있다.
③ 보험사기의 경우 형법상의 사기죄 등으로 처벌할 수 없다.
④ 보험사기에 대한 사법당국의 무관심과 미흡한 협조체제 등은 보험사기의 환경을 조성해 준다.

보험사기의 경우 형법상의 사기죄(형법 제347조) 등으로 처벌이 가능하지만, 보험사기행위의 특수성에 비추어 볼 때 보험사기자에 대한 적발이 용이하지 않을 뿐만 아니라 강력범죄와 병합될 경우를 제외하고는 기소되는 대부분의 보험사기자들이 불구속기소 또는 벌금형에 그치는 등 죄질에 비해 처벌이 미약하고 법적 · 제도적 장치도 미흡하다.

## 26 다음은 보험사기에 대한 처벌내용이다. 괄호 안에 들어갈 알맞은 내용을 순서대로 나열한 것은?

> 최근 제정된 「보험사기방지 특별법」에서는 보험사기행위로 보험금을 취득하거나 제3자에게 보험금을 취득하게 한 자는 (　　) 또는 (　　) 이하의 벌금으로 양형기준을 높였으며, 그 범죄 행위로 취득한 보험금에 따라 (　　)까지 가중처벌할 수 있도록 하였다.

① 3년 이하의 징역, 3천만원, 10년 이하의 징역
② 5년 이하의 징역, 3천만원, 10년 이하의 징역
③ 5년 이하의 징역, 5천만원, 무기징역
④ 10년 이하의 징역, 5천만원, 무기징역

최근 제정된 「보험사기방지 특별법」에서는 보험사기행위로 보험금을 취득하거나 제3자에게 보험금을 취득하게 한 자는 (**10년 이하의 징역**) 또는 (**5천만원**) 이하의 벌금으로 양형기준을 높였으며, 그 범죄 행위로 취득한 보험금에 따라 (**무기징역**)까지 가중처벌할 수 있도록 하였다.

##  보험사기범죄의 특성

**27** **최근 보험사기범죄의 특성으로 볼 수 없는 것은?**

① 지능화
② 조직화
③ 피해의 전가성
④ 보험범죄에 대한 경각심

해설 보험사기범죄에 대한 사회적 인식이 너그러운 편이기 때문에 불황기에 더욱 증가하고 있으며, 생활여건이 어려운 일반인들은 '보험을 통해 쉽게 돈을 벌 수 있다'는 생각에 죄의식 없이 보험사기범죄에 가담하고 있다.

**28** **다음 중 보험사기범죄의 특성과 관련이 없는 것은?**

① 보험사기의 복잡성과 다양성
② 범죄의 조직성
③ 입증의 용이성
④ 죄의식의 부재

보험사기범죄는 관련자들의 고의를 입증한다는 것이 곤란하다는 특성이 있다.

판례 보험계약자가 다수의 보험계약을 통해 보험금을 부정하게 취득할 목적으로 보험계약을 체결했다면 이는 다수의 선량한 보험가입자의 희생을 초래해 보험제도의 근간을 해치는 것이기 때문에 선량한 풍속 기타 사회질서에 반해 무효이다(대판 2005.7.28.선고, 2005다23858). 다만, 이 같은 보험계약자의 부정한 목적을 입증해야 할 책임은 보험회사에 있다.

**29** **보험사기범죄의 특성에 대한 설명으로 가장 옳지 않은 것은?**

① 보험범죄는 외견상 보험회사에게 직접적인 피해를 주는 것으로 보이지만 궁극적으로는 보험료 인상을 통해 보험계약자에게 피해가 전가된다.
② 보험금을 편취하기 위해 살인, 방화와 같은 다른 범죄를 저지르는 등 복합적인 성격을 띤다.
③ 보험범죄는 대부분 단독범행으로 일어나는 경우가 많다.
④ 최근 보험범죄는 폭력조직, 병·의원, 자동차정비업체 등 다수인이 개입되어 점차 조직화되는 경향이 있다.

정답 25 ③ 26 ④ 27 ④ 28 ③ 29 ③

보험범죄는 단독범행도 있기는 하지만 2인 이상의 공범에 의해 행해지는 경우가 많다. 예를 들어 실제 발생하지 않은 교통사고를 발생한 것처럼 하기 위해 가해자와 피해자가 공모하거나, 실제 발생한 손해보다 더 큰 보험급여를 받기 위해 피해자와 자동차 수리업체가 공모하는 경우가 많다.

## 30 보험사기범죄의 특성을 올바르게 설명한 것은?

① 복잡하고 이해하기 어려운 보험약관 내용과 상관없다.

② 보험금 사취행위가 불법행위라는 사실은 인식하고 있지 않는 것이 일반적이다.

③ 보험료와 범행을 통하여 받을 수 있는 보험금액을 경제적으로 비교·평가한다.

④ 보험사기범죄의 입증이나 적발에 들어가는 비용이 적다.

③ 보험사기자가 범행을 위하여 지출하는 비용, 즉 보험료와 범행을 통하여 받을 수 있는 보험금액을 경제적으로 비교·평가한 후에 범행을 행한다.

① 보험을 악용·남용하기 위해서는 복잡하고 이해하기 어려운 보험약관 내용이나 보험법을 비롯한 수많은 법률 규정들을 이해하여 그것을 이용해야 한다.

② 보험금 사취행위가 불법행위라는 사실은 인식하고 있지만 심리적으로 죄의식을 느끼지 않는 것이 일반적이다.

④ 보험사기범죄의 입증이나 적발에 들어가는 비용이 크기 때문에 보험회사가 이를 방치하는 경향이 있다.

## 31 보험사기범죄의 특성에 대한 설명으로 옳지 않은 것은?

① 보험은 일상생활 주변의 거의 모든 위험을 담보하고 있어 보험사기의 수법이 매우 다양하게 나타난다.

② 보험사기는 보험약관이나 보험관련 규정 등 일반이 이해하기 어려운 개념을 이해하고 이용해야 한다.

③ 보험사기로 인하여 피해를 보는 것은 결국 일반 보험계약자보다는 보험회사이다.

④ 보험범죄의 피해는 많은 사람에게 적은 액수로 전가되기 때문에 인식하지 못하거나 크게 문제 삼지 않는 경향이 있다.

보험사기로 인하여 침해되는 법익은 보험회사의 재산권이다. 그러나 일반 보험계약자가 내는 보험료에는 이미 보험범죄로 인하여 보험회사 입은 손해까지 포함되어 있기 때문에 결국 피해를 보는 것은 보험회사가 아니라 일반 보험계약자이다.

**32** **보험사기범죄의 특성 중 '범죄의 지능성'과 관련있는 내용은?**

① 보험범죄자들은 계약심사나 손해조사 및 손해사정이 비교적 까다롭지 않은 보험회사를 찾아서 계약하고 범행하는 경향이 있다.
② 보험을 악용해야 하므로 보험을 잘 알고 있거나 치밀한 계획 하에 보험사고 등으로 위장해야 한다.
③ 보험범죄자들은 보험살인이나 방화 등을 수단으로 하는 경우를 제외하고는 다른 범죄와는 달리 보험범죄에 대한 죄의식이 높지 않다.
④ 보험모집종사자, 손해사정담당자 등 내부종사자가 묵인하거나 방조하는 방법 등으로 보험범죄에 개입하는 경우가 많다.

보험사기는 보험약관이나 보험법을 비롯한 많은 법률 규정들을 이해해야 하기 때문에 고도의 지능성이 요구된다.
①·③ 죄의식의 부재 특성
④ 범죄의 조직성에 의한 범죄(다수가담자에 의한 범죄) 특성

**33** **보험사기범죄의 특성 중 '죄의식의 부재'와 관련있는 내용은?**

① 수사기관과 보험회사 간의 정보수집과 공유가 현실적으로 어렵기 때문에 보험사고의 고의나 중과실을 입증하기가 어렵다.
② 보험범죄는 지능적이고 치밀한 계획과 행동에 더해 사후적으로 범죄가 발견되지 않도록 하기 위해 여러 사람이 공모하는 경우가 대부분이다.
③ 보험범죄자는 보험회사에서 거액의 돈을 사취해 가지만 사취된 보험회사의 선의의 보험계약자는 이것을 거의 인식하지 못한다.
④ 보험급여를 청구하기 위해 살인, 방화, 폭행, 손괴 등과 같은 범죄를 고의로 저지른다.

보험범죄에 대한 사회적 인식이 너그러운 편이기 때문에 보험범죄는 불황기에 더욱 증가하고 생계형 범죄가 눈에 띄고 있다. 특히 고용보험이나 산재보험과 같은 사회보험 영역에서 더욱 심각하다.
① 입증의 곤란성
② 범죄의 조직성
③ 범죄의 복합다양성

## 34 보험사기범죄의 특성 중 '입증의 곤란성'에 대한 설명이다. 옳지 않은 것은?

① 보험사기가 성립되기 위해서는 부정한 방법으로 보험급여를 청구하였다는 사실이 입증되어야 한다.

② 수사기관과 보험회사 간의 정보수집과 공유가 현실적으로 어렵기 때문에 보험사고의 고의나 중과실을 입증하기란 쉽지 않다.

③ 보험사고를 조사하는 보험회사나 보험조사분석사에게 강제조사권이 보장되어 있으나, 보험범죄를 입증한다는 것은 어렵다.

④ 의료와 관련된 보험의 경우 의사의 의료행위는 주관적 진단의 결과이므로 모든 의료행위에 일률적인 기준을 적용할 수 없어 입증이 어렵다.

보험사고를 조사하는 보험회사나 보험조사분석사에게 강제조사권이 보장되어 있지 않고, 보험범죄 발생 초기 단계부터 수사기관과 정보를 공유하거나 공조한다는 것이 쉽지 않기 때문에 입증이 곤란하다.

## 35 다음의 내용은 보험사기범죄의 어떤 특성과 관련이 있는가?

> 보험사기로 인하여 보험회사의 재산권에 대한 피해는 결국 다수의 보험계약자들에게 돌아갈 수 밖에 없다. 보험사고가 발생하게 되면 같은 군(群)의 위험률이 상승하게 되고 그에 따라 장기적으로 같은 군(群)의 보험료가 상승하기 때문이다.

① 피해의 전가성

② 죄의식 부재

③ 범죄의 조직성

④ 범죄의 복합다양성

피해의 전가성으로 인하여 보험회사는 보험사기에 따른 손해를 보전할 수 있기 때문에 보험사기에 대해 소극적이며, 보험계약자 또는 피보험자의 입장에서도 그 손해가 많은 사람에게 적은 액수로 전가되기 때문에 인식하지 못하거나 크게 문제 삼지 않는 경향이 있다.

**36** **생계형 보험범죄에서 발생하는 보험금 부정청구행위의 원인이 아닌 것은?**

① 열악한 노동환경 ② 직장에 대한 불안감
③ 상대적인 박탈감 ④ 건전한 노동정신

보험금 부정청구행위는 열악한 노동환경, 상대적인 박탈감, 직장에 대한 불안감, 해고위험, 건전한 노동정신의 실종 등의 원인이 복합적으로 작용한 것이라 할 수 있다.

## 4 보험사기범죄의 폐해

**37** **다음 중 보험사기범죄의 폐해로 볼 수 없는 것은?**

① 선량한 계약자의 보험료 부담 경감
② 모방범죄 및 동조행위의 증가
③ 사회적 손실의 증가
④ 보험제도 존립기반에 대한 위협

보험사기는 보험료율의 인상을 초래하여 결국 전체 보험계약자의 부담을 가중시킨다.

**38** **보험사기범죄의 폐해에 대한 설명으로 옳지 않은 것은?**

① 보험사기는 사회의 경제 질서를 왜곡할 뿐만 아니라 윤리의식과 가치관에도 큰 피해를 준다.
② 인간사회의 건전한 윤리의식과 생명존중의 가치관을 무너뜨릴 수 있다.
③ 보험사기는 인간으로 하여금 정당한 노력을 통해 생활을 하거나 경제적 부를 축척하려고 하지 않고 부정한 방법에 의하여 경제적 횡재를 얻을 수 있게 되므로 기회주의자를 양산한다.
④ 보험사기가 증가하면 미래의 불확실한 위험에 대비하여 마련된 보험의 본래 기능을 더욱 강화시킨다.

보험사기는 미래의 불확실한 위험에 대비하는 최소한의 안전장치로서의 보험제도를 도박화하고 범죄행위를 유발시키는 제도로 악용하게 만들어 보험제도의 존립기반을 약화시킨다.



정답 34 ③ 35 ① 36 ④ 37 ① 38 ④

**39** **보험사기범죄의 폐해에 대한 설명으로 옳지 않은 것은?**

① 보험금을 목적으로 한 친족 살인, 자해, 방화 등 강력사건이 증가하는 추세이다.
② 보험사기를 범하는 개인의 도덕적 비용이 증가하게 된다.
③ 보험료를 결정하고 보험급여를 지급하는데 가장 중요한 요소인 '우연성'이라는 개념을 후퇴시킨다.
④ 보험사기 및 동조가 확산되어 사회 전체적으로 윤리관의 붕괴를 초래한다.

사회적으로 보험사기가 만연하게 되면 보험사기의 수법을 어렵지 않게 터득할 수 있을 뿐만 아니라 보험사기를 범하는 개인의 도덕적 비용도 상대적으로 낮아지게 된다.

**40** **다음 보험사기범죄의 사례와 관련이 있는 것은?**

> 이○○는 자신의 친구 김○○의 남편 박○○이 위암 발병사실을 확인한 후 박○○의 건강보험증을 불법으로 이용하여 9천만원의 보험금을 편취하였다.

① 지능적 보험범죄　　② 조직적 보험범죄
③ 생계형 보험범죄　　④ 일반화된 보험범죄

문제의 지문은 타인의 건강보험증을 불법대여한 사건으로 '지능적 보험범죄'에 해당한다.

## 5 보험사기범죄의 분류

**41** **다음 중 민간보험의 종류에 따른 보험사기범죄의 유형이 아닌 것은?**

① 생명보험범죄　　② 화재보험범죄
③ 자동차보험범죄　　④ 고용보험범죄

고용보험범죄는 공보험의 종류에 따른 보험사기범죄의 유형이다.

**42** **보험사기범죄의 유형 중 생명보험범죄에 대한 설명으로 옳지 않은 것은?**

① 보험범죄자가 생명보험계약을 이용하여 보험회사의 부담으로 자기 자신 또는 제3자가 보험금의 형태로 위법한 이득을 취하는 행위를 말한다.
② 타인이 피보험자로 되어 있는 생명보험금을 편취하려는 경우와 자기가 피보험자로 되어 있는 생명보험의 보험금을 편취하려는 경우로 대별할 수 있다.
③ 타인이 피보험자로 되어 있는 생명보험금을 편취하려는 경우 자살, 실종위장, 타인살해 후 자신의 사망으로 위장하는 경우 등을 들 수 있다.
④ 보험사고의 확실성을 보장하기 위해 범행방법이 매우 지능적이고, 냉혹하다는 특징이 있다.

해설

**생명보험범죄의 유형**
- 타인이 피보험자로 되어 있는 생명보험금을 편취하려는 경우 : 피보험자를 살해한 후 이를 자연스런 사고사나 병사 또는 피보험자의 자살로 위장하는 경우 등
- 자기가 피보험자로 되어 있는 생명보험의 보험금을 편취하려는 경우 : 자살, 실종위장, 타인살해 후 자신의 사망으로 위장하는 경우 등

**43** **손해보험범죄의 주대상이 되는 보험의 종류로 옳은 것은?**

① 화재보험과 운송보험
② 화재보험과 자동차보험
③ 책임보험과 해상보험
④ 자동차보험과 해상보험

해설

손해보험의 종류에는 화재보험, 운송보험, 책임보험, 해상보험, 자동차보험 등이 있으며, 보험사기범죄는 화재보험과 자동차보험이 주 대상이 되고 있다.

**44** **다음 중 화재보험범죄의 특징이 아닌 것은?**

① 휘발유, 화약 등에 의하여 화세를 증강시키는 조치를 취하는 경우가 많다.
② 동일 범인이 동종의 보험금목적 방화를 감행하는 경우가 많다.
③ 방화를 담당하는 자와 보험금 편취행위를 담당하는 자가 동일인인 경우가 대부분이다.
④ 방화의 실행행위를 하는 것은 상당한 전문성이 요구된다.



정답 39 ② 40 ① 41 ④ 42 ③ 43 ② 44 ③

화재보험범죄는 방화를 담당하는 자와 보험계약의 체결, 보험금청구 등의 보험금 편취행위를 담당하는 자가 **동일인이 아닌 경우가 대부분**이다.

## 45 고의로 교통사고를 일으키는 자동차보험범죄의 유형으로 볼 수 없는 것은?

① 자동차보험사고가 없음에도 불구하고 발생한 것처럼 가장한 경우
② 다른 원인에 의한 손해를 자동차보험사고로 위장하는 경우
③ 이미 발생한 교통사고의 결과를 과소하게 위장하는 경우
④ 계약체결시기를 사고발생 전으로 소급시키거나 사고발생의 시기를 계약체결 후로 조작하는 경우

자동차보험범죄의 유형
- 자동차보험사고가 없음에도 불구하고 발생한 것처럼 가장한 경우
- 이미 발생한 교통사고의 결과를 **과대하게 위장하는 경우**
- 다른 원인에 의한 손해를 자동차보험사고로 위장하는 경우
- 피보험차량 또는 피보험자에 의한 사고로 위장하는 경우
- 계약체결시기를 사고발생 전으로 소급시키거나 사고발생의 시기를 계약체결 후로 조작하는 경우

## 46 다음 중 자동차보험범죄의 특징이 아닌 것은?

① 단순히 자동차보험에 한하여 범죄행위가 행해지는 경우가 많다.
② 대인사고와 관련하여 뚜렷한 의학적, 타각적 증상이 아닌 자각증상을 호소하여 의사로부터 진단서를 발부받는 경우가 있다.
③ 사고 당시에는 대물사고로 처리하였다가 나중에 상해를 입었다고 주장하는 수법 등이 자주 사용된다.
④ 최근에는 폭력배, 전과자 등을 중심으로 조직을 형성하여 전문적으로 자동차사고를 조작하는 사례가 많다.

자동차보험범죄의 특징은 단순히 자동차보험에 한하여 범죄행위가 행해지기 보다는 상해보험, 생명보험(특약) 등의 청구에 수반하여 일어나는 경우가 많다.

**47 상해 · 질병보험(제3보험)에 관한 범죄의 유형이 아닌 것은?**

① 보험사고가 일어난 것처럼 조작하여 보험금을 청구하는 것
② 보험사고의 결과를 과대하게 가장하여 보험금을 청구하는 것
③ 기왕증 및 지병을 은닉하고 보험계약을 체결한 후 부정하게 보험금을 청구하는 것
④ 자동차 사고에 기인한 상해 또는 질병을 가장하여 보험금을 청구하는 것

해설 상해 · 질병보험에 관한 보험범죄는 자동차 사고 이외의 사고에 기인한 상해 또는 질병을 대상으로 하는 것이기 때문에 허위의 질병 또는 고의의 자상에 의한 경우가 대부분이다.

**48 보험범죄자의 행위유형에 따른 보험사기범죄의 유형 중 가장 악의적인 범죄유형은?**

① 고의사고　② 허위사고
③ 고지의무위반　④ 피해과장

해설 보험범죄자의 행위유형에 따른 보험사기범죄의 유형에는 고의사고, 허위사고(사고내용 조작), 고지의무위반, 피해과장(허위 · 과다 청구) 등이 있다. 그 중 가장 악의적인 범죄유형은 고의적으로 보험사고를 유발하는 유형이다.

**49 보험범죄자의 행위유형에 따른 보험사기범죄의 유형을 연결한 것으로 옳지 않은 것은?**

① 사기적으로 보험계약을 체결하는 유형 - 허위사고, 고지의무위반 등
② 보험사고를 고의적으로 유발하는 유형 - 살인, 자해 등
③ 보험사고내용을 조작하는 유형 - 허위진단서 발급 등
④ 보험사고의 피해를 과장하는 유형 - 허위 청구, 과다 청구 등

해설 ① 허위사고는 보험사고내용을 조작하는 유형에 속한다.



정답 45 ③ 46 ① 47 ④ 48 ① 49 ①

**50** **다음 중 보험사고를 고의적으로 유발하는 유형이 아닌 것은?**

① 방 화 ② 살 인
③ 자 살 ④ 다수보험

해설
다수보험은 사기적으로 보험계약을 체결하는 유형이다.

**51** **사기적으로 보험계약을 체결하는 유형에 대한 설명으로 옳지 않은 것은?**

① 생명보험 분야보다는 손해보험 분야에서 흔히 발생하는 형태이다.
② 보험계약 체결 시에 보험금액을 의도적으로 과도하게 높은 수준에서 책정한다.
③ 다수보험의 형태로 가입하거나 고지의무 위반 등의 사실을 은폐하는 방법을 사용한다.
④ 사실을 은폐하는 이유는 보험을 가입할 수 없는 부적격자가 보험가입을 할 수 있는 자격을 획득하기 위함이다.

해설
손해보험 분야에서는 물론 생명보험 분야에서도 흔히 발생하는 형태이다. 이런 유형은 보험계약 체결 때 보험금을 의도적으로 과도하게 높게 책정하거나 다수의 보험에 가입하는 것을 특징으로 한다.

**52** **보험사고를 고의적으로 유발하는 유형에 대한 설명으로 옳지 않은 것은?**

① 가장 악의적인 보험사기의 유형이다.
② 보험범죄자들은 수단과 방법을 가리지 않고 보험금을 사취하기 위하여 고의적으로 보험사고를 유발한다.
③ 모든 보험 분야에서 흔히 나타나는 전통적 보험사기라고 할 수 있다.
④ 최근에는 매우 다양한 수단과 방법을 사용하고 있으며, 범행 방법도 잔인하고 조직화되어 가고 있다.

해설
③은 허위사고(사고내용 조작) 유형에 대한 설명이다.

**53** **보험사고내용을 조작하는 유형 중 손해보험에서 나타나는 조작수법이 아닌 것은?**

① 자동차소유주가 자신의 자동차를 팔고 난 후 보험회사에 도난신고를 하는 행위
② 허위사망증명서 제출하거나 타인의 시신을 자기시신으로 위장하여 사망한 것으로 조작하는 행위
③ 진열장에서 미리 상품을 치운 후에 도난당했다고 신고하는 행위
④ 다른 사고로 파손된 차량을 교통사고로 인하여 파손된 것으로 신고하는 행위

② 생명보험에서 나타나는 조작수법
①·③·④ 손해보험에서 나타나는 조작수법

**생명보험에서 보험사고내용을 조작하는 방법**
- 사망보험금을 사취하기 위하여 피보험자가 보험사고로 사망하지 않았는데도 불구하고 사망한 것처럼 위장하기 위하여 허위 사망증명서를 제출하는 방법
- 타인의 시신을 자기 시신으로 위장하여 사망한 것처럼 조작하는 방법
- 자기와 유사한 사람을 선택하여 살해한 후 자기가 사망한 것과 같이 조작하는 방법
- 이미 사망한 사람을 피보험자로 하여 보험에 가입한 후에 사망한 것과 같이 조작하기 위하여 사망증명서의 사망일자는 보험 가입 후에 사망한 것처럼 조작하는 방법
- 상해급부금을 받기 위하여 상해사고가 실제로 발생하지 않았는데도 발생한 것처럼 위장·날조하는 방법

제3과목 보험조사론 Ⅰ(이론)

**54** **보험사고 발생 후 피해를 과장하는 유형에 대한 설명으로 옳지 않은 것은?**

① 보험금을 많이 지급받기 위하여 사기적으로 보험금을 허위·과다 청구하는 경우이다.
② 자동차보험 분야와 상해보험 분야에서 매우 빈번하게 발생하고 있다.
③ 생명보험의 정액성 보험에서는 발생하지 않는다.
④ 동조, 모방하려는 행태가 나타남으로써 보험범죄를 확산·촉진시키고 있다.

생명보험의 정액성 보험에서는 입원보험금을 편취하기 위하여 수개의 보험계약을 체결하고 입원이 필요하지 않은 경미한 질병을 기화로 장기입원을 통해 거액의 보험금을 편취하는 경우가 많다.

정답 50 ④ 51 ① 52 ③ 53 ② 54 ③

**55** **보험종사자관련 보험사기범죄에 대한 설명으로 옳지 않은 것은?**

① 일반적으로 보험설계사(모집인)나 보상담당자가 가담하는 경우가 많다.

② 보험설계사는 보험계약을 성립하도록 하기 위해 고지의무를 위반하여 부실고지하는 경우가 있다.

③ 일부 모집종사자들은 입원 중인 사고환자에게 접근한 후 병・의원과 공조하여 보험가입전 사고를 보험가입후 사고로 위장하여 보험금을 편취하는 경우도 있다.

④ 보상담당자는 다수의 보험계약자에게 접근하여 허위사고를 유발하게 한 후 관계 병원으로부터 진단서를 발급받아 보험금을 편취하는 경우도 있다.

④는 보험설계사(모집인)에 의한 보험사기 수법이다.

보상담당자에 의한 보험사기 수법

- 정비공장 및 부품상과 공모하여 비품이나 재생품을 사용하고 정품의 가액을 청구하는 경우
- 사용하지 않은 부품을 사용하여 수리한 것처럼 수리비 및 부품청구서를 허위작성하고, 이를 묵인하고 그 대가로 향응을 제공받거나 금품을 수수하는 경우
- 병・의원사무장, 원장과 공모하여 허위진단서 발행 및 진료기록부 등의 허위작성으로 보험금 편취를 묵인하는 경우

**56** **다음은 사고형태에 따른 보험사기범죄의 유형에 대한 설명이다. 옳지 않은 것은?**

① 위장사고는 가해자와 피해자가 서로 공모하여 일으키는 사고로, 고액의 보험에 중복 가입한 후 교통사고를 위장한 경우도 있다.

② 고의사고는 선의의 타차 운전자를 대상으로 고의로 사고를 유발하는 경우이다.

③ 단독사고는 빙판길이나 빗길의 미끄러짐 사고, 정체불명의 차량이나 동물 또는 물체로부터 위협을 받아 발생한 사고라고 주장하는 경우이다.

④ 산재를 이용한 사기는 고액의 보상을 단기간에 걸쳐 받을 수 있으나, 적발되기 쉽다.

산재를 이용한 사기는 병원, 브로커, 작업현장 직원 등과 결탁하여 이루어지는 경우로 적발이 쉽지 않고, 고액의 보상을 **장기간**에 걸쳐 받을 수 있어 타 보험에 비해 훨씬 안정적이다.

## 6 보험사기범죄의 분석방법

**57** **보험사기범죄의 분석방법 중 스코어링(scoring) 시스템에 대한 설명으로 옳지 않은 것은?**

① 사기적발을 위한 조기경보 시스템이라고 할 수 있다.
② 각 개인 혹은 사건별로 스코어 값을 계산해서 점수를 부여함으로써 특정 점수 이상의 사람 및 사건들을 사기 가능성이 높은 위험군으로 분류한다.
③ 각 개인이나 사건에 대한 평가만 할 수 있을 뿐 각 요소 간의 관련성을 파악할 수 없다.
④ 보험사기에 관련된 데이터 축적이 미미한 상황에서도 정확도에 대한 신뢰성을 확보할 수 있다.

스코어링 시스템은 일반적인 데이터마이닝 과정에 따라 진행되므로 보험사기에 관련된 데이터 축적이 미미한 상황에서는 정확도에 대한 신뢰성이 부족할 수밖에 없다.

**58** **보험사기범죄의 분석방법 중 Link Analysis에 대한 설명으로 옳지 않은 것은?**

① 시각적 데이터 마이닝 기법을 기반으로 한다.
② 조사자로 하여금 각 요소 간의 직접적 및 간접적인 관계를 시각적으로 표현하여 사기성 유무를 파악하는 방법이다.
③ 직접적인 관련성 외에도 간접적인 관련성을 파악하기 때문에 조사시간이 연장된다는 단점이 있다.
④ 조사자로 하여금 복잡한 사기관련성 및 혐의점을 찾을 수 있도록 도와주는 의사결정 지원시스템이라 할 수 있다.

링크 분석기법을 사용하면 직접적인 관련성 외에도 간접적인 관련성을 파악하여 조사자로 하여금 2~3달이 소요되는 조사시간을 15분 내외로 줄여준다.



정답 55 ④ 56 ④ 57 ④ 58 ③

## 59 연성사기(Soft Fraud)의 적발 방법에 대한 설명으로 옳지 않은 것은?

① 연성사기란 처음에는 사기를 할 생각이 없었지만 사고 발생 후 기회주의적인 발상에 의해 자행되는 사기범죄를 의미한다.
② 연성사기의 대표적인 예로는 운전자 바꿔치기와 과다청구를 들 수 있다.
③ 사고가 나기 전에도 차량의 문짝이 고장이 나 있었는데, 마치 사고로 문이 고장난 것처럼 위조해 문을 수리할 수 있는 보험금을 타는 경우도 있다.
④ 데이터마이닝 시스템을 이용하면 쉽게 적발할 수 있다.

연성사기는 사고가 나기 전까지만 하더라도 전혀 속일 생각이 없었는데, 사고가 난 직후 피해를 줄이거나 경미한 보험금을 추가로 더 타기 위해 벌어지는 사기의 유형으로 데이터마이닝 시스템을 이용하더라도 적발에는 한계가 있다. 이러한 연성사기는 시스템적이 아닌 보상직원에 대한 체계적인 교육과 훈련으로 적발이 가능하다.

## 60 경성사기(Hard Fraud)의 적발 방법에 대한 설명으로 옳지 않은 것은?

① 경성사기란 악의를 가진 사람에 의해 계획적으로 이루어지는 보험사기를 의미한다.
② 경성사기는 1인 단독으로 범행을 저지르는 경우와 2인 이상이 서로 짜고 사기를 저지르는 것으로 분류를 할 수 있다.
③ 연성사기에 비해서 데이터마이닝 기법을 이용해서 잡을 수 있는 확률이 매우 높다.
④ 여러 사람간 공모 관련성을 탐색하기 위해서는 스코어링 시스템을 적용한다.

여러 사람간 공모 관련성을 탐색하기 위해서는 링크분석 방법을 사용한다. 스코어링 시스템은 보험사기를 저지르는 1인의 위험도를 측정하는데 사용된다.

경성사기 종류별 데이터마이닝 기법

| 구 분 | 사기적발 접근방법 | 데이터마이닝 |
|---|---|---|
| 단독사기 | 사기를 저지르는 1인의 위험도를 측정 | 스코어링 시스템(scoring system) |
| 공모사기 | 여러 사람간 공모 관련성을 탐색 | 링크 분석(link analysis) |

**61** **단독사기 적발을 위한 스코어링 시스템은 어떠한 경우에 사기의 위험성이 높은지를 알 수 있는 보험사기 징후(Fraud Indicator ; FI)를 파악하는 것이 중요하다. 다음 중 선진국에서 사용되는 대표적인 보험사기 징후들을 모두 고르면?**

> ㉠ 계약자의 월 납입보험료의 수준이 여타 가입자들의 월 평균 납입보험료를 훨씬 상회
> ㉡ 보험계약이 손해가 발생한 후에 가입
> ㉢ 사고목격자 있음
> ㉣ 경미한 교통사고에 비해 과다한 진료비 청구

① ㉠, ㉡　　② ㉡, ㉢
③ ㉢, ㉣　　④ ㉠, ㉣

선진국에서 사용되는 대표적인 보험사기 징후
- 계약자의 월 납입보험료의 수준이 여타 가입자들의 월 평균 납입보험료를 훨씬 상회
- 보험계약이 손해가 발생하기 전에 단기간으로 가입
- 사고목격자가 전혀 없음
- 경미한 교통사고에 비해 과다한 진료비 청구

**62** **대표적인 보험사기 징후와 데이터마이닝에 사용될 데이터를 연결한 것으로 옳지 않은 것은?**

① 보험계약이 월 마감일에 근접하여 체결 – 계약자 월 납입보험료
② 계약자의 월 납입보험료의 수준이 가입자들의 월 평균 납입보험료를 훨씬 상회 – 가입자 평균 납입보험료
③ 보험계약이 손해가 발생하기 전에 단기간으로 가입 – 클레임 청구전 각 월별 보험가입 여부
④ 경미한 교통사고에 비해 과다한 진료비 청구 – 진료비/수리금액

보험사기 징후와 데이터마이닝에 사용될 데이터

| 보험사기 징후 | 사용데이터 |
|---|---|
| 보험계약이 월 마감일에 근접하여 체결 | 보험계약일, 업무마감일 |
| 계약자의 월 납입보험료의 수준이 가입자들의 월 평균 납입보험료를 훨씬 상회 | 계약자 월 납입보험료, 가입자 평균 납입보험료 |
| 보험계약이 손해가 발생하기 전에 단기간으로 가입 | 클레임 청구전 각 월별 보험가입 여부 |
| 사고목격자가 전혀 없음 | 사고목격자의 존재 여부, 목격자 수, 목격자와 사고자와의 관계 |
| 경미한 교통사고에 비해 과다한 진료비 청구 | 진료비/수리금액, 사고규모별 평균진료비 |
| 서로 연관 없던 탑승객이 같은 변호사를 선임 | 차량 탑승객별 관련자(제3자) |

정답 59 ④ 60 ④ 61 ④ 62 ①

## 63 공모사기 적발을 위한 링크 분석기법에 대한 설명으로 옳지 않은 것은?

① 일반적으로 스코어링 시스템에서 사용하는 숫자와 관련된 데이터보다는 문자형 원천 데이터를 활용하게 된다.

② '사고당사자' 항목에 대한 활용데이터는 계약번호, 개시일, 보험유형 등이 포함된다.

③ 보험사기 공모자들이 어떤 데이터를 공유하고 있는 지 파악하는 것이 중요하다.

④ 보험사기 공모자들 간의 배후관계를 파악하고 이를 적발할 수 있는 링크 분석기법을 통해 보다 쉽고 빠르게 보험사기를 적발할 수 있다.

해설

'사고당사자' 항목에 대한 활용데이터는 보험금청구번호, 전화번호, 성별 등이다.
계약번호, 개시일, 보험유형 등은 '계약' 항목과 관련된 활용데이터이다.

## 64 공모사기 적발을 위한 링크 분석기법에 활용되는 데이터 중 '계약' 항목에 해당되는 것을 모두 고르면?

| | |
|---|---|
| ㉠ 관련자 이름 | ㉡ 주민등록번호 |
| ㉢ 효력일 | ㉣ 만기일 |
| ㉤ 개시일 | ㉥ 보험금청구번호 |

① ㉠, ㉡, ㉢　　② ㉡, ㉢, ㉣

③ ㉢, ㉣, ㉤　　④ ㉠, ㉢, ㉤

해설

링크 분석기법에 활용되는 데이터
- '사고당사자' 항목 : 보험금청구번호, 전화번호, 성별, 관련자 이름, 주민등록번호 등
- '계약' 항목 : 계약번호, 개시일, 만기일, 효력일, 보험유형 등

# 제3장 보험사기범죄 발생 현황 및 대응체계

## 1 보험사기범죄 발생 현황

**01** **보험사기범죄의 적발실적 및 현황에 대한 설명으로 옳지 않은 것은?**

① 현재 보험사기로 적발된 금액은 매년 증가하고 있다.
② 보험사기의 대부분은 생명보험이 점유하고 있다.
③ 2017년 현재 보험사기 관련 혐의자는 2016년보다 증가하였다.
④ 장기손해보험사기의 경우 다수 보험에 가입한 후 허위·과다하게 청구하는 입원·장해 관련 보험사기가 크게 증가하였다.

해설
2017년 상반기 현재 보험사기의 대부분은 손해보험이 점유(90%)하고 있으며, 생명보험사기는 10%수준이다.
〈자료출처 – 금융감독원(http://www.fss.or.kr)〉

**02** **보험사기범죄의 적발실적 및 현황에 대한 설명으로 옳지 않은 것은?**

① 금융감독원은 최신 보험사기 분석기법(SNA) 등 “3대 보험사기 예방 레이더망”을 본격적으로 가동하였다.
② 사무장 병원, 고가 외제차(수리비, 렌트비) 등 고액사건에 대한 조사를 집중함에 따라 적발실적이 증가하였다.
③ 보험사기범죄의 적발건수와 금액이 증가한 것은 보험업계 및 수사기관이 관련 정보를 신속히 취득하고 분석하여 혐의 내용에 대해 철저히 조사하였기 때문이다.
④ 장기손해보험사기와 자동차보험사기의 비중이 점차 증가하고 있다.

해설
자동차보험사기의 비중이 점차 감소하고 있는데, 이는 블랙박스, CCTV 설치 등에 따른 영향이 보험사기 예방효과로 이어진 것으로 추정하고 있다.



정답 63 ② 64 ③ / 01 ② 02 ④

**03** **보험사기범죄의 적발현황에 대한 설명으로 옳지 않은 것은?**

① 경제활동 적령기인 30~50대 연령층의 보험사기는 증가하고 있다.
② 연간 보험사기 적발금액과 적발인원이 매년 증가하고 있다.
③ 허위입원・보험사고내용 조작 등의 허위・과다사고 유형과 자동차보험 피해과장 유형이 증가하는 추세이다.
④ 보험사기 브로커가 주도한 조직형 보험사기가 증가하였다.

경제활동 적령기인 30~50대 연령층의 보험사기는 감소하고 있으나, 20대 및 60대 이상의 고령층 보험사기는 지속적으로 증가하고 있다.

**04** **2017년 현재 보험사기범죄의 유형 중 가장 많이 적발되는 유형은?**

① 자살, 자해
② 고의사고
③ 허위・과다사고
④ 피해과장사고

보험사기 유형별로는 허위・과다사고(73.2%), 고의사고(자살, 자해포함, 12.2%), 자동차 피해과장사고(7.4%) 순이다.

용어정의

• 허위사고 : 입원・장해, 교통사고 내용 등을 허위로 조작하는 경우
• 고의사고 : 자살, 살인, 고의 자동차 충돌 등을 일으키는 경우
• 피해과장 사고 : 병원・정비공장 등이 실제보다 피해를 과장하는 경우

**05** **2017년 현재 고의사고에 의한 보험사기범죄의 유형 중 적발금액이 가장 많은 것은?**

① 자살, 자해
② 고의충돌
③ 방 화
④ 살인, 상해

2017년 현재 고의사고 중 적발금액이 가장 많은 것은 자살, 자해(10.6%) > 고의충돌(4.3%) > 방화(1.2%) > 살인, 상해(0.4%) 순이다.

**06** 2017년 현재 고의사고에 의한 보험사기범죄의 유형 중 적발인원이 가장 많은 것은?

① 자살, 자해
② 고의충돌
③ 살인, 상해
④ 보유불명사고

2017년 상반기 현재 고의사고 중 적발인원이 가장 많은 것은 고의충돌(6.6%) > 자살, 자해(0.7%) > 보유불명사고(0.2%) > 살인, 상해(0.1%) 순이다.

**07** 2017년 현재 허위 · 과다사고에 의한 보험사기범죄의 유형 중 적발금액이 가장 많은 것은?

① 운전자바꿔치기
② 허위 · 과다입원
③ 음주 · 무면허운전
④ 고지의무위반

2017년 상반기 현재 허위 · 과다사고 중 적발금액이 가장 많은 것은 허위 · 과다입원(16.0%) > 사고내용조작(15.9%) > 고지의무위반(11.6%) > 음주 · 무면허운전(11.0%) > 운전자바꿔치기(7.0%) 순이다.



**08** 2017년 현재 허위 · 과다사고에 의한 보험사기범죄의 유형 중 적발인원이 가장 많은 것은?

① 운전자 바꿔치기
② 사고내용조작
③ 음주 · 무면허운전
④ 고지의무위반

2017년 현재 허위 · 과다사고 중 적발인원이 가장 많은 것은 음주 · 무면허운전(19.9%) > 사고내용조작(13.9%) > 운전자 바꿔치기(13.4%) > 고지의무위반(11.6%) 순이다.

**09** 2017년 현재 피해과장사고에 의한 보험사기범죄의 유형 중 적발금액이 가장 많은 것은?

① 병원 과장청구
② 사고피해 과장
③ 정비공장 과장청구
④ 사고후 보험가입

2017년 현재 피해과장사고 중 적발금액이 가장 많은 것은 사고피해 과장(3.9%) > 병원 과장청구(2.6%) > 정비공장 과장청구(0.9%) 순이다.

정답 03 ① 04 ③ 05 ① 06 ② 07 ② 08 ③ 09 ②

## 10 보험범죄사기의 유형 중 허위 · 과다사고 유형이 크게 증가한 이유로 볼 수 없는 것은?

① 취약분야에 대한 활발한 기획조사
② 유관기관과의 공조강화
③ 허위 입원 · 장해 · 진단과 관련한 적발실적의 증가
④ 자동차보험의 양적 성장

<u>장기손해보험의 양적 성장</u>과 더불어 생명 · 장기손해보험관련 허위입원에 대한 적발이 증가한 데 주로 기인한다.

## 11 보험사기범죄의 적발현황에 대한 설명으로 틀린 것은?

① 40대 이하는 병원관련 보험사기 비중이 높고, 50대 이상은 자동차 보험사기 비중이 상대적으로 높은 경향이다.
② 과다 입원 및 피해를 과장하는 형태의 보험사기가 범죄행위라는 인식이 여전히 부족하다.
③ 보험과 밀접한 관련이 있는 병원 및 정비업체 종사자에 의한 보험사기는 증가하는 추세이다.
④ 혐의자 중 회사원이 증가한 반면, 무직 · 일용직은 감소 추세에 있다.

40대 이하는 자동차 보험사기 비중이 단연 높고, 50대 이상은 병원관련 보험사기 비중이 상대적으로 높은 경향이다.

## 12 국내의 보험범죄사기 규모에 대한 설명으로 옳지 않은 것은?

① 보험사기의 규모를 추정할 수 있는 근거나 사기를 추적하는 시스템이 미흡하여 실제로 피해액의 규모를 알 수 없다.
② 보험사기의 규모는 확인된 보험사기(EF)와 혐의가 있는 보험사기(SF)로 구성된다.
③ 적발된 보험사기 규모는 단순 확인된 규모에 불과하며, 실제 보험사기 규모는 훨씬 클 것으로 예측된다.
④ 민영보험 부문의 1인당 및 1가구당 보험사기 규모는 매년 증가하고 있다.

보험사기의 규모 중 '확인된 보험사기(EF ; Established Fraud)'와 '혐의가 있는 보험사기(SF ; Suspected Fraud)' 뿐만 아니라 보험회사가 전혀 알지 못하고 빠져나가는 보험금도 상당히 많다.

**13** **우리나라에서 보험사기범죄가 증가하는 원인으로 적절하지 않은 것은?**

① 보험사기범죄에 대한 관용적인 태도
② 죄의식의 확산
③ 보험의 사행적 특성
④ 다른 범죄에 비해 미약한 처벌

금융위기 이후 경제적으로 생활고가 심화되고, 빈부격차가 커지면서 보험금 편취 행위에 대한 죄의식 결여 현상이 점차 확산되고 있다.

**14** **보험사기적발을 위해 손해사정시 고려해야 할 사항으로 적절하지 않은 것은?**

① 보험계약자나 피보험자가 과거에도 고의로 인한 보험사고가 잦은 경우 재범죄의 가능성이 높기 때문에 이러한 경력이 있는지를 우선 파악해야 한다.
② 보험계약자가 뚜렷한 직장이 없고 경제적으로 궁핍한 상태일수록 보험사기의 유혹에 빠지기 쉬우므로 보험계약자의 재산이나 직장근속 경력 등을 파악해야 한다.
③ 공동보험의 경우 한 사고로 많은 보험금액을 받을 수 있으므로 다수의 공동보험 여부를 파악하여야 한다.
④ 보험계약체결이 보험설계사가나 대리점의 권유에 의한 것인지, 계약자가 자발적으로 직접 찾아와서 계약하였는지를 파악한다.

③ <u>중복보험의 경우</u> 한 사고로 많은 보험금액을 받을 수 있으므로 타 보험기관이나 공제취급기관과의 정보 교환으로 다수의 중복보험 여부를 파악하여야 한다.

보험사기적발을 위해 손해사정시 고려해야 할 사항
- 보험계약자의 과거범죄 및 보험사고 경력 조사
- 보험계약자의 경제수준 조사
- 보험계약내용 및 계약체결일 조사
- 보험인수 경위 조사
- 사고자료 검토 및 관련병원 방문조사
- 수사기관과의 공조 조사



정답 10 ④ 11 ① 12 ② 13 ② 14 ③

## 2 보험사기범죄 대응 유관기관

**15** **다음 중 국내의 보험사기범죄 대응 유관기관이라 볼 수 없는 기관은?**

① 금융감독원　　② 보험회사
③ 경 찰　　④ 한국산업은행

보험사기범죄 대응 유관기관
- 금융감독원
- 보험회사
- 경찰
- 검찰
- 보험범죄합동대책반
- 국토교통부
- 건강보험심사평가원
- 국민건강보험공단

**16** **보험사기범죄 대응을 위한 금융감독원의 역할이 아닌 것은?**

① 보험회사 등의 인지보고
② 보험사기방지센터의 운영
③ 보험사기인지시스템(IFAS)의 개발 및 운영
④ 보험사기관련 수사, 증거수집, 공소의 제기・유지

보험사기관련 수사, 증거수집, 공소의 제기・유지는 검찰의 역할이다.

**17** **보험사기인지시스템(IFAS ; Insurance Fraud Analysis System)에 대한 설명으로 옳지 않은 것은?**

① 보험사기인지시스템은 보험사기인지, 보험사기정보분석, 보험사기조사관리 등 3개 시스템으로 구성되며, link analysis 기법을 통해 조직형 범죄에 대한 혐의분석 역량을 강화하였다.
② 보험사기인지는 보험사기 조사를 위해 개인, 모집인, 병원, 정비업체 대리점 등의 계약, 사고, 사기지표(FI) 정보 등을 조회하는 시스템이다.
③ 보험사기정보분석은 보험사기 동향분석, 혐의분석, 조기경보 기능을 지원하는 시스템이다.
④ 보험사기조사관리는 사기조사를 위한 혐의인지 단계부터 전체 조사 프로세스를 지원하는 시스템이다.

조직형 범죄에 대한 혐의분석 역량을 강화하기 위해 SNA(Social Network Analysis) 기법을 도입하였다. SNA 기법은 개별 개체의 통계적 분석 기법에서 벗어나 개체간의 상호작용을 계량적으로 분석해 관계패턴을 파악하는 선진 기법이다.

**18 보험사기인지시스템(IFAS)에 대한 설명으로 옳지 않은 것은?**

① 보험계약 및 사고정보 등을 데이터베이스로 관리·분석함으로써 보험사기 혐의자를 자동으로 추출해낼 수 있는 정보처리시스템이다.
② 보험사기 혐의정도 점수화 및 가해자·피해자 연관관계 분석 등을 통해 보험사기 혐의를 입증한다.
③ 피보험자와 피해자 동향분석 및 이상징후 판별 기능을 통해 보험사기 혐의자 색출을 보다 용이하게 할 수 있다.
④ 일반인의 보험사기 신고 활성화 및 보험사기에 대한 인식제고를 위해 설치되었다.

④는 보험사기신고센터에 대한 설명이다.

**19 보험관계 업무종사자로 하여금 고의로 보험사고를 발생시키거나 발생하지 아니한 보험사고를 발생한 것처럼 조작하여 보험금을 수령하도록 한 보험설계사에 대한 행정적 조치로 올바른 것은?**

① 등록을 취소해야 한다.
② 업무정지를 명하거나 등록을 취소할 수 있다.
③ 6개월 이내의 업무정지를 명하거나 등록을 취소해야 한다.
④ 6개월 이내의 업무정지를 명하거나 등록을 취소할 수 있다.

금융위원회는 보험설계사가 보험계약자, 피보험자, 보험금을 취득할 자, 그 밖에 보험계약에 관하여 이해가 있는 자로 하여금 고의로 보험사고를 발생시키거나 발생하지 아니한 보험사고를 발생한 것처럼 조작하여 보험금을 수령하도록 하는 행위 경우에는 6개월 이내의 기간을 정하여 그 업무의 정지를 명하거나 그 등록을 취소할 수 있다(보험업법 제86조 제2항 제3호).

정답 15 ④ 16 ④ 17 ① 18 ④ 19 ④

## 20 일반적인 보험사기 조사업무 Flow를 올바르게 나열한 것은?

| | |
|---|---|
| ㉠ 조사착수 | ㉡ 기초조사(사실조사) |
| ㉢ 혐의정보 통보 | ㉣ 자료요청 |
| ㉤ 사후관리 | ㉥ 수사지원 |

① ㉠ – ㉡ – ㉢ – ㉣ – ㉤ – ㉥
② ㉠ – ㉡ – ㉣ – ㉢ – ㉥ – ㉤
③ ㉡ – ㉠ – ㉣ – ㉢ – ㉥ – ㉤
④ ㉢ – ㉡ – ㉠ – ㉣ – ㉥ – ㉤

보험사기 조사업무 Flow
- 조사사전 단계 : 조사착수 → 기초조사(사실조사)
- 조사실시 : 본조사 착수보고 → 자료요청 → 자료취합 및 분석
- 조사결과 보고 및 혐의정보 통보 : 조사결과 보고 → 혐의정보 통보(수사기관) → 수사협조 의뢰 공문접수 → 수사지원 → 수사종결, 통보
- 사후관리 단계 : 사후관리

## 21 보험사기 조사업무절차에서 '조사착수' 단계에서 이루어지는 조사내용으로 올바른 것은?

① 보험사기신고센터 제보
② 보험사기인지시스템 조회
③ 보험계약 및 보험금 지급서류 요청
④ 전자문서로 수사기관에 혐의사실 통보

② 기초조사(사실조회) 단계
③ 자료요청 단계
④ 혐의정보 통보 단계

**22** **보험사기 조사업무절차에서 '조사실시' 단계의 업무절차가 아닌 것은?**

① 기초조사　　② 본조사 착수보고
③ 자료요청　　④ 자료취합 및 분석

기초조사(사실조회)는 '조사사전' 단계의 업무절차이다.

**23** **보험사기 조사업무절차에서 '조사실시' 단계에서 이루어지는 조사내용으로 올바른 것은?**

① 사고일람표 작성 및 분석을 통해 혐의사항 도출
② 혐의자, 혐의사실 등에 대해 보고서 작성 및 내부보고
③ 금융감독원 및 SIU 직원 수사지원
④ 혐의입증관련 서류 지원

② 조사결과 보고 단계
③ 수사지원 단계
④ 수사협조 의뢰 단계



**24** **보험사기 조사업무절차에서 '조사결과 보고 및 혐의정보 통보' 단계의 업무절차가 아닌 것은?**

① 수사지원　　② 수사협조 의뢰
③ 수사종결　　④ 사후관리

'조사결과 보고 및 혐의정보 통보' 단계의 업무절차
조사결과 보고 → 혐의정보 통보(수사기관) → 수사협조 의뢰 공문 접수 → 수사지원 → 수사종결 및 회신

사후관리 단계
- 금융감독원은 정기적으로 수사의뢰 목록을 경찰청에 통보하여 수사진행사항 확인 협조요청
- 검찰송치 등에 대한 사후관리

정답　20 ②　21 ①　22 ①　23 ①　24 ④

## 25 보험사기범죄 대응을 위한 경찰의 업무역할로 적절하지 않은 것은?

① 자체적으로 보험사기를 인지・포착한다.

② 금융감독원・보험사로부터 제공받은 보험사기 혐의점에 대해 수사하여 검찰에 송치한다.

③ 교통범죄수사팀을 신설・운영하고 있다.

④ 보험범죄전담 합동대책반을 경찰청에 설치하였다.

정부는 보험범죄에 적극적으로 대처하고자 검찰, 금융감독원, 경찰 등 9개 유관기관이 참여하는 보험범죄 전담 합동대책반을 **서울중앙지검에 설치**하였다.

## 26 의료기관에 대한 교통사고 입원환자 명단 및 부재 확인, 허위기록관리 등에 대한 점검의 법적 근거는?

① 보험업법

② 보험계약법

③ 자동차손해배상보장법

④ 보험사기방지특별법

의료기관에 대한 교통사고 입원환자 명단 및 부재 확인, 허위기록관리 등에 대한 점검의 법적 근거인 「자동차손해배상보장법」의 주무부처는 국토교통부이다. 「자동차손해배상보장법」은 자동차의 운행으로 사람이 사망 또는 부상하거나 재물이 멸실 또는 훼손된 경우에 손해배상을 보장하는 제도를 확립하여 피해자를 보호하고, 자동차사고로 인한 사회적 손실을 방지함으로써 자동차운송의 건전한 발전을 촉진함을 목적으로 한다.

## 27 보험사기범죄 대응 유관기관 중 건강보험심사평가원에 대한 설명으로 옳지 않은 것은?

① 의료기관이 청구한 진료비를 심사하고 진료가 적정하게 이루어졌는지를 평가한다.

② 건강보험가입자에게 의료서비스를 제공한 의료기관에 대하여 요양급여비용을 지급한다.

③ 금융감독원과 양해각서(MOU)를 체결하여 공・민영보험의 적정 급여 유도 및 보험금 누수 방지를 위한 상호협력체제를 구축하였다.

④ 보험사기와 관련된 입원진료비 심사를 사전, 사후에 실시해 건강보험 재정 누수를 방지하기 위해 입원적정성 심의업무를 강화하였다.

건강보험가입자에게 의료서비스를 제공한 의료기관에 대하여 요양급여비용을 지급하는 기관은 **국민건강보험공단**이다.

참고 국민건강보험공단의 업무(국민건강보험법 제14조 제1항)
- 가입자 및 피부양자의 자격 관리
- 보험료와 그 밖에 국민건강보험법에 따른 징수금의 부과 · 징수
- 보험급여의 관리
- 가입자 및 피부양자의 건강 유지와 증진을 위하여 필요한 예방사업
- 보험급여 비용의 지급
- 자산의 관리 · 운영 및 증식사업
- 의료시설의 운영
- 건강보험에 관한 교육훈련 및 홍보
- 건강보험에 관한 조사연구 및 국제협력
- 국민건강보험법에서 공단의 업무로 정하고 있는 사항
- 「국민연금법」, 「고용보험 및 산업재해보상보험의 보험료징수 등에 관한 법률」, 「임금채권보장법」 및 「석면피해구제법」(이하 "징수위탁근거법"이라 한다)에 따라 위탁받은 업무
- 그 밖에 이 법 또는 다른 법령에 따라 위탁받은 업무
- 그 밖에 건강보험과 관련하여 보건복지부장관이 필요하다고 인정한 업무



**28** 건강보험심사평가원의 주요 업무가 아닌 것은?

① 요양급여비용의 심사
② 요양급여의 적정성 평가
③ 건강보험에 관한 교육훈련 및 홍보
④ 다른 법률에 따라 지급되는 급여비용의 심사 또는 의료의 적정성 평가에 관하여 위탁받은 업무

해설 건강보험심사평가원의 주요 업무(국민건강보험법 제63조 제1항)
1. 요양급여비용의 심사
2. 요양급여의 적정성 평가
3. 심사기준 및 평가기준의 개발
4. 제1호부터 제3호까지의 규정에 따른 업무와 관련된 조사연구 및 국제협력
5. 다른 법률에 따라 지급되는 급여비용의 심사 또는 의료의 적정성 평가에 관하여 위탁받은 업무
6. 건강보험과 관련하여 보건복지부장관이 필요하다고 인정한 업무
7. 그 밖에 보험급여 비용의 심사와 보험급여의 적정성 평가와 관련하여 대통령령으로 정하는 업무

정답 25 ④ 26 ③ 27 ② 28 ③

## 29 건강보험심사평가원이 평가하는 입원적정성 판단기준으로 옳지 않은 것은?

① 환자의 질병에 대한 저항력이 매우 낮거나 투여되는 약물이 가져오는 부작용 혹은 부수효과와 관련하여 의료진의 지속적인 관찰이 필요한 경우

② 영양상태 및 섭취음식물에 대한 관리가 필요한 경우

③ 약물투여・처치 등이 계속적으로 이루어질 필요가 있어 환자의 통원이 오히려 치료에 불편함을 끼치는 경우

④ 피로회복이나 통원불편 등의 경우

해설

입원은 진료상 필요하다고 인정되는 경우에 한하며, 단순한 피로회복・통원불편 등을 이유로 입원지시를 하여서는 아니된다(국민건강보험 요양급여의 기준에 관한 규칙 별표 1 제6호).

판례

입원이라 함은 환자의 질병에 대한 저항력이 매우 낮거나 투여되는 약물이 가져오는 부작용 혹은 부수효과와 관련하여 의료진의 지속적인 관찰이 필요한 경우, 영양상태 및 섭취음식물에 대한 관리가 필요한 경우, 약물투여・처치 등이 계속적으로 이루어질 필요가 있어 환자의 통원이 오히려 치료에 불편함을 끼치는 경우 또는 환자의 상태가 통원을 감당할 수 없는 상태에 있는 경우나 감염의 위험이 있는 경우 등에 환자가 병원 내에 체류하면서 치료를 받는 것으로서, 보건복지부 고시인 '요양급여의 적용기준 및 방법에 관한 세부사항' 등의 제반 규정에 따라 환자가 6시간 이상 입원실에 체류하면서 의료진의 관찰 및 관리하에 치료를 받는 것을 의미한다고 할 것이나, 입원실 체류시간만을 기준으로 입원 여부를 판단할 수는 없고, 환자의 증상, 진단 및 치료 내용과 경위, 환자들의 행동 등을 종합하여 판단하여야 한다(대판 2006.1.12, 선고, 2004도6557).

## 30 다음 중 외국의 보험범죄 방지기구로 연결이 잘못된 것은?

① 미국 - 보험감독청, 보험사기국(IFB)

② 영국 - 보험범죄 및 사기방지국(CFPB)

③ 일본 - 손해보험방범대책협의회

④ 프랑스 - 보험정보중앙데이터뱅크(CDB)

해설

- 프랑스 - 프랑스보험협회(FFSA), 보험사기국(ALFA)
- 독일 - 독일보험협회(GDV), 보험정보중앙데이터뱅크(CDB)

## 3 보험사기범죄 대응체계의 한계 및 대안

**31** **보험사기범죄에 대해 국내 수사기관이 적극적으로 대처하지 못하는 이유로 볼 수 없는 것은?**

① 수사 착수부터 증거확보에 위한 검거까지 증거확보의 어려움이 많다.
② 수사기관 자체에 보험범죄에 관한 전문지식을 갖고 있는 수사관이 많지 않다.
③ 보험사기범죄 수사는 보험회사의 이익을 위한 것이 아니라는 인식이 퍼져 있다.
④ 보험회사는 보험사기특별조사팀(SIU)의 인력 증원에 어려움이 있다.

해설 보험사기범죄 수사는 보험회사의 이익을 위한 것이라는 인식이 일부 존재하며, 보험회사 측에서도 보험사기 적발시스템을 적극적으로 강화하기보다는 수사기관에 의존하는 경향이 강하다.

**32** **보험사기범죄에 대한 보험업계 대응의 한계점으로 옳지 않은 것은?**

① 보험회사의 실적 위주의 오랜 보험영업 관행으로 인하여 보험사기를 유발할 수 있는 보험상품판매, 고액·과다 보험 인수 등에 의한 보험사기가 발생하고 있다.
② 유관기관 및 이해당사자 간의 업무협조 및 상호협력 체제가 미흡하다.
③ 감독기관이 실질적으로 보험관련 불법행위에 대해 자체적으로 실시하기 때문에 보험회사들의 역할이 축소되고 있다.
④ 보험금 신속지급제도가 도입되면서 보험금 지급심사 업무가 상대적으로 약화되는 환경에 직면하고 있다.

해설 감독기관이 실질적으로 보험관련 불법행위에 대해 자체적으로 실시하지 못하고, 상당부분 보험회사들의 보고에 의존하여 업무를 처리하고 있으며, 각 보험회사는 사기적인 고액·다수 보험 계약의 인수 심사를 강화하고, 보험사기를 전담하는 보험사기특별조사팀(SIU)을 설치하여 운영하는 노력을 기울이고 있다.

**33** **보험사기범죄의 피해자가 되지 않기 위한 대응책으로 옳지 않은 것은?**

① 횡단보도 주행시 주의집중
② 무면허운전·음주운전 금지
③ 차선변경시 충분한 공간 확보
④ 현금카드, 통장계좌 양도



정답 29 ④ 30 ④ 31 ③ 32 ③ 33 ④

보험사기범죄의 피해자가 되지 않기 위한 대응책

- 횡단보도 주행시 주의집중
- 무면허운전 · 음주운전 금지
- 차선변경시 충분한 공간 확보
- 현금카드, 통장계좌 양도 금지
- 교통사고발생시 목격자 및 증거사진 확보
- 적극적인 신고 및 대처
- 기타 교통법규의 준수

## 34 다음 중 보험사기범죄자의 표적이 되는 차량이 아닌 것은?

① 차선변경 차량

② 일방통행도로에서 역주행하는 차량

② 불법유턴 차량

④ 좁은 도로에서 중앙선을 침범하는 차량

보험사기범죄자의 표적이 되는 차량은 ② · ③ · ④이다.

## 35 민간조사제도의 도입에 관한 설명으로 옳지 않은 것은?

① 실제 산업영역이나 학계에서는 '탐정', '사립탐정', '공인탐정', '민간조사원' 등의 용어가 혼용되어 사용되고 있다.

② "민간조사원"이라는 명칭은 부정적인 인식으로 인해 각종 법률에서 사용이 금지되고 있다.

③ 영문으로는 "Private Investigator"라는 용어가 사용되고 있다.

④ 「신용정보의 이용 및 보호에 관한 법률」에 따라 일반인 '정보원'이나 '탐정'이라는 명칭을 사용할 경우 처벌할 수 있는 근거가 마련되었다.

국내에서는 "탐정"이라는 명칭이 주는 부정적인 인식과 각종 법률에 "탐정" 용어 사용이 금지되어 있는 등 법적 규제에 따라 "민간조사원"이라는 용어가 학술적으로 널리 통용되고 있다.

**36** **민간조사업에 대한 외국의 관리 · 감독기관을 올바르게 연결하지 않은 것은?**

① 미국 – 주경찰 등 공공안전 관리부서와 면허관리부서
② 영국 – 내무부 소속 위원회(보안산업위원회, SIA)
③ 일본 – 도도부현 공안위원회
④ 프랑스 – 경찰청

해설 ④ 프랑스 – 경시청(파리) 및 지방자치단체소속 경찰서

**37** **민간조사제도의 필요성을 설명한 것으로 가장 옳지 않은 것은?**

① 국가기관의 수사력이 미치지 못하거나 미흡한 각종 범죄나 사건에 대한 사실관계를 확인해 주고 누구나 접근 가능한 정보의 수집을 대행할 필요성이 증가하고 있다.
② 경찰이나 검찰에 신고 또는 고소하여도 시간적 · 물리적 제한 때문에 만족한 결과를 기대하기 어려운 경우가 많다.
③ 범죄조사대상자의 인권 침해방지와 개인정보보호를 위하여 적극적인 도입이 필요하다.
④ 보험분야에서도 수사기관 및 보험업계의 한계를 극복하기 위한 방안으로 보험사기범죄 민간조사제도 도입이 필요하다.

해설 민간조사제도의 선행연구에서 조성제(2013)는 민간조사제도 도입의 필요성은 인정하지만 그 도입이 조사대상자의 인권을 침해할 소지가 있기 때문에 업무범위를 규정하고 개인정보보호를 위하여 별도의 개인정보에 관한 규정의 필요성을 주장하고 있다.

**38** **외국 각국의 민간조사제도의 운영 현황에 대한 설명이다. 옳지 않은 것은?**

① 미국 – 국적을 보유하고 18세 이상의 학사학위 이상의 학력소지자로 최근 2년간 공직에 근무한 자이어야 한다.
② 영국 – 국가에서 발급하는 국가직업인증을 받으면 자유롭게 사무실을 열어 운영할 수 있다.
③ 프랑스 – 전과기록이 없어야 하며, 외국인도 면허취득이 가능하다.
④ 독일 – 전과기록이 없어야 하며, 취득된 면허는 국가에서 공인하며 면허취득자에게 준사법권이 부여된다.

정답 34 ① 35 ② 36 ④ 37 ③ 38 ①

①은 스페인의 민간조사제도 특징이다.
미국의 경우 주마다 상이하나, 미국시민권 소지자로 면허시험에 응시하기 위해서는 수사경력, 3년 이상의 조사보조원 경력 등 일정 자격이 있어야 한다.

## 4 보험사기 사례

**39** **생명 · 장기보험에서의 보험사기 사례와 관련이 없는 것은?**

① 류마티스병을 숨기고 다수의 보험에 가입한 후 장기간 입원하여 보험금을 편취한 사례
② 병명을 달리하는 수법으로 여러 병원을 돌며 장기입원하여 보험금을 편취한 사례
③ 상해보장성 보험에 집중가입하고 후유장애진단서를 발급받아 억대의 보험금을 편취한 사례
④ 거액의 사망보험금이 나오는 종신보험에 가입시킨 후 살해하여 보험금을 편취한 사례

③은 자동차보험에서의 보험사기 사례이다.

**40** **자동차보험에서의 보험사기 사례와 관련이 없는 것은?**

① 팔목치기로 고의 교통사고를 발생시키고 합의금을 요구하거나 보험금을 편취한 사례
② 법규위반 차량을 골라 고의로 들이받고 억대의 보험금을 편취한 사례
③ 무면허로 운전자를 바꿔치기하여 보험금을 편취한 사례
④ 입원일수당 보험금이 지급되는 특약을 노려 장기 허위입원 등의 수법으로 보험금을 편취한 사례

④는 생명 · 장기보험에서의 보험사기 사례이다.

## 41 다음 보험사기 사례는 어떤 보험사기범죄의 유형과 관련이 있는가?

주부 A씨는 남편의 주도하에 기왕증인 당뇨병을 숨기고 수십건의 보험계약을 체결하였다. A씨는 보험에 가입하기 전까지 기록이 남지 않도록 동생과 지인의 건강보험증을 이용하여 치료를 받고, 보장성보험에만 집중적으로 가입하였다. 특히 의사의 수술권유에도(고액의 보험금을 노리고) 이를 거부하고 당뇨합병증으로 인한 양안실명에 이르게 하여 ○○억원의 보험금을 편취하였다. 이 일을 주도한 A씨의 남편은 구속기소 후 징역을 선고받았다.

① 고지의무위반
② 고의적인 사고 유발
③ 허위사고(내용조작)
④ 보험사고발생시 위법행위

해설

문제의 지문은 보험계약시 자신의 건강상태를 허위(기왕증 은폐)로 알리고 동생과 지인의 건강보험증을 이용하여 치료를 받는 등 중요한 사실을 숨기는 행위를 하였기 때문에 '고지의무위반'에 해당한다.

## 42 다음 보험사기 사례에 적합한 보험사기범죄의 유형은?

- A씨는 ○○시장에서 생선을 판매하면서 손가락 후유장해를 집중보장하는 상해보험 등에 가입한 후, 고의로 자신의 손가락을 절단하고 마치 냉동생선 절단기 작업 중 실수로 발생된 것처럼 허위로 보험금을 청구하여 보험회사로부터 총 5억원의 보험금을 편취하였다.
- A씨는 좁은 골목길에서 서행하거나 후진하는 차량의 사이드미러 등에 신체를 고의로 접촉하는 사고를 유발하여 차량 운전자와의 합의금 등으로 보험금을 편취하였다.

① 고지의무위반
② 고의적인 사고 유발
③ 허위사고(내용조작)
④ 피해과장(허위 · 과다청구)

해설

문제의 지문은 피보험자가 자신의 신체 일부를 절단(손가락절단)하거나 경미한 신체접촉사고를 고의로 유발하였기 때문에 '고의적으로 사고를 유발'하는 유형에 해당한다.



정답 39 ③ 40 ④ 41 ① 42 ②

## 43 다음 보험사기 사례에 나타난 보험사기범죄의 유형은?

- A는 남편 B를 기도원으로 보낸 후 거짓으로 실종신고를 하고, 5년이 경과하자 가정법원에서 실종선고를 받아 사망보험금으로 15억원을 편취하였다.
- 보험대리점 소속인 ○○○설계사는 친구들에게 다수의 보험에 가입하게 하고, 입원사실이 없음에도 입원확인서, 진단서 등을 위조하여 보험금을 편취하였다.

① 고지의무위반
② 고의적인 사고 유발
③ 허위사고(내용조작)
④ 피해과장(허위 · 과다청구)

해설 문제의 지문은 피보험자(보험대상자)가 사망하지 않았는데도 불구하고 사망한 것처럼 위장하거나 내용을 조작하여 보험금을 편취하는 '허위사고' 유형에 해당한다.

## 44 다음 보험사기 사례에 나타난 보험사기범죄의 유형은?

○○○병원은 환자들이 실손의료보험으로 고가의 진료비(MRI 촬영비 등)를 충당할 수 있도록 통원환자 등 입원이 불필요한 환자들에게 허위 입원확인서 발급하고, 시행하지 않은 도수치료를 치료한 것처럼 허위 도수치료확인서를 발급하거나 비의료인 운동치료사를 고용하여 도수치료를 시행하였다.

① 고지의무위반
② 고의적인 사고 유발
③ 허위사고(내용조작)
④ 피해과장(허위 · 과다청구)

해설 문제의 지문은 '피해과장(허위 · 과다청구)' 유형에 해당한다. 즉 보험금을 피해보다 더 많이 지급받기 위하여 의사에게 부탁하여 부상의 정도나 장해등급을 상향하는 행위, 통원치료를 하였음에도 입원하여 치료를 받은 것으로 서류를 조작하는 행위, 치료기간의 연장 또는 과잉진료를 하는 행위 등 사기적으로 보험금을 과다청구하는 행위 등이 포함된다.



43 ③ 44 ④ 정답

SECTION

# II 보험조사의 법률적 이해

## 제1장 보험조사분석사의 지위와 업무범위

### 1 보험조사분석사의 지위와 한계

**01** 민간조사업의 도입 필요성에 대한 설명으로 옳지 않은 것은?

① 자신의 권익보호와 조속한 피해회복을 위해서 민간조사원을 통해 전문적으로 사실조사 · 정보수집 활동의 도움을 받을 수 있다.
② 전문직업인으로서 합법적으로 민간조사업무를 할 수 있게 되므로 헌법이 보장하는 국민의 직업선택 자유를 통한 자아실현과 행복추구 등 헌법적 가치를 실현할 수 있다.
③ 일부 심부름센터 등의 각종 불법행위와 위험요소로부터 국민을 보호할 수 있다.
④ 경찰과의 중복되는 조사업무로 인하여 서민을 위한 민생치안이 약화될 수도 있다.

해설
국가기관이 개입하기 어려운 개인의 권익영역을 민간조사업이 담당하게 된다면 경찰은 본연의 민생치안활동에 역량을 집중할 수 있어, 사회적 약자와 서민을 위한 치안서비스는 더욱 강화될 것이다.

**02** 보험조사분석사의 법률상 지위에 대한 설명으로 옳지 않은 것은?

① 법률상 지위는 원칙상 사인(私人)이다.
② 공공성과 전문성을 갖춘 준공무원으로서의 성격을 갖는다.
③ 법률상 그 업무범위가 명확히 특정되어 있다.
④ 특별법에 의해 공무원 자격이 주어지거나 공무원으로 의제될 수도 있다.

해설
보험조사분석사제도가 법률상 정착되지 않아서 그 업무범위를 명확히 특정하기 어렵다.

정답 01 ④ 02 ③

## 03 보험회사에 소속된 보험조사분석사의 업무로서 가장 부적절한 것은?

① 보험사기행위의 보고
② 보험계약자 등의 보호
③ 입원적정성 심사의뢰
④ 수사기관에 고발 또는 수사의뢰

수사기관은 보험사기행위 수사를 위하여 보험계약자 등의 입원이 적정한 것인지 여부("입원적정성"이라 한다)에 대한 심사가 필요하다고 판단되는 경우 「국민건강보험법」 제62조에 따른 건강보험심사평가원에 그 심사를 의뢰할 수 있다.

## 04 보험조사분석사의 활동에 있어서 그 제한이 될 수 있는 법 규정에 대한 설명이다. 옳지 않은 것은?

① 민간조사제도가 도입되지 않은 우리나라에서 전문수사자문위원으로 지정되지 않은 보험조사분석사는 일반 사인(私人)과 아무런 차이가 없어 그 활동에 제한이 따르게 된다.
② 보험조사분석사가 특정한 사건에 관하여 보험회사로부터 조사의뢰를 받아 조사업무를 담당하고 그 사건에 대해 보수를 받는다면 변호사법 위반에 해당될 것이다.
③ 보험조사분석사가 보험회사의 직원으로 특정 사건의 조사 유무와는 관계없이 보수를 받는다면 변호사법 위반에 해당되지 않는다.
④ 변호사가 보험회사의 의뢰를 받아 보험조사업무를 담당하고 보수를 받아 변호사 사무실에 직원으로 근무하는 보험조분석사에게 분배할 경우 변호사법 위반에 해당되지 않는다.

④의 경우 변호사법 제34조 제5항(변호사가 아닌 자는 변호사가 아니면 할 수 없는 업무를 통하여 보수나 그 밖의 이익을 분배받아서는 아니 된다)에 의거하여 변호사법 위반에 해당된다.

## 05 보험조사분석사가 특정한 사건에 관하여 보험회사로부터 조사의뢰를 받아 조사업무를 담당하고 그 사건에 대해 보수를 받아 변호사법 위반에 해당될 경우 벌칙은?

① 10년 이하의 징역 또는 1억원 이하의 벌금
② 7년 이하의 징역 또는 5천만원 이하의 벌금
③ 5년 이하의 징역 또는 5천만원 이하의 벌금
④ 3년 이하의 징역 또는 3천만원 이하의 벌금

변호사가 아니면서 금품·향응 또는 그 밖의 이익을 받거나 받을 것을 약속하고 또는 제3자에게 이를 공여하게 하거나 공여하게 할 것을 약속하고 법률사건에 관하여 감정·대리·중재·화해·청탁·법률상담 또는 법률관계 문서 작성, 그 밖의 법률사무를 취급하거나 이러한 행위를 알선한 자는 **7년 이하의 징역 또는 5천만원 이하의 벌금**에 처한다(변호사법 제109조 제1호).

**06** **보험조사분석사의 활동에 있어서 현행법상 규정과의 문제점이 생길 수 있다. 이에 대한 설명으로 옳지 않은 것은?**

① 보험조사분석사의 활동은 필연적으로 타인의 사생활 비밀과 자유 등의 권리를 침해하여 헌법상 기본권 규정과 문제가 될 수 있다.

② 보험조사분석사 등 민간조사원제도가 법률로 제정되지 않았기 때문에 보험조사분석사의 활동에 있어서 타인의 권리 침해를 최소화하도록 해야 한다.

③ 민간 보험조사분석사가 공공기관에서 보관하고 있는 정보를 얻을 수 있는 방법은 정보공개청구이지만 「공공기관의 정보공개에 관한 법률」 제9조 제1항에 따라 제한을 받을 수 있다.

④ 보험조사분석사와 같은 민간조사원제도가 법률로 도입된다면 보험조사분석사에게 준사법권 권한을 인정해야 함은 당연한 조치이다.

보험조사분석사와 같은 민간조사원제도가 법률로 도입된다 하더라도 보험조사분석사에게 준사법권 권한을 인정할지 여부는 부정적인 견해가 대부분이다. 왜냐하면 외국의 입법례에서도 민간조사원에게 사인(私人)과 다른 특별한 권한을 부여한 예가 없기 때문이다.

비공개 대상 정보(공공기관의 정보공개에 관한 법률 제9조 제1항)

공공기관이 보유·관리하는 정보는 공개 대상이 된다. 다만, 다음 각 호의 어느 하나에 해당하는 정보는 공개하지 아니할 수 있다.

1. 다른 법률 또는 법률에서 위임한 명령(국회규칙·대법원규칙·헌법재판소규칙·중앙선거관리위원회규칙·대통령령 및 조례로 한정한다)에 따라 비밀이나 비공개 사항으로 규정된 정보
2. 국가안전보장·국방·통일·외교관계 등에 관한 사항으로서 공개될 경우 국가의 중대한 이익을 현저히 해칠 우려가 있다고 인정되는 정보
3. 공개될 경우 국민의 생명·신체 및 재산의 보호에 현저한 지장을 초래할 우려가 있다고 인정되는 정보
4. 진행 중인 재판에 관련된 정보와 범죄의 예방, 수사, 공소의 제기 및 유지, 형의 집행, 교정(矯正), 보안처분에 관한 사항으로서 공개될 경우 그 직무수행을 현저히 곤란하게 하거나 형사피고인의 공정한 재판을 받을 권리를 침해한다고 인정할 만한 상당한 이유가 있는 정보
5. 감사·감독·검사·시험·규제·입찰계약·기술개발·인사관리에 관한 사항이나 의사결정 과정 또는 내부검토 과정에 있는 사항 등으로서 공개될 경우 업무의 공정한 수행이나 연구·개발에 현저한 지장을 초래한다고 인정할 만한 상당한 이유가 있는 정보. 다만, 의사결정 과정 또는 내부검토 과정을 이유로 비공개할 경우에는 의사결정 과정 및 내부검토 과정이 종료되면 청구인에게 이를 통지하여야 한다.
6. 해당 정보에 포함되어 있는 성명·주민등록번호 등 개인에 관한 사항으로서 공개될 경우 사생활의 비밀 또는 자유를 침해할 우려가 있다고 인정되는 정보
7. 법인·단체 또는 개인(이하 "법인 등"이라 한다)의 경영상·영업상 비밀에 관한 사항으로서 공개될 경우 법인 등의 정당한 이익을 현저히 해칠 우려가 있다고 인정되는 정보



정답 03 ③ 04 ④ 05 ② 06 ④

**07** **보험조사분석사의 활동에 있어서 현행법상 규정과의 상충문제에 대한 설명으로 옳지 않은 것은?**

① 헌법에 열거하고 있는 주거의 자유, 사생활의 비밀과 자유, 통신의 자유 등 프라이버시에 대한 기본권의 침해가 우려된다.

② 형법상 명예훼손죄, 비밀침해죄, 주거침입죄, 퇴거불응죄, 주거・신체수색죄, 공무원자격사칭죄 등을 위반할 우려가 있다.

③ 보험조사분석사의 활동이 보장된다면 도청이나 추적장치 운용, 도청 등을 실시하여 한정된 범위에서 자료를 수집하는 것은 허용될 수 있다.

④ 보험조사분석사의 불법적인 증거수집 행위로 취득한 증거는 민사 또는 형사 절차에서 증거로 사용될 수 없다.

해설

보험조사분석사의 활동이 보장된다 하더라도 도청이나 추적장치 운용, 도청 등을 실시하는 경우 위법이 될 수 있다.

## 2 보험조사분석사와 전문수사자문위원제도

**08** **형사소송법상 전문수사자문위원제도의 주요 내용으로 옳지 않은 것은?**

① 전문수사자문위원제도는 전문적인 지식이 필요한 사건에서 법관이나 검사가 전문가의 조력을 받아 재판 및 수사 절차를 충실히 진행할 수 있도록 한 제도이다.

② 검사는 공소제기 여부와 관련된 사실관계를 분명하게 하기 위하여 필요한 경우에는 직권이나 피의자 또는 변호인의 신청에 의하여 전문수사자문위원을 지정하여 수사절차에 참여하게 하고 자문을 들을 수 있다.

③ 전문수사자문위원은 전문적인 지식에 의한 설명 또는 의견을 기재한 서면을 제출하거나 전문적인 지식에 의하여 설명이나 의견을 진술할 수 있다.

④ 검사는 전문수사자문위원이 제출한 서면이나 전문수사자문위원의 설명 또는 의견의 진술에 관하여 피의자 또는 변호인에게 반드시 서면에 의한 의견진술의 기회를 주어야 한다.

해설

검사는 전문수사자문위원이 제출한 서면이나 전문수사자문위원의 설명 또는 의견의 진술에 관하여 피의자 또는 변호인에게 구술 또는 서면에 의한 의견진술의 기회를 주어야 한다(형사소송법 제245조의2 제3항).

**09** **전문수사자문위원의 지정에 대한 설명으로 옳지 않은 것은?**

① 전문수사자문위원을 수사절차에 참여시키는 경우 검사는 각 사건마다 2인 이상의 전문수사자문위원을 지정한다.
② 검사는 상당하다고 인정하는 때에는 전문수사자문위원의 지정을 취소할 수 있다.
③ 피의자 또는 변호인은 검사의 전문수사자문위원 지정에 대하여 관할 고등검찰청 검사장에게 이의를 제기할 수 있다.
④ 전문수사자문위원에게는 수당을 지급하고, 필요한 경우에는 그 밖의 여비, 일당 및 숙박료를 지급할 수 있다.

전문수사자문위원을 수사절차에 참여시키는 경우 검사는 각 사건마다 1인 이상의 전문수사자문위원을 지정한다(형사소송법 제245조의3 제1항).



**10** **전문심리위원 또는 전문심리위원이었던 자가 그 직무수행 중에 알게 된 다른 사람의 비밀을 누설한 때의 벌칙은?**

① 1년 이하의 징역이나 금고 또는 1천만원 이하의 벌금
② 2년 이하의 징역이나 금고 또는 1천만원 이하의 벌금
③ 2년 이하의 징역이나 금고 또는 2천만원 이하의 벌금
④ 3년 이하의 징역이나 금고 또는 3천만원 이하의 벌금

전문심리위원 또는 전문심리위원이었던 자가 그 직무수행 중에 알게 된 다른 사람의 비밀을 누설한 때에는 2년 이하의 징역이나 금고 또는 1천만원 이하의 벌금에 처한다(형사소송법 제279조의7).

**11** **전문수사자문위원 운영규칙의 주요 내용으로 틀린 것은?**

① 전문수사자문위원 제도의 시행에 필요한 사항을 규정함을 목적으로 한다.
② 지청의 장을 포함하여 각급 검찰청의 장은 전문적인 지식과 경험을 가진 사람 중에서 전문수사자문위원 후보자를 선정하여 그 명단을 관리한다.
③ 각급 검찰청의 장은 전문수사자문위원 후보자를 선정하기 위하여 다른 국가기관, 공공단체, 교육기관, 연구기관 등에 후보자의 추천을 의뢰할 수 있다.
④ 검사는 전문수사자문위원이 직무상 알게 된 비밀을 누설한 경우에는 전문수사자문위원 지정을 취소하여야 한다.

정답 07 ③ 08 ④ 09 ① 10 ② 11 ②

② **지청의 장은 제외**한다(전문수사자문위원 운영규칙 제2조 제1항).

**12** **전문수사자문위원 운영규칙상 전문수사자문위원의 지정에 대한 설명으로 옳지 않은 것은?**

① 검사는 수사절차의 모든 단계에서 필요한 경우 전문수사자문위원을 지정하여 수사절차에 참여하게 하고 설명이나 의견을 들을 수 있다.

② 검사는 수사절차의 모든 단계에서 공소제기 여부와 관련된 사실관계를 분명하게 하기 위하여 필요한 경우 반드시 피의자의 신청에 의해 전문수사자문위원을 지정하여 의견을 들어야 한다.

③ 지정된 전문수사자문위원은 관련 서류를 검토하거나, 피의자・피해자 또는 그 밖의 참고인의 진술을 듣는 자리에 동석하는 등 수사절차에 참여하여 설명하거나 의견을 진술할 수 있다.

④ 검사는 전문수사자문위원 지정 사실을 피의자 또는 변호인에게 구두 또는 통지서로 알려야 한다.

검사는 수사 진행, 구속영장 청구, 사건(항고사건을 포함한다)의 기소 등 수사절차의 모든 단계에서 공소제기 여부와 관련된 사실관계를 분명하게 하기 위하여 필요한 경우 **직권이나 피의자 또는 변호인의 신청에 의하여** 구두 또는 지정결정서로 전문수사자문위원을 지정하여 수사절차에 참여하게 하고 설명이나 의견을 들을 수 있다(전문수사자문위원 운영규칙 제3조 제1항).

**13** **전문수사자문위원 운영규칙상 전문수사자문위원의 결격사유가 아닌 것은?**

① 파산선고를 받고 복권되지 아니한 사람

② 공무원으로서 해임의 징계처분을 받은 때부터 3년이 지나지 아니한 사람

③ 금고 이상의 형을 받고 그 집행유예의 기간이 끝나는 날부터 3년이 지나지 아니한 사람

④ 금고 이상의 형을 받고 그 집행이 끝나거나 집행을 받지 아니하기로 확정된 후 5년이 지나지 아니한 사람

결격사유(전문수사자문위원 운영규칙 제4조)

다음 각 호의 어느 하나에 해당하는 사람은 전문수사자문위원이 될 수 없다.

1. 피성년후견인 또는 피한정후견인
2. 파산선고를 받고 복권되지 아니한 사람
3. 금고 이상의 형을 받고 그 집행이 끝나거나 집행을 받지 아니하기로 확정된 후 5년이 지나지 아니한 사람

4. 금고 이상의 형을 받고 그 집행유예의 기간이 끝나는 날부터 **2년**이 지나지 아니한 사람
5. 금고 이상의 형의 선고유예를 받고 그 선고유예기간 중에 있는 사람
6. 판결 또는 다른 법률에 따라 자격이 상실되거나 정지된 사람
7. 공무원으로서 파면의 징계처분을 받은 때부터 5년이 지나지 아니한 사람
8. 공무원으로서 해임의 징계처분을 받은 때부터 3년이 지나지 아니한 사람

## 14 다음 중 전문수사자문위원의 지정을 반드시 취소하여야 하는 경우에 해당하는 것은?

① 전문수사자문위원이 판결 또는 다른 법률에 따라 자격이 상실되거나 정지된 사람인 경우
② 전문수사자문위원이 심신상의 장애로 직무집행을 할 수 없다고 인정된 경우
③ 전문수사자문위원이 정당한 이유 없이 검사의 수사절차 참여 요청에 2회 이상 응하지 아니한 경우
④ 전문수사자문위원이 불공정한 의견을 진술할 염려가 있거나 그 밖에 공정한 직무집행이 어렵다고 인정되는 상당한 이유가 있는 경우

① 검사는 전문수사자문위원이 결격사유의 어느 하나에 해당하거나 직무상 알게 된 비밀을 누설한 경우에는 전문수사자문위원 지정을 취소하여야 한다(전문수사자문위원 운영규칙 제5조 제1항).

②·③·④ 전문수사자문위원이 다음의 어느 하나에 해당할 때에는 지정을 취소할 수 있다.
- 심신상의 장애로 직무집행을 할 수 없다고 인정될 때
- 정당한 이유 없이 검사의 수사절차 참여 요청에 2회 이상 응하지 아니할 때
- 직무상 의무 위반 행위나 그 밖에 전문수사자문위원으로서 부적절한 행위를 하였을 때
- 불공정한 의견을 진술할 염려가 있거나 그 밖에 공정한 직무집행이 어렵다고 인정되는 상당한 이유가 있을 때

## 15 전문수사자문위원의 지정에 관하여 이의제기에 대한 설명으로 옳지 않은 것은?

① 전문수사자문위원의 지정에 관하여 이의를 제기하려는 피의자 또는 변호인은 이의신청서에 이의 사유를 소명하는 자료를 첨부하여 수사를 담당하는 검사에게 제출하여야 한다.
② 검사는 이의신청서를 접수한 경우 이에 대한 의견을 기재하여 관할 고등검찰청 검사장에게 송부하여야 한다. 다만, 검사가 이의신청이 이유 있다고 인정하여 전문수사자문위원의 지정을 취소하는 경우에는 그러하지 아니하다.
③ 고등검찰청 검사장은 이의신청서를 송부 받은 경우 신속하게 심사하여 결정서를 수사 검사에게 송부하고, 피의자 또는 변호인에게 이의신청 결정통지서로 그 결과를 알려야 한다.
④ 고등검찰청 검사장은 이의신청서를 송부 받은 경우 신속하게 심사하고 심사 중 수사가 종료되었을 때에는 이의신청을 기각한다.

정답 12 ② 13 ③ 14 ① 15 ④

고등검찰청 검사장은 이의신청서를 송부 받은 경우 신속하게 심사하여 다음 각 호의 구분에 따라 결정하여 결정서를 수사 검사에게 송부하고, 피의자 또는 변호인에게 이의신청 결정통지서로 그 결과를 알려야 한다(전문수사자문위원 운영규칙 제6조 제3항).

1. 심사 중 수사가 종료되었을 때에는 **이의신청을 각하한다.**
2. 이의신청이 이유 있다고 인정할 때에는 전문수사자문위원 지정 취소를 명한다.
3. 이의신청이 이유 없다고 인정할 때에는 이의신청을 기각한다.

## 16 전문수사자문위원 운영규칙의 주요 내용으로 옳지 않은 것은?

① 전문수사자문위원의 일당 및 수당은 예산의 범위에서 기획재정부장관이 정한다.
② 전문수사자문위원의 국내 여비와 숙박료는 「공무원여비규정」에 따른다.
③ 전문수사자문위원이 국외여행하는 경우의 여비와 숙박료도 「공무원여비규정」에 따른다.
④ 전문수사자문위원이 수사절차에 참여하여 전문적인 지식에 의한 설명 또는 의견을 진술하거나 이를 기재한 서면을 제출한 경우 검사는 공소 제기 여부를 결정하기 전에 피의자 또는 변호인에게 구두 또는 서면으로 의견을 진술할 기회를 주어야 한다.

전문수사자문위원의 일당 및 수당은 예산의 범위에서 **법무부장관**이 정한다(전문수사자문위원 운영규칙 제8조 제1항).

## 17 보험조사분석사와 전문수사자문위원의 지정에 대한 설명으로 옳지 않은 것은?

① 검사는 전문수사자문위원을 지정하여 수사절차에 참여하게 하고 자문을 들을 수 있으므로 보험조사분석사를 전문수사자문위원으로 지정할 수 있다.
② 전문수사자문위원의 후보자 명단에 등재되어 있지 않더라도 각 사건에 필요한 경우 검사는 전문수사자문위원을 지정할 수 있다.
③ 보험조사분석사를 전문수사자문위원으로 지정하기 위해서는 후보자 명단에 등재하지 않아도 된다.
④ 각급 검찰청의 장은 전문적인 지식과 경험을 가진 사람 중에서 전문수사자문위원 후보자를 선정하여 그 명단을 관리하고 다른 국가기관, 공공단체, 교육기관, 연구기관 등에 후보자의 추천을 의뢰할 수 있다.

「전문수사자문위원 운영규칙」 제2조 제1항에서는 각급 검찰청의 장은 전문적인 지식과 경험을 가진 사람 중에서 전문수사자문위원 후보자를 선정하여 그 명단을 관리하도록 규정하고 있으므로 수사절차에 있어서 잡음이나 문제의 소지를 방지하기 위해서는 검찰청과 MOU를 체결하는 등의 방법으로 자격을 갖춘 보험조사분석사를 전문수사자문위원의 후보자 명단에 등재하도록 하는 것이 바람직하다.

**18** **경찰수사단계에서 보험조사분석사가 전문수사자문위원으로 지정될 수 있는지의 여부가 문제될 수 있다. 이에 대한 설명 중 틀린 내용은?**

① 보험사기 수사가 검찰보다는 경찰에서 주로 이루어지기 때문에 보험조사분석사가 경찰수사단계에서부터 수사절차에 참여할 필요가 있다.

② 형사소송법상 사법경찰관은 범죄의 혐의가 있다고 인식하는 때에는 수사를 개시・진행하여야 하는데 그 진행하는 수사에 대해 검사의 지휘를 받아야 하므로 보험조사분석사도 검사의 지휘를 받아 전문수사자문위원으로 지정받아 참여시킬 수 있다.

③ 보험조사분석사를 전문수사자문위원으로 지정할 때 구두로 할 수 없다.

④ 전문수사자문위원으로 지정할 때 절차의 정당성을 확보하고 문제의 소지를 확보하기 위하여 정식문서로 검사의 지휘를 받아 관련 문서에 첨부하는 것이 바람직하다.

보험조사분석사를 전문수사자문위원으로 지정할 때 구두로 할 수 있다.

**19** **수사과정에서 전문수사자문위원의 지위에 대한 설명으로 옳지 않은 것은?**

① 전문수사자문위원은 수사절차 중 어느 단계에서나 수사에 참여하여 전문적인 지식에 의한 설명 또는 의견을 기재한 서면을 제출하거나 전문적인 지식에 의하여 설명이나 의견을 진술할 수 있으므로 당연히 압수수색 현장에도 참여할 수 있다.

② 전문수사자문위원은 경찰관, 수사관과 함께 직접 압수수색을 할 수 있다.

③ 수색과정에서 수사기관 종사자들의 요청에 의하여 일반적인 증거물이 어느 곳에 있는지, 어떤 형태로 보관되어 있는지 의견을 진술할 수 있다.

④ 디지털자료의 경우 전문지식을 갖춘 전문수사자문위원이 직접 이미징데이터를 일일이 확인하고 필요한 자료를 선별한 후 출력하는 것은 위법이다.

전문수사자문위원은 수사의 조력자에 불과하기 때문에 직접 압수수색을 할 수 없다.
전문수사자문위원이 독자적으로 압수수색 현장에서 수색한 뒤 발견한 증거물을 압수하는 경우 위법수집 증거로서 그 증거능력이 배제될 수 있음을 유의해야 한다.

정답 16 ① 17 ③ 18 ③ 19 ②

## 20 디지털 증거의 압수수색절차에 대한 설명으로 옳지 않은 것은?(다툼이 있는 경우 판례에 의함)

① 디지털정보에 대한 압수・수색영장의 집행에 있어서는 원칙적으로 영장사유로 된 혐의사실과 관련된 부분만을 문서 출력물로 수집하거나 수사기관이 휴대한 저장매체에 복사하는 방식으로 이루어져야 한다.

② 저장매체 자체를 직접 혹은 하드카피나 이미징 등 형태로 수사기관 사무실 등 외부로 반출할 수 있으나 이를 허용하는 내용이 영장에 기재되어 있어야 한다.

③ 피압수・수색 당사자나 변호인의 계속적인 참여권 보장, 피압수・수색 낭사자가 배제된 상태에서의 저장매체에 대한 열람・복사 금지, 복사대상 전자정보 목록의 작성・교부 등 왜곡, 훼손, 오・남용, 임의복사 등을 막기 위한 적절한 조치가 이루어져야 한다.

④ 압수수색 현장에서 컴퓨터를 이미징하여 사무실로 가져오는 경우 압수수색 절차가 종료된 것으로 간주하여 수사기관이 임의로 정한 시점 이후의 파일일체를 복사하는 것은 타당하다.

저장 매체를 외부로 옮긴 후 탐색하여 전자정보를 출력하거나 파일을 복사하는 과정 역시 '전체적으로 압수수색 영장 집행의 일환'이므로 출력・복사 대상 역시 혐의사실에 관련된 부분에 한정해야 하고 수사기관이 임의로 정한 시점 이후의 파일일체를 복사하는 것은 위법이다.

전자정보에 대한 압수・수색영장의 집행에 있어서는 원칙적으로 영장사유로 된 혐의사실과 관련된 부분만을 문서 출력물로 수집하거나 수사기관이 휴대한 저장매체에 복사하는 방식으로 이루어져야 하고, 이것이 불가능하거나 현저히 곤란한 경우 저장매체 자체를 직접 혹은 하드카피나 이미징 등 형태로 수사기관 사무실 등 외부로 반출할 수 있으나 이를 허용하는 내용이 영장에 기재되어 있고 실제 그와 같은 사정이 있는 때 한하여 예외적으로만 허용된다. 나아가 수사기관 사무실에서 출력하거나 복사하는 대상 역시 혐의사실과 관련된 부분으로 한정되어야 하고, 피압수・수색 당사자나 변호인의 계속적인 참여권 보장, 피압수・수색 당사자가 배제된 상태에서의 저장매체에 대한 열람・복사 금지, 복사대상 전자정보 목록의 작성・교부 등 왜곡, 훼손, 오・남용, 임의복사 등을 막기 위한 적절한 조치가 이루어져야 한다(대법원 2011. 5. 26. 선고 2009모1190 결정).

## 21 다음 괄호 안에 알맞은 내용으로 옳은 것은?

> 실무상 현장 압수수색영장을 신청・청구 할 때에는 영장의 유효기간 (　　)을 넘어서 출력한 증거물은 증거로 사용할 수 없다.

① 3일　　② 5일
③ 7일　　④ 14일

실무상 현장 압수수색영장을 신청・청구 할 때에는 영장의 유효기간을 **7일**로 기재하는 것이 일반적이다.

**22** **압수수색과정에서 전문수사자문위원의 지위에 대한 설명으로 옳은 것은?**

① 전문수사자문위원은 검사의 지휘 없이 수사 과정에 경찰관과 함께 참여할 수 있다.
② 압수수색단계에서 검사의 지휘를 받아 참여할 수 있다.
③ 전문수사자문위원은 검사의 지휘를 받아 독자적으로 수색하거나 압수할 수 있다.
④ 디지털 증거의 경우 수사기관 사무실에서 열람할 경우 당사자의 참여권은 배제된다.

① 전문수사자문위원은 검사의 지휘 없이 수사 과정에 경찰관과 함께 참여할 수 없다.
③ 전문수사자문위원은 독자적으로 수색하거나 압수할 수 없다.
④ 디지털 증거의 경우 수사기관 사무실에서 열람할 경우 당사자의 참여권을 보장해야 한다.

**23** **보험조사분석사가 전문수사자문위원으로 지정되어 수사에 참여할 경우 '수사서류 열람' 문제가 생길 수 있다. 이에 대한 설명으로 옳지 않은 것은?**

① 「개인정보보호법」에 따른 민감정보를 처리할 수 있다.
② 「개인정보보호법」에 따른 주민등록번호, 여권번호가 포함된 개인정보를 처리할 수 있다.
③ 전문수사자문위원의 직무를 수행하기 위해 불가피한 경우 개인정보가 포함된 자료를 처리할 수 있다.
④ 보험조사원이 전문수사자문위원으로 지정되어 있다 하더라도 수사기관에 포섭되는 것이 아니므로 수사서류 열람은 기밀누설죄에 해당될 수 있다.

전문수사자문위원으로 지정된 보험조사분석사는 사인(私人)의 지위에 있지만 수사를 돕는 조력자 위치에 있고, 혐의사실에 대해 충분히 알고 있다는 점에서 수사서류를 열람하게 하더라도 직무상 기밀누설죄로 처벌할 수 없다.

**24** **피의자신문·참고인신문과정에서 전문수사자문위원의 지위에 대한 설명으로 옳지 않은 것은?**

① 피의자·참고인 조사과정에 참여할 수 있다.
② 전문수사자문위원은 피의자나 참고인에게 직접 질문할 수 없다.
③ 검사로부터 포괄적 위임을 받은 경우 피의자나 참고인에게 직접 질문할 수 있다.
④ 전문수사자문위원으로 지정된 보험조사분석사는 검사 또는 사법경찰관이 간과한 핵심사항을 피의자에게 질문할 수 있도록 검사 또는 사법경찰관에게 의견을 제시할 수 있다.

정답 20 ④ 21 ③ 22 ② 23 ④ 24 ③

검사 또는 사법경찰관에게 포괄적 위임을 받은 경우라 하더라도 독자적으로 피의자나 참고인을 신문하거나 신문조서를 작성할 수 없다.

**25** **재판과정에서 전문수사자문위원의 지위에 대한 설명으로 옳지 않은 것은?**

① 형사재판의 당사자이므로 특별한 사정이 없는 한 법원에 증인으로 출석하여 증언할 수 있다.
② 전문가의 입장에서 법원에 증인으로 출석하여 선서한 뒤 전문적인 지식에 관해 증언할 수 있다.
③ 전문수사자문위원으로 지정된 보험조사분석사는 공소유지에 필요한 증언을 할 수 있기 때문에 그 역할이 매우 커질 수 있다.
④ 경찰수사단계에서 재판절차에 이르기까지 형사소송 모든 과정에 참여할 수 있다.

형사재판의 당사자는 검사와 피고이며, 검사는 수사기관을 대표하는 위치에 있으므로 수사를 담당했던 경찰관, 수사관 등은 특별한 사정(수사기관에서 자백했던 피고인이 법정에서 이를 부인할 경우)이 없는 한 법원에 증인으로 출석하여 증언할 필요가 없다.

**26** **보험조사분석사의 법적지위에 대한 설명으로 옳은 것은?**

① 우리나라 현행법에서는 보험조사분석사의 권한을 직접 규율하고 있다.
② 외국의 입법례는 '민간조사원'의 개념으로 포괄하면서 특별한 권한을 인정하고 있다.
③ 보험조사분석사는 보험사기 분야의 수사 및 재판과정에서 재판의 당사자로 입법적인 기반이 마련되었다.
④ 보험조사분석사는 검사의 지휘를 받아 전문수사자문위원으로 지정되면 경찰단계에서부터 압수수색 및 피의자조사 등 수사 전반에 걸쳐 수사기관을 조력할 수 있는 지위에 있다.

① 우리나라 현행법에서는 보험조사분석사의 권한을 직접 규율하고 있지 않다.
② 외국의 입법례는 '민간조사원'의 개념으로 포괄하면서 특별한 권한을 인정하지 않고 있다.
③ 보험조사분석사는 재판의 당사자는 아니지만 보험사기 분야의 수사 및 재판과정에서 입법적인 기반이 마련되었다.

## 3 외국의 민간조사원 제도

**27** **민간조사업의 개념을 다양하게 정의한 것으로 가장 옳지 않은 것은?**

① 수수료를 받고 범죄와 관련된 사항, 신원조회, 증언의 신빙성, 사람의 소재파악, 재산의 회수 등에 관한 정보를 찾아주는 영업을 말한다.

② 공동부담원칙에 의한 의뢰인으로부터 계약에 의한 보수를 받고 위법하지 않은 범위 내에서 위임받은 업무의 조사활동을 통하여 의뢰인의 필요한 자료 및 정보를 수집하고 분석하여 의뢰인에게 사실대로 제공하는 업무를 말한다.

③ 다른 사람의 의뢰를 받아 민간조사원의 업무의 전부 또는 일부를 업으로 영위하는 것을 말한다.

④ 타인의 의뢰를 받아 특정인의 주소 또는 행동에 대한 정보를 입수하여 해당 의뢰인에게 수집된 정보를 제공할 목적으로 면접, 미행, 잠복 그 밖의 유사한 방법에 따라 사실조사를 행하고 그 결과를 당해 의뢰인에게 보고하는 업무를 말한다.

해설

__수익자 부담원칙__에 의한 의뢰인으로부터 계약에 의한 보수를 받고 위법하지 않은 범위 내에서 위임받은 업무의 조사활동을 통하여 의뢰인의 필요한 자료 및 정보를 수집하고 분석하여 의뢰인에게 사실대로 제공하는 업무를 말한다.

**28** **민간조사원의 종류별 업무범위가 잘못 연결된 것은?**

① 법률민간조사원 – 피고인의 변호를 돕기 위해 증인을 확보하고 경찰과 면담을 하며, 증거를 수집・검토한다.

② 기업민간조사원 – 회사 내・외부에 대한 조사를 통해 범죄의 유무를 밝힌다.

③ 재정민간조사원 – 보험금을 노리고 자해행위를 하거나 보험사기 등을 행하는 자들에 대한 조사업무를 담당한다.

④ 경비민간조사원 – 백화점, 쇼핑센터 등 대규모 판매시설에 고용되어 시설 내에서의 절도, 소매치기, 사기행위자를 검거한다.

해설

③은 보험민간조사원에 대한 설명이다.
재정민간조사원은 금전과 관련된 횡령, 사기 사건들을 전문적으로 취급한다. 이들은 자신의 전문회계 지식을 이용하여 회사의 재무 상태나 횡령 당한 회사자금의 소재를 파악하거나 투자은행이나 변호사들과 함께 작업하면서 자금거래에 연루되어 있는 회사나 개인들에 대한 다양한 정보를 수집하는 일을 하며, 법원 등에서 사기 피의자에 대하여 변제 판결을 했음에도 불구하고 재산을 타인명의로 감추었을 때, 이를 추적하여 숨겨놓은 재산 등을 찾아내는 일을 주로 한다.



정답 25 ① 26 ④ 27 ② 28 ③

**29** **다음 중 '보험민간조사원'의 역할로서 가장 옳지 않은 것은?**

① 보험사기 등을 행하는 자들에 대한 뒷조사
② 보험사고 · 재해의 적정한 피해보상 등에 관련된 업무
③ 내부직원의 부정행위를 적발하거나 직원의 고객에 대한 서비스 등의 근무태도를 감시하는 업무
④ 보험회사가 입을 피해를 예방하거나 구제해 주는 업무

③은 '경비민간조사원'에 대한 역할이다. 보험민간조사원은 보험금을 노리고 자해행위, 보험사기 등을 행하는 자들에 대한 뒷조사, 사고 · 재해의 적정한 피해보상 등에 관련된 업무에 대하여 사실확인을 하거나 보험회사가 입을 피해를 예방하거나 구제해 주는 업무를 행한다.

**30** **다음 중 '법률민간조사원'의 역할로서 가장 옳지 않은 것은?**

① 주로 소송사건을 전문으로 한다.
② 변호사들의 소송을 위해 필요로 하는 증거를 수집한다.
③ 스스로 법정에서 증언을 하기도 한다.
④ 회사 내 · 외부의 범죄 유무를 밝히거나 기업의 리스크를 조사하여 사실을 확인하는 일을 한다.

**기업민간조사원**은 기업 등에서 의뢰인 회사 내 · 외부에 대한 조사를 통해 범죄의 유무를 밝히거나 회사재산에 대한 절도, 비용지출 내역의 허위사실, 상품선적 등에 있어서의 사기, 산업스파이, 기업의 리스크조사, 인수합병 관련 업무 등을 조사하여 사실을 확인하는 일을 한다.

**31** **미국의 민간조사원 제도에 대한 설명으로 옳지 않은 것은?**

① 각 주마다 자격요건, 업무의 범위, 면허취득 유무, 시험제도 등이 다양하게 운용되고 있다.
② 전직 경찰, 전직 법집행기관의 수사관 등이 은퇴 후에 민간조사원 자격 및 면허를 취득하여 많이 활동하고 있다.
③ 민간조사원의 업무 범위는 각 주별로 법규에서 정하고 있어서 업무의 내용이 제한적이다.
④ 민간조사원의 업무는 미국 연방이나 주 혹은 미국 영토에 대해 발생되거나 위협이 되는 범죄나 불법행위에 대한 조사를 포함한다.

민간조사원의 업무 범위에 대해서는 각 주별로 법규에서 정하고 있는 경우가 많은데 업무의 내용에 대한 예시는 제한적 열거가 아닌 예시적 열거인 경우가 많다. 즉 법규에 열거된 업무가 아니라 할지라도 형법이나 개인정보에 관한 법률 규정에 어긋나지 않은 범위 내에서 얼마든지 자유로이 업무를 할 수 있다.

**32** **미국의 펜실베니아 주 법령에서 규정하고 있는 민간조사원의 업무범위가 아닌 것은?**

① 증인이나 다른 사람들의 신뢰도 조사
② 납치범의 소재파악
③ 도난당하거나 분실당한 재산 파악
④ 민・형사상 재판, 중재위원회, 조사위원회에 사용될 증거에 대한 준비

② 민간조사원은 **실종자** 또는 분실되거나 도난당한 재산의 소재파악을 담당한다.

펜실베니아 주(Pennsylvania State) 법령에 의한 민간조사원의 업무범위

- 미국연방이나 혹은 미국에 속한 영토에 대해 발생되거나 위협되는 범죄나 불법행위 등에 대한 조사
- 특정 개인이나 단체, 협회, 조직, 사회분야, 동료, 법인 등의 확인 습관, 제휴, 관계, 거래, 평판, 특성 등에 대한 조사
- 증인 및 그 밖의 사람들에 대한 신뢰성 조사
- 실종자의 소재파악
- 분실 및 도난재산의 회복 및 소재파악
- 화재, 명예훼손, 비방, 손해, 사고, 신체장애, 부동산 혹은 동산에 대한 책임의 원인과 근거 등의 파악
- 특정인, 특정조직, 사회, 협회, 법인, 직원 등과 관련된 사실 확인
- 파업으로 인해 일을 그만둔 사람이나 그 당시 고용주에 대한 사실관계조사
- 종업원, 관리인, 계약자, 하도급자들의 행위, 정직, 효율, 충성 또는 활동에 관한 사실조사
- 형사재판, 민사재판시 조사위원회, 판정위원회, 중재위원회의 판정, 및 조정전에 사용될 증거자료를 미리 확보하는 일

〈자료출처〉 외국의 민간조사제도 고찰 – 이승철

## 33 미국 민간조사원의 권한에 해당되지 않는 것은?

① 현행범 체포권 ② 준사법권
③ 법원의 영장 집행 ④ 경찰과 검찰의 일부 임무 대행

민간조사원은 현행범 체포권을 가지며, 경우에 따라 법원의 영장을 집행도 할 수 있으며, 경찰과 검찰 등과 계약을 통하여 그 임무의 일부를 대행하기도 한다. 하지만 이것 자체가 사법적 내지 준사법적 지위를 부여했다고는 볼 수 없다.

## 34 영국의 민간조사원 제도에 대한 설명으로 옳지 않은 것은?

① 국민이 탐정이 되기 위한 특별한 규정이나 규제가 없다.
② 수사업무나 법에 대한 전문지식을 지니고 있는 경찰, 전직 수사 및 정보기관 출신들이 많이 활동하고 있다.
③ 특정인물 혹은 그 활동이나 소재에 관한 정보를 얻을 목적이나 재산이 멸실한 상황, 혹은 그 수단에 관한 정보를 얻을 목적으로 감시, 조회, 조사를 행한다.
④ 민간조사원은 경찰과 같이 피의자를 체포할 수 있는 권한을 부여받는다.

해설

영국의 민간조사원은 경찰과 같이 피의자를 체포하거나 조사할 수 있는 특별한 권한을 보유하지 않는다.

## 35 영국 민간조사원의 권한에 해당되는 것을 모두 고르면?

| | |
|---|---|
| ㉠ 인수・합병 예정 기업들의 신용조사 | ㉡ 교통사고 조사 |
| ㉢ 산재사고에 대한 조사 | ㉣ 직원고용시 사전조사 |
| ㉤ 배우자의 부정 조사 | ㉥ 가출자・실종자 등 사람찾기 |

① ㉠, ㉡, ㉢, ㉣ ② ㉠, ㉢, ㉣, ㉤
③ ㉢, ㉣, ㉤, ㉥ ④ ㉠, ㉡, ㉢, ㉣, ㉤, ㉥

영국 민간조사원들의 주된 고객은 보험회사나 금융기관의 사무변호사로, 이들은 구체적으로 교통사고나 산재사고에 대한 조사, 인수・합병 예정 기업들의 신용조사, 직원고용시 사전조사, 변호사가 의뢰하는 민・형사상 사건의 증거나 정보수집, 가출자・실종자 등 사람찾기, 배우자의 부정 사실조사 등의 업무를 수행하고 있다.

## 36 프랑스의 민간조사원 제도에 대한 설명으로 옳지 않은 것은?

① 「사적보안활동법」에 '민간조사원의 활동'을 규율하고 있다.
② 민간조사업을 '개인을 위하여 그 신분을 밝히거나 임무의 목적을 드러내지 아니하고 고객의 이익을 방어하기 위하여 제3자에 관한 정보나 자료를 수집하는 자유업'으로 규정하고 있다.
③ 제3자의 이익을 보호할 목적으로 정보를 수집하여 당해 제3자에게 제공해서는 안 된다.
④ 개인이나 기업의 신용조사, 보험사기에 관한 조사, 채무자의 소재확인 및 사원들의 활동, 비밀누설, 금품수수 등에 관한 조사를 한다.

민간조사업은 제3자의 이익을 보호할 목적으로 정보를 수집하여 당해 제3자에게 제공하는 업무로 규정되어 있다.

## 37 프랑스 민간조사원의 권한에 해당되지 않는 것은?

① 일반 사인(私人)과 마찬가지로 현행범의 체포나 긴급피난 등의 권한이 인정된다.
② 민간조사업을 수행하는 법인의 경우에는 공적인 활동임을 표시해야 한다.
③ 민간조사원의 경우에는 다른 공적 권한이 부여된 것같이 행동해서는 안 된다.
④ 민간조사원이 그 업무를 수행하면서 획득한 내용을 보관, 양도, 공증 또는 제3자에게 공개하거나 이를 누설해서는 안 된다.

민간조사업을 수행하는 법인의 경우에는 기관의 활동이 공적인 활동으로 오인되지 않도록 사적인 활동임을 표시하여야 한다.

## 38 독일의 민간조사원 제도에 대한 설명으로 옳지 않은 것은?

① 민간조사원을 원칙적으로 허용하되 법적 한계를 강조하고 있다.
② 민간조사업은 민간경비업과 함께 민간보안업무의 일종으로 이해되고 있다.
③ 민간조사업에 대해 그 업무범위를 법에서 특정하고 있다.
④ 민간조사원에 대해 특별한 권한을 인정하지 않는다.

민간조사업에 대해서는 그 업무범위를 법에서 특별히 규정하고 있지 않다.



정답 33 ② 34 ④ 35 ④ 36 ③ 37 ② 38 ③

## 39 호주의 민간조사원 제도에 대한 설명으로 옳지 않은 것은?

① 각 주마다 민간조사원의 업무범위가 다르다.
② 민간조사업을 '일정한 보수를 받고 다른 사람에 대한 정보를 제공하는 영업'으로 정의를 하고 있다.
③ 조사권을 포함한 준사법권을 행사할 수 있고, 법관이 발부한 영장도 집행할 수 있다.
④ 진행 중인 사건에 대하여 몰래카메라 촬영 및 도청까지도 허용하고 있는 것이 특징이다.

진행 중인 사건에 대하여 몰래카메라를 촬영하는 것은 허용하지만 도청은 엄격하게 금지하고 있는 것이 특징이다.

## 40 호주 민간조사업의 업무내용에 해당되지 않는 것은?

① 채권회수 및 채무변제
② 소송을 목적으로 한 증거수집
③ 지방세 징수 및 소재파악
④ 개인의 성향이나 행동 또는 개인의 사업이나 직업 등의 개인정보를 수집하거나 제공하는 업무

호주 민간조사업의 업무내용
- <u>채권회수 및 채무독촉</u>
- 분실물의 회수 및 소재확인
- 지방세 징수 및 소재파악
- 판결의 집행이나 법원의 명령으로 법적 절차의 집행
- 개인의 성향이나 행동 또는 개인의 사업이나 직업 등의 개인정보를 수집하거나 제공하는 업무
- 행방불명자의 소재확인
- 소송을 목적으로 한 증거수집

**41** **일본의 민간조사원 제도에 대한 설명으로 옳지 않은 것은?**

① 관할관청에 신고만 하면 누구나 민간조사업을 운영할 수 있다.

② 「탐정업법」에 "민간조사업(탐정업)이란 타인의 의뢰를 받아 특정인의 주소 또는 행동에 대한 정보를 입수하여 해당 의뢰인에게 수집된 정보를 제공할 목적으로 면접, 미행, 잠복 그 밖의 유사한 방법에 따라 사실조사를 행하고 그 결과를 당해 의뢰인에게 보고하는 업무"로 규정되어 있다.

③ 「탐정업법」은 '탐정업'이라고 하는 업태의 진흥이 아닌 소비자의 보호와 인권옹호를 위한 법률이다.

④ 민간조사원, 즉 탐정업자에게는 어떠한 준사법권 권한도 부여되지 않는다.

일본은 관할관청에 신고만 하면 누구나 민간조사업을 운영할 수 있었으나, 탐정사나 흥신소 등의 위법한 수단에 의한 조사, 조사대상자 등의 비밀을 이용한 공갈, 협박범죄의 증가 등 불법적이고 부당한 영업이 빈번하게 발생하자 민간조사업 규제를 위한 입법화가 오랫동안 추진되고 있다가 2006년 6월 8일 민간조사업법인 「탐정업 업무의 적정화에 관한 법률」 제정으로 국가가 관리, 규제할 수 있는 민간조사제도가 시행되고 있다.



정답 39 ④ 40 ① 41 ①

# 제2장 보험범죄의 유형 및 관련규정

## 1 보험사기범죄의 유형

**01** **보험범죄를 보험범죄자의 행위양태에 따라 분류할 때 해당되지 않는 유형은?**

① 사기로 보험계약을 체결하는 유형
② 보험사고를 고의적으로 유발하는 유형
③ 보험사고를 위장・날조하는 유형
④ 보험사고 발생전 보험계약을 체결하는 유형

해설 ①・②・③ 외에 보험사고 발생시 손실액을 부풀려 청구하는 유형으로 세분할 수 있다.

**02** **사기로 보험계약을 체결하는 행위에 대한 설명으로 옳지 않은 것은?**

① 보험계약자가 보험가입시 최대선의의 원칙을 어기는 행위이다.
② 보험을 가입할 수 없는 부적격자가 보험가입을 할 수 있는 자격을 획득하기 위하여 또는 적은 보험료를 지불하기 위해 불리한 사실을 숨기는 것이다.
③ 사기로 보험계약을 체결하는 행위 자체만으로도 보험사기에 해당된다.
④ 이미 보험사고가 발생한 이후에 보험계약을 체결하는 경우나 자동차사고 발생 후에 사고일자 등을 조작・변경하는 행위 등이 이에 속한다.

해설 사기로 보험계약을 체결하는 행위 자체만으로는 보험사기가 되지 않고, 사기적으로 보험계약 체결 후 보험급여를 청구하는 행위를 보험사기로 본다.

**03** **보험사고를 고의적으로 유발하는 행위에 대한 설명으로 옳지 않은 것은?**

① 고의적으로 사고를 조작해 부당하게 보험금을 청구하는 행위이다.
② 보험금 편취를 목적으로 고의적으로 살인, 자해 등의 사고를 유발하는 가장 악의적인 행위이다.
③ 피보험자 본인이 보험사고를 유발하는 경우와 보험수익자가 보험금을 노리고 피보험자의 신체나 재산에 피해를 가하는 경우도 있다.
④ 제3자로 하여금 보험사고를 유발하도록 하는 경우는 범행이 쉽게 발각될 우려가 있다.

피보험자 본인이 고의적으로 보험사고를 유발하는 경우는 범행이 쉽게 발각될 우려가 있기 때문에 제3자로 하여금 보험사고를 유발하도록 하는 경우가 많다.

## 04 보험사고를 고의적으로 유발하는 유형에 대한 설명으로 옳지 않은 것은?

① 피보험자 본인이 보험사고를 유발하는 경우 피보험자와 보험사기자는 동일인이다.
② 보험수익자가 보험금을 노리고 피보험자의 신체나 재산에 피해를 가하는 경우는 보험수익자와 보험사기자가 동일인이다.
③ 제3자로 하여금 보험사고를 유발하도록 하는 경우로서 제3자가 신호위반 또는 중앙선 침범 등 법규를 위반하여 운행 중인 차량을 보험사기자가 고의로 충돌하는 행위는 가해자가 보험사기자인 경우이다.
④ 피보험자 본인이 보험사고를 유발하는 경우는 신체 일부를 절단하거나, 진행 중인 차량에 고의로 부딪치는 등 '자해'에 해당하는 경우이다.

③의 경우 피해자가 보험사기자인 경우이다.

## 05 보험사고를 위장·날조하는 유형에 대한 설명으로 옳지 않은 것은?

① 보험사고로 인하여 입은 피해보다 많은 보험금을 받으려는 행위이다.
② 보험사고 자체를 위장·날조하는 경우와 보험사고가 아닌 것을 보험사고로 조작하는 경우가 있다.
③ 생명보험 가입후 사망보험금을 지급받기 위하여 피보험자가 보험사고로 사망하지 않았는데도 불구하고 사망한 것처럼 위장하는 행위이다.
④ 상해보험에 있어 보험사고 조작을 통하여 병·의원의 허위진단서 등을 발급받는 방법으로 보험금을 청구하는 행위이다.

①은 보험사고 발생시에 손해액을 부풀리는 행위이다. 보험사고를 위장·날조하는 행위는 보상되지 않는 사고에 대하여 부당하게 보험금을 청구하는 행위이다.



정답 01 ④ 02 ③ 03 ④ 04 ③ 05 ①

## 06 보험사고를 위장 · 날조하는 유형에 해당하는 행위가 아닌 것은?

① 기존에 다른 사고로 입은 부상을 교통사고로 인하여 발생한 것으로 신고하는 행위
② 자동차소유주가 자신의 자동차를 팔고 난 후 보험회사에 도난신고를 하는 행위
③ 진열장에서 미리 상품을 치운 후에 도난당했다고 신고하는 행위
④ 교통사고 발생 후 보험에 가입한 뒤 사고일자를 조작 · 변경하는 행위

교통사고 발생 후 보험에 가입한 뒤 사고일자를 조작 · 변경하는 행위는 '사기적 보험계약의 체결' 유형에 해당한다.

## 07 보험사고 발생시에 손해액을 부풀리는 행위로 볼 수 없는 것은?

① 의사에게 부탁하여 부상의 정도나 장해등급을 상향하는 행위
② 입원치료 하였음에도 통원치료를 받은 것으로 서류를 조작하는 행위
③ 치료기간의 연장 또는 과잉진료를 하는 행위
④ 재물보험에서 자기부담금 공제부분을 보상받고자 하거나 더 많은 보험금을 타내기 위해 피해규모를 과다청구하는 행위

②의 경우 통원치료 하였음에도 입원하여 치료를 받은 것으로 서류를 조작하는 행위이다.

## 08 보험계약 체결과 보험사기 행위의 시간적 선후관계에 따라 보험사기범죄의 유형을 구분할 때 다음 내용 중 옳지 않은 설명은?

① 보험계약 체결과 보험사기 행위의 시간적 선후관계에 따라 보험계약사기와 보험금사기로 구분할 수 있다.
② 보험계약사기는 보험료 결정의 기본이 되는 정보를 의도적으로 숨기거나 사실과 다르게 알리는 행위이다.
③ 보험계약사기는 보험계약 체결 당시에 기망행위의 존재를 불문한다.
④ 보험금사기는 보험계약 체결 후 보험금을 부당하게 편취할 목적으로 보험범죄를 저지르는 경우이다.

보험계약사기는 보험계약 체결 당시에 기망행위가 존재하는 경우이다.

**09** **보험사고의 우연성에 따라 보험사기범죄의 유형을 구분할 때 다음 설명 중 옳지 않은 것은?**

① 보험사고의 우연성에 따라 경성보험사기(Hard Fraud)와 연성보험사기(Soft Fraud)로 구분한다.

② 경성보험사기는 보험금 지급요건이 되는 재해, 상해, 도난, 방화 또는 기타의 손실을 의도적으로 연출하거나 조작한 후 보험회사를 기망하여 보험금을 편취하는 행위이다.

③ 경성보험사기는 사고 발생시 우발적으로 운전자 또는 운전차량을 바꿔치는 등의 행위를 포함한다.

④ 연성보험사기는 보험사고 발생시 피해액을 과장 · 확대하거나 계약 체결시 허위정보를 제공하여 낮은 보험료를 지불하는 행위 등이다.

사고 발생시 우발적으로 운전자 또는 운전차량을 바꿔치는 등의 행위는 '연성보험사기'에 해당한다. 연성보험사기는 보험사고를 사전에 계획하지는 않지만 사고 후에 보험회사를 기망하려는 의도가 생겨 행해지는 보험사기행위를 말한다.

**10** **사고형태에 따라 보험사기범죄의 유형을 분류할 때 교통사고를 이용한 보험사기범죄가 아닌 것은?**

① 위장사고 ② 고의사고

③ 보행자사고 ④ 차량도난사고

차량도난 보험범죄는 총책, 절도책, 운반책, 판매책 등으로 조직화된 전문 절도단에 의해 이루어지는 경우가 대부분이며, 이들은 절취후 차대번호 및 번호판을 위조하여 해외로 불법수출하고 있어 적발이 힘든 실정이다.

**11** **보험사기범죄에 교통사고를 많이 이용하는 이유가 아닌 것은?**

① 범죄실행의 용이성

② 혐의입증의 곤란성

③ 교통사고 신고의무 강화

④ 형사처벌 특례조항 악용

정답 06 ④ 07 ② 08 ③ 09 ③ 10 ④ 11 ③

보험사기범죄에 교통사고를 많이 이용하는 이유
• 범죄실행의 용이성
• 혐의입증의 곤란성
• 교통사고 신고의무 완화 등 각종 규제 완화
• 병원 및 차량정비업소 등 관련업체의 이해 일치
• 형사처벌 특례조항 악용

**12** 다음에 해당하는 교통사고관련 보험사기범죄의 유형은?

> 보험계약상 보험금지급 요건이 되지 않는 자손 사고 등을 내고 보험금을 수령하기 위하여 인적·차적을 알 수 없는 제3자에 의한 사고라고 허위 신고하는 경우이다.

① 고의유발 사고
② 가해자 불명 차량 사고
③ 운전자 바꿔치기 사고
④ 위장사고

가해자 불명 차량 사고는 단독사고의 범주에 속한다.

**13** 교통사고관련 보험사기범죄 유형 중 고의사고의 경우가 아닌 것은?

① 음주운전차량, 일방통행 역주행차량, 중앙선침범 또는 신호위반 차량 등 법규위반 차량을 대상으로 고의로 사고를 유발하는 경우
② 야간 여성운전자나 음주운전자 등을 대상으로 하여 고의로 교통사고를 유발하는 경우
③ 편도 1차선에서 비상등을 켜고 정차하여 뒤따르는 차량이 중앙선을 침범하도록 유도한 후 반대차선에서 공범차량을 이용해 교통사고를 발생시키는 경우
④ 주로 심야시간대 단독으로 중앙선 분리대 또는 교각 등 충돌하는 방법으로 사고를 발생시키는 경우

④는 단독사고의 경우이다. 고의사고는 보험사고 자체를 조작하는 것이 아니며, 실제 보험사고가 발생하였지만 그 '우연성'을 조작하여 고의적으로 사고를 유발하는 경우이다.

**14** **병 · 의원 관련 보험사기범죄에 대한 설명으로 옳지 않은 것은?**

① 병원 입장에서는 입원환자수 또는 입원일수가 병원수익에 직결되어 있다.
② 환자 입장에서는 입원을 하면 보상금액이 커진다는 점 때문에 불필요한 입원이 이루어지고 있다.
③ 병원과 환자의 경제적 이해가 부합되어 발생한다.
④ 산업재해를 이용한 보험사기의 경우 병원, 브로커, 작업현장 직원 등과 결탁하여 이루어지고 공모자가 많기 때문에 적발이 쉽다.

해설

산업재해를 이용한 보험사기의 경우 병원, 브로커, 작업현장 직원 등과 결탁하여 이루어지는 경우로 **적발이 쉽지 않고**, 다른 보험에 비해 훨씬 안정적이며, 고액의 보상을 장기간에 걸쳐 받을 수 있어 병원, 환자, 브로커 모두 선호하는 수법이다.

**15** **병 · 의원 관련 보험사기범죄의 유형으로 볼 수 없는 경우는?**

① 실제 진료하거나 처치하지 않은 환자나 항목에 대해 마치 진료 · 처치한 것처럼 가장하여 보험금을 청구한 경우
② 의사의 도움을 받아 허위진단서를 발급받거나 과장된 진단서를 발급받아 보험금을 청구한 경우
③ 병원관계자가 환자의 보험금 청구에 도움을 준 경우
④ 간호사, 임상병리사, 물리치료사, 방사선사 등의 무면허 의료행위를 한 뒤 마치 의사가 시술한 것처럼 보험급여를 청구한 경우

해설

환자의 보험금 청구에 도움을 준 병원관계자와 환자 사이에 **금품이 수수되는 경우** 보험사기범죄의 공범이 된다.

참고

병 · 의원 보험범죄 유형
- 허위 치료 및 처치
- 허위 · 과장 진단서 발급
- 불필요한 수술 및 과잉 진료
- CT · MRI, 의료기기 또는 의약품 구매시 리베이트 수수
- 병원관계자 등을 중심으로 환자의 보상절차 개입 후 금품수수
- 간호사, 임상병리사, 물리치료사, 방사선사 등의 무면허 의료행위



정답 12 ② 13 ④ 14 ④ 15 ③

## 16 자동차 정비업체 관련 보험사기범죄의 유형을 모두 고르면?

㉠ 파손되지 않은 부분을 고의 파손한 뒤 보험금을 청구하는 행위
㉡ 운행 중 사고를 주차 중 가해자 불명사고로 처리한 뒤 보험금을 청구하는 행위
㉢ 정비업체와 부품업체가 공모하여 부품대금을 허위 청구한 뒤 보험금을 분배하는 행위
㉣ 비순정품 사용하여 수리 후 순정품 가격으로 보험금을 청구하는 행위

① ㉠, ㉡, ㉢　　② ㉡, ㉢, ㉣
③ ㉠, ㉢, ㉣　　④ ㉠, ㉡, ㉢, ㉣

자동차 정비업체 관련 보험사기범죄의 유형
- 파손되지 않은 부분의 고의 파손한 뒤 수리 후 보험금을 청구하는 행위
- 운행 중 사고를 주차 중 가해자 불명사고로 처리한 뒤 보험금을 청구하는 행위
- 교통사고로 파손된 것처럼 수리한 뒤 보험금을 청구하는 행위
- 정비업체와 부품업체 공모하여 부품대금 부풀려 보험금을 청구한 뒤 그 대금을 분배하는 행위
- 비순정품 사용하여 수리한 뒤 순정품 가격으로 보험금을 청구하는 행위

## 17 강력범죄와 관련된 보험사기범죄에 대한 설명으로 옳지 않은 것은?

① 보험사기를 목적으로 살인, 방화 등 강력범죄를 수단으로 이용하는 경우이다.
② 빈부격차의 심화, 만연된 배금주의 풍토 및 인명경시 풍조 등으로 인해 최근 뚜렷한 증가 양상을 보이고 있다.
③ 보험금을 노린 살인의 경우에는 당해 보험금의 수익자가 피보험자와 신분상 관계가 특정되어 있지 않고, 대체적으로 고액 보험에 가입한 경우가 많다.
④ 최근 건물주 또는 세입자의 화재보험가입이 일반화되면서 방화를 수단으로 하는 보험범죄가 급증하고 있는 추세이다.

보험금을 노린 살인의 경우에는 당해 보험금의 수익자가 피보험자와 **친인척 등 신분상 특정 관계**가 있거나, 대체적으로 다수의 고액 보험에 가입한 경우가 많다.

## 2 보험사기범죄관련 규정

**18** **개정된 「보험업법」상 보험사기 금지 규정에 대한 설명으로 옳지 않은 것은?**

① 2008년 3월 개정된 「보험업법」에는 보험계약자 및 보험금청구권자의 보험사기 금지 의무규정이 신설되었다.

② 보험사기에 대한 정의와 처벌규정도 함께 신설되었다.

③ 「보험업법」 제102조의2는 "보험계약자, 피보험자, 보험금을 취득할 자, 그 밖에 보험계약에 관하여 이해관계가 있는 자는 보험사기행위를 하여서는 아니 된다"라고 규정하고 있다.

④ '보험사기'라는 용어가 최초로 법 규정에 사용됨에 따라 보험사기와 관련된 제도 개선 등의 근거 조항으로 활용될 수 있게 되었다.

「보험업법」 개정안에는 보험사기에 대한 정의와 처벌규정도 함께 발의되었으나, 보험사기 금지 의무규정만 신설되고 보험사기에 대한 정의와 처벌규정은 삭제된 채 통과되었다.



**19** **「보험업법」상 보험사기 금지 규정에 대한 설명으로 옳지 않은 것은?**

① 보험설계사는 보험계약자, 피보험자, 보험금을 취득할 자로 하여금 고의로 보험사고를 발생시키거나 발생하지 아니한 보험사고를 발생한 것처럼 조작하여 보험금을 수령하도록 하는 행위를 해서는 안 된다.

② 보험회사의 임직원은 보험계약자, 피보험자, 보험금을 취득할 자로 하여금 이미 발생한 보험사고의 원인, 시기 또는 내용 등을 조작하거나 피해의 정도를 과장하여 보험금을 수령하도록 하는 행위를 해서는 안 된다.

③ 보험회사의 임직원, 보험설계사, 보험대리점, 보험중개사, 손해사정사는 보험설계사 등으로 하여금 보험사기행위를 하게 하여서는 안 된다.

④ 「보험업법」 제102조의3의 규정을 위반한 보험관계 업무종사자에 대하여는 행정적 제재보다는 형사처벌로 다루고 있다.

「보험업법」 제102조의3의 규정을 위반한 보험관계 업무종사자에 대하여는 형사처벌과는 별도로 등록취소 등 행정적 제재가 이루어지고 있다.

정답 16 ④ 17 ③ 18 ② 19 ④

**20** 「상법」상 보험범죄 방지 규정에 대한 설명으로 옳지 않은 것은?

① 보험계약 당시에 보험사고가 이미 발생하였거나 또는 발생할 수 없는 것인 때에는 그 계약은 무효로 한다.

② 보험계약 당시에 보험계약자 또는 피보험자가 고의 또는 중대한 과실로 인하여 중요한 사항을 고지하지 아니하거나 부실의 고지를 한 경우 보험자에게 해지권을 부여하고 있다.

③ 보험기간 중에 보험계약자 또는 피보험자가 사고발생의 위험이 현저하게 변경 또는 증가된 사실을 안 때에는 지체 없이 보험자에게 통지하여야 한다.

④ 보험사고가 발생한 후라도 보험자가 고지의무위반에 따라 계약을 해지하였을 때에는 보험금을 지급할 책임이 없고, 이미 지급한 보험금의 반환을 청구할 수 없다.

해설

④ 보험사고가 발생한 후라도 보험자가 고지의무위반에 따라 계약을 해지하였을 때에는 보험금을 지급할 책임이 없고, 이미 지급한 보험금의 반환을 **청구할 수 있다**. 다만, 고지의무를 위반한 사실 또는 위험이 현저하게 변경되거나 증가된 사실이 보험사고 발생에 영향을 미치지 아니하였음이 증명된 경우에는 보험금을 지급할 책임이 있다(상법 제655조).

① 상법 제644조

② 상법 제651조

③ 상법 제652조 제1항

**21** 「상법」상 보험범죄 방지 규정에 대한 설명으로 옳지 않은 것은?

① 보험계약자 또는 피보험자나 보험수익자는 보험사고의 발생시 지체 없이 보험자에게 통지하여야 하고, 보험계약자 또는 피보험자나 보험수익자가 통지의무를 해태함으로 인하여 손해가 증가된 때에는 보험자는 그 증가된 손해를 보상할 책임이 없다.

② 사망을 보험사고로 한 보험계약에서 사고가 보험계약자 또는 피보험자나 보험수익자의 중대한 과실로 인하여 발생한 경우에는 보험자는 보험금액을 지급할 책임이 없다.

③ 보험계약자의 사기로 인하여 체결된 초과보험 및 중복보험은 무효로 하고 있다.

④ 보험금을 지급한 보험자가 피보험자의 보험의 목적 또는 제3자에게 갖는 손해배상청구권을 대위 취득하여 피보험자에게 손해를 초과하는 부당한 이득이 발생하지 않도록 하고 있다.

해설

② 보험사고가 보험계약자 또는 피보험자나 보험수익자의 고의 또는 중대한 과실로 인하여 생긴 때에는 보험자는 보험금액을 지급할 책임이 없다(상법 제659조). 다만, 사망을 보험사고로 한 보험계약에서는 사고가 보험계약자 또는 피보험자나 보험수익자의 중대한 과실로 인하여 발생한 경우에도 보험자는 보험금을 지급할 **책임을 면하지 못한다**(상법 제732조의2)고 규정하여 사망을 보험사고로 하는 보험계약에서는 고의에 의한 보험사고일 경우에만 보험금지급 책임을 면하도록 하고 있다.

① 상법 제657조

③ 상법 제669조, 상법 제672조

④ 상법 제681조, 상법 제682조

**22** **「형법」상 보험사기를 처벌하는 규정은 사기죄이다. 「형법」상 규정된 사기죄에 대한 설명으로 옳지 않은 것은?**

① 사람을 기망하여 재물의 교부를 받거나 재산상의 이익을 취득한 자는 10년 이하의 징역 또는 2천만원 이하의 벌금에 처한다.
② 상습으로 사기죄를 범한 자는 그 죄에 정한 형의 2분의 1까지 가중한다.
③ 사기죄에는 10년 이하의 자격정지를 병과할 수 있다.
④ 사기죄의 미수범은 처벌하지 않는다.

④ 사기죄의 미수범은 처벌한다(형법 제352조).
① 형법 제347조 제1항
② 형법 제351조
③ 형법 제353조

**23** **「특정경제범죄 가중처벌 등에 관한 법률」상 사기죄에 대한 가중처벌 조항이다. 괄호 안에 알맞은 내용은?**

> 사기죄를 범한 사람은 그 범죄행위로 인하여 취득하거나 제3자로 하여금 취득하게 한 재물 또는 재산상 이익의 가액("이득액"이라 한다)이 5억원 이상 50억원 미만일 때 (　) 이상의 유기징역에 처한다.

① 1년　② 2년
③ 3년　④ 무기 또는 5년

사기죄를 범한 사람은 그 범죄행위로 인하여 취득하거나 제3자로 하여금 취득하게 한 재물 또는 재산상 이익의 가액("이득액"이라 한다)이 5억원 이상일 때에는 다음 각 호의 구분에 따라 가중처벌한다(특정경제범죄 가중처벌 등에 관한 법률 제3조 제1항).
1. 이득액이 50억원 이상일 때 : 무기 또는 5년 이상의 징역
2. 이득액이 5억원 이상 50억원 미만일 때 : 3년 이상의 유기징역

**24** **2016년 3월 제정된 「보험사기방지특별법」상 "보험회사는 대통령령으로 정하는 사유 없이 보험사고 조사를 이유로 보험금의 지급을 지체 또는 거절하거나 삭감하여 지급하여서는 아니 된다"라고 규정되어 있다. 이 규정을 위반할 경우 과태료는?**

① 1천만원 이하의 과태료
② 2천만원 이하의 과태료
③ 3천만원 이하의 과태료
④ 5천만원 이하의 과태료

해설
보험금의 지급을 지체 또는 거절하거나 보험금을 삭감하여 지급한 보험회사에게는 1천만원 이하의 과태료를 부과한다.

**25** **「보험사기방지특별법」상 보험사기죄에 대한 처벌규정은?**

① 1년 이하의 징역 또는 1천만원 이하의 벌금
② 3년 이하의 징역 또는 3천만원 이하의 벌금
③ 5년 이하의 징역 또는 5천만원 이하의 벌금
④ 10년 이하의 징역 또는 5천만원 이하의 벌금

해설
보험사기행위로 보험금을 취득하거나 제3자에게 보험금을 취득하게 한 자는 10년 이하의 징역 또는 5천만원 이하의 벌금에 처한다.

**26** **다음은 보험사기 근절을 위한 「자동차손해배상보장법」의 규정이다. 옳지 않은 것은?**

① 보험회사와 의료기관은 교통사고로 입원한 환자의 외출이나 외박에 관한 사항을 기록·관리하여야 한다.
② 입원환자는 외출하거나 외박하려면 의료기관의 허락을 받아야 한다.
③ 자동차보험진료수가의 지급 의사 유무 및 지급 한도를 통지한 보험회사 등은 입원환자의 외출이나 외박에 관한 기록의 열람을 청구할 수 있다.
④ 입원환자의 외출이나 외박에 관한 사항을 기록·관리의무를 위반할 때는 300만원 이하의 과태료를 부과한다.

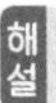

보험회사 등에 자동차보험진료수가를 청구할 수 있는 의료기관은 교통사고로 입원한 환자의 외출이나 외박에 관한 사항을 기록 · 관리하여야 한다(자동차손해배상보장법 제13조 제1항).

**27** **「자동차손해배상보장법」상 의료기관이 교통사고로 입원한 환자의 외출 또는 외박에 관한 사항을 기록 · 관리할 때 적어야 하는 사항이 아닌 것은?**

① 외출 또는 외박을 하는 자의 이름
② 외출 또는 외박을 하는 자의 주민등록번호
③ 외출 또는 외박의 사유
④ 의료기관이 외출 또는 외박을 허락한 기간

의료기관이 교통사고로 입원한 환자(이하 "입원환자"라 한다)의 외출 또는 외박에 관한 사항을 기록 · 관리할 때에는 국토교통부령으로 정하는 바에 따라 다음 각 호의 사항을 적어야 한다(자동차손해배상보장법 시행령 제12조 제1항).
1. 외출 또는 외박을 하는 자의 이름, 생년월일 및 주소
2. 외출 또는 외박의 사유
3. 의료기관이 외출 또는 외박을 허락한 기간, 외출 · 외박 및 귀원(歸院) 일시

**28** **「자동차손해배상보장법」상 교통사고 입원환자의 관리에 대한 설명으로 옳지 않은 것은?**

① 외출 또는 외박에 관한 기록에는 외출 또는 외박을 하는 자나 그 보호자, 외출 또는 외박을 허락한 의료인 및 귀원을 확인한 의료인이 서명 또는 날인하여야 한다.
② 의료인이 외출 또는 외박을 허락하거나 확인할 수 없는 경우에는 의료기관 종사자가 서명 또는 날인할 수 있다.
③ 외출 또는 외박에 관한 기록의 보존기간은 2년으로 한다.
④ 외출 또는 외박에 관한 기록을 보존하는 경우에는 필름의 표지에 필름촬영 책임자가 촬영 일시 및 그 이름을 적고, 서명 또는 날인하여야 한다.

외출 또는 외박에 관한 기록의 보존기간은 3년으로 하고, 마이크로필름 또는 광디스크 등("필름"이라 한다)에 원본대로 수록 · 보존할 수 있다(자동차손해배상보장법 시행령 제12조 제3항).
① · ② 자동차손해배상보장법 시행령 제12조 제2항
④ 자동차손해배상보장법 시행령 제12조 제4항

제3과목 보험조사론 Ⅰ(이론)

**29** 「자동차관리법」상 자동차정비업자가 거짓으로 점검 · 정비견적서와 점검 · 정비명세서를 작성한 경우 부과되는 과태료는?

① 100만원 이하의 과태료
② 200만원 이하의 과태료
③ 300만원 이하의 과태료
④ 500만원 이하의 과태료

자동차정비업자가 거짓으로 점검 · 정비견적서와 점검 · 정비명세서를 작성하여 발급한 경우 100만원 이하의 과태료를 부과한다(자동차관리법 제58조 제4항, 동법 시행령 제84조 제3항 제22호).

**30** 보험사기 근절을 위한 「자동차관리법」상 자동차정비업자의 준수사항이 아닌 것은?

① 거짓으로 점검 · 정비견적서와 점검 · 정비명세서를 작성하여 발급하지 아니할 것
② 중고품 또는 재생품을 사용하지 말 것
③ 주요 정비 작업에 대해서는 시간당 공임 및 표준정비시간을 정비의뢰자가 잘 볼 수 있도록 사업장 내에 게시할 것
④ 정비를 의뢰한 자에게 점검 · 정비견적서와 점검 · 정비명세서를 발급하고 사후관리 내용을 고지할 것

자동차정비업자의 준수사항(자동차관리법 제58조 제4항)

- 정비에 필요한 신부품(新部品), 중고품 또는 재생품 등을 정비의뢰자가 선택할 수 있도록 알려줄 것
- 중고품 또는 재생품을 사용하여 정비할 경우 그 이상 여부를 확인할 것
- 표준정비시간을 인터넷과 인쇄물 등 국토교통부령으로 정하는 방법에 따라 공개할 것
- 국토교통부령으로 정하는 주요 정비 작업에 대해서는 시간당 공임 및 표준정비시간을 정비의뢰자가 잘 볼 수 있도록 사업장 내에 게시할 것
- 정비를 의뢰한 자에게 국토교통부령으로 정하는 바에 따라 점검 · 정비견적서와 점검 · 정비명세서를 발급하고 사후관리 내용을 고지할 것
- 국토교통부령으로 정하는 바에 따라 사후관리를 할 것
- 거짓으로 점검 · 정비견적서와 점검 · 정비명세서를 작성하여 발급하지 아니할 것

# 제3장 보험사기의 성립요건

## 1 사기죄의 성립요건

**01** **「형법」상 사기죄의 구성요건은 객관적 구성요건과 주관적 구성으로 나눌 수 있는데 다음 중 주관적 구성요건에 해당되는 것은?**

① 기망, 기망에 의한 상대방의 착오
② 착오에 의한 재산상의 처분행위
③ 기망과 처분행위 사이의 인과관계
④ 고의 및 불법영득의 의사

객관적 구성요건으로는 ①·②·③ 외에 '처분행위로 인한 손해발생' 등이 있다.

**02** **「형법」상 사기죄에 대한 설명으로 옳지 않은 것은?**

① 사기미수범은 처벌된다.
② 사기 예비·음모는 처벌하지 않는다.
③ 보험사기의 경우 위법성조각사유가 인정된다.
④ 행위자가 14세 미만의 미성년자이거나 의사무능력자인 경우에는 책임무능력자로 처벌할 수 없다.

위법성은 행위자가 정당방위, 긴급피난, 피해자의 승낙 또는 추정적 승낙, 정당행위 등 위법성조각사유가 존재하지 않는다면 인정될 것인데 보험사기의 경우 위법성조각사유가 인정되는 경우가 거의 없다.

**03** **사기죄의 구성요건 중 객관적 구성요건에 대한 설명으로 옳지 않은 것은?(다툼이 있는 경우 판례에 의함)**

① 사람을 기망해야 한다.
② 재물의 교부를 받거나 재산상의 이익을 취득해야 한다.
③ 피기망자의 착오와 그 착오에 의한 처분행위가 있어야 한다.
④ 기망행위부터 손해발생까지 인과관계는 중요하지 않다.

기망행위부터 손해발생까지 인과관계가 있어야 한다.



정답 29 ① 30 ② / 01 ④ 02 ③ 03 ④

판례 사기죄는 타인을 기망하여 착오에 빠뜨리게 하고 그 착오에 기인하여 재산적 처분행위를 하게 하여 상대방으로부터 재산적 이득을 취함으로써 성립하는 것이므로 범인에게 타인을 기망하여 재산적 이득을 취한다는 목적의사가 있고 그 기망행위와 상대방의 착오, 재산적 처분행위 사이에 인과관계가 있으면 사기죄의 구성요건은 충족되는 것이다(대판 1987. 7. 21. 선고 86도748)

**04** **사기죄의 객관적 구성요건 중 기망행위에 대한 설명으로 옳지 않은 것은?(다툼이 있는 경우 판례에 의함)**

① 사람으로 하여금 착오를 일으키게 하는 일체의 행위를 말한다.
② 반드시 법률행위의 내용의 중요부분에 관한 것이어야 한다.
③ 수단과 방법에도 아무런 제한이 없다.
④ 거래관계에서 지켜야 할 신의칙에 반하는 행위여야 한다.

해설 기망이라 함은 사람으로 하여금 착오를 일으키게 하는 것으로서 그 착오는 사실에 관한 것이거나 법률관계에 관한 것이거나 법률효과에 관한 것이거나를 묻지 않고, 반드시 법률행위의 내용의 중요부분에 관한 것일 필요도 없으며, 그 수단과 방법에도 아무런 제한이 없으나 널리 거래관계에서 지켜야 할 신의칙에 반하는 행위로서 사람으로 하여금 착오를 일으키게 하는 것을 말한다(대판 1984. 2. 14. 선고 82도2995).

**05** **다음 중 신의칙에 반하는 기망행위에 대한 설명으로 옳지 않은 것은?(다툼이 있는 경우 판례에 의함)**

① 기망행위와 재산적 처분행위 사이에 인과관계가 있는지는 거래의 상황, 상대방의 지식, 성격, 경험, 직업 등 행위 당시의 구체적 사정을 고려할 필요가 없다.
② 의료기관이 보험회사가 향후 진료수가를 삭감할 것을 미리 예상하고, 허위로 과다하게 진료수가를 청구하여 보험회사로부터 실제 발생하지 않은 진료비를 지급받은 경우 기망행위에 해당된다.
③ 입원의 필요성이 없음에도 의사로 하여금 입원치료의 필요성이 있다고 오판하도록 하여 필요 이상의 장기입원을 한 경우 역시 이를 알리지 않은 채 보험회사에 대하여 보험약관에 정한 입원기간을 충족시켰다고 주장하면서 보험금을 청구하는 행위는 기망행위에 해당된다.
④ 통원치료만으로도 충분히 치료의 목적을 달성할 수 있음에도, 입원확인서를 발급받아 보험회사로부터 보험금을 편취한 행위는 기망행위에 해당된다.

사기죄는 타인을 기망하여 착오에 빠뜨리고 처분행위를 유발하여 재물을 교부받거나 재산상 이익을 얻음으로써 성립하는 것으로서, 기망, 착오, 재산적 처분행위 사이에 인과관계가 있어야 하고, 한편 어떠한 행위가 타인을 착오에 빠지게 한 기망행위에 해당하는지 및 그러한 기망행위와 재산적 처분행위 사이에 인과관계가 있는지는 거래의 상황, 상대방의 지식, 성격, 경험, 직업 등 행위 당시의 구체적 사정을 고려하여 일반적·객관적으로 판단하여야 한다. 따라서 피해자의 재산적 처분행위나 이러한 재산적 처분행위를 유발한 피고인의 행위가 피고인이 도모하는 어떠한 사업의 성패 내지 성과와 밀접한 관련 아래 이루어진 경우에는, 단순히 피고인의 재력이나 신용상태 등을 토대로 기망행위나 인과관계 존부를 판단할 수는 없고, 피해자와 피고인의 관계, 당해 사업에 대한 피해자의 인식 및 관여 정도, 피해자가 당해 사업과 관련하여 재산적 처분행위를 하게 된 구체적 경위, 당해 사업의 성공가능성, 피해자의 경험과 직업 등의 사정을 모두 종합하여 일반적·객관적으로 판단하여야 한다(대판 2011.10.13, 선고, 2011도8829).

② 대판 2008.2.29, 선고, 2006도5945

③ 대판 2007.6.15, 선고, 2007도2941

④ 대판 2006.1.12, 선고, 2004도6557

## 06 기망의 내용에 대한 설명으로 옳지 않은 것은?

① 통설은 객관적 사실만을 포함한다.

② 기망의 내용인 사실은 외부적 사실 뿐만 아니라 동기, 목적, 고의, 의사 등과 같은 내부적 사실도 포함한다.

③ 명시적 기망, 묵시적 기망, 부작위에 의한 기망 등이 있다.

④ 과거나 현재의 사실 뿐만 아니라 미래의 사실에 대해서도 기망할 수 있다.

통설은 객관적 사실과 가치판단을 모두 포함하지만, 순수한 가치판단은 제외한다.

## 07 작위에 의한 기망행위에 대한 설명으로 옳지 않은 것은?

① 작위에 의한 기망행위에는 명시적 기망행위와 묵시적 기망행위가 포함된다.

② 명시적 기망행위는 적극적으로 허위사실을 말하거나 표시하는 것이다.

③ 이미 사망한 아버지를 피보험자로 보험계약을 하는 경우는 명시적 기망행위에 해당된다.

④ 묵시적 기망행위는 어떤 말이나 동작, 행위 등에 의해 어떠한 사실을 말하는 것과 동일한 표현을 하는 것이다.

이미 사망한 아버지를 피보험자로 보험계약을 하는 경우 적극적으로 아버지가 살아 있다는 말을 하지 않아도 아버지가 살아 있다는 표현으로 이해될 수 있으므로 <u>**묵시적 기망행위**</u>에 해당된다.



정답 04 ② 05 ① 06 ① 07 ③

## 08 부작위에 의한 기망행위가 인정되기 위한 요건이 아닌 것은?(다툼이 있는 경우 판례에 의함)

① 일방이 상대방에게 그 거래에 관련된 사항을 고지하지 않음으로써 장차 계약상의 목적물에 대한 권리를 확보하지 못할 위험이 있을 것
② 이러한 위험이 생길 수 있음을 모르고 있었을 것
③ 상대방에게 고지하지 아니하고 거래관계를 맺어 상대방으로부터 재물의 교부를 받거나 재산상의 이익을 받을 것
④ 상대방이 그 사실에 고지를 받았더라면 당해 거래관계를 하지 않았을 것이 명백할 것

부작위에 의한 기망은 법률상 고지의무 있는 자가 일정한 사실에 관하여 상대방이 착오에 빠져 있음을 알면서도 그 사실을 고지하지 아니함을 말하는 것으로서, 일반거래의 경험칙상 **상대방이 그 사실을 알았더라면 당해 법률행위를 하지 않았을 것이 명백한 경우**에는 신의칙에 비추어 그 사실을 고지할 법률상 의무가 인정된다(대판 2006.2.23. 2005도8645).

## 09 사기죄의 객관적 구성요건 중 '피기망자의 착오'에 대한 설명으로 옳지 않은 것은?

① 착오란 객관적 사실과 피기망자가 인식한 사실이 서로 일치하지 않는 것을 말한다.
② 피기망자는 사람이어야 한다.
③ 피기망자와 재산상 피해자는 일치해야 한다.
④ 피기망자는 재산상 처분권한이 있어야 한다.

피기망자와 재산상 피해자는 일치할 필요가 없다.

## 10 피기망자 착오의 범위에 대한 설명으로 옳지 않은 것은?

① 법률행위의 중요부분에 관한 착오일 필요가 없다.
② 단순한 동기의 착오도 포함된다.
③ 신의칙에 반하는 기망행위가 있었다면 단순한 동기의 착오만으로도 사기죄가 성립된다.
④ 기망행위가 신의칙에 반하지 않는다면 법률행위의 중요부분에 관한 착오일 경우에만 사기죄가 성립된다.

기망행위가 신의칙에 반하지 않는다면 법률행위의 중요부분에 관한 착오가 있었더라도 사기죄가 성립되지 않는다.

**11** **피기망자, 처분행위자 및 재산상의 피해자의 관계에 대한 설명으로 옳지 않은 것은?**

① 사기죄가 성립되기 위해서는 피기망자의 착오와 착오에 위한 재물의 처분행위가 있어야 한다.
② 사기죄가 성립되기 위해서는 피기망자와 처분행위자가 일치해야 한다.
③ 처분행위자와 재산상의 피해자는 일치할 필요가 없다.
④ 사기죄가 성립되기 위해서 재산상의 피해자는 반드시 착오에 빠져야 한다.

원칙적으로 보험회사가 보험금을 지급할 당시에 누군가의 고의에 의한 기망행위에 의해 착오에 빠져 보험금을 지급해야 보험사기가 성립한다. 그런데 재산상의 피해자인 보험회사가 아무런 착오에 빠지지 않았어도 사기죄가 성립하는 경우가 있다.

보험회사에 보험금을 청구했다가 거절당한 김○○가 허위로 서류를 보완하여 법원에 보험금 지급소송을 제기, 승소판결을 받아 보험금을 지급받은 경우 김○○는 법원을 기망한 것이고, 피기망자인 법원은 판결이라는 처분행위를 한 것이며, 보험금을 지급한 재산상의 피해자인 보험회사는 아무런 착오에 빠지지 않았지만 김○○는 사기죄가 성립한다.

**12** **사기죄의 객관적 구성요건 중 '재산상 이득의 취득'에 대한 설명으로 옳지 않은 것은? (다툼이 있는 경우 판례에 의함)**

① 사기죄가 성립되기 위해서는 재물의 교부를 받거나 재산상의 이득을 취해야 한다.
② 이득액은 단순일죄의 이득액이나 혹은 포괄일죄가 성립하는 경우의 이득액의 합산액을 의미한다.
③ 이득액은 경합범으로 처벌될 수죄의 각 이득액을 합한 금액을 의미한다.
④ 이득액은 실질적인 이득액을 말한다.

「특정경제범죄가중처벌 등에 관한 법률」 제3조 제1항에서 말하는 이득액은 단순일죄의 이득액이나 혹은 포괄일죄가 성립하는 경우의 이득액의 합산액을 의미하는 것이고, **경합범으로 처벌될 수죄의 각 이득액을 합한 금액을 의미하는 것이 아니며**, 그 입법취지에 비추어 이득액은 실질적인 이득액을 말한다(대판 2000.11.10, 선고, 2000도3483).

정답 08 ② 09 ③ 10 ④ 11 ④ 12 ③

## 13 사기죄의 객관적 구성요건에 대한 설명으로 옳지 않은 것은?(다툼이 있는 경우 판례에 의함)

① 기망은 널리 재산상의 거래관계에 있어서 서로 지켜야 할 신의와 성실의 의무를 저버리는 모든 적극적 및 소극적 행위를 말한다.

② 기망수단을 써서 상대방을 착오에 빠트려야 한다.

③ 판례는 "상대방에게 현실적으로 재산상 손해가 발생함을 요건으로 한다"고 판시하고 있다.

④ 기망의 본질은 기망행위에 의한 재물이나 재산상 이익의 취득에 있다.

통설은 재산상 손해의 발생을 요한다고 한다. 다만, 대법원은 "사기죄는 타인을 기망하여 그로 인한 하자있는 의사에 기하여 재물의 교부를 받거나 재산상의 이익을 취득함으로써 성립되는 범죄로서 그 요건으로서의 기망은 널리 재산상의 거래관계에 있어서 서로 지켜야 할 신의와 성실의 의무를 저버리는 모든 적극적 및 소극적 행위를 말하는 것이고, 그 본질은 기망행위에 의한 재물이나 재산상 이익의 취득에 있는 것이지 **상대방에게 현실적으로 재산상 손해가 발생함을 요건으로 하는 것이 아니므로** 사기죄는 기망수단을 써서 상대방을 착오에 빠뜨리고 그로 인하여 피기망자로부터 재물을 교부받아 편취하였으면 바로 성립되는 것이고 피해자에게 민사상의 구제수단이 있다거나 재산상의 손해가 발생하지 않았다 하더라도 사기죄의 성립에는 아무런 영향이 없다(대판 1987.6.23, 선고, 87도1045)"고 판시하였다.

## 14 다음 중 사기죄가 성립하는 경우로 옳은 것은?(다툼이 있는 경우 판례에 의함)

① 기망, 착오, 처분, 이득 사이에 인과관계가 있는 경우

② 기망행위가 있어도 착오에 빠지지 않은 경우

③ 착오가 있어도 처분행위가 없는 경우

④ 처분행위가 있어도 재산상의 이익취득이 없는 경우

사기죄가 성립되려면 피기망자가 착오에 빠져 어떠한 재산상의 처분행위를 하도록 유발하여 재산적 이득을 얻을 것을 요하고 피기망자와 재산상의 피해자가 같은 사람이 아닌 경우에는 피기망자가 피해자를 위하여 그 재산을 처분할 수 있는 권능이나 지위에 놓여져 있어야 하며 **기망, 착오, 처분, 이득 사이에 인과관계**가 있어야 한다(대판 1991.1.15, 선고, 90도2180).

**15** **사기죄의 주관적 구성요건 중 '불법영득의사'에 대한 설명으로 옳지 않은 것은? (다툼이 있는 경우 판례에 의함)**

① 불법영득의사란 소유자의 소유를 배제하고 자신이 소유자인 것처럼 그 권한을 행사하기 위한 의사로, 행위 자체가 불법인 경우를 말한다.

② A가 B에게 100만원을 빌려주었다가 받지 못하고 있던 중 우연히 길에서 B를 만난 A가 B의 주머니를 뒤져 100만원을 가져갔다면 불법영득의사가 인정된다.

③ A가 신호위반을 하여 발생한 교통사고에 대해 수사기관의 잘못된 수사로 B가 신호 위반한 것으로 처리되자 이에 앙심을 품고 A를 따라 다니다가 횡단보도에서 A의 차에 뛰어들어 고의사고를 내고 보험금을 청구한 경우 불법영득의사가 인정된다.

④ 산업재해보상 보험급여를 지급받을 수 있는 지위에 있었다고 하더라도 특정 일자에 업무상 재해를 입은 사실이 전혀 없음에도 불구하고, 허위 내용의 목격자진술서를 첨부하는 등의 부정한 방법으로 요양신청을 하여 산업재해보상 보험급여를 지급받은 경우 불법영득의사가 인정되지 않는다.

산업재해보상 보험급여를 지급받을 수 있는 지위에 있었다고 하더라도 특정 일자에 업무상 재해를 입은 사실이 전혀 없음에도 불구하고, 허위 내용의 목격자진술서를 첨부하는 등의 부정한 방법으로 요양신청을 하여 산업재해보상 보험급여를 지급받았다면, 피고인의 이러한 행위는 특별한 사정이 없는 한 그 자체로 이미 **사회통념상 권리행사의 수단으로 용인할 수 없는 정도이므로 불법영득의사가 인정된다**(대판 2003.6.13, 선고, 2002도6410).

## 2 미수(未遂)

**16** **보험사기에 대한 설명으로 옳지 않은 것은?**

① 보험사기에 있어서 미수범은 사기죄의 미수범과 같이 처벌된다.

② 사기죄 실행의 착수시기는 기망행위를 시작한 때이다.

③ 통설과 판례에 의하면 사기죄 실행의 착수시기는 보험사고를 고의로 유발한 때이다.

④ 사기죄 실행의 착수에 이르지 않으면 보험사기로 처벌할 수 없다.

통설과 판례에 의하면 사기죄 실행의 착수시기는 보험회사에 보험금을 청구한 때이다.



정답 13 ③ 14 ① 15 ④ 16 ③

**17** **다음 중 보험사기의 '미수(未遂)'에 해당하는 사례가 아닌 것은?(다툼이 있는 경우 판례에 의함)**

① A가 B에게 10만원을 빌려주었다가 받지 못하던 중 우연히 길에서 B를 만나 B의 주머니를 뒤져 10만원을 가져간 경우

② A가 보험금을 노리고 B를 살해한 뒤 보험금청구서를 작성하여 보험회사에 제출하려다가 체포된 경우

③ 보험금청구서를 접수하지 않고 허위의 정비내역서만을 보험회사 직원에게 준 경우

④ 장애인 단체의 지회장이 지방자치단체로부터 보조금을 더 많이 지원받기 위해 허위의 정산 보고서를 제출한 경우

해설 ①은 불법영득의사에 해당되어 절도죄나 강도죄의 죄책을 지게 된다.

## 3 죄수(罪數)

**18** **다음 중 죄수(罪數)의 결정기준으로 옳지 않은 설명은?(다툼이 있는 경우 판례에 의함)**

① 동일한 피해자에 대해 수회에 걸쳐 기망행위를 하여 금원을 편취한 경우 범의가 단일하고 범행방법이 동일하다면 사기죄의 포괄일죄만이 성립한다.

② 범의의 단일성과 계속성이 인정되지 않거나 범행방법이 다를 경우에는 포괄일죄에 해당하지 않는다.

③ 여러 명의 피해자에 대해 각 피해자별로 기망행위를 하여 각각 재물을 편취한 경우 그 범의가 단일하고 범행방법이 동일하다면 포괄일죄가 성립한다.

④ 단일한 의사로 같은 기회에 수개의 생명보험에 가입한 뒤 교통사고를 위장하여 살인을 하고 수개의 보험회사로부터 보험금을 편취한 경우 수개의 사기죄의 실체적 경합범이 된다.

해설 여러 명의 피해자에 대해 각 피해자별로 기망행위를 하여 각각 재물을 편취한 경우 그 범의가 단일하고 범행방법이 동일하다고 하더라도 포괄일죄가 성립하는 것이 아니라 피해자별로 1개씩 사기죄가 성립한다.

판례 단일한 범의를 가지고 상대방을 기망하여 착오에 빠뜨리고 그로부터 동일한 방법에 의하여 여러 차례에 걸쳐 재물을 편취하면 그 전체가 포괄하여 일죄로 되지만, 여러 사람의 피해자에 대하여 따로 기망행위를 하여 각각 재물을 편취한 경우에는 비록 범의가 단일하고 범행방법이 동일하더라도 각 피해자의 피해법익은 독립한 것이므로 그 전체가 포괄일죄로 되지 아니하고 피해자별로 독립한 여러 개의 사기죄가 성립되고, 이러한 경우 그 공소사실은 각 피해자와 피해자별 피해액을 특정할 수 있도록 기재하여야 한다(대판 2003.4.8, 선고, 2003도382).

**19** **다음 중 보험사기와 실체적 경합범의 관계에 있는 경우가 아닌 것은?**

① 절도의 목적으로 가택에 침입하고 재물을 절취한 경우
② 문서를 위조한 뒤 보험금을 청구하는 경우
③ A가 B를 폭행하여 B가 넘어지면서 옆에 컴퓨터가 부서진 경우
④ 실제 보험금청구권자가 아님에도 보험금청구권자인 것처럼 타인의 문서를 위조하여 보험금을 청구하는 경우

보험금의 편취과정에서 범하게 되는 절도, 강도, 살인, 방화, 문서위조 및 행사죄는 모두 보험사기와 별개의 죄이므로 별도로 각각 성립하며, 보험사기와는 실체적 경합범의 관계에 있다.
자연적으로 하나의 행위가 동시에 수개의 구성요건에 해당하는 경우에 상상적 경합이라고 하는데, ③은 상상적 경합에 해당한다.

**20** **보험사기와 관련된 설명으로 옳지 않은 것은?**

① 보험사기과정에서 범한 문서위조, 문서행사, 사기죄는 실체적 경합관계에 있다는 것이 판례이다.
② 실체적 경합범의 경우에는 가장 중한 죄에 정한 형의 2분의 1까지 가중하되, 각 죄에 정한 형을 합한 것을 넘지 못하게 되어 있다.
③ 상상적 경합범의 경우에는 가장 중한 죄에 정한 형으로 처벌한다.
④ 실제 수급권자가 아님에도 문서를 위조하여 보험금을 수령한 경우, 위 보험금을 임의사용하는 것은 횡령죄에 해당한다.

횡령죄는 타인으로부터 재물의 보관을 위탁받았다는 사실관계, 즉 '타인의 재물을 보관하는 자'라는 보관자의 지위가 인정되어야 하는데 문제의 경우에는 신임관계에 기초한 보관자의 지위를 인정할 수 없어 횡령죄가 성립하지 않는다.



정답 17 ① 18 ③ 19 ③ 20 ④

## 4 친족 간의 범행

**21 친족 간의 사기범행에 대한 설명으로 옳지 않은 것은?**

① 사기죄에는 친족상도례가 적용된다.
② 재산죄에 있어 가해자와 피해자가 직계혈족, 배우자, 동거친족, 동거가족 또는 그 배우자 간의 관계에 있는 때에는 그 형을 면제한다.
③ 그 외의 친족 간에 고소가 있어야 공소를 제기할 수 있다.
④ 친족 간의 범위는 「형법」의 규정에 따라 정해진다.

해설 친족 간의 범위는 「**민법」의 규정**에 따라 정해진다.

**22 다음 중 친족상도례가 적용되는 사례에 해당하는 경우는? (다툼이 있는 경우 판례에 의함)**

① A가 아버지 통장을 몰래 가지고 가서 예금을 해약한 뒤 이를 인출한 경우
② 절취한 친족 소유의 예금통장을 현금자동지급기에 넣고 조작하여 예금 잔고를 다른 금융기관의 자기 계좌로 이체하는 경우
③ 「특정경제가중처벌에 등에 관한 법률」 제3조 특정재산범죄의 가중처벌의 경우
④ 보험사기에서 실제 보험수익자가 아닌 사람이 보험수익자인 것처럼 가장하여 보험금을 수령한 경우

해설 「형법」상 사기죄의 성질은 「특정경제범죄가중처벌 등에 관한 법률」 제3조 제1항에 의해 가중처벌되는 경우에도 그대로 유지되고, 특별법인 위 법률에 친족상도례에 관한 「형법」 제354조, 제328조의 적용을 배제한다는 명시적인 규정이 없으므로 「형법」 제354조는 같은 특별법 제3조 제1항 위반죄에도 그대로 적용된다(대판 1989.6.13, 선고, 89도582).

## 5 소송사기의 문제

**23 소송사기의 개념에 대한 설명으로 옳지 않은 것은?**

① 법원을 속여 자기에게 유리한 판결을 얻음으로써 상대방의 재물 또는 재산상 이익을 취득하는 범죄이다.
② 피기망자는 법원이고, 재산상의 피해자는 피고인 보험회사이므로 삼각사기의 전형적인 유형이다.

③ 법원의 판결을 재산상의 처분행위로 볼 수 있다.
④ 소송사기는 형사소송 분야에서 주로 문제가 된다.

소송사기는 민사소송 분야에서 주로 문제가 된다.

## 24 소송사기의 성립요건 중 '주관적 요건'에 대한 설명으로 옳지 않은 것은? (다툼이 있는 경우 판례에 의함)

① 소송사기가 성립하기 위해서는 자신에게 보험금을 청구한 정당한 권한이 없음을 알고 있음에도 불구하고 법원을 기망하여 승소판결을 얻어내려는 의사가 있어야 한다.
② 제소 당시 그 주장과 같은 채권이 존재하지 않는다는 것만으로 족하다.
③ 소송사기는 원고뿐만 아니라 피고에 의해서도 성립할 수 있다.
④ 소송사기는 간접정범의 형태로도 범할 수 있다.

소송사기는 법원을 기망하여 자기에게 유리한 판결을 얻음으로써 상대방의 재물 또는 재산상 이익을 취득하는 것을 내용으로 하는 범죄로서, 원고측에 의한 소송사기가 성립하기 위해서는 제소 당시에 그 주장과 같은 **채권이 존재하지 아니하다는 것만으로는 부족하고, 그 주장의 채권이 존재하지 아니한 사실을 잘 알고 있으면서도 허위의 주장과 입증으로써 법원을 기망한다는 인식을 하고 있어야만 하는 것**이고, 이와 마찬가지로, 피고측에 의한 소송사기가 성립하기 위해서는 원고 주장과 같은 채무가 존재한다는 것만으로는 부족하고, 그 주장의 채무가 존재한다는 사실을 잘 알고 있으면서도 허위의 주장과 입증으로써 법원을 기망한다는 인식을 하고 있어야만 한다(대판 2004.3.12. 선고, 2003도333).

## 25 소송사기의 실행행위에 대한 설명으로 옳지 않은 것은? (다툼이 있는 경우 판례에 의함)

① 소송사기의 실행행위는 허위의 주장과 입증으로 법원을 기망하는 것이다.
② 가장 대표적인 행위는 문서를 위조하거나 증인의 위증을 유도하는 등 객관적으로 증거를 조작하는 것이다.
③ 단순히 사실을 잘못 인식하였다거나 법률적 평가를 잘못하여 존재하지 않는 권리를 존재한다고 믿고 제소한 행위도 기망행위로 볼 수 있다.
④ 소송사기에 있어서 실행행위가 되는 기망행위가 인정되려면 허위의 주장만으로는 부족하고 허위의 입증이 있어야 한다.



정답 21 ④ 22 ③ 23 ④ 24 ② 25 ③

소송사기는 법원을 속여 자기에게 유리한 판결을 얻음으로써 상대방의 재물 또는 재산상 이익을 취득하는 범죄로서, 이를 쉽사리 유죄로 인정하게 되면 누구든지 자기에게 유리한 주장을 하고 소송을 통하여 권리구제를 받을 수 있는 민사재판제도의 위축을 가져올 수밖에 없으므로, 피고인이 그 범행을 인정한 경우 외에는 그 소송상의 주장이 사실과 다름이 객관적으로 명백하고 피고인이 그 주장이 명백히 거짓인 것을 인식하였거나 증거를 조작하려고 하였음이 인정되는 때와 같이 범죄가 성립하는 것이 명백한 경우가 아니면 이를 유죄로 인정하여서는 아니 되고, **단순히 사실을 잘못 인식하였다거나 법률적 평가를 잘못하여 존재하지 않는 권리를 존재한다고 믿고 제소한 행위는 사기죄를 구성하지 아니하며**, 소송상 주장이 다소 사실과 다르더라도 존재한다고 믿는 권리를 이유 있게 하기 위한 과장표현에 지나지 아니하는 경우 사기의 범의가 있다고 볼 수 없고, 또한 소송사기에서 말하는 증거의 조작이란 처분문서 등을 거짓으로 만들어 내거나 증인의 허위 증언을 유도하는 등으로 객관적·제3자적 증거를 조작하는 행위를 말한다(대판 2007.9.6, 선고, 2006도3591).

## 26 소송사기가 성립하기 위해서는 (  )라고 할 수 있는 법원의 승소판결이 있어야 하고 그 승소판결에 의해 재물이나 재산상의 이익을 취득할 수 있어야 한다. (  ) 안에 들어갈 적당한 내용은?

① 처분행위　　② 실행행위
③ 소송행위　　④ 기망행위

소송사기가 성립하기 위해서는 (**처분행위**)라고 할 수 있는 법원의 승소판결이 있어야 하고 그 승소판결에 의해 재물이나 재산상의 이익을 취득할 수 있어야 한다. 즉 판결의 내용이 재물이나 재산상의 이익을 취득할 수 있는 내용이 아닐 때에는 소송사기가 성립되지 않는다.

## 27 소송사기의 실행착수시기에 대한 설명으로 옳지 않은 것은? (다툼이 있는 경우 판례에 의함)

① 원고가 소송주체인 때에는 소송을 제기한 때에 실행의 착수가 있다.
② 소장부분이 상대방에게 전달되지 않으면 실행의 착수가 인정되지 않는다.
③ 제소자가 상대방의 주소를 허위로 기재함으로써 그 허위주소로 소송서류가 송달되었고 상대방 아닌 다른 사람이 그 서류를 받아 소송이 진행된 경우에도 실행의 착수가 인정된다.
④ 본안 소송을 제기하지 않은 채 가압류를 한 것만으로 아직 실행의 착수가 있다고 할 수 없다.

소송을 제기한 때에 실행의 착수가 있으므로 소장부분이 상대방에게 전달되지 않았다 하더라도 실행의 착수가 인정된다.

판례 소송사기는 법원을 기망하여 자기에게 유리한 재판을 얻고 이에 기하여 상대방으로부터 재물의 교부를 받거나 재산상 이익을 취득하는 것을 말하는 것인 바, 부동산등기부상 소유자로 등기된 적이 있는 자가 자기 이후에 소유권이전등기를 경료한 등기명의인들을 상대로 허위의 사실을 주장하면서 그들 명의의 소유권이전등기의 말소를 구하는 소송을 제기한 경우 그 소송에서 승소한다면 등기명의인들의 등기가 말소됨으로써 그 소송을 제기한 자의 등기명의가 회복되는 것이므로 이는 법원을 기망하여 재물이나 재산상 이익을 편취한 것이라고 할 것이고 따라서 등기명의인들 전부 또는 일부를 상대로 하는 그와 같은 말소등기청구 소송의 제기는 사기의 실행에 착수한 것이라고 보아야 한다(대판 2003.7.22, 선고, 2003도1951).

**28** **소송사기의 기수시기에 대한 설명으로 옳지 않은 것은? (다툼이 있는 경우 판례에 의함)**

① 소송사기의 기수시기는 승소판결이 확정될 때이다.

② 확정판결에 기하여 현실적으로 재산상 이익을 취할 것을 요한다.

③ 판결이 아직 확정되지 않은 상태라면 1심 또는 항소심에서 확정판결을 받았다 하더라도 아직 기수에 이르지 못한 것이다.

④ 원고 또는 피고가 법원을 기망하는 행위를 하였음에도 불구하고 패소판결을 받아 확정되었을 때는 미수로 종료된다.

해설 확정판결에 기하여 현실적으로 재산상 이익을 취할 것을 요하지 않는다.

판례 피고인이 타인명의로 채무자를 상대로 법원을 기망하여 지급명령과 가집행선고부 지급명령을 발부받고 이를 채무명의로 하여 채무자의 제3채무자에 대한 정기예금 원리금 채권에 대하여 채권압류 및 전부명령을 하게 하고 송달시켜 위 채권을 전부받아 편취한 경우에는 그로서 사기죄는 기수에 이르렀다 할 것이고 실제로 위 원리금을 은행으로부터 지급받아 취득하였는지 여부는 사기의 기수·미수를 논하는데 아무런 소장을 가져오지 않는다(대판 1977.1.11, 선고, 76도3700).



정답 26 ① 27 ② 28 ②

# 제4장 보험조사분석사의 유의사항

## 1 공정 · 성실한 직무수행

**01** **보험조사분석사가 업무 수행 중 지켜야 할 사항 중 '공정성'에 관한 설명이다. 옳지 않은 것은?**

① 보험조사분석사는 수사의 조력자로서 실질적으로 준공무원과 다름없으므로 공무원과 같은 공정성을 가져야 한다.

② 보험조사분석사가 전문수사자문위원으로 지정되거나 지정되지 않았다 하더라도 보험회사에서 파견된 경우에는 특히 공정성이 요구된다.

③ 보험조사분석사는 조사업무를 담당할 때 객관적인 입장에서 증거를 찾는 마음가짐이 중요하다.

④ 보험조사분석사는 범죄를 발견하고 범인을 처벌하여 사회정의를 위해서 약간의 불공정함은 감수하면서라도 범죄에 대한 확실한 증거를 찾아내야 한다.

해설 약간의 불공정함을 감수하면서 범죄에 대한 확실한 증거를 찾아내기보다는 처음부터 끝까지 공정성을 유지하는 것이 바람직하다.

**02** **다음은 「전문수사자문위원 운영규칙」상 전문수사자문위원의 지정을 취소할 수 있는 사유이다. 해당되지 않는 것은?**

① 심신상의 장애로 직무집행을 할 수 없다고 인정될 때

② 검사의 수사절차 참여 요청에 응하지 아니할 때

③ 직무상 의무 위반 행위나 그 밖에 전문수사자문위원으로서 부적절한 행위를 하였을 때

④ 불공정한 의견을 진술할 염려가 있거나 그 밖에 공정한 직무집행이 어렵다고 인정되는 상당한 이유가 있을 때

해설 ② 정당한 이유 없이 검사의 수사절차 참여 요청에 2회 이상 응하지 아니할 때이다.

## 2 이익 수수의 금지

**03 보험조사분석사가 금품이나 이익을 받은 경우 형사처벌을 받을 수 있다. 이에 대한 설명으로 옳지 않은 것은?**

① 전문수사자문위원으로 지정되지 않은 보험조사분석사가 특정한 사건의 조사와 관련하여 금품이나 이익을 수수한 경우에는 「변호사법」 위반죄가 성립된다.

② 보험사기와 별도로 보험금 청구에 대한 초기 사건 조사에 관여하는 보험조사분석사가 청구권자로부터 금품이나 이익을 수수한 경우에는 뇌물죄로 처벌된다.

③ 보험조사분석사가 금품을 수수한 뒤 보험회사에 허위보고서나 의견서를 제출하여 보험금을 지급하게 하였다면 업무상배임죄가 성립될 수 있다.

④ 보험조사분석사가 배임수재죄를 범한 뒤 수사기관에 허위보고서나 의견서를 제출하였다면 위계에 의한 업무집행방해죄가 성립한다.

해설

보험사기와 별도로 보험금 청구에 대한 초기 사건 조사에 관여하는 보험조사분석사가 청구권자로부터 금품이나 이익을 수수한 경우에는 **배임수재죄**로 처벌될 수 있다.

**04 보험조사분석사가 청구권자로부터 금품이나 이익을 수수하여 배임수재죄로 처벌될 경우 벌칙은?**

① 1년 이하의 징역 또는 5백만원 이하의 벌금

② 2년 이하의 징역 또는 5백만원 이하의 벌금

③ 3년 이하의 징역 또는 1천만원 이하의 벌금

④ 5년 이하의 징역 또는 1천만원 이하의 벌금

해설

배임수재죄(형법 제357조 제1항)

타인의 사무를 처리하는 자가 그 임무에 관하여 부정한 청탁을 받고 재물 또는 재산상의 이익을 취득하거나 제3자로 하여금 이를 취득하게 한 때에는 5년 이하의 징역 또는 1천만원 이하의 벌금에 처한다.



정답 01 ④ 02 ② 03 ② 04 ④

## 05 보험조사분석사가 업무상배임죄로 처벌될 경우 벌칙은?

① 10년 이하의 징역 또는 5천만원 이하의 벌금
② 10년 이하의 징역 또는 3천만원 이하의 벌금
③ 5년 이하의 징역 또는 3천만원 이하의 벌금
④ 5년 이하의 징역 또는 1천만원 이하의 벌금

업무상의 임무에 위배하여 업무상배임죄를 범한 자는 10년 이하의 징역 또는 3천만원 이하의 벌금에 처한다(형법 제356조).

## 06 보험조사분석사가 법원에 증인으로 출석하여 허위의 증언을 하였다면 위증죄나 허위감정죄가 성립한다. 이에 대한 벌칙으로 옳은 것은?

① 3년 이하의 징역 또는 1천만원 이하의 벌금
② 3년 이하의 징역 또는 3천만원 이하의 벌금
③ 5년 이하의 징역 또는 3천만원 이하의 벌금
④ 5년 이하의 징역 또는 1천만원 이하의 벌금

법률에 의하여 선서한 증인이 허위의 진술을 한 때에는 5년 이하의 징역 또는 1천만원 이하의 벌금에 처한다(형법 제152조 제1항).

### 3 비밀유지

## 07 보험조사분석사가 보험조사업무를 담당하는 과정에서 알게 된 사실을 타인에게 알릴 경우 명예훼손죄에 해당될 수 있다. 이에 대한 「형법」상 벌칙은?

① 1년 이하의 징역이나 금고 또는 300만원 이하의 벌금
② 2년 이하의 징역이나 금고 또는 300만원 이하의 벌금
③ 2년 이하의 징역이나 금고 또는 500만원 이하의 벌금
④ 3년 이하의 징역이나 금고 또는 500만원 이하의 벌금

공연히 사실을 적시하여 사람의 명예를 훼손한 자는 2년 이하의 징역이나 금고 또는 500만원 이하의 벌금에 처한다(형법 제307조 제1항).

**08** **보험조사분석사가 보험조사업무를 담당하는 과정에서 알게 된 사실을 정보통신망을 통해 적시하여 다른 사람의 명예를 훼손한 경우 벌칙은?**

① 1년 이하의 징역 또는 1천만원 이하의 벌금
② 2년 이하의 징역 또는 2천만원 이하의 벌금
③ 3년 이하의 징역 또는 3천만원 이하의 벌금
④ 5년 이하의 징역 또는 5천만원 이하의 벌금

사람을 비방할 목적으로 정보통신망을 통하여 공공연하게 사실을 드러내어 다른 사람의 명예를 훼손한 자는 3년 이하의 징역 또는 3천만원 이하의 벌금에 처한다(정보통신망 이용촉진 및 정보보호 등에 관한 법률 제70조 제1항).

**09** **보험조사분석사가 보험조사업무를 담당하는 과정에서 알게 된 타인의 성명, 주민등록번호, 영상 등 개인정보를 정보주체의 동의없이 제3자에게 제공할 경우 벌칙은?**

① 10년 이하의 징역 또는 5천만원 이하의 벌금
② 5년 이하의 징역 또는 5천만원 이하의 벌금
③ 3년 이하의 징역 또는 5천만원 이하의 벌금
④ 3년 이하의 징역 또는 3천만원 이하의 벌금

「개인정보보호법」 제71조에 의해 5년 이하의 징역 또는 5천만원 이하의 벌금에 처한다.

**10** **「보험사기방지특별법」상 보험사기행위 조사업무에 종사하는 자가 직무수행 중 취득한 정보나 자료를 타인에게 제공 또는 누설하거나 직무상 목적 외의 용도로 사용한 경우 벌칙은?**

① 1년 이하의 징역 또는 1천만원 이하의 벌금
② 2년 이하의 징역 또는 2천만원 이하의 벌금
③ 3년 이하의 징역 또는 3천만원 이하의 벌금
④ 5년 이하의 징역 또는 5천만원 이하의 벌금

보험사기행위 조사업무에 종사하는 자 또는 해당 업무에 종사하였던 자가 직무수행 중 취득한 정보나 자료를 타인에게 제공 또는 누설하거나 직무상 목적 외의 용도로 사용한 경우 3년 이하의 징역 또는 3천만원 이하의 벌금에 처한다(보험사기방지특별법 제12조, 제14조).



정답 05 ② 06 ④ 07 ③ 08 ③ 09 ② 10 ③

**11** **수사기관을 보조하는 전문수사자문위원이 그 직무수행 중 수사기관에서 작성한 수사기관 명의의 문서를 업무에 참고하기 위해 유출한 경우 「형법」상 벌칙은?**

① 3년 이하의 징역 또는 1천만원 이하의 벌금
② 5년 이하의 징역 또는 1천만원 이하의 벌금
③ 7년 이하의 징역 또는 1천만원 이하의 벌금
④ 10년 이하의 징역 또는 3천만원 이하의 벌금

해설 「형법」 제141조 공용서류 등의 은닉죄에 해당하여 7년 이하의 징역 또는 1천만원 이하의 벌금에 처한다.

**12** **수사기관을 보조하는 보험조사분석사가 보험사기 수사를 하면서 조사대상자에게 불리한 자료를 임의로 은닉한 경우 「형법」상 벌칙은?**

① 1년 이하의 징역 또는 300만원 이하의 벌금
② 3년 이하의 징역 또는 500만원 이하의 벌금
③ 5년 이하의 징역 또는 700만원 이하의 벌금
④ 10년 이하의 징역 또는 1천만원 이하의 벌금

해설 「형법」 제155조 증거인멸죄에 해당하여 5년 이하의 징역 또는 700만원 이하의 벌금에 처한다.

**13** **보험조사원분석사가 업무 수행 중 지켜야 할 사항 중 '비밀유지의무'에 관한 설명이다. 옳지 않은 것은?**

① 조사과정에서 알게 된 대부분의 사실이 비밀에 해당된다.
② 조사과정에서 수집된 정보는 따로 잘 보관해야 한다.
③ 수사기관에서 수사목적으로 작성한 서류는 보험조사분석사가 임의로 부본을 만들어 수집할 수 없다.
④ 개인의 정치적 사상, 종교적 신념, 기업의 영업기밀 등은 수집해서는 안 된다.

해설 조사과정에서 수집된 정보는 따로 보관해서는 안 된다.

## 4 수사과정에서의 공무원 사칭금지

**14** **보험조사분석사가 수사기관에 협조하면서 공무원의 신분을 사칭하여 직무를 수행한 경우 「형법」상 벌칙은?**

① 1년 이하의 징역 또는 300만원 이하의 벌금
② 3년 이하의 징역 또는 700만원 이하의 벌금
③ 5년 이하의 징역 또는 700만원 이하의 벌금
④ 10년 이하의 징역 또는 1천만원 이하의 벌금

공무원의 자격을 사칭하여 그 직권을 행사한 자는 3년 이하의 징역 또는 700만원 이하의 벌금에 처한다(형법 제118조).

**15** **다음 중 공무원사칭죄가 성립하기 위한 조건이 아닌 것은?**

① 보험조사분석사가 공무원임을 사칭하였다.
② 압수수색 현장에 참여한 보험조사분석사가 마치 경찰관 또는 수사관처럼 행세하며 직접 수색하였다.
③ 조사과정에 경찰관 또는 수사관처럼 행세하며 피의자 또는 참고인을 조사하였다.
④ 보험조사분석사가 마치 경찰관 또는 수사관처럼 행세하며 증거물을 압수하였다.

공무원사칭죄가 성립하기 위해서는 공무원임을 사칭만해서는 안되고, 공무원 직무를 행사하여야 한다.

**16** **공무원의 직무를 수행하지 않고 공무원 신분을 사칭만 한 경우의 벌칙은?**

① 10만원 이하의 벌금, 구류 또는 과료(科料)의 형으로 처벌한다.
② 20만원 이하의 벌금, 구류 또는 과료(科料)의 형으로 처벌한다.
③ 30만원 이하의 벌금, 구류 또는 과료(科料)의 형으로 처벌한다.
④ 50만원 이하의 벌금, 구류 또는 과료(科料)의 형으로 처벌한다.

「경범죄처벌법」 제3조 제1항 제7호에 따라 10만원 이하의 벌금, 구류 또는 과료(科料)의 형으로 처벌한다.



정답 11 ③ 12 ③ 13 ② 14 ② 15 ① 16 ①

## 5 조사대상자의 권리 보호

**17** **보험조사분석사가 업무 수행 중 지켜야 할 사항 중 '조사대상자의 보호' 의무에 관한 설명이다. 옳지 않은 것은?**

① 조사과정에서 조사대상자의 인권이나 기타 권리가 과도하게 침해되지 않도록 노력해야 한다.
② 현행범인이라 할지라도 체포할 수 없다.
③ 단독으로 타인의 주거에 침입할 수 없다.
④ 사법경찰관이 피의자를 체포하기 위해서 타인의 주거에 출입할 때 동행할 수 있다.

해설

「형사소송법」 제212조에 따라 현행범인은 누구든지 영장 없이 체포할 수 있으므로, 보험조사분석사도 현행범인을 체포할 수 있다.

**18** **보험조사분석사가 권한없이 타인의 주거에 침입하였을 경우의 벌칙은?**

① 1년 이하의 징역 또는 300만원 이하의 벌금
② 3년 이하의 징역 또는 300만원 이하의 벌금
③ 3년 이하의 징역 또는 500만원 이하의 벌금
④ 5년 이하의 징역 또는 500만원 이하의 벌금

해설

주거침입죄(형법 제319조 제1항)
사람의 주거, 관리하는 건조물, 선박이나 항공기 또는 점유하는 방실에 침입한 자는 3년 이하의 징역 또는 500만원 이하의 벌금에 처한다.

**19** **보험조사분석사가 조사업무를 수행하면서 증거를 수집하기 위하여 타인의 서신을 동의없이 개봉한 경우 벌칙은?**

① 1년 이하의 징역이나 금고 또는 300만원 이하의 벌금
② 2년 이하의 징역이나 금고 또는 300만원 이하의 벌금
③ 3년 이하의 징역이나 금고 또는 500만원 이하의 벌금
④ 5년 이하의 징역이나 금고 또는 500만원 이하의 벌금

**비밀침해죄(형법 제316조 제1항)**
봉함 기타 비밀장치한 사람의 편지, 문서 또는 도화를 개봉한 자는 3년 이하의 징역이나 금고 또는 500만원 이하의 벌금에 처한다.

**20** **보험조사분석사가 업무 수행 중 지켜야할 유의사항으로 옳지 않은 것은?**

① 보험조사분석사는 전문수사자문위원으로 지정되었건 지정되지 않았건 공정하고 성실하게 직무수행을 하여야 한다.
② 전문수사자문위원으로 지정된 보험조사분석사는 수사절차에 참여 및 관련 서류의 검토 등 업무를 수행하기 위하여 개인정보가 포함된 자료를 처리할 수 없다.
③ 보험조사분석사는 법률적으로 사인(私人)이지만, 보험사기범죄를 적발하고 사회정의를 실현하는 공적 업무를 담당하므로 전문성에 걸맞는 윤리의식과 청렴성이 요구된다.
④ 보험조사분석사의 활동은 필연적으로 조사대상자의 권리영역을 침범할 수 밖에 없으므로 조사대상자의 인권이나 권리가 과도하게 침해되지 않도록 최선의 노력을 다해야 한다.

전문수사자문위원으로 지정된 보험조사분석사는 수사절차에 참여 및 관련 서류의 검토 등 업무를 수행하기 위하여 개인정보가 포함된 자료를 처리할 수 있다(검찰 및 특별사법경찰관리 등의 개인정보처리에 관한 규정 제4조).



정답 17 ② 18 ③ 19 ③ 20 ②

SECTION III

# 보험조사 판례

## 제1장 고의사고

**01** **피보험자를 고의로 살해함으로써 보험금을 편취하는 보험사기 유형을 입증하기 위해 확인해야 할 간접사실과 거리가 먼 것은?**

① 보험회사의 재무상태
② 살인 당시의 정황
③ 피해자 사체의 부검결과
④ 살인 직후 보험계약자 등의 진술

해설 '보험회사의 재무상태'가 아니라 '보험계약자 등의 경제상황' 등을 살펴볼 필요가 있다.

참고 보험살인의 경우 입증해야 하는 간접사실
- 보험계약자 등의 경제상황
- 살인 피해자를 피보험자로 하는 보험가입 시기 및 보험료·보험금 액수
- 살인 당시의 정황
- 피해자 사체의 부검결과
- 살인 직후 보험계약자 등의 진술, 태도관련 특이성 및 일관성 유지 여부

**02** **보험금을 목적으로 하는 살인의 경우 입증하기가 매우 어려운 것이 사실이다. 이를 입증해야 하는 사실과 거리가 먼 것은?**

① 피보험자의 사망이 살인에 의한 것이라는 사실
② 그 살인이 보험계약자 등의 고의에 의한 행위라는 사실
③ 살인 피해자를 피보험자로 하는 보험가입 사실
④ 보험계약자 등이 자백한 사실

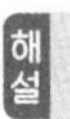
보험계약자 등이 자백하지 않은 경우 살인정황이 있음을 간접적으로 입증해야 한다.

**03** **보험살인 동기의 정황사실을 알기 위해 살펴봐야할 내용이 아닌 것은?**

① 다수의 사망보험계약에 가입되어 있는지 여부
② 사망보험금 총액이 일반적으로 보았을 때 거액인지 여부
③ 보험가입시기가 피보험자 사망직전에 집중되었는지 여부
④ 보험계약이 실효되었는지 여부

실효된 보험계약의 부활 등 특이한 사실을 살펴봐야 한다. 그 밖에 청약거절, 수익자변경, 특약사항 등을 알아야 한다.

**04** **고의에 의한 보험살인의 정황사실, 부검결과, 피고인진술에 대한 설명이다. 옳지 않은 것은?**

① 심리적 불안 때문에 진술이 어긋날 때가 많다.
② 시체를 매장하는 경우가 많다.
③ 증거인멸을 위해 빠른 시일 안에 장례를 치르려는 경향이 있다.
④ 범행전후 눈에 띄는 행적을 남긴다.

시체를 매장하는 것보다 화장하는 경우가 많다. 화장하는 경우 고의사고 여부를 확인하기가 더욱 어렵다.

**05** **최근 5년간 보험회사가 조사 및 수사의뢰한 고액의 사망보험금을 노린 보험사기 특성을 분석한 결과 가장 많은 사망사고 유형은?**

① 교통사고로 위장한 고의사고
② 약물・흉기 등을 이용한 살인
③ 허위의 실종・사망
④ 화재 등 재해사망으로 인한 위장 사고

사망사고 원인은 교통사고를 유발하거나 교통사고로 위장한 고의사고(30%)가 가장 많고, 약물・흉기 등을 이용한 살인(26.6%) 및 허위의 실종・사망(23.4%), 화재 등 재해사망으로 인한 위장 사고(13.3%) 순이다.

제3과목 보험조사론 I(이론)

정답 01 ① 02 ④ 03 ④ 04 ② 05 ①

## 06 고액의 사망보험금을 노린 보험사기의 특성을 분석한 결과 가장 많이 발생한 사고 장소는?

① 도 로　　② 주거지역
③ 바닷가　　④ 외국지역

사고 장소는 교통사고 등이 발생한 도로(33.3%)가 가장 많고, 주거지역(23.2%), 허위 실종 등이 발생한 바닷가(16.7%) 순이다.

## 07 고액의 사망보험금을 노린 보험사기의 특성을 분석한 결과 가장 비중이 높은 보험사기의 혐의자는?

① 본 인　　② 배우자
③ 부 모　　④ 친인척

보험사기 혐의자는 배우자(40.0%), 본인(26.7%), 부모·기타 가족(16.7%) 순으로 가족관계(83.4%)에서 일어나는 사고가 대부분이다.

## 08 고액사망보험금 보험계약의 특징이 아닌 것은?

① 고액의 사망보험금 설계　　② 한 보험사에 집중 가입
③ 단기간내 집중 가입　　④ 수익자 선정 및 변경내역 존재

단기간에 다수 보험사에 집중 가입하고 있으며, 가입 후 1년 이내에 보험사고가 발생하였다.

## 09 고액의 사망보험금을 노린 보험사기의 특성을 분석한 결과 가장 비중이 높은 사망보험금 설계액수는?

① 3억원 이하　　② 3억원 초과 5억원 이하
③ 5억원 초과 10억원 이하　　④ 10억원 이상

피보험자별로 사망시 50%는 10억원 이상 고액의 사망보험금이 지급되도록 가입하였으며, 5억원 이하는 23.3%, 5억원 초과 10억원 이하는 26.7%를 차지하고 있다.

## 10 다음은 고액 사망보험금 관련 보험사기 사례이다. 보험사기의 유형은?

**(혐의내용)**

- 혐의자는 2011.5월~2011.6월 기간 중(약 1개월) 혐의자의 모친을 계약자 겸 수익자로, 남편을 피보험자로 하여 5개사에 6건의 고액 사망보장(11억원) 보험계약에 집중 가입
- 이후 혐의자는 내연남과 그 친구에게 5천만원을 지급하면서 남편을 살해해 달라고 요청하였고, 2011.7월 내연남과 그 친구는 남편을 납치 후 살해하자 당일 혐의자는 남편과의 연락이 두절되었다며 경찰서에 납치의심 신고

① 살인교사 ② 허위실종
③ 허위사망 ④ 재해사망 위장

문제의 지문은 '살인교사'에 의한 보험사기 유형이다.

## 11 다음은 고액 사망보험금 관련 보험사기 사례이다. 보험사기의 유형은?

**(혐의내용)**

- 혐의자는 2008.6월~2014.6월 기간 중 아내를 피보험자로 하여 11개사에 26건의 고액 사망보장(68억원) 보험계약에 가입
- 이후 혐의자는 2014.8월 경부고속도로 하행선에서 비상주차대에 정차된 화물승합차 후미를 충격하여 본인이 운전하던 차량 조수석에 탑승 중이던 아내를 살해한 혐의

① 살인교사 ② 교통사고 위장
③ 고의 교통사고 ④ 허위사망

문제의 지문은 '고의 교통사고'에 의한 보험사기 유형이다.



정답 06 ① 07 ② 08 ② 09 ④ 10 ① 11 ③

## 12 다음은 고액 사망보험금 관련 보험사기 사례이다. 보험사기의 유형은?

(혐의내용)

- 보험설계사인 혐의자는 2000.8월~2012.1월 기간 중 배우자를 피보험자로 하여 5개사에 18건의 고액 사망보장(5.4억원) 보험계약에 가입
- 혐의자는 2012.9월 차량에 배우자를 태워 고속도로 갓길 쉼터 주차장에 도착한 후 부부싸움 도중 배우자의 목을 졸라 살인하였으나, 이후 고속도로에서 졸음운전에 의한 가드레일 충격 교통사고로 인한 사망으로 위장

① 고의 교통사고
② 교통사고 위장
③ 재해사망
④ 허위사망

문제의 지문은 '교통사고 위장'에 의한 보험사기 유형이다.

## 13 고의충돌에 의한 보험사기 유형에 대한 설명으로 옳지 않은 것은?

① 혐의자들이 공모하여 가해자 · 피해자의 역할을 분담한 후 고의로 자동차 충돌사고를 발생시키는 보험사기 유형이다.
② 제3의 차량을 대상으로 고의로 충돌하여 편취하는 보험사기 유형이다.
③ 고의충돌 단독 유형과 고의충돌 공동 유형으로 구분할 수 있다.
④ 일명 손목치기 등은 차량을 이용한 고의충돌 유형이다.

일명 손목치기 등은 **신체를 이용한** 고의충돌 유형이다.

**14** **최근 고의충돌에 의한 보험사기 유형에 대한 설명으로 옳지 않은 것은?**

① 상습적인 고의충돌 보험사기 혐의자들은 허위사고 및 사고 내용 조작 등의 다른 보험사기 유형과 혼합하여 주기적으로 사기행위를 하는 경우가 많다.
② 혐의자들의 인적관계를 보면 주로 가족, 지인, 사회 선후배 등이다.
③ 인터넷, 모바일 밴드, SNS 등을 활용하여 공모자를 모집하는 경우도 있다.
④ 범행동기를 보면 개인적인 심리불안 때문이다.

범행동기는 주로 채무변제 등 개인적인 경제적 어려움을 해결하기 위한 경우가 다수이나, 최근에는 보험금을 편취하여 적극적으로 범죄수익을 창출하려는 경우도 있다.

**15** **자동차보험 사기 상시조사 결과 특성 분석(2015)에서 고의충돌 유형의 분석자들을 분석한 결과 가장 높은 보험사기 유형은?**

① 진로변경 차량　　② 후미추돌 차량
③ 보행자사고　　④ 교통법규위반 차량

혐의자들은 고액보험금을 위해 상대방의 과실비율이 매우 높은 차량을 대상으로 고의사고를 유발하였다. 즉 진로변경 차량(32.6%), 안전거리 미확보로 후미추돌(18.6%), 보행자사고(12.7%), 교통법규위반 차량(10.6%), 후진차량(10.1%) 순으로 나타난다.

**16** **자동차보험 사기 상시조사 결과 특성 분석(2015)에 나타난 주요 특징이 아닌 것은?**

① 과실비율이 매우 높은 차량을 대상으로 한다.
② 다수의 혐의자와 사전에 조직적으로 공모한다.
③ 현금지급보다 실제 입원치료비 등을 요구한다.
④ 사기혐의 회피를 위해 교대로 피해자, 가해자와 동승자 등으로 역할을 분담하여 다수의 고의사고를 유발한다.

혐의자들은 대부분 경미한 사고를 유발한 후 실제 입원치료 또는 파손된 차량수리는 하지 않고, 합의금 및 미수선수리비 명목으로 현금지급을 요구한다.



정답 12 ② 13 ④ 14 ④ 15 ① 16 ③

## 17 자동차보험 사기 상시조사 결과 특성 분석(2015)에서 자동차보험 사기혐의자의 주요 연령층과 성별로 맞는 것은?

① 20~30대의 남성
② 20~30대의 여성
③ 30~40대의 남성
④ 30~40대의 여성

자동차보험 사기혐의자는 주로 20대(44.8%) 및 30대(33.5%)로, 전체 혐의자(426명)의 78.4%를 차지하며, 남성이 대부분을 차지한다.

## 18 자동차보험 사기 상시조사 결과 특성 분석(2015)에서 생명보험의 허위 · 과다입원 사기혐의자의 주요 연령층과 성별로 맞는 것은?

① 20~30대의 남성
② 20~30대의 여성
③ 40~60대의 남성
④ 40~60대의 여성

생명보험의 허위 · 과다 입원 보험사기 혐의자는 연령별로 40대~60대가 91.9%로 대부분을 차지하며, 남성의 비율은 32.4%, 여성이 67.6%를 차지하고 특히 주부가 51.4%로 과반수를 차지하고 있다.

## 19 자동차보험 사기 상시조사 결과 특성 분석(2015)에서 자동차를 이용한 보험사기의 유형 중 가장 높은 사기 유형부터 순서대로 나열한 것은?

| | |
|---|---|
| ㉠ 진로변경 | ㉡ 법규위반 |
| ㉢ 후진사고 | ㉣ 후미추돌 |
| ㉤ 보행자사고 | |

① ㉠ - ㉡ - ㉢ - ㉣ - ㉤
② ㉠ - ㉣ - ㉢ - ㉡ - ㉤
③ ㉠ - ㉣ - ㉤ - ㉡ - ㉢
④ ㉠ - ㉤ - ㉢ - ㉣ - ㉡

자동차를 이용한 보험사기 유형을 보면, ㉠ 진로변경(32.6%) - ㉣ 후미추돌(18.6%) - ㉤ 보행자사고(12.7%) - ㉡ 법규위반(10.6%) - ㉢ 후진사고(10.1%) 순이다.

**20** **자동차보험 사기 상시조사 결과 특성 분석(2015)에서 자동차를 이용한 보험사기의 특징을 설명한 것으로 옳지 않은 것은?**

① 젊은 인구가 많은 수도권과 광역시가 대부분을 차지한다.
② 차량통행이 많고 복잡한 수도권과 광역시는 후미추돌 사고가 다수이다.
③ 수단별로는 국산차 이용이 가장 높으며, 외제차와 이륜차 이용도 상당한 비중을 차지한다.
④ 사고유형은 진로변경, 후미추돌, 보행자사고 순이다.

차량통행이 많고 복잡한 수도권과 광역시는 진로변경 차량 대상 사고가 많으며, 교통량이 적은 지방 시·도는 후미추돌 사고가 다수를 차지한다.



정답 17 ① 18 ④ 19 ③ 20 ②

## 제2장 허위 · 과다사고

**01** **금융감독원이 적발한 허위 · 과다입원 나이롱환자 실태 분석(2015) 결과 가장 높은 비중을 차지하는 연령대 및 직업군은?**

① 30대, 직장인
② 40대, 자영업
③ 50대, 주부
④ 60대, 자영업

해설 50대, 주부 등 입원으로 인한 경제적 손실이 적은 혐의자가 다수이며, 특히, 배우자, 자녀 등 가족공모가 큰 비중을 차지한다.

**02** **허위 · 과다입원 나이롱환자 실태 분석(2015)에서 보험사기 혐의자의 특성으로 옳지 않은 것은?**

① 40대 이상 중 · 장년층이 대부분을 차지한다.
② 장기입원이 가능하고 입원으로 인한 경제적 손실이 작은 직업군이 다수 포함되었다.
③ 사기금액 확대를 노리고 배우자, 자녀, 자매 등 2인 이상의 일가족이 공모하는 사례가 큰 비중을 차지한다.
④ 보험금 부당취득 목적으로 다수의 고액 보험을 장기간에 걸쳐 집중 가입하였다.

해설 대부분의 혐의자는 단기간에 집중가입 후 바로 장기입원하는 특성을 보였다.

**03** **허위 · 과다입원 나이롱환자 실태 분석(2015)에서 보험사기 혐의자의 보험가입 양태로 옳지 않은 것은?**

① 입원보험금을 지급하는 보장성 보험에 다수 가입하였다.
② 고액의 입원일당 보장 상품에 다수 가입하였다.
③ 혐의자는 별도의 실손보험에 가입하지 않고, 고액의 보장 상품으로 입원일당 정액보험금을 초과하는 보험금을 수령할 수 있도록 하였다.
④ 통상 장기입원하기 전 6개월 이내에 보험에 집중적으로 가입하였으며, 이중 대부분은 집중 가입 후 2개월 이내에 장기입원을 개시하였다.

혐의자의 대다수가 별도로 실손보험에 가입하여, 입원일당 정액보험금 수령액 대부분이 발생의료비 초과이득으로 귀속되도록 하고 있었다.

**04** **허위 · 과다입원 나이롱환자 실태 분석(2015)에서 허위 · 과다입원의 양태로 옳지 않은 것은?**

① 단기간 입원치료 후 통원 및 약물복용으로 치료 가능한 질병으로 장기입원하고 있다.
② 한 병원에 계속 입원하여 입원과 퇴원을 반복하는 행태를 보인다.
③ 상해사고의 원인을 보면 계단에서 넘어짐, 미끄러짐 등 허위로 추정되는 목격자 없는 단독사고가 반복 발생되고 있다.
④ 보험약관상 입원비 지급한도를 악용하여, 한도일수까지 장기입원 후 병명을 변경해 가면서 주기적으로 반복 입원하는 패턴을 보인다.

한 병원에 계속 입원하지 않고 주기적으로 입원과 퇴원을 반복하는 행태(메뚜기 환자)를 보인다.



**05** **허위 · 과다입원 보험사기 혐의자의 특성으로 옳지 않은 것은?**

① 혐의자들은 장기입원을 통해 개인 평균 납입보험료 한도 내에서 보험금을 수령하였다.
② 배우자, 자녀, 자매 등 일가족이 공모하여 상해사고, 질병사고 등 다수 사고로 입원하였다.
③ 공모 가족들은 매월 과도한 보험료를 부담하면서 보장성 보험에 다수 가입하였다.
④ 경미한 병증으로 입원과 퇴원을 반복하며 장기입원으로 피해를 과장하였다.

혐의자들은 장기입원을 통해 개인 평균 납입보험료 대비 고액의 보험금을 수령하였다.

정답 01 ③ 02 ④ 03 ③ 04 ② 05 ①

## 06 허위 · 과다입원 보험사기 근절을 위한 주요 검토사항으로 옳지 않은 것은?

① 고액 입원담보 집중 청약건에 대한 보험회사의 가입심사 완화
② 보험사기를 유발하거나 금융감독원 및 보험회사의 정당한 조사행위를 어렵게 하는 보험약관 및 제도 개선
③ 허위 · 과다입원 보험사기 의심자(병원)에 대한 사전계도 활동 전개
④ 보험사기 조사대상 확대 및 수사기관의 수사기간 단축 지원 강화

나이롱환자 적발을 확대하기 위해, 허위 · 과다입원 사기혐의자에 대한 상시조사 및 허위 · 과다입원을 조장하는 사무장병원, 보험설계사 등 보험사기 브로커에 대한 기획조사를 강화해야 한다.

## 07 허위 · 과다입원 보험사기 유형 중 혐의자가 해당 질병을 실제 앓고 있으나, 입원기간이 과도한 경우 보험사기죄가 성립될 수 있다. 다음 중 해당되지 않는 경우는? (다툼이 있는 경우 판례에 따름)

① 환자가 입원실에 6시간 이상 체류하면서 의료진의 관찰 및 치료를 받은 경우
② 치료의 실질이 입원치료가 아닌 통원치료에 해당하는 경우
③ 입원의 필요성이 없음에도 의사로 하여금 입원치료의 필요성이 있다고 오판하도록 하여 필요 이상의 장기입원을 한 경우
④ 실제 지급받을 수 있는 보험금보다 다액의 보험금을 편취할 의사로 장기간 입원을 통하여 과다한 보험금을 지급받은 경우

보건복지부 고시인 '요양급여의 적용기준 및 방법에 관한 세부사항' 등의 제반 규정에 따르면 '입원'이란 환자가 6시간 이상 입원실에 체류하면서 의료진의 관찰 및 관리 아래 치료를 받는 것을 의미하나, 입원실 체류시간만을 기준으로 입원 여부를 판단할 수는 없고, 환자의 증상, 진단 및 치료 내용과 경위, 환자들의 행동 등을 종합하여 판단하여야 한다(대판 2009.5.28. 선고 2008도4665).

실제 지급받을 수 있는 보험금보다 다액의 보험금을 기망행위로 편취한 경우 사기죄의 성립여부(적극) 및 그 성립범위(= 지급받은 보험금 전체)

기망행위를 수단으로 한 권리행사의 경우 그 권리행사에 속하는 행위와 그 수단에 속하는 기망행위를 전체적으로 관찰하여 그와 같은 기망행위가 사회통념상 권리행사의 수단으로서 용인할 수 없는 정도라면 그 권리행사에 속하는 행위는 사기죄를 구성하는데, 보험금을 지급받을 수 있는 사유가 있다 하더라도 이를 기화로 실제 지급받을 수 있는 보험금보다 다액의 보험금을 편취할 의사로 장기간의 입원 등을 통하여 과다한 보험금을 지급받는 경우에는 지급받은 보험금 전체에 대하여 사기죄가 성립한다(대판 2009.5.28. 선고 2008도4665).

**08** **허위 · 과다입원 보험사기 유죄판결시 법원이 참고하는 정황사실이 아닌 것은?**

① 혐의자가 부당한 입원보험금 수령목적으로 보험에 가입했는지 여부
② 혐의자가 부당한 입원보험금 수령목적으로 기존보험을 악용했는지 여부
③ 혐의자에게 진정으로 입원할 의사가 있었는지 여부
④ 법원의 의학적 판단 여부

해설 입원의 의학적인 필요성은 의료전문가인 의사의 판단 영역이다.

**09** **허위 · 과다입원 보험사기 혐의자가 부당한 입원보험금 수령목적으로 보험에 가입했는지 여부를 판단하기 위해 확인해야 하는 사항이 아닌 것은?**

① 고지의무 위반 여부
② 보험가입내역 정보
③ 보험금 지급정보
④ 혐의입증 정황증거

해설 혐의자가 부당한 입원보험금 수령목적으로 보험에 가입했는지 여부를 판단하기 위해서는 고지의무 위반 여부, 보험가입내역 정보, 보험금 지급정보를 살펴보아야 한다.



**10** **허위 · 과다입원 보험사기 혐의자가 진정으로 입원할 의사가 있었는지 여부를 입증하려면 다양한 정황증거가 필요하다. 다음 중 '입원전 정황' 증거가 아닌 것은?**

① 가족 또는 지인과 동반입원 여부
② 입원경위
③ 혐의자의 경제적 상태
④ 입원사유가 상해인 경우 사고경위

해설 가족 또는 지인과 동반입원 여부는 '입원시 정황' 증거이다.

정답 06 ① 07 ① 08 ④ 09 ④ 10 ①

**11** 허위 · 과다입원 보험사기 혐의자의 '입원시 정황' 증거가 아닌 것은?

① 외출, 외박유무 및 그 빈도수
② 외출시 출입한 장소
③ 동일한 병원에 재입원한 적이 있는지 여부
④ 입원관련 서류의 구비 여부

해설 ③은 '입원후 정황' 증거이다.

**12** 허위 · 과다입원 보험사기 혐의자의 '입원후 정황' 증거가 아닌 것은?

① 입원과 입원 간의 기간
② 의사의 퇴원지시 유무
③ 통원치료를 병행했는지 여부
④ 퇴원후 동일 병명으로 재입원했는지 유무

해설 ②는 '입원시 정황' 증거이다.

**13** 자동차를 이용한 허위 · 과다사고의 유형이 아닌 것은?

① 사고내용 조작
② 운전자 바꿔치기
③ 차량도난
④ 사고전 보험가입

해설 '사고전 보험가입'이 아니라 '사고후 보험가입'이다.

참고 자동차를 이용한 허위 · 과다사고의 유형

- 사고내용 조작 : 실제로 자동차사고가 발생하지 않았음에도 마치 사고가 발생한 것처럼 보험금을 청구하여 보험금을 편취하는 유형
- 운전자 바꿔치기 : 실제 운전하지 않은 사람이 운전자인 것처럼 가장하여 보험금을 청구하는 유형
- 사고차량 바꿔치기 : 실제 사고차량이 아닌 다른 차량을 사고차량인 것처럼 가장하여 보험금을 청구하는 유형
- 피해자 끼워넣기 : 피해차량의 동승자가 아님에도 불구하고 동승자처럼 가장하여 보험금을 청구하는 유형
- 음주 · 무면허운전 : 음주 · 무면허인 운전자가 운전하였음에도 동 사실을 은폐하고 보험금을 청구하는 유형
- 사고후 보험가입 : 자동차 사고일자가 보험가입 이후인 것처럼 자동차 사고일자를 조작하는 유형
- 차량도난 : 허위로 차량을 도난신고하는 유형

**14** 자동차를 이용한 허위·과다사고의 특성으로 옳지 않은 것은?

① 일반적으로 사기행위 1회당 절취보험금의 액수가 크다.
② 장기간에 걸친 다수의 사기행위를 반복하여 보험금을 편취한다.
③ 가족·지인 등 다수인이 공모하여 가해차량·피해차량 또는 운전자·동승자 역할을 분담하여 보험금을 청구한다.
④ 여러 가지 사기유형으로 동시에 또는 순차적으로 보험금을 청구하는 행동양태를 보인다.

일반적으로 사기행위 1회당 절취보험금의 액수가 적어서 허위·과다입원 보험사기 유형과 비슷하다.

**15** 자동차를 이용한 허위·과다사고의 유형에 대한 설명으로 옳지 않은 것은?

① '운전자 바꿔치기'는 유형특성상 반복성인 경우가 많고 다른 보험사기 유형보다 적발이 어렵다.
② '피해자 끼워넣기'는 피해차량의 동승자가 아님에도 불구하고 동승자인 것처럼 가장하여 보험금을 청구하는 유형이다.
③ '사고후 보험가입'은 사고후 보험을 가입한 후에 보험사고 날짜를 보험가입일 이후로 조작하여 사고를 접수하는 유형이다.
④ '차량도난'은 보험금 지급사유가 아닌 사유로 차량의 소유권을 상실하였음에도 불구하고 보험금 지급대상인 차량을 도난당한 것처럼 허위로 사고를 접수하는 유형이다.

'운전자 바꿔치기'는 실제로 교통사고가 발생되었으나 운전자로 인하여 보험처리가 되지 않는 경우 동승자 또는 현장에 없는 제3자가 운전한 것처럼 위장하여 보험회사에 사고접수를 하는 유형이다. 유형특성상 1회성인 경우가 많고 다른 보험사기 유형보다 적발이 쉽다.



정답 11 ③ 12 ② 13 ④ 14 ① 15 ①

**16** **민사상 고지의무위반의 정도가 심한 경우, 형사상 보험사기가 성립될 수 있다. 고지의무위반이 사기죄가 성립되기 위한 요건에 대한 설명으로 적절하지 않은 것은?(다툼이 있는 경우 판례에 따름)**

① 사기죄의 요건으로서의 기망은 널리 재산상의 거래관계에 있어 서로 지켜야 할 신의와 성실의 의무를 저버리는 소극적 행위만을 말한다.

② 이러한 소극적 행위로서의 부작위에 의한 기망은 법률상 고지의무 있는 자가 일정한 사실에 관하여 상대방이 착오에 빠져 있음을 알면서도 이를 고지하지 아니함을 말하는 것이다.

③ 특정 질병을 앓고 있는 사람이 보험회사가 정한 약관에 그 질병에 대한 고지의무를 규정하고 있음을 알면서도 이를 고지하지 아니한 채 그 사실을 모르는 보험회사와 그 질병을 담보하는 보험계약을 체결한 다음 바로 그 질병의 발병을 사유로 하여 보험금을 청구하였다면 특별한 사정이 없는 한 사기죄에 있어서의 기망행위 내지 편취의 범의를 인정할 수 있다.

④ 보험회사가 그 사실을 알지 못한 데에 과실이 있다거나 고지의무위반을 이유로 보험계약을 해제할 수 있다고 하여 사기죄의 성립에 영향이 생기는 것은 아니다.

사기죄의 요건으로서의 기망은 널리 재산상의 거래관계에 있어 서로 지켜야 할 신의와 성실의 의무를 저버리는 모든 적극적 또는 소극적 행위를 말하는 것이다.

사기죄의 요건으로서의 기망은 널리 재산상의 거래관계에 있어 서로 지켜야 할 신의와 성실의 의무를 저버리는 모든 적극적 또는 소극적 행위를 말하는 것이고, 이러한 소극적 행위로서의 부작위에 의한 기망은 법률상 고지의무 있는 자가 일정한 사실에 관하여 상대방이 착오에 빠져 있음을 알면서도 이를 고지하지 아니함을 말하는 것으로서(대판 2006. 2. 23. 선고 2005도8645 등 참조), 특정 질병을 앓고 있는 사람이 보험회사가 정한 약관에 그 질병에 대한 고지의무를 규정하고 있음을 알면서도 이를 고지하지 아니한 채 그 사실을 모르는 보험회사와 그 질병을 담보하는 보험계약을 체결한 다음 바로 그 질병의 발병을 사유로 하여 보험금을 청구하였다면 특별한 사정이 없는 한 사기죄에 있어서의 기망행위 내지 편취의 범의를 인정할 수 있고, 보험회사가 그 사실을 알지 못한 데에 과실이 있다거나 고지의무위반을 이유로 보험계약을 해제할 수 있다고 하여 사기죄의 성립에 영향이 생기는 것은 아니다(대판 2007. 4. 12. 선고 2007도967).

# 제3장 피해과장(자동차)

**01** **다음 중 행위자에 따른 피해과장(자동차)의 보험사기 유형이 아닌 것은?**

① 허위・과다청구
② 사고피해 과장청구
③ 병원 과장청구
④ 정비공장 과장청구

피해과장(자동차)의 보험사기 유형은 행위자에 따라 사고피해 과장청구, 병원 과장 청구, 정비공장 과장청구로 분류할 수 있다.

**02** **다음은 피해과장(자동차) 관련 보험사기 사례이다. 보험사기의 유형은?**

> 피고인 A, B, C는 A가 운전하는 승용차에 모두 탑승하여 도로를 지나던 중 D가 운전하는 승용차와 가볍게 충돌하였다. 당시 교통사고는 차량의 옆면이 긁히는 정도의 가벼운 충격이었고, 피고인들은 치료를 요하는 상해를 입지 않았음에도 불구하고 교통사고로 인하여 상해를 입은 것처럼 가장하여 보험회사로부터 치료비 명목으로 상당의 보험금을 수령하였다.

① 병원 과장청구
② 교통사고 허위청구
③ 사고피해 과장청구
④ 정비공장 과장청구

문제의 지문은 교통사고로 인하여 상해를 입은 것처럼 가장하고 피해를 과장한 '사고피해 과장청구' 보험사기 유형이다.



정답 16 ① / 01 ① 02 ③

## 03 「자동차손해배상보장법」상 자동차보험진료수가의 청구 및 지급에 대한 설명으로 옳지 않은 것은?

① 보험회사 등은 보험가입자 등 또는 피해자가 청구하거나 그 밖의 원인으로 교통사고환자가 발생한 것을 안 경우에는 지체 없이 그 교통사고환자를 진료하는 의료기관에 해당 진료에 따른 자동차보험진료수가의 지급 의사 유무와 지급 한도를 알려야 한다.

② 보험회사 등으로부터 자동차보험진료수가의 지급 의사와 지급 한도를 통지받은 의료기관은 그 보험회사 등에게 국토교통부장관이 고시한 기준에 따라 자동차보험진료수가를 청구할 수 있다.

③ 의료기관이 자동차보험진료수가를 청구하면 보험회사 등은 14일 이내에 그 청구액을 지급하여야 한다.

④ 의료기관은 보험회사 등에게 자동차보험진료수가를 청구할 수 있는 경우에는 교통사고환자(환자의 보호자를 포함)에게 이에 해당하는 진료비를 청구하여서는 안 된다.

해설

의료기관이 자동차보험진료수가를 청구하면 보험회사 등은 **30일 이내**에 그 청구액을 지급하여야 한다. 다만, 보험회사 등이 **위탁한 경우 전문심사기관이 심사결과를 통지한 날부터 14일 이내**에 심사결과에 따라 자동차보험진료수가를 지급하여야 한다(자동차손해배상보장법 제12조 제4항).

## 04 「자동차손해배상보장법」상 진료기록부의 진료기록과 다르게 자동차보험진료수가를 청구한 의료기관에 대한 벌칙은?

① 1천만원 이하의 벌금

② 2천만원 이하의 벌금

③ 3천만원 이하의 벌금

④ 5천만원 이하의 벌금

진료기록부의 진료기록과 다르게 자동차보험진료수가를 청구하거나 이를 청구할 목적으로 거짓의 진료기록을 작성한 의료기관에 대하여는 **5천만원 이하의 벌금**에 처한다(자동차손해배상보장법 제46조 제3항).

**05** **자동차보험진료수가를 교통사고환자(환자의 보호자를 포함한다)에게 청구한 의료기관에 대한 벌칙은?**

① 1천만원 이하의 과태료
② 2천만원 이하의 과태료
③ 3천만원 이하의 과태료
④ 5천만원 이하의 과태료

자동차보험진료수가를 교통사고환자(환자의 보호자를 포함한다)에게 청구한 의료기관의 개설자는 2천만원 이하의 과태료를 부과한다(자동차손해배상보장법 제48조 제2항 제2호).

**06** **다음은 피해과장(자동차) 관련 보험사기 사례이다. 보험사기의 유형은?**

> N모터스 대표 김○○씨는 2015년 7월 초순경 자신의 자동차 정비업소에서 사고 승용차량을 차량을 수리하는 과정에서 우측앞 도어에 대해 광택수리만 하였음에도 마치 도장을 수리 한처럼 보험회사에 수리비를 허위청구하여 수리비 명목으로 200만원 상당을 교부 받아 편취하였다.

① 병원 과장청구
② 피보험자 과장청구
③ 사고피해 과장청구
④ 정비공장 과장청구

문제의 지문은 보험회사에 자동차 수리비를 허위로 청구하여 보험금을 편취한 보험사기 유형이다.



정답 03 ③ 04 ④ 05 ② 06 ④

## 제4장 부수범죄

**01** **보험사기의 기망행위로 동반하는 부수범죄에 대한 설명으로 옳지 않은 것은?**

① 단순 보험사기보다 수사 및 기소가 용이하다.
② 경합범 규정이 적용되어 형사처벌을 강화할 수 있는 이점이 있다.
③ 사기죄가 불기소 되면 부수범죄로 형사처벌 할 수 없다.
④ 대부분 행정법규 위반행위로서 위반사실이 단순하고 행정처분까지 병과될 수 있다.

부수범죄가 추가되면 사기죄가 불기소로 종결되더라도 부수범죄가 기소되는 경우 혐의자에 대한 형사처벌이 가능하다.

**02** **「의료법」상 사무장병원에 대한 설명으로 옳지 않은 것은?(다툼이 있는 경우 판례에 따름)**

① 의료인이 아닌 사람이 의료인을 고용하여 개설하는 병원으로 「의료법」상 합법적이다.
② 개설대상은 일반적인 병·의원부터 한방병원, 요양병원 등 다양하다.
③ 동일한 의료인이 둘 이상의 병원을 자기명의로 개설하는 경우를 금지하고 있다.
④ 「의료법」상 의료인의 명의대여 행위를 금지하고 있다.

사무장병원은 의료인이 아닌 사람이 의료인을 고용하여 개설하는 병원으로 「의료법」상 불법이다.

의료인의 자격이 없는 일반인(이하 '비의료인'이라 한다)이 필요한 자금을 투자하여 시설을 갖추고 유자격 의료인을 고용하여 그 명의로 의료기관 개설신고를 한 행위는 형식적으로만 적법한 의료기관의 개설로 가장한 것일 뿐 실질적으로는 비의료인이 의료기관을 개설한 것으로서 「의료법」 제33조 제2항 본문에 위반된다고 봄이 타당하고, 개설신고가 의료인 명의로 되었다거나 개설신고 명의인인 의료인이 직접 의료행위를 하였다 하여 달리 볼 이유가 되지 못한다(대판 2014.8.20, 선고, 2012도14360).

**03** **「의료법」상 사무장병원을 개설한 자에 대한 벌칙은?**

① 3년 이하의 징역이나 2천만원 이하의 벌금
② 5년 이하의 징역이나 2천만원 이하의 벌금
③ 5년 이하의 징역이나 3천만원 이하의 벌금
④ 5년 이하의 징역이나 5천만원 이하의 벌금

의료기관을 개설할 수 없는 자가 개설한 경우 5년 이하의 징역이나 2천만원 이하의 벌금에 처한다(의료법 제87조 제1항).

**04** **의료기관 개설자가 될 수 없는 자에게 고용되어 의료행위를 한 자에 대한 벌칙은?**

① 1백만원 이하의 벌금
② 2백만원 이하의 벌금
③ 3백만원 이하의 벌금
④ 5백만원 이하의 벌금

의료기관 개설자가 될 수 없는 자에게 고용되어 의료행위를 한 자는 300만원 이하의 벌금에 처한다(의료법 제90조).



**05** **「의료법」상 사무장병원에 대한 설명으로 옳지 않은 것은?(다툼이 있는 경우 판례에 따름)**

① 「의료법」상 명시적으로 의료인이 아닌 비영리법인 등이 병원을 개설할 수 있는 예외조항이 있다.
② 의료사업을 명시적으로 허용하고 있는 「소비자생활협동조합법」에 의하여 설립된 소비자생활협동조합 명의로 의료기관 개설신고가 된 경우에도 사무장병원과 같은 법리가 적용된다.
③ 사무장에게 명의를 빌려준 의사가 실제로 병원에서 진료를 했다면 요양급여비 청구행위는 합법이다.
④ 환자를 직접 진찰한 의사가 다른 사람 명의로 처방전을 발급하는 행위는 위법하다.

사무장에게 명의를 빌려준 의사가 실제로 병원에서 진료를 했더라도 사무장병원은 「의료법」을 위반하여 개설된 병원으로 「국민건강보험법」상 요양급여비 지급을 청구할 수 있는 요양기관에 해당되지 않으므로 요양급여비 청구행위는 위법이다.

정답 01 ③ 02 ① 03 ② 04 ③ 05 ③

대판 2010.9.30, 선고, 2010두8959

[1] 「의료법」 제33조 제1항에서 의료인은 당해 의료기관 내에서 의료업을 하여야 한다는 원칙을 규정하는 한편, 제39조 제2항에서 환자에 대한 최적의 진료를 하도록 하기 위하여 필요한 경우 해당 의료기관에 소속되지 않은 전문성이 뛰어난 의료인을 초빙하여 진료하도록 허용한 것이라고 해석하여야 하므로, 「의료법」 제39조 제2항에 따른 진료는 그러한 범위 내에서 허용되고, 해당 의료기관에 소속되지 아니한 의료인이 사실상 그 의료기관에서 의료업을 하는 정도에 이르거나 해당 의료기관에 소속되지 아니한 의료인에게 진료하도록 할 필요성에 대한 구체적인 판단 없이 반복하여 특정 시기에 내원하는 환자를 일률적으로 진료하도록 하는 행위는 「의료법」 제39조 제2항에 의하여 허용되는 행위라고 볼 수 없다.

[2] 「의료법」 제17조 제1항 본문에 의료업에 종사하고 직접 진찰한 의사 등이 아니면 처방전 등을 작성하여 환자 등에게 교부하지 못한다고 규정하고, 구 「의료법」 시행규칙(2008. 4. 11. 보건복지가족부령 제11호로 전부 개정되기 전의 것) 제15조 제1항에 의하면 처방전을 교부하는 경우에는 처방전에 의료인의 성명·면허종류 및 번호 등을 기재한 후 서명 또는 날인하여야 한다고 규정하고 있으므로, 환자를 직접 진찰한 의사 등이 자신의 이름으로 처방전을 작성하여 교부하여야 하고 환자를 직접 진찰한 의사라고 하더라도 다른 사람의 이름으로 처방전을 작성하여 교부하는 것은 이러한 규정에 위배되는 것이다.

## 06 사무장병원의 건강보험관련 허위청구에 대한 설명으로 옳지 않은 것은?(다툼이 있는 경우 판례에 따름)

① 「의료법」에 따라 개설된 의료기관이 아니면 「국민건강보험법」상 요양급여비 지급을 청구할 수 없다.

② 사무장병원의 부당청구는 사기죄의 기망행위에 해당한다.

③ 실제 진료를 사무장이 아닌 의사가 하였으면 사기죄의 기망행위에 해당하지 아니한다.

④ 사무장병원에 연루된 의료인의 부당이득액이 5억원 이상일 경우 「특정경제범죄가중처벌에 관한 법률」 제3조에 따른 가중처벌 조항이 적용될 수 있다.

실제 진료를 사무장이 아닌 의사가 하였더라도 사기죄의 기망행위에 해당한다.

사무장병원의 부당청구에 대한 사기죄 성립여부(대판 2015.7.9, 선고, 2014도11843)

「국민건강보험법」 제42조 제1항 제1호는 요양급여를 실시할 수 있는 요양기관 중 하나인 의료기관을 '「의료법」에 따라 개설된 의료기관'으로 한정하고 있다. 따라서 「의료법」 제33조 제2항을 위반하여 적법하게 개설되지 아니한 의료기관에서 환자를 진료하는 등의 요양급여를 실시하였다면 해당 의료기관은 「국민건강보험법」상 요양급여비용을 청구할 수 있는 요양기관에 해당되지 아니하므로 요양급여비용을 적법하게 지급받을 자격이 없다. 따라서 비의료인이 개설한 의료기관이 마치 「의료법」에 의하여 적법하게 개설된 요양기관인 것처럼 국민건강보험공단에 요양급여비용의 지급을 청구하는 것은 국민건강보험공단으로 하여금 요양급여비용 지급에 관한 의사결정에 착오를 일으키게 하는 것으로서 사기죄의 기망행위에 해당하고, 이러한 기망행위에 의하여 국민건강보험공단에서 요양급여비용을 지급받을 경우에는 사기죄가 성립한다. 이 경우 의료기관의 개설인인 비의료인이 개설 명의를 빌려준 의료인으로 하여금 환자들에게 요양급여를 제공하게 하였다 하여도 마찬가지이다.

**07** **부정의료업자의 의료행위에 대한 설명으로 옳지 않은 것은?(다툼이 있는 경우 판례에 따름)**

① 의사가 영리의 목적으로 비의료인과 공모하여 무면허의료행위를 한 경우 「보건범죄단속에 관한 특별조치법」 제5조 위반죄에 해당한다.

② 무면허의료행위를 행하는 자가 반드시 그 경제적 이익의 귀속자나 경영의 주체와 일치하여야 할 필요는 없다.

③ 의사면허가 없는 피부관리사들이 크리스탈 필링기를 이용한 피부박피술을 시행한 행위는 의료행위에 해당하지 않는다.

④ 치과위생사의 면허를 가진 자가 의사, 치과의사의 지도하에 진료 또는 의학적 검사에 종사하는 행위는 허용된다.

의사가 의사면허가 없는 소위 피부관리사들로 하여금 환자들을 상대로 산화알루미늄 성분의 연마제가 든 크리스탈 필링기를 사용하여 얼굴의 각질을 제거하여 주는 피부박피술을 시행한 행위가 인체의 생리구조에 대한 전문지식이 없는 사람이 이를 행할 때에는 사람의 생명, 신체나 공중위생상 위해를 발생시킬 우려가 있는 것이므로, 이는 단순한 미용술이 아니라 의료행위에 해당한다(대판 2003.9.5, 선고, 2003도2903).

**08** **사무장병원의 「의료법」 위반행위에 대한 설명으로 옳지 않은 것은?(다툼이 있는 경우 판례에 따름)**

① 의료기기 담당직원에게 의료기를 이용한 의료행위를 시키면 「의료법」 위반이다.

② 간호조무사에게 수술을 집도하게 하면 「의료법」 위반이다.

③ 약사나 한의사가 아님에도 의약품을 조제한 경우 「약사법」 위반이다.

④ 비의료인에게 의료행위를 시킨 후 의료행위가 마치 의료인이 행한 것처럼 건강보험공단에 급여를 청구하는 경우 「의료법」 위반에 해당하지만 사기죄는 성립하지 않는다.

④의 경우 비의료인의 의료행위로 「의료법」 위반에 해당하고, 허위청구에 의한 사기죄가 성립한다. 대법원은 "사무장병원에서 마치 「의료법」에 의하여 적법하게 개설된 요양기관인 것처럼 국민건강보험공단에 요양급여비용을 청구해 지급받았다면 「의료법」 위반 외에 사기죄도 성립한다"고 판시하였다(대판 2014도13649).



정답 06 ③ 07 ③ 08 ④

## 09 사무장병원의 경우 병원운영비 절감을 위해 저지르는 부수범죄의 유형이 아닌 것은?

① 구내식당 직영 운영 및 영양사, 조리사 식대가산금을 부당청구한 사례
② 옥상조경공사비를 부풀려 허위청구한 사례
③ 임금체불 · 퇴직금 미지급한 사례
④ 간호조무사에게 의약품 조제를 지시하고 요양급여비용을 허위청구한 사례

④는 사무장병원의 건강보험관련 허위청구한 사례로 '사기죄'에 해당된다.

## 10 의사가 진단서에 관한 증명서를 허위로 작성한 때 「형법」상 벌칙은?

① 3년 이하의 징역이나 금고, 3년 이하의 자격정지 또는 1천만원 이하의 벌금
② 3년 이하의 징역이나 금고, 5년 이하의 자격정지 또는 3천만원 이하의 벌금
③ 3년 이하의 징역이나 금고, 7년 이하의 자격정지 또는 3천만원 이하의 벌금
④ 5년 이하의 징역이나 금고, 10년 이하의 자격정지 또는 5천만원 이하의 벌금

의사, 한의사, 치과의사 또는 조산사가 진단서, 검안서 또는 생사에 관한 증명서를 허위로 작성한 때에는 3년 이하의 징역이나 금고, 7년 이하의 자격정지 또는 3천만원 이하의 벌금에 처한다(형법 제233조).

## 11 다음은 보험설계사와 관련된 보험사기 사례이다. 보험사기의 유형으로 가장 적합한 것은?

> 보험가입자와 가족 등이 함께 수술을 받지 않았거나, 1회 수술을 받았음에도 보험설계사와 해당병원과 공모하여 2회 이상 수술한 것처럼 수술확인서를 허위로 발급받아 관련 보험금을 편취하였다.

① 보험금청구 관련서류의 위 · 변조
② 사무장병원의 허위청구
③ 산재보험의 허위청구
④ 사무장병원의 부수범죄

문제의 지문은 보험설계사와 병원 간에 공모하여 허위로 수술한 것으로 수술확인서 등을 위조하여 보험금을 편취한 보험사기 유형이다.

**12** **다음은 산재보험과 관련된 보험사기 사례이다. 이 사례의 특징으로 옳지 않은 것은?**

> • 골절기술자와 보험브로커가 포함된 피고인들은 2009. 6.부터 2013. 10.까지 1인 사업주를 가장하여 빈 사무실을 임차한 후 산업재해보상보험에 가입하고 일용근로자인 것처럼 일당을 은행계좌로 입금하여 허위의 사업장으로 위장하였다.
> • 그런 다음 손가락 또는 발가락에 마취제를 주사한 후 망치와 스패너로 손가락 등을 골절시켜 산업재해인 것처럼 가장하여 근로복지공단과 민영보험사로부터 장해급여 등 명목으로 합계 19억 2,400만원을 편취하였다.

① 조직적이고 은밀한 계획적 범행이다.
② 민영보험금뿐만 아니라 산재보험금을 편취하는 보험사기 유형이다.
③ 사회적 약자를 위한 산재보험 제도를 악용한 지능적 범행이다.
④ 사무장병원과 공모하여 허위진단서를 작성한 보험사기 유형이다.

본 사례는 산업재해로 가장하기 위한 시나리오를 작성하고 그 계획에 따라 사업주, 근로자, 목격자의 역할을 분담한 다음 가공 사업장을 임차하여 산재보험 가입한 후 공사 현장처럼 위장하고 단기간 내에 엄지손가락 또는 발가락 등을 고의로 골절시켜 장해급여 등을 편취한 지능적·조직적 범행이다.



정답 09 ④ 10 ③ 11 ① 12 ④

## 제5장 보험사기 관련 민사판결

**01 보험사기 관련 민사판결에 대한 설명으로 옳지 않은 것은?(다툼이 있는 경우 판례에 따름)**

① 보험사기 형사판결이 확정되더라도 보험회사와 보험계약자 간의 보험계약은 민사상 유효하다.
② 1개 또는 다수의 보험금 청구건이 형사상 보험사기로 인정될 경우 보험회사는 해당 보험금에 대한 반환청구소송을 제기할 수 있다.
③ 보험계약자의 보험가입 자체가 보험사기를 목적으로 한 행위로 인정될 경우 보험계약에 대한 무효확인소송을 제기할 수 있다.
④ 보험계약을 체결한 이후 피보험자가 오랜 기간 입원했다거나 많은 액수의 보험금을 받았다면 보험계약자에게 보험금 부정취득의 목적이 있었다고 할 수 있다.

단지 보험계약을 체결한 이후 피보험자가 오랜 기간 입원했다거나 많은 액수의 보험금을 받았다는 사실만으로 쉽사리 보험계약자에게 보험금 부정취득의 목적이 있었다고 단정할 수는 없다.

대법원은 "보험계약자가 다수의 보험계약을 통해 보험금을 부정하게 취득할 목적으로 보험계약을 체결했다면 이는 다수의 선량한 보험가입자의 희생을 초래해 보험제도의 근간을 해치는 것이기 때문에 선량한 풍속 기타 사회질서에 반해 무효"라고 전제하면서도 "다만, 이 같은 보험계약자의 부정한 목적을 입증해야 할 책임은 보험회사에 있다"고 하였다. 이어 "단지 보험계약을 체결한 이후 피보험자가 오랜 기간 입원했다거나 많은 액수의 보험금을 받았다는 사실만으로 쉽사리 보험계약자에게 보험금 부정취득의 목적이 있었다고 단정할 수는 없다"고 설명하였다(대전지방법원 2014나106449 판결).

**02 보험사기 관련 민사판결에서 보험계약에 대한 무효가 인정되는지 여부를 판단하기 위한 고려요소로 가장 거리가 먼 것은?**

① 보험가입 기간
② 보험계약자의 직업 및 재산상태
③ 보험계약의 규모와 설질
④ 보험계약 체결후의 정황

① '다수 보험계약의 체결시기와 경위'를 고려해야 한다.

**03** **보험계약자가 보험금을 부정취득할 목적으로 다수의 보험계약을 체결하였는지 여부를 추인할 수 있는 근거로 볼 수 있는 내용이 아닌 것은?(다툼이 있는 경우 판례에 따름)**

① 자신의 수입 등 경제적 사정에 비추어 부담하기 어려울 정도로 고액인 보험료를 정기적으로 불입하고 있다.

② 단기간에 다수의 보험에 가입할 합리적인 이유가 없음에도 불구하고 집중적으로 다수의 보험에 가입하였다.

③ 보장적 성격의 보험이 아닌 저축적 성격이 강한 보험에 다수 가입하였다.

④ 다수의 보험계약 체결 후 얼마 지나지 아니한 시기에 보험사고 발생을 원인으로 집중적으로 보험금을 청구하여 수령하였다.

해설

저축적 성격의 보험이 아닌 보장적 성격이 강한 보험에 다수 가입하여 수입의 상당 부분을 그 보험료로 납부하여야 한다.

판례

보험계약자가 보험금을 부정취득할 목적으로 다수의 보험계약을 체결하였는지에 관하여는, 이를 직접적으로 인정할 증거가 없더라도 **보험계약자의 직업 및 재산상태, 다수 보험계약의 체결 시기와 경위, 보험계약의 규모와 성질, 보험계약 체결 후의 정황 등** 제반 사정에 기하여 그와 같은 목적을 추인할 수 있다. 특히 보험계약자가 자신의 수입 등 경제적 사정에 비추어 부담하기 어려울 정도로 고액인 보험료를 정기적으로 불입하여야 하는 과다한 보험계약을 체결하였다는 사정, 단기간에 다수의 보험에 가입할 합리적인 이유가 없음에도 불구하고 집중적으로 다수의 보험에 가입하였다는 사정, 보험모집인의 권유에 의한 가입 등 통상적인 보험계약 체결 경위와는 달리 적극적으로 자의에 의하여 과다한 보험계약을 체결하였다는 사정, **저축적 성격의 보험이 아닌 보장적 성격이 강한 보험에 다수 가입하여 수입의 상당 부분을 그 보험료로 납부하였다는 사정**, 보험계약시 동종의 다른 보험 가입사실의 존재와 자기의 직업·수입 등에 관하여 허위의 사실을 고지하였다는 사정 또는 다수의 보험계약 체결 후 얼마 지나지 아니한 시기에 보험사고 발생을 원인으로 집중적으로 보험금을 청구하여 수령하였다는 사정 등의 간접사실이 인정된다면 이는 보험금 부정취득의 목적을 추인할 수 있는 유력한 자료가 된다(대판 2014.4.30, 선고, 2013다69170).

**04** **사무장병원 관련 보험사기의 민사판결에 대한 설명으로 옳지 않은 것은?**

① 사무장병원이 인정될 경우 건강보험공단은 사무장병원에 지급한 급여 전부에 대해 반환청구를 할 수 있다.

② 이때 입증이 필요한 사실은 해당 병원이 사무장병원이라는 사실 뿐이다.

③ 개별 환자들의 입원이 허위과다 입원임을 입증해야 한다.

④ 민영보험도 건강보험처럼 자동차보험에 한해 사무장병원으로 인정될 경우 이미 지급한 보험금에 대한 보험회사의 반환청구가 가능하다.



정답 01 ④ 02 ① 03 ③ 04 ③

입증이 필요한 사실은 해당 병원이 사무장병원이라는 사실 뿐이며, 개별 환자들의 입원이 허위과다 입원임을 입증해야 할 필요는 없다.

## 05 보험계약무효소송과 보험사기소송의 차이점에 대한 설명으로 옳지 않은 것은?

① 보험계약무효소송은 보험계약을 체결할 당시 보험사기를 목적으로 보험설계사에 접근하여 보험계약을 체결하는 경우 발생한다.

② 보험사기소송은 허위의 사고를 가장하거나 경미한 사고를 중대한 사고로 과장하여 다액의 보험금을 수령하는 경우 발생한다.

③ 처음부터 보험사기의 의사가 있는 경우 보험계약 자체가 무효가 되며, 지급받은 보험금은 모두 반환해야 한다.

④ 보험사기소송에서 보험사기로 인정될 경우 지급받은 보험금은 모두 반환해야 한다.

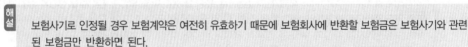

보험사기로 인정될 경우 보험계약은 여전히 유효하기 때문에 보험회사에 반환할 보험금은 보험사기와 관련된 보험금만 반환하면 된다.

## 06 사무장병원 관련 판례에 대한 설명으로 옳지 않은 것은?

① 형식적으로 소비자생활협동조합을 설립한 후 이사장이 의사를 고용하여 개설·운영한 의료기관에 지급한 자동차보험 보험금은 해당 보험회사에 반환할 필요가 없다.

② 의료인에 의해 적법하게 개설된 의료기관을 비의료인이 인수하여 운영하는 경우에도 비의료인의 의료기관 개설행위에 해당된다.

③ 「의료법」에 위반하여 의료기관의 개설자가 될 수 없는 자가 의사를 고용하여 의료행위를 하게 한 경우에는 「국민건강보험법」상 요양급여비용을 청구할 수 없다.

④ 「의료법」에 위반하여 개설된 요양병원에서 한 진료계약 역시 강행법규를 위반하는 무효의 계약으로 본다.

형식적으로 소비자생활협동조합을 설립한 후 이사장이 의사를 고용하여 개설·운영한 의료기관에 지급한 자동차보험 보험금은 해당 보험회사에 반환해야 한다(전주지방법원 2014. 6. 20 선고 2013가단23565 판결).

참고 사무장병원 관련 판례

1 「**대판** 1995. 12. 12. **선고** 95**도**2154」
의료인의 자격이 없는 일반인이 필요한 자금을 투자하여 시설을 갖추고 유자격 의료인을 고용하여 그 명의로 의료기관 개설신고를 한 행위는 형식적으로만 적법한 의료기관의 개설로 가장한 것이어서 「의료법」 제66조 제3호, 제30조 제2항[現 제33조 및 제87조] 위반죄가 성립되고, 그 개설신고 명의인인 의료인이 직접 의료행위를 하였다 하여 달리 볼 것은 아니다.

2 「**대판** 2005. 2. 25 **선고** 2004**도**7245」
「의료법」이 제33조 제2항에서 의료인이나 의료법인, 기타 비영리법인 등이 아닌 자의 의료기관 개설을 원칙적으로 금지하고, 제87조 제1항 제2호에서 이를 위반하는 경우 5년 이하의 징역이나 2,000만원 이하의 벌금에 처하도록 규정하고 있는 취지는 의료기관 개설자격을 의료전문성을 가진 의료인이나 공적인 성격을 가진 자로 엄격히 제한함으로서 건전한 의료질서를 확립하고, 영리목적으로 의료기관을 개설하는 경우에 발생할지도 모르는 국민건강상의 위험을 미리 방지하고자 하는 데에 있다.

3 「**대판** 2011. 10. 27 **선고** 2009**도**2629」
의료인에 의해 적법하게 개설된 의료기관을 비의료인이 인수하여 운영하는 경우에 있어서도, 인수인이 종전 개설자의 의료기관 개설·운영행위와 단절되는 새로운 개설·운영행위를 한 것으로 볼 수 있다면 역시 비의료인의 의료기관 개설행위에 해당하게 된다.

4 「**서울행정법원** 2009. 6. 25 **선고** 2009**구합**8816 **판결**」
「의료법」에 위반하여 의료기관의 개설자가 될 수 없는 자에게 고용되어 의료행위를 실시한 경우에는 「국민건강보험법」상 요양급여를 청구할 수 없음이 명백하고, 그럼에도 불구하고 원고가 해당 환자들을 진찰한 다음 피고에게 요양급여비용 등을 청구하여 지급받은 행위는 「국민건강보험법」 제52조 제1항의 "사위 기타 부당한 방법"으로 요양급여비용을 받은 경우에 해당한다.

5 「**서울남부지방법원** 2013. 12. 10 **선고** 2013**고단**1712 **판결**」
「의료법」에 위반하여 의료기관의 개설자가 될 수 없는 자가 의사를 고용하여 의료행위를 하게 한 경우에는 「국민건강보험법」상 요양급여비용을 청구할 수 없다.

6 「**청주지방법원** 2014. 11. 7 **선고** 2014**노**259 **판결**」
형식적으로 소비자생활협동조합이 의료기관을 개설하는 것처럼 외관을 만든 뒤 실질적으로는 비의료인의 비용과 책임으로 의료기관을 개설하고 이사장 등의 특정 조합원의 영리추구를 목적으로 개설, 운영한 경우 「의료법」 위반을 유죄로 인정한다.

7 「**전주지방법원** 2014. 6. 20 **선고** 2013**가단**23565 **판결**」
형식적으로 소비자생활협동조합을 설립한 후 이사장이 의사를 고용하여 개설·운영한 의료기관에 지급한 자동차보험 보험금은 해당 보험회사에 반환해야 한다.

〈자료출처 : 금융감독원(http://www.fss.or.kr)〉



정답 05 ④ 06 ①

# 보험조사론 Ⅱ (실무)

제1회~제5회

# 기출 키워드 분석

제1회~제5회 시험에 출제된 기출 키워드를 각 장별로 정리한 자료입니다.

## Section Ⅰ 보험조사 실무

• 보험사기방지업무 모범규준
• 보험사기범죄 단계별 조사내용 – 순서문제
• 진술분석(hot spot)
• 보험분석시스템
• 가족(친인척) 공모 보험사기 특성
• 자동차부품 용어 – 시판품
• 도난차량의 국내유통방법
• 도난차량의 동일성 여부 확인 방법
• 렌터카 보험사기범죄 – 렌터카 차량번호 중복(이중청구), 장기렌트 차량 사용청구, 명의도용 불법행위, 대여차량 사고시 불법행위
• 정비업의 작업범위(자동차관리법 시행규칙) – 자동차종합정비업, 소형자동차종합정비업, 자동전문정비업, 원동기전문정비업
• 치료비조사

## Section Ⅱ 과학조사 실무

• 거짓말탐지 방법
• 음성분석
• 충격에 의한 유리의 파손
• 파괴선 그림제시 후 파괴 순서 맞추기
• 폭발에 의한 유리의 파손
• 파괴에 대한 외력의 순서(유리 창문 파괴)
• 부계유전분석 방법 – Y염색체 DNA분석
• 화재패턴
• 화재현장 – 박리흔
• 철골조 만곡 및 구조물의 도괴
※ 화염을 받을 때 휘어지는 방향에 대한 문제, 우측에서 화염을 받게 되면 좌측으로 휘어진다.
• 액체가연물의 특징
• 사고현장의 흔적(보기 : 제동시 일직선으로 난 흔적 – 스키드마크 굴절)
• 노면에 충돌지점 흔적
• 유리에 금이 가는 온도차이(NFPA921)
• 교통사고상해
• 시체 현상들 문제(사례제시)
※ 물 속에서 발견 시체의 표면이 미끌미끌한 현상 : 시랍화
• 교사
• 시반
• 사망진단서 기재
• 질식사 – 케이블타이로 목을 맨 사례문제
• 화재사 – 9의 법칙(대퇴부, 등배부 화상의 퍼센트(%) 구하기)
• 뇌출혈 – 경막하출혈, 지주막하출혈
• 역과손상
• 머리총상 – 소견에 대한 문제

## Section Ⅲ 신용 · 개인정보보호

• 개인정보보호법상 용어 – 개인정보, 개인정보파일, 개인정보취급자, 개인정보처리자
• 개인정보보호법상 정보주체의 권리
• 개인정보보호법 영상정보처리기기 – 사진, 영상촬영
• 주민등록번호 수집 및 이용가능
• 의료법상 의료기관
• 의료행위관련 법리(형법)
• 의료법상 전자의무기록 작성과 보관
• 택시, 렉카 기사 등이 환자를 특정 병원에 소개·알선하는 행위는 어느 법에 저촉되는가? – 의료법
• 벌금 문제 맞추기
※ 의료법상 환자의 의료기록을 환자 등의 동의 없이 열람하게 하거나 환자 등의 요구에 불응하여 의료기록 등을 열람할 수 있게 한 경우에는 3년 이하의 징역 또는 1천만 원 이하의 벌금형에 처해진다(의료법 제88조)

SECTION

# I 보험조사 실무

## 제1장 보험사기범죄 조사 개관

**01 보험사기범죄의 조사일반에 대한 설명으로 옳지 않은 것은?**

① 보험제도는 미래의 불확실성과 우연성, 사행성이라는 특성으로 인하여 범죄에 악용될 위험이 항상 내포되어 있다.

② 오늘날 보험산업은 급속도로 성장하고 있어 보험상품의 가입이 쉽고 다양하며, 저액의 보험료로도 고액의 보장보험 가입이 용이해짐으로써 역선택의 위험도 높아지고 있다.

③ 보험사기범죄는 보험회사의 보험금 누수를 초래하고 이는 다시 보험료 인상으로 이어져 궁극적으로 선량한 모든 보험가입자의 보험료 인상으로 귀착된다.

④ 보험사기범죄의 영역은 사회구성원 모두를 희생자로 삼는 심각한 범죄 행위로 민영보험에 한정된다.

해설

오늘날 보험사기범죄의 영역은 건강보험, 산재보험 등 공영보험으로까지 확산되고 있다.

**02 다음 (　　) 안에 들어갈 내용을 올바르게 나열한 것은?**

> 보험사기범죄의 심각성을 인지한 정부는 보험범죄에 적극적으로 대처하고자 2009년 7월 검찰, 경찰, 금융감독원 등 9개 유관기관이 참여하는 ( ㉠ )을 ( ㉡ )에 설치·운영하고 있으며, ( ㉢ )에서도 나날이 증가하는 자동차 관련 보험사기의 척결을 위하여 교통범죄수사팀을 창설하여 운영 중에 있다.

① ㉠ 보험사기특별조사팀, ㉡ 검찰청, ㉢ 경찰청
② ㉠ 보험사기특별조사팀, ㉡ 경찰청, ㉢ 검찰청
③ ㉠ 보험범죄전담대책반, ㉡ 서울중앙지검, ㉢ 검찰청
④ ㉠ 보험범죄전담대책반, ㉡ 서울중앙지검, ㉢ 경찰청

보험사기범죄의 심각성을 인지한 정부는 보험범죄에 적극적으로 대처하고자 2009년 7월 검찰, 경찰, 금융감독원 등 9개 유관기관이 참여하는 **보험범죄전담대책반**을 **서울중앙지검**에 설치 · 운영하고 있으며, **경찰청**에서도 나날이 증가하는 자동차 관련 보험사기의 척결을 위하여 교통범죄수사팀을 창설하여 운영 중에 있다.

## 03 보험사기범죄 조사의 대응 방안으로 옳지 않은 것은?

① 민영보험사는 보험사기범죄에 대응하고자 각 회사마다 보험사기특별조사팀(SIU)을 설치 · 운영하여 보험사기범죄 조사를 실시하고 있다.

② 금융감독원 및 보험협회를 통하여 보험조사협의회 TF팀을 구성하여 보험사기범죄 조사를 수행하고 있다.

③ 범정부 차원에서 보험사기 적발과 예방 활동을 위해 검찰, 경찰, 금융감독원, 생명 · 손해보험협회 등으로 구성된 정부합동 보험범죄전담대책반을 운영 중이다.

④ 보험개발원은 보험사기 조사인력의 전문성을 인증하는 '보험조사분석사' 제도를 도입하였다.

'보험조사분석사' 제도를 도입한 기관은 보험연수원이다.

## 04 다음 보험사기범죄 조사의 법적 근거가 나머지와 다른 하나는?

① 보험회사는 보험계약의 보험계약자, 피보험자, 보험금을 취득할 자, 그 밖에 보험계약 또는 보험금 지급에 관하여 이해관계가 있는 자의 행위가 보험사기행위로 의심할 만한 합당한 근거가 있는 경우에는 금융위원회에 보고할 수 있다.

② 금융위원회, 금융감독원, 보험회사는 보험계약자 등의 행위가 보험사기행위로 의심할 만한 합당한 근거가 있는 경우에는 관할 수사기관에 고발 또는 수사의뢰하거나 그 밖에 필요한 조치를 취하여야 한다.

③ 금융위원회, 금융감독원, 보험회사는 관할 수사기관에 고발 또는 수사의뢰를 한 경우에는 해당 보험사고와 관련된 자료를 수사기관에 송부하여야 한다.

④ 보험계약자, 피보험자, 보험금을 취득할 자, 그 밖에 보험계약에 관하여 이해관계가 있는 자는 보험사기행위를 하여서는 아니 된다.

① · ② · ③은 「보험사기방지특별법」 제4조, 제6조의 내용이고, ④는 「보험업법」 제102조의2의 내용이다.

정답 01 ④ 02 ④ 03 ④ 04 ④

## 05 「보험업법」에 규정된 보험사기범죄의 조사대상 및 방법에 대한 설명으로 옳지 않은 것은?

① 조사대상자는 보험회사, 보험계약자, 피보험자, 보험금을 취득할 자, 그 밖에 보험계약에 관하여 이해관계가 있는 자이다.
② 금융위원회는 관계자가 조사를 방해하는 경우에는 관계자를 문책할 수 있다.
③ 금융위원회는 「보험업법」에 따른 명령 또는 조치를 위반한 사실이 있는 경우 조사를 할 수 있다.
④ 금융위원회는 공익 또는 건전한 보험거래질서의 확립을 위하여 필요한 경우 조사를 할 수 있다.

금융위원회는 관계자가 조사를 방해하거나 제출하는 자료를 거짓으로 작성하거나 그 제출을 게을리 한 경우에는 관계자가 소속된 단체의 장에게 관계자에 대한 문책 등을 **요구할 수 있다**(보험업법 제162조 제4항).

## 06 다음은 「보험업법」의 내용 중 일부이다. ㉠, ㉡에 들어갈 알맞은 말은?

> 보험사기범죄 조사는 보험업법 제162조 및 제163조에 근거하며, 조사를 위하여 필요한 경우 조사사항에 대한 사실과 상황에 대한 진술서, 조사에 필요한 장부·서류 등의 제출을 요구할 수 있으며, 조사업무를 효율적으로 수행하기 위하여 ( ㉠ )에 보건복지부, 금융감독원, 보험 관련 기관 및 단체 등으로 구성되는 ( ㉡ )를 둘 수 있다.

| | ㉠ | ㉡ |
|---|---|---|
| ① | 대검찰청 | 보험심사위원회 |
| ② | 대검찰청 | 보험조사협의회 |
| ③ | 금융위원회 | 보험심사위원회 |
| ④ | 금융위원회 | 보험조사협의회 |

보험조사협의회(보험업법 제163조)
보험사기범죄 조사는 보험업법 제162조(조사대상 및 방법 등) 및 제163조(보험조사협의회)에 근거하며, 조사를 위하여 필요한 경우 조사사항에 대한 사실과 상황에 대한 진술서, 조사에 필요한 장부·서류 등의 제출을 요구할 수 있으며, 조사업무를 효율적으로 수행하기 위하여 **금융위원회**에 보건복지부, 금융감독원, 보험 관련 기관 및 단체 등으로 구성되는 **보험조사협의회**를 둘 수 있다.

## 07 보험사기 방지업무 모범규준의 4개 분야가 아닌 것은?

① 보험사기방지의 기본전략

② 보험사기 방지체제

③ 보험사기의 예방 및 조사

④ 보험사기범죄의 감독 및 처벌

보험사기 방지업무 모범규준의 4개 분야

- 보험사기방지의 기본전략
- 보험사기 방지체제
- 보험사기의 예방 및 조사
- 보험사기조사의 지원

## 08 보험사기 방지업무 모범규준의 4개 분야와 세부항목이 바르게 연결된 것은?

① 보험사기방지의 기본전략 – 내부규정

② 보험사기 방지체제 – 보험사기 예방

③ 보험사기의 예방 및 조사 – 부당이득금 환수

④ 보험사기조사의 지원 – 업무매뉴얼

보험사기 방지업무 모범규준의 세부항목

| 분 야 | 세부항목 |
|---|---|
| 보험사기방지의 기본전략 | • 기본인식 및 전략 |
| 보험사기 방지체제 | • 총괄기구 • 내부규정<br>• 조사시스템 • 담당조직<br>• 신고센터 |
| 보험사기의 예방 및 조사 | • 보험사기 예방 • 조사업무<br>• 부당이득금 환수 • 업무매뉴얼<br>• 유의사항 |
| 보험사기조사의 지원 | • 홍보-교육 • 포상<br>• 협조체계 |



정답 05 ② 06 ④ 07 ④ 08 ③

# 제2장 보험사기범죄 조사기법

## 1 보험사기 단계별 조사내용

**01** 보험사기범죄의 단계별 조사내용을 순서대로 나열한 것은?

| | |
|---|---|
| ㉠ 기초사실 조회 | ㉡ 자료분석 |
| ㉢ 자료취합 | ㉣ 수사기관 자료제출 |
| ㉤ 보험사기범죄 인지 | ㉥ 범죄일람표 작성 |

① ㉠ – ㉡ – ㉢ – ㉤ – ㉣ – ㉥
② ㉠ – ㉢ – ㉡ – ㉤ – ㉥ – ㉣
③ ㉤ – ㉠ – ㉢ – ㉡ – ㉥ – ㉣
④ ㉤ – ㉢ – ㉠ – ㉥ – ㉡ – ㉣

해설

보험사기범죄의 단계별 조사내용
- 1단계(보험사기범죄 인지) – 예비조사
- 2단계(기초사실 조회) – 예비조사
- 3단계(자료취합) – 본 조사
- 4단계(자료분석) – 본 조사
- 5단계(범죄일람표 작성) – 본 조사
- 6단계(수사기관 자료제출)

**02** 보험사기범죄 조사에서 예비조사에 해당하는 단계는?

① 자료취합　② 자료분석
③ 범죄일람표 작성　④ 기초사실 조회

보험사기범죄의 단계별 조사
- 예비조사 : 보험사기범죄 인지, 기초사실 조회
- 본조사 : 자료취합, 자료분석, 범죄일람표 작성

## 03 보험사기범죄 조사의 첫 번째 단계는?

① 자료분석　　② 보험사기범죄 인지
③ 범죄일람표 작성　　④ 수사기관 자료제출

보험사기범죄 인지가 첫 번째 단계로, 보험계약자나 보험사고 관련자가 위법행위를 통하여 보험사로부터 보험금을 편취한 사실이 있는지 여부를 판단하는 단계이다.

## 04 보험사기범죄의 인지 경로로 가장 거리가 먼 것은?

① 일반시민 및 관련자의 보험범죄 제보
② 혐의자 과거 사고경력
③ 일반사고의 접수, 보상, 처리 과정 중 인지
④ 수사기관에서 보험 관련 혐의 자료를 요청한 자료 중 인지

보험사기범죄의 인지 경로
- 보험범죄 제보(일반시민 및 관련자)
- 일반사고의 접수, 보상, 처리 과정 중 인지
- 보험회사의 보상과정 중 인지
- 수사기관에서 보험 관련 혐의 자료를 요청한 자료 중 인지
- 유관기관 제보 건
- 보험사기인지시스템 등 시스템을 통한 기획조사 건

## 05 보험사기범죄 조사 중 제2단계 기초사실 조회의 '조회 대상 정보'가 아닌 것은?

① 범죄일람표　　② 사고 관련자 인적사항
③ 병원 내원 내역, 치료 내역　　④ 피해 내용과 정도, 피해 결과

조회 대상 정보
- 혐의자 과거 사고경력
- 사고 관련 보험계약사항
- 피해 내용과 정도, 피해 결과
- 병원 내원 내역, 치료 내역
- 사고 관련자 인적사항



정답 01 ③ 02 ④ 03 ② 04 ② 05 ①

## 06 보험사기범죄 조사 중 제3단계 자료취합조사에서 '취합대상 자료'가 아닌 것은?

① 보험계약사항 ② 사고 관련자 인적사항
③ 사고접수내역 ④ 보험금 지급내역

취합대상 자료
- 보험계약사항
- 시고접수내역
- 보험금 지급내역 및 품의내역(심의결과서)
- 기타 보험범죄 관련 일체자료

## 07 보험사기범죄 조사 중 혐의 분석방법에 대한 설명으로 옳지 않은 것은?

① 보험사기범죄 혐의 분석방법은 통계분석, 연계분석, 분석시스템 등을 통하여 실시한다.
② 통계분석은 정형적인 결과를 얻을 수 있는 분석방법이다.
③ 제보내용을 고려하여 보험사고 유형 및 특징을 분석한다.
④ 취합자료 분석을 통해 혐의사항을 도출한다.

통계분석은 조사자가 요구하는 다양한 형태의 정보를 기초데이터에서 추출한 후 그 내용을 정리 · 분석하여 **비정형적인 결과**를 얻을 수 있는 분석방법이다.

## 08 다음 중 보험범죄 분석시스템에 해당하지 않는 것은?

① 금융감독원 보험사기인지시스템
② 생명보험협회 보험계약정보통합시스템
③ 보험개발원 보험사고정보시스템
④ 수사기관에서 활용 중인 형사사법정보시스템

보험범죄 분석시스템
- 금융감독원 보험사기인지시스템(IFAS)
- 보험개발원 보험사고정보시스템(ICPS)
- 손해보험협회 보험범죄 유의자 검색시스템
- 수사기관(검찰 · 경찰)에서 활용 중인 형사사법정보시스템(KICS)

**09** **보험사기범죄 조사에서 작성하는 범죄일람표의 내용으로 적절하지 않은 것은?**

① 수사기관명　　② 사고일시
③ 혐의자의 인적사항　　④ 편취보험금

범죄일람표는 사고일시, 혐의자의 인적사항, 혐의내용, 편취보험금 등 범죄 관련 사항을 6하 원칙에 따라 기재한다.

## 2 보험사기범죄 사고별 조사내용

**10** **보험사기범죄 사고별 조사내용에 대한 설명으로 옳지 않은 것은?**

① 허위장해 유형은 높은 급수의 장해등급을 받기 위해 고의로 신체를 훼손하거나 실제 장해상태보다 과장하여 장해진단을 받는 수법 등을 통해 보험금을 편취하는 사기 유형이다.
② 사망 유형은 사망을 담보로 하는 보험을 이용하여 고액의 사망보험금을 편취하기 위해 고의적・악의적으로 행하는 인위적 불법행위로, 사체가 확인된 사고와 확인되지 않은 사고, 사망진단서 등의 위・변조를 통한 사고를 말한다.
③ 가족(친인척) 공모 유형은 일가족 및 친인척 관계의 피보험자가 경미한 사고로 발생한 염좌 및 근육통, 경미한 질병으로 단기간 반복 입원한 후 관리가 소홀한 다른 병원으로 전원하여 반복적으로 입원하는 등의 방법으로 입원의료비 및 입원일당을 편취하는 유형이다.
④ 비보험사고는 자동차보험사고를 일반 상해 또는 산재사고로 처리받기 위해 위장 접수하는 일련의 행위를 말한다.

비보험사고는 일반 상해 또는 산재사고를 자동차보험사고로 처리받기 위해 교통사고로 위장 접수하는 일련의 행위를 말한다.

**11** **허위장해 유형에 해당하지 않는 것은?**

① 후유장해진단서를 위・변조
② 경미한 장해상태를 조작 또는 영구 장해로 가장
③ 고의상해 사고로 장해진단
④ 새로 발생한 장해를 기존 장해로 위장하는 경우



정답 06 ② 07 ② 08 ② 09 ① 10 ④ 11 ④

허위장해 유형
- 기존 장해를 새로 발생한 장해로 위장하는 경우
- 경미한 장해상태를 조작 또는 영구 장해로 가장
- 고의상해 사고로 장해진단
- 장해진단서 위·변조

**12** **허위장해 유형의 주요 확인사항에 해당하지 않는 것은?**

① 차량운전자 조사시 사고개요

② 보험가입 전 상황 관련 주요 사항

③ 사고경위 및 원인 과정, 치료내역, 치료과정 등 주요 사항

④ 혐의자가 허위장해 또는 기왕장해를 부정할 수 없는 객관적인 증거 확보

허위장해 유형의 주요 확인사항
- 혐의자가 허위장해 또는 기왕장해를 부정할 수 없는 객관적인 증거 확보
- 보험가입 전 상황 관련 주요 사항
- 보험가입 관련 주요 사항
- 기본적인 인적사항 및 계약내용
- 사고경위 및 원인 과정, 치료내역, 치료과정 등 주요 사항
- 재해의 구성요건인 급격성, 우발성, 외래성 및 약관상 보험금 지급대상이 되는 불의의 사고인지, 위장된 사고인지, 과장된 내용인지 여부를 종합적으로 비교, 확인

**13** **사망을 이용한 보험사기 유형이 아닌 것은?**

① 사체가 확인된 사고

② 사체가 확인되지 않은 사고

③ 공사현장 등 무보험 건설기계가 많은 곳에서의 사고

④ 사망진단서 등의 위·변조를 통한 사고

사망을 이용한 보험사기는 사망을 담보로 하는 보험을 이용하여 고액의 사망보험금을 편취하기 위해 고의적·악의적으로 행하는 인위적 불법행위로, 사체가 확인된 사고와 확인되지 않은 사고, 사망진단서 등의 위·변조를 통한 사고를 말한다.

**14** **사망을 이용한 보험사기 유형의 주요 확인사항에 해당하지 않는 것은?**

① 보험가입현황
② 보험가입경위
③ 보험회사의 재정상태
④ 목격자 확보

보험회사가 아니라 피보험자(유족)의 재정상태를 분석해야 한다.

**15** **사망을 이용한 보험사기 유형 중 사체가 확인된 사고의 사고조사 내용이 아닌 것은?**

① 사체가 확인된 사망사고의 경우 사망자의 보험관계를 파악하여 사망으로 인한 수익자 지정 여부와 지정경위, 수익자 변경여부 등에 대한 확인이 필요하다.
② 보증인을 통한 사망신고와 법원의 실종선고를 통해 가족관계등록부 폐쇄 후 보험금 청구가 이루어지는데 피보험자측이 주장하는 사고에 대한 분석과 사고 이후 생존 여부에 대한 확인이 필요하다.
③ 화재사고의 경우 발화지점, 발화원인, 사체의 형태, 사체 발견 장소와 저항흔적 등을 통하여 살해 후 화재로 위장하였는지 여부를 확인한다.
④ 사고발생 전 사망자의 행적 확인을 통해 사고발생과의 연관성에 대한 분석이 필요하며, 평소 가지 않던 장소에서 사고가 발생하였거나, 사고 장소로의 이동경위 등이 불분명할 경우 추가적인 행적 분석이 필요하다.

②는 '사체가 확인되지 않은 보험사고'의 사고조사 내용이다.

**16** **가족(친인척) 공모 보험사기 유형으로 옳지 않은 것은?**

① 1개의 병원에 장기 입원한다.
② 특정 병원을 번갈아 가며 입원한다.
③ 다수의 보험가입 및 입원기간 중 가족 다수가 동반 입원한다.
④ 상해의 발생경위가 목격자 없는 단독 상해사고로 인한 경우가 다수이다.

가족(친인척) 공모 보험사기 유형
- 다수의 보험가입 및 입원기간 중 가족 다수가 동반 입원한다.
- 1개의 병원에 장기 입원하지 않는다.
- 경미한 상해 및 질병을 이유로 반복적이고 지속적으로 입원한다.
- 특정 병원을 번갈아 가며 입원한다.
- 상해의 발생경위가 목격자 없는 단독 상해사고로 인한 경우가 다수이다.

## 17 입원관련 보험사기의 조사사항과 관련이 없는 것은?

① 과거 질병 치료내역
② 보험설계사의 모집 유형
③ 치료병원들의 지리적 위치
④ 치료병명

보험설계사가 관리하는 고객들의 보험금 청구 유형에 대한 조사가 필요하다.

## 18 다음과 같은 특징을 갖는 보험사기 유형은?

- 보험계약 체결 경위가 대부분 자진 청약 및 다수 체결
- 일정기간 계약 유지 후 실효 및 해지 처리
- 최초 사고발생일과 가입일자가 근접함
- 보험금 청구시 사고조사를 방해하거나 민원을 제기하는 등 보험금 지급 관련 과정에 개입

① 허위장해 보험사기
② 입원관련 보험사기
③ 보험업 관련자 공모 보험사기
④ 자동차를 이용한 조직형 보험사기

보험업 관련자 공모 보험사기는 특정 보험설계사와 대리점이 계약을 체결한 후 공모자가 병원에 입원하여 보험금을 청구하고 보험금을 지급받는 등 보험업 관련자가 조직적으로 개입하여 보험금 편취를 도운 후 소정의 수수료를 챙기는 일련의 사기형태를 말한다.

## 19 운전자 바꿔치기 관련사고의 유형이 아닌 것은?

① 보험가입자가 면허정지 또는 취소 중인 경우
② 단독사고임에도 동승자가 중상을 입은 사고
③ 운전자와 동승자간 나이 차이가 많이 나는 경우
④ 1인 한정, 연령제한 등 특약사항이 있는 단독사고

단독사고임에도 동승자가 중상을 입은 사고는 차량 바꿔치기 관련사고의 유형이다.

운전자 바꿔치기 관련사고의 유형

- 1인 한정, 연령제한 등 특약사항이 있는 단독사고
- 보험가입자가 면허정지 또는 취소 중인 경우
- 보험회사에 사고접수 전 특약사항을 문의한 사고
- 가해차량 운전자가 지나치게 피해자를 보호해 주는 경우
- 운전자와 동승자간 나이 차이가 많이 나는 경우
- 고액사고 또는 피해자들이 다수임에도 사고 발생시간과 경찰서 신고시간에 차이가 나는 경우(지연접수)

## 20 운전자 바꿔치기 관련사고의 주요 확인사항이 아닌 것은?

① 운전자와 탑승자와의 관계 확인
② 사고처리과정에서의 상대 운전자와의 대화내용
③ 상대 피해 운전자에 대한 구체적인 조사
④ 도색, 문양 등 차량특징에 대한 조사

차량특징에 대한 조사는 차량 바꿔치기 관련사고의 주요 확인사항이다.

## 21 차량 바꿔치기 관련사고의 유형이 아닌 것은?

① 배달업체 이륜차 사고
② 보험회사에 사고접수 전 특약사항을 문의한 사고
③ 차량 보유대수가 많은 영업용(특약위배) 차량 사고
④ 고액사고이고 보험사에 지연접수를 하고도 경찰에는 미신고한 사고

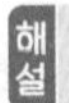
해설 보험회사에 사고접수 전 특약사항을 문의한 사고는 '운진자 바꿔치기' 관련사고의 유형이다.

참고 차량 바꿔치기 관련사고의 유형
- 단독사고임에도 동승자가 중상을 입은 사고
- 고액사고이고 보험사에 지연접수를 하고도 경찰에는 미신고한 사고
- 공사현장 등 무보험 건설기계가 많은 곳에서의 사고
- 배달업체(중국집, 피자가게, 치킨집, 야식전문업체) 이륜차 사고
- 차량 보유대수가 많은 영업용(특약위배) 차량 사고

## 22 차량 바꿔치기 관련사고의 주요 확인사항이 아닌 것은?

① 피해자 상대로 차종 및 차량색상에 대한 정확한 조사
② 목격자를 상대로 한 사고차량 파악
③ 사고현장에 출동한 견인기사를 상대로 사고내용 및 운전자 확인
④ 차량의 손상부위와 운전자 상해부위간 일치여부 확인

해설 사고현장에 출동한 견인기사를 상대로 사고내용 및 운전자 확인은 '운전자 바꿔치기' 관련사고에서 확인할 사항이다.

## 23 비 보험 관련사고의 유형이 아닌 것은?

① 일체불상차량으로 인해 사고를 당한 사고
② 경찰에 지연 접수되고 보험사에도 지연 접수된 사고
③ 연령한정 특약 등 특약위배에 해당하는 차량들의 사고
④ 심야에 도로상에서 도주차량에 사고를 당하였다고 하는 사고

연령한정 특약 등 특약위배에 해당하는 차량들의 사고는 '보험계약 전 사고' 유형이다.

비 보험 관련사고 유형
- 일체불상차량으로 인해 사고를 당한 사고건
- 경찰에 지연 접수되고 보험사에도 지연 접수된 사고건
- 심야에 도로상에서 도주차량에 사고를 당하였다고 하는 사고건
- 공사현장 등 재해에 의해 사고가 많이 나는 장소의 사고건
- 부상 정도가 중함에도 경찰신고가 되지 않은 사고건

## 24 비 보험 관련사고의 주요 확인사항이 아닌 것은?

① 피해자의 사고경력 및 보험가입사항
② 목격자 확보 및 사고의 진위여부 확인
③ 사고차량의 파손부위에 쓴 녹 등 증빙자료 확보
④ 사고차량 운전자의 사고발생 전 행적조사

사고차량의 파손부위에 쓴 녹 등 증빙자료는 '보험계약 전 사고' 유형에서 확인할 사항이다.

## 25 손해보험·생명보험 모집인이 사고접수 또는 보상진행 과정에 과도하게 개입한 사건의 보험사기 유형은?

① 음주운전사고 ② 외제차사고
③ 자해공갈 ④ 보험계약 전 사고

보험계약 전 사고 유형
- 책임보험만 가입한 차량, 자차를 미가입한 차량, 연령한정 특약 등 특약위배에 해당하는 차량들의 사고건
- 평균적으로 3개월 이내 보험가입 또는 배서변경을 한 사고건
- 손해보험, 생명보험 모집인이 사고접수 또는 보상진행 과정에 과도하게 개입한 건(보험계약 전 사고건의 60~70%가 보험모집인과 연관)



정답 21 ② 22 ③ 23 ③ 24 ③ 25 ④

## 26 교통사고 당시 사고차량에 탑승한 사실이 없음에도 탑승한 것으로 위장하여 보험금을 편취하는 보험사기 유형은?

① 자해공갈 ② 차량 바꿔치기
③ 피해자 끼워 넣기 ④ 운전자 바꿔치기

피해자 끼워 넣기는 교통사고 당시 사고차량에 탑승한 사실이 없음에도 탑승한 것으로 위장하여 보험금을 편취하는 일련의 행위를 말한다.

## 27 피해자 끼워 넣기 보험사기 유형의 주요 확인사항이 아닌 것은?

① 정비업체 관계자를 통한 조사
② 사고발생 전, 사고 당시, 사고 직후 등 행적에 대한 확인
③ 가해차량의 운전자가 피해차량 운전자에게 약점이 잡혀 있었는지 여부 확인
④ 사고현장을 중심으로 목격자 탐문

정비업체 관계자를 통한 조사는 '음주운전사고' 유형에서 확인할 사항이다.

피해자 끼워 넣기 주요 확인사항
- 피해자들의 관계 및 보험사고경력을 반드시 확인
- 사고발생 전, 사고 당시, 사고 직후 등 행적에 대한 확인
- 가해차량의 운전자가 피해차량 운전자에게 약점이 잡혀 있었는지 여부 확인
- 피해차량이 택시인 경우에는 승객의 직업이 택시기사이거나 택시기사와 지인관계인지 여부 확인
- 차량을 견인한 렉카기사나 피해자를 후송한 앰뷸런스 기사는 제보하지 않으나 차량을 견인하지 못한 렉카기사, 피해자를 후송하지 못한 앰뷸런스 기사는 사고 직후 상황에 대해 정확하게 진술하기 때문에 사고현장을 중심으로 목격자 탐문
- 가해차량 운전자로부터 사고 직후 상황에 대한 진술 확인

## 28 음주운전사고의 유형이 아닌 것은?

① 심야사고
② 경찰서에 미신고된 단독사고
③ 사고의 시간대가 심야이고 보험회사에 접수를 바로 한 사고
④ 피보험자가 피해자 과실에 대해 지나치게 관대한 사고

사고의 시간대가 심야이고 보험회사에 접수를 바로 한 사고는 '자동차를 이용한 조직형 보험사기' 유형이다.

**29** **가해자와 피해자로 역할을 분담하여 고의로 교통사고를 유발하거나 교통사고가 없었음에도 마치 교통사고가 발생한 것처럼 보험회사 등에 보험사고 신고를 하여 보험금을 편취하는 일련의 행위를 가리키는 보험사기 유형은?**

① 운전자 바꿔치기
② 보험계약 전 사고
③ 비 보험사고
④ 조직형 자동차보험사고

조직형 자동차보험사고는 가해자와 피해자로 역할을 분담하여 고의로 교통사고를 유발하거나 교통사고가 없었음에도 마치 교통사고가 발생한 것처럼 보험사 등에 보험사고 신고를 하여 보험금을 편취하는 일련의 행위를 말한다.

**30** **자동차를 이용한 조직형 자동차보험사고의 유형이 아닌 것은?**

① 쌍방과실 사고가 없는 단순 후미추돌 사고
② 자차의 파손상태가 크고 대물수리비가 큰 사고
③ 책임보험만 가입되어 있고 경찰에 미신고된 사고
④ 합의과정에서 1인이 다수를 대표하고 조기합의하는 사고

자차의 파손상태가 없고 대물수리비가 경미한 사고가 해당된다.

**31** **조직형 자동차보험사고의 주요 확인사항이 아닌 것은?**

① 가해자·피해자의 관계 확인
② 가해자·피해자의 보험사고경력 확인
③ 신고자 등에 대한 주변조사 실시
④ 사고 유형 등 일정 패턴 파악

신고자 등에 대한 주변조사 실시 '음주운전사고' 유형에서 확인할 사항이다.

**32** **자해공갈 보험사기의 유형으로 옳지 않은 것은?**

① 주차장이나 도로에서 후진 중인 차량에 충격된 사고
② 충격의 형태와 과정이 경미함에도 넘어지는 등 과장되게 아프다고 주장하는 사고
③ 피해차량이 택시인 경우 승객을 자신의 동료 또는 지인으로 둔갑시키는 사고
④ 골목길 및 시장 등 차량이 서행하는 지역에서 사이드미러에 충격하는 사고

피해차량이 택시인 경우 승객을 자신의 동료 또는 지인으로 둔갑시키는 사고는 '피해자 끼워 넣기' 보험사기의 유형이다.

**33** **자해공갈 보험사기의 주요 확인사항이 아닌 것은?**

① 목격자 유무 및 피해자 자해여부 확인
② 피해자 부상 정도 및 사고와의 인과관계 확인
③ 가해자·피해자 전원에 대한 보험사고경력 확인
④ 피해자의 보상사고경력 확인을 통한 동일 사고유형이 있는지 여부 확인

가해자·피해자 전원에 대한 보험사고경력 확인은 '자동차를 이용한 조직형 보험사기' 유형에서 확인할 사항이다.

자해공갈 보험사기의 주요 확인사항
- 피해자의 보상사고경력 확인을 통한 동일 사고유형이 있는지 여부 확인
- 목격자 유무 및 피해자 자해여부 확인
- 피해자 부상 정도 및 사고와의 인과관계 확인
- 피해자 기왕 병력 확인
- 보상합의에 제3자가 개입하는 경우 피해자와의 관계 확인
- 반복, 상습성의 특성이 있으며, 손목치기의 경우 현장 합의요구가 다수이므로 손해보험사뿐만 아니라 유사사고에 대한 112신고 내역 확인, 버스, 택시, 화물공제조합 등을 통해 전반적으로 사고 보상내역 확인

**34** **외제차 보험사기의 특징으로 옳지 않은 것은?**

① 사고 후 견인 및 현장출동 요청하여 사고검증
② 새벽 및 심야시간대 CCTV 및 인적이 없는 간선도로에서의 단독사고
③ 차량번호 및 차량 소유주 변경, 타보험사와 계약 체결
④ 운전자가 직접 보상진행 및 합의과정에 개입

운전자 외 **제3자**가 보상진행 및 합의과정에 개입한다.

외제차 보험사기의 특징
- 중고·사고·침수 외제차량을 경매 및 저가에 구입
- 차량번호 및 차량 소유주 변경, 타보험사와 계약 체결
- 자차담보 상향가입(최대금액) 및 렌트 특약 가입
- 새벽 및 심야시간대 CCTV 및 인적이 없는 간선도로에서의 단독사고
- 사고 후 견인 및 현장출동 요청하여 사고검증
- 운전자 외 제3자가 보상진행 및 합의과정에 개입
- 사고장소와 인과관계가 없는 특정 공업사에 사고차량 입고
- 렌트비 과다 발생, 미수선수리비 요구

**35** **외제차 보험사기의 주요 확인사항이 아닌 것은?**

① 사고현장 주변 CCTV 및 블랙박스 확인
② 소유자 및 영업딜러에 대한 사고경력 등 연계분석
③ 고의사고 및 확대견적에 대한 혐의점 조사
④ 기 사고에 대한 가해자·피해자와의 연관관계 조사

기 사고에 대한 가해자·피해자와의 연관관계 조사는 '자동차를 이용한 조직형 보험사기' 유형에서 확인할 사항이다.



정답 32 ③ 33 ③ 34 ④ 35 ④

# 제3장 보험사기범죄 주체별 조사 방법

## 1 병 · 의원

**01** **병 · 의원 관련 위법행위에 대한 조사 내용으로 옳지 않은 것은?**

① 보험계약 조사
② 치료비 조사
③ 허위청구 조사
④ 입원의 적정성 조사

해설

병 · 의원 관련 위법행위에 대한 조사 내용
• 입원의 적정성 조사
• 치료비 조사
• 허위청구 조사

**02** **병 · 의원 관련 불법행위의 발생원인에 대한 설명으로 옳지 않은 것은?**

① 오직 수익에만 급급한 일부 의사들이 환자를 한 명이라도 더 유치하기 위해서 소위 유능한 사무장을 고액의 급여로 영입 · 고용하고 있다.
② 병 · 의원이 사무장에게 보험회사에 대한 치료비 청구 등 보험금 관련 행정절차를 일임함으로써 사무장들은 보험회사로부터 치료비를 최대한 받아낼 수 있는 정형화된 프로그램을 마련하여 위법행위를 주도하고 있는 실정이다.
③ 환자와 병원, 보험회사의 3자간 부당한 경제적 이해가 동일 목적으로 연결되어 당사자 모두 부당이득을 얻게 됨에 따라 죄의식 없이 불필요하게 입원하고 허위청구하는 방식이 만연해 있는 실정이다.
④ 다수의 보험에 가입한 환자의 입장에서는 입원일수가 늘어날수록 보상금액도 커지기 때문에 부상정도와 관계없이 장기입원을 원하게 되며, 장해등급을 높이기 위해 불필요한 의료행위를 의사에게 요구하기도 한다.

해설

환자와 병원의 부당한 경제적 이해가 동일 목적으로 연결되어 보험회사를 제외한 당사자 모두 부당이득을 얻게 됨에 따라 죄의식 없이 불필요하게 입원하고 허위청구하는 방식이 만연해 있는 실정이다.

## 03 병 · 의원 관련 입원의 적정성 조사에 대한 설명으로 옳지 않은 것은?

① 입원을 유도하거나 브로커들이 활동하는 특정 병원을 번갈아가며 입원하는 환자는 의심 유형이다.

② 입원과 관련된 보험사기는 병원의 진료기록 만큼이나 관련자들에 대한 면밀한 분석이 중요하다.

③ 진단명, 입원기간 등의 기본적인 정보만 제공되는 진단서 또는 입원확인서에 대한 분석을 통해 진단에 대한 명확한 근거를 확보하고 입원치료에 대한 적정성 분석이 가능하다.

④ 투약기록지, 간호사기록지, 식사대장 등을 통해 진단에 대한 실제 치료여부 및 병실부재 여부 등을 확인한다.

진단명, 입원기간 등의 기본적인 정보만 제공되는 진단서 또는 입원확인서 외에도 진단 및 치료를 실시한 병원의 진료기록부와 진료비 영수증에 대한 분석을 통해 진단에 대한 명확한 근거를 확보하고 입원치료에 대한 적정성 분석이 가능하며, 이 같은 방법은 특히 허위입원이나 특정질병 끼워넣기식의 보험사기 적발에 있어 필수적이다.

## 04 병 · 의원 관련 치료비 조사에 대한 설명으로 옳지 않은 것은?

① 의사의 진찰 행위 없이 매일 또는 반복 내원하여 물리치료, 주사 등을 시술받은 경우에는 장기 통원에 따른 의사 진찰유무를 확인한다.

② 투약 및 처방전료는 퇴원약 처방일수 및 입원동안 투약일수를 확인한다.

③ 주사료는 투여횟수 및 수액제 주입로를 통한 주사유무를 확인한다.

④ 표충열, 경피적 신경자극치료, 간섭파 전류치료는 1일 2회 이상 실시한 경우에도 외래 및 입원은 둘 다 1일 2회로 산정한다.

표충열, 경피적 신경자극치료, 간섭파 전류치료는 1일 2회 이상 실시한 경우에도 외래는 1회, 입원은 1일 2회로 산정한다.



정답 01 ① 02 ③ 03 ③ 04 ④

**05** **병 · 의원 관련 허위청구 조사에 대한 설명으로 옳지 않은 것은?**

① 통원환자 물리치료시 의사면담 여부, 진료기록부를 확인한다.
② 환자가 주치의 허가를 받아 24시간 이상 외박시 병원관리료만 산정한다.
③ 외출외박시 환자가 없음에도 경구약이 쌓여 먹지 않았을 경우 허위청구로 보지 않는다.
④ 의사의 지시, 감독을 통하여 간호사가 의약품 조제를 대신하면 위법사항에 해당된다.

해설 외출 외박시 환자가 없음에도 경구약이 쌓여 먹지 않았을 경우 허위청구로 본다.

**06** **병 · 의원 조사 단계별 적용 법률 중 「의료법」상 벌칙을 올바르게 연결하지 않은 것은?**

① 택시, 렉카 기사 등이 환자를 특정 병원에 소개 · 알선하는 행위 – 3년 이하의 징역이나 3천만원 이하의 벌금
② 피해자가 진술하지 않은 부위를 촬영하는 행위 – 5년 이하의 징역이나 5천만원 이하의 벌금
③ 진료기록부를 허위로 작성하는 행위 – 1천만원 이하의 벌금
④ 간호일지 허위 작성 – 자격정지 1개월

해설 진료기록부를 허위로 작성하는 행위
- 「의료법」 제90조 : 5백만원 이하의 벌금
- 「형법」 제231조 : 5년 이하의 징역이나 1천만원 이하의 벌금

**07** **다음 중 병 · 의원 조사 단계별 법률 중 적용 벌칙을 올바르게 연결한 것은?**

① 간호사, 원무과직원, 의사 외의 자가 입원을 결정하는 경우 – 「의료법」상 5년 이하의 징역 또는 3천만원 이하의 벌금
② 의사, 임상병리사 외의 자가 혈액검사를 시행하는 경우 – 「의료법」상 5년 이하의 징역 또는 2천만원 이하의 벌금
③ 수액검사를 시행하지 않고 청구하는 경우 – 「형법」상 10년 이하의 징역 또는 2천만원 이하의 벌금
④ 의사, 약사 외의 자가 조제하는 경우 – 「형법」상 5년 이하의 징역 또는 5천만원 이하의 벌금

①·②「의료법」상 5년 이하의 징역 또는 5천만원 이하의 벌금
④「약사법」상 5년 이하의 징역 또는 5천만원 이하의 벌금

**08** **의약품을 투약하지 않고 의료비를 청구하는 경우 「형법」상 벌칙으로 옳은 것은?**

① 10년 이하의 징역 또는 2천만원 이하의 벌금
② 5년 이하의 징역 또는 5천만원 이하의 벌금
③ 5년 이하의 징역 또는 3천만원 이하의 벌금
④ 3년 이하의 징역 또는 3천만원 이하의 벌금

투약하지 않고 의료비를 청구하는 경우 「형법」 제347조 사기에 해당되어 10년 이하의 징역 또는 2천만원 이하의 벌금에 처한다.

**09** **물리치료 단계에서 물리치료기 1대당 및 물리치료사 1인당 1일 처리 환자수 인정기준은?**

① 10명 ② 15명
③ 20명 ④ 30명

물리치료를 실시할 치료실과 장비를 보유하고 있는 요양기관에서 치료를 실시한 경우 상근하는 물리치료사 1인당 물리치료 실시인원은 월평균 1일 30명까지 인정하며, 이 경우 의료급여환자를 포함한다.

**10** **다음 중 병·의원 조사 단계별 법률 중 적용 벌칙이 다른 하나는?**

① 식사를 제공하지 않고 청구하는 경우
② 외출/외박 현황을 기재하지 않는 경우
③ 외출/외박으로 치료행위가 없음에도 청구하는 경우
④ 의사지시없이 퇴원하여 치료비를 청구하는 행위

②「자동차손해배상보장법」 제13조에 의해 교통사고 환자에 대한 외출/외박에 관한 사항을 기재하지 않는 경우 3백만원 이하의 과태료를 부과한다.
①·③·④「형법」 제347조 사기에 해당되어 10년 이하의 징역 또는 2천만원 이하의 벌금에 처한다.



정답 05 ③ 06 ③ 07 ③ 08 ① 09 ④ 10 ②

## 2 정비업체

**11 우리나라 자동차 정비업체에 대한 설명으로 옳지 않은 것은?**

① 우리나라 정비업은 작업범위에 따라 자동차종합정비업, 소형자동차종합정비업, 자동차전문정비업, 원동기전문정비업으로 분류된다.

② 자동차종합정비업체는 모든 종류의 자동차에 대한 점검·정비 및 튜닝작업이 가능한 곳이다.

③ 소형자동차정비업체는 승용자동차·경형 및 소형의 승합·화물·특수자동차에 대한 점검·정비 및 튜닝작업이 가능한 곳이다.

④ 자동차전문정비업체는 엔진교체, 판금, 용접, 도장 작업이 가능한 곳이다.

자동차전문정비업체는 자동차전문정비업의 작업제한범위(엔진교체, 판금, 용접, 도장 등)에 속하지 아니하는 구조·장치에 대한 점검·정비 및 튜닝작업이 가능한 곳이다.

**12 자동차 정비업체에서 불법행위가 발생하는 원인으로 옳지 않은 설명은?**

① 정비업체 위기의 주요 원인은 시장규모에 비해 너무나 많은 업체가 존재하기 때문이다.

② 1995년 자동차정비업이 등록제에서 허가제로 전환되면서 업체수가 기하급수적으로 증가하였다.

③ 종합정비업체 수익의 약 80% 이상을 보험사고차에 의존할 만큼 다양한 수익 모델을 갖추지 못하고 있는 실정에서 업체간 경쟁이 심화됨에 따라 수리차량 확보가 정비업체 생존의 관건이 되고 있다.

④ 일부 영세한 종합정비업체에서는 견인업자들에게 사고차량 알선의 대가로 수리비의 10~20% 또는 건당 커미션을 제공하여 운영하고 있다.

1995년 자동차정비업이 **허가제에서 등록제로 전환**되면서 업체수가 기하급수적으로 증가하였다.

**13** **자동차 정비업체의 조사과정에서 대상업체 선정에 대한 설명이다. 옳지 않은 것은?**

① 교통사고 발생시 견인업자에게 과다한 견인료를 지불하고 보험사고차를 전문적으로 유치하거나 가해자 불명사고를 주로 취급하는 업체 등에 대한 실태를 파악한다.

② 차량 파손부위에 비하여 과다한 수리를 하거나 파손부위와 관련없는 부품을 교환하는 등 확대・편승 수리를 하고 고가의 부품을 과다하게 사용하는 업체 및 해당업체의 주요 부품 거래업체와 부품 납품과정의 문제점을 분석한다.

③ 청구대장을 분석하여 정비업체와 부품업체가 공모하거나 부품업체 단독으로 허위의 부품대를 청구하였는지 여부에 대해 조사한다.

④ 차량소유자를 압수・수색하여 차량 수리내역서 그대로 수리되었는지, 정상적 부품이 교환되었는지 여부를 직접 확인하여 허위청구 여부를 조사한다.

차량소유자의 양해 하에 차량 수리내역서 그대로 수리되었는지, 정상적 부품이 교환되었는지 여부를 직접 확인하여 허위청구 여부를 조사한다.

**14** **자동차 정비업체의 범죄유형에 해당하지 않는 것은?**

① 차량 고의파손

② 차량 바꿔치기

③ 동일 피해물 중복 보험처리

④ 중고품 사용 후 순정부품 비용 청구

정비업체 범죄유형
- 차량 고의파손
- 도장요금 허위청구
- 중고품 사용 후 순정부품 비용 청구
- 동일 피해물 중복 보험처리
- 동호회를 활용한 사고 공모
- 견인고리 체인을 사용하여 판금공임을 가장
- 휠 얼라인먼트와 허위청구

**15** **정비업체 불법행위 관련용어 중 부품상으로부터 납품받은 부품을 사용하지 않고 일정기간 보관하고 있다가 일반 수리건 결제시 공제한다는 뜻을 가진 용어는?**

① 매일공제
② 기호표시
③ 올가청구
④ 공장가청구

① **매일공제** : 정비업체 불법행위 관련용어 중 부품상으로부터 납품받은 부품을 사용하지 않고 일정기간 보관하고 있다가 일반 수리건 결제시 공제
② **기호표시** : 품명 앞 또는 뒤에 ※, √, ☆, ○, 밑줄, 형광펜 색으로 암호 사용
③ **올가청구** : 납품한 것처럼 가짜 청구
④ **공장가청구** : 정비공장에서 미사용한 부품을 부품상에서 정비공장을 대신하여 청구

## 3 부품업체

**16** **협력업체에서 시중판매를 목적으로 생산된 제품으로 제작사 상표를 부착하지 않고 독자적인 유통망을 통해 판매하는 제품은?**

① 순정부품
② 시판품
③ 사제품
④ 재생품

② 시판품은 비순정부품이라고도 한다.
① 순정부품 : 완성차 제작에 사용된 부품과 동일한 부품으로 제작사 또는 제작자로부터 위임받은 협력업체에서 생산하며 제작사 상표를 부착하고 제작사 유통망을 통해 판매되는 제품
③ 사제품 : 순정품의 형태나 기능을 모방하여 부품을 제조하고 판매하는 것을 말하며 모방품, 시중품이라고도 한다.
④ 재생품 : 폐차장 또는 정비업체에서 부품을 탈착한 후 수리, 세척, 재가공 등의 공정을 거친 제품

## 17 부품업체의 범죄유형 중 "반납부품 허위청구" 상황에 해당하지 않는 것은?

① 사용여부가 일정하지 않고 들쭉날쭉 할 경우 우선 주문
② 정비업체에서 잦은 주문요청이 귀찮아 주변 부품까지 모두 가져오라고 할 때
③ 과잉 납품된 부품은 반품하게 되는데 이를 정산하지 않고 보험사로 청구하여 편취하는 경우
④ 부품명이 어렵거나 쉽게 알 수 있는 부품이 아닌 특이한 부품을 사고와 무관하게 허위로 끼워 넣는 경우

④는 '부품 끼워 넣기' 유형이다.

**반납부품 허위청구**
- 사용여부가 일정하지 않고 들쭉날쭉 할 경우 우선 주문
- 사고부위와 인접되어 있으나 손상 여부가 명확하지 않을 때
- 정비업체에서 잦은 주문요청이 귀찮아 주변 부품까지 모두 가져오라고 할 때
- 과잉 납품된 부품은 반품하게 되는데 이를 정산하지 않고 보험사로 청구하여 편취하는 경우

## 18 부품업체에서 발생되는 불법행위에 대한 설명으로 옳지 않은 것은?

① 부품업체에서 발생되는 불법행위는 부품 허위청구와 부품가격 상향청구의 두 가지로 나눌 수 있다.
② 부품 허위청구시 보상직원이 잘 확인 하지 않는 소액부품은 정비업체에서 단독으로 끼워넣고 부품청구서 하단에 기록하여 청구한다.
③ 사고와 무관한 부품 끼워 넣기는 핀, 몰딩류, 가니쉬, 휠가드, 후드 힌지 등에서 주로 이루어진다.
④ 콘덴샤, 라디에이터, 헤드램프, 사이드미러, 머플러, 몰딩류 등에 비순정부품 또는 재생부품을 주로 사용하고 순정부품 가격을 청구한다.

<u>사고 인접 부분의 소액부품 끼워 넣기</u>는 핀, 몰딩류, 가니쉬, 휠가드, 후드 힌지 등 손상과 인접된 부분에서 주로 이루어진다.

정답 15 ① 16 ② 17 ④ 18 ③

## 4 렌터카

**19** **렌터카 범죄유형에 대한 설명으로 옳지 않은 것은?**

① 보험사기범죄와 관련된 렌터카는 피해차량 소유자, 견인업체, 정비업체 사이에서 보험사고 발생 전에 대여 차량을 피해자에게 인도하는 과정에서 발생된다.

② 정비업체에서 피해차량 소유자와 공모하여 렌터카업체를 통해 서류를 가공하여 보험사에 제출하고 보험금을 나누어 편취하는 경우

③ 피해차량 소유자가 교통비 보상금액이 과대한 것을 인지하고 렌터카업체와 공모하여 렌터카 사용비 편취를 공모하는 경우

④ 렉카 기사가 사고현장에서 피해차주에게 렌터카를 알선하면서 허위청구를 공모하여 렌터카를 사용하지 않고 서류를 보험사로 제출하여 보험금을 편취하는 경우

해설 보험사기범죄와 관련된 렌터카는 피해차량 소유자, 견인업체, 정비업체 사이에서 보험사고 발생 후에 대여 차량을 피해자에게 인도하는 과정에서 발생된다.

**20** **렌터카업체의 불법행위 사례로 가장 거리가 먼 것은?**

① 렌터카 차량번호 중복(이중청구)
② 부품가격 상향청구
③ 명의도용 불법영업
④ 장기렌트 차량번호로 허위청구

해설 ②는 부품업체의 불법행위이다.

**21** **다음은 렌터카업체의 불법행위 사례이다. 불법행위의 유형으로 가장 적합한 것은?**

> 보유하고 있는 모든 차량이 대차되었거나 거래 공업사 또는 피해자의 대차요구가 있는 경우 보험금을 목적으로 B렌터카 사업자의 차량을 빌려 A렌터카 사업자가 대차한 것처럼 임대차계약서와 세금계산서를 작성하여 보험금을 청구하여 A렌터카 사업자가 보험금을 수령한 경우

① 렌터카 차량번호 중복(이중청구)
② 장기렌트 차량번호로 허위청구
③ 명의도용 불법영업
④ 렌터카를 알선하면서 허위청구

문제의 지문은 A렌터카 사업자가 B렌터카 사업자의 차량을 빌려 임대차영업을 하는 경우로 '명의도용 불법 영업'에 해당한다.

## 5 도난차

**22 도난차 보험사기범죄에 대한 설명으로 옳지 않은 것은?**

① 총책, 사고차량 매입책, 절도책, 운반책, 위조책, 판매책, 수출 통관책 등으로 역할을 분담하여 유기적인 조직 형태로 운영되고 있다.

② 총책은 차량 절도 및 판매 등에 필요한 조직원들과 지속적으로 연락, 관리하며 조직원 중 일부가 검거될 경우 출소 시기 등을 파악하여 다시 범죄에 가담시키는 등 중요한 역할을 하고 있다.

③ 판매책은 대부분 중고차 매매상사 관련자 또는 이들과 친분이 있는 자들로서 차대번호 위조 등이 완료된 절취 차량을 운반책으로부터 인계받은 후 중고차 매매상사로 1차 이전 등록하여 판매하는 것이 대부분이었으나 최근에는 직접 구매자를 물색하여 판매하는 수법을 사용하고 있다.

④ 절도책은 전문 절취범들은 총책 등으로부터 필요로 하는 차량을 주문받은 후 다양한 방법으로 대상 차량을 절취하여 장물 운반책에게 인계한다.

총책, 사고차량 매입책, 절도책, 운반책, 차대번호 위조책, 판매책, 수출 통관책 등으로 역할을 분담하여 서로 알지 못하는 점조직 형태로 운영되고 있으며, 최근에는 분야별 전문가로 조직을 구성하기도 한다.

**23 도난차의 해외유통 수법을 설명한 것으로 옳지 않은 것은?**

① 허위로 수출신고를 하는 방법으로 도난차량의 번호판만 제거한 완성차 상태 또는 차량을 분해하여 부품형태로 수출한다.

② 전문 절취조직을 이용하여 사전에 주문한 차종에 따라 절취한 도난차량을 저가로 매입, 차대번호를 변조하거나 관련 서류를 위조하는 방법으로 수출한다.

③ 대형사고로 대파되거나 침수피해를 당한 차량 중 보험사에서 전손 처리만 하고 폐차처리를 하지 않은 차량을 저가에 매입, 절도차량에 전손 차량의 차대번호를 이식하는 방법으로 위조한 후 수출한다.

④ 노숙자 등 제3자의 명의로 캐피탈 금융을 이용하여 구입한 차량을 등록한 후 임시번호판을 부착하여 해외로 수출한 후 국내에 존재하지 않는 차량으로 도난신고를 하여 보험금을 편취한다.



정답 19 ① 20 ② 21 ③ 22 ① 23 ④

노숙자 등 제3자의 명의로 캐피탈 금융을 이용하여 구입한 차량을 **등록하지 않은 상태에서 임시번호판 및 제반 서류를 위조, 해외로 밀수출한 후** 국내에 존재하지 않는 차량을 등록하고 일정기간 후 도난신고를 하여 보험금을 편취한다.

## 24 도난차의 국내유통 수법을 설명한 것으로 옳지 않은 것은?

① 차량을 완전 분해하여 부품형태로 판매
② 폐차 직전의 손상 차량을 이전 등록하여 신규 번호판을 부착하여 판매
③ 차대번호를 위·변조하여 등록한 후 정식 차량번호판을 부착하여 판매
④ 폐차장 등에서 대파된 차량번호판을 확보하여 부착 판매

② 현행 자동차등록사업소에서는 사고 차량의 이전에 필요한 서류가 갖춰지면 명의 이전이 가능하고 변경된 신규 번호판을 부여 받을 수 있으므로 불법이 아니다.

## 25 다음 보기에서 도난차의 조사방법에 해당하는 것을 올바르게 묶은 것은?

> ㉠ 등록번호판과 자동차등록증상 자동차등록번호 확인
> ㉡ 전손차량 추적
> ㉢ 폐차처리 대행업체 조사
> ㉣ 인터넷을 이용한 추적조사

① ㉠, ㉡
② ㉠, ㉢
③ ㉠, ㉡, ㉢
④ ㉠, ㉡, ㉢, ㉣

도난차 조사방법
- 동일성 여부 확인(등록번호판과 자동차등록증상 자동차등록번호 확인)
- 전손차량 추적
- 폐차처리 대행업체 조사
- 외국 기관 등 협조 요청
- 컨테이너 차량 확인
- 인터넷을 이용한 추적조사

# 제4장 보험사기범죄 사례분석

## 1 생명 · 장기손해보험

**01** **다음 중 고의사고에 의한 보험사기범죄가 아닌 것은?**

① 여직원을 보험에 가입하게 하고 살해한 후 보험금을 편취한 사례
② 사망보험금을 타기 위해 전남편을 유인하여 살해한 후 교통사고로 위장한 사례
③ 공모하여 살해한 후 시체를 유기한 사례
④ 특정 질병을 고지하지 않고 보험계약을 체결한 다음, 그 질병의 발병 사유로 하여금 보험금을 청구한 사례

해설

④는 '고지의무위반'에 의한 보험사기범죄이다.

**02** **다음은 직원 살해 후 보험금을 편취한 고의사고에 의한 보험사기범죄의 사례이다. 조사해야 할 확인사항으로 가장 거리가 먼 것은?**

> 피고인(사장)은 회사 자금 사정이 악화되어 당시 회사 수입만으로는 회사 운영비 및 피고인이 보유하고 있는 외제 승용차, 요트, 제트스키 등의 리스료 내지 할부금 등도 납부할 수 없는 상황이 되자, 피해자(여직원)에게 직원 복지 차원에서 보험에 가입하여 준다며 피해자의 동의를 얻어 피보험자를 피해자, 보험수익자를 회사로 하여 피보험자가 사망할 경우 실질적인 보험수익자인 사장에게 일시금 5억원 등 총 26억 9,200만원이 지급되는 보험에 가입한 후 피해자(여직원)를 살해하고 보험금을 수령하였다.

① 경찰 수사자료　　② 피의자의 경제적 사정
③ 각 병원 의무, 진료기록　　④ 피해자의 보험가입내역

직원 살해 후 보험금 편취 보험사기범죄 조사의 확인사항
- 살인의 동기
- 피의자, 피해자의 사건 전후 행적
- 범인 특정과 관련된 정황사실
- 피의자의 경제적 사정
- 피해자의 보험가입내역(계약자 · 피보험자 · 수익자 관계 확인, 다수보험 집중가입 여부, 수익자 변경 여부)
- 보험계약청약서, 보장내역, 사망시 수익자 지정 여부
- 경찰 수사자료

정답 24 ② 25 ④ / 01 ④ 02 ③

**03** **다음 중 허위 · 장기입원에 의한 보험사기범죄가 아닌 것은?**

① 입원등록만하고 외출 · 외박을 계속하며, 장기간 입원치료를 받은 것처럼 보험금을 청구하여 편취하였다.
② 다수 보험계약을 체결한 후 경미한 질병을 근거로 장기간 입원 한 뒤 병원비를 건강보험으로 처리하지 않고 자비로 지불하는 방법으로 보험금을 편취하였다.
③ 뚜렷한 직업없이 병명을 달리하여 남편과 처가 여러 병원을 돌며 입 · 퇴원을 반복하여 보험금을 편취하였다.
④ 보험설계사와 한의사가 공모하여 치료한 것처럼 가장하여 허위 진료확인서 및 수납영수증을 작성하여 보험금을 편취하였다.

해설 ④는 의료기관의 허위진단에 의한 보험사기범죄이다.

**04** **다음 중 의료기관의 허위진단에 의한 보험사기범죄가 아닌 것은?**

① 병원의 보험사기 방조 사례
② 다수 보험계약체결 후 장기입원한 사례
③ 치료한 것처럼 가장하여 보험금을 편취한 사례
④ 허위진단서를 발급받아 보험금을 편취한 사례

해설 다수 보험계약체결 후 장기입원한 사례는 허위 · 장기입원에 의한 보험사기범죄이다.

**05** **다음은 허위진단서 작성에 대한 형법 제233조의 규정이다. ( ) 안에 내용을 올바르게 나열한 것은?**

> 의사, 한의사, 치과의사 또는 조산사가 진단서, 검안서 또는 생사에 관한 증명서를 허위로 작성한 때에는 ( ) 이하의 징역이나 금고, ( ) 이하의 자격정지 또는 ( ) 이하의 벌금에 처한다.

① 3년, 5년, 2천만원
② 3년, 7년, 3천만원
③ 5년, 7년, 3천만원
④ 5년, 10년, 3천만원

의사, 한의사, 치과의사 또는 조산사가 진단서, 검안서 또는 생사에 관한 증명서를 허위로 작성한 때에는 3년 이하의 징역이나 금고, 7년 이하의 자격정지 또는 3천만원 이하의 벌금에 처한다(형법 제233조).

## 2 자동차보험

**06** 다음은 자동차보험에서 신체 고의사고에 의한 보험사기범죄의 사례이다. 조사해야 할 확인사항으로 가장 거리가 먼 것은?

> 생활비 등이 부족하자 좁은 골목길 이면도로를 지나가는 차에 일부러 팔을 부딪친 후 합의금 및 치료비 명목으로 보험금을 편취하고, 보험사기 혐의를 피하기 위해 타인 명의로 통장을 개설하였다.

① 차량 블랙박스
② 계좌 거래내역
③ 보험수리비 견적서
④ 주변 이면도로상의 CCTV

신체 고의사고 다발 보험사기범죄 조사의 확인사항
- 주변 이면도로상의 CCTV
- 차량 블랙박스
- 사고내역서
- 각 보험금 지급내역(기존 동종사고 건수 확인)
- 계좌 거래내역(보험처리하지 않은 사고건 확인)

**07** 자동차보험에서 고의사고에 의한 보험사기범죄의 사례에 해당하지 않는 것은?

① 택시기사가 신호를 위반하거나 차선을 변경하는 차량을 상대로 교통사고를 유발하고, 입원치료를 받는 방법으로 보험금을 편취한 사례
② 보험금을 편취하려는 자들을 모집하고 그 자들을 상대로 수수료를 받아내는 방법으로 보험금을 편취한 사례
③ 운전자 바꿔치기 방법으로 보험사에 사고를 접수하여 피해차량의 수리비 및 사고차량 합의금, 치료비를 편취한 사례
④ 손해사정사와 자동차공업사 운영자가 공모하여 중고차로 사고를 발생시켜 수리비, 사고차량 대여료, 전손처리 후 잔존물가액 등 보험금을 편취한 사례

③은 위장·허위사고에 의한 보험사기범죄의 사례에 해당한다.

정답 03 ④ 04 ② 05 ② 06 ③ 07 ③

## 08 다음은 경주용 차량을 단순 교통사고로 허위신고한 사례이다. 보험사기범죄 조사의 확인사항으로 가장 거리가 먼 것은?

> 피고인들이 경주를 하던 중 피고인 변○○의 아우디 차량이 미끄러지면서 아우디 차량의 조수석과 포르쉐 차량의 운전석 쪽이 충돌하고 사고 충격으로 포르쉐 차량이 밀리며 그 부근에 주차되어 있던 카니발과 SM5 차량을 충돌하는 사고가 발생하였는데, 보험약관상 '경기용 또는 경기를 위해 연습용으로 사용하던 중 생긴 손해'에 대해서는 보험사에서 보험금을 지급하지 않는다는 사실을 알고는 단순한 교통사고로 보험 접수하여 차량수리비 등을 편취하였다.

① 온라인 동호회 가입여부 확인
② 현장 조치 수사보고서
③ 병원 진료기록부
④ 범행 전·후 공모 관계 파악을 위한 통화내역 확인

해설

경주용 차량을 단순 교통사고로 허위신고한 보험사기범죄 조사의 확인사항
- 현장 조치 수사보고서(현장 사진, 최초 진술, 목격자 확보, 스키드마크 등)
- 블랙박스
- 통화내역(범행 전·후 공모 관계)
- 보험사 기록 및 금감원 자료
- 휴대폰, 이메일 내용, 사용시간, 위치, 내역 등
- SNS 확인[카카오톡(스토리) 및 페이스북 친구 찾기]
- 계좌 내역
- 온라인 동호회 가입여부 확인(동일 동호회원 확인)

## 09 자동차보험에서 정비업체 및 렌터카업체에 의한 보험사기범죄의 사례에 해당하지 않는 것은?

① 전직 보험설계사와 전직 렌터카 영업소장이 보험회사 자동차보험사고처리 과정을 잘 알고 있어 그 허점을 이용, 교통사고를 위장하여 보험금을 지급받기로 공모하여 고의사고를 발생시킨 후 렌터카를 사용하지 않으면서도 렌트비를 청구하여 보험금을 편취하였다.
② A자동차공업사는 차량 수리 및 도색 의뢰자를 모집한 뒤 자차보험으로 보상받을 수 없는 부분을 고의 파손하여 보험금을 편취하였다.
③ 피고인은 자신이 운영하는 B카센터에서 폭스바겐 승용차를 수리하면서 재생부품을 사용하여 수리한 것을 신품교체로 수리한 것으로 허위견적서를 작성하여 보험금을 편취하였다.
④ 렌터카가 낮은 등급으로 교체되었음에도 최초로 임대한 높은 등급의 차량을 계속 임대한 것처럼 허위로 계약서를 작성하여 차량대여비를 편취하였다.

①은 보험종사자의 고의사고에 의한 보험사기범죄의 사례에 해당한다.

## 3 기타 보험

**10** **다음은 가축보험 허위사고에 의한 보험사기범죄의 사례이다. 조사해야 할 확인사항으로 가장 거리가 먼 것은?**

> 축협 보험금 지급 업무 담당직원이 가축주와 공모하여 밧줄을 이용하여 고의로 소를 넘어뜨린 후 사진을 찍어서 고관절 탈구로 인해 긴급 도축이 불가피한 소로 위장하거나 실제 골절로 쓰러졌던 소의 사진을 조작하여 보험사고가 발생한 것처럼 속이는 수법으로 보험금을 편취하였다.

① 관련자 금융거래 내역
② 사진조작여부 확인을 위한 디지털 증거
③ 축사 주변 현장사진
④ 가축재해보험금 심사, 승인, 지급 관련서류

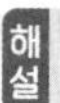

가축보험 허위사고 보험사기범죄 조사의 확인사항
- 내·외부고발자 첩보 수집
- 관련자 진술
- 보험금지급 청구, 지급 내역
- 디지털 증거(사진조작여부 확인)
- 가축재해보험금 심사, 승인, 지급 관련서류
- 금감원을 통한 관련자 보험가입 여부
- 관련자 금융거래 내역



정답 08 ③ 09 ① 10 ③

## 11 다음 보험사기범죄의 사례분석에 대한 설명으로 가장 옳지 않은 것은?

① 가축재해보험에서 가축주와 공모하여 고관절탈구 등으로 쓰러진 소의 사진을 조작하여 보험사고가 발생한 것처럼 속이는 것은 「특정경제 범죄가중처벌 등에 관한 법률」 위반이다.

② 피고인 A는 화재보험에 가입한 후 경제적 어려움이 발생하자 스스로 집에 불을 질러 강도가 불을 질렀다고 허위신고하여 보험금을 편취하려 했으나, 보험회사가 화재원인 조사가 이루어지지 않았다는 이유로 보험금 지급을 거절하여 미수에 그친 경우에 사기죄로 처벌된다.

③ 외제차전문 수리업자 B는 C소유의 외제차량의 범퍼를 고의로 훼손한 뒤 교통사고로 인해 부서진 것처럼 허위견적서를 작성하고 피고인의 보험회사에 허위로 사고접수를 하게 하여 보험금을 편취한 경우 사기죄로 처벌된다.

④ 피고인 D는 경주용 차량을 단순 교통사고로 허위신고하여 차량수리비를 편취한 경우 사기죄로 처벌된다.

해설

화재보험 고의사고에 의한 보험사기범죄에서 미수에 그친 경우에 현주건조물방화죄와 **사기미수죄**로 처벌된다.

## 12 다음은 화재보험 고의사고에 의한 보험사기범죄의 사례이다. 조사해야 할 확인사항으로 가장 거리가 먼 것은?

> 오피스텔 매매계약 체결 후 중도금 및 이자지급이 어려워지자 자신과 고시원생 30여명이 거주하는 다가구주택에 불을 지르고 강도가 불을 질렀다고 허위신고하여 보험금 편취를 시도하였다.

① 관련자 및 목격자 진술내용　　② 관련자 부채 내역

③ 임대차 계약서　　④ 화재발생 및 현장상황

화재보험 고의사고 보험사기범죄 조사의 확인사항

- 화재발생 및 현장상황(사진, 약도, 112신고 내역 등)
- 관련자 및 목격자, 구급대원 진술내용
- CCTV
- 화재현장 감식 결과
- 금감원을 통한 보험가입 내역, 보험청구·지급서류
- 관련자 부채 내역
- 통화내역(범행 전·후 공모관계)
- 휴대폰문자 및 카카오톡(스토리) 대화내용
- 계좌내역



11 ② 12 ③ 정답

SECTION

# Ⅱ 과학조사 실무

## 제1장 법과학과 증거물

### 1 법과학(Forensic Science)

**01 법과학(Forensic Science)의 개념을 설명한 것으로 옳지 않은 것은?**

① 법과학의 창시자는 물적 증거에 대한 과학적인 실험의 중요성을 주장했던 오스트리아의 법관 한스 그로스(Hans Gross)이다.
② 법과학(Forensic Science)은 사법기관이 형사사건만을 해결하기 위하여 이용하는 특수 과학 분야를 말한다.
③ 'Forensic'은 '공공 또는 법적 문제에 적용되는'을 의미한다.
④ 우리나라에서는 범죄수사에 관한 법의학・법화학・이공학 분야 등에 대한 과학적 조사・연구・분석・감정 및 교육훈련에 관한 사항을 관장하기 위해 국립과학수사연구원을 발족하였다.

해설

법과학(Forensic Science)은 사법기관이 **형사사건 혹은 민사사건**을 해결하기 위하여 이용하는 모든 과학 분야를 말한다.

**02 국립과학수사연구원의 업무 분야를 설명한 것으로 옳지 않은 것은?**

① 생물 분야 – 혈흔이나 기타 생체시료에서 DNA의 감정, 섬유와 모발의 비교, 목재나 식울 등의 감정
② 독물 분야 – 체액과 장기 조직에서 독물의 존재여부를 검사
③ 문서 분야 – 필적 및 프린트 원고를 감정하여 진위 여부를 판별
④ 영상사진 분야 – 전화나 녹음테이프 등을 이용한 협박사건에서 용의자 목소리 감정



정답 01 ② 02 ④

- 영상사진 분야 : 디지털 영상처리, 적외선 촬영, 자외선 촬영, X-선 촬영 등의 기술을 이용하여 눈에 보이지 않는 정보를 가시화
- 음성감정 분야 : 전화나 녹음테이프 등을 이용한 협박사건에서 용의자 목소리 감정

## 03 국립과학수사연구원의 업무 분야 중 '법의학' 분야에 대한 설명으로 옳은 것은?

① 화학, 물리학, 지질학적 지식을 이용한 증거물의 비교분석
② 총기, 발사된 탄환, 탄피, 산탄총 탄피, 실탄 등의 감정수행
③ 급사, 비자연사, 의문사, 변사사건 등에서 사인을 밝힘
④ 교통사고, 사고재구성, 화재나 폭발원인조사 등에 관한 학문

① 이학 분야
② 총기 분야
④ 법공학 분야

## 04 국립과학수사연구원의 업무 중 '사람의 행동과 범죄 전개과정을 연계시키는 학문' 분야에 해당하는 것은?

① 법인류 분야
② 범죄심리 분야
③ 거짓말탐지 분야
④ 법치의 분야

① 사람의 유골을 확인하는 분야
③ 진술의 진위여부 검사
④ 사람 시체가 형체를 알아 볼 수 없을 정도로 훼손된 경우에 치아의 특성, 배열, 구강의 구조, 치과진료기록 등을 통하여 신원을 확인하는 분야

## 2 증거물

**05** **증거물의 개념을 설명한 것으로 옳지 않은 것은?**

① 모발, 지문, 페인트, 혈액 등은 증거물이 될 수 있다.
② 범죄현장의 시뮬레이션은 실물증거라 할 수 없다.
③ 증거물이 기원에서 중간매체를 거치지 않고 옮겨지는 것을 직접전이라 한다.
④ 하나 또는 그 이상의 중간매체를 통하여 전이되는 것을 간접전이라 한다.

해설
범죄현장의 시뮬레이션, 사건사고의 역학적 설명 등도 실물증거가 될 수 있다.

**06** **다음은 증거물의 간접전이에서 영향을 미치는 조건이다. 옳지 않은 것은?**

① 접촉횟수가 많을수록 많이 전이된다.
② 진흙은 콘크리트보다 쉽게 전이된다.
③ 접촉시 접촉 강도는 전이된 양에 영향을 미치는 조건에 해당된다.
④ 같은 물질일 때 넓은 공간이 좁은 공간보다 많은 전이가 일어난다.

해설
같은 물질일 때 좁은 공간이 넓은 공간보다 많은 전이가 일어난다.

**07** **증거의 종류에 대한 설명으로 옳은 것은?**

① 정황증거 - 개인의 지식 또는 관찰에 의하지 않은 추론에 의한 증거
② 결정적 증거 - 다른 증거물의 증거능력을 결정하는 증거
③ 확증증거 - 다른 증거물을 압도하는 결정적 증거물
④ 추정증거 - 사실심판관이 유죄를 추정할 수 있는 증거

해설
② 기초증거에 대한 설명이다.
③ 결정적 증거에 대한 설명이다.
※ 확증증거 : 다른 증거물을 강화하거나 확증하는 증거
④ 유죄증거에 대한 설명이다.
※ 추정증거 : 의심되지만 다른 증거에 의해 사실로 간주되는 증거



정답 03 ③ 04 ② 05 ② 06 ④ 07 ①

## 08 증거물의 취급에 대한 설명으로 옳지 않은 것은?

① 같은 종류의 증거물인 경우에는 다른 부위에서 채취한 증거물이라도 오염방지를 위해 같이 포장한다.

② 증거물이 누군가에 의해 조작되거나 변질될 가능성이 있는 경우 증거능력이 상실된다.

③ 동정(Identification)은 물체를 물리적・화학적 특성에 의해 세분화된 유형으로 나누고 궁극적으로 그 물체를 식별하는 것이다.

④ 체액증거물로는 혈액, 정액, 타액, 소변 등이 있다.

해설 다른 종류의 증거물이나 같은 종류의 증거물인 경우에도 다른 부위에서 채취한 증거물은 개별적으로 분리하여 포장한다.

## 09 혈액 증거물에 대한 설명으로 옳지 않은 것은?

① 혈액은 혈장과 적혈구, 백혈구, 혈소판 등으로 구성되어 있다.

② 혈장은 90%가 물이고 10%는 다른 물질로 구성되어 있다.

③ 적혈구에 있는 헤모글로빈은 순환계를 돌며, 산소와 이산화탄소를 운반한다.

④ 적혈구는 골수에서 생산되며, DNA를 포함한다.

해설 적혈구는 골수에서 생산되며, 핵이 없으므로 DNA를 포함하지 않는다.

## 10 증거물 분석에 대한 설명으로 옳지 않은 것은?

① 혈흔 존재에 대한 예비적 실험은 혈액에 존재하는 헤모글로빈과의 반응을 관찰하는 것이다.

② 첫 번째 실험은 의문의 반흔에 증류수를 적신 면봉을 문지른 다음 페놀프탈레인 용액을 한 방울 떨어뜨리고, 그 다음 과산화수소 한 방울을 첨가한다. 면봉이 분홍색으로 변하면 혈흔예비실험 양성이다.

③ 두 번째 방법은 루미놀 시약을 혈흔이 있는 곳에 분무기로 뿌리면 주위가 어두운 경우 청백색의 형광색을 나타내는 혈흔을 관찰할 수 있다.

④ 증거물의 분석에 있어서 과학적 접근방법의 필수 조건은 분석이 가능한 것이어야 하고, 재현성이 없어야 한다.

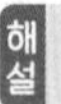

증거물의 분석에 있어서 과학적 접근방법의 필수 조건은 분석이 가능한 것이어야 하고, 재현성이 있어야 한다. 재현성이란 다른 사람이 실험을 해도 같은 결과를 얻을 수 있는 분석방법을 말한다.

**11** **만약 협박편지가 증거물로 보내졌다면 다음 법과학 실험을 통해서 여러 가지 사실을 확인할 수 있다. 옳지 않은 것은?**

① 필흔 – 다른 사건에서 나타난 협박편지의 필적과 비교하여 볼 수 있다.
② 잉크분석 – 메시지와 주소에 어떤 필기구가 사용되었는지 알 수 있다.
③ 미세증거물 – 모발 및 섬유가 봉투 안에 있거나 붙어있는지 알 수 있다.
④ DNA감정 – 우표와 봉투 붙인 곳의 타액으로부터 DNA를 채취할 수 있다.

- 필흔 : 봉투 위에 어떤 다름 문서를 작성하였다면 필흔이 남겨진다.
- 필적 : 다른 사건에서 나타난 협박편지의 필적과 비교하여 볼 수 있다.



정답 08 ① 09 ④ 10 ④ 11 ①

## 제2장 거짓의 탐지

### 1 심리생리검사(Polygraph, 거짓말탐지검사)

**01** **거짓말탐지 분야에서 과학적인 기계를 최초로 사용하기 시작한 사람은?**

① 벤 담　　② 롬브로소
③ 베카리아　　④ 포이에르바하

해설 거짓말탐지 분야에서 과학적인 기계를 최초로 사용하기 시작한 것은 이탈리아의 생리학자인 롬브로소(Lombrosso)이다.

**02** **거짓말탐지기(Polygraph)에 사용되는 생리반응이 아닌 것은?**

① 호 흡　　② 뇌 파
③ 피부전도도　　④ 미세표정분석

해설 거짓말 탐지에 사용되는 생리반응은 호흡, 피부전도도, 뇌파, 심장박동 등이 있다.

**03** **거짓말탐지기(Polygraph) 실무에 대한 설명으로 옳지 않은 것은?**

① 거짓말탐지 검사관들은 자신의 업무에 대해 범인의 거짓말을 밝히기보다는 선량한 사람들을 보호하는 데 주된 목적이 있다.
② 거짓말탐지 검사관들은 단지 많은 센서에 의해 감지되어 작성되는 그래프를 해석하는 사람에 지나지 않는다.
③ 거짓말탐지 검사는 법적인 증거능력으로 활용되고 있다.
④ 거짓말탐지 검사는 오해를 받고 있는 사람들의 진실을 확인해 줄 수 있는 효과적인 방법이다.

해설 현재 대법원 판례는 거짓말탐지기 조사 결과에 증거능력을 부여하고 있지 않다. 따라서 법적인 신뢰성을 보장받기 위해서는 엄격한 절차와 규정을 준수해야 한다.

## 2 거짓말탐지 실무

**04** **폴리그래프(Polygraph) 검사에 대한 설명으로 거리가 먼 것은?**

① 생리적인 변화를 과학적인 연구방법에 의해 연구, 개발되어 입증된 검사이다.
② 폴리그래프 검사는 피검사자가 알고 있는 사실의 진위여부나 정보를 발견하기 위해서 쓰인다.
③ 검사대상자의 질문에 대한 대답은 '예'라는 긍정의 대답을 하게 하는 것이 바람직하다.
④ 검사의 효과적인 사용을 위해 가능한 수사의 초기단계에서 사용되어야 한다.

해설 검사대상자의 질문에 대한 대답은 '아니오'라는 부정할 수 있는 대답을 하게 하는 것이 바람직하다.

**05** **폴리그래프(Polygraph) 검사 중 긴장정점검사법에 대한 설명으로 옳지 않은 것은?**

① 피검사자가 범죄에 관한 중요한 정보를 알고 있는지에 대해 피검사자의 인식 유무를 판단하기 위해 사용하는 검사기법이다.
② 질문의 종류에는 실제 범인과 담당수사관만 알고 있는 범죄와 관련된 중요 정보인 관련질문과 범죄와는 전혀 관련이 없는 무관련질문으로 구성된다.
③ 관련질문에 분명한 생리반응이 나타나면 피검사자는 자신의 주장과 달리 범죄에 대한 인식이 있다고 결론 내릴 수 있다.
④ 피검사자가 범죄와 직접적인 관련이 있는지 여부를 질문한다.

해설 피검사자가 범죄와 직접적인 관련이 있는지 여부를 질문하는 기법은 '비교질문검사법'이다.

**06** **폴리그래프(Polygraph) 검사 중 비교질문검사법에 대한 설명으로 옳지 않은 것은?**

① 피검사자가 범죄에 관여하고 있는가 없는가를 직접 질문함으로써 판단하는 방법이다.
② 피검사자가 범죄에 대하여 범죄행위에 대한 인식을 갖고 있는지 여부를 판단하는 것이다.
③ 피검사자에게 있어서 직접적인 내용을 갖는 질문에 일반적인 무관련질문보다 강한 심리적 동요와 자율신경계의 반응이 나타나게 된다.
④ 이 검사기법의 정점은 사전에 심층적인 면담과정이 필요 없다는 점이다.



정답 01 ② 02 ④ 03 ③ 04 ③ 05 ④ 06 ④

이 검사기법을 사용할 때는 검사전 면담단계를 통해서 검사대상자의 심리적인 상태가 거짓말탐지기 검사를 통해 변별될 수 있도록 사전에 심층적인 면담과정이 필요하다.

## 3 법최면수사

**07** **법최면수사의 대상으로 가장 부적절한 경우는?**

① 범죄의 혐의점이 없는 피해자
② 범죄의 혐의점이 없는 목격자
③ 사건에 관해 관심이 없고 기억을 지우려고 한 목격자
④ 사건의 피해자・목격자가 사건을 목격한 후 심리적 외상 혹은 시간의 경과로 인해 목격 내용을 회상하지 못하는 경우

'사건에 관해 주위를 기울여 보고 외우려고 인지적 노력을 한 목격자'가 대상이 된다.

**08** **범죄의 목격자 및 피해자를 대상으로 법최면을 의뢰할 때 주의사항으로 옳지 않은 것은?**

① 대상자가 분명히 보고 외우려고 노력을 했지만 기억할 수 없다고 할 때 추가적인 질문이나 기억해내야 한다는 부담감을 주지 않는 상태에서 최면을 의뢰하여야 한다.
② 피해자・목격자의 기억이 왜곡되더라도 사건에 관해 확실히 보거나 기억을 하려는 인지적 노력이 수반된 피해자・목격자를 선정하는 것이 중요하다.
③ 강력사건에서 피해자・목격자가 범인의 얼굴을 보았지만 잘 기억나지 않는다고 할 경우 용의자 사진을 열람시키거나 다른 확인 절차를 거치지 않은 상태에서 바로 법최면수사를 의뢰해야 한다.
④ 뺑소니 교통사고에서 피해자・목격자가 번호판을 보고 외웠지만 생각나지 않는다고 할 경우 피해자・목격자 기억의 변화와 왜곡을 방지하기 위해 더 이상 용의차량 사진, 번호판 숫자 및 사진을 보여주거나 더 이상의 질문을 하지 않은 상태에서 법최면수사를 의뢰해야 한다.

최면수사 의뢰시 가장 중요한 것은 사건에 관해 확실히 보거나 기억을 하려는 인지적 노력이 수반된 피해자・목격자를 선정하는 것뿐만 아니라 피해자・목격자의 기억을 변화시키거나 왜곡시키지 않는 상태에서 기억을 찾는 것이다.

# 제3장 음성음향분석

## 1 발성자 식별(화자식별)

**01** **화자식별에 대한 설명으로 옳지 않은 것은?**

① 성문에 대한 연구는 1962년 FBI가 벨연구소에 화자식별에 관한 연구를 의뢰하면서 시작되었다.
② 전자적으로 음성은 주파수 분포의 시계열적 분해의 결과로 얻어지는 그래프로 나타낼 수 있다.
③ 주파수 분석장치는 세로축은 시간, 가로축은 주파수, 주파수별 에너지 분포는 농도차이가 있는 검은색이나 색의 변화를 가지는 복잡한 스펙트로그램으로 표시된다.
④ 주파수 그래프는 말하는 사람마다 독자적인 형상을 가져 다른 사람과 구분할 수 있다.

주파수 분석장치는 가로축은 시간, 세로축은 주파수, 주파수별 에너지 분포는 농도차이가 있는 검은색이나 색의 변화를 가지는 복잡한 스펙트로그램으로 표시된다.

**02** **다음 ( ) 안에 들어갈 알맞은 내용은?**

> 벨연구소의 Kersta는 실험을 통해 목소리가 사람의 지문처럼 개인별로 독특한 특징을 가지고 있으며, 이를 통해 화자를 식별하는 경우 ( ) 이상의 정확도를 나타낸다는 연구 결과를 얻어 네이처(Nature)지에 발표하였다.

① 80%　　② 85%
③ 90%　　④ 99%

벨연구소의 Kersta는 실험을 통해 목소리가 사람의 지문처럼 개인별로 독특한 특징을 가지고 있으며, 이를 통해 화자를 식별하는 경우 (99%) 이상의 정확도를 나타낸다는 연구 결과를 얻어 네이처(Nature)지에 발표하였으며, 이를 계기로 많은 연구자들이 성문에 의한 화자식별의 신뢰성에 대하여 연구하기 시작하였다.

제4과목 보험조사론 II(실무)

정답 07 ③ 08 ② / 01 ③ 02 ④

## 2 발성자 식별 사례

**03** **성문분석에 대한 설명으로 옳지 않은 것은?**

① 남성과 여성은 성대의 길이에서부터 차이가 나므로 성문분석을 통해 어렵지 않게 구별해 낼 수 있다.
② 음성을 만들어내는 신체기관들이 나이에 따라서 노화되면서 발생하는 변화로 인하여 몇 살 가량의 사람인지 구분할 수 있다.
③ 기계적으로 변조된 파일도 쉽게 비교가 가능하고, 일치와 불일치 여부를 알 수 있다.
④ 음성은 지문이나 DNA와 비교하여도 개인 식별의 신뢰도가 매우 높다.

해설
음성은 나이에 따라서 변할 수 있기 때문에 한번 만들어지면 살아가면서 절대로 변하지 않는 지문이나 DNA에 비하여는 개인 식별의 신뢰도가 낮을 수밖에 없다.

**04** **발성자 식별 사례에서 추론할 수 있는 내용과 거리가 먼 것은?**

① 여자 목소리를 흉내내는 남자목소리도 구분할 수 있다.
② 동일한 기종의 자동차 엔진소리는 동일한 소음을 발생시킨다.
③ 기계의 소음을 통해서 소음을 발생시킨 동일한 기계를 찾아낼 수 있다.
④ 성문은 선척적인 특성과 발성습관에 의한 후천적인 특성이 조합되어 사람마다 다른 소리가 만들어진다.

해설
동일한 기종의 자동차 엔진소리라고 하여도 여러 가지 부품들의 조립과정에서 나사의 조임정도에는 차이가 발생할 수 있으며, 장시간 사용된 자동차의 경우에는 운전자의 운전습관이나 사용환경에 따라 부품들의 마모정도가 다르게 나타날 수 있는데, 이런 조건들이 소음을 다르게 만드는 요소이다.

## 3 성문을 통한 스트레스 분석

**05** **성문을 통한 스트레스 분석에 대한 설명으로 옳지 않은 것은?**

① 목소리의 분석은 음향의 동일성 분석 외에 심리상태를 파악할 수 있는 자료로도 사용된다.
② 사람들이 말을 할 때의 감정상태가 미세한 주파수의 변화로 나타난다는 사실을 바탕으로 이를 거짓말탐지나 용의자의 심문시에 참고할 수 있는 음성분석 프로그램이 개발되었다.

③ LVA는 기존의 폴리그래프와 동일하게 몸에 센서들을 부착한 상태로 진행하여야 한다.
④ LVA는 피검사자가 무엇을 말하는지, 어떤 언어로 말하는지와 관계없이 검사가 가능한데, 검사에서 중요한 것은 어떻게 말하느냐, 즉 음성에 포함된 주파수들이 어떤 형태인가이므로 피검사자의 언어, 종족, 문화에 관계없이 분석을 실시할 수 있다.

해설 LVA는 몸에 센서들을 부착하는 기존의 폴리그래프와 달리 비접촉 상태로 진행할 수 있는데, 검사관과 피검사자의 직접적인 면담 없이 전화통화나 녹음된 음성파일, TV에 방송되는 인터뷰의 음성파일을 이용해서 검사를 실시할 수 있고, 컴퓨터 분석을 통해 실시간으로 피검사자의 거짓말여부와 감정상태를 감시할 수 있다는 장점을 가지고 있다.

**06** **1995년 이스라엘의 (　　)은 언어와 문화와 관계없이 사람들의 감정에 따라 말소리에서 공통적인 주파수 패턴이 나타난다는 것을 알아내고 대화중에 발견된 특징적 패턴을 분석하여 감정상태를 가시적으로 나타내 보여줄 수 있는 프로그램을 개발하였다. 괄호 안에 들어갈 사람은 누구인가?**

① 리버맨　　② 롬브로소
③ 사피르(Sapir)　　④ 폴 에크먼

해설 1995년 이스라엘의 아미르 리버맨(Amir Lieberman)은 고도의 복잡한 프로토콜을 이용해서 정확도를 높인 전문 프로그램인 Layered Voice Analysis(LVA)를 개발하였다. 만일 말을 하는 사람이 어떠한 감정상태에 있다면 그 감정이 말을 만들어내는 여러 기관에 영향을 미치게 되는데, 리버맨은 언어와 문화와 관계없이 사람들의 감정에 따라 말소리에서 공통적인 주파수 패턴이 나타난다는 것을 알아내고 대화중에 발견된 특징적 패턴을 분석하여 감정상태를 가시적으로 나타내 보여줄 수 있는 프로그램을 개발하였다.

## 4 기타 음성음향학적 분석

**07** **다음 음성음향학적 분석에 대한 설명으로 옳지 않은 것은?**

① 남성 음성과 여성 음성은 음성의 높이가 다르므로 음성의 높이 측정에 의해 구별할 수 있다.
② 음성을 청취하여 목소리 주인공의 연령을 추정할 수 있다.
③ 언어는 주위 환경에 따라 많이 변화하기 때문에 처음 말을 배울 때 굳어진 발음상의 특징, 억양, 세기형태 등도 잘 변화하는 요소이다.
④ 지역적인 사투리를 쓰는 사람들은 많은 사람들이 목소리를 듣고 본인과 같은 고향 사람인지 여부를 쉽게 구별한다.



정답 03 ④ 04 ② 05 ③ 06 ① 07 ③

언어는 주위 환경에 따라 많이 변화하지만 처음 말을 배울 때 굳어진 발음상의 특징, 억양, 세기형태 등은 잘 변화하지 않는 요소이다.

## 08 녹음테이프의 인위적 편집여부를 판단하기 위한 검정으로 옳지 않은 설명은?

① 녹음테이프를 인위적으로 편집하게 되면 녹음기의 조작신호들이 녹음되거나 주위 잡음이 변화한다.

② 녹음 시작 및 정지 부분 이외에서 말이 끊어지는 부분이 생기게 되어 이런 것들의 스펙트로그램, 확대된 시간파형, 스펙트럼 등을 분석하여 편집 여부를 판단한다.

③ 녹음테이프에 기록된 자기 신호를 현상하여 편집 여부를 확인한다.

④ 녹음테이프가 편집되지 않은 것이 확인되더라도 녹음테이프의 증거 능력은 인정되지 않는다.

해설

제시된 녹음테이프에 녹음된 음성과 피녹음인의 음성이 일치하고 녹음테이프가 편집되지 않은 것이 확인되면 녹음테이프의 증거 능력은 인정된다.

## 09 기타 음성음향학적 분석에 대한 설명으로 옳지 않은 것은?

① 녹음된 자료 중에서 사람 음성 이외의 소리들(주변음)은 수사에 중요한 단서라 할 수 없다.

② 전화기 기계음 중 착신음과 종료음 분석으로 발신 전화가 일반 가정용 전화인지 공중전화인지를 확인할 수 있다.

③ 전화기 버튼음이 녹음된 경우 이 버튼음의 주파수분석으로 송신전화번호를 알 수 있다.

④ 녹음된 녹음테이프가 파손되거나 잡음이 음성과 같이 녹음되어 청취적으로 말을 확인하는 것이 어려운 경우 파손된 녹음테이프는 재생 가능한 녹음테이프로 다시 제작하고 스펙트럼 쉐이퍼, 음질개선 프로그램 등을 이용하여 음질을 개선시켜 미지의 말이 어떤 말인지 확인한다.

해설

녹음된 자료 중에서 사람 음성 이외의 소리들(주변음)은 수사에 중요한 단서를 제공해 줄 수 있는 주변 환경에 대한 정보를 제공해 줄 수 있다.

# 제4장 유리 파괴분석

## 1 충격에 의한 유리의 파손

**01** **현장의 유리를 파손형태에 따라 3가지로 구분할 수 있는데, 다음 중 해당되지 않는 것은?**

① 열적인 영향에 의한 파손
② 충격에 의한 파손
③ 폭발에 의한 파손
④ 절단에 의한 파손

현장의 유리를 파손형태에 따라 열적인 영향에 의한 파손, 충격에 의한 파손, 폭발에 의한 파손으로 구분할 수 있다.

**02** **충격에 의한 유리의 파손에 대한 설명으로 옳지 않은 것은?**

① 유리는 나름대로 탄성이 있으며, 충격을 받았을 때 그대로 깨어지기보다는 휘어지기 시작하다가 한계에 도달하면 장력을 받는 충격방향의 반대 부분부터 먼저 파손된다.
② 모든 유리 파편은 충격부위 반대 방향으로 날아간다.
③ 유리판이 충격을 받으면 충격지점으로부터 방사형 파손과 동심원 파손이 일어난다.
④ 동심원 파손은 충격 지점을 중심으로 동심원 형태를 구성하는 파손이고, 방사형 파손은 충격 지점에서 시작하여 주변으로 거미줄과 같이 방사형으로 뻗어나가는 형태의 파손이다.

대부분의 유리 파편은 충격부위 반대 방향으로 날아가지만, 동심원 파단부의 미세한 유리파편은 충격방향으로도 날아간다.

**03** **충격에 의해 유리가 파손될 때 동심원 파단면 및 방사형 파단면에는 물결 같은 일련의 곡선이 연속해서 만들어지는데, 이를 무엇이라 하는가?**

① 핫스팟
② 리플마크
③ 스키드마크
④ 고스트마크

유리판이 충격을 받으면 충격지점으로부터 거미줄과 같은 방사형태 파손과 동심원 형태의 파손이 일어난다. 파편은 충격지점에서 가까울수록 작고 멀수록 크다. 유리의 동심원 파단면 및 방사형 파단면에는 물결 같은 일련의 곡선이 연속해서 만들어지는데 이를 리플마크(riffle mark) 또는 패각상 파손흔이라고 부른다.

정답 08 ④ 09 ① / 01 ④ 02 ② 03 ②

## 04 충격에 의한 유리의 파손에 대한 설명으로 옳지 않은 것은?

① 원추형 파손흔적은 충격면의 반대로 휘어지면서 장력을 받을 때에 발생하는 파손흔적으로 충격면의 맞은편에 원추형으로 움푹 패는 외형이 나타나므로 이 흔적을 통해서도 충격방향을 판단할 수 있다.

② 동심원 파단면의 리플마크를 관찰하면 내측의 충격에 의해 깨진 것인지, 외측 충격에 의해 깨진 것인지를 어렵지 않게 구분할 수 있다.

③ 현장에 떨어진 유리조각을 조사할 경우 리플마크를 관찰하기 전에 유리창의 설치당시 내·외측을 구분하고 관찰하고자 하는 면이 동심원 파단면인지, 방사형 파단면인지를 확인하는 것이 중요하다.

④ 관찰하려는 면이 동심원 파단면인지 방사형 파단면인지 구분하기 어려운 유리조각의 리플마크는 가급적 지표로 사용하지 않아야 한다.

방사형으로 파손된 단면에는 전체적으로 동일한 형태의 리플마크가 나타난다. 따라서 방사형 파단면의 리플마크를 관찰하면 내측의 충격에 의해 깨진 것인지, 외측 충격에 의해 깨진 것인지를 어렵지 않게 구분할 수 있다. 반면, 동심원 파단면의 리플마크는 충격면에서는 직선방향이고 반대면으로 갈수록 옆으로 휘어지면서 유리면과 평행한 형태로 유지되는데 이때 2차, 3차의 동심원이 서로 굴절되면서 반복되므로 판단이 어렵다.

## 05 다음 글에 해당하는 것은?

> 이것은 부서지기 쉬운 유리와 같은 물질이 충격되었을 때 충격 지점으로부터 물질 내부로 힘이 전파되어 가는 형태를 말한다. 충격의 방향을 식별하는 데 매우 중요할 뿐 아니라 충격각도, 탄환의 입사각도를 분석하는 데에도 매우 유용한 지표가 된다.

① 동심원 파손흔적　　② 방사형 파손흔적

③ 리플마크(riffle mark)　　④ 헤르츠 원추(Hertzian cone)

헤르츠 원추(Hertzian cone)

이것은 부서지기 쉬운 유리와 같은 물질이 충격되었을 때 충격 지점으로부터 물질 내부로 힘이 전파되어 가는 형태를 말한다. 판유리와 같은 것이 충격되어 관통될 경우 충격부위는 이 같은 원추(원뿔, cone) 모양으로 파괴되어 충격의 방향을 식별하는 데 매우 중요할 뿐 아니라 파손 형태는 충격의 각도에 따라서 일정한 각도의 방사형으로 전파되기 때문에 충격각도, 탄환의 입사각도를 분석하는 데에도 매우 유용한 지표가 된다.

## 2 열에 의한 유리의 파손

**06 열에 의한 유리의 파단면으로 가장 옳은 것은?**

① 길고 구불구불 불규칙한 형태의 금이 발생한다.
② 거미줄과 같은 방사형태의 금이 발생한다.
③ 동심원과 같이 규칙적인 형태의 금이 발생한다.
④ 각 파편이 단독적으로 파단된다.

열에 의한 파손의 경우 길고 구불구불 불규칙한 형태의 금이 발생하며, 일부만 화염에 노출된 경우에는 해당 부분만 깨지기도 한다.

**07 열에 의해 유리가 깨지는 메커니즘을 설명한 것으로 옳지 않은 것은?**

① 창틀에 고정되어 있는 경우 유리와 창틀간 서로 다른 열팽창률이 발생한다.
② 직접적으로 열을 받는 내측과 그렇지 않은 외측간 서로 다른 열팽창률이 발생한다.
③ 화염이 미친 부분과 미치지 않은 주변간 서로 다른 열팽창률이 발생한다.
④ 복사열을 받는 중앙 부위와 창틀에 의해 보호되는 테두리 부위의 온도차이가 약 100℃ 가량 벌어질 경우 유리에 금이 가기 시작한다.

복사열을 받는 중앙부위와 창틀에 의해 보호되는 테두리부위의 온도차이가 약 70℃ 가량 벌어질 경우 유리에 금이 가기 시작한다.



## 3 폭발에 의한 유리의 파손

**08 유리 파괴분석에 대한 설명으로 옳지 않은 것은?**

① 열에 의한 파손의 경우 길고 구불구불 불규칙한 형태의 금이 발생하며, 일부만 화염에 노출된 경우에는 해당 부분만 깨지기도 한다.
② 충격에 의한 파손과 열에 의한 파손은 균열형태와 파단면의 흔적 관찰을 통해서 어렵지 않게 구분할 수 있다.
③ 유리표면에 발생하는 작은 금에 의한 복잡한 형태의 균열흔적인 크레이즈드 글라스는 유리 한쪽면의 급격한 가열에 의해 발생하는 것으로 실험을 통해 밝혀졌다.
④ 폭발에 의한 유리의 파단형태는 대부분 방사형태보다는 평행선에 가까운 모습을 나타내고 충격에 의한 파단시 발생하는 비교적 균일한 동심원 형태의 파단은 일어나지 않으며, 각 파편이 단독적으로 파단된다.

정답 04 ② 05 ④ 06 ① 07 ④ 08 ③

유리표면에 발생하는 작은 금에 의한 복잡한 형태의 균열흔적을 크레이즈드 글라스(crazed glass)라고 하는데, 유리 한쪽면의 급격한 가열에 의해 발생하는 것으로 알려져 촉진제 사용 여부에 대한 논란을 낳았으나, 실험을 통해 급격한 가열이 아닌 급격한 냉각에 의해 만들어지는 것으로 확인되었으며, 화재현장에서는 대부분 소화수 등에 의해 한쪽 면이 급격히 냉각되면서 발생한다.

**09** **폭발에 의한 유리의 파손에 대한 설명으로 옳지 않은 것은?**

① 어느 한쪽에 파괴기점이 발생한 결과로 발생한다.
② 파단형태는 대부분 방사형태보다는 평행선에 가까운 모습을 나타내고 충격에 의한 파단시 발생하는 비교적 균일한 동심원 형태의 파단은 일어나지 않는다.
③ 폭발에 의한 파손과 충격에 의한 파손은 유리파단면의 형태가 확연히 구분가능하다.
④ 화재이후 폭발이 발생하였다면 멀리 비산된 파편에 그을음이 부착되어 있을 가능성이 높다.

폭발에 의한 유리의 파손은 어느 한쪽에 파괴기점이 발생한 결과로 발생하는 것이 아니라 폭발시 발생하는 압력파가 유리창 전면적에 영향을 미친 결과로 발생한다.

## 4 유리파편의 그을음 부착

**10** **화재현장에서 유리파면의 안쪽 면을 살펴 그을음의 부착 여부를 확인하는 이유로 가장 옳은 것은?**

① 유리의 충격 방향을 판단하는데 유용하다.
② 2차 폭발이 있었는지 여부를 판단하는데 유용하다.
③ 유리와 접한 부분의 화염온도를 추정할 수 있다.
④ 화재전 외부인의 침입여부나 물리적인 손괴 여부를 판단하는데 유용하다.

유리파편이 바닥에 쏟아져 있을 때 바닥을 접하고 있는 유리파편의 안쪽 면은 그을음 등으로부터 보호될 수 있다. 따라서 유리파편 안쪽 면을 살펴 화재 이후 유리가 깨진 것인지 유리가 깨지고 나서 화재가 발생한 것인지 여부를 판단할 수 있다. 이러한 판단은 화재전 외부인의 침입여부나 물리적인 손괴 여부를 판단하는데 있어서는 유용하게 사용될 수 있다.

## 5 파괴에 대한 외력의 순서

**11** 유리창문의 파괴선 A~C가 다음 그림과 같을 때, 외력에 의한 파괴선의 발생순서가 맞는 것은?

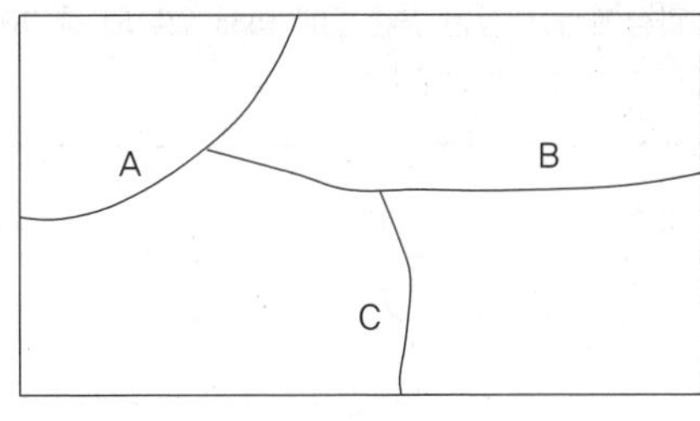


① A → B → C　　② A → C → B
③ B → C → A　　④ C → B → A

각 파괴선은 서로 만나는 지점에서 더 이상 진행되지 못한 채 파괴가 멈춘 것을 볼 수 있다. 이 부분의 패턴을 분석하여 파괴선의 발생 순서를 판단해 보면, A와 B의 관계는 B가 진행하다가 A에 막혀 파괴가 멈춘 것이므로 A가 B보다 먼저 발생하였다. B와 C의 관계는 C가 진행하다가 B에 막혀 파괴가 멈춘 것이므로 B가 C보다 먼저 발생하였다. 따라서 발생순서는 A → B → C이다.



**12** 유리창문의 파괴선이 다음 그림과 같을 때, 가장 올바른 추론은?

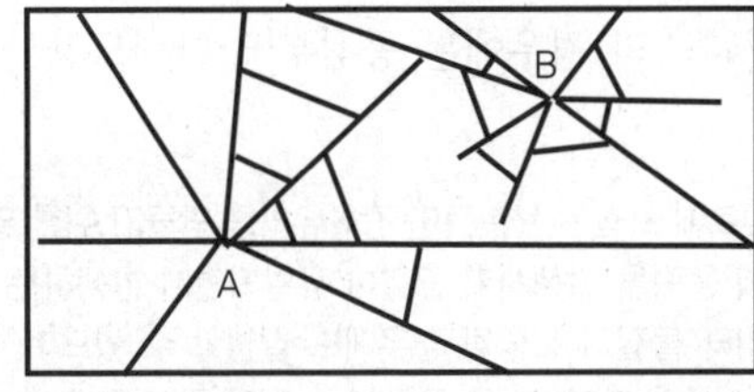


① 열에 의해 파괴된 후 충격에 의해 파괴되었다.
② 한 번의 충격으로 동시에 파괴되었다.
③ 두 번의 충격이 작용하였고, A충격 이후 B충격에 의해 2차적으로 파괴되었다.
④ 두 번의 충격이 작용하였고, B충격 이후 A충격에 의해 2차적으로 파괴되었다.

2개의 파괴기점을 갖는 동심원 파손과 방사형 파손이 함께 발생하였으므로 두 번의 충격에 의해서 파괴되었음을 의미한다. 또한 A충격지점에 방사되는 파쇠선이 B의 파손을 가로지르지 못한 상태로 경계에 멈춰있기 때문에 B충격이 먼저 발생하고 A충격이 발생하였다는 것을 알 수 있다.

정답 09 ① 10 ④ 11 ① 12 ④

## 6 자파현상

**13** **다음 ( ) 안에 들어갈 알맞은 내용은?**

> 강화유리가 생성과정에서 포함된 불순물에 의해 외부의 충격이나 열이 없는 상태에서 스스로 파괴되는 현상을 (     )이라고 한다.

① 글레이즈드 글래스
② Hertizian cone
③ 자발파괴현상
④ 리플마크

해설 강화유리가 생성과정에서 포함된 불순물에 의해 외부의 충격이나 열이 없는 상태에서 스스로 파괴되는 현상을 **자파현상** 또는 **자발파괴현상**이라고 한다.

**14** **자파현상에 대한 설명으로 옳지 않은 것은?**

① 강화유리가 주로 황화니켈에 의해 스스로 파괴되는 현상을 말한다.
② 유리원료에 포함된 불순물이나 이물질로 인해 발생하는 경우가 많다.
③ 외부의 충격이나 열에 의해 많이 발생한다.
④ 불순물에 의한 파괴의 경우에는 중심부에 나비모양이 관찰된다.

해설 자파현상은 유리 원료에 포함된 불순물이 강화유리를 만들기 위한 열처리 과정에서 수축했다가 다시 팽창하면서 유리 내부에 응력을 발생시켜 균열이 유발되면서 발생하는 것이다. 자파현상은 주로 황화니켈에 의해 발생하지만 기타 물질이 포함될 경우에도 발생할 수 있으며, 유리의 내부에 유리와 다른 팽창률을 가진 이물질은 무엇이든지 자파현상을 유발할 수 있다. 불순물에 의한 파괴의 경우에는 불순물의 결정 입자를 중심으로 방사형태의 균열이 발생한다. 이 때 다른 원인에 의한 파괴형태와 다른 점은 파괴가 시작된 중심부에 나비모양이 관찰된다는 것이다. 이 나비형태를 이루는 한 쌍의 파편은 주변의 다른 부위의 파편에 비하여 크기가 크고 6각형의 모습을 나타내는 것이 특징이다.

# 제5장 지 문

## 1 범죄현장의 지문감식

**01** **지문(fingerprint)에 대한 설명으로 옳지 않은 것은?**

① 지문의 형태는 궁상문, 제상문, 와상문의 3종류로 구분된다.
② 범죄현장에 남겨진 지문은 압착지문, 현재지문, 잠재지문으로 구분된다.
③ 궁상문은 말발굽 모양으로 형성된 지문이고, 제상문은 활모양으로 형성된 지문을 말하며, 와상문은 중심부 융선이 와상선으로 형성된 지문을 말한다.
④ 지문의 융선은 변하지 않기 때문에 점, 개시점, 종지점, 분기점, 접합점, 도형선, 삼각도, 단선 등의 특징을 분류하여 개인식별에 활용하고 있다.

해설

궁상문은 **활모양으로 형성된 지문**이고, 제상문은 **말발굽 모양으로 형성된 지문**을 말하며, 와상문은 중심부 융선이 **와상선으로 형성된 지문**을 말한다.



**02** **만일 범죄현장에서 범인의 것으로 의심되는 지문이 발견될 경우 이것을 사용하면 매우 빠르게 누구의 지문인지 비교·검색할 수 있다. 이것은 무엇인가?**

① AFIS ② AIRS
③ AFRS ④ ASRS

① 만일 범죄현장에서 범인의 것으로 의심되는 지문이 발견될 경우 현장의 지문을 지문자동검색시스템(AFIS, Automated Fingerprint Identification System)의 데이터베이스와 비교·검색해서 누구의 지문인지 찾아낼 수 있다.
② AIRS : 자동홍채인식시스템(Automatic Iris Recognition System)
③ AFRS : 자동얼굴인식시스템(Automatic Face Recognition System)
④ ASRS : 자동음성인식시스템(Automatic Speech Recognition System)

## 03 반쯤 녹기 시작한 부드러운 초콜릿을 잡았을 때 초콜릿 표면에 남는 손자국과 같이 지문 융선의 음양이 3차원적인 형태로 찍혀 나타나는 지문 종류는?

① 현재지문(visible fingerprint)
② 잠재지문(latent fingerprint)
③ 현출지문(developed fingerprint)
④ 압착지문(impression fingerprint)

현장에 남겨진 지문은 압착지문, 현재지문, 잠재지문의 3가지 종류로 구분된다. 4지선다형 문항을 구성하기 위해 현출지문을 추가하였는데, 잠재지문을 현출기법에 의해 눈으로 확인할 수 있도록 현출된 지문을 현출지문이라고 정의할 수 있을 것이다. 융선의 음양이 3차원적인 형태로 찍혀 나타나는 지문은 압착지문(impression fingerprint)이다.

## 04 범인의 손에 묻었던 혈흔이나 검댕이 등의 물질이 다른 물체에 부착되어 특별히 별도의 작업을 하지 않아도 눈으로 확인할 수 있는 지문 종류는?

① 잠재지문(latent fingerprint)
② 현재지문(visible fingerprint)
③ 표준지문(master fingerprint)
④ 압착지문(impression fingerprint)

② 현재지문 : 혈액, 페인트, 잉크와 같이 색을 보유한 물질에 접촉한 후 증거물에 유류되어 육안 확인이 가능한 지문이다.
① 잠재지문 : 육안으로 확인할 수 없고 눈에 보이지 않는 지문으로, 이를 확인하려면 여러 가지 현출기법을 요한다. 잠재지문이 증거물에 찍히는 원리는 신체에서 분비되는 땀과 같은 분비물이 도장을 찍을 때 도장면에 찍는 인주(도장밥)와 같은 역할을 하기 때문이다.
③ 표준지문(표준잠재지문) : 잠재지문의 현출기법을 위한 연구나 실험에서는 많은 비교실험을 요하는데, 이 경우 비교대상이 되는 표준적인 잠재지문이 필요하다.
④ 압착지문 : 비누, 왁스와 같은 부드러운 증거물에 압착 유류되는 지문이다.

## 05 범죄현장에서 육안으로 쉽게 발견되는 지문의 종류는?

① 현재지문, 압착지문
② 잠재지문, 현재지문
③ 압착지문, 잠재지문
④ 표준지문, 비교지문

범죄현장에서는 조금만 주의를 기울이면 압착지문이나 현재지문을 쉽게 발견할 수 있다. 그러나 맨손으로 만진 대상물체의 지문은 눈으로 확인할 수 없어 현장감식요원들은 눈으로 보이지 않는 잠재지문을 드러내는 작업을 하며, 이러한 작업을 잠재지문의 현출(development of latent fingerprint)이라고 한다.

## 06 잠재지문을 현출하는 방법에 대한 설명으로 가장 옳지 않은 것은?

① 지문현출기법은 크게 물리적, 화학적, 생물학적 방법으로 구분할 수 있다.
② 지문현출의 물리적 방법은 분말을 사용한다.
③ 지문현출의 화학적 방법은 지문성분인 아미노산, 지방 등의 성분과 화학적으로 반응하여 발색을 나타내도록 하는 시약들을 이용하여 현출하는 방법이다.
④ 현출 작업시 과도하게 많은 분말이 붓에 묻은 상태로 표면을 터치하거나 압력을 가하는 경우 지문이 소실되는 경우가 있다.

해설

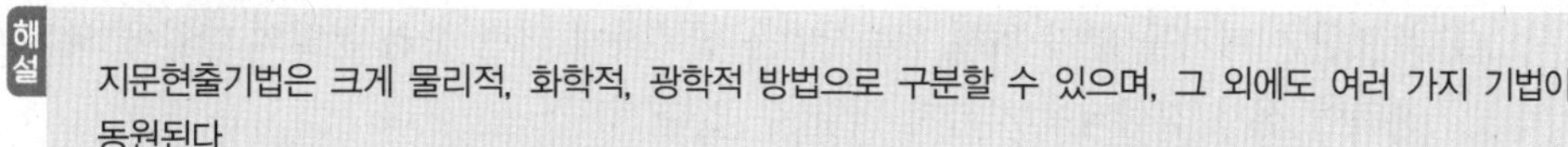

지문현출기법은 크게 물리적, 화학적, 광학적 방법으로 구분할 수 있으며, 그 외에도 여러 가지 기법이 동원된다.

## 07 눈으로 보이지 않는 미세한 3차원의 요철부분에 더욱 미세한 분말을 도포함으로써 그 형태가 드러나게 하는 지문현출기법은?

① SPR법　② 분말법
③ CA훈증법　④ 닌하이드린법

분말법은 「CSI 과학수사대」 미국 드라마나 영화 속의 범죄현장을 통해서 자주 볼 수 있는 것으로, 현장감식요원이 붓을 들고 증거물에 미세한 분말을 칠하여 잠재지문을 현출하는 기법이다.



정답 03 ④ 04 ② 05 ① 06 ① 07 ②

## 08 분말법은 지문현출기법 중 어떠한 방법에 해당하는가?

① 물리적 방법
② 화학적 방법
③ 광학적 방법
④ 기계적 방법

유리와 같이 매끈한 표면을 손으로 만졌을 때에는 땀 성분 중 수분이 증발된 이후에도 미량의 분비물들이 그대로 융선을 따라 남게 된다. 이러한 미량의 물질들이 그대로 건조되면 미세한 3차원의 요철형태를 남기는데, 이러한 지문은 여러 가지 물리적 방법을 사용하여 현출할 수 있다. 물리적 방법 중 가장 대표적인 것이 분말법이다.

## 09 범죄현장의 지문감식에 관한 설명으로 옳지 않은 것은?

① 별도의 현출기법을 사용하지 않고 범죄현장에서 육안으로 쉽게 발견할 수 있는 지문은 압착지문과 현재지문이다.
② 동전을 얇은 종이로 덮고 연필로 문질렀을 때 종이 위로 동전 문양이 그대로 드러나는 이치를 이용한 것이 분말법이다.
③ 사건현장의 지문은 범인도 모르는 사이 남게 된 지문으로 이들은 대부분 뚜렷하고 그 형태도 완벽하기 때문에 분말법으로 쉽게 현출해낼 수 있다.
④ 뚜렷한 이미지를 얻기 위해 현출작업을 반복하게 되면 붓과 분말의 마찰에 의해 미세한 흔적이 점차 침식되어 사라져 버릴 수 있다.

사건현장의 지문은 범인도 모르는 사이 남게 된 지문으로 이들은 대부분 뚜렷하지 않으며, 그 형태도 완벽하지 않기 때문에 아무 물체나 분말을 묻혀 붓으로 칠한다고 해서 지문을 현출해낼 수 있는 것이 아니다.

### 2 지문의 검색

**10** **우리나라 AFIS(자동지문검색시스템)에 대한 설명으로 옳지 않은 것은?**

① 대한민국 성인들의 각 지문 이미지 특징점을 입력하여 데이터베이스를 구축한 시스템이다.
② 현장에서 발견된 지문의 특징을 AFIS 데이터베이스에서 검색할 경우 빠른 시간 안에 동일인을 확인해서 매우 명료한 상태로 "Match(일치)" 메시지를 표시해 준다.
③ 지문을 통한 동일한 감정에 있어서 비교의 기준이 되는 것은 지문의 특징점이다.
④ 특징점은 융선의 특징적인 부분, 즉 선이 끊어지고, 시작되고, 합쳐지고, 분리되는 지점 등을 점을 찍어 표시한 것을 말한다.

해설 현장에서 발견된 지문의 특징을 AFIS 데이터베이스에서 검색할 경우 등록된 지문들이 유사도 순으로 나열되어 나타난다. 미국 드라마 CSI에서는 AFIS가 지문의 일치 여부를 보여주는데, 현실에서는 단지 유사한 지문을 순위별로 나열해 줄 뿐 이에 대한 감정은 역시 책임 있는 감정인이 직접 개입할 수밖에 없다.

**11** **우리나라 AFIS(자동지문검색시스템)에서는 일치하는 특징점이 몇 개 이상 발견될 경우 동일인으로 감정하는가?**

① 8개 ② 10개
③ 12개 ④ 14개

해설 두 개의 지문을 동일인의 것으로 감정하기 위해서는 일정한 개수 이상의 특징점이 서로 일치되어야 하는데 국내의 경우에는 일치하는 특징점이 12개 이상 발견될 경우 동일인으로 감정한다.

**12** **미국 FBI의 경우 동일인으로 감정하기 위해 일치해야 하는 특징점은 몇 개이며, 그 확률은 얼마인가?**

① 8개, 1천만분의 1 ② 12개, 1천만분의 1
③ 8개, 1억분의 1 ④ 12개, 1억분의 1

해설 미국 FBI는 특징점 8개가 일치할 것을 요구하고 있는데, 지문에서 8개의 특징점이 일치할 수 있는 확률은 1억분의 1이다.

정답 08 ① 09 ③ 10 ② 11 ③ 12 ③

## 13 AFIS(자동지문검색시스템)에 대한 설명으로 옳지 않은 것은?

① AFIS에는 지문이미지를 입력하면 프로그램을 통해 자동으로 특징점을 찾아 지정하는 기능이 있지만 전문가가 직접 하는 것에 비하면 정확도가 매우 떨어진다.

② AFIS는 특징점에 대한 대략적인 지정 결과만 보여주므로 전문가의 교정과 정확도에 대한 확인이 필요하다.

③ 지정된 특징점의 정확도가 높고 그 수가 많을수록 검색된 데이터 목록은 더욱 높은 정확도를 가진다.

④ AFIS 데이터베이스 검색 결과, 컴퓨터 검색목록상 1순위는 범인의 지문으로 보아도 무방할 정도로 정확도가 높다.

해설

AFIS 데이터베이스 검색 결과는 유사한 지문을 순위별로 나열해 줄 뿐 이에 대한 감정은 역시 책임 있는 감정인이 직접 개입할 수밖에 없다. 컴퓨터 검색목록상 1순위에 있다고 해서 그것이 범인의 지문이라고 단정할 수는 없다.

### 3 유류지문 데이터베이스

## 14 유류지문 데이터베이스에 대한 설명으로 옳지 않은 것은?

① 범죄현장에 남겨진 지문을 유류지문이라고 한다.

② 현출지문이 AFIS에서 검색되지 않아 신원을 확인하지 못하는 경우에는 그 현출지문은 반드시 폐기하여야 한다.

③ 유류지문의 융선이 비교적 선명해서 신원을 확인할 수 있을 것으로 예상되는 경우에도 AFIS 데이터베이스 내에서 동일한 지문이 검색되지 않는 경우가 종종 발생하는데, 이 경우 대부분은 아직 주민등록을 하지 않은 미성년자이거나 불법으로 밀입국한 외국인인 것으로 추정해 볼 수 있다.

④ 경찰은 유류지문을 영구적으로 보존하면서 기간을 두고 여러 차례에 걸쳐 재검색을 실시하기 때문에 차후에라도 미성년자인 범인이 성년이 되어 주민등록을 하거나, 다른 범죄로 검거되어 지문을 등록하였을 때 검색이 가능하다.

해설

현출지문이 AFIS에서 검색되지 않아 신원을 확인하지 못하는 경우에도 이러한 유류지문들은 별도의 데이터베이스로 기록·관리된다. 예컨대, 여러 절도 현장에서 수집된 유류지문이 동일한 경우에는 각 절도 사건이 동일한 범인에 의한 일련의 범죄라는 것을 증명할 수 있으므로 이러한 유류지문 데이터베이스는 매우 유용한 수사수단이 되기 때문이다.

## 15 다음 사례에서 1995년도 사건 발생시 범인 김○○의 지문이 검색되지 않은 이유는?

> 1995년 어느 여름 새벽에 서울 동대문의 한 여관에 강도가 침입하여 내실에서 잠을 자고 있던 여주인이 흉기에 의해 무참히 살해되는 사건이 발생하였다. 물건들에서 현출된 뚜렷한 지문은 감식요원들에게 범인의 지문일 것이라는 확신을 갖게 하였지만, AFIS 검색에서 일치하는 자료를 발견할 수 없었다. 사건이 발생한 지 7년이 경과된 2001년에 경찰청 과학수사센터에서는 당시 현장에서 발견되었던 유류지문에 대해 또 다시 검색을 시도하였으며, 당시의 지문은 23살 김○○의 지문과 일치하는 것을 발견할 수 있었다.

① 우리나라 AFIS는 서구 선진국에 비해 그 정확도가 많이 떨어지기 때문이다.
② 우리나라 지문 감식요원들의 감식능력이 다른 나라들에 비해 많이 떨어지기 때문이다.
③ 우리나라는 범죄 전과자들만 지문을 등록하는데, 범인 김○○는 초범이었기 때문이다.
④ 1995년도에 범인 김○○는 미성년자로 주민등록이 되어 있지 않았기 때문이다.

이 사례는 범죄가 발생하였던 1995년도에 범인 김○○는 고등학교 1학년생으로 또래의 친구들과 함께 유흥비를 마련하기 위해 강도행각을 저질렀는데 당시에는 미성년자로 주민등록이 되지 않았던 상태라서 지문의 융선이 뚜렷하였지만 신원이 확인되지 않았던 것이다.



정답 13 ④ 14 ② 15 ④

# 제6장 DNA

## 1 DNA 개인 식별

**01** **DNA 개인 식별방법에 대한 설명으로 옳지 않은 것은?**

① DNA는 지문에 버금가는 뛰어난 개인 식별 방법이다.
② 일란성 쌍둥이의 경우에도 DNA로 구별할 수 있다.
③ DNA를 분석할 수 있는 생체시료를 생물학적 증거물이라고 한다.
④ 범인의 DNA가 피해자나 범행장소에서 발견된다면 범인과 피해자 사이에 어떤 접촉관계가 있었음을 증명하는 증거가 된다.

해설 일란성 쌍둥이는 DNA가 동일하므로 DNA로는 식별할 수 없다.

**02** **개인 식별을 위한 DNA 검사방법으로 가장 거리가 먼 것은?**

① 핵 DNA 분석 ② 체세포 DNA 분석
③ Y염색체 DNA 분석 ④ 미토콘드리아 DNA 분석

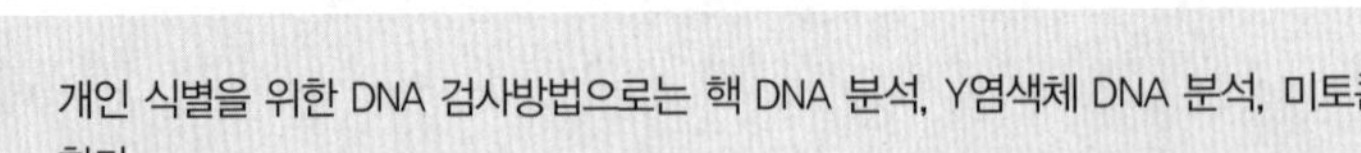

해설 개인 식별을 위한 DNA 검사방법으로는 핵 DNA 분석, Y염색체 DNA 분석, 미토콘드리아 DNA 분석을 사용한다.

**03** **DNA 개인 식별에 대한 설명으로 옳지 않은 것은?**

① 성염색체 중 X염색체는 부계를 통해서만 유전되며 모계의 영향을 받지 않는다.
② 타액, 정액, 땀, 혈액, 피부, 장기, 근육, 뼈, 머리카락 등 인체를 구성하는 모든 것은 세포로 구성되어 있고 세포 내에는 DNA가 포함되어 있다.
③ 범죄현장에서 채취된 DNA가 범인의 것이라고 할지라도 단지 DNA가 일치한다는 것만으로 유죄의 단정적 증거로써 사용할 수는 없다.
④ DNA 감정 결과가 일치하는 것은 범인일 확률이 매우 높다는 것을 의미하지만 범인이 아닌 경우에도 우연히 동일한 DNA형을 가질 수 있다.

성염색체 중 <u>**Y염색체**</u>는 부계를 통해서만 유전되며 모계의 영향을 받지 않는다.

**04** **DNA 개인 식별에 대한 설명으로 옳지 않은 것은?**

① 범인이 사는 곳이나 이름을 알 수 없는 경우에도 남성 사이에 이어지는 Y염색체 분석을 통해서 범죄현장에 남겨진 남성유전자의 성씨(Family name)를 알아 낼 수도 있다.

② DNA은 탁월한 개인 식별 방법이지만 범인이 남자인지, 여자인지 알 수는 없다.

③ 살인사건 피해자의 옷에서 피해자 외의 다른 사람의 혈액이 발견된 경우에는 피해자를 살해한 사람도 상처를 입었다고 추측할 수 있다.

④ 2명이 타고 가던 차가 교통사고가 발생하였을 경우에 운전자는 사고당시 전면 유리창에 머리를 충격하였을 것이므로 이곳에 남겨진 DNA를 채취해 검사하면 누가 운전자인지 쉽게 해결할 수 있다.

DNA은 유전에 의한 정보를 모두 가지고 있기 때문에 분석을 통해서 범인의 성별, 인종, 눈동자, 머리카락색, 유전적 질병이나 질환 여부도 확인할 수 있다.

## 2 DNA 프로필

**05** **DNA 분석 결과에 대한 설명으로 옳지 않은 것은?**

① DNA 프로필을 비교하여 일치하면 일단 동일인으로 판단한다.

② 1~2종류 유전자마커가 일치하면 일단 동일인으로 판단한다.

③ 단 한가지라도 DNA형이 다르면 동인인 아니라고 100% 확신할 수 있다.

④ 사람은 22쌍의 상염색체와 2쌍의 성염색체를 합쳐 46개의 염색체로 되어 있다.

1~2종류 유전자마커가 일치한다고 하여 성급하게 동일인으로 판단해서는 안 된다. 용의자, 혹은 피해자와 우연히 동일한 DNA형을 지니는 사람이 존재할 가능성이 있기 때문이다.

유전자마커(genetic marker)
유전자마커란 종(種)이나 개별 개체를 구별할 수 있는 염색체상의 특정 유전자나 DNA sequence를 말한다.

제4과목 보험조사론 II(실무)

정답 01 ② 02 ② 03 ① 04 ② 05 ②

## 06 범죄수사에서 DNA형 분석 과정을 순서대로 열거한 것은?

| | |
|---|---|
| ㉠ 수사기관의 증거물 의뢰 | ㉡ DNA 추출 및 분리 |
| ㉢ 증거물에서 검체채취 | ㉣ 전기영동분석 |
| ㉤ 중합효소연쇄반응(PCR) | ㉥ DNA프로필 판정 |
| ㉦ 개인식별(일치확률) 산출 | ㉧ 감정서 작성 |

① ㉠ - ㉡ - ㉢ - ㉣ - ㉤ - ㉥ - ㉦ - ㉧
② ㉠ - ㉢ - ㉡ - ㉤ - ㉣ - ㉥ - ㉦ - ㉧
③ ㉠ - ㉢ - ㉡ - ㉣ - ㉤ - ㉥ - ㉦ - ㉧
④ ㉠ - ㉢ - ㉡ - ㉣ - ㉤ - ㉥ - ㉧ - ㉦

범죄수사에서 DNA형 분석 과정
1. 수사기관의 증거물 의뢰
2. 증거물에서 검체채취
3. DNA 추출 및 분리
4. 중합효소연쇄반응(PCR)
5. 전기영동분석
6. DNA프로필 판정
7. 개인식별(일치확률) 산출
8. 감정서 작성

### 3 DNA 증거물 채취

## 07 DNA 증거물의 의뢰방법에 대한 설명으로 옳지 않은 것은?

① 증거물을 의뢰할 때는 현장 증거물과 함께 피해자와 용의자, 사건관련자들의 혈액, 구강세포, 모발 등 대조증거물을 의뢰해야 한다.
② 모든 증거물은 따로따로 분리하여 종이봉투나 박스로 포장해야 한다.
③ 반드시 혈액응고방지제가 든 튜브에 담아 밀봉하여 의뢰해야 한다.
④ 실험에 필요한 양은 약 10mL이다.

실험에 필요한 양은 약 3mL이다.

**08** **DNA 증거물의 채취방법에 대한 설명으로 옳지 않은 것은?**

① 증거물은 대부분 인체에서 유래된 조직으로 부패하기 쉬운 물질이 많기 때문에 신속하게 감정을 의뢰해야 한다.

② 증거물의 채취과정 및 상황을 명확히 기록하고 사진촬영을 하는 것이 중요하다.

③ DNA 감식기술의 발달로 매우 적은 양의 DNA가 존재하는 시료에도 DNA 프로필의 확인 가능하게 됨으로써 수사관들의 증거물 채취과정에서 오염문제는 크게 우려할 사항이 아니다.

④ 수사관과 실험실요원 등 감정물에 직·간접적으로 접근할 수 있는 사람들의 DNA 프로필을 미리 데이터베이스화 하여 배제하는 방법을 적용하고 있다.

가장 일반적으로 일어날 수 있는 시료 오염의 문제는 사건현장에서 수사관들이 증거물 채취규정을 지키지 않고 부주의할 때 일어난다.



정답 06 ② 07 ④ 08 ③

# 제7장 혈흔형태 분석

## 1 혈흔형태 용어

**01** **혈흔형태는 수동혈흔, 전이혈흔, 분출 및 충격혈흔의 3가지로 나눌 수 있다. 다음 중 수동혈흔에 포함되지 않는 것은?**

① 응고혈흔　② 낙하혈흔
③ 묻힌혈흔　④ 고인혈흔

혈흔형태
- 수동혈흔 : 응고혈흔, 낙하혈흔, 흐름혈흔, 고인혈흔
- 전이혈흔 : 닦인혈흔, 묻힌혈흔, 형태전이혈흔, 일반접촉혈흔
- 분출 및 충격혈흔 : 비산혈흔, 다량분출혈흔, 이탈혈흔, 동맥선상분출혈흔

**02** **혈흔형태에 대한 설명으로 옳지 않은 것은?**

① 낙하혈흔 – 사람으로부터 낙하한 비산혈흔 혹은 혈액 묻은 물체로부터 낙하한 혈흔
② 이탈혈흔 – 운동 중에 있거나 갑자기 운동을 멈춘 물체로부터 혈액이 이탈됨으로써 생성되는 혈흔
③ 선상분출혈흔 – 혈액의 발혈부가 외력에 의해 부서져 생성된 작은 혈액방울들이 방사형 형태로 나타나는 경우
④ 호기혈흔 – 입이나 코 또는 호흡기에서 압력으로 분출되어 생성되는 비산혈흔

- 선상분출혈흔 : 혈액이 압력에 의해 분출되어 생성되는 혈흔으로 동맥이나 심장이 파열될 때 잘 나타남
- 충격비산혈흔 : 혈액의 발혈부가 외력에 의해 부서져 생성된 작은 혈액방울들이 방사형 형태로 나타나는 경우

**03** **혈흔형태에 대한 설명으로 옳지 않은 것은?**

① 흡수혈흔 – 의류와 같은 물체에 흡수된 혈흔
② 흐름혈흔 – 중력의 영향으로 인한 혈액덩어리의 움직임
③ 전방비산혈흔 – 망치로 바닥에 고인 혈액을 내리치는 경우 전방으로 튀는 혈흔
④ 묻힌혈흔 – 표면이 이미 존재하는 혈흔에 물체가 움직이면서 생성된 혈흔

해설
- 닦인혈흔 : 표면이 이미 존재하는 혈흔에 물체가 움직이면서 생성된 혈흔
- 묻힌혈흔 : 혈액 묻은 물체에서 다른 물체로 혈액의 전이에 의해 생성된 혈흔

## 2 혈흔형태 분석

**04** **타원형 혈흔에서 발혈부위 추정에 대한 설명이다. 옳지 않은 것은?**

① 혈흔형태 분석의 최종 목표는 공간상에서 발혈점을 찾는 것이다.
② 혈흔의 방향성이 타원형의 장축방향이라면 자혈흔이 나타나는 방향이 발혈점이 된다.
③ 혈흔의 장축을 연결하면 발혈부를 찾을 수 있다.
④ 각 혈흔은 타원형으로 나타나고 있으므로 각 타원의 장축과 단축을 측정하면 충돌각도, 즉 평면과 이루는 각을 구할 수 있고 이 선을 연결할 경우 공간상에서 발혈점을 찾을 수 있다.

해설
혈흔의 방향성이 타원형의 장축방향이라면 자혈흔이 나타나는 **방향과 반대쪽**이 발혈점이 된다.

**05** **타원형 혈흔형태 분석에서 각 혈흔의 충돌각도를 산출하는 식으로 옳은 것은?**

① $\sin^{-1}(\frac{단축}{장축})$ ② $\sin(\frac{단축}{장축})$
③ $\sin^{-1}(\frac{장축}{단축})$ ④ $\sin(\frac{장축}{단축})$

해설
충돌각도
$\sin^{-1}(\frac{단축}{장축})$

정답 01 ③ 02 ③ 03 ④ 04 ② 05 ①

# 제8장 화재패턴

## 1 화재기초이론

**01** **화재패턴(Fire Patterns)에 대한 설명으로 옳지 않은 것은?**

① 그을음, 고온가스, 열기, 화염 등에 의해 탄화, 소실, 변색, 용융 등의 형태로 손상된 물질의 형상을 말한다.

② 미국 국제화재예방협회(NFPA 921)는 화재패턴을 화재 후에 남아 있는 것으로 눈으로 볼 수 있으며, 측정할 수 있는 화학적인 반응들이라고 정의한다.

③ 화재조사관들은 화재 현장의 기록들을 분석해서 불길의 방향과 강도 등을 추정하고 발화부를 찾는 작업을 하므로 화재패턴을 발화부의 이정표라고도 한다.

④ 화염과 연기 등에 의해 남겨진 화재패턴의 추적은 화염과 연기의 이동에 대한 기본적인 화재역학 메커니즘을 이해하고 있어야 가능하다.

해설

미국 국제화재예방협회(NFPA 921)는 화재패턴을 화재 후에 남아 있는 것으로 눈으로 볼 수 있으며, 측정할 수 있는 물리적인 효과들이라고 정의한다.

**02** **다음 중 연소의 3요소에 해당하지 않는 것은?**

① 산화제 ② 가연물

③ 점화원 ④ 연쇄반응

공기(산화제), 타는 물질(가연물), 불을 붙이는 것(점화원)을 연소의 3요소라고 한다.

**03** **화재역학에서 열전달에 대한 설명으로 옳지 않은 것은?**

① 열전달은 물질 사이에 열의 이동과정을 말하는 것으로 전도, 대류, 복사로 분류된다.

② 전도는 금속 막대의 한쪽 끝을 가열하면 일정시간이 지난후 반대쪽의 온도가 올라가는 형상이다.

③ 대류는 기체 또는 액체의 온도가 높아질수록 밀도가 커지고 무거워지기 때문에 아래쪽으로 내려오고 주위에 있던 부분이 위쪽으로 올라가면서 열이 전달되는 현상이다.

④ 복사는 열을 옮기는 매질이 없어도 순간적으로 열이 전달되는 현상이다.

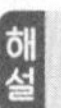

대류는 기체 또는 액체의 온도가 높아질수록 밀도가 작아지고 가벼워지기 때문에 위쪽으로 올라오고 주위에 있던 부분이 아래쪽으로 내려오면서 열이 전달되는 현상이다.

## 2 화재패턴을 통한 화염과 연기의 이동 판단

**04** **화재 현장에서 화재조사관들이 화재패턴을 분석하는 가장 중요한 목적은 무엇인가?**

① 개구부를 찾기 위해서
② 발화부를 찾기 위해서
③ 화재 발생 시각을 추정하기 위해서
④ 화재로 인한 손실액을 추정하기 위해서

화재패턴은 열과 화염에 의해 만들어지는데, 열과 고온가스의 이동 메커니즘을 이해한다면 다시 역으로 발화부를 추적해 갈 수 있다. 즉, 화재 현장에서 화재조사관들이 화재패턴을 분석하는 가장 중요한 목적은 발화부를 찾기 위함이다.

**05** **화재패턴을 통한 화염과 연기의 이동 판단에 대한 설명으로 옳지 않은 것은?**

① 벽면의 화재패턴은 화염이나 고온가스가 벽에 직접적으로 가해졌을 때 소실, 탄화, 백화 등의 작용이 발생하면서 남겨지게 된다.
② 화재패턴이 생성되는 원리에 대한 이해가 없으면 발화부를 추적하는데 오류를 범할 수 있고, 추적 결과 또한 객관성을 가질 수 없다.
③ 화재조사관들은 평소 자신의 경험과 지식을 기반으로 화재패턴을 분석하고 해석하는 경우가 많더라도 동일한 현장에서는 개인별로 다른 결론을 내려서는 안 된다.
④ 화재패턴의 분석은 때로는 주관적이고 오류를 범할 수도 있는 일이라고 명심하고 조사에 임해야 한다.

화재조사관들은 평소 자신의 경험과 지식을 기반으로 화재패턴을 분석하고 해석하는 경우가 많아 동일한 현장에서도 개인별로 다른 결론을 내리는 경우가 많다.



정답 01 ② 02 ④ 03 ③ 04 ② 05 ③

## 3 화재패턴의 생성 메커니즘

**06** **화재패턴(Fire Patterns)의 생성 메커니즘으로 옳지 않은 것은?**

① 화염 및 고온가스는 위로 상승한다.
② 열원으로부터 멀어질수록 복사열이 약해진다.
③ 연기나 화염이 물체에 닿으면 이를 뚫고 지나간다.
④ 열원으로부터 멀어질수록 고온가스의 온도가 낮아진다.

해설

화재패턴의 생성 메커니즘
화재패턴이 만들어지는 원인으로는 열변형, 소실, 연소생성물의 퇴적 등이 있는데, 다음과 같은 화재패턴의 생성 메커니즘에 의해 열원 추적이 가능한 독특한 형태를 생성하게 된다.
- 열원으로부터 멀어질수록 복사열이 약해지는 원리
- 열원으로부터 멀어질수록 고온가스의 온도가 낮아지는 원리
- 화염 및 고온가스의 상승 원리

**07** **건물화재시 실내의 상부와 하부 사이의 어느 지점에 실내의 압력과 실외의 압력이 같아지는 경계면이 생기는데 이를 무엇이라 하는가?**

① 발화점 ② 안전대
③ 중성대 ④ 연소점

중성대(neutral zone)의 개념
여러 개로 구획된 실내의 한 방실에서 화재가 발생하면 실내온도가 상승하여 부력에 의해 고온의 기체가 상부에 축적되어 실내 상부의 압력은 실외의 압력보다 높아지고, 하부의 압력은 실외의 압력보다 낮아진다. 따라서 실내의 상부와 하부 사이의 어느 지점에 실내의 압력과 실외의 압력이 같아지는 면이 생기는데 이를 중성대라고 한다. 그러므로 중성대의 위쪽은 기체가 외부로 유출(배기)되고, 중성대의 아래쪽은 내부로 유입(급기)된다.

## 08 개구부의 출화(出火)와 연기의 이동에 대한 설명으로 옳지 않은 것은?

① 여러 개로 구획된 실내의 한 방실에서 화재가 발생하여 개구부를 통해 고온가스와 화염이 출화되는 경우 가스층과 화염은 외부의 공기에 비해 비중이 낮아 개구부의 상단부를 통해 배출된다.
② 방실 내부의 기압이 높고 방실 외부의 기압이 낮기 때문에 하단부에는 계속해서 새로운 공기가 유입된다.
③ 개구부의 출화와 연기 이동으로 인해 배출과 유입의 경계부분이 생기는데, 이를 중성대(neutral zone)라고 부르며, 이 부분은 내부의 압력과 외부의 압력이 같은 부분이다.
④ 방실 개구부의 중성대를 기준으로 상단부는 고온가스와 화염이 통과하면서 이에 의해 손상을 입게 되고, 하단부는 외부의 신선한 공기가 통과하여 연소되지 않거나 덜 연소된 형태의 화재패턴이 나타나게 된다.

하단부에는 계속해서 새로운 공기가 유입되는데, 그 이유는 방실 외부의 기압이 높고, 방실 내부의 기압이 낮기 때문이다. 공기는 기압이 높은 곳에서 낮은 곳으로 흐른다.

## 09 다음은 개구부의 출화(出火)에 관한 내용이다. 괄호 안 ㉠, ㉡에 들어갈 알맞은 말은?

> 개구부의 정면에서 발화실을 바라보았을 때 내부의 뜨거워진 공기는 출입문이나 창문 등 개구부를 통해 나오면서 주변으로 확산되며 상승하고, ( ㉠ ) 이하의 하단부로는 낮은 온도의 외부 공기가 내부로 끌려들어가게 된다. 따라서 개구부의 상단부에는 내부로부터 배출되는 뜨거운 공기나 화염에 의해 화재패턴이 남게 된다. 이를 통해 개구부를 경계로 내부에서 외부 또는 외부에서 내부로의 ( ㉡ )을 추정해 볼 수 있다.

| | ㉠ | ㉡ |
|---|---|---|
| ① | 만곡대 | 화염 진행방향 |
| ② | 만곡대 | 연소형상 |
| ③ | 중성대 | 연소형상 |
| ④ | 중성대 | 화염 진행방향 |

개구부의 정면에서 발화실을 바라보았을 때 내부의 뜨거워진 공기는 출입문이나 창문 등 개구부를 통해 나오면서 주변으로 확산되며 상승하고, **중성대** 이하의 하단부로는 낮은 온도의 외부 공기가 내부로 끌려들어가게 된다. 따라서 개구부의 상단부에는 내부로부터 배출되는 뜨거운 공기나 화염에 의해 화재패턴이 남게 된다. 이를 통해 개구부를 경계로 내부에서 외부 또는 외부에서 내부로의 **화염 진행방향**을 추정해 볼 수 있다.



정답 06 ③ 07 ③ 08 ② 09 ④

**10** 발화부 판단의 간섭요소에 해당하지 않는 것은?

① 환기지배형 화재
② 화재 초기에 발견되어 진화된 경우
③ 기류를 따라 이동하는 비화에 의해 2차 발화하는 경우
④ 덕트나 배관용 파이프홀을 통해 다른 층이나 다른 방실로 화재가 확산되는 경우

발화부 판단의 간섭요소
- 환기지배형 화재
- 가연물지배형 화재
- 액자나 벽걸이용 시계, 벽과 천정의 마감재 등이 소락되어 2차적으로 발화하는 경우
- 덕트나 배관용 파이프홀을 통해 다른 층이나 다른 방실로 화재가 확산되는 경우
- 화재 중 발생되는 단락에 의한 전기 배선이나 접속부의 과전류에 의해 발화하는 경우
- 기류를 따라 이동하는 비화에 의해 2차 발화하는 경우

**11** 발화부 판단의 간섭요소에 대한 설명으로 옳지 않은 것은?

① 환기지배형 화재는 가연물이 충분한 상태에서 공기의 유입량에 의해 제어되는 화재로, 개구부 중심의 화재패턴을 나타내는 경향이 있다.
② 가연물지배형 화재는 공기가 충분한 상태에서 가연물의 양에 따라 제어되는 화재로, 가연물의 위치와 양(가연물하중)에 따라 화재패턴을 나타내는 경향이 있다.
③ 화재가 일정단계까지 발전한 후 소화된 현장에서는 대부분의 패턴들이 발화부로부터 주변으로 확산되는 초기 화재패턴을 보여준다.
④ 화재 중 발생되는 단락에 의한 전기 배선이나 접속부의 과전류에 의해 발화하는 경우는 발화부 판단의 간섭요소에 해당된다.

화재가 일정단계까지 발전한 후 소화된 현장에서는 대부분의 패턴들이 발화부로부터 주변으로 확산되는 초기 화재패턴을 보여주기 보다는 화염의 최종적인 진행 방향과 강도를 보여주는 경우가 많다.

## 4 화재패턴의 종류

**12** **수열에 따른 빔의 팽창과 같이 물리적인 힘에 의해 시멘트, 콘크리트, 벽돌 등의 표면이 무너져 내리거나 부서져서 생기는 화재패턴은?**

① 박리흔(spalling)
② 균열흔(char blister)
③ 만곡(distortion)
④ 용융흔(melting of materials)

해설 수열에 따른 빔의 팽창과 같이 물리적인 힘에 의해 시멘트, 콘크리트, 벽돌 등의 표면이 무너져 내리거나 부서지는 것을 박리라 하고, 이러한 화재패턴을 박리흔이라 한다.

**13** **콘크리트가 박리되는 원인으로 옳지 않은 것은?**

① 시멘트, 자갈, 모래의 서로 다른 열팽창률
② 콘크리트 등의 내부에 생성되었던 공기방울의 부피 팽창
③ 콘크리트 등의 내부에 있던 물방울의 증기화에 의한 부피 팽창
④ 쇠기둥이 화염을 받는 부분과 반대 부분간의 서로 다른 열팽창률

해설 쇠기둥이 화염을 받는 부분과 반대 부분간의 서로 다른 열팽창률로 인해 만곡(distortion) 현상이 일어난다.

참고 박리흔(spalling)의 원인

- 열을 직접적으로 받는 표면과 그렇지 않은 주변 또는 내부와의 서로 다른 열팽창률
- 철근 등 보강재와 콘크리트의 서로 다른 열팽창률
- 재질이 다른 보강재(철근 또는 빔 등) 간의 서로 다른 열팽창률
- 콘크리트 등의 내부에 생성되었던 공기방울의 부피 팽창
- 콘크리트 등의 내부에 있던 물방울의 증기화에 의한 부피 팽창
- 시멘트, 자갈, 모래의 서로 다른 열팽창률



정답 10 ② 11 ③ 12 ① 13 ④

**14** **박리흔(spalling)에 대한 설명으로 옳지 않은 것은?**

① 박리는 대부분 열에 의해서 발생하지만 진화에 사용하는 소화수에 의해 급속히 냉각될 때에도 응축되며 박리가 생긴다.
② 구획실 화재에서 대부분의 박리는 고온의 열기층이 체류하는 천장에 많이 생성되나 화염이 직접 접할 경우 벽면이나 바닥에도 생성된다.
③ 구획실의 화재조사시 일반적으로 바닥면은 비교적 온도가 낮기 때문에 바닥면에 박리흔이 발생했다면 이는 바닥의 온도가 높이 올라갔었을 것으로 추정하고, 따라서 가연성 액체가 바닥에 살포됐다고 추정할 수 있다.
④ 박리가 발화부에서만 나타나는 것은 아니며, 환기지배형 화재에서는 개구부에, 가연물 지배형 화재에서는 가연물이 집중된 부분 등에서도 나타난다.

구획실의 화재조사시 일반적으로 바닥면은 비교적 온도가 낮기 때문에 바닥면에 박리흔이 발생했다면 바닥의 온도가 높이 올라갔었을 것이라는 막연한 추정아래 가연성 액체의 살포흔적으로 오인하기도 한다. 그러나 가연성 액체는 연소과정에서 발생하는 증발잠열에 의해 바닥을 냉각시키는 효과가 있어 오히려 박리가 되지 않는 경우가 더 많다.

**15** **박리(spalling)에 대한 설명으로 옳지 않은 것은?**

① 해당부위가 많은 열을 받거나 급격히 냉각되었다는 것을 의미한다.
② 가연성 액체의 사용 여부나 발화부의 위치를 알 수 있다.
③ 박리흔적을 발화부와 연관 짓기 위해서는 현장의 연소정도, 연소경로, 건물의 구조, 가연물의 위치, 개구부의 위치 등의 간섭요소를 고려하여 판단하는 것이 중요하다.
④ 화재조사관은 목격자가 "무언가, '빵!, 빵!'하면서 폭발하였다."고 진술하는 경우 박리 시에 발생하는 소음을 폭발음으로 오인했을 가능성이 있다는 사실에 주의를 기울여야 한다.

박리는 단순히 해당부위가 많은 열을 받거나 급격히 냉각되었다는 점을 의미할 뿐, 가연성 액체의 사용 여부나 발화부의 위치를 지목하지는 않는다.

**16** **목재의 균열흔에 대한 설명으로 옳지 않은 것은?**

① 산소가 부족하여 연소되지 않으면 목재가 고온에 노출되더라도 열분해되거나 이로 인한 균열이 발생하지 않는다.
② 잘 건조된 목재는 수분을 많이 함유한 목재에 비하여 탄화가 잘 된다.
③ 표면적이 넓은 목재는 그렇지 않은 목재에 비하여 열을 받아들이는 부위가 넓기 때문에 탄화가 잘 된다.
④ 목재의 균열흔은 같은 온도조건이라고 하더라도 목재의 건조정도, 밀도, 표면의 처리상태, 표면적의 크기, 나무의 종류에 따라 다르게 나타날 수 있다.

산소가 부족하여 연소되지 않더라도 목재가 고온에 노출되는 것만으로 열분해되거나, 이로 인한 균열이 발생할 수 있다.

**17** **목재는 온도가 상승함에 따라서 가연성가스, 수증기, 연기 등 다양한 물질로 분해되어 대부분 탄소만 남게 되는데, 이때 거북등 모양, 악어 모양 등 다양하게 불리는 요철형태의 모양이 남게 된다. 화재조사관들이 여기서 측정하는 것은 무엇인가?**

① V패턴　　② 중성대
③ 박리흔　　④ 탄화심도

화재시 탄화된 깊이를 탄화심도(carbonization depth)라고 하는데, 탄화심도로 당시의 정확한 온도를 알 수는 없지만, 화재조사관들은 현장 곳곳에 남아 있는 목재 기둥의 탄화심도를 비교하여 A와 B 장소 중 어느 곳의 화염이 더 컸는가 하는 상대적인 강약을 가늠해 볼 수 있다.

**18** **목재의 탄화심도를 바르게 측정하는 방법으로 옳은 것은?**

① 탄화된 요철(凹凸) 부위 중 요(凹) 부위를 택하여 측정한다.
② 게이지로 측정된 깊이 외에 이미 소실된 부위는 측정에 포함시키지 아니한다.
③ 탄화되지 않은 곳까지 삽입될 수 있는 송곳과 같은 날카로운 측정기구를 사용한다.
④ 화재현장에서 탄화된 목재의 동일여부를 확인하는 것이 곤란하므로 연장선상의 동일성을 갖는 목재를 대상으로 측정하는 것이 좋다.



정답 14 ③ 15 ② 16 ① 17 ④ 18 ④

① 탄화된 요철(凹凸) 부위 중 철(凸) 부위를 택하여 측정한다.
② 게이지로 측정된 깊이 외에 이미 소실된 부위의 깊이를 더하여 비교하여야 한다.
③ 탄화되지 않은 곳까지 삽입될 수 있는 송곳과 같은 날카로운 측정기구는 사용하지 않는다.

탄화심도를 바르게 측정하는 방법
- 탄화된 요철(凹凸) 부위 중 철(凸) 부위를 택하여 측정한다.
- 게이지로 측정된 깊이 외에 이미 소실된 부위의 깊이를 더하여 비교하여야 한다.
- 탄화되지 않은 곳까지 삽입될 수 있는 송곳과 같은 날카로운 측정기구는 사용하지 않는다.
- 측정기구는 목재와 직각으로 삽입하여 측정한다.
- 각 지점은 동일한 압력으로 측정하여야 한다.
- 수회 측정하여 평균값을 사용하여 측정오차를 줄인다.
- 균열흔은 같은 조건이라도 목재의 종류, 밀도, 건조정도 등 여러 가지 이유에 따라 다르게 나타날 수 있으므로 동일 목재에서 측정하는 것을 원칙으로 하나 화재현장에서 탄화된 목재의 동일여부를 확인하기는 곤란하다. 그러므로 연장선상의 동일성을 갖는 목재를 대상으로 측정하는 것이 좋다. 예컨대 동일 기둥의 안쪽이나 바깥쪽, 위나 아래를 측정한다.

**19** **탄화정도를 나타내는 탄화심도(carbonization depth)에 대한 설명으로 옳지 않은 것은?**

① 각 지점은 동일한 압력으로 측정하여야 한다.
② 측정기구는 목재와 직각으로 삽입하여 측정한다.
③ 같은 조건이라면 목재의 종류, 밀도, 건조정도 등에 상관없이 탄화심도는 동일하게 측정된다.
④ 목재의 탄화심도는 게이지 등을 통해서 측정할 수 있지만, 각 지점의 목재간 탄화정도를 비교하는 것은 대부분 골 사이의 넓이와 깊이를 육안으로 관찰하는 것만으로도 가능하다.

균열흔은 같은 조건이라도 목재의 종류, 밀도, 건조정도 등 여러 가지 이유에 따라 다르게 나타날 수 있으므로 동일 목재에서 측정하는 것을 원칙으로 하나, 화재현장에서 탄화된 목재의 동일여부를 확인하기는 곤란하다. 그러므로 연장선상의 동일성을 갖는 목재를 대상으로 측정하는 것이 좋다. 예컨대 동일 기둥의 안쪽이나 바깥쪽, 위나 아래를 측정한다.

## 20 물질의 용융흔(melting of materials)에 대한 설명으로 옳지 않은 것은?

① 물질의 용융은 외열에 의한 용융, 전기적 발열에 의한 용융, 저융점금속의 합금화에 의한 용융으로 구분할 수 있다.

② 철, 구리, 알루미늄, 유리 등은 각각 고유 성질에 따라 일정 온도에서 연화되거나 용융되므로, 화재조사관들은 화재 이후 용융된 물질을 통해 당시 해당 위치의 물질에 미친 화염 온도를 추정할 수 있다.

③ 화재현장에서 두 금속이 합금화될 때에는 금속의 고유한 융점보다 높은 온도에서 용융되는 성질을 지닌다.

④ 현장에 전기가 살아 있다는 것은 그 부하측의 전기기기나 시설로부터 출화되었을 가능성이 있다는 것을 의미하며, 최종 부하측의 통전이 확인된 지점은 발화부와 가깝다고 볼 수 있다.

화재현장에서 두 금속이 합금화될 때에는 금속의 고유한 융점보다 낮은 온도에서 용융되는 성질을 지닌다. 즉, 두 금속으로 합금을 만들었을 경우 합금의 융점은 두 금속 중 상대적으로 고융점인 금속의 고유 융점보다 낮아지거나 두 금속의 고유한 융점보다 더욱 낮아지게 된다. 합금은 원래 금속의 성질이나 각 금속의 성분비율 등에 따라 융점이 다양하게 나타나지만 일반적으로 순수 금속의 융점보다 낮아진다.

## 21 전기에 의한 금속의 용융에 대한 설명으로 옳지 않은 것은?

① 최종 부하측의 전기적인 용융흔적은 발화부와 발화원인을 추적해 가는 데 있어 매우 중요하다.

② 줄열(Joule's heat)은 전류가 흐를 때 도체의 저항 인자 때문에 전력이 손실되어 나타나는 현상이며, 줄열이 너무 클 경우에는 화재로 이어져 금속이 용융될 수 있다.

③ 아크(arc) 또는 기중방전은 저압인 경우에도 가능하고 접점의 개폐 시에는 수도 없이 발생하는데, 아크 온도는 대부분의 금속을 용융시킬 수 있는 약 3,000℃ 이상으로 알려져 있다.

④ 줄열에 의한 금속의 용융과 아크에 의한 금속의 용융은 동시에 일어나지 않기 때문에 형태적으로 명확하게 구분된다.

줄열이나 아크에 의한 구분은 용융메커니즘에 의한 분류일 뿐 실제로 용융 시에는 대부분 줄열과 아크에 의한 용융이 동시에 이루어지므로 그 형태에 있어서는 전기적인 용융흔의 구별 외에 줄열과 아크에 의한 구분은 어렵다.



정답 19 ③ 20 ③ 21 ④

## 22 용융흔(melting of materials)에 대한 설명으로 옳지 않은 것은?

① 전기적으로 용융된 도체가 다시 외열에 의해 용융되더라도 전기적으로 용융되었던 흔적과 특징을 상실하지 않고 그대로 유지한다.

② 전기적 용융은 대부분 국부적으로 발생하기 때문에 전체적으로 또는 광범위하게 열을 발생하는 외열에 의한 용융과는 명확히 구별된다.

③ 전기적 용융은 각 용융부위와 비용융부위의 경계가 명확한 반면, 외열에 의한 용융은 전체적으로 용융되거나 용융 전 단계까지의 경계가 명확하지 않은 편이다.

④ 금속의 융점을 통해 화염 온도를 추정할 때는 금속의 고유 온도뿐만 아니라 저융점금속의 합금화에 의한 용융에 주의하여야 한다.

전기적으로 용융된 도체가 다시 외열에 의해 용융된다면 전기적으로 용융되었던 흔적과 특징을 상실하게 되므로 외열에 의해 용융되었다고 하더라도 이전에 전기적인 용융이 없었다고 단정하는 것은 바람직하지 않으며 이에 대한 주의가 필요하다.

## 23 용융흔(melting of materials)에 대한 설명으로 옳지 않은 것은?

① 합금화에 의해 국부적으로 용융된 금속의 형태를 전기에 의해 용융된 금속의 형태로 오인할 수 있으므로 주의하여야 하는데, 저융점금속의 합금화에 의한 용융은 중력과 반대방향으로만 작용하기 때문에 볼록하게 올라오거나 망울진 형태를 갖는 것이 특징이다.

② 화재현장에서 고열로 저융점금속인 알루미늄이 용융되어 그 용융물이 구리관에 점착되면 저융점금속의 합금화가 진행되어 국부적으로 구리관이 용융될 수 있다.

③ 용융 후 얼마 지나지 않은 상황에서는 저융점금속이 일부 남아있어 용융부위의 색이 회색이나 은백색, 황색 등 원래 금속의 색과 달라 구분에 어려움이 없지만, 용융부위가 장시간 화염이나 비와 바람에 노출된다면 합금의 흔적이 사라져 육안 식별이 곤란해진다.

④ 화재현장에 알루미늄 창틀이 녹아 있는 경우 다른 특이점이 없다면, 창틀부위가 알루미늄 융점인 660℃ 이상이었을 것이라고 추정할 수 있다.

합금화에 의해 국부적으로 용융된 금속의 형태를 전기에 의해 용융된 금속의 형태로 오인할 수 있으므로 주의하여야 한다. 저융점금속의 합금화에 의한 용융은 중력방향으로만 작용하기 때문에 볼록하게 올라오거나 망울진 형태를 가지지 않는 특징이 있다.

## 24 다음 중 발화부의 추적이나 발화원인을 판단하는데 있어서 매우 중요한 화재패턴은?

① 외열에 의한 용융형태
② 목재의 탄화에 의한 용융형태
③ 전기적인 원인에 의한 용융형태
④ 저융점금속의 합금화에 의한 용융형태

전기적인 원인에 의한 용융형태는 대부분 국부적으로 발생하고 용융부위와 비용융부위의 경계가 명확하기 때문에 발화부를 추적하기가 용이하고, 발화원인을 판단하는데 있어서 중요한 특이점이 된다. 또한 현장에 전기가 살아 있다는 것은 그 부하측의 전기기기나 시설로부터 출화되었을 가능성이 있다는 것을 의미하며, 최종 부하측의 통전이 확인된 지점은 발화부와 가깝다고 추정할 수 있다.

## 25 철골조의 만곡 및 구조물의 도괴(distortion)에 대한 설명으로 옳지 않은 것은?

① 지면에 직각으로 설치되어 있는 쇠기둥이 우측에서 화염을 받게 될 경우 쇠기둥의 좌측면에 비하여 우측면의 열팽창률이 높아져 쇠기둥이 우측으로 휘어지게 된다.
② 실제 화재현장에서는 쇠기둥이 정직각으로 세워져 있거나 하중을 받지 않는 경우가 거의 없으며, 설령 있다고 하더라도 화재조사시 쇠기둥의 정직각 여부에 대한 확증없이 만곡 방향을 현장조사의 지표로 사용하는 것은 바람직하지 못하다.
③ 해당 구조물의 구조적인 형태를 감안하여 만곡, 도괴 형태와 방향을 분석해 본다면 화염의 진행방향을 추정할 수 있으며, 구조물이 초기에 균형을 잃게 된 상태에서는 다른 방향에서 화염을 받는다고 하더라도 반대 방향으로 다시 만곡되지 않기 때문에 구조물의 만곡, 도괴된 형태는 초기 화염의 방향이나 위치를 추적하는데 유용한 지표이다.
④ 화재현장에서 천정 부분 가로대의 중앙부위가 중력방향으로 만곡되어 있고, 좌우기둥은 중심을 향해 서로 비슷한 정도를 유지하며 도괴되어 있다면 구조물 내부 중앙부위에 화염이 발생한 것으로 추정 가능하다.

지면에 직각으로 설치되어 있는 쇠기둥이 우측에서 화염을 받게 될 경우 쇠기둥의 좌측면에 비하여 우측면의 열팽창률이 높아져 쇠기둥이 좌측으로 휘어지게 된다. 이때 쇠기둥이 한 쪽으로 기울어져 한 번 균형을 잃으면 다시 반대편으로부터 더욱 강한 열을 받는다고 하더라도 반대 방향으로는 휘어지지는 않는다.

**26** **구조물의 만곡과 도괴(distortion)에 대한 설명으로 옳지 않은 것은?**

① 하중이 없는 자연스러운 상태에서 쇠기둥은 화염 반대 방향으로 기울어지는 만곡 현상이 발생한다.

② 상부 지붕을 받치는 등 하중을 받고 있는 쇠기둥은 화염을 먼저 받은 방향이 연화되어 압력을 이기지 못하고 화염 방향으로 무너지는 도괴 현상이 발생한다.

③ 구조물의 외부의 한쪽 기둥과 접한 부위에 화염이 있을 경우에는 화염에 가까운 기둥이 먼저 연화되는데, 그 기둥 중앙부가 구조물의 안쪽으로 볼록하게 되고, 구조물 전체는 화염 반대방향으로 도괴된다.

④ 구조물의 내부에서 한쪽 기둥과 접한 부위에 화염이 있을 경우에는 화염에 가까운 기둥이 먼저 연화되는데, 그 기둥 중앙부가 구조물의 바깥쪽으로 볼록하게 되며 구조물 전체는 화염방향으로 도괴된다.

해설

구조물의 외부의 한쪽 기둥과 접한 부위에 화염이 있을 경우에는 화염에 가까운 기둥이 먼저 연화되는데, 그 기둥 중앙부가 구조물의 안쪽으로 볼록하게 되고, 구조물 전체는 화염방향으로 도괴된다.

〈자료 출처 : 보험조사론 Ⅱ(실무) p.197 그림, 보험연수원, 2018〉

**27** **건물의 도괴형태나 방향을 통해 발화부를 추적할 때 주의사항으로 옳지 않은 것은?**

① 기둥과 기둥 간의 만곡 정도를 비교할 때는 두께, 재질 및 받고 있는 압력, 하중, 장력이 유사한 부위를 선택하여 비교하여야 한다.

② 금속기둥의 만곡이나 구조물의 도괴는 설치각도에 따라 많은 영향을 받는다는 점에 주의하여야 한다.

③ 구조물의 도괴(붕괴)만으로 발화개소 및 발화부를 판단하기는 어려우며, 도괴와 만곡의 해석에 있어서 반드시 다른 화재패턴과 종합적으로 검토할 필요가 있다.

④ 철골의 도괴는 초기의 수열방향을 의미하며, 이전의 소규모 화염으로도 발생한다는 점에 주의하여야 한다.

해설

철골의 도괴는 초기의 수열방향을 의미하는 것이나, 이전의 소규모 화염으로는 발생하지 않는다는 점에 주의하여야 한다. 예를 들어 A지점의 쓰레기통에서 화재가 발생하여 계속 커지다가 B지점에 적재된 가연물에 착화되어 큰 화염이 발생하였다면, A지점에서 발화된 쓰레기통의 열량은 철골 구조물을 연화시키기에는 부족할 것이므로 결국 B지점에서 연화되어 도괴된 것으로 볼 수 있다.

## 28 금속의 부식 및 변색흔(discoloration)에 대한 설명으로 옳지 않은 것은?

① 화재현장의 금속으로 만들어진 문짝, 캐비닛, 냉장고, 기계의 외장 등에서 쉽게 발견된다.
② 한 개의 긴 철판에서도 화염의 진행방향이나 노출정도에 따라서 변색이나 부식 정도에 차이가 발생하여 경계가 나타나는데, 이러한 차이 또는 경계를 분석하여 화염의 진행방향을 알 수 있다.
③ 금속은 종류에 상관없이 고온상태에서 발광하는 색상이 특정되어 있으므로, 화재현장을 조사할 때는 금속의 색상을 보고 해당 위치 금속의 온도나 상대적인 수열(受熱) 정도를 판단할 수 있다.
④ 금속의 종류, 도장처리 여부, 도장의 종류, 두께, 표면의 매끄럽거나 거친 정도 등도 금속이 열을 받는 수열정도에 영향을 준다.

해설

금속은 종류에 상관없이 고온상태에서 발광하는 특정 색상이 있지만, 화재 이후 냉각된 상태에서 현장을 조사할 때는 고온상태에서 발광하는 그 색상이 발견되지 않는다. 따라서 실제 화재현장에서는 부식정도나 변색흔의 색상을 판단하기보다는 경계의 위치나 형태를 분석함으로써 화염의 진행방향과 출입문의 개방여부 등 다양한 현장정보를 용이하게 얻을 수 있다.

## 29 금속의 온도에 따른 발광특성을 연결한 것으로 옳지 않은 것은?

① 230℃ – 황색
② 320℃ – 청색
③ 870℃ – 분홍색
④ 1,200℃ – 아주 진한 홍색

해설

• 760℃ – 아주 진한 홍색
• 1,200℃ – 백색

참고 금속의 온도에 따른 발광특성

| 수열온도(℃) | 변 색 | 수열온도(℃) | 변 색 |
|---|---|---|---|
| 230 | 황 색 | 760 | 아주 진한 홍색 |
| 290 | 홍갈색 | 870 | 분홍색 |
| 320 | 청 색 | 980 | 연한 황색 |
| 480 | 연한 홍색 | 1,200 | 백 색 |
| 590 | 진한 홍색 | 1,320 | 아주 밝은 백색 |

〈자료 출처〉 보험조사론Ⅱ(실무) p.200, 보험연수원, 2018



정답 26 ③ 27 ④ 28 ③ 29 ④

**30** **금속의 온도에 따른 발광특성을 수열온도가 낮은 것부터 높은 순으로 바르게 나열한 것은?**

① 황색 – 청색 – 분홍색 – 백색
② 황색 – 분홍색 – 백색 – 청색
③ 백색 – 청색 – 분홍색 – 황색
④ 백색 – 분홍색 – 황색 – 청색

황색(230℃) – 청색(320℃) – 분홍색(870℃) – 백색(1,200℃)

**31** **그을음의 부착 흔적에 대한 설명으로 옳지 않은 것은?**

① 화재 시에는 연기, 그을음 등 연소생성물이 발생하게 되고 이들의 대기 중에 부유하다가 여러 곳에 부착되는데, 이러한 이유로 대부분의 화재현장에는 연소되지 않은 벽면과 천정도 검게 보인다.
② 그을음은 매끄러운 표면보다 거친 표면에 쉽게 부착된다.
③ 그을음은 뜨거운 표면에 부착되기 쉬우며, 주변보다 차가운 표면에는 부착되지 않는다.
④ 그을음의 부착여부는 화재 당시 난로, 전열기 등 전기기기의 과열 및 꺼짐, 켜짐 여부를 판단하는 지표로 사용되기도 한다.

해설

그을음은 차가운 표면에 부착되기 쉬우며, 주변보다 뜨거운 표면에는 부착되지 않는다.

**32** **부착된 그을음이 직접적으로 화염과 접하거나 강력한 복사열에 노출되게 되면 대부분 연소되어 비가연성 표면이 그대로 노출되는데, 이러한 흔적을 무엇이라 하는가?**

① 용융흔 ② 균열흔
③ 박리흔 ④ 백화연소흔

부착된 그을음은 탄소 등 가연성 물질로, 직접적으로 화염과 접하거나 강력한 복사열에 노출되게 되면 대부분 연소되어 비가연성 표면(벽면이나 금속 등)이 그대로 노출되는데, 이러한 흔적을 백화연소흔(clean burn)이라고 한다.

## 33 화재조사시 백화연소흔(clean burn)에 대한 설명으로 옳은 것은?

① 다른 부위에 비해 색상이 하얗기 때문에 화염의 피해를 받지 않은 곳이라는 점을 알 수 있다.

② 그을음이 부착되어 있는 부위에 비하여 상대적으로 더 오래, 더 강한 열기에 의해 연소되었음을 알 수 있다.

③ 발화부가 다른 곳에 비하여 더 오래, 더 강하게 연소되므로 백화연소흔이 발견되는 부분은 항상 발화부라고 할 수 있다.

④ 백화연소흔은 직접적인 소화 물줄기에 의해서 그을음이 벗겨져 나간 부분이나 화염과 관계없이 페인트가 벗겨진 면에서도 나타난다.

①·② 백화연소흔은 그을음이 부착되어 있는 부위에 비하여 상대적으로 더 오래, 더 강한 열기에 의해 연소되었음을 알 수 있다.
③ 백화연소흔적은 발화부가 다른 곳에 비하여 더 오래, 더 강하게 연소되어 발화부에 나타나는 경우가 많으나, 환기나 가연물의 영향에 의해서 발화부가 아닌 다른 곳 또는 방실 전체적으로도 빈번하게 발생한다.
④ 직접적인 소화 물줄기에 의해서 그을음이 벗겨져 나간 부분이나 화염과 관계없이 페인트가 벗겨진 면도 백화연소흔과 비슷하게 보일 수 있으나, 그 형태를 자세히 살펴보면 연소에 의한 것과 구분이 가능하다.

## 34 화재패턴으로서 전구의 변형에 대한 설명으로 옳지 않은 것은?

① 25W 이상의 백열전구는 점등시 필라멘트의 산화를 막기 위해 질소나 아르곤 등의 비활성가스로 충전되어 있기 때문에 전구의 일부분이 화염으로 연화되기 시작하면 내부의 압력에 의해 해당 부위가 부풀어 오르거나 외부로 터져 나간다.

② 25W 이하의 전구는 진공상태로 일부가 연화되기 시작하면 외부의 압력 때문에 쭈그러들어 내부로 함몰되는 형태를 갖게 된다.

③ 실제로 화재현장에서 전구의 변형은 부풀어 오르거나 함몰된 형태보다는 어느 방향에서 전구의 변형이 시작되었는가가 중요하며, 이를 통하여 화염의 진행방향을 알 수 있다.

④ 전선줄에 매달려 있어 소켓이 고정되어 있지 않은 전구의 경우에는 화재 당시의 진행방향을 신뢰할 수 있으므로 지표로 사용할 수 있다.

해당 전구의 설치 방향이 화재진행방향이나 그 이후에 바뀌지 않았는지에 대한 확증을 거쳐야 한다. 고정된 소켓에 견고하게 삽입된 전구는 그 방향을 신뢰할 수 있을 것이나, 단지 전선줄에 매달려 있는 전구의 경우에는 화재 당시의 진행방향을 신뢰할 수 없으므로 지표로 사용하지 않아야 한다.

제4과목 보험조사론 II(실무)

정답 30 ① 31 ③ 32 ④ 33 ② 34 ④

## 35 화재패턴으로서 전구의 변형에 대한 설명으로 옳지 않은 것은?

① 화재패턴으로서 전구의 변형은 전구가 부풀어 올랐는지 아니면 함몰되었는지를 판단하는 것이 중요하며, 이러한 변형 형태를 통해 발화부를 추적할 수 있다.
② 소등 중 파손된 전구의 경우 필라멘트는 증발될 이유가 없으므로 화재 후에도 전구의 내벽이 깨끗한 모습을 보인다.
③ 점등 중 파손된 전구의 경우 필라멘트가 산화되며 발생한 증기가 전구의 내벽에 부착된다.
④ 필라멘트의 산화여부, 필라멘트 증기의 전구내벽 부착여부를 통해서 전구의 파손당시 전구와 전기의 꺼짐, 켜짐 여부를 확인할 수 있다.

해설

화재패턴으로서 전구의 변형은 부풀어 오르거나 함몰된 형태보다는 어느 방향에서 전구의 변형이 시작되었는가가 중요하며, 이를 통하여 화염의 진행방향을 알 수 있다.

## 36 화재현장에 있던 소파나 침대 등 가구에 사용되는 탄소강으로 만들어진 가구스프링의 변형에 대한 설명으로 옳지 않은 것은?

① 가구스프링 복원력의 상실 정도를 비교해서 어느 곳이 더 많은 화재열기에 노출되었는지를 알 수 있다.
② 가구스프링 복원력의 상실 정도를 비교하면 화재의 확산방향을 추정해 볼 수 있다.
③ 가구스프링은 화재시 발생하는 열기에 노출될수록 탄성이 강해진다.
④ 가구스프링의 변형은 어떠한 상황에 대한 지표로 사용하기 위해서는 여러 가지 간섭요소에 대한 검토가 충분히 이루어져야 한다.

해설

소파나 침대 등 가구에는 탄소강으로 만들어진 스프링이 설치되어 있다. 이 스프링은 평상시에는 복원력이 높아 압력이 해제되면 자연스럽게 본래의 모습을 되찾지만 화재시 발생하는 열기에 노출될수록 탄성을 잃게 되어 압력이 해소되어도 본래의 모습을 찾지 못하게 된다. 따라서 침대 스프링 복원력의 상실정도를 비교해서 어느 곳이 더 많은 화재열기에 노출되었는지를 알 수 있으며, 이를 통해 화재의 확산방향을 추정해 볼 수 있다.

## 37 화재현장에서 불에 탄 침대 스프링의 어떤 성질을 지표로 이용할 수 있는가?

① 스프링의 탄화정도
② 스프링의 연소정도
③ 스프링의 용융정도
④ 스프링의 탄성상실정도

침대스프링의 탄성상실정도를 비교해서 어느 곳이 더 많은 화재열기에 노출되었는지를 알 수 있으며, 이를 통해 화재의 확산방향을 추정해 볼 수 있다. 그러나 침대스프링의 탄성상실정도 또한 대다수의 패턴과 마찬가지로 정확한 발화부나 초기의 연소방향을 나타내는 것은 아니며, 단지 그렇지 않은 주변에 비해 많은 열을 받았다는 사실을 증명할 뿐이다.

**38** 시너를 비롯한 석유, 등유, 휘발유 등의 유류에 의한 방화로 추정할 수 있는 화재패턴이 아닌 것은?

① 박리흔(spalling pattern)
② 포어패턴(pour pattern)
③ 고스트마크(ghost mark)
④ 스플래시패턴(splash pattern)

방화자들은 대부분 효과적인 착화나 연소 확대 등을 위하여 손쉽게 구할 수 있는 시너를 비롯하여 석유, 등유, 휘발유 등의 유류(액체가연물)를 살포하기도 한다. 유류가 사용되었다고 추정해 볼 수 있는 화재패턴으로는 포어패턴, 스플래시패턴, 고스트마크, 틈새연소패턴, 도넛패턴, 레인보우이펙트, 트레일러패턴 등이 있다.

**39** 다음에서 설명하는 화재패턴은?

> 콘크리트, 시멘트 바닥에 비닐타일 등이 접착제로 부착되어 있을 때 그 위로 석유류의 액체가연물이 쏟아지고 화재가 발생하면 열과 솔벤트 성분이 타일의 가장자리 부분에서부터 타일을 박리시키고, 이때 액체가연물은 타일 사이로 스며들며 부분적으로 접착제를 용해한다. 실내가 화염에 의한 열기로 가득하게 되면 액체가연물과 접착제의 화합물은 타일의 틈새에서 더욱 격렬하게 연소되고 결과적으로 타일 아래의 바닥은 타일 등 바닥재의 틈새모양으로 변색되고 박리되기도 하는데, 이때 바닥에 보이는 흔적을 가리키는 말이다.

① 고스트마크(ghost mark)
② 도넛패턴(doughnut pattern)
③ 스플래시패턴(splash pattern)
④ 레인보우이펙트(rainbow effect)



정답 35 ① 36 ③ 37 ④ 38 ① 39 ①

문제의 지문은 고스트마크(ghost mark)에 대한 설명이다.
② 더 많이 연소된 부분이 덜 연소된 부분을 둘러싸고 있는 형태
③ 액체가연물이 쏟아지면서 튀거나 연소하면서 발생하는 열에 의해 스스로 가열되어 액면으로 끓으며 주변으로 튄 액체가 포어패턴의 미연소부분에서 국부적으로 점처럼 연소된 흔적
④ 물위에 떠 있는 기름띠의 모습이 광택을 내는 무지개처럼 보이는 패턴

## 40 액체가연물 화재패턴의 일반적 특징으로 옳지 않은 것은?

① 낮은 곳으로 흐르며 고인다.
② 쏟아지거나 끓게 되면 주변으로 방울이 튈 수 있다.
③ 증발하면서 증발잠열에 의한 가열효과가 있다.
④ 바닥재의 특성에 따라 광범위하게 퍼지거나 흡수될 수 있다.

증발하면서 증발잠열에 의한 냉각효과가 있다.

액체가연물 화재패턴의 일반적 특징
- 낮은 곳으로 흐르며 고인다.
- 바닥재의 특성에 따라 광범위하게 퍼지거나 흡수될 수 있다.
- 증발하면서 증발잠열에 의한 냉각효과가 있다.
- 쏟아지거나 끓게 되면 주변으로 방울이 튈 수 있다.
- 어떤 액체가연물은 고분자물질을 침식시키거나 변형시키는 등 용매로서의 성질을 갖기도 한다.

## 41 플래시오버(plashover)는 구획실 내에서 화재가 성장함에 따라서 열분해된 가연성가스가 축적되다가 발화점에 이르게 되었을 때 일시에 착화되어 구획실 전체가 폭발적으로 화염에 휩싸이는 현상이다. 다음 중 플래시오버(plashover)와 같은 강력한 화재열기 속에서 발생하는 유류화재 패턴은?

① 포어패턴 ② 고스트마크
③ 틈새연소패턴 ④ 트레일러패턴

고스트마크는 다른 패턴과 달리 플래시오버(plashover)와 같은 강력한 화재열기 속에서 발생한다.

**42** **인화성 액체가연물이 바닥에 쏟아졌을 때 액체가연물이 쏟아진 부분과 쏟아지지 않은 부분에 나타나는 탄화경계 흔적을 가리키는 말은?**

① 도넛패턴
② 포어패턴
③ 스플래시패턴
④ 틈새연소패턴

인화성 액체가연물이 바닥에 쏟아졌을 때 액체가연물이 쏟아진 부분과 쏟아지지 않은 부분에 나타나는 탄화경계 흔적을 포어패턴(pour pattern)이라고 한다. 일반적으로 화재가 진행되면 액체가연물이 있는 곳이 없는 곳보다 강하게 연소되어 탄화정도가 강하게 나타난다. 간혹 액체가 자연스럽게 낮은 곳으로 흐른 부드러운 곡선 형태를 나타내기도 하고 쏟아진 모양 그대로 불규칙한 형태를 나타내기도 하지만, 연소된 부분과 연소되지 않은 부분에는 뚜렷한 경계선이 나타난다.

**43** **액체가연물이 쏟아지면서 튀거나 연소되면서 발생하는 열에 의해 스스로 가열되어 액면에서 끓으며 주변으로 튄 액체가 포어패턴의 미연소 부분에서 국부적으로 점처럼 연소된 흔적을 가리키는 말은?**

① 도넛패턴
② 백화연소흔
③ 스플래시패턴
④ 레인보우이펙트

스플래시패턴(splash pattern)이란 액체가연물이 쏟아지면서 튀거나 연소되면서 발생하는 열에 의해 스스로 가열되어 액면에서 끓으며 주변으로 튄 액체가 포어패턴의 미연소 부분에서 국부적으로 점처럼 연소된 흔적을 말한다. 스플래시패턴은 주변으로 튀어 나간 가연성 방울에 의해 생성되므로 약한 바람에도 영향을 받는다. 바람이 부는(불어오는) 방향으로는 잘 생기지 않고 바람의 반대 방향으로 비교적 멀리까지 생긴다. 즉, 바람이 동쪽에서 서쪽으로 분다면 스플래시패턴의 가연성 방울은 서쪽에 많이 생긴다.



**44** **목재마루 및 타일 등의 틈새, 문지방 및 벽과 바닥의 틈새 및 모서리에 가연성 액체가 흘려질 경우 액체가 틈새를 따라 흘러가거나 고이게 되는데, 이 액체가 연소하면서 다른 부위에 비하여 더 강하게, 더 오래 연소되므로 진화 후에는 탄화정도에 따라 화재패턴을 구별할 수 있다. 이와 같은 화재패턴을 무엇이라 하는가?**

① 균열흔
② 도넛패턴
③ 틈새연소패턴
④ 레인보우이펙트

정답 40 ③ 41 ② 42 ② 43 ③ 44 ③

틈새연소패턴은 목재마루 및 타일 등의 틈새, 문지방 및 벽과 바닥의 틈새 및 모서리에 고인 가연성 액체가 연소하면서 다른 부위에 비하여 더 강하게, 더 오래 연소함으로써 진화 후에는 탄화정도에 따라 나타나는 패턴이다.

**45** **고스트마크와 틈새연소패턴은 유사한 점이 많다. 다음 중 고스트마크와 구별되는 틈새연소패턴의 특징으로 옳지 않은 것은?**

① 주로 콘크리트나 시멘트 바닥에 많이 나타난다.
② 주로 화재초기에 나타난다.
③ 플래시오버와 같은 강한 화염 속에서는 쉽게 사라질 수 있다.
④ 목재마루 및 타일 등의 틈새, 문지방 및 벽과 바닥의 틈새 및 모서리에 나타난다.

틈새연소패턴은 고스트마크와 유사한 형태를 보이나 단순히 가연성 액체의 연소라는 점, 콘크리트나 시멘트 바닥이 아니라 마감재 표면에서 보이는 패턴이라는 점, 주로 화재초기에 나타나며 플래시오버와 같은 강한 화염 속에서는 쉽게 사라질 수 있다는 점이 다르다.

**46** **가연성 액체가 웅덩이처럼 고여 있는 경우 발생하는데, 웅덩이 가장자리나 웅덩이가 얕은 곳에서는 화염이 바닥이나 바닥재를 탄화시키는 반면, 웅덩이가 깊은 중심부는 액체가 증발하면서 기화열에 의해 웅덩이 중심부를 냉각시키는 현상이 발생하면서 나타나는 화재패턴은?**

① 용융흔
② 도넛패턴
③ 트레일러패턴
④ 레인보우이펙트

도넛패턴은 더 많이 연소된 부분이 덜 연소된 부분을 둘러싸고 있는 '도넛 모양' 형태로 가연성 액체가 웅덩이처럼 고여 있는 경우 발생한다. 이 같은 도넛패턴은 고리 모양의 주변부나 웅덩이가 얕은 곳에서는 화염이 바닥이나 바닥재를 탄화시키는 반면, 비교적 웅덩이가 깊은 중심부는 액체가 증발하면서 기화열에 의해 웅덩이 중심부를 냉각시키는 현상이 발생하면서 나타난다.

**47** **화재현장에서 의도적으로 한 장소에서 다른 장소로 연소를 확대시키기 위해 뿌려진 가연물의 흔적으로, 반드시 액체가연물만의 흔적은 아니지만, 방화현장에서 흔히 목격되는 화재패턴은?**

① 고스트마크(ghost mark)　　② 도넛패턴(doughnut pattern)
③ 트레일러패턴(trailer pattern)　　④ 레인보우이펙트(rainbow effect)

트레일러패턴(trailer pattern)
화재현장에서 의도적으로 한 장소에서 다른 장소로 연소를 확대시키기 위해 뿌려진 가연물의 흔적이다. 이 패턴은 반드시 액체가연물만의 흔적은 아니지만, 방화현장에서 흔히 볼 수 있다.

**48** **물위에 떠 있는 기름띠가 광택을 내는 모양에서 착안해서 붙여진 이름으로 화재현장에 인화성 액체가연물 등이 사용되었다고 의심할 수 있는 근거가 되는 화재패턴은?**

① 도넛패턴　　② 포어패턴
③ 낮은 연소패턴　　④ 레인보우이펙트

레인보우이펙트(rainbow effect)는 물위에 떠 있는 기름띠의 모습이 광택을 내는 무지개처럼 보이기 때문에 붙여진 이름으로 화재현장에 촉진제(인화성 액체가연물 등) 등이 사용되었다고 의심할 수 있는 근거이기도 하다. 그러나 이 같은 현상만으로 연구소의 샘플 검증없이 인화성 액체가연물이 사용되었다고 판단해서는 안 된다. 왜냐하면 아스팔트, 플라스틱 등 석유화학제품과 식물성 기름이 추출될 수 있는 목재에서도 열분해로 인해 이와 같은 레인보우이펙트가 나타날 수 있기 때문이다.



**49** **유류가 사용되지 않은 현장에서도 간섭요소들로 인해 다양한 형태의 패턴이 나타날 수 있다. 다음 중 화재조사관들이 유류에 의한 패턴 중 포어패턴으로 오인하는 경우는?**

① 열가소성 고체가연물의 용융과 연소
② 연소가 계속 진행될 수 있는 바닥재의 성질
③ 벽지 등 소락물에 의한 부분적인 연소
④ 플래시오버 단계에 근접하여 발생할 수 있는 복사열에 의한 바닥의 광범위한 연소

물체에 의해 보호된 미연소지역, 소락물에 의한 부분적인 연소는 그 경계가 뚜렷하고 형태가 다양하여 포어패턴으로 오인될 수 있다.

정답 45 ① 46 ② 47 ③ 48 ④ 49 ③

참고 **유류패턴의 간섭요소**

- 플래시오버 단계에 근접하여 발생할 수 있는 복사열에 의한 바닥의 광범위한 연소
- 벽지 등 소락물에 의한 부분적인 연소
- 물체에 의해 보호된 지역의 부분적인 미연소
- 연소가 계속 진행될 수 있는 바닥재의 성질
- 열가소성 고체가연물의 용융과 연소

## 50 액체가연물의 연소에 의한 화재패턴과 그 특징을 연결한 것으로 옳은 것은?

① 고스트마크 – 목재마루, 타일, 문지방 등의 틈새를 따라 연소된 흔적
② 스플래시패턴 – 바닥이 연소 부분과 미연소 부분으로 뚜렷하게 경계가 생김
③ 도넛패턴 – 가연성 액체가 웅덩이처럼 고여 있는 곳에서 연소하면서 생기는 흔적
④ 포어패턴 – 미연소 부분에 액체방울이 튀어 점처럼 연소된 흔적

해설
① 틈새연소패턴 – 목재마루, 타일, 문지방 등의 틈새를 따라 연소된 흔적
② 포어패턴 – 바닥이 연소 부분과 미연소 부분으로 뚜렷하게 경계가 생김
④ 스플래시패턴 – 미연소 부분에 액체방울이 튀어 점처럼 연소된 흔적

## 51 액체가연물의 화재패턴에 대한 설명으로 옳지 않은 것은?

① 스플래시패턴은 주변으로 튀어 나간 가연성 방울에 의해 생성되므로 약한 바람에도 영향을 받으며, 바람이 불어오는 방향으로는 잘 생기지 않고 바람의 반대 방향으로 비교적 멀리까지 생긴다.
② 낮은 연소패턴(low burn pattern)은 건물의 하층부가 전체적으로 연소된 형태로 액체가연물과 같은 촉진제의 사용이나 존재를 나타내는 증거로 추정할 수 있다.
③ 바닥재의 성질에 따라서 가연성이 높은 비닐장판 등은 한곳에서 착화한 후 자체의 가연성을 바탕으로 지속적으로 타들어가게 되므로 액체가연물의 연소패턴과 다른 외형을 갖게 된다.
④ 유류에 의해 생성된 패턴들은 화재가 성장함에 따라 천정부 열기층의 복사열에 의해 점차 경계가 모호해질 수 있으며, 결국 플래시오버 단계에 이르면 경계가 사라져 확인할 수 없게 될 수 있다.

바닥재의 성질에 따라서 가연성이 높은 비닐장판 등은 한곳에서 착화한 후 별도의 가연성액체가 없다하더라도 자체의 가연성을 바탕으로 지속적으로 타들어가게 되므로 액체가연물의 **연소패턴과 유사한 외형**을 갖게 될 수 있으므로 주의해야 한다.

**52** **화재현장의 물건을 이동하였을 경우라도 화재 당시 물건의 위치를 파악할 수 있는 중요한 단서가 되기 때문에 현장 복원을 위해 중요한 것은?**

① 가구스프링의 변형
② 물건에 의해 보호된 구역
③ 그을음의 부착 흔적
④ 구조물의 만곡 및 도괴

화재현장의 물건을 이동하였을 경우에는 조사를 위해 현장 복원이 필요하다. 이때 물건에 의해 보호된 구역(protected area)은 화재 당시 물건의 위치를 파악할 수 있는 중요한 단서이다. 화재현장의 물건은 바닥이나 벽면이 그을리거나 탄화, 연소되는 것을 막아주기 때문이다. 예를 들어, 바닥에 있던 의자는 그을음이나 복사열로부터 그 의자가 위치하였던 바닥면을 접촉 모양 그대로 보호하기 때문에 화재 이후 의자가 옮겨졌다고 하더라도 바닥에 어떠한 물건이 있었음을 증명할 수 있다.



**53** **화재패턴(fire patterns)에 대한 설명으로 옳지 않은 것은?**

① 구획실에 화재가 발생한 경우 내부의 가스층과 화염은 개구부의 상단부를 통해 배출되는 반면, 외부의 신선한 공기는 개구부의 하단부를 통해 유입된다.
② 박리는 열뿐만 아니라 진화에 사용되는 소화수에 의해서도 생길 수 있다.
③ 목재의 표면에 나타나는 균열의 형태 및 깊이는 같은 목재의 조건이라면 동일하게 나타난다.
④ 화재현장은 여러 가지 간섭요소에 의해 패턴이 다양하고 매우 변화무쌍하게 나타나기 때문에 화재패턴은 최종적인 불의 방향과 강도만을 나타낸다는 점을 주의해야 한다.

목재의 표면에 나타나는 균열의 형태 및 깊이는 같은 목재의 조건이라고 하여도 노출된 온도와 시간조건에 따라서 다르게 나타난다.

정답 50 ③ 51 ③ 52 ② 53 ③

## 54 화재패턴(fire patterns)에 관한 다음 설명으로 괄호 안 ㉠~㉢에 들어갈 알맞은 말은?

- ( ㉠ ) 이하의 전구는 진공상태로 일부가 연화되기 시작하면 외부의 압력 때문에 쭈그러들어 내부로 함몰되는 형태를 갖게 된다.
- 하중이 없는 자연스러운 상태에서 쇠기둥은 화염 반대 방향으로 기울어지는 ( ㉡ ) 현상이 발생한다.
- 인화성 액체가연물이 바닥에 쏟아졌을 때 액체가연물이 쏟아진 부분과 쏟아지지 않은 부분에 나타나는 탄화경계 흔적을 ( ㉢ )이라고 한다.

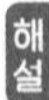

| | ㉠ | ㉡ | ㉢ |
|---|---|---|---|
| ① | 25W | 만곡 | 포어패턴 |
| ② | 25W | 연화 | 고스트마크 |
| ③ | 25W | 만곡 | 스플래시 패턴 |
| ④ | 50W | 도괴 | 도넛패턴 |

해설

- 25W 이하의 전구는 진공상태로 일부가 연화되기 시작하면 외부의 압력 때문에 쭈그러들어 내부로 함몰되는 형태를 갖게 된다.
- 하중이 없는 자연스러운 상태에서 쇠기둥은 화염 반대 방향으로 기울어지는 **만곡** 현상이 발생한다.
- 인화성 액체가연물이 바닥에 쏟아졌을 때 액체가연물이 쏟아진 부분과 쏟아지지 않은 부분에 나타나는 탄화경계 흔적을 **포어패턴(pour pattern)**이라고 한다.

## 55 화재패턴(fire patterns)에 대한 설명으로 옳은 것은?

① 전기 분야에서 전원으로부터 전력을 공급받는 방향을 전원측이라 하고, 기기에 전기를 공급하는 방향을 부하측이라 한다.

② 저융점금속인 알루미늄이 용융되어 동선(copper wire)에 낙하 점착된 후에도 계속해서 가열될 경우에는 알루미늄이 동선의 표면을 적시고 합금화가 되면서 침식되는데, 이는 합금화가 고융점금속의 융점을 높이기 때문이다.

③ 고스트마크(ghost mark)는 화재 장소의 물 위에 뜨는 기름띠의 흔적으로, 현장에서 촉진제 등이 사용되었다고 의심할 수 있는 근거가 된다.

④ 침대스프링은 화재시 발생하는 열기에 노출될수록 탄성을 잃게 되어 압력이 해소되어도 본래의 모습을 찾을 수가 없다.

① 전기 분야에서 전원으로부터 전력을 공급받는 방향을 부하측이라 하고, 기기에 전기를 공급하는 방향을 전원측이라 한다.
② 저융점금속인 알루미늄이 용융되어 동선(copper wire)에 낙하 점착된 후에도 계속해서 가열될 경우에는 알루미늄이 동선의 표면을 적시고 합금화가 되면서 침식되는데, 이는 합금화가 고융점금속의 융점을 낮추기 때문이다.
③ 레인보우이펙트(Rainbow effect)는 화재 장소의 물 위에 뜨는 기름띠의 흔적으로, 현장에서 촉진제 등이 사용되었다고 의심할 수 있는 근거가 된다.

## 56 화재패턴(fire patterns)에 대한 설명으로 옳지 않은 것은?

① 화재패턴의 형성 원인으로는 열변형, 소실, 연소생성물의 퇴적 등이 있다.
② 바닥에 쏟아진 가연성 액체는 연소과정에서 발생하는 증발잠열에 의한 냉각효과로 인해 오히려 박리가 되지 않는 것이 일반적이다.
③ 부착된 그을음은 탄소 등 가연성 물질로, 직접적으로 화염과 접하거나 강력한 복사열에 노출되게 되면 대부분 연소되어 비가연성 표면이 그대로 노출되는데, 이때 생기는 흔적을 백화연소흔이라고 한다.
④ 모든 도체는 전류가 흐를 때 도체에 존재하는 저항에 의해 일정한 열을 발생시키는데, 이를 아크(arc)라고 하며, 전력의 손실을 나타낸다.

모든 도체는 전류가 흐를 때 도체에 존재하는 저항에 의해 일정한 열을 발생시키는데, 이를 줄열(Joule's heat)이라고 하며, 전력의 손실을 나타낸다.

## 57 액체가연물의 화재패턴에 해당하는 것은?

① 만곡 및 도괴 ② 백화연소흔적
③ 부식 및 변색흔 ④ 틈새연소패턴

① 만곡 및 도괴는 쇠기둥이나 금속기둥이 열을 받아 휘거나 무너지는 것을 말한다.
② 백화연소흔적은 그을음의 부착 흔적과 관련이 있다.
③ 부식 및 변색흔은 금속의 경우에 발생된다.
④ 틈새연소패턴은 액체가연물의 화재패턴에 해당한다. 액체가연물의 화재패턴에는 포어패턴, 스플래시패턴, 고스트마크, 틈새연소패턴, 도넛패턴, 레인보우이펙트, 트레일러패턴 등이 있다.



정답 54 ① 55 ④ 56 ④ 57 ④

# 제9장 교통사고 조사

## 1 차 대 보행자 충돌흔적

**01** **보행자가 서 있거나 걸어가고 있는 도중 승용차에 충격되었을 때의 충돌흔적으로 옳지 않은 것은?**

① 보행자의 다리 부분은 범퍼에, 허벅지 또는 골반 부분은 엔진후드 앞부분에 부딪히게 된다.
② 상체는 엔진후드에 올라탄 후 머리가 자동차의 전면유리에 충돌된다.
③ 차량속도가 빠를 경우에는 사람이 차량 앞부분을 감싸는 현상보다는 차량 앞 범퍼에 충돌하면서 앞으로 튕겨져 나간다.
④ 충돌속도에 따라 보행자가 차량 지붕위로 올라간 다음 차량 뒤쪽으로 떨어지기도 한다.

해설
차량속도가 빠를 경우에는 사람이 차량을 앞부분을 감싸는 현상이 나타나며, 충돌속도에 따라 보행자가 차량 지붕위로 올라간 다음 차량 뒤쪽으로 떨어지기도 한다.

**02** **차 대 보행자 충돌흔적에 대한 설명으로 옳지 않은 것은?**

① 보행자가 입고 있는 하의는 범퍼에, 상의는 엔진후드에 마찰되면서 충돌흔적을 남기게 된다.
② 엔진후드에 마찰되면서 묻은 의류흔적은 실제사고 조사 전문가들도 놓치기 쉬운 흔적이다.
③ 관리가 잘 된 승용차 엔진후드에 이상한 물질이 묻어 있고 전면유리가 깨져 있다면 보행자를 충돌한 차량이라 의심할 수 있다.
④ 교통사고에서 발생되는 물질은 수 만 가지에 달하기 때문에 그 물질의 성분을 추론할 수 없다.

해설
교통사고에서 발생되는 물질은 수 만 가지가 아니라 몇가지로 한정되어 있기 때문에 어떤 물질이 존재하는 모습을 보면 그 물질의 성분을 대략 추론할 수 있다.

## 2 전면유리에 나타난 흔적

**03** **자동차 전면유리에 나타난 흔적에 대한 설명으로 옳지 않은 것은?**

① 보행자의 머리가 자동차 전면유리에 충돌하면서 남기는 흔적은 생김새 때문에 방사형 파손흔적 또는 거미줄 형태의 파손흔적이라고 한다.

② 전면유리는 두 장의 유리를 접합한 구조를 가지고 있어 일반적으로 보행자 머리가 충격될 경우 바깥쪽 유리의 손상이 심하고 안쪽유리는 상대적으로 양호하다.

③ 전면유리의 충격의 방향이 안쪽에서 바깥쪽인 경우에는 보행자를 충격하였다는 것을 의미한다.

④ 방사형의 범위가 크지 않고 중앙부분에 함몰흔적이 있는 경우에는 망치 등 도구를 사용하여 고의로 파손한 것으로 판단할 수 있다.

전면유리의 충격의 방향이 바깥쪽에서 안쪽인 경우에는 보행자를 충격하였다는 것을 의미하며, 충격의 방향이 안쪽에서 바깥쪽인 경우에는 자동차 내부 탑승자가 전면유리에 부딪혔거나 에어백 전개로 인하여 파손되었음을 의미한다.

**04** **자동차 전면유리에 나타난 흔적에 대한 설명으로 옳지 않은 것은?**

① 전면유리의 파손 정도와 모발과 같은 증거물의 존재가능성은 비례하지 않는다.

② 전면유리가 방사형으로 파손된 경우에도 모발이 없는 경우가 있는가 하면 약간 금이 간 정도라도 모발이 끼어 있는 경우가 있다.

③ 상체가 전면유리가 충돌되는 순간 유리가 파손되면서 틈새가 벌어지고 그 사이로 섬유가 낀 후 다시 그 틈새가 닫히면서 섬유가 깨진 틈새에 끼어 남아 있을 수 있다.

④ 보행자의 머리 또는 인체가 부딪힌 흔적과 망치 등 도구를 사용하여 고의로 파손한 흔적은 파손의 범위와 중앙부분의 함몰흔적이 같기 때문에 구별이 힘들다.

머리 또는 인체와 같이 연질의 재료가 부딪힌 흔적과 망치와 같이 단단한 물체가 부딪힌 흔적은 파손의 범위와 중앙부분의 함몰흔적 유무로 구분할 수 있다.

정답 01 ③ 02 ④ 03 ③ 04 ④

## 3 범퍼에 나타나는 흔적

**05 범퍼에 나타나는 흔적에 대한 설명으로 옳지 않은 것은?**

① 금이 간 틈새에 섬유가 끼이는 현상은 범퍼에서도 잘 나타나며, 압착된 섬유와 함께 증거능력이 매우 높다.

② 흙먼지가 많이 묻은 차량 앞 범퍼 측면부가 쓸린 흔적은 범퍼에 흙먼지가 먼저 묻은 상태에서 마찰된 경우 일어난다.

③ 차량 앞 범퍼 하단부가 쓸린 흔적이 줄무늬 문양의 간격이 매우 일정한 경우에는 의류와 마찰된 흔적으로 판단할 수 있다.

④ 의류는 부드럽고 변형 가능하므로 자동차 앞 범퍼에 쓸리는 경우 간격이 불규칙한 문양이 나타난다.

해설

의류는 부드럽고 변형 가능하지만 직조의 간격은 현미경상으로도 아주 일정한 문양을 가지고 있어 쓸리는 경우 빗살무늬 문양이 나타난다.

## 4 보행자 의류에 남겨진 흑색 이물질

**06 보행자 의류에 남겨진 흔적에 대한 설명으로 옳지 않은 것은?**

① 보행자 사고에서 피해자 바지에 흑색 이물질 흔적이 나타나면 자동차 페인트가 묻은 것으로 추측할 수 있다.

② 자동차 페인트는 클리어층과 아래쪽 색상을 나타내는 도막층이 매우 중요한데, 클리어층은 수지와 안료가 혼재되어 있다.

③ 흑색 이물질을 채취해서 현미경으로 보면 구불구불하게 보이는 것은 섬유이고 전체적으로 흑색을 보이는 것이 수지이다.

④ 차 대 차 사고 또는 차 대 보행자 사고에서 피해자 의류에 묻은 이물질에 반짝이는 광택성 입자가 포함되어 있다면 자동차용 도장이라고 추정할 수 있다.

해설

자동차 페인트는 클리어층과 아래쪽 색상을 나타내는 도막층이 매우 중요한데, 이 도막층은 수지와 안료가 혼재되어 있다.

## 07 보행자 의류에 남겨진 이물질 흔적에 대한 설명으로 옳지 않은 것은?

① 상대 차량의 도색 페인트는 전체적으로 흑색을 나타낸다.

② 화물차 또는 특장차의 일부에 사용되는 페인트는 클리어 층이 없는 경우가 많고 충격에 의해 색상이 잘 묻어난다.

③ 대부분의 승용차 색상층에는 여러 가지 물질을 넣어 차체 외관이 아름답게 빛나도록 만들며, 첨가제로는 주로 알루미늄 분말을 사용한다.

④ 광택성 입자가 보이면 교통사고에 의한 차량의 도료가 묻은 것으로 판단할 수 있지만 용의차량의 색상을 추론할 수는 없다.

광택성 입자가 보이면 교통사고에 의해 차량의 도료가 묻은 것이라고 판단할 수 있고 용의차량의 색상도 가늠할 수 있다.

### 5 역과(轢過)시 나타나는 흔적

## 08 역과(轢過)시 나타나는 흔적에 대한 설명으로 옳지 않은 것은?

① 역과(轢過)는 쓰러진 보행자를 차량의 바퀴로 타고 넘는 현상을 말한다.

② 보행자가 도로 위에 쓰러져 있다가 지나던 차량에 의해 역과되거나 차량 하부구조물에 충격되어 큰 상해를 입고 사망하는 경우가 많다.

③ 타이어 문양은 두피에도 나타날 수 있으므로 반드시 머리카락을 자르고 두피에 타이어 문양이 있는지 확인해야 한다.

④ 두피나 피부의 타이어 문양은 적색 출혈흔으로 나타나는데, 이는 타이어의 돌출된 부분이 그대로 두피나 피부에 찍힌 것이다.

두피나 피부의 타이어 문양은 적색 출혈흔으로 나타나는데, 이는 타이어의 돌출된 부분에 의한 것이 아니고 타이어의 돌출된 부분이 피부를 강하게 압박하여 타이어 홈 부분으로 혈액이 머무르게 되고 이때 강한 압력으로 모세혈관이 터지면서 타이어 홈 부분 문양이 나타난 것이다.



정답 05 ④ 06 ② 07 ④ 08 ④

**09** **역과시 나타나는 흔적에 대한 설명으로 옳지 않은 것은?**

① 두피나 피부의 타이어 문양은 적색 출혈흔으로 나타난다.
② 타이어의 측면보다는 타이어의 밑면의 문양이 나타나는 경우가 대부분이다.
③ 검은색 의류를 입은 보행자가 타이어에 의해 역과될 경우 타이어 흔적을 찾기 매우 힘들다.
④ 보행자의 등 부분에 타이어 흔적이 나타나면 자를 대고 촬영한 후 문양 간의 폭이나 문양의 크기, 각도 등을 측정하고 수치화한 후 용의차량의 타이어와 비교하여야 한다.

사람을 타이어로 밟게 되면 타이어의 밑면의 문양이 나타나는 경우도 있지만 타이어 측면의 빗살무늬라든가 문자가 나타나는 경우도 많다.

## 6 차 대 차 충돌흔적

**10** **차 대 차 충돌흔적에 대한 설명으로 옳지 않은 것은?**

① 차량과 차량이 충돌하는 경우 서로간의 물질이 묻게 되고 특이한 현상이 나타나는데, 이때 흔적을 관찰하는데 있어 중요한 점은 충격의 방향성이다.
② 물질이 어느 쪽으로 쓸리면서 묻었는지 구분함으로써 사고조사에서 결정적인 해답을 찾는 경우가 많다.
③ 돌출된 부분의 좌측 부문에 물질이 쌓여 있고 우측 부분에 물질이 없는 경우 충격의 방향성은 좌측에서 우측이라고 할 수 있다.
④ 도장된 페인트가 좌측 상단에서 우측 하단으로 이탈된 경우 충격의 방향은 우측 하단에서 좌측 상단이다.

도장된 페인트가 좌측 상단에서 우측 하단으로 이탈된 경우 충격의 방향은 좌측 상단에서 우측 하단이다.

**11** **차 대 차 충돌흔적에서 러프오프(Rub-off) 흔적에 대한 설명으로 옳지 않은 것은?**

① 러프오프(Rub-off) 흔적은 순간적으로 정지된 상태에서 충돌하지 않고 양 차량의 접촉 부위가 서로 다른 속도로 움직이고 있다는 것을 나타내 준다.

② 이는 측면 접촉사고시 발생되는 전형적인 모습으로 차량의 측면이 서로 스치면서 문질러진 자국이다.

③ 직접 손상 부위에 묻어 있는 상대차량의 페인트가 대부분이나 간혹 타이어 자국, 보행자의 옷조각, 피부조직, 머리카락, 혈흔, 나무껍질, 진흙 및 기타 이물질이 묻어 있는 경우도 있다.

④ 속도가 낮은 차량에 속도가 높은 차량의 차체부위가 접촉하여 지나간다면 속도가 높은 차체의 페인트는 벗겨지지 않고 속도가 낮은 차량의 페인트가 묻을 것이다.

속도가 낮은 차량에 속도가 높은 차량의 차체부위가 접촉하여 지나간다면 속도가 **낮은** 차체의 페인트는 벗겨지지 않고 속도가 **높은** 차량의 페인트가 묻을 것이다.

**12** **차 대 차 충돌흔적에서 '제동없이 주행 중'인 차량상태에 해당하는 러프오프(Rub-off) 흔적으로 옳은 것은?**

① 

② 

③ 

④ 

② 가속
③ 제동 중
④ 급제동에 의한 정지

## 7 파단면의 비교

**13 사고현장에 남겨진 파단면 조사에 대한 설명으로 옳지 않은 것은?**

① 현장 유류물인 차량의 페인트 조각을 용의차량의 페인트 도막이 이탈된 부분과 맞추는 작업을 의미한다.

② 파단면이 우수한 증거능력을 가지고 있는 이유는 파단면이 일치하는 차량이 하나뿐이기 때문이다.

③ 페인트 조각의 파단면이 일치하는 상황이더라도 페인트 성분과 색상 등을 추가적으로 비교하여야 한다.

④ 파단면의 일치여부가 페인트 성분비교보다 훨씬 증거능력이 뛰어나다.

해설

페인트 조각의 파단면이 일치하는 상황에서는 페인트의 성분비교는 무의미하다. 즉 같은 페인트 성분과 색상의 차량이 너무 많기 때문이다. 이는 DNA가 일치하면 혈액형 검사를 할 필요가 없다는 말과 같다.

## 8 사고 현장의 흔적

**14 다양한 사고현장에 나타나는 흔적 중 사고조사에 가장 많이 사용되는 흔적은?**

① 긁힌 흔적(scraps) ② 패인 흔적(gouges)
③ 스키드마크(skid marks) ④ 스크럽마크(scrub marks)

다양한 사고현장에 나타나는 흔적 중 사고조사에 가장 많이 사용되는 흔적은 단연 스키드마크(skid marks)이다.

**15 사고현장에 나타나는 흔적과 추정내용을 연결한 것으로 옳지 않은 것은?**

① 스키드마크(skid marks) – 자동차의 사고속도
② 스크럽마크(scrub marks) – 충돌지점
③ 긁힌 흔적(scraps) – 자동차의 이동경로
④ 패인 흔적(gouges) – 자동차의 이동경로

패인 흔적(gouges) – 충돌지점

참고 사고현장에 나타나는 흔적

| 흔적의 종류 | 확인사항 | 추정내용 |
|---|---|---|
| 미끄러진 흔적(skid marks) | 긴 직선 | 자동차의 사고속도 |
| 문질러진 흔적(scrub marks) | 일정하지 않은 선 | 충돌지점 |
| 미세한 흔적 | 연결 여부 | 자동차의 이동경로 |
| 산란물 | 종류 | 충돌지점 |
| 패인 흔적(gouges) | 차체 및 도로 | 충돌지점 |
| 긁힌 흔적(scraps) | 차체 및 도로 | 자동차의 이동경로 |
| 가는 홈(grooves) | 차체 및 도로 | 자동차의 이동경로 |
| 차량의 파편 | 흙, 유리, 페인트 등 | 일반적으로 충돌지점 |

〈자료출처〉 보험조사론Ⅱ(실무) p.230, 보험연수원, 2018

## 16 사고현장에 나타나는 흔적 중 충돌지점을 추정하는 흔적으로 가장 거리가 먼 것은?

① 차량의 파편
② 긁힌 흔적(scraps)
③ 패인 흔적(gouges)
④ 문질러진 흔적(scrub marks)

해설 긁힌 흔적(scraps)은 자동차의 이동경로를 추정하는 내용이다.

## 17 사고현장의 흔적에 대한 설명으로 옳지 않은 것은?

① 문질러진 흔적(scrub marks)은 충돌 순간과 충돌 직후에 차량이 비정상적인 기동을 하면서 타이어에 의해 발생하는 흔적으로, 충돌지점을 나타낸다.
② 스키드마크(skid marks)는 일반적으로 뒤쪽 타이어가 앞쪽 타이어보다 진하게 나타난다.
③ 패인 흔적(gouges)은 두 차량이 충돌하는 순간 차체 하부구조물이 노면과 충돌하면서 발생하는 흔적으로, 충돌지점을 나타낸다.
④ 흙, 유리, 페인트 등 차량의 파편은 일반적으로 충돌지점을 추정할 수 있다.

해설 스키드마크는 일반적으로 앞쪽 타이어가 뒤쪽 타이어보다 진하게 나타나는데 이는 제동시 무게중심이 앞쪽으로 쏠려 앞쪽 타이어에 많은 하중이 실리기 때문이다.

제4과목 보험조사론 Ⅱ(실무)

정답 13 ③ 14 ③ 15 ④ 16 ② 17 ②

**18** **스키드마크(skid marks)에 대한 설명으로 옳지 않은 것은?**

① 스키드마크는 환경적 요인에 의해 시간 경과에 따라 없어지므로 신속하게 조사해야 한다.
② 노면 위에 차량의 타이어가 미끄러진 흔적이므로 이를 이용하여 사고조사관들은 차량의 제동력을 추정할 수 있다.
③ 운전자가 제동페달에서 발을 일시적으로 뗀 다음 다시 밟는 경우에 스키드마크가 끊어지는 갭(gap)스키드마크가 발생할 수 있다.
④ 굴곡 스키드마크(휘어진 스키드마크)는 갑작스럽게 방향이 변하는 특징을 나타내며, 충돌 지점에 대한 좋은 단서가 된다.

해설 노면 위에 차량의 타이어가 미끄러진 흔적이므로 이를 이용하여 사고조사관들은 차량의 속도를 추정할 수 있다.

**19** **차량 바퀴가 계속 구르면서 미끄러질 경우에 생기는 흔적이 아닌 것은?**

① 요마크
② 스키드마크
③ 가속스커프
④ 스커프마크

브레이크를 밟아 바퀴가 잠겨 생기는 스키드마크와 달리 바퀴가 계속 구르면서 미끄러질 경우에는 스커프마크, 요마크, 가속스커프, 플랫타이어마크 등이 발생한다.

**20** **사고현장에 나타나는 흔적 중 '스키드마크'에 대한 설명으로 옳지 않은 것은?**

① 휘어진 타이어 흔적은 횡방향으로 경사가 있는 직선도로에서 발생한다.
② 차량이 짐을 동일하게 실었다 하더라도 바람 부는 쪽 또는 경사진 위쪽에 위치하는 타이어의 스키드마크 자국이 더 진하게 나타난다.
③ 마찰계수가 높은 노면과 마찰계수가 낮은 노면이 함께 있을 때 차체는 노면의 저항이 큰 쪽으로 회전하면서 스키드마크가 생길 수 있다.
④ ABS(Anti-lock Brake System)의 경우 또는 차체가 진동하면서 단속적인 타이어 흔적, 즉 스킵(skip) 스키드마크가 나타날 수 있다.

차량이 짐을 동일하게 실었다 하더라도 바람 부는 반대쪽 또는 경사진 아래쪽에 위치하는 타이어의 스키드마크 자국이 더 진하게 나타난다.

## 21 요마크(yaw mark)에 대한 설명으로 옳지 않은 것은?

① 타이어가 구르면서 차체가 원심력의 영향에 의해 바깥쪽으로 미끄러질 때 타이어의 측면이 노면에 마찰되면서 발생되는 자국이다.
② 요마크는 스키드마크보다 진하게 나타난다.
③ 요마크의 수명은 스키드마크보다 짧다.
④ 노면상에 나타난 요마크를 관찰하면 정상회전이었는지 아니면 제동 또는 가속상태였는지를 판단할 수 있다.

요마크(yaw mark)는 타이어가 구르면서 차체가 원심력의 영향에 의해 바깥쪽으로 미끄러질 때 타이어의 측면이 노면에 마찰되면서 발생되는 자국으로 운전자의 급핸들 조작 또는 무리한 선회주행(고속주행) 등의 원인에 의해 생성된다. 요마크는 타이어가 계속 회전하는 상황에서 발생되기 때문에 한 지점에서 계속 미끄러지면서 발열하는 스키드마크와 달리 엷게 나타난다.



## 22 스커프마크(Scuff mark)에 대한 설명으로 옳지 않은 것은??

① 정속요마크는 속도가 일정하게 유지되면서 회전할 경우 발생될 수 있는 타이어 흔적이며, 줄무늬문양이 차량의 차축과 거의 평행하게 나타난다.
② 제동요마크는 제동페달을 밟으면서 원심력에 의해 측방으로 미끄러지는 경우에 발생된다.
③ 가속요마크는 옆으로 미끄러지면서 가속페달을 밟은 경우로서 줄무늬문양의 방향은 제동요마크의 경우와 반대방향이다.
④ 플랫타이어마크는 타이어 공기압이 많거나 심한 하중에 눌려 타이어가 찌그러지면서 형성되는 자국으로 중앙부가 진하게 나타난다.

플랫타이어마크는 타이어 공기압이 적거나 심한 하중에 눌려 타이어가 찌그러지면서 형성되는 자국이다. 가장자리는 진한 형태이고, 중앙부는 희미하게 나타난다.

정답 18 ② 19 ② 20 ② 21 ② 22 ④

## 23 충돌마크(Impact mark)에 대한 설명으로 옳지 않은 것은?

① 충돌스크럽(collision scrub)은 굴러가던 바퀴가 충돌의 힘에 의해 순간적으로 고정되면 문질러진 형태로 나타나는 타이어 자국이다.

② 일반적으로 충돌스크럽은 최대 접촉시 타이어의 위치를 의미하므로 충돌지점을 판단할 수 있다.

③ 크룩(Crook)마크는 충돌 순간 갑자기 나타난다.

④ 크룩은 스키드마크와 함께 발생하며, 불연속적인 부분이 포함된다.

크룩(Crook)마크는 제동 중에 발생하는 것으로 충돌 순간 갑자기 나타나는 충돌스크럽(collision scrub)과 구분된다.

## 24 차량에 의한 현장 유류물의 형태가 아닌 것은?

① 적하(dribble)
② 긁힘(scratch)
③ 흩어짐(scatter)
④ 흘러내림(run off)

긁힘(scratch 또는 scrape)은 차량의 이동경로를 나타낸다. 현장 유류물은 차량충돌의 결과로 현장에 흩어진 것으로 흩어짐(scatter), 적하(dribble), 웅덩이(puddle), 흘러내림(run off), 스며듦(soak in), 자국(tracking) 등 6가지 형태로 구분할 수 있다.

차량에 의한 유류물의 6가지 형태

- **흩어짐**(scatter) : 용기(用器)가 충돌로 인해 파괴될 때 나타난다. 라디에이터의 경우 충돌시 파손되는 경우가 많고, 여기에서 내부 부동액이 분출될 경우 충돌 이후 이동궤적을 추적할 수 있으며, 이를 통해 충돌지점을 판단하기도 한다.
- **적하**(dribble) : 차량에서 흘러나온 액체가 아래쪽으로 떨어지며 노면에 남긴 흔적으로, 대개 충돌지점으로부터 최종위치까지의 경로를 나타낸다. 일반적으로 액체의 누설이 급하게 이루어지고 차량의 움직임이 적을 때는 적하 흔적이 선명하게 나타나는 반면 액체의 누설이 적게 이루어지고 차량움직임이 빠를 때에는 적하 흔적이 희미하게 나타난다.
- **웅덩이**(puddle) : 차량이 정지한 상태에서 누설부분으로부터 액체가 흘러나올 때 발생하며 차량이 정지했음을 나타낸다. 따라서 웅덩이의 위치를 바탕으로 조사자가 현장에 도착하기 전에 차량을 이동하였는지 여부를 판단할 수 있으며, 이는 사망자가 있는 경우에도 적용된다. 사망자로부터 피가 흘러내려 고인 흔적이 발생하였다면, 사망자가 그 지점에 한동안 머물러 있었다는 의미가 된다.
- **흘러내림**(run off) : 도로가 기울어져 있을 때 웅덩이가 발생한 경우이다. 경사면을 따라 개울을 이루기도 하며 도로가 아주 평평한 경우에도 발생한다.
- **스며듦**(soak in) : 액체가 흙이나 도로의 틈새로 흡수될 때 발생한다. 스며듦 흔적은 웅덩이에 고인 액체가 도로의 틈새로 스며들기도 한다.
- **자국**(tracking) : 차량의 누설된 액체 위를 타이어가 밟고 지나갈 때 발생한다.

**25** **차량에 의한 유류물의 형태에 대한 설명으로 옳지 않은 것은?**

① 자국(tracking)은 차량의 누설된 액체 위를 타이어가 밟고 지나갈 때 발생한다.
② 흘러내림(run off)은 도로가 기울어져 있을 때 웅덩이가 발생한 경우이다.
③ 적하(dribble)는 용기(用器)가 충돌로 인해 파괴될 때 나타난다.
④ 웅덩이(puddle)는 차량이 정지한 상태에서 누설부분으로부터 액체가 흘러나올 때 발생하며 차량이 정지했음을 나타낸다.

- 흩어짐(scatter)은 용기(用器)가 충돌로 인해 파괴될 때 나타난다.
- 적하(dribble)는 차량에서 흘러나온 액체가 아래쪽으로 떨어지며 노면에 남긴 흔적으로, 대개 충돌지점으로부터 최종위치까지의 경로를 나타낸다.



정답 23 ③ 24 ② 25 ③

# 제10장 운전자 식별

**01** **교통사고 현장에서 사고 차량 내 핸들 아래쪽 플라스틱 커버에 압착된 섬유는 어느 용도에서 증거능력이 매우 높은가?**

① 가해차량의 동일성 판정
② 운전자의 동일성 판정
③ 가해차량과 피해차량의 구별
④ 충돌 순간 차량의 속도 추정

차량 실내 충돌 시에는 섬유가 묻는 경우가 많은데 섬유는 혈흔보다도 우수한 증거능력을 가진다. 왜냐하면 혈흔은 액체 상태에서 튀기 때문에 접촉 흔적이라고 할 수 없지만 섬유는 직접 충격에 의해서만 압착되기 때문이다. 핸들 아래쪽 플라스틱 커버와 조수석 앞쪽에 위치하는 글로브박스(glove box) 근처에 압착하는 섬유의 증거능력이 가장 높다.

**02** **교통사고시 차량 내 압착된 섬유의 증거능력에 대한 설명으로 옳지 않은 것은?**

① 교통사고에서 운전자가 누군인지 판단할 수 있다.
② 차량이 전복된 경우라도 증거능력으로 충분하다.
③ 운전자가 누구인지의 문제는 섬유만 잘 관찰하면 80~90% 해결할 수 있다.
④ 핸들 아래쪽에 청바지 섬유가 검출되고 운전자로 추정되는 사람이 청바지를 입고 있었더라면 그 사람을 운전자로 단정할 수 있다.

섬유는 직접 충격에 의해서만 압착되기 때문에 차량이 전복된 경우에는 증거능력을 상실할 수 밖에 없다.

**03** **교통사고시 차량 내 압착된 섬유의 특징으로 옳지 않은 것은?**

① 면은 형태가 불규칙하고, 전체적으로 납작한 형상이다.
② 모(毛)는 동물 털의 형상을 나타내고 표면에 비늘 같은 돌기가 있다.
③ 폴리에스테르 섬유는 단면이 원형이고 표면에 무수한 반점이 관찰된다.
④ 폴리에스테르 섬유는 가장자리가 약간 말린 듯한 형상을 나타낸다.

압착된 섬유의 특징(현미경 분석)
- 면은 형태가 불규칙하고, 전체적으로 납작한 형상이며 가장자리가 **약간 말린 듯한 형상**을 나타낸다.
- 폴리에스테르 섬유는 단면이 원형이고 형상이 아주 일정하며, 표면에 무수한 반점이 관찰되는 것이 특징이다.
- 모(毛)는 주로 양털을 사용하므로 동물 털의 형상을 나타내고 표면에 비늘 같은 돌기가 있다.

## 04 교통사고시 탑승자손상에 대한 설명으로 옳지 않은 것은?

① 정면충돌시 운전자 또는 탑승자의 무릎이 핸들 언더커버와 조수석의 글로브 박스(glove box)와 충돌하면서 무릎에 상처가 남는 경우가 많다.
② 보행자나 탑승자의 얼굴이 유리에 충돌할 경우 피부에 깊은 상처가 단발성으로 발생하게 된다.
③ 정면충돌시 안전벨트에 의해 운전자의 가슴부를 압박하여 갈비뼈나 쇄골이 골절되는 경우가 많다.
④ 안전벨트 고리에 쓸린 흔적이 발견되면 운전자가 안전벨트를 착용하고 있었다는 결정적인 증거가 된다.

해설 보행자나 탑승자의 얼굴이 유리에 충돌하게 피부에 얕은 상처가 다발성으로 발생하게 된다.

## 05 보행자나 탑승자의 얼굴이 유리와 충돌하게 되면 다발성 상처가 발생하는 데 이를 무엇이라 하는가?

① 핸들 손상
② 데시보드(Dashboard) 손상
③ 주사위 손상
④ 편타 손상

해설 보행자나 탑승자의 얼굴이 유리와 충돌하게 되면 다발성 상처가 발생하는 데 이를 주사위 손상(dicing injury)이라고 한다.

참고 차량내 사고손상
- 핸들 손상(운전자 – 동승자 구분)
- 앞유리 손상
- 데시보드(Dashboard) 손상
- 페달 손상(운전자 – 동승자 구분)
- 시트벨트 손상
- 편타 손상(자동차 추돌 후 목을 뒤로 격렬하게 움직인 다음 갑자기 앞으로 격렬하게 움직일 때 발생)
- 좌우대퇴골 손상(뒷좌석 특유)
- 주사위 손상



정답 01 ② 02 ② 03 ④ 04 ② 05 ③

## 제11장 교통사고의 재현

**01** **보행자사고에 대한 설명으로 옳지 않은 것은?**

① 보행자가 차량에 충돌되는 경우 인체는 차량과 순간적으로 같은 속도가 되어 차량의 속도로 비행하게 되고 노면에 전도된다.

② 보행자의 무게중심보다 차량 범퍼의 높이가 낮다면 보행자의 상체는 차량쪽으로 회전하는 현상이 나타날 것이다.

③ 보행자의 무게중심보다 차량 범퍼의 높이가 높다면 보행자의 상체는 차량과 멀어지는 쪽으로 회전하게 될 것이다.

④ 차량은 인체보다 작은 견인계수(drag factor)를 가지기 때문에 차량이 보행자와 충돌한 순간 제동이 되었다면 정지상태의 앞부분에 보행자가 전도될 것이다.

해설

인체는 차량보다 작은 견인계수(drag factor)를 가지기 때문에 차량이 보행자와 충돌한 순간 제동이 되었다면 정지상태의 앞부분에 보행자가 전도될 것이다.

**02** **보행자가 차량에 충돌되면서 나타나는 유형에 대한 설명으로 옳지 않은 것은?**

① Wrap Trajectory – 보행자가 차량 위에서 공중회전하는 형태

② Forward Projection – 보행자가 전방으로 날아가는 형태

③ Fender Vault – 보행자가 펜더 옆으로 넘어가는 형태

④ Roof Vault – 보행자가 지붕으로 도약하여 넘어가는 형태

해설

- Wrap Trajectory : 보행자가 차량을 감싸며 낙하하는 형태
- Somer Vault : 보행자가 차량 위에서 공중회전 하는 형태

**03** **보행자가 차량에 충돌되어 3m 전방으로 전도되었을 경우 충돌속도는 약 얼마인가?(단, 인체와 노면의 견인계수($\mu$) : 0.5, 중력가속도($g$) : 9.8m/s$^2$, 보행자 무게중심높이($h$) : 1.0m)**

① 2.3[m/s] ② 3.6[m/s]

③ 4.5[m/s] ④ 5.6[m/s]

해설

$$v=\mu\sqrt{2g}\left(\sqrt{h+\frac{x}{\mu}}-\sqrt{h}\right)\ [\text{m/s}]$$
$$=0.5\sqrt{2\times9.8}\left(\sqrt{1.0+\frac{3}{0.5}}-\sqrt{1.0}\right)\ [\text{m/s}]$$
$$=3.637[\text{m/s}]$$

## 04 자동차의 앞, 뒤 방향을 $x$축, 좌우방향을 $y$축, 상하방향을 $z$축으로 할 때 다음 차량의 운동특성에 대한 설명 중 옳지 않은 것은?

① 바운싱(Bouncing) – 차체의 전체가 $z$축을 따라 상하방향으로 병진운동

② 서징(Surging) – 차체의 전체가 $x$축을 따라 전후방향으로 병진운동

③ 요잉(Yawing) – 차체가 $x$축을 중심으로 하는 회전운동

④ 시밍(Shimming) – 너클핀을 중심으로 앞바퀴가 좌우로 회전하는 진동

해설

- 롤링(Rolling) : 차체가 $x$축을 중심으로 하는 회전운동
- 요잉(Yawing) : 차체가 $z$축을 중심으로 하는 회전운동

## 05 수막현상(Hydro-planning)에 대한 설명 중 옳지 않은 것은?

① 도로가 물에 젖어 있을 경우 타이어의 트레드 홈 사이로 물이 비처 배출되지 못하여 타이어가 도로와의 접촉을 잃게 되고 물 위에 떠 있는 것과 같은 현상이다.

② 수막현상은 타이어가 마모되어 있을수록 발생하기 쉽다.

③ 수막현상은 고속으로 주행할수록 발생하기 쉽다.

④ 수막현상이 발생하는 최저 물깊이는 2.5~10cm 정도이다.

해설

수막현상이 발생하는 최저 물깊이는 자동차의 속도, 타이어의 마모정도, 노면의 거침 등에 따라 다르지만 <u>2.5~10mm 정도</u>이다.

제4과목 보험조사론 Ⅱ(실무)

정답 01 ④ 02 ① 03 ② 04 ③ 05 ④

## 06 타이어의 공기압력이 부족한 경우에 타이어의 속도가 아주 빠르면 타이어의 트레드 부위가 물결모양으로 떠는 현상이 일어나면서 파열된다. 이때 일어나는 물결현상을 무엇이라고 하는가?

① 수막현상(Hydro-planning)
② 스탠딩 웨이브(Standing wave)
③ 크리프(Creep) 현상
④ 베이퍼록(Vapor Lock) 현상

① 자동차가 물에 젖은 도로 위를 고속으로 주행할 때 타이어의 트레드는 물을 완전히 밀어내지 못하여 타이어가 물의 저항에 의해 노면으로부터 떠올라 수막 위를 미끄러지듯이 주행하는 현상
③ 자동변속기 차량이 시동이 걸려 있을 때 변속기 시프트레버를 주행(D) 위치에 두게 되면 전방으로 조금씩 미끄러져 나가는 현상
④ 브레이크액에 기포가 발생하여 브레이크가 제대로 작동하지 않는 현상

## 07 다음 차량의 운동특성에 대한 설명 중 옳지 않은 것은?

① 크리프(Creep) 현상은 브레이크 페달을 가볍게 밟고 있으면 제어되나, 적당한 힘으로 밟지 않으면 자동적으로 진행하여 앞차를 추돌하는 경우가 발생한다.
② 여름철에 긴 내리막을 내려오면서 풋브레이크를 계속 사용하면 브레이크 오일에 기포가 생겨 브레이크가 잘 작동하지 않는 베이퍼록(Vapor Lock) 현상이 생긴다.
③ 페이드(Fade)는 고속주행 중 또는 내리막길 등에서 짧은 시간 동안 풋브레이크를 많이 사용하면 브레이크슈와 드럼이 과열되어 마찰계수가 커져 브레이크가 잘 작동하지 않는 현상이다.
④ 워터페이드(Water Fade)는 브레이크 라이닝의 마찰재가 물에 젖어 마찰계수가 줄어들어 브레이크의 제동력이 저하하는 현상이다.

페이드(Fade)는 고속주행 중 또는 내리막길 등에서 짧은 시간 동안 풋브레이크를 많이 사용하면 브레이크슈와 드럼이 과열되어 마찰계수가 **극히 작아지며** 브레이크가 잘 작동하지 않는 현상이다.

## 08 충돌 사고에서 적용되는 반발계수에 대한 설명으로 옳지 않은 것은?

① 반발계수는 충돌 전후의 두 차량의 속도의 비, 즉 $\frac{\text{충돌전 차량속도 차이}}{\text{충돌후 차량속도 차이}}$로 정의된다.

② 반발계수가 1인 경우 운동에너지의 합은 보존되므로 탄성충돌이다.

③ 반발계수가 $0<e<1$인 경우 비탄성충돌이다.

④ 반발계수가 $e=0$인 경우 완전비탄성충돌이다.

반발계수는 충돌 전후의 두 차량의 속도의 비, 즉 $\frac{\text{충돌후 차량속도 차이}}{\text{충돌전 차량속도 차이}}$로 정의된다.

## 09 자동차의 충돌 사고에서 유효충돌속도의 개념에 대한 설명으로 옳지 않은 것은?

① 충돌물체에 생기는 순간적인 속도 변화를 말한다.

② 충돌시작점에서 추돌차량의 속도가 피추돌차량의 속도보다 높다면 충돌종료 상태에서는 피추돌차량이 추돌차량에 의해 앞으로 튕겨져 나가게 되므로 추돌차량의 속도가 높다.

③ 충돌시작과 충돌종료 사이에는 양 차량이 같아지는 시점, 즉 공통속도가 존재한다.

④ 각 차량의 최초속도와 공통속도와의 차이를 유효충돌속도라고 한다.

충돌시작점에서 추돌차량의 속도가 피추돌차량의 속도보다 높다면 충돌종료 상태에서는 피추돌차량이 추돌차량에 의해 앞으로 튕겨져 나가게 되므로 <u>피추돌차량의 속도가 높다</u>.

## 10 50km/h로 달리는 A자동차를 100km/h로 달리는 B자동차가 추돌한 경우에 상대속도는 얼마인가?

① 0km/h　　② 50km/h

③ 100km/h　　④ 150km/h

상대속도는 "어떤 물체에서 본 다른 물체의 상대적인 속도"라고 정의된다. 50km/h로 달리는 A자동차를 100km/h로 달리는 B자동차가 추돌한 경우에 상대속도는 100km/h − 50km/h = 50km/h가 된다.



정답 06 ② 07 ③ 08 ① 09 ② 10 ②

**11** 평탄한 도로에서 직선 스키드마크가 좌우 각각 20m인 경우 제동직전 주행속도는 약 얼마인가?(단, 견인계수 : 0.8, 소수점 이하는 반올림함)

① 54km/h　　② 58km/h

③ 64km/h　　④ 68km/h

$v=\sqrt{254\mu d}$ [km/h]

$v=\sqrt{254\mu d}=\sqrt{254\times 0.8\times 20}=63.75$[km/h]

**12** 사고차량에 발생된 타이어의 제동흔적이 평탄한 도로상에 거의 직선으로 좌우측 모두 15.5m 발생된 후 4.5m 끊어진 다음 다시 20m가 발생되었을 경우 사고차량의 제동직전 주행속도는 약 얼마인가?(단, 견인계수 : 0.8, 소수점 이하는 반올림함)

① 52km/h　　② 64km/h

③ 85km/h　　④ 90km/h

노면상의 제동흔적이 중간에 끊어졌다가 다시 발생하는 경우 끊어진 길이는 제외하고 계산한다.

스키드마크의 합산길이 = 15.5m + 20m = 35.5m

$v=\sqrt{254\mu d}=\sqrt{254\times 0.8\times 35.5}=84.93$[km/h]

**13** 횡단구배가 없는 도로에서 요마크의 현의 길이가 18m이고, 현의 중앙에서 호까지의 종단거리가 0.5m인 경우 차량의 주행속도는 약 얼마인가?(단, 횡방향 견인계수 : 0.8, 소수점 이하는 반올림함)

① 60km/h　　② 64km/h

③ 84km/h　　④ 91km/h

$v=\sqrt{127\mu R}$ [km/h]

곡선반경($R$)= $\frac{C^2}{8M}+\frac{M}{2}$ [m] (여기서, $C$ ; 현의 길이, $M$ ; 종단거리)

$R=\frac{18^2}{8\times 0.5}+\frac{0.5}{2}=81.25$[m]

$v=\sqrt{127\mu R}=\sqrt{127\times 0.8\times 81.25}=90.86$[km/h]

**14** **자동차의 충돌과정을 세분하여 설명한 것으로 옳지 않은 것은?**

① 충돌과정을 세분하면 '최초 접촉', '최대 맞물림', '분리 및 정지'로 구분할 수 있다.
② '최초 접촉' 단계는 두 차량 사이에 상호영향을 미치는 충격힘이 발생하기 시작하며 진행속도가 감소한다.
③ '최대 맞물림' 단계에서 충격력은 최대 상태가 되며, 자동차 자체는 소성보다는 탄성 쪽에 가깝다.
④ '분리 및 정지' 단계는 최대 접합 후 사고 차량들은 분리되면서 정지하게 된다.

해설 '최대 맞물림' 단계에서 충격력은 최대 상태가 되며, 자동차 자체는 탄성보다는 소성 쪽에 가깝다. 고속으로 충돌시 차량의 탄성력은 극히 작다. 즉 최대 맞물림 후 되튕겨지는 탄성률은 거의 '0'에 가깝다.

**15** **자동차의 충돌시 회전현상에 대한 설명으로 옳지 않은 것은?**

① 회전은 충격력의 크기가 작용된 방향 그리고 작용점, 즉 작용위치에 따라 다르게 나타난다.
② 차량의 무게중심을 향해 힘이 작용되었다면 사고차량은 느려지거나 속도가 충격력의 작용방향으로 가속하게 되나 회전하지는 않는다.
③ 차량의 무게중심을 벗어난 지점으로 충격힘이 가해졌을 때 작용하는 힘은 편심이다.
④ 차량의 한쪽 면에 극단적인 편심을 받게 되면 결과적으로 차량은 회전을 하게 되고 차량의 회전력으로 차량 손상을 감소시킬 수 있다.

해설 차량의 한쪽 면에 극단적인 편심을 받게 되면 결과적으로 차량은 회전을 하게 되고, 차량의 이동량도 많아지며, 차량 손상이 더 많이 발생하게 된다.



정답 11 ③ 12 ③ 13 ④ 14 ③ 15 ④

**16** **자동차의 충돌과정에 대한 설명으로 옳지 않은 것은?**

① 차량이 고정물체에 충격하면서 무게중심에 힘이 작용되었다면 차량은 감속되어 멈추게 된다.

② 차량이 정지된 상태에서 다른 차량에 충돌된 경우에는 무게중심에 힘이 작용되었다면 충돌하는 차량은 충격력의 작용방향으로 밀려나가게 되고, 피충돌차량은 충돌후 이동하는 과정에서 회전하지 않는다.

③ 정지되어 있는 차량을 무게중심이 아닌 편심으로 충격하였을 때는 충돌하는 차량의 이동방향에 따라 피충돌차량은 빠르게 움직이면서 많은 회전량이 발생한다.

④ 충격력의 방향은 최대 충돌시 힘의 방향을 의미하며, 최대 충돌부위의 반대방향에서 일어나게 된다.

충격력의 방향은 최대 충돌시 힘의 방향을 의미하며, **최대 충돌부위**에서 일어나게 된다. 충격력의 방향은 차체의 회전 및 이동방향, 충돌전후 진입각도와 이탈각도 등에 의한 속도추정분석과 사고재현 시뮬레이션 입력항목시 기본자료가 된다.

## 제12장 자동차 기록장치

**01** **다음 중 블랙박스 동영상으로 쉽게 알 수 있는 것은?**

① 범퍼의 흔적 ② 탑승자 손상
③ 차량의 주행속도 ④ 운전자의 상태

블랙박스를 통해 이동거리와 시간을 계산할 수 있어 차량의 주행속도를 쉽게 구할 수 있다.

**02** **블랙박스 동영상에서 편도 1차로 도로를 주행하던 중 전방의 오토바이를 충돌한 사고를 담고 있는데, 시작화면을 임의로 선택하였을 때의 영상이 12초대 첫 번째 프레임이고, 이후 피해자를 충돌한 시각이 22초대 첫 번째 프레임이다. 두 지점간의 거리는 위성지도에 의해 150m로 확인된다. 두 지점 간의 평균 주행속도는?**

① 44km/h ② 54km/h
③ 66km/h ④ 76km/h

이동거리 = 150m, 소요시간 = 22초 − 12초 = 10초(s)
주행속도(m/s) = 150m/10s = 15m/s
1시간이 3,600초(s)이므로 m/s를 km/h로 바꾸면,
15m/s × 3,600s/h = 54,000m/h = 54km/h

**03** **급발진 사고의 개념으로 관련이 없는 내용은?**

① 제동효과의 명백한 손실
② 매우 낮은 출발속도
③ 운전자의 의도
④ 예상하지 못한 높은 출력

급발진 사고는 일반적으로 "제동효과의 명백한 손실을 수반한 정지 상태 또는 매우 낮은 출발속도로부터 운전자가 의도하지 않고 예상하지 못한 높은 출력에 의해 급가속되는 것"으로 정의할 수 있다.



정답 16 ④ / 01 ③ 02 ② 03 ③

## 04 일반적인 자동차 급발진 사고의 특징으로 옳지 않은 것은?

① 스키드마크 ② 사고현장 타이어흔
③ 사고차량 엔진 출력 상승 ④ 사고차량 제동장치 미작동

일반적인 자동차 급발진 사고는 사고현장 타이어흔(스커프마크 : 일명 '스핀'마크로 타이어 구동력 전달과 공회전에 의한 흔적) 발생, 사고차량 엔진 출력 상승, 사고차량 제동장치 미작동(운전자 진술) 등 3가지로 유형화되는 현상을 수반한다.

## 05 급발진 사고의 직접적인 증명이 어려운 이유가 아닌 것은?

① 오작동 재현성 문제
② 운전자의 가속페달 오조작 증명 곤란
③ ECU(엔진 제어 컴퓨터) 고장신호 미확인
④ TCU(변속 제어 컴퓨터) 고장신호 미확인

오작동 재현성 문제, ECU(엔진 제어 컴퓨터) 고장신호 미확인, TCU(변속 제어 컴퓨터) 고장신호 미확인 등으로 인해 급발진의 직접적인 증명이 어려운 실정이다. 엔진출력은 운전자의 가속페달 오조작에 의해서도 증가할 수 있는데, 이 경우 운전자는 사고 당시 급발진 현상으로 오인할 수 있다.

## 06 차량의 등화장치의 전구를 자세히 보면 충돌 당시 전원이 들어와 있었는지 또는 제동페달을 밟고 있었는지를 판단할 수 있다. 다음 사고차량의 손상된 전구에 대한 설명으로 옳지 않은 것은?

① 소등충격(Cold shock) – 충돌시 비점등상태에서 전구는 깨어지지 않고 필라멘트만 충격으로 판손된 경우로서 필라멘트의 끊어진 부위가 날카롭고 필라멘트 자체가 은빛으로 빛난다.
② 소등깨짐(Cold break) – 비점등상태에서 전구가 깨진 경우이며, 필라멘트가 그대로 남아있거나 파손된 경우도 있다.
③ 점등충격(Hot shock) – 점등된 상태에서 충격을 받아 필라멘트가 엉키거나 휘어졌으나 전구가 깨지지 않은 상태이다.
④ 점등깨짐(Hot break) – 점등된 상태에서 충격으로 전구가 깨어지게 되지만 필라멘트가 남아있는 상태이다.

점등깨짐(Hot break) : 점등된 상태에서 충격으로 전구가 깨어지게 되면 필라멘트가 산화하며, 전구가 완전히 파손된 경우에는 산화된 텅스텐 가루만이 남아있는 상태이다.

**07** **사고당시 자동차의 주행정보와 운전자의 조작정보를 저장하는 장치가 아닌 것은?**

① 음성기록장치 ② 영상기록장치
③ 사고기록장치 ④ 운행기록장치

사고당시 자동차의 주행정보와 운전자의 조작정보를 저장하는 장치는 사고기록장치(EDR), 운행기록장치(Digital Tachograph), 영상기록장치(블랙박스) 등으로 3가지 모두 공통적으로 자체적으로 내장된 가속도 센서로 충돌을 감지한다.

**08** **다음 중 사고기록장치(Event Data Recorder ; EDR)의 특징이 아닌 것은?**

① 에어백 제어 컴퓨터(ACU)의 부가기능으로 장착된다.
② 내장된 가속도 센서로 충돌을 감지한다.
③ 차량속도, 엔진회전수, 브레이크 등의 정보를 1초 단위로 기록한다.
④ 주요 목적은 사고원인을 규명하는데 있다.

차량속도, 엔진회전수, 자동페달/가속페달 조작 등이 0.5초 단위로 기록된다.

**09** **자동차 영상기록장치에 대한 설명으로 옳지 않은 것은?**

① 주요 목적은 사고 예방 및 사고 원인을 규명하는데 있다.
② 영상기록장치에는 통상 1/8~1/30초 단위로 영상정보가 저장된다.
③ 가속도 센서(G센서)로 충돌을 감지한다.
④ KS R5076(자동차용 사고기록장치)에서는 정방 카메라 영상 정보를 필수 정보로 규정하고 있다.

KS R5076(자동차용 사고기록장치)에서는 정방 카메라 영상 정보를 <u>**선택 정보로 규정**</u>하고 있다.



정답 04 ① 05 ② 06 ④ 07 ① 08 ③ 09 ④

## 10 사고기록장치(EDR)의 필수저장기록이 아닌 것은?

① 차량속도 ② 스로틀(TPS)
③ 가속도 ④ 안전벨트 착용

사고기록장치(EDR)의 주요 기록
- 필수저장기록 : 차량속도, 스로틀(TPS), 브레이크, 안전벨트 착용
- 선택저장기록 : RPM, 가속도, 롤/요각도, GPS위치

## 11 교통안전법에 규정된 디지털 운행기록장치(Digital Tachograph)의 주요 기능이 아닌 것은?

① 차량속도의 검출
② 분당 엔진회전수(RPM ; Revolution Per Minute)의 감지
③ 가속도 센서를 이용한 충격감지
④ 사고상황의 영상정보 저장

사고상황의 영상정보 저장은 영상기록장치의 주요 기록항목이다.
운행기록장치는 차량속도의 검출, 분당 엔진회전수(RPM ; Revolution Per Minute)의 감지, 브레이크 신호의 감지, GPS를 통한 위치추적, 입력신호 데이터의 저장, 가속도 센서를 이용한 충격감지, 기기 및 통신상태의 오류검출 등의 기능을 갖추어야 한다(교통안전법 시행규칙 제29조2 별표 4 참조)

## 12 자동차 운행기록장치에 대한 설명으로 옳지 않은 것은?

① 주요 목적은 사업용 차량관리 및 사고를 예방하는데 있다.
② 사업용 차량에 의무적으로 장착하여야 한다.
③ 1년 이상 1초 단위 데이터를 기록 · 저장할 수 있는 장치를 갖추어야 한다.
④ 관련 규정은 KS R5072(자동차용 전자식 운행기록계)이다.

6개월 이상 1초 단위 데이터를 기록 · 저장할 수 있는 장치를 갖추어야 한다.

# 제13장 상해가능성

## 1 1차 충격손상

**01** **1차 충격손상에 대한 설명으로 옳지 않은 것은?**

① 범퍼는 차종에 관계없이 차체의 최전방에 위치하여 정면충돌시 인체에 충격을 가하게 되는데, 이로 인한 손상을 범퍼손상이라고 한다.

② 범퍼손상은 성인의 경우 대퇴부, 하퇴부 등 하지에 주로 발생하지만 어린이의 경우는 상반신에서 주로 발생하며, 때로는 목이나 머리에서 발생할 수도 있다.

③ 피해자의 신체에 나타난 손상의 정보로 차종과 충돌속도, 충격방향에 관한 정보를 얻을 수 있다.

④ 범퍼의 높이는 차량의 종류에 관계없이 일정하므로 인체손상의 위치는 차량의 종류를 추정하는데 좋은 근거가 된다.

해설

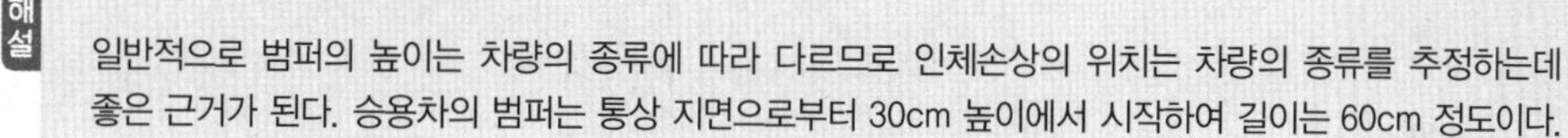

일반적으로 범퍼의 높이는 차량의 종류에 따라 다르므로 인체손상의 위치는 차량의 종류를 추정하는데 좋은 근거가 된다. 승용차의 범퍼는 통상 지면으로부터 30cm 높이에서 시작하여 길이는 60cm 정도이다.

**02** **1차 충격손상에 대한 설명으로 옳지 않은 것은?**

① 옷을 많이 입었을 때에는 충격이 흡수되기 때문에 외견상 특이점이 식별되지 않을 수 있다.

② 소형승용차의 경우 대체로 40km/h 이상으로 보행자의 전방 또는 측면을 충격하면 다리에 골절이 발생한다.

③ 소형승용차가 후방에서 충격할 경우에는 무릎관절이 구부러지고 비교적 두꺼운 근육층에 의하여 충격이 흡수되기 때문에 골절이 발생하기 위해서는 70~80km/h의 속도가 필요하다.

④ 다리부분의 골절위치로 차종을 추정할 수 있다.

해설

노면을 디디고 있는 보행자의 다리에 승용차가 충격을 가하는 경우 범퍼의 아래쪽이 주 충격 위치가 될 수 있고, 노면을 디디고 있지 않은 다리의 경우에는 범퍼의 위쪽 모서리가 주 충격 위치가 될 수 있기 때문에 다리부분의 골절위치로 차종을 선택하는 방법은 매우 신중해야 한다.



정답 10 ③ 11 ④ 12 ③ / 01 ④ 02 ④

**03** **1차 충격에 의한 인체손상에 대한 설명으로 옳지 않은 것은?**

① 좌우측 다리의 전면 또는 뒷면에 같은 높이의 손상이 형성되어 있으면 서 있는 자세에서 충격하였음을 추측할 수 있다.
② 손상이 측면에 형성되어 있으면 인체의 측면에 충격이 가하여 졌다고 추정할 수 있다.
③ 좌우측 다리의 전면부, 측면부 또는 후면부에 나타난 손상흔적의 높이가 서로 다르면 보행중이었다는 것을 추측할 수 있다.
④ 범퍼에 충격되는 동시에 라디에이터 그릴, 전조등, 엔진후드 및 펜더에 의해서도 1차 충격이 발생할 수 있는데, 보닛과 펜더에 의한 손상은 심각한 외표 손상이 나타나는 경우가 많다.

해설 범퍼에 충격되는 동시에 라디에이터 그릴, 전조등, 엔진후드 및 펜더에 의해서도 1차 충격이 발생할 수 있는데, 보닛과 펜더에 의한 손상은 대퇴부 상단, 둔부 등에 형성되는데 이러한 부위는 연조직이 풍부하여 충격이 잘 흡수되므로 외표 손상이 없거나 경미한 표피박탈 또는 피하출혈이 나타나는 경우가 많다. 그러나 절개하여 보면 혈액과 좌멸(挫滅)된 지방조직을 함유하는 박피손상이 나타나는 경우도 있다.

## 2 2차 충격손상

**04** **2차 충격손상에 대한 설명으로 옳지 않은 것은?**

① 충돌차량(소형승용차)이 30km/h 이하의 속도에서는 인체가 뜨지 않고 차량의 전면이나 측면으로 직접 전도되어 차량과 재차 충격되지 않아 역과될 염려는 없다.
② 충돌차량(소형승용차)이 40~50km/h의 속도라면 보행자는 보닛 위로 올라가 상면이나 전면유리창 또는 와이퍼, 후사경 등에 의해 팔꿈치, 어깨, 머리를 비롯하여 흉부 및 안면부에 충격을 받게 된다.
③ 충돌차량(소형승용차)이 70km/h 이상의 속도라면 보행자는 차체의 위쪽으로 뜨게 되며 차량의 지붕이나 트렁크 또는 차량 뒤쪽 노면에 떨어진다.
④ 화물차나 버스와 같은 차종은 전면이 높고 수직이기 때문에 인체가 1차로 충격된 후 차량의 전면이나 측면으로 전도되어 2차 충격손상은 발생하지 않지만 역과되기 쉽다.

해설 충돌차량(소형승용차)이 30km/h 이하의 속도에서는 인체가 뜨지 않고 차량의 전면이나 측면으로 직접 전도되어 차량과 재차 충격되지 않는다. 그러나 만약 운전자가 정지하지 않고 계속 주행해 버리면 역과로 이어질 수 있다.

## 3 전도손상(顚倒損傷)

**05 보행자가 자동차와 충돌하였을 때, 다음 중 제3차 충격손상으로 불리는 것은?**

① 범퍼손상 ② 보닛손상
③ 전도손상 ④ 탑승자손상

해설 전도손상은 자동차에 충격된 후 지상에 쓰러지거나 떨어지면서 지면이나 지상구조물에 의하여 형성되는 손상으로 제3차 충격손상이라고도 한다.

**06 전도손상에 대한 설명으로 옳지 않은 것은?**

① 전도손상은 자동차에 충격 후 모든 보행자에게서 관찰할 수 있다.
② 머리 부위에 충격되는 경우 두개골 골절이나 뇌손상을 일으켜 사망으로 이어지기도 한다.
③ 먼 거리를 끌려가면 마찰력에 의한 표재성 손상이나 전형적인 찰과상이 나타난다.
④ 지면에 강하게 전도되면서 형성된 표피박탈은 심부조직의 광범위한 손상을 동반한다.

해설 먼 거리를 끌려가면 광범위한 조직손상이 일어날 수 있으며, 짧은 거리의 경우에는 마찰력에 의한 표재성 손상이나 전형적인 찰과상이 나타난다.

## 4 역과손상(轢過損傷)

**07 역과손상(轢過損傷)에 대한 설명으로 옳지 않은 것은?**

① 차량바퀴와 차량의 하부구조에 의해 발생하는 손상이다.
② 차량바퀴와 접촉된 부분에서는 타이어 문양이 나타나고, 그 아래쪽에 골격 또는 실질장기에는 차량의 무게에 의한 손상이 발생하며, 지면에 닿아있는 피부에서는 지면과 마찰된 손상이 발생한다.
③ 역과와 같은 거대한 외력이 작용하면 외력이 작용한 부위에서 떨어져 있는 피부가 신전력(伸展力)에 의해 피부할선을 따라 찢어지는 신전손상(extension injury)이 발생한다.
④ 신전손상은 대개 깊고 길며, 박피손상 형태로 불규칙한 방향으로 나타난다.

해설 신전손상은 대개 얕고 짧으며, 서로 평행한 표피열창이 무리를 이루어 나타나고 외력이 더욱 거대할 경우 열창의 형태로 나타난다.

정답 03 ④ 04 ① 05 ③ 06 ③ 07 ④

## 08 차량에 의한 신전손상에 대한 설명으로 옳지 않은 것은?

① 차량 속도가 느리면 열창이 생기기도 한다.
② 머리, 안면부 및 가슴부를 역과했을 때는 주로 전경부 및 겨드랑이에 나타난다.
③ 복부와 대퇴부를 역과하였을 때는 사타구니나 하복부, 드물게는 슬와부에 형성된다.
④ 차가 둔부 쪽을 강하게 충격하면 반대편의 피부가 과신전되어 하복부 또는 사타구니에 발생하는 경우도 있다.

해설
신전손상은 역과가 아닌 충돌에서도 생길 수 있는데, 즉 차가 둔부 쪽을 강하게 충격하면 반대편의 피부가 과신전되어 하복부 또는 사타구니에 발생하는 경우도 많으며, **차량 속도가 빠르면** 열창이 생기기도 한다.

### 5 탑승자손상

## 09 차량사고시 탑승자손상에 대한 설명으로 옳지 않은 것은?

① 운전자는 조향 휠에 의해 흉부 및 복부에 손상을 입는다.
② 대쉬보드는 주로 탑승자의 무릎부위에 손상을 준다.
③ 2점식 안전띠는 흉부좌상, 쇄골 및 늑골의 골절, 상행대동맥 및 간의 파열과 관계가 깊다.
④ 3점식 안전띠는 척추 및 흉골골절과 복강내 및 골반강내 장기의 파열을 초래할 수 있다.

해설
③은 3점식 안전띠에 대한 설명이다.
2점식 안전띠는 하복부의 표피박탈 및 좌상을 일으키는 점 외에 상체를 효과적으로 고정시키지 못하기 때문에 간, 췌장, 비장, 방광 등의 복부장기가 안전띠와 척추사이에 끼어 파열되거나 골반 및 요추에 골절을 일으킬 수도 있다.

## 10 차량의 충돌사고에서 탑승자의 두부가 과도하게 전후로 움직이면서 경부가 전후로 과신전 및 과굴곡되어 생기는 손상으로, 가죽 채찍으로 때릴 때 채찍이 흔들리는 모습과 같다고 붙여진 이름은?

① 동측손상 ② 대측손상
③ 신전손상 ④ 편타손상

편타손상(whiplash injury)은 가죽 채찍으로 때릴 때 채찍이 흔들리는 모습과 같이 경부(목)가 흔들려 생기는 손상이라는 뜻이다. 갑작스럽게 가속이나 감속되면 관성의 법칙에 의하여 두부가 과도하게 전후로 움직이면서 경부가 전후로 과신전 및 과굴곡되어 손상이 일어난다. 편타손상을 예방하려면 머리가 상체와 같이 움직이도록 해야 한다. 좌석 등받이 위쪽에 위치하는 머리 받침을 효과적으로 사용할 경우 편타손상의 가능성을 크게 낮출 수 있다.

## 6 목 상해 한계

**11** **목 상해 기준에 대한 설명으로 옳지 않은 것은?**

① 목 상해 기준값을 참조하면 목에 작용하는 젖힘모멘트 및 굽힘모멘트와 인체의 약식 상해등급(AIS)의 관계를 알 수 있다.

② 약식 상해등급 AIS 1등급은 경상(minor)으로 분류된다.

③ 젖힘모멘트와 굽힘모멘트가 47.47~61.04Nm일 경우 AIS 1등급의 손상을 입을 수 있다.

④ Murray Kornhauser는 델타V와 경추상해의 관계를 실험하였는데, 여기서 델타V는 차량간 추돌시 뒤 차량의 속도 변화량을 의미한다..

Murray Kornhauser는 델타V와 경추 상해의 관계를 실험하였는데, 여기서 델타V는 차량간 추돌시 **앞 차량의 속도 변화량**을 의미한다.

**12** **Murray Kornhauser의 델타V와 경추상해의 상호관계를 다음과 같이 요약할 경우 ㉠~㉣에 들어갈 숫자가 잘못된 것은?**

| 하중의 방향 | Injury Threshold(Nm) | Delta-V(km/h) |
|---|---|---|
| 굽힘(Flexion) | ㉠ | ㉡ |
| 젖힘(Extension) | ㉢ | 14.2 |
| 측방 굽힘(Lateral Flexion) | ㉣ | 11.9 |

① ㉠ - 100　　② ㉡ - 17.8

③ ㉢ - 57　　④ ㉣ - 54

델타V와 경추상해의 상호관계

| 하중의 방향 | Injury Threshold(Nm) | Delta-V(km/h) |
|---|---|---|
| 굽힘(Flexion) | 120 | 17.8 |
| 젖힘(Extension) | 57 | 14.2 |
| 측방 굽힘(Lateral Flexion) | 54 | 11.9 |

## 7 머리 상해 한계

**13** **40km/h의 속도로 주행하는 보닛타입의 승용차량에 보행자가 충돌하는 실험에서, 다음 중 머리상해지수(HIC)가 가장 낮은 값을 보이는 충돌 부위는?**

① 후드힌지 부분
② 보닛 중앙 부분
③ 엔진후드 가장자리
④ 전면유리 프레임부분

엔진후드 가장자리와 후드힌지 부분, 전면유리 프레임부분 및 필라 밑 부분은 HIC 5,000 이상으로 가장 높다. 반면 보닛 중앙 부분, 전면 유리 중앙 부분 등은 상해 정도가 가장 낮은 부분들 중 하나이다.

**14** **유럽(EU) 신차 승인시험의 머리상해 한계기준은 얼마인가?**

① HIC 1,000
② HIC 1,500
③ HIC 2,000
④ HIC 5,000

유럽(EU) 신차 승인시험의 머리상해 한계기준은 HIC 1,000이다.

**15** **머리상해지수(HIC)와 약식상해등급(AIS)에 관한 다음 내용 중 괄호 안 ㉠, ㉡에 들어갈 알맞은 말은?**

> HIC 1,000의 경우 ( ㉠ )의 증상을 보일 확률이 50~60%임을 의미하고, HIC 1,500의 경우 ( ㉡ )의 증상을 보일 확률이 50~60%임을 의미한다.

| | ㉠ | ㉡ | | ㉠ | ㉡ |
|---|---|---|---|---|---|
| ① | AIS 1 | AIS 3 | ② | AIS 3 | AIS 1 |
| ③ | AIS 3 | AIS 5 | ④ | AIS 5 | AIS 3 |

HIC 1,000의 경우 AIS 3의 증상을 보일 확률이 50~60%임을 의미하고, HIC 1,500의 경우 AIS 5의 증상을 보일 확률이 50~60%임을 의미한다.

## 8 상해가능성에 관한 실험적 접근

**16** **상해가능성에 대한 실험적 연구결과에 대한 설명으로 옳지 않은 것은?**

① 추돌 당한 차량의 속도변화가 10km/h 이하인 충돌인 경우 운전자에게 경추손상의 상해가 발생하기 어렵다.
② 유효충돌속도가 8km/h 이하인 충돌에서도 운전자의 자세에 따라 상해가 발생할 수도 있다.
③ 유효충돌속도 5~8km/h는 자동차 범퍼에 스크래치 또는 작은 덴트 이하의 파손을 유발하는 충격량이다.
④ 보편적인 일반인에 대한 분석을 위해서는 완전히 이상적인 피보험자만 선별하기 보다는 통상적으로 일상생활에 지장이 없고 특이한 의학적 기왕력이 없는 사람이 적절하다.

해설

유효충돌속도가 8km/h 이하인 충돌에서는 운전자의 자세가 어떻든지 상해가 발생하기 어렵다.

**17** **우리나라 국립과학수사연구원에서는 30~50대 성인 남성 50명을 대상으로 후방 추돌사고를 재현하여 실험을 하였다. 연구결과에 대한 설명으로 옳지 않은 것은?**

① 유효충돌속도 기준은 5~8km/h이었다.
② 피험자에게 작용한 충격량은 일반적으로 유효충돌속도와 비례하였다.
③ 경미사고시 유효충돌속도 5~8km/h에서는 목 상해가 발생하지 않았다.
④ 유효충돌속도 10km/h에서는 어깨, 등, 허리에 경미한 증상을 호소하였으나, 통원치료후 완쾌되었다.

해설

유효충돌속도 10km/h에서는 출돌 후 약 15분후부터 좌측 승모근에 미약한 근육경직이 발생하였으나 통증은 없었고, 운동반경에도 차이가 없었으며, 별다른 처치 없이 약 4시간 후 증상이 사라졌다.

정답 13 ② 14 ① 15 ③ 16 ② 17 ④

# 제14장 사망진단서(시체검안서) : 사망의 원인, 종류 및 기전

## 1 사망진단서(시체검안서)의 의의

**01** **한 개인의 죽음을 증명하는 의학적, 법적 문서는 무엇인가?**

① 검시조서
② 부검감정서
③ 사망진단서
④ 변사사건처리결과보고서

해설
사망진단서(Death Certificate)는 한 개인의 죽음을 증명하는 의학적, 법적 문서이다. 여기서 한 개인의 죽음을 증명한다는 점이 사망진단서의 첫 번째 의의이다.

**02** **사망진단서(Death Certificate)에 대한 설명으로 옳지 않은 것은?**

① 의사 개인이 발급하는 공적인 문서이지만, 사적인 문서로 취급받는다.
② 사망진단서에 기재된 사망 원인 정보가 국가 사망통계의 기초 자료가 된다.
③ 유가족은 사망진단서를 지참하여 주민센터나 구청에 가서 사망신고를 하고, 이 때 해당 개인의 모든 법률적, 사회적 권리와 의무가 사라진다.
④ 경찰에서 부검 여부를 판단하는 근거가 될 수 있으므로 법질서 유지라는 측면에서 중요한 의의를 가진다.

해설
사망진단서는 의사 개인이 발급하는 사적인 문서이지만, 공적인 문서로 취급받는다.

**03** **환자가 진료하던 질병이 아닌 다른 원인으로 사망하였거나 외인사일 경우 의사가 작성하여 사망을 증명하는 문서는?**

① 사망진단서 ② 시체검안서
③ 부검감정서 ④ 검시조서

사망을 증명하는 문서에는 사망진단서와 사체검안서가 있는데, 그 서식은 동일하나, 다만 상황에 따라 발급되는 명칭이 다를 뿐이다. 진료하던 환자가 진료 중이거나 최종 진료 후 48시간 이내에 진료하던 질병으로 사망하면 사망진단서를 발급한다. 시체검안서는 그 외의 경우, 즉 진료한 적이 없거나 진료한 적은 있지만 진료하던 질병이 아닌 다른 원인으로 사망하였거나 외인사일 경우에 의사가 직접 검안하여 시체검안서를 작성한다. 만약 시체검안서에 사망 원인이 "미상", "불상", 혹은 "알 수 없음"이라고 기재되어 있을 경우 경찰에서는 부검을 통하여 사망 원인을 밝히게 된다.

## 2 사망진단서의 내용 및 서식

**04** 사망진단서 양식에 포함되는 내용이 아닌 것은?

① 직 업 ② 결혼여부
③ 외인사 사항 ④ 실제 생년월일

사망진단서는 누가, 언제, 어디서, 왜, 어떻게 죽었는지를 증명하는 문서이다. '누가'라는 것은 신원 확인과 관련된 정보로 ① 성명, ② 성별, ③ 주민등록번호, ④ 실제 생년월일, ⑤ 직업, ⑥ 주소가 포함된다. '언제'라는 것에는 ⑧ 사망일시, 질병으로 사망했을 때는 ⑦ 발병일시가 포함된다. '어디서'에는 ⑨ 사망 장소가 포함된다. '왜'는 ⑩ 사망의 원인이며, '어떻게'는 ⑪ 사망의 종류를 말한다. 여기에 외인사로 사망하였을 경우에는 ⑫ 외인사 사항이라고 해서 의도성 여부를 포함하여 어떤 종류의 사고가 언제, 어디서 발생했는지를 추가적으로 기입하게 된다. 마지막으로 진단서 발급일자를 적고 의사가 속해 있는 의료기관의 명칭과 주소, 의사면허번호와 성명, 날인이 있으면 된다.

**05** 「의료법」상 사망진단서 또는 시체검안서를 작성할 수 있는 사람이 아닌 것은?

① 의 사 ② 한의사
③ 경찰관 ④ 치과의사

「의료법」상 사망진단서 또는 시체검안서를 작성할 수 있는 사람은 의사, 치과의사, 한의사이다.



정답 01 ③ 02 ① 03 ② 04 ② 05 ③

**06** 「의료법」상 사망진단서(시체검안서) 서식 중 "⑪ 사망의 종류"에 열거된 것이 아닌 것은?

① 병 사 ② 익 사
③ 외인사 ④ 기타 및 불상

⑪ 사망의 종류 : [ ]병사 [ ]외인사 [ ]기타 및 불상

## 3 사망의 원인(Cause of Death)

**07** 사망의 원인에 대한 설명으로 옳지 않은 것은?

① 사망의 원인에 해당하는 진단명은 한국표준질병・사인분류를 따라야 한다.
② 세계보건기구(WHO)가 정의한 사망의 원인은 사망을 유발했거나 사망에 영향을 미친 모든 질병, 병태 및 손상과 이러한 손상을 일으킨 사고 또는 폭력의 상황을 말한다.
③ 원사인(선행사인)은 직접 사망에 이르게 한 일련의 사건을 일으킨 질병이나 손상 또는 치명적 손상을 일으킨 사고나 폭력의 상황을 말한다.
④ 사망진단서에 기재할 수 있는 사망의 원인은 질병의 명칭이나 손상의 명칭이며, 치명적 손상을 일으킨 사고나 폭력 상황은 사망의 원인으로 기재할 수 없다.

사망진단서에 기재할 수 있는 사망의 원인은 질병의 명칭이나 손상의 명칭이며, 치명적 손상을 일으킨 사고나 폭력 상황도 사망의 원인에 포함된다.

**08** 세계보건기구에서 권장한 사망진단서의 '사망의 원인' 항목의 기재방법으로 옳지 않은 것은?

① 제1부에는 가장 나중에 사망을 초래한 상태 혹은 직접 사망에 이르게 한 상태를 첫줄 '(가) 직접사인'에 기록한다.
② '(가) 직접사인'은 반드시 기록하여야 하며, 직접사인으로 사망을 설명할 수 있으면 다른 칸은 비워 두어도 상관없다.
③ '(나), (다), (라)'에는 의학적 인과관계가 명확한 것만을 기재한다.
④ 제2부에는 인과관계라는 측면에서 직접사인과 무관하지만 사망에 관여한 질병 상태를 기록할 수 있으며, 손상은 기록할 수 없다.

제2부에는 인과관계라는 측면에서 직접사인과 무관하지만 사망에 관여한 질병 상태를 기록하며 손상도 기록할 수 있다.

## 09 현행 사망진단서에서 '⑩ 사망의 원인'에 기재하는 내용이 아닌 것은?

① 사망비용
② 발병부터 사망까지의 기간
③ 해부의사의 주요소견
④ 수술의사의 주요소견

②·③·④ 외에 '수술연월일', '직접사인 (가)~(라)', '(가)~(라)까지와 관계없는 그 밖의 신체상황' 등을 기재한다.

## 4 사망진단서 작성 원칙 및 오류

## 10 우리나라 사망진단서의 작성 원칙으로 옳지 않은 것은?

① 우리말로 작성하여야 한다.
② 사망 원인의 "(가), (나), (다), (라)" 각 항목에는 하나의 사인만 적어야 하며, 두 개를 함께 나열하면 안 된다.
③ "(가)부터 (라)까지와 관계없는 그 밖의 신체상황"란에는 여러 개를 적어도 된다.
④ "(가) 직접사인"에는 심정지, 심폐정지, 심장마비와 같이 사망에 수반된 현상이나 노환이나 고령, 노쇠 등과 같이 포괄적인 상황을 적어야 한다.

"(가) 직접사인"에는 심정지, 심폐정지, 심장마비와 같이 사망에 수반된 현상이나 노환이나 고령, 노쇠 등과 같이 포괄적인 상황은 적지 않아야 한다. 두통이나 흉통 같은 증상이나 징후도 적지 않아야 한다. 심부전, 호흡부전, 간부전, 패혈증, 과다출혈, 쇼크와 같이 비특이적이고 사망의 기전을 의미하는 용어도 원칙적으로 적지 않아야 한다.



정답 06 ② 07 ④ 08 ④ 09 ① 10 ④

**11** **사망진단서의 작성 원칙과 오류에 대한 설명으로 옳지 않은 것은?**

① 기여사인을 적을 때에는 '병사'가 항상 '손상'에 우선한다.

② 기여사인에 손상을 적을 경우에는 특별한 경우를 제외하고는 사망의 종류는 외인사가 되어야 한다.

③ 사망 원인이 확실하지 않으면 진료기록이나 보호자의 설명을 참조하여 가능한 병명을 적고 뒤에 (추정)이라고 기입할 수 있다.

④ 사망에 이른 과정을 상세히 설명하는 데에 있어서 사망의 기전을 적는 것이 효과적이라면 사망의 기전을 직접사인에 기입하되 반드시 의학적 인과관계가 있는 원사인(선행사인)을 기록한다.

기여사인을 적을 때에는 '손상'이 항상 '병사'에 우선한다. 즉, 기여사인에 손상을 적을 경우에는 특별한 경우를 제외하고는 사망의 종류는 외인사가 되어야 한다. 사망의 종류가 병사인지 외인사인지 여부는 보험금의 지급, 배상, 재판 등에서 중요하게 작용하므로 기여사인을 적을 때에도 신중하게 고민하여야 한다.

## 5 사망의 종류(Manner of Death)

**12** **사망의 종류에 대한 설명으로 옳지 않은 것은?**

① 자연사(병사) 하였다면 대부분 법이 개입할 이유가 없지만, 외인사라면 다시 자살, 타살, 사고사인지를 살펴야 한다.

② 사망의 종류는 크게 (1) 병사와 (2) 외인사로 나뉘며, 병사인지 외인사인지 알 수 없을 때에는 (3) 기타 및 불상으로 표시한다.

③ 외인사는 의도성 여부에 (1) 비의도적 사고, (2) 자살, (3) 타살, (4) 미상으로 표시한다.

④ 원사인이 외상이고 외상의 합병증으로 사망하였다면, 사망의 종류는 병사가 된다.

사망의 종류는 대개 원사인에 따라 결정되지만 직접사인만 있는 경우에는 직접사인에 따라 결정된다. 원사인이 외상이고 외상의 합병증으로 사망하였다면, 사망의 종류는 외상이 생긴 상황에 따라 자살, 타살, 사고사로 구분한다.

**13** **법의학에서 사망의 종류를 결정할 때 병사와 외인사의 구별조차 할 수 없는 경우를 무엇이라고 분류하는가?**

① 불 상　　② 사고사
③ 분류 불능　　④ 비의도적 사고

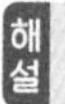

법의학에서는 사망의 종류를 결정할 때 외인사는 확실하나 자살, 타살, 사고사를 구별할 수 없으면 분류불능(unclassified)이라고 하고, 병사와 외인사의 구별조차 할 수 없으면 불상(undetermined)이라고 한다.

**14** **사망의 종류에 대한 설명으로 옳지 않은 것은?**

① 타살은 죽일 의도가 있건 없건 타인의 행위에 의한 죽음을 말한다.
② 자살은 스스로의 행위에 의한 죽음이면서 동시에 스스로 죽을 의도가 있어야 한다.
③ 사고사는 천재지변이나 의도가 없는 외인사이다.
④ 사망진단서의 사망의 종류에 대한 판단과 결정은 절대적인 것이다.

사망의 종류에 대해 의사가 결정하고 판단하게 한 것은 공중보건의 관점이다. 의사의 판단이 경찰, 검찰 또는 판사의 법률적 판단보다 우선시 되거나 똑같아야 할 필요는 없다. 따라서 사망진단서의 사망의 종류에 대한 판단과 결정은 절대적인 것이 결코 아니다.

## 6 사망의 기전(Mechanism of Death)

**15** **사망에 이르게 한 각종 질병이나 중독을 포함한 손상으로 초래된 신체의 생리적인 변화를 말하는 것은?**

① 직접사인　　② 간접사인
③ 원사인　　④ 사망의 기전

사망의 원인은 세계보건기구의 권장에 따라 제1부 주 사망 원인과 제2부 간접사인 혹은 기여사인으로 분류할 수 있다. 주 사망 원인은 다시 직접사인과 원사인(선행사인)으로 나뉘며, 원사인(선행사인)은 직접 사망에 이르게 한 일련의 병적 상태를 일으킨 질병이나 손상 또는 치명적 손상을 일으킨 사고나 폭력 상황으로 정의할 수 있다. 반면, 사망의 기전이란 사망에 이르게 한 각종 질병이나 중독을 포함한 손상으로 초래된 신체의 생리적인 변화를 말하는 것이다.



정답 11 ① 12 ④ 13 ① 14 ④ 15 ④

**16** **사망의 기전(Mechanism of Death)에 대한 설명으로 옳지 않은 것은?**

① 사망에 이르는 과정은 연쇄반응으로 복잡하고 그 기전을 명확하게 입증하기도 쉽지 않다.
② 사망의 기전은 사망진단서에 반드시 명시해야 한다.
③ 같은 사망원인이라도 사망의 기전은 서로 다를 수 있다.
④ 사망의 기전에는 부정맥, 실혈, 쇼크, 심부전, 호흡부전, 기관지 폐렴, 패혈증, 뇌저산소증, 다발성 장기 부전 등이 자주 언급되고 있다.

해설
사망의 기전을 사인에 포함시키는 것은 전혀 도움이 되지 않기 때문에 사망진단서에 명시할 필요는 없다.

## 7 사례를 통한 사망 원인 판단의 실무 연습

**17** **평소 술을 자주 마시고 간경변증에 걸린 甲이 갑자기 피를 토하면서 사망하였다. 그 전에도 피를 토한 적이 있었는데, 당시 위내시경검사를 통해 식도정맥류가 있음은 확인이 되었다. 이번 출혈도 식도정맥류가 파열된 것으로 충분히 추정이 된다. 甲의 사망진단서 "(가) 직접사인"에 기재할 내용은?**

① 병 사
② 알코올성 간경변증
③ 식도정맥류 파열
④ 식도정맥류 파열(추정)

해설
甲 사망진단서의 기재내용

<table>
<tr><td rowspan="6">10</td><td rowspan="6">사망의 원인<br>※ (나)(다)(라)에는 (가)와 직접 의학적 인과관계가 명확한 것만을 적습니다.</td><td>(가)</td><td>직접사인</td><td>식도정맥류 파열(추정)</td><td rowspan="4">발병부터 사망까지의 기간</td><td></td></tr>
<tr><td>(나)</td><td>(가)의 원인</td><td>알코올성 간경변증</td><td></td></tr>
<tr><td>(다)</td><td>(나)의 원인</td><td></td><td></td></tr>
<tr><td>(라)</td><td>(다)의 원인</td><td></td><td></td></tr>
<tr><td colspan="3">(가)부터 (라)까지와 관계없는 그 밖의 신체상황</td><td colspan="2"></td></tr>
<tr><td colspan="5">[수술의사의 소견과 해부의사의 소견은 편의상 생략함]</td></tr>
<tr><td>11</td><td>사망의 종류</td><td colspan="5">① 병사 ② 외인사 ③ 기타 및 불상</td></tr>
</table>

**〈설명〉** 식도정맥류 파열이 확인이 되었다면 (추정)을 붙일 필요는 없다. 식도정맥류가 파열되면서 과다출혈의 기전으로 사망했기에 굳이 과다출혈을 직접사인에 기입하지 않았다. 하지만 과다출혈 혹은 저혈량성 쇼크의 사망 기전을 직접사인에 기재한다면 (나)에는 식도정맥류 파열, (다)에는 알코올성 간경변증으로 기재하면 된다. 사망의 종류는 당연히 병사가 된다.

**18** 乙은 교통사고를 당하여 다리에 골절상을 입고 수술로 핀을 박고 회복하던 중 교통사고 10일 만에 갑자기 호흡곤란을 일으켜 사망하였다. 부검 결과 폐동맥을 꽉 막고 있는 혈전을 발견하였고, 다리 정맥에서도 혈전을 발견하였다. 수술 부위에 특별한 감염이나 수술적 문제는 없었다. 乙의 사망진단서 "(가) 직접사인"에 기재할 내용은?

① 교통사고
② 다리골절
③ 폐혈전색전증
④ 심부정맥혈전증

乙 사망진단서의 기재내용

<table>
<tr><td rowspan="6">10</td><td rowspan="6">사망의 원인<br>※ (나)(다)(라)에는 (가)와 직접 의학적 인과관계가 명확한 것만을 적습니다.</td><td>(가)</td><td>직접사인</td><td>폐혈전색전증</td><td rowspan="4">발병부터 사망까지의 기간</td><td></td></tr>
<tr><td>(나)</td><td>(가)의 원인</td><td>심부정맥혈전증</td><td></td></tr>
<tr><td>(다)</td><td>(나)의 원인</td><td>다리골절</td><td></td></tr>
<tr><td>(라)</td><td>(다)의 원인</td><td>교통사고</td><td></td></tr>
<tr><td colspan="3">(가)부터 (라)까지와 관계없는 그 밖의 신체상황</td><td colspan="2"></td></tr>
<tr><td colspan="5">[수술의사의 소견과 해부의사의 소견은 편의상 생략함]</td></tr>
<tr><td>11</td><td>사망의 종류</td><td colspan="5">① 병사 ② 외인사(사고사) ③ 기타 및 불상</td></tr>
</table>

**〈설명〉** 교통사고로 다친 다리의 정맥에서 혈전증이 발생했다가 떨어져 나가 폐동맥에서 합쳐져 사망한 것이다. 그러나 여기서 교통사고와의 의학적 인과관계 여부를 생각해 보아야 하며, 이 경우에는 다리 골절로 인한 합병증에 의한 사망이라고 할 수 있다. 따라서 사망의 종류는 외인사(사고사)가 되어야 한다.



**19** 관상동맥경화증과 심부전의 병력을 지닌 70세 남자 丙이 집에서 강도를 당하여 머리를 흉기에 맞고 의식불명 상태로 병원에 입원하였다. 뇌 전산화단층사진 촬영 결과 상당한 양의 경막하출혈이 관찰되었다. 수술을 하였지만 혈종을 모두 제거할 수는 없었고, 환자는 계속 의식불명 상태였다. 뇌부종이 심해지고 2주 후에 기관지 폐렴이 속발하여 사고 발생 20일 만에 패혈증으로 사망하였다. 丙의 사망진단서 "(가)부터 (라)까지와 관계없는 그 밖의 신체상황"에 기재할 내용은?

① 패혈증
② 외상성 경막하출혈
③ 기관지 폐렴
④ 관상동맥경화증

정답 16 ② 17 ④ 18 ③ 19 ④

丙 사망진단서의 기재내영

<table>
<tr><td rowspan="6">10</td><td rowspan="6">사망의 원인<br>※ (나)(다)(라)에는 (가)와 직접 의학적 인과관계가 명확한 것만을 적습니다.</td><td>(가)</td><td>직접사인</td><td>패혈증</td><td rowspan="4">발병부터 사망까지의 기간</td><td></td></tr>
<tr><td>(나)</td><td>(가)의 원인</td><td>기관지 폐렴</td><td></td></tr>
<tr><td>(다)</td><td>(나)의 원인</td><td>외상성 경막하출혈</td><td></td></tr>
<tr><td>(라)</td><td>(다)의 원인</td><td></td><td></td></tr>
<tr><td colspan="3">(가)부터 (라)까지와 관계없는 그 밖의 신체상황</td><td colspan="2">관상동맥경화증, 심부전</td></tr>
<tr><td colspan="5">[수술의사의 소견과 해부의사의 소견은 편의상 생략함]</td></tr>
<tr><td>11</td><td>사망의 종류</td><td colspan="5">① 병사 ② 외인사(타살) ③ 기타 및 불상</td></tr>
</table>

**〈설명〉** 패혈증은 사망의 기전이지만 직접사인으로 기재했다. 그렇다면 패혈증의 원인을 기재해야 하는데, (흡인성)기관지 폐렴이 선행사인이다. 기관지 폐렴은 외상성 경막하출혈로 인해 수술을 받았지만 계속 의식불명 상태에서 흡인성으로 발생한 것이다. 따라서 기관지 폐렴은 외상성 경막하출혈의 합병증인 셈이고, 그렇기에 사망의 종류는 외인사(타살)에 해당한다. 관상동맥경화증과 심부전을 기여사인에 기재한 이유는 해당 증상이 없는 것에 비해서는 사망에 나쁜 영향을 주었을 것이라는 판단에서다. 관상동맥경화증과 심부전은 외상상 경막하출혈과는 인과관계가 없기 때문에 기여사인에 기재하였다.

**20** **20대 청년들이 술을 마시다 큰소리로 떠든다고 서로 시비가 붙었다. 한 사람이 주먹으로 상대방의 얼굴을 때렸고, 얼마 후 맞은 사람은 의식을 잃고 쓰러졌다. 119를 불러 병원으로 옮겼으나 이미 사망하였고, CT 촬영을 하였더니 지주막하출혈이 확인되었다. 사망진단서 "11. 사망의 종류"에 기재할 내용은?**

① 병사　　② 외인사(타살)
③ 외인사(사고사)　　④ 기타 및 불상

사망진단서의 기재내용

<table>
<tr><td rowspan="6">10</td><td rowspan="6">사망의 원인<br>※ (나)(다)(라)에는 (가)와 직접 의학적 인과관계가 명확한 것만을 적습니다.</td><td>(가)</td><td>직접사인</td><td>외상성 지주막하출혈</td><td rowspan="4">발병부터 사망까지의 기간</td><td></td></tr>
<tr><td>(나)</td><td>(가)의 원인</td><td>안면부 가격</td><td></td></tr>
<tr><td>(다)</td><td>(나)의 원인</td><td></td><td></td></tr>
<tr><td>(라)</td><td>(다)의 원인</td><td></td><td></td></tr>
<tr><td colspan="3">(가)부터 (라)까지와 관계없는 그 밖의 신체상황</td><td colspan="2"></td></tr>
<tr><td colspan="5">[수술의사의 소견과 해부의사의 소견은 편의상 생략함]</td></tr>
<tr><td>11</td><td>사망의 종류</td><td colspan="5">① 병사 ② 외인사(타살) ③ 기타 및 불상</td></tr>
</table>

**〈설명〉** 음주상태에서 안면부 가격으로 척추동맥이 찢어지면서 발생한 지주막하출혈이다. 죽일 의도는 없었더라도 타인에 행위에 의한 사망이기 때문에 사망의 종류는 타살에 해당한다. 지주막하출혈은 비외상성으로 선천적 동맥류가 터질 수 있지만 이런 경우라면 사망 상황상 외상성이라고 할 수 밖에 없다. 부검을 통해 동맥류의 유무를 확인하여야겠지만, 주먹이나 손바닥으로 안면부를 때려서 생기는 외상성 지주막하출혈은 법의학적으로 잘 알려져 있는 사망 상황이다.

**21** **치매 증세가 심한 90세 노인이 요양병원에 장기 입원 중 어느 날 열이 나면서 호흡곤란을 호소하였고, x-ray 검사상 급성 폐렴이 확진되었다. 보호자들은 환자에 대해 심폐소생술을 원치 않는다(DNR)는 서명을 한 상태였고, 환자는 사망하였다. 사망진단서에 기재할 내용이 아닌 것은?**

① 급성 (흡인성) 폐렴　　② 치매
③ (초)고령　　④ 외인사

사망진단서의 기재내용

<table>
<tr><td rowspan="6">10</td><td rowspan="6">사망의 원인<br>※ (나)(다)(라)에는 (가)와 직접 의학적 인과관계가 명확한 것만을 적습니다.</td><td>(가)</td><td>직접사인</td><td>급성 (흡인성) 폐렴</td><td rowspan="4">발병부터 사망까지의 기간</td><td></td></tr>
<tr><td>(나)</td><td>(가)의 원인</td><td>치매</td><td></td></tr>
<tr><td>(다)</td><td>(나)의 원인</td><td></td><td></td></tr>
<tr><td>(라)</td><td>(다)의 원인</td><td></td><td></td></tr>
<tr><td colspan="3">(가)부터 (라)까지와 관계없는 그 밖의 신체상황</td><td colspan="2">(초)고령</td></tr>
<tr><td colspan="5">[수술의사의 소견과 해부의사의 소견은 편의상 생략함]</td></tr>
<tr><td>11</td><td>사망의 종류</td><td colspan="5">① 병사　② 외인사(타살)　③ 기타 및 불상</td></tr>
</table>

**〈설명〉** 치매환자에 있어서 치매가 사망의 직접 원인은 아니다. 폐렴, 탈수증, 감염, 영양결핍, 패혈증, 폐색전증 등 치매로 인한 합병증이 주된 사인이다. 환자는 고령에 치매가 있어 음식을 씹고 삼키는데 장애가 있을 수 있고, 그로 인해 흡인성 폐렴이 발생한 것으로 판단하였다. 90세라는 고령이 치매 발생의 위험인자이기 때문에 고령을 기여사인으로 판단하였다. 고령이 직접사인에 해당되지 않지만, 90세라는 나이는 (초)고령이라 보아 기여사인에 기재할 수 있다. 사망의 종류는 병사에 해당한다.



정답 20 ② 21 ④

# 제15장 검시 및 부검

## 1 우리나라의 검시 절차

**01** **우리나라의 검시 관련 용어에 대한 설명으로 옳지 않은 것은?**

① 검시(檢視)란 수사기관이 죽음에 대한 법률적 판단을 위하여 시체 및 그 주변 현장을 종합적으로 조사하는 것을 말한다.

② 검시(檢屍)란 죽음에 대한 의학적 판단을 위하여 의사가 시체를 대상으로 의학적 검사를 하는 것으로, 검안과 부검을 포함하는 개념이다.

③ 검안(檢案)이란 시체를 해부하여 내부 장기 및 조직의 절개, 채취 등의 방법으로 검사하는 것을 말한다.

④ 부검은 그 목적에 따라 병으로 사망한 경우 사망의 원인을 규명하기 위하여 실시하는 병리부검과 범죄나 법과 관련된 죽음을 조사하기 위하여 실시하는 법리부검이 있다.

해설

검안(檢案)이란 시체를 손괴하지 않고 그 외부만을 검사하는 것을 말한다. 부검(剖檢)이란 시체를 해부하여 내부 장기 및 조직의 절개, 채취 등의 방법으로 검사하는 것을 말한다.

**02** **수사기관이 죽음에 대한 법률적 판단을 위하여 시체 및 그 주변 현장을 종합적으로 조사하는 것을 가리키는 말은?**

① 검시(檢屍)
② 검시(檢視)
③ 검안(檢案)
④ 부검(剖檢)

검시(檢視)란 수사기관이 죽음에 대한 법률적 판단을 위하여 시체 및 그 주변 현장을 종합적으로 조사하는 것을 말한다.

## 03 우리나라의 검시 절차에 참여하는 사람이 아닌 것은?

① 의 사　　② 판 사
③ 경찰관　　④ 장례지도사

해설

우리나라에서는 검시에 검사, 경찰관과 검시조사관, 판사, 의사 등이 참여한다. 법률상 검시의 주체 및 책임자는 검사이지만, 실질적으로 현장에서 검시의 집행을 담당하는 것은 경찰관이며, 경찰관과 함께 변사체 발견 현장에 출동해 변사체 검시를 담당하는 검시조사관이 있다. 또한 변사체의 검안 및 부검 등 실무를 담당하는 의사가 있고, 부검의 경우 압수·수색·검증영장의 발부를 통해 부검 허가를 결정하는 판사가 참여한다.

## 04 우리나라의 검시 절차에서 「형사소송법」상 검시의 주체 및 책임자는 누구인가?

① 판 사　　② 검 사
③ 경찰관　　④ 검시조사관

해설

법률상 검시의 주체 및 책임자는 검사이지만, 실질적으로 현장에서 검시의 집행을 담당하는 것은 경찰관이며, 경찰관과 함께 변사체 발견 현장에 출동해 변사체 검시를 담당하는 검시조사관이 있다. 「형사소송법」 제222조에 의하면 "변사자 또는 변사의 의심있는 사체가 있는 때에는 그 소재지를 관할하는 지방검찰청 검사가 검시하여야 한다."고 되어 있어 검시의 주체를 검찰로 명시하고 있고, 이것이 우리나라 검시제도의 가장 기본법이 되고 있다.

## 05 우리나라의 검시 절차에 대한 설명으로 옳지 않은 것은?

① 변사자 또는 변사의 의심이 있는 시체가 발생하여 경찰이 이를 직접 발견하거나 신고를 받은 경우에는 관할 경찰서장에게 보고하여야 한다.
② 출동한 경찰은 사건현장을 보존하고 초동수사를 한다.
③ 관할 지방검찰청 검사는 변사자 또는 변사의 의심이 있는 시체에 대한 경찰의 보고를 받으면 직접 현장에 출장하여 검시하거나 사법경찰관에게 검시를 명한다.
④ 사법경찰관은 의사를 참여시켜 시체를 검시하고, 검시조서를 작성하여 경찰서장과 검사에게 보고하여야 한다.

해설

변사자 또는 변사의 의심이 있는 시체가 발생하여 경찰이 이를 직접 발견하거나 신고를 받은 경우에는 즉시 관할 지방검찰청 검사에게 보고하여야 한다.



정답 01 ③ 02 ② 03 ④ 04 ② 05 ①

## 2 부검의 유용성

**06** **우리나라에서는 부검을 시신을 훼손하는 것으로 여기는 유교적 관습으로 인해 부검에 대한 거부감이 많은 것이 사실이다. 하지만 부검은 여러 가지 유용성이 있는데, 부검의 유용성으로 옳지 않은 것은?**

① 유가족은 납득할만한 죽음의 원인을 들을 권리가 있다.
② 장기 기증이나 사후 인체조직 기증 등에 활용할 수 있다.
③ 죽음을 조기에 확정함으로써 불명확한 법률관계를 명확하게 한다.
④ 경찰 수사에 협조하고, 범죄의 입증 및 공정한 재판에 도움이 된다.

해설

부검의 유용성
- 유가족은 납득할만한 죽음의 원인을 들을 권리가 있다.
- 유가족은 앞으로의 건강을 관리하고, 정당한 보상을 받아야 한다.
- 경찰 수사에 협조하고, 범죄의 입증 및 공정한 재판에 도움이 된다.
- 의학 교육의 중요한 한 방법이며, 그 효과가 매우 크다.
- 의료인들의 진단 및 치료에 직·간접적인 영향을 준다.
- 공중보건 및 각종 보건정책 수립에 도움이 된다.
- 장기 기증이나 사후 인체조직 기증 등에 활용할 수 있다.

**07** **사법부검에 대한 설명으로 옳지 않은 것은?**

① 질병의 확인 및 의학적 연구 목적으로 시행한다.
② 범죄와의 연관성이 의심되는 경우에 경찰과 검찰이 개입하여 법적인 절차에 의해 실시한다.
③ 사법부검을 담당한 법의학자가 부검감정서라는 이름의 결과문서를 제출하면 이는 재판의 증거로 채택된다.
④ 우리나라에서 실시되는 부검의 대부분은 사법부검이라고 할 수 있다.

부검은 질병의 확인 및 의학적 연구 목적으로 시행하는 **병리부검**과 범죄와의 연관성이 의심되는 경우에 경찰과 검찰이 개입하여 법적인 절차에 의해 실시하는 **사법부검**이 있다. 범죄와의 연관성이 없는 경우라도 돌연사나 의료분쟁이 발생한 사고의 경우에는 사법부검이 실시된다.

## 3 부검을 통한 사망 원인의 판단 과정

**08** **부검을 통한 사망 원인의 판단 과정에 대한 설명으로 옳지 않은 것은?**

① 부검은 오로지 법의학적 측면에서 사망의 원인을 판단하는 과정으로 다른 요소를 참작해서는 안 된다.

② 부검 전에 사망자의 신원 확인, 의학적·사회적 과거력, 사망 당시의 상황과 주위 환경 등이 조사되어야 한다.

③ 의학적으로 가능성이 있는 사망 원인을 몇 가지로 압축하고, 그런 다음 예상되는 법의학적 질문을 생각하면서 부검을 실시한다.

④ 필요한 경우 현미경적 조직 검사를 실시하고, 약물 중독 여부도 검사한다.

사망의 원인이란 부검만 한다고 해서 결정될 수 있는 것이 아니며 사망상황, 환경, 과거력, 독물학적 검사 결과, 현미경적 조직 검사 결과 등을 종합적으로 판단할 때 확인 가능하다.



정답 06 ③ 07 ① 08 ①

# 제16장 사후 변화 및 시체 현상

## 1 죽음의 판단

**01** **관용적으로 사용되는 죽음의 판정 기준으로 옳지 않은 것은?**

① 자발적인 호흡 운동의 정지
② 심장 박동 또는 심장음의 정지
③ 어느 동맥에서도 맥박을 감지할 수 없음
④ 각막 및 동공 반사 소실로 인한 동공 축소

④ 각막 및 동공 반사 소실로 인한 <u>동공 확대</u>

관용적인 죽음의 판정 기준

| | |
|---|---|
| 호흡기계통 기능의 정지 | • 자발적인 호흡 운동의 정지 |
| 순환기계통 기능의 정지 | • 어느 동맥에서도 맥박을 감지할 수 없음<br>• 심장 박동(또는 심장음)의 정지<br>• 혈압 측정이 안 됨(인공적 유지가 불가능한 상태) |
| 중추신경계통 기능의 정지 | • 의식 소실, 자극에 대한 반응의 상실<br>• 동공 확대 : 각막 및 동공 반사 소실 |

**02** **죽음의 판단에 대한 설명으로 옳지 않은 것은?**

① 죽음의 판정 기준으로 볼 수 있는 증상이 15~30분 동안 지속되면 사망으로 진단할 수 있다.
② 심장과 폐의 기능이 정지하면 신체는 빈혈과 무산소증에 빠지고, 이러한 환경이 지속되면 세포사가 발생하는데, 세포사는 일순간 일어난다.
③ 죽음의 판정 기준 중 혈압 측정이 안 되면 순환기계통 기능의 정지로 볼 수 있다.
④ 심전도나 뇌파검사를 실시할 경우 이는 객관적인 사망 판단 자료가 된다.

심장과 폐의 기능이 정지하면 신체는 빈혈과 무산소증에 빠지고, 이러한 환경이 지속되면 세포사가 발생하는데, 세포사는 일순간 일어나는 것이 아니라 조직마다 다르게 진행되는 연속적인 과정이다.

## 2 초기 사후변화(조기 시체현상)

**03 초기 사후변화 현상으로 옳지 않은 것은?**

① 자가융해(Autolysis) ② 체온하강(Algor Mortis)
③ 시체경직(Rigor Mortis) ④ 혈액침하(Hypostasis)

해설 자가융해는 후기 사후변화 현상이다.

**04 초기 사후변화에 대한 설명으로 옳지 않은 것은?**

① 체온하강은 사람이 죽으면 생활기능이 멈추고 체열 생산도 멎으므로 시간이 지나면서 시체의 온도가 점차 떨어져 차가워지는 현상을 말한다.
② 시반(Lividity)은 혈액순환이 멈추게 되면 정지된 혈액이 가능한 신체의 가장 낮은 부위로 내려가면서 혈액침하가 발생하고, 혈액속의 혈구도 중력에 의해 가라앉게 되는데, 시간이 흐르면서 분해되고 혈색소가 피부에 착색되는 현상을 말한다.
③ 시강(Rigidity)은 시체의 근육이 굳어지는 현상으로, 온도에 의해 영향을 받는데, 온도가 낮을수록 경직 속도가 빨라진다.
④ 시체경직의 시작 속도에 영향을 주는 것으로 사망 직전 육체활동이 있는데, 사망 직전 심한 육체운동이 있었던 경우에는 경직이 빨리 나타난다.

해설 시강(시체경직)의 시작과 지속시간도 온도에 의해 영향을 받는다. 온도가 낮을수록 경직 속도가 느리고 온도가 높을수록 경직속도가 빠르다. 영하에 가까운 조건에서는 시체 경직이 거의 무한정 연기될 수도 있다.

**05 초기 사후변화 중 체온하강(Algor Mortis)에 대한 설명으로 옳지 않은 것은?**

① 사후변화로서 체온은 옷, 자세, 보호물, 주위 온도 등 작용하는 변수들에 따라 냉각 양상은 다양하게 나타나며 일반적인 냉각곡선은 'L자 모양'이다.
② 시체의 체온은 측정하는 부위에 따라서 차이가 있는데, 일반적으로 시체에 대해서는 직장 온도를 측정한다.
③ 대기온도는 냉각에 관여하는 가장 중요한 요소로 대기온도가 37℃보다 높으면 시체는 냉각되지 않고 실제로 체온이 더 오를 수도 있다.
④ 열사병이나 패혈증의 열성질환이 있을 경우 체온이 올라가며, 대뇌 출혈, 특히 연수부위의 출혈이 있을 때 체온이 올라갈 수 있다.



정답 01 ④ 02 ② 03 ① 04 ③ 05 ①

해설

사후변화로서 체온은 옷, 자세, 보호물, 주위 온도 등 작용하는 변수들에 따라 냉각 양상은 다양하게 나타나며 일반적인 냉각곡선은 'S자 모양'이다. 신체의 중심은 피부 표면의 온도가 떨어져 표면과 중심 사이에 온도차가 발생하기 전까지는 온도가 떨어질 수 없다. 인체조직은 열전도가 잘 되지 않아 온도차가 발생하기 전까지는 어느 정도 시간이 걸리므로 신체 중심부에 위치한 온도계(일반적으로 직장 온도)의 온도는 일정시간 동안 일정하게 유지될 것이다. 이때가 고원과 같이 평평한 '안정기(plateau)'로서 지수곡선 상의 평평하거나 약간 기울어진 부분인데, 이것이 얼마나 지속될 지는 정확하게 예측할 수 없다.

## 06 초기 사후변화 중 시체 온도의 일반적인 냉각곡선으로 가장 옳은 것은?

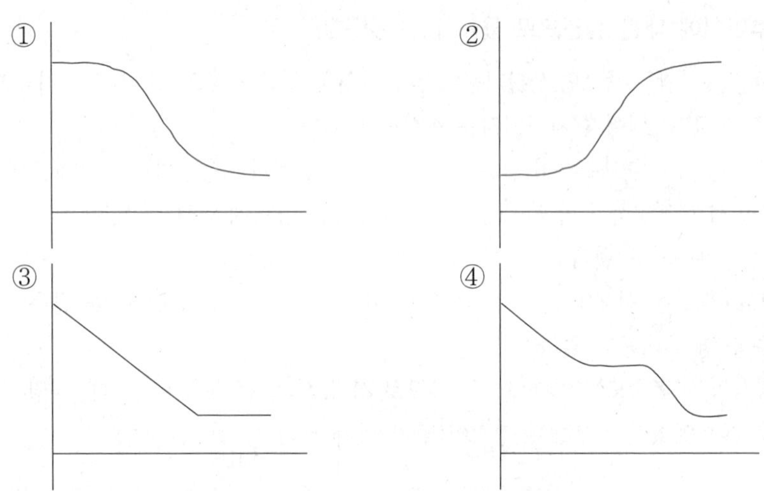


해설

사후변화로서 시체 체온의 일반적인 냉각곡선은 'S자 모양'이다. 즉, 처음에 일정시간 동안 중심온도가 평평하게 유지되는 '안정기(plateau)'를 거친 후 체온이 하강하게 된다.

## 07 시체의 체온하강에 영향을 주는 인자에 대한 설명으로 옳지 않은 것은?

① 따뜻한 이불은 냉각을 현저히 지연시키고 부패를 촉진시킬 수 있다.
② 마른 의복은 젖은 의복에 비해 조직을 빨리 냉각시킨다.
③ 차가운 금속성 바닥에 닿아 있는 피부는 담요에 닿아 있는 피부보다 빨리 냉각된다.
④ 일반적으로 마른 체형의 사람은 질량과 표면적의 비율이 낮고 지방에 의한 단열효과가 없기 때문에 보다 빨리 냉각된다.

젖은 의복은 증발작용을 통해 많은 열을 빼앗기 때문에 마른 의복에 비해 조직을 빨리 냉각시킨다.

**08** **시체의 직장온도를 측정하여 시체의 사망시간을 추정하는 모리츠 공식으로 옳은 것은?**

① 사후경과 시간=(37℃－직장온도) × 0.52 × 상수(계절값)
② 사후경과 시간=(37℃－직장온도) × 0.83 × 상수(계절값)
③ 사후경과 시간=(37℃－직장온도) / 0.83 × 상수(계절값)
④ 사후경과 시간=(37℃－직장온도) / 0.52 × 상수(계절값)

모리츠 공식
사후경과 시간 = (37℃－직장온도) / 0.83 × 상수(계절값)
(계절값은 봄, 가을 1.0, 여름 1.4, 겨울 0.7)

**09** **2018년 여름 8월 11일 오전 9시경 시체에 대한 직장온도를 측정한 결과 시체 체온이 20.4℃였다. 모리츠 공식에 따를 때, 시체의 사망시간은 언제로 추정할 수 있는가?**

① 2018년 8월 10일 오전 5시경
② 2018년 8월 10일 오전 7시경
③ 2018년 8월 10일 오전 9시경
④ 2018년 8월 10일 오후 1시경

모리츠 공식
사후경과 시간 = (37℃－직장온도) / 0.83 × 상수(계절값)
(계절값은 봄, 가을 1.0, 여름 1.4, 겨울 0.7)
일단 이런 계산문제는 계산기를 시험장에 들고 들어가는 것이 아니므로 나누기를 하면 떨어지는 것이 일반적이다. 직장온도가 20.4℃, 여름은 상수가 1.4이다. 이를 대입한다.
사후경과 시간 = (37℃－20.4℃) / 0.83 × 1.4＝16.6 / 0.83 × 1.4＝28시간
측정시간이 2018년 8월 11일 오전 9시경이고, 여기서 28시간을 뒤로 돌리면, 하루 24시간을 뒤로 돌린 2018년 8월 10일 오전 9시경에 4시간을 더 돌리면, 2018년 8월 10일 오전 5시경이 사망 추정 시간이 된다.



정답 06 ① 07 ② 08 ③ 09 ①

**10** **시반(Livor Mortis)의 가장 중요한 의의로 옳은 것은?**

① 사망 시간을 추정할 수 있다.
② 사망 원인을 추정할 수 있다.
③ 사망자의 신원을 알 수 있다.
④ 사망 당시의 자세를 알 수 있다.

시반의 가장 중요한 의의는 사망 당시의 자세를 알 수 있다는 점이다.

**11** **시반(Livor Mortis)에 대한 설명으로 옳지 않은 것은?**

① 혈액침하의 발현 양상은 시체의 자세와 관계가 있다.
② 시체가 바닥에 등을 대고 누워 있는 경우에는 바닥에 눌린 어깨, 엉덩이, 종아리 부위에는 혈관이 압박되어 혈액침하가 생기지 않고 피부가 하얗게 된다.
③ 목을 매어 사망한 시체가 오랫동안 매달려 있었다면, 혈액침하는 얼굴 부위에서 가장 심하게 나타난다.
④ 일반적인 시반은 어두운 적색인데, 이는 사망시 산소 농도와 부분적으로 관계가 있다.

목을 매어 사망한 시체가 오랫동안 매달려 있었다면, 혈액침하는 발과 다리에서 가장 심하게 나타나고 손과 팔 아래쪽에도 발생할 것이다.

**12** **시반이 분홍색이나 선홍색인 경우에 추측할 수 있는 사망 원인으로 옳지 않은 것은?**

① 청산염 중독
② 일산화탄소 중독
③ 일사병으로 인한 사망
④ 저체온증으로 인한 사망

시반이 분홍색이나 선홍색인 경우도 있는데, 저체온증으로 인한 사망이나 사망 후 일찍 냉장고에 보관된 경우, 일산화탄소 중독이나 사이안산(청산염) 중독 등에서 잘 나타난다. 그러나 선홍색 시반을 본다고 해서 반드시 일산화탄소 중독이나 청산염 중독을 진단할 수 있다는 것은 아니다. 시체가 부패되면 시반은 갈색을 띠다가 나중에는 검게 변한다.

**13** **시반(Livor Mortis)과 타박상을 구별하는 방법으로 옳지 않은 것은?**

① 시반은 혈액침하 현상이므로 항상 아래쪽에 위치하지만, 타박상은 위치와 관계없이 외력이 작용한 곳이면 어디든 발생할 수 있다.
② 시반 부위의 피부를 절개할 경우 주변 조직으로 혈액이 침윤되어 있고 응고되어 있는 것을 볼 수 있지만, 타박상 부위의 피부를 절개할 경우 혈관 내에 있는 혈액이 흘러내리게 되고 흘러나온 혈액은 거즈로 닦으면 잘 닦여진다.
③ 시반의 경우 침윤성 시반이 생기기 전인 초기에는 손가락으로 누르면 누른 자국이 하얗게 남았다가 시간이 지나면 다시 원상태로 되돌아오는 퇴색 현상이 나타나지만, 타박상의 경우에는 퇴색 현상이 나타나지 않는다.
④ 일단 부패가 시작되면 시반과 타박상의 감별은 쉽지 않다. 사후 자가융해가 시작되면 혈관으로부터 용혈된 혈액이 확산되어 감별이 점차 어려워져 결국에는 불가능해진다.

해설

시반 부위의 피부를 절개할 경우 혈관 내에 있는 혈액이 흘러내리게 되고 흘러나온 혈액은 거즈로 닦으면 잘 닦여진다. 타박상은 위치와 관계없이 외력이 작용한 곳이면 어디든 발생할 수 있으며, 멍에서는 퇴색 현상이 나타나지 않는다. 피부를 절개하면 주변 조직으로 혈액이 침윤되어 있고 응고되어 있는 것을 볼 수 있다.

**14** **사망 후 시간이 지나면서 근육이 다시 굳어지고 각 관절을 움직이면 저항을 느끼게 되는 초기 사후변화는?**

① 시강(Rigor Mortis)
② 시반(Livor Mortis)
③ 냉각(Algor Mortis)
④ 미이라화(Mummification)

해설

사람이 사망하면 신경자극이 없어져 근육이 이완되고 긴장이 거의 사라진다. 이후 시간이 지나면서 근육은 다시 굳어지고(경직되고) 각 관절을 움직이면 저항을 느끼게 되는데, 이를 시강(Rigidity, Rigor Mortis)이라 한다. 경직된 시체는 일정한 시기가 지나면 부패 현상으로 인해 다시 이완된다.



정답 10 ④ 11 ③ 12 ③ 13 ② 14 ①

## 15 시강(Rigidity, Rigor Mortis)에 대한 설명으로 옳지 않은 것은?

① 근육이 이완되었다가 다시 굳어지는 초기 사후변화를 말한다.
② 액틴과 마이오신이라는 근육수축 관련 단백질과 아데노신삼인산(ATP), 아데노신이인산(ADP) 등 에너지 대사가 관여하는 것으로 알려져 있다.
③ 성인이나 건강한 사람보다 유아나 오랫동안 질병을 앓은 자, 노인 등이 사후경직 정도가 강한다.
④ 평균적으로 사후 최대 6~12시간 내에 신체 전체의 근육으로 확산되다가 10~12시간쯤에 최고로 강하게 나타난다.

해설

시체경직은 턱과 같은 작은 관절들이 더 쉽게 고정되기 때문에 작은 근육들에서 먼저 나타난다. 일반적으로 유아나 오랫동안 질병을 앓은 자, 노인 등은 근육발달이 미약하므로 경직 정도가 약하다.

### 3 후기 사후변화

## 16 후기 사후변화에 대한 설명으로 옳지 않은 것은?

① 시체는 자연법칙에 따라 초기 사후변화에 이어 미생물이나 효소로 분해되고, 시체가 분해되는 과정은 자가융해(Autolysis)와 부패(Decomposition)로 나눌 수 있다.
② 조직과 세포가 생명력을 잃으면 효소가 세포 성분을 소화하여 분해하기 시작하는데, 이러한 자가융해는 시체 속에 침투한 미생물에 의해 일어난다.
③ 미생물, 특히 부패균이 인체의 복잡한 유기물을 분해하여 단순한 유기화합물로 바꾸는 것을 부패라 한다.
④ 부패로 시체의 연부 조직이 완전하게 분해되는 백골화(Skeletonization)는 기간이 일정하지 않으나 대개 지상에서는 1년 이내, 건조한 흙에 매장할 경우 3~4년 이내로, 뼈, 연골, 인대, 건(힘줄)만 남게 된다.

해설

조직과 세포가 생명력을 잃으면 효소가 세포 성분을 소화하여 분해하기 시작하는데, 이러한 자가융해는 미생물과 무관하게 일어난다.

## 17 후기 사후변화에 해당하지 않는 것은?

① 부 패　② 건 조
③ 백골화　④ 자가 융해

초기 사후변화와 후기 사후변화의 구별

| 초기 사후변화 | 후기 사후변화 |
|---|---|
| • 체온하강(시체의 냉각, Cooling)<br>• 시반(Lividity) 및 혈액침하(Hypostasis)<br>• 시강(시체경직, Rigidity)<br>• 건조<br>• 각막 혼탁 | • 자가융해(Autolysis)<br>• 부패(Decomposition)<br>• 백골화(Skeletonization)<br>• 시랍화(Adipocere Formation)<br>• 미이라화(Mummification) |

## 18 공기 중에서 1주일간 부패한 정도는 수중에서는 2주일, 땅 속에서는 8주일간 부패한 정도와 비슷하다는 법칙은?

① 딜버트(Dilbert) 법칙　② 캐스퍼(Casper) 법칙
③ 모리츠(Moritz) 법칙　④ 니스텐(Nysten) 법칙

캐스퍼(Casper) 법칙은 공기 중에서 1주일간 부패한 정도는 수중에서는 2주일, 땅 속에서는 8주일간 부패한 정도와 비슷하다는 법칙이다. 즉, "공기 중 : 수중 : 땅 속 = 1 : 2 : 8"이라는 뜻이다.

## 19 부패(Decomposition)에 대한 설명으로 옳지 않은 것은?

① 부패는 여러 장내 세균과 외부에서 들어온 부패균에 의해 유발된다.
② 공기 공급이 충분하고 적당한 습도와 온도가 유지되면 부패가 잘 일어난다.
③ 시체가 하루나 이틀 지나면 상복부나 흉부가 녹색을 띠며 변색은 점차 아랫배 쪽로 번진다.
④ 피부에서는 정맥의 주행을 따라 짙은 청색이나 검은색으로 나뭇가지 모양을 나타내는데 이를 부패망(marbling)이라고 하며, 부패망은 어깨, 상복부, 사타구니, 다리에 잘 생긴다.

부패성 변색
시체가 하루나 이틀 지나면 아랫배 쪽이 녹색을 띠며 변색은 점차 상복부나 흉부로 번진다. 색깔도 녹색에서 녹갈색, 갈색, 흑갈색으로 변한다.

정답 15 ③ 16 ② 17 ② 18 ② 19 ③

**20** **건조한 흙에 매장될 경우 일반적인 백골화 기간으로 알맞은 것은?**

① 1년 이내　　② 1~2년 이내
③ 3~4년 이내　　④ 5~6년 이내

백골화(Skeletonization)는 기간이 일정하지 않으나 대개 지상에서는 1년 이내, 건조한 흙에 매장할 경우 3~4년 이내로, 뼈, 연골, 인대, 건(힘줄)만 남게 된다. 구더기나 곤충 또는 다른 동물이 참여하면 백골화는 훨씬 더 빨라진다. 물론 주위 환경에 따라 많은 예외가 있다.

**21** **시체가 부패하면서 지방조직이 비누화반응을 일으키는 것을 무엇이라 하는가?**

① 시강(Rigidity)
② 백골화(Skeletonization)
③ 미이라화(Mummification)
④ 시랍화(Adipocere Formation)

시랍화란 시체가 부패하면서 지방조직이 비누화반응을 일으키는 것을 말한다.

**22** **시체가 물속이나 수분이 많은 흙속처럼 습도가 높고 공기흐름이 막힌 환경에 있는 경우에 나타나며, 특히 물 바닥에 가라앉은 시체에서 흔히 볼 수 있는 현상은?**

① 시 강　　② 시랍화
③ 미이라화　　④ 백골화

시랍화 현상은 시체가 물속이나 수분이 많은 흙속처럼 습도가 높고 공기흐름이 막힌 환경에 있는 경우에 나타나며, 특히 물 바닥에 가라앉은 시체에서 흔히 볼 수 있다. 시랍은 회색이나 노란색을 띠며 초기에는 미끈미끈하고 끈적끈적하여 마치 눅진눅진한 치즈나 물에 불린 비누 같으나, 오래된 시랍은 딱딱하지만 부서지기 쉽다.

**23** **자가융해나 미생물로 부패가 일어나는 데 필요한 수분이 급속히 없어져 주검이 분해되지 않을 때 생기는 현상은?**

① 시 반　　② 백골화
③ 미이라　　④ 시랍화

해설
미이라는 온몸이 건조되는 현상이다. 미이라가 되려면 대개는 온도가 높고 건조하며, 바람이 잘 통하는 조건이어야 한다. 조직에서 생성된 삼출물이나 체액의 수분이 쉽게 흡수되는 흙속이나 유아나 야윈 사람에게서 발생하기 쉽다. 미이라는 자가융해나 미생물로 부패가 일어나는 데 필요한 수분이 급속히 없어져 주검이 분해되지 않을 때 생긴다. 우리나라는 미이라화가 일어날 수 있는 환경은 아니지만, 드물게 미이라 발견 사실이 방송에 보도되기도 한다.

**24** **미이라화(Mummification)가 일어날 수 있는 환경으로 옳지 않은 것은?**

① 건조하다.　　② 온도가 높다.
③ 뚱뚱한 사람이다.　　④ 바람이 잘 통한다.

해설
미이라가 되려면 대개는 온도가 높고 건조하며, 바람이 잘 통하는 조건이어야 한다. 조직에서 생성된 삼출물이나 체액의 수분이 쉽게 흡수되는 흙속이나 유아나 야윈 사람에게서 발생하기 쉽다.

## 4 생활반응(Vital Reaction)

**25** **외부로부터의 자극을 받아 생체가 반응한 결과로 나타난 변화를 사후에 증명할 때 이용되는 것은?**

① 사후변화　　② 자가융해
③ 혈액침하　　④ 생활반응

해설
외부로부터의 자극을 받아 생체가 반응한 결과로 나타난 변화를 사후에 증명할 때 생활반응(vital reaction)이 이용된다.

정답 20 ③ 21 ④ 22 ② 23 ③ 24 ③ 25 ④

## 26 다음 중 국소적 생활반응에 해당하지 않는 것은?

① 출 혈
② 전색증
③ 염증성 변화
④ 창상의 벌어짐

전색증은 전신적 생활반응에 해당한다.

국소적 생활반응과 전신적 생활반응의 구별

| 국소적 생활반응 | 전신적 생활반응 |
|---|---|
| • 출혈<br>• 창상의 벌어짐<br>• 염증성 변화나 치유 기전 | • 빈혈<br>• 전색증<br>• 이물 흡인<br>• 약독물의 전신분포 및 배설<br>• 속발성 염증<br>• 헤모글로빈(혈색소)의 변화<br>• 압박성 울혈 |

## 27 전신적 생활반응에 대한 설명으로 옳지 않은 것은?

① 손상 부위에서 다량의 출혈이 발생하면 전신이 창백하고 핏기가 없는 전신적 빈혈이 생긴다.
② 손상 부위에서 생긴 지방덩이, 공기방울 또는 조직의 작은 조각이 색전을 일으켜 혈관을 막고 있으면 이는 손상을 받은 시점에서 혈류의 흐름이 있었음을 의미한다.
③ 익사 때 마신 물속의 플랑크톤이 전신 장기에 분포하거나, 화재사 때 기관과 기관지에 매연이 묻어 있다면 살아 있을 때 호흡을 하였다는 의미이다.
④ 화재현장에서 연기를 오랫동안 다량으로 들이마시게 되면 혈중 일산화탄소-헤모글로빈(CO-Hb) 농도가 낮게 나타난다.

화재현장에서 연기를 오랫동안 다량으로 들이마시게 되면 혈중 일산화탄소-헤모글로빈(CO-Hb) 농도가 높게 나타난다.

**28** **전신적 생활반응에 해당하지 않는 것은?**

① 시랍화

② 압박성 울혈

③ 속발성 염증

④ 약독물의 전신분포 및 배설

시랍화는 후기 사후변화에 해당한다.

# 제17장 질병에 의한 돌연사

## 1 내인성 급사

**01** **질병에 의한 돌연사와 관련이 가장 적은 것은?**

① 내인성 급사 ② 급성 심상사
③ 급성 심근경색증 ④ 급성 B형간염

해설 돌연사와 관련된 것은 내인성 급사, 급성 심장사(관상동맥경화증, 급성 심근경색증) 등이 있다.

**02** **내인성 급사에 대한 설명으로 옳지 않은 것은?**

① 급사(sudden and unexpected death)는 죽음이 갑자기, 예기치 못한 상태에서 발생했다는 것을 의미한다.
② 세계보건기구는 급사를 질병에 의한 증상이 시작된 후 12시간 이내에 사망하는 경우로 정의한다.
③ 불예측성의 경우 의사들은 충분히 예상할 수 있는 것이라도 일반인들은 예상하지 못한 것일 수 있다.
④ 외견상 급속도로 치명적인 손상과 연관되어 사망한 것이 아니라 손상에 동반된 질환 또는 손상 후의 합병증이 치명적인 결과를 초래하여 사망한 경우에 보험금 지급과 관련하여 법적 다툼이 일어나는 경우가 많다.

해설 세계보건기구는 급사를 질병에 의한 증상이 시작된 후 **24시간 이내**에 사망하는 경우로 정의하고 있지만, 많은 경우 질병에 의한 증상이 발생한 후 **1시간 이내**에 사망하는 경우를 급사로 받아들이고 있다.

**03** **내인사 가운데 법의부검의 대상이 되는 경우가 아닌 것은?**

① 검안에서 외상이 없고 범죄와의 연관성도 배제될 때
② 질병을 알고 있으나 죽음을 설명하기 어려울 때
③ 질병을 알고 있으나 이상한 상황에서 사망했을 때
④ 증상이 나타나서 사망하기까지 매우 빠른 경과를 나타냈을 때

검안에서 외상이 없고 범죄와의 연관성도 배제되면 막연히 사망 원인을 내인성 급사 혹은 급성 심장사라고 진단하는 경우가 많은데, 이것은 결코 바람직한 일이 아니며 향후 보험금 지급과 관련하여 많은 문제를 야기하게 된다. 구체적인 질병명만이 사망 원인이 될 수 있으며, 내인성 급사나 급성 심장사는 질병명이 아니다. 우리가 임의로 만든 죽음의 한 유형일 뿐이다.

내인사 가운데 법의부검의 대상이 되는 경우

- 증상이 나타나서 사망하기까지 매우 빠른 경과를 나타냈을 때
- 질병을 미처 예상치 못했을 때
- 질병을 알고 있으나 죽음을 설명하기 어려울 때
- 질병을 알고 있으나 이상한 상황에서 사망했을 때

## 04 내인성 급사의 원인을 계통에 따라 분류하였을 때 순위가 가장 높은 것은?

① 뇌혈관계 질환　② 심혈관계 질환
③ 호흡기계 질환　④ 소화기계 질환

내인성 급사의 원인을 계통에 따라 분류하면 심혈관계 질환의 비율이 가장 높으며, 다음으로 뇌혈관계, 호흡기계, 소화기계 등의 순이다.

## 05 내인성 급사의 원인 중 가장 빈도가 높은 질병에 해당하는 것은?

① 폐 렴　② 뇌종양
③ 간경변증　④ 허혈성 심장질환

심혈관계 질환 중에서는 관상동맥경화증과 연관된 허혈성 심장질환이 가장 높은 빈도를 차지한다. 결핵, 폐렴, 위궤양, 간경변증, 식도정맥류 파열, 당뇨 혼수, 뇌종양 등 많은 질병이 내인성 급사에 해당한다.



정답 01 ④ 02 ② 03 ① 04 ② 05 ④

## 2 급성 심장사

**06** **심장 근육층에 원활한 혈액의 공급이 이루어지지 못함으로써 적절한 산소 및 영양의 공급이 이루어지지 못하여 발생하는 질환은?**

① 심근염
② 심장 판막질환
③ 허혈성 심장질환
④ 고혈압성 심장질환

허혈성 심장질환은 심장 근육층에 원활한 혈액의 공급이 이루어지지 못함으로써 적절한 산소 및 영양의 공급이 이루어지지 못하여 발생하는 질환이다.

**07** **급성 심장사에 대한 설명으로 옳지 않은 것은?**

① 혈관이 완전히 좁아지지 않은 상태에서 운동이나 스트레스에 의해 흉통이 악화와 호전을 반복하는 것이 협심증이다.
② 혈관이 완전히 막혀 혈액공급이 되지 않아 심장근육이 죽어버리는 것이 급성 심근경색증이다.
③ 관상동맥경화증만 보일 경우나 관상동맥경화증과 심근의 섬유화가 보일 경우나 보험금 지급과 관련해서는 급성 심근경색증과 동일하게 취급해서는 안 된다.
④ 부검을 한 후에 사망 원인을 관상동맥경화증이라고 하든, 동맥경화성 심질환이라고 하든, 허혈성 심장질환이라고 하든, 급성 심근경색증이라고 하든, 사망 기전은 동일하며 같은 의미라고 할 수 있다.

관상동맥경화증만 보일 경우나 관상동맥경화증과 심근의 섬유화가 보일 경우나 보험금 지급과 관련해서는 급성 심근경색증과 동일하게 취급하는 것이 바람직하다.

**08** **관상동맥경화증의 주요 유발 위험 원인이 아닌 것은?**

① 당뇨병
② 고혈압
③ 저밀도콜레스롤의 감소
④ 흡 연

관상동맥경화증의 주요 유발 위험 원인
당뇨병, 고혈압, 고지혈증(고콜레스테롤증), 저밀도콜레스롤의 증가, 고밀도콜레스롤의 감소, 운동부족, 비만, 흡연 등

## 09 세계보건기구의 급성 심근경색증 진단기준에 해당하지 않는 것은?

① 가족력이 있는 경우
② 전형적인 흉통이 나타나는 경우
③ 혈청 심근효소치의 상승이 있는 경우
④ 심전도 소견상 ST 분절의 상승이나 Q파의 출현 등이 있는 경우

세계보건기구의 급성 심근경색증 진단기준(2가지 이상일 것)
- 전형적인 흉통이 나타나는 경우
- 심전도 소견상 ST 분절의 상승이나 Q파의 출현 등이 있는 경우
- 혈청 심근효소치의 상승이 있는 경우

## 10 급성 심근경색증에 대한 설명으로 옳지 않은 것은?

① 심근경색증의 가장 중요한 증상인 전형적인 흉통은 지속적인 둔통으로 조이거나, 짓누르거나, 쥐어짜는 듯한 통증을 나타내는 경우가 많다.
② 급성 심근경색증이라고 하더라도 부검에서 실제 심근의 경색, 즉 심근 괴사가 나타나는 경우는 그리 많지 않다.
③ 대부분의 심근경색증은 관상동맥경화증으로 인해서 발생하며, 반드시 전형적인 흉통을 동반한다.
④ 일반적으로 환자가 30분 이상 지속되는 흉골하통증과 발한을 동반한 경우 우선적으로 급성 심근경색증을 의심하고 진단 및 치료에 임해야 한다.

대부분의 심근경색증은 관상동맥경화증으로 인해서 발생하지만, 급성 심근경색증 환자의 20~30%에서는 전형적인 흉통이 없는 경우도 있다.

제4과목 보험조사론 Ⅱ(실무)

정답 06 ③ 07 ③ 08 ③ 09 ① 10 ③

# 제18장 손 상

## 1 손상의 의의와 검사

**01** **물리적 외력이나 화학적 작용으로 인해 기능적 장애나 형태적 변화가 초래된 것을 말하며, 외부로부터 작용한 힘으로 생긴 외상(trauma)과 동의어로 사용되는 용어는?**

① 질 병
② 손 상
③ 급 사
④ 질 식

법의학에서의 손상은 물리적 외력이나 화학적 작용으로 인해 기능적 장애나 형태적 변화가 초래된 것을 말하며, 외부로부터 작용한 힘으로 생긴 외상(trauma)과 동의어로 사용한다.

**02** **법의학적으로 '창(創)'은 피부연속성이 단절된 개방성 손상을 말한다. 다음 중 '창(創)'에 해당하지 않는 것은?**

① 열 창
② 자 창
③ 절 창
④ 두 창

법의학적으로 '창(創)'은 피부연속성이 단절된 개방성 손상을 말한다. '창(創)'에는 열창, 자창, 절창, 할창, 총창 등이 있다. '상(傷)'은 피부연속성이 단절된 비개방성 손상을 말한다. '상(傷)'에는 좌상 등이 있다. 두창은 천연두를 가리킨다.

**03** **법의학적인 손상(損傷)에 대한 설명으로 옳지 않은 것은?**

① 부검에서는 손상의 유무를 확인하고 손상이 있다면 이에 대한 철저한 검사를 통하여 사인과 직접적인 관련이 있는지를 확인한다.
② 손상은 때로는 직접적인 서술보다도 신체도를 이용하여 표시하고 기록하는 것이 더 확실하고 이해도 빠르다.
③ 정확한 표현으로 손상을 잘 기술해 두었더라도 나중에 분쟁이 발생하거나 법적 공방이 생기는 경우 손상의 양상을 이해하고 입증하는데 있어 사진은 큰 도움이 된다.
④ 사진을 찍을 때에는 사망 당시의 상태 그대로 촬영하여야 하며, 혈흔이나 오물을 깨끗이 씻고 닦은 후 촬영해서는 안 된다.

사진을 찍을 때에는 우선 사망 당시의 상태 그대로 촬영하고, 이물 채취나 개략적인 관찰을 마친 후 혈흔이나 오물을 깨끗이 씻고 닦은 후에 다시 촬영한다.

## 2 둔기손상

**04 둔기손상(blunt force injury)에 대한 설명으로 옳지 않은 것은?**

① 둔체로 신체를 직접 때리거나 내리칠 때나 우리 신체가 둔체나 어떤 표면에 부딪쳐 생기는 손상을 말한다.
② 돌, 파이프, 각목, 몽둥이, 망치, 구두를 비롯하여 주먹도 둔기에 해당한다.
③ 대표적인 둔기손상으로는 표피박탈, 좌상, 열창이 있다.
④ 열창(laceration)은 모세혈관이나 정맥이 터져 진피나 피하조직에 출혈이 발생한 상태를 말하며, 흔히 멍이나 타박상이라 한다.

해설

좌상(피하출혈, contusion, bruise)은 모세혈관이나 정맥이 터져 진피나 피하조직에 출혈이 발생한 상태를 말하며, 흔히 멍이나 타박상이라 한다.
열창(laceration)은 피부와 피하조직에 둔체가 강하게 작용하여 짓이겨 찢어지거나, 피부가 심하게 당겨져 찢어진 손상을 말한다.

**05 표피박탈(abrasion)에 대한 설명으로 옳지 않은 것은?**

① 둔체가 피부 표면에 작용하여 피부 맨 위층인 표피가 벗겨지고 진피가 노출되는 상태를 말한다.
② 찰과상 또는 생채기라고도 한다.
③ 둔체에 의한 압박, 긁힘, 일화성 찰과, 반복 마찰에 의하여 생긴다.
④ 시간이 지나면 딱지(가피)가 앉고 1주일 정도 경과되면서 후유증 없이 자연 치유되는 가벼운 손상이므로 법의학적으로 중요성이 낮다.

해설

표피박탈 자체는 시간이 지나면 딱지(가피)가 앉고 1주일 정도 경과되면서 후유증 없이 자연 치유되지만, 법의학적으로는 매우 중요한 손상 중의 하나이다.



정답 01 ② 02 ④ 03 ④ 04 ④ 05 ④

## 06 법의학적 측면에서의 표피박탈에 대한 설명으로 옳지 않은 것은?

① 표피박탈은 자동차 바퀴에 역과될 때 흔히 나타난다.
② 여성 시체의 허리나 엉덩이에 다수의 표피박탈이 있다면 강간(성폭행)이 있었음을 암시하므로 사망 상황을 추정하는데 도움이 된다.
③ 목 앞쪽에 생긴 표피박탈은 목졸림의 가능성을 시사할 수 있어 사인을 설명해 주기도 한다.
④ 표피박탈의 모양이나 표피가 일어난 방향을 자세히 관찰하면 성상물체의 모양, 작용 방법, 작용 방향 등을 알 수 있는 경우도 있다.

해설

자동차 바퀴에 역과될 때 흔히 나타나는 것이 표피박탈이 아니라 박피손상이다.

## 07 좌상(contusion)에 대한 설명으로 옳지 않은 것은?

① 좌상의 넓이나 깊이는 터진 혈관의 종류, 외력의 세기, 손상 부위의 조직에 따라 다르다.
② 좌상 부위가 반드시 충격 부위가 아닐 수도 있다.
③ 겉으로 보아 피부가 찢어지지 않고 좌상만 있다고 해서 내부 손상이 적다고 판단해서는 안 된다.
④ 좌상은 시간이 경과하면서 색깔이 달라지는데, 처음엔 갈색이나 황색이었다가 시간이 경과하면서 붉은색, 보라색, 청록색, 푸른색으로 변한다.

해설

좌상은 시간이 경과하면서 색깔이 달라지는데, 처음엔 붉거나 푸른색이었다가 시간이 경과하면서 보라색, 청록색, 갈색, 황색으로 변한다. 이는 혈액의 헤모글로빈이 헤모시데린으로 변했다가 헤마토이딘으로 분해되기 때문이다.

## 08 다음 중 중선출혈(double line hemorrhage)의 원인이 되는 둔체로 가장 거리가 먼 것은?

① 회초리　　② 채 찍
③ 몽둥이　　④ 망 치

해설

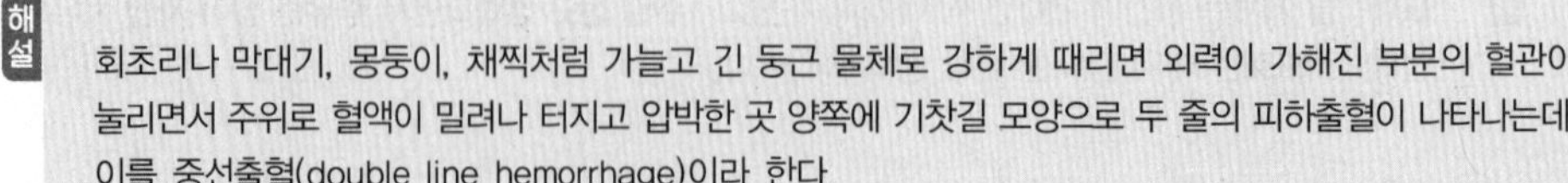
회초리나 막대기, 몽둥이, 채찍처럼 가늘고 긴 둥근 물체로 강하게 때리면 외력이 가해진 부분의 혈관이 눌리면서 주위로 혈액이 밀려나 터지고 압박한 곳 양쪽에 기찻길 모양으로 두 줄의 피하출혈이 나타나는데, 이를 중선출혈(double line hemorrhage)이라 한다.

**09** **외력이 비스듬히 작용하거나 회전하는 둔력에 의하여 피부 및 피하조직이 하방의 근막과 박리되는 것으로, 특히 자동차 바퀴에 역과될 때 흔히 나타나는 둔기손상은?**

① 좌 상　　② 교 상
③ 박피손상　　④ 중선출혈

박피손상(avulsion)은 외력이 비스듬히 작용하거나 회전하는 둔력에 의하여 피부 및 피하조직이 하방의 근막과 박리되는 것을 말한다. 외표의 손상은 비교적 적으나 피하조직, 근육 또는 결합조직에 손상이 더 큰 경우이다. 박피손상은 자동차 바퀴에 역과될 때 흔히 나타난다.

**10** **치아로 깨물어 생기는 손상으로 주로 성범죄와 연관되어 많이 생기는 손상은?**

① 교 상　　② 좌 상
③ 열 창　　④ 할 창

치아로 깨물어 생기는 손상을 교상(bite mark, 치흔)이라고 한다. 교상은 주로 성범죄와 연관되어 발생하는데, 외부생식기나 유방 근처에 잘 생긴다. 사람의 치아는 반원형으로 대개 반원형으로 나타나지만 2~3개 정도의 치아만 나타날 수도 있다.

**11** **둔기손상에 대한 설명으로 옳지 않은 것은?**

① 골절(fracture)은 외력이 뼈나 관절 부위에 직접적이거나 간접적으로 작용하여 뼈가 부러지는 손상을 말한다.
② 피해자 몸에 있는 교상에서 찾아낸 치흔은 가해자를 식별할 수 있는 아주 좋은 증거가 된다.
③ 좌열창은 외부로부터 작용하는 힘이 아니라 내부의 뼈가 골절되면서 골편의 날카로운 끝이 피부를 찢으며 뚫고 나왔을 때의 손상을 말한다.
④ 열창은 상처 속을 손가락으로 벌려보면 탄력성이 좋은 신경이나 혈관은 끊어지지 않고 상처 속을 건너질러 다리처럼 가교상 조직으로 남아 있어 칼에 의한 손상과 구별된다.

파열창 또는 천파창(piercing wound)은 외부로부터 작용하는 힘이 아니라 내부의 뼈가 골절되면서 골편의 날카로운 끝이 피부를 찢으며 뚫고 나왔을 때의 열창을 말한다. 좌열창은 열창과 같은 말로 쓰인다.

정답　06 ①　07 ④　08 ④　09 ③　10 ①　11 ③

##  예기손상

**12** **예기손상의 3가지 기본형이 아닌 것은?**

① 절창(切創)　② 할창(割創)
③ 자창(刺創)　④ 총창(銃創)

예기손상은 그 형태에 따라 절창, 자창, 할창이 3가지 기본형으로 나뉜다.

**13** **예기손상(sharp force injury)에 대한 설명으로 옳지 않은 것은?**

① 예기는 날이 있거나 끝이 뾰족한 물체를 말한다.
② 면도날, 과도, 식칼, 가위, 손도끼, 주사침, 송곳, 포크, 드라이버 등이 대표적인 예기이다.
③ 예기손상은 내부손상보다 피부에서 보는 외표손상이 중요하며 사망하는 경우는 거의 없다.
④ 예기가 연골, 특히 늑골의 연골을 관통하게 되면 각 예기마다의 독특한 줄무늬 자국을 남기는 경우도 있는데, 부검시 이러한 부위는 충분한 여유를 두고 떼어내 연장흔 분석을 위해 검사실로 보낼 필요가 있다.

해설

예기손상은 피부에서 보는 외표손상이 중요하지만 눈에 보이지 않는 내부손상도 함께 생각해 보아야 한다. 예기손상으로 사망하는 경우는 대부분 혈관이나 장기손상을 통해 대량의 실혈이나 저혈량성 쇼크의 기전으로 인한 것이다.

**14** **예기손상에 대한 설명으로 옳지 않은 것은?**

① 절창은 예리한 날에 의해 베인 상처이다.
② 예기손상인 절창을 둔기손상인 열창과 감별할 필요가 있는데, 절창의 경우 창강 안에 가교상 조직이나 이물이 남아있는 것이 특징이다.
③ 자창은 날이 있는 물체나 끝이 뾰족한 물체가 체표면을 찔러 생긴 손상이다.
④ 할창은 도끼, 손도끼, 삽, 낫 등 비교적 무거우면서 날이 있는 물체에 의해 체표면이 찍혀 생긴 손상이다.

예기손상인 절창을 둔기손상인 열창과 감별할 필요가 있는데, 절창의 경우 창강 안에 가교상 조직(tissue bridge)이나 이물이 없는 것이 특징이다.

**15** **자살할 때 심리적인 문제로 한 번에 치명상을 가하지 못하고 여러 번 시도하여 생기는 절창을 무엇이라 하는가?**

① 주저흔　　② 유저흔

③ 방어흔　　④ 격침흔

절창을 통해 사망 상황을 추정할 수 있는 경우로 주저흔(주저손상)과 방어흔(방어손상)이 있다. 자살할 때 심리적인 문제로 한 번에 치명상을 가하지 못하고 여러 번 시도하여 생기는 절창을 주저흔이라고 한다.

**16** **다음 중 방어흔(defence mark)에 해당하는 손상은?**

① 칼끝을 피부에 대거나 몇 번 살짝 찔러 보는 자창

② 손목에 있는 여러 개의 나란한 절창

③ 치명상 부근에 흩어져 있는 여러 개의 절창

④ 손바닥, 손가락의 내측이나 전완부에 있는 절창

주저흔은 치명상 부근에 흩어져 있거나 나란한 모양으로 얕은 절창이 여러 개 혹은 십여 개 이상 존재한다. 주저흔은 손목에서 가장 흔히 발견할 수 있다. 또한 주저흔은 절창뿐 아니라 자창으로 나타날 수도 있다. 칼끝을 피부에 대거나 몇 번 살짝 찔러 보는 것도 주저흔이다. 방어흔은 가해자의 흉기를 손으로 잡거나 팔로 막으려는 과정에서 생기는 손상이다. 주로 손바닥, 손가락의 내측이나 전완부에 있는 절창으로 생기는데, 때로는 자창으로 나타나기도 한다.

**17** **어느 정도 무게를 가지고 있는 흉기에 의한 예기손상으로 연부조직과 근육을 지나 뼈까지 손상받는 경우가 많은 것은?**

① 절창(incised wound)　　② 할창(chop wound)

③ 자창(stab wound)　　④ 교상(bite mark)

도끼, 손도끼, 중국음식용 식칼, 군용대검, 삽, 낫 등 비교적 무거우면서 날이 있는 물체에 의해 체표면이 찍혀 생긴 손상을 할창(chop wound)이라 한다. 할창은 어느 정도 무게를 가지고 있는 흉기이기 때문에 연부조직과 근육을 지나 뼈까지 손상받는 경우가 많다. 수상스키나 모터보트, 배의 프로펠러에 의한 손상도 할창에 포함된다.



정답 12 ④ 13 ③ 14 ② 15 ① 16 ④ 17 ②

**18** 다음 중 할창(chop wound)의 원인이 되는 예기가 아닌 것은?

① 삽 ② 손도끼
③ 쇠파이프 ④ 모터보트의 프로펠러

쇠파이프는 둔기에 해당한다.

## 4 총기손상

**19** 총기손상에 대한 설명으로 옳지 않은 것은?

① 총기에서 발사된 발사체에 의한 손상을 총창이라 한다.
② 우리나라는 총기소지가 허용되지 않기 때문에 실제로 총기손상을 보는 경우는 드물다.
③ 탄두가 신체 내에 남게 되는 총창을 맹관총창이라고 한다.
④ 탄두를 만질 때는 맨손으로 잡아서는 안 되고, 반드시 핀셋으로 잡아야 한다.

탄두를 만질 때는 절대 핀셋으로 잡는 일이 없어야 한다. 탄두 외피에 핀셋으로 엉뚱한 자국을 남길 수 있기 때문이다. 따라서 탄두는 고무장갑을 낀 손으로 잡아야 하며, 운반 및 수송에도 신경을 써야 한다.

**20** 총기손상에 대한 설명으로 옳지 않은 것은?

① 사입구는 총창의 발사 거리를 판단하는 중요한 근거가 된다.
② 사입구는 대개 원형 또는 난원형이고, 탄두가 피부를 뚫으면서 피부가 말려 안쪽으로 함몰되고 마찰되면 표피박탈륜이 생기게 된다.
③ 사출구는 몸속으로부터 피부를 뚫고 나온 것이기 때문에 표피박탈륜이 생기지 않으며, 피부는 밖으로 벌어지게 된다.
④ 사출구는 모양이 불규칙하고 아주 다양한 양상을 보이며, 대개의 경우 사출구가 사입구보다 조금 더 작은 경향이 있다.

해설

대개의 경우 사출구가 사입구보다 조금 더 큰 경향이 있으나, 접사에서는 사입구가 찢어지면서 더 커 보이는 수도 있기 때문에 단순히 상처의 크기로 사입구와 사출구를 구분하는 것은 아니다.

## 21 총기의 발사거리에 따른 총창의 분류가 아닌 것은?

① 접 사 ② 근 사
③ 근접사 ④ 화약잔사

발사거리에 따른 총창의 분류는 여러 가지가 있는데, 편의상 5가지 기준으로 분류하면, 가까운 것부터 먼 순서대로 접사, 근접사, 근사, 중간거리사, 원사가 있다.

## 22 총기의 발사거리에 따른 총창에 대한 설명으로 옳지 않은 것은?

① 접사는 총구가 피부에 밀착된 상태에서 발사되는 경우로 화약이 폭발되면서 배출되는 가스가 창구 속으로 모두 들어가게 되어 창구 주변에는 매나 화약잔사가 침착되지 않는다.
② 근접사는 총구가 피부와 완전히 밀착되지 않고 조금 떨어져 발사되는 경우로 총구와 피부 사이에 작은 공간이 생기기 때문에 창구는 잘 파열되지 않고 원형으로 보이며, 표피박탈륜 주위로 좁은 범위에서 새까맣게 화약잔사와 매가 침착된다.
③ 근사는 화약잔사나 매 침착이 없어 단순히 탄두에 의한 변화, 즉 원형이나 난원형의 사입구만 보게 된다.
④ 중간거리사는 사입구 주위에 미연소된 화약잔사가 마치 후춧가루를 뿌려놓은 듯 침착되면서 피부에 점상으로 표피박탈이 일어나 있는 경우이다.

**원사**는 화약잔사나 매 침착이 없어 단순히 탄두에 의한 변화, 즉 원형이나 난원형의 사입구만 보게 된다. **근사**는 사입구 주위로 매와 함께 미연소된 화약잔사가 조밀하게 침착되는 경우를 말한다. 넓게는 총구가 피부와 거의 닿을 정도로부터 60cm 이내에서 발사된 것을 말하기도 한다. 거리가 멀수록 미연소된 화약잔사는 분산하여 넓게 퍼진다.

## 23 다음 글에 해당하는 총기의 발사거리에 따른 총창의 분류는?

> • 근사와의 차이점은 화약잔사의 침착 범위가 넓고 매의 침착이 없다는 점이다.
> • 사입구 주위에 미연소된 화약잔사가 마치 후춧가루를 뿌려놓은 듯 침착되면서 피부에 점상으로 표피박탈이 일어나 있는 경우이다.
> • 사용한 총을 확보한 상태라면 동일 실탄을 일정한 거리를 두고 시험 발사하여 피부에 난 총창과 비교하는 것이 가장 정확하다.

① 접 사　　② 원사
③ 근접사　　④ 중간거리사

중간거리사는 사입구 주위에 미연소된 화약잔사가 마치 후춧가루를 뿌려놓은 듯 침착되면서 피부에 점상으로 표피박탈이 일어나 있는 경우이다. 근사와의 차이점은 화약잔사의 침착 범위가 넓고 매의 침착이 없다는 점이다. 중간거리사와 합쳐서 근사라고 하기도 한다. 사용한 총을 확보한 상태라면 동일 실탄을 일정한 거리를 두고 시험 발사하여 피부에 난 총창과 비교하는 것이 가장 정확하다.

## 24 뇌관화약 잔사물(GSR) 검사에서 검출하려는 뇌관화약 주성분 3가지가 아닌 것은?

① 납　　② 바 륨
③ 구 리　　④ 안티모니

뇌관화약 잔사물(GSR) 검사는 총이 발사될 때에 매와 함께 여러 가지 화약 성분이 함께 배출되면서 발사자의 손에 묻는다는 점을 이용한 검사방법이다. 뇌관화약의 주성분인 바륨, 안티모니, 납의 3가지 금속성분을 분광광도계나 주사전자현미경 등을 이용하여 과학적으로 검사한다.

## 25 총기를 이용한 자살자들이 일반적으로 선호하는 부위로 가장 거리가 먼 것은?

① 심 장　　② 머 리
③ 복 부　　④ 입 안

총기를 이용한 자살자들이 일반적으로 선호하는 부위가 있다. 이들은 빨리, 고통 없이, 확실하게 죽고 싶은 마음이 있기 때문에 주로 심장, 머리, 입안을 겨냥하게 된다.

**26** **다음 중 특별한 장치가 없는 경우 타살에 해당하는 것은?**

① 접 사　　② 원 사
③ 근 사　　④ 근접사

발사거리 측면에서 보면 자살자들은 불편한 자세를 취하기보다는 총구를 밀착시켜 안정된 자세에서 총을 쏘는 경우가 많다. 따라서 접사나 근접사의 형태로 나타나며, 만일 근사나 중간거리사처럼 화약 감입이 있는 경우에는 타살의 가능성이 높다. 특별한 장치가 없다면 원사는 타살에 해당한다.

## 5 머리손상 및 뇌출혈

**27** **경막하출혈에 대한 설명으로 옳지 않은 것은?**

① 뇌를 싸고 있는 뇌경막 아래쪽으로 혈종이 고인 것을 말한다.
② 급성 경막하출혈과 만성 경막하출혈로 구분된다.
③ 급성 경막하출혈은 외상성으로 발생하며, 경막과 지주막 사이의 교상정맥이 찢어져 발생한다.
④ 만성 경막하출혈은 주로 노년층에서 관찰되며, 환자의 대부분은 자기가 언제 다쳤는지를 뚜렷하게 인지하고 있다.

만성 경막하출혈은 주로 노년층에서 관찰되며, 알코올 중독자, 간질 환자, 혈액 항응고제 투여 환자, 치매 환자 등에서 자주 발생한다. 경미한 두부 외상으로 인해 발생하기 때문에 환자의 대부분이 자기가 언제 다쳤는지를 인지하지 못하는 경우가 많다.

**28** **경막상출혈 또는 경막외출혈에 대한 설명으로 옳지 않은 것은?**

① 외상성으로 발생한다.
② 거의 대부분 두개골 골절을 동반한다.
③ CT나 MRI를 찍으면 볼록렌즈 모양으로 나타난다.
④ 정맥출혈이기 때문에 증상이 나타나기까지 어느 정도의 시간이 걸린다.

경막하출혈은 정맥출혈이기 때문에 증상이 나타나기까지 어느 정도의 시간이 걸린다. 반면, 경막상출혈 또는 경막외출혈은 중간뇌막동맥의 파열로 생기는 동맥출혈이기 때문에 증상 발현이 빠르다.



정답 23 ④ 24 ③ 25 ③ 26 ② 27 ④ 28 ④

## 29 지주막하출혈 또는 거미막하출혈에 대한 설명으로 옳지 않은 것은?

① 지주막하출혈의 원인은 크게 병적인 자발성 출혈과 외상성 출혈로 나눌 수 있다.
② 자발성 지주막하출혈은 대부분 뇌동맥류의 파열에 의해 생기고, 증상이 거의 없는 것이 특징이다.
③ 뇌동맥류가 흔히 발생하는 위치는 뇌 기저부의 윌리환(Willi's circle)에 있는 뇌혈관이다.
④ 외상성 지주막하출혈은 대개 음주한 후에 턱이나 얼굴, 뺨 등을 주먹으로 맞아 발생하며, 외상성으로 발생할 때에는 출혈이 급속도로 일어나며 치명적이다.

자발성 지주막하출혈은 대부분 뇌동맥류의 파열에 의해 생긴다. 뇌혈관에 꽈리 모양의 주머니를 형성하는 선천적인 뇌동맥류가 있다가 우연히 터진다. 뇌동맥류 외에도 뇌동정맥 기형이나 혈관염에 의해서도 발생한다. 뇌동맥류는 정상 성인의 경우에도 자신도 모르게 존재하다가 나이가 들어가면서 파열될 확률이 높아진다. 증상은 극심한 두통과 오심, 구토 등이다.

## 30 다음 글에 해당하는 머리손상 및 뇌출혈의 종류는?

- 주로 기저핵이나 시상 부위, 교뇌, 소뇌 등에서 호발한다.
- 출혈 부위에 따라 뇌손상이 발생하면 언어장애나 팔다리 근육의 위축이 발생하고 심지어 반신불수가 되기도 한다.

① 경막하출혈　　② 경막상출혈
③ 뇌실질내출혈　　④ 지주막하출혈

뇌실질내출혈은 질병에 의한 출혈로 주로 고혈압에 의해 뇌실질 속에서 출혈이 발생하는 것을 말한다. 뇌실질내출혈은 주로 기저핵이나 시상 부위, 교뇌, 소뇌 등에서 호발한다. 출혈 부위에 따라 뇌손상이 발생하면 언어장애나 팔다리 근육의 위축이 발생하고 심지어 반신불수가 되기도 한다.

# 제19장 질식사

## 1 질식사의 분류

**01** **질식사의 3대 징후에 해당하지 않는 것은?**

① 내부 장기의 울혈
② 뇌실 안에서의 출혈
③ 심장 안의 검붉은 유동혈
④ 결막 및 점막, 혹은 장막 밑의 점상출혈

뇌실 안에서의 출혈은 뇌실내출혈의 원인이다.

질식사의 3대 징후
- 심장 안의 검붉은 유동혈
- 내부 장기의 울혈
- 결막 및 점막, 혹은 장막 밑의 점상출혈

**02** **질식사의 분류에 대한 설명으로 옳지 않은 것은?**

① 의사(縊死)는 끈을 목에 매어 자기 체중에 의해 사망하는 것을 말한다.
② 액사(扼死)는 주로 이물질에 의해 기도가 막혀 질식하여 사망하는 것을 말한다.
③ 외상성 질식은 기도는 열려 있으나, 호흡운동의 장애로 발생하며 이상 자세에 의한 질식, 기계적 질식이라고도 한다.
④ 교사(絞死)는 체중 이외의 손이나 타인의 힘에 의해 끈으로 목이 졸려 사망하는 것을 말한다.

액사(손졸림)는 타인의 힘에 의해 주로 손으로 목이 졸려 사망하는 것을 말한다. 기도막힘(기도폐색)은 주로 이물질에 의해 기도가 막혀 질식하는 것을 말한다.

## 03 목눌림(strangulation)에 의한 질식사에 해당하지 않는 것은?

① 교 사 ② 의 사
③ 액 사 ④ 횡 사

목눌림은 목이 눌려 경부에 있는 혈관이 압박을 받아 뇌 저산소증으로 사망하는 경우로 경부압박질식사라 고도 하며, 상황에 따라 의사(목맴), 교사(끈졸림), 액사(손졸림) 등으로 구분할 수 있다.

### 2 의사(목맴, Hanging)

## 04 질식사 중 거의 대부분 자살에 해당하는 것은?

① 액 사 ② 교 사
③ 의 사 ④ 성자기색정 질식사

의사는 끈을 매고 자신의 체중 또는 그 일부로 목을 조르고 압박하여 사망에 이르는 것을 말한다. 의사는 거의 대부분 자살이지만 드물게 살해 후 위장하는 위장의사가 있을 수 있다.

## 05 의사(목맴)에 대한 설명으로 옳지 않은 것은?

① 목에 맨 끈에 매듭을 만들지 않고 목을 건 것을 열린고리라 하고, 매듭을 만든 것을 매듭고리라 한다.
② 매단 점(현수점)에 따라 전형 또는 비전형 의사로 구분한다.
③ 현수점이 목 옆쪽에 위치하는 경우를 전형적인 의사라 하며, 그 이외의 경우를 모두 비전형적인 의사라고 한다.
④ 신체의 일부분이 땅 등에 접촉하였는지 여부에 완전의사와 불완전의사로 구분한다.

매듭(현수점)이 목 뒤쪽에 위치하는 경우를 전형적인 의사라 하며, 그 이외의 경우를 모두 비전형적인 의사라고 한다.

## 3 교사(끈졸림, Ligature Strangulation)

**06** **교사(끈졸림)에 대한 설명으로 옳지 않은 것은?**

① 체중 이외의 힘으로 끈을 졸라 목을 압박하여 사망에 이르는 것을 말한다.
② 얼굴이나 결막에 일혈점이 나타나며 코와 귀에서 출혈이 나타날 수 있다.
③ 스카프 등 부드러운 물체를 사용하는 경우에는 삭흔이 잘 나타나지 않을 수 있으며, 얼굴에 울혈이 생기지 않는다.
④ 사망자가 방어하는 과정에서 생긴 표피박탈이 교흔 주변에서 관찰될 수 있고 목의 연부조직과 근육에서 출혈이 발견되는 경우가 많다.

해설 스카프 등 부드러운 물체를 사용하는 경우에는 삭흔이 잘 나타나지 않을 수 있으며, 얼굴에 울혈이 심하다.

**07** **교사(끈졸림)에 의해 비교적 자주 관찰되는 골절 부위가 아닌 곳은?**

① 설 골 ② 쇄 골
③ 갑상연골 ④ 윤상연골

해설 설골을 포함하여 갑상연골, 윤상연골의 골절이 비교적 자주 관찰된다.

## 4 액사(손졸림, Manual Strangulation)

**08** **액사(손졸림)에 대한 설명으로 옳지 않은 것은?**

① 남편이 여성을 죽이는 경우나 성 관련 범죄 등에서 흔히 발생한다.
② 피해자가 어린아이인 경우도 흔하고, 성적 요인이 개입할 가능성이 있으며, 자살이 성립할 수도 있다.
③ 액흔이라고 부르는 상처는 주로 손톱 등에 의해 생긴 표피박탈을 말하며, 초승달 모양의 짧고 각진 표피박탈이나 좌상의 형태로 나타난다.
④ 눈꺼풀에 일혈점이 있으면서 얼굴에 울혈이 심하고 턱에 표피박탈이나 좌상이 여럿 보이면 항상 액사의 가능성을 의심해 보아야 한다.

해설 액사는 자살이 성립할 수 없다.



정답 03 ④ 04 ③ 05 ③ 06 ③ 07 ② 08 ②

**09** **액사(손졸림)를 판단하는 중요한 근거가 되는 것은?**

① 목 근육의 출혈
② 코나 귀에서의 출혈
③ 끈과의 접촉에 의한 목의 표피박탈
④ 귀 뒤쪽으로 해서 비스듬히 위로 올라가는 삭흔

해설 액사의 경우 부검에서는 목 근육 출혈을 쉽게 볼 수 있다. 설골이나 갑상연골의 골절도 다른 유형의 경부 압박에 비해 자주 나타난다. 목 근육의 출혈이나 설골의 골절은 액사를 판단하는 중요한 근거가 된다.

## 5 성자기색정 질식사(Sexual Asphyxia, Autoerotic Asphyxia)

**10** **성자기색정 질식사에 대한 설명으로 옳지 않은 것은?**

① 사망자는 거의 대부분 여성이다.
② 도색잡지나 성기구들이 현장에 널려져 있는 경우가 많다.
③ 남성임에도 여성의 속옷을 착용하고 있는 경우가 많다.
④ 대부분의 경우 경부압박의 방법으로 끈을 이용하는데, 저산소증으로 인한 일시적인 황홀감을 즐기려다 사고로 사망하는 것이다.

해설 사망자는 거의 대부분 남성이다.

**11** **신체 일정 부분, 특히 손을 묶는 경우가 흔하며, 죽을 의도가 없었기 때문에 사고사로 분류되는 질식사는?**

① 액 사
② 교 사
③ 의 사
④ 성자기색정 질식사

해설 성자기색정 질식사는 죽을 의도가 없었기 때문에 사망의 종류는 사고사로 분류된다.

# 제20장 환경에 의한 사망

## 1 익 사

**01 익사에 대한 설명으로 옳지 않은 것은?**

① 물속에서 물과의 접촉에 의해 사망하는 것으로, 물을 많이 흡입한 경우도 있지만, 익수를 흡입하지 않고도 익사할 수 있다.
② 익사를 증명할 만한 특별한 부검 소견은 없으며, 익사를 진단할 만한 특별한 검사법도 없다.
③ 해수와 담수에 따라 혈액이 희석되거나 농축되는 등 생리적 변화가 다르고 임상적으로도 해수냐 담수냐는 매우 중요하며 해수냐 담수냐를 구분할 수 있는 분명한 부검 소견이 있다.
④ 익사의 사망기전은 대개 물을 흡입함으로써 폐의 가스교환에 장애가 생기고, 궁극적으로는 뇌 저산소증이 발생하여 사망에 이른다.

해수와 담수에 따라 혈액이 희석되거나 농축되는 등 생리적 변화는 다르지만 임상적으로는 해수냐 담수냐는 그리 중요하지 않으며 해수냐 담수냐를 구분할 수 있는 부검 소견도 없다.



**02 원칙적으로 다른 가능한 사망 원인을 전부 배제한 후에 최종적으로 내릴 수 있는 배제적 진단에 해당하는 사망은?**

① 화재사 ② 질식사
③ 익 사 ④ 돌연사

익사는 원칙적으로 다른 가능한 사망 원인을 전부 배제한 후에 최종적으로 내릴 수 있는 배제적 진단이다.

**03 익사자의 대부분은 몇 mL/kg 이하의 물을 흡입하고 사망하는가?**

① 1mL/kg 이하 ② 2mL/kg 이하
③ 3mL/kg 이하 ④ 4mL/kg 이하

일반적으로 1~3mL/kg의 물을 흡입하면 심각한 가스교환 장애가 발생하며, 익사자의 대부분은 4mL/kg 이하의 물을 흡입하고 사망한다고 한다.

정답 09 ① 10 ① 11 ④ / 01 ③ 02 ③ 03 ④

**04** **갑작스럽게 찬물에 들어가면 미주신경 억제 등의 기전으로 사망할 수 있는데 이와 같이 물을 흡입하지 않고 사망하는 익사의 종류는?**

① 건성 익사 ② 급성 익사
③ 지연성 익사 ④ 수흡성 익사

갑작스럽게 찬물에 들어가면 미주신경 억제 등의 기전으로 사망할 수 있는데 이와 같이 물을 흡입하지 않고 사망하는 익사를 **건성 익사**라고 한다. 이와 같은 기전으로 사망하는 경우에는 물을 들이 마심으로 인해 나타나는 여러 형태적인 변화들이 관찰되지 않는다. 이에 비해 물을 들이 마시는 전형적인 익사를 **수흡성 익사**라고 한다. 전체 익사의 약 10~20%가 건성 익사에 해당한다고 한다.

**05** **익사시 관찰할 수 있는 부검 소견으로 볼 수 없는 것은?**

① Paltauf 반점 ② 코와 입의 흰 거품
③ 설골의 골절 ④ 측두골 암석부위(추체유돌부) 출혈

익사시 관찰할 수 있는 부검 소견으로는 우선 코와 입의 흰 거품(froth)을 들 수 있다. 기도나 기관지에 점액성 거품, 진흙, 모래 등이 들어 있을 수 있으며 폐가 크게 팽창하여 무게도 무거워진다. 폐포벽이 터져서 출혈이 생길 수 있는데, 폐 표면이 출혈에 의해 얼룩덜룩하게 보이는 것을 Paltauf 반점이라고 한다. 위나 십이지장을 통해 익수를 확인할 수도 있다. 측두골 암석부위(추체유돌부) 출혈이나 나비뼈 곁굴(sphenoid sinus) 내 혈성 익수도 흔히 관찰된다. 때로는 긴장성 사후강직으로 수초 같은 것들을 손에 잡고 있는 경우도 있다.

## 2 화재사

**06** **화상의 범위 측정 방법인 '9의 법칙'에서 신체 표면적의 비율이 옳지 않은 것은?**

① 외음부 1% ② 전흉복부 18%
③ 배부(등 및 허리) 9% ④ 안면을 포함한 머리 9%

화상의 범위 측정 방법에는 체표면적을 이용한 여러 가지 방법이 있으나 '9의 법칙'이 가장 일반적으로 이용된다. '9의 법칙'은 신체의 표면적을 9% 단위로 나누고 외음부는 1%로 하여 계산하는 방법이다. 안면을 포함한 머리 9%, 전흉복부 18%, **배부(등 및 허리) 18%**, 상지 9%×2, 대퇴부 9%×2, 다리 9%×2, 외음부 1%로서 합하면 100%가 된다.

**07** **표피와 함께 진피까지 침범되는 화상으로 수포가 생기고 수포 주위에 홍반이 나타나는 화상의 심도는?**

① 1도 화상　　② 2도 화상
③ 3도 화상　　④ 4도 화상

**화상의 심도에 따른 종류**

- 1도 화상 : 표피에만 국한된 화상을 말한다. 수포가 형성되지 않고 빨갛게 붓는 정도이다. 해수욕장에서 햇빛에 그을려 생기는 화상을 말한다. 따가운 통증을 느끼고, 나중에 흉터를 남기지 않는다.
- 2도 화상 : 표피와 함께 진피까지 침범되는 화상으로 수포가 생기고 수포 주위에 홍반이 나타난다. 대개는 나중에 흉터를 남기지 않는다.
- 3도 화상 : 피하지방을 포함한 피부의 전층이 침범되는 화상을 말한다. 건조하고 회백색을 띠며 수포를 형성하지는 않는다. 조직은 괴사에 빠지게 되며 감각이 소실되고 나중에 심각한 흉터를 남기게 된다.
- 4도 화상 : 피부 및 그 이하의 조직이 탄화되는 것을 말한다. 생전에 생긴 경우 주변의 피부에도 1도 내지 3도의 화상이 함께 나타난다.

**08** **피하지방을 포함한 피부의 전층이 침범되는 화상을 말하고, 수포를 형성하지는 않으며, 나중에 심각한 흉터를 남기게 되는 것은?**

① 1도 화상　　② 2도 화상
③ 3도 화상　　④ 4도 화상

**3도 화상**

피하지방을 포함한 피부의 전층이 침범되는 화상을 말한다. 건조하고 회백색을 띠며 수포를 형성하지는 않는다. 조직은 괴사에 빠지게 되며 감각이 소실되고 나중에 심각한 흉터를 남기게 된다.



**09** **화재로 인한 사망기전으로 옳지 않은 것은?**

① 초기에는 화염에 의한 직접적인 열 손상과 이에 동반되는 격렬한 자극에 의해 심정지 또는 신경성 쇼크가 발생하며, 결국 일산화탄소나 유해 가스 중독으로 사망에 이른다.
② 2~3일 이내에 사망하는 경우에는 체액 및 전해질 불균형과 순환 혈액 감소성 쇼크로 인해, 그 후에는 성인호흡장애증후군, 급성 신부전, 폐렴, 폐혈전색전증 및 패혈증 등의 합병증으로 사망한다.
③ 시반은 일산화탄소-헤모글로빈의 형성으로 어두운 적색을 띤다.
④ 투사형 자세, 장갑상 및 양말상의 피부 탈락, 피부 균열 및 파열, 뼈의 골절, 연소혈종 등은 모두 불에 오래 타면서 생기는 사후변화이다.

정답　04 ①　05 ③　06 ③　07 ②　08 ③　09 ③

시반은 일산화탄소-헤모글로빈의 형성으로 선홍색을 띤다.

## 3 감전(Electrocuyion)

**10 감전에 대한 설명으로 옳지 않은 것은?**

① 우리 인체는 직류보다 교류 전원에 대해 4~6배 정도 더 민감하므로 교류가 더 위험하다.
② 피부의 전기저항이 가장 크고, 근육, 신경, 지방조직, 뼈 순이다.
③ 전기저항이 가장 낮은 조직은 혈액과 체액이므로 전류는 혈관을 타고 흐른다.
④ 감전에 의한 사망기전은 전류가 혈관을 따라 흐르므로 심장을 통과할 경우 심실세동 또는 심정지로 사망하게 된다.

피부의 전기저항이 가장 크고, 뼈, 지방조직, 신경, 근육 순이다.

**11 인체에 미치는 전류량에 대한 설명으로 옳지 않은 것은?**

① 1mA : 찌릿찌릿한 감각을 느끼는 최소감지전류량
② 40mA : 근육 경련
③ 75~100mA : 심실세동 발생
④ 2,000mA : 심정지를 일으킬 수 있는 수준

인체에 미치는 전류량
- 1mA : 찌릿찌릿한 감각을 느끼는 최소감지전류량
- 5mA : 근육 경련
- 40mA : 의식 소실 가능
- 75~100mA : 심실세동 발생
- 2,000mA : 심정지를 일으킬 수 있는 수준

**12** **감전사에 대한 설명으로 옳지 않은 것은?**

① 교류나 직류 모두 100V 이상이면 사망할 수 있으며, 전압이 높을수록 더 위험하다.
② 저전압에 의한 감전의 경우에는 전류흔이 뚜렷하지 않아 사망원인을 찾기 어려운 경우가 있다.
③ 감전사의 경우에는 현장 상황보다는 부검소견 자체가 매우 중요하다.
④ 전류가 유입되고 나온 부위의 피부를 비롯한 주변 조직의 손상을 감전흔 또는 전류반이라고 한다.

해설 감전사의 경우에는 부검소견 자체보다는 현장 상황이 매우 중요하다.

## 4 열사병 및 저체온증

**13** **임상적인 측면에서의 열증후군의 종류가 아닌 것은?**

① 열경련
② 열탈진
③ 열사병
④ 유행성출혈열

해설 열증후군에는 임상적으로 열경련, 열탈진, 열사병이 있다.

**14** **열사병에 대한 설명으로 옳지 않은 것은?**

① 주로 젊고 건강한 사람이 운동 중에 경험하는 증상이다.
② 증상은 두통, 어지럼증, 기절, 혼돈, 호흡증가, 의식소실, 헛소리, 고체온, 허탈 등이다.
③ 직장온도가 40℃ 이상 올라가며 피부는 고온건조하고 맥박과 호흡이 빠르다.
④ 근육 속의 미오글로빈이 파괴되어 소변으로 배출되면서 콜라색 소변을 보기도 한다.

해설 열사병은 나이가 많고 동맥경화증, 당뇨병, 울혈성 심부전, 알코올중독 및 이뇨제 등 약물복용 병력이 있는 사람에게 생기는 것과 젊고 건강한 사람이 운동 중에 경험하는 것으로 구분할 수 있다.



정답 10 ② 11 ② 12 ③ 13 ④ 14 ①

## 15 저체온증에 대한 설명으로 옳지 않은 것은?

① 저체온이란 체온이 35℃ 이하인 상태를 말하며, 바깥 기온에 의해 체열의 방산되는 정도가 체내의 열 생산에 비해 과도하여 사망에 이르는 것을 말한다.
② 저체온사는 반드시 0℃ 이하에서만 발생한다.
③ 냉수에 잠겨있으면 같은 온도의 공기 중에서보다 체열의 손실이 약 3배 정도 더 빠르므로 쉽게 저체온 상태가 된다.
④ 저체온사를 일으키는 영향 인자는 외적 인자와 내적 인자로 구분할 수 있는데, 외적 인자 중에서는 외계의 기온이 가장 중요하며, 내적 인자 중에서는 음주가 가장 중요한 요인이다.

저체온사는 반드시 0℃ 이하에서만 발생하는 것은 아니며, 일반적으로 5℃ 이하일 경우 발생할 수 있다.

# 제21장 보험범죄와 법의학

**01** **보험범죄와 관련한 법의학에 대한 설명으로 옳지 않은 것은?**

① 보험범죄와 관련하여 법의학적으로 문제가 되는 것은 살인이나 자해 등 고의적 사고를 내는 행위와 허위로 상해진단서나 사망진단서(시체검안서)를 발급받는 것이다.
② 자해는 스스로 죽을 의도를 가지고 우발적인 사고로 가장하는 것이기에 손상의 정도나 발생기전이 어딘가 모르게 비정상적이고 사고 정황과 잘 맞지 않는다는 특징이 있다.
③ 보다 극단적인 방법으로 무고한 사람을 살해하여 사고사로 위장하는 보험범죄의 경우 일반적으로 교통사고사, 화재사, 익사 등의 가능성이 크다.
④ 사망 얼마 전부터 집중적으로 보험에 가입했다든가, 보험수익자를 갑자기 바꾼다든가, 자신의 수입에 비해 과다하게 보험금을 부담하고 있다든가 하면 보험범죄의 가능성을 의심해 보아야 한다.

자해는 보험금을 부당하게 받기 위한 목적이기 때문에 **스스로 죽을 의도가 전혀 없으면서** 우발적인 사고로 가장하는 것이기에 손상의 정도나 발생기전을 잘 살펴 어딘가 모르게 비정상적이고 사고 기계나 사고 정황과 잘 맞지 않는 점을 찾아내야 한다.

**02** **중독(약물, 독극물)과 가장 관련이 깊은 사망의 종류는?**

① 자 살
② 타 살
③ 사고사
④ 병 사

중독(약물, 독극물)과 가장 관련이 깊은 사망의 종류는 자살이다.

**03** **예기손상과 가장 관련이 깊은 사망의 종류는?**

① 자 살
② 타 살
③ 사고사
④ 병 사

예기손상과 가장 관련이 깊은 사망의 종류는 타살이다.

정답 15 ② / 01 ② 02 ① 03 ②

## 04 다음 중 사고사일 가능성이 가장 높은 관련성을 보이는 것은?

① 추락/전도　② 익 사
③ 교통사고　④ 화 재

해설 사고사일 가능성이 가장 높은 것은 교통사고이다.

참고 일반적인 손상별 가능성이 높은 사망 종류와의 관련도

| | 자 살 | 타 살 | 사고사 | 병 사 |
|---|---|---|---|---|
| 중독(약물, 독극물) | ○○○○○ | ○ | ○ | × |
| 추락/전도 | ○○○ | ○ | ○○○○ | ○ |
| 질식사 | ○○○○ | ○○○ | | × |
| 익 사 | ○○○ | ○ | ○○○○ | ○ |
| 예기손상 | ○○ | ○○○○○ | | × |
| 총기손상(미국) | ○○○○○ | ○○○○○ | | × |
| 둔기손상(부위별) | | ○○○○ | ○ | × |
| 교통사고 | ○ | ○ | ○○○○○ | ○ |
| 화 재 | ○○○ | ○○ | ○○○○ | × |



04 ③ 정답

SECTION

# III 신용 · 개인정보보호

## 제1장 「개인정보 보호법」의 이해

### 1 「개인정보 보호법」의 개요

**01 「개인정보 보호법」에 대한 설명으로 옳지 않은 것은?**

① 개인정보 보호와 관련된 법률은 1980년 OECD에서 「개인정보 보호 가이드라인」을 제정하여 권고하면서 유럽 등지에서는 일찍부터 시작되었다.

② 「개인정보 보호법」은 개인정보의 보호에 관한 일반법으로, 공공부문과 민간부문 모두에 광범위하게 적용된다.

③ 「개인정보 보호법」의 특별법에는 「신용정보의 이용 및 보호에 관한 법률」, 「정보통신망 이용촉진 및 정보보호에 관한 법률」 등이 있다.

④ 「개인정보 보호법」은 법령에 근거가 없는 주민등록번호의 수집을 금지하고, 특정업체가 정보제공주체로부터 동의를 얻은 때에는 업체의 회원관리, 고객관리 용도 등으로 주민등록번호를 활용할 수 있다.

해설

「개인정보 보호법」은 법령에 근거가 없는 주민등록번호의 수집을 금지하고, 특정업체가 정보제공주체로부터 동의를 얻었다 하더라도 업체의 회원관리, 고객관리 용도 등으로 주민등록번호를 활용할 수 없다고 규정하고 있다. 그러나 법령에 주민등록번호 활용에 대한 근거가 있는 경우에는 주민등록번호의 수집 · 이용이 가능하다. 예를들어 병원과 약국의 이용과 관련된 사항은 「의료법」에 근거를 두고 있으며, 보험과 관련된 사항은 「보험업법」에 근거하고 있으므로 각각 정보제공주체의 동의를 얻어 주민등록번호를 수집 · 이용을 할 수 있다.



정답 01 ④

## 02 「개인정보 보호법」과 「신용정보의 이용 및 보호에 관한 법률」에 대한 비교 · 설명으로 옳지 않은 것은?

① 「개인정보 보호법」은 국가 사회 전반의 개인정보보호와 관련한 일반적인 원칙과 기준을 규정하고 있다.

② 「신용정보의 이용 및 보호에 관한 법률」은 신용정보의 이용 및 보호와 관련한 원칙과 기준을 규정하고 「개인정보 보호법」에 대한 특별법의 지위를 가진다.

③ 「개인정보 보호법」에서 '개인정보란 살아 있는 개인에 관한 정보로서 성명, 주민등록번호 및 영상 등을 통하여 개인을 알아볼 수 있는 정보'를 말하지만 「신용정보의 이용 및 보호에 관한 법률」에서 '개인신용정보란 신용정보 중 개인의 신용도와 신용거래능력 등을 판단할 때 필요한 정보로서 기업 및 법인에 관한 정보를 포함한 살아있는 개인에 관한 정보'를 말한다.

④ 특정 신용정보주체를 식별할 수 있는 정보, 신용정보주체의 거래내용을 판단할 수 있는 정보, 신용정보주체의 신용도를 판단할 수 있는 정보, 신용정보주체의 신용거래능력을 판단할 수 있는 정보 등은 개인신용정보로 볼 수 없다.

해설

「개인정보 보호법」에서 '개인정보란 살아 있는 개인에 관한 정보로서 성명, 주민등록번호 및 영상 등을 통하여 개인을 알아볼 수 있는 정보'를 말하지만 「신용정보의 이용 및 보호에 관한 법률」에서 '개인신용정보란 신용정보 중 개인의 신용도와 신용거래능력 등을 판단할 때 필요한 정보로서 기업 및 법인에 관한 정보를 **제외한** 살아있는 개인에 관한 정보로 성명, 주소, 주민등록번호 등과 같이 특정 개인을 구별할 수 있는 정보'를 말한다.

## 03 「개인정보 보호법」상 "개인정보"에 대한 설명으로 옳지 않은 것은?

① 이미 사망한 자에 대한 정보는 보호대상이 아니지만, 사망한 자의 정보가 유족 등과의 일정 관계를 표현함으로써 유족 등의 사생활을 침범하는 등의 경우에는 살아 있는 유족과의 관련성으로 인해 보호대상이 될 수 있다.

② 보호하는 개인정보의 주체는 개인, 즉 자연인뿐만 아니라 법인이나 단체에 관한 정보도 「개인정보 보호법」에서 말하는 개인정보에 해당한다.

③ 개인정보를 "성명, 주민등록번호 및 영상 등을 통하여 개인을 알아볼 수 있는 정보"라고 규정하고 특정 개인을 알아볼 수 있거나 구별할 수 있는 정보이면 모든 종류의 정보가 개인정보로 간주될 수 있다.

④ 특정 회사나 직업군의 평균연봉, 특정 대학 졸업생들의 취업률 등의 정보는 해당 직업군이나 졸업자들의 통계적 정보만을 보여줄 뿐 특정 개인을 구별할 수 있는 자료로 볼 수 없어서 개인정보라 할 수 없다.

보호하는 개인정보의 주체는 개인, 즉 자연인을 의미하기 때문에 법인이나 단체에 관한 정보는 「개인정보 보호법」에서 말하는 개인정보에 해당하지 않는다. 법인이나 단체의 사업자등록번호, 주소, 대표자의 성명, 자산 또는 자본의 규모 등은 「부정경쟁방지 및 영업비밀보호에 관한 법률」에 의해 보호된다.

**04** 「개인정보 보호법」상 "개인정보"에 대한 설명으로 옳지 않은 것은?

① 사실인 개인정보가 보호대상이며, 이러한 요건을 충족한다면 특정 개인과 관련된 모든 정보는 개인정보가 될 수 있다.

② 정보처리의 형식이나 매체에도 제한이 없기 때문에 수기로 작성한 문서, 사진, 동영상, 음성, 이미지, 음향 등과 같이 일단 특정 개인을 구별할 수 있는 모든 종류의 정보는 개인정보로 본다.

③ 해당 정보만으로는 특정 개인을 알아볼 수 없더라도 다른 정보와 쉽게 결합하여 알아볼 수 있는 개인정보도 보호대상이 될 수 있다.

④ 특정 개인을 다른 사람들과 구별할 수 있는 정보는 학교나 직장 등과 같은 단체에서 개인을 구별할 수 있는 학번, 사원번호, 학년과 반, 직급이나 직책 등의 정보나 기업고객의 경우에는 홈페이지에 등록한 ID나 생일, 연락처 등의 정보, 그리고 대한민국 내에서 특정 개인을 찾아볼 수 있는 이름, 주민등록번호, 주소 등이다.

사실의 진위여부를 떠나 특정 개인과 관련된 모든 정보는 개인정보가 될 수 있다.



**05** 「개인정보 보호법」상 개인정보의 "처리"의 유형으로 볼 수 없는 것은?

① 은 닉 ② 수 집
③ 정 정 ④ 파 기

"처리"란 개인정보의 수집, 생성, 연계, 연동, 기록, 저장, 보유, 가공, 편집, 검색, 출력, 정정(訂正), 복구, 이용, 제공, 공개, 파기(破棄), 그 밖에 이와 유사한 행위를 말한다(「개인정보 보호법」 제2조 제2호). 은닉은 숨긴다는 뜻으로 부정적인 단어로 정답이다.

정답 02 ③ 03 ② 04 ① 05 ①

## 06 「개인정보 보호법」상 주요 용어의 정의로 옳지 않은 것은?

① '처리'에는 개인정보를 타인에게 전송하거나 전달하는 행위, 열람하거나 다양한 매체를 통한 공유행위 등도 처리에 해당한다.

② '정보주체'란 처리되는 정보에 의하여 알아볼 수 있는 사람으로서 그 정보의 주체가 되는 사람은 대한민국 사람에 한정한다.

③ '개인정보파일'이란 개인정보를 쉽게 검색할 수 있도록 일정한 규칙에 따라 체계적으로 배열하거나 구성한 개인정보의 집합물을 말한다.

④ '개인정보'에는 해당 정보만으로는 특정 개인을 알아볼 수 없더라도 다른 정보와 쉽게 결합하여 알아볼 수 있는 것을 포함한다.

해설

"정보주체"란 처리되는 정보에 의하여 알아볼 수 있는 사람으로서 그 정보의 주체가 되는 사람을 말한다. 즉 대한민국 살아 있는 사람이면 내국인 여부와 상관없이 누구나 정보의 주체가 될 수 있다.

## 07 다음은 "개인정보처리자"의 정의이다. 괄호 안 ㉠, ㉡에 들어갈 알맞은 말은?

> "개인정보처리자"란 ( ㉠ )를 목적으로 ( ㉡ )을 운용하기 위하여 스스로 또는 다른 사람을 통하여 개인정보를 처리하는 공공기관, 법인, 단체 및 개인 등을 말한다.

| | ㉠ | ㉡ |
|---|---|---|
| ① | 영 리 | 개인정보파일 |
| ② | 영 리 | 정보통신 |
| ③ | 업 무 | 개인정보파일 |
| ④ | 업 무 | 정보통신 |

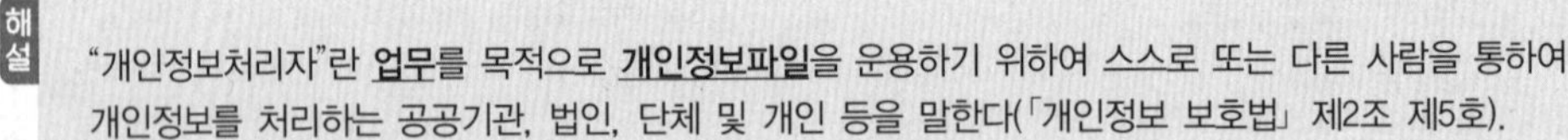

해설

"개인정보처리자"란 **업무**를 목적으로 **개인정보파일**을 운용하기 위하여 스스로 또는 다른 사람을 통하여 개인정보를 처리하는 공공기관, 법인, 단체 및 개인 등을 말한다(「개인정보 보호법」 제2조 제5호).

## 2 정보주체 권리의 종류

**08** **「개인정보 보호법」상 정보주체의 권리에 해당하지 않는 것은?**

① 개인정보의 처리에 관한 정보를 제공받을 권리
② 개인정보의 처리에 관한 법령 개선을 요구할 권리
③ 개인정보의 처리 정지, 정정・삭제 및 파기를 요구할 권리
④ 개인정보의 처리로 인하여 발생한 피해를 신속하고 공정한 절차에 따라 구제받을 권리

정보주체의 권리(「개인정보 보호법」 제4조)
정보주체는 자신의 개인정보 처리와 관련하여 다음 각 호의 권리를 가진다.
1. 개인정보의 처리에 관한 정보를 제공받을 권리
2. 개인정보의 처리에 관한 동의 여부, 동의 범위 등을 선택하고 결정할 권리
3. 개인정보의 처리 여부를 확인하고 개인정보에 대하여 열람(사본의 발급을 포함한다)을 요구할 권리
4. 개인정보의 처리 정지, 정정・삭제 및 파기를 요구할 권리
5. 개인정보의 처리로 인하여 발생한 피해를 신속하고 공정한 절차에 따라 구제받을 권리

**09** **「개인정보 보호법」상 주요 용어의 정의로 옳지 않은 것은?**

① 정보주체는 개인정보처리자가 「개인정보 보호법」을 위반한 행위로 손해를 입으면 개인정보처리자에게 손해배상을 청구할 수 있다.
② 개인정보처리자는 고의 또는 과실이 없음을 입증하지 아니하면 책임을 면할 수 없다.
③ 개인정보처리자의 고의 또는 중대한 과실로 인하여 개인정보가 분실・도난・유출・위조・변조 또는 훼손된 경우로서 정보주체에게 손해가 발생한 때에는 법원은 그 손해액의 5배를 넘지 아니하는 범위에서 손해배상액을 정할 수 있다.
④ 정보주체는 개인정보처리자의 고의 또는 과실로 인하여 개인정보가 분실・도난・유출・위조・변조 또는 훼손된 경우에는 300만원 이하의 범위에서 상당한 금액을 손해액으로 하여 배상을 청구할 수 있다.

개인정보처리자의 고의 또는 중대한 과실로 인하여 개인정보가 분실・도난・유출・위조・변조 또는 훼손된 경우로서 정보주체에게 손해가 발생한 때에는 법원은 그 손해액의 **3배**를 넘지 아니하는 범위에서 손해배상액을 정할 수 있다(「개인정보 보호법」 제39조 제3항).



정답 06 ② 07 ③ 08 ② 09 ③

## 3 개인정보의 처리와 제한

**10** 「개인정보 보호법」상 민감정보의 처리 제한에 대한 설명으로 옳지 않은 것은?

① 민감정보는 정보주체의 사생활(privacy)을 현저히 침해할 우려가 있는 개인정보를 말한다.
② 민감정보에는 사상·신념, 노동조합·정당의 가입·탈퇴, 정치적 견해, 건강, 성생활 등에 관한 정보, 유전자검사 등의 결과로 얻어진 유전정보, 형의 선고나 면제 및 선고유예, 보호감호, 치료감호, 보호관찰, 선고유예의 실효, 집행유예의 취소 등 범죄경력자료에 해당하는 정보 등이 있다.
③ 민감정보는 개인정보처리자에 의한 처리가 원칙적으로 금지되지만, 예외적으로 정보주체로부터 개인정보의 처리에 대한 동의와는 별도로 동의를 구하거나 법령에서 처리를 요구하는 경우에는 처리가 가능하다.
④ 민감정보 처리 규정을 위반한 경우, 위반자는 3년 이하의 징역 또는 3천만원 이하의 벌금형에 처한다.

해설: 민감정보 처리 규정을 위반한 경우, 위반자는 5년 이하의 징역 또는 5천만원 이하의 벌금형에 처한다(「개인정보 보호법」 제71조 제3호).

**민감정보의 처리 제한(「개인정보 보호법」 제23조)**

① 개인정보처리자는 사상·신념, 노동조합·정당의 가입·탈퇴, 정치적 견해, 건강, 성생활 등에 관한 정보, 그 밖에 정보주체의 사생활을 현저히 침해할 우려가 있는 개인정보로서 대통령령으로 정하는 정보(이하 "민감정보"라 한다)를 처리하여서는 아니 된다. 다만, 다음 각 호의 어느 하나에 해당하는 경우에는 그러하지 아니하다.
  1. 정보주체에게 제15조(개인정보의 수집·이용) 제2항 각 호 또는 제17조(개인정보의 제3자 제공) 제2항 각 호의 사항을 알리고 다른 개인정보의 처리에 대한 동의와 별도로 동의를 받은 경우
  2. 법령에서 민감정보의 처리를 요구하거나 허용하는 경우

② 개인정보처리자가 제1항 각 호에 따라 민감정보를 처리하는 경우에는 그 민감정보가 분실·도난·유출·위조·변조 또는 훼손되지 아니하도록 제29조에 따른 안전성 확보에 필요한 조치를 하여야 한다.

**민감정보의 범위(「개인정보 보호법 시행령」 제18조)**

법 제23조 제1항 각 호 외의 부분 본문에서 "대통령령으로 정하는 정보"란 다음 각 호의 어느 하나에 해당하는 정보를 말한다. 다만, 공공기관이 법 제18조 제2항 제5호부터 제9호까지의 규정에 따라 다음 각 호의 어느 하나에 해당하는 정보를 처리하는 경우의 해당 정보는 제외한다.
1. 유전자검사 등의 결과로 얻어진 유전정보
2. 「형의 실효 등에 관한 법률」 제2조 제5호에 따른 범죄경력자료에 해당하는 정보

## 11 「개인정보 보호법」상 민감정보에 해당하지 않는 것은?

① 사상・신념에 관한 정보
② 유전정보
③ 범죄경력자료
④ 주민등록번호

민감정보에는 사상・신념, 노동조합・정당의 가입・탈퇴, 정치적 견해, 건강, 성생활 등에 관한 정보, 유전자검사 등의 결과로 얻어진 유전정보, 형의 선고나 면제 및 선고유예, 보호감호, 치료감호, 보호관찰, 선고유예의 실효, 집행유예의 취소 등 범죄경력자료에 해당하는 정보 등이 있다. 주민번호는 '고유식별정보'에 해당한다.

## 12 「개인정보 보호법」상 고유식별정보에 대한 설명으로 옳지 않은 것은?

① 고유식별정보는 개인을 고유하게 구별하기 위하여 부여된 식별정보를 말한다.
② 고유식별정보에는 주민등록번호, 여권번호, 운전면허의 면허번호, 외국인등록번호 등이 있다.
③ 고유식별정보도 민감정보와 마찬가지로 개인정보처리자에 의한 처리가 원칙적으로 금지된다.
④ 고유식별정보를 처리하는 경우에는 그 고유식별정보가 분실・도난・유출・위조・변조 또는 훼손되지 아니하도록 암호화 등 안전성 확보에 필요한 조치를 해야 하는데, 이를 위반하여 안전성 확보에 필요한 조치를 하지 아니한 경우 5년 이하의 징역 또는 5천만원 이하의 벌금에 처해진다.

고유식별정보 처리 규정을 위반한 경우, 위반자는 **5년 이하의 징역 또는 5천만원 이하의 벌금형**에 처한다(「개인정보 보호법」 제71조 제4호).
고유식별정보를 처리하는 경우에는 그 고유식별정보가 분실・도난・유출・위조・변조 또는 훼손되지 아니하도록 암호화 등 안전성 확보에 필요한 조치를 해야 한다(「개인정보 보호법」 제24조 제3항). 이를 위반하여 안전성 확보에 필요한 조치를 하지 아니하여 **개인정보를 분실・도난・유출・위조・변조 또는 훼손당한 자는 2년 이하의 징역 또는 2천만원 이하의 벌금**에 처해진다(「개인정보 보호법」 제73조 제1호).

고유식별정보의 처리 제한(「개인정보 보호법」 제24조)

① 개인정보처리자는 다음 각 호의 경우를 제외하고는 법령에 따라 개인을 고유하게 구별하기 위하여 부여된 식별정보로서 대통령령으로 정하는 정보(이하 "고유식별정보"라 한다)를 처리할 수 없다.
  1. 정보주체에게 제15조(개인정보의 수집・이용) 제2항 각 호 또는 제17조(개인정보의 제3자 제공) 제2항 각 호의 사항을 알리고 다른 개인정보의 처리에 대한 동의와 별도로 동의를 받은 경우
  2. 법령에서 구체적으로 고유식별정보의 처리를 요구하거나 허용하는 경우

② 삭제 〈2013.8.6.〉

③ 개인정보처리자가 제1항 각 호에 따라 고유식별정보를 처리하는 경우에는 그 고유식별정보가 분실・도난・유출・위조・변조 또는 훼손되지 아니하도록 대통령령으로 정하는 바에 따라 암호화 등 안전성 확보에 필요한 조치를 하여야 한다.



정답 10 ④ 11 ④ 12 ④

④ 행정안전부장관은 처리하는 개인정보의 종류·규모, 종업원 수 및 매출액 규모 등을 고려하여 대통령령으로 정하는 기준에 해당하는 개인정보처리자가 제3항에 따라 안전성 확보에 필요한 조치를 하였는지에 관하여 대통령령으로 정하는 바에 따라 정기적으로 조사하여야 한다.

⑤ 행정안전부장관은 대통령령으로 정하는 전문기관으로 하여금 제4항에 따른 조사를 수행하게 할 수 있다.

고유식별정보의 범위(「개인정보 보호법 시행령」 제19조)

법 제24조 제1항 각 호 외의 부분에서 "대통령령으로 정하는 정보"란 다음 각 호의 어느 하나에 해당하는 정보(이하 "고유식별정보"라 한다)를 말한다. 다만, 공공기관이 법 제18조 제2항 제5호부터 제9호까지의 규정에 따라 다음 각 호의 어느 하나에 해당하는 정보를 처리하는 경우의 해당 정보는 제외한다.

1. 「주민등록법」 제7조 제3항에 따른 주민등록번호
2. 「여권법」 제7조 제1항 제1호에 따른 여권번호
3. 「도로교통법」 제80조에 따른 운전면허의 면허번호
4. 「출입국관리법」 제31조 제4항에 따른 외국인등록번호

## 13 「개인정보 보호법」상 주민등록번호 처리에 대한 설명으로 옳지 않은 것은?

① 민감정보와 고유식별정보는 정보주체의 별도의 동의가 있는 경우에는 개인정보처리자에 의한 처리가 허용되지만, 주민등록번호는 정보주체의 별도의 동의가 있는 경우에도 개인정보처리자에 의한 처리가 허용되지 않으며, 다만 법률 등에서 정한 경우에만 허용된다.

② 개인정보처리자가 주민등록번호를 처리할 수 있는 경우에는 법률 등에서 구체적으로 주민등록번호의 처리를 요구하거나 허용한 경우, 정보주체 또는 제3자의 급박한 생명, 신체, 재산의 이익을 위하여 명백히 필요하다고 인정되는 경우, 주민등록번호 처리가 불가피한 경우로서 행정안전부령으로 정하는 경우이다.

③ 개인정보처리자가 주민등록번호를 처리하는 경우에도 정보주체가 인터넷 홈페이지를 통하여 회원으로 가입하는 단계에서는 주민등록번호를 사용하지 아니하고도 회원으로 가입할 수 있는 방법을 제공하여야 하고, 이를 위반시 5천만원 이하의 과태료가 부과된다.

④ 개인정보처리자는 주민등록번호가 분실·도난·유출·위조·변조 또는 훼손되지 아니하도록 암호화 조치를 통하여 안전하게 보관하여야 한다.

개인정보처리자가 주민등록번호를 처리하는 경우에도 정보주체가 인터넷 홈페이지를 통하여 회원으로 가입하는 단계에서는 주민등록번호를 사용하지 아니하고도 회원으로 가입할 수 있는 방법을 제공하여야 하고, 이를 위반시 **3천만원 이하의 과태료**가 부과된다(「개인정보 보호법」 제75조 제2항).

참고 주민등록번호 처리의 제한(「개인정보 보호법」 제24조의2)

① 제24조 제1항에도 불구하고 개인정보처리자는 다음 각 호의 어느 하나에 해당하는 경우를 제외하고는 주민등록번호를 처리할 수 없다.
  1. 법률 · 대통령령 · 국회규칙 · 대법원규칙 · 헌법재판소규칙 · 중앙선거관리위원회규칙 및 감사원규칙에서 구체적으로 주민등록번호의 처리를 요구하거나 허용한 경우
  2. 정보주체 또는 제3자의 급박한 생명, 신체, 재산의 이익을 위하여 명백히 필요하다고 인정되는 경우
  3. 제1호 및 제2호에 준하여 주민등록번호 처리가 불가피한 경우로서 행정안전부령으로 정하는 경우

② 개인정보처리자는 제24조 제3항에도 불구하고 주민등록번호가 분실 · 도난 · 유출 · 위조 · 변조 또는 훼손되지 아니하도록 암호화 조치를 통하여 안전하게 보관하여야 한다. 이 경우 암호화 적용 대상 및 대상별 적용 시기 등에 관하여 필요한 사항은 개인정보의 처리 규모와 유출 시 영향 등을 고려하여 대통령령으로 정한다.

③ 개인정보처리자는 제1항 각 호에 따라 주민등록번호를 처리하는 경우에도 정보주체가 인터넷 홈페이지를 통하여 회원으로 가입하는 단계에서는 주민등록번호를 사용하지 아니하고도 회원으로 가입할 수 있는 방법을 제공하여야 한다.

④ 행정안전부장관은 개인정보처리자가 제3항에 따른 방법을 제공할 수 있도록 관계 법령의 정비, 계획의 수립, 필요한 시설 및 시스템의 구축 등 제반 조치를 마련 · 지원할 수 있다.



정답 13 ③

# 제2장 「개인정보 보호법」과 보험산업

## 1 보험산업과 개인정보

**01** **"개인정보 유통단계에 따른 가이드라인"에서 '정보주체의 권리강화' 단계의 세부추진과제에 해당하는 것은?**

① 연락중지청구(Do-Not-Call) 시스템
② 개인정보 표준동의서 개편
③ 비대면 보험영업에 대한 가이드라인 제정
④ 보험권 정보파기 가이드라인 제정

해설

개인정보 유통단계에 따른 가이드라인

| 구 분 | 세부추진과제 | 시 행 |
|---|---|---|
| 입 수 | 개인정보 표준동의서 개편 | 2015.1. |
| | 주민번호 과다노출 관행개선을 위한 가이드라인 | 2015.1. |
| 관 리 | 보험모집인의 개인정보 이용에 대한 내부통제 방안 | 2014.10. |
| | 비대면 보험영업에 대한 가이드라인 제정 | 2014.4. |
| 파 기 | 보험권 정보파기 가이드라인 제정 | 2015.1. |
| 정보주체의 권리강화 | 연락중지청구(Do-Not-Call) 시스템 | 2014.9. |
| | 고객정보 조회시스템 구축방안 마련 | 2014.9. |

**02** **「보험업법」상 보험회사 등이 타인을 위한 보험계약 체결 등을 위하여 고유식별 정보를 처리할 수 있는 업무에 해당하지 않는 것은?**

① 타인을 위한 보험계약의 체결, 유지·관리, 보험금지급 등에 관한 사무
② 제3자에게 배상할 책임을 이행하기 위한 사무
③ 보험자의 지정 또는 변경에 관한 사무
④ 단체보험계약의 체결, 유지·관리, 보험금지급 등에 관한 사무

③ 보험수익자 지정 또는 변경에 관한 사무(「보험업법 시행령」 제102조 제5항 제3호)

**민감정보 및 고유식별정보의 처리(「보험업법 시행령」 제102조 제5항)**

보험회사는 다음 각 호의 사무를 수행하기 위하여 필요한 범위로 한정하여 해당 각 호의 구분에 따라 「개인정보 보호법」 제23조에 따른 민감정보 중 건강에 관한 정보(이하 "건강정보"라 한다)나 같은 법 시행령 제19조에 따른 주민등록번호, 여권번호, 운전면허의 면허번호 또는 외국인등록번호(이하 "고유식별정보"라 한다)가 포함된 자료를 처리할 수 있다.

1. 「상법」 제639조에 따른 타인을 위한 보험계약의 체결, 유지·관리, 보험금의 지급 등에 관한 사무 : 피보험자에 관한 건강정보 또는 고유식별정보
2. 「상법」 제719조(「상법」 제726조에서 준용하는 재보험계약을 포함한다) 및 제726조의2에 따라 제3자에게 배상할 책임을 이행하기 위한 사무 : 제3자에 관한 건강정보 또는 고유식별정보
3. 「상법」 제733조에 따른 보험수익자 지정 또는 변경에 관한 사무 : 보험수익자에 관한 고유식별정보
4. 「상법」 제735조의3에 따른 단체보험계약의 체결, 유지·관리, 보험금지급 등에 관한 사무 : 피보험자에 관한 건강정보 또는 고유식별정보
5. 제1조의2 제3항 제4호에 따른 보증보험계약으로서 「주택임대차보호법」 제2조에 따른 주택의 임차인이 임차주택에 대한 보증금을 반환받지 못하여 입은 손해를 보장하는 보험계약의 체결, 유지·관리 및 보험금의 지급 등에 관한 사무 : 임대인에 관한 고유식별정보

## 2 질병·상해보험 표준약관에서 정한 개인정보보호

**03** **「질병·상해보험 표준약관」에서 정한 개인정보보호에 대한 설명으로 옳지 않은 것은?**

① 보험회사는 계약과 관련된 개인정보를 안전하게 관리하여야 한다.
② 보험회사는 보험계약과 관련된 개인정보를 이 계약의 체결, 유지, 보험금 지급 등을 위하여 「개인정보 보호법」, 「신용정보의 이용 및 보호에 관한 법률」 등 관계 법령에 정한 경우를 제외하고 계약자, 피보험자 또는 보험수익자의 동의 없이 수집, 이용, 조회 또는 제공하지 않는다.
③ 보험회사는 보험계약의 체결, 유지, 보험금 지급 등을 위하여 「개인정보 보호법」, 「신용정보의 이용 및 보호에 관한 법률」 등 관계 법령에 따라 계약자 및 피보험자의 동의를 받아 다른 보험회사 및 보험관련단체 등에 개인정보를 제공할 수 있다.
④ 기존 표준약관에서 보험계약 관련 정보 및 피보험자의 상해·질병에 관한 정보를 제공하는 것은 보험산업이 이윤추구라는 산업 본연의 목적 이외에도 보험계약자의 개인정보를 보호하려는 데 있다.

기존 표준약관에서 보험계약 관련 정보 및 피보험자의 상해·질병에 관한 정보를 제공하도록 한 것은 보험산업이 이윤추구라는 산업 본연의 목적 이외에도 보험산업을 통해 사회보장을 포함한 공익적인 목적을 달성함과 동시에 다수 계약자의 동질화된 위험에 따라 적정보험료를 책정하고, 이에 따른 적정수준의 위험을 유지하게 할 뿐만 아니라 보험계약의 사행성에 편승하려는 보험계약자의 역선택을 차단하려는데 그 목적이 있다. 그러나 해당 보험약관 조항은 지나치게 보험회사의 입장에 치우친 것이어서 보험소비자 입장에서의 개인정보보호에 취약하다는 비판에 따라 개인정보에 대한 안전관리 의무를 신설하였다.

제4과목 보험조사론 Ⅱ(실무)

정답 01 ① 02 ③ 03 ④

**04** 「질병 · 상해보험 표준약관」에서 "손해사정의 동의"에 대한 설명으로 옳지 않은 것은?

① 계약자, 피보험자 또는 보험수익자는 알릴 의무 위반의 효과와 관련하여 보험회사의 조사에 동의하여야 한다.

② 계약자, 피보험자 또는 보험수익자는 보험금 지급사유 조사와 관련하여 의료기관 또는 국민건강보험공단, 경찰서 등 관공서에 대한 회사의 서면에 의한 조사요청에 동의하여야 한다.

③ 계약자, 피보험자 또는 보험수익자가 정당한 사유없이 회사의 서면에 의한 조사요청에 동의하지 않을 경우라도 보험회사는 이를 이유로 보험금 지급을 지연할 수 없으며, 만약 지연한 경우 그 지연 기간 동안의 이자를 지급하여야 한다.

④ 회사는 서면조사에 대한 동의 요청시 조사목적, 사용처 등을 명시하고 설명한다.

계약자, 피보험자 또는 보험수익자는 알릴 의무의 효과 및 보험금 지급사유 조사와 관련하여 의료기관 또는 국민건강보험공단, 경찰서 등 관공서에 대한 회사의 서면에 의한 조사요청에 동의하여야 한다. 다만, 정당한 사유없이 이에 동의하지 않을 경우 사실 확인이 끝날 때까지 회사는 보험금 지급지연에 따른 이자를 지급하지 않는다.

## 3 손해사정과 대화내용의 녹취

**05** 피보험자나 목격자 등과 대화를 하고 녹음한 후 이에 대한 녹취록을 작성하는 경우, '녹음테이프'나 '녹취록'이 증거력이 있는 자료로서 효력을 발휘하기 위한 요건으로 옳지 않은 것은?

① 녹음하는 상대방의 사전 동의를 얻으면 족하고, 상대방이 동의한다는 내용이 반드시 녹음되어 있을 필요까지는 없다.

② 녹음하는 날짜와 시간(시작과 종료), 장소, 대화참여자의 이름, 연령 등이 녹음되어 있어야 한다.

③ 녹음을 하는 목적이나 이유를 분명히 명시해야 한다.

④ 녹음테이프의 원본을 반드시 보관해야 한다.

'녹음테이프'나 '녹취록'이 증거력이 있는 자료로서 효력을 발휘하기 위한 요건

- 녹음하는 상대방의 사전 동의를 얻어야 하고, 상대방이 동의한다는 내용이 반드시 녹음되어 있어야 한다.
- 녹음하는 날짜와 시간(시작과 종료), 장소, 대화참여자의 이름, 연령 등이 녹음되어 있어야 한다.
- 녹음을 하는 목적이나 이유를 분명히 명시해야 한다.
- 녹음테이프의 원본을 반드시 보관해야 한다.

## 06 타인 간의 대화 녹음 또는 청취에 대한 설명으로 옳지 않은 것은?

① 「통신비밀보호법」상 누구든지 공개되지 아니한 타인 간의 대화를 녹음 또는 청취하지 못한다.
② 공개되지 아니한 타인 간의 대화를 녹음 또는 청취한 경우 증거능력을 인정받지 못할 뿐만 아니라 「통신비밀보호법」 제16조에 의해 1년 이상 10년 이하의 징역과 5년 이하의 자격정지에 처한다.
③ 타인 간의 대화라 하더라도 3인 간의 대화에서 그 중 한 사람이 대화를 녹음하는 경우에 다른 두 사람의 대화는 타인으로 볼 수 있으므로, 「통신비밀보호법」의 위반이 될 수 있다.
④ 우리 「민사소송법」에서는 이해당사자 본인이 상대방 몰래 상대방과의 대화내용을 녹음한 것에 대해 증거능력을 인정하고 있다. 다만 녹음테이프나 디지털 녹음기는 녹음자의 의도나 특정기술에 의하여 그 내용이 편집되거나 조작될 위험이 있으므로 원본만을 인정하고 있으며, 복사본은 복사과정에서 편집이나 인위적인 개작 없이 원본의 내용 그대로 복사된 사본임을 입증하여야만 증거능력이 인정된다.

타인 간의 대화라 하더라도 3인 간의 대화에서 그 중 한 사람이 대화를 녹음하는 경우에 다른 두 사람의 대화는 타인으로 볼 수 없으므로 이는 「통신비밀보호법」의 위반이 될 수 없다.

## 07 전화통화의 통화내용을 녹음하는 행위가 '전기통신의 감청'에 해당하는지 여부에 대한 설명으로 옳지 않은 것은?(다툼이 있는 경우 판례에 따름)

① 「통신비밀보호법」이 금지하고 있는 '전기통신의 감청'이란 전기통신에 대하여 그 당사자인 송신인과 수신인이 아닌 제3자가 당사자의 동의를 받지 않고 도청기와 같은 전자장치 등을 이용하여 통신의 음향・문언・부호・영상을 청취・공독하여 그 내용을 지득 또는 채록하는 등의 행위를 하는 것을 의미한다.
② 전화통화의 당사자 일방이 상대방과의 통화내용을 녹음하는 것은 대화의 당사자 본인으로서 제3자가 당사자의 동의를 받지 않고 감청한 것으로 볼 수 없다.
③ 보험회사 등에서 보험소비자 등과 통화하는 과정에서 상대방과의 대화내용을 녹음하고 이를 증거자료로 제시하는 것은 불법행위로 볼 수 있다.
④ 제3자가 전화통화자 중 일방만의 동의를 얻어 통화내용을 녹음하는 행위는 당사자 중 한쪽의 전화통화가 녹음되고 있었다는 사실을 몰랐으므로 이는 감청에 해당하고 이는 불법감청으로서 증거능력이 없을 뿐만 아니라 「통신비밀보호법」을 위반한 것으로 보아야 한다.

보험회사 등에서 보험소비자 등과 통화하는 과정에서 상대방과의 대화내용을 녹음하고 이를 증거자료로 제시하는 것은 불법행위로 볼 수 없다.

제4과목 보험조사론 Ⅱ(실무)

정답 04 ③ 05 ① 06 ③ 07 ③

## 4 증거확보를 위한 몰래카메라의 촬영

**08 고액의 후유장해보험금을 지급받은 경우 증거를 수집하기 위한 보험회사의 몰래카메라 촬영 행위에 대한 설명으로 옳지 않은 것은?(다툼이 있는 경우 판례에 따름)**

① 미국에서는 실제의 장해보다 높은 등급으로 과도한 보험금을 수령하였다고 의심되는 경우라도 탐정(photo detective)을 고용하여 피보험자의 신체부위가 자유롭게 움직이는 사진을 촬영하는 행위는 사생활의 비밀을 침해하는 불법행위로 보고 있다.

② 우리나라에서도 보험회사 직원이 보험회사를 상대로 손해배상청구소송을 제기한 교통사고 피해자들의 장해 정도에 관한 증거자료를 수집할 목적으로 피해자들의 일상생활을 촬영한 행위가 초상권 및 사생활의 비밀과 자유를 침해하는 불법행위인지 여부가 문제가 되었다.

③ 서울중앙지법은 보험회사 직원들의 사진촬영 행위는 민사재판의 증거수집 및 그 제출을 위하여 필요하고도 부득이한 것으로서 교통사고 피해자들의 초상권 및 사생활의 비밀이 침해되는 결과가 초래되었다고 하더라도 그 행위목적의 정당성, 수단이나 방법의 보충성과 상당성을 참작할 때 공정한 민사재판권의 실현이라는 우월한 이익을 위해서라도 그 위법성이 조각된다고 판시하였다.

④ 우리나라 대법원은 피보험자가 후유장해에 대해 허위 청구하여 실제의 상태보다 과도한 보험금을 수령하였다고 하더라도 이에 대한 증거 확보를 위해 공공장소에서 상대방의 사진을 촬영하는 것은 초상권과 사생활의 비밀과 자유를 침해한 것이 되어 불법행위가 된다고 판시하였다.

해설

미국에서는 실제의 장해보다 높은 등급으로 과도한 보험금을 수령하였다고 의심되는 경우, 탐정(photo detective)을 고용하여 피보험자의 신체부위가 자유롭게 움직이는 사진을 촬영하는 행위를 인정하고 있다.

**09 보험회사 직원이 일반인의 접근이 허용된 공개된 장소에서 고액의 보험금을 편취한 환자 몰래 일상생활 중인 환자를 촬영한 행위에 대한 설명으로 옳지 않은 것은?(다툼이 있는 경우 판례에 따름)**

① 민사소송의 증거를 수집할 목적으로 이루어졌다면 초상권 및 사생활의 비밀과 자유의 보호영역을 침범한 것으로 보지 않는다.

② 고액의 보험금 편취경향이 두드러지고, 사생활 보호의 필요성이 비교적 낮은 공개된 장소에서 촬영이 이루어졌기 때문에 위법하지 않은 것으로 본다.

③ 후유장해 진단이 과도하게 이루어져 피해이익의 보호가 크지 않다면 위법하지 않은 것으로 본다.

④ 후유장해 감정결과를 탄핵할 객관적 증거자료를 취득할 방법이 현실적으로 뚜렷하지 않다면 위법하지 않은 것으로 본다.

민사소송의 증거를 수집할 목적으로 이루어졌더라도 초상권 및 사생활의 비밀과 자유의 보호영역을 침범한 것으로 인정한다.

**공개된 장소에서 일상생활의 장해부위를 촬영한 행위가 위법한 행위인지 여부**

갑 보험회사의 직원이 갑 회사와 을 사이에 체결된 보험계약의 피보험자인 교통사고 피해자 병의 후유장해 정도에 대한 증거자료를 수집할 목적으로 일반인의 접근이 허용된 공개된 장소에서 병 몰래 병이 일상생활에서 장해 부위를 사용하는 모습이 담긴 영상(이하 '영상자료'라 한다)을 촬영한 사안에서, 갑 회사 직원의 행위는 특정의 목적을 가지고 의도적·계속적으로 주시하고 미행하면서 병을 촬영함으로써 병에 관한 정보를 임의로 수집한 것이어서 비록 그것이 **공개된 장소에서 민사소송의 증거를 수집할 목적으로 이루어졌더라도 초상권 및 사생활의 비밀과 자유의 보호영역을 침범한 것**이나, **민사소송을 제기한 교통사고 피해자들은 통상 다액의 손해배상을 받기 위하여 신체감정을 받으면서 자신의 장해상태를 과장하는 경향**이 있고 병의 청구에서 이러한 경향이 더욱 현저한 점, 병의 피해영역 또한 일반적으로 공개가 허용되는 가장 바깥 테두리의 영역이어서 **사생활 보호의 필요성이 비교적 낮고** 오로지 피고의 신체움직임을 포착·촬영하기 위한 목적에서일 뿐 다른 사적인 생활관계를 탐지하기 위한 것은 아니었던 점, 영상자료가 제출된 후 실시된 재감정 결과에서는 후유장해의 합계가 45%에 불과하나 영상자료를 반영하지 않은 감정 결과에서는 후유장해의 합계가 115%에 달하여 병이 주장하는 **장해 정도가 허위이거나 과장이라고 합리적으로 의심할 상당한 이유가 있어 피해이익의 보호가치가 크지 않은 점**, 병을 촬영한 시간이 21분 정도에 불과하여 침해 방법의 상당성을 초과하지 않은 점, 위와 같은 방법 외에는 갑 회사가 병의 **후유장해에 관한 감정 결과를 탄핵할 객관적인 증거자료를 취득할 방법이 현실적으로 뚜렷이 없는 점** 등을 고려하면, 갑 회사의 영상자료 수집행위는 민사재판의 증거 수집 및 제출을 위하여 필요하고도 부득이한 것이므로, 이로 인하여 병의 초상권을 침해하는 결과를 초래하였더라도 이러한 결과는 행위 목적의 정당성, 수단·방법의 보충성과 상당성 등을 참작할 때 공정한 민사재판권의 실현이라는 우월한 이익을 위하여 병의 수인하여야 하는 범위 내에 속하는 것이어서, 위 수집행위가 위법하지 않다(대구고등법원 2017. 4. 12. 선고 2016나22753, 22760 판결).



## 10 「개인정보 보호법」상 "영상정보처리기기"의 요건으로 옳지 않은 것은?

① 사람 또는 사물의 영상 등을 촬영할 것
② 일정한 공간에 지속적으로 설치되어 있을 것
③ 촬영된 정보를 유·무선망을 통하여 전송할 것
④ 개인이 소지하고 다니는 카메라나 휴대폰, 캠코더 등으로 여행이나 이동 중에 촬영하는 것

"영상정보처리기기"란 일정한 공간에 지속적으로 설치되어 사람 또는 사물의 영상 등을 촬영하거나 이를 유·무선망을 통하여 전송하는 장치로서 대통령령으로 정하는 장치를 말한다(「개인정보 보호법」 제2조 제7호). 즉, "영상정보처리기기"는 ㉠ 일정한 공간에 지속적으로 설치되어 있을 것, ㉡ 사람 또는 사물의 영상 등을 촬영할 것, ㉢ 촬영된 정보를 유·무선망을 통하여 전송할 것 등의 요건을 충족해야 한다. 일정한 공간에 '지속적으로' 설치된 촬영기기만을 의미하므로 개인이 소지하고 다니는 카메라나 휴대폰, 캠코더 등으로 여행이나 이동 중에 촬영하는 것은 이에 포함되지 않는다. '일정한 공간'이 반드시 고정된 공간을 의미하는 것은 아니며 이동성이 있더라도 설치위치와 촬영범위가 일정하게 한정되어 있다면 영상정보처리기기에 포함된다.

정답 08 ① 09 ① 10 ④

**11** 「개인정보 보호법 시행령」상 "영상정보처리기기"에 해당하는 것은?

① 휴대폰 카메라
② 휴대용 캠코더
③ 무인 항공기(드론)
④ 폐쇄회로 텔레비전

「개인정보 보호법 시행령」 제3조에서는 "영상정보처리기기"의 종류를 폐쇄회로 텔레비전과 네트워크 카메라로 정의하고 있다. 폐쇄회로 텔레비전(CCTV)이란 일정한 공간에 지속적으로 설치된 카메라를 통하여 영상 등을 촬영하거나 이를 유·무선 폐쇄회로 등의 전송로를 통해 전송 또는 저장매체에 녹화·기록할 수 있도록 하는 장치를 말하며, 네트워크 카메라란 일정한 공간에 지속적으로 설치된 촬영기기로 수집한 영상정보를 유·무선 인터넷을 통하여 어느 곳에서나 수신·조작·저장 등의 처리를 할 수 있도록 하는 장치를 말한다.

**12** 「개인정보 보호법」상 공개된 장소에 영상정보처리기기를 설치·운영할 수 있는 경우가 아닌 것은?

① 교통단속을 위하여 필요한 경우
② 불특정 다수가 이용하는 화장실의 경우
③ 범죄의 예방 및 수사를 위하여 필요한 경우
④ 시설안전 및 화재 예방을 위하여 필요한 경우

영상정보처리기기의 설치·운영 제한(「개인정보 보호법」 제25조 제1항)
누구든지 다음 각 호의 경우를 제외하고는 공개된 장소에 영상정보처리기기를 설치·운영하여서는 아니 된다.

1. 법령에서 구체적으로 허용하고 있는 경우
2. 범죄의 예방 및 수사를 위하여 필요한 경우
3. 시설안전 및 화재 예방을 위하여 필요한 경우
4. 교통단속을 위하여 필요한 경우
5. 교통정보의 수집·분석 및 제공을 위하여 필요한 경우

**13** **「개인정보 보호법」상 영상정보처리기기의 설치 · 운영에 대한 설명으로 옳지 않은 것은?**

① 누구든지 불특정 다수가 이용하는 목욕실, 화장실, 발한실(發汗室), 탈의실 등 개인의 사생활을 현저히 침해할 우려가 있는 장소의 내부를 볼 수 있도록 영상정보처리기기를 설치 · 운영하여서는 아니 된다.

② 영상정보처리기기운영자는 정보주체가 쉽게 인식할 수 있도록 설치 목적 및 장소 등이 포함된 안내판을 설치하는 등 필요한 조치를 하여야 한다.

③ 영상정보처리기기운영자는 영상정보처리기기의 설치 목적과 다른 목적으로 영상정보처리기기를 임의로 조작하거나 다른 곳을 비춰서는 아니 되며, 녹음기능은 사용할 수 있다.

④ 영상정보처리기기운영자는 개인정보가 분실 · 도난 · 유출 · 위조 · 변조 또는 훼손되지 아니하도록 안전성 확보에 필요한 조치를 하여야 한다.

영상정보처리기기운영자는 영상정보처리기기의 설치 목적과 다른 목적으로 영상정보처리기기를 임의로 조작하거나 다른 곳을 비춰서는 아니 되며, 녹음기능은 사용할 수 없다(「개인정보 보호법」 제25조 제5항).



정답 11 ④ 12 ② 13 ③

## 제3장 「의료법」과 개인정보의 제공

### 1 진료기록부의 작성

**01** **「의료법」상 진료기록부 등의 작성에 대한 설명으로 옳지 않은 것은?**

① 의료인은 진료기록부, 조산기록부, 간호기록부, 그 밖의 진료에 관한 기록을 갖추어 두고 환자의 주된 증상, 진단 및 치료 내용 등 보건복지부령으로 정하는 의료행위에 관한 사항과 의견을 상세히 기록하고 서명하여야 한다.
② 진료기록부 등의 작성의무는 의사, 치과의사, 한의사, 조산사, 간호사 등 의료인에게 있으므로, 간호조무사가 간호사를 대신하여 간호업무를 수행하였더라도 간호조무사는 진료기록부 작성의무를 부담하지 않는다.
③ 의료인이 진료기록부 등의 작성의무를 위반하면 300만원 이하의 벌금에 처해진다.
④ 진료기록부의 보존기간은 10년이고, 조산기록부 및 간호기록부의 보존기간은 5년이다.

해설 간호조무사는 「의료법」상 의료인에 해당하지 않지만, 간호조무사는 간호보조업무에 종사할 수 있고, 이 경우 간호사에 관한 규정을 준용하도록 하고 있으므로 간호사를 대신하여 간호업무를 수행하는 경우에는 간호기록부 작성의무도 부담한다(서울지법 1997.9.9, 97노212).

참고 진료기록부 등(「의료법」 제22조)

① 의료인은 각각 진료기록부, 조산기록부, 간호기록부, 그 밖의 진료에 관한 기록(이하 "진료기록부등"이라 한다)을 갖추어 두고 환자의 주된 증상, 진단 및 치료 내용 등 보건복지부령으로 정하는 의료행위에 관한 사항과 의견을 상세히 기록하고 서명하여야 한다.
② 의료인이나 의료기관 개설자는 진료기록부등[전자의무기록을 포함하며, 추가기재·수정된 경우 추가기재·수정된 진료기록부등 및 추가기재·수정 전의 원본을 모두 포함한다]을 보건복지부령으로 정하는 바에 따라 보존하여야 한다.
③ 의료인은 진료기록부 등을 거짓으로 작성하거나 고의로 사실과 다르게 추가기재·수정하여서는 아니 된다.

## 02 「의료법」상 진료기록부의 기재사항이 아닌 것은?

① 진료를 받은 사람의 주소 · 성명 · 연락처 · 주민등록번호 등 인적사항
② 진단결과 또는 진단명
③ 치료 내용(주사 · 투약 · 처치 등)
④ 섭취 및 배설물에 관한 사항

섭취 및 배설물에 관한 사항은 간호기록부의 기재사항이다.

진료기록부의 기재사항(「의료법 시행규칙」 제14조 제1항 제1호)

가. 진료를 받은 사람의 주소 · 성명 · 연락처 · 주민등록번호 등 인적사항
나. 주된 증상. 이 경우 의사가 필요하다고 인정하면 주된 증상과 관련한 병력 · 가족력을 추가로 기록할 수 있다.
다. 진단결과 또는 진단명
라. 진료경과(외래환자는 재진환자로서 증상 · 상태, 치료내용이 변동되어 의사가 그 변동을 기록할 필요가 있다고 인정하는 환자만 해당한다)
마. 치료 내용(주사 · 투약 · 처치 등)
바. 진료 일시

## 03 「의료법」상 간호기록부의 기재사항이 아닌 것은?

① 간호를 받는 사람의 성명
② 투약에 관한 사항
③ 분만의 경과 및 그 처치
④ 체온 · 맥박 · 호흡 · 혈압에 관한 사항

분만의 경과 및 그 처치는 조산기록부의 기재사항이다.

간호기록부의 기재사항(「의료법 시행규칙」 제14조 제1항 제3호)

가. 간호를 받는 사람의 성명
나. 체온 · 맥박 · 호흡 · 혈압에 관한 사항
다. 투약에 관한 사항
라. 섭취 및 배설물에 관한 사항
마. 처치와 간호에 관한 사항
바. 간호 일시(日時)

## 04 「의료법」상 진료에 관한 기록의 보존에 대한 설명으로 옳지 않은 것은?

① 환자 명부의 보존기간은 5년이다.
② 진단서 등의 부본의 보존기간은 2년이다.
③ 보존연한을 위반한 경우에는 300만원 이하의 벌금에 처한다.
④ 진료에 관한 기록은 계속적인 진료를 위하여 필요한 경우에는 1회에 한정하여 그 기간을 연장하여 보존할 수 있다.

해설 진단서 등의 부본의 보존기간은 3년이다.

참고 진료에 관한 기록의 보존(「의료법 시행규칙」 제15조 제1항)
의료인이나 의료기관 개설자는 진료기록부 등을 다음 각 호에 정하는 기간 동안 보존하여야 한다. 다만, 계속적인 진료를 위하여 필요한 경우에는 1회에 한정하여 다음 각 호에 정하는 기간의 범위에서 그 기간을 연장하여 보존할 수 있다

1. 환자 명부 : 5년
2. 진료기록부 : 10년
3. 처방전 : 2년
4. 수술기록 : 10년
5. 검사소견기록 : 5년
6. 방사선사진 및 그 소견서 : 5년
7. 간호기록부 : 5년
8. 조산기록부 : 5년
9. 진단서 등의 부본(진단서 · 사망진단서 및 시체검안서 등을 따로 구분하여 보존할 것) : 3년

## 05 「의료법」에서 의사에게 진료기록부를 작성하도록 한 취지로 옳지 않은 것은?(다툼이 있는 경우 판례에 따름)

① 환자의 증상과 상태에 관계없이 환자의 진술과 사정을 감안하여 보험회사로부터 가급적 많은 보험금을 받을 수 있도록 진료기록부를 환자에게 유리하기 작성하도록 하기 위해서
② 진료를 담당하는 의사 자신으로 하여금 환자의 상태와 치료의 경과에 관한 정보를 빠뜨리지 않고 정확하게 기록하여 이를 그 이후 계속되는 환자치료에 이용하도록 하기 위해서
③ 다른 관련 의료종사자에게도 그 정보를 제공하여 환자로 하여금 적정한 의료를 제공받을 수 있도록 하기 위해서
④ 의료행위가 종료된 이후에는 그 의료행위의 적정성을 판단하는 자료로 사용할 수 있도록 하기 위해서

「의료법」에서 의사에게 진료기록부를 작성하도록 한 취지는 진료를 담당하는 의사 자신으로 하여금 환자의 상태와 치료의 경과에 관한 정보를 빠뜨리지 않고 정확하게 기록하여 이를 그 이후 계속되는 환자치료에 이용하도록 함과 아울러 다른 관련 의료종사자에게도 그 정보를 제공하여 환자로 하여금 적정한 의료를 제공받을 수 있도록 하고, 의료행위가 종료된 이후에는 그 의료행위의 적정성을 판단하는 자료로 사용할 수 있도록 하고자 함에 있다(대판 1997.8.29, 97도1234).

**06** **「의료법」상 의료인이 진료기록부 등을 거짓으로 작성하거나 고의로 사실과 다르게 추가기재·수정한 경우의 처벌은?**

① 5년 이하의 징역이나 3천만원 이하의 벌금
② 3년 이하의 징역이나 3천만원 이하의 벌금
③ 3년 이하의 징역이나 1천만원 이하의 벌금
④ 300만원 이하의 벌금

의료인은 진료기록부 등을 거짓으로 작성하거나 고의로 사실과 다르게 추가기재·수정해서는 안 된다. 만약 이를 위반한 경우에는 **3년 이하의 징역이나 3천만원 이하의 벌금**에 처해진다(「의료법」 제88조 제1호).

**07** **「의료법」상 전자의무기록에 대한 설명으로 옳지 않은 것은?**

① 의료인이나 의료기관 개설자는 진료기록부 등을 전자의무기록으로 작성·보관할 수 있다.
② 의료인이나 의료기관 개설자는 전자의무기록을 안전하게 관리·보존하는 데에 필요한 시설과 장비를 갖추어야 한다.
③ 의료인이나 의료기관 개설자는 전자의무기록에 추가기재·수정을 한 경우 보건복지부령으로 정하는 바에 따라 접속기록을 별도로 보관하여야 한다.
④ 누구든지 정당한 사유없이 전자의무기록에 저장된 개인정보를 탐지하거나 누출·변조 또는 훼손하여서는 아니 되며, 이를 위반시 3년 이하의 징역 또는 3천만원 이하의 벌금에 처한다.

누구든지 정당한 사유없이 전자의무기록에 저장된 개인정보를 탐지하거나 누출·변조 또는 훼손하여서는 아니 되며, 이를 위반시 **5년 이하의 징역 또는 5천만원 이하의 벌금**에 처한다(「의료법」 제87조 제1항).



정답 04 ② 05 ① 06 ② 07 ④

참고 전자의무기록(「의료법」 제23조)

① 의료인이나 의료기관 개설자는 제22조의 규정에도 불구하고 진료기록부등을 「전자서명법」에 따른 전자서명이 기재된 전자문서(이하 "전자의무기록"이라 한다)로 작성·보관할 수 있다.

② 의료인이나 의료기관 개설자는 보건복지부령으로 정하는 바에 따라 전자의무기록을 안전하게 관리·보존하는 데에 필요한 시설과 장비를 갖추어야 한다.

③ 누구든지 정당한 사유없이 전자의무기록에 저장된 개인정보를 탐지하거나 누출·변조 또는 훼손하여서는 아니 된다.

**08** 「의료법」상 전자의무기록의 관리·보존에 필요한 시설과 장비로 옳지 않은 것은?

① 전자의무기록의 생성·저장과 전자서명을 검증할 수 있는 장비

② 전자서명이 있은 후 전자의무기록의 변경 여부 확인 등 전자의무기록의 이력관리를 위하여 필요한 장비

③ 전자의무기록의 백업저장장비

④ 의료기관 내에 전자의무기록의 저장장비와 백업저장장비를 설치하는 경우에는 폐쇄회로 텔레비전 등의 감시 장비

해설

④ 의료기관 외의 장소에 전자의무기록의 저장장비와 백업저장장비를 설치하는 경우에는 폐쇄회로 텔레비전 등의 감시 장비

참고 전자의무기록의 관리·보존에 필요한 시설과 장비(「의료법 시행규칙」 제16조 제1항)

의료인이나 의료기관의 개설자는 법 제23조 제2항에 따라 전자의무기록을 안전하게 관리·보존하기 위하여 다음 각 호의 시설과 장비를 갖추어야 한다.

1. 전자의무기록의 생성·저장과 전자서명을 검증할 수 있는 장비
2. 전자서명이 있은 후 전자의무기록의 변경 여부 확인 등 전자의무기록의 이력관리를 위하여 필요한 장비
3. 전자의무기록의 백업저장장비
4. 네트워크 보안에 관한 시설과 장비(제1호부터 제3호까지에 따른 장비가 유무선 인터넷과 연결된 경우에 한정한다)
5. 전자의무기록 시스템(전자의무기록의 관리·보존과 관련되는 서버, 소프트웨어 및 데이터베이스 등이 전자적으로 조직화된 체계를 말한다.) 보안에 관한 시설과 장비
6. 전자의무기록 보존장소에 대한 다음 각 목의 어느 하나에 해당하는 물리적 접근 방지 시설과 장비
   가. 출입통제구역 등 통제 시설
   나. 잠금장치
7. 의료기관(법 제49조에 따라 부대사업을 하는 장소를 포함한다) 외의 장소에 제1호에 따른 전자의무기록의 저장장비 또는 제3호에 따른 백업저장장비를 설치하는 경우에는 다음 각 목의 시설과 장비
   가. 전자의무기록 시스템의 동작 여부와 상태를 실시간으로 점검할 수 있는 시설과 장비
   나. 전자의무기록 시스템에 장애가 발생한 경우 제1호 및 제2호에 따른 장비를 대체할 수 있는 예비 장비
   다. 폐쇄회로 텔레비전 등의 감시 장비
   라. 재해예방시설

## 2 진료기록의 열람

**09** **「의료법」상 진단서 등의 작성과 교부에 대한 설명으로 옳지 않은 것은?**

① 의료업에 종사하고 직접 진찰하거나 검안한 의사, 치과의사, 한의사가 아니면 진단서·검안서·증명서 또는 처방전을 작성하여 환자 또는 검시를 하는 지방검찰청검사(검안서에 한한다)에게 교부하거나 발송하지 못한다.
② 의사·치과의사 또는 한의사는 자신이 진찰하거나 검안한 자에 대한 진단서·검안서 또는 증명서 교부를 요구받은 때에는 정당한 사유 없이 거부하지 못한다.
③ 의사·치과의사 또는 한의사는 진료 중이던 환자가 최종 진료시부터 24시간 이내에 사망한 경우에는 다시 진료하지 아니하더라도 진단서나 증명서를 내줄 수 있다.
④ 환자 또는 사망자를 직접 진찰하거나 검안한 의사·치과의사 또는 한의사가 부득이한 사유로 진단서·검안서 또는 증명서를 내줄 수 없으면 같은 의료기관에 종사하는 다른 의사·치과의사 또는 한의사가 환자의 진료기록부 등에 따라 내줄 수 있다.

해설

의사·치과의사 또는 한의사는 진료 중이던 환자가 최종 진료시부터 <u>48시간 이내에 사망한 경우</u>에는 다시 진료하지 아니하더라도 진단서나 증명서를 내줄 수 있다(「의료법」 제17조 제1항).

**10** **「의료법」상 ㉠, ㉡을 위반한 경우 각각의 처벌을 바르게 연결한 것은?**

> ㉠ 의료업에 종사하고 직접 진찰하거나 검안한 의사, 치과의사, 한의사가 아니면 진단서·검안서·증명서 또는 처방전을 작성하여 환자 등에게 교부하거나 발송하지 못한다.
> ㉡ 의사·치과의사 또는 한의사는 자신이 진찰하거나 검안한 자에 대한 진단서·검안서 또는 증명서 교부를 요구받은 때에는 정당한 사유 없이 거부하지 못한다.

| | ㉠ | ㉡ |
|---|---|---|
| ① | 3년 이하의 징역 또는 3,000만원 이하의 벌금 | 500만원 이하의 벌금 |
| ② | 3년 이하의 징역 또는 1,000만원 이하의 벌금 | 300만원 이하의 벌금 |
| ③ | 1년 이하의 징역 또는 1,000만원 이하의 벌금 | 500만원 이하의 벌금 |
| ④ | 1년 이하의 징역 또는 500만원 이하의 벌금 | 300만원 이하의 벌금 |

해설

㉠을 위반한 경우 : 1년 이하의 징역 또는 1,000만원 이하의 벌금(「의료법」 제89조)
㉡을 위반한 경우 : 500만원 이하의 벌금(「의료법」 제90조)



정답 08 ④ 09 ③ 10 ③

**11** 「의료법」상 의료인은 「의료법」이나 다른 법령에 특별히 규정된 경우 외에는 의료·조산 또는 간호를 하면서 알게 된 다른 사람의 비밀을 누설하거나 발표하지 못한다. 이를 위반한 경우의 처벌로 옳은 것은?

① 5년 이하의 징역 또는 5천만원 이하의 벌금
② 5년 이하의 징역 또는 3천만원 이하의 벌금
③ 3년 이하의 징역 또는 3천만원 이하의 벌금
④ 1년 이하의 징역 또는 1천만원 이하의 벌금

「의료법」 제19조의 비밀누설 금지의무를 위반한 경우에는 3년 이하의 징역 또는 3천만원 이하의 벌금에 처한다(「의료법」 제88조).

**12** 「의료법」상 의료인이나 의료기관 종사자는 환자가 아닌 다른 사람에게 환자에 관한 기록을 열람하게 하거나 그 사본을 내주는 등 내용을 확인할 수 있게 하여서는 아니 된다. 이를 위반한 경우의 처벌로 옳은 것은?

① 5년 이하의 징역 또는 5천만원 이하의 벌금
② 5년 이하의 징역 또는 3천만원 이하의 벌금
③ 3년 이하의 징역 또는 3천만원 이하의 벌금
④ 1년 이하의 징역 또는 1천만원 이하의 벌금

환자에 관한 기록을 환자 등의 동의 없이 열람하게 하거나 환자 등의 요구에 불응하여 의료기록 등을 열람할 수 없게 한 경우에는 3년 이하의 징역 또는 3천만원 이하의 벌금에 처한다(「의료법」 제88조 제1호).

**13** 「의료법」상 진료기록의 열람 및 송부에 관한 설명으로 옳지 않은 것은?

① 의료인이나 의료기관 종사자는 환자가 아닌 다른 사람에게 환자에 관한 기록을 열람하게 하거나 그 사본을 내주는 등 내용을 확인할 수 있게 하여서는 아니 되고, 어떠한 예외도 없다.
② 의료인은 다른 의료인으로부터 진료기록의 내용 확인이나 환자의 진료경과에 대한 소견 등을 송부할 것을 요청받은 경우에는 해당 환자나 환자 보호자의 동의를 받아 송부하여야 한다.

③ 의료인은 다른 의료인으로부터 진료기록의 내용 확인이나 환자의 진료경과에 대한 소견 등을 송부할 것을 요청받은 경우에 환자의 의식이 없거나 응급환자인 경우 또는 환자의 보호자가 없어 동의를 받을 수 없는 경우에는 환자나 환자 보호자의 동의 없이 송부할 수 있다.

④ 진료기록을 보관하고 있는 의료기관이나 진료기록이 이관된 보건소에 근무하는 의사·치과의사 또는 한의사는 자신이 직접 진료하지 아니한 환자의 과거 진료 내용의 확인 요청을 받은 경우에는 진료기록을 근거로 하여 사실을 확인하여 줄 수 있다.

해설

① 예외가 있다. 즉, 환자 또는 자격요건을 충족한 대리인이 요청하거나 다른 법령에서 특별히 명시한 경우에는 환자의 진료기록 등을 열람할 수 있도록 허용하고 있다(「의료법」 제21조 제3항).

**14** **일반적으로 제3보험의 손해사정 과정에서는 환자가 지정하는 대리인, 즉 보험회사의 담당자가 요건을 갖추어 환자에 관한 기록의 열람이나 그 사본의 발급을 요청할 수 있다. 다음 중 대리인이 의료기관 개설자에게 제출하여야 하는 서류가 아닌 것은?**

① 환자의 신분증 사본
② 대리인의 신분증 사본
③ 가족관계증명서 및 주민등록표 등본
④ 환자가 자필 서명한 동의서 및 위임장

해설

환자가 지정하는 대리인이 환자에 관한 기록의 열람이나 그 사본의 발급을 요청할 경우에는 다음 각 호의 서류를 갖추어 의료인, 의료기관의 장 및 의료기관 종사자에게 제출하여야 한다(「의료법 시행규칙」 제13조3 제2항).

1. 기록열람이나 사본발급을 요청하는 자의 신분증 사본
2. 환자가 자필 서명한 동의서 및 위임장. 이 경우 환자가 만 14세 미만의 미성년자인 경우에는 환자의 법정대리인이 작성하여야 하며, 가족관계증명서 등 법정대리인임을 확인할 수 있는 서류를 첨부하여야 한다.
3. 환자의 신분증 사본. 다만, 환자가 만 17세 미만으로 「주민등록법」 제24조 제1항에 따른 주민등록증이 발급되지 아니한 자는 제외한다.



정답 11 ③ 12 ③ 13 ① 14 ③

**15** **개인정보에 관한 사항에서 「개인정보 보호법」과 「의료법」이 충돌하는 경우의 적용 기준으로 옳은 것은?**

① 반드시 「의료법」에 따른다.
② 반드시 「개인정보 보호법」에 따른다.
③ 「의료법」을 우선 적용하되, 「의료법」상 규정되지 않은 개인정보 보호에 관해서는 「개인정보 보호법」을 적용한다.
④ 「개인정보 보호법」을 우선 적용하되, 「개인정보 보호법」상 규정되지 않은 개인정보 보호에 관해서는 「의료법」을 적용한다.

「개인정보 보호법」과 「의료법」이 충돌하는 경우에는 「의료법」을 우선 적용하되, 「의료법」상 규정되지 않은 개인정보 보호에 관해서는 「개인정보 보호법」을 적용한다.

**16** **「의료법」상 진료기록의 열람 등에 대한 설명으로 옳지 않은 것은?**

① 경찰관서에서 환자의 진료기록에 대한 자료를 요구할 경우에는 「의료법」 제21조 제3항 제6호에 따라 「형사소송법」상 압수, 수색 등의 영장이 있는 경우에만 환자의 진료기록을 내어줄 수 있다.
② 진료받은 환자의 진료내용에 대해 법원으로부터 「민사소송법」 제294조 및 「가사소송법」 제8조에 의거 사실조회 촉탁을 의뢰받아 의료기관이 임의로 환자의 진료기록을 제공하는 것은 「의료법」 위반이 될 수 있다.
③ 진료기록의 열람 등에 있어서 환자가 사망하거나 의식이 없는 등 환자의 동의를 받을 수 없어 환자의 배우자, 직계 존속・비속, 형제・자매 또는 배우자의 직계 존속이 친족관계임을 나타내는 증명서 등을 첨부하더라도 의료기관은 이에 응하지 않을 수 있다.
④ 일반적으로 제3보험의 손해사정 과정에서는 환자가 지정하는 대리인, 즉 보험회사의 담당자가 「의료법 시행규칙」 제13조의3 제2항에 따라 요건을 갖추어 환자에 관한 기록의 열람이나 그 사본의 발급을 요청할 수 있다.

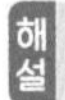

진료기록의 열람 등에 있어서 환자가 사망하거나 의식이 없는 등 환자의 동의를 받을 수 없어 환자의 배우자, 직계 존속・비속, 형제・자매(환자의 배우자 및 직계 존속・비속, 배우자의 직계존속이 모두 없는 경우에 한정한다) 또는 배우자의 직계 존속이 친족관계임을 나타내는 증명서 등을 첨부하는 등 보건복지부령으로 정하는 요건을 갖추어 요청한 경우 의료기관은 <u>이에 응하여야 한다</u>(「의료법」 제21조 제3항 제3호).



15 ③ 16 ③ 정답

# 참고도서 및 사이트


- 보험관계법령 및 약관, 보험연수원 저, 보험연수원, 2018
- 형사법 및 범죄학개론, 보험연수원 저, 보험연수원, 2018
- 보험조사론 Ⅰ(이론), 보험연수원 저, 보험연수원, 2018
- 보험조사론 Ⅱ(실무), 보험연수원 저, 보험연수원, 2018


- 법제처 www.moleg.go.kr
- 보험연수원 www.in.or.kr
- 보험개발원 www.kidi.or.kr
- 금융감독원 www.fss.or.kr
- 한국손해사정사회 www.kicaa.or.kr
- 보건복지부 www.mohw.go.kr
- 고용노동부 www.moel.go.kr
- 국민건강보험공단 www.nhic.or.kr
- 국민연금공단 www.nps.or.kr
- 근로복지공단 www.kcomwel.or.kr

# 지금은 독자시대

하나라도 해당이 된다면 지금 바로! 시대고시 홈페이지에 제보해주세요!

정답이 다른 것 같은데 물어보고 싶다.

도서를 칭찬하고 싶다.

○○기능사 도서가 만들어지면 좋겠다.

도서에 오타/오류를 발견했는데 고치고 싶다.

자세한 해설이 수록되었으면 좋겠다.

## 제보하기 전 먼저 확인해주세요!

- 시대고시기획 홈페이지 → 자료실 → 정오표 게시판에서 수정된 사항인지 확인하세요!
- 도서명 / 발행일 / 오류 페이지 / 오류내용을 작성하여 게시판에 올려주세요!
- 3일 안에 수정 사항에 관한 내용을 답변 또는 안내를 받으세요!
(정오표에 없는 사항을 적어주시면 이벤트에 자동 참여됩니다.)

※ 제보해주신 독자님께 매월 15일 추첨을 통해 문화상품권을 드립니다.
※ 선물은 기프티콘으로 지급됩니다.

## 베타테스터에 지원해보세요!

선정되면 도서지원을 해드립니다. 우수 베타테스터에게는 문화상품권까지!!!
책을 보시고 독자 입장에서 어려웠던 내용, 수정·보완했으면 하는 부분들을 홈페이지 게시판에 올려주세요.

시대고시기획 홈페이지(www.sidaegosi.com) ▶ 고객센터 ▶ 1:1문의(고객신문고)
TEL : 1600-3600 | E-mail : webmaster@sidaegosi.com

# 손해사정사

현직 손해사정사의 이론중심 전략강의로 단기간 합격을 보장합니다.

**1차 시험 이렇게 공부하라!**

**회독과 반복**
생소한 개념, 어려운 용어
**반복적으로 학습**

**선택과 집중**
**자신있는 과목에 집중**하여
평균 점수 올리기

**정답과 오답**
오답을 놓치지 않고
**따로 정리하여 오답확률↓**

시대에듀 합격 전략 커리큘럼과 함께하면 1차 합격! 아직 늦지 않았습니다.

**기본이론**
기본 개념 확립을 위한
핵심이론 학습

**문제풀이**
단원별 문제풀이로
문제해결능력 향상

**기출문제해설**
최근 기출문제 분석으로
출제 포인트 집중학습

핵심 3단계 구성으로
한방에 끝내는 합격 이론서

## 1차 한권으로 끝내기

기본개념을 요약한 실전핵심 NOTE
최신개정법령을 반영한 핵심이론
시험에 출제될 가능성이 높은 기본유형문제
대표 문제만 엄선한 기출분석문제 100選

# 손해사정사
# 시험의 처음과 끝

시대고시기획의 손해사정사 수험서

**손해사정사**
한권으로 끝내기(4×6배판)

**손해사정사**
기출이답이다 6개년 기출(4×6배판)

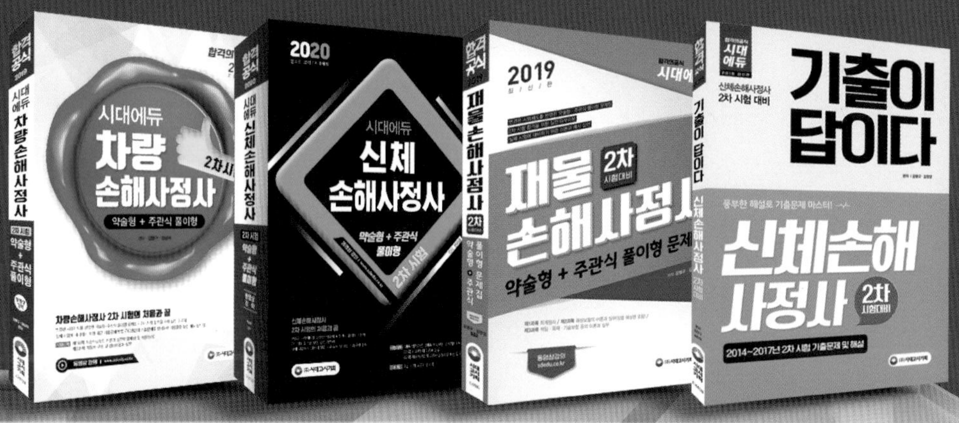


**차량손해사정사**
(4×6배판)

**신체손해사정사**
(4×6배판)

**재물손해사정사**
(4×6배판)

**기출이답이다 신체손해사정사**
(4×6배판)

※ 본 도서의 이미지는 변경될 수 있습니다.

AI면접
이젠, 모바일로

win시대로

기업과 취준생 모두를 위한 평가 솔루션 윈시대로! 지금 바로 시작하세요.

www.sdedu.co.kr/winsidaero